서울大學校 法科大學
專門分野 研究課程 第13券

인터넷과 法律 Ⅲ

南 孝 淳 編

法 文 社

머 리 말

2009년도 2학기에 개설하였던 「전문분야 법학연구과정 제28기 인터넷과 법률 III」 공개과정의 강의내용을 공개과정이 종료한 지 6개월의 기간이 지난 후 「인터넷과 법률 III」로 출간하게 되었다. 이 책은 그 동안 법학연구과정에서 발간하여 온 「서울大學校 法科大學 專門分野 研究叢書」의 하나로, 2001년의 「인터넷과 법률」과 2005년의「 인터넷과 법률 II」에 이어 세 번째로 출간되는 인터넷법학에 관한 책이다. 첫번째인 「인터넷과 법률」이 인터넷법학이 걸음마 단계를 벗어나는 시기에 출간되었고 또 「인터넷과 법률 II」가 인터넷법학이 활성화되는 초기에 출간된 것이라면, 「인터넷과 법률 III」은 인터넷의 법률문제가 한층 더 복잡다기해져 인터넷법학이 바야흐로 발전단계에 접어든 시기에 출간되는 것이라고 하겠다.

그 동안 숨 가쁘게 발전하여 온 인터넷은 우리에게 참으로 많은 법적 문제를 안겨주기 시작하였다. 우선 헌법의 분야에서는 인터넷실명제를 실시하는 것이 책임 있는 인터넷문화의 발전을 위하여 반드시 필요한 것인가, 인터넷포털에서의 표현의 자유와 그 법적 한계는 어디까지인가 또 새로 등장한 인터넷언론의 법적 책임을 어떻게 규율할 것인가 하는 등의 문제가 제기되고 있다. 또 인터넷상의 개인위치정보를 포함한 개인의 정보를 어떻게 보호하여야 하는 문제가 새롭게 등장하고 있다. 형사법의 분야에서는 전통적인 범죄가 인터넷이라는 수단을 통하여 점점 증가하고 있을 뿐만 아니라, 인터넷해킹ㆍ인터넷스토킹 등의 새로운 인터넷범죄가 등장하고 있다. 또 사이버모욕죄의 신설을 둘러싼 찬반논란이 화두가 되고 있고, 현재 인터넷금융사기인 피싱(fishing)으로 인한 피해를 어떻게 구제할 것인지가 당면한 문제 등으로 제기되고 있다. 또 민상법의 분야에서는 인터넷포털의 민사책임을 어떻게 규정할 것인지의 문제가 모색되고 있고, 전자에스크로우제도, 전자어음제도 등의 제도가 새롭게 등장하고, 전자외상매출채권을 통한 기업의 담보제도가 새롭게 등장하게 되었다. 그리고 인터넷보험, 인터넷증권거래가 더욱 활성화되었고, 전자자금이체상의 법률문제가 한층 더 복잡하게 전개되고 있다. 또 지적재산권법의 분야에서는 소리바다 사건을 통하여 OSP의 책임의 한계는 무엇이고 온라인오픈마켓사업자 등에 의한 상표권의 침해를 어디까지 보호할 것인가 하는 것 등이 중요한 문제로서 제기되고 있다. 또 디지털시대의 저작권집중관리의 필요성이 새롭게 제기되고 있다. 그리고 국제사법에서도 인터넷분쟁의 해결로서 온라인상의 분쟁해결과 오프라인상의 분쟁해결방법 중 어느 것을 택할 것인지가 모색되고 또 실질적 관련에 따른 국제재판관할권이 인정되게 되었다. 그리고 마침내 우리는 전자법정시대의 도래를 목전에 두게 되었다. 이제는 인터넷증거를 둘러싼 민사증거의 수집과 디지털포렌식을 내용으로 하는 인터넷수사가 어떻게 이루어지고 있는지를 알지 못하고는 소송실무를 안다고 할 수 없게 되었다.

이상의 문제들은 현실공간에서 이루어졌던 법적 문제들이 인터넷이라는 사이버공간으로 옮겨 온 것이기도 하고 또 인터넷이라는 매체의 특수성으로 인한 발전된 새로운 법률문제들이기도 하여, 바야흐로 「인터넷법학」은 한층 더 복잡, 다양하게 되었다고 하지 않을 수 없다. 인터넷을 중심으로 한 이러한 법률문제는 국가에게는 바람직한 인터넷정책을 수립하고 개인의 자유를 보호하여야 한다는 과제를, 인터넷기업에게는 인터넷에 대한 최신의 지식과 기술을 습득하여 정당한 기업이윤의 창출이라는 과제를, 그리고 인터넷참여자에게는 그들이 효과적으로 보호받음과 동시에 책임 있는 시민으로 성장하여야 하는 과제를 안겨주고 있다고 할 것이다. 「인터넷과 법률 III」은 바로 이러한 과제에 대한 모색의 일환으로 출간된 것이라고 하겠다.

「인터넷과 법률 III」은 관련분야의 법률전문가들인 판사, 검사, 변호사 및 교수들의 인터넷상의 법률문제에 대한 수준 높은 강의를 담은 것이다. 「인터넷과 법률 III」이 인터넷상의 제반 법률문제에 당면하여, 인터넷을 중심으로 하는 실무자들과 법률전문가들을 위하여 고민하고 토론하는 장이 될 수 있기를 바란다.

이 책이 출간되기까지 많은 분들의 도움이 있었다. 우선 「인터넷과 법률 III」의 공개과정에 관심을 기울여주셨던 김건식 서울대학교 법학대학원장께 감사드리며, 조력을 아끼지 않으셨던 정상조 서울대학교 기술과 법센터장께도 감사드린다. 또 원고교정 작업을 성실히 수행하여 준 사법연수원생 장원정 양에게 감사한다. 마지막으로 어려운 여건하에서도 「인터넷과 법률 III」의 출판을 기꺼이 맡아 주신 법문사 배효선 사장님, 이 책이 출판되기까지 온갖 일을 처리하여 주신 영업부 김영훈 부장님 그리고 이 책의 교정을 성심성의껏 담당하여 주신 편집부 예상현 과장님께도 감사의 말씀을 드린다.

2010년 8월

편저자 南孝淳 씀

목 차

세부 목차

제2절 인터넷 오픈마켓 사업자의 상표권 침해책임 (446~479)

제3절 Google의 키워드광고와 상표권 침해 및 부정경쟁행위 (480~512)

제 6 장 인터넷과 기타 법률

제1절 전자거래가 현행 조세체계에 미치는 문제점과 그 해결 (687~731)

제2절 인터넷거래의 국제재판관할과 지향된 활동 (732~780)

제 1 장

인터넷과 헌법 및 행정법

제 1 절

인터넷 실명제에 관한 연구 * **

제 1 문제의 제기

21세기에 접어들면서 인터넷의 보급이 일반화되고 그 이용자가 크게 많아지면서 사이버 공간을 통해 이슈가 창출되고 사람들 간의 생각이 교환되고 교류하는 현상이 생활 속에 자연스럽게 자리 잡게 되었다. 기술 발전과 더불어 전개되는 매체 혁명은 예전에는 상상하기 힘들었던 삶의 편의를 가져온 반면에 확대된 자유의 공간만큼 역시 미리 예기치 못했던 부정적인 측면들을 드러내기 시작했다. 현실세계에서 불가피했던 여러 조건에도 불구하고 자유롭게 소통할 수 있는 공간을 가능케 할 것으로 칭송되었던 인터넷의 기술적 특성이 익명에 의한 명예훼손과 개인정보 유출 등의 역기능을 불러오고 있다. 우리나라에서도 이러한 문제에 대처하기 위하여 수 년 전부터 인터넷 실명제를 도입하여 사이버 공간에서의 일탈행위를 통제하려는 논의가 있어왔고 이미 현행법으로도 제한적인 의미에서 이러한 제도를 도입하여 운영하고 있다.

그런데 인터넷 실명제는 우리나라에서 특유하게 논의가 활성화되고 있는 점도 하나의 특성이라 할 수 있다. 인터넷 내지 초고속정보통신망 강국답게 그에 따른 자유와 규제에 관한 논의도 매우 활성화되어 있다. 그 저변에는 주민등록법을 통해 구현되고 있는 전 국민을 식별할 수 있는 주민등록번호제도도 중요한 기여를 하고 있는 것으로 볼 수 있다. 그렇다면 인터넷 실명제는 인터넷의 환경과 실명제의 환경이 가장 성숙한 우리나라에서 그 법적 논의 특히 남용에 따른 규제 논의가 활성화되는 것은 당연한 결과로도 보인다.

본 논문에서는 인터넷 실명제 논의의 기초를 이루는 개념과 그 유형에 대한 이해를 토대로 인터넷 실명제 실시에 대한 찬반 논의의 타당성과 제도적 전망을 살펴보고자 한다.

---

* 성낙인: 서울대학교 법과대학/법학전문대학원 교수.

** 허진성: 법학박사, 서울대학교 공익산업법센터 선임연구원.

제 2 인터넷 실명제 논의의 배경

Ⅰ. 인터넷의 개념과 매체적 특성

인터넷(Internet)이란 현실적으로 존재하는 유형의 공간이라기보다는 수많은 컴퓨터 네트워크 집단들을 상호 연결하는 거대한 네트워크, 즉 네트워크들의 네트워크[1]를 말하는데, 이는 가장 참여적인 시장이고 표현촉진적인 매체로 진입장벽이 낮고 표현의 쌍방향성이 보장되는 공간[2]으로 여겨진다. 특별한 수준의 재정적 기반이나 기술적 수단을 확보하지 않더라고 개인이 인터넷 공간에 접속하여, 일방적으로 정보를 전달받는 입장에서 벗어나서, 자신의 의사를 표현하고 다른 이용자들과 정보를 교류할 수 있는 혁신적 공간으로서의 인터넷에 대한 이해는 새로운 기술적 진보가 현실세계의 여러 제한적인 조건으로부터 자유로운, 이상적인 공적 담론의 영역을 창출해 낼 수 있으리라는 낙관적 전망을 배경으로 한 것이었다.

Ⅱ. 사이버 공간의 역기능

그러나 실제로 인터넷 보급이 확대되고 그 이용이 대중화하면서 기대했던 긍정적 측면의 구현을 훼손하는 여러 가지 부정적 현상이 발생하기 시작했다. 인터넷 이용자들이 익명성이라는 조건을 활용하여 공격적이고 폭력적인 언사를 무차별적으로 표출하고 확인되지 않은 내용을 사실인 양 유포하며 개인의 신상정보를 유출하거나 특정 대상을 집단적으로 공격하는 등 현실세계에서는 실행이 용이하지 않거나 사실상 행하는 것이 불가능했던 여러 가지 일탈행위들이 발생한 것이다. 특히 인터넷 이용자들이 게시판을 찾아다니며 집단적으로 의견을 형성해 나가는 현상은 우리나라에서 특이하게 발달한 문화로 관찰되는데 자유로운 토론의 가능성을 기대한 공간에서 발생하는 무차별한 공격적 행위들은 사이버 테러로까지 발생할 위험성을 안고 있다.[3] 이러한 문제 상황을 극복해야 한다는 위기의식에서 각종 역기능에 대하여 통제를 가하고 책임감 있는 인터넷 이용을 유도하기 위한 방안이 논의되기 시작하였는데 그 일환

1) *American Civil Liberties Union v. Reno*, 929 F.Supp. 824, 830 (1996).
2) 헌법재판소 2002.6.27. 선고 99헌마480 결정.
3) 강미은, 인터넷 저널리즘과 여론, 나남출판, 2001, 205-209 참조.

으로서 이른바 인터넷 실명제가 제시된 것이다.

Ⅲ. 익명성의 양면성

익명성은 개인의 정체성과 신원에 대한 확인과 추적이 불가능한 상태를 말하는데 이는 다양한 수준에서 그 내용이 형성될 수 있으며 성별, 연령 등이 배제된 물리적 익명성, 지위 등이 배제된 사회적 익명성, 개인적 선호, 지향 등이 감추어진 심리적 익명성으로 나뉘어 설명될 수 있다.[4)]

인터넷 실명제는 사이버 공간에서 일어나는 일탈행위의 원인을 이러한 익명성이 제공하고 있다는 인식을 전제로 하여 이에 대한 일정 수준의 통제를 확보함으로써 규범으로의 복귀를 유도, 구현할 수 있다는 입장이다. 그런데 익명성 자체는 부정적 측면만 갖고 있는 것이 아니라 긍정적 측면도 함께 보유하고 있다.

익명성은 이용자를 인종, 성별, 직업 등의 조건에 기인하는 여러 가지 편견으로부터 보호하는 기능을 수행하기 때문에 사회적 약자들이 그러한 제약으로부터 자유롭게 자신들의 견해를 피력할 수 있는 공간을 제공하고 여러 가지 형태의 보복에 대한 두려움 없이 집단적 통념에 이의를 제기하거나 관례를 벗어난 새로운 시각을 표출할 수 있도록 함으로써 자유로운 토론을 통한 사회적 변화의 기회를 확보하여 민주주의를 구현할 수 있도록 하는 중요한 조건이 된다는 점이 주된 긍정적 기능으로 평가된다.[5)] 개인에 대한 물리적인 만남이 없이 상대방의 존재를 인식하게 되는 상황에서 참여자의 존재가 가지는 사회적 실재감이 상실됨으로써 사회 규범적 요소가 약화되고 따라서 더욱 평등한 커뮤니케이션이 가능해진다는 것[6)]인데 이러한 존재를 규정하는 사회적 맥락의 탈락이라는 요소는 그 적절한 균형점을 상실할 때 바로 익명성으로 인한 부정적 현상을 낳게 한다.

사이버 공간에서는 이용자들이 현실세계에서의 인간관계를 규정하는 규범에 대한 인식이 약화되면서 공동체 의식 자체가 약해질 수 있는데[7)] 이러한 작용의 부정적 효과로서 타인 명의의 도용과 명예훼손, 음란물 유포, 저작권 침해, 사기 등의 각종

---

4) 박정순, 익명성의 문제와 도덕규범의 구속력, 정보통신정책연구원, 2004, 54-55 참조.

5) 전게서, 67-68 참조.

6) 황용석, "인터넷게시판 실명제에 대한 비판적 연구 - 익명적 표현의 권리를 중심으로", 언론과 사회 2007년 여름호, 성곡언론문화재단, 2007, 104.

7) 이명진, "사이버공간의 가능성과 한계: 온라인상의 익명성을 중심으로", 한국사회 제4집, 고려대학교 한국사회연구소, 2001, 125 참조.

범죄가 발생할 수 있다. 익명성은 책임을 제거함으로써 비행을 용이하게 하며 이것이 통상 익명을 통해 추구되는 바로 그 목적이라고 할 수 있는 것[8]으로 신원을 확인할 수 없는 자에 의한 법익침해행위에 대하여 그 책임을 묻는다는 것은 결코 쉬운 일이 아닐 것이기 때문이다.

규범의 구속을 완화시켜주는 사이버 공간의 특성은 한편으로 사회적 제약으로부터 자유로운 의견의 표출과 정보의 교류를 가능하게 하는 긍정적 기능을 수행하기도 하지만, 바로 그렇게 느슨해진 구속감이 각종 일탈행위를 야기하는 원인으로 작용하기도 한다. 인터넷 실명제에 대한 찬반 양론은 익명성으로 인해 현실적으로 발생하는 사이버 공간 상의 역기능을 어떻게 해소할 것인가에 관한 것으로 이는 사이버 공간에서의 커뮤니케이션 환경이 보유하는 양면적 특성을 이해하는 초점의 차이를 그대로 반영하고 있다.

제 3 인터넷 실명제의 개념과 유형

인터넷 실명제에 대한 논의에서 우선적으로 문제가 되는 것은 그 개념과 유형에 대한 이해이다. 같은 이름으로 여러 가지 유형의 제도가 함께 논의됨으로써 정리된 이해를 방해하는 측면이 있기 때문에 우선적으로 요구되는 과정이라고 할 수 있다.

Ⅰ. 인터넷 실명제의 개념과 기본적 유형

인터넷 실명제란 흔히 인터넷 이용을 실명으로 하도록 의무화하는 것을 의미[9]하는데 구체적으로는 문제가 되는 것은 주로 게시판에 글과 자료를 게시하거나 기사에 대한 댓글을 작성하는 경우에 본인을 확인하는지 여부에 대한 것으로 이는 일반적으로 그 정도에 따라 해당 인터넷 사이트 이용을 위한 최초 가입시에 본인임을 확인하고 게시행위 등을 할 때에도 본인의 실명을 사용하도록 하는 경우와 최초 가입 단계에서는 실명을 통해 본인 여부를 확인하지만 게시판 등을 이용한 실제 게시행위를 할 때에는 반드시 실명을 사용하여 노출할 것을 강제되지는 않는 경우로 나누어 볼 수 있다. 현행 공직선거법상의 실명확인제[10]와 정보통신망 이용촉진 및 정보보호 등에

8) *McIntyre v. Ohio Elections Com'n*, 514 U.S. 334, 385 (1995) (Scalia, J., dissenting).
9) 문재완, 언론법, 늘봄, 2008, 711.
10) 제82조의6(인터넷언론사 게시판 · 대화방 등의 실명확인) ① 인터넷언론사는 선거운동기간 중 당해

관한 법률(이하 '정보통신망법')에서 규정하는 본인확인제(제44조의5)[11]의 경우 모두 후자의 방안에 포함된다고 할 것인데 실명확인제는 일정한 경우 실명을 확인받도록 하는 기술적 조치를 하고, 이러한 실명인증을 받은 자가 글을 게시한 경우 실명인증표시가 나타나도록 하는 기술적 조치를 할 것을 요구하는 데 비해 본인확인제는 일정한 경우 게시판 이용자의 본인확인을 위한 방법 및 절차의 마련 등 필요한 조치를 할 것을 요구한다.

현재 인터넷 실명제에 관한 논의는 그 용어를 현실적으로 반드시 인터넷 이용행위가 실명의 노출을 전제로 이루어질 것을 요구하는 경우에 국한해서 쓰고 있지는 않으며 이는 엄밀하게 기술적으로는 정확하지 않은 점이 있고 논의의 초점을 흐린다는 부정적 효과도 있으나 본인확인제도 실명 등을 통한 본인의 확인을 전제로 가명 등을

인터넷홈페이지의 게시판 · 대화방 등에 정당 · 후보자에 대한 지지 · 반대의 글을 게시할 수 있도록 하는 경우에는 행정안전부장관 또는 「신용정보의 이용 및 보호에 관한 법률」 제2조제4호에 따른 신용정보업자(이하 이 조에서 "신용정보업자"라 한다)가 제공하는 실명인증방법으로 실명을 확인받도록 하는 기술적 조치를 하여야 한다. 다만, 인터넷언론사가 「정보통신망 이용촉진 및 정보보호 등에 관한 법률」 제44조의5에 따른 본인확인조치를 한 경우에는 그 실명을 확인받도록 하는 기술적 조치를 한 것으로 본다.

② 정당 · 후보자는 자신의 명의로 개설 · 운영하는 인터넷홈페이지의 게시판 · 대화방 등에 정당 · 후보자에 대한 지지 · 반대의 글을 게시할 수 있도록 하는 경우에는 제1항의 규정에 따른 기술적 조치를 할 수 있다.

③ 행정안전부장관 및 신용정보업자는 제1항 및 제2항의 규정에 따라 제공한 실명인증자료를 실명인증을 받은 자 및 인터넷홈페이지별로 관리하여야 하며, 중앙선거관리위원회가 그 실명인증자료의 제출을 요구하는 경우에는 지체 없이 이에 따라야 한다.

④ 인터넷언론사는 제1항의 규정에 따라 실명인증을 받은 자가 글을 게시한 경우 당해 인터넷홈페이지의 게시판 · 대화방 등에 "실명인증" 표시가 나타나도록 하는 기술적 조치를 하여야 한다.

⑤ 인터넷언론사는 당해 인터넷홈페이지의 게시판 · 대화방 등에서 글을 게시하고자 하는 자에게 주민등록번호를 기재할 것을 요구하여서는 아니된다.

⑥ 인터넷언론사는 당해 인터넷홈페이지의 게시판 · 대화방 등에 "실명인증"의 표시가 없는 정당이나 후보자에 대한 지지 · 반대의 글이 게시된 경우에는 지체 없이 이를 삭제하여야 한다.

⑦ 인터넷언론사는 정당 · 후보자 및 각급선거관리위원회가 제6항의 규정에 따른 글을 삭제하도록 요구한 경우에는 지체 없이 이에 따라야 한다.

11) 제44조의5(게시판 이용자의 본인 확인) ① 다음 각 호의 어느 하나에 해당하는 자가 게시판을 설치 · 운영하려면 그 게시판 이용자의 본인 확인을 위한 방법 및 절차의 마련 등 대통령령으로 정하는 필요한 조치(이하 "본인확인조치"라 한다)를 하여야 한다.

1. 국가기관, 지방자치단체, 「공공기관의 운영에 관한 법률」 제5조제3항에 따른 공기업 · 준정부기관 및 「지방공기업법」에 따른 지방공사 · 지방공단(이하 "공공기관등"이라 한다)

2. 정보통신서비스 제공자로서 제공하는 정보통신서비스의 유형별 일일 평균 이용자 수가 10만명 이상이면서 대통령령으로 정하는 기준에 해당되는 자

② 방송통신위원회는 제1항제2호에 따른 기준에 해당되는 정보통신서비스 제공자가 본인확인조치를 하지 아니하면 본인확인조치를 하도록 명령할 수 있다.

③ 정부는 제1항에 따른 본인 확인을 위하여 안전하고 신뢰할 수 있는 시스템을 개발하기 위한 시책을 마련하여야 한다.

④ 공공기관등 및 정보통신서비스 제공자가 선량한 관리자의 주의로써 제1항에 따른 본인확인조치를 한 경우에는 이용자의 명의가 제3자에 의하여 부정사용됨에 따라 발생한 손해에 대한 배상책임을 줄이거나 면제받을 수 있다.

사용한 게시행위 등을 허용한다는 점에서 인터넷 실명제는 이를 포괄적으로 지칭하는 것으로 파악하는 것이 관련 논의에 대한 이해를 용이하게 하는 측면이 있다.

Ⅱ. 추가적인 유형의 구분

공직선거법 제82조의6에서 규정하는 '인터넷언론사 게시판 · 대화방 등의 실명확인'은 '선거운동기간' 중 게시하는 '정당 · 후보자에 대한 지지 · 반대의 글'에 대하여 실명확인조치를 요구하고 있는데 반해 정보통신망법 제44조의5 '게시판 이용자의 본인 확인'은 국가기관, 지방자치단체 등과 일일 평균 이용자 수를 기준으로 일정 규모 이상의 정보통신서비스 제공자에 대하여 본인확인조치를 요구하고 있을 뿐 게시물의 주제나 동 조항의 적용기간에 대하여 특별한 한정을 지우고 있지는 않다는 점에서 구분되는 유형으로 이해할 수 있다.

그리고 인터넷 실명제는 법에 의해 강제되는 실명제와 해당 커뮤니티가 스스로의 판단에 의하여 자율적으로 시행하는 실명제로 분류될 수 있다.[12] 인터넷 실명제에 대한 반대 논의를 불러일으키는 중요한 요인은 바로 실명제를 국가가 법에 의해 강제하려든다는 점에 있는데 이는 인터넷의 부정적 측면에 대처하기 위한 방안으로서 자율규제와 국가 역할의 적절한 범위라는 논의와 관련하여 의미가 있다.

제 4 인터넷 실명제 실시 현황

Ⅰ. 입법경과

인터넷 실명제에 대한 논의는 2003년 2월과 3월 사이에 한나라당과 정보통신부가 사이버 공간에서의 인권침해 등을 이유로 그 입법 필요성을 제기하면서 시작되었으나 표현의 자유에 대한 침해를 우려한 반발에 부딪혀 입법이 이루어지지는 않았고 이후 2004년 2월 국회 정치개혁 특별위원회가 선거 게시판 실명확인제를 도입하기로 결정하여 동년 3월 이 안이 국회 본회의를 통과하였으나 중앙 선거관리 위원회는 전산망 부족과 선거 게시판 실명확인제 적용대상이 되는 인터넷 언론 선정의 미비 등 현실적인 이유를 들어 4월 총선부터 적용하기로 했던 선거 게시판 실명확인제를 유

12) 홍완식, "인터넷실명제 관련 법률안의 입법원칙에 따른 검토", 토지공법연구 제31집, 한국토지공법학회, 2006. 5, 287.

보하기로 하였다.[13)]

당시 도입된 선거 게시판 실명제 조항은 다음과 같다.

제82조의6(인터넷언론사 게시판 · 대화방 등의 실명확인) ① 인터넷언론사는 당해 인터넷사이트의 게시판 · 대화방 등에 선거에 관한 의견을 게시할 수 있도록 하는 경우에는 의견게시를 하고자 하는 자가 기입하는 성명과 주민등록번호의 일치여부를 확인한 후 일치하는 경우에 한하여 의견게시를 할 수 있도록 하는 기술적 조치를 하여야 한다.

② 정당 · 후보자 및 예비후보자는 자신의 명의로 개설 · 운영하는 인터넷 홈페이지의 게시판 · 대화방 등에 선거에 관한 의견을 게시할 수 있도록 하는 경우에는 제1항의 규정에 의한 기술적 조치를 할 수 있다.

③ 행정자치부장관은 제1항의 규정에 의한 기술적 조치를 하고자 하는 인터넷언론사 · 정당 · 후보자 또는 예비후보자에게 제1항 및 제2항의 게시판 · 대화방 등에 의견게시를 하고자 하는 자가 기입하는 성명과 주민등록번호의 일치여부를 주민등록전산자료에 의하여 확인하여 줄 수 있다.

④ 신용정보의 이용 및 보호에 관한 법률 제2조(정의)제4호의 규정에 의한 신용정보업자는 제1항의 규정에 의한 기술적 조치를 하고자 하는 인터넷언론사 · 정당 · 후보자 또는 예비후보자에게 제1항 및 제2항의 게시판 · 대화방 등에 의견게시를 하고자 하는 자가 기입하는 성명과 주민등록번호의 일치여부를 확인하여 줄 수 있다.

⑤ 인터넷언론사는 당해 인터넷사이트의 게시판 · 대화방 등에 의견게시자가 허무인 또는 타인의 명의를 이용한 것이 확인된 때에는 즉시 그 허무인 또는 타인 명의의 아이디(이용자식별부호를 말한다. 이하 이 항에서 같다)로는 의견게시를 할 수 없도록 하여야 하며, 그 아이디로 게시된 의견을 삭제하여야 한다.

이 관련조항에 대한 위헌확인 사건[14)]에서 헌법재판소는 심판대상 법률조항이 개정 법률에 의하여 폐지되어 권리보호의 이익이 없어져 심판청구가 부적법하다고 보아 각하하였다.[15)] 결정 내용에 의하면 "헌법재판소법 제68조 제1항의 헌법소원은 기본권 침해를 구제하는 제도이므로 그 헌법소원 심판청구가 적법하려면 심판청구 당시는 물론 그 결정 당시에도 권리보호의 이익이 있어야 함이 원칙이다. 구 공선법 제82조의6 제1항 · 제3항 · 제4항 · 제5항 및 같은 조 제1항 위반행위에 대한 벌칙 조항

13) 이항우, "사이버 폭력의 사회적 구성과 인터넷 실명제", 경제와 사회 2008 가을, 한국산업사회학회, 2008, 115-116 참조.

14) 이 사건에서 제2항을 제외한 제1, 3, 4, 5항과 기타 조항이 심판대상이 되었다.

15) 헌법재판소 2007.12.27. 선고 2004헌마218 · 221 병합 결정.

인 제261조 제1항(이하 '이 사건 실명확인조항'이라 한다)은 실제로 시행되지도 못한 채 개정되고 2005. 8. 4.부터 개정법이 시행되었으므로, 청구인들이 이 사건 실명확인조항으로 인하여 기본권을 현실적으로 침해당하였다고 보기 어렵고, 청구인들에게 이 사건 실명확인조항의 위헌확인을 청구할 주관적 권리보호의 이익이 있다고 볼 수 없다. 공직선거법의 신법조항은 구법조항인 이 사건 실명확인조항과 비교하여 그 내용에 있어서 중대한 변화가 있었으므로, 실제로 시행되지도 아니한 이 사건 실명확인조항의 위헌 여부에 대하여 객관적인 헌법질서의 수호 · 유지를 위하여 헌법적 해명을 할 필요가 있다고 할 수 없다."

2005년 8월 4일 개정된 공직선거법 제82조의6에서는 "인터넷언론사는 선거운동기간 중 당해 인터넷홈페이지의 게시판 · 대화방 등에 정당 · 후보자에 대한 지지 · 반대의 글을 게시할 수 있도록 하는 경우에는 행정자치부장관이 제공하는 실명인증방법으로 실명을 확인받도록 하는 기술적 조치를 하여야 한다"(제1항)고 규정하였는데 최근 2008년 2월 29일 개정을 거쳐 현재에 이르고 있다.

공직선거법상의 실명확인제 이후 2007년 1월 26일 정보통신망법 제44조의5에서 게시판 이용자의 본인확인제를 신설함으로써 선거와 무관하게 일정한 기준에 부합하는 정보통신서비스 제공자도 그 적용을 받게 되었다. 현행 정보통신망법 시행령 제30조에 의하면 "동 법 제44조의5 제1항 제2호에서 "대통령령으로 정하는 기준에 해당되는 자"란 전년도 말 기준 직전 3개월간의 일일평균 이용자수가 10만 명 이상인 정보통신서비스 제공자를 말한다(제1항)." 같은 조 제2항[16]에 의하여 공시된 2009년 본인확인의무자에는 총 138개 정보통신서비스 제공자의 153개 웹사이트가 선정되었다.[17]

Ⅱ. 외국의 경우

미국의 경우 연방대법원은 익명 표현의 권리는 수정헌법 제1조에 의하여 보호되며 이에 대한 제약은 헌법에 위반될 수 있다는 입장이고[18] 유럽연합(EU)의 경우[19] 게

---

16) 제30조(정보통신서비스 제공자 중 본인확인조치의무자의 범위) ① 법 제44조의5제1항제2호에서 "대통령령으로 정하는 기준에 해당되는 자"란 전년도 말 기준 직전 3개월간의 일일평균 이용자수가 10만명 이상인 정보통신서비스 제공자를 말한다.

② 방송통신위원회는 법 제44조의5에 따른 본인확인조치에 필요한 준비기간, 적용기간 및 제1항에 해당하는 자 등을 인터넷 홈페이지에 게시하는 방법으로 공시하여야 한다.

17) 2009년 본인확인조치의무자 선정결과 공시, 한국인터넷진흥원, 2009. 1. 30.
〈http://www.nida.kr/notice/notice_view.jsp?brdId=060315162850001000&aSeq=090130180543002001&searchTitle=&searchValue=&pageIndex=1〉

시판 이용을 직접 규제하기보다는 안전한 인터넷 이용환경의 구현을 정책목표로 삼고 있는데 Safer Internet Action Plan 1999-2004, Safer Internet Plus 2005-2008에 이은 Safer Internet Programme 2009-2013을 통해 공중의 인식을 확고히 하고, 불법 콘텐츠와 온라인 상의 침해행위에 대한 대처방안을 마련하며 더 안전한 온라인 환경의 구현을 촉진하고 이와 관련한 지식기반을 확립하는 것을 목적으로 하고 있다.[20] 프랑스 국가정보 자유위원회(La Commission Nationale de l'Informatique et des Libertés)에서는 개인의 자기 정보에 대한 통제권 보호를 위하여 익명성을 권장하며 독일 정보 커뮤니케이션 위원회(Bundesbeauftragten für den Datenschutz)와 영국의 정보보호법(Data Protection Act)에서도 사이버 공간에서의 익명성을 보장한다. 중국의 경우에는 거의 모든 분야에서 인터넷 실명제를 시행하고 있는데 특히 대학 교육 네트워크에서 실명제를 강화하고 있으며 PC방을 이용하는 경우에도 신분증을 제시하고 실명을 등기할 것을 요구하고 있다.

제 5 인터넷 실명제에 대한 찬반 논의

Ⅰ. 인터넷 실명제에 대한 반대 의견

인터넷 실명제에 대한 반대 의견은 익명 표현의 자유에 대한 침해를 비롯하여 사생활의 비밀과 자유의 침해, 인터넷 사업자의 직업의 자유에 대한 침해 등을 그 근거로 내세운다.

1. 익명 표현의 자유 침해 문제

익명 표현의 자유는 자신의 실명이나 신원을 드러내지 않고 익명의 상태에서 자신의 의사나 의견을 외부에 표명하는 자유라고 정의[21]되는데 인터넷 실명제에 대해

---

18) 구체적인 미 연방대법원의 입장에 대해서는 후술한다.

19) 유럽과 중국의 경우에 대해서는 김여라, 인터넷 실명제 쟁점 - 현안보고서 제3호, 국회입법조사처, 2008. 8, 12-14.

20) Decision No 1351/2008/EC of the European Parliament and of the Council of 16 December 2008 establishing a multiannual Community programme on protecting children using the Internet and other communication technologies
〈http://ec.europa.eu/information_society/activities/sip/docs/prog_decision_2009/decision_en.pdf〉

21) 황성기, "인터넷 실명제에 관한 헌법학적 연구", 한양대학교 법학논총 제25집 제1호, 한양대학교 법학연구소, 2008, 12.

반대하는 의견은 주로 이러한 익명 표현의 자유가 침해된다는 점을 중요한 논거로 든다. 익명 표현의 자유에 관한 외국의 판례와 지침과 함께 구체적인 침해사유에 대하여 살펴본다.

(1) 익명 표현의 자유에 대한 외국의 판례와 지침

(가) 익명 표현의 자유에 대한 미국 판례의 입장

미국 연방대법원에 의하면 익명 표현의 권리(right to speak anonymously)는 수정헌법 제1조에 의해 보호되지만 이는 절대적인 것은 아니고 규제를 통해 확보되는 국가의 이익이 표현의 자유에 대한 침해보다 더 크다면 익명 표현의 자유도 제한할 수 있다고 보는데 연방대법원은 실명 표현의 강제를 내용규제로 보아 엄격심사기준을 적용하기 때문에 범죄예방을 위해 실명을 요구하는 법률은 실명으로 얻으려는 국가이익의 절박성과 범죄예방을 달성하기 위하여 채택된 수단의 필요성이라는 요건을 충족시켜야 하나 이는 쉬운 일이 아니다.[22] 그러나 물론 이러한 엄격한 요건을 충족시킬 수 있다면 실명표현을 요구하는 법률의 도입도 불가능한 것은 아니다.[23]

구체적으로 연방대법원은 1960년 Tally v. California 사건[24]에서 작성자와 배포자 혹은 후원자의 이름과 주소를 기재하지 않은 전단의 배포를 금지한 LA시의 조례에 대하여 하등의 제한이 없이 모든 경우에 그러한 사항의 기재를 불비한 전단의 배포를 금지하는 것은 신원의 확인을 요구함으로써 정보를 배포할 자유를 제약하게 되고 따라서 표현의 자유를 침해하게 된다[25]고 하였다.

이후 McIntyre v. Ohio Elections Commission 사건[26]에서는 마가렛 맥킨타이어(Margaret McIntyre)가 새로운 교육세 징수에 반대하는 전단을 배포하였는데 맥킨타이어가 저자로 명시되지 않은 전단이 오하이오 주법에 반한다는 이유로 벌금을 부과당한 사안에서, 익명성의 보장을 통해 관용적이지 못한 사회의 보복과 억압으로부터 소수자들과 그들의 생각을 보호하게 되고, 익명의 권리가 부정한 행위를 보호하게 된다면 이는 그것이 오용된 경우가 될 것이지만 정치적 발언은 속성상 불쾌한 결과를 낳을 수 있으며 일반적으로 그 오용보다는 자유로운 발언의 가치가 중시된다고 하면서[27] 익명의 캠페인 전단 배포를 금지한 오하이오 주법이 수정헌법 제1조에 위반된

---

22) 문재완, 전게서, 699.

23) 한상희, "사이버공간에서의 익명성과 책임", 「CLIS Monthly」 2003-5/6호, 정보통신정책연구원, 2003, 20.

24) 362 U. S. 60, 1960.

25) *Id.*, at 63.

26) *McIntyre v. Ohio Elections Com'n*, 514 U.S. 334, 1995.

다고 하였고 Doe v. 2TheMart.com 사건[28]에서는 인터넷 상에서의 표현행위도 수정헌법 제1조에 의해서 보호되며 익명 표현의 권리는 인터넷 공간에서도 마찬가지로 보호된다고 하였으며[29] 소송당사자가 아닌 익명의 인터넷 유저의 신원을 확인하기 위한 민사상 소환장을 평가하는 심사기준을 제시[30]하였는데 내용은 다음과 같다. 신원확인을 요하는 소환장은 어떤 부적절한 목적을 위해서가 선의에 의해 발부되었어야 하고 요구되는 정보는 핵심적 주장내용과 관련이 있는 것이어야 하며 신원확인 정보는 직접적이고 실질적으로 그 주장내용과 관련된 것이어야 하고 주장을 입증하거나 반증하는 데 충분한 정보가 다른 경로로는 얻을 수 없는 것이어야 한다.

(나) 사이버 공간에서의 익명성 보장에 대한 미국과학발전협회의 지침

사이버 공간에서 익명성의 보장과 관련하여 미국과학발전협회(American Association for the Advancement of Science)에서 제시한 정책개발을 위한 지침[31]에 따르면 첫째, 익명에 의한 커뮤니케이션은 도덕적으로 중립이어서 긍정적 측면과 부정적 측면을 모두 가지는 것이기 때문에 이에 관한 정책은 해롭고 파괴적인 결과를 방지하면서도 사회적으로 바람직한 효과를 증진할 것을 추구해야 하고 둘째, 익명에 의한 커뮤니케이션은 사생활의 자유와 표현의 자유 등에 대한 1948년 세계인권선언 제12조 및 제19조, 표현의 자유를 규정한 미연방헌법 수정 제1조가 의미하듯 대부분의 경우 다른 권리에 비해 우선적으로 보장되어야 하는 강력한 권리로서 간주되어야 하며, 온라인 상에서의 익명에 의한 커뮤니케이션에 대한 금지는 표현의 자유에 영향을 미치고 개인적 프라이버시와 안전에 침해를 가하게 될 것이다. 셋째, 온라인 커뮤니티는 익명 커뮤니케이션의 이용에 관한 나름의 고유한 정책을 설정할 수 있도록 허용되어야 한다. 핵심조건은 상호성으로서 사람들은 동의하는 성인으로서 다루어져야 한다. 넷째, 개별 이용자들은 자신의 정체성이 온라인에서 공개되는 정도에 대한 분명한 정보를 얻을 수 있어야 한다.

(다) 유럽회의의 '인터넷 상에서의 커뮤니케이션의 자유에 관한 선언'

유럽회의의 각료위원회에서는 2003년 5월 28일 '인터넷 상에서의 커뮤니케이션의 자유에 관한 선언(Declaration on freedom of communication on the

---

27) *Id.*, at 357.

28) 140 F. Supp. 2d 1088, W.D. Wash. 2001.

29) *Id.*, at 1092.

30) *Id.*, at 1095.

31) Al Teich, Mark S. Frankel, Rob Kling, & Ya-ching Lee, *Anonymous Communication Policies for the Internet: Results and Recommendations of the AAAS Conference*, 15 The Information Society, 1999, 72-73.

Internet)'[32]을 채택하여 자율규제 혹은 공동규제의 장려, 사전적 국가통제의 원칙적 금지, 정보사회에 대한 개인의 참여 증진 등과 함께 7가지 원칙 중 하나로 익명성에 관한 항목을 포함하고 있는데 이에 의하면 온라인 감시로부터의 보호와 정보와 사상의 자유로운 표현의 증진을 위하여 자신의 신원을 밝히지 않고자 하는 인터넷 이용자의 의사는 존중되어야 한다.

(2) 익명 표현의 자유와 통신의 비밀 침해

분권적이고 개방적인 커뮤니케이션 구조에서 언론의 자유를 구현하기 위해서는 익명 표현의 자유가 그 핵심적인 내용으로 인정되어야 한다. 익명 표현의 자유는 이를 통해 보복이나 차별에 대한 두려움으로부터 벗어나 자신의 생각을 자유롭게 표현할 수 있는 가능성이 보장되는 것으로 헌법 제18조가 통신의 비밀을 보장하고 있고 통신비밀의 보장은 언론자유의 전제조건으로서 익명 표현의 자유는 헌법상 깊이 내장된 기본권[33]이라고 보아야 한다.

그리고 익명 표현의 자유는 표현하는 자의 신원을 제3자가 알 수 없는 상태에서 진정한 의미를 획득할 수 있다고 보기 때문에 여기서 '익명'은 단순히 이름을 감추는 것이 아니라 '신원을 확인받지 아니한 상태'까지 포함하는 것으로 보아야 하므로 가명을 사용해서 게시행위를 할 수 있도록 한다 하더라도 실명확인절차를 밟도록 요구하는 것은 익명 표현의 자유를 침해하는 조치로 이해해야 하는 것이니 국가가 강제적으로 실명을 통해서만, 혹은 실명확인을 받은 경우에만 인터넷 상에서의 게시행위를 할 수 있도록 한다면 이러한 경우에는 위축효과로 인하여 자유로운 표현행위가 이루어질 수 없게 될 것이다.[34]

(3) 과잉금지원칙 위배

입법자가 공익실현을 위하여 기본권을 제한하는 경우에도 입법목적을 실현하기에 적합한 여러 수단 중에서 되도록 국민의 기본권을 가장 존중하고 기본권을 최소로 침해하는 수단을 선택해야 한다. 기본권의 제한은 기본권행사의 방법과 여부에 관한 규정으로 구분할 수 있는데 우선 기본권행사의 방법에 관한 규제로서 공익을 실현할 수 있는가를 시도하고 그것이 어렵다고 판단되는 경우 그 여부에 관한 규제를 선택해

---

32) Council of Europe, Declaration on freedom of communication on the Internet, 2003.5.28. 〈https://wcd.coe.int/ViewDoc.jsp?id=37031〉

33) 이인호, "익명표현의 자유", 로앤비(http://www.lawnb.com/), 2003.4. (명재진, "공공기관의 인터넷 게시판 실명제 실시에 관한 소고", 「CLIS Monthly」 2003-5/6호, 정보통신정책연구원, 2003, 6에서 재인용).

34) 황성기, 전게논문, 14-15.

야 한다.[35)]

그런데 인터넷 실명제는 사기 등 범죄를 목적으로 한 자의 경우에는 실명제 도입에도 불구하고 각종 탈법수단을 사용하여 목적을 달성할 것이기 때문에 그렇지 못한 선량한 이용자에 대해서만 제약을 가하게 되는 결과가 발생할 우려가 있다[36)]는 점과 공직선거법상 실명확인제의 목적은 후보자나 정당에 대한 비방이 선거에 부당한 영향을 미치는 것을 방지함으로써 공정한 선거를 가능하게 하려는 취지라고 할 수 있는데 이는 명예훼손법리나 공직선거법상의 후보자비방죄 등을 적용하여 해결할 수도 있다[37)]는 점을 고려하면 실명확인제의 도입은 국민의 기본권을 가장 존중하고 기본권을 최소로 침해하는 수단을 선택한 것이라고 보기 힘들고 그러므로 헌법상 과잉금지원칙에 반한다고 할 것이다.

2. 사생활의 비밀과 자유 침해

인터넷 실명제 도입은 사생활의 비밀과 자유에 대한 침해를 초래할 가능성이 높다. 사이버 공간에서의 여러 가지 일탈행위를 규제하기 위하여 이용자의 책임의식을 환기한다는 취지에서 본인의 확인절차를 거치도록 하는 것이 인터넷 실명제의 한 도입 취지로 이해될 수 있는데 이는 결과적으로 그러한 확인절차를 통해 이용자의 신원정보가 온라인서비스제공자나 국가에 의해 통제되는 상황을 초래하는 것으로 결국 온라인 상에서의 표현행위가 감시받는 상황을 불러오게 될 것이다.[38)]

3. 직업의 자유 침해

정보통신망법에서는 일정한 기준에 부합하는 정보통신서비스 제공자에게 이용자의 본인 여부 확인 의무를 부과하는데 만약 행정자치부가 보유하고 있는 주민등록 DB의 활용이 여의치 않거나 신용정보업자 등의 제3자가 확보하고 있는 주민등록 DB의 활용에 상당한 비용이 수반된다면 본인확인의무를 지는 사업자는 별도의 개인정보 DB를 구축해야 하는데 이러한 사정은 결국 사업자의 직업수행의 자유 혹은 영업의 자유를 침해하는 것[39)]이라고 할 수 있고 공직선거법상의 실명확인제도 마찬가지 가능성이 존재한다.[40)]

---

35) 헌법재판소 1998.5.28. 선고 96헌가5 결정.
36) 한상희, 전게논문, 21-22.
37) 황성기, 전게논문, 15.
38) 문재완, 전게서, 709-710.
39) 황성기, 전게논문, 24.

Ⅱ. 인터넷 실명제에 대한 찬성 의견

인터넷 실명제 도입에 찬성하는 입장에서는 익명성으로 인한 부정적 측면에 초점을 둔다. 온라인상에서 표현의 자유는 인간의 자기실현, 민주주의 실현의 수단으로서의 기능과 진리발견, 사회발전의 도구, 공론장의 기능이라는 중요한 역할을 수행하지만 그렇다고 해서 절대적인 보장이 요구되지는 않으며 다른 개인적 권리나 공공의 이익과 균형을 이루는 선에서 보장된다고 할 것[41]이다. 각종 범죄와 같은 일탈행위들이 익명성 뒤에 숨어서 자행되는 현실을 적절히 통제할 수 있는 사회적 제도가 불비한 상황에서 자율적인 자정작용을 기대하면서 부정적 상황을 방관하고 있는 것은 비현실적이고 무책임한 발상으로서 인터넷에서의 이러한 문제상황을 해결하기 위해서는 공공장소에 설치된 폐쇄회로 카메라와 같은 현실적인 조치가 필요하고 차량번호를 통한 차량 소유주의 확인가능성을 확보하는 것과 마찬가지로 인터넷 실명제의 도입이 이용자들을 잠재적인 범죄자로 취급하는 것이라고 볼 수는 없으며[42] 익명성의 역기능이 순기능을 압도하는 상황에서는 사이버 공간에 건강한 인터넷 문화를 구현하기 위한 직접적인 조치로서 문제해결을 위한 법과 제도의 도입이 요구된다[43]고 보는 것이다.

1. 표현의 자유의 한계

표현의 자유도 절대적인 것은 아니고 일반적인 제한 가능성이 있는 상대적 기본권으로서 익명 표현의 자유는 그 내용으로 포함되나 그로 인한 부정적 효과가 표현의 자유에 대한 보호로 인한 이익보다 과도하게 커서 일정한 범위 내에서 제한할 필요성이 인정된다면 그 자유 역시 제한될 수 있는 것이므로 인터넷 실명제의 법제화 자체를 당연히 위헌이라고 볼 수는 없으며 내용규제와 무관한 제도 자체가 바로 헌법상 금지되는 사전검열에 해당한다고 보기도 어렵다.[44]

미국에서도 선거자금기부자의 명단을 공개하도록 한 연방법률을 합헌이라고 본

---

40) 황성기, 전게논문, 16-17 참조.

41) 김경호, "온라인상에서의 표현의 자유와 규제에 관한 연구", 한국방송학회 2006 봄철 정기학술대회 논문집, 한국방송학회, 2006, 6, 4.

42) 김재범, "정치적인 이유로 폐지되지 말아야 한다", 국회보, 2004. 6, 69-70.

43) 전창호, "얼굴 숨긴 사이버 폭력 방치할 수 없다", 국회보, 2003. 5, 85.

44) 권영준, "인터넷상 표현의 자유와 명예의 보호", 저스티스, 통권 제91호, 한국법학원, 2006. 6, 16.

경우[45]와 같이 익명 표현의 자유를 제한하는 법률이 모두 위헌으로 판단되는 것은 아니고, 실명제의 실시로 인하여 보호되어야 할 다른 표현영역들에게 광범위하게 영향을 미치지 않도록 할 입법기술이 존재하고 제대로 구현될 수 있으며, 상응하는 중대한 국가적 이익을 입증할 수 있다면 합헌판단을 받을 수 있다고 할 것이다.[46]

일반적으로 타인의 권리나 사회윤리를 침해하는 표현행위라면 이는 허용되지 아니하므로[47] 사후 책임의 추급을 위하여 사전에 그 표현행위자를 확정할 필요가 인정된다고 할 것인데 이는 영화나 비디오물의 등급분류가 청소년 보호나 음란물 유통 금지라는 법적 통제를 대비하여 사전에 등급을 분류하는 것이 사전검열에 해당되지 않는다는 헌법재판소 결정의 취지[48]와 마찬가지 논리에 의한 것으로서 인터넷상에서는 정보의 신속하고 광범위한 전파 가능성으로 인해 사후적 피해구제가 실효를 거두기 힘들다는 점을 고려한다면 본인확인제는 타인의 권리침해행위를 사전에 예방하고 언론 · 출판의 자유의 남용으로 인한 부정적 결과를 저지하기 위한 합리적인 제도라고 할 것이다.[49]

2. 과잉금지원칙 위배 문제

인터넷 실명제의 도입이 과잉금지원칙 위배로서 표현의 자유에 대한 침해가 된다고 하는데 공공기관의 인터넷 실명제는 전자정부의 실현과 관련한 여론수렴의 장치를 위한 제도라는 목적이 분명하고 표현의 내용에 대해서는 정부가 통제를 가하지 않으므로 수단의 적절성과 피해의 최소성을 지키고 있다고 볼 수 있으며 실명제를 통하여 확보되는 타인의 명예권 보호라는 공익이 일반적 행동자유권이라는 제한되는 사익보다 크기 때문에 법익의 균형성 요건도 갖추었다고 볼 수 있기 때문에 과잉금지원칙에 위배된다고 볼 수 없다.[50]

---

45) *Buckley v. Valeo*, 424 U.S. 1 (1976).

46) 한상희, 전게논문, 20.

47) 헌법 제21조 ④언론 · 출판은 타인의 명예나 권리 또는 공중도덕이나 사회윤리를 침해하여서는 아니된다. 언론 · 출판이 타인의 명예나 권리를 침해한 때에는 피해자는 이에 대한 피해의 배상을 청구할 수 있다.

48) 헌법재판소 1996.10.4. 선고 93헌가13, 91헌바10 병합 결정.

49) 황창근, "정보통신망법상 본인확인제에 대한 공법적 고찰", 세계헌법연구 제14권 제2호, 국제헌법학회 한국학회, 2008. 7, 328.

50) 명재진, 전게논문, 10.

3. 자기책임법리

그리고 행위자는 자유롭게 표현행위를 하는 한편으로 스스로 행한 표현행위로 인하여 타인의 명예를 훼손하거나 모욕하는 등 타인의 권리를 침해한 경우에는 그 해당 행위에 대하여 민 · 형사상의 책임을 지는 것이 행위자책임의 원리에 부합하므로 이러한 원칙을 현실적으로 관철시키기 위해서는 표현행위자의 신원확보가 필요하며 국가는 피해자 구제라는 관점에서 헌법 제21조 제4항을 근거로 인터넷 사업자로 하여금 침해행위자의 신원정보를 절차에 따라 피해자에게 알려 줄 수 있도록 하는 제도를 마련할 책임이 있다고 할 것이다.[51]

4. 통신의 비밀 · 사생활의 비밀과 자유 침해 문제

통신의 비밀의 불가침이란 개인이 우편이나 전기통신 등의 수단에 의하여 정보 등을 전달 또는 교환하는 경우 그 내용 등이 본인의 의사에 반하여 공개되지 아니할 자유를 말하는 것으로 인터넷 게시판은 인터넷 메일과는 달리 기본적으로 접근가능한 모든 이용자에게 공개된 상태이기 때문에 통신의 비밀에 의한 보호영역에 속한다고 볼 것이 아니며 이 점은 통신의 비밀에서 보호하는 것이 개인이 공개를 원하지 않는 내용에 대한 제3자의 침해를 방지하는 것이라는 점에서도 마찬가지이고 또한 인터넷 게시판은 공개된 영역으로서 명예훼손적 발언 등에 의한 피해자가 발생하는 곳이므로 공공성이 강조될 필요가 있으므로 통신의 비밀이 보호되는 메일 등과는 상황이 다르다고 할 것이다.[52] 비슷한 이유에서 본인확인제가 사생활의 비밀을 침해한다고 볼 수도 없다. 인터넷은 사적인 공간이라기보다 공공적 영역에 해당한다고 할 것이며 게시판에 들어온 이상 스스로 내밀성이라는 의미에서 사생활의 비밀에 대한 제한을 받아들인 것으로 보아야 하기 때문[53]이다.

5. 기타 문제

주민등록번호 등의 개인정보를 공공기관이 사용하는 것은 정보통신망법에서 금지하고 있는 제3자 이용이라고 보아 그 부당성을 주장하는 견해가 있으나 정보통신망법 제24조[54]에 의하면 다른 법률에서 이를 허용하고 있는 경우는 제외하고 있고

51) 황창근, 전게논문, 330.

52) 명재진, 전게논문, 9.

53) 강경근, “인터넷언론과 선거”, 헌법학연구 제9권 제3호, 한국헌법학회, 2003, 142.

54) 제24조의2(개인정보의 제공 동의 등) ① 정보통신서비스 제공자는 이용자의 개인정보를 제3자에게 제

신용정보의 이용 및 보호에 관한 법률 제23조[55]에서 신용정보집중기관 등과 공공기관 간의 신용정보교류를 허용하고 있으므로 정보통신망법 제24조에서 허용하고 있는 개인정보의 이용으로 볼 수 있으며 인터넷 실명제가 이용자의 행동과 발언을 사전에 기록으로 남길 것을 법으로 강제하는 것으로서 법관이 발부한 영장 없이 국민을 수색하는 것과 같으므로 영장주의 위반이라는 주장도 있으나 영장주의는 신체구속과 관련된 것으로 실명확인에 해당될 성질의 것은 아니고 인터넷 실명제는 표현의 자유에 대한 위축효과로 인해 사실상 검열이라고 보는 주장은 검열이 사상이나 정보의 발표 이전에 행정권에 의하여 그 내용을 심사·선별하여 일정한 사상표현을 저지하는 제도[56]를 뜻하는 것이라고 할 때 인터넷 실명제를 정보에 대한 사전적 내용심사로 볼

공하려면 제22조제2항제2호 및 제3호에 해당하는 경우 외에는 다음 각 호의 모든 사항을 이용자에게 알리고 동의를 받아야 한다. 다음 각 호의 어느 하나의 사항이 변경되는 경우에도 또한 같다.

1. 개인정보를 제공받는 자
2. 개인정보를 제공받는 자의 개인정보 이용 목적
3. 제공하는 개인정보의 항목
4. 개인정보를 제공받는 자의 개인정보 보유 및 이용 기간

② 제1항에 따라 정보통신서비스 제공자로부터 이용자의 개인정보를 제공받은 자는 그 이용자의 동의가 있거나 다른 법률에 특별한 규정이 있는 경우 외에는 개인정보를 제3자에게 제공하거나 제공받은 목적 외의 용도로 이용하여서는 아니 된다.

55) 제23조(공공기관에 대한 신용정보의 열람 및 제공 요청 등) ① 신용조회회사나 신용정보집중기관은 국가·지방자치단체 또는 대통령령으로 정하는 공공단체(이하 "공공기관"이라 한다)에 해당 공공기관이 보유하고 있는 신용정보 중 관계 법령에 따라 공개할 수 있는 신용정보의 열람 또는 제공을 요청할 수 있다. 이 경우 요청을 받은 공공기관은 특별한 사유가 없으면 그 요청에 따라야 한다.

② 신용조회회사 또는 신용정보집중기관이 공공기관의 장에게 신용정보주체의 신용도·신용거래능력 등의 판단에 필요한 신용정보로서 대통령령으로 정하는 신용정보의 제공을 요청하면 그 요청을 받은 공공기관의 장은 다음 각 호의 법률에도 불구하고 해당 신용조회회사 또는 신용정보집중기관에 정보를 제공할 수 있다. 공공기관의 장이 신용조회회사 또는 신용정보집중기관에 정보를 제공하는 기준과 절차 등은 대통령령으로 정한다.

1. 「공공기관의 정보공개에 관한 법률」
2. 「공공기관의 개인정보보호에 관한 법률」
3. 「국민건강보험법」
4. 「국민연금법」
5. 「한국전력공사법」
6. 「주민등록법」

③ 신용조회회사 또는 신용정보집중기관은 제2항에 따라 공공기관으로부터 제공받은 신용정보를 대통령령으로 정하는 신용정보제공·이용자에게 제공할 수 있다.

④ 신용조회회사 또는 신용정보집중기관은 제2항 및 제3항에 따라 신용정보제공·이용자에게 개인신용정보를 제공하는 경우에는 제32조제3항에서 정하는 바에 따라 신용정보제공·이용자가 해당 개인으로부터 신용정보 제공·이용에 대한 동의를 받았는지를 확인하여야 한다.

⑤ 제3항에 따라 신용정보를 제공받은 신용정보제공·이용자는 그 정보를 타인에게 제공하여서는 아니 된다.

⑥ 제1항에 따라 신용정보의 열람 또는 제공을 요청하는 자는 관계 법령에 따라 열람료 또는 수수료 등을 내야 한다.

⑦ 신용정보회사등은 공공기관의 장이 관계 법령에서 정하는 공무상 목적으로 이용하기 위하여 신용정보의 제공을 문서로 요청한 경우에는 그 신용정보를 제공할 수 있다.

수는 없으므로 타당하다고 할 수 없다.[57]

제 6 인터넷 실명제 문제에 대한 접근 방향

Ⅰ. 익명 커뮤니케이션에 관한 자율적 선택

인터넷 실명제의 이름으로 논의되는 제도적 태양이나 문제에 대한 인식이 다양하기 때문에 제도 자체를 두고 일의적으로 위헌문제를 논의하기보다는 제반 사정을 고려하여 국민의 표현의 자유, 사생활의 비밀과 자유 등을 보장하면서도 사이버 공간의 익명성으로 인한 부정적 효과를 해소하고 실질적 피해구제를 가능하게 하는 방안에 대한 고려를 하는 것이 요구된다.[58]

현재 도입되어 있는 공직선거법상의 실명확인제나 정보통신망법상의 본인확인제는 일정한 요건하에 적용대상을 한정짓는다는 점에서 그 범위에서 전면적이라고 할 수는 없으나 기본적으로 국가에 의한 일률적 강제의 형태를 띠고 있는데 이는 원칙적으로 시민사회내의 자율적 통제에 의해 규율될 수 있는 가능성이 있는 영역을 국가가 침해하는 것일 수 있으므로[59] 범죄 등 일탈행위에 대한 일반예방을 위하여 인터넷 실명제를 강제하기보다는 개별 사업자의 수준에서 자율적으로 이루어지도록 하는 것이 바람직하다고 할 것이다.[60]

Ⅱ. 개인정보보호와 실질적 피해구제를 위한 제도의 정비

1. 대체적 본인확인수단의 도입

현실적으로 인터넷 실명제가 도입된 상황에서는 그로 인한 문제점을 최소화하는 작업이 긴요하다. 주민등록번호만 있으면 일상생활에서 뿐만 아니라 모든 인터넷 상에서 주민등록번호를 악용한 차명 인터넷 실명제가 공공연하게 자행되고 있는 실정으로 이러한 폐해를 얼마나 최소화시키느냐가 한국적 주민등록제도와 인터넷 실명제의 향방을 가늠하게 된다.[61] 주민등록번호의 유출과 그로 인한 각종 범죄의 발생에

56) 성낙인, 헌법학, 법문사, 2009, 513.
57) 명재진, 전게논문, 8-10 참조.
58) 황찬근, 전게논문, 319.
59) 황용석, 전게논문, 119.
60) 한상희, 전게논문, 22.

대처하기 위하여 2006년 7월부터 대체적 본인확인수단으로서 아이핀(i-PIN) 서비스가 도입되어 시행되고 있는데 이는 인터넷 상 개인식별번호(Internet Personal Identification number)를 뜻하는 것으로서 2009년 7월부터 아이핀 2.0 체계로 운영되고 있다.[62]

2. 실질적 피해구제절차의 정비

그리고 사이버 윤리의식의 함양과 함께 사이버 공간 상에서의 법익침해행위로부터 피해자를 실효적으로 구제하기 위한 사이버 가처분 제도의 운용이 요구된다.[63] 이용자들의 네트워크 상에서의 커뮤니케이션은 온라인 서비스 제공자의 서비스를 통해 가능하게 되는데 실제로 개별 이용자들에 대한 신원정보를 확보하고 있고 신속하고 실효적인 피해구제조치를 취할 수 있는 위치에 있는 자는 온라인 서비스 제공자가 된다. 국가기관이 범죄수사 등의 목적을 위해 이용자의 신원을 확보하기 위해서도 온라인 서비스 제공자의 협력을 필요로 하게 된다. 그러므로 사이버 공간에서 개인정보의 보호와 법익침해를 당한 피해자의 구제를 위한 법제의 구상은 온라인 서비스 제공자를 중심으로 이루어지는데 이는 온라인 서비스 제공자의 서비스유형에 따른 책임에 관한 논의와 관련된다.

온라인 서비스 제공자가 자신의 홈페이지 등을 통해 스스로 정보발신을 행하는 경우에는 직접적인 정보발신자로서의 책임을 지고 서비스제공자의 콘텐츠에 대한 관여의 정도가 강한 경우에는 정보발신자에 준한 책임을 질 것이며 위법한 정보가 발신되지 않도록 주의할 의무가 있다고 볼 것이나 콘텐츠에 대한 통제를 하지 않고 단순히 엑세스 수단을 제공하고 있는 경우에는 책임이 그 인정되지 않는다.[64]

온라인 서비스 제공자가 이용자의 요청에 의하여 자료를 네트워크에 올리는 호스팅(hosting) 서비스의 경우 원칙적으로 온라인 서비스 제공자는 불법정보에 대한 일반적이고 상시적인 감시의무로부터 자유롭기 때문에 단순한 과실로 인하여 책임을 부담하지는 않는다. 제공하는 인터넷 게시공간에 게시된 명예훼손적 게시물의 불법성이 명백하고, 온라인 서비스 제공자가 이러한 게시물로 인하여 명예를 훼손당한 피

---

61) 성낙인, "인터넷과 표현의 자유", 언론과 법 제8권 제1호, 한국언론법학회, 2009, 116.

62) i-PIN, 한국인터넷진흥원, 〈http://www.kisa.or.kr/kisa/ipin/jsp/ipin.jsp〉

63) 이재진, "인터넷실명제의 명암과 윤리성 제고 방안", 「신문과 방송」 제422호, 한국언론재단, 2006.2, 123.

64) 이해완, "사이버스페이스와 표현의 자유 - 판례를 중심으로 -", 헌법학연구 제6권 제3호, 한국헌법학회, 2000, 116.

해자로부터 구체적 · 개별적인 게시물의 삭제 및 차단요구를 받은 경우는 물론, 피해자로부터 직접적인 요구를 받지 않은 경우라 하더라도 그 게시물이 게시된 사정을 구체적으로 인식하고 있었거나 그 게시물의 존재를 인식할 수 있었음이 외관상 명백히 드러나며, 또한 기술적, 경제적으로 그 게시물에 대한 관리 · 통제가 가능한 경우에는, 온라인 서비스 제공자에게 그 게시물을 삭제하고 향후 같은 인터넷 게시공간에 유사한 내용의 게시물이 게시되지 않도록 차단할 주의의무가 있고, 그 게시물 삭제 등의 처리를 위하여 필요한 상당한 기간이 지나도록 그 처리를 하지 아니함으로써 타인에게 손해가 발생된 경우에는 부작위에 의한 불법행위책임이 성립된다.[65]

이러한 온라인 서비스 제공자의 법적 책임을 구성하는 법리를 전제로 실효적인 피해구제를 위한 절차의 마련이 강구된다. 사이버 공간에서는 현실세계와는 비교할 수 없는 속도로 정보가 전파되기 때문에 그러한 특성을 감안한 특별한 조치가 마련되지 않는다면 구제의 실효성을 확보할 수가 없다. 따라서 피해주장자의 신고를 받은 온라인서비스제공자는 해당 정보의 게시자에게 그 사실을 알리고 신중하게 그 불법성을 판단하여 신속하게 해당 정보에 대한 삭제 등 조치를 취할 필요가 있다. 그러나 정보게시자의 표현의 자유 보장과 온라인 서비스 제공자에 의한 과도한 내부적 감시의 방지를 위해 전담기구에 의한 신속한 분쟁해결 절차를 마련할 필요가 있으며 그 결과에 대해서는 사법기관에 의한 심사가 보장되는 것이 타당할 것이다. 범죄수사 등을 목적으로 한 국가기관에 대한 온라인 서비스 제공자의 신원정보제공여부에 대해서도 법원의 판단에 의하도록 하는 것이 적절하다.

구체적인 제도의 구성에 대해서는 세부적인 변형이 가능할 것이나 대체적으로 이렇게 온라인 서비스 제공자를 통한 피해구제절차를 정비함으로써 피해자의 법익에 대한 실효적 보호와 정보게시자의 표현의 자유의 보장, 국가기관의 사이버 공간에 대한 통제의 저지 등 관련 목표의 조화적 구현을 위한 제도적 근거를 마련할 수 있을 것으로 보는데 현행 정보통신망법에서는 침해주장자의 삭제 등 요청과 이에 대한 정보통신서비스 제공자의 조치의무(제44조의2, 제44조의3), 그리고 명예훼손 분쟁조정부(제44조의10)에 관하여 규정하고 있고 전기통신사업법 제54조에서는 범죄수사 등을 목적으로 한 전기통신사업자의 통신자료제공에 대하여 규정(제3항)하고 있으나 이러한 기준에 비추어 적절한 보완이 필요할 것이다.

65) 대법원 2009.4.16. 선고 2008다53812 판결.

참고문헌

〈단행본〉

강미은, 인터넷 저널리즘과 여론, 나남출판, 2001.

김여라, 인터넷 실명제 쟁점 - 현안보고서 제3호, 국회입법조사처, 2008. 8.

문재완, 언론법, 늘봄, 2008.

박정순, 익명성의 문제와 도덕규범의 구속력, 정보통신정책연구원, 2004.

성낙인, 헌법학, 법문사, 2009.

〈논문〉

강경근, "인터넷언론과 선거", 헌법학연구 제9권 제3호, 한국헌법학회, 2003.

권영준, "인터넷상 표현의 자유와 명예의 보호", 저스티스 통권 제91호, 한국법학원, 2006. 6.

김경호, "온라인상에서의 표현의 자유와 규제에 관한 연구", 한국방송학회 2006 봄철 정기 학술대회 논문집, 한국방송학회, 2006. 6.

김재범, "정치적인 이유로 폐지되지 말아야 한다", 국회보 2004. 6.

명재진, "공공기관의 인터넷 게시판 실명제 실시에 관한 소고", 「CLIS Monthly」 2003-5/6호, 정보통신정책연구원, 2003

성낙인, "인터넷과 표현의 자유", 언론과 법 제8권 제1호, 한국언론법학회, 2009.

이명진, "사이버공간의 가능성과 한계: 온라인상의 익명성을 중심으로", 한국사회 제4집, 고려대학교 한국사회연구소, 2001.

이재진, "인터넷실명제의 명암과 윤리성 제고 방안", 신문과 방송 제422호, 한국언론재단, 2006. 2.

이항우, "사이버 폭력의 사회적 구성과 인터넷 실명제", 경제와 사회 2008년 가을호, 한국산업사회학회, 2008.

이해완, "사이버스페이스와 표현의 자유 - 판례를 중심으로 -", 헌법학연구 제6권 제3호, 한국헌법학회, 2000.

전창호, "얼굴 숨긴 사이버 폭력 방치할 수 없다", 국회보 2003. 5.

한상희, "사이버공간에서의 익명성과 책임", CLIS Monthly 2003-5/6호, 정보통신정책연구원, 2003.

홍완식, "인터넷실명제 관련 법률안의 입법원칙에 따른 검토", 토지공법연구 제31집, 한국토지공법학회, 2006. 5.

황성기, "인터넷 실명제에 관한 헌법학적 연구", 한양대학교 법학논총 제25집 제1호, 한양대학교 법학연구소, 2008.

황용석, “인터넷게시판 실명제에 대한 비판적 연구 - 익명적 표현의 권리를 중심으로”, 언론과 사회 2007년 여름호, 성곡언론문화재단, 2007.

황창근, “정보통신망법상 본인확인제에 대한 공법적 고찰”, 세계헌법연구 제14권 제2호, 국제헌법학회 한국학회, 2008. 7.

Teich, Al, Frankel, Mark S., Kling, Rob, & Lee, Ya-ching, “*Anonymous Communication Policies for the Internet: Results and Recommendations of the AAAS Conference*”, 15 The Information Society, 1999.

〈인터넷〉

2009년 본인확인조치의무자 선정결과 공시, 한국인터넷진흥원, 2009. 1. 30.

〈http://www.nida.kr/notice/notice_view.jsp?brdId=060315162850001000&aSeq=090130180543002001&searchTitle=&searchValue=&pageIndex=1〉

Council of Europe, Declaration on freedom of communication on the Internet, 2003.5.28.

〈https://wcd.coe.int/ViewDoc.jsp?id=37031〉

Decision No 1351/2008/EC of the European Parliament and of the Council of 16 December 2008 establishing a multiannual Community programme on protecting children using the Internet and other communication technologies

〈http://ec.europa.eu/information_society/activities/sip/docs/prog_decision_2009/decision_en.pdf〉

i-PIN, 한국인터넷진흥원, 〈http://www.kisa.or.kr/kisa/ipin/jsp/ipin.jsp〉

제 2 절

인터넷 포털에서의 표현의 자유와 그 법적 규제 * **

제 1 문제의 제기

우리나라 인터넷포털사이트는 정보의 바다라는 인터넷으로 들어가는 관문(portal)에 그치지 않는다. 인터넷에서 할 수 있는 모든 것을 한 곳에서 할 수 있도록 지원하는 복합몰(complex)이다. 이용자는 이곳에서 세상 소식(news)을 보고 듣고, 정보를 검색(search)하고, 카페 클럽 미니홈피 블로그 등을 통해 공동체(community)를 형성하고, 친지에게 소식을 전하고(communication), 물건을 사고(commerce)하고, 게임하며 논다(entertainment).[1] 세계적으로 그 유례를 찾아보기 힘들 정도로 성공한 인터넷 종합정보센터이자, 종합문화센터이자, 종합놀이센터가 우리나라 인터넷 포털사이트다.[2]

외국의 인터넷포털사이트와 다른 결정적인 차이는 정보, 문화, 오락의 소재를 인터넷포털사이트가 직접 제공한다는 데 있다. 우리나라 인터넷포털사이트는 거의 모든 언론사의 뉴스를 종합하여 보기 좋게 정리하여 제공한다. 반면 구글(google)이나 야후(yahoo)와 같은 글로벌 인터넷포털사이트들은 뉴스 검색서비스만 제공하거나, 극히 일부 언론사와 계약을 맺고 뉴스를 제공하고 있을 뿐이다. 또한 우리나라 인터넷포털사이트와 뉴스 제공 사이트는 기사마다 이용자가 댓글을 달 수 있도록 공간을

---

* 문재완: 한국외국어대학교 법학전문대학원 부교수.

** 이 글은 공법연구 제38권 제1호 제2집에 실린 필자 논문 "인터넷상의 명예훼손과 인터넷포털사이트의 법적 책임 – 대법원 2009. 4. 16. 선고 2008다53812 판결을 중심으로 –"를 수정 · 보완한 것이다.

1) 포털사이트의 서비스를 검색, 커뮤니티, 커뮤니케이션, 뉴스, 커머스, 엔터테인먼트 등 6개로 구분한 것은 정보통신정책연구원 제출, "인터넷이용자와 사업자의 권리와 의무에 관한 연구"(최종보고서), 한국인터넷법학회, 2007. 12. 31, 169–180 참조.

2) 2008년 한국인터넷진흥원이 조사한 바에 따르면, 우리나라 인터넷 이용자(만 6세 이상 인구의 77.1%)의 대부분은 인터넷을 '자료 및 정보 습득'(89.0%)에 사용할 뿐 아니라 '음악, 게임, 전자책 등 여가활동'(92.9%)에 사용하고 있다. 인터넷의 출현은 미디어 영역에도 큰 변화를 몰고 왔다. 인터넷 이용자의 82.2%가 인터넷 미디어 이용자이며, 이들은 인터넷을 통해 신문기사를 읽고(59.7%), 영화를 감상하고(33.2%), TV를 시청하고(25.7%), 잡지나 서적을 읽고(30.60%), 라디오를 청취한다(21.81%). 만 12세 이상 인터넷 이용자의 52.5%가 '궁금한 사항이 생기면 인터넷에서 가장 먼저 찾거나 확인'하고 있는 것으로 나타났다. 2008년 인터넷이용실태조사, 한국인터넷진흥원 참조.

제공하고 있다. 이러한 댓글 구조는 외국에서 찾아보기 힘들다. 사회적 이슈가 되는 주요 뉴스에 한하여 제한적으로 댓글을 쓸 수 있도록 하는 사례는 있지만, 우리나라처럼 뉴스 댓글이 일상화, 보편화된 경우는 없다.

언론사 뉴스의 종합 제공 및 댓글 허용은 우리나라 인터넷포털사이트의 고유한 특성이다. 이 특성은 우리나라 인터넷포털사이트의 성장동력이자, 우리나라 인터넷 참여문화의 가장 중요한 구성요소라고 하겠다.[3] 뉴스의 제공이라는 일방적 전달체계를 뉴스에 대한 시민의 반응이라는 형태로 입체화시키고, 여기서 형성되는 여론이 새로운 뉴스를 만들게 되는 쌍방향소통체계로 바꾼 것이 인터넷포털사이트 중심의 뉴스와 댓글 문화다. 어떤 사람은 여기서 합리적 숙의가 이루어지는 공론장(public sphere)을 찾기도 하고, 민주주의의 성숙을 보기도 한다.[4]

그러나 인터넷이 공론장이 되기 어렵고, 오히려 민주주의를 위태롭게 한다는 비관론 역시 강력하다.[5] 인터넷이 동질적 집단의 소통장소로 전락하여 참여자들이 더 극단적인 결정을 내리는 것을 합리화시킨다는 우려가 있는 것이다. 우리나라의 인터넷포털사이트는 그 극단적 결정을 내리는 공간을 제공하고, 극단적 행동의 동기를 부여하기도 한다.[6] 인터넷을 바라보는 시각의 차이는, 우리나라에서 인터넷의 핵심동력인 인터넷포털사이트를 바라보는 시각의 차이로 나타나고, 이는 인터넷포털사이트 안에서 발생하는 불법행위에 대하여 인터넷포털사이트에게 책임을 부과할 수 있는지에 관한 시각의 차이로 나타난다.

불법행위가 발생한 것은 분명한 데 그 책임을 불법행위를 직접 행한 자는 물론이고, 그 불법행위가 발생한 공간의 관리자에게도 물을 수 있는가의 문제는 그 관리자가 우리 사회에서 행하는 역할에 대한 평가를 수반하지 않을 수 없다.[7] 불법행위법은

3) 서이종, "인터넷 이용행태와 댓글문화", 서울대학교 기술과 법 센터 세미나 발표자료, 2009. 5. 11.

4) 김보라미, "네트워크화된 공론장인 인터넷의 특성에 따른 명예훼손성립에 대한 검토", 서울대학교 기술과 법 센터 세미나 발표자료, 2009. 5. 11.

5) 인터넷은 보고 싶은 것만 보고, 듣고 싶은 것만 보고, 읽고 싶은 것만 읽는 자기중심적 시민을 양성하고, 다양한 사고와 의견에 접하는 데 기여하고 있지 않다는 대표적인 견해로는 Cass R. Sunstein, REPUBLIC.COM (2001) 참조. 인터넷을 동일한 사고의 집단끼리의 모임이라고 보는 Sunstein 교수의 견해보다 인터넷이 양극화(polarization)되지 않았다는 견해로는 Yochai Benkler, THE WEALTH OF NETWORKS: HOW SOCIAL PRODUCTION TRANSFORMS MARKETS AND FREEDOM (2006) 참조.

6) 2008년 5월 발생한 미국산 쇠고기 수입 반대 촛불집회와 그 여파로 발생한 조 · 중 · 동 광고불매운동이 그 대표적인 사례다.

7) 따라서 인터넷서비스제공자의 법적 책임의 문제는 인터넷이 당면하고 있는 '이익의 충돌' 현상을 반영하는 대표적인 문제이며, 이는 단순히 법리상 문제에만 그치지 않고 정책적인 문제로서 의미도 가진다고 본다. 황성기, "정보매개서비스제공자의 법적 책임의 적정 범위에 관한 연구: 서울중앙지방법원 2007. 5. 18. 2005가합64571, 손해배상(기)등의 평석을 중심으로", 사이버커뮤니케이션학보, 통권 제21호, 2007. 1, 153.

결국 가치의 대립을 '고의', '과실', '위법성'이라는 법적 도구에 의하여 어떻게 조정할 것인지에 관한 문제이므로.[8] 인터넷포털사이트가 행하는 표현의 자유라는 헌법적 가치를 어떻게 평가하느냐에 따라 그에 대한 책임이 달라질 수밖에 없기 때문이다.

대법원 2009. 4. 16. 선고 2008다53812 판결은 인터넷포털사이트라는 공간에서 언론사의 뉴스와 인터넷 이용자의 댓글이 합작하여 사인의 명예를 훼손한 사건에 관한 것으로, 우리나라 특유의 인터넷 문화가 그대로 드러난다. 이 사건의 결론은 인터넷에 대한 평가, 인터넷포털사이트에 대한 평가를 반영하고 있으며, 이 평가는 향후 인터넷 관련법제의 개정에 영향을 미칠 가능성이 크다. 인터넷포털사이트의 배상책임을 인정한 결론에 있어서는 차이가 없지만, 그 논거를 놓고 대법관들이 다수의견과 별개의견으로 나뉘어 격론을 벌인 이유도 여기서 찾을 수 있다. 실제로 이 사건에서 쟁점이 되었던 인터넷포털사이트의 모니터링(monitoring)을 의무화하는 정보통신망 이용촉진 및 정보보호 등에 관한 법률(이하 정보통신망법) 일부 개정안이 국회에 계류중이다.

본 논문은 위 대법원 판결의 다수의견과 별개의견을 표현의 자유와 인격권의 조화라는 시각에서 분석하고, 여기서 나온 논거를 향후 인터넷포털사이트 관련법을 제 · 개정할 때 입법자료로 활용할 수 있는지 검토하고 있다.

이를 위하여 제2장에서 인터넷에서 발생하는 명예훼손 사건에서 인터넷포털사이트에게 책임을 물을 수 있는지 여부 및 그 조건과 범위 등에 관한 국내외 이론과 판례를 검토하고, 제3장에서 위 판례의 내용을 사건의 경과, 다수의견, 별개의견, 두 의견의 비교 순으로 소개하고, 제4장에서 위 판례를 언론성 논쟁, 불법행위법과 표현의 자유, 인터넷 규제론 등의 관점에서 분석하고, 마지막으로 제5장에서 논의를 정리한다.

제 2 인터넷상의 명예훼손과 인터넷서비스제공자(ISP) 책임론

Ⅰ. 명예훼손과 표현의 자유

명예훼손은 원칙적으로 명예훼손적 발언을 한 사람과 그로 인하여 명예를 훼손당한 사람의 문제다. 공연히 사실을 적시하여 다른 사람의 명예를 훼손한 사람은 그에 대한 민 · 형사상 책임을 져야 한다. 다만, 공공의 이익을 위한 것으로서 그 내용이 진실

8) 양창수, "불법행위법의 변천과 가능성", 민사판례연구 제15권, 박영사, 1993, 402.

이거나 또는 진실이라고 믿을 상당한 이유가 있는 때에는 위법성이 조각되어 그러하지 아니한다. 이같은 명예훼손의 기본법리는 인터넷상에서 발생하였더라도 동일하다.

명예훼손의 발언자와 피해자 사이에 매개자가 있는 경우에는 그 매개자의 성격에 따라 그에게 책임을 물리기도 하고, 그렇지 않기도 한다. 만약 매개자의 주된 업무가 발언자의 발언내용을 살펴보는 것이라면, 명예훼손적 발언을 알고도 또는 알 수 있었는데도 무심코 지나쳐서 손해가 발생 또는 확산되었다는 논리를 전개할 수 있다. 하지만 주된 업무가 발언 내용을 살펴보는 것이 아니라면, 그에게 책임을 부과시키는 것은 부당하다. 이것이 영미 보통법(common law)에서 발전한 발행자(publisher)와 배포자(distributor)의 구별이다. 출판사는 전자에 해당하고, 서점, 가판대, 도서관 등이 후자에 해당한다.

인터넷포털사이트와 같은 인터넷서비스제공자(internet service provider, 이하 ISP)의 경우 발행자에 해당하는지, 배포자에 해당하는지를 놓고 국내외에서 많은 논의가 있었다. 논란의 핵심은 ISP에게 어떤 근거로 책임을 부과할 것인지와 책임 부과로 예상하지 못하였던 부작용, 즉 표현의 자유에 대한 위축효과(chilling effect)가 발생할 경우 이를 어떻게 최소화할 것인지에 있다.[9)]

ISP 책임의 성질 및 근거에 대하여 여러 가지 학설이 있다.[10)] ISP에 대한 책임은 명예훼손 불법행위자를 대신하여 부과되는 것이라는 대위책임설, ISP가 명예훼손적 게시물에 관하여 명예훼손행위가 가능하도록 접속을 매개하였거나 침해행위가 일어나는 공간을 관리 · 운영하여 이를 제공하는 등의 방법으로 명예훼손의 수단을 제공하고 이것이 침해행위의 원인으로 경합한 이상 객관적 관련공동성이 인정되므로 ISP는 고의 또는 과실에 의한 방조자로서 명예훼손행위자와 공동으로 책임을 진다는 공동불법행위설,[11)] ISP는 제3자의 명예훼손 행위로 인한 불법행위책임이 아니라 작위의무 위반으로 인한 독자적인 불법행위책임을 진다는 독자행위설, 법경제학적 관점에서 최소비용으로 불법행위의 확산을 회피할 수 있는 ISP에게 제3자의 불법행위에 대응할 수 있는 일정한 책임을 부담시키는 것이 타당하다는 최소비용회피자설[12)] 등

9) 미국, 독일, 일본 등 주요 국가들의 입법례를 살펴 보면, 인터넷서비스제공자에 대하여 가능한 제한적 범위 내에서 법적 책임을 인정하려는 경향을 보이는 데, 이는 인터넷서비스제공자에 과도한 법적 책임을 부과할 경우 정보의 자유로운 유통을 그 이념으로 하는 인터넷에서의 표현의 자유가 위축되기 때문이라고 한다. 황성기, 전게논문, 173.

10) 이에 대해서는 박용상, 명예훼손법, 현암사, 2008, 1393-1398, 1415-1417 참조.

11) 민법 제760조 제1항은 "수인의 공동의 불법행위로 타인에게 손해를 가한 때에는 연대하여 그 손해를 배상할 책임이 있다"고, 동조 제3항은 "교사자나 방조자는 공동행위자로 본다"고 규정하고 있다.

12) 최소비용회피자론은 기존의 ISP책임론이 불법행위법에 의탁하여 ISP가 제3자의 불법행위를 막지 못한

이 있다. 또 정보의 삭제요청 및 임시차단조치 등을 규정한 정보통신망법 제44조의 2가 마련되기 전까지는 조리상 의무가 인정되었지만, 지금은 정보통신망법에서 주의의무를 규정하고 있으므로 법령상 의무위반에서 위법성을 찾는 견해도 있다.[13)]

어떠한 근거에 의하던 ISP가 부작위하였음을 이유로 피해자에 대한 손해배상책임을 인정하게 되면, ISP는 자신의 책임을 경감시키기 위하여 명예훼손적 발언을 색출하려고 편집적 통제(editorial control)을 하기 쉽고, 이로 인하여 표현의 자유가 위축될 가능성이 있다.[14)] 인터넷 시대에는 과거 공권력에 의한 검열보다 ISP가 행하는 사적 검열(private censorship)이 표현의 자유를 더욱 침해할 소지가 크다는 지적도 나온다. 즉, ISP에게 법적 책임을 과도하게 부과하는 것은 규제의 삼각관계[15)]로 인하여 실제 글을 작성한 자는 국가기관에 의하여 규제받지 않기 때문에 이를 다툴 수 있는 방법이 없게 되고, 규제의 삼각관계에서 ISP는 규제기관과의 역학관계상 과도하게 시정요구나 명령을 받기 이전에 알아서 글을 삭제하고, 그로 인하여 인터넷 이용자는 이런 상황에서 알아서 글쓰기를 자제하게 되어 자기 검열(self-censorship)에 이르는 문제가 발생한다고 한다.[16)]

이 논쟁을 더욱 복잡하게 하는 것은, ISP가 명예훼손적 발언을 찾으려고 노력하

과실이 있다거나 그에 관여 내지 기여하였음을 근거로 하고 있으나 논리적이지 못하다고 비판하고, ISP의 책임은 이용자의 불법행위 또는 손해의 확대를 방지할 책임을 이행하지 못한 데 그 원인이 있다고 본다. 이 이론을 체계화한 Rustad와 Koenig에 의하면, 불법행위자인 이용자의 책임과 제3자인 ISP의 책임은 확연히 구분되어야 하며, ISP는 이용자의 불법행위에 대하여 배타적으로 기술적 통제를 할 수 있고, 이용자의 협력 없이 그러한 불법행위를 방지할 수 있는 지위에 있다. 다만, ISP가 책임을 지는 것은 불법행위를 인지한 후가 된다. 따라서 최소비용회피자론은, 후술하는 바와 같이 포괄적 면책을 규정한 미국의 CDA 제230조에 대하여 비판적이다. 이에 대해서는 박용상, 전게서, 1393-1398 참조.

13) 안정민, "제3자의 명예훼손행위에 대한 정보통신서비스 제공자의 책임", 한림법학 FORUM 제19권, 2008. 12, 77-78.

14) 민간 사업자인 인터넷서비스사업자에게 책임을 부과하는 것이 국가 수준의 관리책임을 지우는 것과 같아 사적 검열을 행하는 원치 않는 사법권력으로의 비화를 가져오게 될 것이라는 지적도 있다. 권헌영, "법원의 판단으로 본 포털 뉴스서비스의 성격", 언론중재 2008 가을, 21 참조.

15) 규제의 삼각관계란 불법정보 통신의 규제체계가 행정부-사업자-이용자의 삼각구도로 이루어진 것을 의미한다. 구 전기통신사업법 제53조 등에 대한 헌법소원사건에서 헌법재판소가 불온통신 규제제도를 다음과 같은 구조와 특성을 가졌다고 설명한 데서 기인한다. 첫째, 정보통신부장관이라는 행정권력에 의해 표현의 자유에 대한 직접적인 내용규제가 이루어진다. 둘째, 그 규제의 법적 구조가 정보통신부장관-전기통신사업자-전기통신이용자의 삼각구도로 짜여져 있어, 명령 및 처벌의 대상자는 전기통신사업자이지만, 그로 인하여 실질적으로 표현의 자유를 침해받는 자는 이용자가 된다. 셋째, 형식적으로는 표현의 자유에 대한 사후규제이지만, 이용자-전기통신사업자, 전기통신사업자-정보통신부장관의 역학관계에 비추어 볼 때 전기통신사업자는 정보통신부장관의 취급거부 등 명령이 없더라도 미리 사용약관 등에 의하여 이용자의 통신내용을 규제하고 이에 따라 이용자는 스스로 조심할 수밖에 없는, 실질적으로는 상시적인 자체 검열체계로 기능하기 쉽다. 헌재 2002. 6. 27. 99헌마480 참조.

16) 김보라미, "네트워크화된 공론장인 인터넷의 특성에 따른 명예훼손성립에 대한 검토", 서울대학교 기술과 법 센터 세미나 발표자료, 2009. 5. 11.

면 할수록 과실책임이 인정되기 쉽고, 그러한 활동을 전혀 하지 않는 ISP는 오히려 책임을 면제받을 수 있는 모순적 상황이 발생할 수 있다는 것이다. 이것을 착한 사마리아인의 모순(good Samaritan paradox)이라고 부른다.

Ⅱ. 외국의 입법 및 판례 동향

1. 미 국

(1) 면책 입법

미국 의회는 1996년 통신품위법(Communication Decency Act of 1996, 이하 CDA)을 제정하여, "상호작용적 컴퓨터 서비스 제공자나 이용자는 다른 정보콘텐츠 제공자가 제공한 정보의 발행자(publisher)나 발언자(speaker)로 취급되어서는 아니된다"는 조항(제230조 (c)(1))을 마련하였다. 이 후 미국에서 ISP는 온라인 명예훼손에 대하여 포괄적으로 면책(blanket immunity)되고, 발언자만 책임지는 것으로 해석되고 있다.[17)]

CDA는 또 ISP가 청소년에게 해로운 정보 등 문제가 있는 정보에의 접근을 제한하기 위하여 선의로 행한 자발적인 조치로 이유로 법적 책임을 지지 아니한다는 이른바 착한 사마리아인 조항(제230조 (c)(2)(A))도 마련하였다.

미 의회가 CDA를 제정한 것은 Prodigy 사건[18)]의 영향이 크다. ISP인 Prodigy는 자체 가이드라인을 설정하고 게시판의 부적절한 내용을 심사하고 삭제하였는데, 바로 이 편집행위로 인하여 발행자로 분류되어 미처 삭제하지 않은 명예훼손적 글에 대한 법적 책임을 져야 하는 결과를 낳은 것이다. 미 의회는 이 판결을 무효화하기 위하여 ISP의 면책조항을 마련하였다.[19)]

그러나 CDA 면책조항은 실제에 있어 입법 취지보다 훨씬 강력한 면책효과를 나타내면서 또 다른 문제를 낳고 있다.[20)] 즉, ISP는 어떠한 경우에도 완전 면책되므로, 구태여 자기가 운영하는 사이트 내의 컨텐트를 모니터링할 이유가 없는 것이다. 여기서 권한과 책임의 불일치가 발생한다. 그 대표적인 사례가 1997년 Zeran 사건[21)]이다.

---

17) 박용상, 전게서, 1381.

18) Statton Oakmont, Int. v. Prodigy Service Inc., 1995 N.Y. Misc. LEXIS 229 (N.Y. Sup. Ct. 1995).

19) 이해완, "사이버스페이스와 표현의 자유", 헌법학연구 제6권 제3호, 2000. 11, 107.

20) 우지숙, "인터넷서비스제공자의 법적 책임 판단에 있어서 편집권 행사의 역할에 관한 연구", 인권과 정의, 2009. 7, 61.

원고 Zeran은 건물 폭파범을 칭송하는 내용의 티셔츠를 판매하는 광고와 함께 자신의 집 전화번호가 인터넷서비스회사인 AOL에 게재되자, AOL에 위 광고를 삭제해줄 것을 요구하였다. AOL이 요청을 받아들이지 않자, 원고는 AOL을 상대로 손해배상청구소송을 제기하였다. 법원은 AOL이 비록 신고에 의하여 위 광고가 악의적이고 기만적이라는 점을 알았다고 하더라도 이를 제거하지 아니한 AOL에게 책임을 물릴 수 없다고 판단하였다. 법원은 위 CDA 제230조를 ISP가 명예훼손적 내용을 인식하고 배포한 경우에도 책임을 면제한다고 해석한 것이다.

(2) 포괄 면책에 대한 반론

미국 의회의 CDA 입법 및 법원의 확대 적용은 인터넷상 표현의 자유를 튼튼하게 보호한다는 긍정적 평가와 동시에 불법행위로 인한 피해자에 대한 구제에 미흡하다는 부정적 평가를 받고 있다. 이제는 ISP에 대한 면책을 제한하여야 한다고 주장하는 학설이 유력하다.[22] 그 유력한 논거는 책임 경감과 권력 통제가 균형을 이루지 못하였다는 것이다.[23]

법원 판례에도 변화가 있다. 2004년 캘리포니아주 법원은 제3자에 의해 저술된 명예훼손적 진술이 허위임을 안 후에도 이를 재공표한 ISP는 면책되지 않는다는 판결을 최초로 내렸다.[24] 법원은 Zeran 사건의 판시내용을 정면으로 거부하고, CDA 제230조는 배포자 책임에 관한 보통법을 번복한 것이 아니고, 인식이 있는 배포자에 대해서도 면책을 주는 것이 아니라고 판시하였다. 즉 위 조항은 ISP를 발행자로 취급하여서는 아니된다고 규정하고 있을 뿐이므로 배포자로 취급하는 것, 즉 보통법상 배포자로서 책임져야 할 경우 그 책임을 부과하는 것은 가능하다는 것이다.

2. 독 일[25]

독일은 ISP에 대한 책임을 입법적으로 해결하였다. 1997. 7. 22. 발효된 연방정보통신서비스법의 일부인 전자적 정보통신서비스법(Gegetz über die Nutzung von Telediensten, Teledienstegesetz – TDG)은 온라인상에서 제공되는 정보 및 통신서

---

21) Zeran v. American Online, Inc., 129 F.3d 327 (4th Cir. 1997).

22) Michael I. Rustad &, Thomas H. Koenig, "*Rebooting Cybertort Law*", 80 Wash. L. Rev, 2005. 371; Rebecca Tushnet, "*Power Without Responsibility: Intermediaries and the First Amendment*", 76 Geo. L. Rev, 2008. 986.

23) Rebecca Tushnet, *supra* note 22.

24) 박용상, 전게서, 1384.

25) 독일에서의 논의는 박용상, 전게서, 1384–1386; 박준석, 인터넷 서비스 제공자의 책임, 박영사, 2006

비스의 내용에 대한 법적 책임에 관하여 특별규정을 마련하였다.

동법에 따르면, ISP는 자기 제작 정보에 대해서는 일반법에 따라 책임을 부담하나(제5조 제1항), 이용가능하게 한 제3자 제작 정보에 대해서는 그가 그 내용을 인지하였고, 그 이용을 차단하는 것이 기술적으로 가능하고, 합리적으로 기대가능한 경우에 한하여 책임을 부담한다(동조 제2항). 여기서 인지란 개개의 구체적 내용을 적극적으로 인지한 상태를 뜻한다. ISP가 타인에게 단지 접속(access)만 제공하는 경우 제3자의 정보에 대하여 책임지지 않는다(동조 제3항).

독일의 책임제한입법은 그 내용이 추상적이어서 구체적 적용을 놓고 다양한 학설이 등장하여 이러한 학설의 보완적 해석만으로 ISP가 과연 면책될 수 있는지 미리 예측하는 것이 어렵다는 단점이 지적된다.[26]

3. 일 본[27]

일본은 ISP의 책임을 제한하는 특별법, '특정 전기통신 역무 제공자의 손해배상책임의 제한 및 발신자정보의 개시에 관한 법률'을 제정, 2002년부터 시행 중이다. 동법은 불법정보를 직접 작성 · 게시한 자가 아니라, 그 정보를 온라인상 매개하는 자의 책임에 관한 것이다.

동법 제3조 제1항에 따르면, ISP는 그 정보를 불특정인에게 송신하는 것을 방지하는 조치가 기술적으로 가능한 경우로서 다음 사유 중 하나에 해당하면 부작위로 인한 손해배상책임을 진다. 그 사유란, 관계 서비스제공자가 당해 정보의 유통에 의하여 타인의 권리가 침해되고 있다는 것을 알고 있었거나, 당해 정보의 유통에 의하여 타인의 권리가 침해받고 있다는 것을 알 수 있었다고 인정되는 상당한 이유가 있는 경우를 의미한다. 논란이 되는 것은 두 번째 사유인데, 이는 보통의 주의를 기울였더라면 알 수 있었다고 객관적으로 판단되는 것을 의미한다.

또한 동법 제3조 제2항은, ISP가 불특정인에 대한 정보의 송신을 방지하는 조치를 스스로 강구한 데 대하여 정보 발신자에게 생긴 손해에 대하여 ISP의 책임을 면제

년, 108~124면을 주로 참조하였음. 이 밖에 박희영, "인터넷 서비스 제공자의 형사책임에 관한 연구-독일의 개정 전자적 정보 통신서비스법(TDG)를 중심으로-", 인터넷법률 제22호, 2004. 3.; 김병일, "독일 연방 온라인서비스법(TDG)에서의 온라인 서비스 제공자의 책임 및 권한", 비교상사법 제1권, 2004. 10.; 권상로, "독일법상의 온라인 서비스 제공자의 책임 제한에 관한 연구-독일 개정 통신서비스법의 해석을 기초로-", 기업법연구 제18권 제2호, 2004. 12. 참조.

26) 박준석, 전게서, 118.

27) 일본에서의 논의는 박용상, 전게서, 1388-1392; 박준석, 전게서, 124-129; 황태정, "정보통신서비스 제공자의 책임에 관한 비교법적 고찰", 인터넷법률 제28호, 2005. 3. 참조.

하고 있다. 그 요건은 당해 조치가 해당 정보의 불특정인에 대한 송신을 방지하기 위해 필요한 한도 내로서, ① 당해 ISP가 당해 정보의 유통으로 인하여 타인의 권리가 부당하게 침해되고 있다고 믿을 만한 상당한 이유가 있거나, ② 해당 정보의 유통에 의하여 자기의 권리가 침해받았다고 주장하는 자로부터, 당해 권리가 침해되었다는 침해정보의 게시 및 송신방지조치를 강구하도록 하는 요청이 있었던 경우 ISP가 침해정보의 발신자에게 당해 침해정보 등을 제시하고 송신방지조치를 강구하는 것에 동의하는지 여부를 조회하였으나 당해 발신자가 조회를 받은 날로부터 7일을 경과할 때까지 부동의 취지의 요청이 없는 경우다.

Ⅲ. 국내 판례 동향

우리나라에서 ISP의 책임론이 본격적으로 제기된 것은 가수 박지윤 사건 때다. 박지윤의 팬클럽 회원들은 전자게시판에 올라온 박지윤에 대한 비방의 글을 삭제해 달라고 PC통신사에 요청하였지만, PC통신사는 비방 글을 방치해두었다. 이 사건에서 서울지방법원은 "전자게시판을 설치, 운영하는 전기통신사업자는 그 이용자에 의하여 타인의 명예를 훼손하는 글이 전자게시판에 올려진 것을 알았거나 알 수 있었던 경우에 이를 삭제하는 등의 적절한 조치를 취하여야 할 의무가 있다"면서 "피고 회사로서는 원고와 정보통신윤리위원회의 시정조치 요구에 따라 그러한 글들이 플라자에 게재된 것을 알았거나 충분히 알 수 있었다고 할 것인데, 그럼에도 불구하고 무려 5~6개월 가량이나 이를 삭제하는 등의 적절한 조치를 취하지 아니한 채 그대로 방치하여 둠으로써 원고로 하여금 상당한 정신적 고통을 겪게 하였을 것임은 경험칙상 명백하므로, 피고는 특별한 사정이 없는 한 원고에게 위와 같은 전자게시판 관리의무 위반행위로 인한 손해배상책임을 진다"고 판시하였다.[28] 이 사건은 대법원에서 상고 기각되었다.

그 후 대법원은 "알거나 알 수 있었다"는 일반적인 불법행위 요건에서 한 걸음 물러나 "특별한 사정이 없다면 단지 홈페이지 운영자가 제공하는 게시판에 다른 사람에 의하여 제3자의 명예를 훼손하는 글이 게시되고 그 운영자가 이를 알았거나 알 수 있었다는 사정만으로 항상 운영자가 그 글을 즉시 삭제할 의무를 지게 된다고 할 수는 없다"고 판시하였다.[29] 대법원은 이어 삭제의무가 있는지 여부를 종합적으로 판

28) 서울지법 2001. 4. 27. 선고 99나74113 판결.
29) 대법원 2003. 6. 27. 선고 2002다72194 판결.

단할 것과 그 판단요소를 구체적으로 적시하였다. 즉, 대법원은 "온라인 서비스 제공자인 인터넷상의 홈페이지 운영자가 자신이 관리하는 전자게시판에 타인의 명예를 훼손하는 내용이 게재된 것을 방치하였을 때 명예훼손으로 인한 손해배상책임을 지게하기 위하여는 그 운영자에게 그 게시물을 삭제할 의무가 있음에도 정당한 사유 없이 이를 이행하지 아니한 경우여야 하고, 그의 삭제의무가 있는지는 게시의 목적, 내용, 게시기간과 방법, 그로 인한 피해의 정도, 게시자와 피해자의 관계, 반론 또는 삭제 요구의 유무 등 게시에 관련한 쌍방의 대응태도, 당해 사이트의 성격 및 규모 · 영리 목적의 유무, 개방정도, 운영자가 게시물의 내용을 알았거나 알 수 있었던 시점, 삭제의 기술적 · 경제적 난이도 등을 종합하여 판단하여야 할 것"이라고 판시하였다.[30]

박지윤 판결과 2003년 대법원 판결의 태도가 크게 다를 바 없다는 견해가 있다. 종전 판결은 명예훼손적 게시물의 삭제의무존재 및 사업자에 대한 책임추궁의 가능성을 개방한 것에 불과하였으나, 2003년 판결은 그 책임추궁을 위한 구체적 기준을 설정해 준 것으로서 새로운 판결 기준에 의하더라도 종전판결의 결론과 동일할 것으로 추정된다는 것이다.[31] 이러한 입장에서는 2003년 판결은 ISP 책임에 관한 구체적 판단준칙을 최초로 설정하였다는 점에서 이 판례의 의미를 찾는다.

그러나 두 판결에는 큰 차이가 있다고 보아야 할 것이다. 박지윤 판결은 ISP도 다른 사업자와 마찬가지로 고의 또는 과실이 있을 경우 관리책임을 져야 한다는 불법행위 일반론에 서 있는 반면 2003년 대법원 판결은 특별한 사정이 없는 한 ISP에게 책임을 부담시킬 수 없다는 원칙 부정론에 기초하고 있기 때문이다. 즉 새 판결은 ISP의 책임인정에 있어서 상당히 신중한 입장으로 전환된 것이다.[32] 2003년 판결은 ISP에게 책임을 엄격하게 부과할 경우 사적 검열이 발생하여 일반인의 표현의 자유가 침해될 수 있다는 미국 등 외국의 입법례와 판례 발전의 영향을 받은 것으로 보인다. 대상판결은 원칙 부정론에 입각한 2003년 대법원 판결에 대한 재검토라고 하겠다.

---

30) 대법원 2003. 6. 27. 선고 2002다72194 판결.

31) 김기섭, "인터넷상의 명예훼손과 온라인 서비스 제공자의 책임", 판례연구 제17집(下), 2003, 134.

32) 김상현, "이용자의 불법행위에 대한 온라인 서비스 제공자의 민사책임", 법학연구 제27집, 2007. 8, 554. 인터넷서비스제공자의 책임은 공동불법행위 책임 중 대부분 방조에 의한 공동불법행위책임이 문제될 것인데, 방조는 불법행위를 용이하게 하는 직접, 간접의 모든 행위를 가리키고, 또한 과실에 의한 방조도 가능하다는 기존 판례의 입장에서라면 어렵지 않게 ISP의 책임을 인정할 수 있을 것인데, 관련 판례들은 그 책임인정을 위한 고려사항들을 상당히 엄격하게 요구하고 있기 때문이라고 설명한다.

제 3 대법원 전원합의체 판결의 내용

Ⅰ. 사건의 경과

대법원 2009. 4. 16. 선고 2008다53812 전원합의체 판결의 대상이 된 사건을 원심인 서울고등법원 2008. 7. 2. 선고 2007나60990 판결을 중심으로 시간대별로 재구성하면 아래와 같다.

2005. 4. 16. 서씨가 유서를 남기고 자살하였다.

2005. 5. 5. 서씨 어머니는 피고 에스케이커뮤니케이션즈 운영의 싸이월드 내에 있는 서씨 미니홈피에 '지난 1년간의 일들'이라는 제목의 글을 게시하였다. 이 글은 서씨가 남자친구인 원고 김씨를 만나 사귀면서 임신하여 유산한 적이 있고, 둘이 헤어지면서 다투는 과정에서 원고 김씨가 모욕적 발언을 하였으며, 이를 알게 된 서씨 어머니가 김씨의 빰을 때리다가 경찰에 연행된 내용 등을 담고 있었다. 서씨 어머니는 이러한 사연을 널리 퍼뜨려 줄 것을 호소하였다. 이 후 서씨 미니홈피의 방문객 수가 크게 증가하였다.

2005. 5. 8. '자살한 딸 유서 인터넷공개 파문 일파만파'라는 제목의 쿠키뉴스가 기사가 피고 다음커뮤니케이션 뉴스면 사회란에 게재되었다.

2005. 5. 11. '현대판 베르테르, 서모양의 죽음을 슬퍼하는 네티즌'이라는 제목의 기사가 피고 엔에치엔 운영의 네이버 뉴스면에 게재되었다. 같은 날 "'내 딸이 자살한 사연' 모정에 네트즌들 와글와글"이라는 제목의 조선일보 기사가 네이버에, 피고 다음커뮤니케이션, 피고 야후 코리아의 뉴스면에 게시되었다. 비슷한 시기 '자살한 내 딸의 억울함을 호소합니다'라는 제목의 동아닷컴 기사가 네이버, 다음커뮤니케이션, 야후 코리아에 게시되었다. 5. 13. "'억울하게 죽은 내 딸' 미니홈피글 일파만파"라는 제목의 스타뉴스 기사가 피고 에스케이커뮤니케이션즈에 실렸다. 기사마다 수많은 댓글이 달렸다.

2005. 6. 27. 원고는 대리인을 통하여 피고 엔에치엔, 피고 에스케이커뮤니케이션즈, 피고 야후 코리아에 대하여 원고에 대한 명예훼손이 우려된다며 1. 관련 기사에 달린 원고 관련 댓글 전체 삭제, 2. 관련 추모, 안티 카페, 미니홈피, 블로그 등 원고의 피해가 우려되는 커뮤니티의 폐쇄, 3. 원고와 관련한 검색시 나타나는 직간접

정보 등의 차단 및 삭제를 요구하였다. 위 피고들은 "원고의 요구만으로는 관련 게시물을 특정할 수 없어 이에 대한 해결책 마련이 어려우니 문제되는 글을 특정하여 삭제를 요구하여 달라"고 답변하였다.

2005. 7. 7. 원고는 프레스센터에서 기자회견을 열고, 피고들을 상대로 민사상 손해배상청구를 할 것임에 밝혔다. 피고 엔에치엔은 2005. 7. 8. 경 원고와 김씨의 실명에 대한 검색결과가 지식iN과 웹 영역에서는 노출되지 않도록 하였고, 그 일시경부터 카페, 블로그 등에 게시된 원고와 관련한 게시물들을 모니터링하여 삭제하였다. 피고 다음커뮤니케이션은 2005. 9. 이 사건 소장을 송달받은 후 카페 서비스 영역에 대해서도 모니터링을 하여 원고 관련 게시물을 삭제하였다. 피고 에스케이커뮤니케이션즈는 2005. 7. 18. 원고 관련 뉴스기사와 댓글창을 폐쇄하고, 원고와 김씨를 금칙어로 등록하여 검색을 차단하였으며, 2005. 8. 25. 김씨의 미니홈피 사용을 중지시켰다. 피고 야후 코리아는 2005. 7. 8. 경부터 커뮤니티와 지식검색 서비스 내역에서 나타나는 원고의 신상과 관련한 게시물을 삭제하였다.

Ⅱ. 다수의견의 요지

(1) 인터넷에 관한 종합적인 서비스를 제공하는 자가 보도매체가 작성 · 보관하는 기사에 대한 인터넷 이용자의 검색 · 접근에 관한 창구 역할을 넘어서서 보도매체로부터 기사를 전송받아 자신의 자료저장 컴퓨터 설비에 보관하면서 스스로 그 기사 가운데 일부를 선별하여 자신이 직접 관리하는 뉴스 게시공간에 게재하였고 그 게재된 기사가 타인의 명예를 훼손하는 기사라면, 이는 단순히 보도매체의 기사에 대한 검색 · 접근 기능을 제공하는 경우와는 달리 인터넷 종합 정보제공 사업자가 보도매체의 특정한 명예훼손적 기사를 인식하고 이를 적극적으로 선택하여 전파한 행위에 해당하므로 달리 특별한 사정이 없는 이상 위 사업자의 명예훼손적 기사를 보도한 보도매체와 마찬가지로 그로 인하여 명예가 훼손된 피해자에 대하여 불법행위로 인한 손해배상책임을 진다.

(2) 인터넷 종합 정보제공 사업자는 인터넷 게시공간이라는 위험원을 창출 · 관리하면서 그로 인한 경제적 이익을 얻고 있으므로, 위 게시공간 안에서 발생된 위험에 효과적으로 대처할 수도 있어, 위와 같은 위험으로 인하여 피해가 발생하지 않도록 상황에 따라 적절한 관리를 하여야 할 주의의무가 있다고 보는 것이 합리적이고 공평 및 정의의 관념에 부합한다.

(3) 명예훼손적 게시물이 게시된 목적, 내용, 게시기간과 방법, 그로 인한 피해의 정도, 게시자와 피해자의 관계, 반론 또는 삭제 요구의 유무 등 게시에 관련한 쌍방의 대응태도 등에 비추어, ① 인터넷 종합 정보제공 사업자가 제공하는 인터넷 게시공간에 게시된 명예훼손적 게시물의 불법성이 명백하고, ② 위 사업자가 위와 같은 게시물로 인하여 명예를 훼손당한 피해자로부터 구체적 · 개별적인 게시물의 삭제 및 차단요구를 받은 경우는 물론, 피해자로부터 직접적인 요구를 받지 않은 경우라 하더라도 그 게시물이 게시된 사정을 구체적으로 인식하고 있었거나 그 게시물의 존재를 인식할 수 있었음이 외관상 명백히 드러나며, ③ 또한 기술적 · 경제적으로 그 게시물에 대한 관리 · 통제가 가능한 경우에는, 위 사업자에게 그 게시물을 삭제하고 향후 같은 인터넷 게시공간에 유사한 내용의 게시물이 게시되지 않도록 차단할 주의의무가 있고, 그 게시물 삭제 등의 처리를 위하여 필요한 상당한 기간이 지나도록 그 처리를 하지 아니함으로써 타인에게 손해가 발생한 경우에는 부작위에 의한 불법행위책임이 성립된다고 봄이 상당하다.

III. 별개의견의 요지

(1) 인터넷 종합 정보제공 사업자는 정보배포자로서 인터넷상의 각종 서비스를 통하여 일정한 게시공간을 제공하는 역할을 하면서 동시에 그 게시물에 대하여 직접적이고 신속한 통제를 가할 수 있는 위치에 있는 이상, 자신이 제공하는 인터넷 게시공간에서 명백히 불법적인 명예훼손의 표현행위가 행해지고 있는 사실을 구체적으로 인식하였고 나아가 그 게시물에 대해 적절한 통제를 가하지 않을 경우 피해의 발생이나 확대를 피할 수 없는 명백하고 현존하는 위험이 있다고 인정될 때에는 피해자를 위하여 그 게시물에 대한 통제 수단으로서 그 게시물을 삭제 또는 차단하는 등의 조치를 취하여야 하고, 이를 위반하였을 때 비로소 그 법적 책임을 물을 수 있다고 봄이 상당하다.

(2) 인터넷 종합 정보제공 사업자의 명예훼손 게시물에 대한 삭제의무는 ①특별한 사정이 없는 한 위 사업자가 피해자로부터 명예훼손의 내용이 담긴 게시물을 '구체적 · 개별적으로 특정'하여 '삭제하여 달라는 요구'를 받았고, ②나아가 그 게시물에 명예훼손의 불법성이 '현존'하는 것을 '명백'히 인식하였으며, ③그러한 삭제 등의 조치를 하는 것이 '기술적 · 경제적으로 가능'한 경우로 제한하는 것이 합리적이고 타당하다.

(3) 명예훼손행위가 다수의 인터넷 게시공간에서 광범위하고 급속하게 이루어진 사정 등이 있어 피해자가 이를 일일이 확인하는 것이 현저히 곤란한 때에는 개개의 명예훼손행위를 구체적으로 특정하지 않고 어느 정도 개괄적인 방식으로 특정하는 것도 유효한 삭제요구로 취급할 수 있다.

Ⅳ. 다수의견과 별개의견의 비교

1. 인터넷 종합 정보제공 사업자의 명예훼손 게시물에 대한 삭제의무

다수의견과 별개의견은 삭제의무가 발생하기 위한 요건으로 ① 게시물의 불법성이 명백할 경우, ② 피해자가 게시물을 특정하여 삭제해달라고 요구한 경우, ③ 사업자가 이를 삭제하는 것이 기술적 · 경제적으로 가능할 경우를 제시한 점에서는 의견을 같이 하였으나, 다수의견은 ②의 요건에 더 하여 피해자의 삭제요구가 없더라도 사업자가 그 게시물이 게시된 사정을 구체적으로 인식하고 있었거나 그 게시물의 존재를 인식할 수 있었음이 외관상 명백히 드러난 경우에도 삭제의무가 발생한다는 입장인데 반하여, 별개의견은 이를 인정할 수 없다고 한다.

2. 삭제의무의 법적 근거

다수의견과 별개의견 모두 ISP의 책임 근거를 명예훼손적 게시물을 직접 게시한 가해자의 법적 책임과 별개의 독자적인 법리에서 찾고 있다. 다수의견은 “인터넷에서 타인의 명예를 훼손하는 게시물에 대하여 1차적인 책임을 지는 자는 위 게시물을 직접 게시한 자라 할 것이고, 인터넷 종합 정보제공 사업자가 제공한 인터넷 게시공간에 위와 같은 게시물이 게시되었고 위 종합 정보서비스의 검색기능을 통하여 인터넷 이용자들이 그 게시물을 쉽게 찾을 수 있다고 하더라도, 위 사업자에게 관리에 관한 책임을 별도로 인정할 수 있는 경우가 아니라면 위와 같은 사정만으로 곧바로 위 사업자에게 명예훼손적 게시물에 대한 불법행위책임을 지울 수 없다”고 판시하였다. 다수의견은 “적절한 관리를 하여야 할 주의의무가 있다고 보는 것이 합리적이고 공평 및 정의의 관념에 부합한다”라 하여, 사업자의 조리상 관리의무에서 법적 근거를 찾는다.

별개의견은 “인터넷 종합 정보제공 사업자를 불법적인 명예훼손 게시물을 직접 게시한 자의 불법행위를 방조한 공동불법행위자의 범주에 드는 것으로 포섭하여, 위 사업자의 법적 책임을 단순히 민법상 공동불법행위 책임의 법리에 따라 정하려는 것도 마땅히 경계되어야 한다"고 역설하고 "가해자의 법적 책임과는 별개의 독자적인 법리에 따라 책임을 묻는 것이 타당"하다고 하였다. 별개의견은 삭제 요구가 있을 경우에만 사업자의 책임을 인정하며, 그 이유도 "사업자가 그 게시물에 대하여 직접적이고 신속한 통제를 가할 수 있는 위치에 있는"데서 찾는다.

3. 인터넷 및 인터넷 종합 정보제공 사업자의 역할에 대한 이해

다수의견은 "인터넷 공간에서는 익명이나 가명에 의한 정보유통이 일반화되어 타인의 법익을 침해하는 내용의 표현물이 쉽게 게시될 수 있고 또한 많은 사람들이 동시에 접속하여 검색할 수도 있기 때문에 일단 게시된 표현물이 순식간에 광범위하게 전파됨으로써 그 표현물로 인한 법익 침해의 결과가 중대해질 수 있으며, 특히 인터넷을 이용한 다양한 서비스를 제공하는 인터넷 종합제공 사업자가 제공한 인터넷 게시공간에 그 표현물이 게시된 경우에는 인터넷 종합 정보서비스를 이용하는 무수한 이용자들에게 쉽게 노출될 수 있는 위험성이 훨씬 더 커서 다른 어느 경우보다 타인의 법익을 보호할 필요성이 크다"고 보았다.

이에 반하여 별개의견은 "인터넷은 지금까지의 어느 매체와도 비교할 수 없을 정도로 가장 완성된 형태의 참여적 대중매체이고, 인터넷의 이러한 기능은 인터넷 이용자가 인터넷상에서 자유롭게 활동하면서 의사소통의 시공간을 넓혀갈 수 있는 가상공간을 제공하는 인터넷 종합 정보제공 사업자가 있음으로써 더욱 고양될 수 있다"고 보았다.

다수의견은 인터넷 종합 정보제공 사업자는 일반 사업자와 마찬가지로 경제적 이익의 추구를 위한 조직으로 이해하고 있다. 즉, 인터넷 종합 정보제공 사업자에게 법적 책임을 묻는 것이 표현의 자유와 직접 관련되는 것이 아니라고 본다. 김영란 대법관은 보충의견에서 "인터넷에서의 표현의 자유는 게시물을 게재하는 인터넷 이용자의 표현의 자유를 의미하며, 인터넷 종합 정보제공 사업자 자신의 표현의 자유를 뜻하는 것은 아니라"며 "인터넷 이용자가 게시한 게시물 자체가 이미 표현의 자유의 한계를 벗어난 경우에는 이를 보호할 필요가 없을 것이므로, 인터넷 종합 정보제공 사업자가 그에 관하여 삭제 등의 처리를 한다고 하더라도 표현의 자유를 제한하는 문제는 발생하지 않는다"고 판시하였다.

이에 반하여 별개의견은 "[인터넷 종합 정보제공] 사업자에 대하여 그가 제공한 인터넷 게시공간에서의 표현행위와 관련하여 법적 규제의 폭을 넓혀간다면 위와 같이 '1인 매체' 역할을 하는 인터넷 이용자들의 표현행위가 규제받을 수밖에 없어 결국 간접적인 형태로 인터넷 이용자들의 표현의 자유를 위축시키는 이른바 냉각효과(chilling effect)를 불러일으킬 수 있다"고 보고, 인터넷 종합 정보제공 사업자의 법적 책임을 물을 수 있는 법리는 "표현의 자유에 대한 제한을 가능한 한 최소화하는 것, 즉 '명백하고 현존하는 위험'을 전제로 하여야 [한다]"고 주장한다.

4. 상시검열의무의 부과 여부

다수의견은 인터넷 종합 정보제공 사업자에게 자신이 제공하는 인터넷 게시공간을 적절히 관리하여야 할 주의의무가 있다고 하더라도 "사업자의 관리책임은 불법성이 명백한 게시물로 인한 타인의 법익 침해 가능성을 충분히 인지할 수 있고 그의 관리가 미칠 수 있는 일정한 범위 내에서 제한적으로 인정"되므로 상시검열의무를 부과하는 것이 아니라고 이해한다.

하지만 별개의견은 "[다수의견이] 인터넷 종합 정보제공 사업자가 불법적인 명예훼손 게시물이 게시된 사정을 구체적으로 직접 인식하지는 못하였더라도 그가 인식하고 있는 다른 사실이나 정황들에 의하여 외관상 명백히 그 불법 게시물의 존재를 충분히 인식할 수 있었음에도 불구하고 부주의하여 그 게시물의 존재를 알지 못한 때에도 삭제의무를 인정할 수 있다는 취지라면," "사업자의 입장에서는 그가 제공한 인터넷 게시공간에 게시될 가능성이 있는 불법적인 명예훼손 게시물의 존재를 알기 위해 그 정황이 될 만한 사실이나 정보들을 수집하여야 할 것이고, 이것은 결국 간접적인 방법으로 게시물에 대한 상시검열의무를 인정하는 것과 바를 바 없[다]"고 보아 부당하다고 주장한다.

제 4 주요 쟁점의 검토

Ⅰ. 언론매체 논쟁 - 뉴스 서비스의 경우

대법원 전원합의체 판결은 인터넷포털사이트가 언론매체인지 여부에 대한 언급이 없다. 원심인 서울고등법원은 인터넷포털사이트를 명예훼손의 주체인 언론매체에 해당한다고 보아 큰 논란을 일으켰던 점에 비추어 보면 이례적이다. 하지만 인터넷포털사이트가 제공한 가상공간에서 발생한 명예훼손에 대하여 인터넷포털사이트에게 책임을 부과하는 법리를 전개하는 데 언론매체성 논쟁이 반드시 필요한 것이 아닐 뿐 아니라, 언론매체성 논란은 인터넷포털사이트의 불법행위 책임이라는 법적 문제를 언론매체로서 공적 책무를 수행하여야 한다는 사회적 책임론으로 전환시켜 쟁점을 흐트린다는 문제가 있다.

서울고등법원 판결은 취재, 편집 및 배포의 3가지 기능을 가진 것을 언론매체로 정의하고, 인터넷포털사이트는 기존 어떤 언론매체보다 월등한 배포 기능을 갖추고 있으며, 기사를 취사선택하여 분야별 주요 뉴스란에 배치하고 기사의 제목을 변경하여 붙이는 등 편집 기능 또한 수행하고 있으며, 기존 언론사들도 통신사라는 뉴스공급자로부터 뉴스를 공급받고 보도하고 있음에 비추어 보면 제휴 언론사로부터 공급받는 기사를 게시하는 것도 유사 취재개념에 포섭된다는 논리를 전개하였다.

하지만 취재인력이 없고, 또 실제로 취재하지도 않는 인터넷포털사이트가 제휴사로부터 기사를 공급받는 행위가 유사 취재개념에 포함된다는 것은 것은 무리한 해석이다.[33] 또한 인터넷포털사이트에게 그 배포한 내용에 대한 법적 책임을 부과하기 위해서는, 인터넷포털사이트가 단순한 전달자 내지 배포자(distributor)가 아니라 출판한 내용에 대하여 책임을 부담하는 출판자(publisher)라는 법리로 충분하며 구태여 취재기능까지 행하는 언론매체일 필요는 없다. 즉, 인터넷포털사이트의 책임 문제에서는 편집능력, 즉 전달 내용에 대한 검토 및 수정 능력의 출판한핵심 쟁점이지, 취재기능의 유무는 아니다.

서울고등법원 판결에 대하여, 현행법이 언론매체로 인정하고 있지 않다는 주장,[34] 뉴스의 전달 또는 매개와 관련하여 발생할 수 있는 피해의 신속한 구제문제는 포털이 언론인지 여부의 문제와는 별개라는 주장,[35] 언론기관으로서의 책임을 지게 되면 법적으로 더 강한 책임을 포털에게 물을 수 있다는 생각을 갖는 것 같지만 실제로는 모니터링 의무, 즉 편집통제권의 강화만 가져와서 이용자의 표현의 자유를 위축시키는 결과만 초래한다는 주장[36] 등 다양한 반론이 제기되었다.

대법원 다수의견은 인터넷포털사이트의 뉴스 기사 서비스에 대하여 "보도매체의 특정한 명예훼손적 기사 내용을 인식하고 이를 적극적으로 선택하여 전파한 행위에 해당"한다고 보고, "달리 특별한 사정이 없는 이상 위 사업자는 명예훼손적 기사를 보도한 보도매체와 마찬가지로 그로 인하여 명예가 훼손된 피해자에 대하여 불법행

---

33) 황성기 교수는 전통적 의미에서 언론의 가장 큰 특징이자 여타 매체와의 차별성을 갖는 요소로 '독립적인 취재 및 기사제작' 및 '실질적 · 내용적 편집통제권'을 들고, 인터넷포털사이트는 이 두 요소가 결여되어 언론이라고 볼 수 없다고 주장한다. 황성기, 전게서, 202.

34) 정상조, "명예훼손에 대한 포털의 책임: 서울고등법원 2008. 7. 2. 선고 2007나60990판결에 대한 비판적 검토의견", 대법원 공개변론서, 2008. 12. 18.

35) 황성기, 국회 미디어발 전국 민위원회 공술문, 2009. 5. 15.

36) 권헌영, "법원의 판단으로 본 포털 뉴스서비스의 성격", 언론중재 2008 가을.

위로 인한 손해배상책임을 진다"고 판시하였다. 이는 뉴스 서비스의 영역에서 인터넷포털사이트를 출판자로 본다는 의미로 이해된다.[37] 한편, 별개의견은 인터넷포털사이트를 표현의 자유의 확산자로 인식하고 있기 때문에 다수의견이 언급하지 않은 언론매체성을 구태여 재론할 이유가 없던 것으로 보인다.

언론매체성에 대한 법적 논쟁과는 별도로, 인터넷 이용자는 인터넷포털사이트를 언론매체와 마찬가지로 인식하고 있으며, 전통적인 언론매체보다 오히려 영향력이 더 크다는 조사결과가 있다. 2008년 한국언론재단이 전국 남녀 5,000명을 대상으로 조사한 바에 따르면, 언론사별 영향력에서 네이버는 KBS와 MBC에 이어 3위를 차지하였다.[38] 4위 역시 인터넷포털사이트인 다음(Daum)이 차지하였으며, 전통적으로 영향력이 큰 대표적인 매체인 신문은 조선일보가 5위, 동아일보가 7위, 중앙일보가 9위를 차지하는 데 그쳤다. 인터넷포털사이트가 뉴스 서비스를 처음 시작한 때가 2000년 2월로, 야후 코리아가 동아일보와 제휴하여 동아닷컴의 기사를 실시간으로 보여주는 서비스를 시작한 것이 최초인데, 10년 지나지 않아 기사를 제작하는 신문사보다 기사를 전파하는 인터넷포털사이트의 영향력이 더 커진 것은 뉴스를 소비하는 구조가 10년 사이 완전히 바뀌었음을 보여준다. 새로운 뉴스 소비 경향은 언론매체에 대한 일반인의 인식 변화를 반영하고 있으며, 이러한 변화로 인하여 언론매체의 법적 개념에 인터넷포털사이트가 포함되는 날이 그리 멀지 않았음을 알 수 있다. 인터넷포털서비스를 언론매체로 보아 언론매체에 걸맞는 법적 책임을 부과시키려는 입법정책론은 앞으로도 계속 제기될 것이다.[39]

37) 다수의견에 대하여, ISP의 뉴스 서비스의 형태가 다양하고 계속하여 변화하고 있는 시점에서 "선택해서 전파한 행위"가 어디까지인지에 대한 기준을 제시하지 않고 판결함으로써 현실적 차원에서 의문점을 남기게 되었다는 지적이 있다. 예를 들어 NHN의 뉴스캐스트 서비스와 같은 경우 포털 초기화면내 '캐스트' 영역을 통해 제공하는 방식을 어떻게 볼 것인가가 의문이라는 것이다. 우지숙, 앞의 논문, 72면. 그러나 뉴스캐스트의 경우 기사의 '선택'을 해당 언론사가 직접 하기 때문에, 즉 기사의 작성, 편집 및 선택이 해당 언론사에서 이루어지고, 그 기사의 전파만 네이버에서 이루어지기 때문에 위 다수의견의 논지에 따르더라도 출판자가 아닌 배포자에 해당하여 네이버는 피해자에 대하여 불법행위로 인한 손해배상책임을 부담하지 않는다고 보아야 할 것이다.

38) 한국언론재단, "2008 언론수용자 의식조사 – 제14회 미디어의 영향과 신뢰도 조사", 2008.

39) 2009년 2월 6일 개정된 언론중재 및 피해구제 등에 관한 법률은 인터넷뉴스서비스를 언론중재위원회를 중심으로 하는 피해구제제도 틀 안에 처음으로 포함시켰다. 하지만 동 법률은 인터넷뉴스서비스를 언론에 포함시키지 않았다(동법 제2조 제1호 및 제18호). 언론에는 방송, 신문, 잡지 등 정기간행물, 뉴스통신 및 인터넷신문만 포함되며, 언론의 기사를 인터넷을 통하여 계속적으로 제공하거나 매개하는 전자간행물, 즉 인터넷뉴스서비스는 포함되지 않는다. 우지숙 교수는 "미국의 법적 책임 논의의 기저에 자율규제론이 있다면, 우리나라의 법적 책임 논의의 기저에는 사회적 책임론이 있다"고 적절히 지적하고 있다. 우지숙, 전게논문, 73. 문화의 차이는 서로 다른 법제를 만들 수밖에 없다고 본다.

Ⅱ. 불법행위법과 표현의 자유 - 이용자가 작성한 댓글의 경우

1. 손해의 공평한 부담

불법행위법에 있어서 궁극의 문제는 그 불법행위로 생긴 피해자의 손해를 누구 어떻게 부담하느냐에 달려 있다.[40] 즉 사회에서 발생하는 손해의 공평한 부담이 불법행위법의 이상이다. 손해가 발생한 것은 현실이고, 그 손해를 누가 어떻게 부담하는 것이 정의에 부합하는지를 검토하는 것이 불법행위법이다. 손해를 가한 사람이 분명히 있다면, 그가 손해배상책임을 지는 것이 정의에 부합한다. 문제는 손해가 가한 사람이 명확하지 않거나, 어떤 사람의 행동과 손해 사이의 인과관계가 명확하지 않을 때다. 과거에는 가해자에게 고의 또는 과실이 있으며, 그로 인하여 다른 사람에게 손해를 준 경우 가해자에게 책임을 묻는 과실책임주의, 원인주의만 인정되었다. 그것이 개인의 자유로운 활동을 보장한다고 생각하였다.

과학기술의 발달과 산업화의 진전으로 우리 사회가 위험사회가 되면서[41] 손해 발생의 책임 못지 않게 손해의 공평한 부담이 중요해지게 되었다. 비록 가해자의 책임이 불명확한 경우에도 사회적 강자인 그에게 손해배상의 책임을 부담시키는 것이 현실적으로 손해를 입은 피해자를 돕는 일이며, 이것이 사회정의의 관념에 부합할 수 있다. 현행법상 자동차, 선박, 항공기, 우주선 등 사고 위험이 높은 물건으로 인하여 발생하는 사고에 대하여 무과실책임주의를 채택하고 있고, 환경오염과 같이 과실과 손해발생 사이의 인과관계를 입증하기 어려운 경우[42] 결과책임 또는 위험책임을 인정하고 있다.

인터넷포털사이트의 댓글이나 게시판을 통하여 발생하는 불법행위는 그곳에 참여하는 네티즌 한 사람 한 사람이 행하는 불법행위는 경미하여 이들에게 손해배상을 요구하는 것도 적정하지 않고, 인터넷포털사이트는 댓글 또는 게시판을 통하여 이익을 얻었고 그 이익을 얻는 과정에서 피해가 발생하였기 때문에 그곳에서 발생한 손해에 대하여 배상하도록 하는 것이 공평할 뿐 아니라, 댓글 또는 게시판에서 인격권이 침해될 가능성을 상존하고 있기 때문에 관리자로서 위험으로부터 발생한 손해에 대

40) 곽윤직, 채권각론, 박영사, 1982, 570.

41) 현대사회를 위험사회로 규정한 대표적인 학자로 독일의 울리히 벡(Ulich Beck)이 있다. 그는 1986년 출간한 『위험사회』(Risikogesellschaft)에서 산업사회가 인류에게 풍요와 함께 엄청난 위험을 가져왔다고 지적하였다.

42) 제조물책임법 제3조(제조물책임), 환경정책기본법 제31조(환경오염의 피해에 대한 무과실책임) 등.

하여 책임을 지는 것 역시 정당하다고 본다.[43]

대상판결의 다수의견은 이러한 인터넷포털사이트에서 발생하는 인격권 침해라는 불법행위의 특성을 정확하게 이해하였다. 다수의견은 "인터넷 게시공간이라는 위험원을 창출 · 관리하면서 그로 인한 경제적 이익을 얻고 있으므로, 위 게시공간 안에서 발생된 위험에 효과적으로 대처할 수도 있어, 위와 같은 위험으로 인하여 피해가 발생하지 않도록 상황에 따라 적절한 관리를 하여야 할 주의의무가 있다고 보는 것이 합리적이고 공평 및 정의의 관념에 부합한다"고 판시하였다. 여기서 말하는 주의의무는 출판자(publisher)로서의 주의의무가 아니라, 배포자(distributor)로서의 주의의무다. 배포자에 불과하지만 그에게 주의의무가 있다고 보는 것이 합리적이고 공평 및 정의의 관념에 부합하는 경우를 의미한다.

2. 인격권과 표현의 자유의 조화

(1) 명확성

일견 다수의견은 손해의 공평한 부담이라는 불법행위법의 이상에 과도하게 집착하여, 표현의 자유라는 헌법적 가치를 제대로 반영하지 못하였다는 비판을 받을 수 있다. 불법행위라는 사인간 문제에도 헌법적 가치가 반영되어야 한다는 법리는 최근 보편적으로 받아들여지고 있다. 기본권을 주관적 공권이자 객관적 가치질서로 이해하는 독일의 경우 1958년 Lüth 판결에서 언론의 자유라는 기본권의 대사인적 효력을 최초로 인정하였으며, 공법과 사법의 구분이 분명한 미국에서도 1964년 New York Times v. Sullivan 사건에서 처음으로 명예훼손이라는 사인간 불법행위의 해결에 수정헌법 제1조에 규정된 언론의 자유를 처음 적용하였다. 우리나라에서는 1988년 대법원이 명예훼손의 위법성 조각사유로 "[진실한 사실이라는] 증명이 없더라도 행위자가 그것을 진실이라고 믿을 상당한 이유가 있는 경우에는 위법성이 없다고 보아야 할 것"이라고 판시하면서[44] 명예훼손 소송에서 표현의 자유의 가치를 본격적으로 고려하기 시작하였다.

오늘날 명예훼손책임이 언론의 자유에 대한 가장 큰 위협이 될 수 있으며, 명예훼손에 대한 과도한 부담은 언론의 자기검열로 이어질 수 밖에 없다[45]는 점에서 개인의

43) 문재완, "인터넷에서의 표현의 자유와 그 한계", 외법논집 제31집, 2008. 8, 334.
44) 대법원 1988. 10. 11. 선고 85다카29 판결.
45) 신평, 헌법적 관점에서 본 새로운 명예훼손법, 청림출판, 2004, 251-253.

명예권 보호와 언론의 자유라는 두 헌법적 가치가 조화를 이루어야 한다는 데 대해서는 이견이 없다.

다수의견은 역시 인터텃포털사이트에 대한 과도한 주의의무의 부과가 궁극적으로 인터넷 이용자들이 가지는 표현의 자유의 위축으로 이어질 수 있다는 점을 인식하였다. 다만, 표현의 자유에 대한 위축은 관리책임을 "불법성이 명백한 게시물로 인한 타인의 법익 침해 가능성을 충분히 인식할 수 있고 그의 관리가 미칠 수 있는 일정한 범위 내"로 제한함으로써 충분히 방지할 수 있다고 판단하였다.

다수의견 주장의 타당성은 인터넷포털사이트의 삭제 및 차단의무가 인정되기 위한 요건이 얼마나 명확한지 여부에 달려 있다. 아무리 책임범위를 제한하였다고 하더라도 그 기준이 명확하지 못하다면 인터넷포털사이트로서는 책임을 부담하지 않기 위해서 합법과 불법의 경계가 모호한 게시글을 삭제하고자 할 것이고, 궁극적으로 인터넷 이용자의 표현의 자유를 과도하게 제한할 우려가 크기 때문이다. 별개의견은 "표현의 자유를 규제하는 법률은 규제되는 표현의 개념을 세밀하고 정확하게 규정하는 것이 헌법적으로 요구된다"는 헌법재판소 결정[46]을 인용하고, 명확성의 원칙이 입법뿐 아니라 이번 사건과 같이 표현의 자유를 제한하는 내용의 법해석의 원리를 정함에 있어서도 마찬가지로 적용되어야 한다고 보았다.

다수의견과 별개의견이 모두 제시한 '명예훼손적 게시물의 불법성이 명백한 경우'라는 요건에 대하여, 명예훼손에 해당하는지 여부는 그 게시글 자체로서 알 수 없기 때문에 제3자가 판단하기 쉽지 않은데 불법성 판단에 더하여 명백성 판단까지 요구하는 것은 인터넷포털사업자를 더욱 어렵게 만든다고 지적도 있다.[47] 하지만 불법성에 더하여 명백성을 요구하는 것은 삭제 및 차단의무가 인정되는 요건을 제한한 것이기 때문에 인터넷포털사업자의 판단을 도와주는 기준이라고 보아야 할 것이다. 즉 불법성이 애매한 게시물은 삭제 및 차단하지 않더라도 주의의무 위반이 되지 않는 것이다. 김영란 대법관은 보충의견을 통하여 이를 분명히 하였다. 또한 김 대법관은 불법성이 명백한 경우의 사례로, "피해자가 사적 존재이고, 게시물의 내용이 명예를 저하시키는 구체적인 사실에 관한 것이며, 사안 역시 전혀 공공성, 사회성 없이 사적인

46) 헌재 1998. 4. 30. 선고 95헌가16 결정, 헌재 2002. 6 .27. 선고 99헌마480 결정 등.

47) 우지숙, "인터넷상 명예훼손", 서울대학교 기술과 법 센터 세미나 토론문, 2009. 5. 11. 우지숙 교수는 우리나라 명예훼손죄 및 불법행위의 법리상 게시글 자체로부터 명예훼손의 불법성 여부를 판단하기 어려우며, 대법원이 제시하는 기준이 '불법성이 명백한 경우에는 명백하니까 누가 보더라도 알 수 있는 것이 아니냐'는 식의 다소 tautological한 논의(누가 보더라도 명백하므로 명백한 것이라는 것은 누가 보더라도 명백한 것은 명백한 것이라는 말의 동어반복)에 빠지게 되는 측면이 있다고 지적한다.

생활영역을 폭로하는 것에 불과하여 여론형성이나 공개토론에 기여하지 않는 경우나, 구체적 사실을 적시하지 않더라도 그 표현 방법이 단순히 무례한 정도를 넘어 심히 모멸적 표현에 의한 인식공격적인 경우"를 들었다.

이러한 기준은 그동안 인격권과 표현의 자유의 조화를 위하여 대법원과 헌법재판소가 제시하였던 '공적 존재의 공적 관심사안과 사적 존재의 사적 관심사안' 기준을 충실히 수용한 것이다.[48] 명예훼손에 해당하는지 여부를 판단할 때 피해자가 공적 존재인지 여부, 또 표현된 내용이 공적 관심사안인지 여부는 불명확할 수 있지만, 피해자가 사적 존재가 분명하고 동시에 표현된 내용이 사적 관심사항이 분명한 사안은 '불법성이 명백하여' 기준으로서 명확하다고 할 것이다. 이를 도표로 그리면 아래와 같다.

	공인	사인
공적 관심사안	A	B
사적 관심사안	C	D

도표에서 공인의 공적 사안에 해당하는 A 영역은 위법성이 조각되어 명예훼손의 책임을 지지 않는 영역이다. 다만, 그 내용이 "악의적이거나 심히 경솔한 것으로서 현저히 상당성을 잃은 것으로 평가되는 경우"에는 책임을 면할 수 없다.[49] 제3자는 행위자의 표현이 악의적이거나 심히 경솔한지 여부를 판단하기 어려우므로 불법성이 명백한 경우라고 보기 어렵다. 또 대기업 사장의 부인, 인기 없는 연예인처럼 공인인지 여부가 불명확한 경우도 있다. 결국 A 영역은 불법성이 없거나 불법성이 명백한 경우가 아니므로 인터넷포털사이트와 같은 제3자에게 삭제 및 차단의무를 인정할 수 없다. B 영역의 예로 연쇄 살인범 유영철의 범행에 관한 보도를 들 수 있다. 유영철 본인은 사인이지만, 그가 저지른 행위는 공적 관심사안이어서 그에 관한 언급은 공익성과 진실성이라는 위법성 조각사유에 해당할 수 있다. 하지만 "범죄 자체를 보도하기 위하여 반드시 범인이나 범죄혐의자의 신원을 명시할 필요는 없고, 범인이나 범죄

48) 헌재 1999. 6. 24. 97헌마265("신문보도의 명예훼손적 표현의 피해자가 공적 인물인지 아니면 사인인지, 그 표현이 공적인 관심사안에 관한 것인지 순수한 사적인 영역에 속하는 사안인지의 여부에 따라 헌법적 심사기준에는 차이가 있어야 한다."); 대법원 2002. 1. 22. 선고 2000다37524, 37531("언론 · 출판의 자유와 명예보호 사이의 한계를 설정함에 있어서 표현된 내용이 사적 관계에 관한 것인가 공적 관계에 관한 것인가에 따라 차이가 있는 바, ... 공적 존재에 대한 공적 관심사안과 사적인 영역에 속하는 사안간에는 심사기준에 차이를 두어야 하며,").

49) 대법원 2008. 11. 13. 선고 2008다53805 판결.

혐의자에 관한 보도가 반드시 범죄 자체에 관한 보도와 같은 공공성을 가진다고 볼 수 없[어]"[50] 불법성이 명확한 경우라고 보기 어렵다. C영역은 공인이라고 할지라도 그에 관한 보도가 사적 관심사안, 예컨대 연애 사항일 경우 공익성이 없어 위법성 조각사유에 해당하지 않아 불법성을 인정할 수 없는 영역이다. 그러나 D영역은 공익성이 없어 위법성 조각사유에 해당하지 않아 불법성을 인정할 수 있고, 그 불법성이 논란의 여지 없이 명확하다. 대법원 다수의견이 제시한 '게시물의 불법성이 명백한 경우'란 D영역을 의미하는 것이다.

(2) 삭제 요구

다수의견은 피해자로부터 삭제 요구가 없었어도 '그 게시물이 게시된 사정을 구체적으로 인식하고 있었거나 그 게시물의 존재를 인식할 수 있었음이 외관상 명백한 경우' 삭제 및 차단의 주의의무가 발생한다고 보고 있지만, 별개의견은 이에 반대한다. 별개의견은 피해자의 삭제요구가 인터넷포털사이트의 책임부과에 중요한 요소라고 보고 있다.

별개의견에 의하면, 인터넷 종합 정보제공 사업자는 가해자의 가해사실을 인식하였을 뿐만 아니라 피해자가 그 게시물에 대한 삭제 등의 조치를 바라는 등 피해자의 문제 제기가 있다는 사정까지 구체적으로 인식하게 되었을 때 비로소 사업자에게 피해구제를 위한 필요한 조치를 취하여야 한다고 요구할 수 있다는 것이다. 그 논거는, 첫째 명예훼손행위에 대한 처벌을 정하고 있는 형사법규들이 피해자의 고소나 처벌의사가 존재하는 것을 종국적인 형사처벌의 전제로 삼고 있는 법정신에 비춰보면, 피해자가 어떤 조치를 원하는지 미처 확인되지도 않은 상황에서 사업자에게 삭제 등 조치를 취하도록 강제할 수 없으며, 둘째 사업자에 대한 비난가능성의 단서는 피해자로부터 보호를 요청받았음에도 이를 소홀히 하였다는 점에서 찾아야 하며, 셋째 인터넷 공간에서 다양한 형식으로 제공되는 서비스를 통하여 게시되는 게시물의 정보량은 엄청난 분량인데 피해자의 삭제요구가 없어도 법적 책임에 노출될 위험성이 상존한다면 사업자의 법적 지위는 불안정해질 수밖에 없으며, 넷째 게시물을 삭제하는 등의 조치를 취하는 것은 인터넷 이용자에 대한 관계에서는 게시행위를 본질적 · 근원적으로 봉쇄하는 가장 강력한 조치이므로 최대한 신중할 필요가 있으며, 다섯째 게시물의 불법성을 '인식할 수 있었던 경우'에도 삭제의무를 인정할 경우 인터넷 종합 정보제공 사업자는 손해배상하여 게시하기 위해서 게시물 등에 대한 관리 또는 감시에 나아

50) 대법원 1998. 7. 14. 선고 96다17257 판결.

갈 것이며, 이것은 사업자에게 일반적 · 포괄적인 상시검열의무를 인정하는 것과 다를 바 없다는 것이다.

별개의견의 논거를 차례로 검토하면 다음과 같다. 첫째, 민사상 불법행위 사건도 피해자가 소송을 제기한 이상 형사사건에서 피해자의 고소나 처벌의사와 같은 요청이 있는 경우와 동일하다고 하겠다. 민사상으로나 형사상으로나 동일하게 피해자의 요청에 상관없이 명예훼손이라는 불법행위 또는 명예훼손죄는 성립하고, 피해자의 의사에 따라 민사소송의 제기 또는 공소제기 여부가 달라지는 것이다. 김영란 대법관이 "피해자가 삭제를 바라는 의사 여부 내지 삭제 요구 여부에 따라 명예훼손에 관한 민사상의 불법행위 성립 여부가 달라진다는 것은 타당하지 못하다"고 지적한 것은 적절하다. 삭제나 차단 요구에 의하여 타인의 명예훼손이라는 법익 침해가 발생하는 것은 아니며, 삭제나 차단 요구에도 불구하고 사업자가 이를 경시하였을 경우 비난가능성이 커지기 때문에 손해배상액 산정에서 고려할 수 있을 뿐이다.

둘째, 인터넷 종합 정보제공 사업자에 대한 비난가능성은, 다수의견이 적절히 지적하고 있듯이, 경제적 이익을 목적으로 스스로 개설한 공간에서 명예훼손이라는 불법행위가 발생하고 있는데 이를 적절히 관리하여야 할 조리상 주의의무를 소홀히 하였다는 데서 찾아야 한다. 별개의견처럼 사업자는 요청을 받을 경우에만 이를 처리할 의무가 있다고 보는 것은, 인터넷사업자에게 인터넷포털이라는 위험공간을 관리할 의무를 전혀 인정하지 않고 경제적 이익만 취득하도록 허용하는 의미여서 권한과 책임의 균형을 상실한 것이다. 별개의견은 공원이나 운동장 등 공간을 제공한다고 하여 공간제공자가 그 공간 내에서 이루어지는 행위에 대한 법적 책임을 지는 것이 아니라는 주장[51]과 궤를 같이 하는 것이다. 하지만 영리를 목적으로 제공한 공간에서 동일한 유형의 범죄가 자주 발생하고 있다면 공간제공자에게 그 관리책임을 묻는 것이 사회상규에 부합한다고 보겠다. 결국 이 문제는 인터넷포털사이트가 제공하는 공간을 어떻게 이해하느냐에 달려 있다.

셋째, 게시물의 정보량이 엄청나기 때문에 요구할 수 없다는 논거는 불법행위 피해자를 전혀 고려하지 않고 사업자적 시각을 일방적으로 수용한 것이다. 게시물의 정보량이 많으면 많을수록 그로 인하여 피해가 발생할 가능성도 더 커지며, 그 게시물 관리자의 책임 역시 더 커지는 것이 순리다. 사업자는 자기가 관리할 수 있을 만큼 사업을 확장하여야 하며, 사업이 확장되었다고 하여 관리책임을 면할 수 있는 것은 아

---

51) 황성기, 전게논문, 181.

니다.

넷째, 게시물에 대한 삭제를 최대한 신중하게 할 필요가 있다는 점은 충분히 동의할 수 있다. 다수의견이 '불법성이 명백한 경우'에만 책임을 인정한 것도 같은 취지라고 생각한다.

다섯째, 일반적 · 포괄적인 상시검열의무는 논리의 비약이다. 일반적 · 포괄적 상시검열은 사업자의 판단에 달려 있다. 사업자는 현재 인터넷 사업모델을 그대로 유지할 경우 불법행위책임을 지게 되어 손해배상을 해야 할 총액이 일반적 · 포괄적 상시검열에 소요되는 금액보다 많아진다고 판단할 때 비로서 일반적 · 포괄적 상시검열제의 도입이나 댓글 등 가상 공간의 축소를 검토할 것이다. 그런데, 다수의견이 제시하는 요건은 엄격한 것이어서 이를 위반하여 손해배상을 해야 할 경우가 그리 많지 않을 것이다. 가장 논란이 되는 '게시물의 존재를 인식할 수 있었음이 외관상 명백히 드러나는 경우'란, 김영란 대법관이 보충의견에서 제시한 바와 같이, "인터넷 종합 정보제공 사업자가 갖추어야 할 동종 업계 일반 운영자의 평균적인 인식능력을 기준으로 위 사업자가 불법성이 명백한 게시물의 존재를 인식할 수 있었는지 여부를 판단" 하는 것이고, 그것도 "외관상 명백히 드러나는 때에 한하여" 책임을 묻는 것이어서 이를 위반하는 사안은 많지 않을 것이다.[52]

(3) 표현의 자유의 보호 논리

별개의견이 피해자의 삭제 요구를 사업자의 삭제 의무의 전제 조건으로 보는 이유는 표현의 자유를 두텁게 보호하고자 하는 데 있다. 별개의견은 이를 위하여 두 가지 이론을 동원하고 있다. 첫째는 기본권 제한의 한계원칙으로 일반적으로 받아들여지고 있는 비례의 원칙이 적용되어야 한다는 것이고, 둘째는 표현의 자유에 대한 제한을 가능한 한 최소화하는 것, 즉 '명백하고 현존하는 위험'을 전제로 하여야 하여야 한다는 것이다. 그러나 본 사안에서 이 두 이론을 적용한 것은 잘못이라고 본다.

먼저 비례의 원칙을 보자. 비례의 원칙 또는 과잉금지의 원칙은 국가권력은 정당한 목적을 달성하기 위하여 필요한 범위 내에서만 행사되어야 한다는 내용을 가진 법원리다.[53] 법치국가의 원리에서 당연히 파생되는 헌법상의 기본원리로서, 우리 헌법은 제37조 제2항에서 "국민의 모든 자유와 권리는 국가안전보장, 질서유지 또는 공공

52) 본 사안의 경우 주요 언론매체가 서씨의 죽음과 관련한 네티즌의 반응을 보도하고 이에 대한 인터넷 이용자의 댓글이 급증하기 시작한 2008. 5. 11. 즈음이 '게시물의 존재를 인식할 수 있었을 시점'이고, 그 점이 '외관상 명백히 드러나는 경우'란 검색어 순위 등을 통하여 판단하여야 한다고 본다.

53) 정종섭, 헌법학원론, 박영사, 2009, 361.

복리를 위하여 필요한 경우에 한하여 법률로써 제한할 수 있으며 제한하는 경우에도 자유와 권리의 본질적인 내용을 침해할 수 없다"라고 선언하여 입법권의 한계로서 비례의 원칙 또는 과잉금지의 원칙을 명문으로 인정하고 있다. 비례의 원칙은 입법권이라는 공권력행사로부터 국민의 기본권을 최대한 보호하는 기능을 한다. 그 구체적 내용으로는 목적의 정당성, 방법의 적절성, 피해의 최소성, 법익의 균형성이 있다.

별개의견은 국가가 공익을 목적으로 개인의 기본권을 제한할 때 그 한계를 설정하는 원칙을 기본권과 기본권의 충돌의 해결에 그대로 적용하는 과오를 저질렀다. 기본권 충돌은 서로 상이한 기본권 주체가 서로 각기 충돌하는 권익을 실현하기 위하여 서로 대립되는 기본권의 적용을 국가에 대하여 주장하는 것이다.[54] 본 사안은 헌법 제10조 등에서 도출되는 인격권으로서의 명예권과 헌법 제21조에서 보장하고 있는 표현의 자유가 충돌하는 경우다. 그동안 헌법재판소와 대법원의 판례는 대체로 이익형량의 원칙에 입각하여 규범조화적 해석을 도모함으로써 기본권 충돌을 해결해왔다.[55] 즉 구체적인 상황에서 두 기본권의 가치를 비교하여 가치가 상대적으로 큰 쪽을 선택하는 방식이 해결방안이다. 다만, 규범조화적 해석이 필요하므로 가치가 상대적으로 작은 쪽을 경시하여서는 곤란하다. 그래서 규범조화적 해석의 구체적 방법으로 과잉금지의 원칙 또는 비례의 원칙이 제시되고 있다.[56] 하지만 여기서 비례의 원칙이란 상충하는 두 기본권에게 가해질 수 있는 제약의 정도는 목적달성에 필요한 최소한에 그쳐야 한다는 뜻이지, 별개의견처럼 표현의 자유가 인격권보다 우월하다는 판단 아래 표현의 자유에 대한 제한을 가능한 한 최소화하는 방안만이 정당하는 식으로 논의를 전개할 수는 없다.

별개의견은 표현의 자유와 인격권 보호라는 두 가지 법익의 조화 문제를 표현의 자유라는 한 가지 법익에 대한 제한의 문제로 단순화시켰다. 즉 별개의견은 "표현의 자유로부터 개인의 명예라는 인격권을 보호한다는 것은 달리 말하면 명예라는 인격권의 보호를 위하여 표현의 자유를 제한하는 것"이라고 설명한 후 표현의 자유를 제

---

54) 성낙인, 헌법학, 법문사, 2009, 336.

55) 성낙인, 전게서, 339.

56) 헌재 1991. 9. 16. 89헌마165("두 기본권이 서로 충돌하는 경우에는 헌법의 통일성을 유지하기 위하여 상충하는 기본권 모두가 최대한으로 그 기능과 효력을 나타낼 수 있도록 하는 조화로운 방법이 모색되어야 할 것이고, 결국은 이 법에 규정한 정정보도청구제도가 과잉금지의 원칙에 따라 그 목적이 정당한 것인가 그러한 목적을 달성하기 위하여 마련된 수단 또는 언론의 자유를 제한하는 정도가 인격권과의 사이에 적정한 비례를 유지하는 것인가의 여부가 문제된다 할 것이다"). 그러나 이 판례는 정정보도청구제도의 도입이라는 입법을 통하여 표현의 자유를 제한하는 문제이므로, 기본권 충돌의 해결 방법으로 과잉금지의 원칙이 적용되었다고 평가하기 힘들다.

한하는 입법에 대한 위헌성 심사하듯 본 사안에 접근하였다. 이 논리를 그대로 적용하면, 표현으로부터 인격권을 보호하기 위하여 인격권을 제한하는 모든 조치, 예컨대 인터넷포털사이트의 댓글 허용은 인격권에 대한 제한을 가능한 한 최소화하는 것에 바탕을 두어야 한다고 주장할 수 있고, 따라서 현재 대부분의 인터넷포털사이트가 하는 것처럼 모든 기사에 댓글을 허용하는 방식보다 토론방에서 정치 · 사회적 주요 쟁점에 대해서 자유롭게 토론하도록 하는 방식이 표현의 자유에 충실한 것이다.

두번째로 별개의견이 오해한 것은 명백하고 현존하는 위험의 원칙이다. 명백 · 현존 위험의 기준이 국내 학계에 소개된 것은 오래전 일이나, 아직까지 그 내용과 의의에 대한 이해가 제 각각이다. 상당수의 교과서[57]와 연구논문[58]은 언론의 자유를 제한하는 경우 그 한계 이론으로 명백하고 현존하는 위험의 원칙을 거론하고 있다. 헌법상 의의와 기능을 생각할 때 언론의 자유는 두텁게 보호되어야 하며, 그 제한은 극히 필요한 최소한의 정도에 그쳐야 하기 때문에 고안된 이론이 명백 · 현존위험의 원칙인 것처럼 소개되는 일이 많다.[59]

그러나 명백 · 현존위험의 원칙은 표현의 자유를 제한하는 혹은 그러한 제한의 한계를 설정하는 일반이론이 아니다. 이 이론은 표현이 거대 해악을 초래하는 명백하고 현존하는 특수한 상황에서 표현의 자유를 제한하는 기준 또는 그 제한의 정당성을 판단하는 이론으로 이해하여야 한다. 현재 미국에서 명백 · 현존 위험의 기준은 실무적으로 표현의 자유를 제한하는 법률의 위헌성을 심사할 때 거의 사용되지 않는다.[60]

별개의견이 국내에서 과대평가된 명백하고 현존하는 위험의 원칙을 무비판적으로 받아들인 것은 잘못이다.[61] 더구나 별개의견은 이 이론의 의미를 잘못 이해하고

---

57) 권영성, 헌법학원론, 법문사, 2007; 허영, 한국헌법론, 박영사, 2007; 김철수, 헌법학개론, 박영사, 2007 등.

58) 최근 논문으로, 이영우, "명백하고 현존하는 위험의 원칙", 토지공법연구 제19집, 2003; 임지봉, "명백 · 현존하는 위험의 원칙과 표현의 자유", 공법연구 제34집 제4호 제1권, 2006. 6; 이부하, "미국헌법상 명백하고 현존하는 위험 원칙", 헌법학연구 제12권 제2호, 2006. 6; 임지봉, "명백 · 현존하는 위험의 원칙과 우리나라에서의 적용 실제", 세계헌법연구 제12권 제2호, 2006 등이 있으나 거의 동일하게 이 이론을 표현의 자유를 제한하는 일반이론으로 이해하고 있다.

59) 이에 반하여, 표현의 자유에 우월적 지위를 인정하는 미국과 달리 우리나라에서는 명백하고 현존하는 위험의 원칙이 적용될 여지가 없다는 주장도 있다. 한수웅, "표현의 자유와 명예의 보호", 저스티스 통권 84호, 2005. 4. 그러나 이러한 주장 역시 명백하고 현존하는 위험의 원칙이 우리나라에서 표현의 자유를 제한하는 이론으로 일반적으로 받아들여지고 있음을 전제로 하고 있다.

60) Marc A. Franklin et al., *Mass Media Law 83,* 2000; 박용상, 표현의 자유, 현암사, 2002, 109; 전원열 옮김, 존 하트 일리, 민주주의와 법원의 위헌심사, 나남신서, 2006, 역주 4, 문재완, 언론법: 한국의 현실과 이론, 늘봄출판사, 2008, 223-258 참조.

61) 명백하고 현존하는 위험의 원칙의 상세한 내용은 문재완, 전게서; 문재완, "표현의 자유와 사법권", 헌법학연구 제14권 제4호, 2008. 12. 참조.

있다. 명백하고 현존하는 위험에서 명백은 표현과 해악 사이의 인과관계가 명백(clear)하다는 뜻이고, 그 위험이 먼 장래에 있는 것이 아니라 현존(present)한다는 의미다. 다시 말해 표현 그 자체는 해악이 아니지만 그 표현이 야기하는 위험이 분명하고 즉각적이라면 그 표현을 규제할 수 있다는 이론이 명백하고 현존하는 위험의 이론이다. 대표적인 적용 사례가 대중을 선동하여 폭력을 일으키는 연설이다. 연설 내용 자체는 해악이 아니지만, 연설이 폭력이라는 불법행위를 즉시(present) 야기한 것이 명백(clear)한 경우 그 연설한 자를 처벌할 수 있다고 보는 것이 이 이론이다.

그런데, 이번에 문제가 된 사안은 명예훼손적 표현이다. 표현 그 자체가 불법행위인 것이다. 이런 경우에는 명백하고 현존하는 위험의 원칙을 적용할 여지가 없다. 김영란 대법관이 보충의견에서 정확하게 지적한 바와 같이"별개의견은 삭제 및 차단의무를 인정하려면 '인터넷 종합 정보제공 사업자가 삭제 등의 조치를 취하지 않으면 안 될 현존하는 위험'이 있어야 한다고 설명함으로써, 일반적인 명예훼손적 게시물 그 자체가 현존함으로 인한 위험과 다른 위험을 요구하고 있는 것으로 보인다. 그러나, 인터넷에 게시된 명예훼손적 게시물로 인하여 피해자에게 현실적인 피해가 발생하고 있고 그 피해의 위험성이 커서 이로 인하여 게시자가 그 게시물을 삭제할 의무를 부담하고 있음이 명백한 사안이라면 이미 게시자의 표현의 자유는 그 한계에서 벗어나 이를 보호할 필요가 없[다]."

Ⅲ. 인터넷에 대한 규제

인터넷에 대한 별개의견의 인식은 1990년대 중반 인터넷이 본격적으로 일반인들에 의하여 사용되기 시작하던 때의 사고를 그대로 반영하고 있다. 미국 연방대법원은 1997년 "인터넷상 컨텐트는 인간의 사고만큼 다양하다"는 하급심 판결을 인용하면서 인터넷을 방송과 같이 취급하여 규제할 수 없다는 점을 명백히 밝혔다.[62] 즉 방송처럼 정부 규제가 정당화되는 것이 아니고 신문처럼 표현의 자유를 두텁게 보호받아야 한다는 것이다.

우리나라 헌법재판소가 인터넷상 불온통신을 규제하는 전기통신사업법 제53조에 대한 헌법소원심판 사건에서 "인터넷은 공중파와 달리 '가장 참여적인 시장', '표현촉진적인 매체'이다."라고 그 성격을 규정하고 "오늘날 가장 거대하고, 주요한 표현매

---

62) Reno v. American Civil Liberties Unionvi521 U.S. 844 (1997).

체의 하나로 자리를 굳힌 인터넷상의 표현에 대하여 질서위주의 사고만으로 규제하려고 할 경우 표현의 자유의 발전에 큰 장애를 초래할 수 있다. 표현매체에 관한 기술의 발달은 표현의 자유의 장을 넓히고 질적 변화를 야기하고 있으므로 계속 변화하는 이 분야에서 규제의 수단 또한 헌법의 틀내에서 다채롭고 새롭게 강구되어야 할 것이다."라고 밝힌 것도[63] 같은 사고의 연장선이다.

인터넷이 보편적으로 활용되면서 여기에서 발생하는 해악도 늘어나고 있지만, 그러한 해악의 해소를 위하여 국가가 관여할 때마다, 전가의 보도처럼 등장하는 것이 앞서 본 헌법재판소 결정문이다. 별개의견 역시 인터넷을 '가장 완성된 형태의 참여적 대중매체'라고 파악하고 있으며, 인터넷포털사이트로 인하여 이용자가 인터넷상에서 자유롭게 활동할 수 있게 되었다고 인식한다. 인터넷은 자유로운 시장이고, 인터넷서비스제공자는 정보를 단순히 '전달' 내지 '매개'하는 데 불과하므로,[64] 인터넷 포털사이트를 통하여 전달되는 내용에 대하여 인터넷서비스제공자에게 책임을 물을 경우 사적 검열이 이루어져 표현의 자유가 위축되고, 사상의 자유로운 시장이 훼손될 것이라는 논리는 당연한 것처럼 받아들여진다.[65]

하지만 인터넷에 대한 규제는 항상 부당하다는 사고와 인터넷포털사이트에 대한 규제를 인터넷에 대한 규제와 동일하게 보는 시각에 대해서는 비판적으로 접근할 필요가 있다. 먼저 인터넷에 대한 규제론을 보면, 최근 가상 공간에서도 실제 공간에서와 마찬가지로 강제력을 본성으로 하는 국가의 존재가 필요하다는 견해가 유력하

63) 헌재 2002. 6. 27. 선고, 99헌마480 결정.

64) 황성기, "뉴스매개자로서의 포털 뉴스서비스의 언론성 및 법적 책임범위에 관한 연구", 사이버커뮤니케이션학보 통권 제21호, 2007. 1, 214.

65) 이러한 견해로는, 인터넷의 기본구조는 자유로운 의견과 사상의 교환의 장의 마련이고, ISP가 제공하는 게시판 서비스에서는 명예훼손과 같은 역기능보다는 의견의 자유로운 교환이나 사회 정치적 문제에 대한 토론기능과 같은 순기능이 더 많다는 견해(안정민, "제3자의 명예훼손행위에 대한 정보통신서비스 제공자의 책임", 한림법학 FORUM 제19권, 2008. 12.; 표현의 자유가 하는 역할은 국민주권주의 이념의 실현에 불가결한 '공적 의사표시와 토론'이므로 글쓰기는 매우 폭넓게 보호되어야 할 대상인데, 최근 우리나라 인터넷 규제들이 인터넷상 글쓰기와 관련된 것을 비판하는 견해(김보라미, 앞의 글); 인터넷에서 형성되는 탈중앙화된 문화를 중시하여, 자율통제를 중시하여, 이 자율적 조직과 자율통제를 중시하는 시민적 의사소통공간으로 활용되고 있음을 중시하여, 법적 책임보다 ISP의 자율규제에 맡겨야 한다는 견해(박진애, "인터넷에서의 명예보호를 위한 자율적 대응방안에 관한 헌법적 검토: 독일에서의 논의와 현황을 중심으로), 사이버커뮤니케이션학회 제21호, 2007. 3.; 인터넷 언론이 기존의 미디어와는 다른 특성을 지니기 때문에 이에 걸맞는 법이 만들어지거나 현재의 관련법이 대폭 개정되어야 한다고 진단하고, 새로운 종합법은 네티즌 사이에서 벌어지는 것은 네티즌 스스로 자율적으로 해결하는 것을 최우선으로 할 필요가 있지만 꼭 필요한 경우 최소한의 규제 원칙에 근거하여야 한다는 견해(이재진, 인터넷 언론과 인격권, 한나래, 2009; 포털사이트에는 엄격한 국경이 없기 때문에, 국내 포털사이트에 대해서 과다한 책임을 부과하게 되면 이용자들이 외국의 포털사이트로 대거 이동하게 되고 국내 인터넷 사업은 크게 위축될 수 있다는 견해(정상조, "포털의 사이버검열을 부추기는 사회", 법률시평 제273호, 2009. 5. 25, 4) 등 다양하다.

다.[66] 즉 인터넷 그 자체나 인터넷 기업의 성공은 무정부 상태에서 이루어진 것이 아니고, 재산권의 보호, 계약이행의 강제, 형사처벌 등을 수행하는 정부의 역할 아래 가능하였다는 것이다. 국가는 해악이 어떠한 이유에서 또 어떠한 미디어에서 발생하였던 간에 그 해악으로부터 국민을 보호할 권리와 의무를 가진다.[67] 인터넷에는 국경이 없다는 일부의 주장과 달리, 정보통신기술의 발달로 국가영토별 규제도 가능하게 되었다.[68]

또한 인터넷에 대한 규제는 인터넷포털사이트에 대한 규제와 다르다. 인터넷을 네트워크로 이해하는 사람은 인터넷에 대한 규제를 네트워크에 대한 규제로 이해하여 강력히 반대한다. 하지만 인터넷에 있어서 거의 모든 네트워크는 인터넷포털사이트를 매개로 하여 이루어지고 있기 때문에 인터넷포털사이트에 대한 적절한 규제는 네트워크의 효율성을 오히려 높힐 수 있다. 특히 우리나라의 경우 인터넷포털사이트 시장은 네이버, 다음, 네이트 등 상위 3개사로 과점화된 상태다.[69] 인터넷포털사이트에 대한 규제론은, 신문처럼 언론의 자유의 보호를 두텁게 받는 매체의 시장에서도 독과점화될 경우 공적 규제가 필요하다고 보는 것과 마찬가지로 가능한 것이다.

문제는 규제의 종류이지, 규제의 유무가 아니다. 대상판결의 경우 표현에 관한 것이기 때문에 위축효과를 초래해 위험하다고 보는 견해가 많다. 하지만 언론의 자유는 아무 말이나 보호받아야 한다는 것이 아니고, 보호할 가치가 있는 말이 보호받아야 한다는 의미를 지닌다. 미국의 가장 유명한 표현의 자유 이론가 중 한 사람인 마이클존은 "핵심적인 것은 모든 사람이 말하는 것이 아니라, 말할 가치 있는 것이 모두 이야기되어야 하는 것이다"라는 유명한 말을 남겼다.[70]

마찬가지로 위축효과란 아무 말이나 위축되는 것을 의미하는 것이 아니고, 보호할 가치가 있는 말이 위축되는 것을 의미한다. 특히 보호할 가치 있는 말이란, 국민의 자기지배(self-government)와 관련되는 말이다.[71] 하버드 대학의 선스타인(Sunstein)

66) Jack Goldsmith & Tim Wu, *Who Controls The Internet?*, 2006.

67) *Id.* at 156.

68) 인터넷 접속지역에 따라 제공하는 컨텐츠를 달리 하도록 규제하는 것이 기술적으로 가능하다.

69) 2007년 총 체류시간 기준 인터넷 포털의 시장 점유율을 보면, 네이버 35.68%, 다음 25.09%, 네이트 25.22% 등으로 상위 3개 사이트의 시장점유율은 85.99%에 달한다. 박주연 · 전범수, 미디어 다양성: 디지털 융합시대의 미디어 다양성 정책, 한국언론재단, 2007, 171-172.

70) Alexander Meiklejohn, *Political Freedom 26*, 1965.

71) 학자에 따라 정당성의 근거를 달리 설명한다. 이를 가장 잘 정리한 학자는 Thomas I. Emerson으로 그는 개인의 자기만족, 자기발견, 민주적 의사결정에의 참여, 안정과 변화의 균형 등 넷으로 구분했다. Thomas I. Emerson, "*Toward a General Theory of the First Amendment*," 72 Yale L. J. 1963, 877, 878-886.

교수는 표현을 높은 가치(high value)와 낮은 가치(low value)로 구분하여, 국민의 자기지배와 관련되는 내용은 높은 가치의 표현으로 두터운 보호를 받아야 한다고 주장한다. 하지만 협박(threats), 명예훼손(libel), 성 희롱(sexual harassment), 인종 희롱(racial harassment) 등은 대표적인 저가치의 표현으로 이를 헌법적으로 보호할 이유는 없다.[72] 또 때로는 보다 중요한 공적 논의를 위해서 이에 방해되는 표현의 자유를 제한할 필요도 있다.[73] 대상판결에서 문제가 된 발언들은 언론의 자유가 보호하고자 하는, 또는 위축효과가 걱정되는 그러한 종류의 표현이 아니다. 서씨와 김씨의 관계를 모르는 네티즌들의 말은 진리의 발견과 아무런 상관이 없으며, 국민의 자기지배와는 더욱 상관없다. 이러한 감정의 분출은 자기가 살아 있음을 느끼고, 인격적 주체로서 자신을 깨닫는 과정이라고 말할 수도 없다. 문제의 게시글들은 어떠한 표현의 자유의 정당성 이론으로도 보호받기 어려운 표현이라고 본다.[74]

제 5 맺는말

대상판결은 인터넷상 명예훼손에 관한 인터넷포털사이트의 법적 책임을 한국적 현실을 수용하여 정립한 것으로 의미가 있다. 다수의견은 인터넷포털사이트의 성격을 제공하는 서비스의 성격에 따라, 즉 뉴스 서비스의 경우 출판자(publisher)로, 댓글 서비스의 경우 배포자(distributor)로 파악하였다. 대상판결에 따르면, 인터넷포털사이트는 뉴스에서 명예훼손이 발생할 경우 명예훼손적 기사를 보도한 보도매체와 공동불법행위자로로서 손해배상책임을 부담하며, 댓글에서 명예훼손이 발생할 경우 명예훼손적 글을 작성한 인터넷 이용자와 별도로 사업자로서 관리책임을 인정할 수 있는 요건에 해당할 경우 손해배상책임을 부담한다고 본다.

전자의 경우 인터넷포털사이트에게 손해배상책임을 인정하더라도 표현의 자유에 대한 위축효과가 발생할 가능성은 극히 희박하기 때문에 타당한 해석이다. 인터넷포털사이트는 보도매체와의 계약, 구상권 행사 등을 통하여 손해를 전가시킬 수 있으며, 보도매체는 자신의 고의 또는 과실에 의하여 손해배상책임을 부담하는 것이므로

72) Cass R. Sunstein, Democracy and The Problem of Free Speech, 1995.

73) Owen M. Fiss, The Irony of Free Speech 18, 1996; Owen M. Fiss, "*Why the State?*," 100 Harv. L. Rev. 1987, 781, 786.

74) 인터넷 시대에 적합한 정당성 이론으로 최근 부각되고 있는 민주적 문화론(democratic culture)의 시각에서 보더라도 인터넷포털사이트의 댓글 문화는 민주적 문화라기보다 가학적 문화에 가깝기 때문에 보호받기 어렵다. 민주적 문화론에 대해서는 Jack M. Balkin, *Digital Speech and Democratic Culture: a Theory of Freedom of Expression for the Information Society*, 79 NYUL L. Rev. 1, 2004.

일반적인 명예훼손사건과 다를 바 없기 때문이다.

논란이 있는 것은 후자의 경우다. 일반적으로 인터넷포털사이트에 대하여 과도하게 손해배상책임을 인정할 경우 인터넷 이용자의 글을 함부로 삭제 및 차단하는 일이 발생할 수 있으며, 이는 표현의 자유에 대한 침해가 될 수 있기 때문이다. 그러나 대상판결이 이러한 결과를 초래할 가능성 역시 희박하다고 본다. 인터넷포털사이트에게 손해배상책임을 인정하는 요건이 엄격하기 때문이다. 정제되지 않은 글이 난무하는 우리나라의 댓글 문화에서 이곳을 관리할 책임은 그 공간을 창설 · 운영하며 경제적 이익을 얻고 있는 사업자가 지고, 이곳에서 불법행위가 발생할 경우 엄격한 요건 아래 그에게 손해배상책임을 부과하는 것이 정의의 관념에 부합한다고 본다.

대상판결의 경우 피해자의 삭제요청이 즉시 반영되지 않은 사안인데도, 인터넷포털사이트에게 배상하라고 명령한 금액이 회사당 100~500만원에 불과한 것이 오히려 부적절하다.[75] 이러한 의미에서 대상판결이 손해의 공평한 분담과 향후 불법행위의 감소라는 불법행위법의 두 개 기능[76]을 실질적으로 수행하였다고 평가하기 어렵다. 인터넷포털사이트가 부담하여야 할 우발적 손해배상액의 총액이 현재의 사업모델을 변화시켜야 할 만큼 크지 않기 때문이다. 그러나 손해배상액의 산정은 사실심의 전권사항이기 때문에 법률심 판례로서 대상판결은 내재적 한계를 가질 수밖에 없다.

대상판결을 토대로 인터넷포털사이트로 하여금 일상적 모니터링을 하도록 법제화할 수 있다고 보는 것은 논리적 비약이다. 대상판결은 일상적 모니터링과 직접 관련이 없다. 불법성이 명백한 게시물의 존재를 인식할 수 있었음이 외관상 명백한 경우에만 불법행위 책임이 인정되기 때문이다. 이는 인터넷포털사이트가 배포자(distributor)로서 활동하면서 불법성이 명백한 게시물의 존재를 알 수 있음이 명백한 경우 이를 관리하라는 의미이며, 출판자(publisher)로서 게시되는 모든 글을 관리할 것을 요구하는 의미가 아니다.

대상판결은 우리 사회에 팽배해 있는, 인터넷 지상주의 또는 인터넷포털사이트 규제불가론이라는 막연한 환상에서 벗어나 인터넷과 인터넷포털사이트의 공과를 현실적으로 검토하였다는 점에도 큰 의미가 있다. 대상판결은 인터넷에 대한 규제, 특히 인터넷포털사이트에 대한 규제가 항상 표현의 자유에 대한 침해를 일으키는 것처럼 인식하는 사고의 전환을 촉구하고 있다.

---

75) 원심인 서울고등법원은 NHN과 SK커뮤니케이션즈에게 각 500만원, 다음에게 300만원, 야후코리아에게 100만원을 인정하였다. 서울고등법원 2008. 7. 2. 선고 2007나60990 판결.

76) 권영준, "불법행위법의 사상적 기초와 그 시사점: 예방과 회복의 패러다임을 중심으로", 저스티스, 통권 제109호, 2009. 2.

대상판결이 주로 다룬 과제는 피해자의 삭제 요청이 없는 불법성 게시물에 관한 것이었지만, 현실적으로 더 큰 문제는 피해자의 삭제 요청이 있을 경우 어떠한 절차를 거쳐 게시물을 삭제 또는 차단할 것인가에 있다. 이 문제 역시 인격권과 표현의 자유의 조화적 해석이 필요하다. 학계의 활발한 논의가 요구된다.

참고문헌

〈단행본〉

곽윤직, 채권각론, 박영사, 1982.

권영성, 헌법학원론, 법문사, 2007.

김철수, 헌법학개론, 박영사, 2007.

문재완, 언론법: 한국의 현실과 이론, 늘봄출판사, 2008.

박용상, 명예훼손법, 현암사, 2008.

______, 표현의 자유, 현암사, 2002.

박주연 · 전범수, 미디어 다양성: 디지털 융합시대의 미디어 다양성 정책, 한국언론재단, 2007.

박준석, 인터넷 서비스 제공자의 책임, 박영사, 2006.

성낙인, 헌법학, 법문사, 2009.

신평, 헌법적 관점에서 본 새로운 명예훼손법, 청림출판, 2004.

이재진, 인터넷 언론과 인격권, 한나래, 2009.

전원열 옮김, 존 하트 일리, 민주주의와 법원의 위헌심사, 나남신서, 2006.

정종섭, 헌법학원론, 박영사, 2009.

허영, 한국헌법론, 박영사, 2007.

황성기, 국회미디어발전국민위원회 공술문, 2009. 5.

Alexander Meiklejohn, Political Freedom, 1965.

Cass R. Sunstein, Democracy and The Problem of Free Speech, 1995.

Jack Goldsmith & Tim Wu, Who Controls the Internet?, 2006.

Michael I. Rustad & Thomas H. Koenig, Rebooting Cybertort Law, Wash. L. Rev. 2005

Owen M. Fiss, The Irony of Free Speech, 1996.

Yochai Benkler, The Wealth of Networks: How Social Production Transforms Markets and Freedom, 2006.

〈논문〉

권상로, "독일법상의 온라인서비스제공자의 책임 제한에 관한 연구–독일 개정 통신서비스법의 해석을 기초로–", 기업법연구 제18권 제2호, 2004. 12.

권영준, "불법행위법의 사상적 기초와 그 시사점: 예방과 회복의 패러다임을 중심으로", 저스티스, 통권 제109호, 2009. 2.

권헌영, "법원의 판단으로 본 포털 뉴스서비스의 성격", 언론중재 2008 가을.

김기섭, “인터넷상의 명예훼손과 온라인서비스 제공자의 책임”, 판례연구 제17집(하), 2003.

김병일, “독일 연방 온라인서비스법(TDG)에서의 온라인서비스제공자의 책임 및 권한”, 비교상사법 제1권, 2004. 10.

김보라미, “네트워크화된 공론장인 인터넷의 특성에 따른 명예훼손성립에 대한 검토”, 서울대학교 기술과 법 센터 세미나 발표자료, 2009. 5.

김상현, “이용자의 불법행위에 대한 온라인서비스제공자의 민사책임”, 법학연구 제27집, 2007. 8.

문재완, “인터넷에서의 표현의 자유와 그 한계”, 외법논집 제31집, 2008. 8.

______, “표현의 자유와 사법권”, 헌법학연구 제14권 제4호, 2008. 12.

박진애, “인터넷에서의 명예보호를 위한 자율적 대응방안에 관한 헌법적 검토: 독일에서의 논의와 현황을 중심으로“, 사이버커뮤니케이션학회 제21호, 2007. 3.

박희영, “인터넷 서비스 제공자의 형사책임에 관한 연구–독일의 개정 전자적 정보 통신서비스법(TDG)를 중심으로–”, 인터넷법률 제22호, 2004. 3.

서이종, “인터넷 이용행태와 댓글문화”, 서울대학교 기술과 법 센터 세미나 발표자료, 2009. 5.

안정민, “제3자의 명예훼손행위에 대한 정보통신서비스 제공자의 책임”, 한림법학 FORUM 제19권, 2008. 12.

양창수, “불법행위법의 변천과 가능성”, 민사판례연구 제15권, 박영사, 1993.

우지숙, “인터넷 서비스제공자의 법적 책임 판단에 있어서 편집권 행사의 역할에 관한 연구”, 인권과 정의, 2009. 7.

______, “인터넷상 명예훼손”, 서울대학교 기술과 법 센터 세미나 토론문, 2009. 5.

이부하, “미국헌법상 명백하고 현존하는 위험 원칙”, 헌법학연구 제12권 제2호, 2006. 6.

이영우, “명백하고 현존하는 위험의 원칙”, 토지공법연구 제19집, 2003.

이해완, “사이버스페이스와 표현의 자유”, 헌법학연구 제6권 제3호, 2000. 11.

임지봉, “명백 · 현존하는 위험의 원칙과 우리나라에서의 적용 실제”, 세계헌법연구 제12권 제2호, 2006.

______, “명백 · 현존하는 위험의 원칙과 표현의 자유”, 공법연구 제34집 제4호 제1권, 2006. 6.

정보통신정책연구원 제출, “인터넷이용자와 사업자의 권리와 의무에 관한 연구” (최종보고서), 한국인터넷법학회, 2007. 12.

정상조, “명예훼손에 대한 포털의 책임: 서울고등법원 2008. 7. 2. 선고 2007나60990판결에 대한 비판적 검토의견”, 대법원 공개변론서, 2008. 12.

______, “포털의 사이버검열을 부추기는 사회”, 법률시평 제273호, 2009. 5.

한국언론재단, "2008 언론수용자 의식조사 – 제14회 미디어의 영향과 신뢰도 조사", 2008.
한수웅, "표현의 자유와 명예의 보호", 저스티스 통권 84호, 2005. 4.
황성기, "뉴스매개자로서의 포털 뉴스서비스의 언론성 및 법적 책임범위에 관한 연구", 사이버커뮤니케이션학보 통권 제21호, 2007. 1.
______, "정보매개서비스제공자의 법적 책임의 적정 범위에 관한 연구: 서울중앙지방법원 2007. 5. 18. 2005가합64571, 손해배상(기)등의 평석을 중심으로", 사이버커뮤니케이션학보, 통권 제21호, 2007. 1.
황태정, "정보통신서비스제공자의 책임에 관한 비교법적 고찰", 인터넷법률 제28호, 2005. 3.
Jack M. Balkin, "Digital Speech and Democratic Culture: a Theory of Freedom of Expression for the Information Society", NYUL L. Rev. 1, 2004.
Marc A. Franklin et al., "Mass Media Law", 2000.
Owen M. Fiss, "Why the State?", Harv. L. Rev., 1987.
Rebecca Tushnet, "Power without Responsibility: Intermediaries and the First Amendment", Geo. L. Rev. 2008.
Thomas I. Emerson, "Toward a General Theory of the First Amendment", Yale L. J, 1963.

제 3 절

인터넷 언론의 법적 규제와 책임에 관한 연구 * **

제1 서 론

Ⅰ. 인터넷 언론의 의의

구체적으로 한국에서는 2002년 2월 오마이뉴스가 대선후보 초청 인터넷 생중계를 하려고 하였으나 정간법상의 언론매체가 아니기에 선관위가 무산시켰고 2000년에는 오마이뉴스기자가 인천공항 기자실에 출입을 금지당하기도 하였지만 2002년 2월 9일에 언론주무부처인 문화관광부가 오마이뉴스가 새로운 형태의 언론이라고 유권해석을 하자 인터넷 언론의 법적 지위에 대한 논의가 쟁점이 되기 시작하였다. 또한 2006년말에 중앙선관위가 유력대선주자와 인터넷 언론 등이 인터뷰하는 것을 금지하려다 지나친 간섭이라는 여론과 정치권의 반발에 직면하기도 하는 등 이제 인터넷은 더 이상 개인들만의 공간이 아닌 진정한 가상의 정치적 문화적 생활공간이자 정보제공처가 되어 가고 있다.

한편 우리나라의 현행 법령상에는 인터넷이라는 용어가 사용되고 있는데, 다만 인터넷 자체에 대해서는 정의하지 않고 있다. 다만 '정보통신망 이용촉진 및 정보보호에 관한 법률' 상의 '정보통신망'이 인터넷에 가장 근접한 개념이라고 할 수 있다. 동법 제2조 제1호는 '정보통신망'을 "전기통신기본법 제2조 제2호의 규정에 의한 전기통신설비를 활용하거나 전기통신설비와 컴퓨터 및 컴퓨터의 이용기술을 활용하여 정보를 수집 · 가공 · 저장 · 검색 · 송신 또는 수신하는 정보통신체계"라고 정의를 내리고 있다.

하버마스는 기존의 언론매체는 권력기관화되어 국민의 의사를 반영하기 보다는

---

* 장용근: 홍익대학교 법과대학 교수.

** 본 논문은 인터넷언론의 법적 규제와 책임에 관한 연구, 세계헌법연구, 제12권 2호, 2006.에서 발표한 논문에 수정된 법률과 기타자료를 등을 반영하여 보완한 자료로서 "서울대 전문분야 법학연구과정 28기 [인터넷과 법률 Ⅲ] 공개과정의 강의안으로 작성된 것임을 명시하고자 한다.

자신들의 목소리만 내는 경우가 많아 졌다고 하고 이는 매우 현실적이고 정확한 분석이라고 보인다. 하지만 인터넷은 이러한 기존의 언론과는 달리 국민들이 직접 참여하여 자신의 목소리와 다양한 국민의 소리들을 들을 수 있게 하여 오마이뉴스 등의 새로운 매체 등을 생성하게 하였다. 또한 실제로 수많은 목소리를 낼 수 있게 되어 그 자체가 민주주의의 발전을 이루게 되었다. 여기서 사이버상의 표현의 자유를 논하는 것은 시장의 자유모델에 입각하여 자기지배의 원칙의 연장선상에서 표현의 자유[1]를 이해하고 국민주권주의의 실질화를 이룩하고자 하는 면에서 볼 때 기존의 언론과는 다른 인터넷 언론 등이 다른 나라보다 더 활발히 우리나라에서는 진정한 국민주권주의가 실질화되고 있다고도 볼 수 있는 긍정적인 측면도 가지고 있다. 실제 중국에서는 시민들이 인터넷상에서의 정치적 토론을 제한하고 있으며, 국내 인터넷 이외에 해외인터넷에 접속하는 것 자체도 강력하게 막고 있다.[2] 이러하듯이 인터넷상의 표현의 자유는 한 나라의 정권의 존립자체를 흔들 수 있는 정도의 파괴력을 가질 수 있다면 이는 기존의 표현의 자유와는 다른 것을 인정하고 검토하는 것이 필요하리라고 보인다. 이 중 이 논문은 주로 인터넷 언론매체을 중심으로 하여 논의를 전개하고자 한다.

여기서 인터넷 언론은 기존의 언론에 비하여 개인적이며, 자발적 미디어인 점에서 기존미디어보다 더 자유로워야 하고 그에 대한 규제는 본 언론이 타인의 법익을 해하는 경우 제한적으로 바람직하다. 하지만 개인적인 표현의 자유와는 다른 영향력이 막강한 새로운 매체라는 점은 그 사회적 · 법적인 책임이 따르고 따라서 법적인 규제가 개인의 표현의 자유보다 더 강할 수밖에 없다는 이중성을 가지고 있다. 또한 인터넷언론만을 통합적으로 하는 단일법체제를 주장하는 견해도 있으나 인터넷 언론이 기존의 언론과 다른 본질적인 차이가 있는 것은 아니기에 기존의 신문법이나 방송법 규정의 유사규정을 유추하여 적용하거나 새로운 규정을 삽입하여 검토하는 것이 필요하다[3]는 주장에 따라 최근에는 신문법 등에 인터넷 언론규정이 들어가고 있다[4].

---

1) 한상희, "전자민주주의의 헌법적 수용과 과제-표현의 자유와 관련하여-"; "헌법 50년의 평가와 정보화 시대의 헌법적 과제"; "민주헌정과 국가정보화- 전자정부와 전자민주주의의 실천을 위한 공법적 과제", 한국공법학회, 1998. 6, 60.

2) 정영화, "인터넷상의 표현의 자유의 규제", 세계헌법연구 6호, 452.

3) 박용상, 언론개혁법안에 관한 의견, 헌법학연구 제 11권 제 1호, 2005. 3, 65.

4) 「신문 등의 자유와 기능보장에 관한 법률」 일부 조항에 대한 헌법재판소의 위헌 및 헌법불합치 결정에 따라 관련 규정의 정비가 필요하고, 인터넷포털 등이 뉴스를 제공하여 언론의 기능을 하고 있어 이를 언론관계 법률의 규율 대상으로 포함하는언론기능을 하고 있는 인터넷포털을 "인터넷뉴스서비스"로 정의하여 이 법의 규율대상으로 하여(안 제2조제5호) 기존의 인터넷신문이외에 포털을 추가로 규정하고 있고 이 안은 국회를 통과하였으나 아직은 공포는 되지 않아 실행되지는 않고 있다.

또한 인터넷 멀티미디어 방송사업법에 근거하여 인터넷 방송을 허가하고 있다. 따라서 지금의 인터넷 언론의 범위에는 인터넷 신문 이외에 IPTV와 같은 인터넷 방송을 포함하고 있다.

Ⅱ. 인터넷언론매체의 등장

1. 의 의

우리나라는 하버마스가 지적한 대로 기존의 언론이 권력기관화되어서 국민들의 목소리를 내기보다는 자신들의 목소리를 냄으로써 국민과의 괴리현상이 깊어져만 갔다. 이러한 언론은 정치권력마저 위협을 가할 수 있는 상황에서 국민들의 목소리는 이 나라에서 주인이면서 전혀 자신들의 목소리는 낼 수 없고 언론기관의 사주의 목소리만 낼 수 있었다.

하지만 우리나라에서 오마이뉴스를 시작으로 새로운 대안언론이외에 기존의 언론들도 인터넷 사이트를 만들어 국민들의 목소리를 듣고 이를 적극적으로 받아들이려 한다. 이는 표현의 자유의 기능적 관점에서 검토해 볼 때, 전자신문 등의 등장은 형식화된 국민주권주의가 실질화된다고 보는 관점에서 접근하고자 한다.

2. 인터넷 언론의 개념과 실익

인터넷 언론은 언론과 통신의 결합된 형태로서, 포탈사이트, 언론사닷컴, 인터넷 신문과 블로그 등의 형태가 있으나 "정보의 제 1차적인 뉴스제공자가 웹상에서 하루 1회이상 그 정보내용을 갱신하여 여론을 전달할 목적으로 발행하는 전자적 형태의 신문"이라고 정의하는 경우가 있는데 인터넷 방송도 포함시켜야 하지만 이는 인터넷 언론의 핵심이라고 볼 수 없기에 신문이 주가 된다고 보는 것이 타당하고 현행 신문 등의 자유와 기능보장에 관한 법률에 인터넷 신문[5]을 포함하고 있는 입법취지와도 일치한다고 보인다. 다만 동법 시행령 제3조에서 5호에서 "기사 건수의 100분의 30

---

5) 신문 등의 자유와 기능보장에 관한 법률과 동법 시행령에서 이에 대해서 규정 다음과 같이 규정한다. 동법 2조 5호: "인터넷신문"이라 함은 컴퓨터 등 정보처리능력을 가진 장치와 통신망을 이용하여 정치 · 경제 · 사회 · 문화 · 시사 등에 관한 보도 · 논평 · 여론 및 정보 등을 전파하기 위하여 간행하는 전자간행물로서 독자적 기사 생산과 지속적인 발행 등 대통령령이 정하는 기준을 충족하는 것을 말한다. 시행령 제3조 (인터넷신문): 법 제2조제5호에서 "대통령령이 정하는 기준"이라 함은 다음 각 호의 기준을 말한다. 1. 독자적인 기사 생산을 위한 요건으로서 취재 인력 2인 이상을 포함하여 취재 및 편집 인력 3인 이상을 상시적으로 고용하고, 주간 게재 기사 건수의 100분의 30 이상을 자체적으로 생산한 기사로 게재할 것 2. 지속적인 발행요건으로서 주간 단위로 새로운 기사를 게재할 것.

이상을 자체적으로 생산한 기사로 게재할 것"으로 정의함으로서 실질적인 영향력을 지닌 각종 신문닷컴 포털사이트나 블로그 등을 통제할 수 없다는 문제점을 지니고 있었다. 하지만 2009년 8월 7일부터는 3조 2항에서 신문 등의 계열회사 사이트도 포함시키게 되었다. 또한 포털사이트도 인터넷 뉴스 서비스 업체로서 신문법의 적용을 받게 되었다. 하지만 인터넷 방송은 아직까지는 독자적인 뉴스 등을 만들지 않고 단지 전출서비스만을 하기에 독자적인 언론으로 보기에는 어려운 면이 있다고 보인다. 하지만 앞으로는 독자적인 언론기능을 갖춘다면 인터넷 언론에 포함될 수 있을 것이다.

하지만 공직선거법은 반론권이 인정되는 인터넷 언론의 범위를 신문법상의 인터넷언론의 기준과는 다르게 보도 · 논평 등의 목적으로 선거관련기사를 보도하는 블로그를 포함한 모든 매체를 포함시키고 있다는 점에서 차이가 있다. 하지만 신문법상의 인터넷 언론의 규정을 한정적으로 해석하지 말고 이에 준하는 인터넷 언론에도 이에 준하는 법적 지위를 인정할 필요가 있다고 보인다. 그 이유는 이러한 규정들의 입법화는 국가당국의 규제를 위한 것이 아닌 인터넷 언론의 지위를 더 잘 보호하여 국민의 알 권리를 보장하려는 취지로 해석하는 것이 타당하지 않나 생각이 들기 때문이다. 이는 헌법이나 민법에서 법인등기를 하지 않은 법인격없는 사단이나 재단의 기본권성을 인정하는 헌법재판소의 취지를 조심스럽게 유추해볼 필요가 있기 때문이라고 생각하기 때문이다. 따라서 이 글에서는 인터넷 신문에 한하지 않고 인터넷 방송이나 언론사닷컴, 포털사이트 등을 포괄한 광의의 인터넷 언론을 포함하여 법적 규제와 그 책임을 논하고자 한다.

인터넷 언론의 실익은 대선경선주자들을 초청토론회의 개체할 수 있고, 일반적인 기사취재와 인터뷰에 혜택을 받는다. 그리고 보도분쟁의 경우 반론권 등의 언론중재의 대상이 되어서 분쟁해결절차가 좀 더 간편하고 신속하다. 그 밖의 언론사로서 신문법이나 방송법이 아닌 일반조세법상 지원금과 세제혜택도 받을 수 있다.

3. 인터넷 언론의 특성

우선 장점으로는 긍정적인 면으로는 첫째, 개방성과 쌍방향성 그리고 시공간의 제약을 적게 받는 특성, 둘째, 기타의 언론에 비하여 적은 고정비용과 설립비용으로 인해 소규모집단도 인터넷 언론을 설립할 수 있다는 특성이 있기에 배포에 드는 비용이 없기에 무료화 내지는 저렴한 비용으로 구독할 수 있게 되었다는 점도 장점이라고 할 것이다. 셋째, 기존의 미디어문화와는 다르게 언론과 시민기자들의 참여로 인한 뉴스의 생산과 배포, 소비의 동시화와 시민기자들의 활동으로 인한 현장밀착형 뉴스

취재방법, 생활속의 뉴스어젠다의 설정의 가능성, 넷째, 텍스트와 그래픽, 사진, 오디오, 동영상 등의 기술적 제약없이 사용가능하다는 점 등이 있다. 다섯째, 보다 넓고 종합적인 관점에서 정보를 접근할 수 있다. 여섯째, 인터넷의 특성상 세계적인 인터넷 사이트에 연결되어서 국내에서 쉽게 접할 수 없고, 국내 정권에 불리등의 삭제되는 등의 접할 수 없는 정보를 다른 나라의 사이트에 접근해서 얻을 수 있어 정보의 세계화를 이룩할 수 있는 장점이 있다. 일곱 번째, 쌍방향성으로 국민들의 참여가 활성화되었다는 점이다.

하지만 단점으로는 기술적인 접속속도나 서버의 문제점을 들 수 있으나 우리나라에서는 다른 나라와 달리 초고속 인터넷망의 발달이 거의 세계최고라고 할 수 있기에 이 문제는 우리나라에서는 더 이상 중요한 문제가 아니라고 생각이 든다. 둘째로 신문의 채산성의 문제인데 이는 사용자의 수나 무료로 운용되는 경우에 신문운용의 비용은 드나 수익성이 없기에 자칫 정보제공이 부실해질 우려도 있다. 셋째, 화면의 제한성으로 인해서 여러 번 클릭을 해야 하는 점이 중요한 문제점으로 지적되고 있으나 뉴욕타임즈나 유에스투데이지는 첫 화면에 뉴스의 대부분 페이지가 다 들어가도록 구성하고 있어서 화면의 제한성이 점점 해결하고 있다. 넷째, 인터넷이 다양한 정보를 제공하나 기존 신문이 어느 정도 정제된 정보를 제공하고 있다는 점은 무시할 수 없고 자칫 잘못된 정보에 기초하여 국민들을 혼란에 빠지게 할 우려가 있기에 어느 정도의 차별화 시킨 정보의 분류가 필요하리라고 할 것이다. 특히 개인의 잘못된 정보의 제공으로 인한 명예훼손의 경우 그 피해는 기존보다 더 심각하다. 다섯째, 컴퓨터나 노트북을 휴대하지 않으면 볼 수 없다는 문제점을 가지고 있다. 하지만 이는 기존의 언론매체가 다양한 소식을 전달해 주는 시스템의 변환을 이룩한다면 해결되리라고 보인다. 내용적으로는 우리사회에서도 문제가 되는 특정이념에 얽매인 극단적인 형태의 인터넷 언론도 가능하기에 이에 대해서도 조심스럽게 고려하여야 할 것이다. 그리고 정보격차의 문제는 정보화전체의 문제로서 기존 언론매체를 배제하지 않는 한 어느 정도 해결이 가능한 것이라고 보인다.

이러한 특성에 따라 일반적인 표현의 자유의 제한의 원리가 적용되지만 인터넷의 특수한 매체의 특성상 법적 규제가 달라진다는 점도 주의할 필요가 있다.

4. 인터넷 언론의 전망

과거 TV가 처음 등장할 때, 라디오와 신문은 사라질지 모른다는 우려를 했다. 하지만 50년이 지난 지금 역시 확고히 위치를 차지하고 있는데 이는 자동차 운전 시에는 라디오가 효용성이 있고 대중교통이나 이동시에는 신문이 중요한 기능을 하며 아직도 나름대로 확고한 기능한다는 점을 고려하면 선불리 전자신문이 기존언론을 대체하리라고 기대하기 보다는 보완의 기능을 하리라고 하는 것이 타당하다고 보인다.

또한 이러한 여러 매체가 서로 경쟁하며 수준 높은 질의 정보를 제공할 수 있도록 하는 것이 시장의 경쟁성을 통해 사상의 자유시장을 이룰 수 있도록 하는 중요한 대안이 되리라고 할 것이다.

5. 소 결

기존의 언론이나 정권 등에 불리한 표현을 하는 경우는 국민에게 반대의 입장은 알려지지 않았고 이를 알고 있는 국민들이 이를 알리려고 하여도 기존의 언론과 국가기관은 이를 막고 국민들의 귀를 막고 있었다. 하지만 인터넷이라는 매체의 등장으로 익명성을 통한 의견의 표출과 한 번 표출되면 급속도로 퍼져 나가는 인터넷의 특성으로 이제는 정권을 위한 언론의 역할은 제한될 수밖에 없고 진정한 국민주권주의를 실현하기 위한 정보화가 이루어지고 있다는 희망감을 감출 수 없다. 하지만 이러한 순기능이외에 역기능도 검토하면서 검토하고자 한다.

제 2 법적 규제

Ⅰ. 의 의

여기서의 규제는 행정권이 중심이 된 행정적 규제를 중심으로 검토하고자 한다. 특히 여기서는 쟁점별로 규제의 종류를 나누어 현행 법률을 중심으로 검토하고자 한다. 그런데 여기서는 법상 일반책임 즉 민형사책임은 그 일반논리에 의하여 책임지는 것이 타당하고 이보다 더 강한 정도의 특별법적 규제가 가능한지에 대한 문제라는 점을 고려하면서 검토할 필요가 있다.

또한 인터넷 언론기관의 자유도 일반표현의 자유의 규제원리가 적용되기에 표현의 자유의 규제원리의 기준이 적용될 수 있다. 한국의 경우 헌법재판소는 "언론의 자유는 민주국가의 존립과 발전을 위한 기초가 되기 때문에 특히 '우월적 지위'를 지니고 있는 것이 현대헌법의 한 특징이다"라고 판시하고 있다.[6] 또 대한민국 헌법 제21

6) 헌재 1991.9.16, 89헌마165

조 제2항[7]에서는 검열제의 금지를 명문화하고 있는 데, 이로 보아 한국도 표현의 자유의 우월적 지위를 인정하는 '사전억제 금지의 이론'을 적용하고 있음을 알 수 있다. 한편 사전적인 내용 규제가 아닐지라도 언론 · 출판에 대한 규제는 '이중 기준의 원칙'을 적용해 엄격한 기준에 의거해서 합헌성 여부를 판단해야 한다.

언론 · 출판의 자유[8]는 무제한적 · 절대적 자유가 아니므로 헌법 제37조 제2항의 일반적 법률유보에 따라 일정한 제한이 따를 수 있다. 일반적으로 제한의 방법으로는 시간의 순서에 따라 사전적 제약, 사후적 제약 그리고 기타 예외적 제한으로 나누어 파악할 수 있다.

우리 헌법은 21조 4항에서 언론의 명예훼손에 대한 헌법적 한계를 설정하고 있다. 언론에 있어서의 출판물에 관련된 명예훼손은 형법 310조의 진실하고 공익에 도움이 되는 것이라고 믿는데 고의 · 과실이 없어야 한다는 점을 고려해 보아서 판단되어야 할 것이다.

Ⅱ. 소관부처의 검토

과거에는 이를 언론으로 보게 되면 신문법이나 방송법의 통제하에 놓이게 되고 그렇게 되면 문화관광부의 소관사항이 될 것이나 이를 단지 통신 즉 전기통신으로 보게 된다면 전기통신사업법의 적용을 받게 되고 이는 정보통신부소관사항이 되었다. 하지만 지금은 인터넷 신문은 문화관광부의 소관사항이 될 것이고 인터넷방송이나 통신으로 보게되면 방송통신 위원회의 소관사항이 된다. 인터넷 언론은 내용적인 면에서는 의견과 사실을 국민의 알권리를 위해서 전달한다는 점에서는 언론의 자유와

7) 역대헌법에서 언론 · 출판의 자유를 규정한 내용은 다음과 같다. 먼저 건국헌법 제13조는 "모든 國民은 法律에 依하지 아니하고는 言論, 出版, 集會, 結社의 自由를 制限받지 아니한다"고 하여 법률 유보의 형태로 표현의 자유를 규정했다. 제2공화국 헌법 제13조 제1항은 건국헌법과 달리 법률유보의 형태를 취하지 않았다. 그리고 제28조 제2항 단서에서 언론 · 출판에 대한 허가와 검열의 금지를 규정하였다. 제3공화국 헌법은 제18조 제2항에서 "言論 · 出版에 대한 許可나 檢閱과 集會 · 結社에 대한 許可는 인정되지 아니한다. 다만, 公衆道德과 社會倫理를 위하여는 映畵나 演藝에 대한 檢閱을 할 수 있다"고 하여 영화와 연예에 대한 검열을 인정하고 있다. 제4공화국 헌법 제18조는 건국헌법과 동일하게 법률유보의 형태로 표현의 자유를 규정했다. 제5공화국 헌법은 제20조 제1항에서 표현의 자유를 규정하면서 법률유보의 형태를 취하지 않았고 제2항에서 "言論 · 出版은 他人의 名譽나 權利 또는 公衆道德이나 社會倫理를 侵害하여서는 아니된다"고 하여 내재적 한계를 규정하였다.

8) 언론이라 함은 구두에 의한 표현을, 출판이라 함은 문자 및 상형에 의한 표현을 말하는 것이지만, 일반적으로 언론 · 출판의 자유에서 말하는 언론 · 출판이란 사상 · 양심 및 지식 · 경험 등을 표현하는 모든 수단, 즉 담화 · 연설 · 토론 · 연극 · 방송 · 음악 · 영화 · 가요 등과 문서 · 도화 · 사진 · 조각 · 서화 · 소설 · 시가 기타 형상에 의한 것을 모두 의미한다고 해석된다. 김철수, 헌법학개론, 박영사, 2006, 725.

관련이 되고 전달의 수단적 측면을 강조한다면 개인적 통신의 자유[9]가 아닌 공개된 집단적 통신의 측면도 있다고 하겠다.

그런데 여기서 언론을 강조하는 것은 공익성과 대중에 공개되는 것을 원칙으로 한다는 특성이 있고, 통신으로 본다면 개인의 프라이버시 측면이 강하다고 할 수 있는데 인터넷 언론은 원칙적으로 공개의 측면이 강하고 다만 이메일 등의 경우는 통신적 측면도 같이 가지고 있으나 전체적으로는 언론적 측면에서 통제를 하는 것이 필요하다고 보인다.

Ⅲ. 법적 규제의 구체적 검토

1. 인터넷 신문

(1) 등록 요건

신문 등의 자유와 기능보장에 관한 법률과 동법 시행령에서 정한 인터넷 신문은 의무적 등록하게 하고(동법 12조)[10]과 등록취소요건(21조)을 규정하고 있는데 이는 앞서 검토한 사실상 중소 인터넷 언론매체도 의무적 등록을 하게 하고 신문법상의 요건을 충족하지 못하게 되는 경우에 등록취소를 할 수 있게 함으로서 사실상 생성중인 인터넷언론을 과도하게 제한하는 결과를 야기할 수 있기에 위헌의 소지가 있다.[11] 문화관광부는 이 등록요건위배시에는 과태료를 물게 하고 있다.

(2) 기사와 광고의 구분

신문 등의 자유와 기능보장에 관한 법률 11조는 2항에서 신문발전 위원회에서 기사와 광고를 구분하게 하여 권고하게 하고 있다.

---

9) 헌법학에서 통신의 자유는 프라이버시의 한 내용이다.

10) 제12조 (등록) ①정기간행물을 발행하거나 인터넷 신문을 경영 · 관리하고자 하는 자는 대통령령이 정하는 바에 따라 다음 각호의 사항을 문화관광부 장관 또는 특별시장 · 광역시장 · 도지사(이하 "등록관청"이라 한다)에게 등록하여야 한다. 등록된 사항을 변경하고자 할 때에도 또한 같다. 다만, 국가 또는 지방자치단체가 발행 또는 관리 하거나 법인 그 밖의 단체나 기관이 그 소속원에게 무료로 보급할 목적으로 발행하는 경우와 대통령령이 정하는 정기간행물 및 인터넷 신문은 그러하지 아니하다. 1. 제호 2. 종별 및 간별 3. 발행인 · 편집인(외국정기간행물의 내용을 변경하지 않고 국내에서 그대로 인쇄 · 배포하는 경우를 제외한다. 이하 같다) · 인쇄인 및 인터넷 신문 사업자의 성명 · 생년월일 · 주소(발행인 또는 인쇄인이 법인이나 단체인 경우에는 그 명칭, 주사무소의 소재지와 그 대표자의 성명 · 생년월일 · 주소) 4. 발행소의 소재지 5. 발행목적과 발행내용 6. 주된 보급대상 및 보급지역.

11) 박용상, 전게논문, 67-68 참조.

(3) 인터넷 공간의 언론보도에 대한 전자기록을 보관

피해구제의 실효성을 제고하기 위하여 인터넷 신문과 인터넷 뉴스 서비스의 보도배열 전자기록 보관 대상, 보관 내용 등을 규정하였다. 파급효과 및 사회적 영향력을 감안하여 이용률과 주목도가 높은 화면을 보관대상을 설정하였는데 인터넷 신문은 첫화면, 인터넷 뉴스 서비스는 첫화면과 뉴스홈의 보도배열 전자기록을 6개월 동안 보관해야 한다. 보관 내용에는 피해정도 측정 및 정정보도문 게재 등에 참고할 수 있도록 기사 제목과 제공 언론사, 배열 위치, 최초 노출된 시각 및 삭제된 시각이 포함된다. 배열 전자기록 보관 의무는 전년도 말을 기준으로 직전 3개월 일일 평균 이용자수가 10만명 이상인 사업자에게만 부여하여 소규모 업체의 부담을 최소화하고, 제도 시행 결과에 따라 점차 그 범위의 확대를 검토할 예정이라고 한다.

2. 인터넷 방송의 허가[12)]

방송법은 제 2 조의 1의 데이터 방송의 정의에서 "인터넷 등 통신망을 통하여 제공하거나 매개하는 경우를 제외한다."라고 하여 디지털방송을 설명하면서 인터넷방송을 제외시키고 있다. 데이터 방송 규정상 인터넷 방송을 제외하지만 하지만 음성이나 동영상의 추가되는 경우 방송통신의 융합의 전형적인 경우를 제외하는 것이 타당한지는 의문이라고 보인다. 방송법상 아무런 규정이 없어 과거 인터넷방송은 임의신고 형태로 설립 · 운영되고 있었다. 이에 대해서는 "인터넷 방송도 당연히 헌법 제21조 제4항의 책임을 져야 하고, 그렇다면 명예훼손이나 기타 타인의 권리침해 등의 문제가 발생했을 때 책임 소재를 분명히 밝히고, 재판관할권을 확정짓기 위해서라도 신고를 의무적으로 하도록 하는 신고의무제가 바람직할 것으로 보인다"라고 하여 신고의무제도가 필요함을 주장하고 있었다.[13)]

하지만 지금은 인터넷 멀티미디어 방송사업법(IPTV)이 따로 제정되어 있는데 이 법은 방송과 통신의 경계선상 있다고 보아서 과거 방송위원회와 정보통신부의 경쟁체제하에서 타협의 산물이라고 할 수 있을 것이다. 지금은 방송위원회의 소관이기에 실익이 없고 통신의 영역은 프라이버시나 정보의 문제이고 방송은 언론의 영역, 표현의 자유의 영역이기에 방송법으로 통합하는 것이 필요하다고 보인다. 허가사항이기에 등록사항에 불과한 인터넷 신문 등에 비해 강력한 규제를 하고 있다고 할 것이다. 동법상 제4조에서는 인터넷 멀티미디어 방송 제공사업의 허가사업으로 규정하고 방

12) 2008년부터 메가티브나 하나티브같이 인터넷방송이 설립되어 운영되고 있다.

13) 박선영, "인터넷 방송의 자유와 법적제한", 공법연구 제29집 제1호, 2000, 6-7.

송의 공적 책임 · 공정성 · 공익성의 실현 가능성, 콘텐츠 수급계획의 적절성 및 방송영상 산업 발전에 대한 기여도, 유료 방송시장에서의 공정경쟁 확보 계획의 적정성, 조직 및 인력운영 등 경영계획의 적정성 등을 고려하여 허가할 수 있게 규정한다. 제8조 (겸영금지 등) ① 인터넷 멀티미디어 방송 제공사업자가 주식을 발행하는 경우에는 기명식으로 하여야 한다.「신문 등의 자유와 기능보장에 관한 법률」에 따른 신문 또는「뉴스통신진흥에 관한 법률」에 따른 뉴스통신을 경영하는 법인(대통령령으로 정하는 특수관계자를 포함한다)은 인터넷 멀티미디어 방송 제공사업자의 주식 또는 지분 총수의 100분의 49를 초과하여 소유할 수 없다고 8조 2항에서 규정하고 있다.

3. 반론권

비록 임의적 행정심판의 형태인 반론권의 적용범위는 언론중재 및 피해구제 등에 관한 법률 14조에서 인터넷 신문 및 인터넷 뉴스 서비스 사업자 및 인터넷 멀티미디어 방송사업자는 반론권의 객체가 된다.[14] 이에 대해서 인터넷은 쌍방향성으로 인해서 댓글이나 기타의 형태로 자신의 글을 올릴 수 있기에 반론권이 불필요하다는 견해[15]도 있으나 개별적 의견개진의 경우에는 이 견해가 타당성이 있으나 이 법이 규제하는 것은 언론의 형태를 갖추는 경우의 언론의 영향력을 고려한다면 필요하다고 할 것이다. 특히 인터넷 언론이 특정세력과 결탁하여 편향된 의견을 탑뉴스 등으로 기재하는 경우를 상정한다면 이 반론권규정은 타당하다고 할 것이다.

하지만 공직선거법은 반론권이 인정되는 인터넷 언론의 범위를 신문법상의 인터

---

14)「언론중재 및 피해구제에 관한 법률」과 동 법 시행령이 8월 7일자로 시행된다. 문화체육관광부(장관 유인촌)는 지난 2월 6일 인터넷포털 등을 인터넷뉴스서비스로 규정하여 법의 적용대상에 포함, 인터넷 포털의 언론보도로 인한 피해구제의 실효성을 제고할 수 있도록 하였다. 또한 인터넷 신문 사업자 및 인터넷 뉴스서비스 사업자가 보도의 배열에 관한 전자기록을 6개월간 보관하도록 하는 것 등을 주요내용으로 하여「언론중재 및 피해구제에 관한 법률」을 개정하였고, 이후 6개월 동안 법이 위임한 사항과 그 시행에 필요한 사항을 정한 대통령령을 마련하였다.

인터넷 포털 등을 언론중재 및 피해구제의 대상으로 포함

- ㅁ 인터넷 포털 등 '언론의 기사를 인터넷을 통하여 계속적으로 제공하거나 매개하는 전자간행물'인 인터넷뉴스서비스와 인터넷멀티미디어방송 등을 언론중재 및 피해구제의 대상으로 포함시켰다. 포털 등은 언론은 아니지만 뉴스를 매개하여 서비스하고 기사를 배열하는 등 그 기능과 영향력이 언론에 준하므로 그에 맞는 책임을 부여해 피해구제의 실효성과 신속성을 높일 수 있도록 한 것이다.

인터넷 뉴스 서비스의 범위에서 개인 블로그, 인터넷카페 등을 제외

- ㅁ 인터넷 뉴스 서비스의 범위에서 개인 블로그, 인터넷카페 등을 제외하였다.
  - ○ 인터넷 뉴스 서비스를 언론중재법 적용대상으로 규정한 입법 취지는 전파의 신속성과 사회적 영향력이 큰 인터넷포털 등에 의한 보도피해를 신속히 구제하려는 것으로 커뮤니티나 개인적 공간인 인터넷 카페나 개인 블로그, 그리고 공공기관 등이 매개하는 뉴스서비스는 인터넷뉴스서비스의 범위에서 제외되도록 하였다.

15) 문제완, "언론 중재법의 개정방향, 헌법학연구", 2005. 3, 121-122 참조.

넷언론의 기준과는 다르게 보도 · 논평 등의 목적으로 선거관련기사를 보도하는 블로그를 포함한 모든 매체를 포함시키고 있기에 반론권의 실효성과 필요성에 대한 의문이 든다. 이는 우선 선거법규정상의 여론조사금지나 기타 제한을 유지하는냐의 문제와도 관련이 되고 개별적 의견개진의 경우에는 이 견해가 타당성이 있으나 이 법이 규제하는 것은 언론의 형태를 갖추는 경우의 언론의 영향력을 고려하여 인정한 취지와도 개별적 수준의 홈페이지에 대해서까지 명예훼손에 대한 일반적 책임으로 해결이 가능한데 이보다 더 특별한 방식에 의하는 것이 타당한지에 대해서 의문이 든다.

4. 선거법상의 규제

여기서 인터넷 언론이란 공직선거법 8조의 5상 "중앙선거관리위원회는 인터넷언론사[「신문 등의 자유와 기능보장에 관한 법률」 제2조(용어의 정의)제7호의 규정에 따른 인터넷신문사업자 그 밖에 정치 · 경제 · 사회 · 문화 · 시사 등에 관한 보도 · 논평 · 여론 및 정보 등을 전파할 목적으로 취재 · 편집 · 집필한 기사를 인터넷을 통하여 보도 · 제공하거나 매개하는 인터넷 홈페이지를 경영 · 관리하는 자와 이와 유사한 언론의 기능을 행하는 인터넷 홈페이지를 경영 · 관리하는 자를 말한다. 이하 같다]의 인터넷 홈페이지에 게재된 선거보도[사설 · 논평 · 사진 · 방송 · 동영상 기타 선거에 관한 내용을 포함한다"라고 하여 신문법상의 개념보다 더 넓은 개념이라고 할 수 있다. 그런데 여기서의 문제점은 기준이 신문법이나 언론중재법과는 달리 넓게 본다는 점이다. 이는 인터넷 언론매체의 속성을 기준으로 했다기보다는 규제의 효율성을 위해서 제정되었다는 비판이 제기되고 있다. 따라서 과도하게 적용되는 경우 인터넷언론에 속하지 않는 개인통신사이트의 경우도 공선법의 적용을 그대로 받게 되는 문제점이 있다. 그리고 과소하게 적용되는 경우는 공선법의 적용을 받지 않게 되어 공선법이 언론매체가 중심이 아닌 개인이 적용되게 된다는 점이다. 하지만 인터넷언론 외에 정제되지 않은 부정확한 개인에 의한 정보제공의 경우는 규제의 필요성이 있지 안하나 생각이 든다. 즉 이는 이 법의 적용시 의견의 경우는 규제하지 말고 사실의 정확성여부의 확인부분에 한정되어야 한다고 할 것이다. 그런데 선거에서의 명예훼손은 개인들의 명예훼손과 달리 선거로 당선된 사람들이 국민전체에게 당선된 이후 미칠 영향력을 생각한다면 미리 검증할 필요도 있기에 이는 좀 더 다른 명예훼손보다 오나화되어야 할 필요성이 있다고 보이고 이는 미국의 공적 인물의 이론, 공익의 이론 등으로 어느 정도 미국에서도 인정되고 있기에 우리 나라에서도 좀 더 완화되어야 하고 단지 신속한 사실확인의 절차를 마련하는 것이 우선책이라고 보인다.

구체적 내용으로는 ① 인터넷실명제(이름과 주민등록으로 실명확인-실효성의 의문) ② 홈페이지에 비방 허위사실의 유포의 경우 ③ 스팸메일처럼 유권자가 거부한 경우에도 계속 보내는 경우-정보통신망이용촉진 등의 법률의 규정을 준용하여 규제를 하고 위반시에 과태료부과 ④ 사이버 부정 선거 감시단의 활동 ⑤ 인터넷 선거보도심의위원회 인터넷 언론사가 방송보도한 자료에 대하여 정당이나 후보자가 이의를 제기하는 경우 이를 심의하고 반론보도가 있는 경우에 이에 대해서 선거기사 · 방송심의위원회에 준하여 반론보도하게 한다.

선거법상의 규제의 문제점은 우선 선거법 자체규정 등의 선거운동의 제한의 허용여부[16]와 관련이 있고 이는 국민의 알 권리와 선거의 공정성과 관련이 된다고 할 것인데 만약 현재의 선거법체제를 유지하는 것이 타당하다면 이러한 규제내용들이 너무 지나치지 않는가에 대한 검토가 필요하다고 할 것이다.

5. 사이버 공간에서의 검열제

(1) 의 의

인터넷의 광범위한 보급에 따라 사이버 공간에서의 표현의 자유와 검열의 문제가 대두되고 있다. 먼저 인터넷상의 홈페이지, 게시판 등에 올려진 게시물에 대한 사전적 억제가 가능하냐에 대한 논란이 있다.[17] 인터넷은 한번의 클릭만으로 전세계의 이용자들에게 메시지를 전달할 수 있어 인터넷에서 사전에 표현행위를 억제하는 것은 사실상 불가능하다고 볼 수 있다. 가능한 것은 표현행위가 일단 이루어진 다음에, 신속히 문제되는 메시지를 삭제하는 것이다. 고전적인 관점에서는 이와 같은 삭제는 결코 '사전' 억제는 아니다. 어쨌든 표현행위가 이루어진 다음에 통제가 이루어지기 때문이다. PC통신의 동호회나 통제형 메일링 리스트와 뉴스그룹처럼 미리 시스템 오퍼레이터에게 메시지를 보내고 그가 게시여부를 결정하는 경우에는 예외적으로 사전억제의 개념이 성립할 수 있다. 오퍼레이터가 삭제권을 가지고 있는 경우 국가가 오퍼

16) 미국은 주로 비용규제 중심의 규제형이고 흑색선전은 당연히 일반법적 원리의 적용을 받아 금지되는데 우리는 선진국에 비해 과도한 규제를 하고 있다고 할 것이다.

17) 인터넷에서 사전 · 사후의 구분이 무의미하다고 할지라도 표현의 자유를 최대한 보장하여야 한다는 법정신은 여전히 유효하다고 할 수 있다. 게시자의 동의를 받지 않고 이루어지는 메시지의 삭제나 수정은 특히 즉각적으로 이루어지는 삭제나 수정은 사전억제 금지의 정신에 따라 비록 형식적 의미에서 '사후'라 할지라도 원칙적으로 금지된다는 결론에 도달할 수 있다. 그리고 일단 표현행위가 이루어진 다음에, 인터넷의 경우 일정한 시간이 경과한 이후(최소한 일주일 정도가 경과한 이후)에 이루어지는 법적 규제는 사후통제의 제한법리가 적용될 수 있을 것이다. 황승흠, "사이버 포르노그라피에 관한 법적 통제의 문제점", 사이버 커뮤니케이션 학회 발표논문, 1998.

레이터에게 영향을 지속적으로 미칠 수 있다면 국가에 의한 규제 문제가 대두될 수 있을 것이다. 또 직접적이고 사전적인 규제가 아니더라도 간접적이고 사후적인 규제에 의한 위축효과(chilling effect)[18]가 있을 수 있다. 하지만 이는 실질적인 검열에는 해당할 수 있다.

(2) 검열의 주체

(가) 국가의 의한 검열

사이버상은 검열이 불가능하다는 입장도 있지만 어렵기는 해도 전혀 불가능한 것은 아니다.[19] 특히 중국이나 싱가포르, 베트남, 버마 등의 정치후진국은 자신들의 정권유지를 국가를 위한 정권비판이나 플레이보이 등의 음란물의 검열을 실질적으로 하고 있다.[20] 하지만 음란물을 제외한 정권비판에 대한 부분은 우리 헌법상의 사전검열금지의 원칙상 허용되기 어렵다고 할 것이다.

그런데 영화 특히 음란물에 대해 일반적인 언론 · 출판의 자유의 원리가 그대로 적용될 수 있을 것이냐에 의문이 제기될 수 있고 영화의 사전심의의 핵심인 선량한 풍속 기타 사회질서를 어지럽히는 불건전 영상물에 대한 규제에 대한 대안의 모색이 필요한 것으로 보고 있다는 입장도 있다. 한편 박선영 교수는 “사전심의를 하는 방법과 목적이 무엇이냐에 따라서 나라마다 다른 양상을 보이기는 하지만, 영화에 대한 사전심의 자체를 금지하는 나라는 없다”며 “심의를 받지 아니한 영화에 대하여 상영금지를 할 수 없도록 하는 영화법 제12조 제2항은 사전제한일 뿐이며, 그 사전제한에 대한 사법적 구제절차가 없을 경우에만 비로소 헌법상 금지되는 검열이다”라고 주장한다.[21]

하지만 명예훼손에 관한 경우의 검열은 법원이 아닌 행정권에 의해서 행해지는 것은 사전검열에 해당한다고 보아야 할 것인데 그 이유는 음란물이나 청소년보호 등을 이유로 하는 경우는 어느 정도 공익적 요청이 강하다고 할 수 있으나 명예훼손의

---

18) 위축효과의 우리나라 사례로는 다음과 같은 것이 있다. 수원지검 형사1부는 1998년 6월2일 PC통신 성인정보서비스에 음란소설과 사진, 동영상 등을 공급한 혐의로 박모(27)씨 등 정보제공업자 17명을 적발, 이 중 8명에 대해 구속영장을 청구했다. 검찰은 또 성인정보서비스를 운영하면서 이들 정보제공업자들이 음란물을 올리는 것을 방조한 혐의로 천리안, 하이텔, 나우누리 등 PC통신업체 관계자 5명을 적발, 2명에 대해 구속영장을 청구하고 3명을 불구속 입건했다. 검찰의 성인정보서비스 수사에 따라 국내 PC통신업체들은 1998년 5월26일 일제히 성인정보서비스를 중단했다. 한국통신 인포숍(01410)을 통해 800여개의 성인정보를 제공하던 250개 정보제공업체도 영업을 중단했다. 조선일보, 1998. 6. 2.

19) Cees J. Hamelink, *The ethics of cyberspace*, SAGE Publications Ltd, 2000, 140.

20) Cees J. Hamelink, *op. cit.*, 141-142.

21) 박선영, “영화에 대한 사전심의의 위헌 여부”, 법조, 1996, 125-128 참조.

경우는 사익의 침해가 예외적인 경우만 공익과 관련될 수 있기에 신중해야 할 것이기 때문이다.

(나) 이용자들에 의한 검열

국가에 의한 검열을 반대하는 분들도 이용자자체에 의해서 만들어진 규율에 의한 검열은 가능하다고 한다. 하지만 좋은 의견임에도 불구하고 이러한 검열 중에는 자신들의 의견과 다르거나 다수의 의견과 다른 경우 등의 경우 아무리 좋은 의견이라도 배척되는 경향의 있기에 오히려 정부의 검열보다 더 심하고 불합리한 경우가 있다[22]. 하지만 되도록 국가에 규제는 자칫 정치적 의도에 의하거나 정치적 의도로 한다고 의심받을 수 있기에 이용자들에 의한 공정한 기준과 절차에 의하는 것이 더 타당해 보인다. 특히 특정 포털자체의 댓글 삭제 등은 우리나라에서도 논란이 되고 있고 다만 명확한 기준과 그에 대한 공개 등의 절차등이 보장되는 것이 필요하다고 생각된다. 특히 네이버 등의 포털사업자들이 음란물이나 청소년보호를 위한 경우는 사후에 이에 대해서는 사법적 절차에 의하여 다툴 수 있는 경우를 전제하는 한 삭제가 가능하겠으나 명예훼손 등의 경우는 원칙적으로 법원의 가처분에 의하지 않고 삭제시에는 자칫 개인의 정당한 표현의 자유를 침해할 우려가 있기에 자제하여야 하지 않나 생각이 든다. 물론 이 경우에도 명백히 허위인 경우나 공익적 요청이 명백히 없는 경우에 한정하는 것이 타당하지 않을까 생각이 든다. 물론 인터넷의 전파성으로 인해서 미리 차단할 필요성이 있으나 이는 법원의 신속한 가처분으로 행해져야 하지 않을까 생각이 든다.

6. 일반법률적 통제

사후적 통제의 남용을 방지하기 위해서는 미국판례법상 확립된 '명백하고 현존하는 위험의 원칙'[23]에 따라야 한다는 것이 통설이다. 그밖에도 언론 · 출판의 자유를 사후적으로 제한하는 법률로는 형법(제104조의2 국가모독, 제243조 음화 등의 반포, 제307조 이하의 명예에 관한 죄, 제113조 외교상 기밀누설, 제101조 제2항의 선동 · 선전 등), 국가보안법(제4조 반국가단체의 구성원 또는 그 지령을 받은 자의 선동, 선전 등), 계엄법

22) Cees J. Hamelink, *op. cit.*, 145.

23) 1919년 미국 연방대법원의 홈즈(Holmes)판사가 주장한 표현의 자유를 사후적으로 제약할 경우에도 명백하고 현존하는 위험이 있어야 한다는 원칙이다. … (여기서)'명백'이라 함은 표현과 해악의 발생 사이에 긴밀한 인과관계가 존재하는 경우를 말하고,'현존'이라 함은 해악의 발생이 시간적으로 근접하고 있는 경우를 말하며,'위험'이라 함은 공공의 이익에 대한 위협, 즉 해악의 발생을 말한다. 즉 이 원칙은 언론과 해악의 발생 사이에 일정한 인과관계가 있고 그 해악이 목전에 절박한 때에 이 해악의 발생을 다른 수단으로서는 방지할 수 없으면 그 언론을 제한하더라도 정당시된다는 것이다.

(제9조 1항 비상계엄사령관의 언론 · 출판에 대한 특별조치), 군사기밀보호법(제11조 사실의 누설), 외국간행물 수입배포에 관한 법률(제3조 외국정기간행물의 수입업의 허가주의, 제6조 업무감독, 제7조 배포중지, 내용삭제의 명령).

7. 규제의 실효성

앞에서 검토한 바대로 인터넷언론에 대한 규제에 대한 현행법적 검토가 다 있다고 하여도 과연 이러한 제도가 사실상 실효성이 있는지에 대해서는 의문이 든다. 바로 이 점에서 다른 언론매체가 규범적인 접근으로 어느 정도의 규제가 가능한 반면 인터넷언론에 대한 규제는 기술적인 뒷받침이 따라야 하는 문제점이 있다는 점도 고려의 대상임을 주의할 필요가 있다고 할 것이다. 그리고 공권력이 뒤늦게 규제하거나 정권적 이익과 관련되는 선거법적 규제의 경우 과연 국민들이 수긍할 수 있는지의 문제도 신중히 검토하여야 할 것이다.

제 3 인터넷 언론매체의 책임

Ⅰ. 사회적 윤리적 책임

이에 대해서는 신문 등의 자유와 기능보장에 관한 법률 제 4조와 5조[24)]는 정기간행물 등의 사회적 책임을 규정한다. 이러한 책임은 선언적이며 언론에 내재하는 당연한 책임이라고 할 수 있다. 그런데 이러한 윤리적 당연한 책임을 규정할 필요가 있는가하는 비판이 가능하다.

---

24) 4조: ① 정기간행물 및 인터넷신문은 인간의 존엄과 가치 및 민주적 기본질서를 존중하여야 한다. ② 정기간행물 및 인터넷신문은 국민의 화합과 조화로운 국가의 발전 및 민주적 여론형성에 이바지하여야 하며, 사회 각계각층의 다양한 의견을 균형있게 수렴하여야 하고, 지역간 · 세대간 · 계층간 · 성별간의 갈등을 조장하여서는 아니된다. ③ 정기간행물 및 인터넷신문은 국민의 알 권리와 표현의 자유를 신장하여야 한다. ④ 정기간행물 및 인터넷신문은 타인의 명예를 훼손하거나 권리를 침해하여서는 아니된다. ⑤ 정기간행물 및 인터넷신문은 범죄 및 부도덕한 행위나 사행심을 조장하여서는 아니된다. ⑥ 정기간행물 및 인터넷신문은 건전한 가정생활과 아동 및 청소년의 선도에 나쁜 영향을 끼치는 음란 · 퇴폐 또는 폭력을 조장하여서는 아니된다.

5조: ① 신문에 의한 보도는 공정하고 객관적이어야 한다. ② 신문은 성별 · 연령 · 직업 · 신념 · 계층 · 지역 · 인종 등을 이유로 편집에 있어 불합리한 차별을 두어서는 아니된다. ③ 신문은 상대적으로 소수이거나 이익추구의 실현에 불리한 집단이나 계층의 이익을 충실하게 반영하도록 노력하여야 한다. ④ 신문은 지역사회의 균형있는 발전과 민족문화의 창달에 힘써야 한다. ⑤ 신문은 정부 · 정당 또는 특정집단의 정책 등을 공표함에 있어 의견이 다른 집단에게 균등한 기회가 제공되도록 노력하여야 하고, 각 정치적 이해당사자에 관한 보도를 함에 있어서도 균형성이 유지되도록 하여야 한다.

Ⅱ. 명예훼손적 책임-공적인 명예나 사생활 포함

특히 정보화사회에서의 사이버공간의 출현으로 표현의 자유가 더욱더 확대된 반면 프라이버시의 침해의 우려는 더욱 켜지게 되었다. 따라서 우리 헌법은 21조 4항에서 언론의 명예훼손에 대한 헌법적 한계를 설정하고 있다. 언론에 있어서의 출판물에 관련된 명예훼손은 형법 310조의 진실하고 공익에 도움이 되는 것이라고 믿는데 고의 · 과실이 없어야 한다는 점을 고려해 보아서 판단되어야 할 것이다.

프라이버시권은 본래 개인의 비밀스러운 사생활의 내용이 외부로 노출되는 것을 막는다는 의미의 소극적인 자유권으로 이해되었다. 그러나 오늘날에는 급속히 발전하고 있는 기술의 발전에 따라 프라이버시의 침해가능성은 이전보다 크게 증가하였기에 현대 정보사회에서의 프라이버시권은 적극적인 사생활의 보호권과 자기정보통제권을 포함하는 능동적인 성격을 띠게 되었고 이 점이 기존의 전통적인 사생활의 자유측면과는 다른 점이라고 할 것이다.

언론에 의해 개인의 사생활이 공개되는 경우 언론의 자유와 프라이버시권 중 어느 것을 우선 시킬 것인지가 문제된다. 대법원[25)]은 人格權과 表現의 自由의 衝突問題에 관하여 "구 헌법(1980. 12.27 개정) 제20조, 제9조 후단의 규정 등에 의하면 표현의 자유는 민주정치에 있어 최대한의 보장을 받아야 하지만 그에 못지 않게 개인의 명예나 사생활의 자유와 비밀 등 사적 법익도 보호되어야 할 것이므로, 인격권으로서의 개인의 명예의 보호와 표현의 자유의 보장이라는 두 법익이 충돌하였을 때 그 조정을 어떻게 할 것인지는 구체적인 경우에 사회적인 여러 가지 이익을 비교하여 표현의 자유로 얻어지는 이익, 가치와 인격권의 보호에 의하여 달성되는 가치를 형량하여 그 구제의 폭과 방법을 정하여야 할 것이다"라고 판결하였다. 이러한 가치 형량에 있어 피해자의 동의, 공적인물 이론, 공적 이익이론 등이 있고 이들을 종합적인 기준으로 고려하여 구체적인 사정에 따라 알권리와 프라이버시의 법익을 형량해서 판단해야 할 것이다.

25) 大判 1988. 10. 10, 85다카29.

Ⅲ. 인터넷 운영자 또는 관리자의 법적 지위와 책임

미국의 판례를 보면 인터넷 운영자가 단순히 정보 제공자의 정보를 받아서 실어 주는 역할만 하는 것이냐(Cubby, Inc. v. CompuServe), 아니면 그 내용에 대하여 통제권을 행사하느냐(Stratton Oakmont Inc. v. Prodigy Services Co.사건)에 따라서 가상공간에서의 표현행위에 대한 책임 문제가 완전히 달라진다는 미국판결이 있고 우리의 경우도 이와 유사한 판결이 있다.[26] 즉, 단순히 장소를 제공하여 정보를 게재해 주고 일체의 관여를 하지 않는 경우에는 전화회사나 우편배달부, 또는 책이나 신문을 배달해 주는 트럭운전사와 같이 일반 운송인의 지위에 머물러 그 내용에 관한 일체의 책임을 지지 않지만, 일정한 기준과 원칙을 가지고 그 내용을 관리하고 점검하며, 일정한 사유가 있는 경우 차단하는 기술적 통제제도를 두고 운영하는 경우에는 편집자로서 문지기 또는 병목에 해당하는 책임을 져야 한다는 것이다.

결국 여기서의 쟁점은 인터넷 언론이라고 하여 다른 매체와 전혀 다른 특성을 가졌다기 보다는 좀 기술적인 특성으로 인한 특수성이 있기에 이에 대해서 사실인정의 문제에 있어서 차이점이 있기에 사실상 통제권이 있는냐의 문제로 귀결된다고 할 것이다. 이는 포털사이트의 책임과도 관련이 되는데 ① 사후에 고의나 과실이 있는 경우 ② 사전에 고의나 과실로 해드라인뉴스로 자신에게 유리하게 올리는 경우도 인터넷신문에 준하여 책임지어야 하지 않나 생각이 든다. 인터넷은 다른 매체보다 더 개인의 명예를 훼손할 우려가 있다고 보아야 하기에 이미 내재적으로도 명예훼손을 방지할 의무가 있다고 보아야 하지 않나 하는 조심스러운 의견을 개진하고자 한다.

---

26) 서울지법 민사 4부(재판장 민일영)는 30일 함모(29)씨가 "인터넷 게시판에 나를 비방하는 내용의 글이 올라 삭제 요구를 했는데도 게시판 서비스 회사가 이를 방치, 명예를 훼손시켰으니 손해를 배상하라"며 인터넷 통신업체 하이텔사를 상대로 낸 소송에서 원심을 깨고 "하이텔사는 함씨에게 100만원을 지급하라"고 원고 일부 승소 판결을 내렸다. 재판부는 판결문에서 "함씨에 관해 게시판에 올려진 글은 함씨의 명예를 손상시키는 내용으로, 서비스 사업자는 이를 알고 있거나 알 수 있었던 경우 삭제 등 적절한 조치를 취할 의무가 있다"그러나 하이텔사는 함씨의 삭제 요구와 정보통신윤리위원회의 시정조치 요구 등을 받고서도 5~6개월 가량이나 글을 방치, 함씨의 명예를 훼손시켰으므로 손해를 배상할 책임이 있다"고 밝혔다. (조선일보, 2001년 5월 1일자) 또 검찰은 음란물 유통의 책임을 물어 인터넷 경매 사이트를 불구속 기소하기도 했다. 서울지검 컴퓨터수사부(부장검사 정진섭)는 2000년 6월 27일 음란CD의 매매를 방조한 혐의로 인터넷 경매업체 옥션과 이 회사 상무 박모(42)씨를 불구속기소했다. 검찰은"인터넷상에서 음란물이 공개 유통됐고 이 과정에서 옥션이 판매 대금의 1.5%를 중개 수수료로 받았다는 점에서 책임을 물었다"고 밝혔다. 이에 대해 옥션 측은 "음란물 유통을 금지한다고 이용약관을 통해 공개했고, 모니터 요원들이 음란물을 발견하는 즉시 삭제하고 있지만 24만여건의 경매 물건을 즉각 확인하기는 쉽지 않다"고 해명했다. 중앙일보, 2000. 6. 28.

제4 결 론

지금까지 인터넷 언론매체에 대한 규제와 책임에 대해서 검토하여 보았다. 우리가 사회속에서의 자유를 전제로 권리를 논하는 이상 무제한의 자유는 있을 수 없을 것이고 특히 언론은 사회적 영향력이 강하기에 그에 대응하는 책임을 지는 것은 당연한 것일 것이다. 따라서 그에 기해서 제한을 국가가 지울 수 있고 이 논문에서는 이를 법적 규제라는 제목으로 논하여 보았다. 하지만 '사상의 자유시장론'에 입각해 민주주의 국가에서 사상의 자유로운 교환과 논쟁을 막는 언론 · 출판의 내용에 대한 규제는 제한되어야 할 것이다. 왜냐하면 과도한 규제는 우리 사회의 정당한 사익의 표출을 통한 공익의 실현과 사회적 문제점의 표출에 의한 문제점들의 해결에 도움이 되지 않고 민주주의의 실현에서도 오히려 해가 될 수 있기 때문이다. 하지만 뉴미디어의 등장, 인터넷의 광범위한 이용 등에 따라 인쇄매체의 등장과 함께 개인의 인격권과 잘못된 정보의 제공으로 인한 폐해는 새로운 규제의 제정이라는 국면을 맞이하고 있다. 독점기업적인 언론매체가 등장함에 따라 공정성과 다양성 보장 방법에 대한 논의도 깊어지고 있는 상황에서 인터넷언론의 등장은 기존의 논의의 새로운 대안이자 또 다른 문제점을 야기시키고 있다.

궁극적으로는 언론 · 출판에 대한 사전적인 규제는 자율규제를 기본으로 해야 할 것이며 내용을 제한하지 않더라도 행정권의 의한 규제는 최소한으로 한정되어야 할 것이다. 또 사후적인 규제라고 할지라도 과잉금지의 원칙에 따라 최소한의 제한을 해야 할 것이다. 이는 각각의 표현행위는 궁극적으로 '사상의 자유시장'에서 평가받을 수밖에 없다고 보인다. 한편 인터넷의 광범위한 보급에 따라, 인터넷 언론의 규제에 대해서 검토해 보았다. 이러한 여러 규제도 되도록이면 자제하는 것이 필요하다고 할 것이며 필요하다면 기존의 규제수단과는 다른 특성이 있기에 이의 해결을 위해서 법제도 정비해야 하겠지만 앞으로는 규제의 실효성을 위한 기술적인 장치도 개발돼야 할 것이다. 다만 법적이고 윤리적인 책임은 엄격히 물음으로써 인터넷 언론 스스로도 신중하고 검증된 자료와 의견을 게재하도록 유도하여야 할 것이다.

참고문헌

〈단행본〉

김철수, 헌법학개론, 박영사, 2006.

박용상, 언론개혁법안에 관한 의견, 헌법학연구 제 11권 제 1호, 2005. 3.

Cees J. Hamelink, The Ethics of Cyberspace, SAGE Publications Ltd, 2000.

〈논문〉

문제완, "언론중재법의 개정방향, 헌법학연구", 2005. 3.

박선영, "영화에 대한 사전심의의 위헌 여부", 법조, 1996.

_____, "인터넷방송의 자유와 법적제한", 공법연구 제29집 제1호, 2000.

정영화, "인터넷상의 표현의 자유의 규제", 세계헌법연구 6호.

한상희, "전자민주주의의 헌법적 수용과 과제-표현의 자유와 관련하여-"; "헌법 50년의 평가와 정보화 시대의 헌법적 과제"; "민주헌정과 국가정보화- 전자정부와 전자민주주의의 실천을 위한 공법적 과제", 한국공법학회, 1998. 6.

황승흠, "사이버포르노그라피에 관한 법적 통제의 문제점", 사이버 커뮤니케이션 학회 발표논문, 1998.

제 2 장

인터넷과 형법

제 1 절

사이버 모욕죄의 신설 여부 *

- 헌법상 표현의 자유와 사이버상의 모욕행위에 대한 규제 -

제 1 들어가면서

우리는 직장에 출근해서 맨 먼저 컴퓨터의 전원을 켜고 인터넷을 통하여 여러 가지 업무에 관한 공지사항이나 친구가 보낸 메일 등을 확인하면서 업무를 시작한다. 그리고 인터넷을 통하여 신문이나 방송을 통하지 않고서도 뉴스를 접하고, 동시에 사회내의 여러 문제에 대한 자신의 의견을 사이버 공간에서 표현한다.

그런데, 사실 우리가 인터넷 공간을 표현의 장으로 활용하게 된 것은 그다지 오래 전의 일이 아니다. 1969년 미국 국방성의 고등연구 프로젝트(ARPANET)로 시작되어 1991년 월드와이드웹(World Wide Web)과 이메일의 상용화 및 퍼스널 컴퓨터의 보급이 이른바 정치 · 경제 · 사회 생활에서 "정보혁명"이라는 변화를 가져오게 했고 이는 500년전의 인쇄혁명에 비견되기도 한다.

인터넷의 등장은 그야말로 이 시대를 살아가는 개인들에게는 사회의 일반적인 관심사사에 대한 자신의 견해나 감정을 표현할 수 있는 "새로운 표현매체의 출현"이라는 의미도 가진다. 인터넷은 기존의 신문이나 방송과 비교하여 여러가지 특성을 가지고 있다.

즉 사회적 위계질서에 구애받지 않은 자유로운 의사표현이 가능한 익명성, 정보제공자와 정보수용자 사이의 의사소통의 쌍방향성, 시간과 공간에 제한을 받지 않는 빠른 전파성 및 발언(voice)과 탈퇴(exit)가 자유로운 공간으로의 접근의 용이성 등이 인터넷이라는 매체만이 가질수 있는 장점이다. 그러나 위의 특성으로 인한 자기 표현에 대한 빈약한 책임의식 등으로 인하여 '가상공간'에서의 표현이 우리의 '현실공간'에서 여러 가지 긍정적 또는 부정적 효과를 낳고 있다.

먼저, 익명으로 표현할 수 있는 자유는 사회적 약자나 소수자에게 있어서 자신의

---

* 이종광: 서울고등법원 판사.

신원이 밝혀져 당하게 될 보복이나 괴롭힘 또는 차별에 대한 두려움 없이 소수자로서 또는 새로운 사상가로서 일반대중에게 익숙하지 않은 자신의 생각과 사상을 자유롭게 표출하고 전파할 수 있게 한다. 이와 같은 현상이 가능할 경우에 다수가 강요하는 부당한 진리와 사상이 교정될 수 있는 가능성이 열리게 된다. 또한 온라인상의 익명표현의 자유는 오프라인 세계에서 엘리트 연사가 담론을 지배하는 것을 가능하게 해주는 여러 신분 징표들, 예컨대 인종, 계층, 성, 출신민족, 그리고 나이 등을 숨길 수 있도록 하여 줌으로써 누구나 사회적 담론을 주도할 수 있는 가능성을 열어 준다.

또한, 인터넷의 의사소통의 쌍방향성과 그 전파성은 수직적이고 권위주의적인 정보수문장(gatekeeper, 예컨대 신문데스크)의 제한을 받지 않고 자신의 의사표현을 할 수 있게 한다. 그리고 그러한 의사표현은 시간적 · 공간적 제약없이 사회적 의제에 관한 토론의 장을 형성함으로써 '국민없는 정치'로 비판받고 있는 대의민주주의의 문제점을 극복하는 방안으로 제시되고 있기도 하다. 이와 같은 점이 인터넷이 공중파 방송과 달리 "가장 참여적인 시장", "표현촉진적인 매체"로 불리우는 이유일 것이다.[1)]

그러나, 위와 같은 인터넷의 특성은 다른 한편으로, 개인들이 현실공간에서 결론에 이를 때까지 토론하고 문제를 해결하는 것과 같은 "사려깊은 상호작용"을 만들어 내지 못하기도 하고, 사안에 대한 신중한 생각 및 고려의 과정을 생략한 채 즉각적인 반응과 다른 사람의 의견보다는 자신의 주장을 표출하는 데 몰두하여 공격적인 모습을 띠기 쉬우며, 또한 익명성으로 인하여 타인의 명예나 사생활의 비밀 등의 인격권을 쉽게 침해하기도 한다.

이로 인하여 사이버 공간에서의 표현이 명예훼손이나 모욕 및 사생활 침해 등의 인격권의 침해를 가져오는 경우가 빈번해졌다. 이 글에서는 헌법상의 표현의 자유와 사이버상의 인격권의 침해행위의 규제 행태를 최근 논의가 되고 있는 사이버 모욕죄 법안을 같이 검토하면서 살펴보기로 한다.[2)]

---

1) 헌법재판소 2002. 6. 27. 99헌마480 전원재판부【전기통신사업법 제53조 등 위헌확인】

2) 이와 같이 새로운 매체의 출현으로 인한 혼란은 라디오, 텔레비전, 영화 등의 매체가 최초로 출현한 과거에도 동일하게 제기되었다. "사이버 공간상의 표현의 자유와 그 규제에 관한 연구", 헌법재판소, 2002. 12, 70 이하.

제 2 명예훼손과 모욕

Ⅰ. 명예훼손과 모욕의 구별

흔히, 명예훼손과 모욕은 사실과 의견의 적시로 구분된다고 한다. 그러나 사실과 의견의 구별은 그것이 과연 가능한가의 여부에 관하여 의문이 생길 정도로 어렵고 미묘한 문제이다.[3)]

우리 법해석에 큰 영향을 미치고 있는 미국의 Restatement, Second [1977, 미국 법연구소(ALI)라는 단체에서 각 법분야(예를 들면, 계약법, 형법 등)의 판례를 체계적으로 정리한 책으로 미국에서는 가장 권위 있는 2차적 법원]에서는 사실과 의견의 구분 기준에 관하여, 의견을 '순수의견(pure opinion)'과 '혼합의견(mixed opinion)'으로 구분하고, 어떤 진술이 의견의 형태를 띠고 있다고 하더라도 의견의 기초되는 사실이 표명되지 아니하고 오히려 그 의견을 정당화하는 숨은 명예훼손적인 사실의 존재를 암시하는 경우는 이른바 혼합의견(mixed opinion)으로 사실의 표명에 해당하여 이를 제소할 수 있으나 의견의 기초되는 사실을 함께 이야기하거나 상대방이 그 기초되는 사실을 이미 알고 있는 경우에는 이른바 순수의견(pure opinion)으로 명예훼손이 되지 아니한다고 한다.

예컨대, 甲이 丙을 잘 모르는 乙에게 단지 "[丙은 도둑놈이다]"라고 말하면 이는 혼합의견으로 명예훼손이 될 수 있으나(위 진술은 丙이 남의 재물을 절취한 사실이 있다는 것을 암시한다), "시청공무원인 丙은 외국출장을 부인과 같이 갔다 와서는 부인의 경비까지 자기의 경비로 하여 시청에 청구했다. 그러니까 [丙은 도둑놈이다]"라고 말한 경우 그 전제사실이 거짓이 아닌 한 "丙은 도둑놈이다"라는 부분만으로는 명예훼손이 되지 아니한다는 것이다(대법원 2000. 7. 28. 선고 99다6203 판결은 Restatement의 영향을 받은 것으로 보인다).

우리 법 해석에 큰 영향을 미치고 있는 또 다른 견해는 미국 Rehnquist 대법원장이 Milkovich 판결에 채택한 견해로서, 이 판결은, "주관적인 주장과는 달리 명예훼손적인 발언은 객관적으로 입증할 수 있는 사건의 진술(articulation of an objectively verifiable event)"이라고 하였다(대법원 1999. 2. 9. 선고 98다31356 판결은 이 판결의

3) 박철, "표현의 자유에 의한 명예훼손의 제한과 관용", 언론과 법 제2호, 2003. 12.

영향을 받은 것으로 보인다).

어찌 되었든 법률가는 그 구별의 어려움에도 불구하고 어떤 표현이 사실의 적시인지 의견의 표명인지를 여러 법적 기준을 사용하여 구별하여야 하고 그 결과에 따라 명예훼손이나 모욕의 구성요건 해당성을 판단하여야 한다. 그런데, 대부분의 사이버상의 명예훼손이나 모욕이 문제되었던 표현에 대해서는 아래에서 보는 바와 같이 사실과 의견이 혼합되어 있는 경우가 대부분이고 단지 의견의 표명만으로 이루어진 표현행위는 매우 드물며, 사실의 적시가 재판 과정 중에 공소장의 변경을 통하여 모욕죄로 의율되는 경우는 종종 있으나 그 반대의 경우는 거의 발견되지 않는다.

이와 같은 현상은 사실과 의견의 구별의 어려움에도 원인이 있지만, 한 사람의 표현행위 속에는 자신의 견해나 의견을 정당화하기 위한 요소로 사실의 적시가 대부분 포함되어 있을 것이기 때문일 것이다(극단적으로는 사이버상의 모욕은 아무런 사실의 적시 없이 무턱대고 누군가를 향하여 욕설을 내뱉는 경우만을 상정할 수도 있을 것이나 이는 매우 드문 경우일 것이다).

위와 같은 사정은 사이버 모욕죄 법률안이 제기될 당시에 우리 사회적으로 크게 문제되었던 "최진실 자살사건"의 경우에도 동일하다. 최진실씨에 대한 인터넷상의 악성 댓글들은 대부분 "자살한 탤런트 안재환의 고리사채업자가 최진실이었다"는 허위 사실의 적시를 포함하고 있어 사이버 명예훼손죄에 해당될 뿐이지 이를 모욕죄로 처벌할 수는 없게 된다.

위 양자의 구별은 구 정보통신망 이용촉진 및 정보보호 등에 관한 법률(이하 '정보통신망법'이라 한다) 제61조(전부개정 2001. 1. 16 법률 제6360호, 현행 제70조)로 사이버 명예훼손죄라는 가중처벌조항이 시행되고 있는 상황에서 최근 사이버 모욕죄 법안을 도입할 현실적 필요성이 있는지와 관련하여 구별의 실익이 있다.

아래에서는 우리 판례상의 명예훼손과 모욕에 관한 판례의 경향을 살펴보기로 한다.

Ⅱ. 명예훼손과 모욕의 판례경향

1. 표현의 자유의 확대

1988년 대법원은, 명예훼손 및 표현의 자유와 관련하여, 공공의 이해에 관한 명예훼손적 표현의 경우 진실이라는 증명이 있거나, 행위자가 진실이라고 믿을 상당한 이유가 있는 경우에는 위법성이 없다고 판시하였다(대법원 1988. 10. 11. 선고 85다카29 판결).

위 판결에서 비롯된 명예훼손에 관한 전통적 법리와 표현의 자유에 관한 헌법적 가치를 조화시키기 위한 이익형량의 법리는 미국에서 1964년 공인에 대한 명예훼손의 기본법리인 뉴욕타임즈 원칙, 즉 피해자가 가해자의 actual malice[4)]['적시한 사실이 허위임을 알았거나 허위 여부에 대해 무분별하게 무시한 경우(with knowledge that it was false or with reckless disregard of whether it was false or not)']에만 명예훼손이 인정된다는 법리가 확립되고, 일본에서 우리와 유사한 이익형량의 법리가 성립한 것이 1966년이라는 점[5)]과 비교해 보면, 우리의 판례는 시기적으로 대단히 늦은 것임을 알 수 있는데 그 이유는 아마도 자유주의적 헌법가치에 관한 사회적 몰이해와 논의의 일천한 역사에서 찾을 수 있을 것이다.

위 대법원 판례에 반대하는 학자들은 피고가 명예훼손의 책임을 면하기 위하여 진실 또는 상당성을 증명하여야 한다면 자유언론에 대한 위축효과를 피할 수 없으므로 표현의 자유를 보장하기 위해서 법원은 원고가 피고의 현실적 악의를 입증하여야 한다는 뉴욕타임즈 원칙을 받아들여야 한다고 주장하고 있다.

2002년 대법원은 이러한 비판에 답하였다. 공적 존재의 정치적 이념에 관한 표현의 경우 진실성과 상당성의 입증은 엄격하게 요구되는 것이 아니고 의혹 제기를 가능하게 하는 구체적 정황의 제시로 입증이 충분하다고 하여야 한다는 것이다. 또 표현에 부분적인 오류나 다소의 과장이 있다 하더라도 섣불리 불법행위 책임을 인정함으로써 언로를 봉쇄하여서는 안된다는 것이다.[6)]

대법원은 2000년 이후 표현의 자유를 강력하게 보장하는 판결을 잇달아 내고 있는데, 이 판결도 이러한 흐름 속에서 이해될 수 있다.

위와 같은 흐름속에서, 경향신문이 당시 경제위기에 책임이 있는 것으로 지목되던 전 청와대 경제수석이 다른 책임자들과 함께 해외도피를 시도하는 내용의 풍자만화를 게재하였다가 명예훼손으로 인한 손해배상 청구를 당한 사건에서, 대법원은 위

---

4) New York Times Co. v. Sullivan 376 U.S. 254(1964), http://laws.findlaw.com/us/376/254.html
뉴욕타임즈 사건에서 뉴욕타임즈에 실린 광고의 표현에서 킹 목사가 경찰에 의하여 체포된 횟수가 7번인지 4번인지는 중요한 것이 아니었다. 또 경찰이 대학 주변에 배치된 것인지 대학을 포위한 것인지가 중요한 것이 아닐 것이다. 그 광고가 표현하고자 한 것은 경찰이 평화적인 시위와 저항을 과도한 방법으로 탄압한 데에 대한 비난이고, 그 비난의 실질은 킹 목사의 체포 횟수에 다소 오류가 있거나 경찰의 대학 주변 배치에 대하여 포위라는 표현이 적합하였는지에 관계없이 동일하므로 그 표현은 실질적 진실이었다고 할 수 있다, 박철, 전게논문.

5) 日本 最高裁 1966. 6. 23. 判決: 민사상의 불법행위인 명예훼손에 관하여는 그 행위가 공공의 이해에 관한 사실이고 오로지 공익을 꾀할 목적으로 나온 경우에는 적시되는 사실이 진실임이 증명된 때에는 그 행위는 위법성이 없고 … 위 사실을 진실이라고 믿음에 상당한 이유가 있는 때에는 그 행위는 고의 또는 과실이 없어 결국 불법행위가 성립되지 아니한다고 해석함이 상당하다.

6) 대법원 2002. 12. 24. 선고 2000다14613 판결.

풍자만화는 의견의 표현일 뿐이고 구체적 사실의 적시가 있은 것이 아니라는 이유에서 원고의 청구를 기각한 원심의 판단을 유지하였다(대법원 2000. 7. 28. 선고 99다6203 판결).

2. 명예훼손과 모욕의 경우의 차이점

대법원은 사실적시로 인한 명예훼손에 관하여서는 표현의 자유를 신장하는 쪽으로 나아가면서도 모욕에 관하여서는 다른 경향을 보인다.

대법원 2002. 1. 22. 선고 2000다37524, 37531 판결은, "아무리 공적인 존재의 공적인 관심사에 관한 문제의 제기가 널리 허용되어야 한다고 하더라도 구체적 정황의 뒷받침도 없이 악의적으로 모함하는 일이 허용되지 않도록 경계해야 함은 물론, 구체적 정황에 근거한 것이라 하더라도 그 표현방법에 있어서는 상대방의 인격을 존중하는 바탕 위에서 어휘를 선택하여야 하고, 아무리 비판을 받아야 할 사항이 있다고 하더라도 모멸적인 표현으로 모욕을 가하는 일은 허용될 수 없다"라고 판단하였다.

또한, 아래에서 살펴 볼 모욕이나 사회상규에 관한 대법원 판례의 정의에도 불구하고, 구체적 사건에 따라서 또는 표현의 자유나 명예라는 가치를 바라보는 판사 개인의 기본적 가치관의 차이에 따라 결론이 달라지는 경우도 있는 듯하다. 아래의 예를 살펴보자.

[공소사실] 2000. 6. 15.경 서울 종로구 종로6가 65 소재 동대문교회에서 ○○○ 목사를 담임목사로 선임하였으나, ○○○ 목사가 같은 교회 교인인 ▽▽▽ 전도사와의 간통사건으로 기소되어 형사재판을 받게 되면서, ○○○ 목사를 지지하는 비대위측 장로들을 피고인 등 3인의 목사가 비난하는 글을 기독교 대한감리회 본부 홈페이지(www.kmc.or.kr)의 '소식과 나눔-자유게시판'에 비판의 글을 게시하면서(○○○ 목사는 이후 간통죄의 유죄판결을 받았다), ① "두 장로들의 불신앙을 두 눈으로 직접 보고, 두 귀로 들을 수 있었습니다," ② "비대위 장로들은 … 동대문교회를 거짓과 악한 음모로 가득 채우며 하나님의 진실을 농락한," ③ "비대위 장로들의 불신앙에 가득한 본심," ④ "거짓과 위선으로 똘똘 뭉쳐진 뻔뻔이와 그를 비호하는 비대위 당신들이," ⑤ "어떻게 뻔뻔이의 간통사건과 상관도 없는 부목사와 비대위 장로들이 더 설치고 날뛰며 … 뻔뻔이의 주구 노릇을.... 등의 글을 게시.

[2심 - 중앙 2004노 3573]

언론 · 출판의 자유와 명예보호 사이의 한계를 설정함에 있어서는, 당해 표현으로 인하여 명예를 훼손당하게 되는 피해자가 공적인 존재인지 사적인 존재인지, 그 표현이 공적인 관심 사안에 관한 것인지 순수한 사적인 영역에 속하는 사안에 관한 것인지 등에 따라 그 심사기준에 차이를 두어, 공공적 · 사회적인 의미를 가진 사안에 관한 표현의 경우에는 언론의 자유에 대한 제한이 완화되어야 하고, 특히 공직자의 도덕성 · 청렴성이나 그 업무처리가 정당하게 이루어지고 있는지 여부는 항상 국민의 감시와 비판의 대상이 되어야 한다는 점을 감안하면, 이러한 감시와 비판기능은 그것이 악의적이거나 현저히 상당성을 잃은 공격이 아닌 한 쉽게 제한되어서는 아니된다(대법원 2004. 2. 27. 선고 2001다53387 판결 참조).

○○○ 목사 및 비대위 장로들은 교회의 성직자 및 지도자의 지위에 있는 사람들로서 이들에 대한 언급은 교회 내에서는 공적인 관심 사안에 해당하고, 더구나 위 피고인들이 게재한 글은 성직자의 간통 행위 및 그에 대한 비대위 장로들의 대처행위에 관한 것이고, 이러한 성직자의 도덕성 · 청렴성이나 그 업무처리의 정당성에 대한 부분은 위 동대문교회 또는 감리교 교인들을 비롯한 일반 기독교 신자들의 감시와 비판의 대상이 되어야 하는 점, 위 피고인들이 위와 같은 글을 게재한 곳은 기독교 대한감리회 본부 홈페이지의 '소식과 나눔-자유게시판'으로 이곳은 주로 감리교 교인들이 접속하여 자신들의 소식을 알리고 의견을 나누는 곳으로 일반인들도 접속할 수는 있으나 주로 감리교 교인들이 이용하는 인터넷 사이트인 점, 위와 같이 의견을 표현함에 있어 위 피고인들이 게재한 글의 전체적인 부분은 사실에 기초하여 이루어진 점, 위 피고인들이 게재한 글에 위와 같이 모욕적인 표현이 있는 것은 사실이나 그 표현이 노골적이거나 상세한 정도라고 보기 어려운 점 등에 비추어 볼 때, 위 피고인들이 위 게시판에 게시한 글들은 이미 알려진 기본적인 사실을 전제로 한 뒤, 그 사실관계나 이를 둘러싼 문제에 관한 자신들의 판단 및 의견을 제시하면서, 자신들의 판단과 의견의 타당함을 강조하는 과정에서 부분적으로 모욕적인 표현을 사용한 것이고, 이러한 표현은 위 게시물의 게재 동기나 게시물의 전체적인 맥락에서 볼 때 악의적이거나 현저히 상당성을 잃은 공격이 아닌 것으로서 헌법상 보장된 표현의 자유의 범위 내에 속한다고 보여지므로, 피고인들의 이 부분 공소사실에 기재된 각 행위는 사회상규에 위배되지 않는다고 봄이 상당하다.

[3심 - 대법원 2005도1453]

모욕죄에서 말하는 모욕이란 사실을 적시하지 아니하고 사람의 사회적 평가를 저하시킬 만한 추상적 판단이나 경멸적 감정을 표현하는 것인바, 어떤 글이 특히 모욕적인 표현을 포함하는 판단 또는 의견의 표현을 담고 있을 경우에도 그 시대의 건전한 사회통념에 비추어 살펴보아 그 표현이 사회상규에 위배되지 않는 행위로 볼 수 있는 때에는 형법 제20조에 의하여 예외적으로 위법성이 조각되는 것으로 판단하여야 하는 경우도 있을 수 있다(대법원 2003. 11. 28. 선고 2003도3972 판결 참조).

특히 이 사건이 사랑의 실천 및 복음전파를 목표로 삼는 기독교 내부에서 발생한 문제이고 보면 그에 관한 논란도 서로 상대방을 존중하면서 이성적으로 품위 있게 진행됨이

> 마땅하다는 점을 고려하면 더욱 그러하다.
> 비록 피고인들이 그 의견을 표현함에 있어 피고인들이 위와 같이 게재한 글들의 전체적인 부분, 즉 피해자들이 서기종 목사의 결백 주장에 동조하고 있다는 것 등은 사실에 기초하고 있고, 그 모욕적인 표현들이 구체적이고 상세한 정도까지는 아니었다고 하더라도 이는 자신들의 판단과 의견의 타당함을 논리적 · 객관적인 근거를 들어 강조하는 과정에서 그 글을 전개함에 있어 필요하여 부분적으로 모욕적인 표현을 사용한 것에서 크게 벗어난 것이라고 할 수 있다. 또 사회통념에 비추어 당해 글과 표현들을 전체로서 보았을 때 주로 타인의 사회적 평가를 모욕적인 언사로서 저하시키는 것으로 봄이 상당하고, 따라서 그 표현들은 사회상규에 위배되는 행위라고 보아야 한다.

명예훼손 사건에서 공인의 공적 관심사에 대한 표현의 자유를 신장하면서도 모욕 사건에서 표현의 자유를 좁게 인정한다면 전체적으로 표현의 자유는 신장될 수 없을 것이다.

제 3 사이버상의 모욕행위에 관한 처벌

Ⅰ. 사이버 명예훼손죄와 사이버 모욕죄 도입 논거의 타당성

정보통신망법 제70조(구법 제61조)는 "사람을 비방할 목적으로 정보통신망을 통하여 공연히 사실(또는 허위의 사실)을 적시하여 타인의 명예를 훼손한 자를 3년 이하의 징역이나 금고 또는 2천만 원 이하의 벌금"(허위사실인 경우: 7년 이하의 징역, 10년 이하의 자격정지 또는 5천만 원 이하의 벌금)으로 처벌하면서, 형법상 명예에 관한 죄와 동일하게 반의사불벌죄로 규정(제3항)하고 있다.

대법원은 1998. 10. 9. 선고 97도158 판결에서 서울시 개인택시 운송사업조합 이사장 선거에서 배포된 유인물에 대하여, "형법 제309조 제1항 소정의 '기타 출판물'에 해당한다고 하기 위하여는, 사실적시의 방법으로서 출판물 등을 이용하는 경우 그 성질상 다수인이 견문할 수 있는 높은 전파성과 신뢰성 및 장기간의 보존가능성 등 피해자에 대한 법익침해의 정도가 더욱 크다는 데 그 가중처벌의 이유가 있는 점에 비추어 보면, 그것이 등록 · 출판된 제본 인쇄물이나 제작물은 아니라고 할지라도 적어도 그와 같은 정도의 효용과 기능을 가지고 사실상 출판물로 유통 · 통용될 수 있는 외관을 가진 인쇄물로 볼 수 있어야 한다"고 판시하였다.

입법자는 위 판례의 취지에 따라서 사이버상의 표현을 형법 제309조 제1항의 '기타 출판물'의 규정으로 처벌하는 것이 곤란해지자 위 정보통신망법의 사이버 명예훼손죄의 처벌규정을 신설하였다.

그런데 사이버상의 모욕행위의 경우에는 형법 제311조에서 "공연히 사람을 모욕한 자는 1년 이하의 징역이나 200만원 이하의 벌금"에 처한다고 규정하고, 제312조 제1항에서 명예훼손과 달리 친고죄로 규정되어 있으며, 게다가 사이버 공간에서의 모욕은 거의 대부분이 공연성의 요건[7]을 충족한다.

따라서, 이른바 사이버 모욕죄의 도입의 논거 중의 하나로 거론되는 현행법상 사이버상의 모욕행위를 처벌할 규정이 없다는 일부의 견해는 아무런 근거가 없고 전혀 타당하지 않다. 현행 형법으로도 사이버상의 모욕행위는 현재까지 계속 처벌되어 오고 있으며, 다만 앞서 본 모욕죄의 일반적인 성립요건에서 대부분의 모욕행위가 사실적(事實的) 요소를 포함하고 있어 명예훼손죄에 흡수되어 처벌되는 이유로 그 처벌사례가 적을 뿐이다.

Ⅱ. 모욕죄의 사례 및 처벌 구조

1. 모욕죄의 처벌구조

명예훼손죄에 형법 제310조의 위법성 조각사유[진실한 사실로서 오로지 공공의 이익에 관한 때에는 처벌하지 아니한다]가 있다면, 모욕죄에는 형법 제20조의 위법성 조각사유[기타 사회상규에 위배되지 아니하는 행위는 벌하지 아니한다]가 존재한다.

2. 사이버상의 모욕행위에 대한 처벌 사례

(1) 임수경씨 아들 익사사건 기사에 관한 댓글[중앙2006고정885]

[공소사실] 위 사건을 보도한 조선닷컴의 댓글란에, 피고인 ○○○은 2004. 7. 23. 아이디 myunggil2○○○으로 로그인하여 "통일, 통일하지마라! 통일에 책임지지도 못할 빨갱이들이 민족이니 통일이니 입에 붙이고 다닌다. 임수경의 경우 사고 체계가 왜곡되어 있으니 정상적인 결혼 생활이 가능할 수 없다...", 피고인 ○○○은 2004. 7. 22. 아이디 leehg21로 로그인하여 "인과응보, 사필귀정"라는 글을 게재, 피고인 ○○○은 2004. 7. 23. 아이디 ljslim82로 로그인하여 "ㅋ이혼한 여자가 통일의 꽃?! 통일의 하이에나겠지 ㅋ죽은 애는 안되었지만 수경이한테는 인과응보 ㅋ미국을 웬쑤로 여기더니

7) 개인 블로그의 비공개 대화방에서 1:1 비밀대화로 사실을 적시한 경우에는 공연성의 인정여부에 논란이 있다. 대법원 2008. 2. 14. 선고 2007도8155 판결 참조.

영어연수는 왜?! 분명 하늘도 분노-한거야 ㅋ이혼녀가 돈이 많나?! 영어연수 보내게.. 남자 쪽박 채웠겠구만!! ㅋ나라법도 무시하고 몰래 북에간 여자가 가정인들 무사하겠어!! 하여튼 수경이한테 고소하다 ㅋ얼굴은 지금도 그 때처럼 표독스럽다. 에그 소름끼쳐.."라는 ..... 글을 게재하여 공연히 피해자 임수경을 모욕하였다.

[형사처벌] 불구속, 피고인들 각 벌금 1,000,000원, 각 항소취하로 확정.

(2) 박근혜 의원에 대한 비난 글 게시[남부 2008고단3267]

[공소사실] 피고인 윤미림(작가, 1937년생)은, 2008. 6. 30. 동아닷컴의 동아누리 토론방에 "자고 나면 과격난동 뉴스뿐 시위할 이슈가 있어야 하는데 이건 있지도 않은 광우병을 들고 나와 발광들이다. 저 과격난동시위 배후 중심에는 김정일의 첩 박근혜가 있다. 박의 뒤에는 빨갱이 김대중이 악마의 아가리를 벌리고 박을 마음대로 조종, 김대중과 김정일의 사주를 받는 박그네('박근혜'의 의도적 오타) 저년이 지금 한국 정권 타도하여 아비처럼 지가 권력 잡으려고 획책하고 있다. 박정희 딸년이 아비의 적인 김대중 모사에 놀아나 2002년 5월 11일에서 14일까지 평양 김정일 품에서 동침하고 돌아와 ......!!!"라는 글을 게시한 것을 비롯하여 476회 글을 게시

[형사처벌] 불구속, 1심은 고령인 점 감안하여 징역 6월에 집행유예 2년, 항소기각. 대법원 상고중

(3) 정보통신망법(명예훼손)으로 기소되었다가 모욕죄만 인정[중앙2008고정481]

[공소사실] 피고인은 2007. 7. 11. 19:43경 서울 장소불상지에서 인터넷 법률저널사이트에 접속하여 그곳 게시판에 '사시로에서 스터디 자주 모집하던 사람 아는 사람 있는지....'라는 제목하에 "이 사람 아는 사람 있어요? 영삼. 여자 만날 목적으로 스터디를 모집해서 안 좋은 일이었다든가, 아는대로..."라는 글을 게시하고, 위 글에 대한 댓글란에 "또 사고쳤구나 그 얼굴에", "저런 넘에게 당하는 여자가 바보죠", "하여튼 별 거지 같은 넘 많아, 저런 것들 낳느라고 지 부모도 미역국 먹었겠지"라는 글을 추가로 게시

[형사처벌] 불구속, 1심 벌금 100만원, 항소기각.

(4) 항소심에서 명예훼손에서 모욕으로 공소장 변경[광주 2006노998]

[공소사실] 피고인은 무안군수인 피해자 ○○○을 비방할 목적으로, 정보통신망인 인터넷 사이트 무안군청 홈페이지(http://www.muan.go.kr)의 '참여마당 자유발언대'란을 통하여,

가. 2005. 5. 7. "민족의 얼이 살아있다면 아직까지 반성이 없는 악질 친일분자의 직계자손을 우리지역의 지도자로 모시고 따르는 것이 당연하겠습니까? 부당하겠습니까?"라는 게재

나. 2005. 5. 21. "우리 무안에도 악질 친일파가 있었다"라는 제하에 "악질 친일분자의

후손이 된 게 그 자신에게 무슨 잘못이 있겠습니까? 하지만 인간은 사회적 동물이고 역사 속에서 존재하기 때문에 자신이 져야할 연의 업보는 어쩔 수 없이 감당해야 하는 것입니다"라는 게재

[형사처벌] 미결구금 1일, 징역 8월, 집행유예 2년, 상고기각.

3. 사회상규에 위배되지 않는 행위

(1) 정당한 비판에 해당[대법원 2006도4408]

피고인(대학교수)이 "충청일보 사태의 분석과 전망"이라는 글은, 충청일보가 노사분규로 인하여 파업과 직장폐쇄로 대치하고 있던 2004. 11. 16. 충청일보와 관련하여 KBS청주방송에서 개최한 긴급토론회에 피고인이 발제자로 참가하여 발표한 글로서, 그간의 충청일보 사태의 경과와 그 원인을 여러 측면에서 분석하고 있는 A4용지 20페이지가량의 분량에 해당하는 글인데 위 글속에서 피고인 나름대로 충청일보의 사주나 경영진의 세계관, 언론관이 충청일보 사태의 가장 큰 원인이라는 평가를 하고 이를 지적하는 과정에서 공소사실 기재와 같이 '언론을 토목건설현장으로 간주하는 천민적 세계관이 드러난다', '○○○ 회장의 정신구조는 패권주의, 권위주의, 우월주의, 토목 자본주의에 근거한 자본 절대주의다' 등의 모욕적 표현을 사용한 것을 인정할 수 있다.

그렇다면 위 부분 공소사실은 피고인이 충청일보 사태의 그간의 경과에 관한 사실관계와 그 원인에 관한 의견을 표현함에 있어 자신의 판단과 의견의 타당함을 논리적 · 객관적인 근거를 들어 강조하는 과정에서 필요하여 부분적으로 모욕적인 표현을 사용한 것이라고 봄이 타당하므로 형법 제20조에 의하여 위법성이 조각된다고 판단한 원심에는 사실오인의 위법이 없다.

(2) MBC방송국 시사프로그램을 시청한 후 방송국 홈페이지의 시청자 의견란에 작성 · 게시한글[대법원 2003. 11. 28. 선고 2003도3972 판결]

피고인의 글 중 "그렇게 소중한 자식을 범법행위의 변명의 방패로 쓰시다니 정말 대단하십니다."는 등의 표현은 그 게시 글 전체를 두고 보더라도, 그 출연자인 피해자에 대한 사회적 평가를 훼손할 만한 모욕적 언사이다.

그러나 그 글의 전체적인 내용도 "불법주차와 아이를 차에 두고 내린 어머니로서의 과실이라는 근본적인 원인제공을 피해자가 하였고, 그 방송된 내용은 개인적인 사정이다. 그럼에도 불구하고, 피해자는 자신의 잘못은 생각하지 않고, 견인업체 등의

잘못을 탓하며 자신의 범법행위를 변명하고 있다."는 취지로서, 그 전제한 객관적 사실관계는 이미 방송된 프로그램의 내용에 기초한 것이고, 이러한 의견 또는 판단 자체가 합당한 것인지 여부는 차치하고 전혀 터무니없는 것이라고까지 할 수 없으며, 그 방송 후에 충주시청 홈페이지와 MBC 홈페이지에 그 프로그램의 방영 취지나 피해자의 주장에 찬성하는 글과 함께 피고인의 글과 유사한 취지의 글이 적지 않게 게시된 점도 이를 뒷받침한다고 할 것이고, 특히, "그렇게 소중한 자식을 범법행위의 변명의 방패로 쓰시다니 정말 대단하십니다."라는 표현은 상당히 모욕적인 언사이기는 하나, 그 글 전체에서 차지하는 비중이 크다고는 할 수 없고, 그 글의 전체적인 내용에서 크게 벗어나 있는 표현이라고도 할 수 없다.

제 4 비교법적 검토

Ⅰ. 미 국

1. 명예훼손의 형사처벌

미국에서 표현의 자유와 개인의 명예권에 대한 헌법적 평가는 "명예훼손의 영역에 보태지는 모든 것은 자유로운 토론의 영역에서 빼앗아 온 것이다("Whatever is added to the field of libel is taken from the field of free debate.")"[8]라는 미국 Edgerton 판사의 말로 압축할 수 있다.

미국에서는 1964년 뉴욕타임즈 원칙이 정립되고 같은 해 위 원칙에 의하여 명예훼손법 자체를 위헌결정한 Garrison vs Louisiana 사건 이후 뉴욕, 캘리포니아, 일리노이, 텍사스 주를 포함한 많은 주들에서 명예훼손 처벌조항이 위헌처분 되거나 주의회에 의하여 자발적으로 폐지되었다고 한다. 사법부나 입법부에서 이렇게 형사상 명예훼손을 폐지하였던 이유는 1920년부터 1956년 사이의 형사상 명예훼손 사건의 1/2 정도가 권력자가 수사기관을 동원하여 비판적 개인을 탄압하려 시도하였다는 연구결과에서 찾을 수 있다.

2004년 현재 미국내 14개 주만이 형사처벌 규정을 유지하고 있고 이들 주들에서

---

8) 헌법재판소, "사이버공간 상의 표현의 자유와 그 규제에 관한 연구", 2002. 12.
이 문구는 1942년에 콜롬비아특별구 항소법원이 선고한 Sweeney v. Patterson 판결(76 U.S. App. D. C. 23, 24, 128 F. 2d 457, 458)에서 Edgerton 판사가 쓴 법정의견에서 설시된 표현이다. 영문 인용은 New York Times Co. v. Sullivan, 376 U.S. 254, 272(1964)에서. 우리말 번역은 한위수, "미국에 있어서의 중립보도면책특권", 외국사법연수논집, 재판자료 제65집, 법원행정처, 1994, 53에서 인용.

제기되는 명예훼손 사건은 전국적으로 1년에 약 2건 정도에 머문다.[9] 명예권은 형사제재에 의한 보호보다는 보통법(common law)상의 명예훼손법에 의한 보호를 받아 징벌적 손해배상을 포함한 민사적인 구제를 기본으로 한다.

2. 수정헌법 제1조와 연방대법원의 노력

수정헌법 제1조(종교, 언론 및 출판의 자유와 집회 및 청원의 권리)는 "연방 의회는 국교를 정하거나 또는 자유로운 신앙 행위를 금지하는 법률을 제정할 수 없다. 또한 언론, 출판의 자유나 국민이 평화로이 집회할 수 있는 권리 및 불만 사항의 구제를 위하여 정부에게 청원할 수 있는 권리를 제한하는 법률을 제정할 수 없다"[10]고 규정하고 있다.

그러나, 위와 같은 헌법규정 속의 표현의 자유는 존 마샬 대법관 이후의 연방대법원의 노력에 의하여 구현되었고, 여기에서는 '온라인상의 표현의 자유'와 '음란물로부터 미성년자의 보호'라는 헌법적 쟁점과 관련하여 최근 10여년 이상에 걸친 미국 사법부의 표현의 자유의 수호를 위한 노력을 간단히 살펴본다.[11]

미국에 있어서 인터넷에 대한 내용적 규제가 문제된 것은 1996. 2. 8. 클린턴 행정부에서 제정된 연방 통신품위법(Communications Decency Act: CDA)에서부터이다. 위 연방 통신품위법은 지상파방송, 케이블방송 및 인터넷상의 유해매체물로부터 미성년자를 보호하려고 하는 의도에서 입법화된 것이었다. 그 중에서 특히 문제가 된 것은 미성년자에게 저속하거나(incecent) 명백히 불쾌한(patently offensive) 정보를 의도적으로 전송하는 행위를 처벌하는 규정이었다.

이에 대하여 미국시민권동맹(the American Civil Liberties Union: ACLU)을 필두로 하는 각종 시민단체에서 통신품위법상의 관련조항들이 수정 제1조의 표현의 자유와 수정 제5조의 적법절차조항을 침해한다는 이유로 위헌소송을 제기하게 된다. 통신품위법상의 인터넷관련조항을 둘러싸고 제기된 위헌소송은 1996년 6월 11일 미합중국 지방법원 펜실베니아 동부지구에서 내린 ACLU v. Reno판결로 시작하여 연방대법원의 1997년 6월 26일의 Reno v. ACLU판결에서 끝을 맺게 되는데, 두 곳에서

---

9) 박경신, "명예훼손 형사처벌 폐지해야", 경향신문, 2008. 7. 17.

10) Amendment 1 : Religion, Speech, Press, Assembly, Petition (1791)
Congress shall make no law respecting an establishment of religion, or prohibiting the free exercise thereof ; or abridging the freedom of speech, or of the press; or the people peaceably to assemble, and to petition the government for a redress of grievances.

11) 헌법재판소, "사이버공간 상의 표현의 자유와 그 규제에 관한 연구", 2002. 12, 159 이하.

모두 위헌판결을 받게 된다.

다수의견에 의하면, 이는 표현에 대한 내용적(content-based) 규제이고, 방송매체에 대한 규제근거들 즉, 방송에 대한 광범위한 정부규제의 역사, 주파수의 희소성, 방송의 침투적 성격 등은 "사이버공간(cyberspace)"에서는 존재하지 않으며, 당해 조항들의 적용범위와 관련하여 애매모호성과 광범위성은 형사법률로서의 억지력과 함께 표현의 자유에 대한 위축효과(chilling effect)를 불러일으킬 수 있다는 점을 지적하고 있다.

통신품위법이 위헌판결을 받자 미국 의회는 1998. 10. 온라인상의 청소년 보호법(Child Online Protect Act: COPA)을 제정하였는데, 이에 의하면 5만명 이상의 고객을 가진 인터넷서비스업체에서는 3년 이내에 음란물의 접근을 원천적으로 봉쇄하는 차단소프트웨어를 설치하도록 하고 인터넷등급제의 인터넷보조금을 받고 있는 공립학교와 공공도서관에서는 이를 의무적으로 사용하도록 하고 있다.

COPA가 제정된 다음날인 1998년 10월 22일 ACLU는 "有害한 표현물"들로부터 미성년자들을 보호하기 위해 제정된 COPA의 위헌성에 관하여 펜실베니아주 동부지구 연방지방법원(United States District Court for the Eastern District of Pennsylvania)'에 소송을 제기했다. 이에 연방지방법원은 1998년 11월 20일에 최종적인 위헌여부판결이 날 때까지 그 집행이 정지되는 잠정적 금지 명령을 내렸고 광범위한 증거조사를 포함한 공판을 연 후에 1999. 2. 1.에 정부가 COPA를 시행하는 것을 금하는 예비적 금지명령을 내렸다.

연방항소법원은 2000. 6. 22. 지방법원의 결정을 인용하면서 다수의견에서 현재 기술상의 한계 때문에 COPA는 본안심사에서 과도광범성을 이유로 위헌판결을 받을 확률이 없지 않다고 보았고, ACLU가 예비적 금지명령을 얻어내기 위한 모든 네 개의 필요한 요소들을 충족하였다고 판단했다.

2004. 연방대법원은 다시 COPA 규정에 관하여 5:4로 원심결정을 유지하였는데, 진보성향 4명과 보수성향 5명으로 분류되는 9명의 연방대법관 중 진보성향 3명과 중도보수인 앤소니 케네디 판사 그리고 가장 오른쪽으로 분류되는 클레런스 토마스 판사가 위 결정에 가담하였다고 한다.

그러나 조지 W. 부시 행정부는 이같은 판결은 어린이들을 보호할 수 있도록 하는 보호장치를 원천적으로 방지하고 있다는 이유로 마이클 무케이시 법무장관으로 하여금 대법원에 재심 신청을 제출하였고, 연방 대법원은 2009년 COPA 법안에 대한 위헌판정을 재확인하였다.

이로 인하여 앞으로 미국내에서 인터넷에 대한 제한은 불법화된 상태이며, 어린이 보호를 위한 각종 규제사항은 사문화될 위기를 맞았다. ACLU측은 그러나 부모들이 어린이들에게 부적절한 내용을 보지 못하도록 하기 위해서는 부모들 스스로가 필요한 조치를 취하고 또는 어린이들이 보지 못하게 하는 소프트웨어 역시 자발적으로 사용토록 하는 것은 권장해야 한다고 지적했다.[12]

3. 풍자, 패러디와 모욕에 관한 민사책임

Larry Flynt가 경영하는 성인잡지인 Hustler 잡지는 미국의 저명한 목사인 Falwell에 대하여 거친 패러디의 형태로 근친상간을 한 술주정꾼으로 묘사하였다. 당시 캄파리라는 술을 파는 회사는 유명인사를 동원하여 캄파리에 대한 첫 경험(first time, 우리말 표현과 같이 첫 성경험이라는 중의적 표현이 갖는 선정성을 이용한 상업광고였다)에 관한 인터뷰 기사형식의 상업광고를 연재하고 있었는데, Hustler는 이 광고를 패러디하여 Falwell 목사의 첫경험에 관한 인터뷰 형식으로 그의 첫경험은 야외화장실에서 어머니와 근친상간적 만남을 가질 때 있은 것으로 묘사하고 그를 술에 취하였을 때만 설교하는 위선자로 묘사하였다.

원고는 명예훼손과 모욕을 원인으로 손해배상을 청구하였다. 명예훼손은 사실(fact)의 적시를 필요로 하는데 위 패러디는 사실의 적시로 이해되지는 않으므로 명예훼손 청구는 1심에서부터 기각되었으나, 1심과 항소심은 모욕에 의한 책임을 인정하였다.

그러나 연방대법원은 Hustler Magazine v. Falwell 사건에서 "공중의 이해와 관심이 집중된 사안에 대해 사상과 의견의 자유로운 소통을 보장하기 위해 수정헌법 제1조와 제14조는 공무원과 공적 인물이 자신을 풍자하는 만화 광고를 이유로 고의의 불법 행위의 책임을 부과하는 것을 인정하지 아니하고, 공적 인물에 대한 모욕의 경우에도 뉴욕타임즈 원칙 즉 피해자가 가해자의 actual malice를 입증하여야만 한다는 원칙이 적용된다"고 판시하면서 원심판결을 파기하였다.[13]

---

12) 뉴시스 2009. 1. 21.자 보도.

13) 박철, 전게서, 국내 학계는 이 판결을 중요하게 다루고 있지 않지만, 미국 연방대법원 역사학회 회원인 Maureen Harrison과 Steve Gilbert가 일반인들을 위하여 편집한 "Landmark Decisions of the United States Supreme Court"시리즈에서 이 판결은 뉴욕타임즈판결보다 더 중요한 판결로 선정되어 있다. 이 재판은 "The People vs Larry Flynt"라는 제목의 영화로 만들어졌고, 위 영화에서 Larry Flynt는 "(수정헌법 제1조에 의하여) 나 같은 쓰레기도 보호받을 수 있게 된다면 여러분도 보호받을 수 있습니다. 나는 최악이니까요"라는 명대사를 남겼다.

Ⅱ. 독일, 일본, 대만, 한국

일본이 독일의 입법례를 많이 참조하여 법률을 제정하고, 일본의 식민지였던 대만과 한국이 그 입법례를 상당 부분 수계하면서 위 국가들에는 모두 모욕죄에 관한 처벌규정이 존재하나 그 방식은 약간의 차이점이 있다.

독일의 경우, 형법 제194조는 제1항 제1문에서 모욕죄를 절대적 친고죄로 규정한다. 제2문에서는 먼저, 모욕행위가 문서의 배포나 공개적 접근 또는 집회나 방송을 통해 이루어지고(특별한 행위방식), 다음으로, 피해자가 국가사회주의의 지배집단 또는 다른 폭력적이고 자의적 지배집단의 주민이자 구성원으로서 소추된 바 있는데, 모욕행위가 이러한 소추와 관련된(피해자의 특정한 속성) 때는 피해자쪽의 고소의 필요 없이 직권으로 소추할 수 있도록 하고 있으며,[14] 다만 아울러 피해자가 반대의사를 밝힌(Widerspruchsrecht) 경우에는 이러한 직권소추를 할 수 없다고 규정하고 있으며(제194조 제1항), 사자 명예훼손죄의 경우도 같은 방식으로 규정되어 있다.[15]

일본의 경우, 형법 제230조에서 명예훼손죄(사실적시 – 3년 이하의 징역이나 금고 또는 50만엔 이하의 벌금)를 규정하고, 일본은 우리나라와 달리 출판물에 의한 명예훼손이나 정보통신망을 이용한 명예훼손죄를 가중처벌하지 않고 있다. 일본은 모욕죄에 관하여 구류, 과료로만 처벌하고 있고, 일본 형법에는 명예훼손에 관한 모든 죄는 모두 반의사불벌죄가 아닌 친고죄이다.우리 형법의 명예훼손죄는 1940 3. 일본개정형법 가안(假案)의 영향을 받아 반의사불벌죄의 입법형식을 취하였는데, 오히려 일본은 1961.개정형법 준비초안에서 반의사불벌죄가 아닌 친고죄로 규정하였고, 이 입장이 현재까지 유지되고 있다.

대만의 경우는 형법 제309조에서 모욕죄에 관하여 구류나 벌금형을 규정하고 있다.

Ⅲ. 중국의 경우

중국 형사소송법 제15조[16]는 "아래 열거된 사유 중의 하나가 있으면 형사책임을 추궁하지 아니하고, 이미 추궁하였으면 사건을 철회하거나 불기소하거나, 심리를 종

14) 박경신, 모욕죄의 위헌성과 사이버모욕죄에 대한 정책적 고찰.
15) 윤동호, 피해자의 의사와 형사절차, 2006. 4.
16) 법무부, 중국 형사소송법 해설.

결하거나 또는 무죄를 선고해야 한다", (라) 형법에 따라 고소해야 비로소 처리되는 범죄에 있어 고소가 없거나 또는 고소가 취소된 경우라고 규정한다. 중국 형법 제246조는 모욕죄와 비방죄를 규정하고 있고, 그 내용은 "폭력 또는 기타 방법으로 공연히 타인을 모욕하거나 또는 사실을 날조하여 타인을 비방하고 사안이 중한 경우 3년 이하의 유기징역이나 구역(拘役), 관제(管制), 또는 정치적 권리[17]를 박탈한다. 이 죄는 고소해야 처리할 수 있다. 그러나 사회질서와 국가이익을 심하게 해하는 경우는 예외로 한다"로 규정하고 있다.

일부 자료[18]에서는 중국 형사법상 위와 같은 모욕죄 이외에 별도의 법률로 사이버모욕(网上侮辱)죄를 규정하고 있다고 주장하나, 중국 형법상의 모욕, 비방죄 이외의 사이버상의 모욕행위에 대한 별도의 처벌규정은 발견할 수는 없었다.

중국의 사이버 범죄에 대한 입법현황은 주로 인터넷 운영질서와 네트워크 정보시스템의 보호에 편중되어 있고 사이버 남용(컴퓨터 네트워크를 이용한 불법적인 인터넷 사용행위)으로 인한 피해행위에 관한 규정은 적다. 중국 형법전 제285조, 286조에서 컴퓨터 정보시스템의 불법침해죄와 파괴죄의 규정 이외에 기타 사이버 범죄에 대해서는 명확한 규정이 없으며, 단지 이러한 종류의 범죄는 형법의 관련규정에 따라 처벌한다고 명기되어 있을 뿐이다.

한편, 중국에서 공민의 개인 신상 명예를 침해하는 사건은 2001년 중국 경찰의 조사에 의하면 186건이고 그 중 형사사건이 11건, 위법사건이 175건으로 2000년보다 3배 이상 증가되었다고 한다.[19]

---

17) 구역은 범죄인의 인신자유를 단기간 박탈하는 형벌로서 주거지 인근에서 집행하고 아울러 '노동개조'를 실시한다, 관제는 범죄인을 수감하지 않는 대신 범죄인은 관련규정을 준수하여야 하고 관제에 처하는 기간 공안기관의 관리감독을 받아야 한다. 관제는 중국의 형벌 중 가장 경한 주형이다. 관제라는 형벌은 중국의 독창적인 것으로 일찍이 중국이 공산혁명을 하던 시기에 처음 실시하였고 중국의 현 정부가 수립된 후 계속 사용하고 있는 것이다. 정치권리 박탈이란 부가형으로서 범죄인이 국가의 행정 또는 정치활동에 참여할 수 있는 권리를 박탈하는 형벌을 의미한다. 이는 중국형법상 일종의 자격형에 속한다. 이진권, "중국형법상 형벌의 종류에 관한 연구", 법학연구 22집, 한국법학회.

18) 국회입법 조사처 신학용 의원 질의자료.

19) 한상돈 역, 짜오빙쯔, 중국의 사이버범죄와 형사입법, 2003.

제 5 사이버 모욕죄 법안에 대한 검토

Ⅰ. 법안의 주요 내용

1. 정보통신망법 개정법률안(2008. 11. 3. 의안번호 제1683호, 대표발의 나경원 의원)

(1) 제안이유

위 법률안의 내용 중 사이버상의 모욕행위에 관한 제안이유만 살펴본다.

인터넷상의 불법정보의 유통으로 인한 폐해가 날로 심각해지고 있으며, 특히 명예훼손 및 모욕 등 권리침해 정보로 인한 분쟁이 커다란 사회 문제로 대두되고 있어 기존의 법제도에 대한 개선이 시급한 상황이다.

인터넷상에서 행해지는 모욕행위는 그 피해의 확산속도가 빠르고 광범위하여 그로 인한 인격권의 침해 결과가 회복하기 어려운 상태에 이르는 경우가 많고, 사이버 공간의 특성인 익명성과 소위 '퍼나르기' 등으로 인해 가해자가 누구인지 특정하기 어려워 범죄피해에 대한 신고나 고소가 어려운 등의 특성을 가지고 있다.

이러한 특수성으로 인해 기존의 형법상 모욕죄로는 대처가 어렵거나 불충분한 영역이 많아 인터넷상의 모욕행위에 대한 처벌을 강화하고, 형법상 친고죄로 규정되어 있는 요건을 완화하고자 한다.

(2) 법안의 내용

• 정보통신망을 통하여 공공연하게 사람을 모욕한 경우 2년 이하의 징역이나 금고 또는 1천만원 이하의 벌금에 처하도록 하고, 피해자의 명시한 의사에 반하여 공소를 제기할 수 없도록 반의사불벌죄로 규정한다(안 제70조 제3항 및 제4항).

• 공공연하게 사람을 모욕하는 정보에 대해 방송통신 위원회가 방송통신 심의위원회의 심의를 거쳐 정보통신 서비스제공자 등에게 취급거부, 정지, 제한명령을 할 수 있도록 모욕성 정보를 불법정보화 한다(안 제44조의7제1항제2호의2).

2. 형법 일부개정법률안(2008. 10. 30. 의안번호 제1637호, 대표발의 장윤석 의원)

위 법률안에서는 정보통신망법상의 사이버 명예훼손 규정을 형법 안으로 포섭하고(법률안 제309조의 2), 형법에 제311조의 2에 사이버 모욕죄를 신설하여 일반 모욕죄보다 가중처벌하고, 제312조 2항에 일반 모욕죄와 달리 사이버 모욕죄를 친고죄가 아닌 반의사불벌죄로 하고 있다.

Ⅱ. 가중처벌 조항의 검토

현재 사이버상의 모욕행위에 관한 형사처벌은 앞서 판례에서 보았듯이 대부분 피고인의 신병이 불구속인 상태에서 기소되고, 대부분 약식사건(벌금형, 사건 명칭은 "고정")이나, 이에 대한 이의신청으로 정식재판이 회부되어 재판이 이루어지고, 드물게는 정치인이나 지방자치 단체장의 경우 등 피해자 특성이나 모욕행위의 횟수나 방법 등의 행위적 요소로 인하여 정식으로 기소(사건 명칭은 "고단")되어 처벌되고 있다.

우리 사회는 공동체에 커다란 심리적 충격을 준 범행이 발생하는 경우 그런 범행이 발생하게 된 사회적 · 문화적 요인에 대한 진지한 탐구를 소홀히 한 채 즉각적으로 강력한 처벌법규만을 제정하는 방식으로 그 문제에 대한 해결책을 대신한 입법적 경험이 많다. 위 사이버모욕죄 법안만 해도 이른바 "최진실법"이라고 불리워지고 있고, 그 외에도 폭력행위 등 처벌에 관한 법률 등의 특별법에 존재하는 많은 가중처벌 조항이 위와 같은 경위로 제정되었다.[20]

위와 같은 법률들이 우리 공동체의 주된 관심사에 대한 효과적인 대응책이 될 수 있을런지 의문이거니와, 헌법재판소가 판시한 대로 "가장 참여적인 시장, 표현촉진적인 매체"라는 인터넷에서의 의사표현에 대하여 "질서 위주의 사고"만으로 규제하려고 할 경우 표현의 자유 발전에 큰 장애를 초래할 수 있을 것이다.[21]

어찌 되었든 사이버상의 표현행위에 대한 처벌조항이 강화되는 입법이 이루어지는 경우, 사이버상의 모욕행위가 감소되는 효과가 발생할 지에 대해서는 2001년 정보통신망법에 사이버 명예훼손행위에 대한 가중처벌 조항의 신설 이후의 변화를 살펴보기로 한다.

---

20) 양동철, "사이버모욕죄 신설 필요성 및 친고죄 규정 배제의 의미."

21) 헌법재판소 2002. 6. 27. 결정 99헌마480 전기통신사업법 제53조등 위헌확인.

연도	계	해킹 바이러스	인터넷 사기	사이버 폭력	불법 사이트운영	불법복제 판매	기타
2003년	51,722	8,891	26,875	4,991	1,719	677	8,569
2004년	63,384	10,993	30,288	5,816	2,410	1,244	12,633
2005년	72,421	15,874	33,112	9,227	1,850	1,233	11,125
2006년	70,545	15,979	26,711	9,436	7,322	2,284	8,813
2007년	78,890	14,037	28,081	12,905	5,505	8,167	10,195

자료: 사이버경찰청(2007년 말 기준)

위 표에서 보듯이 실제로 사이버범죄의 유형별 통계를 살펴보면, 인터넷에서의 명예훼손이나 모욕행위를 포함한 사이버폭력은 2003년 4,991건 정도이었으나, 2007년에는 1만 2,905건으로 급증하여 158.6%의 증가율을 나타내고 있다. 이는 사이버공간에서의 표현행위에 대한 적절한 공동체적 규제가 형사적 처벌만으로는 그 효과를 보지 못하고 있는 점을 보여주고 있고, 이런 현상은 사이버 모욕죄 법안이 입법이 된다 하더라도 크게 달라지리라 예상하기도 힘든 상황이다.

또한, 특별법이든 형법의 개정 방식이든 사이버상의 모욕행위에 대한 가중처벌의 입법이 이루어지는 경우라도, 앞서 본대로 표현의 자유가 민주사회에서 가지는 중요한 헌법적인 가치를 고려할 때 대한민국 법원의 양형이 현행 모욕죄의 처벌에 견주어 급격하게 변동되리라고는 쉽게 예상되지 않는다.

Ⅲ. 반의사불벌죄 조항의 검토

1. 친고죄와 반의사불벌죄의 구별

우리 형법상의 모욕죄 중 외국원수(제107조 제2항), 외국사절(제108조 제2항)에 대한 모욕죄는 반의사불벌죄로 규정되어 있고, 명예훼손죄 중 사자에 대한 경우(제308조)와 일반 모욕죄는 친고죄로 규정되어 있다. 위와 같은 반의사불벌죄와 친고죄의 규정형식의 차이는 일반적으로 아래의 차이점에서 비롯된다고 한다.[22)]

“법이 친고죄를 인정하는 이유는 두가지 유형이 있다고 볼 수 있다. ① 그 하나는 범죄를 소추해서 그 사실을 일반에게 알리는 것이 도리어 피해자에게 불이익을 줄 우려가 있기 때문에 이와 같은 경우에는 피해자의 처벌희망의 의사표시가 있어야 비로

22) 대법원, 1994. 4. 26. 선고 93도1689 판결.

소 소추해서 처벌할 수 있게 하는 것이고, ② 또 하나는 비교적 경미하고 주로 피해자 개인의 법익을 침해하는 범죄에 관하여 구태여 피해자의 의사나 감정을 무시하면서까지 처벌할 필요가 없기 때문에 이와 같은 경우에는 피해자로 부터 아무런 말이 없으면 소추하지 아니하고 피해자가 처벌을 희망하여 올 경우에 그때에 논하게 하겠다는 것이다.

반의사불벌죄는 1953. 9. 18. 형법 개정시 구 형법에 없던 새로운 유형의 범죄를 창설한 것으로서, 위의 이유 중 첫째의 것은 없고, 친고죄 중 두번째 이유에 해당하는 유형의 경우 중에서 상대적으로 덜 경미하여 처벌의 필요성이 적지 않는데도 이를 친고죄로 하는 경우 피해자가 심리적 압박감이나 후환이 두려워 고소를 주저하여 법이 그 기능을 다하기 어려울 것에 대비한 것이다. 이와 같은 경우에는 다른 일반의 범죄와 마찬가지로 수사, 소추, 처벌을 할 것이나 피해자가 명시적으로 처벌을 희망하지 아니할 의사를 밝힌 경우에 한하여는 구태여 소추해서 처벌하지 않겠다는 것이다.

친고죄와 반의사불벌죄는 다른 의미가 있고, 그 이유는,[23] 첫째, 친고죄와 반의사불벌죄는 피해자의 의사가 소추조건이 된다는 점에 있어서는 같다고 할 것이나, 앞서 본대로 피해자의 의사를 조건으로 하는 이유나 방법에 있어서는 같다고 할 수 없고, 반의사불벌죄는 피해자에 대한 배상이나 당사자 사이의 개인적 차원에서 이루어지는 분쟁해결을 촉진하고 존중하려는 취지도 포함되어 있다. 둘째, 피해자의 명예보호를 위한 친고죄가 대부분이고, 이 경우의 고소는 피해자가 범죄사실이 알려지는 것을 감수하고 수사기관에 대하여 범죄사실을 신고하여 그 범인의 처벌을 희망하는 것이므로, 고소의 대상인 범죄사실이 특정되기만 하면 되고 원칙적으로 범인을 특정하거나 범인이 누구인가를 적시할 필요는 없는 것이며, 친고죄의 경우 고소나 고소취소 불가분원칙은 친고죄의 이러한 특질에서 비롯한 것이지만, 반의사불벌죄의 경우는 그 입법취지가 피해자 명예보호에 있는 것이 아니므로, '처벌을 희망하지 아니하는 의사표시'도 반드시 고소불가분 원칙에 따라야 한다고 할 수 없다. 셋째, 경미한 범죄에 대하여 피해자의 의사에 따라 처벌여부에 차등을 둔다고 하여 형사소송의 목적에 배치된다고 하기는 어려우므로, 반의사불벌죄의 경우 그 의사표시는 범죄사실에 대하여 하게 할 수도 있고 범죄자에 대하여 하게 할 수도 있으며, 이 가운데 어느 것으로 할 것인가는 입법정책에 속하는 것이라고 보아야 할 것"이라고 한다.

---

23) 윤동호, 피해자의 의사와 형사절차, 2006.

2. 친고죄 배제 규정의 논거[24)]

(1) 배제론

① 일반범죄보다 가벌성이 높아 고소 없이 형사소추권 행사가 필요하다. 사이버폭력은 전파성, 익명성, 광역성의 특성으로 인한 피해범위가 넓고 피해결과도 심각하여 가벌성이 높다고 할 수 있다. 또한 집요하고 상습적인 범죄는 가중 처벌이 필요하다.

② 행정처분의 적법성을 제고하여 효율적인 행정처분이 가능하다.

③ 고소 없이 수사 · 처벌할 수 없으므로 친고죄 규정 해제는 적극적 수사활동 유도로 사이버공간 정화에 기여 할 수 있다.

④ 사이버 공간의 공익성에 대한 국민인식을 제고하고, 이에 따라 범죄의도를 감소시켜 범죄 예방의 실효성을 확보할 수 있다.

(2) 존치론

① 사이버 범죄는 일반범죄 보다 대부분 가벌성이 경미하며(범의가 경미하다. 즉 대부분 우발적이며, 반윤리적 범죄는 아닌 경우가 많다), 뚜렷한 근거가 없는 한 형법의 예외를 확대하는 것은 형사법 체제의 혼란을 가져 온다. 특히, 명예훼손 등의 경우에는 사이버상에서 반론권 행사가 보다 용이하므로[25)] 오프라인을 통한 명예훼손보다 보호할 가치가 적다. 또한 친고죄라도 고소 없이 수사나 행정처분도 가능하므로 굳이 일반형법과 달리 취급할 실익도 없다.[26)]

② 비교적 경미하고 피해자의 이익을 고려하여야 할 범죄를 비친고죄화 하는 것은 국가경제적으로 엄청난 낭비를 초래한다. 수사기관의 무한권한, 무한의무는 바람직하지 않고, 수사기관의 자의적인 선별수사나 무차별 단속을 표현의 자유를 억제하여 민주주의의 근간을 해치는 더 큰 부작용 발생도 예상된다.

③ 선의의 피해자나 선량한 네티즌 보호와도 모순될 수 있다. 피해자의 의사와 관계없이 공개적 형사철차 진행으로 피해자의 명예 및 사생활이 침해되고, 합의에 있어서의 이니셔티브도 상실 된다.

④ 형사정책상의 '비범죄화'에도 역행한다. 국가가 국민 전제의 "표현의 자유"를

---

24) 양동철, 전게논문,

25) 헌법재판소, "사이버공간 상의 표현의 자유와 그 규제에 관한 연구", 2002.12, 205.

26) 국정홍보처, "'사이버폭력' 실태조사 결과보고서", 2005.11.에 따르면 사이버명예훼손죄나 모욕죄에 대하여 친고죄규정 등을 배제하는데 대하여 60.5%가 반대하고 35.0%가 찬성하고 있다.

감시하게 되는 우려가 있고, 외국에서 명예훼손은 비범죄화 추세이다.

⑤ 소수자만 보호하는 법으로 전락할 우려가 많다. 인터넷에 떠도는 모든 명예훼손 사안을 수사할 수 없기 때문에 선별적 수사가 예견되는데, 이 경우 이른바 가진 자, 권력자들만 우선 보호될 수밖에 없다.[27)]

3. 반의사불벌죄에 대한 평가

(1) 국가형벌권 행사가능성의 확대

친고죄의 본질이 피해자의 명예보호와 침해이익의 경미성에 있는 반면, 반의사불벌죄의 본질은 전자(前者)에는 있지 않고 경미사상에 기초한 사적 분쟁해결의 촉진과 친고죄의 운영상 결함 해소에 있다.

그럼에도 위 두 죄의 본질이 범죄자와 피해자 사이의 화해와 법적 평화의 회복에 있다고 본다면, 친고죄 규정을 배제하고 반의사불벌죄를 신설하려는 목적은 무엇인가?

이는 입법자가 피해자의 의사표시가 형사처벌 과정에서 적극적(積極的) 기능을 하는 친고죄와 달리 소극적(消極的) 기능을 하는 반의사불벌죄를 신설함으로써 "국가형벌권의 행사가능성을 확대"하려는 데에 그 목적이 있다고 볼 수 있다.

그렇다면, 위와 같은 사이버상의 모욕행위에 대한 국가형벌권의 행사는 "어떤 개인"이 피해를 입었다고 수사기관이 판단하였을 경우에 그 피해자의 적극적인 고소가 없이도 확대될 수 있는가 하는 문제가 제기된다.

이 문제에 대하여는 다음과 같은 추론이 충분히 가능하다.[28)]

> "만일 필자와 같이 전혀 유명하지 않은 사람이 인터넷 게시판 어디에선가 모욕을 당한 경우, 경찰이나 검찰이 그것을 어떻게 알아낼 수 있을까 하는 것이다. 사이버 수사대 소속 경찰관들이 인터넷 게시판들을 24시간 샅샅이 지켜보면서 혹시 우리 국민 중 누가 누구를 모욕하지나 않을까 노심초사한다면, 필자 같은 사람이 인터넷에서 모욕을 당하고 고소를 안해도 경찰이 가해자를 체포, 소환할 수는 있겠지만, 막상 이런 사태는 더욱 끔찍하다. 사이버 모욕죄를 제안하는 정부 · 여당도 경찰력이 이렇게 행사되기를 원하는 것은 아닐 것이다.
> 고소가 없어도 사이버 모욕죄 처벌 절차를 개시할 수 있게 하자는 제안은 모욕을 당한 경우 경찰 · 검찰이 당장 알 수 있는 고명한 지위나 신분에 있는 '귀하신 분'들을 위한

27) 방석호, "사이버 공간에서의 정치적 패러디 허용관계에 대한 고찰", 인터넷법률 통권 제35호, 14.

28) 김기창, "'귀하신 분' 위한 사이버 모욕죄", 경향신문, 2009. 2. 9.

것 같다. 아니면 막강한 인맥을 통해서 은근히 귀띔만 하면, 경찰 · 검찰이 알아서 나서 줄 수준의 인사들을 위한 것도 같다. 우리 같은 일반 서민이야 억울하면 고소하면 되겠지만, 귀하신 분이 고소를 하고 어쩌고 하면 체면이 말이 아니라는 것이 정부 · 여당이 제안하는 '사이버 모욕죄' 법안의 핵심이다."

반의사불벌죄의 규정의 신설은 그 속성상 본질적으로 위와 같이 정치인 등과 같이 일반 시민들이 알 수 있는(특히 수사기관 종사자가) 적은 범위의 피해자들의 명예감정을 보호하기 위한 법적 수단일 수 밖에 없다.

(2) 국가 수사력의 경제성[29]

수사 실무에서는 친고죄와 관련하여 수사착수를 결정하거나 단속의 강도를 결정하는 기준은 고소의 여부보다는 범죄의 특성에 좌우되는 것이 보통이라고 한다.

친고죄의 경우뿐만 아니라 모든 범죄의 수사에 있어 고소는 중요한 수사의 단서가 되므로 고소가 있으면 수사에 착수하게 된다.

그러나 실무상 같은 친고죄라 하더라도 강간 등과 같은 폭력적 범죄가 발각된 경우에는 일단 수사에 착수하고 피해자에 대하여 고소절차를 밟도록 한 후 신속히 직권적으로 수사를 진행하는 것이 일반적이지만, 모욕과 같은 비폭력적 범죄에는 고소 없이 수사에 착수하는 예도 찾아보기 어려울 뿐만 아니라 고소가 있다 하더라도 당사자의 주장이나 제출하는 증거 위주로 수사를 진행하는 것이 보통이다.

폭행죄와 같은 반의사불벌죄의 경우에도 폭행사건이 발생되면 피해자의 의사와 상관없이 인지절차를 밟아 입건하고 피해자가 처벌을 원하지 아니하면 불기소처분하지만, 같은 반의사불벌죄인 명예훼손죄는 고소 없이 입건하는 경우는 매우 드물다고 한다. 또한 폭력적 범죄는 공공의 안전을 위해서도 즉시 진압을 하여야 마땅하고 객관적인 혐의가 뚜렷한 경우가 많지만, 명예훼손과 같은 비폭력범죄는 객관적으로 혐의가 명백한 경우가 거의 없고, 수사력의 부담이 큰데 비하여 발생빈도는 높아 전체 범죄를 수사하기에는 역부족일 뿐 아니라 수사 경제적으로도 엄청난 낭비를 초래할 것이 명백하다.

따라서, 사이버상의 모욕죄를 친고죄에서 제외하여 반의사불벌죄로 규정하는 경우에는 피해자에 따른 수사력의 차별적 행사나 엄청난 수사 인력의 증가에 따른 국민부담의 증가를 가져오게 됨으로써 공권력의 형평성 및 국가 수사력의 경제적 운용이

29) 양동철, 전게논문.

라는 관점에서도 부당한 결과를 낳게 될 것이다.

또 하나의 문제는 모욕죄가 반의사불벌죄로 입법되는 경우 어느 개인이 사이버상에서 모욕행위를 입었음에도 수사기관이 상당한 기간 동안 수사를 하지 않고 방치하는 경우에 수사기관의 직무유기죄가 성립될 수 있는가의 문제이다. 친고죄로 규정된 경우에는 피해자의 고소가 있고 난 후에 수사가 상당 기간 이루어 지지 않는 경우 수사기관의 직무유기 여부가 문제될 수 있으나, 반의사불벌죄의 경우에는 수사기관은 피해자의 고소없이 수사할 수 있고 이 경우 피해자에 대한 모욕행위를 인지한 수사기관이 수사에 착수할 의무가 있음에도 이를 게을리 하였다면 직무유기의 문제가 제기될 수도 있기 때문이다.

(3) 표현의 자유에 대한 위축효과

위축효과(chilling effect)는 개인이나 집단이 벌칙 부과의 두려움으로 표현이나 행동을 스스로 위축시키는 억제적 효과로서 그 결과는 자기 검열을 강화하고 표현의 자유를 방해하는 것으로 나타난다. 위축효과는 법령으로 표현물을 직접 억제하는 방식보다는 언론에 대한 형사고발이나 민사소송, 반론보도, 보도심의 신청 등으로 만들어진다.

특히, 국가기관에 의한 이러한 시도들은 정당한 피해권리를 행사하는 것처럼 보이지만, 실제로는 형사고발을 통한 언론의 외적 자유를 위협하고 이를 통해 언론의 내적자유 즉, 자기검열을 강화하게 만들어 비판적 보도를 하지 못하게 하는 결과를 낳는다.[30]

앞서 본 사이버상의 표현행위에 대한 국가기관의 국가형벌권의 행사의 확대는 국가가 행하는 다른 행정적, 민사적 방안보다 훨씬 강력하게 사이버상의 표현의 자유를 위축하게 하여 언론기관이나 개인들의 자기검열을 강화하는 효과를 낳고, 공동체의 중요한 관심사에 관한 시민들의 발언을 억제하게 할 것이다.

우리의 현행 명예보호법은 언론자유의 가치보다는 외적 명예의 보호에 치우쳐 있고, 현행의 명예훼손법은 헌법적인 관점에서 재검토할 필요가 있다는 주장이 제기되고 있는 실정이다.[31] 이런 상황에서 제기되는 사이버 모욕죄 법안이 실제 입법이 된

30) 황용석, "위축효과와 PD수첩수사", 경향신문, 2009. 3. 29.

31) 헌법재판소, "사이버공간 상의 표현의 자유와 그 규제에 관한 연구", 2002. 12.
이 점에 대한 분석은 이인호, "犯罪報道와 免責事由의 適用", 언론중재 제19권 제3호, 언론중재위원회, 1999년 9월호 참조. 또한 헌법재판소의 강원일보 김정일 편지보도 사건(헌재 1999. 6. 24. 97헌마265)참조. 그 밖에 언론보도와 명예훼손의 관계를 상세히 분석하고 있는 최근의 유익한 글로서는, 박선영, 언론정보법 연구Ⅰ – 21세기 표현의 자유 –, 법문사, 2002, 155–342 참조.

다면 이는 헌법재판소나 대법원에 의하여 확장되어 온 표현의 자유라는 헌법적 가치를 축소시키고, 우리 공동체의 민주주의를 뒤에서 잡아 당기는 악역을 맡을 것이다.

제 6 나오면서

(1) 앞서 본 사이버 모욕죄 법안이 실제로 입법화가 되어 사이버상의 모욕행위가 반의사불벌죄가 된다면 국가는 피해자가 처벌 의사를 밝히기 전에도 사이버상에서 모욕적 표현을 한 자를 소환, 신문하고 구속, 처벌할 수 있게 된다.

그러나 연예인이나 정치인의 경우, "무플보다는 악플"이라는 말도 있는 것처럼(사람들의 아무 관심을 받지 못하기보다는 나쁜 평판으로의 관심이라도 받는 편이 좋다는 뜻으로 보인다), 모욕의 한계 설정을 각 "개인에 의사"에 따르지 않은 채(예컨대, 어떤 사람은 별로 대수롭지 않게 받아들일 수 있는 인터넷상의 댓글이라도 다른 사람에게는 치명적인 명예감정의 훼손이 될 수도 있을 것이다), 국가가 "평균인의 시각"에서 판단하여 어떤 사이버상의 표현에 대하여 피해자가 모욕감정을 느꼈을 것이라고 예단하여 피해자의 아무런 처벌 의사가 표시된 바 없음에도 그 표현행위를 한 자에 대하여 수사에 착수하고 구속할 수 있다고 하는 것은, 모욕이 매우 "주관적인 감정"으로서 개인에 따라 상당한 차이를 가질 수 있다는 점을 간과한 것일 뿐 아니라, 절도와 같은 개인의 "객관적인 행위"에 대하여도 법관들 마다 어느 정도의 양형(범죄행위에 대한 평가) 편차가 발생할 수 밖에 없는 세상의 현실 속에서 수사기관이 개인의 "주관적인 감정"을 미리 "판단"해서 수사하고 구속을 할 수 있다고 하는 의미로서, 이는 국가의 공권력이 개인의 "머리 속의 사상"을 강제로 변화시킬 수 없는 것이 헌법의 이념인 것과 마찬가지로 개인의 "가슴 속의 마음"을 미리 판단하여 공권력을 발동하겠다는 의도로서 이는 한마디로 넌센스다.

그리고 그러한 처벌법규는 세계 형벌 입법에서 그 유례가 없을 뿐 아니라, 심지어 명예훼손을 단지 민사소송의 문제가 아닌 형사상 처벌하는 사법체계를 가진 국가들 사이에서도 매우 기이하고 흥미로운 법률로서 세계 많은 법률가들의 호기심어린 연구대상이 되지 않을까 하는 두려운 마음이 든다.

(2) 미국에서 1964년 경찰서장 설리반과 뉴욕타임즈 사이에서 킹 목사의 구속횟수나 경찰이 대학을 포위하였는지에 대한 사실 여부에 대한 명예훼손 소송에서 미국 연방대법원은 앞서본 뉴욕타임즈 원칙이라는 언론기관의 공적 인물에 대한 표현의

자유에 관한 원칙을 확립한 반면, 그로부터 45년이 지난 현재 우리 나라에서는 정운천 농림수산부 장관이 문화방송의 MBC PD 수첩의 광우병 보도로 관하여 명예훼손을 당하였다는 형사소송이 제기되어 현재 우리 사회 구성원들은 그 재판의 결과를 기다리고 있다.

1990년대에 들어서 전 지구적으로 느닷없이 출현한 인터넷은 인류 역사상 국가권력에 대항하여 가장 평범한 시민들이 공동체 속에서 마이크를 쥐고 말할 수 있는 최초의 언론매체이었고, 그런 새로운 매력만큼 새로운 문제의 발생은 어찌 보면 당연한 노릇일 것이다. 그리고 이 새로운 언론매체로 인한 혼란과 문제에 대한 대응방식은 각 공동체에서 기존의 신문, 방송 등의 언론매체에 부여하여 왔던 만큼의 표현의 자유의 내용과 범위 및 명예훼손에 대한 관용의 정신에 의하여 결정되었다고 말할 수 있다.

어느 누군가의 표현행위가 정치인 등의 공적인물이나 또는 다른 이웃의 "마음의 평화를 깨뜨리고", 그로 인한 분쟁을 수사하고 심판해야 하는 국가기관에게까지 그런 표현이 "거슬리는" 상황에서라도, 그 공동체가 존재할 수 있는 헌법적 토대로서의 "사회의 평화" 또는 "표현의 자유에 대한 공감대적 가치"는 수호되어야 할 것이다.

참고문헌

〈단행본〉

국회입법조사처 신학용 의원 질의자료.

박경신, 모욕죄의 위헌성과 사이버모욕죄에 대한 정책적 고찰.

박선영, 언론정보법연구 I – 21세기 표현의 자유 –, 법문사, 2002.

법무부, 중국 형사소송법 해설.

양동철, 사이버모욕죄 신설 필요성 및 친고죄 규정 배제의 의미.

윤동호, 피해자의 의사와 형사절차, 2006. 4.

한상돈역, 짜오빙즈, 중국의 사이버범죄와 형사입법, 2003.

〈논문〉

국정홍보처, "'사이버폭력' 실태조사 결과보고서", 2005. 11.

박철, "표현의 자유에 의한 명예훼손의 제한과 관용", 언론과 법 제2호, 2003. 12.

방석호, "사이버 공간에서의 정치적 패러디 허용관계에 대한 고찰", 인터넷법률 통권 제35호.

이인호, "범죄보도와 면책사유의 적용", 언론중재 제19권 제3호, 언론중재위원회, 1999년 9월호.

이진권, "중국형법상 형벌의 종류에 관한 연구", 법학연구 22집, 한국법학회.

한위수, "미국에 있어서의 중립보도면책특권", 외국사법연수논집, 재판자료 제65집, 법원행정처, 1994.

헌법재판소, "사이버공간상의 표현의 자유와 그 규제에 관한 연구", 2002. 12.

〈신문자료〉

김기창, "'귀하신 분' 위한 사이버 모욕죄", 경향신문, 2009. 2. 9.

뉴시스, 2009. 1. 21.

박경신, "명예훼손 형사처벌 폐지해야", 경향신문, 2008. 7. 17.

황용석, "위축효과와 PD수첩수사", 경향신문, 2009. 3. 29.

제 2 절

사이버공간에서의 전통적 범죄와 형사법 *

제 1 서 론

컴퓨터와 인터넷의 발달로 생겨난 사이버공간은 우리의 생활을 급격하게 바꿔놓고 있다. 특히 사이버공간의 출현은 우리 사회에 매우 중대한 긍정적 변화를 가져다 주었다. 현실공간에서의 우리나라는 국제적으로는 국토가 좁고 인적 자원 이외에는 별 자원이 없는 약소국이고, 지리적으로 세계문화 중심지로부터 가장 먼 변방에 위치하고 있어 선진문화를 받아들이기에 약점이 있다. 그러나, 사이버공간은 국토가 좁은 나라이든 넓은 나라이든 어느 나라에게나 공평하게 열려있고, 어느 나라에게나 콘텐츠라는 무한한 자원을 발굴할 수 있는 기회가 열려있으며, 인터넷의 특성상 세계문화의 중심에 있는 정보를 즉시 접할 수 있게 해 주었고, IT강국으로 군림할 수 있는 기회도 제공하였다. 사이버공간의 출현으로 국내적으로도 여러 가지 변화가 생겼지만, 특히 우리 사회의 투명성을 제고하는 데에 크게 기여하였다고 할 수 있다. 이전같으면 찻잔 속의 태풍에 그쳤을 부정과 비리 문제들이 정보의 신속한 전파를 특징으로 사이버공간을 통해 만천하에 공개되어 사회 전체를 흔드는 태풍으로 변화되는 경우가 많았기 때문이다.

사이버공간의 출현은 이렇게 긍정적으로 작용하기도 하지만, 다른 한편으로는 이전에는 존재하지 않았던 여러가지 범죄적인 현상이나 행위들이 나타나는 장을 제공하기도 하고 있다. 이러한 범죄적 현상이나 행위들 중에는 그 사이버공간을 이용한다는 사실적 성격만 종래와 다를 뿐 그 형법적 성격은 달라지지 않아, 전통적인 형사법으로 규제해도 충분한 것들도 있다.[1)] 그러나 죄형법정주의, 피고인에게 불리한 유추해석의 금지, 형법해석의 엄격성원칙 등과 같은 전통적 형사법의 원리를 포기하지 않

---

* 오영근: 한양대학교 법학전문대학원 교수.

1) 예를 들어 대법원 2008. 10. 23. 선고 2008도3970 판결은 성인피시방 운영자가 손님들로 하여금 컴퓨터에 접속하여 인터넷 도박게임을 하고 게임머니의 충전과 환전을 하도록 하면서 게임머니의 일정 금액을 수수료 명목으로 받은 행위를 도박개장죄로 인정하였다.

는 한 기존의 형사법으로는 규제가 불가능하고 새로운 형사입법을 통해야만 규제할 수 있는 것들도 있다. 그리고 이들 양자 사이에는 전통적 형사법으로 규제를 하기는 하지만 그것이 과연 타당한가 하는 의심을 들게 하는 것들과, 전통적 형사법으로 규제를 하더라도 그 규정이 아닌 다른 규정을 적용했어야 하지 않는가 하는 의문을 갖게 하는 것들도 있다.

대체로 새로운 사회현상이 나타나게 될 경우 일반국민들은 물론 기존 법률의 해석 · 적용자나 입법자들은 새로운 현상의 긍정적 혹은 부정적 의미를 과장되게 받아들이게 된다. 이는 사이버공간에서의 행위들의 부정적 영향과 관련하여서도 마찬가지이고, 어떤 측면에서는 더욱 두드러진다고 할 수 있다. 신세대를 철없거나 위험한 세대로 인식하기 마련인 기성세대들은 신세대에 비해 컴퓨터와 인터넷에 대한 지식이 부족하다. 철없거나 위험한 신세대들이 자신들보다 컴퓨터와 인터넷에 대해 더 잘 알고 있다는 기성세대의 열등의식에 따른 위기의식으로 인해 종종 컴퓨터나 인터넷의 위험성이 지나치게 과장되기도 한다. 기성세대들이 장악하고 있는 언론들은 인터넷의 위험성을 선정적으로 보도하여 잘못된 여론을 형성하고, 언론과 여론을 의식할 수밖에 없는 정치권이나 법률가들은 잘못되거나 과도한 형사입법적, 해석학적 대응을 하기도 한다.

이 글에서는 주로 위와 같은 관점에서 사이버공간에서 발생하는 범죄행위들 중 전통적 형사법을 그대로 적용하거나 약간 수정하여 적용하면 족한 것들에 대해 살펴보기로 한다. 아울러 기존의 형사법을 적용하여 문제를 해결하고 있지만 새로운 입법을 통해서 해결해야 할 것과, 현재 적용하고 있는 해석학적 방법보다 좀더 합리적인 해결책이 필요한 문제들을 다루기로 한다. 따라서 기존의 형사법이 예상하지 않았던 사이버공간에서의 새로운 범죄행위들에 대해서는 필요한 경우에만 제한적으로 언급하기로 한다.

그리고 이 글에서는 이론적 논의보다는 기존의 판례에서 문제되었던 사례들을 중심으로 대법원판결의 입장의 타당성 여부를 다루기로 한다.

제 2 신용카드 관련 사이버범죄

Ⅰ. 문제상황

신용카드범죄가 곧 사이버범죄라고 할 수 없지만, 오늘날 현금자동지급기의 설치가 일반화됨에 따라 신용카드의 사용도 컴퓨터등 정보처리장치를 통해 이루어지는 경우가 많다. 이러한 신용카드 범죄에는 여러 가지 종류가 있으나 권한없이 타인의 신용카드로 현금자동지급기에서 현금을 인출하거나, ARS대출 인터넷대출을 받거나, 자기구좌로 자금을 이체하는 행위 등이 문제되고 있다. 또한 자기의 신용카드의 경우에도 대금결제의 의사와 능력없이 현금자동지급기에서 현금서비스를 받거나 ARS대출 또는 인터넷대출을 받는 행위 등이 문제되고 있다.

이하에서는 권한없이 타인의 신용카드로 현금자동지급기에서 현금을 인출한 경우에 대한 판례의 입장을 소개하고 이를 평가하기로 한다.

Ⅱ. 대법원 2002. 7. 12. 선고 2002도2134 판결

1. 판결요지

(1) 피고인이 타인의 명의를 모용하여 신용카드를 발급받은 경우, 비록 카드회사가 피고인으로부터 기망을 당한 나머지 피고인에게 피모용자 명의로 발급된 신용카드를 교부하고, 사실상 피고인이 지정한 비밀번호를 입력하여 현금자동지급기에 의한 현금대출(현금서비스)을 받을 수 있도록 하였다 할지라도, 카드회사의 내심의 의사는 물론 표시된 의사도 어디까지나 카드명의인인 피모용자에게 이를 허용하는 데 있을 뿐, 피고인에게 이를 허용한 것은 아니라는 점에서 피고인이 타인의 명의를 모용하여 발급받은 신용카드를 사용하여 현금자동지급기에서 현금대출을 받는 행위는 카드회사에 의하여 미리 포괄적으로 허용된 행위가 아니라, 현금자동지급기의 관리자의 의사에 반하여 그의 지배를 배제한 채 그 현금을 자기의 지배하에 옮겨 놓는 행위로서 절도죄에 해당한다고 봄이 상당하다.

(2) 형법 제347조의2에서 규정하는 컴퓨터등사용사기죄의 객체는 재물이 아닌 재산상의 이익에 한정되어 있으므로, 타인의 명의를 모용하여 발급받은 신용카드로 현금자동지급기에서 현금을 인출하는 행위를 이 법조항을 적용하여 처벌할 수는 없다.

2. 판례의 문제점

위와 같은 판례의 입장은 다음과 같은 이유에서 타당하다고 할 수 없다.

(1) 연혁적 고찰

1995년 신설되고 2001년 개정되기 이전의 형법 제347조의2는 "컴퓨터등 정보처리장치에 허위의 정보 또는 부정한 명령을 입력하여 정보처리를 하게 함으로써…"라고 규정하고 있었다. 이 때문에 타인의 신용카드와 비밀번호를 입력하고 현금을 인출한 경우 '권한없이 정보 또는 명령을 입력'한 경우에 해당되는데 이것이 형법 제347조의2에 규정되어 있지 않기 때문에 현금인출행위는 컴퓨터등사용사기죄에 해당될 수 없다는 지적이 있었다.[2] 이러한 지적을 의식한 것인지 알 수 없지만, 판례는 타인의 신용카드로 현금을 인출한 행위에 대해 컴퓨터등사용사기죄가 아닌 절도죄로 적용하기 시작하였다.

그러나 타인의 신용카드로 현금을 인출한 경우 컴퓨터등사용사기죄로 처벌해야 한다는 것을 분명히 하기 위해 2001년 개정형법에서 형법 제347조의2에 '권한없는 정보의 입력 · 변경'이 추가되었다.[3] 그러나 판례는 타인의 신용카드로 현금을 인출한 경우 절도죄가 된다는 입장을 계속유지하면서 그 근거로 컴퓨터등사용사기죄가 이득죄로 규정되어 있다는 것을 근거로 들었다.[4]

(2) 재물과 재산상 이익의 관계

판례는 현금인출행위가 컴퓨터등사용사기죄에 해당되지 않는다고 하고 그 근거로 컴퓨터등사용사기죄는 이득죄로만 규정되어 있다는 것을 든다. 이는 재물과 재산상 이익의 관계를 택일관계로 파악하는 것이라고 할 수 있다. 그러나 재물과 재산상 이익은 택일관계가 아닌 특별 대 일반의 관계에 있다고 해야 할 것이다. 재산상 이익을 취득하였다고 하여 재물을 취득한 것은 아니지만 재물을 취득한 경우에는 항상 재산상 이익도 취득하였다고 해야 하기 때문이다.[5]

예를 들어 배임죄도 순수이득죄로 규정되어 있지만, 판례 역시 재물을 취득한 경우에도 배임죄를 인정한다. 판례는 회사의 이사나 은행원이 담보가 부족함에도 불구

---

2) 당시에는 타인의 신용카드로 현금을 인출한 경우 무죄설과 절도죄설, 컴퓨터등사용사기죄설 등이 제시되었다. 이러한 논의와 관련하여, 노태악, "구 형법상 권한 없이 정보를 입력한 경우에도 컴퓨터등사용사기죄가 성립하는지 여부", 정보법 판례백선 I, 2006, 박영사, 788-801.

3) 개정입법의 제안이유로 "모처럼 도입한 본 조를 적용하지 못하고 부득이하게 논란의 여지가 많은 절도죄로 다스리고 있는데(대판99도857, 대판98도2642, 대판97도2974, 대판95도997 참조), 이는 죄형법정주의의 관점에서 볼 때 완전한 해결방법이 아니므로 이를 입법적으로 해결하고자 하는 것임"이라고 하였다. 그러나 대법원 2003. 1. 10. 선고 2002도2363 판결은 이러한 개정 이전에서도 권한없는 입력행위가 부정한 명령의 입력행위에 포함될 수 있다고 하였다.

4) 이와 관련하여 올바른 해석의 방법을 주장한 것으로, 오병두, "컴퓨터 등 사용사기죄의 입법경과와 입법자의 의사", 형사법연구, 제19권 제1호, 2006, 109-126 참조.

5) 재물을 취득한 경우 재산상 이익도 취득한 것이라고 해석하는 것을 유추해석(하태훈, 형법사례연습, 2004, 243) 혹은 확대해석(한영수, 전게논문, 144; 정영일, 형법각론, 박영사, 2006, 271)이라고 보는 견해도 있으나, 재물과 재산상 이익의 관계를 특별 대 일반의 관계로 파악하는 한 이러한 해석은 유추해석 혹은 확대해석이 아니라 문리해석이다.

하고 부당대출을 하여 준 경우[6]나 회사의 영업비밀을 외부에 유출한 경우[7] (업무상) 배임죄의 성립을 인정하고 있다. 그런데 만약 대법원 2002. 7. 12. 선고 2002도2134 판결을 배임죄에 적용한다면, 대출금을 현금으로 준 경우 제3자인 대출받은 사람은 재물인 현금을 취득하였고 재산상 이익을 취득하지 않았기 때문에 배임죄가 성립할 수 없게 된다.

(3) 현금의 법적 성격

설사 재물을 취득한 경우에는 재산상 이익을 취득한 것이 아니어서 컴퓨터등사용사기죄가 성립할 수 없다고 해석한다 하더라도, 현금을 취득한 경우 재산상 이익을 취득한 것이라고 할 여지가 있다. 현금은 재물로서의 성격 뿐만 아니라 재산상 이익의 성격도 지니고 있기 때문이다.

예를 들어 낡은 5만원권 지폐보다는 신권을 선호한다고 할 경우 현금의 유체물로서의 재물적 성격이 드러난 것이다. 여기에서는 지폐의 물리적 상태가 중시되었기 때문이다. 그러나 누구나 5만원짜리 신권 1장 보다는 다 떨어져가는 낡은 5만원권이라도 2장을 선호할 것이다. 이 경우 현금은 재물의 성격보다는 재산상 이익의 성격이 강조된 것이다.

(4) 현금인출행위와 절취

판례처럼 현금자동지급기의 관리자의 의사가 정당한 권한있는 사람만이 현금을 인출하는 것이라고 해석하는 것은 지나치게 협소하게 관리자의 의사를 파악하는 것이다. 현금자동지급기를 설치하는 이유는 정당한 권리관계를 불문하고 누구든 신용카드와 비밀번호를 입력하고 현금을 인출해가는 것을 허용하기 위한 것이라고 할 수 있다.[8]

만약 판례처럼 관리자의 의사를 해석한다면[9] 편의시설부정이용죄의 경우에도 정당한 권리자만이 편의시설을 이용하는 것을 허락하는 것이라고 해야 할 것이다. 따라

6) 대법원 2006. 11. 9. 선고 2004도7027 판결; 대법원 2007. 4. 12 선고 2007도1033 판결; 대법원 2003. 10. 10. 선고 2003도3516 판결; 대법원 2000. 3. 14. 선고 99도4923 판결 외 다수판결.

7) 대법원 2008 4. 24. 선고 2006도9089 판결; 대법원 2006. 10. 27. 선고 2004도6876 판결; 대법원 2003. 10. 30. 선고 2003도4382 판결 등.

8) 같은 입장으로, 김영환, "신용카드부정사용에 관한 형법해석론의 난점", 형사판례연구, 제3권, 박영사, 1995, 318; 손동권, "1995년 형법 중요판례 평석", 고시연구, 1996년 5월호, 173; 하태훈, "현금자동인출기 부정사용에 대한 형법적 평가", 형사판례연구, 제4권, 박영사, 1996, 330-331.

9) 판례와 같은 입장으로, 강동범, 전게논문, 384; 김우진, "신용카드부정사용죄의 기수시기", 형사판례연구, 제3권, 박영사, 1995, 296; 정영진, "신용카드범죄의 유형과 제재", 재판자료 제64집, 법원행정처, 1994, 250-251.

서 예를 들어 훔친 돈이나 특히 훔친 현금대용 칩등으로 편의시설을 이용한 경우에는 관리자의 의사에 합치하는 대가를 지급하지 않았다고도 할 수 있기 때문에 편의시설 부정이용죄가 성립할 수 있다고 할 수도 있을 것이다. 그러나 절취한 현금이나 특히 현금대용 칩은 장물로서 권리자가 반환요구를 할 경우에는 그 칩으로 편의시설을 이용한 사람은 대가를 지급하지 않고 편의시설을 이용하는 것이 되기 때문이다. 그러나 이러한 해석은 형법해석의 엄격성원칙에 반한다고 할 수 있다.

따라서 타인의 신용카드로 비밀번호를 입력하여 현금을 인출한 경우 은행관리자의 의사에 반하는 절취행위로 파악하는 것은 타당하다고 할 수 없다.

(5) 계좌이체나 신용대출을 받은 경우와의 비교

판례는 타인의 신용카드로 인터넷신용대출을 받거나 자신의 계좌로 이체를 한 경우 컴퓨터등사용사기죄가 성립한다고 한다.[10) 타인의 신용카드로 인터넷신용대출을 받거나 계좌이체를 한 경우 10년 이하의 징역 또는 2천만원 이하의 벌금에 처해지는데에 비해 타인의 신용카드로 현금을 인출한 경우 절도죄로 6년 이하의 징역 또는 1천만원 이하의 벌금에 처해진다고 하는 것은 균형에 맞지 않는다. 신용대출을 받거나 계좌이체를 한 경우에 비해 현금을 인출한 경우 피해회복이 더 어렵기 때문이다. 물론 신용대출이나 계좌이체를 하는 경우에는 현금을 인출하는 경우보다 그 금액이 클 가능성이 높다. 그렇다고 하더라도 현금인출에 대해 현저히 가벼운 형벌을 인정하는 것은 부당하다고 할 수 있다.

3. 결 어

위와 같은 점들을 고려할 때에 타인의 신용카드로 현금을 인출한 경우 절도죄가 아닌 컴퓨터등사용사기죄를 인정해야 할 것이다.

제 3 명예훼손죄 관련 사이버범죄

Ⅰ. 문제상황

인터넷은 그 성격상 불특정 또는 다수인이 직접 인식할 수 있는 사실관계나 모욕적인 글이나 그림들을 게시할 수 있고, 이러한 행위들은 형법 제307조의 명예훼손죄

10) 대법원 2006. 7. 27. 선고 2006도3126 판결; 대법원 2007. 3. 15. 선고 2006도2704 판결.

나 제311조의 모욕죄에 해당될 수 있다. 그러나 인터넷은 형법 제309조의 신문, 잡지, 라디오, 기타 출판물에 비해 그 전파성이 결코 약하다고 할 수 없다. 따라서 정보통신망이용촉진 및 정보보호등에 관한 법률 제70조는 제309조와 같은 형태의 인터넷상의 명예훼손죄에 대한 규정을 두고 있다. 또한 유명인사들의 자살의 원인으로서 인터넷상의 악플이 지목됨에 따라 형법상의 모욕죄는 친고죄이지만 인터넷상의 모욕죄는 반의사불벌죄로 하려는 움직임도 있었다.

Ⅱ. 정보통신망법 제70조의 명예훼손죄

형법 제309조

제309조(출판물등에 의한 명예훼손) ① 사람을 비방할 목적으로 신문, 잡지 또는 라디오 기타 출판물에 의하여 제307조제1항의 죄를 범한 자는 3년 이하의 징역이나 금고 또는 700만원 이하의 벌금에 처한다.

② 제1항의 방법으로 제307조제2항의 죄를 범한 자는 7년 이하의 징역, 10년 이하의 자격정지 또는 1천500만원 이하의 벌금에 처한다

제312조(고소와 피해자의 의사) ② 제307조와 제309조의 죄는 피해자의 명시한 의사에 반하여 공소를 제기할 수 없다.

정보통신망법 제70조

제70조 (벌칙) ① 사람을 비방할 목적으로 정보통신망을 통하여 공공연하게 사실을 드러내어 다른 사람의 명예를 훼손한 자는 3년 이하의 징역이나 금고 또는 2천만원 이하의 벌금에 처한다.

② 사람을 비방할 목적으로 정보통신망을 통하여 공공연하게 거짓의 사실을 드러내어 다른 사람의 명예를 훼손한 자는 7년 이하의 징역, 10년 이하의 자격정지 또는 5천만원 이하의 벌금에 처한다.

③ 제1항과 제2항의 죄는 피해자가 구체적으로 밝힌 의사에 반하여 공소를 제기할 수 없다.

1. 입법론적 검토

정보통신방법 제70조는 제309조와 같은 구성요건과 처벌절차를 규정하고 있고 형벌에서고 징역, 금고, 자격정지에 대해서는 같은 형벌을 규정하고 있으나 벌금형만

은 형법 제309조가 각각 700만원 이하, 1,500만원 이하의 벌금인데 비해, 각각 2천만원 이하, 5천만원 이하의 벌금으로 가중하고 있다. 명예훼손죄의 경우 대부분 벌금형에 처해질 가능성이 높다는 것을 감안한다면 정보통신망법 제70조의 입법취지는 신문, 잡지, 라디오, 기타 출판물에 의한 명예훼손죄보다 인터넷상의 명예훼손죄보다 무겁게 처벌하겠다는 것이라고 해석할 수밖에 없다. 그러나 인터넷의 전파성이 신문, 잡지 등의 전파성보다 반드시 강하다고 할 수는 없다는 점을 고려한다면 이는 합리적 입법이라고 할 수 없다. 라디오에 TV도 포함될 수 있다는 해석에 따른다면 더욱 그렇다.

오히려 형법 제309조를 TV와 인터넷을 추가하는 방법으로 개정하는 것이 훨씬 더 바람직한 방법이라고 할 수 있다.[11]

2. 판례의 검토

(1) 대법원 2008. 2. 14. 선고 2007도8155 판결

(가) 사실관계 및 재판의 경과

피고인은 자신의 인터넷 블로그의 비공개 대화방에서 S라는 아이디를 사용하는 K와 일대일로 대화하다가 피해자 A에 대한 이야기를 하게 되었다. 피고인은 K로부터 비밀을 지키겠다는 약속을 받고 피해자 A의 명예를 훼손할만한 허위의 사실을 그에게 말하였다. 후에 이것을 A가 알게 되었고, A는 피고인을 명예훼손죄로 고소하였다.

피고인은 구 정보통신망 이용촉진 및 정보보호 등에 관한 법률(2007. 12. 21. 법률 제8778호로 개정되기 전의 것) 제61조 제2항(현행법 제70조 제2항; 사람을 비방할 목적으로 정보통신망을 통하여 공연히 허위의 사실을 적시하여 타인의 명예를 훼손한 자는 7년 이하의 징역, 10년 이하의 자격정지 또는 5천만원 이하의 벌금에 처한다)의 정보통신망등에 의한 명예훼손죄로 기소되었다. 항소심인 의정부지방법원은 피고인이 K와 사이에 나눈 대화는 피고인의 인터넷 블로그에서 이루어진 일대일 비밀대화로서 공연성이 없으므로 정보통신망을 통하여 공연히 허위의 사실을 적시하여 타인의 명예를 훼손한 경우에 해당하지 아니한다고 하여 피고인에게 무죄판결을 하였다(의정부지법 2007. 8.

11) 이러한 문제와 관련하여, 김태명, "인터넷상의 명예훼손의 실태와 대책", 법학연구, 제27집, 2008. 12., 41-62; 이정원, "사이버 공간에서의 명예훼손에 대한 형법적 규제", 중앙대 법학논문집 제32집 제1호, 2008, 33-58; 강동범, "사이버 명예훼손행위에 대한 형법적 대책", 형사정책, 제19권 제1호, 2007, 39-64; 곽병선, "사이버명예훼손에 관한 규제상의 문제점 및 대응방안", 법학연구, 제23집, 2006, 371-388 등 참조. 한편 정완, "사이버명예훼손 피해의 심각성과 법적 대응방안", 피해자학연구, 제16권 제2호, 2008, 167-190도 참조할 것.

30. 선고 2007노579 판결).

검사가 상고하였다. 대법원은 개인 블로그의 비밀대화방에서 이루어진 대화라고 하더라도 반드시 공연성이 없는 것은 아니므로, 피고인과 K가 대화를 하게 된 경위, K와 피고인 및 피해자 사이의 관계, 그 대화 당시의 상황, 위 대화 이후 K의 태도 등 제반 사정에 관하여 심리한 다음, K가 피고인으로부터 들은 내용을 불특정 또는 다수인에게 전파할 가능성이 있는지 여부에 대하여 검토하여 공연성의 존부를 판단하였어야 함에도 불구하고 항소심이 위 대화가 인터넷 블로그에서 이루어진 일대일 비밀대화라는 이유만으로 공연성이 없다고 판단한 것에는 공연성에 관한 법리오해가 있다는 이유로 항소심판결을 파기하고 사건을 의정부지방법원 본원 합의부로 환송하였다.

(나) 판결요지

[1] 명예훼손죄의 구성요건인 공연성은 불특정 또는 다수인이 인식할 수 있는 상태를 의미하므로, 비록 개별적으로 한 사람에 대하여 사실을 유포하였다 하더라도 그로부터 불특정 또는 다수인에게 전파될 가능성이 있다면 공연성의 요건을 충족한다.

[2] 개인 블로그의 비공개 대화방에서 상대방으로부터 비밀을 지키겠다는 말을 듣고 일대일로 대화하였다고 하더라도, 그 사정만으로 대화 상대방이 대화내용을 불특정 또는 다수에게 전파할 가능성이 없다고 할 수 없으므로, 명예훼손죄의 요건인 공연성을 인정할 여지가 있다.

(다) 대상판결의 문제점

위 판결은 명예훼손죄의 공연성에 대해 전파가능성이론을 취하고 있는 종래의 입장을 재확인하면서, 이를 개인 블로그의 비밀대화방에서 일대일로 이루어진 경우에도 적용되어야 한다는 것을 최초로 선언하였다.

만약 명예훼손죄에서 전파가능성이론을 받아들인다면 대상판결의 논리와 결론은 타당하다고 할 수 있다. 왜냐하면 오프라인상의 비밀장소에서 일대일로 대화를 나누었다 하더라도 전파가능성이 있다면 공연성이 인정될 수 있는 것과 마찬가지로, 개인 블로그의 비밀 대화방에서 일대일로 대화를 하였더라도 전파가능성이 있다면 공연성이 인정될 수 있기 때문이다.

대상판결은 항소심의 법리오해와 심리미진을 지적하고 있으므로 위의 사례에서 반드시 공연성을 인정하는 것은 아니지만, 사실상 공연성을 인정하는 취지라고 할 수 있다. 그러나 전파가능성이론을 인정하지 않는다면 위의 사례에서 공연성이 인정되지 않을 것이다. 이런 의미에서 대상판결의 문제점은 종래의 판례의 문제점인 전파가능성이론을 그대로 받아들이고 있다는 데에 있다.

(라) 명예훼손죄의와 표현의 자유와의 조화

명예훼손죄는 명예라는 기본권을 보호하기 위한 것이지만, 본질적으로 국민의 기본권인 알 권리 및 표현의 자유를 침해하는 성격을 지니고 있다. 따라서 명예훼손죄에서 중요한 것은 국민의 알 권리 및 표현의 자유의 보호와 개인의 명예 보호 사이에 적정한 균형점을 찾는 것이라고 할 수 있다. 현행 형법상 이러한 균형점은 세가지 방법으로 이루어지고 있다고 할 수 있다.

첫째는 진실한 사실을 적시하든 허위의 사실을 적시하든 공연성이 인정되지 않으면 명예훼손죄를 인정하지 않는 것이다.

둘째는 죽은 사람(사자)에 대해서는 허위사실 적시에 의한 명예훼손만을 인정하고, 진실한 사실 적시에 의한 명예훼손죄는 인정하지 않는 것이다.

셋째는 설사 명예훼손죄의 구성요건해당성이 있다고 하더라도 진실성과 공익성을 갖춘 경우 위법성조각을 인정하는 형법 제310조의 규정을 두는 것이다.

명예훼손죄의 공연성이라는 요건은 개인의 명예 보호와 국민의 알 권리 및 표현의 자유 보호 사이의 조화를 이루려고 하는 가장 중요한 요건이라고 할 수 있다. 공연성을 넓게 해석하면 개인의 명예를 보호한다는 보호적 기능은 잘 수행될 수 있지만 국민의 알 권리와 표현의 자유를 보장하는 기능은 잘 수행할 수 없게 된다. 공연성을 엄격하게 해석하면 보호적 기능이 훼손되지만 보장적 기능은 보다 잘 수행할 수 있다.

(마) 대상판결의 평가[12)]

통설은 명예훼손죄와 관련하여 형법이 보호적 기능과 보장적 기능을 적정하게 수행하기 위해 공연성을 "불특정 또는 다수인이 '직접' 인식할 수 있는 상태"라고 정의한다. 이에 의하면 피고인과 K와의 대화는 불특정 또는 다수인이 차후에 인식할 수는 있지만 '직접' 인식할 수 있는 것은 아니므로 공연성이 인정되지 않는다. 그러나 판례는 전파가능성이론을 따라 '직접'이라는 요건을 요하지 않고, "불특정 또는 다수인이 인식할 수 있는 상태"라고 하여 공연성을 넓게 인정한다. 이에 의하면 피고인의 말이 전파가능성이 있다면 공연성이 인정될 수 있다.

통설과 판례 중 통설의 입장이 타당하다. 판례가 취하는 전파가능성이론은 ① 명예훼손죄의 성립여부가 실행행위가 아닌 청취자의 전파의사에 의해 좌우되고, ② 거

12) 이 판결에 대한 평석으로, 황병돈, "컴퓨터로 스캐닝한 이미지파일의 문서성 및 인터넷 블로그상 비공개 대화방내에 이루어진 일대일 비밀대화가 명예훼손죄에 있어서 공연성이 인정될 것인지 여부 등", 고시계, 2009. 9, 31-41.

의 모든 사실적시행위를 명예훼손죄의 구성요건에 해당하는 것으로 파악하게 되어 형법의 보충성원칙에 반하고 표현의 자유를 본질적으로 침해하게 되고, ③ 전파가능성유무를 판단할 객관적 기준이 존재하지 않기 때문에 그 구체적 적용에서 자의가 개입될 소지가 크고, ④ 명예훼손죄와 모욕죄에서 공연성의 개념을 통일적으로 파악할 수 없고, ⑤ 특정소수인에게 사실을 적시한 경우를 '공연히'라는 문언에 포함시킴으로 피고인에게 불리한 유추해석을 하게 되는 문제점이 있다.[13)]

공연성은 명예훼손죄의 행위태양으로서 고의의 대상이 된다. 전파가능성이론을 따르는 경우에는 피고인에게 전파가능성에 대한 고의가 있었는가도 검토해야 한다. 대상판결의 사건에서 피고인이 K로부터 비밀을 지키겠다는 약속을 받았기 때문에 K가 비밀을 지키리라고 생각하였다면 전파가능성에 대한 고의가 없기 때문에 명예훼손죄가 성립할 수 없지 않는가도 검토해야 할 것이다.

Ⅲ. 사이버모욕죄의 신설논의

2008년 미국쇠고기 수입문제로 촉발된 촛불집회는 미국쇠고기수입 반대를 넘어서서 반MB정부 운동으로까지 확대되었다. 이 과정에서 MB정부 전반에 대한 비판의 글들이 게시되었고, 여기에는 대통령을 포함한 정부인사들에 대한 모욕적 글들도 다수 있었다. 한편 유명연예인들의 자살이 종종 발생하였는데, 자살의 중요한 원인으로 자살한 연예인들이 인터넷상의 명예훼손이나 모욕적인 글들 즉 악플이 지목되었다.

이에 정부는 한편으로는 인터넷실명제를 도입하고 사이버모욕죄를 신설하려고 하였다. 이 중 사이버모욕죄란 형법상 모욕죄는 친고죄로 되어 있음에 비해 인터넷상의 모욕죄에 대해서는 반의사불벌죄로 하는 것을 그 주요내용으로 하고 있다. 이와 같이 사이버모욕죄를 신설하려는 이유는 친고죄로 되어 있는 경우에는 고소없이 네티즌들에 대한 수사가 곤란하지만 반의사불벌죄로 되어 있는 경우에는 네티즌들에 대한 수사가 좀더 용이하기 때문이라고 할 수 있다.

그러나 위와 같은 사이버모욕죄의 신설에는 다음과 같은 문제점이 있다.[14)]

---

13) 윤해성, "형법 체계상의 공연성", 형사정책연구, 제20권 제1호, 2009, 417-444; 조현욱, "명예훼손죄에 있어서 공연성의 의미와 판단기준", 법학연구, 제32집, 2008, 357-376; 안경옥, "명예훼손죄의 '공연성' 해석의 재검토", 형사판례연구, 제13호, 2005, 236-253; 김우진, "명예훼손죄에 있어서의 공연성", 형사판례연구, 제9호, 2001, 257-278; 오영근 "명예훼손죄의 공연성", 형사판례연구, 제1호, 1993, 126-149.

14) 박혜진, "사이버모욕죄 도입에 대한 비판적 검토", 안암법학, 제28호, 2009, 315-348; 최관호, "사이버모욕죄 도입에 대한 비판 : 보충성의 원칙과 표현의 자유와 관련하여", 민주법학, 통권 제39호, 2009, 93-

첫째, 사이버모욕죄는 신속하고 광범위한 전파성을 가졌기는 하지만 이것이 다른 수단을 통한 모욕죄와 달리 취급하기에는 충분한 근거가 될 수 없다. TV나 라디오 방송등에 의한 모욕죄는 인터넷 모욕죄보다 훨씬 더 신속하고 광범위한 전파성을 가졌을 수도 있기 때문이다.

둘째, 유명연예인들의 자살의 원인을 인터넷상의 모욕이나 명예훼손으로 파악하는 것은 전혀 과학적인 근거를 지니고 있지 못하다. "연예인들에게는 악플보다는 무플이 더 괴로운 것이다"라는 말이 있듯이, 유명연예인의 자살은 복합적 원인을 갖고 있고, 악플은 아주 작은 조건에 불과하다고 할 수 있다. 악플이 자살의 원인이라고 한다면 대부분의 정치인들은 자살을 했어야 했을 것이다.

셋째, 사이버모욕을 가장 많이 행하는 사람은 중고등학생이나 대학생과 같은 청소년이나 젊은 층들인데, 이들은 별 위법성인식없이 사이버모욕행위를 하는 경우가 많다. 만약 사이버모욕을 처벌한다면 지나치게 많은 청소년이나 청년들이 전과자가 되는 부작용이 초래될 수 있다. 따라서 정부로서는 사이버모욕죄의 처벌에 앞서 사이버모욕죄의 위법성에 대한 충분한 교육이나 홍보에 먼저 노력을 경주해야 한다.

제 4 음란정보에 관한 사이버범죄

I. 형법과 정보통신망법의 비교

형법 제243조 (음화반포등) 음란한 문서, 도화, 필름 기타 물건을 반포, 판매 또는 임대하거나 공연히 전시 또는 상영한 자는 1년 이하의 징역 또는 500만원 이하의 벌금에 처한다.

정보통신망법 제44조의7 제1항 제1호 및 제74조 제1항 제2호. 누구든지 정보통신망을 통하여 음란한 부호·문언·음향·화상 또는 영상을 배포·판매·임대하거나 공공연하게 전시한 자는 1년 이하의 징역 또는 1천만원 이하의 벌금에 처한다.

형법 제243조의 죄의 객체는 음란한 문서, 도화, 필름 기타, 물건이다. 그런데 인터넷상의 음란한 이미지나 동영상등은 이에 해당되지 않으므로 죄형법정주의의 피고

124면; 윤영철, "'사이버모욕죄'에 대한 비판적 소고", 과학기술법연구, 제14집 제2호, 2009, 423-452; 변종필, "사이버모욕죄 신설, 과연 필요한가", 법률신문, 제3699호, 2008. 11. 14. 다른 입장으로, 정완, "사이버모욕죄 신설에 관한 고찰", 법과 정책연구, 제9집 제1호, 2009, 395-414.

인의 불리한 유추해석금지의 원칙상 인터넷상의 음란정보에 대해서는 형법 제243조를 적용할 수 없다. 이러한 처벌의 공백을 채우기 위해 정보통신망법은 부호, 문언, 음향, 화상, 영상 등을 새로이 규정하였다. 형법 제243조와 정보통신망법상의 행위태양은 동일하지만, 형벌 중 벌금형은 정보통신망법에서 형법에 비해 무겁다.

입법론적으로 보면, 일반적으로 현실세계에서의 음란물과 인터넷상의 음란정보 중에서 후자가 전자보다 더 음란성이 강하거나 전파성이 강하다고 할 수 없음에도 불구하고, 벌금형을 가중한 것은 타당하다고 할 수 없다. 또한 정보통신망법의 내용은 주로 정보통신사업을 위한 규정들이고, 음란정보유통 등은 일반국민들이 수범자인 경우가 많다는점을 고려하면 형법 제243조의 객체에 정보통신망법상의 객체들을 규정하는 방법이 더 바람직하다고 할 수 있다.

Ⅱ. 인터넷상 링크행위와 '전시(展示)' 여부(대법원2003. 7. 8. 선고 2001도1335 판결)

1. 사실관계 및 재판의 경과

피고인은 1998. 5. 8.경부터 1998. 6. 23.경까지 사이에 인터넷 서비스업체인 아이뉴스(Inews)상에 개설한 인터넷 신문인 '팬티신문'에, 음란정보를 제공하고 있는 甲, 乙의 홈페이지 및 丙이 미국 인터넷 서비스업체 지오시티스(geocities)상에 개설한 홈페이지에 바로 연결될 수 있는 링크사이트를 만들고, 이를 통해 음란사진과 음란소설을 게재하고 있는 이들 사이트에 바로 접속되도록 하여 위 '팬티신문'에 접속한 불특정 다수의 인터넷 이용자들이 이를 컴퓨터 화면을 통해 볼 수 있도록 함으로써, 전기통신역무를 이용하여 음란한 영상 및 문언을 공연히 전시하였다는 혐의로 기소되었다.

원심인 수원지방법원 합의부는 음란정보를 제공하고 있는 사이트의 주소를 전시하는 것까지 음란정보를 제공하는 것으로 보는 것은 처벌범위를 지나치게 확대하여 죄형법정주의에 위배된다는 이유로 피고인에게 무죄를 선고하였다(수원지법 2001. 2. 15. 선고 99노4573 판결). 검사가 상고하였고, 대법원은 피고인의 유죄를 인정하여 원심판결을 파기하고 사건을 수원지방법원으로 환송하였다.

2. 판결요지

구 전기통신기본법 48조의2(2001. 1. 16. 법률 제6360호 부칙 5조 1항에 의하여 삭제되기 전의 규정이며, 현행 정보통신망 이용촉진 및 정보보호 등에 관한 법률 제65조 제2항 제2호에 해당한다)는 "전기통신역무를 이용하여 음란한 부호 · 문언 · 음향 또는 영상을 반포 · 판매 또는 임대하거나 공연히 전시한 자는 1년 이하의 징역 또는 1천만원 이하의 벌금에 처한다."고 규정하고 있는바, 인터넷상의 링크란 하나의 웹페이지 내의 여러 문서와 파일들을 상호 연결하거나 인터넷상에 존재하는 수많은 웹페이지들을 상호 연결해 주면서 인터넷 이용자가 마우스클릭이라는 간단한 방법만으로 다른 문서나 웹페이지에 손쉽게 접근 검색할 수 있게 해주는 것으로서 초고속 정보통신망의 발달에 따라 그 마우스 클릭행위에 의하여 다른 웹사이트로부터 전송되어 오는데 걸리는 시간이 매우 짧기 때문에 인터넷 이용자로서는 자신이 클릭함에 의하여 접하게 되는 정보가 링크를 설정해 놓은 웹페이지가 아니라 다른 웹사이트로부터 전송되는 것임을 인식하기조차 어렵다는 점을 고려할 때 링크를 이용하여 별다른 제한 없이 음란한 부호 등에 바로 접할 수 있는 상태가 실제로 조성되었다면, 그러한 행위는 전체적으로 보아 음란한 부호 등을 공연히 전시한다는 구성요건을 충족한다고 봄이 상당하다.

3. 대상판결의 의의 및 문제점

인터넷이 널리 보급됨에 따라 인터넷상의 음란정보나 영상 등이 이전의 음란서적이나 음란물을 대체하게 되었다. 따라서 음란물에 대한 규제대책도 인터넷의 음란정보 등을 중심으로 이루어지게 되었다. 그런데 기존의 음란물에 적용되었던 행위태양 중 인터넷상의 음란정보에 적용되기에는 약간의 문제가 있는 행위도 있다. 그 대표적인 것이 전시행위이다. 자신의 인터넷 홈페이지에 음란를 전시하는 경우에는 전시의 개념에 해당할 수 있지만, 자신의 홈페이지에 음란사이트를 소개하거나 링크할 수 있도록 하는 경우 이것이 전시에 해당될 수 있는가 문제된다.

위 판결은 종전의 '전시'라는 개념을 넓게 해석하여, 그 자체에서 음란정보를 제공하지 않고 음란정보를 제공하는 사이트를 링크해주는 행위를 전시라는 개념에 포함시키고 있다. 이는 종전의 개념을 넓게 해석해서라도 인터넷상에 범람하는 음란정보를 차단해야 한다는 의지에서 비롯된 것으로 보인다.

4. 평 가[15)]

항소심은 판결이유에서 다른 (음란)웹사이트의 초기화면에 링크하는 방식은 그 웹사이트의 주소를 전시하거나 알려준 것에 불과하고 이것까지 음란한 부호 등을 전시하는 것으로 본다면, 음란한 부호 등을 전시하는 것뿐만 아니라 음란한 부호 등이 위치하고 있는 주소를 전시하는 것도 처벌하게 되는 결과 그 처벌범위가 지나치게 확대되어 죄형법정주의에 반한다고 하였다. 이에 대해 대법원은 음란 웹사이트에 링크된 경우 마우스 클릭이라는 손쉬운 방법에 의해 음란 웹사이트의 음란정보에 접근할 수 있고, 접근 시간이 짧기 때문에, 형식적으로는 전시에 해당하지 않지만, 이미 음란한 부호 등이 불특정 · 다수인에 의하여 인식될 수 있는 상태에 놓여 있는 다른 웹사이트를 링크의 수법으로 사실상 지배 · 이용함으로써 실질적으로는 전시에 해당한다고 한다. 그리고 이러한 해석이 링크기술의 활용과 효과를 극대화하는 초고속정보통신망 제도를 전제로 하여 신설된 위 처벌규정의 입법 취지에 부합하는 것이라고 보아야 한다고 하였다.

오늘날 전체 인터넷 사이트의 3분의 2 이상이 음란사이트라고 할만큼 음란범죄는 인터넷을 통해 이루어지고 있다. 인터넷을 통한 음란정보는 그 양과 질에서 이전 어느때보다 풍부하다고 할 수 있다. 이런 점에서 형법해석의 범위를 넓혀서라도 음란범죄를 규제하려고 하는 대상판결의 취지를 이해할 수 있다.

그러나 음란사이트에 링크시킨 것만으로 음란 부호를 전시하였다고 하기에는 석연치 않은 점이 있다. 만약 오프라인 세계에서 서점주인이 '음란 잡지를 원하는 사람은 주인에게 문의하시오' 혹은 '음란서적은 서랍안에 있습니다'라고 팻말을 써붙인 경우 이를 '전시'라는 개념에 포함시킬 수 있을지 의문이기 때문이다. 또한 항소심이나 대법원 모두 음란사이트의 초기화면에 링크하는 방식과 음란사이트의 음란정보 그 자체에 직접 링크하는 방식에 차이가 있다는 입장을 취하고 있는데 후자를 전시에 해당된다고 한다면 전자도 전시에 해당된다고 해야 하는지 의문이 있다.

따라서 이러한 문제는 해석으로 해결하려고 하지 말고, 당해 법률에 '전시' 이외

15) 이 판결에 대한 평석으로, 진동혁, "음란한 부호 등이 전시된 웹페이지에 대한 링크행위가 그 음란한 부호 등의 전시에 해당하는지 여부", 정보법 판례백선 I, 2006, 609-616; 정현미, "인터넷상 음란정보 전시 및 링크의 형사책임", 형사판례연구, 제12호, 2004, 510-540; 황병하, "인터넷상의 '링크(link)'와 '전시(展示)'의 관계", 민형사실무연구(서울북부지방법원 승격기념논문집), 2004, 135-162; 심희기, "온라인상의 범죄행위에 대한 오프라인상의 범죄이론 연장의 가부: 링크(link)를 포함한 일련의 연결수단부여행위와 '공연전시'", 고시연구, 2003년 12월호, 185-194; 김종호, "인터넷 링크에 의한 음란부호 등의 공연전시", 정보법학, 제7권 제2호, 2003, 233-250.

에 '링크'(혹은 적절한 번역어)라는 행위유형을 추가하여 입법을 통해 해결해야 할 것이다. 컴퓨터 프로그램이 음란물에 포함될 수 없다고 엄격하게 해석한 이전의 판례(대법원 1999. 2. 24. 선고 98도3140 판결)의 태도가 좀더 바람직하다고 생각된다.

Ⅲ. 음란성 판단의 기준(대법원 2005. 7. 22. 선고 2003도2911 판결)

1. 사실관계 및 재판의 경과

충청남도 소재 중학교 미술교사인 피고인은 자신의 홈페이지를 개설하면서 교사생활 중 틈틈이 제작하였던 그림과 동영상을 올려놓고 학생들로 하여금 홈페이지를 방문하여 감상하도록 하였다. 이를 알게된 학부모들이 문제를 삼자 매스콤이 관심을 보였고 이에 따라 검찰은 피고인을 음란정보전시죄로 기소하였다. 피고인이 홈페이지에 게시한 동영상과 사진 200여장 중에서 음란정보로 문제된 것은 ⅰ) 여자가 양다리를 크게 벌리고 누워서 그 성기를 노골적으로 드러낸 모습을 그 성기의 정면에 바짝 근접하여 묘사한 '그대 행복한가', ⅱ) 진한 남색의 플라스틱제 환자용 변기 바닥의 한 가운데에 남자의 성기가 자리잡은 모습(발기되지 않은 모습)을 그린 '무제', ⅲ) 임신하여 만삭인 피고인의 처와 피고인이 벌거벗은 몸으로 나란히 서있는 모습을 정면 가까이에서 촬영한 '우리 부부', ⅳ) 소년으로 보이는 근육질의 남자 주인공이 자신의 힘을 자랑하는 듯이 서있고, 그 소년의 성기가 바지 바깥쪽으로 발기된 채 노출되어 다소 크게 그려져 있는 만화인 '남자라면', ⅴ) 발기되어 있는 남성의 성기 및 분출되는 정액을 매우 세밀하게 묘사하고 있는 '남근주의' 라는 제목의 5장의 사진과 ⅵ)여자의 음부 주변의 일부분, 둔부, 성적 감정에 도취된 듯한 얼굴 일부, 신체의 일부분 등을 찍은 사진 일곱 장과 하얀 여백을 매우 빨리 움직이게 한 '포르노나 볼까'라는 제목의 동영상 등이었다.

제1심 법원은 성상품화에 반대하는 피고인의 의도, 피고인의 홈페이지에 게시된 다른 작품들 및 사진과의 상관관계 및 전체적인 구성 등을 볼 때 음란 화상 내지 영상에 해당되지 않는다고 하여 피고인에게 무죄를 선고하였다. 항소심도 비슷한 이유로 피고인에게 무죄를 선고하였다. 항소심은 특히 '우리 부부'는 광주 비엔날레에 전시되고 5·18 자유공원 내에 상설적으로 전시될만큼 예술성이 인정된다는 것을 덧붙였다(대전고등법원 2003. 05. 02 선고 2003노31 판결). 검사가 상고하였고, 대법원은 위 ⅱ), ⅳ), ⅵ)에 대해서는 음란성을 인정하지 않았으나, ⅰ), ⅲ), ⅴ)에 대해서는 음란성을 인정하고 이 부분에 관한 원심판결을 파기하고 사건을 대전고등법원으로 환송하였다.

2. 판결요지

[1] 구 전기통신기본법 제48조의2(2001. 1. 16. 법률 제6360호 부칙 제5조 제1항에 의하여 삭제, 현행 정보통신망 이용촉진 및 정보보호 등에 관한 법률 제65조 제1항 제2호 참조)에서 규정하고 있는 '음란'이라 함은, 일반 보통인의 성욕을 자극하여 성적 흥분을 유발하고 정상적인 성적 수치심을 해하여 성적 도의 관념에 반하는 것을 말하고, 표현물의 음란 여부를 판단함에 있어서는 당해 표현물의 성에 관한 노골적이고 상세한 묘사 · 서술의 정도와 그 수법, 묘사 · 서술이 그 표현물 전체에서 차지하는 비중, 거기에 표현된 사상 등과 묘사 · 서술의 관련성, 표현물의 구성이나 전개 또는 예술성 · 사상성 등에 의한 성적 자극의 완화 정도, 이들의 관점으로부터 당해 표현물을 전체로서 보았을 때 주로 그 표현물을 보는 사람들의 호색적 흥미를 돋우느냐의 여부 등 여러 점을 고려하여야 하며, 표현물 제작자의 주관적 의도가 아니라 그 사회의 평균인의 입장에서 그 시대의 건전한 사회 통념에 따라 객관적이고 규범적으로 평가하여야 한다.

[2] 예술성과 음란성은 차원을 달리하는 관념이고 어느 예술작품에 예술성이 있다고 하여 그 작품의 음란성이 당연히 부정되는 것은 아니라 할 것이며, 다만 그 작품의 예술적 가치, 주제와 성적 표현의 관련성 정도 등에 따라서는 그 음란성이 완화되어 결국은 처벌대상으로 삼을 수 없게 되는 경우가 있을 뿐이다.

3. 대상판결의 의의 및 문제점

대상판결은 음란의 개념 및 판단방법에 대한 종래의 입장을 재확인한 것이고, 이러한 원리를 사회적으로 문제되었던 사례에 적용하였다는 점에 의미가 있다면 있다고 할 수 있다. 그러나 제1심과 항소심에서 부정했던 음란성을 인정한 대상판결에 대해서는 지나치게 보수적 혹은 시대착오적이라는 비판이 제기되는데, 이 비판이 타당하다고 생각된다. 대상판결이 제시하고 있는 음란의 개념과 판단기준 그 자체는 그리 큰 문제가 있다고 보이지 않는다. 그러나 대상판결이 세 개의 사진에 대해 음란성을 인정한 것이 대상판결의 음란개념과 판단기준에 맞는가를 검토해보기로 한다. '일반 보통인의 성욕을 자극하여 성적 흥분을 유발하고 정상적인 성적 수치심을 해하여 성적 도의 관념에 반하는 것'이라는 음란의 개념과 판단기준에 따라 음란성을 인정한 위 ⅰ), ⅲ), ⅴ) 등세 개의 영상에 대한 대상판결의 문제점을 검토하면 다음과 같다.

4. 평 가[16)]

(1) 성욕의 자극 여부

대상판결은 임신하여 만삭인 피고인의 처와 피고인이 벌거벗은 몸으로 나란히 서 있는 모습을 정면 가까이에서 촬영한 '우리 부부'라는 사진의 음란성을 인정하였는데, 과연 이 사진이 일반인의 성욕을 자극하는지 의문이 있다. 오히려 일반보통인이라면 이 사진을 보고 성욕의 자극을 받기 보다는 성욕의 감퇴되는 것을 느낄 것이고, 만약 이 사진을 보고 성욕의 자극을 받는 사람이 있다면 오히려 특수하게 변태적인 사람이라고 평가할 수 있을 정도이다. 대상판결의 이유를 읽어보면 대상판결이 음란성을 인정한 진정한 이유는 첫째, "두 나신의 사진이 바로 현직교사요 홈페이지 개설자인 피고인과 그 처 본인의 것"이라는 것과 둘째, "개설자 본인 부부의 나신을 그렇게 적나라하게(얼굴이나 성기 부분 등을 적당히 가리지도 않은 채) 드러내 보여야 할 논리적 필요나 제작기법상의 필연성이 있다고 보기 어렵다"는 것이라고 보인다. 그러나 미술교사 부부의 사진이라는 것은 사진에 대한 흥미를 일으키기 보다는 사진에 대해 별 관심을 갖지 못하게 하는 것이라고 할 수 있다. 대상판결은 미술교사가 학생들에게 나체사진까지 보여주었어야 하는가 하는 교사윤리의 문제와 음란의 문제를 혼동하였다고 할 수 있다. 또 대상판결은 성기를 노출시킬 논리적 필요나 제작기법상의 필연성이 없다고 하지만, 성기를 노출시키지 않아야 할 논리적 필요나 제작기법상의 필연성도 없다고 할 수 있다.

(2) 전체적 고찰의 문제

음란성은 작품의 일부가 아니라 작품의 전체를 기준으로 평가해야 한다. 피고인의 홈페이지에 게재되어 있는 240여장의 사진과 동영상 중 음란성이 문제된 것은 여섯 개이고 대상판결은 이 중 3 개의 사진에 대해 음란성을 인정하였다. 3개의 사진이 독립적으로 게시되어 있다면 혹시 음란성을 인정할 수도 있을 것이다. 그러나 문제된 사진은 피고인의 홈페이지에서 일체를 이루고 있는 것이다. 대상판결은 성기의 묘사가 자세하다는 점을 지적하고 있는데, 그렇다면 성기를 자세히 묘사하고 있는 의학서적들은 모두 음란물에 해당된다고 해야 할 것이다.

---

16) 이 판결에 대한 평석으로, 임지봉, "대법원의 음란성 판단기준에 대한 비판적 검토 – 김인규 교사사건 판결에 대한 분석을 중심으로–", 민주법학, 통권 제29호, 2005, 467–486; 고시면, "홈페이지에 알몸사진 등의 작품들을 게시한 '미술교사 김인규사건'에 대한 대법원의 판결", 인터넷법률, 제31호, 2005, 132–162.

Ⅳ. 시청환경에 따른 음란성판단의 차이의 인정 여부(대법원 2008. 3. 13. 선고 2006도3558 판결)

1. 사실관계 및 재판의 경과

피고인은 영상물 등급 위원회로부터 18세 관람가로 등급 분류를 받은 비디오물을 편집 · 변경함이 없이 그대로 옮겨 동영상으로 제작하였다. 그 내용은 주로 남녀 간의 성교나 여성의 자위 장면 또는 여성에 대한 애무 장면 등을 묘사한 것이기는 하지만, 남녀 성기나 음모의 직접적인 노출은 없고 여성의 가슴을 애무하거나 팬티 안이나 팬티 위로 성기를 자극하는 장면을 가까이에서 촬영한 것을 보여주는 것이 대부분이었다. 피고인은 위 동영상을 인터넷에 배포하였다가 정보통신망법상의 음란정보유포등죄로 기소되었다.

제1심인 서울중앙지방법원 단독판사는 피고인에게 유죄를 선고하였다(서울중앙지법 2006. 1. 26. 선고 2005고단1599 판결). 피고인이 항소하였으나 항소심인 서울중앙지방법원은 "영상물 등급 심사위원회의 심의에서 음란이 아니라고 평가된 비디오물을 그대로 재연한 동영상물을 음란물이라고 판단한 이유를 "영상물 등급 위원회의 심사를 받아 비디오물로 제작 · 출시하는 것은 일정한 연령대에 속해 있는 사람들을 대상으로 시청을 제한하는 것이 가능하기 때문에 영상물 등급 위원회의 심사결과를 존중하여 음란성 인정에 보다 신중을 기하여야 할 것이나, 인터넷을 통하여 유포하는 것은 그 시청자의 범위를 제한하는 것이 용이하지 아니하므로, 같은 내용의 동영상이라 하더라도 제한된 연령대의 사람만 시청이 가능하도록 비디오로 제작 · 출시하느냐, 혹은 연령에 제한 없이 비교적 자유로운 시청이 가능하도록 인터넷에 공개하느냐에 따라 음란성의 판단 기준을 달리 할 수 있는 것이다. … 정보통신망에 배포 · 공연전시하는 행위는 정보통신망을 건전하게 이용할 수 있는 환경을 침해한 것으로서 정보통신망법의 목적에 반하기 때문에(성인인증절차를 요구하더라도 성인의 주민등록번호만 알면 쉽게 접속할 수 있으므로, 아동이나 청소년을 유해한 환경에 빠뜨릴 위험성이 크다), 비디오물로 제공하는 것과 달리 정보통신망을 통하여 제공하는 것은 그 시청환경을 감안하여 보다 엄격한 기준에 의하여 음란성 여부를 판단하여야 할 것이다".라고 하여 피고인의 항소를 기각하였다(서울중앙지법 2006. 5. 16. 선고 2006노435 판결).

피고인이 상고하였다. 대법원은 피고인의 상고를 받아들여 항소심판결을 파기하고 사건을 서울중앙지방법원으로 환송하였다.

2. 판결요지

[1] 영화나 비디오물 등에 관한 영상물 등급 위원회의 등급분류는 관람자의 연령을 고려하여 영화나 비디오물 등의 시청등급을 분류하는 것일 뿐 그 음란성 여부에 대하여 심사하여 판단하는 것이 아니므로, 법원이 영화나 비디오물 등의 음란성 여부를 판단하는 과정에서 영상물 등급 위원회의 등급분류를 참작사유로 삼을 수는 있겠지만, 영상물 등급 위원회에서 18세 관람가로 등급분류 하였다는 사정만으로 그 영화나 비디오물 등의 음란성이 당연히 부정된다거나 영상물등급위원회의 판단에 법원이 기속된다고 볼 수는 없다.

[2] 이 사건 동영상들은 영상물 등급 위원회로부터 18세 관람가로 등급 분류를 받은 비디오물을 편집 · 변경함이 없이 그대로 옮겨 제작한 동영상들로서, 주로 남녀 간의 성교나 여성의 자위 장면 또는 여성에 대한 애무 장면 등을 묘사한 것이기는 하지만, 남녀 성기나 음모의 직접적인 노출은 없고 여성의 가슴을 애무하거나 팬티 안이나 팬티 위로 성기를 자극하는 장면을 가까이에서 촬영한 것을 보여주는 것이 대부분이라는 것인바, 그렇다면 앞서 본 법리에 비추어 이러한 동영상들은 전체적으로 관찰 · 평가해 볼 때 그 내용이 상당히 저속하고 문란한 느낌을 주는 것은 사실이라고 할지라도, 이를 넘어서서 형사법상 규제의 대상으로 삼을 만큼 사람의 존엄성과 가치를 심각하게 훼손 · 왜곡하였다고 평가할 수 있을 정도로 노골적인 방법에 의하여 성적 부위나 행위를 적나라하게 표현 또는 묘사한 것이라고 단정할 수는 없다.

[4] 영상물 등급 위원회로부터 18세 관람가로 등급분류 받은 비디오물을 편집 · 변경함이 없이 그대로 옮겨 제작한 동영상을 정보통신망을 통하여 제공한 경우, 정보통신망을 통하여 제공한다는 시청환경 때문에 보다 엄격한 기준으로 음란 여부를 판단할 것은 아니다.

3. 대상판결의 의의[17)]

대상판결은 음란의 개념, 음란성 판단의 주체, 음란성 판단의 방법 등에 대해 종래의 입장을 그대로 따르고 있다. 그러나 대상판결은 음란물이 어떤 매체에서 배포되는가에 따라 음란성 판단 기준을 달리 해야 하는가에 대해 최초로 언급하고, 음란성 판단 기준의 상대적 적용설을 부정하였다는 데에 의의가 있다. 또한 대상판결은 음란

17) 이 판결에 대한 해설로, 박이규, "정보통신망 이용촉진 및 정보보호 등에 관한 법률상 음란의 의미 및 그 판단 기준", 대법원판례해설, 제76호, 2009, 584-603.

물의 보호법익과 관련하여 건전한 성풍속이라는 개념과 함께 미성년자 보호 또는 성인의 원하지 않는 음란물에 접하지 않을 자유의 측면을 고려해야 한다고 최초로 명시하였다는 점에서도 의의가 있다.

4. 대상판결의 평가

매체에 따라 음란성 판단기준을 달리 해야 하는가에 대해서는 견해가 대립한다. 상대적 적용설의 입장에서는 예를 들어 영화나 비디오물은 인터넷에 비해 이용자의 수가 많지 않으므로 이러한 매체의 특성을 고려하여 음란성 판단기준을 달리 하자는 것이다. 항소심은 상대적 적용설을 받아들이고, 비디오물에 비해 인터넷에서는 엄격한 음란기준을 적용해야 한다고 한다. 그러나 상대적 적용설의 입장을 받아들인다고 하더라도 항소심의 입장에는 문제가 있다고 할 수 있다.

왜냐하면 영화나 비디오의 경우에는 음란물을 접하지 않기를 원하는 성인이나 청소년이 영화나 비디오 관람 중 예상치 않게 음란물을 접하는 수가 있게 된다. 관람자들이 영화나 비디오의 내용을 모두 알고 관람하는 것이 아니기 때문이다. 이에 비해 인터넷의 경우는 대부분 여러번의 클릭을 통해야 음란물을 접할 수 있기 때문에 원하지 않게 음란물에 접한다는 것은 별로 있을 수 없다. 따라서 상대적 적용설을 따른다 하더라도 인터넷에 더 엄격한 음란기준을 적용해야 한다는 것은 성급한 결론이라고 할 수 있다.

대상판결은 상대적 적용설을 받아들이지 않은 것은 대상판결의 사건과 관련하여 타당하다고 할 수 있다. 그러나 일반적으로 보아서는 상대적 적용설의 입장이 좀더 설득력이 있다고 할 수 있고, 종래의 판례가 상대적 음란개념을 받아들인 것도 이 때문이라고 할 수 있다. 상대적 음란개념과 음란기준의 상대적 적용설의 채택이 논리필연적인 관계이 있는 것은 아니지만, 매체에 따라 음란기준의 적용을 달리 해야 할 필요는 있는 것이 아닌가 생각된다. 그리고 상대적 적용설을 따른다면 인터넷의 경우에는 원하지 않는 음란물에의 접촉가능성이 다른 매체에 비해 낮으므로, 음란기준을 강화해야 할 것이 아니라 오히려 완화해야 할 것이다.

Ⅴ. ISP의 형사책임(대법원 2006. 4. 28. 선고 2003도4128 판결)

1. 사실관계 및 재판의 경과

피고인 甲은 유무선 전기통신사업 등을 사업목적으로 하는 A주식회사의 인터넷

포털서비스 사이트 내 오락채널을 총괄하는 팀장이고, 피고인 乙은 위 오락채널 내 만화사업을 책임지고 운영하는 직원이었다. A회사는 무료사이트에서 유료사이트로 전환하기 위하여 수익사업의 일환으로 성인만화방을 개설하고, 수익에 지대한 관심을 가지고 성인만화방 등을 비롯한 성인대상 채널을 중점적으로 관리하였다.

A회사는 콘텐츠 제공업체들과 사이에 위 성인만화방에 게재되는 만화 콘텐츠 이용자들로부터 그 이용료를 받아 그 수익금의 40-50%는 A회사가, 50-60%는 콘텐츠 제공업체들이 나누어 갖는 공동사업을 하는 내용의 계약을 체결하였다. 그 계약에 따르면, 콘텐츠 제공업체들은 위 성인만화방에 게재될 만화 콘텐츠의 수집, 가공, 개발, 입력, 갱신의 업무를 수행하고, A회사는 위 인터넷 사이트 이용자들이 만화 콘텐츠에 접근·이용할 수 있도록 하는 온라인 시스템의 유지·관리 및 운영 업무를 수행하기로 하되, 각자의 분담 업무에 관하여 상호 협의하기로 하였다.

이에 따라 A회사의 담당직원들인 피고인들은 사전에 콘텐츠 제공업체들과 협의를 함으로써 ① 위 성인만화방에 대체로 어떠한 내용의 콘텐츠가 게재될 것인가를 사전에 예상하였고, ② 그 콘텐츠의 뷰잉(viewing) 프로그램을 개발하여 제공하는 등 게재의 편의를 적극적으로 도모하였으며, ③ 사후에 콘텐츠의 실제 게재 여부 및 정상 서비스 여부에 관하여 확인하였고, ④ 만화 콘텐츠가 저장된 서버에 대한 시스템상 사용 및 보안권한 설정권을 보유하는 등 일반적 통제권한을 보유하여 콘텐츠의 내용을 실시간에 지속적으로 쉽게 검색·파악할 수 있었다.

A회사는 콘텐츠 제공업체들과 사이에 제공업체들은 콘텐츠에 사회윤리를 침해하는 내용의 정보를 담아서는 안 되며 이러한 의무를 불이행할 경우 계약을 해지할 수 있다고 약정하였고, 피고인 乙은 이러한 해지권을 근거로 실제 일부 만화들에 대하여 직접 삭제를 하거나 콘텐츠 제공업체에 요구하여 삭제하도록 하기도 하였다.

위 사이트의 성인만화방에는 음란성이 문제된 만화가 있었는데, 이 만화들에 대해 한국간행물 윤리위원회 및 정보통신 윤리위원회가 음란성 등을 이유로 청소년유해매체물로 판정하였으나 시정요구를 하거나 형사처벌 또는 행정처분을 요청하지는 않았다.

피고인 乙는 이 사건 만화들 중 일부가 게재된 것을 알았고, 피고인 甲도 성인만화방에서 어떤 내용의 만화가 게재되어 제공되고 있는지 알았으며 직접 검색을 하여 문제가 되는 만화는 피고인 乙에게 삭제조치를 취하도록 지시하였고, 음란성의 수위를 조절하도록 지시하였지만 위 만화들은 그대로 방치하였다. 피고인들은 부작위에 의한 구전기통신기본법 제48조의2(전기통신역무를 이용하여 음란한 부호·문언·음향 또는 영상을 반포 · 판매 또는 임대하거나 공연히 전시한 자는 1년 이하의 징역 또는 1천만 원 이하의 벌금에 처한다) 위반죄의 방조범으로 기소되었다.

항소심인 서울지방법원은 피고인들에게 유죄를 인정하였다(서울지법 2003. 6. 26. 선고 2002노9668 판결). 피고인들이 상고하였는데 그 이유 중에는 다음과 같은 것들이 있었다. ① 문제가 된 만화는 음란하다고 할 수 없고, 위 만화가 음란하다고 하더라도 ② 피고인들이 만화제공업자들에게 삭제를 요구해야 할 작위의무가 있다고 할 수 없고, ③ 정보통신 윤리위원회등에서 청소년 유해 매체물로 지정하였을 뿐이므로 정당한 이유가 있는 법률의 착오에 해당한다 등이다.

대법원은 ① 위 만화들이 음란하다고 할 수 있고, ② 피고인들에게 그 만화를 삭제하거나 콘텐츠 제공업자에게 삭제하라고 요구할 조리상의 의무가 있고, ③ 피고인들의 법률의 착오에 정당한 이유가 있다고 할 수 없다는 등의 이유로 피고인들의 상고를 기각하였다.

2. 판결요지

[1] 인터넷 포털 사이트 내 오락채널 총괄팀장과 위 오락채널 내 만화사업의 운영직원인 피고인들은, 콘텐츠 제공업체들이 게재하는 음란만화가 위 사이트에 게재되고 있다는 것을 알았을 때에는 그의 삭제를 요구할 조리상의 의무가 있다. 피고인들이 그 의무를 이행함으로써 음란만화가 게재되는 결과발생을 쉽게 방지할 수 있었음에도 불구하고 그 결과발생을 용인하고 이를 방관한 채 그 의무를 이행하지 아니한 경우에, 그 부작위가 작위에 의한 법익침해와 동등한 형법적 가치가 있는 것이어서 그 범죄의 실행행위로 평가될 만한 것이라면, 작위에 의한 실행행위와 동일하게 부작위범으로 처벌할 수 있고, 여기서 작위의무는 법령, 법률행위, 선행행위로 인한 경우는 물론, 기타 신의성실의 원칙이나 사회상규 혹은 조리상 작위의무가 기대되는 경우에도 인정된다.

[2] 한국간행물 윤리위원회나 정보통신 윤리위원회가 이 사건 만화에 대하여 심의하여 음란성 등을 이유로 청소년 유해 매체물로 판정하였을 뿐 더 나아가 전기통신사업법 시행령 제16조의4 제1항에 따라 시정요구를 하거나 청소년보호법 제8조 제4항에 따라 관계기관에 형사처벌 또는 행정처분을 요청하지 않았다 하더라도, 위 만화를 게재하도록 허용한 피고인들의 행위가 정당한 이유가 있는 법률의 착오에 해당되지 않는다.

3. 판결의 의의 및 문제점

위 판결은 인터넷 포탈사이트의 직원들에게 그 포탈사이트에 게재된 음란정보를 삭제해야 할 작위의무가 있고, 이를 이행하지 않은 경우 부작위에 의한 음란정보게재의 방조범의 죄책을 진다는 것을 처음으로 인정하였다는 점에 의의를 찾을 수 있다.

그러나 대상판결에 대해서는 만화에 대한 음란성 판단의 문제, 조리상의 작위의무를 인정하여 작위의무를 너무 넓게 인정하는 문제, 법률의 착오에서 정당한 이유를 지나치게 협소하게 인정한다는 문제점 등이 있다고 할 수 있다.

4. 판결의 평가[18)]

(1) 음란성 판단의 문제

대상판결은 전체적으로 보아 이 사건 만화들이 비정상적인 남녀관계를 설정해서 변태적인 성행위를 노골적 · 사실적 · 집중적으로 묘사하거나 만화에 등장하는 여성의 나신이나 성기를 지나치게 선정적이거나 자극적으로 묘사하였다는 이유로 음란성을 인정하고 있다. 그런데 매체가 영화, 연극 혹은 만화, 소설인가에 따라 음란성판단이 조금씩 다를 수 있다. 대상판결이 이러한 차이점을 어떻게 고려할 것인가에 대해 언급하지 않은 것은 조금 아쉽다고 할 수 있다. 문제가 된 만화들에 대해 정보통신 윤리위원회나 공연 윤리위원회와 같이 보수적인 기관에서도 음란이 아니라고 판단하였다는 점을 고려한다면 더욱 그렇다.

(2) 작위의무의 문제

대상판결은 조리상의 작위의무를 인정하고 있는데, 이는 작위의무를 너무 넓게 인정하는 것이라고 할 수 있다. 따라서 피고인들에게 작위의무를 인정하더라도 법령상 혹은 근로계약상의 작위의무를 인정하는 것이 바람직하다.

나아가 포탈사이트에는 음란정보가 항상 게재될 수밖에 없고 특히 서버가 해외에 있는 경우에는 더욱 그렇다. 그런데 이런 정보들이 있음을 알고도 삭제하지 않은 경우 부작위에 의한 방조범의 성립을 인정하게 되면 사실상 포탈사이트는 포탈사이트

---

18) 이 판결과 관련하여,, 이정원, "인터넷 음란물에 대한 ISP의 형사책임에 관한 연구", 중앙법학, 제6집 제2호, 2004, 99-122; 박희영, "독일의 전자적 정보통신서비스법과 ISP의 형사책임에 관한 연구", 부산대 법학연구, 제44권 제1호, 2003, 261-304; 백광훈, 사이버범죄에 대한 ISP의 형사책임에 관한 연구, 한국형사정책연구원, 2003 등을 참조할 것.

로서의 기능을 할 수 없게 되는 문제점이 있다. 이 문제를 어떻게 해결할 것인지에 대해서도 대상판결이 언급하지 않고 있는 점 역시 아쉽다.

(3) 법률의 착오의 문제

음란성 판단은 매우 어려운 문제이다. 따라서 정보통신윤리위원회나 공연윤리위원회가 음란정보라고 하지 않고 청소년 유해 매체라고 판단한 것을 그대로 믿고 삭제요구를 하지 않았다면 이는 정당한 이유가 있는 법률의 착오라고 보아야 할 것이다. 정당한 이유를 극히 제한적으로 해석하는 대상판결은 타당하다고 할 수 없다.

제 5 기타의 판결

Ⅰ. 컴퓨터업무방해죄의 성립 여부(대법원 2009. 4. 9. 선고 2008도11978 판결)

1. 사실관계 및 재판의 경과

피고인은 아이피주소 211.43.217.55를 통하여 검색순위를 제공하는 A포털사이트 운영회사의 통계집계시스템 서버에 허위의 클릭정보를 전송하였고, A포털사이트 운영회사의 검색순위 결정 과정에서 피고인이 전송한 허위의 클릭정보가 실제로 통계에 반영되었다. 그러나 A포털사이트 운영회사의 검색순위의 변동이 초래되지는 않았다.

피고인은 A포탈사이트 운영회사에 대해 형법 제314조 제2항의 컴퓨터 등 장애 업무방해죄(컴퓨터등 정보처리장치 또는 전자기록등 특수매체기록을 손괴하거나 정보처리장치에 허위의 정보 또는 부정한 명령을 입력하거나 기타 방법으로 정보처리에 장애를 발생하게 하여 사람의 업무를 방해한 자도 제1항의 형과 같다)로 기소되었다.

항소심인 서울남부지방법원은 피고인에게 유죄를 인정하였다(서울남부지법 2008. 12. 5. 선고 2008노188 판결). 피고인이 상고하였으나 대법원은 피고인의 상고를 기각하였다.

2. 판결요지

형법 제314조 제2항의 '컴퓨터 등 장애 업무방해죄'가 성립하기 위해서는 가해행위 결과 정보처리장치가 그 사용목적에 부합하는 기능을 하지 못하거나 사용목적과 다른 기능을 하는 등 정보처리에 장애가 현실적으로 발생하였을 것을 요하나, 정보처리에 장애를 발생하게 하여 업무방해의 결과를 초래할 위험이 발생한 이상, 나아가 업무방해의 결과가 실제로 발생하지 않더라도 위 죄가 성립한다. 따라서 포털사이트 운영회사의 통계집계시스템 서버에 허위의 클릭정보를 전송하여 검색순위 결정 과정에서 위와 같이 전송된 허위의 클릭정보가 실제로 통계에 반영됨으로써 정보처리에 장애가 현실적으로 발생하였다면, 그로 인하여 실제로 검색순위의 변동을 초래하지는 않았다 하더라도 '컴퓨터 등 장애 업무방해죄'가 성립한다.

3. 대상판결의 의의

대상판결은 형법 제314조 제2항의 컴퓨터등장애 업무방해죄가 성립하기 위해서는 정보처리에 장애가 현실적으로 발생하였을 것을 요한다고 하는 종래의 입장(대법원 2004. 7. 9. 선고 2002도631 판결등) 및 업무방해죄가 성립하기 위해서는 업무방해의 결과가 현실적으로 발생하지 않고 업무방해의 결과를 초래할 위험이 발생하면 족하다고 하는 종래의 입장(대법원 2008. 1. 17. 선고 2006도1721 판결; 대법원 1997. 3. 11. 선고 96도2801 판결 등)을 재확인하고 있다.

대상판결은 이러한 입장을 대상판결의 사건에 적용하여, 포털사이트 운영회사의 통계집계시스템 서버에 허위의 클릭정보를 전송하여 검색순위 결정 과정에서 위와 같이 전송된 허위의 클릭정보가 실제로 통계에 반영되었지만 검색순위의 변동까지는 초래하지 않은 경우에도 정보처리의 현실적 장애와 업무방해의 위험성이 발생한 것이라고 할 수 있으므로 컴퓨터 등 장애 업무방해죄에 성립한다는 것을 최초로 밝히고 있다는 점에 의의가 있다.

4. 컴퓨터 등 장애 업무방해죄의 실행행위

형법 제314조 제2항의 컴퓨터 등 장애 업무방해죄의 실행행위인 "컴퓨터등 정보처리장치 또는 전자기록등 특수매체기록을 손괴하거나 정보처리장치에 허위의 정보 또는 부정한 명령을 입력하거나 기타 방법으로 정보처리에 장애를 발생하게 하여"의 의미에 대해서는 견해의 대립이 있다.

첫 번째 견해는 그 의미를 ① 컴퓨터 등 정보처리장치 또는 전자기록등 특수매체기록을 손괴하거나, ② 정보처리장치에 허위의 정보 또는 부정한 명령을 입력하거나, ③ 기타 방법으로 정보처리장치에 장애를 발생시키는 것이라고 해석한다. 두 번째 견해는 ① i) 컴퓨터등 정보처리장치 또는 전자기록등 특수매체기록을 손괴하거나,

ii) 정보처리장치에 허위의 정보 또는 부정한 명령을 입력하거나, iii) 기타 방법으로, ② 정보처리장치에 장애를 발생시키는 것이라고 해석한다.

첫 번째 견해에 의하면 기타 방법의 경우에는 컴퓨터 정보처리장치에 현실적 장애가 발생해야 동범죄가 성립하지만, 컴퓨터등 정보처리장치 또는 전자기록등 특수매체기록을 손괴하거나 정보처리장치에 허위의 정보 또는 부정한 명령을 입력하는 경우에는 정보처리장치에 현실적 장애가 없어도 범죄가 성립할 수 있다. 그러나 두 번째 견해에 의하면 기타 방법에 의한 경우는 물론이고, 컴퓨터등 정보처리장치 또는 전자기록등 특수매체기록을 손괴하거나 정보처리장치에 허위의 정보 또는 부정한 명령을 입력하는 경우에도 정보처리장치에 현실적 장애가 발생해야 범죄가 성립할 수 있다.[19]

5. 대상판결의 평가

대상판결은 위의 견해들 중 두 번째 견해를 따른 것이라고 할 수 있다. 대상판결이 정보처리에 장애가 발생하였느냐를 문제삼고 있는데, 피고인이 허위의 정보를 A 포털사이트 주식회사에 제공하고 이를 A포탈사이트가 검색순위에 올리게 하였으므로, 만약 대상판결이 첫 번째 견해를 따랐다면 정보처리장치에 장애를 발생시켰느냐의 여부에 상관없이 컴퓨터 등 장애 업무방해죄의 성립여부를 문제삼았을 것이기 때문이다.

그러나 위의 견해들 중에서는 첫 번째 견해가 타당하다고 생각된다. 왜냐하면 제314조 제2항이 '정보처리'가 아닌 '정보처리장치'에 장애를 발생시킬 것을 요하고 있는데, 허위의 정보나 부정한 명령을 입력한 경우에는 '정보처리'에 장애가 발생하였다고 할 수 있을지는 모르지만(후술하는 바와 같이 여기에도 상당한 의문이 있다), '정보처리장치'에 장애가 발생하였다고 할 수는 없기 때문이다. 오히려 허위의 정보나 부정한 명령을 입력하여 업무를 방해하기 위해서는 정보처리장치에 장애가 생겨서는 안되고 그것이 정상적으로 작동하여야 하기 때문이다.

이런 의미에서 피고인이 허위정보를 입력하게 한 대상판결의 사건에서 대상판결이 '정보처리'에 장애를 발생시켰느냐를 문제삼은 것은 타당하다고 할 수 없다. 또한 대상판결은 '정보처리장치'에 장애를 발생시킨 것을 '정보처리'에 장애를 발생시킨 것으로 혼동하고 있다. 나아가 정보처리장치에 장애를 발생시킨 것을 '정보처리'에

19) 이와 관련하여, 이정훈, "컴퓨터 등 장애업무방해죄의 성립요건", 비교형사법연구, 제8권 제1호, 2006, 381-406.

장애를 발생시킨다는 의미로 해석한다 하더라도, 대상판결의 사건에서와 같이 단순히 허위정보를 제공한 것이 정보처리에 장애를 발생시킨 것이라고 할 수 있는가에 대해서도 의문이 있다.[20]

Ⅱ. 정보통신망법상 정보의 주체(대법원 2007. 6. 14. 선고 2007도2162 판결)

1. 사실관계 및 재판의 경과

피고인은 정보통신망에 의하여 보관되고 있는 특정 사고 사망자의 주민등록번호를 누설함으로써 정보통신망 이용촉진 및 정보보호 등에 관한 법률(이하 '정보통신망법'이라고 한다) 제49조를 위반하였다는 혐의로 기소되었다. 제1심 법원과 항소심법원인 부산지방법원(부산지법 2007. 2. 15. 선고 2006노3110 판결)은 "위 법조 소정의 '타인'에는 이미 사망한 사람은 포함되지 않는다."는 이유로 피고인에게 무죄를 선고하였다.

검사가 항소심판결에는 죄형법정주의에 관한 법리를 오해하여 형벌법규의 해석을 그르침으로써 판결 결과에 영향을 미친 위법이 있다는 이유로 상고하였다. 대법원은 검사의 상고를 받아들여 항소심판결을 파기하고 사건을 부산지방법원 본원 합의부로 환송하였다.

2. 판결요지

[1] 형벌법규는 문언에 따라 엄격하게 해석 · 적용하여야 하고 피고인에게 불리한 방향으로 지나치게 확장해석하거나 유추해석하여서는 아니 되나, 형벌법규의 해석에 있어서도 가능한 문언의 의미 내에서 당해 규정의 입법 취지와 목적 등을 고려한 법률체계적 연관성에 따라 그 문언의 논리적 의미를 분명히 밝히는 체계적 · 논리적 해석방법은 그 규정의 본질적 내용에 가장 접근한 해석을 위한 것으로서 죄형법정주의의 원칙에 부합한다.

[2] 정보통신망에 의하여 처리 · 보관 또는 전송되는 타인의 정보를 훼손하거나 타인의 비밀을 침해 · 도용 또는 누설하는 행위를 금지 · 처벌하는 규정인 정보통신망 이용촉진 및 정보보호 등에 관한 법률 제49조 및 제62조 제6호의 '타인'에는 생존하

---

20) 기타 이 판결에 대한 평석으로, 임현, "허위의 클릭정보 전송과 컴퓨터 등 장애 업무방해죄의 성부", 수사연구 2009년 8월호, 132-141.

는 개인뿐만 아니라 이미 사망한 자도 포함된다.

3. 대상판결의 의의

정보통신망법 제49조는 '비밀 등의 보호'라는 제목하에 "누구든지 정보통신망에 의하여 처리 · 보관 또는 전송되는 타인의 정보를 훼손하거나 타인의 비밀을 침해 · 도용 또는 누설하여서는 아니된다"고 규정하고, 제62조 제6호는 제49조의 규정을 위반하여 타인의 정보를 훼손하거나 타인의 비밀을 침해 · 도용 또는 누설한 자를 5년 이하의 징역 또는 5천만 원 이하의 벌금에 처하도록 규정하고 있다. 여기에서 '타인' 에 사망한 사람이 포함될 수 있는가가 문제된다.

대상판결은 정보통신망법상의 정보 또는 비밀의 주체에 살아있는 사람 뿐만 아니라 사망한 사람도 포함된다고 하는 점을 최초로 명시하였다는 점에 의의가 있다.

4. 대상판결의 근거

대상판결은 체계적 · 논리적 해석방법에 의해 정보통신망법 제49조, 제62조 제6호 등에서의 '타인'에 사망한 사람이 포함되는 것으로 해석할 수 있고, 체계적 · 논리적 해석방법이란 가능한 문언의 의미 내에서 당해 규정의 입법 취지와 목적 등을 고려한 법률체계적 연관성에 따라 그 문언의 논리적 의미를 분명히 밝히는 것으로서 죄형법정주의의 원칙에 부합한다고 한다[21].

이러한 전제하에 대상판결은 다음과 같은 근거를 제시한다.

첫째, 정보통신망법은 정보통신망의 안정성과 정보의 신뢰성 확보를 위한 규정들을 두고 있는데(제6장) 그 중의 하나가 제49조이고, 이미 사망한 자의 정보나 비밀이라고 하더라도 그것이 정보통신망에 의하여 처리 · 보관 또는 전송되는 중 다른 사람에 의하여 함부로 훼손되거나 침해 · 도용 · 누설되는 경우에는 정보통신망의 안정성 및 정보의 신뢰성을 해칠 우려가 있다.

---

21) 이와 유사하게 대법원 1994. 12. 20. 자 94모32 전원합의체 결정은 "형법 제170조 제2항에서 말하는 '자기의 소유에 속하는 제166조 또는 제167조에 기재한 물건'이라 함은 '자기의 소유에 속하는 제166조에 기재한 물건 또는 자기의 소유에 속하든, 타인의 소유에 속하든 불문하고 제167조에 기재한 물건'을 의미하는 것이라고 해석하여야 하며, 제170조 제1항과 제2항의 관계로 보아서도 제166조에 기재한 물건(일반건조물 등) 중 타인의 소유에 속하는 것에 관하여는 제1항에서 규정하고 있기 때문에 제2항에서는 그중 자기의 소유에 속하는 것에 관하여 규정하고, 제167조에 기재한 물건에 관하여는 소유의 귀속을 불문하고 그 대상으로 삼아 규정하고 있는 것이라고 봄이 관련조문을 전체적, 종합적으로 해석하는 방법일 것이고, 이렇게 해석한다고 하더라도 그것이 법규정의 가능한 의미를 벗어나 법형성이나 법창조행위에 이른 것이라고는 할 수 없어 죄형법정주의의 원칙상 금지되는 유추해석이나 확장해석에 해당한다고 볼 수는 없을 것이다"라고 한다.

둘째, 정보통신망법 제2조 제1항 제6호는 '개인정보'가 생존하는 개인에 관한 정보임을 명시하고 있으나 제49조에서는 이와 명백히 구분되는 '타인의 정보 · 비밀'이라는 문언을 사용하고 있고, 정보통신서비스 이용자의 '개인정보'에 관하여는 당해 이용자의 동의 없이 이를 주고받거나 직무상 알게 된 개인정보를 훼손 · 침해 · 누설하는 것을 금지하고 이에 위반하는 행위를 처벌하는 별도의 규정을 두고 있다(제24조, 제62조 제1 내지 3호).

셋째, 형벌법규에서 '타인'이 반드시 생존하는 사람만을 의미하는 것은 아니며, 예컨대 문서의 진정에 대한 공공의 신용을 그 보호법익으로 하는 문서위조죄에 있어서 '타인의 문서'에는 이미 사망한 자의 명의로 작성된 문서도 포함되는 것으로 해석하고 있다(대법원 2005. 2. 24. 선고 2002도18 전원합의체 판결 참조).

5. 대상판결에 대한 평가

그러나 대상판결의 근거에는 다음과 같은 문제점이 있다.

첫째, 대상판결이 밝히는 것과 같이 '타인'에 사망한 사람을 포함된다고 해석하는 것은 문언의 가능한 의미를 벗어나는 해석이라고 보기는 어렵다. 그러나 일반적으로 타인이라고 할 경우에는 생존한 타인을 의미하고 사망한 사람은 포함되지 않는다. 예컨대, 사망한 사람이 지닌 재물을 취거한 경우에도 사망한 사람의 소유권을 침해하는 것이 아니라 상속인의 소유권을 침해하는 것이 된다. 이 경우 판례는 예외적으로 사망한 사람의 생전점유를 인정하기도 하지만(대법원 1993. 9. 28. 선고 93도2143 판결), 이 경우에도 사망한 사람을 보호하기 위한 것이 아니라 재물에 대해 생존한 사람들의 권리관계를 보호하기 위한 것이라고 할 수 있다.

대상판결은 사망한 자의 명의로 작성된 문서도 타인명의의 문서에 포함된다는 것을 근거로 제시하지만, 사문서위조죄에서 보호법익은 공공의 신용으로서 일반인을 보호하기 위한 것이지, 사망한 사람을 보호하기 위한 것이 아니다. 그러나 대상판결에서는 주민등록번호의 누설로부터 사망한 사람도 보호할 것인가가 문제되는 경우이다.

둘째, 개인정보 유출에 관한 규정인 정보통신망법 제24조는 일정한 목적을 위해 생존하는 사람의 개인정보를 제공하는 행위를 규율하는 것이고, 생존하는 사람의 개인정보의 단순유출행위를 규율하는 것은 아니다. 후자는 제24조와 제62조 제1호 내지 제3호가 아니라 제49조와 제62조 제6호의 규율대상이라고 해야 한다.

셋째, 형법은 명예훼손죄(제307조)와 사자의 명예훼손죄(제308조)를 구분하고 있다. 따라서 이를 구분하고 있지 않은 제311조의 모욕죄나 제316조의 비밀침해죄, 제317조의 업무상비밀누설죄에서 '사람' 또는 '타인'이란 생존한 사람만을 의미한다고 해석해야 할 것이다.

이상을 종합할 때, 정보통신망법에서 규정하고 있는 개인정보이든 타인의 정보이든 생존한 사람의 정보만을 의미한다고 보는 것이 타당하다. 이러한 의미에서 대상판결은 구체적 타당성을 강조한 판결로서 법적 안정성을 강조해야 하는 대법원의 판결로서는 바람직하지 않다고 생각된다.[22]

22) 이와 관련하여, 임웅, "법의 흠결과 형법의 유추해석 금지", 형사법연구, 제21호, 2004, 81-98.

참고문헌

〈단행본〉

백광훈, 사이버범죄에 대한 ISP의 형사책임에 관한 연구, 한국형사정책연구원, 2003.

정영일, 형법각론, 박영사, 2006.

하태훈, 형법사례연습, 2004.

〈논문〉

강동범, "사이버 명예훼손행위에 대한 형법적 대책", 형사정책, 제19권 제1호, 2007.

고시면, "홈페이지에 알몸사진 등의 작품들을 게시한 '미술교사 김인규사건'에 대한 대법원의 판결", 인터넷법률, 제31호, 2005.

곽병선, "사이버명예훼손에 관한 규제상의 문제점 및 대응방안", 법학연구, 제23집, 2006.

김영환, "신용카드부정사용에 관한 형법해석론의 난점", 형사판례연구, 제3권, 박영사, 1995.

김우진, "명예훼손죄에 있어서의 공연성", 형사판례연구, 제9호, 2001.

______, "신용카드부정사용죄의 기수시기", 형사판례연구, 제3권, 박영사, 1995.

김종호, "인터넷 링크에 의한 음란부호 등의 공연전시". 정보법학, 제7권 제2호, 2003.

김태명, "인터넷상의 명예훼손의 실태와 대책", 법학연구, 제27집, 2008. 12.

노태악, "구 형법상 권한 없이 정보를 입력한 경우에도 컴퓨터등 사용사기죄가 성립하는지 여부", 정보법 판례백선 I, 박영사, 2006.

박이규, "정보통신망 이용촉진 및 정보보호 등에 관한 법률상 음란의 의미 및 그 판단 기준", 대법원판례해설, 제76호, 2009.

박혜진, "사이버모욕죄 도입에 대한 비판적 검토", 안암법학, 제28호, 2009.

박희영, "독일의 전자적 정보통신서비스법과 ISP의 형사책임에 관한 연구", 부산대 법학연구, 제44권 제1호, 2003.

변종필, "사이버모욕죄 신설, 과연 필요한가", 법률신문, 제3699호, 2008. 11.

손동권, "1995년 형법 중요판례 평석", 고시연구, 1996. 5.

심희기, "온라인상의 범죄행위에 대한 오프라인상의 범죄이론 연장의 가부: 링크(link)를 포함한 일련의 연결수단부여행위와 '공연전시'", 고시연구, 2003. 12.

안경옥, "명예훼손죄의 '공연성' 해석의 재검토", 형사판례연구, 제13호, 2005.

오병두, "컴퓨터 등 사용사기죄의 입법경과와 입법자의 의사", 형사법연구, 제19권 제1호, 2006.

오영근, "명예훼손죄의 공연성", 형사판례연구, 제1호, 1993.

윤영철, "'사이버모욕죄'에 대한 비판적 소고", 과학기술법연구, 제14집 제2호, 2009.

윤해성, "형법 체계상의 공연성", 형사정책연구, 제20권 제1호, 2009.

이정원, "사이버 공간에서의 명예훼손에 대한 형법적 규제", 중앙대 법학논문집 제32집 제1호, 2008.

______, "인터넷 음란물에 대한 ISP의 형사책임에 관한 연구", 중앙법학, 제6집 제2호, 2004.

이정훈, "컴퓨터 등 장애 업무방해죄의 성립요건", 비교형사법연구, 제8권 제1호, 2006.

임웅, "법의 흠결과 형법의 유추해석 금지", 형사법연구, 제21호, 2004.

임지봉, "대법원의 음란성 판단기준에 대한 비판적 검토 – 김인규 교사사건 판결에 대한 분석을 중심으로–", 민주법학, 통권 제29호, 2005.

임현, "허위의 클릭정보 전송과 컴퓨터 등 장애업무방해죄의 성부", 수사연구 2009. 8.

정영진, "신용카드범죄의 유형과 제재", 재판자료 제64집, 법원행정처, 1994.

정완, "사이버명예훼손 피해의 심각성과 법적 대응방안", 피해자학연구, 제16권 제2호, 2008.

정완, "사이버모욕죄 신설에 관한 고찰", 법과 정책연구, 제9집 제1호, 2009.

정현미, "인터넷상 음란정보 전시 및 링크의 형사책임", 형사판례연구, 제12호, 2004.

조현욱, "명예훼손죄에 있어서 공연성의 의미와 판단기준", 법학연구, 제32집, 2008.

진동혁, "음란한 부호 등이 전시된 웹페이지에 대한 링크행위가 그 음란한 부호 등의 전시에 해당하는지 여부", 정보법 판례백선 I, 2006.

최관호, "사이버모욕죄 도입에 대한 비판 : 보충성의 원칙과 표현의 자유와 관련하여", 민주법학, 통권 제39호, 2009.

하태훈, "현금자동인출기 부정사용에 대한 형법적 평가", 형사판례연구, 박영사, 제4권, 1996.

황병돈, "컴퓨터로 스캐닝한 이미지파일의 문서성 및 인터넷 블로그상 비공개 대화방내에 이루어진 일대일 비밀대화가 명예훼손죄에 있어서 공연성이 인정될 것인지 여부 등", 고시계, 2009. 9.

황병하, "인터넷상의 '링크(link)와 전시(展示)의 관계", 민형사 실무연구(서울 북부지방법원 승격논문집), 2004.

제 3 절
사이버범죄와 디지털수사 *

제 1 서

전 세계가 정보화사회에 진입하면서 컴퓨터범죄 또는 사이버범죄와 같은 새로운 유형의 범죄가 등장하였고, 기존의 범죄도 컴퓨터와 같은 정보기기를 이용하거나 인터넷과 같은 네트워크 망을 통해 이루어지기 시작하였다. 이러한 새로운 유형의 범죄의 등장과 기존의 범죄의 변화는 수사기관에게는 새로운 도전이 되어 이제 수사기관은 오프라인세계에 대한 이해뿐만 아니라 온라인 세계에 대한 이해가 필요한 상황이 되었다.

또한 기술의 발달과 더불어 컴퓨터의 광범위한 사용 및 인터넷의 보급은 최근에 형사소송법이 예상하지 못한 새로운 종류의 증거들을 만들어 내고 있다. 소위 디지털 증거, 전자증거, 또는 컴퓨터 증거들은 비단 증거능력과 같은 증거법의 영역에서만이 아니라 이러한 증거를 수집하는 절차, 증거조사 절차 등 광범위한 영역에서 기존의 형사소송법이 유형물을 예정하여 마련하여 놓은 규범들에 대하여 재검토를 요구하게 되었다.[1)]

본고에서는 기존의 형사소송법이 미처 예측하지 못했던 새로운 형태의 증거 즉 오직 0과 1로만 이루어진 디지털증거에 대하여 살펴보고 이를 수집하고 분석하는 업무를 담당하는 디지털포렌식 즉 디지털수사에 대해 알아보고자 한다.

제 2 디지털증거

Ⅰ. 디지털증거의 의의

디지털증거는 "디지털형태로 저장되거나 전송되는 증거가치 있는 정보"[2)]를 말한

---

* 최성진: 대검찰청 디지털수사담당관.

1) 이윤제, "디지털 증거의 압수수색과 증거능력", 형사법의 신동향, 통권 23권, 2009. 12, 171.

다. 즉 디지털증거는 저장방식이 0과 1로 이루어진 이진수 방식의 저장매체와 별개인 정보이고, 증거로서의 가치를 가지고 있는 정보이다. 물론 컴퓨터 증거라는 표현을 사용하기도 하고는 있지만 컴퓨터 외의 정보처리장치에 디지털형태로 저장되는 정보도 포함된다는 점에서 디지털증거라고 하는 것이 나을 듯 하다.

현행 형법은 '전자기록'이라는 용어를 사용하고 있으나, 전자기록은 전자적 · 자기적 방식으로 작성되어 정보처리에 이용되는 전자적 자료를 말하는 것으로 디지털 형태로 저장되는 정보 이외에도 아날로그 방식으로 저장되는 정보도 포함한 개념이다.

Ⅱ. 디지털증거의 특징

1. 매체독립성

디지털증거는 유체물이 아니고 각종 디지털저장매체에 저장되어 있거나 네트워크를 타고 전송 중인 정보 그 자체이다. 따라서 이 정보는 값이 같다면 어느 매체에 저장되어 있든지 동일한 가치를 가진다. 이러한 점에서 다른 증거물과 달리 저장매체와 독립되어 있는 특성을 가진다.

2. 비가시성, 비가독성

디지털 저장매체에 저장된 디지털증거 그 자체는 사람의 지각으로 바로 인식할 수 없고, 반드시 일정한 변환절차를 거쳐 모니터 화면으로 출력하거나 프린터를 통하여 인쇄된 형태로 출력되었을 때 비로소 가시성과 가독성을 가지게 된다.

3. 취약성

디지털증거는 삭제와 변경 등이 용이하다. 하나의 명령만으로 하드디스크 전체를 포맷하거나 특정 파일을 삭제하거나 변경시킬 수 있고 자료의 일부만 용이하게 변경시킬 수도 있다. 또한 증거수집, 보존, 분석과정에서 각종 소프트웨어나 장비들이 사

2) Digital Evidence : Information of probative value stored or transmitted in digital form. 1998년 미국 법무부, 마약수사청, 연방수사국, 국세청 범죄수사단, 관세청, 항공우주국 등 연방기관의 증거분석 연구소들을 중심으로 구성된 디지털증거에 관한 과학실무그룹(Scientific Working Group on Digital Evidence)에서 정의한 것이다. 처음에는 'binary form'이라고 하였다가 나중에 'digital form'으로 변경하였다고 한다. 여기서 디지털증거에는 컴퓨터 증거, 디지털 오디오, 디지털 비디오, 핸드폰, 디지털 팩스 기계 등이 포함된다고 한다. Carrie Morgan Whitcomb, "*An Historical Perspective of Digital Evidence: A Forensic Scientist's View*", International Journal of Digital Evidence, 2002. (이윤제, "디지털증거의 압수 · 수색과 증거능력", 형사법의 신동향, 제23호, 2009. 12, 171에서 재인용)

용되게 되는데 이 경우 인위적인 조작 뿐만 아니라 의도하지 않았다 하더라도 시스템 작동과정에서 필연적으로 시스템 내의 많은 파일들에 변화가 일어나는 경우가 있다.

4. 대량성

저장기술의 비약적 발전으로 인하여 점차 방대한 분량의 정보를 하나의 저장매체에 모두 저장할 수 있게 되었다. 특히 회사의 업무처리에 있어 컴퓨터의 사용은 필수적인 것이고, 회사의 모든 자료가 컴퓨터에 저장되게 된다. 특히, 다중이 공동으로 사용하는 서버의 경우에는 하나의 저장매체 또는 시스템인 경우라도 압수대상이 되는 특정인의 자료만 저장 또는 전송되는 것이 아니라 범죄와 관련없는 수많은 사람들의 데이터가 저장 또는 전송되는 것이 통상적이어서 압수수색의 범위와 관련된 법적 문제가 발생될 수 있다.

또한, 대량의 데이터가 저장, 처리, 전송되는 만큼 저장매체를 압수하여 분석하는데 보다 강력한 성능을 가진 시스템이 필요하고 장기간의 시간과 전문적인 지식이 소요되는 경우가 많이 발생한다.

Ⅲ. 디지털증거의 분류

1. 생성과정에 따른 분류

디지털증거는 사람에 의한 처리과정의 유무에 따라 컴퓨터에 저장된 기록과 컴퓨터에 의하여 생성된 기록으로 나뉜다.[3)]

(1) 컴퓨터에 저장된 기록 (Computer-stored record)

컴퓨터에 저장된 기록은 사람이 작성한 것을 컴퓨터에 저장한 기록으로 주로 문서파일, 이메일, 인터넷 채팅기록 등이 이에 해당한다. 피의자나 수사관과 같은 인격적 주체가 자신의 진술이나 주장을 담은 디지털증거일 수 있기 때문에 전문법칙의 적용여부가 문제된다.

(2) 컴퓨터에 의하여 생성된 기록 (Computer-generated record)

컴퓨터에 의하여 생성된 기록은 사람의 의도적인 행위가 없이 컴퓨터 프로그램에

---

3) 연방법무부의 디지털증거에 관한 매뉴얼이라고 할 수 있는 'Searching and Seizing Computers and Obtaining Electronic Evidence in Criminal Investigations' 에서도 전문법칙의 적용 여부를 판단할 때 생성과정에 따른 분류 방식을 사용하고 있다.

의하여 자동으로 생성된 것으로 주로 로그와 같은 컴퓨터 운용기록과 웹히스토리, 통화기록, 입출금내역 등이 이에 해당한다.

컴퓨터 프로그램과 같은 비인격적 주체가 생성한다는 점에서 직접증거이며 전문법칙의 적용을 받지 않는다고 한다.

2. 존재형식에 따른 분류

또한, 디지털증거는 그 존재 형식에 따라 휘발성 증거, 매체에 저장된 증거, 전송 중인 증거로 구분할 수 있다.

(1) 휘발성 증거

휘발성 증거는 하드디스크, 휴대용 메모리 등과 같은 저장매체에 고정적으로 저장되어 있는 것이 아니라 특정한 프로그램이 실행될 때에만 임시적으로 저장되어 있다가 프로그램이 종료되거나 하드웨어 전원이 꺼지면 사라지는 데이터를 말한다.

휘발성 증거는 압수수색과정에서 파일 형태로 별도 저장되거나 사진촬영 등의 방법으로 수집된다.

(2) 매체에 저장된 증거

매체에 저장된 증거는 하드디스크, 휴대용 메모리 등 디지털저장매체에 저장된 디지털증거를 말하고 위 디지털증거는 영구적이지는 않지만 인위적인 손상을 가하지 않는 한 저장된 상태를 지속적으로 유지하는 특성을 가지고 있다.

디지털증거를 저장하는 디지털저장매체로는 PC, USB, 플래쉬메모리, 외장하드, 플로피디스켓 등, CD, DVD, 자기테이프, 회사 등에서 사용하는 대용량 서버(전자메일, 전자결재, 회계자료, 영업자료 등 디지털정보 저장장치), 정보통신사업자(ISP)가 운영하는 웹서버(웹메일, 웹하드, 블로그, 홈페이지, 인터넷 채팅 메신저 등) 등이 있다.

(3) 전송 중인 증거

네트워크를 타고 전송 중에 있는 증거이다. 이 증거는 현재 저장되어 있지 않고 움직이는 증거라는 점에서 저장매체에 저장된 디지털증거와 다르며 통신비밀보호법에 의해 규율된다.[4]

4) 이윤제, "디지털 증거의 압수 · 수색과 증거능력", 형사법의 신동향, 제23호, 2009. 12, 173.

Ⅳ. 디지털증거의 압수·수색

1. 여러 가지 쟁점들

앞에서 본 바와 같은 디지털증거의 특성은 압수, 수색 절차와 관련하여 여러 가지 문제점을 제기한다. 먼저 매체독립성 및 비가시성, 비가독성의 특성은 기존의 압수, 수색이 유형물을 대상으로 하고 있었던 점에 비추어 디지털증거 그 자체가 압수수색의 대상이 될 수 있는지, 압수수색의 방법은 어떠해야 하는지가 문제되게 하는데 후자의 문제는 특히 네트워크 관련성과 결합할 경우에 더욱 복잡한 양상을 띠게 된다.

2. 디지털증거의 압수수색 대상 여부

현행 형사소송법 제219조에 의해 준용되는 제106조 제1항은 『법원은 필요한 때에는 증거물 또는 몰수할 것으로 사료되는 물건을 압수할 수 있다.』라고만 규정하여 이를 엄격히 해석하면 물건이 아닌 정보는 압수수색의 대상이 아닌 것처럼 되어 있어 디지털증거 자체가 압수·수색의 대상이 될 수 있는지에 대해 논란의 여지가 있다. 우선 각국의 사례를 살펴보고 이어서 우리나라에서의 논의가 어떻게 전개되고 있는지 알아보도록 한다.

(1) 각국의 사례

(가) 미 국

미국의 경우 원래 미 연방형사소송규칙 제41조 (a)는 압수수색의 대상이 되는 물건(property)은 '서류, 책, 서면 그리고 그 밖의 만져질 수 있는 목적물'이라고 규정하고 있어서 이 경우 디지털증거와 같이 만져질 수 없는 목적물(intangible objections)이 과연 압수·수색의 대상이 될 수 있는가에 대한 논란이 있었다.

이에 대해 미 연방 제6 항소법원은 1977. 10. 7. Michigan Bell Telephone Company v. U.S. 사건에서 '연방형사소송규칙 제41조의 물건(property)에 대한 규정은 한정적이고 열거적인 규정이 아니며,[5] 기술의 발전으로 만져질 수 없는 목적물에 대하여도 압수가 가능해 졌기 때문에, 법원은 동 규정을 (만져질 수 없는 목적물)을 비롯한 다른 형태의 목적물에도 적용시켜야 한다'라고 판시[6]하여 디지털증거와 같은

---

5) We do not construe the definition to be all inclusive.

6) Common sense dictates that, as technology makes possible the seizure of intangibles, the courts should not limit the scope of Rule 41, but rather we should interpret the rule so as to effectuate its

정보(information)도 압수수색의 대상이 될 수 있다고 해석하였다.[7] 그러면서 위 법원이 위 규정의 명확한 한계에도 불구하고, 위와 같이 폭넓게 압수수색의 대상을 인정한 근거로 상식(comme sense)를 들고 있는 것이 매우 흥미롭다.

그 후 미국은 위와 같은 법원의 태도를 받아들여 연방형사소송규칙 제41조를 개정하여 정보(information)도 압수 · 수색의 대상이 됨을 명시함으로써 논란의 소지를 없앴다.[8]

(나) 일 본

일본의 경우 기록명령부 압수제도, 제110조의 2에서 전자적 증거의 압수의 방법을 구체적으로 기재하여 입법적으로 해결하려고 노력하고 있다. 형사소송법 개정안 제99조의 2는 "재판소는 필요한 때에는 기록명령부 압수(전자적 기록을 보관하는 자, 그 외 전자적 기록을 이용할 권한을 갖는 자에게 필요한 전자적 기록을 기록매체에 기록하거나 인쇄한 후 당해 기록매체를 압수하는 것을 말한다)를 할 수 있다"고 규정하고 있다. 일본은 유럽평의회의 사이버범죄 방지조약에 가입하였고, 국회에 비준안이 제출, 통과되어 승인되었기 때문에 위와 같이 사이버범죄 방지조약 제18조를 반영하여 개정안을 만든 것이다.

(다) 영 국

영국의 경우 가옥에의 침입, 침입 후의 수색, 압수권한을 영장판사가 부여하는 것으로 하여[9] 전자적 형태로 저장된 정보 및 컴퓨터 디스크 또는 기타 전자적 정보의 기록장치 (store device)를 압수대상으로 하는 것을 명문으로 규정하고 있다(동 s32).

(라) 유럽평의회 사이버범죄 방지조약

유렵평의회 사이버범죄방지조약에는 제19조의 저장된 컴퓨터 자료의 수색 및 압수라는 조항을 통하여 저장된 디지털증거에 대한 압수수색 방법을 제시하고 있다.

(2) 우리나라에서의 학설의 대립

(가) 긍정설

현행 형사소송법이 압수의 대상을 '증거물' 또는 '몰수물'로 규정하고 있을 뿐 '유

---

purpose.

7) Michigan Bell Tel. Co. v. U.S. 565 F.2d 385 (6th Cir. 1977), p377. 동 판례는 구두 통신(oral communications)에 대한 압수수색에 관한 선례로서 Katz v. U.S. 389 U.S. 347, 355-56, 88 S. Ct. 507, 19 L. Ed2d 576 (1967), Osborn v. U.S, 385 U.S. 323, 329-30, 87 S.Ct. 429, 17 L.Ed 2d 394 (1966)를 소개하고 있다.

8) Property includes documents, books, papers, any other tangible objects, and information.

9) Police and Criminal Evidence Act, 1984, s 19.

체물'로 한정하지도 않을 뿐만 아니라 법률상 물건에는 '유체물'외에 '관리가능한 자연력'도 포함되는데 디지털증거는 배타적으로 관리가능하기 때문에 '관리가능한 자연력'도 포섭될 수 있다는 견해이다.[10] 또한 이 견해에 따르면 기업의 영업계속성 보호라는 측면에서도 디지털증거 자체가 압수수색의 목적물이 되어야 한다고 주장한다. 왜냐하면 디지털증거에 대하여 압수 · 수색이 불가능하다면, 수사기관의 입장에서는 회사 서버시스템에 저장되어 있는 디지털증거만 압수할 수 없어 시스템 전체를 압수할 수 밖에 없게 되고 이는 필연적으로 기업활동에 커다란 피해를 야기하기 때문이라는 것이다.[11]

이외에 디지털증거는 컴퓨터 하드디스크 등 저장매체에 저장되어 있으나 일정한 용지에 출력을 하게 되면 물리적으로 관리 가능한 유체물이 되기 때문에 디지털증거와 저장매체를 일체로 파악하면 디지털증거에 대한 압수는 결국 유체물의 압수와 동일하게 볼 수 있다는 견해[12]도 있다.

(나) 부정설

현행 형사소송법이 압수의 대상을 '증거물' 또는 '몰수물'에 대하여 '유체물'에 국한하고 있기 때문에 유체물이 아닌 디지털증거는 압수 · 수색이 불가능하다는 입장[13]이다. 시민의 자유를 보장하기 위해 형사소송법에 의한 강제력의 사용은 엄격히 제한하여야 하므로 무리한 유추해석은 허용될 수 없다는 것이 부정설의 근거이다. 다만, 이 견해도 현실적으로 디지털증거의 압수수색의 필요성을 인정하여 '전자기록 그 자체가 데이터를 저장하고 있는 유체물인 경우 그 압수의 필요성이나 적법성을 일률적으로 부정할 수는 없으므로 현행법 해석상 데이터의 압수가 결국 유체물의 압수로 볼 수 있는 경우에는 그 유체물의 압수를 통한 데이터의 압수를 긍정하지 않을 수 없다'고 보고 있다. 즉 당해 범죄행위와 관련된 자료만이 저장되어 있는 디스크 등 컴퓨터 장비는 그것이 당해 데이터와 일체 불가분으로 결합되어 있으므로 그 컴퓨터 장비는 형사소송법 제219조, 제106조의 증거물 또는 몰수물에 해당하나, 당해 범죄행위와 유관한 자료와 무관한 자료가 함께 저장된 경우에는 컴퓨터 장비는 일체 불가분으로 결합되어 있지 않으므로 압수의 대상이 될 수 없다는 견해이다.

---

10) 노승권, "컴퓨터 데이터 압수, 수색에 관한 문제", 검찰 통권 제111호, 2000, 280, 장상귀, "디지털증거의 증거능력에 관한 연구", 법학실무연구회, 2009, 232.

11) 장상귀, 전게서, 232.

12) 노승권, '컴퓨터 데이터 압수수색에 관한 문제, 검찰통권 제111호, 2000, 280.

13) 오기두, '형사절차상 컴퓨터 관련 증거의 수집 및 이용에 관한 논문', 서울대학교 대학원 박사학위논문, 1997, 77.

제 3 디지털포렌식(digital forensics)

Ⅰ. 포렌식(forensics)

통상 법의학 또는 법과학으로 번역되는 포렌식(forensic)은 포렌식스(forensics) 즉, 포렌식 사이언스(forensic science)가 정확한 표현이라 할 수 있다. 포렌식은 라틴어 forensis에서 유래된 말로 forensis는 '광장의 또는 광장앞에서 (of or before the forum)'라는 뜻의 형용사이다. 로마시대에서의 재판이 광장에서 이루어졌다는 점에서 재판에 이용되는 과학적 지식이라는 의미가 함축되어 있는 용어로 생각된다.

재판에서 활용될 수 있는 과학적 지식이 과학의 분야 만큼이나 많을 수 있다는 점에서 포렌식은 여러 가지 종류가 있을 수 있는데 이를 나열해 보면 다음과 같은 것이 있다.

① 계산법과학(computational forensics)
② 법인류학(forensic anthropology)
③ 법고고학(forensic archaeology)
④ DNA 분석(forensic DNA analysis)
⑤ 법곤충학(forensic entomology)
⑥ 법지질학(forensic geology)
⑦ 법치학(forensic odontology)
⑧ 법의학(forensic pathology)
⑨ 법심리학(forensic psychology)
⑩ 디지털 포렌식(digital forensic)

이러한 포렌식 분야에서 가장 최근에 나타난 것이 바로 디지털 포렌식 이라 할 수 있다.

Ⅱ. 디지털포렌식

앞에서 살펴본 것 처럼 디지털증거는 일반적으로 복사가 쉬울 뿐 아니라 원본과 복사본의 구분도 어렵고 조작 및 생성, 전송, 삭제가 매우 용이하다. 따라서 디지털증거가 법적 증거력을 가지기 위해서는 자료의 수집, 보관, 분석, 보고에 이르는 전 과정에 특별한 절차와 방법이 있어야 한다.

디지털포렌식은 컴퓨터포렌식이라고도 하는데 디지털증거의 수집과 분석에 관한 일련의 절차와 기술을 통칭하는 개념으로서 디지털증거에 대한 과학적인 조사와 기술적 기법을 다루는 분야로서, 일반적으로 컴퓨터 시스템이나 디지털 기기로부터 디지털자료를 수집하는 단계로부터 이를 분석하고 분석된 자료에 대한 보고서를 작성하고 증거를 보존하는 일련의 과정으로 이루어진다.

1984년 초, FBI 등 수사기관들이 디지털증거 분석 체계 구축을 위한 사업을 시작하였다. 그때까지 단발적으로 이루어졌던 디지털증거 분석요구가 점차 증가함에 따라 FBI는 CART 즉 컴퓨터 분석대응팀(Computer Analysis and Response Team)을 만들었다. 그 후 1991년 오레곤(Oregon)주 포틀랜드(Portland)에서 열린 국제컴퓨터전문가협회(International Association of Computer Specialists, IACIS)에서 컴퓨터포렌식(computer forensics)이라는 용어가 처음 만들어지게 되었다.[14)]

제 4 디지털증거의 증거능력

Ⅰ. 서

디지털증거의 증거능력에 대한 논의가 우리나라에서는 그다지 활발하게 진행되지 못하고 있다가 최근 몇 년 사이 점차 논의가 활발해 지고 있는 느낌이다. 물론 한편 생각해 보면 디지털증거 뿐만 아니라 증거능력을 포함한 증거법에 대한 연구 및 논의는 거의 없다고 해도 과언이 아니다. 물론 이에 대해 조서나 영상조사물의 증거능력에 대한 활발한 논의가 있다 라고 항변하는 분도 계시겠지만, 그 논의가 시작된 계기가 사법개혁이라는 정치적 구호였다는 점 때문인지 치밀하고 정교한 이론적 논쟁보다는 기관간의 견해 차이가 더 부각되었던 점도 부인하기 어렵다.

또한 '무엇이 사실인가'에 대한 사실확정자(fact-finder)가 국가기관(사법경찰, 검사, 판사)인 우리나라 형사절차에 있어서 증거법을 논할 때 아무런 고려 없이 사실확정자(fact-finder)가 일반국민(즉 배심원)인 미국의 증거법을 무분별하게 도입하는 시도도 그다지 바람직해 보이지 않는다.

---

14) Judge Mohamed Chawki, The digital Evidence in the Inforamtion Era, Computer Crime Research Center, 2004. 3. 10.

따라서 본고에서는 이를 철저히 나누어 기술하고 앞으로 한국에서의 디지털증거의 증거능력 논의를 어떻게 발전시켜 나가야할 것인지에 대한 방향성을 제시하는 것으로 글을 마감할까 한다.

Ⅱ. 미국에서의 디지털증거의 증거능력[15]

1. 원 칙

디지털증거의 경우도 다른 증거와 마찬가지로 디지털증거도 관련성, 진정성 그리고 전문법칙의 이슈들이 문제가 된다. 따라서 디지털증거는 관련성과 진정성이 인정되면 전문법칙의 예외에 해당하지 않는 한 증거능력이 있다고 볼 수 있다.

2. 관련성 (relevance)

관련성은 미국 증거법의 출발이자 가장 기본이 되는 개념이다. 이를 한 문장으로 나타내면 'does the evidence help? (그 증거가 도움이 되니?)이다. 즉, (사건, 사건해결, 사실확정에) 도움이 되는 또는 관련이 있는 증거는 그 증거형태가 어떤 형태이든 간에 증거능력이 있다는 것이 미국 증거법의 대원칙인 것이다.

어떠한 증거가 어떤 사건의 중요한 사실이 있었다는 것 또는 그러한 사실이 없었다는 것을 입증하는데 도움이 된다면 원칙적으로 증거능력이 인정된다. 연방증거법 제401조는 모든 관련성이 있는 증거는 허용된다(all relevant evidence is admissible)이라고 명시하고 있다. 또한 연방증거법은 친절하게도 관련성이 있는 증거(relevant evidence)가 어떤 것인지 명시하고 있는데 이를 보면 '그러한 증거가 없을 때 보다 그 행위를 하게 된 중요한 어떠한 사실이 존재하였을 개연성을 높이거나 낮추게 하는 경향을 가진 증거[16]'라고 하고 있다.

증거의 관련성을 규정한 위 미국 연방증거규칙은 증거의 관련성을 결정하는 2가지 기준을 제시하고 있다. 우선, '증거는 반드시 그것이 증명하고자 하는 명제를 입증할 수 있는 가치'가 있어야 한다. (the evidence must be probative of the

15) 미국에서의 디지털증거의 증거능력은 주로 미 연방법무부의 디지털증거에 관한 매뉴얼인 'Searching and Seizing Computers and Obtaining Electronic Evidence in Criminal Investigations'를 많이 참조하였다. 위 매뉴얼은 미연방법무부 컴퓨터 범죄 및 지적 재산권부의 웹사이트인 www.cybercrime.org에서 다운로드 받을 수있다.

16) evidence having any tendency to make the existence of any fact that is of consequence to the determination of the action more or less probable than it would be without the evidence.

propostition it is offered to prove) 다음으로 '그 증거로 입증하고자 하는 명제는 그 행위에 이르는 결정에 중요한 것이어야 한다. (the proposition to be proved must be one that is of consequence to the determination of the action) 후자의 중요한(of consequence)의 의미는 요증사실과 증거의 중요성(materiality)을 뜻하는 것이다.[17]

따라서 디지털증거 역시 증거능력이 인정되기 위해서는 사건과 관련성이 있어야 한다.

다만 아무리 사건과 관련성이 있는 증거라 하더라도 일정한 예외가 있다. 즉 연방증거법 제403조에 의하면 아무리 관련성이 있는 증거라 하더라도 그 증거가 부당한 편견을 유발하거나, 쟁점을 흐리게 하거나, 배심원을 잘못 인도(誤導)하거나, 부당하게 절차를 지연시키거나, 시간을 낭비하게 하거나, 다수의 증거를 불필요하게 제출하는 등의 폐해가 그 증거가치를 능가할 때[18] 그 증거는 증거능력이 없다고 한다.

3. 진정성 (authenticity) 또는 동일성 (identity)

진정성 또는 동일성을 한 문장으로 나타내면 "it it what you say it is?" (그 것이 너가 말한 그 것이야?)이다. 디지털증거를 증거로 제출하기 전에 그 제출자는 그 증거가 진정하다는 것을 나타내 주어야 한다 (the proponent must show that it is authentic). 미국 연방증거규칙 제901조 (a)는 '증거로 채택되기 위한 조건으로서 그 진정성 또는 동일성이 인정되기 위해서는 제출된 증거가 증거의 제출자가 주장하는 것과 같다는 것을 입증하기 충분한 증거에 의해 만족되어야 한다.'고 규정하고 있다.[19]

증거제출자가 반드시 그 증거가 진정하고 변경되지 않았다는 점을 아무런 의심없이 증명해야 할 필요는 없으며,[20] 증거의 신뢰성(the reliability of the evidence)을 검증하기 위하여 상대방의 반대신문에 의하여 검토의 대상이 될 정도의 기준 정도만 충족하면 되는 것이다.[21]

---

17) 오재두, 전게서, 141쪽.

18) probative value is substantially outweighed by the danger of unfair prejudice, confusion of the issues, or misleading the jury, or by considerations of undue delay, waste of time, or needless presentation of cumulative evidence.

19) The requirement of authentication or identification as a condition precedent to admissibility is satisfied by evidence sufficient to support a finding that the matter in question is what its proponent claims.

20) U.S. v. Gagliardi, 506 F.3d 140, 151 (2d Cir. 2007).

이러한 점에서 authenticity를 무결성이라고 번역하고 '디지털증거는 다른 증거와 달리 훼손, 변경이 용이한 특성으로 인하여 최초 증거가 저장된 매체에서 법정에 제출되기까지 변경이나 훼손이 없었다는 점을 수사기관은 입증해야 한다'는 식의 설시는 자칫 범죄입증과 같은 수준의 높은 기준을 충족해야 하는 것으로 오해할 소지가 있다고 생각한다.

일단 증거가 이러한 낮은 문턱의 진정성 기준을 넘어 증거능력을 인정받게 되면, 그 다음 그 증거가 어느 정도로 믿을 수 있느냐에 대한 것은 사실확정자(fact finder)의 몫인 것이다.[22)]

다른 일반적인 증거와 마찬가지로 디지털 증거의 진정성립은 다양한 방법으로 증명할 수 있다. 즉 증거제출자는 다양한 방법으로 진정성립 또는 압수된 원본과 그 출력물 사이의 동일성 여부의 확인의 인정을 뒷받침하기에 충분한 증거를 제출하기만 하면 된다. 미국 연방증거규칙 제901조 (b)에서는 그 진정성을 어떻게 획득할 수 있는지에 대한 방법을 예시적으로 규정하고 있다.[23)]

---

21) Lorrainge v. Markel American Ins. Co., 241 F.R.D. 534, 544(D. Md. 2007).

22) U.S. v. Ladd, 885 F.2d 954, 956(1st Cir. 1989).

23) (b) 예시(illustrations): 다음은 이 법에 의한 진정성 또는 동일성 확보를 위한 예시로서, 이 방법에 한정되지 않는다.

(1) 사실을 알고 있는 증인의 증언. 법정에서 당사자가 주장하며 제출한 것이 바로 그것이라는 증언.

(2) 필적(handwriting)에 대한 비전문가의 의견. 소송을 목적으로 하여 알게된 것이 아닌, 익히 알고 있는 사실에 근거한 필적의 진정성에 대한 비전문가의 의견

(3) 사실인정자(trier of fact)나 전문가 증인(expert witness)에 의한 비교. 진정성이 입증된 동종 자료를 가지고 사실인정자나 전문증인이 한 비교

(4) 독특한 특성과 이에 유사한 것(distrinctive charateristic and the like). 정황과 함께 채택된 외관, 내용, 실질, 내부적 패턴이나 다른 독특한 특성

(5) 음성의 동일성시기를 불문하고, 화자라고 주장되는 사람의 음성이라고 판단되는 상황 하에서 직접 청취하거나, 기계적 혹은 전자적 전달이나, 녹음에 의한 것을 들은 경우, 그 음성을 청취한 자의 음성의 동일성에 대한 의견

(6) 전화대화에 있어서 (A) 개인의 경우, 예를 들면 전화를 받은 상대방이 자신의 이름을 말하는 경우와 같이 그 정황이 전화에 응답한 사람이 전화를 건 사람이 전화통화를 원하였던 사람이라는 것을 나타내는 때 (B) 기업의 경우에는 전화가 영업장소로 발신되었고, 사업과 관련된 대화가 전화로 합리적으로 진행된 때에, 그 시점에서, 전화회사에 의해 부여된 특정한 사람이나 기업에 대한 전화번호로 전화를 하였다는 증거

(7) 공적 기록이나 보고서 법에서 기록이나 기록보존을 하도록 규정되고, 공공기관에서 실제로 기록하거나 보존한 서면이라는 증거, 또는 문제되는 공적 기록, 보고서, 진술, 자료 모음이 그 형태를 불문하고, 그와 같은 종류의 자료들을 보존하는 공공기관에서 나왔다는 증거

(8) 오래된 서류나 자료 모음. 서류나 자료 모음 등 그 형태를 불문한 것이,

(A) 진정성에 관하여 의심의 여지가 없는 상태에 있고,

(B) 진정한 것이라면 있어야 할 곳으로 보이는 장소에서 발견되었으며,

(C) 제출된 일시로부터 20년 이상 존재하고 있었다는 것을 입증하는 증거

(1) 컴퓨터에 저장된 증거의 진정성

사람에 의하여 작성되어 컴퓨터에 저장된 기록의 진정성을 인정받기 위한 기준은 다른 종이기록과 다를 것이 없다. 물론 컴퓨터 기록(전자증거-electronic evidence)의 경우 더욱 엄격한 진정성 기준을 요구해야 한다는 주장이 없었던 것은 아니나, 미국의 법원은 이러한 주장을 받아들이지 않고 있다.[24)]

일반적으로, 컴퓨터 기록의 진정성에 대해 증언을 하는 증인에게 특별한 능력을 요구하지는 않는다. 대부분의 경우 문서 작성에 사용된 컴퓨터 프로그램을 직접 프로그래밍할 필요가 없으며, 그 컴퓨터의 유지나 기술적인 작동(the maintenance and technical operation of the computer)을 이해할 필요도 없다.[25)] 대신 그 증인은 단지 관련성 있는 사실(relevant facts) 즉 그 데이터가 무엇이며 그것이 컴퓨터로부터 어떻게 얻어진 것인지 그리고 증인의 사업(the witness's business)이 그 데이터에 어떻게 의존하고 있는지 등에 대해 직접 알고 있으면 되는 것이다.[26)]

연방증거규칙 제901조 (b)는 진정성을 확보하는 방법에 대해 예시하고 있다. 위 규정에 열거된 방법 중에 컴퓨터 기록과 관련하여 유용하게 사용될 수 있는 방법이 있다.

예를 들어 연방증거규칙 제901조 (b)(1)항은 증거는 주장되는 쟁점에 대해 알고 있는 사람(a person)에 의해 진정성이 인정될 수 있다고 규정하고 있다. 따라서 피고인과 컴퓨터를 이용한 통신을 한 증인이나 비밀수사요원(undercover agent)은 법정에 제출된 해당 증거가 당시 통신한 내용 그대로라고 증언함으로써 이메일과 채팅 로그기록의 진정성을 인정받게 할 수 있다.[27)] 또한 우체국에서의 컴퓨터 기록의 진정성은 우체국 감사관이 컴퓨터 기록이 어떤 절차로 산출되는지 증언함으로써 인정받을

---

(9) 절차나 시스템. 결과물을 산출하는데 이용하는 절차나 시스템을 기술하는 증거와 그 절차나 시스템이 정확한 결과를 산출한다는 것을 보여주는 증거

(10) 법규나 법률에 의하여 규정된 방법. 의회의 법률이나, 법에 따라 대법원의 권한 하에 제정된 다른 규칙에 의한 진정성이나 동일성 인정 방법

24) U.S. v. Simpson, 152 F.3d 1241, 1249-50 (10th Cir. 1998). 인터넷 채팅룸에서의 대화기록에 대하여 연방증거법규칙 제901조 (a)를 그대로 적용해야 한다고 판시 In re F.P., 898 A.2d 91, 95-96 (Pa. Super. Ct. 2005) 인스턴트 메시지와 같은 전자 통신(electronic communications)의 증거능력 부여에 대해 일반 원칙과 다른 규칙(unique rules)을 적용해야 할 법적 정당성(justification) 을 발견하지 못한다면서 다른 서류와 마찬가지로 그 서류들의 관련성(relevancy)과 진정성(authenticity)의 인정근거는 사건마다 결정해야 한다고 판시 (they are to be evaluated on a case-by-case basis as any other document to determine ...).

25) U.S. v. Salgado, 250 F.3d 438, 453 (6th Cir. 2001). 컴퓨터에 의해 생성된 기록 (computer-generated records)의 진정성을 인정받기 위하여 반드시 컴퓨터 프로그래머가 증언할 필요는 없다고 판시 U.S. v. Moore, 923 F.2d 910, 914-5 (1st Cir. 1991). 은행의 소비자 대부과장(head of bank's consumer loan department)은 디지털화된 대부기록의 진정성에 대해 증언할 수 있다고 판시.

26) U.S. v. Witaker, 127 F.3d 595, 601 (7th Cir. 1997).피고인의 컴퓨터가 압수될 때 현장에 있었던 FBI 수사관은 압수된 파일들의 진정성에 대해 증언할 수 있다고 판시.

27) U.S. v. Galiardi, 506 F.3d 140, 151 (2d Cir. 2007).

수 있다.[28)]

연방소송규칙 제901조 (b)(3)항은 사실확정자 (fact finder or trier of fact) 또는 전문가가 해당 증거를 이미 진정성이 인정된 다른 견본(specimens)과 비교함으로써 그 진정성을 인정받을 수 있다고 규정하고 있다. 예를 들어 명확하게 누구의 것인지 알지 못하는 이메일은 독립적으로 진정성을 인정받은 다른 이메일과 비교함으로써 진정성을 인정받을 수 있다.[29)]

연방소송규칙 제901조 (b)(4)항은 증거는 "내용(contents), 실질(substance), 내부적 형식(internal patterns) 또는 다른 것과 구별되는 특징(other distinctive characteristics)"에 의하여 그 진정성이 인정될 수 있다고 규정하고 있다. 예를 들어 이메일은 피고인의 다른 이메일 주소, 피고인이 익숙한 이메일내의 정보, 그 이메일에 피고인의 별명이 사용되고 있는지 여부 등 정황증거(circumstantial evidence)에 의하여 그 진정성이 인정될 수 있다.[30)] 이메일의 다른 것과 구별되는 특징(distinctive characteristics)에는 속칭 골뱅이 기호인 @, 그 이메일과 연결된 사람의 이름이 포함된 이메일 주소, 이메일의 To, From에 적시된 발신인 또는 수신인의 이름, 사인 영역 등이다.

연방소송규칙 제901조 (b)(4)항은 압수된 저장매체에서 추출한 전자기록을 증거로 제출하고자 하는 검사들에게는 매우 유용한 규정이다. 예를 들어 피고인의 주거지에서 하드디스크를 압수하여 그 하드디스크에서 추출한 파일을 증거로 제시하는 검사는 통상 2단계의 증거제시절차를 거치게 된다. 우선, 검사는 'chain of custody'에 관한 증언이나 하드디스크의 시리얼 번호와 같은 독특한 특징에 의하여 하드디스크를 증거로 제시하고, 두 번째, 검사는 해당 데이터가 증거로 인정받은 하드디스크에서 추출된 바로 그 파일이라는 것을 인정받기 위하여 해쉬값(hash value)이나 이와 유사한 포렉식 도구를 사용하게 된다. 마찬가지로, 검사는 컴퓨터 파일의 메타데이터(파일의 생성, 수정,삭제 등에 관한 각종 이력 등)를 이용하여 컴퓨터기록의 진정성을 인정받을 수 있다.[31)]

컴퓨터에 의하여 저장된 기록이 규칙적으로 행해지는 사업활동에 의한 기록일 경우, 연방소송규칙 제902조 (11) {국내기록(domestic records)}와 미연방법률 제18장 3505조 (18 U.S.C. § 3505, {국외기록(foreign records)}는 그 기록의 진정성은 그 기록

28) U.S. v. Kassimu, 2006 WL 1880335 (5th Cir. Jul 7, 2006).
29) U.S. v. Safavian, 435 F. Supp. 2d 36, 40 (D.D.C. 2006).
30) U.S. v. Siddiqui, 235 F.3d 1318, 1322–23 (11th Cir. 2000).
31) Lorraine v. Markel American Ins. Co., 241 F.R.D at 547–48.

에 인증함을 서면으로 나타냄으로써 (writhen certification) 인정받을 수 있다고 한다.

(2) 컴퓨터에 의해 생성된 기록의 진정성

컴퓨터에 단순히 저장된 기록이 아닌 컴퓨터의 작용에 의하여 생성된 기록의 진정성은 보다 더 발전된 근거(more developed foundation)를 요한다고 한다.[32] 이는 사람의 행위가 개입되지 않은채 컴퓨터의 작용에 의해 자동적으로 생성된 것이기에 그러한 컴퓨터의 작용에 의한 결과값이 정확하다는 것은 결과가 산출되는데 사용된 절차나 시스템에 대한 증거를 제시하고 그러한 절차나 시스템이 정확한 결과를 도출한다는 사실을 증명하여야 한다는 것이 미국연방증거규칙의 입장이다.[33]

그러나 이 경우에도 미 법원은 그 정확한 결과를 도출하게 된 절차나 시스템을 합리적 의심없을 정도로 완벽하게 입증할 필요는 없는 것이고, 그 결과치가 일응 믿을 수 있다고 보증할만한 사실로서 반대 당사자가 그 정확성에 대하여 반박할 기회를 줄 정도로만 입증하면 된다고 판시하였다.[34] 대부분의 경우 컴퓨터 프로그램의 신뢰성(reliability)은 사용자가 일상적인 업무에 규칙적으로 그 프로그램을 사용한다는 것을 보여주면 일응 생기는 것이다.

4. 전문법칙 (hearsay rule)

아무리 관련이 있고 진정성이 있는 증거라 하더라도 그 증거가 전문증거에 해당하고 전문법칙의 예외에 포함되지 않는 경우에는 증거로 사용될 수 없다.

전문진술(Hearsay)은 주장된 사실이 진실함(the truth of the matter asserted)을 증명하기 위하여, 공판(trial)이나 심리(hearing)절차에서 증거로 제출된 진술자에 의한 것이 아닌 의사표현(a statement, other than one made by the declarant)을 말한다.[35] 이 경우 의사표현(statement)은 (1) 구두 또는 서면 주장(assertion), (2) 주장으로 볼만한 비언어적 행동(nonverbal conduct)을 말한다.

컴퓨터에 저장된 기록은 3가지로 나뉠 수 있다. 즉 전문진술이 아닌 기록, 전문진술인 기록 그리고 전문진술과 전문진술이 아닌 것이 섞여 있는 기록이 그 것이다.

우선 전문진술이 아닌 기록은 사람의 인위적인 조작이 개입이 안된 컴퓨터의 작

32) 미 연방법무부 컴퓨터 범죄 및 지적 재산권부, "Searching and Seizing Computers and Obtaining Electronic Evidence in Criminal Investigations", 200.

33) 미 연방증거규칙 제901조 (b)(9).

34) U.S. v. Briscoe, 896 F.2d 1476, 1494–95 (7th Cir. 1990).

35) 연방증거규칙 제801조 (c)항.

동에 의하여 만들어진 것이다. 예를 들어 전화통화내역, 기지국정보(cell tower information), 이메일 헤더(header) 정보, 전자은행기록, GPS 데이터, ISP 또는 인터넷 뉴스그룹의 로그인 정보 등이 그 것이다. 물론 사람에 의한 조작이 컴퓨터를 작동하게 하는 계기가 되긴 하지만 이는 시스템에 명령을 내리는 것이고, 주장(assertion)이 아니기 때문에 전문진술이 아니다.

두 번째 전문진술이 되는 기록은 개인적인 편지, 메모, 회계기록(bookkeeping records), 사람에 의해 기입된 거래기록(records of business transactions inputted by persons)이 그 것이다.

세 번째 전문진술과 그렇지 않은 것이 섞여 있는 기록은 내용과 헤더 정보가 같이 있는 이메일, 내용과 생성일자 수정일자가 함께 있는 컴퓨터 파일 등과 같은 것이다.

(1) 전문진술이 아닌 컴퓨터 기록

전문법칙은 사람에 의한 진술에 적용되고, 컴퓨터 작용에 의해 나온 로그기록 등에는 적용되지 않는다. 예를 들어 GPS 추적 기록과 같이 사람의 개입이 없이 컴퓨터에 의해 산출되는 기록이나 사람의 행위에 의한 것이지만 주장(assertion)이라고 볼 수 없는 것 예를 들어 전화번호의 다이얼을 누르는 행위 또는 현금자동지급기에 비밀번호를 넣는 것과 같은 것이다. 또한 이메일 프로그램에서 'send'키를 누르는 행위도 주장이 아닌 행위(non-assertive conduct)에 불과하다.

이와 관련하여 주목할 만한 두 가지 사례가 있다.

U.S. v. Washington, 498 F.3d 225(4th Cir. 2007) 사건에서 과학수사실험실 연구원 (lab technicians)은 피고인으로부터 채취한 혈액을 컴퓨터와 연결된 가스 크로마토그래프 (gas chromatograph)를 이용하여 분석한 결과 피고인이 운전할 당시 주취상태였고 PCP[36]라는 마약을 복용한 상태라는 사실을 알게 되었다. 테스트 결과보고서는 위 연구원이 아닌 연구실 실장(lab director)에 의해 서명되었고 연구실 실장이 공판정에서 테스트 결과를 증언하였다. 변호인측은 연구실 실장의 증언은 전문진술이라면서 증거능력이 없다고 주장하였으나, 법원은 위 테스크 결과는 기계(machine)에 의해 도출된 데이터로서 전문법칙이 적용되지 않는다고 변호인의 주장을 배척하였다.

U.S. v. Hamilton, 413 F.3d 1138 (10th Cir. 2005) 사건에서는 인터넷 뉴스그룹(newsgroup)에 업로드된 44장의 아동포르노 사진파일의 해더 정보(header

36) Phencyclidine : 화낙 알칼로이드로 합성하는 향정신성 의약품의 일종.

information)가 문제되었다. 검찰은 위 아동포르노 사진파일들의 해더 정보에서 게시할 때의 제목(the subject of the posting), 게시일자(the date the images were posted), 피고인 해밀턴의 뉴스그룹상의 별칭(screen name), IP 주소 (address) 등을 알아내어 위 아동포르노 사진파일을 뉴스그룹 게시판에 업로드한 범인이 피고인 해밀턴이라는 사실을 밝혀내고 이를 증거로 제출하였다. 이에 피고인은 파일의 해더 정보는 전문진술이라고 주장하였으나 법원은 해더정보는 컴퓨터의 처리절차(computer process)에 의한 것이고 진술자(declarant)의 의사표현(statement)가 아니라는 이유로 피고인의 주장을 배척하였다.

(2) 전문진술인 컴퓨터 기록

컴퓨터에 의하여 저장된 기록은 전문법칙의 적용을 받는다. 하지만 우리나라보다는 보다 폭넓게 전문법칙의 예외를 인정하고 있는 것 같다.

우선 많은 법원들은 컴퓨터에 의해 저장된 사업 관련 기록(computer-stored business records)을 연방증거규칙 제803조 (6)에 의한 '정기적으로 행해진 활동에 의한 기록(Records of regularly conducted activity)'으로 인정될 경우 전문법칙의 예외를 인정한다.

또한 연방증거규칙 제803조 (8)항의 공적 기록의 예외(the public records exception)를 적용하기도 한다.[37)]

전문진술이라고 하더라도 전문법칙 자체가 적용되지 않는다고 보는 것 중에 당사자가 어떤 사실을 자인(自認)하는 진술(admission)이나 자인하는 것으로 간주되는 진술(adopted admission)이 있다. 피고인의 자백진술이 가장 대표적인 것이며 이러한 자백진술은 전문법칙 자체가 적용되지 않는다고 본다. 보통법상으로 이러한 진술은 전문증거로 정의되었고, 전문법칙 예외의 하나로서 증거능력이 허용되었다.[38)] 연방증거법상으로는 이러한 자인의 진술은 전문증거의 정의 자체에서 제외되어 있기 때문에 전문진술 자체가 아니라고 본다. 이러한 자인을 증거로 허용하는 이유는 통상 2가지 점을 들고 있다. 첫째는 사람들이 자신이 한 주장, 약속 및 진술에 책임을 지고 살아가도록 강제되는 것이 많은 사람들에게 공평하게 보인다는 것이다.[39)] 한 마디로 말해서 거짓말을 허용하지 않겠다는 의지가 담긴 것이다. 우리나라의 경우를 대비해

37) U.S. v. Smith, 973 F.2d 603, 605 (8th Cir. 1992) (경찰의 컴퓨터 출력물(computer records); Hughs v. U.S., 953 F.2d 531, 540 (9th Cir. 1992) (컴퓨터화된 IRS 출력물).

38) 형사법연구회 역, 아서 베스트, 미국증거법, 탐구사, 2009, 150.

39) 형사법연구회 역, 아서 베스트, 미국증거법, 탐구사, 2009, 150.

보면 이러한 미국의 태도는 매우 적절한 것으로 보인다. 피고인의 말 한마디에 경찰에서의 조서 자체가 휴지가 되어 버리는 제도 하에서 공판정에서의 진실을 말할 것을 기대하는 것은 너무 순진한 태도가 아닐까 한다. 특히 선서를 한 후 피고인에 대한 증인신문을 하는 미국과 달리 아무런 선서없이 신문을 하는 우리나라에서 더욱 특히 그렇지 않을까.

자인을 증거로 받아들이는 두 번째 이유는 원진술자가 법정에 출석해 있기 때문에 위 원진술자에 대하여 반대신문을 하는 등으로 자인하는 진술의 신빙성에 대하여 판단할 수 있기 때문이다.

자인을 증거로 받아들인 사례로 U.S. v. Burt, 495 F.3d 733, 738–39 (7th Cir. 2007) 를 들 수 있다. 동 판결에서 법원은 피고인과 증인 사이에 행하여진 컴퓨터 채팅 기록에서 피고인이 한 대화는 피고인의 '자인(admission)'에 해당하여 – 피고인의 진술에도 불구하고 – 증거로 채택될 수 있다고 판시하고 있다.

Ⅲ. 한국에서의 디지털증거의 증거능력

디지털증거의 증거능력에 관하여 우리나라 형사소송법은 아무런 규정을 두고 있지 않다. 미국의 경우 증거가 증거능력을 가지기 위하여 어떠한 요건들을 갖추어야 하는지에 대해 관련성 및 진정성에 대한 일반규정이 있는 반면 한국의 경우는 이러한 증거의 증거능력에 대한 일반적 규정이 없다. 우리나라 형사소송법에서 증거에 관한 규정을 살펴보면 동법 제307조(증거재판주의), 제308조(자유심증주의), 제308조의 2(위법수집증거의 배제), 제309조(강제등 자백의 증거능력), 제310조(불이익한 자백의 증거능력), 제310조의 2부터 제316조 (전문증거와 증거능력의 제한 규정), 제317조 (진술의 임의성), 제318조(당사자의 동의와 증거능력), 제318조의 2 (증명력을 다투기 위한 증거)로서 어떠한 경우에 증거가 증거능력을 가지게 되는가에 대한 일반규정은 전혀 없고, 어떠한 경우에 증거가 되지 않는가에 대한 규정만이 있을 뿐이다. 따라서 디지털증거가 어떠한 요건을 갖추어야 증거능력을 가지게 되는지에 대하여는 유추적용할 규정이 없다고 보아도 과언이 아니다. 그렇다면 결국 이에 대한 법원의 태도를 살펴보아 법원이 어떤 입장을 취하고 있는지를 파악하는 것이 중요할 것으로 판단된다.

대법원은 소위 일심회 사건에서 압수물인 디지털 저장매체로부터 출력된 문건이 증거로 사용되기 위한 요건에 대하여, 첫째, 디지털 저장매체 원본에 저장된 내용과 출력된 문건의 동일성이 인정되어야 할 것인데, 그 동일성을 인정하기 위해서는 디지털 저장매체 원본이 압수된 이후 문건 출력에 이르기까지 변경되지 않았음이 담보되어야 하고, 둘째, 특히 디지털 저장매체 원본에 변화가 일어나는 것을 방지하기 위해 디지털 저장매체 원본을 대신하여 디지털 저장매체에 저장된 자료를 '하드카피', '이미징'한 매체로부터 문건이 출력된 경우에는 디지털 저장매체 원본과 '하드카피', '이미징'한 매체 사이에 자료의 동일성도 인정되어야 하며, 셋째, 나아가 법원 감정을 통해 디지털 저장매체 원본 혹은 '하드카피' '이미징'한 매체에 저장된 내용과 출력된 문건의 동일성을 확인하는 과정에서 이용된 컴퓨터의 기계적 정확성, 프로그램의 신뢰성, 입력 · 처리 · 출력의 각 단계에서 조작자의 전문적인 기술능력과 정확성이 담보되어야 한다고 판시하였다.

우리 대법원은 진술과 관련된 디지털 증거에 대하여는 전문법칙이 적용된다고 판시하였다. 대법원은 1999. 9. 3. 선고99도2317 판결에서 "컴퓨터 디스켓에 들어 있는 문건이 증거로 사용되는 경우 위 컴퓨터 디스켓은 그 기재의 매체가 다를 뿐 실질에 있어서는 피고인 또는 피고인 아닌 자의 진술을 기재한 서류와 크게 다를 바 없고, 압수 후의 보관 및 출력 과정에 조작의 가능성이 있으며, 기본적으로 반대신문의 기회가 보장되지 않는 점 등에 비추어 그 기재내용의 진실성에 관하여는 전문법칙이 적용된다고 할 것이고, 따라서 형사소송법 제313조 제1항에 의하여 그 작성자 또는 진술자의 진술에 의하여 그 성립의 진정함이 증명된 때에 한하여 이를 증거로 사용할 수 있다 할 것이다. 그런데 위 컴퓨터 디스켓에 수록된 문건들(컴퓨터 디스켓에 대하여 실시한 검증 결과는 단지 디스켓에 수록된 문건의 내용이 출력물에 기재된 것과 같다는 것에 불과하여 증거자료가 되는 것은 여전히 컴퓨터 디스켓에 보관된 문건의 내용이다)에 대하여는 그 작성자 또는 진술자에 의하여 성립의 진정함이 증명된바 없다. 그럼에도 불구하고 원심이 위 컴퓨터 디스켓에 수록된 문건들의 증거능력을 인정하여 이를 피고인들에 대한 유죄의 증거로 쓴 것은 위법하다."고 판시하였다. 위 대법원 판결에 의해 파기환송된 사건이 다시 상고가 되자 대법원은 2001. 3. 23. 선고2000도486 판결에서 다시 "컴퓨터 디스켓에 담긴 문건이 증거로 사용되는 경우 그 기재 내용의 진실성에 관하여는 전문법칙이 적용된다 할 것이고, 따라서 피고인 또는 피고인 아닌 자가 작성하거나 또는 그 진술을 기재한 문건의 경우 원칙적으로 형사소송법 제313조 제1항 본문에 의하여 그 작성자 또는 진술자의 진술에 의하여 그 성립의 진정함이 인정된 때에 이를 증거로 사용할 수 있다"고 판시하였다.

참고문헌

〈단행본〉

형사법연구회 역, 아서 베스트, 미국증거법, 탐구사, 2009.

Judge Mohamed Chawki, The digital Evidence in the Information Era, Computer Crime Research Center, 2004. 3.

〈논문〉

노승권, "컴퓨터 데이터 압수, 수색에 관한 문제", 검찰 통권 제111호, 2000.

미 연방법무부 컴퓨터 범죄 및 지적 재산권부, "Searching and Seizing Computers and Obtaining Electronic Evidence in Criminal Investigations".

오기두, "형사절차상 컴퓨터 관련 증거의 수집 및 이용에 관한 논문", 서울대학교 대학원 박사학위논문, 1997.

이윤제, "디지털증거의 압수수색과 증거능력", 형사법의 신동향, 통권 23권, 2009. 12.

장상귀, "디지털증거의 증거능력에 관한 연구", 법학실무연구회, 2009.

Carrie Morgan Whitcomb, "An Historical Perspective of Digital Evidence: A Forensic Scientist's View", International Jounal of Digital Evidence, 2002.

〈인터넷〉

www.cybercrime.org

제 3 장

인터넷과 민상법

제 1 절

전자상거래의 보호와 에스크로제도 * **

제 1 서 론

전자상거래의 선불식 거래에서 물품의 인도를 확실히 보장하기 위하여 에스크로제도가 이용되고 있다. 「전자상거래 등에서의 소비자보호에 관한 법률」(이하 「전자상거래소비자보호법」이라고 부른다)(제13조 제2항)이 불완전하나마 에스크로제도에 대하여 규정을 두고 있다.[1] 에스크로제도는 2005. 3. 31자 개정 「전자상거래 소비자 보호법」에 의하여 도입이 되어, 2006. 4.부터 시행이 되고 있다.「전자상거래 소비자 보호법」상 전자상거래의 소비자(이하 구매자라고 부른다)가 일반 거래의 당자사와 달리 어떠한 특별한 취급을 받는지를 먼저 살펴본 후에, 소비자보호제도로서의 에스크로제도를 설명하기로 한다.

제 2 전자상거래 소비자 보호법의 전자상거래의 보호

「전자상거래 소비자 보호법」은 소비자보호를 위한 특별규정(제13조 내지 제20조)을 두고 있다. 그런데 「전자상거래 소비자 보호법」은 적어도 형식상으로는 전자상거래에 적용되는 규정과 통신판매에 규정되는 규정을 구분하고 있다. 그리고 동법의 핵심적인 규정(제12조 내지 제20조)은 형식적으로 통신판매에만 적용되고 전자상거래에는 적용이 되지 않아, 과연 이들 규정이 전자상거래에는 적용이 배제되어야 하는가 하는 문제점이 제기되고 있다.[2] 「전자상거래 소비자 보호법」이 전자상거래와 통신판매를 구별하여 정의

* 남효순: 서울대학교 법과대학/법학전문대학원 교수.

** 이 논문은 서울대학교 법학발전재단 출연 법학연구소 기금의 2010년도 학술연구비의 보조를 받았음.

1) 이하 법률명 없이 언급되는 조문은 「전자상거래소비자보호법」의 조문을 말한다.

2) 이 문제에 관하여 상세한 사항은 남효순, "전자상거래 등에서의 소비자보호에 관한 법률에 관한 몇 가지 쟁점", 민법학의 현대적 양상 라암서민교수 정년기념논문 간행위원회, 법문사, 2006, (이하 남효순, "전자상거래 등에서의 소비자보호에 관한 법률에 관한 몇 가지 쟁점"), 397-418; 고형석, "전자상거래소비자보호법상 전자상거래와 통신판매와의 관계에 관한 연구", 인터넷법률 통권 제47호, 법무부, 2009, (이하 고형석, "전자상거래 소비자 보호법상 전자상거래와 통신판매와의 관계에 관한 연구"), 6-28; 김두진, "전자상거래

하고 있으므로, 법문의 해석에 있어서 전자상거래를 통신판매에 포함시킬 여지가 없다는 견해가 있다.[3] 이에 반하여 인터넷상의 홈페이지에 상품광고를 하고 전자문서의 형태로 청약을 받는 전자상거래도 전기통신 등의 방법에 해당하므로 전자상거래는 통신판매의 범위에 포함시킬 수 있다는 견해도 있다.[4] 또 통신판매는 적극적 정보제공을 의미하는 사전정보제공이 존재하여야 하는바, 사이버몰에서의 정보게시는 일반 상점에서의 상품의 진열에 해당하는 소극적 정보제공에 해당하므로, 적극적 사전정보제공이 없는 상태에서 이루어진 사이버몰의 거래는 통신판매에는 해당하지 않지만, 유추해석을 통하여 통신판매에 적용되는 규정들을 전자상거래에 적용되어야 한다는 견해도 있다.[5] 생각건대 「전자상거래 소비자 보호법」의 목적은 전자상거래를 통신판매의 일종으로 규율하려는 데에 있다는 점과 전자상거래에서만 위 규정을 배제할 이유가 없다는 점에서 특별히 정당한 사유가 없는 한 이들 규정은 전자상거래에도 적용이 된다고 할 것이다.

전자상거래의 전형은 매매이다(이하에서는 물품의 매매를 전형으로 하여 기술한다). 따라서 전자상거래의 당사자인 판매자와 구매자는 각각 매도인과 매수인으로서의 의무를 이행하여야(민법 제568조 이하). 판매자는 이행기에 전자상거래의 내용에 부합하는 하자 없는 물건에 대한 완전한 권리를 이전하여야 하고(물품공급의무), 구매자는 물품에 대한 대금을 지급하여야 한다(물품대금지급의무).

「전자상거래 소비자 보호법」(제13조 내지 제20조)은 전자상거래의 광고 · 선전을 하는 단계, 계약을 체결하는 단계 그리고 이행의 단계에서 민법에 대한 특별규정을 두고 있다. 이들 규정은 모두 소비자인 구매자를 보호하기 위한 것이라고 할 수 있다. 이들 규정이 계약의 성립(민법 제527조 내지 제529조), 계약의 불이행에 따른 손해배상책임(제390조 이하)과 해제(제543 내지 제544조) 그리고 상법상의 상사중개인의 책임(상법 제99조)과 비교하여, 구매자에게 어떠한 특별한 보호를 주고 있는지를 검토하기로 한다.

의 소비자보호 – 스펨메일규제, 에스크로제도 등의 개선을 중심으로 –", 경제법연구 제7권 제1호(한국경제법학회, 2008)(이하 김두진), 1-21.참조.

3) 현대호, "전자상거래곤련 소비자보호법제의 현황과 과제", 한국전산원(법제토론회자료), 17.

4) 맹수석, "전자상거래소비자보호법의 법적 문제와 개선방안", 기업법연구 제12집, 한국기업법학회, 2003(이하 맹수석), 363.

5) 고형석, "전자상거래소비자보호법상 전자상거래와 통신판매와의 관계에 관한 연구", 28.

Ⅰ. 전자상거래 체결에서의 구매자의 보호

「전자상거래 소비자 보호법」은 전자상거래의 체결과 관련하여 판매자에게 청약의 수신확인 및 신속한 승낙여부통지의무(제14조) 및 계약서의 교부의무(제13조 제2항)를 부과하여, 구매자를 보호하고 있다.

1. 전자상거래의 성립시기

「전자상거래 소비자 보호법」(제15조)은 「통신판매업자는 소비자로부터 재화 등의 거래에 관한 청약을 받은 경우 청약의 의사표시의 수신확인 및 판매가능 여부에 관한 정보를 소비자에게 신속하게 통지하여야 한다.」고 규정하여, 판매자에게 계약의 성립에 관한 정보제공의무를 부과하고 있다.

「전자상거래 소비자 보호법」에 의하면 전자상거래는 언제 성립하는가? 민법에 의하면 거래는 청약자가 청약을 발송한 후, 청약으로 정한 기간(승낙기간을 정한 경우) 또는 상당한 기간(승낙기간을 정하지 않은 경우)내에 승낙을 받음으로써 성립한다(민법 제528조 제1항, 제529조). 다만, 민법(제531조)은 격지자간의 계약은 승낙의 통지를 발송한 때 성립하는 것으로 규정하고 있다. 그러나 「전자상거래 소비자 보호법」은 이에 대하여 명시적으로 규정하고 있지 않다. 한편 인터넷 사이버몰 이용 표준약관(제10조 제2항)은 「승낙이 ... 수신확인통지형태로 이용자에게 도달하는 시점에 계약이 성립한다.」고 규정하고 있다. 그러나 수신확인은 어디까지나 청약의 수신을 알리는 것을 목적으로 하는 것이므로, 수신확인통지가 도달하는 시기에 반드시 계약이 성립한다고는 할 수 없다. 오히려 '판매가능 여부에 관한 정보를 통지하는' 것이 '승낙의 여부에 대한 통지'라고 할 것이므로, 이 때 전자상거래가 성립한다고 할 것이다. 인터넷 사이버몰 이용 표준약관은 격지자간의 계약도 예정하여 규정하고 있으므로, 마찬가지로 승낙이 도달한 때에 전자상거래가 성립하게 된다.

2. 계약서의 교부

「전자상거래 소비자 보호법」(제13조 제2항)은 계약이 체결된 경우 '계약내용에 관한 서면'을 교부할 것을 규정하고 있다. '계약내용에 관한 서면'이란 바로 계약서를 가리킨다. 「전자상거래 소비자 보호법」의 개정 전에는 신속한 거래를 위하여 구매자의 동의를 얻은 경우에는 재화 등의 공급 시에 교부하는 공급서(「구 전자상거래 소비자 보호법」제

16조)로 계약서를 대신할 수 있었다(「구 전자상거래 소비자 보호법」 제13조 제2항 단서). 그러나 이 규정이 삭제되면서, 판매자는 반드시 계약서를 교부하여야 한다. 전자상거래소비자보호법은 계약서의 교부시기에 대하여는 침묵을 지키고 있다. 판매자는 구매자의 청약이 있은 날로부터 7일 이내 재화 등을 공급하여야 한다는 점(제15조 제1항)에 비추어, 계약서는 늦어도 구매자의 청약이 있은 날로부터 7일 이전까지 교부되어 있어야 한다.

Ⅱ. 전자상거래 성립의 제한을 통한 구매자보호

「전자상거래 소비자 보호법」은 전자상거래가 성립한 후, 그 성립을 제한하는 청약의 철회권을 구매자에게 부여하여, 구매자를 보호하고 있다.[6]

1. 청약철회권의 법적 취지 및 법적 성격

전자상거래가 성립한 이후에는, 청약이든 승낙이든 이를 철회할 수 없는 것이 원칙이다. 그러나 「전자상거래 소비자 보호법」은 이에 대하여 예외를 인정하고 있다. 즉, 동법은 일정한 기간, 즉 재고기간 내지 냉각기간(cooling-off period)을 두어, 구매자가 충동적이거나 신중하지 못한 구매결정으로부터 벗어날 수 있는 기회를 부여하고 있다.[7] 전자상거래의 실제를 보면 구매자의 반품제도(옥션이용약관 제26조 나항, 사항)가 바로 청약의 철회에 해당한다.

「전자상거래 소비자 보호법」이 규정하는 청약의 철회는 계약이 성립한 후에 인정되는 청약의 철회를 말한다. 그것은 청약이 효력을 발생하기 전 또는 청약이 효력을 발생하였으나 전자상거래가 성립하기 전에 인정되는 철회(전자거래기본법 제9조 제2항)와 구별된다. 그리고 청약철회권은 구매자의 일방적 의사에 의하여 철회의 효과가 발생하는 형성권이다. 철회권에 의하여 판매자에게 철회를 받아들여야 할 의무를 발생시키는 것은 아니다.

청약철회는 그 원인을 묻지 않는다. 구매자의 의사와 표시가 불일치하거나, 착오가 있거나, 사기에 의하여 의사표시를 하였거나, 컴퓨터의 오작동으로 원하지 않은

6) 전자상거래의 성립을 제한하는 청약철회에 관한 자세한 사항은 남효순. "전자거래 입법상의 전자(상)거래법리의 현황 – 전자거래기본법 및 전자상거래등에서의 소비자보호에 관한 법률을 중심으로–". 인터넷과 법률 II, 법문사, 2005(이하 남효순. "전자거래 입법상의 전자(상)거래법리의 현황 – 전자거래기본법 및 전자상거래등에서의 소비자보호에 관한 법률을 중심으로–"), 235–247 참조.

7) 권오승, 경제법, 법문사, 1999, 517.

전자상거래가 성립하는 등의 경우에도,[8] 구매자는 이러한 사실을 입증할 필요 없이, 바로 청약을 철회할 수 있다. 이러한 이유에서 이를 무조건의 청약철회권이라고 부르기도 하지만,[9] 후술하는 바와 같이 일정한 경우 청약철회권이 배제되므로 무조건적이라고 하기에는 곤란한 점이 있다.

2. 청약철회권의 배제요건

「전자상거래 소비자 보호법」은 청약철회권의 성립이 인정되는 요건을 적극적으로 규정하지 않고, 성립이 배제되는 소극적 요건을 규정하고 있다(제17조 제2항). 따라서 청약철회는 원칙적으로 그 사유를 묻지 않고 무조건적으로 인정되지만, 일정한 사유가 있을 경우에만 배제된다(제17조 제2항). 첫째, 구매자에게 책임 있는 사유로 물품이 멸실 또는 훼손된 경우이다(제1호). 다만, 물품의 내용을 확인하기 위하여 포장 등을 훼손한 경우는 이에 해당하지 않는다(제1호 단서). 둘째, 구매자의 사용 또는 일부 소비에 의하여 물품의 가치가 현저히 감소한 경우이다(제2호). 구매자에게 책임 있는 사유가 없다는 점에서 제1호의 사유와 구별된다. 이 경우 사업자는 이 사실을 물품의 포장 기타 구매자가 쉽게 알 수 있는 곳에 명기하거나 시용상품을 제공하는 등의 방법으로 사용이나 일부 소비 등으로 인하여 구매자의 철회권의 행사가 방해받지 아니하도록 조치하여야 한다(제17조 제6항). 따라서 사업자가 이러한 조치를 취하지 않았을 경우에는, 구매자의 사용 또는 일부 소비에 의하여 물품의 가치가 현저히 감소하더라도 구매자의 청약철회권의 성립은 배제되지 않는다(제17조 제2항 단서). 셋째, 시간의 경과에 의하여 재판매가 곤란할 정도로 물품의 가치가 현저히 감소한 경우이다(제3호). 넷째, 복제가 가능한 물품의 포장을 훼손한 경우이다(제4호). 다섯째, 그 밖에 거래의 안전을 위하여 대통령령이 정하는 경우이다(제5호). 대통령령에 의하면 구매자의 주문에 의하여 개별적으로 생산되는 물품에 대하여 청약철회를 인정하는 경우 사업자에게 회복할 수 없는 중대한 피해가 예상되는 경우로서 사전에 당해 거래에 대하여 별도로 그 사실을 고지하고 구매자의 서면(전자문서를 포함)에 의한 동의를 얻은 경우에 청약의 철회가 인정되지 않는다(시행령 제21조).

이상의 사유는 모두 민법의 기본원칙인 신의칙(민법 제2조 제1항)의 적용례라고 할 것이다. 그러면 판매자가 이상의 사유 이외의 경우에도, 구매자의 청약의 철회를 배제하는 것이 신의칙에 의하여 가능하고 할 것인가? 아니면 청약의 철회를 배제하는 것은 「약관

8) 이경규, "전자상거래 활성화와 소비자보호", 인터넷법률 통권 제37호, 법무부, 2007, 90.

9) 맹수석, 371.

규제에 관한 법률」에 의하여 무효가 되는 것인가? 요컨대 「전자상거래소비자보호법」(제35조)은 구매자에게 불리한 약정은 무효로 하고 있으므로, 인정되지 않는다고 할 것이다.

3. 청약철회권의 행사기간

구매자는 다음 기간(거래당사자가 더 긴 기간으로 약정한 경우에는 그 기간) 이내에 청약철회권을 행사할 수 있다(제17조 제1항).[10] 첫째, 계약서(제13조 제2항)를 교부받은 날부터 7일이다(제1호). 만일 계약서를 교부받은 때보다 물품의 공급이 늦게 이루어진 경우에는, 행사기간은 물품의 공급을 받거나 공급이 개시된 날부터 7일이다(제1호 단서). 둘째, 계약서를 교부 받지 아니한 경우, 사업자의 주소 등이 기재되지 아니한 계약서를 교부 받은 경우 또는 사업자의 주소 변경 등의 사유로 제1호의 기간 이내에 청약철회 등을 할 수 없는 경우에는 그 주소를 안 날 또는 알 수 있었던 날부터 7일이다(제2호).[11]

인터넷 사이버몰 이용 표준약관(제15조)은 구매자가 수신확인통지를 받은 날로부터 7일을 행사기간으로 정하고 있다. 그러나 수신확인통지를 받는 날(제14조) 반드시 계약서가 교부되는 것은 아니므로, 인터넷 사이버몰 이용 표준약관은 전자상거래소비자보호법에 반하는 것이다.

4. 청약철회의 효과

청약이 철회되면 전자상거래는 처음부터 성립하지 않았던 것이 된다. 따라서 당사자가 전자상거래를 이행하여 실현된 사항에 대하여는 부당이득반환의 법률관계(민법 제748조)가 성립한다. 전자상거래 소비자 보호법이 규정을 두고 있는 물품 반환(제18조 제1항)과 물품대금의 반환(제18조 제2항)은 바로 민법의 부당이득반환의 법률관계에 해당하는 것이다.

전자상거래 소비자 보호법은 청약철회의 법적 효과와 관련하여 구매자의 결제업자에 대한 상계청구(동법 제18조 제6항), 물품사용 · 소비로 인한 부당이득반환(동법 제18조 제8항), 연대책임(동법 제18조 제11항) 등에 대하여 특별한 규정을 두고 있다. 이들 규정은 모두 구매자를 보호하기 위한 특별규정이라고 할 것이다.

---

10) 할부거래법(제5조)은 7일, 방문판매법은 10일(제10조) 또는 20일(제21조)을 철회권의 행사기간으로 정하고 있다. 그러나 민법은 무능력자의 상대방의 철회권(제16조), 무권대리의 상대방의 철회권의 경우 권리의 행사기간을 정하고 있지 않다.

11) 거래의 안정성을 해하고 전자성거래업자의 경제적 비용을 증가시켜 전자상거래의 활성활를 저해할 가능성 등의 문제가 있다할 것이므로 본법상의 청약철회기간의 적정성에 대하여는 검토를 요한다는 견해도 있다(孟守錫, 374).

(1) 물품의 반환

구매자는 이미 공급받은 물품을 반환하여야 한다(제18조 제1항). 청약철회가 물품수령 후에 있었던 경우(제17조 제1항 및 제3항)에 한하여 물품반환이 문제된다. 물품반환비용은 구매자가 부담한다(제18조 제9항). 그런데 청약철회권은 구매자의 정당한 권리의 행사이므로 상품 등의 반환에 필요한 비용을 언제나 소비자가 부담하여야 하는 것은 문제가 있다는 견해가 있다.[12] 그러나 청약철회권은 구매자에게 인정된 권리이고 물품의 반환에 따른 비용은 권리행사의 비용이라는 점에서 구매자가 부담하는 것이 긍정되는 측면이 있다고 할 것이다.

(2) 물품대금의 반환

판매자(구매자로부터 물품대금을 지급 받은 자 또는 구매자와 전자상거래를 체결한 자를 포함한다. 이하에서 마찬가지이다)는 물품을 반환 받은 날부터 3영업일 이내에 이미 지급 받은 물품대금을 환급하여야 한다(제18조 제2항). 판매자가 구매자에게 대금의 환급을 지연한 때에는 그 지연기간에 대하여 공정거래위원회가 정하여 고시하는 지연이자율을 곱하여 산정한 지연배상금을 지급하여야 한다(제18조 제2항). 이는 판매자의 반환범위에 대하여는 특칙이라고 할 것이다.

판매자는 물품대금을 반환함에 있어 구매자가 여신전문금융업법 제2조 제3호의 규정에 의한 신용카드 그 밖에 대통령령이 정하는 결제수단으로 물품대금을 지급한 때에는 지체없이 당해 결제수단을 제공한 결제업자로 하여금 물품대금의 청구를 정지 또는 취소하도록 요청하여야 한다(제18조 제3항). 다만, 판매자가 결제업자로부터 해당 물품대금을 이미 지급 받은 때에는 지체없이 이를 결제업자에게 환급하고, 그 사실을 구매자에게 통지하여야 하고(제18조 제3항 단서), 판매자로부터 물품대금을 반환받은 결제업자는 지체없이 구매자에게 이를 반환하거나 반환에 필요한 조치를 취하여야 한다(제18조 제4항). 만일 판매자가 환급의 지연으로 구매자로 하여금 물품대금을 결제하게 한 경우에는 그 지연기간에 대한 지연배상금을 구매자에게 지급하여야 한다(제18조 제5항).

구매자는 결제업자로부터 물품대금을 지급받은 판매자가 정당한 사유없이 결제업자에게 물품대금을 반환하지 아니하는 경우, 반환받을 금액에 대하여 결제업자에게 당해 판매자에 대한 다른 채무와 상계할 것을 요청할 수 있다(제18조 제6항 본문). 이 경우 결제업자는 대통령령이 정하는 바에 따라 당해 사업자에 대한 다른 채무와 상계할 수 있다(제18조 제6항 단서). 「전자상거래 소비자 보호법」이 이와 같은 특칙을 둔 것은 물품대금 반

12) 맹수석, 374.

환의 지연으로 인한 구매자의 불이익을 방지하려는 데에 있다고 할 것이다. 만일 결제업자가 구매자의 상계 요구에도 불구하고 정당한 이유없이 상계를 게을리 한 경우에는 결제업자에 대하여 대금의 결제를 거부할 수 있다(제18조 제7항 제1문). 이 경우 판매자와 결제업자는 그 결제의 거부를 이유로 당해 구매자를 「신용정보의 이용 및 보호에 관한 법률」 제2조 제7호의 규정에 의한 신용불량자로 처리하는 등 구매자에게 불이익을 주는 행위를 할 수 없다(제18조 제7항 제2문).

(3) 물품사용 · 소비로 인한 이익의 반환

구매자가 이미 물품의 일부를 사용 또는 소비한 경우에는 판매자는 구매자에게 그 물품의 사용 또는 일부 소비에 의하여 구매자가 얻은 이익 또는 그 물품의 공급에 소요된 비용에 상당하는 금액으로서 대통령령이 정하는 범위의 금액의 지급을 청구할 수 있다(제18조 제8항). 민법의 법리에 의하면, 매수인은 선의인 경우에는 현존이익을 반환하여야 하고(민법 제748조 제1항), 악의인 경우에는 받은 이익에 이자를 붙여 반환하고, 손해가 있으면 이를 배상하여야 한다(제2항). 그러나 시행령(제14조)에 의하면 구매자는 자신의 물품사용으로 인하여 소모성 부품의 재판매가 곤란하거나 재판매가격이 현저히 하락하는 경우에는 당해 소모성 부품의 공급에 소요된 비용(제1호)을 그리고 다수의 동일한 가분물로 구성된 재화등의 경우에는 구매자의 일부소비로 인하여 소비된 부분의 공급에 소요된 비용(제2호)을 판매자에게 지급하면 된다.

(4) 판매자 등의 연대책임

판매자, 물품대금을 지급 받은 자 또는 구매자와 전자상거래에 관한 계약을 체결한 자가 동일인이 아닌 경우 각자는 동법 제17조 제1항 및 제3항의 규정에 의한 청약철회에 따른 제1항 내지 제7항의 규정에 의한 물품대금의 환급과 관련한 의무의 이행에 있어서 연대하여 책임을 진다(제18조 제11항).

(5) 청약철회로 인한 손해배상청구의 금지

판매자는 구매자에게 청약의 철회를 이유로 위약금 또는 손해배상을 청구할 수 없다(제17조 제9항). 판매자가 구매자의 청약의 철회를 이유로 위약금 또는 손해배상을 청구하는 것을 허용한다면, 구매자는 청약철회를 하는 데 심리적인 제한을 받게 될 것이므로, 이를 금지하고 있는 것이다. 구매자의 철회권을 인정한다고 해서 그의 과실로 인하여 판매자에게 발생한 손해에 대한 배상책임까지 배제되는 것인가? 「전자상거래소비자보호법」(제17조 제9항)은 이를 배제하고 있다. 그리고 청약철회에 대하여 위약금 또는 손해배상의 청구를 인정하는 약관조항은 무효가 된다.

(6) 입증책임

청약철회권의 행사요건(제17조 제1항) 또는 배제요건(제17조 제2항)과 관련하여 재화 등의 훼손에 대하여 구매자의 책임이 있는지의 여부 그리고 재화 등의 구매에 관한 계약이 체결된 사실 및 그 시기, 재화등의 공급사실 및 그 시기, 공급서의 송부 사실 및 그 시기 등에 관하여 다툼이 있는 경우에는 판매자가 이를 입증하여야 한다(제17조 제5항). 「전자상거래소비자보호법」은 입증책임의 부담에 있어서 구매자에게 유리하다.

Ⅲ. 전자상거래의 이행에서의 구매자의 보호

「전자상거래 소비자 보호법」은 전자상거래 판매자의 채무이행과 관련하여 판매자에게 이행불능의 통지의무 등을 규정하여, 구매자를 보호하고 있다.

1. 청약 후 7일 이내의 채무이행

「전자상거래 소비자 보호법」은 판매자는 구매자가 청약을 한 날로부터 7일 이내에 그리고 대금의 전부 또는 일부를 받은 경우(선불식 전자상거래)에는 받은 날로부터 2영업일 이내에 '재화 등의 공급에 필요한 조치'를 하여야 한다고 규정하고 있다(제15조 제1항). 다만, 재화 등의 공급시기에 대하여 판매자와 구매자 사이에 특별한 약정이 없어야 한다(제15조 제1항 단서). 재화 등의 공급시기가 구매자가 청약을 한 날로부터 7일 이후인 경우에도 본조는 적용되지 않는다. 판매자가 하여야 하는 조치의무란 바로 재화 등의 공급 즉, 채무의 이행에 관한 의무를 말하는 것이다. 따라서 「전자상거래 소비자 보호법」의 경우 조기에 채무이행을 하여야 한다. 이는 선불식 거래이든 아니든 불문한다.

2. 이행불능의 통지

「전자상거래 소비자 보호법」(제15조 제2항)은 판매자는 재화 등을 공급하기 곤란함을 알았을 경우에는 그 사유를 구매자에게 지체없이 알려야 한다. '재화 등을 공급하기 곤란함'이란 바로 채무불이행의 한 유형인 '이행불능'을 가리킨다고 보아야 할 것이다. 이는 판매자자의 대금환불의무가 발생한다는 것(제15조 제2항)과 대금환급의무에 관한 제18조 제1항 내지 제5항을 준용하고 있는 것(제15조 제4항)으로도 잘 알 수가 있다. 이처럼 「전자상거래 소비자 보호법」은 이행불능의 조속한 해결을 요구하고 있다.

Ⅳ. 전자상거래의 해제에서의 구매자의 보호

계약의 해제는 판매자 또는 구매자의 채무불이행을 원인으로 한다(민법 제544조 이하). 「전자상거래 소비자 보호법」은 판매자의 채무불이행으로 인한 해제(제17조 제3항 및 제18조)와 구매자의 채무불이행으로 인한 해제를 별도로 규정하고 있다(제19조). 그리고 판매자의 채무불이행으로 인한 구매자의 해제를 청약철회의 하나로 규정하고 있다(이하에서는 이를 「채무불이행으로 인한 청약철회」라고 하여 계약의 성립을 제한하는 의미의 청약철회인 「의사에 의한 청약철회」와 구분하기로 한다). 「전자상거래 소비자 보호법」은 「채무불이행으로 인한 청약철회」를 통하여서도 구매자를 보호하고 있고, 그의 귀책사유에 의하여 해제가 되는 경우에도 손해배상책임을 제한하고 있다.

1. 판매자의 채무불이행으로 인한 해제: 「채무불이행으로 인한 청약철회」

「채무불이행으로 인한 청약철회」의 성립요건과 법적 효과 중 「의사에 의한 청약철회」의 경우와 중복되는 것을 제외하고 검토한다.

(1) 「채무불이행으로 인한 청약철회」의 성립요건

「전자상거래 소비자 보호법」은 「채무불이행으로 인한 청약철회」의 성립요건을 적극적으로 규정하면서, 동시에 「의사에 의한 청약철회」가 배제하는 배제요건은 이 경우에는 적용되지 않음을 규정하고 있다(제17조 제3항).

(가) 채무불이행

「전자상거래 소비자 보호법」(제17조 제3항)은 '재화 등의 내용이 표시 · 광고 내용과 다르거나 계약내용과 다르게 이행된 경우'를 「채무불이행으로 인한 청약철회」의 성립요건으로 규정하고 있다. 이 문언은 민법상의 해제권의 일반법리에 따라 다음과 같이 해석되어야 한다. 첫째, '재화 등의 내용이 표시 · 광고 내용과 다르거나 계약내용과 다르게 이행된 경우'란 바로 불완전이행뿐만 아니라 이행지체도 포함한다고 할 것이다.[13] 둘째, 민법의 법률행위해석에 관한 일반원칙에 의하면 표시 · 광고 내용과 계약

---

13) 전자상거래 소비자 보호법 제17조는 개정방문판매법 제8조 그리고 구방문판매법 제21조에서 유래하는 것인데, 구방문판매법 제21조 제1항은 해제권의 발생요건으로 불완전이행과 이행지체 등을 규정하고 있었다.

서의 내용이 다른 경우, 표시 · 광고의 내용이 계약의 내용이 된 경우에만 해제권이 발생한다. 그러나 「전자상거래 소비자 보호법」은 재화 등이 '표시 · 광고 내용'과 다른 것만으로도, 구매자에게 「채무불이행으로 인한 청약철회」를 인정하는 데에 그 의의가 있다.

(나) 배제요건

「전자상거래 소비자 보호법」은 「의사에 의한 청약철회」의 성립을 저지하는 사유(제17조 제2항)는 「채무불이행으로 인한 청약철회」의 성립을 방해하지 않음을 규정하고 있다(제17조 제3항). 그 결과 민법 제553조의 적용이 배제된다. 민법(제553조)은 해제권자의 고의나 과실로 인하여 계약의 목적물이 '현저히 훼손되거나', '이를 반환할 수 없게 된 때' 또는 '가공이나 개조로 인하여 다른 종류의 물건으로 변경된 때'에는 해제권을 인정하지 않고 있다. 그러나 「전자상거래 소비자 보호법」에 의하면 구매자는 고의 · 과실로 물건을 '멸실시키거나', '현저히 훼손한' 경우에도 「채무불이행으로 인한 청약철회권」이 발생한다. 이는 「전자상거래 소비자 보호법」이 구매자를 특별히 보호하기 위한 것이라고 볼 수도 있다. 그러나 구매자는 자신의 책임 있는 사유로 재화 등을 멸실 또는 훼손시킨 데에 대하여 손해배상책임까지 배제되는 것은 아니다.

(2) 「채무불이행으로 인한 청약철회」의 행사기간

소비자는 물품의 내용이 표시 · 광고 내용과 다르거나 계약내용과 다르게 이행된 경우에는 당해 물품을 공급받은 날부터 3월 이내, 그 사실을 안 날 또는 알 수 있었던 날부터 30일 이내에 전자상거래를 해제할 수 있다(제17조 제3항). 민법의 해제의 법리에 의하면 해제권은 형성권으로서 원칙적으로 10년의 행사기간의 제한을 받는다. 그러나 「전자상거래소비자보호법」은 전자상거래의 분쟁의 조기해결을 위하여 물품공급 시로부터 3월 또는 채무불이행의 사실을 안 날 또는 알 수 있었던 날부터 30일 이내로 해제권의 행사기간을 제한하고 있는 것이다.

(3) 「채무불이행으로 인한 청약철회」의 효과

「채무불이행으로 인한 청약철회」의 효과로서 구매자의 물품의 반환의무(제18조 제1항)와 판매자의 대금반환의무(제18조 제2항 내지 제8항, 제11항)가 발생한다. 다만, 「전자상거래소비자보호법」은 침묵을 지키고 있지만, 「의사에 의한 청약철회」의 경우와 마찬가지로, 구매자가 이미 물품의 일부를 사용 또는 소비한 경우에는 그 물품의 사용 또는 일부 소비에 의하여 얻은 이익 또는 그 물품의 공급에 소요된 비용에 상당하는 금액으로서 대통령령이 정하는 범위의 금액을 지급하여야 한다(참조 제18조 제8항). 「채무불이행으로 인한 청약철회」의 경우 「의사에 의한 청약철회」의 경우와 달리 물품반환에 드는 비용은 판매자가 부담하게 된다(제18조 제10항). 이는 반환비용이란 판매자의 채무불이행으로 인하여 발생한 비용이기 때문이다.

2. 구매자의 채무불이행으로 인한 해제: 손해배상책임의 제한

구매자에게 책임 있는 사유로 인하여 거래가 해제된 경우, 판매자는 다음의 금액에 대금미납에 따른 지연배상금을 더한 금액을 초과하여 손해배상을 청구할 수 없다. 첫째, 공급받은 재화 등이 반환된 경우에는 반환된 재화 등의 통상 사용료액 또는 그 사용에 의하여 통상 얻어지는 이익에 상당하는 금액(제1호)과 반환된 재화 등의 판매가격에서 그 재화 등이 반환된 당시의 가액을 공제한 금액(제2호) 중 큰 금액이다. 둘째, 공급받은 재화 등이 반환되지 않은 경우에는, 그 재화 등의 판매가액에 상당하는 금액이다.

Ⅴ. 전자상거래 중개자와 전자상거래 사업자의 연대책임을 통한 구매자의 보호

「전자상거래 소비자 보호법」(제20조)은 전자상거래 또는 그 중개와 관련하여 전자상거래중개자와 전자상거래 사업자는 상대방이 구매자에 대하여 부담하는 손해배상책임에 대하여 각각 연대책임을 부여함으로써, 구매자를 보호하고 있다.[14)]

1. 전자상거래 사업자의 손해배상책임에 대한 전자상거래중개자의 연대책임

전자상거래 중개자는 재화 등을 판매함에 있어서 책임이 없다는 사실을 약정하지 아니하거나 미리 고지하지 아니하고 전자상거래의 중개를 한 경우에는 당해 전자상거래와 관련하여 전자상거래를 의뢰한 판매자의 고의 또는 과실로 구매자에게 발생한 재산상의 손해에 대하여 판매자와 연대하여 배상할 책임을 진다(제20조 제1항). 이 책임은 그 성립요건에 비추어 볼 때 본질적으로 구매자의 신뢰를 보호하는 데에 있다고 하겠다. 즉, 전자상거래중개자의 책임은 전자상거래사업자의 신원이 불명이거나 배상능

14) 「전자상거래 소비자 보호법」상 전자상거래중개자와 전자상거래사업자의 연대책임의 법적인 문제점에 관하여는 이충훈, "인터넷통신판매중개자의 법적 책임", 인터넷법률 통권 제38호, 법무부, 2007(이하 이충훈), 42 이하 참조.

력이 없는 등의 사정으로 인하여 구매자가 그에게 손해배상책임을 묻는 것이 불가능하거나 또는 곤란한 경우 구매자의 구제에 만전을 기하기 위하여 전자상거래의 중개로 인하여 이익을 얻는 전자상거래 중개자로 하여금 책임을 지도록 하는 데에 그 취지가 있다고 하겠다.

(1) 법적 성격

전자상거래 중개자의 연대책임은 전자상거래소비자보호법상의 특별한 법정책임이다.[15] 그런데 전자상거래 중개자의 연대책임을 상법상의 중개인의 이행책임과 동일한 책임으로 보는 견해가 있다.[16] 그러나 첫째, 「전자상거래 소비자 보호법」은 손해배상책임의 성립요건으로서 정보를 제공하지 않은 것이 아니라 책임이 없다는 사실을 약정하거나 고지하지 않은 것을 요구하고 있다. 둘째, 상법은 중개인에게 계약의 내용에 따른 이행책임을 부여하지만, 전자상거래 소비자 보호법은 통신사업자의 고의 · 과실에 의한 손해에 대하여 연대책임을 규정하고 있다. 이처럼 양 책임은 그 성립요건과 내용에 있어서 차이가 있으므로, 법적 성격을 동일하게 볼 수는 없다고 할 것이다.

(2) 성립요건

전자상거래 중개자의 연대책임이 성립하기 위한 요건은 다음과 같다. 첫째, 전자상거래의 중개가 있어야 한다. 전자상거래의 중개란 사이버몰(컴퓨터 등과 정보통신설비를 이용하여 재화 등을 거래할 수 있도록 설정된 가상의 영업장을 말한다)의 이용을 허락하거나 그 밖에 총리령이 정하는 방법에 의하여 거래 당사자간의 통신판매를 알선하는 행위를 말한다(제2조 제4호). 그리고 총리령이 정하는 방법이란 자신의 명의로 전자상거래를 위한 광고수단을 제공하거나 그러한 광고수단에 자신의 이름을 표시하여 전자상거래에 관한 정보의 제공이나 청약의 접수 등 전자상거래의 일부를 수행하는 것을 말한다(2002. 9. 14. 총리령 제740호, 시행규칙 제3조). 둘째, 전자상거래 중개자는 재화 등을 판매함에 있어서 책임이 없다는 사실을 약정하지 아니하거나 미리 고지 아니하고 전자상거래를 중개하여야 한다(제20조). 전자상거래 중개자가 구매자와도 중개계약을 체결하고 있을 경우에는 책임이 없다는 사실을 구매자와 약정하여야 하고, 그렇지 않은 경우에는 구매자에게 미리 이 사실을 고지하여야 한다. 그러나 실제 거래에서 전자상거래 중개자는 자신에게 책임이 없으며 전자상거래 사업자에게 책임

---

15) 같은 취지의 견해, 이충훈, 40.

16) 이병준, "인터넷경매에서 당사자사이의 법률관계", 인터넷법률 제10호, 법무부, 2002(이하 이병준), 178.

이 있다는 면책규정을 두고 있으므로 그 실효성에는 의문이 있다.[17] 셋째, 전자상거래 사업자의 고의·과실에 의하여 재산적 손해가 발생하여야 한다(제20조). 그 결과 전자상거래 중개자는 판매자의 귀책사유를 요건으로 하지 않는 담보책임(민법 제580조 내지 제582조)에 대하여는 연대책임을 부담하지 않는다.[18][19] 이 규정은 구매자의 보호에 있어서 커다란 제한이라고 하지 않을 수 없다. 특히 구매자가 입는 재화 또는 용역으로 인하여 입게 되는 손해는 대부분의 경우 원시적으로 존재하는 하자로 인하여 발생한다는 점에서 더욱더 그러하다.

2. 전자상거래 중개자의 손해배상책임에 대한 전자상거래 사업자의 연대책임

전자상거래 중개자에게 전자상거래의 중개를 의뢰한 판매자는 전자상거래 중개자의 고의 또는 과실로 인하여 구매자에게 발생한 재산상 손해에 대하여 중개자의 행위라는 이유로 면책되지 않는다(제20조 제3항). 다만, 판매자는 구매자에게 피해가 가지 아니하도록 상당한 주의를 기울인 경우에는 그러하지 아니 하다(제20조 제3항 단서). 전자상거래사업자는 전자상거래의 중개와 관련하여서는 구매자에게 손해를 발생하지 않도록 할 주의의무가 없는 것이 원칙이다. 따라서 「전자상거래 소비자 보호법」의 법적 취지는 전자상거래사업자에게도 손해예방의무와 그 불이행에 대하여 연대책임을 부과하여 구매자를 보호하는 데에 있다고 할 것이다.

(1) 법적 성격

전자상거래 사업자의 책임도 전자상거래 중개자의 경우와 마찬가지로 「전자상거래소비자 보호법」상의 특별한 법정 연대책임에 해당한다. 첫째, 전자상거래 중개자의 중개와 관련하여 부담하는 재산상의 손해배상책임의 법적 성격을 묻지 않는다. 즉, 전자상거래중개자의 채무불이행책임 또는 불법행위책임 모두에 대하여 전자상거래 사업자의 책임이 발생한다. 전자상거래사업자가 연대하여 부담하게 되는 전자상거래 중개자의 구매자에 대한 책임은 채무불이행책임이 아니라 불법행위책임이라는 견해가 있다.[20] 그러나 전자상거래 중개자와 구매자 사이에도 중개계약이 체결된 경

---

17) 같은 취지의 견해, 이충훈, 42.

18) 같은 취지의 견해, 이병준, 179.

19) 민법상 담보책임이란 매도인(그 밖에 유상계약의 당사자)이 목적물에 원시적(계약성립전)으로 권리의 하자 또는 물질적 하자가 있는 경우, 귀책사유가 없음에도 불구하고 계약을 해제당하거나, 대금감액을 청구하거나 또는 손해배상책임의 불이익을 받는 것을 말한다.

20) 고형석, "통신판매중개에 관한 연구", 인터넷법률 제20호, 법무부, 2003(이하 고형석, "통신판매중개에 관한 연구"), 49.

우에는 전자상거래 중개자의 구매자에 대한 책임은 계약상의 채무불이행책임이 될 것이고, 반대로 전자상거래 중개자가 전자상거래 사업자로부터만 중개를 의뢰받았을 경우에는 전자상거래 중개자의 구매자에 대한 손해배상책임은 불법행위책임이 될 것이다. 둘째, 「전자상거래 소비자 보호법」은 전자상거래사업자와 전자상거래중개자의 책임의 관계에 대하여는 명문으로 연대책임임을 규정하고 있지 않지만, 이 경우에도 구매자를 보호하는 법적 취지상 연대책임이 성립함에는 아무런 의문이 없다.[21]

(2) 성립요건

전자상거래 중개자가 중개를 함에 있어서 고의 · 과실이 있었고, 구매자에게 재산상의 손해가 발생하였고 그리고 그 손해가 전자상거래 사업자가 상당한 주의를 기울이지 않아서 발생한 것일 경우에 전자상거래 사업자의 연대책임이 발생한다.

제 3 에스크로제도

I. 서 론

1. 전자상거래의 문제점과 해결책

(i) 전자상거래는 판매자와 구매자 사이에 이루어지는 비대면의 거래이다. 전자상거래의 경우 거래의 비대면성은 거래의 성립 단계에서 이행의 전 단계에 걸쳐 유지된다. 이로 인하여 여러 폐해가 발생하고 있다. 첫째, 판매자가 유령사업자로 인한 폐해가 발생하고 있다. 예를 들면, 유령사업자는 쇼핑몰을 개설하고 해외브랜드의 고급품을 판매한다고 하여 거래를 성립시킨 후 잠적하여 버린다. 둘째, 판매자가 물품대금을 받고, 물품을 공급하지 않는 폐해가 발생하고 있다. 전자상거래가 대부분 선불제로 운영되기 때문에, 이러한 폐해는 매우 크다.[22] 예를 들면, 판매자가 물품의 가격을 대폭적으로 할인한다는 광고를 하고 물품대금을 수령한 후 도산하거나 잠적하여 버린다. 또 판매자가 대포통장을 개설하여 입금 받거나 유령의 결제기관을 내세워 물품대금을 받은 후 잠적하여 버린다. 셋째, 판매자가 물품의 배송을 지연하거나, 하자 있는 물품을 공급하는 폐해가 발생하고 있다. 구매자가 물품의 하자를 이유로 하자의 제거나 물품대금을 환불을 요구하지만, 판매자는 이를 거절하거나 또는 쇼핑몰을 폐

21) 고형석, "통신판매중개에 관한 연구", 49.
22) 김정곤, "전자상거래상의 인터넷 에스크로 서비스의 규제에 관한 연구", 정보기술과 데이타베이스 학회 저널 제11권 제2호, 한국데이타베이스학회 2004(이하 김정곤), 216.

쇄하고 잠적하여 버린다.

이상의 구매자가 입는 피해를 방지하기 위하여, 「전자상거래 소비자 보호법」은 규율을 두고 있다. 우선 전자상거래를 행하는 사이버몰의 운영자, 즉 전자상거래중개인에게 판매자의 신원 등에 관하여 쉽게 알 수 있도록, 판매자의 상호 및 대표자 성명, 영업소 소재지 주소(소비자의 불만을 처리할 수 있는 곳의 주소를 포함한다), 전화번호 · 전자우편주소, 사업자등록번호, 사이버몰의 이용약관, 그 밖에 구매자 보호를 위하여 필요한 사항으로서 대통령령이 정하는 사항을 표시하도록 하고 있다(제10조 제1항). 그리고 동법은 사이버몰에서 표시사항을 위반하는 행위가 이루어질 경우 그 시정에 필요한 조치에 협력하여야 할 의무를 전자상거래 중개인에게 부과하고 있다(제10조 제2항). 이를 통하여 유령사업자로 인한 첫째의 폐해는 어느 정도 방지될 수가 있다.

한편 「전자상거래 소비자 보호법」은 구매자가 구매의 안전을 위하여 원할 경우에는 재화 등을 공급받을 때까지 대통령령이 정하는 제3자에게 그 재화 등의 결제대금을 예치하거나 또는 소비자피해 보상보험계약 등(제24조 제1항의 규정에 의한 계약)을 체결할 수 있다는 것(제15조제1항의 규정에 따른 선불식 통신판매에 한하며, 제24조 제3항의 규정에 따른 거래를 하는 경우는 제외된다)을 판매자가 표시 · 광고 또는 고지하도록 하고 있다(제13조 제2항 제10호). 소비자피해 보상보험계약 등은 물품의 불인도 또는 물품인도의 지연으로 인한 둘째와 셋째의 폐해를 사후적으로 방지하는 조치에 해당한다. 그리고 결제대금예치제도가 바로 선불식 거래로 인한 물품의 불인도라는 둘째의 폐해를 사전적으로 방지하기 위한 제도, 즉 에스크로제도이다.[23]

2. 에스크로제도의 의의

에스크로제도란 매매 등의 거래에서 매수인 등이 금전 등을 에스크로사업자에게 미리 인도하면, 에스크로사업자는 매매의 목적물 등이 매수인 등에게 인도되는 조건 등이 성취될 때까지 금전 등을 보관하다가, 조건이 성취되었을 때에 금전 등을 매도인 등에게 인도하는 제도를 말한다. 에스크로제도는 커먼로의 부동산거래에서 유래된 제도이다. 에스크로사업자는 거래당사자로부터 간섭을 받지 않는 중립의 제3자로서, 당사자에게 거래비밀을 보장하여 주고, 양도증서가 완전히 구매자에게 이전된 후에 구매자로부터 받은 매매대금을 판매자에게 전달하게 한다. 이를 통하여 매수인은 매도인으로부터 담보권, 이용권, 미납세금 등의 결함이 없는 온전한 양도증서의 인도

23) 전자상거래에서의 에스크로 활용방안에 대하여는 김승한 · 조영임, "전자상거래에서의 신뢰도 향상을 위한 ESCROW 활용에 관한 연구, 사회과학연구 제6집, 2002, 146-157 참조.

를 보장받게 된다. 에스크로제도는 조건부 제3자 예탁 또는 조건부 양도라고도 번역이 되고 있지만,[24] 그 핵심은 조건부 제3자 예탁 또는 조건부 양도는 의무의 이행을 보장하기 위한 수단이라는 점에 있다고 하겠다. 그리고 이러한 에스크로제도는 수출거래에서도 발견된다. 수입업자와 수출업자 사이에서 직접 외화의 지급이 이루어지지 않고, 제3자인 외국환은행을 통하여 이루어진다는 것이다. 즉, 수입업자가 결제대금을 제3자(외국환은행)에 입금하면, 수입업자는 신용장을 개설하여 제3자로부터 결제대금을 지급받게 된다. 이처럼 에스크로제도는 판매자의 물품인도와 구매자의 물품대금의 지급을 연계함으로써, 선불식 거래의 문제점을 해결하는 제도이다.

통신판매 중개인 사이트에서는 에스크로서비스를 매매보호서비스라고 부르고 있다(옥션 제17조 및 제23조, 이세일 제2조 제1항 제17호 및 제34조). 매매보호서비스의 실행으로 인하여 전자상거래 당사자들의 의무이행에 당사자가 아닌 통신판매 중개인이 관여하게 되고, 그 결과 물품의 인도와 물품대금의 지급이 연계되어, 물품이행이 확보된다. 다만, 통신판매중개인약관이 규정하고 있는 바와 같이 부동산, 비상장주식, 자동차 등과 같은 물품의 경우에는 통신판매중개인은 예외적으로 에스크로제도를 제공하지 않는다(옥션 제14조 라항, 이세일 제19조 제1항). 에스크로사업자는 판매자와 구매자로부터 독립한 제3의 금융기관일 수가 있다. 그러나 통신판매중개인사이트에서는 통신판매 중개인이 직접 에스크로사업자로 등장하기도 한다. 이 글에서는 통신판매 중개인이 에스크로사업자로 등장하는 경우(옥션이용약관, 이세일이용약관)를 중심으로, 에스크로서비스를 살펴보기로 한다.

3. 에스크로제도의 장 · 단점

에스크로제도에는 장 · 단점이 함께 존재한다. 그 중 중요한 것을 살펴보면 다음과 같다.

(1) 에스크로제도의 장점

에스크로제도의 순기능으로 다음을 들 수 있다. 첫째, 에스크로제도는 구매자를 보호하는 기능이 있다. 에스크로제도는 물품대금지급의무가 선이행의무인 선불식 거래에서 인정된다. 선불식 거래란 구매자가 판매자에 대하여 갖는 「동시이행의 항변권(민법 제536조)」을 포기하는 거래를 말한다. 그 결과 구매자는 물품대금을 선지급하였음에

24) 김성숙, "전자상거래 에스크로 제도 입법화 과정에서 소비자정책 결정고정에 관한 연구", e-비즈니스 연구 제6권 제3집, 국제e-비지니스학회, 2005(이하 김성숙, "전자상거래 에스크로 제도 입법화 과정에서 소비자정책 결정고정에 관한 연구"), 349.

도 불구하고, 물품의 인도를 보장받지 못하게 된다. 그런데 에스크로제도를 통하여 구매자는 물품의 인도를 확실히 보장받게 된다. 이러한 연유에서 옥션(옥션 제17조 가항)은 에스크로제도를 매매보호서비스라고 칭하고, 매매보호서비스가 바로 구매자를 보호하기 위한 제도임을 명시하고 있는 것이다. 둘째, 에스크로제도는 분쟁을 사전에 방지하는 기능이 있다. 비대면의 전자상거래의 안정성을 보호하는 제도에는 소비자피해 보상보험제도가 있다. 그러나 소비자피해 보상보험 제도는 구매자가 인도받은 물품에 하자가 있거나 물품을 배달받지 못할 경우에 사후적으로 구제하는 제도이다. 이에 반하여 에스크로제도는 물품의 인도를 사전에 확실히 보장하는 제도이다. 셋째, 에스크로제도에 의하여 구매자에게는 물품의 인도가 판매자에게는 물품대금의 입금이 보장됨으로써, 전자상거래에 대한 신뢰가 증가된다.[25] 이로 인하여 전자상거래가 발전하게 되는 순기능이 에스크로제도에 존재한다.

(2) 에스크로제도의 단점

에스크로제도에 대하여는 다음과 같은 단점이 제기되고 있다. 첫째, 개인 사이의 거래에 제3자가 강제적으로 개입한다는 점이다.[26] 제3자의 개입은 바로 판매자와 구매자 사이의 계약자유의 원칙을 훼손하게 된다. 둘째, 거래절차가 제3자의 개입에 의하여 복잡하게 된다는 점이다.[27] 예를 들면, 제3자가 파산하는 경우에 그로 인한 불이익을 판매자와 구매자 중에서 누가 위험을 부담하는가 하는 복잡한 문제가 발생할 수 있다. 셋째, 거래수수료의 발생이다.[28] 에스크로비용은 거래비용의 증가를 초래한다. 거래금액이 소액인 경우에도 에스크로제도의 이용은 불가피하다. 통상적으로 판매자가 에스크로제도로 인한 수수료를 부담하는 것이 대부분이다. 그런데 단기적으로는 판매자가 에스크로제도의 이용으로 인한 비용을 부담하지만, 장기적으로는 구매자의 비용으로 전가된다. 특히 통신판매 중개인이 에스크로사업자인 경우, 물품대금에서 직접 수수료를 공제하게 된다. 따라서 판매자는 물품대금의 완전한 변제를 받지 못할 위험이 있다. 예를 들면, 통신판매 중개인은 구매자로부터 받은 물품대금에서 낙찰수수료 기타 미납수수료를 공제할 수 있다(옥션 제25조 나항, 이세일 제19조 제5항). 넷째, 거래대금의 지급지연을 들 수 있다.[29] 이는 구매자가 상품을 수령하고도 구매승인을 하지 않거나

25) 김정곤, 216-217.

26) 김성숙, "전자상거래 에스크로 제도 도입에 관한 연구", 전자상거래(B2C) 활성화를 위한 정책추진 전략, 산업자원부 · 한국전자거래진흥원, 2003, 169.

27) 김정곤, 217.

28) 김정곤, 217.

29) 김정곤, 218.

또는 반품을 하지 않는 사정에 의하여 주로 발생한다. 심한 경우 판매자는 자금유동성의 악화에 따른 경영부담을 받게 된다.

(3) 결 어

에스크로제도의 단점은 거래의 안전을 위하여 지불하여야 할 불가피한 대가라는 점에서, 이를 수용하지 않을 수 없다. 다만, 이 대가는 가급적 줄이는 것이 필요하다. 첫째, 사적인 거래에 제3자가 개입하는 것은 어디까지나 거래의 안정성과 공정성을 확보하기 위한 것이다. 사적 자치란 거래의 공정성이 확보된 경우에 실현가능한 것이지, 공정성 자체가 훼손되면 무의미한 것이 되고 만다. 에스크로제도에 의하여 구매자가 실질적으로 거래의 안전을 보장받게 되므로, 오히려 사적자치가 실현에 도움이 된다. 여기서 에스크로제도의 정당화근거를 발견할 수 있다. 둘째, 제3자는 신용 있는 기관에게만 허용하여야 한다. 셋째, 거래비용의 증가는 사전적 거래의 안전을 위한 불가피한 지불대가라고 할 것이다. 다만, 에스크로제도의 예외를 허용하여, 이로 인한 비용을 최소화하는 것이 필요하다. 넷째, 거래대금의 지급지연 또한 불가피한 대가이다. 다만, 구매자가 구매승인을 하지 않을 경우에는 구매확인을 간주하여 대금의 결제를 강제하는 등의 방법에 의하여, 거래대금의 지연으로 인한 판매자의 곤란을 최소할 필요가 있다.

에스크로사업자가 금융기관인 경우 수수료가 에스크로비용이 되고, 쇼핑몰인 경우 수령한 매매대금의 보관으로 인하여 발생하는 이자가 에스크로비용이 된다(옥션 제17조 다항, 이세일 제19조 제4항 및 제35조 제1항).

4. 에스크로제도의 법적 기능

에스크로제도는 구매자가 물품의 배송 전에 선불을 하여야 하는 선불식 거래에서 이용되는 제도이다. 그 결과 다음과 같은 법적 기능을 갖는다. 첫째, 구매자는 물품의 인도를 받기 전에 미리 물품대금을 입금한다. 구매자가 물품의 배송을 받기 전에 물품대금을 지급한다는 점에서는, 여전히 구매자에게는 선불식 거래라고 볼 수 있다. 그러나 물품대금은 판매자에게 직접 입금되지 않고, 제3자에게 입금된다는 점에서는 선불식 거래가 아니라고 할 수 있다. 둘째, 판매자는 구매자에게 물품을 배송하고 구매자가 구매결정을 한 후에, 에스크로사업자로부터 물품대금을 송금받는다. 판매자가 물품공급이 있은 후에 물품대금을 송금받는다는 점에서 후불식의 거래가 이루어진다. 이상에서 살펴본 바와 같이, 에스크로제도에 의하여 선불식 거래가 후불식 거래로 역전된다는 점에 에스크로제도의 법적 기능이 있다고 하겠다.

선불식의 거래를 후불식으로 전화시키기 위해서는 에스크로사업자는 구매자가 물품을 받기 전 판매자의 물품배송을 확인한 후에 판매자에게 물품대금을 송금하게 하는 것으로도 충분하다. 그러나 에스크로사업자에게 물품대금이 입금된 이상, 판매자는 현실적으로 물품대금의 송금을 받지 못하더라도, 구매자로부터 물품대금의 지급은 일단 확보되었다고 볼 수 있다. 따라서 구매자가 물품배송을 받은 후에 에스크로사업자가 판매자에게 물품대금을 송금하더라도, 판매자에게 불리하지 않다. 에스크로사업자가 파산을 받는 경우를 제외하고는 판매자에게 물품대금이 지급되지 않을 위험은 극히 적다. 바로 이러한 이유에서 에스크로제도는 구매자가 물품배송을 받고 구매결정을 한 후에, 물품대금을 사업자에게 송금하도록 하고 있는 것이다.

5. 에스크로제도의 도입

에스크로제도는 2003. 4.「전자상거래 소비자 보호법」의 개정시에 그 도입이 논의되었다. 전자상거래에서 선불거래로 인한 구매자의 피해가 빈번하게 발생하게 되었고, 그 피해규모도 증가하여 전자상거래의 안전성을 위협하는 수준에 도달하기에 이르렀다. 2002년 8월에 개설한 인터넷쇼핑몰 하프플라자 사건을 비롯한 일련의 인터넷쇼핑몰 사건으로 인한 소비자의 피해가 결정적인 계기가 되어,[30] 법안이 추진되었다. 그 결과 2005. 3. 31자 개정「전자상거래소비자보호법」은 에스크로제도를 법제화하기에 이르렀고, 2006. 4부터 시행하게 되었다.[31] 한편 에스크로제도의 입법에 앞서 인터넷쇼핑몰인 (주)옥션이 1998. 4. 최초로 에스크로제도를 시행하였다. 야후 경매 또한 2001. 11. 에스크로제도를 시행하였다.

6. 에스크로제도에 관한 법률 규정

에스크로제도는 현재「공인중개사의 업무 및 부동산 거래신고에 관한 법률」과 전자상거래소비자보호법에서 도입되고 있다.

---

30) 하프플라자는 2002. 8에 개설된 인터넷쇼핑몰이다. 하프플라자는 개설 당시 모든 물품을 시중가의 반값에 판매하는 전략을 구사한 후, 불과 6개월만인 2003. 2월에 쇼핑몰을 폐쇄하였다. 물품대금을 선불로 결제한 후 물품배송을 받지 못하여 9만6천 여명의 구매자가 310억원의 피해를 입었다.

31) 에스크로제도의 입법화과정에서 사업자 및 소비자의 역할에 대하여는 김성숙, "전자상거래 에스크로제도 입법화 과정에서 소비자정책 결정과정에 관한 연구", 345-370 참조.

(1) 「공인중개사의 업무 및 부동산 거래신고에 관한 법률」

2005. 7. 29일 법률 제7638호에 의하여 「공인중개사의 업무 및 부동산 거래신고에 관한 법률」(이하 공인중개사법)이 전면 개정되면서 에스크로제도가 도입되었다. 동 법률에 의하면 중개업자는 거래의 안전을 보장하기 위하여 필요하다고 인정하는 경우에는 거래계약의 이행이 완료될 때까지 계약금 · 중도금 또는 잔금(이하 "계약금 등"이라 한다)을 중개업자 또는 대통령령이 정하는 자의 명의로 금융기관, 제42조의 규정에 의하여 공제사업을 하는 자 또는 「자본시장과 금융투자업에 관한 법률」에 따른 신탁업자 등에 예치하도록 거래당사자에게 권고할 수 있다(동법 제31조 제1항). 계약금 등을 예치한 경우, 매도인 · 임대인 등 계약금 등을 수령할 수 있는 권리가 있는 자는 당해 계약을 해제한 때에 계약금 등의 반환을 보장하는 내용의 금융기관 또는 보증보험회사가 발행하는 보증서를 계약금 등의 예치명의자에게 교부하여, 계약금 등을 미리 수령할 수 있다(동법 제31조 제2항). 계약금 등은 상당한 고액의 금액으로서, 매도인 등이 이에 대한 현실적 수수가 필요한 경우가 많다. 따라서 보증서는 계약금의 반환을 보장하여 매도인 등이 계약의 이행이 완료되기 전에 계약금 등을 미리 이용할 수 있도록 하기 위한 것이다.

공인중개사법 제31조 제3항은 예치한 계약금 등의 관리 · 인출 및 반환절차 등에 관하여 필요한 사항은 대통령령(시행령)으로 정하도록 하고 있다. 동시행령에 의하면, 공인중개사법 제31조 제1항에서 "대통령령이 정하는 자"라 함은 「은행법」에 따른 금융기관, 「보험업법」에 따른 보험회사, 「자본시장과 금융투자업에 관한 법률」에 따른 신탁업자, 「우체국예금 · 보험에 관한 법률」에 따른 체신관서, 법 제42조의 규정에 따라 공제사업을 하는 자 그리고 부동산 거래계약의 이행을 보장하기 위하여 계약금 등 및 계약 관련서류를 관리하는 업무를 수행하는 전문회사를 말한다(시행령 제27조 제1항). 그리고 시행령에 의하면 중개업자는 거래당사자에게 계약금 등을 중개업자의 명의로 금융기관 등에 예치할 것을 의뢰하는 경우, 계약이행의 완료 또는 계약해제 등의 사유로 인한 계약금 등의 인출에 대한 거래당사자의 동의방법, 주택중개 수수료 등의 반환채무이행 보장에 소요되는 실비 그 밖에 거래안전을 위하여 필요한 사항을 약정하여야 한다(시행령 제27조 제2항). 이 약정이 일부가 바로 에스크로계약으로서, 이 약정에 따라 에스크로제도가 실행된다. 계약금 등은 거래계약의 이행이 완료될 때, 중개업자가 매도인에게 지급하게 되고, 반대로 계약이 해제될 때 예치명의인에게 반환된다.

중개업자는 거래당사자에게 계약금 등을 중개업자의 명의로 금융기관 등에 예치할 것을 의뢰하는 경우, 자기 소유의 예치금과 분리하여 관리될 수 있도록 하여야 하며, 예치된 계약금 등은 거래당사자의 동의 없이 인출하여서는 아니 된다(시행령 제27조 제3항). 이는 계약의 이행이 완료되기 전에, 중개업자가 임의로 계약금 등을 인출하는 것을 금지하기 위한 것이다. 또 중개업자는 계약금 등을 거래당사자에게 지급할 것을 보장하기 위하여 예치대상이 되는 계약금 등에 해당하는 금액을 보장하는 보증보험 또는 법 제42조의 규정에 따른 공제에 가입하거나 공탁을 하여야 하며, 거래당사자에게 관계증서의 사본을 교부하거나 관계증서에 관한 전자문서를 제공하여야 한다(시행령 제27조 제4항). 이는 중개업자에게 무거운 부담이 될 수 있다. 따라서 중개업자는 거래당사자에게 계약금 등을 중개업자의 명의로 금융기관 등에 예치할 것을 의뢰하는 것을 포기하게 되고, 금융기관 등과 같은 제3자에게 예치할 것을 권장하게 된다.

(2) 전자상거래 소비자 보호법

「전자상거래 소비자 보호법」 제13조 제2항(제10호)에 의하면, 통신판매업자는 선불식 통신판매의 경우 구매자가 구매의 안전을 위하여 「원하는 경우에는」 재화 등을 공급받을 때까지 대통령령이 정하는 「제3자」에게 그 재화 등의 결제대금을 예치하는 것(이하 "결제대금예치"라 한다)의 이용을 선택할 수 있다는 사항을 소비자가 계약을 체결하기 전에는 표시 · 광고 또는 고지하고 그리고 계약이 체결된 경우에는 위 사항이 기재된 서면을 교부하도록 하고 있다.[32] 여기서 결제대금예치란 바로 에스크로제도를 의미한다. 그리고 「전자상거래 소비자 보호법」 제24조 제2항에 의하면,[33] 구매자가 선불식 통신판매에 있어서 에스크로제도의 이용을 선택할 경우 판매자는 구매자가 에스크로제도를 이용할 수 있도록 하여야 한다.[34] 즉, 판매자의 결제대금예치제도는 구매자가 이를 선택한 경우에만 강제된다.[35] 그리고 「전자상거래 소비자 보호법」 제24조 제4항은 에스크로제도에 관하여 필요한 사항은 대통령령으로 정하도록

32) 「전자상거래소비자보호법」 제13조 제2항(제10호)은 소비자가 구매의 안전을 위하여 원하는 경우에는 재화 등을 공급받을 때까지 대통령령이 정하는 제3자에게 그 재화 등의 결제대금을 예치하는 것(이하 "결제대금예치"라 한다)의 이용을 선택할 수 있다는 사항 또는 통신판매업자의 제24조 제1항의 규정에 따른 소비자피해보상보험계약 등의 체결을 선택할 수 있다는 사항(제15조제1항의 규정에 따른 선불식 통신판매에 한하며, 제24조제3항의 규정에 따른 거래를 하는 경우를 제외한다)을 표시 · 광고하도록 하고 있다. 동법은 소비자가 에스크로제도와 소비자피해보상보험계약 중에서 선택할 수 있도록 하고 있는 것이다.

33) 「전자상거래소비자보호법」 제24조 ② 통신판매업자는 제1항의 규정에 불구하고 선불식 통신판매에 있어서 소비자가 제13조 제2항 제10호의 규정에 따른 결제대금예치의 이용 또는 통신판매업자의 소비자피해보상보험계약 등의 체결을 선택한 경우에는 소비자가 결제대금예치를 이용하도록 하거나 제1항의 규정에 따른 소비자피해보상보험계약 등을 체결하여야 한다.

34) 소비자가 소비자피해보상보험계약 등의 체결을 선택하는 경우에도 마찬가지이다.

35) 김두진, "전자상거래의 소비자보호 – 스팸메일규제, 에스크로제도 등의 개선을 중심으로 –", 경제법연구 제7권 제1호, 한국경제법학회, 2008(이하 김두진), 11.

하고 있다.[36)]

「전자상거래 소비자 보호법」 시행령 제19조의2 제1항은 「대통령이 정하는 제3자」란 「결제대금예치업무를 하기 위하여 전자금융거래법 제28조 제2항 제5호 및 동법 시행령 제15조 제3항 제1호에 따라 금융위원회에 등록한 자」(제1호)와 전자금융거래법에 따른 금융기관(제2호)이 있으며,[37)] 「금융위원회에 등록한 자」란 「금융감독기구의 설치 등에 관한 법률 제38조에 따른 금융기관 또는 우체국예금 · 보험에 관한 법률에 따른 체신관서에 결제대금의 예치만을 위한 계좌로 개설 · 통보한 계좌에 구매자의 결제대금을 예치할 것(시행령 제19조의2 제1항 제1호 나목)」을 요구하고 있다.[38)] 한편 전자거래금융법 제28조 제2항(제5호)은 「금융위원회에 등록한 자」란 「그 밖에 대통령령이 정하는 전자금융업무」를 하는 자로 규정하고 있고,[39)] 동법 시행령 제15조 제3항(제1호)에 따르면 「대통령령이 정하는 전자금융업무」라 함은 전자금융거래와 관련하여 자금을 수수하거나 수수를 대행하는 전자금융업무로서 「전자상거래 등에서의 소비자자보호에 관한 법률 제13조 제2항 제10호에 따라 결제대금을 예치받는 업무」를 말한다.[40)] 요컨대 금융기관 이외의 일반사업자도 결제대금을 예치받는 업무를 하기 위하여 금융기관 또는 체신관서에 결제대금의 예치만을 위한 계좌를 개설하면 누구나 금융위원회에 등록을 하여 에스크로사업자가 될 수 있다. 이것이 에스크로사업자의 자격요건이다. 그 결과 통신판매중개인 자신도 에스크로사업자가 될 수 있다. 금융기관이 아닌 에스크로사

---

36) 소비자피해보상보험계약 등의 체결도 마찬가지이다.

37) 「전자상거래소비자보호법」시행령 제19조의2 ① 법 제13조 제2항 제10호에서 "대통령령이 정하는 제3자"라 함은 다음 각 호의 어느 하나에 해당하는 자를 말한다. 1. 법 제13조제2항 제10호의 결제대금예치업무를 하기 위하여 「전자금융거래법」 제28조 제2항 제5호 및 동법 시행령 제15조 제3항 제1호에 따라 금융위원회에 등록한 자로서 다음 각 목의 요건을 모두 갖춘 사업자

가. 법 제24조 제1항에 따른 소비자 피해보상 보험계약 등(이하 "소비자 피해보상 보험계약등"이라 한다)을 체결할 것 나. 「금융감독기구의 설치 등에 관한 법률」 제38조에 따른 금융기관 또는 「우체국예금 · 보험에 관한 법률」에 따른 체신관서에 결제대금의 예치만을 위한 계좌로 개설 · 통보한 계좌에 소비자의 결제대금을 예치할 것 2. 「전자금융거래법」 제28조 제2항 단서에 따른 금융기관

38) 「전자상거래소비자보호법」 시행령 제19조의2 제1항(제1호, 가목)은 대통령령이 정하는 제3자에게 「법 제24조 제1항에 따른 소비자피해보상보험계약 등(이하 "소비자피해보상보험계약등"이라 한다)을 체결할 것」을 요구함으로써 결제대금예치기관으로 하여금 소비자피해보상보험계약의 체결도 함께 하도록 규정하고 있다.

39) 전자거래금융법 제28조 ② 다음 각 호의 업무를 행하고자 하는 자는 금융위원회에 등록하여야 한다. 다만, 「은행법」에 따른 금융기관 그 밖에 대통령령이 정하는 금융기관은 그러하지 아니하다. 〈개정 2008.2.29〉 1.전자자금이체업무 2.직불전자지급수단의 발행 및 관리 3.선불전자지급수단의 발행 및 관리 4.전자지급결제대행에 관한 업무 5.그 밖에 대통령령이 정하는 전자금융업무

40) 전자거래금융법시행령 제15조 ③ 법 제28조 제2항 제5호에서 "대통령령이 정하는 전자금융업무"라 함은 전자금융거래와 관련하여 자금을 수수(授受)하거나 수수를 대행하는 전자금융업무로서 다음 각 호의 어느 하나에 해당하는 업무를 말한다. 1.「전자상거래 등에서의 구매자보호에 관한 법률」 제13조 제2항 제10호에 따라 결제대금을 예치받는 업무 2.수취인을 대행하여 지급인이 수취인에게 지급하여야 할 자금의 내역을 전자적인 방법으로 지급인에게 고지하고, 자금을 직접 수수하며 그 정산을 대행하는 업무

업자는 파산할 위험이 금융기관에 비하여 더 크다. 구매자보호를 위해서는 에스크로사업자의 자격요건을 더 강화하고, 관리감독을 실행하여 에스크로사업자에 대한 공적 신뢰를 높일 필요가 있다.

「전자상거래 소비자 보호법」 제24조 제3항에 의하면, 10만원 이하의 범위 안에서 대통령령이 정하는 금액 이하인 재화 등을 구매하는 거래(제1호)(시행령 제28조의2에 의하면, 대통령령이 정하는 금액은 1회 결제금액을 기준으로 10만원이다), 여신전문금융법 제2조 제3호의 규정에 따른 사용카드로 재화 등의 대금을 지급하는 거래(제2호), 정보통신망에 의하여 전송되거나 제3자가 배송을 확인할 수 없는 재화 등을 구매하는 거래(제3호), 일정기간에 걸쳐 분할되어 공급되는 재화 등을 구매하는 거래(제4호), 다른 법률에 따라 구매자의 구매안전이 충분히 갖추어진 경우 또는 제1호 내지 제4호와 유사한 사유로 결제대금예치의 체결에 필요하지 아니하거나 곤란하다고 공정거래위원회에 정하여 고시하는 거래(제5호)에서는 구매자가 에스크로제도를 선택할 수 없다.[41] 우선 제3호의 사유는 그 성질상 에스크로제도를 실시할 요건이 성립할 수 없다는 점에서 구매자의 선택이 배제되는 데에는 아무런 의문이 없다. 그러나 기타 사유의 경우 구매자의 선택이 배제되는 것이 반드시 타당한 것인지는 의문이 든다. 우선 소규모 거래의 경우에도 에스크로제도를 이용함으로써 얻을 수 있는 이익이 크다는 점에서 제1호 사유의 경우에도 구매자의 선택이 가능하도록 하여야 할 필요가 있다.[42] 그리고 제2호 사유에 대하여는 신용카드사업자가 에스크로사업자의 기능을 수행한다는 점에서 구매자의 선택을 배제하는 것이 타당하다는 견해가 있다.[43] 그러나 신용카드사업자가 에스크로사업자의 기능을 수행하는 것은 아니라는 점에서 에스크로제도의 배제는 타당하지 않다. 또 제4호 사유의 경우 분할공급에 따라 단계적으로 에스크로제도를 이용하는 것이 가능하다는 점에서 역시 그러하다. 마지막으로 이상의 제1호, 제2호 및 제4호와 유사한 사유에 대하여 공정거래위원회가 결제대금예치의 체결에 필요하지 아니하거나 곤란하다고 고시할 수 있도록 한 제5호 사유도 역시 타당하지 않다.

에스크로제도는 구매자에게 결제대금예치의 선택을 강제하여 영업의 기회와 시장의 발전에 장애요인으로 작용될 가능성이 있으므로, 법적 강제의 정도를 조절할 필요가 있다는 견해가 있다.[44] 그러나 「전자상거래 소비자 보호법」은 에스크로제도는

---

41) 이상의 경우 구매자 피해보상 보험계약의 체결도 선택할 수 없다.

42) 김두진, 21.

43) 김두진, 12.

44) 류병택, "전사상거래 에스크로서비스의 법률관계에 관한 연구", 서울대학교 석사학위논문, 2007, 34.

구매자가 원할 경우에만 실행된다고 하여, 이를 강제하지 않는다. 그러나 실제 거래에서 통신판매중개사이트가 에스크로제도를 일방적으로 정하고 회원에게 에스크로제도의 이용을 강요할 경우에는 사적 자치라는 이름 아래 에스크로제도가 강제되는 측면이 있다고 할 것이다.

Ⅱ. 에스크로서비스의 실행

에스크로서비스의 구체적인 실행과정은 전자상거래약관이 이를 어떻게 규율하고 있는가에 따라 조금씩 다르다. 통신판매중개인사이트 중 옥션이 이에 대하여 상세한 규정을 두고 있으므로 이하에서는 주로 이를 중심으로 에스크로서비스의 실행과정을 검토하기로 한다.

에스크로서비스는 첫째, 구매자의 통신판매중개인에 대한 물품대금의 입금, 둘째, 통신판매중개인의 판매자에 대한 물품대금 입금확인 및 물품배송요구의 통지, 셋째, 판매자의 구매자에 대한 물품배송, 넷째, 물품을 수령한 구매자의 최종적 구매결정, 다섯째, 통신판매중개인의 판매자에 대한 물품대금송금의 순서로 실행된다. 이상의 에스크로서비스의 실행과정에서의 핵심은 첫째의 구매자의 통신판매중개인에 대한 물품대금의 입금과 다섯째의 통신판매중개인의 판매자에 대한 물품대금의 송금이라고 할 것이다.

1. 구매자의 물품대금의 입금

소비자의 입금방법은 다양하다. 현금 또는 은행온라인을 통한 입금과 신용카드, e-momey, 할인쿠폰 기타 회사가 인정하는 결제수단에 의한 입금이 있다(옥션 제23조). 구매자의 물품대금의 입금 또는 물품대금의 결제(이하 물품대금의 입금)의 기한은 통신판매중개인에 따라 다르다. 예를 들면, 옥션[제22조 다항 4), 제23조 가항]은 경매 성립 후 3일(토요일, 공휴일 제외), 이세일(제34조 제1항)은 경매마감(경락알림메일의 발송) 후(제33조 제4항) 5일 이내이다. 물품대금을 입금한 구매자는 입금정보와 환불정보를 통신판매중개인이 제공하는 양식에 따라 해당 서비스화면에 이를 표시하여야 한다(옥션 제23조 가항).

2. 에스크로사업자의 물품대금의 입금확인 및 물품배송요구의 통지

소비자가 물품대금을 입금하면, 에스크로사업자는 판매자에게 물품대금의 입금사실과 물품을 발송할 것을 통지하게 된다. 옥션은 구매자가 물품대금을 입금하면,

입금 즉시 판매자에게 물품대금의 입금과 물품을 발송할 것을 통지한다(옥션 제21조 다항).

3. 판매자의 물품배송

에스크로사업자로부터 구매자의 물품대금의 입금에 대한 확인을 통지받은 판매자는 구매자에게 물품을 발송하고, 발송한 후에는 에스크로사업자에게 물품의 발송사실을 통지한다.

(ii) 「전자상거래 소비자 보호법」에 의하면 판매자는 구매자가 물품의 공급 절차 및 진행 상황을 확인할 수 있도록 적절한 조치를 하여야 하고, 공정거래위원회가 고시한 사항에 대하여 조치하여야 한다(제15조 제3항). 물품배송에 필요한 조치로 판매자는 판매자용 서비스화면에 배송일자의 표시와 함께 물품배송 사실을 표시하는 것을 들 수 있다(옥션 제24조 가항). 판매자가 물품배송 사실을 표시한 경우, 통신판매중개인은 구매자에게 즉시 물품배송확인통지를 하여야 한다(옥션 제24조 나항).[45]

4. 구매자의 최종적 구매결정

구매자가 물품을 수령한 후 반품하지 않고 구매결정을 하게 되면, 옥션은 구매자가 서비스화면에 '구매결정'항목을 클릭하여 구매의사를 표시하도록 하고 있다(옥션 제25조 가항).

5. 통신판매중개인의 물품대금의 송금

구매자가 구매승인을 한 경우, 에스크로사업자은 구매자가 입금한 물품대금을 판매자게 송금하여야 한다. 그러나 구매자가 배송받은 물품의 하자나 기타 사정으로 인하여 구매를 거부하고 물품의 반송을 신청하면, 에스크로사업자는 판매자로부터 이를 확인한 후, 물품대금을 구매자에게 환불한다. 에스크로사업자는 구매자의 최종적인 구매결정이 있은 후(옥션 제25조 나항) 또는 물품수령을 확인한 후(이세일 제35조 제1항 제2호) 2영업일 이내에 판매자에게 물품대금을 송금하여야 한다. 이 경우 에스크로사업자는 물품대금에서 구매자의 미납 수수료 등을 공제한 금액을 송금한다(옥션 제25조 나항, 이세일 제35조 제1항). 에스크로사업자는 송금시 판매자가 선택한 송금방법에 따라 송금하여야 한다.

---

45) 「전자상거래 소비자 보호법」은 판매자가 이미 물품대금의 전부 또는 일부를 받은 선불식 통신판매의 경우에는 대금의 전부 또는 일부를 받은 날부터 3영업일 이내에 재화 등의 공급을 위하여 필요한 조치를 취하도록 규정하고 있다(동법 제15조 제1항). 옥션은 판매자가 옥션으로부터 물품대금의 입금에 대한 확인통지를 받은 후 2영업일 이내에 배송에 필요한 조치를 취하도록 규정하고 있다(옥션 제24조 가항).

구매자가 물품을 수령한 후에도 구매결정을 지연하고 이로 인하여 물품대금의 지급이 지연될 경우 판매자는 에스크로사업자에게 물품대금의 송금을 요청할 수 있다. 첫째, 구매자가 물품수령일로부터 7일이 경과하도록 반품, 환불 등의 의사표시 없이 구매결정을 지연할 경우, 판매자는 물품도착증빙서류를 첨부하여 위 기간이 경과하였음을 입증하여 에스크로사업자에 대하여 물품대금의 송금을 요청할 수 있다[옥션 제25조 라항 1)]. 이 경우 구매자의 반품 또는 환불의 의사표시가 있는 경우에도, 구매자가 정당한 사유없이 해당 물품을 사용하거나 5일(토요일, 공휴일 제외) 이상 관련 법령 및 약관에 정한 물품반환의무를 이행하지 않는 경우에는 판매자에게 물품대금을 송금할 수 있다[옥션 제25조 다 1) 단서]. 둘째, 구매자가 10만원 이하의 물품을 구입하거나, 신용카드로 물품대금을 지급하거나, 정보통신망에 의하여 전송되거나 에스크로사업자가 배송을 확인할 수 없는 물품을 구입하거나, 분할 공급되는 물품을 구입하는 경우, 판매자가 물품발송시에 기재한 발송일자로부터 15일이 경과하도록 구매자로부터 물품미수령, 반품, 환불 등에 관한 아무런 의사표시가 없을 경우, 에스크로사업자는 구매자에게 이메일이나 이동전화단문메시지 등을 이용하여 에스크로사업자의 통지 수신 후 5일 이내에 물품미수령, 반품 등에 대한 의사표시가 없으면 판매자에게 송금할 수 있음을 통지하고, 위 기간 내에 구매자의 의사표시가 없으면 판매자에게 물품대금을 송금한다[옥션 제25조 라항 2)].

한편 에스크로사업자는 다음의 두 경우 물품대금의 송금을 지연할 수 있다. 첫째, 에스크로사업자는 구매자가 신용카드로 결제한 경우 허위등록, 판매가장등록, 신용카드결제시스템만을 이용하기 위한 등록여부를 확인하기 위하여 최고 60일까지 송금을 보류할 수 있다(옥션 제25조 나항). 다만, 이 경우 판매자가 물품판매에 관한 거래사실 증빙서류를 제공할 경우에는 에스크로사업자는 이를 확인한 후 송금한다(옥션 제25조 나항 단서). 둘째, 에스크로사업자는 판매자가 지정한 입금계좌의 예금주와 판매자가 상이한 경우 이용계약 및 해당 거래의 진정성을 확인하기 위하여 최고 60일까지 물품대금의 송부를 지연할 수 있다(옥션 제25조 다항). 다만, 판매자가 자신의 신분증사본, 예금주의 신분증 사본, 예금주 명의의 통장사본을 통신판매중개인에 제공하면서 송금을 요청할 경우에는 에스크로사업자는 해당 매매에 한하여 이를 확인한 후 송금한다(옥션 제25조 다항 단서).

Ⅲ. 에스크로계약의 법적 성격

판매자와 구매자는 각각 물품 등의 대금결제의 방법으로 에스크로서비스를 이용하는 계약을 에스크로사업자와 체결하게 된다. 에스크로계약은 어떠한 법적 성격을 갖는지에 대하여 여러 가지 법이론구성이 가능하다. 위임계약설, 신탁계약설, 이행인수설 · 채무인수설, 금전환청구권의 묵시적 양도설 그리고 정지조건부 제3자를 위한 금전소비임치계약설이 그것이다.[46]

1. 위임계약설

위임계약설은 판매자는 에스크로사업자에게 물품대금채권의 추심을 위탁하고(변제수령권한의 부여), 구매자는 에스크로사업자에게 정지조건부 물품대금지급 및 조건성취시까지의 물품대금의 보관을 위탁하는 위임계약으로 보는 이론이다. 여기서 정지조건이란 일정기간 내에 당해 물품이 구매자에게 도달하고, 당해 물품의 도달 후 일정기간 내에 구매자가 에스크로사업자에게 구매승인의 의사를 통지하는 조건을 말한다.

2. 신탁설

신탁설은 에스크로계약은 구매자를 위탁자, 에스크로사업자를 수탁자, 판매자를 수익자로 하여 신탁을 설정하는 계약으로 보는 이론이다. 에스크로계약은 구매자가 에스크로사업자에게 물품대금상당액을 금전신탁하고, 판매자에 대하여 일정한 정지조건부 수익권을 부여하는 계약으로서, 정지조건이 성취된 경우에 판매자에게 신탁재산의 인도가 이루어진다. 정지조건은 위임계약설의 경우와 동일하다.

3. 이행인수설 또는 채무인수설

이행인수설은 에스크로계약은 물품대금의 입금을 정지조건으로 하여 에스크로사업자가 구매자의 물품대금지급채무의 이행을 인수하는 계약으로 본다. 이행인수설에 의하면 에스크로사업자는 물품대금의 채무관계에 개입은 하지만, 판매자에 대하여 직접 채무를 부담하지 않고, 구매자에 대하여서만 채무를 부담한다. 또 면책적 채무인수설은 에스크로계약은 구매자의 물품대금지급채무를 에스크로사업자가 면책적으로 채무인수 하는 계약이라고 본다. 에스크로사업자가 물품대금의 채무관계에 개입하여 스스로 채무자가 되는 결과, 구매자는 자신의 채무를 면하게 되고 그리고 판매자는 에스크로사업자에 대하여 직접 채권자의 지위를 취득하게 된다. 그리고 병존적

46) 에스크로계약의 법적 성격에 관한 설명에 대하여는 백승재, "인터넷경매의 법적 제문제 - 민사적 문제점에 관하여-", 인터넷법률 제12호, 법무부 2002, 96.

채무인수설에 의하면, 에스크로계약은 구매자의 판매자에 대한 물품대금채무를 에스크로사업자가 중첩적으로 인수하는 계약이다. 에스크로사업자는 물품대금의 채무관계에 개입하여 스스로 채무자가 되고, 구매자도 채무를 면하지 못한다.

4. 금전반환청구권의 묵시적 양도설

금전반환청구권의 묵시적 양도설은 에스크로계약은 금전소비임치계약에 의한 금전반환청구권을 판매자의 판매대금의 불수령을 해제조건으로 판매자에게 묵시적으로 양도하는 계약이라는 법적 구성을 취한다.

5. 정지조건부 제3자를 위한 금전소비임치계약설

정지조건부 제3자를 위한 금전소비임치계약설은 에스크로계약은 구매자의 구매승인의 의사표시가 에스크로사업자에게 도달할 것을 정지조건으로 하는 제3자를 위한 금전소비임치계약에 해당하고, 판매자가 에스크로사업자에게 하는 물품배송의 통지가 수익의 의사표시가 된다는 이론 구성을 택하게 된다. 이 이론에 의하면 에스크로계약에 의하여 에스크로사업자가 지급의무를 지체하거나 이행하지 않을 경우, 판매자는 대가관계인 매매관계에 기하여 대금지급청구권을 구매자에 대하여 갖는다.

6. 결 어

에스크로계약의 법적 구성은 에스크로계약이 체결되는 구체적인 실제에 기초하여야 한다. 에스크로계약의 핵심은 에스크로사업자가 구매자로부터 입금받은 물품대금을 일정한 조건이 성취되는 때에 판매자에게 송금하는 데에 있다고 할 것이다. 또 에스크로사업자는 물품대금의 입금과 송금을 중개하는 과정에서 소극적인 역할을 할 뿐이다. 첫째, 물품대금을 입금받는 과정에서 적극적인 역할을 하는 것은 어디까지나 구매자이다. 둘째, 에스크로사업자가 판매자에게 물품대금을 송금할 수 있는 것도 일정한 조건이 갖추어진 경우에 한한다. 판매자가 물품을 구매자에게 배송한 후 구매자가 구매승인을 하여야만, 비로소 에스크로사업자는 판매자에게 물품대금을 송금할 수 있을 뿐이다.

우선 위임계약의 법적 구성은 그 구체적인 내용이 에스크로계약의 실제와 잘 부합하지 않는다. 위임계약설은 에스크로사업자가 적극적으로 물품대금의 추심을 수탁하지 않는 에스크로제도의 현실과 부합하지 않는다. 에스크로사업자는 판매자로부터 물품대금의 변제수령을 위탁받을 뿐이다. 추심을 위탁하지 않는다. 또 신탁계약의 법적 이론은 에스크로제도가 소액의 대금결제를 위한 제도임을 설명하기에는 너무 무거운 이론이다. 물품도달과 구매승인의 조건이 성취되면 판매자에게 신탁재산이 이전되어 물품대금의 금전신탁관계가 해소되는데, 신탁의 법률관계가 지극히 단기간에 종료되는 문제가 발생한다. 또 이행인수, 면책적 채무인수와 병존적 채무인수의 이론 역시 에스크로제도의 실제와 합치되지 않는다. 첫째, 이행인수설에 의하면, 판매자의 물품배송과 구매자의 구매승인 후에도 에스크로사업자에 대하여 아무런 권리를 취득하지 못하게 되는데, 이는 에스크로제도의 실제에 부합하지 않는다. 둘째, 면책적 채무인수설은 구매자가 에스크로사업자에게 물품대금의 입금하는 데에 대한 보상관계로서 에스크로사업자가 구매자의 물품대금채무를 면책적으로 인수한다는 것인데, 이는 에스크로사업자가 에스크로제도에서 수행하는 소극적 역할에 부합하지 않는다. 에스크로사업자는 구매자로부터 판매자에게 물품대금을 지급할 것을 위탁받았을 뿐이지, 이로 인하여 바로 구매자가 물품대금의무를 면하게 되는 것은 아니라고 할 것이다.[47] 구매자는 물품대금의무가 면제되지 않았으므로, 에스크로사업자가 물품대금을 보관하는 한, 판매자는 구매자에게 대한 물품대금의 지급을 청구하는 것이 잠정적으로 금지되는 것일 뿐이라고 할 것이다. 셋째, 병존적 채무인수설에 의하면 에스크로사업자는 판매자의 물품대금의무를 병존적으로 인수하게 되는데, 이 역시 에스크로사업자가 구매자로부터 판매자에게 물품대금을 지급할 것을 위탁받는 것일 뿐이라는 실제와 부합하지 않는다. 그리고 금전반환채권의 묵시적 양도의 법적 구성은 구매자가 구매승인을 하기 전에는 채권 양도 자체가 이루어지지 않는 것에 반하고, 구매승인 후에도 구매자가 배제된 채 에스크로사업자만 채무를 부담하는 것이 아니라는 사실에 반한다. 에스크로계약에 의하면 금전반환채권의 묵시적 양도설과는 달리 구매자는 에스크로사업자의 물품대금의 송금이 있어야 비로소 물품대금의 지급의무를 면하게 된다. 마지막으로 정지조건부 제3자를 위한 금전소비임치계약의 법적 구성은 에스크로제도의 법률관계를 구매자와 에스크로사업자의 법률관계에서, 판매자는 단순히 제3자로서 수익의 의사표시를 하는 것으로 이해한다는 점에서, 본질적으로 에스크로제도의 실제에 부합하지 않는다.

요컨대 에스크로계약은 구매자와 에스크로사업자 사이 그리고 판매자와 에스크로사업자 사이에 각각 별도로 체결된다. 그리고 이 계약은 판매자는 에스크로사업자

47) 구매자의 물품대금의 송금 또는 구매거부 전에 계약이 해제되는 경우 에스크로사업자는 구매자에게 물품대금을 반환하여야 한다. 따라서 에스크로사업자가 면책적으로 채무인수를 하는 경우에도, 최소한 해제조건부로 채무인수를 하는 것이라고 봐야 할 것이다.

에게 물품대금의 변제의 수령을 위탁하고, 구매자는 에스크로사업자가 구매자가 물품배송을 받은 후 구매승인시에 물품대금의 지급 위탁을 내용으로 하는 위임계약이라고 볼 수 있다.[48] 그 결과 첫째, 판매자는 구매자에게 직접 물품대금청구권을 행사할 수 없다. 판매자는 물품대금을 에스크로사업자에게 입금할 것을 구매자에게 요구할 수 있을 뿐이다. 둘째, 구매자는 판매자에게 직접 물품대금 지급의무를 부담하지 않는다. 구매자는 판매자에게 물품대금을 입금하기 위하여, 에스크로사업자에게 입금하기 때문이다. 그리고 판매자도 에스크로사업자로부터 물품대금을 송금받음으로써, 구매자로부터 물품대금을 송금받게 된다. 셋째, 에스크로사업자는 판매자에 대하여 구매자에게 물품을 배송할 것을 요구할 권리가 없다. 물품의 배송과 관련된 권리는 구매자에게 있을 뿐이다. 에스크로사업자는 판매자에게 물품대금의 입금사실을 통지할 뿐이다. 넷째, 에스크로사업자는 구매자의 구매승인이 있은 후에 비로소 판매자에게 대하여 물품대금 송금의무를 부담하게 된다. 이는 구매자가 에스크로사업자에게 구매자의 구매승인 후에 물품대금을 지급할 것을 위탁하였기 때문이다. 다섯째, 물품대금의 결제가 있은 후 거래의 무효, 취소, 해제 등으로 인한 물품대금의 반환은 판매자와 구매자 사이에서 직접 이루어진다. 에스크로사업자는 어디까지나 물품대금의 입금과 송금을 중개할 뿐이기 때문이다. 매매의 무효 등으로 인한 물품대금의 반환문제는 구매자가 직접 해결하여야 한다.

Ⅳ. 통신판매 중개인이 에스크로사업자인 경우의 법률관계: 이행보호서비스의 법률관계

통신판매 중개인이 에스크로사업자인 경우에는 일반인이 에스크로사업자인 경우와 달리 특별한 법률문제가 발생하게 된다. 통신판매 중개인 약관은 통신판매 중개인은 에스크로서비스를 제공함에 있어서 판매자 또는 구매자를 대리, 대행하거나 그 이행을 보조하는 것은 아니라고 명시적으로 밝히고 있다(옥션 제17조 가항). 그 결과 에스크로사업자가 물품대금을 입금받고 송금받는 것은 구매자의 물품대금 지급의무의 이행과 판매자의 물품대금지급의 청구권과 아무런 관련이 없게 된다. 따라서 에스크로제도에 의하여, 물품대금지급청구권의 양도, 물품대금 지급의무의 인수 등이 전혀 발생하

48) 위임계약설에 대하여는 당사자가 언제나 자유롭게 에스크로계약을 해지할 수 있게 되는데(민법 제689조 제1항), 이는 판매자가 물품을 배송한 후에는 에스크로계약를 해지할 수 없는 에스크로제도의 실제에 부합하지 않는다는 비판이 있다(유병택, 45). 그러나 에스크로계약이 위임계약이라고 보는 경우에도 자유로운 해지가 제한되는 특수한 위임이라고 보아야 할 것이다.

지 않는다. 이 경우 에스크로제도를 어떻게 이해할 것인지가 문제이다.[49]

1. 에스크로계약의 체결

에스크로서비스약정은 회원이용계약의 기본약정인 통신판매중개인약관에 포함된다. 에스크로서비스약정은 통신판매중개인과 판매자 그리고 통신판매중개인와 구매자 사이에 각각 체결된다. 그러나 판매자와 구매자가 각각 에스크로서비스에 관한 통신판매 중개인 약관조항에 동의함으로써, 판매자 · 구매자와 통신판매 중개인 사이에 에스크로서비스약정이 체결된다. 그리고 판매자와 구매자가 통신판매 중개인 약관상의 에스크로서비스 약정에 동의하면, 에스크로서비스의 법률관계는 회원 사이에 직접적인 법률관계로서 성립하게 된다는 것이다. 즉, 3당사자가 직접 계약을 체결한 것은 아니지만, 판매자와 구매자가 서로에 대하여 권리를 취득하고 의무를 부담하게 되는 약관조항에 동의함으로써 3당사자들 사이에는 직접적인 에스크로서비스의 법률관계(이하 에스크로서비스관계)가 형성되는 것이다.

에스크로서비스의 법률관계는 통신판매 중개인과 회원 사이 그리고 회원 상호간에 발생하는 하나의 통일적인 법률관계로서 파악하여야 할 것이다. 이를 해체하여 제3자를 위한 계약, 금전지금청구권의 양도계약, 금전지급채무의 인수계약 또는 이행인수계약으로 파악하는 것은 모두가 에스크로서비스의 실체를 정확히 파악한 것이라고 할 수가 없다. 이러한 견해는 에스크로서비스의 법률관계가 판매자와 구매자가 회원이라는 지위에서 직접적으로 맺게 되는 법률관계라는 것을 간과하는 문제점을 안고 있다고 할 것이다.

2. 에스크로서비스 법률관계의 법적 성격: 에스크로서비스와 물품대금관계

에스크로서비스 관계가 통신판매 중개의 법률관계, 즉 통신판매 중개에 의하여 발생하는 물품대금관계(이하 물품대금관계)와 어떠한 관계가 있는지, 즉 그 법적 성격이 무엇인지가 문제이다. 통신판매 중개 약관은 이와 관련하여 두 가지 규정을 두고 있다. 우선 에스크로서비스를 회원 상호간에 이루어지는 거래의 안전을 위하여 마련한 '물품대금의 입출금을 중개하는 것'이라고 규정하고 있다(옥션 제5조 가항 ⑪ 및 제20조 라항, 이세일 제2조 제1항 제17호). 그런데 전술한 바와 같이, 통신판매 중개인은 에스크로서비스를 제공함에 있어서 판매자 또는 구매자를 대리, 대행하거나 그 이행을 보조하는 것이 아니다(옥션 제17조 가항). 즉,

49) 상세한 것은 남효순. "인터넷경매의 법률관계 – Auction약관 및 esale약관을 중심으로 – ". 인터넷법률 II, 법문사, 2005, 295–298.

통신판매 중개인은 판매자 또는 구매자에 대하여 '대리인', '대행자' 또는 '이행보조자'로서 책임을 지지 않는다는 것이다. 이처럼 통신판매 중개인 약관은 한편으로는 통신판매중개인은 판매자와 구매자 사이에서 물품대금의 입출금을 '중개'는 하되, 다른 한편으로는 그들의 '대리인', '대행자' 또는 '이행보조자'는 아니라고 하는 일견 서로 모순인 규정을 두고 있는 것이다. 이 두 규정의 핵심은 에스크로서비스관계는 물품대금관계를 원인으로 하여 발생하여, 물품대금관계와 병존하면서, 물품대금관계로부터 독립하여 존재하는 별개의 법률관계라는 것을 말하는 데에 있다고 할 것이다. 이로부터 다음의 법률관계가 발생하게 된다.

(1) 에스크로서비스 관계의 원인관계로서의 물품대금관계

에스크로서비스 관계는 물품대금관계를 원인관계로 하여 발생한다. 즉, 에스크로서비스 관계는 물품대금관계와는 별개의 법률관계이기는 하지만, 어디까지나 그것은 물품대금의 지급을 확보하기 위한 목적으로 물품대금관계를 원인으로 하여 성립하는 법률관계이다. 따라서 판매자와 구매자 사이에 에스크로서비스가 완전히 실행되면 구매자는 자신의 물품대금지급의무를 이행한 것이 되고, 그 결과 물품대금관계는 그 목적을 달성하고 소멸하게 되는 것이다. 물론 에스크로서비스가 실행되는 과정에서 판매자도 물품공급의무를 이행함으로써 통신판매 중개 관계는 소기의 목적을 달성하고 소멸하게 된다.

(2) 물품대금관계와 병존하는 에스크로서비스 관계

에스크로서비스 관계가 성립하더라도 당사자 사이에 물품대금관계가 소멸하지는 않는다. 즉, 당사자 사이에는 에스크로서비스 관계와 물품대금관계가 병존하게 된다. 다만, 물품대금관계는 에스크로서비스 관계 중에는 그 이행이 중단될 뿐이다. 따라서 에스크로서비스 관계가 성립한다고 해서, 물품대금관계가 소멸하는 것은 아니다. 따라서 만일 통신판매 중개인이 에스크로서비스의 실행을 지체하여 물품대금의 지급이 늦어질 경우, 구매자는 판매자에 대하여 원인관계인 물품대금 지급의무를 지체한 데 대한 지체책임을 면할 수가 없게 되는 것이다.

(3) 물품대금관계와 독립한 별개의 법률관계로서의 에스크로서비스 관계

에스크로서비스 관계는 물품대금관계를 원인관계로 하지만, 그로부터 독립한 별개의 법률관계이다. 독립성의 구체적인 의미는 어음 · 수표관계가 매매대금의 지급을 '확보하거나' 또는 '담보하기 위하여' 성립하는 것과 유사하다고 볼 수 있다. 요컨대,

에스크로서비스 관계와 물품대금관계 사이의 관계는 원인관계를 담보하는 어음 · 수표관계와 원인관계 사이의 그것과 동일하다고 할 것이다.

구매자가 물품대금을 에스크로사업자인 통신판매 중개인에 입금하는 경우에도 통신판매 중개인은 이를 물품대금으로 수령하는 것이 아니다. 그리고 통신판매중개인이 판매자에게 해당 금액을 송금하더라도 이를 물품대금으로서 지급하는 것이 아니다. 이는 통신판매 중개인은 판매자 또는 구매자의 '대리인', '대행자' 또는 '이행보조자'가 아니기 때문이다. 통신판매 중개인은 어디까지나 물품대금의 「상당액」을 입금 받고 송금하는 것일 뿐이다. 이는 어음 · 수표금을 지급하는 것이 매매대금 자체를 지급하는 것이 아닌 것과 마찬가지이다. 바로 이러한 이유에서 만일 구매자가 통신판매중개인에 대하여 미납한 수수료가 있을 경우에는 통신판매 중개인은 수령한 물품대금 중에서 이를 공제한 나머지 금액만을 판매자에게 송부할 수가 있는 것이다(옥션 제25조 나항, 이세일 제35조 제1항).

에스크로서비스 관계의 이러한 독립성으로 말미암아 다음의 결과가 발생한다. 첫째, 에스크로서비스 약정은 채무인수의 효력이 없다. 우선 에스크로서비스 약정은 면책적 채무인수의 효력이 없다. 따라서 구매자가 물품대금을 통신판매 중개인에 입금한 경우에도, 구매자는 여전히 판매자에 대하여 물품대금 지급의무를 면하지 못한다. 그리고 에스크로서비스 약정은 병존적 채무인수의 효력도 없다.[50] 따라서 구매자가 통신판매 중개인에게 물품대금을 송금하더라도, 판매자는 에스크로사업자인 통신판매 중개인에 대하여 그를 의무자로 하여 물품대금의 지급을 청구할 수는 없다. 둘째, 에스크로서비스 약정은 이행인수의 효력이 없다. 판매자는 물품대금의 입금이 된 후에는 에스크로사업자인 통신판매 중개인에게 물품대금지급의무의 이행을 청구할 수 있다. 셋째, 에스크로서비스 약정은 통신판매 중개인에게 구매자를 위하여 물품대금의 지급을 위임하거나 판매자를 위하여 물품대금의 추심 또는 수령을 위임하는 효력이 없다.[51] 즉, 통신판매 중개인이 구매자로부터 물품대금을 입금 받더라도 그것은 통신판매 중개인이 판매자의 수임인로서 물품대금을 수령하는 것이 아니다. 마찬가지로 통신판매 중개인이 구매자가 입금한 물품대금을 판매자에게 송금하더라도 그것

50) 통신판매 중개인 사이트는 출연행위가 없고 중개에 대한 대가로 3-10%를 수수료로 받는다는 이유로 에스크로서비스 약정을 병존적 채무인수로 볼 수 없다는 견해[백승재, "인터넷경매의 법적 제문제-민사적 문제점에 관하여-", 94]가 있다.

51) 통신판매 중개인 사이트가 구매자로부터 물품대금을 먼저 입금 받은 후에 판매자에게 이를 지급할 의무가 발생하는 것이고 따라서 통신판매중개인사이트는 구매자에 대하여 금전지급청구권을 가지지 않는다는 논거에서 에스크로서비스 약정을 통신판매 중개인 업체에 대한 추심권한의 위임계약으로 볼 수 없다는 견해(백승재, 94)가 있다.

은 구매자의 수임인로서 물품대금 지급의무를 이행하는 것은 아니다. 요컨대 통신판매 중개인 약관(옥션 제17조 가항)이 통신판매 중개인은 에스크로서비스를 실행함에 있어서 판매자 또는 구매자를 대리, 대행하거나 그 이행을 보조하는 것은 아니라고 규정하고 있는 것은 바로 에스크로서비스 관계는 통신판매중개 관계 내지는 물품대금 관계로부터 독립한 별개의 법률관계라는 것을 말하는 것이라고 할 것이다.

참고문헌

〈단행본〉

권오승, 경제법, 법문사, 1999.

〈논문〉

고형석, "통신판매중개에 관한 연구", 인터넷법률 통권 제20호, 법무부, 2003, 33-57.

______, "전자상거래소비자보호법상 전자상거래와 통신판매와의 관계에 관한 연구", 인터넷법률 통권 제47호, 법무부, 2009, 6-28.

김두진, "전자상거래의 소비자보호 - 스펨메일규제, 에스크로제도 등의 개선을 중심으로 -", 경제법연구 제7권 제1호, 한국경제법학회, 2008, 1-21.

김성숙, "전자상거래 에스크로 제도 도입에 관한 연구", 전자상거래(B2C) 활성화를 위한 정책추진 전략, 산업자원부 · 한국전자거래진흥원, 2003.

______, "전자상거래 에스크로 제도 입법화 과정에서 소비자정책 결정고정에 관한 연구", e-비즈니스연구 제6권 제3집, 국제e-비지니스학회, 2005, 345-369.

김승한 · 조영임, "전자상거래에서의 신뢰도 향상을 위한 ESCROW 활용에 관한 연구", 사회과학연구 제6집, 2002, 143-162.

김정곤, "전자상거래상의 인터넷 에스크로 서비스의 규제에 관한 연구", 정보기술과 데이타베이스학회저널 제11권 제2호, 한국데이타베이스학회 2004, 215-225.

남효순. "인터넷경매의 법률관계 - Auction약관 및 esale약관을 중심으로 -". 인터넷과 법률 II, 법문사, 2005, 253-307.

______, "전자상거래 등에서의 소비자보호에 관한 법률에 관한 몇 가지 쟁점", 민법학의 현대적양상 나암서민교수 정년기념논문 간행위원회, 법문사, 2006, 397-407.

______. "전자거래입법상의 전자(상)거래법리의 현황 - 전자거래기본법 및 전자상거래등에서의 소비자보호에 관한 법률을 중심으로-". 인터넷과 법률 II, 법문사, 2005, 205-252.

맹수석, "전자상거래소비자보호법의 법적 문제와 개선방안", 기업법연구 제12집, 한국기업법학회, 2003, 359-378.

백승재, "인터넷경매의 법적 제문제 - 민사적 문제점에 관하여-", 인터넷법률 제12호, 법무부 2002, 75-104.

류병택, 전자상거래 에스크로(Escrow) 서비스의 법률관계에 관한 연구, 서울대학교 석사학위논문, 2007.

이경규, "전자상거래 활성화와 소비자보호", 인터넷법률 통권 제37호, 법무부, 2007, 75-98.

이병준, "인터넷경매에서 당사자 사이의 법률관계", 인터넷법률 제10호, 법무부, 2002, 155-180.
이충훈, "인터넷통신판매중개자의 법적 책임", 인터넷법률 통권 제38호, 법무부, 2007, 24-49.
장청, 강원진, "전자상거래에서 에스크로 서비스사업자의의무와 책임에 관한 고찰", 인터넷전자상거래연구 제9권 제1호, 한국인터넷전자상거래학회, 2009, 381-397.
현대호, "전자상거래곤련 소비자보호법제의 현호아과 과제", 한국전산원(법제토론회자료), 17.

제 2 절

인터넷 포털의 법적 책임 *

제 1 들어가며

인터넷 포털 사이트를 어떻게 정의할 것인가에 대해서는 견해가 나뉘지만, 한국형 인터넷 포털을 정의할 때 검색 서비스가 그 중심 서비스가 됨은 부인할 수 없는 사실이라 할 것이다[1]. 검색 서비스의 발전에 따라 인터넷 포털 사이트에서는 다양한 서비스들이 검색 서비스를 통해 연결된다. 또한 포털 사이트의 검색 기능을 매개로 한 이용자의 정보 교류 및 정보 유포의 속도, 그리고 그 확산의 범위는, 이를 제어하기 힘들 정도로 확대되었다. 이와 같이 인터넷을 이용한 정보 교류의 범위 및 속도가 확대됨에 따라서 권리 침해의 가능성 및 피해 범위 역시 커지고 있으며, 인터넷 포털 사이트에서의 법적 분쟁 및 인터넷 포털 사이트를 이용한 형사 범죄도 급증하고 있다.

이에 따라 인터넷 서비스 사업자에 대한 법적 규제 및 책임 범위를 확대하고자 하는 논의 등이 대두되고 있으며 이러한 논의는 인터넷 서비스 사업자의 사업범위를 제한하고 사업의 방향성을 바꾸는 역할도 하고 있다. 그러므로 현재 계속되는 인터넷 서비스 사업자의 법적 책임에 대한 논의는 단순히, 발생된 피해에 대한 책임을 누구에게 물을 것인가를 넘어서 한국의 인터넷 사업의 방향성을 제시하는 논의가 될 수도 있다고 할 것이다. 본고에서는 인터넷 포털 서비스를 제공하는 인터넷 서비스 제공자(이하 '인터넷 포털')가 자주 직면하는 법적 책임에 관하여 현행 법규 및 최근 판례의 태도를 살펴 보기로 한다.

---

* 김광준: NHN㈜ 경영지원그룹장.

1) Hargittai(2000, "Open Portals or Closed Gates? Channeling Content on the World Wide Web" Poetics, 27(4): 233-254.)는 포털을 '콘텐츠를 분류하고 이를 한 장소에서 연결시켜주는 진입로의 역할을 하는 곳(one-stop point of entry to content on the Web)'이라고 정의하고 있다. 포털은 라틴어의 관문(porta)이라는 단어에서 나왔고 이 때 포털의 주요한 기능은 검색이라고 할 수 있다. 통합 검색을 기반으로 한 한국형 포털 사이트의 특색으로는 자신들의 사이트에서 쇼핑, 백과사전, 뉴스, 지식iN 서비스와 같은 모든 서비스를 이용하게 하는 폐쇄성이 지적된다. 이호영/정은희/서문기/이창호, "인터넷 포털사이트의 사회적 영향력 확대에 따른 대응방안 연구", 정보통신정책연구원, 2008. 12, 27 참조.

제 2 인터넷 포털의 형사책임

많은 요구들과 권리들이 한 공간 안에 얽혀 있는 인터넷에 대한 규제는 이용자에 대한 규제와 인터넷 포털에 대한 규제로 나뉠 수 있다. 인터넷 서비스를 제공하는 인터넷 포털에 대한 각종 법적 규제[2]는 그 규제를 위반할 경우 그 자체로 행정적, 형사적 제재의 대상이 될 것이나, 인터넷 포털 서비스를 이용한 이용자의 행위에 대해 인터넷 포털이 부담하는 책임의 범위에 대해서는 명확한 선을 긋기 어려운 부분이 존재한다. 나아가 이용자의 행위를 통제할 수 없는 인터넷 포털의 입장에서는 이에 대한 대비책을 마련하기도 쉽지 않다.

본고에서는 포털 사이트 제공의 서비스를 이용한 이용자 행위와 연관되어, 인터넷 포털의 형사 책임으로 논의되는 것들을 살펴보고자 하는바, 이 중 인터넷 포털이 가장 자주 직면하게 되는 것은 저작권법, 명예훼손, 음란물 유포와 관련된 이용자의 행위에 대한 서비스 제공자로서의 책임이라 할 것이다.

Ⅰ. 저작권법 위반 책임

저작권 침해와 관련하여 이용자의 행위에 대해서 인터넷 포털의 책임 여부가 논의되는 것은 ① 서비스 제공자가 제공하는 기능 자체가 저작권 침해 행위를 구성하는가, ② 서비스 제공자가 기능을 제공하는 행위가 이용자의 행위에 대한 방조 책임을 구성하는가, ③ 이용자의 행위에 주의의무를 다하지 않음으로써 부작위에 의한 방조 책임을 지게 되는가의 세 가지로 나눌 수 있다.

---

2) 우리나라 인터넷 규제의 특징은 규제관련 기관이 많을 뿐 아니라 관련 법제도가 매우 다양하다는 데에 있다. 현행법 중 인터넷 규제와 관련된 내용을 포함하고 있는 법은 정보통신망 이용촉진 및 정보보호 등에 관한 법률, 전자거래기본법, 전자상거래 등에서의 소비자 보호에 관한 법률, 전자금융거래법, 인터넷 멀티미디어 방송사업법, 신문 등의 자유와 기능 보장에 관한 법률, 언론중재 및 피해구제 등에 관한 법률, 게임산업진흥에 관한 법률, 음악산업진흥에 관한 법률, 영화 및 비디오물 진흥에 관한 법률, 이러닝 산업발전법, 온라인디지털콘텐츠산업발전법, 위치정보의 보호 및 이용 등에 관한 법률, 표시 · 광고의 공정화에 관한 법률, 소프트웨어 산업진흥법, 전자무역촉진에 관한 법률, 물류정책기본법, 전자서명법, 인터넷주소 자원에 관한 법률, 정보통신기반보호법, 전기통신사업법 등 20개가 넘는다. 각 법에서 규정하고 있는 인터넷서비스 관련 주요 규정 내용에 대해서는 김민호, "인터넷 기반 서비스 발전을 위한 제도 개선의 필요성", 인터넷 기반 서비스의 종합적 · 체계적 발전을 위한 법제 개선방안 세미나, 한국정보화진흥원, 2009, 5-9 참조.

1. 현행 저작권법의 내용

현행 저작권법은 인터넷 포털 사이트 운영자와 같은 서비스 제공자를 "온라인 서비스 제공자[3](이하 'OSP')"라 하여 OSP의 책임 제한 규정을 두고 있다. 즉, 동법은 OSP에 대하여 저작물의 복제 · 전송의 중단을 요청 받은 경우 즉시 이를 중단시킬 것과 저작권 침해 사실을 알고 저작물의 복제 · 전송을 중단시킨 경우에는 다른 사람에 의한 저작권 침해에 있어서 그 책임을 감경 또는 면제받을 수 있음을 규정해 놓고 있다.

> 제102조 (온라인서비스제공자의 책임 제한) ① 온라인서비스제공자가 저작물 등의 복제 · 전송과 관련된 서비스를 제공하는 것과 관련하여 다른 사람에 의한 저작물 등의 복제 · 전송으로 인하여 그 저작권 그 밖에 이 법에 따라 보호되는 권리가 침해된다는 사실을 알고 당해 복제 · 전송을 방지하거나 중단시킨 경우에는 다른 사람에 의한 저작권 그 밖에 이 법에 따라 보호되는 권리의 침해에 관한 온라인서비스제공자의 책임을 감경 또는 면제할 수 있다. ……

> 제103조 (복제 · 전송의 중단) ① 온라인서비스제공자의 서비스를 이용한 저작물 등의 복제 · 전송에 따라 저작권 그 밖에 이 법에 따라 보호되는 자신의 권리가 침해됨을 주장하는 자(이하 이 조에서 "권리주장자"라 한다)는 그 사실을 소명하여 온라인서비스제공자에게 저작물 등의 복제 · 전송을 중단시킬 것을 요구할 수 있다.
> ② 온라인서비스제공자는 제1항의 규정에 따른 복제 · 전송의 중단요구가 있는 경우에는 즉시 그 저작물 등의 복제 · 전송을 중단시키고 당해 저작물 등을 복제 · 전송하는 자(이하 "복제 · 전송자"라 한다) 및 권리주장자에게 그 사실을 통보하여야 한다.
> ③ 제2항의 규정에 따른 통보를 받은 복제 · 전송자가 자신의 복제 · 전송이 정당한 권리에 의한 것임을 소명하여 그 복제 · 전송의 재개를 요구하는 경우 온라인서비스제공자는 재개요구사실 및 재개예정일을 권리주장자에게 지체 없이 통보하고 그 예정일에 복제 · 전송을 재개시켜야 한다.
> ④ 온라인서비스제공자는 제1항 및 제3항의 규정에 따른 복제 · 전송의 중단 및 그 재개의 요구를 받을 자(이하 이 조에서 "수령인"이라 한다)를 지정하여 자신의 설비 또는 서비스를 이용하는 자들이 쉽게 알 수 있도록 공지하여야 한다.
> ⑤ 온라인서비스제공자가 제4항의 규정에 따른 공지를 하고 제2항 및 제3항의 규정에 따라 그 저작물 등의 복제 · 전송을 중단시키거나 재개시킨 경우에는 다른 사람에 의한 저작권 그 밖에 이 법에 따라 보호되는 권리의 침해에 대한 온라인서비스제공자의 책임

---

3) 동법 제2조 제30호는 OSP는 "다른 사람들이 정보통신망을 통하여 저작물 등을 복제 또는 전송할 수 있도록 하는 서비스를 제공하는 자"로 규정하고 있다.

및 복제 · 전송자에게 발생하는 손해에 대한 온라인서비스제공자의 책임을 감경 또는 면제할 수 있다. 다만, 이 항의 규정은 온라인서비스제공자가 다른 사람에 의한 저작물 등의 복제 · 전송으로 인하여 그 저작권 그 밖에 이 법에 따라 보호되는 권리가 침해된다는 사실을 안 때부터 제1항의 규정에 따른 중단을 요구받기 전까지 발생한 책임에는 적용하지 아니한다.

제136조 (권리의 침해죄) ① 저작재산권 그 밖에 이 법에 따라 보호되는 재산적 권리(제93조의 규정에 따른 권리를 제외한다)를 복제 · 공연 · 공중송신 · 전시 · 배포 · 대여 · 2차적 저작물 작성의 방법으로 침해한 자는 5년 이하의 징역 또는 5천만원 이하의 벌금에 처하거나 이를 병과할 수 있다 ……

2. 관련 판례 및 사례

(1) 검색 기능 제공자의 법적책임(대법원 2006. 2. 9. 선고 2005도7793)

(가) 사실관계

인터넷 포털 사이트를 운영하는 피고인 A회사가 이미지 검색 기능을 제공함에 있어서 자신의 웹사이트에 게재된 이미지를 로봇 프로그램을 이용해 무작위로 수집한 뒤, 수집된 이미지의 해상도를 낮추고 크기를 작게 축소하여 썸네일(thumbnail) 이미지로 변환하여 자신의 서버에 저장하고, 이렇게 구축된 데이터베이스를 이용하여 자신의 포털 사이트를 이용하는 이용자에게 이미지 검색 기능으로 제공하였다. 이에 피고인 회사의 컨텐츠사업본부장 B에 대하여는 사진작가 C의 사진을 썸네일 이미지로 만들어 피고인 회사의 검색 서버에 저장하고 이용자들이 검색, 사용할 수 있게 함으로써 타인의 저작재산권을 침해하였다는 이유로, 피고인 A회사에 대하여는 양벌규정에 근거하여 공소가 제기되었다.

(나) 판례의 태도

대법원은 본 건에서 "저작권법 제25조는 공표된 저작물은 보도 · 비평 · 교육 · 연구 등을 위하여는 정당한 범위 안에서 공정한 관행에 합치되게 이를 인용할 수 있다고 규정하고 있는데, 정당한 범위 안에서 공정한 관행에 합치되게 인용한 것인지 여부는 인용의 목적, 저작물의 성질, 인용된 내용과 분량, 피인용 저작물을 수록한 방법과 형태, 독자의 일반적 관념, 원 저작물에 대한 수요를 대체하는지 여부 등을 종합적으로 고려하여 판단하여야 한다"는 원칙을 확인하면서, "피고인 회사가 썸네일 이미지를 제공한 주요한 목적은 보다 나은 검색서비스를 제공하는데 있는 것이지 해당 사진을 예술작품으로서 전시하거나 판매하기 위하여 이를 수집하여 자신의 사이트에 게시한 것이 아닌 만큼 그 상업적인 성격은 간접적이고 부차적인 것에 불과한 점, 문제가 된 사진작품은 심미적이고 예술적인 목적을 가지고 있다고 할 수 있는 반면 피고인 회사의 사이트에 이미지화된 해당 사진작품의 크기는 원본에 비해 훨씬 작은 가로 3cm, 세로 2.5cm 정도이고, 이를 클릭하는 경우 독립된 창으로 뜬다고 하더라도 가로 4cm, 세로 3cm 정도로 확대될 뿐 원본 사진과 같은 크기로 보여지지 아니할 뿐만 아니라 포토샵 프로그램을 이용하여 원본 사진과 같은 크기로 확대한 후 보정작업을 거친다 하더라도 열화현상으로 작품으로서의 사진을 감상하기는 어려운 만큼 피고인 회사 등이 저작물인 해당 사진을 그 본질적인 면에서 사용한 것으로는 보기 어려운 점, 피고인 회사의 검색사이트의 이 사건 썸네일 이미지에 기재된 주소를 통하여 이용자들을 결국 사진작가의 홈페이지로 끌어들이게 되는 만큼 피고인 회사가 작품사진에 대한 수요를 대체한다거나 사진 저작물에 대한 저작권침해의 가능성을 높이는 것으로 보기는 어려운 점, 이미지 검색을 이용하는 사용자들도 썸네일 이미지를 작품사진으로 감상하기보다는 이미지와 관련된 사이트를 찾아가는 통로로 인식할 가능성이 높은 점 및 썸네일 이미지의 사용은 검색사이트를 이용하는 사용자들에게 보다 완결된 정보를 제공하기 위한 공익적 측면이 강한 점 등을 종합하여 보면, 피고인 회사가 허락을 받지 아니하고 사진작품을 이미지검색의 이미지로 사용하였다고 하더라도 이러한 사용은 정당한 범위 안에서 공정한 관행에 합치되게 사용한 것으로 봄이 상당하다고 판단한 원심의 판단을 정당하다"고 보았다.

(다) 판례검토

본 판결은 검색 기능에 사용된 썸네일 이미지의 사용이 저작권 침해에 해당되는가에 관하여 저작권 행사의 제한 사유에 해당하는 '인용'의 범주로 보아 저작권 침해를 인정하지 않았다.[4] 다만, 이러한 판례의 태도가 썸네일 이미지 사용 자체의 무제

4) 미국 제9연방항소법원은 Kelly v. Arriba Soft Corp. 판결{Leslie Kelly, et al. v. Arriba Soft Corp. 280 F. 3d 934 (9th Cir.. Feb. 6, 2002)}에서 일반적인 썸네일 이미지 검색방법이 공정이용에 해당함을 판시하고 있다. 동 판결은 ① 사용의 목적과 관련하여 원고의 그림은 심미적이고 예술적인 목적을 가지고 있는 반면, 피고의 썸네일 이미지들은 검색 결과를 목록화하여 인터넷상의 이미지에 쉽게 접근할 수 있도록 하는 목적을 가졌을 뿐인 점, ② 저작물의 성격과 관련하여 사진 작품이 일반적으로 창작적이기는 하지만, 원고의 사진 작품은 피고가 이용하기 전 이미 공표된 저작물이었다는 점, ③ 사용된 부분의 양과 관련하여 만약 원고의 사진 작품의 일부만을 이용한다면 이를 알아보기 위하여 이미지 검색 엔진의 유용성을 감소시킬 것이므로 전체 이미지의 사용이 필요하다는 점, ④ 원저작물의 시장이나 가치에 미치는 영향과 관련하여 썸네일 이미지는 해상도가 매우 낮아서 이를 확대하더라도 원저작물과 같이 사용할 수 없기 때문에 피고의 썸네일 이미지의 이용은 원고의 웹사이트의 사용자를 줄이기보다는 원고 웹사이트로 사용자를 안내하고 있고, 썸네일 이미지는 원고의 사진작품의 판매나 사용허락에 영향을 미치고 있지 않다는 점을 들어 저작권법 제107조의 공정이용에 해당한다고 판단하였다. 다만 위 판결은 웹사이트 운영자가 자신의 웹사이트에서 인라인 링크와

한적인 허용을 의미하는 것은 아니다. 동일 피해자를 전제로 한 사건인 대법원 2004. 5. 13. 선고 2004도 1075 판결은 저작권 침해를 인정하였는바, 동 사건에서는 저작권자의 홈페이지에 게시되어 있는 사진 작품 중 69점을 복사하여 검색을 위하여 게시된 썸네일 이미지를 클릭하면 원본이미지와 동일한 복사 이미지 파일이 그대로 뜨게 되고, 마우스 클릭만으로 간단히 해당이미지를 저장 · 복사할 수 있도록 되어 있었다. 즉, 위 판결은 썸네일 이미지가 원 저작자의 홈페이지로 링크가 되어 있지 아니하고 검색 사이트에서 복제된 원본 이미지가 제공된다는 점에서 원본대체성과 수요대체성이 인정되지 않은 본 판결의 사안과 차이가 있다. 그러므로, 본 판결은 원본대체성과 수요대체성이 인정되지 않은 썸네일 이미지의 이용방식에 대하여 한정적으로 저작권 침해를 인정하지 않았다고 할 수 있다.

본 판결이 이미지 검색 기능의 저작권 침해 여부에 대해서 이를 인정하지 않는 근거로 원본대체성 및 수요대체성 외에 검색기능의 공익적 측면을 인정하였다는 점 또한 눈에 띄는 점이라 할 것이다. 현대사회의 공기(公器)가 되어버린 인터넷 포털 사이트의 긍정적이고 공익적인 부분은, 인터넷을 이용한 행위의 부작용으로 인한 책임 판단시 늘 고려되어야 할 점이며, 본 판결은 이 점을 고려하여 대부분의 인터넷 포털이 제공하는 이미지 검색 기능 제공에 저작권 침해를 인정하지 않았다.

(2) 기타 서비스 제공자의 저작권법 위반 방조책임(2008형제96273호)

(가) 사실관계

인터넷 포털 사이트의 블로그, 카페 등의 커뮤니티 서비스를 이용한 불법 음원 유통이 빈번해지자, 저작권법에 따라 음악저작물의 관리 및 사용승인 등을 목적으로 설립된 신탁단체인 한국음악저작권협회가 파일 첨부 기능을 제공하는 인터넷 포털 사이트를 운영하는 회사들을 저작권 침해 방조의 혐의로 고소하였다. 본 건에 있어서는 파일 첨부 기능 등을 제공하는 일반적 OSP가 이용자의 동 기능을 이용한 불법행위에 대해 방조책임을 질 것인가가 쟁점이 되었다.

(나) 검찰의 태도

이에 대해 검찰에서는 파일 첨부 기능 등을 제공하는 포털 사이트 운영자에 대하여 증거불충분에 의한 혐의없음 결정을 내렸는바, 이용자의 파일 첨부기능의 전체 이

프레임 링크를 통하여 저작권자의 전체 크기 이미지를 자신의 웹프레임에서 사용하는 것은 저작권자의 전시권을 침해하는 것이고, 이는 공정이용에 해당하지 않는다고 판시하였다. 윤경, 2007. 5. 로앤비 판례 천자평석 재인용, 유대종, “지식정보 검색에 있어서 저작권법의 한계에 관한 소고: Kelly v. Arriba Soft 사건을 중심으로”, 디지털재산법연구 제3권 제1호, 2004, 참조.

용 행태 중 파일 첨부 기능을 이용한 불법 음원 공유 행태가 극히 미미한 수준에 불과하고, 해당 OSP가 저작권법 제103조에 근거하여 저작물의 복제 · 전송 중단 요청이 있을 경우 적극적으로 복제 · 전송을 중단하는 서비스를 운영하고 있고, P2P와 같은 특수한 유형의 OSP가 아닌 일반적 유형의 OSP들의 법적 의무사항이라 할 수 없는[5] 저작물 등의 불법적인 전송을 차단하는 기술적인 조치 등을 하고 있는 점 등을 고려하여 일반적 OSP에 해당하는 포털 사이트 운영자들이 파일 첨부 기능 등을 제공하여 이용자의 저작권 침해 행위를 방조하고 있다고 볼 만한 증거가 없음을 혐의없음 결정의 이유로 들었다.

(다) 동검찰결정의 의미

검찰의 혐의없음 결정이 갖는 의미는 인터넷 포털 서비스에서 제공하는 파일 첨부 기능이 설사 이용자에 의해 불법 음원 공유의 수단으로 이용된다고 하더라도 포털 사이트를 운영하는 OSP에게 "그러한 저작권 침해 행위를 용이하게 한다는 의사 하에 해당 기능을 제공하여 이용자의 저작권 침해 행위를 방조하였다는 책임"을 지울 수 없다는 것을 확인하였다는 것이다. 동 결정은 또한 저작물 전송을 주된 목적으로 하는 특수한 유형의 OSP와 달리, 인터넷 포털은 일반적인 OSP로서 저작물 복제 · 전송 중단의 사전적 · 기술적 조치가 법적 의무가 아님과, 파일 첨부 기능이 저작물 복제 · 전송만을 위한 수단이라고 볼 수 없으며, 따라서 파일 첨부 기능 제공만으로 인터넷 포털에 무조건적인 저작권법 위반 방조 책임을 인정할 수 없음을 확인하였다.

(3) 부작위에 의한 방조책임 인정여부

(가) 사실관계

인터넷 포털 사이트 이용자가 인터넷 포털이 제공하는 파일 업로드 · 다운로드 기능을 이용하여 불법 음원 공유 행위를 하자, 저작권 신탁 단체인 한국음악저작권 협회는 불법음원을 첨부한 게시물을 URL 단위로 적시하여 인터넷 포털에 저작권 침해를 이유로 한 삭제 요청을 하였다. 파일 삭제 요청을 받은 인터넷 포털은 요청된 게시물을 삭제하는 과정에서 약 300여건의 음악 파일의 삭제 조치를 누락하였다.

이에 검찰은 인터넷 포털사로부터 이와 같은 게시물 삭제 업무를 위탁 받아 처리하는 A 회사의 업무 담당자 B를 저작권 침해 방조 혐의로, A 회사를 저작권법상의

5) 기능 제공에 따른 이용자의 저작권 침해 행위에 대해 포털 운영자인 OSP를 상대로 하여 제기된 민사 손해배상 소송에서 법원은 제102조의 규정을 적용하여 피고가 저작물 복제 · 전송 중단 요청을 받을 경우 즉시 저작물의 복제 · 전송을 중단한 점을 고려할 때 면책의 가능성이 있으며, 사전적 모니터링 의무를 부과할 수 없다고 판시함으로써, 포털 사이트 운영자를 일반적 유형의 OSP로 볼 수 있음을 분명히 하였다. 본고 III. 2. 저작권 침해 방조에 의한 불법행위 책임 부분 참조.

양벌규정에 의하여 각 기소하였다. 기소 후 1심 재판 과정에서 고소인인 한국음악저작권 협회는 피고인들에 대한 고소 취하장을 재판부에 제출하였다.

(나) 판례의 태도

1심 법원은 인터넷 포털의 게시물 삭제 누락 행위에 대하여 업무담당자인 피고인 B에 대하여 유죄를 인정하고, 피고인 A 회사에 대해서는 양벌규정의 취지상 피고인 A 회사가 그 사용인인 피고인 B의 위반 행위를 방지하기 위한 상당한 주의와 감독을 게을리하였어야 하는데 이를 인정할 증거가 부족하다고 하여 무죄를 선고하였다. 그러나, 항소심 법원은 이용자가 생성한 게시물의 삭제 누락 행위에 대한 이 사건 공소사실은 저작권법 제136조 제1항, 형법 제32조 제1항에 해당하는 죄로서 저작권법 제140조에 의하여 고소가 있어야 공소를 제기할 수 있는 사건이고, 이 사건 원심 판결 선고 전에 고소인들에 의한 고소 취하장이 제출되었으므로 고소인들의 고소가 취소된 것을 인정할 수 있음에도 불구하고 원심이 이를 간과하였음을 지적하고, 피고인들에 대해 각 공소기각을 선고하였다.

(다) 판례검토

이 사건은 불법음원이 포함되어 있는 게시물에 대한 삭제 누락 행위를 이용자의 저작권 침해 행위에 대한 방조 행위로 공소 제기한 사건이다. 이 사건 원심에서 피고인 A회사는 연간 약 34만여건의 저작물 복제 · 전송 중단 요청을 받아 이를 수행하고 있으며, 이 중 공소사실에 해당하는 약 300여건의 누락 행위에 대해서는 고의가 없는 과실로 인한 행위이므로 고의범에 한하여 처벌하는 저작권법에 의해 무죄가 선고되어야 함을 주장하였다. 원심은 이에 대해 피고인 B가 불법음악파일이 게시되고 있다는 사실을 안 이상 이를 삭제할 의무가 있다 할 것이고 이를 삭제하지 않은 이상, 형법상 방조행위에 해당한다고 보아, 과실 여부에 대한 구체적 판단을 제시하지 않았다.

그러나, 하루에 새로이 생성되는 블로그가 11,000개에 이르고, 새로이 생성되는 카페가 5,700여개[6]에 이르는 인터넷포털사이트의 이용자 게시물 수와 연간 34만 건에 이르는 게시물 복제 · 전송 중단 요청을 고려하면, 인터넷 포털이 이 중 300여 건에 한하여 고의적으로 게시물 복제 · 전송을 누락할 이유가 분명치 않다. 이 사건은 항소심에서는 공소기각의 형식 재판 받음으로써, 고의범 성립 여부에 대해서는 판단을 받지 못하고 종결되었으나, OSP가 저작권법 제103조에 의해 수행하는 게시물 복제 · 전송의 중단 행위에 대하여 그 누락행위를 고의범으로 처벌할 수 있을지 의문이다. 저작권자의 요청에도 불구하고 특정 게시물의 게시를 유지하겠다는 인터넷 포털

6) 인터넷 포털 사이트인 네이버를 운영하는 NHN의 2009년 10월 운영 지표 참조.

의 고의성이 분명한 사안이 아니라면, 과실범으로 보아 저작권 침해를 인정하지 않는 것이 타당하다고 할 것이다.

Ⅱ. 명예훼손 방조 책임

명예훼손 방조 책임은 인터넷을 통해 빈번히 일어나는 명예훼손에 대해 인터넷 포털이 형사적 책임을 질 것인가의 문제이다. 인터넷 포털 사이트를 이용한 명예훼손 행위에 대해서는 행위자가 익명의 다수라는 점에서 효과적인 형사 책임을 물을 수 없어, 인터넷 포털에게 이러한 책임을 물을 수 있을 것인가가 논의된다.

1. 관련 법령의 내용

〈정보통신망 이용촉진 및 정보보호에 관한 법률〉

제70조 (벌칙) ① 사람을 비방할 목적으로 정보통신망을 통하여 공공연하게 사실을 드러내어 다른 사람의 명예를 훼손한 자는 3년 이하의 징역이나 금고 또는 2천만원 이하의 벌금에 처한다.
② 사람을 비방할 목적으로 정보통신망을 통하여 공공연하게 거짓의 사실을 드러내어 다른 사람의 명예를 훼손한 자는 7년 이하의 징역, 10년 이하의 자격정지 또는 5천만원 이하의 벌금에 처한다.
③ 제1항과 제2항의 죄는 피해자가 구체적으로 밝힌 의사에 반하여 공소를 제기할 수 없다.

〈형법〉

제307조 (명예훼손) ① 공연히 사실을 적시하여 사람의 명예를 훼손한 자는 2년 이하의 징역이나 금고 또는 500만원 이하의 벌금에 처한다.〈개정 1995.12.29〉
② 공연히 허위의 사실을 적시하여 사람의 명예를 훼손한 자는 5년 이하의 징역, 10년 이하의 자격정지 또는 1천만원 이하의 벌금에 처한다.〈개정 1995.12.29〉

제312조 (고소와 피해자의 의사) ② 제307조와 제309조의 죄는 피해자의 명시한 의사에 반하여 공소를 제기할 수 없다.

형법과 정보통신망 이용촉진 및 정보보호에 관한 법률(이하 '정보통신망법') 모두 명예훼손죄를 반의사불벌죄로 규정하고 있으며, 정보통신망법 상의 명예훼손죄는 형법상의 명예훼손죄에 비해 높은 형량이 규정되어 있다. 또한 일반적인 형법상의 명예훼손죄와 달리, 소위 사이버명예훼손죄라 불리는 정보통신망법 상의 명예훼손죄가 성립하기 위해서는 '비방의 목적'이 요구된다. 그러나 행위자에게 주관적 요건이 '비방의 목적'이 있었음을 입증하기란 어려운 부분이 많은바, 실제로 정보통신망을 이용하였다고 하여도 이러한 이유로 대부분 형법상의 명예훼손죄로 기소·처벌될 수 밖에 없다. 정보통신망을 이용한 명예훼손 행위에 대해서 일반 형법상의 명예훼손죄보다 형을 중하게 규정한 것은, 정보통신망을 통한 명예훼손 행위가 그 전파의 속도 및 범위가 커서 명예훼손으로 인한 피해 역시 클 것을 고려한 것이라 할 것이다. 그럼에도 불구하고 동 규정이 이와 같이 '비방의 목적'을 요구함으로써, 동법 적용에 어려움을 만든 것은 동 조항의 제정 취지를 몰각시키는 일이라 할 것이다.[7]

2. 관련 논의

명예훼손에 대한 인터넷 포털의 형사책임은 주로 인터넷 포털이 포털 사이트를 통해 게재, 유포되는 게시물에 대해 사후적 조치 의무(차단조치) 다하지 않았다는 부작위 행위에 대해 논의된다. 또한, 서비스 제공자로서 서비스를 이용한 이용자의 행위에 대해 정범으로서의 행위지배를 인정할 수 없어 방조범의 책임만이 문제될 뿐이다.[8]

부작위에 의한 방조범의 성립 여부에 대하여 그 보증인적 지위 및 작위의무를 인정할 수 있는가에 대해서는 ① 정보통신망법 제3조 제1항 및 제44조 제2항 등에 따라 법령상 작위 의무를 인정할 수 있다는 견해[9]와, ② 정보통신망이라는 위험원을 관리하는 자로서 조리상 보증인지위를 인정할 수 있다는 견해,[10] ③ 일정한 요건 하에서

7) 나아가, 이러한 점은, 개개의 행위자에게 명예훼손에 대한 책임을 묻기보다는 서비스 제공자에게 그 책임을 묻게 만드는 이유가 되기도 한다. 그러나, 이러한 움직임에 있어서 놓쳐서는 안 되는 것은, 인터넷이라는 공간의 이용 범위가 커지면 커질수록 우리가 궁극적으로 기댈 해결책은 이용자들의 자정능력이라는 점이다. 인터넷 이용자들이 스스로 명예훼손 책임에 대해 인식하고 각성하여, 자신들의 표현의 자유와 타인의 법익을 고려할 수 있게 되지 않는다면, 무수히 많은 익명성이 존재할 수 밖에 없는 인터넷 상에서의 의사소통은 거대한 명예훼손의 장으로 변질될 수밖에 없다. 국가의 공권력이 이러한 수많은 익명의 행위자에게 그 책임을 묻지 못하는 마당에 인터넷 서비스 제공자에게 책임을 묻는 것은 형사법의 기본 원칙인 책임원칙에 반할 뿐 아니라, 인터넷 이용자들의 자정 노력을 촉구하여야 할 소명을 스스로 포기하는 것이다.

8) 박광민은 인터넷 서비스 제공자에게는 인터넷 이용자들이 인터넷 접속 서비스를 범죄적으로 남용할 가능성이 있다는 것을 인식한 것만으로는 고의를 인정하기 어렵고 인터넷 서비스 제공자는 통상 유해정보가 유포된 후에 비로소 조치를 취한다는 점에서 서비스 제공이라는 작위 행위가 아닌 사후조치를 하지 않은 부작위 행위에 형사책임 논의의 중심이 있다고 보았다. 박광민, 인터넷상의 명예훼손에 대한 형사법적 규제. 2005, 113-114 참조.

9) 염동신은 구 전기통신사업법 제53조 제2항과 동법 제71조 제8호를 작위 의무의 법령상 근거로 보았다. 염동신, "온라인서비스제공자의 형사상 책임", 인터넷법률 제5호, 2001, 156-157 참조.

10) 염동신, 전게논문, 147쪽 주 142 참조.

만 제한적으로 보증인지위를 인정할 수 있다는 견해[11] 등이 존재한다.

어느 견해를 취하여 보증인적 지위와 작위의무를 인정하든, 인터넷 포털에게 부작위에 의한 방조 책임을 인정하기 위해서는 그 작위의무의 이행가능성이 인정되어야 할 것인바, 기술적, 경제적 행위가능성이 인정되는 경우에 한하여 방조범 성립이 인정될 수 있을 것이다. 또한, 인터넷 포털에 명예훼손물에 대한 확정적 인식을 바탕으로 한 고의도 인정되어야 할 것이다.

이와 같은 점에 기초하여 보면, 주로 게시물에 대한 사후적 조치 의무와 관련하여 발생하는 명예훼손죄의 성부에 있어서, 이용자들의 명예훼손 행위에 대한 확정적 인식을 바탕으로 한 고의가 없는 서비스 제공자에게 게시물의 존재를 방치하였다는 이유로 명예훼손 방조 책임을 인정하기는 어렵다고 할 것이다.[12]

Ⅲ. 링크 제공자의 형사책임[13]

1. 관련 법령

〈정보통신이용촉진 및 정보보호에 관한 법률〉

제44조의7 (불법정보의 유통금지 등) ① 누구든지 정보통신망을 통하여 다음 각 호의 어느 하나에 해당하는 정보를 유통하여서는 아니 된다.

1. 음란한 부호 · 문언 · 음향 · 화상 또는 영상을 배포 · 판매 · 임대하거나 공공연하게 전시하는 내용의 정보

제74조 (벌칙) ① 다음 각 호의 어느 하나에 해당하는 자는 1년 이하의 징역 또는 1천만원 이하의 벌금에 처한다.

---

11) 원형식, "사이버 공간에 있어서 우리나라 형법의 적용범위", 인터넷법률 제10호, 2002, 55; 서보학, "인터넷상의 정보유포와 형사책임", 형사정책연구, 2001, 26 참조.

12) 인터넷 포털에 이용자의 명예훼손 행위에 대한 방조죄를 인정하는 판례 역시 존재하지 않는다.

13) 링크제공자의 민사 책임이 문제된 사안에서 최근 대법원이 링크가 저작권법에 규정된 복제 및 전송에 해당하지 않아 저작권 침해가 인정되지 않는다는 설시를 한 바 있어 이를 소개한다. 대법원 2009. 11. 26. 선고 2008다77405 판결은 '인터넷 링크 가운데 이른바 심층링크(deep link) 또는 직접링크(direct link)는 웹사이트의 서버에 저장된 저작물의 인터넷 주소(URL)와 하이퍼텍스트 태그(tag) 정보를 복사하여 이용자가 이를 자신의 블로그 게시물 등에 붙여 두고 여기를 클릭함으로써 위 웹사이트 서버에 저장된 저작물을 직접 보거나 들을 수 있게 하는 것으로서 인터넷에서 링크하고자 하는 저작물의 웹 위치 정보 내지 경로를 나타낸 것에 불과하다. 따라서 이는 구 저작권법 제2조 제14호에 규정된 "유형물에 고정하거나 유형물로 다시 제작하는 것"에 해당하지 아니하고, 또한 저작물의 전송의뢰를 하는 지시 또는 의뢰의 준비행위로 볼 수 있을지언정 같은 조 제9의 2호에 규정된 "송신하거나 이용에 제공하는 것"에 해당하지도 아니한다. 그러므로 위 심층링크 내지 직접링크를 하는 행위는 구 저작권법이 규정하는 복제 전송에 해당하지 않는다고 할 것'이라고 설시하여 링크 행위로 인한 저작권(복제권, 전송권) 침해 행위를 인정하지 않은 원심 판단이 옳음을 설시하였다.

2. 제44조의7제1항제1호를 위반하여 음란한 부호·문언·음향·화상 또는 영상을 배포·판매·임대하거나 공공연하게 전시한 자

구 전기통신법상의 공연전시죄 규정이 삭제됨에 따라 정보통신망을 이용한 음란물 유포 행위에 대하여 직접적으로 적용될 수 있는 법률은 정보통신망법이다. 정보통신망법은 음란한 부호·문언·음향·화상 또는 영상을 배포·판매·임대하거나 공공연하게 전시한 자에 대하여 처벌 규정을 두고 있다.

2. 관련 판례[14](대법원 2003. 7. 8. 선고 2001도 1335)

(1) 사실관계

피고인 A는 1998년 5월 8일경부터 1998년 6월 23일경까지 인터넷 서비스 업체에 개설된 인터넷 신문에 원심 공동피고인 B, C가 개설한 각 홈페이지와 공소외 D가 미국 인터넷 서비스업체인 지오시티즈(geocities)상에 개설하여 수십 개의 야설을 게재한 홈페이지에 바로 연결될 수 있는 링크 사이트를 만들어, 이를 통해 B, C, D가 음란사진과 야설을 게재하고 있는 사이트에 바로 접속되도록 하여 위 인터넷 신문에 접속한 불특정 다수의 인터넷 이용자들이 이를 컴퓨터 화면을 통해 볼 수 있도록 하였다. 피고인 B는 데이콤의 인터넷 서비스 서버에 자신의 홈페이지를 개설한 후 1997년 4월 5일경부터 1998년 6월 23일경까지 음란사진의 인터넷 파일을 연결하는 '링크'를 운영하였고 피고인 C는 인터넷 회사의 인터넷 서버에 인터넷 홈페이지를 개설한 후 1998년 2월 20일경부터 1998년 6월 25일경까지 음란하고 변태적인 성행위를 노골적으로 묘사한 음란소설 151개를 게재하여 위 홈페이지에 접속한 불특정 다수의 인터넷 이용자들이 이를 컴퓨터 화면을 통해 볼 수 있도록 하였다.

(2) 판례의 태도

이 사건에서 원심판결은 피고인 B와 C의 행위는 구 전기통신기본법 제48조의 2에 해당한다고 하여 공연전시죄의 유죄를 인정하였다. 그러나 피고인 A에 대하여는

14) 동 판례는 엄밀히 말하면, 인터넷 서비스의 단순 이용자의 행위에 대해 인터넷 서비스 제공자가 지게 되는 책임이 아니라, 인터넷 서비스 사업자의 제휴사의 행위에 대해, 타 사이트로의 단순 링크만을 제공하는 서비스 사업자에게 책임을 물을 수 있는가에 대한 판례이다. '링크'라는 것은 인터넷을 이루는 가장 기본적 속성으로서 이용자 대부분은 관문으로서의 인터넷 포털을 이용하여 각기 다른 사이트로 이동을 하여 원하는 정보를 얻게 된다. 이러한 매개 기능인 링크 기능의 제공자가 링크된 사이트 운영자의 행위로 인하여 지게 되는 법적 책임이 이용자의 행위로 인하여 인터넷 포털이 책임을 지는 구조와 동일한 성격을 지니고 있어서 본고에서 소개하기로 한다.

다른 웹사이트의 초기화면을 링크한 경우(단순링크)에는 웹사이트의 주소를 전시하거나 알려 준 것에 불과하여 음란한 부호 등을 공연히 전시한 것에 해당한다고 볼 수 없다고 하였다.

이에 대해 대법원은 "링크를 포함한 일련의 행위 및 범의가 다른 웹사이트 등을 단순히 소개 · 연결할 뿐이거나 또는 다른 웹사이트 운영자의 실행행위를 방조하는 정도를 넘어, 이미 음란한 부호 등이 불특정 · 다수인에 의하여 인식될 수 있는 상태에 놓여 있는 다른 웹사이트를 링크의 수법으로 사실상 지배 · 이용함으로써 그 실질에 있어서 음란한 부호 등을 직접 전시하는 것과 다를 바 없다고 평가되고, 이에 따라 불특정 · 다수인이 이러한 링크를 이용하여 별다른 제한 없이 음란한 부호 등에 바로 접할 수 있는 상태가 실제로 조성되었다면, 그러한 행위는 전체로 보아 음란한 부호 등을 공연히 전시한다는 구성요건을 충족한다고 봄이 상당하며, 이러한 해석은 죄형법정주의에 반하는 것이 아니"라고 하여 피고인 A에게 구 전기통신법 상의 공연전시죄의 유죄를 인정하였다.

(3) 판례검토

대법원은 본 판결을 통해 링크 제공자에게 공연전시의 구성요건 해당행위를 실행하여 음란물 유포 범죄의 정범에 해당된다고 보았지만, 링크 제공자의 통제 권한이 있는 전자적 공간인 컴퓨터에 해당 음란물이 저장되지 않으므로, 링크 제공자에게는 음란정보에 대한 실질적 처분권이 없어서 정범의 성립요건인 범행지배가 결여되어 정범성이 탈락된다고 보는 것이 타당할 것이다.

또한, 판례는 링크 행위가 다른 웹사이트 등을 단순히 소개 · 연결하는 것을 넘어 다른 웹사이트를 링크의 수법으로 사실상 지배 · 이용하여 그 실질에 있어서 음란한 부호 등을 직접 전시하는 것과 다를 바 없다고 보았으나, 링크의 본질적 기능이 인터넷 문서들을 단순히 연결하는데 있으므로 링크를 통하여 웹사이트를 사실상 지배 · 이용한다는 것은 링크의 기능[15]을 확대하여 지나치게 큰 의미를 부여하는 것이라 할

15) 링크의 기능에 따라 정범성을 달리 판단할 수 있다는 논의도 존재한다. 링크설정을 통하여 타인의 사이트에 존재하는 음란물에 대한 접속을 가능하게 한 경우에 링크 제공자에게 정범으로서의 책임을 물을 수 있는가에 대하여 최호진(2004)은 링크에 사용에 의하여 구성요건에 해당하는 정범적 실행행위가 인정되는지의 문제를 링크가 설치된 전후 사정의 고려와 함께, 기술적 측면에서 하이퍼링크의 방식이 어떤 것인지에 주목하여 판단한다. 최호진(2004)에서는 연결되는 사이트의 메인 화면으로 연결되는 단순링크(surface link)나 연결되는 사이트의 하부 디렉토리로 연결되는 내부링크(deep link)의 경우 단순히 유해 정보가 있는 곳의 주소를 알려주는 것에 불과하여 정범성을 인정할 수 없으나, 연결된 사이트의 이미지나 텍스트 또는 음성클립을 가져오는 인라인 링크나 프레임 기술의 경우에는 음란물을 연결하는 사이트로 '끌어 옴'으로 인하여 복제를 하게 되고, 그 결과 음란물이 마치 자신이 직접 관리 지배하고 있는 듯한 외관으로 나타나게 되므로 정범성을 인정할 수 있다고 한다. (최호진, 2004. 인터넷상의 음란물 유포에 대한 범죄가담형태. 67-69 참조) 이

것이다.[16)]

단순히 외부 사이트에 대한 링크 기능의 제공은 타인에 의해 제공되는 위험정보의 유통에 있어서 인터넷 포털의 주의의무와 관계되는 것이라 할 것이므로 원칙적으로 부작위에 의한 방조범으로 포섭되어야 할 것이며,[17)] 다만, 연결된 사이트의 운영자와 공모 등을 통한 행위지배를 인정할 수 있을 때에 한하여 그 정범성을 인정하여야 할 것이다.[18)]

제 3 인터넷 포털의 민사책임

서비스 또는 기능 제공자로서 역할 할 뿐, 이용자의 범죄행위에 대해 방조의 고의가 없는 인터넷 포털에게 형사책임을 묻기 어려움에 따라, 피해의 회복을 목적으로 한 민사책임을 인터넷 포털에 묻고자 하는 움직임이 더욱 활발해졌다. 비교적 최근, 인터넷 포털을 통해 빈번히 행해지는 명예훼손과 불법음원 공유 행위와 관련하여 인터넷 포털의 책임에 대해 각기 다른 법원의 판단이 나왔으므로 본고에서는 이를 중심으로 인터넷 포털의 민사책임을 살펴보기로 한다.

Ⅰ. 명예훼손 방조에 의한 불법행위 책임(대법원 2009. 4. 16. 선고 2008다53812)

명예훼손은 원칙적으로 명예훼손적 발언을 한 사람과 그로 인하여 명예를 훼손

러한 논의에 따를 경우, 링크를 통해 바로 음란물이 재생되는 인라인 링크의 방식을 사용하지 않은 본 건의 경우, 정범성이 부인될 것이다.

16) 김학태, "인터넷상의 음란물에 대한 형사책임에 관한 연구 – 특히 음란물에 대한 인터넷 서비스 제공자의 형사책임을 중심으로–", 외법논집 제23집, 2006, 254 참조.

17) 이호중, "위험정보의 유통과 인터넷서비스 제공자에 대한 형법적 규제", 비교형사법연구 제5권 제2호, 2003, 217 참조.

18) 인터넷 서비스를 이용한 행위에 대해 인터넷 서비스 제공자에게 부과되는 책임의 근본 성격은, 그 법적 비난의 중심이 "서비스의 제공"이 아니라 "위험정보의 유통을 차단하지 않았다"는 부작위에 있다는 점에서 원칙적으로 이러한 행위는 부작위에 의한 방조범으로 포섭되어야 한다. 같은 취지로 해석될 만한 판결이 소위 '큰날개 사건(대법원 2000.3.23. 선고 2000도326)'으로서, 동 판결은 링크 기능 제공과 관련된 사안은 아니지만, 음란물 유포와 관련하여 서비스 제공자에 대해 방조 책임을 인정한 판결이다. '큰날개 사건'은 피고인 A가 운영, 제공하는 게시판을 이용하여 B가 음란한 영상화면을 수록한 컴퓨터 프로그램 파일 73개를 판매한 사안으로, 이를 방치한 A에 대하여 대법원은 전기통신역무이용음란물죄(구 전기통신기본법 제48조의 2; 현 정보통신이용촉진 및 정보보호에 관한 법률 제74조 제1항 제2호)의 방조를 인정하였다. 동 판례는 서비스 제공자가 위험정보의 유포에 대응하여 차단조치를 취하지 않았다는 부작위에 형법적 평가의 초점을 두어 방조범을 인정한 사안이라 할 것이다. 이호중, "위험정보의 유통과 인터넷서비스 제공자에 대한 형법적 규제", 비교형사법연구 제5권 제2호, 2003, 217 참조.

당한 사람의 문제이다. 즉, 실제로 공연히 사실을 적시하여 다른 사람의 명예를 훼손한 사람이 그에 대한 민사적, 형사적 책임을 져야 한다.[19]

그러나, 익명성, 신속성, 전파성이라는 특성으로 인해 광범위한 명예훼손 침해가 발생할 수 있는 최적의 조건을 갖춘 인터넷에서의 명예훼손은, 피해자가 수많은 익명의 가해자 또는 행위자에게 그 책임을 묻고 손해를 전보받기 어렵다는 특성을 지닌다. 이러한 이유로, 인터넷 포털에게 인터넷 포털 사이트를 이용한 명예훼손 행위에 대해 책임을 묻고자 하는 논의가 계속되고 있으며, 이러한 논의의 연장선상에서 인터넷 포털에게 이용자의 명예훼손 행위에 대한 책임을 묻는 대법원 판례가나왔다.

1. 사실관계

자살한 딸(서씨)의 어머니가 2005년 5월 5일 피고 SK 커뮤니케이션즈 운영의 싸이월드 내에 있는 서씨의 미니홈피에 서씨의 유서를 포함하여 '지난 1년간의 일들'이란 제목의 글을 게시하였다. 게시물의 내용은 서씨의 애인이었던 김씨를 비난하는 것으로서 서씨의 어머니는 이러한 사연을 널리 퍼뜨려 줄 것을 호소하였다. 이후 각 인터넷 포털 사이트로 김씨를 비난하는 글과 개인정보를 유출하는 게시물이 폭발적으로 게시되었다.

서씨 어머니의 게시물 게재 3일 후인 2005년 5월 8일, 이를 소재로 한 기사가 한 포털 사이트의 뉴스면 사회란에 개제되고, 다시 3일 뒤인 2005년 5월 11일, 동 내용을 다룬 기사가 대부분의 인터넷 포털 사이트의 뉴스면에 게재되었으며, 기사마다 김씨를 비난하는 수 많은 댓글이 달렸다.

김씨는 2005년 6월 27일, 각 인터넷 포털사에 대하여 명예훼손을 이유로 하여 관련 기사에 달린 원고 관련 댓글 전체 삭제, 관련 추모, 안티 카페, 미니홈피, 블로그 등 원고의 피해가 우려되는 커뮤니티의 폐쇄, 원고와 관련한 검색시 나타나는 직 · 간접 정보의 차단 및 삭제를 요구하였으나, 각 인터넷 포털은 "원고의 요구만으로는 관련 게시물을 특정할 수 없으니 문제되는 글을 특정하여 요청해달라"는 안내와 함께 게시물에 대한 조치를 취하지 않았다.

원고 김씨는 이러한 기사 게재 후 약 두 달 뒤인 2005년 7월 7일에 기자회견을 통해 인터넷 포털사를 상대로 민사상 손해배상을 청구할 것을 밝혔으며, 각 인터넷 포털사는 다음날인 2005. 7. 8.부터 관련 게시물에 대한 조치를 시작하였다.

---

19) 문재완, "인터넷상의 명예훼손과 인터넷 포털사이트의 법적 책임", 언론법학회 정기학술 세미나, 2009, 61 참조.

2. 판례의 태도

대법원은 본 사건에 대하여 "인터넷 종합 정보제공 사업자는 인터넷 게시공간이라는 위험원을 창출·관리하면서 그로 인한 경제적 이익을 얻고 있으므로, 위 게시공간 안에서 발생된 위험에 효과적으로 대처할 수도 있어, 이와 같은 위험으로 인하여 피해가 발생하지 않도록 상황에 따라 적절한 관리를 하여야 할 주의의무가 있다고 보는 것이 합리적이고 공평 및 정의의 관념에 부합한다"고 하면서, 명예훼손적 게시물이 게시된 목적, 내용, 게시기간과 방법, 그로 인한 피해의 정도, 게시자와 피해자의 관계, 반론 또는 삭제 요구의 유무 등 게시에 관련한 쌍방의 대응태도 등에 비추어, "① 인터넷 종합 정보제공 사업자가 제공하는 인터넷 게시공간에 게시된 명예훼손적 게시물의 불법성이 명백하고, ② 위 사업자가 위와 같은 게시물로 인하여 명예를 훼손당한 피해자로부터 구체적·개별적인 게시물의 삭제 및 차단요구를 받은 경우는 물론, 피해자로부터 직접적인 요구를 받지 않은 경우라 하더라도 그 게시물이 게시된 사정을 구체적으로 인식하고 있었거나 그 게시물의 존재를 인식할 수 있었음이 외관상 명백히 드러나며, ③ 또한 기술적·경제적으로 그 게시물에 대한 관리·통제가 가능한 경우에는, 위 사업자에게 그 게시물을 삭제하고 향후 같은 인터넷 게시공간에 유사한 내용의 게시물이 게시되지 않도록 차단할 주의의무가 있고, 그 게시물 삭제 등의 처리를 위하여 상당한 기간이 지나도록 그 처리를 하지 아니함으로써 타인에게 손해가 발생한 경우에는 부작위에 의한 불법행위책임이 성립된다"고 보았다.[20]

3. 판례검토

대법원은 동 판례를 통해 "인터넷이라는 위험원을 창출·관리하고 그로부터 경제적 이익을 얻는 인터넷 포털에게는 이를 적절히 관리할 주의 의무가 있다고 보는 것이 합리적이고 공평 및 정의의 관념에 부합한다"고 보았다. 이를 환경오염과 같이 과실과 손해발생 사이의 인과관계를 입증하기 어려운 경우 인정되는 결과책임 또는 위험책임과 같은 맥락으로 이해하는 논의[21]도 존재하나, 대법원이 작위 의무의 발생

20) 동 판례의 다수 의견과 달리 별개의견은 인터넷 종합 정보 제공 사업자의 명예훼손 게시물에 대한 삭제의무는 ① 특별한 사정이 없는 한 위 사업자가 피해자로부터 명예훼손의 내용이 담긴 게시물을 '구체적·개별적으로 특정'하여 '삭제하여 달라는 요구'를 받았고, ② 나아가 그 게시물에 명예훼손적 불법성이 '현존'하는 것을 '명백'히 인식하였으며, ③ 그러한 삭제 등의 조치를 하는 것이 '기술적·경제적으로 가능'한 경우로 제한하는 것이 합리적이고 타당하다고 하여 삭제 의무 발생의 요건으로 '구체적·개별적으로 특정한 삭제 요청'을 들었다.

21) 문재완, 전게논문, 76 참조.

요건을 제한하였다는 점에서 무과실책임으로 확대 이해될 수 있는 결과책임 또는 위험책임에 입각하여 인터넷 포털에 명예훼손 방조에 따른 불법행위 책임을 부과하였다고 보기는 어렵다.

다만, 대법원이 제시한 작위의무의 발생 요건에는 명확성의 한계가 존재하여 이를 근거로 인터넷포털의 책임 범위를 명확히 예측 · 대응할 수 없다는 점이 문제점으로 지적될 수 있다. 대법원은 작위 의무의 발생 요건으로 "자신이 운영하는 사이트를 통한 명예훼손성 게시물의 유포로 인한 명예훼손 행위에 대하여 ① 명예훼손적 게시물의 불법성이 명백하고, ② 피해자로부터 구체적 · 개별적인 게시물의 삭제 및 차단 요구를 받은 경우는 물론, 피해자로부터 직접적인 요구를 받지 않은 경우라 하더라도 그 게시물이 게시된 사정을 구체적으로 인식하고 있었거나 게시물의 존재를 인식할 수 있었음이 외관상 명백히 드러나며, ③ 기술적 경제적으로 그 게시물에 대한 관리 · 통제가 가능한 경우에는 인터넷 포털의 게시물에 대한 삭제 의무가 발생한다"고 보았다.

기존 대법원 판결(2002다72194판결)[22]에서는 "단순히 게시물의 존재를 알고 있었다는 사정만으로는 작위의무가 발생하지 않고, 게시의 목적 내용 등 제반 사정을 종합하여 작위 의무 발생 여부를 판단하여야 한다"고 지극히 추상적인 요건을 제시한 것에 반하여, 본 판결에서는 작위의무 발생 요건을 상당히 구체화하였다는 점에서 인터넷 포털의 책임 발생 요건을 일정 정도 제한한 것으로 볼 수 있다.

그러나, 본 판결에서 요건으로 제시한 '명예훼손성의 명백성'이라는 조건 자체가 갖는 불명확성으로 인하여 인터넷 포털이 자신들에게 발생한 작위 의무를 인식하고

22) 명예훼손과 관련된 대법원 2003. 6. 27. 선고 2002다72194 판결은 "온라인 서비스 제공자가 자신이 관리하는 전자게시판에 타인의 명예를 훼손하는 내용이 게재된 것을 방치하였을 때 명예훼손으로 인한 손해배상책임을 지게 하기 위하여는 그 운영자에게 그 게시물을 삭제할 의무가 있음에도 정당한 사유 없이 이를 이행하지 아니한 경우여야 하고, 그의 삭제 의무가 있는지는 게시의 목적, 내용, 게시기간과 방법, 그로 인한 피해의 정도, 게시자와 피해자의 관계, 반론 또는 삭제 요구의 유무 등 게시에 관련한 쌍방의 대응태도, 당해 사이트의 성격 및 규모 · 영리 목적의 유무, 개방정도, 운영자가 게시물의 내용을 알았거나 알 수 있었던 시점, 삭제의 기술적 · 경제적 난이도 등을 종합하여 판단하여야 할 것으로서, 특별한 사정이 없다면 단지 홈페이지 운영자가 제공하는 게시판에 다른 사람에 의하여 제3자의 명예를 훼손하는 글이 게시되고 그 운영자가 이를 알았거나 알 수 있었다는 사정만으로 항상 그 운영자가 그 글을 즉시 삭제할 의무를 지게 된다고 할 수 없다"고 판시하였다. 동 판결은 청도군이 운영하는 인터넷 홈페이지에 원고에 관한 명예훼손성 게시물에 게재되고, 이에 대해 원고가 반론까지 게시하였다가 이후 원고가 게시물의 삭제를 공식적으로 요청하자 게시물의 삭제가 이루어진 건이다. 1심 법원은 동 건에 대해 "전자게시판을 설치 · 운영하는 자는 그 이용자에 의하여 타인의 명예를 훼손하는 글이 전자게시판에 게시된 것을 알았거나 알 수 있었던 경우에 이를 삭제하는 등의 적절한 조치를 취하여야 할 의무가 있다"고 판시하면서 피고에 위자료 100만원의 손해배상 책임을 인정하였고, 항소심은 위자료를 100만원에서 200만원으로 증액한 것을 제외하고는 1심의 판단을 유지하였다. 이에 대해 대법원은 청도군의 손해배상을 인정한 원심에 대해 본 건 관련사항을 종합적으로 고려하여야 했음에도 그러하지 못한 심리미진, 법리 오해가 있다고 보아, 사건을 파기 환송하였다.

이를 이행하는 데에는 여전히 어려움이 따른다. 인터넷 포털 사이트를 통해 게재 · 유통되는 다양한 수위의 게시물들에 대해 단지 문제되는 이슈에 대해 언급하고 있다는 이유만으로 “명예훼손성이 명백한” 게시물이라고 판단할 수는 없을 것이다. 따라서, 동 판결은 결국 다양한 수위의 게시물에 대한 명예훼손성의 판단을 사기업인 인터넷 포털에 맡겨 놓았다고 할 것이다.[23] 명예훼손성에 대한 일률적 판단이 어려움을 감안하면, 동 판례에 대해서 책임을 지는 요건만을 규정하였을 뿐, 면책의 가능성에 대한 언급이 부족하다는 비판 역시 존재하는바, 보다 적극적으로 인터넷 포털의 책임을 구체화하는 입법[24]과 판시가 필요하다고 할 것이다.

Ⅱ. 저작권 침해 방조에 의한 불법행위 책임(서울중앙지방법원 2009. 7. 17. 선고 2009가합9022)

인터넷 이용이 보편화되면서, 인터넷이 문화 향유의 통로가 되기 시작하였으며, 오프라인에서 대가를 지불하고 이용하던 문화컨텐츠를 비용 지불 없이 온라인을 통해 공유, 유통하는 행위들이 빈번히 행해지게 되었다.

이러한 문화컨텐츠의 불법 공유 및 유통 행위는 저작권 침해를 야기하는바, 이용자가 불법공유를 위해 이용하는 파일 첨부 기능 등을 제공하는 인터넷 포털에 저작권 침해 방조에 의한 불법행위 책임을 물을 수 있을 것인가가 문제된다. 이는 명예훼손과 마찬가지로, 무수히 많은 이용자로부터 손해를 전보 받기 어려운 현실에서 대두되는 논의라 할 것이다.

서울중앙지방법원은 2009년 7월, 파일 첨부 기능 등을 제공한 인터넷 포털에 대해 음악 권리자 단체인 한국음악저작권협회가 제기한 민사 소송에서 이에 대해 판단하였는바(2998가합9022), 동 판례를 중심으로 인터넷 포털에 저작권 침해 방조에 의한 불법행위 책임을 물을 수 있는지 살펴보기로 한다.

---

23) 인터넷 서비스를 통해 유통되는 정보에 대하여 인터넷 서비스 제공자에게 책임을 지우는 우리 판례 태도와 달리, 미국의 1996년 통신품위법(CDA) 230조(c)는 타인이 제공한 정보에 대하여 인터넷 서비스 제공자와 이용자 모두 발화자 또는 발행인으로서의 책임을 부담하지 않음을 규정하고 있다. 실제로 Barrett v. Rosenthal 사건에서는 게시물에 대한 접근 제한 조치의 요청을 받고도 아무런 조치를 취하지 않은 경우에 CDA 230조를 적용하여 서비스 제공자를 면책시켰다. 통신품위법에 대하여서는 박준석, 인터넷 서비스 제공자의 책임, 2006, 16-18 참조.

24) 권리 침해 주장에 따른 게시물 삭제 및 임시조치를 규정한 정통망법 44조의 2는 이러한 삭제 요청 등을 수행한 정보통신서비스 제공자에 대하여 배상책임의 면제 및 감경 규정을 두고 있다.

1. 사실관계

피고는 싸이월드(wwww.cyworld.com), 네이트(www.nate.com), 이글루스(www.egloos.com)등의 인터넷 포털 사이트를 운영하는 인터넷 서비스 제공자로서, 동 사이트 들에 파일 업로드 및 다운로드 기능을 제공하고 있다. 또한, 피고는 싸이월드에서 미니홈피나 클럽에 접속하면 스트리밍 방식으로 제공되는 배경음악을 적법하게 유료로 판매하고 있다.

피고 사이트를 이용하는 이용자들은 피고가 제공하는 파일 업로드 다운로드 기능을 통해 자신이 갖고 있는 음원을 업로드하고 타인의 음원을 다운로드 받음으로써, 음원을 불법적으로 복제 · 전송하였다.

저작권법에 따라 음악저작물의 관리 및 사용승인 등을 목적으로 설립된 신탁단체인 한국 음악저작권 협회(이하 '음저협')는 피고에 대하여 "파일 업로드, 다운로드 기능의 제공을 통해 이용자들의 저작권 침해를 방조하였다"는 이유로 불법행위에 기한 손해배상을 청구하였다.

2. 판례의 태도

서울중앙지방법원은 파일 공유 기능을 제공하는 시스템 운영자들의 방조 책임 인정 근거에 대하여 "파일공유기능을 제공하는 모든 형태의 시스템의 운영자들이 획일적으로 이용자들의 저작권 침해 행위에 대한 방조 책임을 부담한다고 할 수는 없고, 위 운영자가 서비스를 제공하는 과정에서 이용자들의 파일 공유 및 교환 행위에 관여할 수 있었는지의 여부와 그 방식 및 정도, 저작권의 침해행위에 대한 운영자의 인식 여부와 그에 따른 시스템에서의 권리보호조치의 내용과 그 정책, 시스템이 파일 공유 기능 외에 이용자들의 저작권 침해행위를 용이하게 할 수 있는 다른 기능을 제공하고 있는지의 여부, 위 운영자가 이용자들의 저작권 침해행위로부터 이익을 얻을 목적이 있거나 향후 이익을 얻을 가능성의 정도 등 구체적 사정을 살펴보아, 위 운영자가 이용자들의 파일공유 등으로 인한 저작권 침해 행위를 미필적으로나마 인식하고 있으면서도 이를 용이하게 할 수 있도록 도와주거나, 이러한 침해행위에 도움을 주지 않아야 할 주의의무가 있음에도 이를 위반하는 경우라고 평가되는 경우에만 방조책임이 인정된다"고 보았다.

동 판례는 같은 취지에서 이 사건 피고의 경우 "피고의 각 서비스가 파일 공유 자체를 목적으로 하지 않는 점, 음악 파일 업로드, 다운로드로부터 얻는 직접적 이익은 없으며, 음악 관련 검색 비율이 1% 내외로 그 비중이 낮은 점, 각 서비스의 게시물의 게재여부를 포함한 운영 및 관리가 이용자에 의해 자율적으로 이루어지고 있으며, 피고가 저작권 침해 금지 공지, 모니터링, 권리자의 삭제 요청에 대응한 파일 삭제, 음악 관련 파일 업로드 금지, 필터링 조치 도입 등의 저작권 보호 조치를 취하고 있는 점 등에다가 원고의 권리 보호를 위한 노력이 권리자로서 충분치 않은 점, 피고의 서비스를 통해 음악시장이 확대되어 원고도 반사이익을 입게 되는 점, 각 서비스의 순기능과 이용자의 이익이 저작권자의 이익보다 결코 뒤지지 않는 점 등을 종합하면, 인터넷 포털업체인 피고에게 개인 회원이 독자적으로 관리, 운영하는 공간에서 이루어지는 모든 음악파일 업로드, 다운로드 행위에 대해 권리자의 침해 신고가 있기 전부터 그 위법여부를 전면적, 사전적으로 감시하거나 이를 차단하는 통제의무를 부과할 수 없으며, 피고가 저작권 침해 신고에 대해 적극적인 차단조치를 시행하고 있으므로 저작권법 제102조 제1항에 따라 그 책임이 면제될 여지도 충분히 있는 점을 고려하면 피고는 이용자들의 저작권 침해 행위에 대해 방조책임을 부담하지 않는다"고 판시하였다.

3. 판례검토

우리나라에서 인터넷 이용자들의 저작권 침해행위에 대한 온라인 서비스 제공자(P2P서비스를 포함)의 책임이 문제된 사례들을 검토하면, 실질적으로 방조책임이 인정될 수 있는지 여부에 대한 판단이 하급심 판결에서 내려져 왔다고 할 수 있다. 그러다가 최근에는 소리바다 사건에서 협의의 공동불법행위 책임 여부, 방조에 의한 불법행위책임 성립 여부의 순서로 판단하면서, 협의의 공동불법행위책임은 직접 침해행위에 온라인 서비스 제공자가 직접적이고 밀접하게 관여하였다고 평가할 만한 사정이 있는 경우에 한하여 인정되고 방조책임은 온라인 서비스 제공자가 이용자의 저작권 침해행위를 직접 확인하거나 적어도 미필적으로 이를 인식하였음에도 불구하고 이를 용이하게 할 수 있도록 도와주거나, 이러한 침해행위에 도움을 주지 않아야 할 주의의무가 있음에도 이를 위반하는 경우라고 평가되는 경우에만 인정될 수 있다는 내용으로 정리가 되고 있다.[25)]

본 사안에서는 기능제공자인 인터넷 포털의 저작권 침해 방조 책임이 문제되었는바, 본 판결을 통해 법원은 인터넷 포털에 대해서 개인회원이 관리하는 공간에서 벌

25) 박태일, "온라인 서비스 제공자 책임에 관한 연구-우리나라 사례를 중심으로", 창작과 권리 통권44호, 2006, 88-89 참조.

어지는 저작권 침해 행위에 대한 방조 책임을 인정하지 않았다. 즉, 법원은 카페나 블로그 서비스와 같은 영역에서 이루어지는 음악 파일 업로드, 다운로드 행위에 대하여 인터넷 포털에 사전적 감시 의무(모니터링 의무)를 부과할 수 없어 이를 전제로 한 부작위에 의한 방조 책임이 인정되지 않음을 분명히 하였다. 동 판시에서 볼 수 있듯이, 인터넷 포털은 '저작물들의 전송을 주된 목적으로 하는 특수한 유형의 온라인 서비스 제공자'에 해당하지 않아 사전적 모니터링 의무가 강제되지 않으며, 단순히 파일 업로드, 다운로드 기능만을 제공한다고 하여 저작권법에 따른 사후적 조치의무를 다 하고 있는 인터넷 포털에 대해 이용자의 저작권 침해 행위에 대한 방조 책임을 인정할 수 없다고 할 것이다. 나아가 동 판례는 인터넷 포털 서비스가 갖는 순기능과 이용자의 이익이 저작권자의 이익에 결코 뒤지지 않음을 지적하였는바, 인터넷 서비스를 매개로 한 다양한 이해관계에 대한 적절한 비교형량의 결과라 할 것이다.[26]

제4 나오며

인터넷이 보편적 생활수단이 된 상황에서, 인터넷을 이용한 권리 침해에 대한 법적 규제 방안 도입 논의는 우리시대의 중심화두가 될 수 밖에 없다. 인터넷에 대한 규제는 인터넷 이용자에 대한 규제와 서비스 제공자에 대한 규제 두 가지 방향에서 접근할 수 있다. 이 중 인터넷 이용자에 대한 규제는 이용자의 수가 방대하고, 그 익명성으로 인하여 가해자의 존재를 확정하기 어려우며, 개개의 권리침해 행위 자체가 갖는 경미함과 수많은 가해자로부터의 피해 회복이 궁극적으로 어려운 점 등으로 인하여 사전적, 예방적 규제를 넘어 피해를 회복하는 사후적 규제로 나아가기 힘든 면을 가지고 있다. 따라서 인터넷을 이용한 민, 형사적 피해 회복이 중심이 되는 경우, 규제와 책임의 초점은 인터넷 서비스 사업자에게 맞추어지고 있으며, 인터넷 서비스 사업자에 대한 규제를 강화하고 그 책임 범위를 확대하고자 하는 움직임 역시 커지고

26) 또한 동 판례에서는 권리자의 권리 보호 노력 역시 충분치 않다고 판단하였다는 점 역시 눈여겨 볼 만하다. 현재 우리 저작권법은 저작권 행사의 제한 사유를 한정적으로 열거해 놓고 이를 벗어난 저작물 이용 행위에 대해서는 모두 저작권 행사가 가능하도록 규정해 놓고 있다. 이러한 이유로, 공정한 이용이라 볼 만한 사용 부분에 대해서도 저작권자의 권리 행사가 문언상으로는 가능하도록 되어 있으며, 이는 곧 저작권자와 인터넷 서비스 이용자 간의 분쟁을 야기시킬 수 있는 부분이기도 하다. 실제로 2009년 9월에는 저작권자의 권리 행사가 이용자의 공정이용권을 침해한다는 이유로, 저작권자를 상대로 인터넷 서비스 이용자의 '공정이용권 확인 청구'가 제기된 바 있다. 동 판결이 권리자 스스로의 권리 보호 노력을 고려한 것은, 저작권법에서 제한한 권리 행사의 제한 사유를 넘어, 권리자의 권리 행사가 기본적인 정당성을 가져야 한다는 점을 지적한 것이라 할 것이다. 법원의 이러한 판시와 함께, 입법적으로는 우리 저작권법에도 포괄적 공정이용 규정의 도입이 필요하다고 할 것이다.

있다. 본고에서는 이러한 맥락에서 이용자의 행위와 관련하여 점점 커지고 있는 인터넷 포털의 민, 형사적 책임에 대하여 살펴보았다.

인터넷 포털에 대한 형사적 책임은 기본적으로 주관적 구성요건으로서의 고의를 인정하기 어려워 성립되기 어려운 점이 있다. 또한, 인터넷 포털에 대한 법적인 비난의 초점은 기능제공과 같은 작위 행위가 아니라 사후적 조치와 관련된 부작위 행위라 할 것이나, 대부분의 인터넷 포털이 포털 서비스를 이용한 권리 침해 행위에 대하여 법에서 요구하는 수준을 상회하는 사후적 조치의무를 수행하고 있어 부작위가 성립하기 어렵다 할 것이다. 따라서 최근 들어 인터넷 포털에 형사책임을 물으려는 많은 논의들 속에서도 인터넷 포털의 방조 책임을 인정하지 않는 법원과 검찰의 판단이 나오고 있다.

형사책임을 묻기 어려움에 따라 서비스를 통해 수익을 거두는 인터넷 포털에 민사적인 책임을 묻고자 하는 논의는 더욱 활발하다. 판례 역시 이러한 태도를 일부 받아들여 명예훼손에 있어서 인터넷 포털의 작위의무 발생요건을 설시하고 부작위에 의한 책임을 묻고 있다. 그러나, 이러한 논의들 속에서도 놓치지 않아야 할 관점은, 인터넷이 여전히 정보의 독점을 지양하고, 많은 이들의 참여와 공존을 전제로 한 정보 공유라는 태생적 순기능을 갖고 있다는 점이다. 즉, 서비스 사업자에 대한 과도한 규제나 책임 전가가 이러한 인터넷의 태생적 순기능을 저해하고 인터넷 공간에서 갖는 개개인의 표현의 자유와 같은 또 다른 권리를 제약하는 결과가 되지 않도록 할 필요성 역시 존재한다.

인터넷은 태생적 순기능과 함께 그에 부수되는 침해적 요소도 가지고 있기에, 인터넷 포털이 가야 하는 길은 늘 합법과 불법이, 적법과 위법이 맞닿아 있는 길이라 할 수 있다. 각각의 권리와 권리의 침해는 서로 맞닿아 있어 기존의 법질서만으로 이를 가르는 것이 쉽지 않다. 이를 모두 한 공간에서 아우르는 인터넷 포털의 사회적 책임과 법적 책임도 막중하지만, 한편으로는 그러한 공간을 관리하여 개인적 · 사회적인 권리 행사의 장을 만든다는 점에서 포털 사업자의 사회적 공헌 역시 놓쳐서는 안 될 것이며 포털사업자와 인터넷 이용자 모두의 이해를 아우를 수 있는 법질서를 고민해야 할 것이다.

참고문헌

〈단행본〉

김상균, 썸네일 이미지 검색 서비스의 저작권법 위반 여부, 법률신문, 2008.

박광민, 인터넷상의 명예훼손에 대한 형사법적 규제, 2005.

박준석, 인터넷 서비스 제공자의 책임, 2006.

윤경, 로앤비 판례 천자 평석, 2007. 5.

최호진, 인터넷상의 음란물 유포에 대한 범죄가담형태, 2004.

〈논문〉

김민호, "인터넷기반서비스 발전을 위한 제도 개선의 필요성", 인터넷기반서비스의 종합적 · 체계적 발전을 위한 법제 개선방안 세미나, 한국정보화진흥원, 2009.

김학태, "인터넷상의 음란물에 대한 형사책임에 관한 연구 – 특히 음란물에 대한 인터넷 서비스 제공자의 형사책임을 중심으로–", 외법논집 제23집, 2006.

문재완, "인터넷상의 명예훼손과 인터넷 포털사이트의 법적 책임", 언론법학회 정기학술세미나, 2009.

박태일, "온라인서비스제공자책임에 관한 연구–우리나라사례를 중심으로", 창작과 권리 통권44호, 2006.

서보학, "인터넷상의 정보유포와 형사책임", 형사정책연구, 2001.

염동신, "온라인서비스제공자의 형사상 책임", 인터넷법률 제5호, 2001.

원형식, "사이버 공간에 있어서 우리나라 형법의 적용범위", 인터넷법률 제10호, 2002.

유대종, "지식정보 검색에 있어서 저작권법의 한계에 관한 소고: Kelly v. Arriba Soft 사건을 중심으로", 디지털재산법연구 제3권 제1호, 2004.

이민영, "포털사이트운영자의 법적 책임에 관한 고찰", 정보통신정책 제19권 12호, 2007.

이봉림 · 이기용, "사이버공간의 명예훼손–인터넷 서비스 제공자의 책임을 중심으로", 성균관법학 제19권 제3호, 2007.

이호영 · 정은희 · 서문기 · 이창호, "인터넷 포털사이트의 사회적 영향력 확대에 따른 대응방안 연구", 정보통신정책연구원, 2008. 12.

이호중, "위험정보의 유통과 인터넷서비스 제공자에 대한 형법적 규제", 비교형사법연구 제5권 제2호, 2003.

제 3 절

인터넷 검색서비스와 법률문제 *

제 1 인터넷에서 검색서비스가 갖는 의미와 기능

Ⅰ. 검색서비스의 등장과 이해관계의 충돌

1990년대 초반에 발명된 최초의 pre-Web 인터넷 검색엔진 이래로, 검색서비스는 초기 온라인 활동에서 이메일만큼이나 중요한 역할을 하게 되었다. 검색서비스는 오늘날 디지털네트워크 환경에서 가장 중요한 파수꾼 중의 하나이다. 왜냐하면 검색기능을 통하여 찾을 수 없거나 검색결과 내지 검색목록표에 좋은 자리를 차지하지 못하면 이용자들이 사실상 해당 사이트를 이용할 수 없기 때문이다. 따라서 검색서비스는 많은 인터넷 사이트에 대한 이용정도를 결정할 뿐만 아니라, 많은 경우에는 사실상 그 존폐여부를 결정하게 된다. 따라서 검색서비스를 갖고 있는 인터넷 서비스를 인터넷의 관문 내지 문지기인 "포털 사이트(portal site)"[1]라고 부르고 있는 것이다.

검색기술의 발전과 더불어 그 활용이 일반화 되면서 검색서비스운영자, 콘텐츠사업자, 소비자/이용자 그리고 정부와 같은 이해관계자들 사이에 각종의 갈등을 수반하는 일이 발생하고 있다. 인터넷 검색서비스가 주로 전문가와 학계에서 이용되던 초기단계에서는 큰 분쟁이 없었지만, 기술이 대학을 벗어나 상업화되면서 본격적인 분쟁들이 발생하게 되었다. 검색기술의 반전과 상업화는 이러한 갈등을 심화시키고 그 문제가 법적 영역으로 옮겨가고 있는 실정이다. 이러한 법적 분쟁의 핵심은 주로 지적재산권, 특히 상표권과 저작권에 관한 문제가 대부분이었다.[2]

---

* 이병준: 한국외국어대학교 법학전문대학원 부교수, 대법원 재판연구관.

1) 포털사이트의 규범적 의미에 대하여는 정상우, "포털사이트 관련 법제의 현황과 과제-포털사업자의 법적책임을 중심으로", 한국법제연구원, 2007, 19.

2) 포털과 관련하여 크롤링의 정보통신망법상 문제와 검색서비스의 저작권법상의 문제에 대하여는 유대종, "웹검색 서비스와 ISP책임에 관한 소고", 창작과 권리 2007년 봄호, 118 이하 참조.

Ⅱ. 분쟁의 해결방향

최근 들어 일부 검색서비스 사업자의 시장지배력의 증대 및 독보적인 정보접근능력과 여론창출에 관한 역할이 증대됨에 따라 이용자보호, 공정거래 및 언론자유와 같은 여러 쟁점에서 새로운 문제점들이 논의되고 있다. 특히 검색서비스는 인터넷상의 정보를 찾을 수 있는 핵심적 역할을 하기 때문에 인터넷을 통한 여론형성과 정보의 자유에도 결정적인 기능을 한다. 따라서 검색서비스가 어떠한 법적 환경 속에서 제공되느냐에 따라서 인터넷상의 여론과 정보의 자유에 지대한 영향을 미칠 수 있다.

예컨대 인터넷상 음란물을 게시하거나 매개한 자에 대한 책임을 강화해야 한다는 여론이 형성되어 검색서비스 사업자의 책임이 강화될 수 있을 것이다(우리나라 2007년 초 UCC사건). 이 경우 검색서비스 사업자는 형사 내지 민사 책임 또는 행정제재가 두려워 문제의 위험성이 조금이라도 있는 정보의 경우에도 문제가 발생하기 이전에 안전을 위하여 게시 내지 매개하지 않으려고 할 것이다. 또한 검색서비스 사업자가 위험성 있는 내용을 사전에 차단하는 것은 해당 이용자들에 의해서도 감지되지 못할 것이다. 이와 같은 현상은 정보사회에서 핵심적인 매체인 인터넷에서의 여론형성과 정보의 자유를 상당히 제한할 것인데 이미 1990년대부터 나타나기 시작했다. Scientology교회가 자신에게 비판적인 내용을 지울 것을 네덜란드 인터넷서비스 제공자인 XS4A11에게 요구하면서 지우지 않으면 막대한 손해배상청구를 하겠다고 위협한 사건[3]과 YouTube에 대하여 태국국왕의 명예를 훼손하는 것처럼 보이는 동영상을 삭제하지 않으면 소송을 하겠다는 태국정부의 사건[4]은 좋은 예이다.

반대로 검색서비스 사업자에게 무한한 자유를 주면 검색서비스 사업자가 직접 콘텐츠를 생산하지는 않지만 콘텐츠의 선택된 매개 내지 배치를 통하여 여론을 형성하고 지배할 위험성도 존재한다는 사실이 드러났다. 대부분의 검색서비스 사업자들이 단순히 정보의 검색과 매개만을 서비스하는 것이 아니라, 정보를 일정한 주제 하에 선택하고 자신의 판단 하에 이러한 정보를 중요도에 따라 배치하는 경우가 점점 더 많아지기 때문이다. 이러한 검색서비스 사업자의 막대한 힘은 뉴스서비스를 통하여 드러났다. 검색서비스 사업자에 대한 적절한 법적 규율을 큰 공백으로 느껴졌고 대선과 국회의원선거를 앞둔 2007년부터 검색서비스 사업자인 포털사업자의 사회적 책

3) 이 사건에 관하여 http://www.spaink.net/coslide-protest.html 참조.
4) 이 사건에 관하여 http://www.spiegel.de/netzwelt/webl0,1518,476145,00.html 참조.

임을 강조해야 한다는 명목 하에 다양한 법제정 내지 법개정 작업이 이루어졌다.[5] 이러한 논의 속에서 검색서비스와 관련된 여러 문제들은 입법의 대상이 되었으며, 다른 영역들은 업계의 자율규제를 통하여 달성되기도 하였다. 그러나 특정한 이슈들은 행정규제를 통하여 규율되어야 한다고 보고 입법의 대상이 되었다.

Ⅲ. 검색서비스의 기능과 서비스내용에 따른 분석

1. 검색서비스의 구분과 그 필요성

인터넷상 각 포털이 제공하고 있는 검색서비스는 다양한 기능과 서비스내용을 담고 있다. 검색서비스 사업자가 제공하는 다양한 서비스는 순수한 알고리즘에 의하여 나타낸 검색서비스, (인위적인) 편집을 통하여 만들어진 검색목록표, 광고, 뉴스와 인기검색어 순위로 구분할 수 있다.

검색서비스란 좁게 보면 이용자가 검색어를 입력하면 검색엔진을 이용하여 인터넷상의 웹페이지의 위치정보를 찾아주는 검색도구 또는 서비스를 말한다.[6] 그런데 검색서비스는 검색결과에서 제3자의 검색내용에 대한 링크뿐만 아니라, 검색결과에서 이미 링크된 내용의 전부를 보여주거나 약간의 수정을 거쳐 일부만을 보여주기도 한다. 이와 같이 내용 자체가 검색결과에 나타나는 경우가 링크텍스트, "스니페트(Snippet)",[7] "썸네일(Thumbnail)",[8] 광고문 또는 뉴스내용이다. 이와 같은 구분은

---

5) 2007년도에는 검색서비스와 관련된 법안이 상반기에 2개 상정되었다. 주5) 그 첫 번째가 6월 18일에 상정된 진수희의원 대표발의의 검색서비스 사업자법안(의안번호 제6878호)이다. 이 법안은 검색서비스와 관련된 다양한 부작용이 급증하고 있는 문제점을 개선하고 검색서비스 사업자 관련 법적 근거를 마련하기 위하여 검색서비스 및 그 사업에 관해 정의를 하고 체계적 관리 및 규제를 그 목적으로 하고 있다. 그 주된 내용을 살펴보면 1) 검색서비스 사업자를 정보통신부 장관에게 등록하도록 하는 등록제도의 도입(안 제4조), 2) 검색서비스사업자 및 콘텐츠 제공자의 의무를 규정하여 콘텐츠 또는 서비스에 대한 관리 · 감독의 책임의 부여를 통한 책임과 자율적 규제의 조화 도모(안 제5조 및 제6조), 3) 검색서비스사업자와 콘텐츠 제공자 사이에 우월적 지위를 이용한 부당한 요구의 금지규정(안 제7조), 4) 일정한 규모이상에 해당하는 검색서비스사업자에게 자동검색 서비스의 제공의무화(안 제8조), [29] 5) 즉시신고버튼 설치의무화 규정(안 제9조) 그리고 6) 광고표시의무 및 검색입력창 등에 광고 삽입 금지규정(안 제17조) 등이다. 7월 19일에 상정된 김영선의원 대표발의의 검색서비스 사업자법안(의안번호 제7107호)은 검색서비스가 인터넷의 근간이라는 측면에서 검색사업에 대한 합리적인 법적 규제의 틀을 마련하기 위하여 제정되었다. 그 주된 내용으로는 1) 검색서비스 사업자의 사회적 책임을 명시(안 제3조)하고 2) 검수작업에 의하여 편집된 결과에 대한 표시의무(안 제6조), 3) 인기검색어 집계기준의 공표 및 인기검색어 순위조작방지조치 의무(안 제7조), 겸영금지(안 제8조) 그리고 신고하기버튼제도의 운영(안 제9조)에 관하여 규정하고 있다. 정보통신부도 의원입법안에 대응하여 정부차원에서 검색서비스 사업자에 관한 규율을 정보통신망법의 개정안 주6) 으로 작업을 하였다. 2007년 하반기에 개정안을 마련하였으며 공청회까지 거쳐 9월 17일 입법예고 하였다.

6) 이러한 개념정의로 유대종, 창작과 권리, 2007년 봄호, 120.

7) 스니페트는 링크된 내용의 짧은 문서조각을 의미한다.

8) 썸네일은 그래픽 디자이너나 사진작가들에 의하여 사용되는 용어로서, 엄지손톱 크기만한그림 크기의

특히 검색서비스가 단순한 링크만 하는 경우와 링크된 웹페이지의 일부를 자신의 내용으로 보여주고 있는 링크를 구분한다는 점에서 중요한 의미를 갖는다.

독일의 판례는 그림찾기 기능에서 저작권위반이 있는지의 여부를 판단함에 있어서 "그림의 매개"와 검색결과(Suchindex)상의 "그림의 저장"을 구분하였다.[9] 이와 같은 구분은 특히 검색서비스 제공자의 책임을 정함에 있어서 매우 중요한 의미를 갖는다. 왜냐하면 타인의 서버에 있는 내용에 대한 매개기능만을 갖고 있느냐 아니면 자신이 직접 저장하고 있는 내용을 보여주느냐에 따라 책임의 성립여부가 매우 달라질 것이기 때문이다. 우리 대법원도 풍경사진작가의 홈페이지에 게재되어 있는 사진작품을 복제하여 개인 홈페이지 운영자가 자신의 홈페이지에 게재한 동일사진작품을 포털사이트가 크롤링하여 썸네일화한 후 이미지 검색서비스에 사용한 것을 문제삼은 사건에서 여러 판단요소에 기초하여 판단하기는 하였지만, 독일 판례와 동일한 입장에서 "썸네일 이미지를 제공한 주요한 목적"이 "보나 나은 검색서비스의 제공을 위하여 검색어와 관련된 이미지를 축소된 형태로 목록화하여 검색서비스를 이용하는 사람들에게 그 이미지의 위치정보를 제공하는 데 있는 것"인지와 해당 이미지를 "전시하거나 판매하기 위하여 이를 수집하여 자신의 사이트에 게시한 것"인지를 구분하고 있다.[10] 학설도 썸네일을 통하여 원본 이미지가 있는 원래의 웹사이트로 링크해 주는 것은 저작권법 위반이 아니라는 입장을 취하고 있다.[11]

본 연구는 검색서비스 사업자의 검색결과의 내용에 관한 책임을 따지는 것은 물론(아래 Ⅲ),[12] 검색서비스 자체의 공정한 제공의 문제를 다루려고 하며(아래 Ⅱ) 이 경우에는 내용 자체보다는 검색결과가 어떻게 형성되는지에 따라 그 초점을 맞추려고 한다. 따라서 순수한 알고리즘에 의한 검색서비스, (인위적인) 편집에 의하여 만들

의미로부터 유래되었다고 한다. 현재 썸네일은 인터넷 검색서비스에서 통상 그림찾기에서 활용되고 있으며 큰 이미지를 작은 형태로 재현하여 많은 양의 이미지를 쉽고 빠르게 보거나 관리할 수 있도록 하는 목적을 갖는다.

9) AG Bielefeld MMR 2005, 556 참조.

10) 대법원 2006. 2. 9. 선고, 2005도7793 판결.

11) 윤경, "검색 서비스를 위한 썸네일 이미지 제공이 정당한 사용인지 여부: 대법원 2006. 2. 9. 선고 2005도7793 판결", 저작권 제76호, 2006년 겨울호, 79면; 최은창, "인터넷 검색엔진에 의한 이미지 링크와 저작권 침해: 서울지법 2003고단4821 판결과 Kelley v. Arriba soft 항소심 판결에 대한 비교법적 검토", 창작과 권리 제33호, 2003년 겨울호, 124면 이하; 심창환, "썸네일 이미지 검색 서비스의 저작권 침해 여부: 서울중앙지방법원 2004. 9. 3. 선고 2003가합78361 판결, 저작권 제70호, 2005년 여름호, 60 이하; 유대종, 전게서, 133.

12) 이에 관한 포괄적인 독일의 연구로 Sieber/Liesching, Die Verantwortlichkeit der Suchmaschienenbetreiber nach dem Telemediengesetz, MMR 2007/8, Sonderheft; 링크와 스니페드에 대한 검색사업자의 책임에 관하여 Koster/Jugens, Die Haftung von Suchmaschienen fur Suchergebnisse, K&R 2006, 108.

어진 검색목록표, 광고, 뉴스와 인기검색어 순위로 구분하여 고찰하려고 한다. 뉴스서비스는 실무적으로 매우 중요하면서도 민감한 부분이긴 하나, 본 논문의 범위를 뛰어넘으므로 논의에서 배제하기로 한다.[13)]

2. 알고리즘에 의한 검색서비스

검색서비스의 주된 기능은 자동적으로 작동하는 "로보트" 또는 "크로울러(crowler)"에 의하여 타인의 정보를 찾고 인덱스를 만드는 것에 있다. 이를 통하여 수억개의 WWW-페이지와 그림, PDF문서 등과 같은 내용에 대한 광대한 데이터가 모아진다. 인터넷 내용에 대한 정확하고 광범위한 수집이 검색서비스의 핵심적인 기능에 속하기 때문에 검색결과가 어떻게 알고리즘에 의하여 정확하게 나왔느냐에 따라 검색서비스를 평가하게 된다. 이용자가 일정한 정보를 찾기 위하여 검색기능을 실행시켜 자동적으로 만들어진 검색결과는 주로 링크(특정한 인터넷주소로의 연결), 링크내용, 소위 스니페트와 경우에 따라서는 그림의 링크를 통한 썸네일[14)]로 구성된다.

3. 편집인에 의하여 관리되는 검색목록표

대부분의 검색서비스는 검색서비스 기능 외에도 일정한 분류표에 의하여 인터넷상의 사이트를 찾아 들어갈 수 있도록 서비스를 제공하고 있다. 검색서비스 사이트의 첫 화면에서 이와 같은 검색목록표를 찾을 수 있으며 이러한 목록표는 검색서비스 제공자가 만든 엄격한 체계에 따라 상위목록과 각각의 하위목록으로 구성되어 있다. 이러한 목록표는 편집인이 손수 모두 관리하는 경우가 있고 부분적으로 자동화된 상태에서 편집인이 관리하는 경우가 있다.

4. 광고(스폰서 링크 등)

대부분의 대규모 검색서비스의 경우에는 화면의 상위부분이든 우측부분이든 인터넷사업자들의 광고를 검색서비스 사이트에 담고 있다. 이와 같은 광고는 배너 형태를 띠기도 하지만, "스폰서 링크" 또는 "스폰서 페이지" 등으로 표시되고 있는데 광

---

13) 이에 관하여 자세한 것은 이충훈, "포털사이트의 뉴스서비스의 법적 고찰", 인터넷법률 제41호, 2008, 104 이하; 황성기, "뉴스매개자로서의 포털 뉴스서비스의 언론성 및 법적 책임범위에 관한 연구", 사이버커뮤니케이션학보 제21권, 2007, 197 이하 참조. 일반적인 인터넷 언론에 관하여는 장용근, "인터넷 언론의 법적 규제와 책임에 관한 연구", 세계헌법연구 제21권 제2호, 2006, 139 이하 참조.

14) 썸네일 관련 분쟁 사례에 대하여는 김윤명, "포털서비스의 법률문제에 관한 개략적 고찰", 디지털재산법 연구 제4권 제1호, 2005, 235 참조.

고 자체는 제목과 상품 내용에 대한 간단한 설명을 담고 있으며 해당 내용을 클릭하면 더 자세한 광고 내용이 나오기도 하고 광고주인 인터넷 사업자의 사이트로 연결되기도 한다. 광고주는 광고를 함에 있어서 (예컨대 오디오, 비디오게임과 같은) 핵심개념을 키워드 또는 애드워드(Adword)를 부여하여 해당 용어를 이용자가 검색하면 이용자들의 검색결과에 인터넷문서로 나타나는 것이 아니라, 광고형태로 나타날 수 있도록 할 수 있다. 검색광고란 스마트광고[15]의 일종으로서 배너광고를 대체하는 인터넷 광고의 유망주라고 할 수 있는데 이용자들이 자발적으로 입력하는 검색어와 관련된 광고정보를 제공하는 형식으로 사용되고 있다. 이러한 검색광고에서도 가장 큰 비중을 차지하는 것은 검색결과와 같거나 유사한 내용이 텍스트로 제시되는 키워드 광고인데 대부분의 포털사이트에서 실시되고 있다.[16]

검색광고로 인해서 검색결과가 조작되는 이유는 키워드광고의 위치 및 광고임을 명확히 고지하지 않고 제시되는 특성과 연관이 깊다. 즉 키워드광고는 검색 결과가 한 페이지에 다 나타나지 않아서 여러 페이지에 걸쳐 나타내야 하는 경우에도, 키워드 광고는 매 페이지의 상위 부분에 지속적으로 제시되고 있다. 따라서 해당 검색어와 얼마나 관련이 있는지 또는 일반 사용자들에게 어느 정도의 지명도가 있는지에 따라 검색결과의 정렬순위를 결정하지 않고 광고주들과의 계약을 통해서 인위적으로 상단에 링크되고 있기 때문에 검색결과의 조작으로 볼 여지가 있는 것이다. 키워드광고를 함에 있어서 광고임을 명확히 표시하지 않는 것도 문제가 있다. 현재 포털사이트에서의 키워드광고는 '스폰서 링크', '비즈사이트', '플러스 검색결과'등의 형태로 제공되고 있는데 글자크기, 글자체, 색깔 등의 특징에서 모두 검색사이트에서 제공하는 검색결과와 유사한 형태를 띠기 때문에 키워드 광고를 마치 검색사이트가 찾아낸 결과물인 것처럼 이용자들에게 인식될 가능성이 있다.[17]

5. 인기검색어 순위

인기검색순위 서비스란 검색서비스를 통하여 제공되는 콘텐츠 또는 서비스에 관하여 검색서비스이용자의 검색횟수, 방문횟수 등 일정한 기준에 의하여 산정된 검색

15) 스마트 광고는 이용자의 특성에 맞추어서 이용자에게 필요한 광고를 제공하는 것으로서 지능형 광고 혹은 맞춤 광고라고 불리기도 한다.

16) 광고가 검색엔진에 적용되는 다양한 유형에 대해서는 김윤명, "포털서비스의 법률문제에 관한 개략적 고찰", 디지털재산법연구 제4권 제1호, 2005, 201 참조.

17) 그 밖에 키워드 광고 관련 법적 문제에 대해서는 김윤명, "포털서비스의 법률문제에 관한 개략적 고찰", 디지털대산법연구 제4권 제1호, 2005, 224 참조.

순위를 제공하는 것을 말한다. 이러한 인기검색어 서비스는 대부분의 포털사이트가 메인화면에 제공하고 있으며 평소에 비해 검색요구가 급증한 검색어를 보여주는 역할을 하여 이용자들의 관심사와 새롭게 뜨는 이슈들을 한 눈에 파악할 수 있는 기능을 하고 있다. 서비스제공 형태로는 주간 · 일간 · 실시간 등을 기준으로 하여 시간적 간격을 토대로 검색순위를 제공하기도 하고, 뉴스 · 인물 · 영화 · 종합 등의 각 테마별로 검색순위를 제공하기도 한다. 특히 실시간 검색어 순위를 제공하는데 있어서는 통상의 인기검색어 서비스가 반나절 혹은 하루 등 기준에 따라 데이터를 추출하여 분류별로 제공함에 반해, 현재 시점에서 이용자들에게 관심이 높은 검색어를 보여주는 것으로 서비스 형태가 약간 다르다고 볼 수 있다.

제 2 인터넷 검색서비스에 대한 법적 규제

Ⅰ. 검색서비스

1. 검색결과와 자동 검색서비스

검색결과는 사전에 정의된 알고리즘에 따라 검색결과가 자동적으로 결정되므로 검색서비스 제공업자가 검색결과를 인위적으로 조작하기는 어렵다. 또한 인터넷 포털이 경제적 이윤을 추구하기 위하여 검색결과 및 순위를 조작하였을 경우, 얻게 되는 경제적 이익에 비해 잃게 되는 검색서비스 전반에 대한 신뢰 손실이 크기 때문에 의도적 조작에 대한 우려는 크지 않다고 할 수 있다. 하지만 현재 국회에 상정된 법률안의 내용을 보면 입법의 방향은 검색서비스 결과가 순전히 알고리즘에 의하여 나타지 않음을 보여주고 있다. 두 법률안 모두 검색결과를 자의적으로 편집하는 것을 방지하기 위한 규정을 두고 있다.

검색사업자법안(진수희의원 대표발의)에서는 검색서비스 본연의 기능인 검색능력 및 검색신뢰도가 외국의 검색서비스에 비하여 현저히 부족한 실정에 있으며 수작업에 의한 인위적인 편집검색에 의해 콘텐츠 제공업체와의 부당한 거래를 강요하는 등의 부작용이 나타나고 있다는 시각을 기초로 하고 있다. 본 법안은 검색서비스사업자간 검색능력 및 검색신뢰도 향상을 통한 공정한 경쟁이 이루어지게 하도록업체도하기 위해 대통령령이 정하는 일정규모 이상에 해당하는 검색서비스 사업자는 자동검색서비스를 의무적으로 제공하도록 하고 있다(제8조). 여기서 자동검색서비스란 기계적인 검색소프트웨어를 통하여 검색 결과의 배치, 순위 등에 관하여 인위적인 조작 등의 방법으로 가공되지 않은 검색결과를 제공하는 검색서비스를 말한다(제2조). 동법안에 의하여 검색서비스사업자는 자동검색서비스에 의하여 검색된 결과에 대하여 검색수수료 등 기타 이득의 대가를 매개로 하여 검색결과 또는 순위 등을 임의적으로 편집하여 제공하면 아니 된다. 이를 위반하거나 조치의무를 이행하지 않을 경우 정보통신부장관이 시정명령을 할 수 있으며 시정명령을 위반한 경우에는 3천만원 이하의 과징금을 부과할 수 있도록 하고 있다(제20조, 제21조).

한편 검색사업자 법안(김영선의원 대표발의)에서는 검색서비스 사업자가 검색결과를 검색편집장의 수작업에 의하여 편집하는 경우 이용자가 '수작업에 의하여 편집된 검색결과'와 '수작업에 의하여 편집되지 아니한 검색결과'를 혼동하지 않도록 명확하게 구분하여 편집하도록 하고 있고, 검색서비스 사업자는 '수작업에 의하여 편집된 검색결과면'에 '수작업에 의하여 편집된 검색결과'임을 표시하여야 함을 규정하고 있다(제6조 제1항). 만약 사업자가 수작업에 의하여 편집되지 아니한 검색결과를 제공하는 경우에는 광고나 자사 콘텐츠보다 상위에 배치하여야 한다(제6조 제2항). 또한 검색결과를 편집하는 부서의 장(검색편집장)의 성명을 공개하도록 하고 있다(제6조 제4항).

5. 자동검색 서비스에 관한 논의의 등장 배경

위에서 살펴본 법안들이 전제하는 바와 같이 순수한 자동검색이 이루어지지 않은 것은 검색어를 입력하였을 때 검색되는 모든 정보를 검색서비스 사업자가 제공하고 있지 않기 때문이다. 법안검토과정에서 제기되었던 대표적인 문제점은 검색광고와 인위적 편집에 따른 검색서비스 사업자의 부당한 사회적 영향력 행사였다.[18] 즉 검색서비스사업자들이 제공하는 검색 서비스와 관련하여 광고주가 특정 키워드를 구매하면 이용자가 그것을 검색하는 경우 스폰서링크, 파워링크 등의 광고가 검색결과의 전면에 부각되는 검색광고의 문제이다.[19] 그리고 검색서비스 사업자의 편집에 의한 검색결과가 포털 스스로 정보를 가공 · 왜곡하고 검색서비스 사업자의 사회적 영향력을 부당하게 확대하는데 기여한다는 것이다. 이러한 지적은 현재 검색서비스 제공을 올바르게 판단하고 있기는 하나, 소위 자동검색이 이루어지지 않은 모든 사유를 열거한 것은 아니다. 왜냐하면 자동검색이 이루어지지 않을 수밖에 없는 정당한 사유가 검색서비스 사업자에게도 존재하기 때문이다. 아래에서는 이러한 사유에 관하여 자세히 살펴보려고 한다.

---

18) 검색서비스 사업자법안 검토보고서, 2007. 11, 34 이하.
19) 검색광고에 관하여 자세한 것은 아래 2. 참조.

(1) 검색엔진에 의한 편집상의 선택

검색엔진을 운영하는 사업자들은 법안의 시각과는 정반대로 검색엔진의 핵심적인 작동이 인위적인 조작으로부터 완벽하게 독립되어 자동화되었다고 종종 주장한다. 그러나 완전한 자동검색이라는 것은 실제로 존재할 수 없다.[20] 왜냐하면 어떠한 정보를 수집하고 해당 정보를 어떻게 배치하여 보여줄 것인지에 관해 수많은 인위적인 판단에 의하여 검색엔진이 만들어지기 때문이다.

검색엔진은 검색결과의 순위를 결정하기 위해서 설계자에 의하여 만들어진 복잡한 "순위 알고리즘"을 사용한다. 순위 알고리즘은 검색자들이 입력하는 수백만의 검색어에 대하여 각각 검색순위를 만들어 줌으로써 검색자 스스로 검색결과에 대한 순위를 만들어야 하는 부담을 덜어준다. 그렇다고 하여 이 과정에서 인위적인 편집상의 판단이 배제되는 것은 아니다. 오히려 순위 알고리즘 안에는 어떠한 요소를 담고 각 요소에 대하여 중요도를 어떻게 부과할 것인가 하는 검색엔진 운영자에 의한 편집상의 판단에 따라 검색결과에서의 각 콘텐츠의 중요성이 결정된다. 또한 검색결과가 설계자에 의도에 맞게 나왔는지를 보장하기 위해서 검색엔진은 수동적으로 검색결과를 조사하고 그에 따라 그 순위를 조정하기도 한다.

또한 검색엔진은 인터넷에서 이용가능한 모든 정보를 찾아서 정보를 수집하는 것이 아니다. 검색엔진은 일부로 또는 우연하게 몇몇 웹페이지들을 완전히 생략하기도 하고 하나의 웹페이지의 일부분만 검색하는 경우도 있다. 또한 검색엔진이 정보를 찾을 때 제3자가 만든 "메타데이터(metadata)", 즉 데이터에 관한 데이터를 이용하도록 설계되어 있다.[21] 검색엔진은 또한 "앵커 텍스트(anchor text)", 즉 웹페이지를 가리키는 링크에 사용된 텍스트를 검색하는 경우도 있어 웹사이트가 담고 있지 않은 정보를 해당 사이트가 마치 갖고 있는 것과 같은 검색결과가 나올 수도 있다. 마지막으로 검색목록이 작성된 후에도 검색엔진은 그들의 색인으로부터 다양한 이유로 해당 웹페이지를 검색목록에서 삭제한다. 그 이유로는 단순히 자의적인 것도 있을 것이고 표면적으로는 객관적인 검색엔진의 기술적 요청에 의하여 해당 웹페이지가 제외되기도 한다.[22]

---

20) 이러한 지적으로 Goldman, Searchengine Bias and the Demise of Searchengine Utopianism, 8 Yale J.L&Tech 188, 2006.

21) 예를 들어 검색엔진은 제3자가 만든 검색결과 내의 웹사이트에 대한 설명을 이용하여 검색결과를 만들기도 한다.

22) 검색서비스 사업자가 검색서비스의 품질을 개선하기 위해서 검색결과에서 제외하는 경우가 대표적인 예에 해당한다. 예컨대 카페, 블로그 등에서 언론사의 뉴스 등 원본을 복사하여 사용하는 경우가 늘어나고 있어 정작 검색을 하면 언론사의 뉴스보다 이러한 카페, 블로그에서 불법으로 가져간 내용(소위 불펌 콘텐

(2) 편집상의 선택에 의한 편견들(bias)

검색결과 순위는 검색서비스 이용자들과 사이트운영자들에게 매우 중요한 영향을 미친다. 검색서비스 이용자들은 일반적으로 상위의 몇몇 검색결과들만 살펴보기 때문에 상위에 랭크된 검색결과들은 검색서비스 이용자들의 높은 클릭률을 기록하게 된다. 검색엔진이 검색서비스 이용자들의 검색에 대한 응답으로 비록 수백 또는 심지어 수천건의 검색결과들을 보여준다고 할지라도 이용자들은 검색결과의 대부분을 사실상 무시한다. 따라서 사이트 운영자들은 필사적으로 맨 위의 몇몇 검색결과로 올라가기를 원하게 된다.

검색엔진의 시각에서 검색결과들의 위치는 검색서비스 이용자들이 그 검색경험을 얼마나 성공적으로 평가하는지를 결정한다. 만약 상위의 몇몇 검색결과들이 검색서비스 이용자의 요구를 만족시키지 못한다면, 이용자는 검색이 실패했다고 생각하게 된다. 그러므로 검색서비스 이용자가 검색에 성공하였다는 생각을 최대한 많이 갖도록 하기 위해서 검색엔진은 일반적으로 순위 알고리즘이 다수의 관심사를 반영하도록 조절한다.[23] 그에 반하여 소수의 관심사는 검색결과 안에서 많은 관심을 받지 못한다. 많은 연구자들이 이러한 결과를 유감스럽게 생각하여 아래의 몇몇의 제안을 제시하였다.

(가) 검색엔진의 투명성의 향상

검색엔진은 자신의 순위알고리즘을 공개하려고 하지 않는다. 이러한 비밀준수는 검색엔진 스패머(spammer)들이 검색엔진에서 부여하고 싶어 하는 인지도보다 더 나은 인지도를 갖지 못하도록 하는 역할을 한다. 그러나 이러한 비밀준수는 또한 검색

츠)이 검색되는 경우가 많다. 이에 따라 최근에 원저작자의 권리를 보호하기 위하여 작성일을 기준으로 검색결과를 순차적으로 노출시키는 '복사문서 판독시스템'을 도입하여 중복된 문서들을 판독해 검색결과에서 제외하는 기능을 제공해 주고 있다. 통합검색의 기본 값은 '중복결과 제외'로 되어 있지만 불펌 블로거들의 활동 영역도 어느 정도 보장하기 위해서 중복결과를 포함시킬 수 있는 메뉴도 제공하고 있다.

23) 주된 관심사를 판단하기 위하여 검색엔진은 순위 알고리즘 안에서 대중성 내지 인기도를 반영한다. Google의 인기도 측정인 PageRank는 웹사이트에 대한 링크를 인기도 투표로 보나, 동등한 가치를 부여하는 것은 아니다. 즉 더 인기 있는 웹사이트의 링크들은 인지도가 낮은 웹사이트에서의 링크보다 더 많은 가치를 부여받게 된다. 다수의 과심을 만족시키기 위해서 고안된 검색결과를 조장하기 위한 PageRank의 평등하지 않은 투표구조는 경제력을 가진 웹사이트에게 유리한 검색결과들을 가져온다. 왜냐하면 이러한 웹사이트들은 그들의 마케팅 지출과 일반적인 인지도 때문에 많은 링크를 갖고 있기 때문이다. 게다가 인지도에 기초한 순위 알고리즘은 현재의 역학구조를 강화시키고 영속시킬 가능성이 크다. 현재의 영향력 있는 웹사이트들은 더 낳은 검색결과상의 위치를 얻게 되고 그들이 담고 있는 정보와 시각은 더 많은 관심을 끌게 된다. 더 나아가 검색결과에서 더 나은 위치를 얻게 됨으로써 이러한 웹페이지들이 미래에 더 많은 투표를 받을 수 있어서 결국 자기강화 과정을 다시 거치게 된다. 대조적으로 소수의 관심을 받거나 널리 펴져 있지 못한 웹사이트들은 대중성을 앞으로도 얻기 어렵게 된다. 잠재적으로 그들은 영구적으로 검색결과의 오지로 추방되는 결과에 이를 것이다.

서비스 이용자들과 연구자들이 검색엔진의 편견을 정확하게 평가하는 것도 막는 결과를 야기한다. 또한 검색서비스 사업자에 의하여 인위적 조작이 이루어졌는지를 판단하기 힘든 사유이기도 하다. 이에 따라 필요한 경우에 인위적 조작여부를 판단하기 위하여 그리고 검색서비스 이용자들을 계몽하기 위해서는 검색엔진이 그들의 검색실무와 알고리즘에 대하여 더 많은 정보를 공개할 필요가 있다는 주장이 법제정과정에서 강하게 주장되었다. 이러한 추가적인 정보는 두 개의 예상가능한 이익을 갖는다. 첫째, 검색엔진을 판단할 수 있는 자료가 제공되므로 더 낳은 서비스를 이용자들이 선택할 수 있는 기회가 제공되고 이러한 이용자들의 선택은 검색시장의 구조를 개선하는 방향으로 영향을 미칠 것이다. 둘째, 이용자들이 검색결과에 대한 인지능력의 적절한 수준을 결정할 수 있도록 도와줄 것으로 기대된다. 그러나 이러한 주장은 사업자들이 자신의 영업비밀을 절대 밝힐 수 없다는 강력한 주장에 관철되지 못하였다.

(나) 공적자금에 의한 검색엔진

논란의 여지는 있지만, 검색엔진은 검색의 사회적 비용을 줄이는 성질을 갖기 때문에 공공재(public good)로서의 성격을 갖고 있다. 사인들은 이러한 사회적 이익을 반영하는 검색엔진을 만들지 않을 것이기 때문에 공적자금에 의한 검색엔진을 만들어서 사회적으로 요구되는 최상의 검색결과를 만들 필요성이 있다고 주장할 수 있다. 실제로 이러한 시각에서 정부기금에 의한 검색엔진을 만들자고 하는 주장들이 제기되었다.[24)]

유럽의 경우 미국에서 개발된 Google에 대항하기 위하여 2005년 4월 유럽 독자의 검색서비스를 개발하겠다는 성명서가 발표되었다. Quaero(라틴어로 "나는 찾는다")라는 이름의 프로젝트는 미국이 아닌 유럽을 기반으로 하는 검색서비스로서 유럽 내의 디지털화된 도서관에 있는 자료를 기초로 하여 다양한 자료를 제공하는 것을 목적으로 한다. 그러나 2006년 12월 독일은 프랑스와 독립적으로 "Theseus"라는 독자적인 검색서비스를 개발하겠다고 발표하여 현재는 프랑스만이 원래의 프로젝트를 진행하고 있다.[25)] 이러한 움직임에 대하여 다양한 비판이 제기되었다. 불필요한 세금낭비라는 비판과 함께,[26)] 검색시스템의 성공여부를 국가가 결정할 수 있는 것이 아니라

24) 공적 자금에 의한 검색엔진의 문제에 관하여 자세한 것은 Ott, Markbeherrschende und offentlich-rechtlirhe Suchmaschinen, K&R 2007, 375. 참조.

25) Frankreich entwickelt Quaero, Deutschland Thesueus, http://www.linksandlaw.de/news674-theseus-quaero-ende.htm 참조.

26) 예를 들어 Quaero – Eine steuersubventionierte Suchmaschine will privater Wirtschaft Kunden abjagen!(2006년 3월 16일), http//my.opera.com/MaximB/blog/show.dml/181453) 참조.

이용자들이 원하는 검색결과를 보여줄 수 있는 기술개발에 달려 있는 데, 이것이 국가주도에 의하여 달성될 수 있는지에 관하여 회의가 많이 제기되었다.[27)]

(다) 검색실무의 순위 또는 정보에 대한 강제적 변경요구

검색서비스는 일정한 사기업에 의한 사업이기 때문에 모든 검색서비스 제공자에게 공정하게 서비스를 제공하라고 요구할 수는 없을 것이다. 그렇지만, 포털의 사회적 파급효과 때문에 포털의 사회적 책임을 부과할 수 있거나 그 독점적 지위로 인하여 서비스를 공정하게 제공해야 할 의무가 법률에 의하여 도출될 수 있다면 논의는 달라질 수 있다. 아직 우리나라에서는 이에 관한 논의가 많지 않지만, 최근 미국[28)]과 독일[29)]에서는 이에 관하여 논의가 활발하게 진행되고 있다. 즉 검색서비스 제공자가 일정한 사업자를 불리하게 취급하기 위하여 검색목록에서 이러한 사업자를 삭제하는 경우에 사업자가 검색목록에 자신을 등록시켜달라고 포털서비스제공자에게 요구할 수 있는지가 논의되고 있다. 또한 검색결과를 강제적으로 정비할 수 있도록 요구해야 한다는 시각도 있다.[30)]

(3) 검색엔진 편견의 필요성

검색엔진 편견의 문제점들을 해결하기에 앞서서 검색엔진 편견이 문제점들을 어떻게 만들어 내고 있는지를 먼저 정확하게 이해해야 한다고 생각한다. 필자의 시각에서는 검색엔진의 편견은 검색엔진이 자신의 데이터베이스에 대하여 편집상의 통제를 가함으로써 발생하는 필연적인 결과이다. 다른 미디어 회사처럼 검색엔진은 단순히 수동적이고 중립적인 위치에서 제3자가 제공하는 정보, 즉 여기서는 웹사이트 운영자의 콘텐츠를 제공할 수 없다. 만약 검색엔진에서 웹상의 콘텐츠를 편집하지 않는다면, 그 검색시스템은 반드시 급속도로 스패머, 검색사기꾼 그리고 불평가들에 의하여 지배당할 것이다.[31)] 이러한 상태에 놓이게 되면 이 검색엔진은 이용자들에게 쓸모없

27) 예컨대 5년동안 진행될 프로젝트에 투입될 전금액이 4억 유로인데, Google에서는 2005년 한 해동안에만 연구투자개발에 6억 달러(약 4,77억 유로)를 투자한다고 하므로 투자금액이 이미 상대적으로 빈약한 것으로 평가되었다. Welt, Kolumne : Gemeinsam gegen Google, http://www.welt.de/prult-welt/article226866/kolumne_Gemeinsam_gegen_Goole.html 참조. 그 밖에 국가에 의한 공법상의 검색서비스의 법률적 문제분석에 관하여 Ott, K&R 2007, 379.

28) 미국에서 이와 관련된 판례로 Kinderstart.com, LLC, v. Gogle, Inc., (N.D. Cal. March 16, 2007).

29) Ott, K&R 2007,376.

30) 예컨대 Pandey는 "무작위 순위승격(randomized rank promotion)" 계획을 주장하여 잘 알려지지 않은 웹사이트들도 무작위로 순위알고리즘 안에서 부가점수를 부여받아서, 경우에 따라서는 검색결과에서 상위에 노출되도록 하고, 그에 따라서 이용자들에게 잘 검색되도록 해야 한다고 주장하였다. 또 다른 예로 Pasquale은 검색엔진에서 잘못되거나 오해를 야기할 수 있는 정보를 제공한다고 사람들이 생각할 때에는 검색엔진에게 제대로 된 정보에 대한 링크를 제공할 것을 강제할 수 있어야 한다고 주장하였다.

는 것이 되고 만다.[32)]

또한 청소년보호와 같은 정부정책에 의하여 검색결과에 대한 인위적인 편집이 의무화되는 경우도 있다. 다수의 포털사이트들은 특정 단어를 검색할 때 성인인증절차를 거치도록하는 등의 금칙어 설정을 통해 청소년 유해물 차단대책을 마련해 왔다.[33)] 즉 포털에서 강간, 성폭력 등과 같이 성과 관련된 것이나 욕설, 비속어 등과 같은 특정단어를 검색할 경우 주민등록번호와 이름을 입력하는 성인인증절차 또는 로그인을 거쳐야 하는 것이다. 하지만 검색서비스사업자들 간에 금칙어 수를 비롯해 선정기준을 다르게 적용함으로써 특정 사이트에서 검색이 안 되면 다른 사이트로 옮겨 검색하는 이용자[34)]들을 양산하였고, 일부 업체들의 경우 많은 금칙어를 만들면 오히려 손해를 입을 것이라며 금칙어 적용을 꺼려왔었다. 이러한 문제점들을 해결하기 위하여 정보통신윤리위원회는 2004년 10월 검색 금칙어를 선정한 후, 주요 포털에 일제히 적용한 바 있다. 현재 금칙어 설정에 대하여 여론이 엇갈리고 있고,[35)] 검색서비스사업

31) 사업자들이 자신의 웹사이트에 이용자를 많이 유도하기 위해서 검색서비스를 조작하는 사례가 늘어나고 있다. 여기에는 메타태그(Meta-Tag)와 워드스토핑(Word-Stuffing)에 의한 검색결과의 조작이 있다. 메타태그란 원래 메타데이터를 정의하기 위해 고안된 것으로서 웹사이트 작성 언어인 HTML 문서의 맨 위쪽에 위치하는 태그이며, 브라우저와 검색엔진을 사용할 수 있도록 문서의 정보를 포함하고 있어 웹사이트의 내용을 표시하는 색인 또는 참고자료로서의 역할을 하는 용어의 목록이라고 할 수 있다. 즉 메타태그는 웹 사이트에 접속하려는 자가 검색용어를 검색엔진을 통하여 검색할 때 웹 페이지를 식별하기 위하여 화면에는 보이지 않도록 처리된 웹 페이지에 삽입된 검색단어를 말한다. 인터넷 기업들은 자신의 사이트의 접속을 늘이기 위하여 사이트의 내용과는 무관한 메타태그를 다는 경우가 늘어나고 있는데 대표적인 예로 '섹스', '포르노' 등과 같이 자주 등장하는 검색어를 덧붙이는 경우가 있다. 워드스토핑의 경우에는 헤더가 아니라 웹사이트 내의 문서에 검색용어를 위치시키는 경우를 말한다. 그 특징은 일반이용자들은 읽을 수 없는데 반하여 검색엔진을 위하여 특별히 표시되어 검색될 수 있다는 점이다. 이 경우에도 메타태그와 마찬가지로 자신의 웹페이지의 인지도를 높이는데 활용되고 있다.

32) 인터넷 사업자에 의한 검색결과의 조작에 대한 차단 필요성에 관하여 Meyer, Googk&Co. - Aktuelle Rechtsentwicklungen bei Suchmaschinen, K&R 2007, 177. 참조. 그 밖에 메타테그와 법률문제에 관하여 자세한 것은 이훈종, "메타테그에 관한 연구", 상사법연구 제19권 제2호, 2000; 박준선, "메타태그와 상표권 침해", 인터넷과 법률, 2000; 김성호, "메타태그의 사용과 상표법상의 문제점", 창작과 권리 제25호, 2001년 겨울호.

33) 인터넷상 음란, 외설적 내용물에 대한 규제에 관하여 자세한 것은 장용근, 세계헌법연구 제12권 제2호, 150 이하 참조.

34) 이를 보통 '메뚜기'검색자라 칭한다.

35) 금칙어의 설정을 바라보는 시각에는 긍정론과 부정론 두 가지가 있다. 긍정론에서는 단순히 검색결과를 보기 위해 성인인증절차를 거치게 하면 성인 고객이 불편함을 느낄 수 있겠지만 청소년들이 유해물에 무방비로 노출되어있다는 지적이 너무 많음으로 이를 반영하여야 한다고 주장한다. 반면 최근 대두되고 있는 부정론의 입장에서는 다양한 해석이 가능한 단어에 무조건 금칙어를 설정하는 것은 현실적으로 한계가 있다고 한다. 예를 들어 성매매 특별법이 시행되면서 '미아리'를 금칙어로 지정해야 한다는 의견이 제기되었는데 이는 순수하게 미아리에 대한 지역정보를 찾아보려는 이용자의 정보접근권을 침해할 수 있는 것이라고 설명한다. 즉 금칙어 때문에 원하는 정보를 얻지 못하는 선의의 피해자도 생길 수 있음을 우려하는 것이다. 게다가 사업자들의 금칙어 설정에 맞서 이용자들 또한 교묘한 수법을 동원하고 있는 현상을 보았을 때 사실상 검색결과를 차단하기 힘들다는 것도 문제이다. 사업자들이 '포르노'를 금칙어로 설정하면 '포르노'나 '포르너'

자별로 금칙어 설정의 정도가 같지 않다는 문제점이 있지만, 대부분의 검색서비스사업자가 청소년보호를 이유로 금칙어를 설정하고 있다. 정보의 접근보다는 청소년보호에 더 치중하고 있는 까닭이다. 따라서 금칙어 설정을 통해 유해정보로부터 청소년들을 보호하는 것은 검색서비스사업자가 검색결과에 대하여 인위적으로 수정할 수밖에 없는 대표적인 사유로 볼 수 있다.

검색엔진은 이처럼 불가피하게 그들의 검색시스템에 대하여 일정한 편집상의 통제를 행사할 수밖에 없는 경우가 있으며 이러한 편집상의 통제는 결과적으로 편견을 낳게 되나 다행스럽게도 시장의 힘은 검색엔진 편견의 범위를 전체적으로 제한하고 있다고 볼 수 있다. 이용자들이 검색엔진에 대하여 높은 기대치를 갖고 있으므로 검색엔진에서 몇 개의 검색어를 통하여 자신의 생각을 읽고 의도를 반영한 검색결과를 보여주기를 기대하기 때문이다. 따라서 적절한 검색결과를 제공하지 못하거나, 필요한 정보를 수많은 불필요한 정보 속에 매장시켜서 실망을 안겨준다면 검색엔진으로부터 이용자들이 결국에는 떠나기 마련이다. 이용자들이 이용할 수 있는 검색엔진은 인터넷상 많으며 다른 검색엔진으로 이동하는 데에도 장벽이 전혀 존재하지 않기 때문에 이용자들의 성향을 검색엔진에서 반영할 수밖에 없다.

이와 같은 시장의 자정작용과는 상관없이 검색엔진의 자의성을 입법자가 일정한 규정을 통하여 규범적 개입한다고 하여 어느 정도 입법자가 바라는 대로 개선될 수 있는지는 말하기 어렵다. 첫째, 규범적 해결방안은 검색서비스 이용자들이 어떠한 검색방법이 타당한지를 사전에 정한 상태에서 검색서비스 사업자에게 일정한 방향으로 검색서비스를 제공할 것을 강제하게 된다. 그러나 입법자가 판단한 기준이 실제로 이용자들이 원하는 다양한 검색서비스에 대한 욕구를 모두 반영하였다고 보기에는 어렵다. 둘째, 규범적 개입으로 인하여 가져오게 된 변화로 어떤 검색결과가 다른 검색결과보다 객관적으로 더 좋다고 평가되더라도 검색서비스 이용자들이 이러한 증진된 검색결과를 반드시 더 유용하다고 생각한다는 것을 보장할 수 없다. 더 나은 검색결과를 선택하는 것은 입법자가 아니라 시장의 보이지 않는 손이기 때문이다.

(4) 소 결

검색엔진의 편견에 대한 우려는 검색서비스에 대하여 갖고 있던 기대에 대한 실망이 담겨져 있다는 것을 의미한다. 검색서비스가 기존의 미디어가 갖고 있던 결함을

를 이용하고 '야동(야한 동영상)'을 금칙어로 설정하면 '야★동', '야_동', '야아동' 등의 변형언어를 이용하고 있는 실정이다.

극복하여 새로운 형태의 이상적인 미디어를 만들어줄 것으로 기대되었다. 실제로 검색엔진은 다른 미디어와 다르지 않아서 편집상의 통제에 놓여져 있고 사람의 편견에 영향을 받는다. 이러한 사실은 사람들이 갖고 있던 검색엔진에 대한 환상을 깨뜨리고 말았다.

다행히도 검색엔진의 편견은 일시적인 현상일 수도 있다. 이러한 측면에서 검색엔진 편견의 문제는 메타태그 문제와 비슷할 수 있다. 검색엔진에서 메타태그를 순위에 반영하는 알고리즘을 사용한다는 사실을 웹사이트 운영자들이 알았고 그에 따라 메타태그의 조작이 있었다. 그러나 검색엔진에서 이러한 조작을 안 이후에는 이러한 메타태그를 고려하지 않도록 알고리즘을 수정함으로써 이러한 문제는 상당부분 사라지기도 하였다.

이와 비슷하게 검색서비스는 계속하여 더 낳은 검색순위와 검색결과를 보여주기 위하여 개선의 노력을 다 할 것이다. 이러한 과정을 통하여 결국에는 검색엔진 편견의 문제는 대부분 사라질 것이다. 이러한 검색엔진의 계속적인 노력을 꺾지 않기 위해서는 법적 규제에 의한 왜곡 없이 이러한 작업이 계속되어야 할 것이다.

3. 입법내용의 비판과 정책적 제안

자동검색서비스와 관련된 법안의 검토의견서에 따르면 법안은 다음과 같은 3가지 측면에서 다시 검토되어야 한다고 한다.[36] 첫째, 국내 검색서비스사업자들이 카페, 블로그, 지식검색, 인물정보, 사전 등의 자사 콘텐츠들을 카테고리별로 배치하여 보여주고 있는데 이러한 화면 배치가 '검색 결과화면의 조작 금지' 조항에 위배되는지 혹은 해당되지 않는지 여부가 불투명하다고 한다. 둘째, 자동검색서비스가 제공되지 않은 검색결과를 의미한다면, 불법정보에 대한 필터링과 같은 행위 자체도 검색결과편집에 해당되는 것으로 해석될 여지가 있다. 셋째, 자동검색서비스의 개념규정이 가능하다고 하더라도 검색 서비스 사업자의 편집검색이 무조건 부정적인 것이고 자동검색이 반드시 이용자에게 이익을 가져다 주는 것으로 간주하는 것은 도식적인 접근이라고 할 것이고 검색방식의 선택은 기본적으로 기업의 철학과 경영방침에 따른 것이라는 점이다.

위에서 살펴본 바와 같이 현재 검색 서비스 사업자에게 불법정보를 차단하고 금칙어를 통하여 미성년자보호를 위한 장치를 마련할 것이 의무화되고 있는 현실에서

36) 검색 서비스 사업자 법안 검토보고서, 2007. 11, 35.

는 순수한 알고리즘에 의한 자동검색이라는 것이 현재 입법자가 제정된 법률에 의하여 원천적으로 차단되어 있다고 할 수 있다. 이러한 측면에서 다시 이러한 자동검색서비스를 의무화하는 것은 입법상의 모순이라고 할 수 있다. 또한 정보의 홍수 속에서 사업자는 이용자들이 보다 정확하고 편리하게 정보를 찾을 수 있는 기능을 제공해야만 좋은 검색서비스로서 살아남을 수 있다. 콘텐츠를 카테고리별로 배치하는 것이라든지, 아니면 원본을 위주로 검색할 수 있도록 하고 중복자료를 배제시키는 것이 이용자에게 불이익한 결과를 가져온다고 할 수 없을 것이다. 따라서 검색서비스사업자에게 검색결과를 특정한 방식으로만 제공하도록 하는 의무를 부여하는 것은 사업자의 영업의 자유를 침해할 가능성이 높다고 하겠다.[37]

Ⅱ. 스폰서 링크 등 숨은 광고

1. 문제점

검색 서비스가 무상으로 제공되므로 검색서비스 사업자의 주된 수입원 중의 하나가 광고이다. 초기에는 검색결과에서 상위에 오르는 것에 대하여 대가를 받는 경우가 있었으나, 이는 실제로 많이 사용되고 있지 않거나 법률적 문제로 인하여 사라진 광고형태라고 볼 수 있다.[38] 특히 정보와 광고인지를 명확하게 구분할 수 없는 투명성의 문제가 있어 이와 같이 검색결과를 제공하는 것은 법적으로 문제점이 있기 때문이다.[39] 따라서 현재는 광고와 검색결과를 장소적으로 구분하여 보여주는 것이 일반적이다.

검색광고의 문제점은 위에서 설명한 바와 같이 이용자에게 광고임을 명확히 밝히지 않고, 마치 검색결과인 것처럼 표시한다는 것이다. 검색결과와 광고가 혼동을 야기 시킬 정도로 제공되고 있고, 광고의 위치 또한 맨 상위부분에 올려지므로, 이용자는 검색광고를 가장 지명도와 유사도가 높은 검색결과로 오인할 수 있다는 것이다. 이로 인해 이용자는 자신이 원하지 않았던 사이트에 접속하게 되거나, 실제는 광고임에도 가장 신뢰도가 높은 사이트로 착각하여 서비스를 이용하게 되는 것이다. 또한 인터넷 사업자들은 자신들의 웹사이트가 검색어와 가장 유사함에도 불구하고 검색결

37) 같은 취지로 검색서비스사업자법안 검토보고서, 2007. 11, 35.

38) Ernst, AdWord-Werbung in Internet-Suchmaschinen als kennzeichenund wettbewerbsrechtliches Problem, MarkenR 2006, 57; Meyer, K&R 2007, 178.

39) 이에 관하여 Rath, Suchmaschinen sind auch nicht mehr das, was sie mal waren, WRP 2005, 831.

과의 상위부분에 제시되지 못하고, 광고료를 많이 지급한 광고주의 사이트가 상위부분에 나타나므로 이용자의 클릭 횟수에 많은 지장을 초래하게 된다.

2. 현행법상의 규제가능성

우리 법제는 부당한 광고에 관하여는 규제하고 있으나, 정보인지 아니면 광고인지의 여부가 명확히 구분되지 않은 숨은 광고에 대하여 일반적으로 규제하는 규정은 없는 실정이다. 검색결과로 오인하여 광고를 정보로 착각할 수 있는 검색광고는 부당한 고객인수 즉, 부당하게 경쟁자의 고객을 자기와 거래하도록 유인하는 행위를 불공정한 거래행위로 규정하고 있는 독점규제법에 배치될 수 있다(동법 제23조 제1항 3호 전단). 특히 마치 검색결과인 것처럼 보이는 광고를 검색결과보다 항상 상위에 위치시킴으로써 자기가 공급하는 상품 또는 용역의 내용 등이 경쟁사업자의 것보다 현저히 우량 또는 유리한 것으로 고객을 오인시키는 것에 해당되어 위계에 의한 고객유인이 될 수 있다. 이는 공정한 거래질서를 침해하고 자유로운 경쟁 질서를 해칠 수 있는 요인으로 작용될 수 있으므로 검색광고에 대하여 광고임을 분명히 표시하도록 하는 책임을 명확히 부여할 필요가 있다.

3. 2007년의 입법내용에 비판과 정책적 제안

검색사업자법안(진수희의원 대표발의)은 숨은 광고뿐만 아니라, 검색창광고를 규제하는 규정을 제17조에 두고 있다. 구체적으로 규정내용을 살펴보면 광고를 제공하거나 검색서비스를 통한 검색결과를 제공하는 때에는 광고의 경우 광고임을 분명히 표시하도록 하여 광고 표시의무를 부과하였고(제17조 제1항), 검색입력창 등에 광고를 삽입하는 등의 광고행위를 규제하고 있다(제17조 제2항). 검색서비스사업자가 이를 위반하면 정보통신부 장관은 시정명령을 할 수 있고 시정명령을 위반한 경우에는 3천만원 이하의 과징금을 부과할 수 있도록 하고 있다(제20조, 제21조).

검색사업자 법안(김영선의원 대표발의)은 검색광고와 관련하여 이용자가 검색결과를 광고로 혼동하지 않도록 명확하게 구분하여 편집하여야 하며, 광고 면에는 광고임을 표시하도록 하고 있다(제5조). 현재 실무에서도 검색결과를 광고검색결과와 순순한 정보검색결과가 구분하여 보여 지고 있으나, 스폰서링크, 파워링크 등 광고인지의 여부가 명확히 표시되어 있지 않아 이용자들이 이를 광고가 아닌 정보로 오해할 소지가 있어 광고표시의무를 부과하도록 하고 있다.

광고규제와 관련하여 법안은 첫째, 이용자가 검색결과와 광고를 혼동하지 않도록 명확하게 구분하여 편집하여야 하며, 광고 면에는 광고임을 표시하도록 하고 있다. 현행 신문법 제11조 제2항에서도 정기간행물의 편집인으로 하여금 독자가 기사와 광고를 혼동하지 않도록 명확하게 구분하여 편집하도록 규정하고 있다. 정보인지 광고인지를 이용자들이 혼동할 수 있으므로 이 구분을 명확히 해야 한다는 취지이며 이러한 입법이유는 검색서비스 결과화면에도 동일하게 적용될 수 있다고 생각된다. 둘째, 법안은 검색이용을 저해하는 광고를 검색입력창에 삽입하지 못하도록 하는 규정을 두고 있다. 이에 대하여 검토보고서에서는 광고의 삽입을 금지하는 것은 검색서비스 사업자의 광고 방식 선택권을 지나치게 제약한다는 점에서 영업의 자유를 침해할 소지가 있다고 한다.[40] 그러나 이러한 형태의 광고의 경우 검색서비스 이용자들이 해당 내용이 광고임을 모르고 해당 내용을 무심코 검색창에서 반복하여 치는 경우가 발생하고 있으므로 검색광고와 마찬가지로 최소한 광고임을 표시할 의무를 부과하는 것은 필요하다고 생각된다.

이러한 법안들의 내용은 광고의 내용 자체를 규제하는 것이 아니라, 광고방식을 규제하고 있는 것이다. 이용자들이 실제 이러한 광고방식을 광고인지 모르고 이용하는 경우가 많아 혼동가능성이 존재하는 이와 같은 숨은 광고에 표시의무를 부과하는 것은 타당하다고 생각된다.

Ⅲ. 인기검색어 순위서비스

1. 문제점

검색어순위조작과 관련하여 가장 최근에 문제되었던 것이 인터넷 이용자에 의한 인기순위검색결과의 조작이다. 인기검색어 서비스는 인터넷 이용자들이 많이 검색하여 평소에 비해 검색요구가 급증한 검색어를 보여주는 서비스로서 현재 가장 이슈가 되는 단어가 무엇인지를 알 수 있는 지표가 되므로 대부분의 포털사가 메인화면에 제공하고 있다. 그런데 메인화면에서 이 서비스가 제공되기 때문에 일반 이용자에게 파급효과가 커서 부정한 목적으로 조작이 행해지고 있다.

일반적으로 인기검색어 순위는 일정시간 동안의 검색어 입력 횟수의 증가 비율에 따라 정해지므로, 검색횟수가 적은 검색어를 짧은 시간 동안에 집중적으로 검색하면 인기검색어에 오를 수 있다. 인기검색어 서비스 조작을 목적을 기초로 하여 분류하여

40) 검색서비스 사업자 법안 검토보고서, 2007. 11, 54.

보면, ① 상업적 활용을 전제로 한 악의적인 목적으로 하는 조작행위와 ② 경쟁집단에 대한 비방의 의도나 자신의 독점적 위치 확보를 위하여 하는 정치적(사회적) 목적의 조작행위로 나눌 수 있다. 또한 그 방법을 기초로 하여 보면 ① 일정한 시간 동안 다수의 이용자가 특정한 단어를 계속 입력하는 경우와 ② 불법소프트웨어를 설치하여 조작하는 경우가 있다. 조작을 시도했다는 것 자체만으로는 제재를 하기는 어렵지만 특정한 의도를 가지고 다른 이용자들의 건전한 인터넷 이용에 해를 끼치는 경우에는 금지하고 이에 대한 제재를 검토할 수 있을 것이다. 이 때 법에 의한 제재와 서비스업체의 자체 규정에 의한 제재 중 어떠한 것이 보다 효율적인지는 전반적인 검토가 요구된다.

한편 검색서비스업체들은 검색어 순위에 오른 단어가 음란하거나 명예훼손의 소지가 있으면 정보통신부의 권고기준에 따라 자체 기준으로 금칙어를 정하여 해당 단어를 삭제할 수 있다. 이와 같은 자체적인 필터링 과정에서 검색서비스 사업자의 자의적인 판단이 개입되거나 의도적인 조작이 이루어질 수 있다는 측면에서 검색서비스사업자의 순위의 조작 또는 편집을 금지하고자 하는 시각이 등장하게 되었다.

2. 2007년 입법내용에 대한 비판과 정책적 제안

검색사업자 법안(진수희의원 대표발의)은 인기검색어서비스를 제공함에 있어서 개인정보 및 명예 · 신용의 피해가 발생되지 않도록 기술적 조치를 취하도록 하고 있다. 검색서비스사업자가 이를 위반하면 정보통신부 장관이 시정명령을 할 수 있고 시정명령을 위반한 경우에는 3천만원 이하의 과징금을 부과할 수 있도록 하고 있다(제20조, 제21조).

검색사업자 법안(김영선의원 대표발의)은 '인기검색어순위'라 함은 화제검색어, 뉴스검색어, 인물검색어, 사용자제작콘텐츠검색어, 동영상검색어, 영화 · 드라마검색어 등 일체의 검색어에 대한 순위를 말한다고 하고 인기검색어순위의 편집을 금지하는 조항을 두고 있다(제7조). 검색서비스 사업자는 인기검색어순위를 임의대로 편집 · 배치하여서는 아니되고, 인기검색어 집계 기준을 공표하여야하며, 집계 기준 및 방법을 정보통신부 장관에게 제출하여야 한다(동조 제1항, 제2항). 아울러 검색사업자는 인기검색어순위 조작 방지를 위한 기술적 장치를 갖추어야 한다(동조 제3항).

2007년의 정보통신망법 개정안은 검색순위의 조작에 대하여 과태료를 처하도록 하는 규정이 신설되어 있다. 이에 따르면 검색순위를 조작한 자에 대해 3,000만원 이하의 과태료가 부과되며, 일일 평균 방문자 수 10만명 이상의 사업자는 검색순위 조작 방지를 기술적, 관리적 조치를 취하도록 의무화되어 있다.

입법안들은 다양한 문제점들을 안고 있는 것으로 보인다.[41] 김영선의원 대표발의 법안의 경우 정보검색어 순위조작이 단지 검색서비스 사업자들에 의해서만 이루어지는 것으로 규정하고 있다. 그러나 인기검색어순위 조작의 주체는 일반이용자들에 의해서도 가능하므로 정보통신망법 개정안처럼 그 주체를 일반인으로 넓게 잡아야 한다. 또한 자동검색서비스에서와 마찬가지였지만, 사업자들이 불법정보의 유통을 방지하거나 명예훼손적인 내용을 방지하기 위하여 특정 검색어를 필터링하는 것까지 순위조작이라고 보는 것은 부당하다. 인기검색어 순위도 일정한 알고리즘에 의하여 만들어지므로 검색서비스 사업자의 편집행위는 항상 전제된 것이기 때문이다. 또한 인기검색 집계기준을 공표하는 것도 반드시 긍정적 측면만을 갖는 것이 아니다. 왜냐하면 인기검색어 순위는 항상 다양한 네티즌들의 조작의 대상이 되고 있으므로 이러한 집계기준을 공표하는 것은 조작을 용이하게 할 수 있는 위험성을 안고 있다고 하겠다.

진수희 법안은 불법적인 정보에 대한 관리의무를 검색서비스 사업자에게 부과함으로써 최소한도의 규제에 머물고 있다. 다만 검토보고서에서 적절하게 지적하고 있는 바와 같이 법안은 인기검색어 순위의 조작을 방지하기 위한 기술적 조치(예: 동일 IP에서의 다량 클릭방지)만을 규정하고 있으나, 관리적 조치(예: 블랙리스트 확보 및 운용)까지 추가해야 하며 그 의무는 일정한 규모 이상의 사업자로 한정하는 것이 바람직하다. 그런데 이러한 모니터링의무를 별도로 법률규정으로 부과하는 것이 반드시 필요한지는 의문이다. 왜냐하면 이러한 규정이 없더라도 서비스 내용의 성질상 인기검색어순위가 검색서비스 첫 화면에 게시되어 있으므로 모니터링의무가 당연히 검색서비스 사업자에게 부과될 수 있기 때문이다 이러한 측면에서 본 법안의 규제는 불필요한 입법이 될 수 있다고 생각된다. 그리고 2009년도 대법원 판결에 의하면 특별규정이 없더라도 형법상 '컴퓨터 등 장애 업무방해죄'의 성립을 인정하고 있으므로 입법의 공백도 없다고 할 수 있다.[42]

---

41) 비슷한 취지로 검색서비스사업자법안 검토보고서, 2007. 11, 54 참조.

42) 대법원 2009.4.9. 선고 2008도11978 판결: 형법 제314조 제2항의 '컴퓨터 등 장애 업무방해죄'가 성립하기 위해서는 가해행위 결과 정보처리장치가 그 사용목적에 부합하는 기능을 하지 못하거나 사용목적과 다른 기능을 하는 등 정보처리에 장애가 현실적으로 발생하였을 것을 요하나, 정보처리에 장애를 발생하게 하여 업무방해의 결과를 초래할 위험이 발생한 이상, 나아가 업무방해의 결과가 실제로 발생하지 않더라도 위 죄가 성립한다. 따라서 포털사이트 운영회사의 통계집계시스템 서버에 허위의 클릭정보를 전송하여 검색순위 결정 과정에서 위와 같이 전송된 허위의 클릭정보가 실제로 통계에 반영됨으로써 정보처리에 장애가 현실적으로 발생하였다면, 그로 인하여 실제로 검색순위의 변동을 초래하지는 않았다 하더라도 '컴퓨터 등 장애 업무방해죄'가 성립한다.

Ⅳ. 소 결

지금까지 인터넷 포털을 검색사업자로서 규제하려고 하였던 2007년도 개정논의를 중심으로 인터넷 포털의 사회적 책임을 강화하려고 했던 논의의 문제점들에 관하여 살펴보았다. 이러한 논의는 2009년도에 들어와서도 사그러들지 않고 계속되고 있다. 그런데 검색서비스가 등장한지 오래되지 않은 상황에서 그 기술적 내용과 서비스 내용이 아직 많이 연구되지 않았고 검색서비스 자체가 어느 방향으로 발전할지 알 수 없는 상황 하에서 검색서비스를 법률을 통하여 규제하려는 시도는 매우 어려우면서도 오류를 범하기 쉬운 영역이라고 할 수 있다.

다만 인터넷 포털이 갖게 된 정보사회에서의 중요한 위치로 인하여 많은 문제점들이 노출되고 있는 것은 주지의 사실이다. 따라서 개별적인 서비스를 중심으로 인터넷 포털을 규제하려는 입법자의 노력이 잘못 되었다고 할 수는 없다. 어느 방향으로 규제가 이루어질 필요가 있는지는 명확하지 않지만 요구하는 목소리가 높아지고 있는 것은 사실이다. 이러한 차원에서 본 논문에서 살펴 본 개정내용들은 검색서비스 사업자로서의 인터넷 포털의 사회적 책임을 강화하는 의도를 갖고 있다. 2007년의 시도들은 해당 규정들은 - 그것이 어떠한 이유에서든 간에 - 완전히 올바른 해결책을 제시하지 못하여 실패로 돌아갔다. 그러나 이러한 시도들은 올바른 해결책을 찾기 위한 초석이 될 것이다.

제 3 쟁점 2 판례: 인터넷 검색서비스 사업자의 불법광고에 대한 책임

Ⅰ. 검색서비스와 관련한 광고와 그 불법성

(1) 현대 정보통신사회의 발전이 거듭되어 감에 따라 광고행위도 다양한 매체를 통하여 이루어지고 있으며 그 기법과 양상이 점차 다변화되어 가고 있다. 인터넷을 통한 광고도 이러한 변화에 있어 예외일 수 없으며 사이버 공간에서의 광고행위 또한 다양한 방식으로 이루어지고 있다. 인터넷에서의 전통적인 정보전달방식 이라고 할 수 있는 인터넷신문, 인터넷방송, 인터넷라디오 등을 통하여 광고가 이루어지는 경우에는 일반적으로 매체와 광고주 상호간의 광고계약이 맺어진 상태에서 광고가 행해진다. 이러한 전통적인 매체를 활용한 불법광고에 대한 매체의 법적 책임의 문제는

기술적으로 인터넷을 통하여 신문, 방송, 라디오 등이 이루어졌다는 차이점만 갖고 있을 뿐 법적인 책임 구성에서는 큰 차이점이 없다고 할 수 있다.

그러나 새롭게 등장한 인터넷 포털이 인터넷 공간에서 대표적인 매체로 자리매김함에 따라 이러한 기존의 책임 구성논리에 큰 영향을 미치게 되었다. 궁극적으로 인터넷 포털은 온라인서비스제공자(Online Service Provider)[43] 중에서 '정보매개자' 내지 '정보매개 서비스 제공자'에 해당하기 때문이다. 인터넷의 관문이라고 하는 인터넷 포털의 경우에는 다양한 서비스가 제공되고 있으므로 광고의 형태와 방식이 부분적으로 새로운 양식을 띄게 된다. 예컨대 포털의 홈페이지 상으로 다른 인터넷 매체에서와 같이 광고주와의 광고계약을 통하여 배너광고, 팝업광고 등이 행해지기도 한다. 또한 인터넷 포털이 쇼핑몰을 운영하는 경우에는 입점업체들에게 판매의 기회를 부여하기도 하며 이를 통하여 다양한 광고행위가 이루어지기도 한다. 이러한 포털의 서비스를 활용한 광고의 경우에는 전통적인 광고에 대한 매체의 법적 책임문제가 포털의 경우에도 동일하게 적용될 것이다.

(2) 그런데 인터넷 포털의 가장 중요한 서비스인 검색서비스의 경우에는 새로운 광고유형들이 등장하고 있으며 이로 인한 검색서비스 사업자인 포털의 책임문제는 새로운 양상을 띠고 있다. 검색서비스의 경우에는 이용자들이 검색어의 입력을 통하여 자신이 원하는 정보를 찾기 때문에 이용자들의 성향에 따른 맞춤형 광고를 할 수 있다는 장점을 활용하여 다양한 광고기법이 등장하고 있다. 키워드광고, 스폰서링크 등 포털서비스 사업자들이 제공하는 광고기법도 있지만, 인터넷홈페이지 자체가 광고가 되므로 검색서비스에서 검색이 되고 특히 상위로 검색되는 것 자체가 광고가 되고 있다. 이에 따라 홈페이지를 운영하는 사업자들은 검색서비스와 별도의 계약관계가 존재하지 않은 상태에서 검색시스템을 통하여 검색이 되고, 특히 상위검색이 되도록 하기 위하여 다양한 방식을 활용하고 있다. 그러나 이러한 검색서비스와 관련된 새로운 광고기법들은 또한 새로운 형태의 불법광고를 만들어내고 있으며, 아울러 매

43) 현재 우리 학계에서는 온라인 서비스 제공자 (Online Service Provider)와 인터넷 서비스 제공자 (Internet Service Provider)라는 용어가 혼용되어 사용되고 있다. 일반적으로 온라인 서비스제공자는 인터넷뿐만 아니라 국방부의 인트라넷, 혹은 사내 통신망과 같이 진입, 활용이 제한되어있는 모든 네트워크 통신망을 포함하여 광범하게 온라인상 서비스를 제공하는 자로 보고, 인터넷 서비스 제공자는 다양한 온라인 통신망 중 인터넷에서 서비스를 제공하는 자로 그 범위가 한정된다는 견해가 있다, 하지만 이러한 어휘 사용에 대한 논의의 실익은 크지 않으며, 본고에서는 인터넷을 포함한 개방형 네트워크와 일정한 자격을 갖춘자에 한하여 서비스를 제공하는 폐쇄형 네트워크를 포괄하여 사용할 수 있는 온라인 서비스 제공자(약칭 OSP)로 용어를 통일하여 사용하기로 한다. 다만 이러한 온라인 서비스 제공자를 우리 법에서는 전기통신사업자, 정보통신서비스제공자등 다양한 명칭을 사용하여 지칭한다는 점에 주의하여야 한다.

개체에 해당하는 인터넷 포털에 대하여 책임을 부과할 수 있는지 여부에 관한 새로운 문제점들을 야기하고 있다.

검색서비스를 이용한 광고는 크게 두 가지 형태로 나타나고 있다. 첫 번째 유형은 기존의 베너광고 내지 팝업광고와 결합한 것으로 특정한 검색어가 "임대" 내지 "구매"되어 이 검색어로 검색하게 되면 해당 배너광고 내지 팝업광고가 검색결과와 함께 나타나도록 하는 키워드광고(Keyword-Advertising)이다. 이러한 검색광고와 관련하여 주로 문제되고 있는 불법광고의 유형은 경쟁기업 내지 유명기업의 상표를 키워드로 구매하여 당해 기업과 관련이 없는 특정기업이 광고에 이용 하는 경우로서 상표권침해 내지 불공정거래행위 등이 문제된다. 두 번째 유형은 검색어를 구매하는 경우에 직접 검색결과의 상위 부분을 차지할 수 있도록 하는 광고유형이다. 이용자들은 원칙적으로 검색어와의 관련성이 가장 큰 사이트가 검색결과의 상위에 위치할 것이라는 생각을 가지고 있기 때문에 이와 관련하여 불공정거래행위로서 숨은 광고의 문제가 제기된다. 이는 최근의 검색서비스 사업자 관련 법안에서 입법의 대상으로 논의되었다. 그 밖에 매타태그, 워드스토핑과 같이 홈페이지 운영자들이 검색결과상으로 상위에 위치를 차지하기 위하여 불법적인 수단을 동원하는 형태상의 불법을 띠고 있는 불법광고 유형들도 있다. 그러나 이러한 행위에서는 오히려 검색서비스 사업자들이 홈페이지 운영자들의 불법적인 행위로 인하여 피해자가 되는 경우에 해당한다.

(3) 인터넷 포털 그리고 인터넷 검색서비스가 가지는 무상이용의 특성상 그 수익의 상당부분을 광고를 통해 얻고 있는 것이 현실이며, 이에 따른 이용자들의 온라인 광고에 대한 선호도 역시 지속적으로 증가하는 추세이다. 따라서 포털의 광고에 대한 책임의 부담 내지 포털광고에 대한 지나친 제재는 광고주 측의 영업의 자유 또는 표현의 자유를 제한 · 침해할 가능성이 있을 뿐만 아니라, 포털에 있어서 영업의 중요한 부분을 침해할 가능성이 크다고 할 수 있다. 특히 광고주 측의 입장에서는 이러한 것이 광고 방편에 있어서 하나의 제한에 불과하나, 포털 측으로서는 수익구조와 직접적인 관련성이 있는 영업의 핵심적인 영역에 대한 제한이라는 점에서 규제를 하는 데에 있어 좀 더 신중할 필요가 있다. 최근 포털의 사회적 책임을 강화하고 포털의 지위를 새롭게 재조명하여 여러 가지 불법행위에 법적인 책임역량을 증대시켜야 한다는 주장에 따라 이에 관한 논의가 활발하게 진행되고 있다.[44] 이러한 차원에서 포털의 불

44) 온라인 서비스 제공자에 대하여 사회적 책임을 부과하기 위한 논의는 매우 다양한 경로를 통하여 꾸준히 이루어져 왔으며 비단 우리나라에서 뿐만 아니라 미국과 독일등지에서도 특히 저작권, 명예훼손과 관련하여 이슈화 된 바 있다. 다만 우리나라의 인터넷 포털이 제공하는 서비스의 경우 각국의 OSP와 달리 집합적이고 광범하다는 점에 주의하여야 한다.

법 · 불건전광고에 대한 책임문제를 논의하는 것은 매우 시급한 문제 중의 하나라고 할 수 있다.

Ⅱ. 불법 인터넷 광고에 대한 인터넷 검색서비스 사업자의 법적 책임

1. 불법광고의 주체와 검색서비스 사업자의 관여도

불법광고로 인한 민사책임을 논함에 있어서 우선 고려해야 할 점이 불법광고를 행하는 자가 누구인가 하는 광고의 주체에 관한 문제이다. 물론 포털에서 자신의 서비스에 대한 광고를 직접하는 경우도 있지만 대부분의 경우에는 타인의 광고게재를 허용하거나 매개하는 입장에 서 있다. 따라서 대부분의 경우에는 자신의 불법광고로 인한 책임을 직접 부담하는 경우보다는 타인의 불법광고로 인한 매개 내지 방조책임이 주로 문제될 것이다.[45)]

포털을 통한 광고의 경우에도 비슷한 측면에서 논의가 가능하다. 인터넷포털과 광고계약을 맺고 광고를 하는 광고주도 있지만 검색서비스를 통하여 검색이 쉽게 될 수 있도록 자신의 홈페이지를 등록함으로써 광고효과를 노리는 사업자도 있다. 더 나아가 포털사업자와 아무런 계약관계도 없는 상황에서 검색서비스를 통하여 자신의 홈페이지가 검색됨으로써 반사적인 광고효과를 얻는 경우도 있다. 따라서 광고의 경우에는 일반이용자 개념보다 매체를 통하여 광고를 하거나 광고의 효과를 받는 광고주의 개념이 더 넓다고 할 수 있다. 왜냐하면 광고주가 검색서비스사업자와 아무런 계약관계도 없고 검색될 것을 생각하지 않더라도 자동적으로 검색되는 경우가 존재하기 때문이다.

---

45) 온라인상 불법행위의 주체성에 관련하여 온라인 서비스 제공자(OSP) 및 이용자 개념이 논의되고 있다. 포털사이트가 온라인서비스제공자의 범위에 포함된다는 것은 주지의 사실이며 이론의 여지가 없다. 그러나 불법행위의 당사자가 포털사이트의 이용자인 경우 그 범위를 포털사이트의 회원 내지 일정한 약관을 통하여 계약관계를 맺은 이용자로 한정할 것인지, 아니면 포털사이트에 접속한 상태에서 검색서비스를 비롯한 콘텐츠를 이용하는 1회성 이용자도 모두 포함시킬 것인지의 여부가 논의될 소지가 있다.

인터넷에서의 이용자의 개념은 다분히 유동적이고 불확정적이어서 오프라인에서보다 훨씬 넓다고 할 수 있다. 단순히 포털사이트의 메일링 서비스나 커뮤니티 콘텐츠를 이용하는 일반회원의 경우에는 가입과 탈퇴가 매우 자유롭고 간이하게 이루어지며, 전자 상거래 등을 위하여 포털과 계약을 맺는 경우에도 오프라인에서의 그것보다 단순한 과정을 거치게 된다. 그러므로 포털사이트를 경유하여 다른 사이트로 링크하거나 단순히 검색서비스를 사용하는 비회원이용자들도 엄연히 포털의 공개서비스를 이용하는 이용자에 해당되며, 이러한 포털사이트의 일일 이용자 유동량이 포털사이트와 인터넷 광고계약을 맺은 광고주들에게는 핵심적인 사항에 해당되므로 사실상 포털사이트의 영역내로 진입한 모든 이용자가 불법행위의 주체 내지는 객체가 될 수 있는 자격을 보유하게 된다. 따라서 이용자 개념에 관한 논의는 부수적인 문제로 실익이 크지 않으며 사안별로 당사자의 개입가능성, 관여정도 등을 고려하여야 판단하여야 한다고 생각된다.

하지만 어느 경우에서든 인터넷 포털은 광고를 게재하고 있거나 적어도 이를 매개하는 매체에 해당하기 때문에 더 이상 광고를 하지 못하게 하거나 해당 홈페이지가 검색되지 않도록 할 수 있는 위치에 있는 것이 사실이다. 따라서 피해자들은 인터넷 포털에 대하여 광고의 중지, 차단 그리고 더 나아가서 피해로 인한 손해배상을 청구하게 된다. 이러한 포털의 위치는 광고주와의 구체적인 계약관계와 상관없이 주어지나 불법광고에 대한 책임 정도에 있어서는 구체적인 광고주와의 내부관계가 어느 정도 고려되어야 할 것이다.

2. 책임의 법적인 근거와 요건

현행 우리 법제도에서는 포털사이트에 대한 책임과 관련하여 민법상의 불법행위 규정은 물론 표시광고법,[46] 전기통신사업법,[47] 정보통신망법,[48] 저작권법[49] 및 컴퓨터프로그램보호법[50] 등 개별적인 특별법에 흩어져 규정되어 있다. 각 법령상 손해배상책임에 있어서 그 요건으로 고의, 과실의 귀책사유를 요구하고 있다는 점 등으로 볼 때 온라인 서비스 제공자, 즉 포털사이트의 손해배상책임을 새로이 규정한 것이라기보다는 민법상의 손해배상 책임을 주의적으로 규정하되 그 성립요건 등을 완화하려는 태도로 볼 수 있다(김상현, 2007).

일반적인 정보에서와 마찬가지로 불법광고의 경우에도 포털이 직접 광고하는 것

46) 제10조(손해배상책임) ① 사업자등은 제3조제1항의 규정에 위반하여 부당한 표시 · 광고행위를 함으로써 피해를 입은 자가 있는 경우에는 당해 피해자에 대하여 손해배상의 책임을 진다. ② 제1항의 규정에 의하여 손해배상의 책임을 지는 사업자등은 그 피해자에 대하여 고의 또는 과실이 없음을 들어 그 책임을 면할 수 없다.

47) 제33조의2(손해배상) 전기통신사업자는 전기통신역무를 제공함에 있어 이용자에게 손해를 입힌 경우에는 배상을 하여야 한다. 다만, 그 손해가 불가항력으로 인하여 발생한 경우 또는 그 손해의 발생이 이용자의 고의 또는 과실로 인한 경우에는 그 배상책임이 경감 또는 면제된다. 제38조(손해배상) 제37조제1항의 규정에 의한 시정조치가 있는 경우에 금지행위로 피해를 입은 자는 금지행위를 한 전기통신사업자에 대하여 손해배상을 청구할 수 있으며, 당해 전기통신사업자는 고의 또는 과실이 없음을 입증하지 못하면 책임을 면할 수 없다.

48) 제32조(손해배상) 이용자는 정보통신서비스 제공자등이 이 장의 규정을 위반한 행위로 손해를 입으면 그 정보통신서비스 제공자등에게 손해배상을 청구할 수 있다. 이 경우 해당 정보통신서비스 제공자등은 고의 또는 과실이 없음을 입증하지 아니하면 책임을 면할 수 없다.

49) 제125조(손해배상의 청구) ① 저작재산권 그 밖에 이 법에 따라 보호되는 권리(저작인격권 및 실연자의 인격권을 제외한다)를 가진 자(이하 "저작재산권자등"이라 한다)가 고의 또는 과실로 권리를 침해한 자에 대하여 그 침해행위에 의하여 자기가 받은 손해의 배상을 청구하는 경우에 그 권리를 침해한 자가 그 침해행위에 의하여 이익을 받은 때에는 그 이익의 액을 저작재산권자등이 받은 손해의 액으로 추정한다.

50) 제32조(손해배상청구) ① 프로그램저작권자 또는 프로그램배타적발행권자등은 고의 또는 과실로 그의 권리를 침해한 자에 대하여 손해배상을 청구할 수 있다. ② 다른 사람의 등록된 프로그램저작권 또는 프로그램배타적발행권 등을 침해한 자는 그 침해행위에 있어서 과실이 있는 것으로 추정한다. ③ 프로그램저작권 또는 프로그램 배타적발행권 등을 침해한 자가 침해행위에 의하여 얻은 이익액은 프로그램저작권자가 입은 손해액으로 추정한다.

이 아니고 타인의 광고를 매개하는 역할만을 하는 것이 대부분이므로 불법광고의 방치에 따른 책임의 문제가 주로 제기될 것이다. 이 경우 포털은 직접 불법행위를 하는 당사자는 아니고 불법행위의 매개자 역할을 하는 방조자의 지위에서 공동불법행위책임(민법 제760조 제3항)을 부담하는지 여부가 문제된다. 이 때 저작권을 침해하는 게시물의 방치, 타인의 명예를 훼손하는 게시물의 방치와 같이 불법광고의 방치로 인한 경우에도 부작위에 의한 방조자책임이 주로 문제될 것이다. 방조라 함은 불법행위를 용이하게 하는 직접, 간접의 모든 행위를 가리키는 것으로서 작위에 의한 경우뿐만 아니라 작위의무 있는 자가 그것을 방지하여야 할 제반 조치를 취하지 아니하는 부작위로 인하여 불법행위자의 실행행위를 용이하게 하는 경우도 포함한다.

그리고 포털이 직접 불법을 범하려는 의사가 없을 것이므로 과실에 의한 방조자책임이 주된 쟁점이 될 것이다. 그런데 형법에서와는 달리 민사책임의 경우에는 과실에 의한 방조가 인정되고 있다. 형법과 달리 손해의 전보를 목적으로 하여 과실을 원칙적으로 고의와 동일시하는 민법의 해석으로서는 과실에 의한 방조도 가능하며, 다만 이 경우의 과실의 내용은 불법행위에 도움을 주지 않아야 할 주의의무가 있음을 전제로 하여 이 의무에 위반하는 것을 말한다.[51] 부작위로 인한 불법행위가 문제되기 위해서는 포털사이트에 ① 법령상의 작위의무 ② 계약상의 작위의무 ③ 조리상의 작위의무가 있는지 검토하여야 한다. 현재 포털사이트에 법령상의 작위의무를 인정할 수 있는 법적 근거로는 정보통신망법 제44조가 있다. 동 조문은 일반에게 공개를 목적으로 제공된 정보로 인하여 법률상 이익이 침해된 자로부터 당해 정보의 삭제 또는 반박 내용의 게재를 요청받은 정보통신서비스제공자는 지체 없이 필요한 조치를 취하고 이를 즉시 신청인에게 통지할 주의의무를 규정하고 있다. 그러나 정보통신망법에 의한 통지를 받지 아니한 경우에는 포털사이트에 법령상의 작위의무를 인정할 수 없게 되므로 조리상 주의의무가 있는지 여부가 판례에 의해 논의되고 있다.

또한 포털 사이트에 과실이 인정되기 위해서는 이용자의 불법행위에 대한 포털사이트의 회피가능성과 예견가능성이 존재해야 한다. 이와 같은 회피가능성에 대하여는 불법행위가 발생한 온라인 공간에서의 ① 포털의 통제능력, ② 기술적인 가능여부 ③ 재정상의 곤란 등을 종합하여 판단하여야 하며, 대체적으로 우리의 학설과 판례는 온라인서비스제공자의 책임을 신중하게 인정하는 태도를 취하고 있다. 이러한 태도는 불법광고의 영역에서도 비슷하게 전개되고 있으며 이러한 판례의 입장을 아래에

51) 대법원 2007. 6. 14. 선고 2005다32999 판결.

서 더 자세히 살펴보기로 한다.

Ⅲ. 검색서비스 사업자의 불법광고 방치에 따른 매개책임

이미 앞에서 살펴본 바와 같이 불법게시물의 방치에 따른 온라인서비스제공자의 책임에 관한 이론은 판례를 통하여 명예훼손, 저작권침해와 관련하여 확립되고 있다. 대법원은 예컨대 온라인 서비스 제공자인 인터넷상의 홈페이지 운영자가 자신이 관리하는 전자게시판에 타인의 명예를 훼손하는 내용이 게재된 것을 방치하였을 때 명예훼손으로 인한 손해배상책임을 지게하기 위한 요건으로 "그 운영자에게 그 게시물을 삭제할 의무가 있음에도 정당한 사유 없이 이를 이행하지 아니한 경우여야 하고, 그의 삭제의무가 있는지는 게시의 목적, 내용, 게시기간과 방법, 그로 인한 피해의 정도, 게시자와 피해자의 관계, 반론 또는 삭제 요구의 유무 등 게시에 관련한 쌍방의 대응태도, 당해 사이트의 성격 및 규모 · 영리 목적의 유무, 개방정도, 운영자가 게시물의 내용을 알았거나 알 수 있었던 시점, 삭제의 기술적 · 경제적 난이도 등을 종합하여 판단하여야 할 것으로서, 특별한 사정이 없다면 단지 홈페이지 운영자가 제공하는 게시판에 다른 사람에 의하여 제3자의 명예를 훼손하는 글이 게시되고 그 운영자가 이를 알았거나 알 수 있었다는 사정만으로 항상 운영자가 그 글을 즉시 삭제할 의무를 지게 된다고 할 수는 없다"라고 하는 매우 신중한 태도를 취하고 있다.[52] 즉 판례는 기본적으로 포털사이트에게 명예훼손적 표현들을 적극적으로 모니터링할 주의의무는 없다고 새기고 있으며, 명예훼손사실을 현실적으로 알았던 경우에 한하여 책임을 부담시키는 것이 타당하다는 것을 전제로 하고 있다. 다만 포털사이트가 명예훼손사실을 인지한 경우에도 즉시 삭제의무를 부담하는 것이 아니라 일반인의 관점에서 보았을 때에도 명예훼손임이 명백한 경우에 한하여 필요한 조치를 취할 주의의무가 발생한다고 보고 있다. 명예훼손에 해당하는지 여부를 판단하기 위해서는 적시된 사실의 진실여부, 진실로 믿은 데에 상당한 이유가 있는지 여부 등에 대한 판단이 필요한데, 이 판단의 불명확성에서 오는 위험을 포털사이트에 전가하게 되면 법적 안정성이 심히 해쳐지기 때문이다. 이러한 판례의 태도와 관련하여 인터넷 포털이 제공하는 서비스 별로 구분하여 그 특성에 따른 결과책임을 해석해야 한다는 견해가 존재한다. 즉 온라인 뉴스나 메일링 서비스가 동일한 포털에서 제공되고 있더라도 명예훼손

52) 대법원 2003. 6. 27. 선고 2002다72194 판결.

의 표현물에 관한 책임은 후자의 경우, 전적으로 행위자에게만 인정되어야 하며 포털에게 저지의무를 강요하게 된다면 헌법상 통신의 비밀을 침해하고 통신비밀보호법의 위반을 조장할 수 있다는 것이 그 근거이다. 결과적으로 위와 같은 판례의 태도는 포털의 검색서비스와 관련하여 적용되고 있으며 검색서비스와 연관된 광고에도 비슷한 판결례를 찾아볼 수 있다.

〈표 2〉 포털의 매개책임에 대한 판례의 태도

구 분	판 결	판시사항	판결요지	비 고
방조책임 불인정	서울지법 2007. 12. 26. 선고 2005가합112203	예명을 도메인 이름으로 무단사용한 성인사이트에 대한 검색서비스를 제공한 포털사이트 운영자들의 손해배상책임	검색서비스제공자들에게 인격권 침해행위에 대하여 방조책임을 물을 수는 없다.	주의의무에 위반의 경우에만 손해배상 인정
방조책임 인정	서울고법 2008. 7. 2. 선고 2007나60990	포털사이트를 통해 명예를 훼손하는 표현물이 유포된 경우 포털사이트 운영자의 명예훼손 책임	게시물 작성자와 공동불법행위자로서 손해를 배상할 책임이 있다.	피해의 예견가능성, 회피가능성, 일부 주의의무위반 인정

서울중앙지법 2007. 12. 26. 선고, 2005가합112203 판결(확정): 'twistkim' 도메인 이름 사건 인터넷 이용자들에게 음란사이트로 인식될 수 있는 인터넷 사이트의 운영자들이 유명 연예인의 예명 '트위스트 김'을 무단으로 도메인 이름과 웹페이지의 광고문구로 이용하고 그 예명을 검색어로 인터넷 검색이 되게 하였다. 이러한 행위는 위 연예인의 명예, 성명권 등의 인격권을 침해한 불법행위인데, 인터넷 검색서비스 제공자들이 피해자의 예명 등 특정 검색어로 타인의 인격권을 침해하는 앞의 인터넷 사이트가 검색되는 것을 차단하여야 할 주의의무를 위반하였다는 이유로 손해배상을 청구하였다.

1. 검색서비스와 포털의 매개책임에 관한 판례 사례

(1) 주의의무위반의 판단기준

본 사안에 대하여 서울중앙지법은 "검색서비스 제공자들이 '트위스트김'이란 검색어에 대하여 이 사건 검색 결과 사이트들의 접속을 매개한 이 사건 검색서비스 제공행위는 일단은 이 사건 검색 결과 사이트들 운영자들의 인격권 침해행위를 용이하게 한 경우라 볼 수 있다"고 일단 판단하였다. 그러나 손해배상책임이 발생하기 위한 요건으로서 검색서비스 제공자들이 '트위스트김'이란 검색어로 이 사건 검색결과 사이트들이 검색되는 것을 차단하여야 할 주의의무를 부담하고 있는지를 판단해야 하는데, "검색서비스 제공자들은 특별한 사정이 없는 한 인터넷 검색서비스를 통하여 타인의 인격권을 침해하는 인터넷 사이트가 검색된다는 사정 및 피고 검색서비스 제공자들이 위 침해 사이트가 개인의 인격권을 침해한다는 것을 알았거나 알 수 있었다는 사정만으로 바로 침해 사이트에 대한 검색을 차단할 의무를 지게 된다고는 할 수" 없다고 판단하여 명예훼손과 관련한 기존의 대법원의 입장을 다시 반복하고 있다. 즉 침해사실을 피해자로부터 고지 받았더라도 바로 차단의무를 인정하고 있지 않는 것이다. 차단의무를 인정하는지의 여부를 판단하기 위해서는 "피해자의 피해신고나 차단요청의 유무, 침해 사이트의 인격권 침해 여부 판단의 용이성, 침해 사이트에 대한 검색정보나 사이트 내용에 대한 관리 · 통제권한의 유무 · 정도, 침해 사이트에 대한 검색서비스 제공으로부터 경제적 이익을 얻고 있는지 여부, 차단조치의 기술적 · 경제적 난이도 등을 종합"적으로 보아야 한다는 입장을 제시하고 있다. 그 논거로서 검색서비스의 다양한 특성들을 제시하고 있다. 즉 "인터넷은 표현의 자유와 정보의 무한한 교류를 이상으로 하고 있으므로 정보에 대한 접근의 자유는 원칙적으로 무제한적으로 보장되어야 하는 점, 현대생활에서 인터넷 이용은 사회구성원 모두에게 보편화된 생활의 일부이고 인터넷을 통한 정보의 검색은 인터넷 사용에 있어 핵심기능으로 인터넷 검색서비스는 인터넷을 통하여 제공되는 방대한 양의 정보 중에서 그 이용자가 원하는 정보를 쉽고 빠르게 찾아갈 수 있는 도구를 제공하므로 그 공공성을 인정할 수 있는 점, 인터넷 검색서비스는 그 속성상 검색되는 사이트에 대한 중계 및 연결 정보만을 제공하여 인터넷 이용자와 당해 정보제공자의 접속만을 매개하는 무차별성 · 무색투명성의 특질을 가지는 점 등"의 사유를 감안한 판단이다.

(2) 구체적인 사실판단

서울지방법원은 본 사안에서 ① 원고의 인격권을 침해하는 이 사건 검색결과 사이트들이 원고의 예명으로 인터넷검색서비스에서 검색되는 점, ② 이 사건 검색결과 사이트들 중 이 사건 성인사이트는 일정한 등록기준에 의한 심사등록절차를 거쳐서 등록된 점, ③ 이 사건 성인사이트는 등록 이후에도 등록기준에 위배시 직권으로 취소될 수 있는 점, ④ 이 사건 성인사이트의 운영자들은 그 등록을 위한 수수료 혹은

'플러스프로'와 같은 검색서비스를 위한 수수료를 지급하여야 하는 점을 인정할 수 있고, 여기에다가 ⑤ 2005. 4.경 '트위스트김'을 이용한 도메인 네임의 음란사이트로 인하여 원고가 음란사이트 운영자로 알려져 원고의 명예가 훼손된 범죄사실로 사이트운영자가 기소되었다는 뉴스기사가 보도되고, 같은 해 6.경 원고가 '트위스트김'을 도메인 이름 등으로 이용한 음란사이트로 인하여 피해를 보고 있는 사실을 시민단체가 주관한 '정보통신 윤리와 성숙한 사회' 토론회에서 발표한 사정을 인정할 수 있다고 판단하였다.

그러나 "㉠ 이 사건에서 원고가 개별적으로 피해신고를 한 이후에도 피고 검색서비스 제공자들이 이 사건 검색결과 사이트들이 검색되는 것을 방치하였다는 사정은 드러나지 않는 점, ㉡ 검색정보를 제공하기 위한 사이트 등록심사의 취지가 등록정보와 사이트내용의 일치 여부 확인, 사이트 내용 자체의 불법성 여부 확인에 있다고는 볼 수 있어도 이 사건의 경우처럼 사이트의 내용 혹은 도메인 이름이 원고의 허락과 같은 정당한 권원에 기한 것인지 여부의 확인에 있다고는 볼 수 없는 점, ㉢ 피고 검색서비스 제공자들은 침해 사이트의 직접 운영자가 아니라 제3자로서 원고의 인격권 침해 여부를 판단하기 위해서는 침해 사이트의 운영자에게 원고의 허락 여부를 확인해야 하는 등 그 판단이 용이하지 않은 점, ㉣ 특히, 웹페이지에 관한 검색결과는 로봇 프로그램을 이용한 자동적 · 기계적 데이터베이스 수집을 통한 검색정보를 제공한 것으로서 별도의 등록 · 심사절차를 거치지 아니하는 점, ㉤ 정보에 대한 접근의 자유는 원칙적으로 무제한적으로 보장되어야 할 것이고, 검색서비스의 공공성 등을 고려하여 볼 때 정보에 대한 접근 자체를 통제하는 효과를 가진 검색의 차단조치는 기술적 · 경제적으로 가능한 경우에도 필요 최소한도에 그쳐야 할 것으로 보이는 점, ㉥ 피고 검색서비스 제공자들이 언론보도, 뉴스 등의 자료에 의존하여 갱신이 빈번하고 무한한 양의 인터넷 정보에 대하여 사실상 무한한 경우의 수의 조합이 가능한 검색어에 관하여 피해자의 피해신고 등의 요청이 없는 상태에서 개인의 인격권을 침해한다는 사정만으로 인터넷 검색을 차단하는 조치를 취하기는 기술적 · 경제적으로 어려워 보이는 점 등에 비추어 볼 때", "위 ① 내지 ⑤의 사정만으로는, 이 사건에서와 같이 단순히 중계 및 연결정보로서의 검색정보만을 제공한 피고 검색서비스 제공자들이, 무단으로 원고의 예명을 도메인 이름으로 사용하고 홈페이지의 광고문구에 원고의 예명을 사용한 인터넷 사이트에 대하여 그것이 '트위스트김'이라는 검색어로 검색되는 것을 원고의 피해신고 등의 요청 없이도 일반적 · 사전적으로 차단하여야 할 사회상규 혹은 조리상 의무를 부담한다고는 보기 어렵고, 나아가 원고의 피해신고가 접수된 이후에도 이를 방치하였다는 등의 사정을 인정할 만한 증거가 없는 이상, 원고의 인격권을 침해한 이 사건 검색결과 사이트들에 대하여 검색서비스를 제공한 피고 검색서비스 제공자들에게 그 침해행위에 대하여 방조책임을 물을 수는 없다"고 판시하였다.

(3) 본 판결의 의미

본 판결은 기존의 불법게시물에 대한 판례의 입장을 검색서비스를 통한 불법광고에 대하여 다시 확인하였다는 점에서는 의미가 있다고 할 수 있다. 또한 본 판결에서 구체적인 차단의무가 존재하는 지를 판단함에 있어서 인터넷 포털과 불법광고를 한 사이트에 관계에 대하여 1) 단순히 검색만 된 경우, 2) 등록절차를 거친 경우 그리고 3) 검색광고계약을 맺어 검색되는 경우로 나누어서 고찰한 점도 그 분석방법에서 타당한 시도를 하고 있다. 다만 사실관계의 판단에 있어서 이러한 세 가지 유형을 구분하지 않고 뭉뚱그려서 판단한 점은 의문이며 실제로 이러다 보니 사실관계를 제대로 평가하였는지도 의문이 있다.

판단에서 차단의무를 부정하는 다양한 논거를 제기하고 있는데, 검색되도록 방치하지 않았다는 ㉠의 논거만 1), 2), 3) 모든 유형에 해당하고 이중 ㉡의 논거만 2) 유형과 연관되어 있으며 그 밖의 논거들은 사실 차단의무가 확실하고 비교적 쉽게 부정될 수 있는 1) 유형에 집중되어 있다. 따라서 오히려 차단의무가 발생할 가능성이 가장 큰 3) 유형과 관련하여서 판례에서 차단의무를 부정할 수 있는 논거를 제시하지 못하고 있으며 이 부분에 있어서 법률적 판단을 제대로 하지 않은 것으로 보인다. 따라서 아래에서는 1), 2), 3) 유형을 개별적으로 검토하고 판례의 논거를 기초로 하여 차단의무가 부정될 수 있는지를 구체적으로 다시 검토해 보려고 한다.

2. 단순히 검색되는 경우

웹페이지 정보가 등록절차나 검색광고계약 없이 단순히 검색되는 경우에 피해자의 피해신고 없이 일반적 · 사전적으로 불법광고를 차단하기 위한 조리상 또는 사회상규상 의무를 부담하기 어렵다고 판례는 보고 있다. 그 이유를 살펴보면 첫째, 웹페이지에 관한 검색결과가 로봇 프로그램을 이용한 자동적 · 기계적 데이터베이스 수집을 통한 검색정보를 제공한 것으로서 별도의 등록 내지 심사절차를 거치지 않기 때문에 검색결과에 대한 평가가 이루어지 지지 않는다는 점이다. 즉 검색결과에 대한 사전적 심사가 이루어지지 않는다는 점을 확인해 주고 있다. 둘째, 검색서비스의 공공적 측면으로 보았을 때 검색의 차단조치는 기술적 · 경제적으로 가능하더라도 필요 최소한도에 그쳐야 한다는 점을 강조함으로써 정보에 대한 접근의 자유를 보장해 줄 것을 요구하고 있다. 셋째, 수많은 정보가 수집되고 있는 상황에서 피해자의 피해신고 없이 개인의 인격권을 침해한다는 사정만으로 인터넷 검색을 차단하는 조치를 취하기는 기술적 · 경제적으로 어려워 보이는 점 등을 그 논거로 삼고 있다. 즉 온라인서비스제공자에게 불법정보에 대한 일반적인 모니터링 의무는 인정하기 힘들다는 일반원칙을 검색서비스에 대하여도 적용하여 차단의무를 부정하고 있는 것으로 보인다. 결국 판례가 제시하는 이유를 근거로 하여 단순히 불법광고를 담고 있는 웹페이지가 검색된다는 이유만으로 검색서비스 제공자에게 책임을 묻는다는 것은 타당하지 않다고 생각되며 판례가 제시한 이유는 모두 이 측면에서는 타당하다고 생각된다.

더 나아가서 피해자의 신고가 있는 경우에 차단 조치를 바로 취하여야 하는지도 의문이다. 판례에서도 검토하듯이 불법성이 명확하면 몰라도 본 사안에서처럼 피해자의 동의 여부가 불법성을 판단하는 기준이 되는 경우에는 인터넷 포털에게 차단조치 의무를 부과하기는 힘들 것이고 실제로 이와 관련된 모든 검색결과를 차단하는 것도 기대 불가능할 수 있다.

3. 개별적인 등록절차를 마친 경우

많은 경우에 웹페이지를 인터넷상 운영하는 사업자들은 자신의 웹페이지가 더 잘 검색될 수 있도록 하기 위하여 각 인터넷 포털에 등록절차를 거친다.[53] 단순히 검색되는 경우와 달리 등록절차를 마친 경우에는 자동적 · 기계적 수집에 의한 검색결과의 제시가 있는 것이 아니라, 웹페이지 운영자와 인터넷 포털 사이에 계약관계가 존재한다고 볼 수 있다. 다만 이 경우에도 판례에서 밝히고 있는 바와 같이 등록절차에서 불법성 여부를 확인하는 과정이 있다고 하더라도 본 사안에서처럼 사이트의 내용 또는 도메인 이름이 피해자의 허락을 받은 상태에서 정당한 권한에 기한 것인지의 여

---

53) 이를 위하여 해당사이트에 대한 검색용 키워드, 사이트제목, 사이트설명 등의 기본정보를 입력하고 등록심사를 신청하면 등록기준에 맞는지 확인절차를 거쳐서 등록되며, 등록신청자는 일반적으로 등록심사료 명목 등의 수수료를 지불하여야 한다. 등록기준은 '제목은 00자를 넘을 수 없음' 등과 같은 형식적 기준과, '법에 저촉되지 않는 내용으로 실정법에 위배되는 불법사이트 등과 같은 경우에는 등록되지 않음', '심사시 홈페이지의 내용을 확인할 수 있어야 함', '사이트 내용이 사이트 등록내용과 상이하지 않아야 함' 등의 실질적 기준으로 구성되어 있고, 특히 성인사이트의 경우에는 정보통신윤리 위원회 심의규정과 청소년유해매체물 기준을 준수해야 할 것과 구체적인 성행위 등을 가리키는 용어나 야동 등의 비속어를 제목으로 하는 경우 등을 제한하는 내용과 같은 별도의 성인사이트 등록기준을 두고 있다. 또한 등록 이후에도 등록기준 위반시 직권으로 등록이 취소될 수 있다.

부까지 확인하는 것은 아니다. 따라서 일반적인 모니터링 의무를 여기서도 인정하기는 힘들 것이다. 하지만 단순히 검색되는 경우와는 달리 불법성이 명백하다면 등록절차를 거부해야 하고 피해자가 피해사실을 알려서 나중에 불법성이 있다는 사실이 확인된다면 이 경우에서 등록을 취소하는 조치는 취해야 한다고 볼 수 있을 것이다.

4. 검색광고계약을 통하여 검색결과 상단에 링크되는 경우

웹페이지 운영자가 검색광고를 목적으로 계약을 체결하게 되면 검색결과에서 "스폰서링크", "파워링크(프리미엄 링크)", "플러스 프로(스페셜 링크)"[54] 순으로 구분되어 나타나는 검색결과 화면에 상위에 위치하게 된다. 이와 같이 상위에 게시되는 링크 목록은 모두 광고 사이트에 해당한다.[55] 이러한 검색결과에서 광고 영역은 포털사이트가 직접 운영하는 직속 관할 영역과 일종의 임대형식으로 포털사이트 내 공간만 대여해 주어 외주업체가 자사에 할당된 웹상의 공간에 광고를 등재하거나 광고간의 순위를 결정하는 이원적 구조로 이루어져 있다. 이러한 분류는 광고료 산정방식[56]은 물론 불법광고에 대한 인터넷 포털의 책임 귀속문제와 관련하여 매우 중요한 요소로 작용할 수 있다.

그런데 스폰서링크나 파워링크에서 관할 주체에 따른 분류와 관계없이 일단 특정 링크목록을 선택하여 광고주가 자사의 사이트를 등록하게 되면 어느 사이트가 상단에 배치되어야 하는가라는 광고의 우선순위 문제가 발생한다. 해당 광고링크 목록을

---

54) 각 포털 사이트 별로 명칭이 조금씩 다르다. 인터넷 포털사이트의 직접적인 광고관리 영역이 아닌 스폰서링크를 제외한 나머지 링크 목록은 네이버의 경우 "파워링크", "플러스프로" 등으로 구분되고, 다음의 경우 "프리미엄 링크" "스페셜 링크"로 구분되며, 엠파스는 "스피드 업" "스페셜 링크"로 나뉘게 된다. 하지만 이는 명칭상의 차이일 뿐 인터페이스의 구조나 운영방식을 살펴보았을 때 사실상 대동소이한 것으로 알려져 있다.그리고 스폰서링크는 한 번의 광고등록으로 오버추어와 제휴한 각 포털사이트 네트워크에 동시적으로 노출될 수 있는 키워드 검색 광고 서비스이다. 입찰 단가가 높은 순서대로 검색결과 창의 상단에 위치하며, 실시간으로 단가를 조정하여 순위변경이 가능하다는 것이 특징이다. 한국인터넷진흥원, "인터넷 키워드 검색 광고", Issue ABC 2006-9호, 2.

55) 한 가지 주의할 점은 이용자가 광고를 찾기 위하여 검색한 것이 아니라, 검색을 통해 단순한 지식정보를 얻고자 하였을 때에도 위와 같은 광고사이트 부문이 별도의 광고 표시 없이 일반적인 정보와 함께 제공된다는 점이다. 다른 나라의 입법례를 살펴보았을 때, 인터넷 이용자가 광고와 정보를 혼동할 수 있으므로 검색결과 내 광고와 정보를 구분하여 별도의 표시를 두는 규정을 마련하는 것이 옳다.

56) 스폰서 링크의 광고료 산정방식은 포털사이트 이용자가 특정한 스폰서 링크 영역으로 진입하여(즉, 스폰서링크 웹페이지를 열고) 목록에 있는 광고 사이트를 클릭하게 되면 이용자가 클릭한 횟수만큼 해당 사이트가 일정액의 광고료를 지불하는 CPC방식(Cost per Click)이 널리 활용된다. 그러나 CPC방식은 광고주의 기대와 실제 광고효과가 일치하는 만큼 그에 상응하는 급부를 제공한다는 본래취지와는 달리 최근 경쟁업체의 부정클릭으로 인한 손해발생 등 또 다른 문제점도 야기하였다. 스폰서링크와는 달리 포털의 직접적인 광고관리 영역인 "파워링크(프리미엄 링크)"등에서는 이용자들의 클릭 수에 관계없이 일정기간 내 약정된 광고료를 납부하는 정액제 방식이 활용되고 있는 것으로 알려져 있다.

이용자가 클릭하여 화면에 나타내게 되면 수많은 사이트가 우선순위에 따라 하향식으로 제시되고 있으며, 화면에서 미처 목록을 다 드러내지 못하는 경우 웹페이지(Web page)를 넘기면서 이어지도록 되어있다. 그러나 일반적으로 소비자의 입장에 있는 인터넷 이용자는 검색결과 화면의 우선순위에 있는 광고 사이트(최상단에 링크된 사이트)를 더욱 신뢰하게 되며 높은 순위에 링크되어 있을수록 당해 사이트에 대한 인지도가 높을 것이라고 생각하는 경향이 있다. 이러한 소비자의 태도는 자신이 이용하는 인터넷 포털에 대한 지지나 신뢰와도 깊은 연관성을 가지고 있는 것으로 조사되고 있는데, 이는 브랜드 포털사이트(네이버, 다음 등)에 대한 이용자의 신뢰가 포털사이트와 연계된 온라인 쇼핑몰이나 검색 결과(광고 포함)에 전이(轉移)되어 영향을 미친다는 의미로 해석할 수 있다. 따라서 상위로 링크된 광고 사이트 일수록 노출을 통한 광고효과와 업체에 대한 신뢰도 측면에서도 막대한 이점을 향유할 수 있으므로 사이트간의 순위선점은 광고 등록업체의 자율경쟁에 의해 정해지는 것이 일반적이다.[57] 그리고 포털 사이트 내 광고의 특수한 형태로 특정된 링크사이트 목록(광고 사이트 영역)이 아닌 일반적인 웹사이트 검색 결과 내에 자신의 사이트가 링크될 수 있도록 유도하는 광고방식도 있으나 이러한 경우에는 광고주가 스스로 사이트 위치를 선택할 권한이 없으므로 이용 빈도가 높지 않은 편이다.

결론적으로 포털사이트의 검색광고 서비스의 특징을 정리해 보면 ① 이원화된 광고관리영역, ② 광고관리 영역에 따른 상이한 운영방식, ③ 광고 사이트에 대한 순위선점에 있어서 자율경쟁시스템의 도입으로 압축해 볼 수 있다. 또한 대부분의 광고는 한두 문장의 간단한 표현으로 이루어져 있으며 링크 목록에 따라 작은 규모의 상표나 그림파일 등을 광고 옆에 표시할 수 있고, 구체적인 광고의 내용에 관한 적시 등 행위는 독립된 광고주의 사이트 내에서 이루어지게 된다. 따라서 검색광고 영역에서 사이트 광고주의 불법광고 등에 따른 책임 귀속 문제는 먼저 불법 광고 사이트가 누구의 관리영역에 포섭되어 있는지 여부를 살펴보아야 하며 이에 대한 매개책임을 논의하기 위해서는 해당 불법 광고의 주체에 대한 관리자의 개입권능과 더불어 자행된 불법광고의 유형을 검색광고의 특성과 함께 정확하게 파악하는 일이 선행되어야 한다.

이러한 측면에서 보았을 때 본 판결에서는 피해자가 피해사실을 알린 경우와 연관하여서는 최소한 인터넷 포털에게 앞의 두 경우와 달리 더 강한 주의의무를 부과할 수 있었다고 생각된다. 특히 검색광고를 통하여 상위로 검색되는 경우에는 그 피해

57) 실시간 입찰의 형식을 띄고 있어 광고주의 부담이 가장 큰 것으로 알려져 있다.

정도가 크다고 할 수 있으므로 최소한 이 부분에서 차단조치가 이루어질 수 있다고 생각된다.

Ⅳ. 불법광고의 주체로서의 검색서비스 사업자의 책임

1. 사이버몰과 검색서비스 사업자의 관계

앞서 논의한 검색서비스 광고 분야는 인터넷 포털과 독립적인 운영 사이트의 1:1 매개관계라고 볼 수 있다. 즉 포털사이트는 이 관계에서 독립적인 영업을 하고 있는 사이트로 용이하게 링크될 수 있는 관문으로서의 역할과 함께 제한적으로 독립적 사이트의 광고를 대행해 주는 역할을 수행하게 된다. 하지만 포털사이트는 이러한 1:1 관계 외에도 스스로가 온라인상 쇼핑몰의 주체로서 다수의 소규모 사이버몰을 입점시키고 ① 사이버공간의 임대, ② 광고의 대행, ③ 서버운영 및 관리를 포함한 보다 강화된 개입권을 가지고 있는 역할을 수행하기도 한다.[58]

검색광고시장에서 광고주에 해당하는 독립 사이트들은 포털사이트가 제공하는 검색서비스를 활용하기 위해 모여드는 이용자에게 검색결과로서 자신의 사이트 "위치"와 "기능"정도를 간단한 키워드 내에 포섭하여 홍보하고(다만 등록상표를 검색광고에 활용한 경우는 밑의 내용 참조), 구체적인 사실의 적시나 내용에 관한 광고는 자신의 사이트로 이용자들이 링크되어 진입하게 되었을 때 실시하게 된다. 따라서 검색광고 영역에서 포털은 일종의 광장으로서 그곳을 찾아드는 이용자들에게 사이트의 위치정도를 노출시키는 역할을 수행하는 것이며 독립된 도메인과 기능을 가지고 있는 사이

58) 이러한 포털사이트의 "쇼핑센터(Shopping Center)" 운영은 1990년대 중반 이후 지속적으로 전개된 한국의 온라인 서비스체제의 변혁과 관계가 깊다. 기존의 국내 온라인 시장은 1990년대 초반부터 폐쇄적 유료 통신서비스를 제공하던 천리안, 하이텔, 나우누리, 유니텔 등의 PC통신 업체가 월 이용료를 받고 통신 공간내 커뮤니티이용, 공개자료실 열람, 통신판매업체 관리 등의 역할을 수행하였고, 별도의 인터넷 사용료를 지불하여야 PC통신을 접속한 상태에서 다시 인터넷으로 접속할 수 있었다. 그러나 이러한 유료 통신서비스 시장은 미국 마이크로소프트사(社)에서 내놓은 혁신적인 컴퓨터 운영시스템인 윈도우즈(Windows)가 개인 컴퓨터에 널리 보급되면서 흔들리기 시작하였다. 윈도우 프로그램 내에 기본적으로 설치된 "Internet Explorer"가 PC통신을 경유하지 않고도 직접 인터넷에 접속할 수 있도록 매개해 주었고, 때마침 활발하게 확산되어가던 광통신은 모뎀(Modem)과 전화선을 대체하여 인터넷의 영역이 더 이상 측량할 수 없을 정도로 규모가 확대되는 계기를 마련해 주었다. 따라서 기존의 유료 통신서비스 시장은 1999년대 후반이후 사실상 붕괴되었고 대신 인터넷 서비스에 대한 효율적인 이용 툴(Tool)을 제공해 주는 각종 포털사이트들이 그 온라인 사업의 공간을 메워나가기 시작하였다. 하지만 유료통신 서비스와는 달리 인터넷은 사실상 "온라인 바다"에 가까운 공간이었으므로 기존의 PC통신 서비스 회원들을 상대로 소규모 상거래를 진행하던 영세 통신 판매업자의 경우, 독립적으로 자사의 사이트를 홍보하거나 유통시스템을 정착시키는데 곤란을 겪게 되었고 결국 포털사이트의 직접적인 "쇼핑공간" 내로 빠르게 편입되었다. 이렇게 새로운 경제공간으로서 급속히 성장한 온라인 쇼핑시장에서 우위를 차지한 포털사이트들은 자신의 쇼핑몰 영역으로 흡수된 각 입점 업체들과 일대 다수의 관계를 형성해 가면서 온라인 쇼핑몰 영역을 핵심적인 서비스 콘텐츠의 하나로 자리매김 시켰다.

트에 대한 개입의 여지가 미미하다. 다시 말하면 포털의 검색광고 자체는 화면 내에서 두, 세줄의 문장으로 간단하게 표현되어 있고 이용자들은 자신이 입력한 검색어와 해당사이트가 연관성이 있을 것이라고 판단하여 포털을 통해 그 사이트로 들어가게 되면 구체적인 광고는 이미 포털의 영역을 떠난 독립적 사이트에서 이루어지게 된다는 것이다. 하지만 이와는 달리 사이버 쇼핑 공간에서의 포털은 단순한 매개자의 위치가 아니라 포털사이트에 입점한 통신판매업자의 매출 신장과 직접적인 이익관계를 향유하는 일정부분 거래의 당사자로서의 위치를 가지게 된다. 입점한 통신판매업자에게 약정된 수수료를 받고 포털과 입점 사이버몰간의 약관 및 계약에 따라 입점 사이버 몰에 대해 일정한 의무를 지니게 되는 포털은 단순한 매개자의 위치가 아닌 광의의 영역에서 광고주이자, 전자상거래 책임의 주체가 될 수 있는 지위를 갖게 된 것이다. 그러므로 입점 사이버몰 운영자가 행한 광고행위와 포털사이트의 책임은 개별적으로 진행된 입점 사이버 몰 운영자와 포털사이트와의 계약, 광고행위에 대한 포털사이트의 관여정도에 따라 나누어 판단해야 한다. 단독 사이버 몰의 사업자는 전자상거래 소비자 보호법상 전형적인 통신판매업자로서의 지위를 가지고 있다는데 아무런 의문이 없으나, 다수의 입점형 사이버몰에 대한 총괄적인 관리와 통제권을 가지고 있는 포털사이트의 경우 통신판매업자(전자상거래 소비자 보호법 제2조 제3호)와 통신판매중개자(전자상거래 소비자 보호법 제2조 제4호)로서의 이중적인 지위를 동시에 지니고 있는 것으로 볼 수 있으며, 이는 전자상거래 소비자보호법상 책임 귀속의 여부뿐만 아니라 표시 광고법상 광고의 주체가 누구인지 확정하는 문제와도 관련이 있다.

〈표 3〉 입점업체에 대한 운영자의 책임에 대한 판례의 태도

구 분	판 결	판시사항	판결요지	비 고
온라인	대법원 2005.12.22. 선고 2003두8296 판결	사이버몰 운영자가 입점업체의 광고행위에 대한 행정적 책임	행정적 책임을 진다고 볼 수 없다.	사이버몰의 행정적 책임 불인정
오프라인	대법원 1997. 3.14. 선고 96도1639 판결	백화점 입점점포의 위조상표 부착 상품 판매사실을 알고도 방치한 백화점 직원에 대한 상표법위반	상표법위반방조죄와 부정경쟁방지법위반방조죄로 처벌	백화점의 책임 인정

2. 관련 판례

대법원 2005. 12. 22. 선고 2003두8296 판결: BLUEDOG 허위 표시 · 광고사건

(1) 원고는 인터넷 포털 사이트(http://www.daum.net)를 통해 인터넷 서비스 및 통신판매업(http://shop.daum.net)을 하는 사업자로서 2001. 10. 10. S통상이라는 상호로 의류, 잡화 도소매업을 하는 갑과의 사이에, 계약기간을 2001. 10. 10.부터 2001. 12. 31.까지로 하여 갑이 원고 운영의 사이버몰을 통하여 그 이용자에게 상품의 관련정보를 전시 또는 게시하고 상품을 판매하되 그에 따른 모든 책임을 지기로 하는 내용의 거래약정을 맺었다.

(2) 위 약정의 주요 내용은 다음과 같다.

① 입점업체가 판매할 상품의 품목 및 가격을 결정하고, 원고의 시스템을 통하여 소비자의 주문 상황을 직접 확인하여 구매자에게 상품을 직접 배송할 책임을 진다.

② 입점업체는 또한 상품문의 및 불만사항을 직접 접수, 회신할 뿐만 아니라 소비자피해보상, 상품의 수리 · 교환 · 환불 및 품질보증에 관한 모든 책임을 부담한다.

③ 원고는 사이버몰 시스템 구축 및 관리를 담당하고, 전체적인 사이버몰의 디자인 등을 감안하여 상품진열을 변경할 권리를 갖고 있으며, 마케팅 활동으로 매출증대에 노력할 의무를 진다. 한편, 판매대금은 입점업체가 원고를 통하여 수령하되 판대대금의 10%를 수수료로 원고에게 지급한다.

(3) 갑은 원고가 정한 웹디자인 상의 등록절차에 따라 원고의 카테고리 매니저의 승인을 받아 원고가 운영하는 D&Shop(http://shop.daum.net)의 공동구매란에 2001. 11. 7.부터 같은 달 10.까지 제품의 후면에 "BLUEDOG"이라는 상표명이 새겨져 있는 "유명아동 후드패딩 2종 세트"의 판매를 위한 광고를 게시하였다. 그러나 위 제품은 실제로는 Y물산 주식회사의 협력업체인 주식회사 H상사가 2000년 가을 제조하여 Y물산 주식회사에게 납품한 물품 중 내부 충전재 함량미달로 품질검사에 불합격된 것이었음에도, 위 광고는 사실과 다르게 제조원을 "e-패션"으로, 제조시기를 "2001년 겨울 신상품"으로 각 표기하고 자기를 나타내는 문구로 "상품문의: 031-202-0000", "배송문의 : 031-206-0000" 및 "A/S 및 제품문의 : master@00000000.co.kr"을 표시되었다 그러다 원고를 통하여 Y물산 주식회사의 항의를 접하게 되자 이 사건 광고를 공동구매 사이트에서 삭제하였다.

(4) 이에 피고인 공정거래 위원회는 원고가 인터넷홈페이지를 통한 통신판매를 위하여 상품을 표시 · 광고함에 있어 객관적 사실에 기초한 정확한 정보를 소비자에

게 제공하여야 함에도 제조원 및 제조시기 등에 관한 정보를 허위로 표현함으로써, 소비자를 오인시키거나 오인시킬 우려가 있는 허위의 표시 · 광고행위를 하였다는 이유로, 법 제3조 제1항 제1호, 제7조의 규정을 적용하여 2002. 9. 30. 시정명령 및 공표명령을 하였다.

(1) 원심법원의 판단(서울고등법원 2003. 7. 8. 선고 2002누16872 판결)

원심법원인 서울고등법원은 "법 제3조가 부당한 표시 · 광고행위를 금지하고 있는 까닭은, 소비자에게 진실되고 충실한 정보가 전달되어야 소비자가 올바른 상품선택과 합리적인 구매결정을 할 수 있고, 그에 따라 사업자간에 가격과 품질 · 서비스에 의한 공정한 경쟁이 촉진될 수 있기 때문"이므로 "부당한 표시 · 광고의 금지행위에 저촉되는지 여부를 판단함에 있어서는, 사업자간의 공정성 확보와 아울러 소비자 보호의 문제를 고려하여야 한다"고 판시하면서, "① 이 사건 광고는 원고가 운영하는 인터넷 포탈사이트(http://www.daum.net)를 통하여 역시 원고가 운영하는 쇼핑몰(http://shop.daum.net)에 접속함으로써 비로소 소비자에게 인식될 수 있는 것이고, ② 비록 이 사건 광고 중에 "상품문의 : 031-202-4222/ 배송문의 : 031-206-7767, A/S 및 제품문의 : master@crossart.co.kr"라는 문구가 삽입되어 있다고 하더라도(갑 제2호증), 원고 이외에 달리 입점업체가 별도로 있음을 암시하는 아무런 표시나 문구도 없어서 그것만으로는 일반소비자인 쇼핑몰 이용자들이 원고가 아닌 별개의 사업자가 자기의 책임 아래에 상품을 판매하며 이 사건 광고를 하고 있으리라 인식할 것으로 기대할 수는 없다 할 것이므로, 소비자로서는 이를 원고의 사업이자 광고로밖에 인식할 수 없는 것이고, 따라서 적어도 소비자와의 관계에 있어서는 원고를 이 사건 광고의 주체라고 하지 않을 수 없다"고 판시하고 "이러한 사정은 가사 원고의 주장과 같이 원고와 쇼핑몰 입점업체 사이에서 원고는 쇼핑몰 임대업자에 불과하고 입점업체가 스스로 상품의 정보를 게재하여 상품을 판매하여 그에 따른 모든 책임을 지기로 약정한 사실이 있다고 하더라도 이로써 일반소비자인 쇼핑몰 이용자에게 대항할 수 있는 것도 아니므로 달리 볼 것이 아니"라고 판시하여 이 사건 광고의 행위주체를 개별입점업체가 아닌 포털인 원고로 본 것은 정당하다고 하여 쇼핑몰 이용자인 소비자의 관점에서 광고의 주체가 누구인지를 주요한 판단요소로 삼고 있다.

(2) 대법원의 판단(대법원 2005. 12. 22. 선고 2003두8296 판결)

반면 대법원은 표시 · 광고의 공정화에 관한 법률(이하 '광고법'이라 한다) 제3조의 부당한 광고행위 금지목적에 대해 "① 소비자에게 바르고 유용한 정보의 제공을 촉진하여 소비자로 하여금 올바른 상품 또는 용역(이하 '상품'이라 한다)의 선택과 합리적인 구매결정을 할 수 있도록 하고, ② 그에 따라 사업자 사이에 가격과 품질 및 서비스에 의한 공정한 경쟁이 촉진될 수 있도록 하는 데 있는 점, ③ 전자상거래 중 컴퓨터 등과 정보통신설비를 이용하여 상품을 거래할 수 있도록 설정된 가상의 영업장인 사이버몰을 통한 통신판매에 있어서 소비자로서는 통신판매업자가 누구인지는 명확하게 인식하지 못한 상태에서 사이버몰 운영자를 신뢰하고 상품을 구매하는 것이 보통이므로 상품구매, 배송, 반품, 사후 서비스, 신용정보의 안전성 등에 관한 불만사항의 처리 등과 관련하여 사이버몰 운영자의 공신력이 중요한 의미를 가지는 점"에 있다면서, 사이버몰 운영자가 입점업체의 광고행위에 대하여 입점업체와 공동으로 또는 입점업체와 독립하여 광고행위의 주체로서 행정적 책임을 지는지 여부는 "① 사이버몰 운영자와 입점업체 사이의 거래약정의 내용, ② 사이버몰 운영자의 사이버몰 이용약관의 내용, ③ 문제된 광고에 관하여 사이버몰 운영자와 입점업체가 수행한 역할과 관여 정도, ④ 광고의 구체적 내용은 물론 광고행위의 주체에 대한 소비자의 오인가능성 등"을 기준으로 하여 이를 종합하여 구체적 · 개별적으로 판단하여야 한다고 하였다. 즉 표시광고법 제3조에 대하여 소비자 보호목적을 주요한 목적으로 인정하면서도 소비자의 인식가능성을 중심으로 광고주체를 판단한 원심과 달리 외부적으로 소비자가 인식하게 되는 광고에 대한 소비자의 오인가능성 뿐만 아니라 포털과 운영자 사이의 내부적 법률관계 역시 주요한 광고주체 판단요소로 판단하고 있을 뿐만 아니라 나아가 포털과 실제 광고자간의 내부관계를 소비자의 인식가능성과 병렬적으로 자세히 판단하고 있다.

대법원은 위의 기준을 바탕으로 ① 원고는 오프라인(off-line)에서 이미 가지고 있던 유통망을 기반으로 인터넷 쇼핑에 진출한 사이버몰과는 달리 인터넷 포탈업체(http://www.daum.net)에서 출발하여 사이버몰 다음(http://shop.daum.net)을 운영하고 있기 때문에 직접 상품구매, 재고관리, 물류, 판매 등을 하지 않는 임대형 사이버몰로 알려져 있는 사실, ② 원고는 S통상이라는 상호로 의류, 잡화 도소매업을 하는 소외인과 사이에 소외인이 원고 운영의 사이버몰을 통하여 그 이용자에게 상품의 관련 정보를 전시 또는 게시하고 상품을 판매하되 그에 따른 모든 책임을 지기로 하는 내용의 거래약정을 맺은 사실, ③ 소외인은 원고가 정한 웹디자인상의 등록절차에 따라 '상품공동구매'란에 상품명 "유명아동 후드패딩 2종 세트", 상점 "e-패션", 제조원 "e-패션", 원산지 "중국", 제조시기 "2001년 겨울 신상품", 판매가 "19,800원",

공동구매기간 "10월 20일~11월 15일" 등의 내용을 표시 또는 게시(이하 '이 사건 광고'라 한다)함과 아울러 자기를 나타내기 위한 문구로 "상품문의 : (전화번호 생략)", "배송문의 : (전화번호 생략)", "A/S 및 제품문의 : (이메일 주소 생략)"을 표시한 사실, ④ 이 사건 광고는 인터넷 공동구매방식에 의한 판매를 위한 광고로서 단기간 동안의 특별행사판매라는 형태로 이루어지는 특성으로 인하여 사이버몰을 이용하는 소비자들 사이에 사이버몰 운영자와 별개의 상품판매자가 있다는 것이 비교적 잘 알려져 있는 사실, ⑤ 이 사건 광고의 내용에 따라 실제 소비자들이 제품을 구매하는 과정에서 4회에 걸쳐 입점업체의 상점명이 표시되어 원고 이외에 별도의 상품판매자가 있음을 알리고 있는 사실, ⑥ 원고의 사이버몰 이용약관에도 연결몰은 피연결몰이 독자적으로 제공하는 재화 · 용역에 의하여 이용자와 행하는 거래에 대하여 보증책임을 지지 않는다는 뜻을 연결몰의 사이트에 명시한 경우에는 그 거래에 대한 보증책임을 지지 않는다는 규정을 두고 있는 사실(제19조), ⑦ 원고의 사이버몰 화면 하단에 "위 내용에 대한 저작권 및 법적 책임은 자료제공사 또는 글쓴이에 있으며 Daum의 입장과 다를 수 있습니다."라고 표시하여 원고외에 별도의 입점업체가 광고하는 것임을 밝히고 있는 사실 등을 인정하면서 위와 같은 사실관계로 보건대 포털 측이 이 사건 광고의 주체라고 할 수 없다고 하면서 "입점업체인 수호통상 소외인이 게재하는 광고를 원고가 정하는 웹디자인상의 등록절차에 따르도록 하거나 원고가 대금결제업무를 대행해 주는 등으로 소외인의 통신판매업무 중 일부를 수행하였다는 사정만으로 달리 볼 것도 아니"라고 하여 원심판결을 파기환송[59]하였다.

(3) 판결의 의미

이러한 대법원의 판단에 대하여 광고의 주체만이 표시광고법상의 책임을 진다는 점과 광고주체의 판단기준에 소비자의 오인가능성이 포함된다는 점은 명확히 하였으나, 이용자의 입장에서 알 수 없는 사이버몰 운영자와 입점업체의 거래내용이 중시되는 등 전반적으로 "소비자의 관점"이 크게 고려되지 않았다는 비판도 제기된다.[60] 나아가 대형 포털사이트가 운영하는 종합사이버 몰에 입점하기 위해서는 까다로운 입점 심사과정을 거쳐야 하고, 입점 업체의 경우 쇼핑몰을 찾는 고객의 구매의사에 있어 상당부분 대형 포털사이트의 신뢰도에 기대야 한다는 점을 상기한다면, 사이버 몰 운영자로서 포털사이트에 대한 책임을 간과하였다고 평가될 수 있다.

59) 파기환송심인 서울고등법원 2006. 5. 4. 선고 2006누1113 판결을 통해 확정되었다.
60) 나지원, "사이버몰 운영자의 표시광고법상 책임", 법률신문, 2006. 8. 28.

하지만 본 판결 사안이 소비자와의 관계에서 민사책임에 관한 내용이 아니라, 공정거래 위원회에서 부과된 행정적 책임과 관련되었다는 점을 간과해서는 안 될 것이다. 인터넷을 통하여 통신판매 중개가 일어나는 경우에 소비자에게 통신판매 중개사실을 명백히 통지하지 않으면 소비자가 통신판매업자와 통신판매 중개자가 다르다는 사실을 인식하지 못할 수 있으므로 소비자보호를 위하여 통신판매 중개자에게 소비자와 통신판매업자 사이의 계약관계에 따른 책임을 물을 수 있도록 하는 것이 타당할 수 있다. 이러한 측면에서 전자상거래 소비자 보호법상 통신판매 중개인의 책임에 관한 제19조의 규정을 이해할 수 있을 것이다. 그러나 표시광고법 위반을 이유로 한 행정적 책임에 있어서 표시광고의 주체를 판단할 때 그 대상인 소비자의 인식도 중요하지만, 기본적으로 좀 더 엄격하면서 객관적인 시각으로 판단하여도 소비자보호에 크게 불리한 점이 없을 것이다. 이러한 측면에서 보았을 때에는 대법원의 입장도 충분히 수긍할만한 측면이 있다고 생각된다. 대법원이 소비자의 오인가능성이 있다는 점에 대하여 사이버몰 운영자에게 행정적 책임을 물을 수 있다고 판결한 원심을 파기하면서 사이버몰 운영자에게 행정적 책임을 물을 수 있는 구체적인 기준을 처음으로 제시하였다는 점에 의미가 있다.

Ⅴ. 나 가 며

지금까지 인터넷 불법광고로 인한 매체의 책임을 인터넷 포털인 검색서비스 사업자를 중심으로 살펴보았다. 인터넷 포털과 관련된 불법광고의 문제들은 현재 입법이 추진 중인 '검색광고에서 숨은 광고'의 문제를 빼고는 기존의 법률 적용을 통하여 충분히 해결될 수 있는 문제이나, 그 현상이 새롭다 보니 아직 구체적인 기준을 판례가 찾고 있는 과정에 있다고 할 수 있다. 기본적으로 검색서비스에서 웹페이지가 검색되는 것 자체가 광고가 되므로 이를 통한 새로운 광고기법도 탄생하고 검색결과상 상위의 위치를 차지하기 위하여 검색서비스가 불법광고의 대상이 되기도 한다. 하지만 인터넷 포털이 갖고 있는 매체로서의 성질로 인하여 불법광고를 매개하고 이를 차단할 수 있는 지위에 있기 때문에 피해자들이 인터넷포털에 대하여 책임을 묻는 경우가 많아지고 있다.

이와 관련하여 현재 두 가지 흥미로운 판결들이 논의되었다. 첫째는 검색서비스와 관련하여 불법광고가 매개되는 경우에 관한 판결이었다. 이에 대하여 법원은 기존의 다른 불법정보에 대한 인터넷서비스제공자의 책임에 대한 입장을 다시 확인하면서 불법광고에 대한 인식이 없는 상황 하에서는 일반적인 모니터링 의무가 존재하지 않고, 피해자의 신고가 있더라도 불법성이 명백하고 차단조치가 경제적, 기술적으로 보았을 때 가능한 경우 최소한도로 이루어져야 한다는 기본적 입장을 확인하였다. 다만 검색서비스가 갖고 있는 공공성과 정보사회에서의 핵심적인 역할로 인하여 정보의 차단이 광범위하게 이루어져서는 안 된다는 점에서 차단의무를 조심스럽게 인정하고 있는 것은 매우 타당하다고 생각된다. 이러한 시각은 검색서비스를 통하여 웹사이트가 단순히 검색되는 경우는 타당하지만, 웹페이지 운영자가 검색목록에 등록하거나 더 나아가서 검색광고계약을 체결한 경우에는 인터넷 포털과 웹페이지 운영자 사이에 계약관계가 존재하므로 당사자 사이의 계약관계의 특성을 반영하여 인터넷 포털에게 더 강한 주의의무를 부과할 수 있었을 것이다.

둘째는 인터넷 포털이 통신판매 중개업자로서 통신판매업자의 불법광고에 대하여 책임을 물을 수 있는지에 관하여 문제가 되었다. 소비자와의 관계에서는 소비자를 보호해야 한다는 측면에서 인터넷 포털이 통신판매 중개업자로 기능하고 있고 통신판매업자가 따로 존재한다는 사실을 명백히 밝히지 않는다면 통신판매중개업자인 인터넷 포털에 대하여 불법광고의 광고주로서의 책임을 물을 수 있을 것이다. 하지만 표시광고법 위반을 이유로 행정적 제재의 대상이 되는 경우에는 소비자보호의 측면도 있지만, 공정한 거래질서 확립이라는 측면도 엄연히 존재하므로 소비자의 시각뿐만 아니라 좀 더 객관적인 시각에서 광고주의 주체성을 판단해도 문제가 없다고 생각된다. 이러한 측면에서 대법원의 입장은 충분히 설득력이 있다고 하겠다.

참고문헌

〈단행본〉

김상현, 이용자의 불법행위에 대한 온라인 서비스제공자의 민사책임, 법학연구 제27호, 2007.

〈논문〉

고인곤 · 홍성준, "소비자 관점에서 본 온라인 판매 제휴 성과의 결정 요인에 관한 연구", 유통연구 제10권 제3호, 2005.

권상로, "온라인 서비스 제공자의 저작권침해에 대한 민사책임", 상사법연구 제21권 제1호, 2002.

권영준, "인터넷상 표현의 자유와 명예의 보호", 저스티스 제91호, 2006.

김성호, "메타태그의 사용과 상표법상의 문제점", 창작과 권리 제25호, 2001년 겨울호.

김윤명, "포털서비스의 법률문제에 관한 개략적 고찰", 디지털재산법연구 제4권 제1호, 2005.

김태한, "스팸메일의 규제동향에 관한 고찰", 법과정책연구 제5권 제1호, 2005.

나지원, "사이버몰 운영자의 표시광고법상 책임", 법률신문, 2006. 8. 28.

두성규, "광고 매체사의 민사법적 책임에 관한 연구", 광고연구 1997 겨울호.

박준선, "메타태그와 상표권 침해", 인터넷과 법률, 2000.

방석호, "포털의 검색서비스를 둘러싼 저작권 문제 분석", 사이버커뮤니케이션학회보 제23호, 2007.

배대헌, "p2p 연결과 온라인 서비스 제공자의 책임", 상사판례연구 제12호, 2001.

심창환, "썸네일 이미지 검색 서비스의 저작권 침해 여부: 서울중앙지방법원 2004. 9. 3. 선고 2003가합78361 판결", 저작권 제70호, 2005년 여름호.

유대종, "웹검색 서비스와 ISP책임에 관한 소고", 창작과 권리 2007년 봄호.

육소영, "인터넷 광고에 관한 법적 쟁점", 공법학연구 제9권 제1호, 2007.

윤경, "검색 서비스를 위한 썸네일 이미지 제공이 정당한 사용인지 여부: 대법원 2006. 2. 9. 선고 2005도7793 판결", 저작권 제76호, 2006년 겨울호.

이민영, "포털사이트 운영자의 법적 책임에 관한 고찰", 정보통신정책 제9권 제12호, 2007.

이충훈, "포털사이트의 뉴스서비스의 법적 고찰", 인터넷법률 제41호, 2008.

이훈종, "메타테그에 관한 연구", 상사법연구 제19권 제2호, 2000.

장용근, "인터넷 언론의 법적 규제와 책임에 관한 연구", 세계헌법연구 제21권 제2호, 2006.

______, 세계헌법연구 제12권 제2호.

정상우, "포털사이트 관련 법제의 현황과 과제-포털사업자의 법적책임을 중심으로", 한국

법제연구원, 2007.

최은창, "인터넷 검색엔진에 의한 이미지 링크와 저작권 침해: 서울지법 2003고단4821 판결과 Kelley v. Arriba soft 항소심 판결에 대한 비교법적 검토", 창작과 권리 제33호, 2003년 겨울호.

한국인터넷진흥원, "인터넷 키워드 검색 광고", Issue ABC 2006-9호, 2.

황성기, "뉴스매개자로서의 포털 뉴스서비스의 언론성 및 법적 책임범위에 관한 연구", 사이버 커뮤니케이션 학보 제21권, 2007.

Emst, "AdWord-Werbung in Internet-Suchmaschinen als kennzeichenund wettbewerbsrechtliches Problem", MarkenR 2006.

Goldman, "Searchengine Bias and the Demise of Searchengine Utopianism", Yale J.L&Tech, 2006.

Koster/Jugens, "Die Haftung von Suchmaschienen fur Suchergebnisse", K&R 2006.

Meyer, Googk&Co. – "Aktuelle Rechtsentwicklungen bei Suchmaschinen", K&R 2007.

Ott, "Markbeherrschende und offentlich-rechtliche Suchmaschinen", K&R 2007.

Rath, "Suchmaschinen sind auch nicht mehr das, was sie mal waren", WRP 2005.

Sieber/Liesching, "Die Verantwortlichkeit der Suchmaschienenbetreiber nach dem Telemediengesetz", MMR 2007/8.

〈인터넷〉

http://www.spaink.net/coslide-protest.html

http://www.spiegel.de/netzwelt/web10,1518,476145,00.html

Frankreich entwickelt Quaero, Deutschland Thesueus,
http://www.linksandlaw.de/news674-theseus-quaero-ende.htm.

Quaero-Eine steuersubventionierte Suchmaschine will privater Wirtschaft Kunden abjagen!, http://my.opera.com/MaximB/blog/show.dml/181453. 2006년 3월 16일 방문

Welt, Kolumne : Gemeinsam gegen Google,
http://www.welt.de/prult-welt/article226866/kolumne-Gemeinsam_gegen_Google.html.

제 4 절
전자자금이체의 법률관계 *

제 1 전자자금이체의 의의

Ⅰ. 전자자금이체의 개념

'전자자금이체'는 "전자적인 수단을 이용하여 직접적인 현금의 수수 없이 금융기관 등에 설정되어 있는 계좌상의 이체를 통하여 자금 이동의 효과를 발생하게 하는 지급 및 수령 수단을 총칭하는 개념"이라고 일응 정의할 수 있다.

전자자금이체를 개념 짓는 구체적 요소를 살펴보면, 다음과 같다.[1]

첫째, 자금의 이동수단이다. 이체의 대상이 금전이라는 점에서 주식 등을 이체의 대상으로 하는 증권대체제도와 구별된다. 또한 대체로 다른 법률관계(원인관계)에서 비롯된 채권 · 채무의 결제수단으로 주로 이용된다.

둘째, 현금 수수 없이 계좌상의 이체에 의하여 이루어지는 거래이다. "현금에 의하지 않는다."고 함은 현금의 양도 대신 예금통화의 이전이 있게 됨을 의미한다. 여기서 계좌상의 이체라 함은 지급인이 자신의 거래은행(지급은행)에 개설된 계좌에 소극적 기재가 이루어지고 수취인이 자신의 거래은행(수취은행)에 개설된 계좌에 적극적 기재가 이루어지는 것을 말한다. 즉 지급인 계좌에서 이체자금에 해당되는 액수만큼 인출기장(차감기장)되고 그와 관련하여 수취인 계좌에 입금기장되는 것을 의미한다. 이에 자금이체를 실행하는 자인 금융기관의 개입과 금융기관과의 거래가 필수적이라는 특징이 나타나게 된다.

---

* 민병훈: 변호사.

1) 정경영, "전자식 자금이체거래에 대한 입법적 대응", 21세기 상사법의 전개(정동윤선생 화갑기념) 성곡논총 제27집 3권.

셋째, 전자자금이체는 전자적 수단을 이용하는 것으로서, 이는 종래의 서면에 의한 자금이체와 대비된다. 즉, 디지털 정보로 생성, 저장되는 전자문서에 기반을 둔 지급수단이다. 전자적 수단이 이용되는 범위와 관련하여 전자자금이체로 규정할 수 있는 범위에 관하여는 항을 달리하여 살펴본다.

Ⅱ. 전자자금이체의 범위

앞서 본 바와 같이 전자자금이체는 그 특징으로 전자적 수단을 사용하는 것인데, 전자적 수단이 사용되는 범위에 따라 법적 규율대상으로 전자자금이체의 범위를 어디까지로 보느냐에 관해서는 다음과 같은 견해가 있다. 먼저 전자자금이체를 넓은 의미로 파악하는 견해로서 전자자금이체를 "전자단말기, 컴퓨터, 자기테이프(M/T), 플로피디스크, 전화기 기타의 전자적 수단에 의하여 행하여지는 자금이체로서, 고객이 자기 또는 타인의 계좌에 차변기장하거나 대변기장하라고 금융기관에 수권하는 것을 목적으로 하는 것"이라고 보는 견해[2]로서 국내 다수설이다. 전자자금이체를 종전에 서면에 기초한 기술에 의하여 행하여지던 자금이체의 절차 중 하나 이상의 단계가 전자적 기술에 의하여 행하여지는 자금이체"로 정의하고 있는 국제연합 국제거래위원회의 견해도 같은 입장으로 볼 수 있다.

다음으로 전자자금이체를 좁은 의미를 파악하는 견해로서 전자자금이체를 "수표, 환어음 기타 이와 유사한 증서에 의하여 개시되는 거래 이외의 것으로서, 금융기관에 대하여 구좌에 차변기장하거나 대변기장할 것을 명령, 지시 또는 수권하기 위하여 전자단말기, 전화기, 컴퓨터 또는 자기테이프를 통하여 개시되는 자금이체"로 정의하고 있는 미국 전자자금이체법의 태도가 이에 해당한다. 위 양자를 절충하여, 자금이체의 모든 단계가 전자적 수단에 의해 처리되는 시기가 도래할 때에는 전자적 수단에 의해 개시되는 자금이체만을 전자자금이체로 보는 것이 타당하지만, 현재로서는 자금이체의 진행단계에서 전자적 수단이 이용되는 경우에도 전자자금이체에 포함시켜 규율할 필요가 있다는 견해[3]도 있다.

자금이체절차는 개시단계와 진행단계 그리고 종결단계로 나누어 볼 수 있는데, 이 가운데 종결단계에 해당하는 입금기장은 현재 전자식으로 이루어지고 수기에 의

---

2) 이기수, 어음수표법, 제4판, 1999, 500; 정동윤, 어음수표법, 제4판, 1996, 712.
정찬형, 어음수표법 강의, 제2개정판, 1998, 674면; 최기원, 어음수표법, 개정판, 1996, 840.

3) 손진화, "전자자금이체거래의 법적 규제에 관한 연구", 박사학위논문(고려대), 1990, 11.

한 입금기장은 거의 찾아볼 수 없다. 그리고 진행단계는 부분적으로 서면에 의한 경우도 있고 전자식으로 이루어지는 경우도 있으나 이는 은행제도 내부의 처리방법에 관련된 문제이므로 진행단계가 서면에 의한 것인가 아니면 전자식으로 이루어지는가는 적어도 법적으로는 큰 의미가 없다. 다음으로 개시단계, 즉 자금이체지시가 서면에 의해서 이루어지는가 아니면 전자식으로 이루어지는가는 법적인 관점에서 볼 때 상당한 차이가 생겨난다. 즉, 자금이체의 개시가 전자식으로 개시되었는가 아니면 서면으로 개시되었는가에 따라 자금이체계약의 성립시점, 자금이체지시의 철회가능시점 등에서 차이가 있을 수 있으므로 구별의 실익이 있다. 따라서 이러한 입장에서 전자자금이체를 정의하면, 전자식 수단에 의해 개시되는 자금이체가 된다.

다음으로 전자적 수단을 무엇으로 볼 것인가 하는 문제가 남게 되는데, 이는 자금이체의뢰인의 은행에 대한 자금이체지시에 있어서 전자적인 신호를 내장 또는 표시하는 전달수단으로 볼 수 있다. 전자적 신호를 내장 혹은 표시하는 수단으로서는 자기테이프, 전자단말기, 컴퓨터, 전자식 전화기기 등이 여기에 포함될 것이고 앞으로의 기술개발에 따라 얼마든지 더 확장될 수 있는 개념으로 보는 것이 이해하는 것이 필요하다.

제 2 전자자금이체의 종류

Ⅰ. 이체의뢰의 주체에 의한 유형

1. 지급이체

지급이체라 함은 "자금을 지급할 자(지급인)가 자기의 거래은행(지급은행)에 대하여 그의 계좌에서 자금을 출금하여 자금을 수취할 자(수취인)의 거래은행(수취은행)에 있는 그의 계좌로 입금할 것을 의뢰하는 자금이체"로서 대변이체(대변이체)라고도 한다. 현재 일반 사인간의 거래에 있어서는 지급이체가 주로 사용되고 있다.

2. 추심이체

추심이체라 함은 "자금을 수취할 자(수취인)가 자기의 거래은행(수취은행)에 대하여 자금을 지급할 자(지급인)의 거래은행(지급은행)에 있는 지급인의 계좌로부터 자금을 출금하여 자기의 계좌에 입금할 것을 의뢰하는 자금이체"로서 차변이체(차변이체)

라고도 한다. 공공요금이나 신용카드 사용대금 등의 지급에 추심이체가 많이 이용되고 있다.

Ⅱ. 자금이체를 담당하는 금융기관의 수에 의한 유형

지급인과 수취인 사이에 개재되는 은행의 숫자에 따라 단일은행간이체(은행내 이체), 2은행간이체(타행간 이체), 다수은행간 이체로 구분되고 있다.

단일은행간 이체란 지급인과 수취인이 동일은행에 계좌를 갖고 자금이체를 하는 경우를 말하고, 타행간 이체란 지급인과 수취인의 거래은행이 서로 다르나 두 은행간에는 거래관계가 있거나 또는 공통된 어음교환소에 가입하는 경우에 이루어지는 자금이체를 말한다. 다수은행간 이체는 두 은행이 직접 거래관계가 없거나 공통된 어음교환소에도 가입하고 있지 않은 경우에 두 은행의 중간에 거래관계가 있는 제3의 은행을 매개로 하여 자금이체가 이루어지는 경우를 말한다.

제 3 전자자금이체의 법률관계

지급이체의 법률관계는

① 지급인과 지급은행 사이의 지급이체계약 및 지급지시,

② 지급은행과 수취은행 사이의 금융결제원을 매개로 한 환거래관계,

③ 수취은행과 수취인 사이의 지급관계,

④ 지급인과 수취인 사이의 원인관계로 나누어지는바, 아래에서 구체적으로 살펴본다.

Ⅰ. 지급이체계약과 지급지시: 지급인과 지급은행의 법률관계

전자지급이체는 지급인의 지급은행에 대한 지급지시에 의하여 개시된다. 대부분의 전자지급이체에 있어서는 지급이체사무를 처리하기 위한 은행과 고객사이의 기본계약이 있고, 이 기본계약에 기하여 고객이 개별적인 지급이체거래를 지시함으로써 실행된다. 즉 기본계약과 지급지시의 이중구조를 띠고 있으며, 지급은행의 구체적 의무는 지급지시를 통해서 결정되게 된다.

1. 지급이체계약의 법적 성질

그런데 기본계약으로서 지급이체계약의 법적 성질에 관한 논의는 다음과 같이 크게 위임계약설, 도급계약설, 혼합계약설의 3가지로 구분될 수 있다.

먼저, 위임계약설은 지급이체를 지급인이 지급은행에 자신의 계좌로부터 인출하여 수취은행에 있는 수취인의 예금계좌에 입금하는 사무를 위임하는 위임계약으로 해석하는 견해이다.

다음으로 도급계약설은 지급이체는 의뢰인의 청약을 승낙한 지급은행이 동 계약의 내용에 따라 지급이체를 완성할 의무를 부담하고 이에 대하여 지급인은 수수료를 지급할 의무를 부담하는 계약으로 보는 견해이다.

혼합계약설은 지급이체계약은 어느 하나의 계약으로는 설명할 수 없고 여러 계약의 요소를 모두 포함하고 있는 혼합계약이라는 견해이다. 우리 나라의 다수설에 해당한다. 약간씩의 차이는 있으나 위임계약, 임치계약, 도급계약의 성질을 포함하는 혼합계약, 혹은 이들 계약 외에 고용계약의 성질도 가지는 혼합계약이라는 견해가 있다.

지급이체계약의 법적 성질에 관해 이상과 같이 학설이 대립되고 있으나, 기본계약을 필요로 하는 지급이체에 있어서는 기본계약이 바로 지급이체계약이 되고 지급인은 앞으로 계속적으로 있게 될 지급지시에 관해 지급은행이 성실하게 처리하여 줄 것을 위탁하였다고 볼 수 있다. 그러므로 이 경우 지급인과 지급은행간에는 앞으로 불특정 다수의 지급이체처리를 위탁하였다고 볼 수 있어 위임계약으로 봄이 타당하다.

2. 지급이체지시의 법적 성질

기본계약이 존재하는 지급이체에 있어서 지급지시의 법적 성질에 대해서는 지급은행의 승낙을 필요로 하지 않는 고객의 단독행위라고 보는 것이 보통이다. 따라서 지급인의 지급지시에 대해서는 단독행위에 관한 일반규정이 적용된다.

지급이체거래의 법적 구조에서 기본계약이 중심이 되고, 개별적인 고객의 은행에 대한 지급이체지시는 이를 전제로 하므로, 기본계약이 무효이면 개별적인 지급이체지시도 효력이 발생하지 않는다.

한편, 지급이체계약이라는 기본계약이 없는 지급이체에 있어서는 지급인의 지급지시만으로는 권리 · 의무가 발생하지 않고 지급지시가 지급은행에 의해 승낙되어야만 당사자의 권리 · 의무가 발생한다. 이 경우에는 지급인의 지급지시와 지급은행의 승낙이 결합되어 위임계약이 된다고 봄이 상당하다.

3. 지급은행의 의무: 지급이체지시의 법률효과

지급은행은 지급인계좌에 상응한 예금이 존재할 경우 지급지시에 따라 지급이체를 실행할 의무를 부담한다. 그런데 지급지시의 이행의무는 행내이체(行內移替)에서는 수취인계좌에 입금기장할 의무를 의미하여 문제가 없으나, 타행간이체(他行間移替)에서는 어떠한 의무를 의미하는지가 문제된다. 지급은행은 지급이체 효과의 발생을 위해 노력할 의무를 부담하므로, 이를 위해서 타행간이체에서 지급은행은 지급거래를 중개할 의무, 즉 수취인 계좌에의 입금기장의 실행이 아니라 중개은행 혹은 수취은행에 지급지시를 정상적으로 전달할 의무만을 부담한다고 본다.

지급은행은 위임계약상의 수임인으로서 위임의 본지에 따라 선량한 관리자의 주의로써 위임사무인 지급지시를 처리할 의무를 위임인인 지급인에 대해 부담한다.[4] 이때의 선관주의의무는 통상적인 은행인의 주의로서 수령한 지급지시를 실행할 의무를 의미한다고 봄이 상당하다.

그리고 수임인인 지급은행이 지급지시를 집행함에 있어서 일종의 확인(authentication)절차가 요구된다. 즉, 고객에 의해 발행된 지급지시는 은행이 이를 실행할 권한을 가지기 위해서는 대체로 은행과 은행고객간의 합의에 따라 일정한 확인절차를 거쳐야 한다. 확인절차에서는 지급지시(혹은 지급지시의 정정, 철회)가 지급인(혹은 발신인)으로 표시된 자에 의해 행하여졌는가 하는 점을 판단하는 절차인데 지급지시가 전자식으로 이루어지는 경우에는 그 확인 역시 전자식 수단에 의하여야 하고, 앞서 본 접근장치를 통한 본인확인 및 거래의 진정성 확인절차가 필요하다.[5]

Ⅱ. 지급은행과 수취은행의 법률관계: 환거래관계

지급인이 지급은행에 대하여 지급이체를 지시(의뢰)하면 지급은행은 이를 수취은행에게 전달하고, 수취은행은 의뢰대로 이체자금을 수취인의 계좌에 입금(기장)한다. 수취은행이 지급은행의 의무를 이행하는 것은 지급은행과 수취은행 사이에 은행환거래관계가 성립하기 때문이다.

이 경우 수취은행은 지급은행의 이행보조자로서 지급인의 지급지시를 이행하는

4) 민법 제681조.

5) 현금자동지급기(CD), 자동입·출금기, 지급용단말기에서는 전자식 카드와 비밀번호, 인터넷뱅킹의 경우는 이용자 ID, 비밀번호, 공인전자인증서, 보안카드의 번호를 통해 본인확인 절차를 거치게 된다.

것이 아니라, 독립적인 지위를 가지고 위 환거래관계에 기해 지급은행의 의뢰대로 이체자금을 수취인의 계좌에 입금기장하는 것이라고 봄이 상당하다.[6] 이러한 환거래관계는 금융기관의 약관 및 업무규약 등에 의하여 규율된다. 따라서 수취은행의 의무위반에 대해서는 지급은행은 지급인에 대하여 책임을 지지 아니한다.

한편, 수취은행과 지급인 사이의 법률관계가 문제되는데, 일본 판례에서는 지급인에 대하여 수취은행은 복대리인의 관계에 있다고 보고, 일본 민법 제107조 제2항에 의해 수취은행은 지급인에 대하여 직접 책임을 부담한다는 것을 인정한 판례[7]가 있다. 이렇게 볼 경우, 복대리인은 대리인이 선임한 본인의 대리인으로서 본인이나 제3자에 대하여 대리인과 동일한 권리의무가 있으므로, 대리인이 위임계약상의 수임인인 경우에는 복대리인도 본인에 대하여 수임인으로서 권리 · 의무, 즉 선관주의의무, 보수청구권, 비용상환청구권 등을 가지게 된다. 그런데, 앞서 본 바와 같이 지급인과 수취은행간에는 직접적인 법률관계가 형성되지 않고, 수취은행이 은행환거래관계에 기하여 독립적인 지위를 가지고 지급지시를 실행할 의무를 진다고 봄이 상당하므로, 수취은행을 복대리인으로 보는 견해는 부당하다. 따라서, 수취은행의 의무위반에 대해서는 지급인은 계약책임을 물을 수 없고, 불법행위책임을 물을 수는 있을 것이다.

Ⅲ. 수취은행과 수취인의 법률관계: 지급관계

1. 입금기장청구권과 지급청구권

지급이체의 경우, 수취인과 수취은행 사이에는 자금의 지급관계가 성립하게 되는데, 그 법률관계는 수취인의 계좌에 자금의 입금(기장) 전후에 따라 달라지게 된다. 먼저 이체자금이 입금되기 전에는 수취인은 수취은행에 대하여 입금기장청구권을 가지며, 입금된 이후에는 지급청구권을 가진다.

2. 지급청구권의 법적 근거와 무인성

수취인의 지급청구권의 법적 근거와 관련해서는 다음의 이론구성을 생각해 볼 수 있다.

6) 정진명, "전자자금이체의 법률관계", 인터넷법률 3호, 2000. 11, 31 이하.
7) 동경고판 소화 59. 2. 14: 금융법무사정 1066호 36.

먼저 제3자를 위한 계약에 기한 것으로 이론 구성하는 것으로서, 지급인과 지급은행 사이의 계약은 지급인이 지급은행에 대하여 지급이체의뢰와 동시에 이체자금을 입금하는 것이 통상이고 지급인의 목적은 오로지 수취인에 대하여 신속 · 정확하게 이체자금을 수령시키는 것에 있기 때문에 지급인은 특별한 사정이 없는 한 수취인에게 급부를 받을 권리를 취득시키려는 의사가 있다고 해석하는 것이 타당하다. 그리고 수취은행은 지급은행과 사이에 지급인의 의사에 기해 수취인에 대하여 급부할 것을 약속하고 있는 것이라고 해석할 수 있다. 따라서 수취인을 제3자로 하는 제3자를 위한 계약이 성립하는바, 수취인은 자신의 권리로서 수취은행에 대하여 송금액을 청구할 수 있게 된다.

다른 하나는 금융기관의 지급승낙(지급이체계약)을 수취인에 대한 무인적 채무약속으로 보는 견해이다. 지급은행에 대한 지급인의 개별적인 지급지시(의뢰)는 수취은행에 대해서는 환거래계약에 근거한 지시로 연계되므로, 수취은행은 자신의 지급승낙에 기하여 이체자금을 수취인의 계좌에 입금기장하여야 한다.

생각건대, 전자자금이체에 있어서 지급인은 금융기관의 전자적 수단을 이용하여 수취인에게 자금을 이체하게 되는데, 이 경우 수취인의 법적 지위를 보장해 주기 위해서는 지급인과 지급은행 사이의 보상관계의 항변을 수취인에 대하여 차단할 필요가 있다. 그런데 지급이체계약을 제3자를 위한 계약으로 구성할 경우 은행에 대한 수취인의 권리가 지급인과 지급은행간의 법률관계로부터 영향을 받게 되어 무인성을 인정받기 어려우므로 실제의 거래의 요청에 반하는 결과로 된다. 따라서 수취인의 무인적인 지급청구권은 지급은행이 지급이체계약에서 무인적인 채무약속을 한 것에 근거한 것으로 보는 것이 타당하다고 본다.

Ⅳ. 지급인과 수취인 사이의 원인관계

1. 자금이체에 의한 채무 소멸의 법적 성질

지급인이 지급은행에 이체지시를 하여 이체자금을 수취은행의 수취인 계좌에 송금하는 것은 지급인과 수취인 사이에 원인(대가)관계에 기한 거래상의 채무의 이행을 위해서이다. 자금이체가 결제수단으로 이용되는 경우, 자금이체가 채무의 유효한 변제가 되기 위한 요건과 그러한 채무 이행의 법적 성질이 문제된다.

지급인의 수취인에 대한 채무는 금전채무이고, 금전채무는 현금으로 지급하는 것이 원칙이기 때문에 전자자금이체는 본래의 채무이행(현금 지급)에 갈음하는 이행으로서 그 법적 성질은 대물변제로 봄이 상당하다. 따라서 채무 소멸의 효과가 발생하기 위해서는 수취인의 승낙이 요구된다. 채권자가 금전채무의 성립시에 명시적 또는 묵시적으로 전자이체에 동의한 경우 또는 상관습과 거래관행에 기하여 묵시적 동의가 있는 것으로 볼 수 있는 경우가 있을 것이다. 채권자가 채무자에게 변제를 위하여 자신의 계좌번호를 고지하는 경우에는 동의가 있는 것으로 볼 수 있지만, 예금채권이 압류되어 있는 등 수취인의 사정을 고려할 때 자금이체가 가능한 계좌가 개설되어 있다는 것만으로 동의가 추정되지 않는다고 봄이 상당하다.

2. 채무 소멸의 시기

자금이체에 있어서는 지급지시의 실행을 위해 다수의 은행이 개입하여 실행과정이 비교적 복잡하고 최종적으로 은행에 대한 채권의 형태로 지급이 종결되므로 어느 시점에 지급인과 수취인 사이에 채무면책의 효력이 발생하는가 하는 점이 문제된다. 특히, 지급지시가 실행되는 과정에 지급인이 지급지시를 철회함으로써 지급지시를 중단시킬 수 있는데 어느 시점까지 지급인이 지급지시를 철회할 권리를 가지는가 하는 점도 채무면책시점과 관련하여 당사자 사이에 중요한 문제가 된다.

자금이체를 이용한 금전채무를 이행할 경우 지급인의 채무는 자금이체가 완료됨으로써 면책되므로 채무면책시점은 자금이체 완료시점과 일치한다고 볼 수 있다. 자금이체 완료시점은 자금이체절차가 완성되는 시점으로서 구체적으로는 수취은행과 수취인 사이의 관계에서 자금인출 가능시점으로 나타나고 이 시점이 채무자와 채권자 사이의 원인관계(대가관계)상의 채무이행시점이 된다. 그리고 채권자가 자금을 자유로이 사용할 수 있게 되면(인출가능시점) 채무자는 자신의 송금, 변제의 목적을 달성하고 채무이행으로 되고(채무변제의 효과발생) 이는 결국 지급이체가 완료된 것으로(지급이체 완료시점) 이들 시점은 시간적으로 일치한다.

3. 지급지시의 철회 및 제한

그러나 지급지시의 철회 배제시점은 이들 시점과 반드시 일치할 필요는 없으나 대체로 인출가능시점을 기준으로 철회권을 배제할 필요가 있다. 자금이체가 완료되어 수취인이 이체자금을 인출할 수 있게 된 이후에는 그 자금에 대해 수취인뿐만 아니라 수취인의 채권자도 이해관계를 가질 수도 있으므로(예금을 압류한 경우) 인출가능 시점 이후에는 지급지시의 철회가 불가능하다고 보아야 한다. 그런데 인출가능시점 전이라도 금융기관에 의해 지급지시가 실행되어 가는 도중에서 지급지시의 철회를 무한정 인정할 경우 금융기관의 이익이 침해될 가능성이 많아 일정 시점 이후(인출가능시점 이전)에는 금융기관 내부의 업무처리기준에 의해 지급지시의 철회를 배제할 수 있다. 다만 이 경우에도 관련 은행의 동의가 있으면 인출가능시점까지는 채무자는 자신의 지급지시를 철회할 수 있을 것이다.

제 4 추심이체의 법률관계

Ⅰ. 추심이체의 기본 구조

수취인은 추심의뢰를 위해서 먼저 금융결제원과 자동이체계약을 체결하고, 수취인이 금융결제원에 자동이체청구명세서를 송부하여 자동이체를 청구하게 되면, 금융결제원은 지급은행에는 출금의뢰서를, 추심은행에는 지로입금의뢰서를 보낸다. 그러면 지급은행은 지급인의 해당 계좌에서 이체자금을 출금하고 추심은행은 수취인의 계좌에 이체자금을 입금한다.

추심은행의 추심의무는 수취인과 추심은행 사이에 추심이체를 목적으로 체결되는 추심이체계약과 수취인의 구체적인 추심의뢰에 의하여 정해진다. 이는 앞서 본 지급이체계약과 지급지시(의뢰)와 동일한 구조이며, 추심이체계약은 위임계약으로 봄이 상당하다.

그런데 추심이체의 경우 출금위탁계약인 지급인의 자동납부신청이 있어야 출금이 이루어지므로 추심이체의 법률효과는 수취인의 추심의뢰보다 지급인의 출금위탁에 의하여 이루어지는 것으로 보는 것이 타당하다. 따라서 수취인이 지급인으로부터 추심이체에 의하여 대금을 받을 수 있는 근거는 수취인이 지급인으로부터 추심권한을 부여받았기 때문이라고 볼 수 있다.

Ⅱ. 구체적 법률관계

추심이체의 법률관계는

① 수취인과 추심은행 사이의 추심이체계약,

② 추심은행과 지급은행과의 환거래관계,

③ 지급은행과 지급인 사이의 출금위탁관계,

④ 지급인과 수취인 사이의 원인관계로 나누어진다.

각각의 법률관계는 앞서 살펴본 지급이체의 경우에 준하여 생각하면 될 것이다. 다만, 지급인과 수취인 사이의 원인관계에 기한 채무이행의 성질과 관련해서, 지급인과 수취인 사이에 채무이행 방법에 관한 합의가 있다고 봄이 상당하므로 대물변제가 아닌 채무의 본지에 따른 이행인 변제로 봄이 상당하다.[8]

제 5 무권한 지급이체

Ⅰ. 의 의

'무권한 지급지시'라 함은 지시할 정당한 권한이 없는 자에 의해 지급지시되거나 혹은 지급지시가 변경된 경우를 말하는데, 지급지시의 위조, 변조, 무권대리 등을 포함한다.

무권한 지급지시의 개념은

① 당해 지급지시가 처음부터 무권한자에 의해 행해진 경우,

② 당해 지급지시는 처음에는 진정하게 행해졌지만 수신은행에 의해 수령되기 전에 무권한자에 의해 변경된 경우,[9]

③ 진정한 지급지시가 지급은행에 수령되었지만 그 후 이것을 집행하기 전에 무권한자에 의해 변경된 경우를 포함하는 넓은 개념으로 이해할 수 있다.

Ⅱ. 무권한 지급이체의 위험부담

무권한 지급지시가 발생한 경우 위조자, 변조자, 무권대리인으로부터 손해배상을 받음으로써[10] 손해가 전보될 수 있으나 이들이 무자력이거나 소재가 파악되지 않는 경우에는 손해배상청구권은 무가치하게 되므로, 손해의 위험을 누가 부담하느냐의 문제가 있게 된다.

무권한 지급이체는 그것이 실행되더라도 명의인의 동의를 얻지 않고 무권한자가 위조·변조·무권대리 등의 방법으로 행한 지급지시이므로 명의인은 책임을 부담할 이유는 없다. 그러나 은행측에서도 전자식 자금이체의 경우는 상대방의 거동을 판단

---

8) 同志, 정진명, 전게논문 33.
9) 무권한자가 지급인과 지급은행간의 통신회선에 침입하여 행하는 경우 등.
10) 수취인계좌에 입금된 금원이 인출된 경우 그 수취인에 대한 상환청구권의 문제도 동일하다.

할 기회조차 없기 때문에 일정한 안전기준을 만족하는 전자적(기계적) 식별방법 이외에는 수령한 지급지시가 정당한 권한 있는 자의 지급지시인가 여부를 판단하기 어렵기 때문에 무권한자금이체가 행해진 경우 위험을 어떻게 분배하는가가 중요하게 인식되고 있고, 그 법적 효과에 대해서도 다양한 견해가 있다.

무권한 지급지시가 있는 경우 그 위험부담에 관해 두 가지 해결방법이 논의되고 있다.

하나는 민법상의 의사주의에 따른 해결방법으로, 이는 무권한 지급지시에는 통상적으로 위조, 변조, 무권대리의 행위가 개재되므로 이에 관한 사법의 일반원리에 따라 진정한 지급지시가 없이 고객의 계좌에 인출기장 되었으므로 은행의 책임을 인정하게 된다. 다만, 위험분배의 적정을 기하기 위하여 민법상의 여러 법리를 적용하여 광범위한 예외를 인정한다.

또 하나의 방법은 고객과 은행간에 하자 있는 지급지시를 발견할 수 있는 합리적인 확인절차를 합의토록 하고,[11] 이 절차에 따라 지급지시를 수령 실행한 경우에는 은행의 면책을 인정하는 방법으로써 은행이 지시권한 유무를 판단하기 어렵다는 점을 고려한 입장이다. 그러나 이 입장 역시 고객측의 불이익을 감소시킬 수 있도록 예외조항을 인정하고 있다.[12]

Ⅲ. 민법의 의사주의에 따른 해결과 예외

어떠한 경우에 이체자금을 지급인의 계좌에서 차감할 수 있는가는 기본계약인 자금이체거래계약에서 정한다. 이 계약에 명문으로 기재되어 있지 않더라도, 계약의 성격, 구조로부터 자금이체지시가 부존재하거나 무효일경우에는 이체자금을 지급인의 계좌에서 차감할 수 없는 것은 당연하다.

이러한 의사주의에 따르는 경우 무권한 자금이체에 따른 위험은 원칙적으로 은행의 책임으로 귀착되게 되는데, 위험의 적정한 분배를 위하여 은행이 면책될 수 있는 경우를 인정하면서 은행의 면책에 대한 이론적 근거에 대해서는 다음과 같은 설명들이 있다.

---

11) 이 경우 합의는 은행과 고객간의 합의로서 대체로 약관의 형태로 존재할 것이다.

12) 은행과 고객 사이의 전자금융거래약관과 같은 보통거래약관에 의하여 확인절차 및 면책 규정을 두고, 동 약관에 대한 행정적, 사법적 심사를 통해 해결하는 방안이다. 또는 전자금융거래기본법과 같은 법률의 입법과정에서 그러한 취지의 규정을 두는 방법도 있을 것이다.

1. 위임사무처리 비용상환청구권

자금이체지시는 앞서 본 바 같이 위임계약의 성질을 가지고 있으므로, 민법 제688조 제3항에 따라 고객은 은행이 이 '위임사무의 처리를 위하여 과실 없이 손해를 받은 때'에는 배상해 주어야 하므로, 지급은행이 지급지시를 실행함에 있어서 무과실인 경우에 그 손해액을 배상받을 수 있다고 보는 견해이다.

그런데 지급은행의 위와 같은 상환청구권은 유효한 위임, 즉 유효한 지급이체지시를 전제로 한다고 보아야 하는데, 무권한 지급지시의 경우 유효한 지급지시로 볼 수 없으므로 동 규정의 적용이 어렵다는 문제가 있다. 다만, 전자지급이체에 있어서 지급이체계약이라는 기본계약과 구체적인 지급지시의 이중구조를 띠고 있으므로, 지급이체계약이라는 기본계약이 유효하게 성립하고 있음을 전제로 위 규정을 확대 적용해 볼 여지는 있다고 할 것이다.

2. 고객의 채무불이행에 따른 손해배상청구

지급인은 지급은행과 사이에 지급이체계약에 따라 일정한 주의의무[13]를 부담한다고 볼 수 있는바, 고객이 접근장치를 부주의하게 보관한다든지 타인의 사용을 방조하는 등과 같은 고객의 주의의무 위반이 인정되는 경우, 고객의 주의의무위반(부주의)과 은행이 입은 손해의 발생 또는 확대 사이에 인과관계가 인정되면 그 일부 또는 전부의 손해배상을 고객에게 청구할 수 있다고 볼 수 있다. 이 경우 과실상계의 법리에 따라 고객과 은행 사이의 책임비율이 적용될 것이다.

3. 채권의 준점유자에 대한 변제의 법리

민법 제470조의 채권의 준점유자에 대한 변제의 법리에 기하여 지급은행의 면책을 인정하는 견해가 있다. 채권의 준점유자에 대한 변제의 법리는 채권자가 누구인지 불확실한 경우에 대하여 채무자를 보호하는 제도로서, 전자자금이체에 있어서 지시인은 예금채권자로서 이 채권을 수취인에게 이전하는 것이므로 하자 있는 지시에 의한 이 채권의 양수인에 대한 은행의 지급은 민법 제470조가 규정하는 채권의 준점유자에 대한 변제라고 해석할 여지가 있다.

폰뱅킹에 의한 전자자금이체와 관련하여 채권의 준점유자에 대한 변제의 법리의

---

13) 고객은 지급이체계약을 체결하면서 접근장치를 받게 되고, 고객은 접근장치의 사용 및 관리에 있어서 선량한 관리자의 주의를 다하여 한다.

적용요건을 설시한 대법원판례[14]가 있다. 그 요지는 채권의 준점유자에 대한 법리가 적용될 수 있음을 전제로 은행에 대하여 요구되는 주의의무를 다하였는지 여부를 판단함에 있어서는, 자금이체시의 사정만을 고려할 것이 아니라 그 이전에 행하여진 폰뱅킹의 등록을 비롯한 제반 사정을 총체적으로 고려하여야 한다고 하면서, 폰뱅킹 등록시 주민등록증의 진정 여부 외에 그에 부착된 사진과 본인확인을 게을리한 과실을 인정하여 은행의 면책을 부정하였다.[15]

위의 채권의 준점유자에 대한 변제의 법리로 은행의 면책을 인정함에 있어서는 다음과 같은 점이 고려되어야 할 것이다.

먼저, 그러나 민법 제470조는 연혁적으로 누가 채권자인지 다툼이 있는 경우에 표현적 채권자에 대한 변제에 면책을 인정하는 제도로서, 채권자가 누구인지 다툼이 없는데 다만, 채권증서 등을 위조하여 채권자처럼 보이는 자에게 지급한 경우까지도 면책되는 규정은 아니라 할 것이다. 따라서, 무권한 자금이체 중에서, 채권증서에 해당하는 본인확인 및 거래 진정성 확인을 위한 접근장치가 고객이 원래 정당하게 보유하고 있는 것이 사용된 경우가 아니라, 접근장치를 위조하거나, 해킹에 의하여 무권한 지급지시를 한 경우라면 위 법리는 그 적용이 배제되어야 할 것이다. 또한, 표현대리 등 우리 민법의 외관법리는 정당한 사유, 과실 등 귀책사유를 요구하고 있는바, 위의 법리와의 조화를 위해서도 무권한 지급지시(위조 · 변조 · 무권대리)에 대하여 이체의뢰인에게 어떤 귀책원인이 있는 경우에 한하여야 할 것이다. 민법 제470조의 요건을 그대로 적용하여 지급의 과정만을 보고 카드와 비밀번호만 확인하는 것으로 은행은 무과실이라고 한다면, 전자자금이체에 있어서는 은행의 과실이 인정될 경우는 거의 상정되지 않고, 은행의 면책이 지나치게 넓어질 가능성이 크다. 지배영역설에 입각하여, 자금이체 지급인의 지배영역 외의 사정에 의하여 위조가 이루어진 경우에는, 자금지급은행의 면책약관으로 정하였더라도 자금이체인에게 손실을 부담시켜서는 안 될 것이다. 예를 들어, 자금이체인이 보관하고 있는 ATM카드와 비밀번호 등을 사용하여 위조 등이 된 것이 아니라, 해커가 통신회선에 침입하여 전자자금이체의 이체지시를 위조 · 변조한 경우에는 은행이 손실을 부담하여야 할 것이다.

---

14) 대법원 1998.11.10. 선고 98다20059 판결.

15) 동 판결에 대한 자세한 평석은 한웅길, "폰뱅킹(텔레뱅킹)에 관련한 법적 문제", 민사법학 제18호, 326 이하.

Ⅳ. 확인절차를 통한 위험의 적정 분배

무권한 자금이체에 대한 의사주의에 따른 해결은 무권한 지급지시의 피해자, 즉 피위조자 무권대리의 본인의 보호에는 장점이 있다. 그러나 지급지시를 수령하여 전달 혹은 집행하는 지급은행으로서는 이를 전혀 알 수 없는 입장이고, 지급지시가 하루에도 수천 수만 건이 처리된다는 사정을 고려하면 이러한 해석은 지나치게 의사주의에 치우친 입장이라 할 수 있다. 따라서 지급지시가 위조된 경우에는 그 지시는 무효이고 이를 실행한 은행이 책임을 부담한다는 원칙은 수정이 필요하다. 특히, 앞으로 점점 더 무인화, 자동화되어 가는 이 분야의 발전 방향까지 고려한다면 기존의 의사주의 이론에 의한 해결은 한계가 있다. 현금자동지급기, 자동입·출금기 등의 거래에서는 키보드를 통해 입력되는 내용대로 은행은 기계적으로 처리할 뿐이고 지급지시가 권한 있는 자의 것인가 여부는 아주 형식적, 전자적(기계적)으로 확인해 볼 수밖에 없으므로, 여기서 민법상의 의사표시에 관한 일반론을 그대로 적용하게 된다면 이 분야의 기술적 발전을 법 해석으로써 가로막는 바람직하지 못한 결과가 될 수도 있기 때문이다.

다만, 민법의 일반론을 수정할 때 생기는 피위조자의 불이익을 어떻게 구제할 것이냐 하는 문제가 남는데 이는 고객과 은행간의 합의에 의해 지급지시하는 자의 진정성을 확인하는 절차를 기술적으로 보완함으로써 그 불이익을 최소한으로 줄일 수 있다. 그리고 경제적인 측면에서 보면, 지급은행에 위험을 부담시킨다고 하더라도 이는 비용으로 계산되어 지급이체 수수료 등의 명목으로 소비자인 고객에게 전가될 것이므로 고율의 수수료로 인해 오히려 지급이체제도의 이용이 위축될 우려가 있다. 그리고 은행과 고객으로부터 사기의 손해를 제거하기 위하여 보험이 이용될 수 있기는 하나 손실이 크고 빈번하게 발생될 경우 고액의 보험료가 지급되어야 할 것이고, 이는 수수료를 통해 고객에게 전가되게 된다.[16)]

은행이 고객으로부터 지급지시를 수령할 때 일정한 확인(authentication)절차를 거치도록 하고 소정의 절차를 거쳐 수령된 지급지시는 설사 무권한으로 이루어졌다

16) 전자자금이체에 있어서 무권한이체의 위험성의 정도가 적다면 손해를 예금자 전체에 평등하게 전가하더라도 불형평이 생길 위험이 적다. 소액거래의 경우 보험료가 위조 여부를 조사, 확인하는 비용보다 저렴하다면 보험제도의 타당성이 있고, 이 경우 보험가입은 지급은행의 경우가 더 용이하므로 이에 기해 지급은행의 책임을 인정하고 은행의 손해를 최종적으로 보험에 의해 보상하게 하는 방안도 고려할 수 있다. 다만, 고액거래 등의 경우에는 별개로 취급해야 할 것이며, 보다 신중한 조사절차가 필요하다.

고 하더라도 고객의 책임을 인정하는 방법을 고려해 볼 수 있다. 여기서 고객에 책임을 부담시키는 발상은 확인절차의 제도적 신뢰성을 전제한 것이고 신뢰성에 대한 책임은 은행에 부담시켜야 한다. 고객이 관리하고 고객에게만 알려진 비밀번호 혹은 고객이 소지하는 일정한 카드 등에 의해서만 거래가 이루어지도록 하고 이러한 요건을 갖춘 지급지시는 고객의 지급지시로 보아 고객에게 책임을 묻는 것은 위험의 분배라는 면에서 보면 합리적이라 생각된다. 뿐만 아니라 이러한 확인방법의 신뢰성에 대한 책임을 은행에 부담시킬 경우 은행은 거래의 안전을 위한 확인절차의 개발에 더욱 노력할 것이다

이에 관한 외국의 입법례로는 미국의 UCC 4A편이 있는바, 무권한 지급이체에 관해 다음과 같은 상세한 규정을 두고 있다. 그 요점은 확인(authentication)절차에 의한 해결을 규정하고 있는 것인데, 원칙적으로 지급인의 책임을 인정하고 있다. 다만, 지급지시가 유효하기 위하여는 지급인이 발행한 지급지시이거나 적어도 대리권이 인정되는 자의 지급지시이어야 하지만 이에 해당되지 않는 지급지시에 있어서도 일정한 요건이 달성된 경우 이를 지급인의 지급지시로 인정하여,[17] 지급인과 지급은행간의 위험부담의 적정을 기한다. UCC 4A편은 지급지시의 진정성과 오류를 확인하기 위하여 일정한 절차(security procedure: 안전절차)를 마련하고, 이러한 안전절차가 상업적으로 합리적이고, 지급은행 자신이 동 절차를 성실하게 준수하였음을 입증할 경우에는 설사 지급지시가 지급인의 지급지시가 아닌 경우 즉, 무권한의 지급지시라 하더라도 이에 관한 책임은 지급인이 부담한다.

UCC 4A편상의 안전절차(security procedure)는 지급지시 등의 진정성, 즉 지급지시 혹은 지급지시의 변경이나 취소의 통지가 고객의 지시 혹은 통지인가, 지급지시나 통지의 전달 혹은 내용상의 오류가 존재하지 않는가를 확인하기 위한 일정한 절차를 의미한다. 안전절차는 숫자나 번호를 표시하는 알고리즘이나 다른 코드, 암호 기타 이와 유사한 확인장치를 사용하여야 한다. 이 절차의 의의는 무권한자에 의한 지급지시, 위조의 지급지시 혹은 지급지시상의 오류에 의해 생길 가능성이 있는 손실을 수신은행, 발신인 혹은 명의상의 발신인 중 누가 부담하는가 하는 문제를 해결하는데 이용된다.

이러한 안전절차는 지급인과 지급은행간의 합의로써 효력이 생긴다. 그리고 지급인이 일정한 사항을 입증할 경우에는 고객의 책임을 면제해 주고 있다. 이를 '고객측

---

17) 이러한 의미에서 '인정된 지급지시'로 볼 수 있으며, 또 이를 위하여 일정한 요건에 대한 입증이 있었다는 점에서 '증명된 지급지시'로 볼 수 있다.

의 무과실의 입증에 의한 면책'이라 한다(proof that the customer's shop was clean). 즉 고객이 지급지시가 지급지시 혹은 안전절차에 관하여 항상 고객을 위하여 행동할 의무가 수탁되어 있는 자 혹은 고객의 전송시설에 접근한 자 혹은 고객이 지배하는 정보원(정보원)으로부터 지급은행으로부터의 수권 없이 안전절차의 침해를 용이하게 하는 정보를 얻은 자[18]에 의해 직접 혹은 간접적으로 야기되지 않았다는 사실을 입증할 경우에는 UCC 4A-202조에서 규정하였던 지급인의 책임을 면제해 줌으로써 수신은행은 지급지시금액을 강제하거나 계속 보유할 권한이 없게 된다.

18) 여기에는 크게 나누어 고객의 전송시설에 대해 접근한 자와 고객에 의해 통제되는 정보원으로부터 정보를 입수한 자의 두 유형이 포함된다. 그러나 이 경우 그 정보가 어떻게 하여 얻어졌는가 혹은 고객에 과실이 있었는가 여부를 묻지 않는다.

참고문헌

〈단행본〉

이기수, 어음수표법, 제4판, 1999.

정동윤, 어음수표법, 제4판, 1996.

정찬형, 어음수표법 강의, 제2개정판, 1998.

최기원, 어음수표법, 개정판, 1996.

〈논문〉

손진화, "전자자금이체거래의 법적 규제에 관한 연구", 박사학위논문(고려대), 1990. 11.

정경영, "전자식 자금이체거래에 대한 입법적 대응", 21세기 상사법의 전개(정동윤선생 회갑기념) 성공논총 제27집 3권.

정진명, "전자자금이체의 법률관계", 인터넷법률 3호, 2000. 11.

한웅길, "폰뱅킹(텔레뱅킹)에 관련한 법적 문제", 민사법학 제18호.

제 5 절

전자외상매출채권의 법적 규율 * **

제 1 머 리 말

오늘날 기업간 전자상거래가 이루어지는 B2B 시장(e-marketplace: e-MP)을 매개로 하여 전자채권이 발생하고 거래되고 있다. 이는 주로 중소기업이 대기업에 대한 매출채권을 은행에 양도하거나 담보로 제공함으로써 현금결제를 앞당기는 효과를 가져온다. 예컨대 어느 중소기업이 대기업에 부품을 납품하고 매출채권을 현금화한다고 하자. 그 처리방법을 둘러싸고 IMF 외환위기 前과 後로 상황이 많이 바뀌었다. 종전에는 대기업으로부터 받은 어음을 거래은행이나 사채시장에서 할인 받는 것이 고작이었다. 은행은 이 어음이 부도가 날 경우 환매하는 조건으로 어음금에서 이자와 수수료를 공제하고 현금을 지급하였다. 사채업자의 경우에는 할인율이 높게 마련이고 어음발행인의 신용상태에 따라 할인을 거절하는 일도 있었다.

IMF외환위기 당시 많은 기업들이 연쇄부도의 여파로 받은 어음을 현금화하지도 못하고 도산하는 사례가 속출하자 정부와 금융계는 어음의 사용을 억제하기로 방침을 장하였다. 그리하여 거래은행이 신용상태를 잘 파악하고 있으면서 많은 담보를 잡고 있는 대기업에 대하여는 외상매출채권을 담보로 판매기업에 대출을 해주도록 했다.

이에 따라 기업이 물품의 매매 · 대여, 용역의 제공 등으로 상대방에 대하여 대금청구권(account receivables: 이하 "매출채권"이라 함)을 취득하였을 때 그 변제기 전에 자금을 조달할 수 있는 방법이 다양해졌다. 즉, ① 제3자에게 양도(outright assignment)하고 대가를 지급받거나 기존 채무를 면제받는 것, ② 할인(discount) 받는 것, ③ 금융기관 등에 담보로 제공(assignment by way of security)하고 대출을 받는 것 등의 방법을 이용할 수 있게 되었다.

첫 번째 방법은 일반적인 지명채권의 양도에 해당하므로 채권양도의 대항요건을

---

* 박훤일: 경희대학교 법학전문대학원 부교수, 법학박사.

** 본고는 2005년 10월 국민대학교에서 열린 국제거래법학회-UNCITRAL 국제학술대회에서 발표한 논문을 2009년 하반기 서울대학교 「인터넷과 법률 III」과정의 강의주제에 맞게 수정한 것이다.

갖추어야 하며, 두 번째 방법은 일반적으로 상대방으로부터 어음을 받아 이를 할인받는 식으로 이용하게 된다. 만일 세 번째 방법을 이용한다면 기업들이 특히 물적 담보가 부족한 중소기업의 경우에는 매출채권을 담보로 제공하고 추가로 자금을 조달할 수 있을 것이다.

현재 우리나라에서는 이들 세 가지 방법이 모두 전자방식으로 이용되고 있어 세계적으로 주목을 받고 있다.[1] ①은 자산유동화(asset-backed securitization: ABS) 거래를 통하여 행하여진다. 「자산유동화에 관한 법률」(이하 "자산유동화법"이라 함)에 의하면 자산보유자(originator)가 유동화 대상인 매출채권을 집합(pooling)하여 유동화전문회사(special purpose vehicle: SPV)에 양도할 때 금융감독위원회에 유동화대상자산의 명세를 전자기록으로 제출하게 되어 있는 바, 그 내용이 금융감독원의 전자공시시스템[2]을 통하여 공시되고 있다. ②는 2005년 9월부터 전자어음 제도가 시행됨에 따라 「전자어음의 발행 및 유통에 관한 법률」(이하 "전자어음법"이라 함)에 의하여 전자어음도 할인을 받을 수 있게 되었다. ③은 2000년 2월 정부의 「어음제도의 개선방향」[3]에 따라 전자방식의 외상매출채권 담보대출 형태로 널리 행해지고 있다.

본고에서는 위의 방법 중에서 주로 ③ 전자방식의 외상매출채권 담보대출에 대하여 알아보기로 한다. 특히 우리나라에서 전자외상매출채권의 거래가 이루어지게 된 배경 및 거래의 메커니즘을 살펴보고 그와 관련된 법적인 문제점을 검토하고자 한다. 외국에도 비슷한 사례가 있는지 알아본 후 현재 우리나라에서 이루어지고 있는 제도 개혁에 대해서도 생각해 보기로 한다. 다만, 종이 위에 행하여지던 채권 및 어음거래가 전자화된 것과 관련하여 국내외에서 추진되고 있는 주식 · 사채 등 유가증권의 전자등록 내지 無券化(dematerialization)에 대해서는 논외로 한다.[4]

---

1) 박휜일, "전자채권등록제도와 국내 입법", 국제거래법연구 제15집 제1호, 국제거래법학회, 2006. 7, 92.

2) DART시스템(Data Analysis, Retrieval and Transfer System)이라고도 한다. 〈http://dart.fss.or.kr〉

3) 정부(당시 재정경제부)는 어음의 분실, 위 · 변조 사고가 끊이질 않는 데다 신용경색기(credit crunch)에 받을어음의 연쇄부도로 흑자도산이 속출하자 어음제도의 점진적 폐지를 유도하기로 했다. 그 계기가 된 것은 IMF 사태 직후 25~30%의 초고금리와 신용경색이 이어지면서 흑자도산이 급증하였기 때문이다. 일부 신용이 떨어진 기업의 부도가 발생하면서 어음거래가 위축되고 이는 다시 자금난에 처한 기업의 부도를 유발하였다. IMF 사태 직후 4개월간 부도가 난 상장기업 48개사 중 41개사가 97년 상반기 흑자기업이었다(삼성경제연구소, 「IMF 사태 이후 업종별 동향 (1)」, 1998.3.17). 이에 따라 정부는 취급은행에 인센티브를 부여해 가며 기업구매자금대출제도, 기업구매전용카드제도, 외상매출채권 담보대출제도를 시행하게 되었다.

4) 한국상사법학회는 2003년 6월의 하계학술대회에서 "전자증권제도의 도입에 따른 법적 과제"라는 주제를 집중적으로 논의한 바 있다. 상사법연구 제22권 3호 참조.

제 2 전자외상매출채권의 거래

Ⅰ. 개 관

최근 우리나라에서는 채권양도에 의한 자금조달이 성행하고 있다. 그것은 기업활동이 활기를 띠면서 매출채권의 가액이 거액화하는 데다 매출채권을 거래할 수 있는 메커니즘이 자산유동화, 외상매출채권 담보대출 등으로 다양화되었기 때문이다.

종전에는 자산유동화를 통한 자금조달이 각광을 받았지만 2007년 미국의 서브프라임 모기지의 부실화로 촉발된 전세계적인 금융위기 상황에서는 자산유동화 거래가 거의 실종되다시피 한 형편이다.[5] 반면 오늘날에는 인터넷을 통한 기업간 B2B 거래가 활성화되면서 기업 상호간 및 기업과 은행 간에도 특히 현금결제의 필요성 때문에 전자결제가 널리 이용되고 있다. 이에 따라 종전에는 거래은행에서 매출채권이 표창된 어음을 할인 받는 것이 고작이었으나 지금은 전자방식으로 채권을 양도하고 대금을 결제받는 것이 일반화되고 있다. 여기에는 우리나라의 정보통신기술(IT)이 비약적으로 발전한 것과, IMF 사태 이후 금융기관들의 여신심사 시스템이 고도화되어 부동산 이외의 담보가치가 있는 자산에 관심을 갖게 된 것도 크게 작용하였다.

Ⅱ. 전자외상매출채권의 담보 제공

1. 거래의 메커니즘

전자외상매출채권[6]이란 은행과 전자외상매출채권거래계약을 체결한 기업이 B2B 거래[7] 또는 오프라인 거래를 통하여 물품을 구매한 후 물품판매자를 채권자로 지정하고 일정 금액을 변제기에 지급하겠다고 하면서 발행하는 것을 말한다.[8] 그러므로

---

5) 박휜일, "자산유동화에 의한 금융위기의 극복과 시사점", 21세기 상사법 · 민사소송법의 과제(정동윤선생 고희기념논문집), 법문사, 2009, 309-311.

6) 전자외상매출채권거래기본약관 제2조 1호에서는 "'전자채권'이라 함은 구매기업이 상거래를 통하여 판매기업으로부터 재화 및 용역(이하 "물품"이라 한다)의 구매계약을 체결함으로써 발생한 물품대금채권을, 구매기업이 본 약관에서 정한 변경권에 기하여 전자채권발행대행은행(이하 "발행은행"이라 한다)을 통한 전자적 수단에 의하여 본 약관에서 정한 절차와 방법에 따라 채권의 결제, 행사방법, 결제시기 등을 변경하기로 하는 의사표시를 함으로써 변경되는 채권을 말한다"고 정의하고 있다.

7) 기업간에 인터넷을 통해 실시간으로 거래가 이루어지는 것을 말하며, 그 시장을 뜻하는 e-MP를 운영하는 업체를 일컫기도 한다.

8) 기업의 물품 · 서비스 구매대금의 결제는 다음 방법에 의해서도 할 수 있다. ① 현금결제: 구매기업이

전자채권이란 그 발생, 양도, 소멸이 전자채권 중앙관리기관에 기록되는 것을 요건으로 하는 금전채권인 것이다.

한국은행과 금융결제원, 국내의 모든 은행이 국가정보화 사업의 일환으로 추진하여 1년 이상의 노력을 기울인 끝에 2002년 3월 4일 기업 · 외환 · 신한 · 하나은행부터 서비스를 개시하였다.[9] 전자외상매출채권거래는 인터넷뱅킹 및 B2B 거래의 폭발적 증가에 따라 금융 서비스를 업그레이드하는 의미도 있었지만, 종래 기업들이 대금결제에 사용해온 어음을 대체하는 효과가 컸다.

그 메커니즘은 다음과 같다. 구매기업(통상 대기업)이 거래은행과 협력업체 상호지원 약정을 체결하고 전자외상매출채권의 발행한도를 정한 후 거래은행에 전자외상매출채권 전용계좌를 개설한다. 판매기업(통상 중소기업)도 그의 거래은행과 전자외상매출채권 전용계좌를 개설한다. 이 전용계좌는 다른 용도로는 이용할 수 없다.

〈그림 1〉 전자방식의 외상매출채권 메커니즘

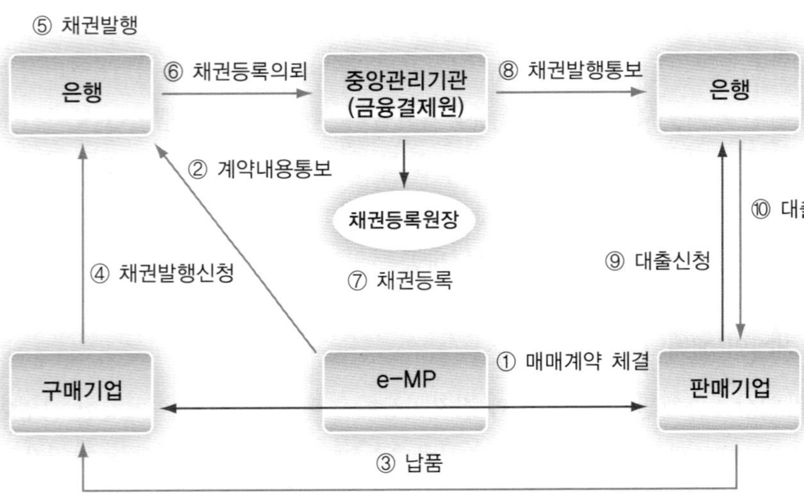

자료: 한국산업은행〈www.kdb.co.kr〉"전자방식외상매출채권담보대출 업무처리 흐름도"

구매기업은 판매기업으로부터 납품 받기로 한 내역을 인터넷뱅킹으로 거래은행

거래은행을 통하여 판매기업의 지정계좌에 송금하여 결제하는 것을 말한다. ② 구매전용카드: 구매기업이 물품구매를 위하여 사용하는 신용카드를 말한다. 구매기업은 일정 기간 경과 후 지정결제일에 결제하고 판매기업은 카드발급은행에 매출전표를 매입 의뢰하여 대금을 조기에 회수할 수 있다. 판매기업은 해당 은행과 가맹점 약정, 구매기업은 카드회원 약정을 각각 체결하여야 한다. ③ 기업구매자금대출: 판매기업이 물품대금을 지급금액으로 하는 환어음을 발행하여 거래은행에 추심 의뢰하면 구매기업은 거래은행을 통하여 사전에 약정한 대출한도 범위 내에서 기업구매자금을 대출받아 환어음을 결제한다.

9) 김형민, "전자외상매출채권의 이해", 지급결제와 정보기술 제6호, 금융결제원, 2002, 55.

에 등록하고 전자채권의 발행을 신청한다. 구매기업의 거래은행은 발행대행은행으로서 중앙관리기관(금융결제원)에 채권등록원장에의 등록을 의뢰하고, 중앙관리기관은 채권보관은행인 판매기업의 거래은행에 전자채권의 발행 내역을 전자적으로 교부한다. 중앙관리기관으로부터 발행 내역을 교부받은 채권보관은행은 이를 판매기업에 통지하고, 판매기업은 약정한 대로 물품 · 용역을 구매기업에 인도한다. 그 후 변제기가 도래하면 발행대행은행은 구매기업으로부터 대금을 지급받은 후 전자채권교환절차를 거쳐 채권보관은행의 판매기업 계좌에 입금되도록 한다.

위의 거래를 통하여 판매기업은 전자채권을 담보로 기일 전에 미리 대금을 회수할 수 있다. 즉 판매기업은 인터넷뱅킹을 통해 구매기업이 등록한 납품 내역을 조회한 후 전자외상매출채권금액의 한도 내에서 그 변제기까지의 기간 동안 대출을 받을 수 있다. 이를 위하여 판매기업이 채권보관은행에 외상매출채권을 양도[10]하면, 채권보관은행은 납품내역과 결제금액, 대출신청금액을 확인하고 판매기업의 위임을 받아 매출채권을 양수하였음을 구매기업에 통지한다.[11] 채권보관은행은 대출신청을 받은 금액의 범위 내에서 판매기업에 대출을 집행하고 변제기에 구매기업으로부터 발행대행기관을 거쳐 대금을 지급 받으면 대출금에 충당한다.

전자외상매출채권의 법적 성격은 전자채권상에 채권자의 이름이 표시된 지명채권이다. 오프라인 상의 매출채권을 채무자인 구매기업이 전자채권으로 변경한 것으로 전자증권이라는 外形과 금전채권이라는 實體가 결합된 記名債權의 성질을 가지고 있다.[12] 채무자의 전자채권 발행만으로는 완전한 효력을 가지지 못하고 중앙관리기관(금융결제원)의 채권등록원장에 등록함으로써 효력이 발생한다.[13]

---

10) 담보 목적으로 채권을 양도하는 것은 債權의 양도담보라 하겠으나, 양도담보는 제3자와의 관계에서도 채권자가 바뀌는 것이지만 전자외상매출채권 담보대출은 당사자간이나 제3자와의 관계에 있어서나 모두 擔保로서 효력만 가진다는 점에서 質權에 가까운 것으로 본다. 정경영, "전자외상매출채권 도입에 따른 법적 문제점", 2002 e-비즈니스 법제연구 I, 한국전산원, 2002. 12; 그러나 채권양도가 전자등록이라는 公示方法을 갖추었기 때문에 消費貸借로서 성격을 갖는 것으로 이는 질권이 아니라 抵當權의 속성을 갖는다고 보아야 할 것이다.

11) 종전에는 금융결제원이 公務所가 아니어서 확정일자를 발급할 권한이 없었으므로(민법부칙 제3조 4항) 전자채권보관은행이 통상 내용증명우편을 통하여 오프라인으로 확정일자를 받아야 했다. 그러나 2007년 1월부터 시행된 전자금융거래법 제20조에 의하여 채권양도의 대항요건 및 확정일자의 부여가 가능해졌다. 그러나 보관은행에 대한 담보제공 외에는 사실상 유통이 불가능한 동 채권의 성질을 감안할 때 확정일자 없이도 채무자에게 대항하는 것은 별 문제가 없었다. 정경영, 전게논문; 일본의 경우 2000년 4월「상업등기법 등의 일부를 개정하는 법률」제2조에 의하여 일본 민법시행법 제5조가 개정되어 전자문서에 의한 확정일자의 기재가 가능하게 되었다.

12) 정경영, 전게논문.

13) 이 과정에서 채권거래의 등록이 무권대리인에 의해 이루어진 경우 착오 · 사기 · 강박 등 의사표시의 하자가 있거나, 非對面거래인 관계로 타인이 본인의 성명을 모용하거나 위 · 변조가 일어날 수 있다. 대체로

전자채권의 종류는 그것이 전자상거래에서 발생한 것인지, 아니면 일반 상거래에서 발생한 것인지에 따라 〈표 1〉과 같이 나누어볼 수 있다.

중앙관리기관의 전자채권[14]과 관련된 업무는 ① 채권발행 등록, ② 채권발행 취소, ③ 위탁채권 변경, ④ 등록채권 취소, ⑤ 위탁권리 이전, ⑥ 사고신고 접수, ⑦ 채권소멸 등록, ⑧ 채권보관은행 변경, ⑨ 채권대금 입금, ⑩ 미결제채권 통지, ⑪ 채권약정 등록, ⑫ 채권 조회, ⑬ 채권발행한도 조회, ⑭ 미결제채권 조회 등으로 나누어 구분된다.[15]

〈표 1〉 전자채권의 종류

구 분		종 류
B2B거래(전자상거래)	일반 거래	무보증 전자채권, 은행보증 전자채권
	매매보호 거래	은행보증 전자채권
오프라인 거래(일반상거래)		무보증 전자채권, 은행보증 전자채권

주: 1. 일반거래: B2B시장 등을 통한 판매기업과 구매기업간 매매계약과 관련하여 판매기업으로부터 구매한 물품의 구매대금을 결제할 수 있도록 은행이 단순 결제대행 서비스만을 제공해주는 기업간 전자상거래를 말한다.
2. 매매보호거래: B2B시장 등을 통한 판매기업과 구매기업간 매매계약과 관련하여 물품의 인도와 구매대금 결제가 원활하게 이루어질 수 있도록 물품인도 전에 발행은행이 은행보증 전자채권의 지급위탁 사실을 확인해주는 결제대행 서비스가 제공되는 기업간 전자상거래를 말한다.
3. 오프라인 거래: 구매기업과 판매기업이 B2B시장을 통하지 않고 직접 대면하여 물품매매계약을 체결하는 거래를 말한다.

2. 전자채권의 법적 성격

전자외상매출채권의 거래는 일단 판매기업이 B2B 거래에서 발생한 전자채권을 중앙관리기관에 등록한다. 이를 담보로 활용하려면 거래은행에 담보로 제공하고 그 채권액의 범위 안에서 대출을 받은 후 원인관계인 매출채권의 지급일에 구매기업으로부터 변제를 받으면 판매기업이 대출금의 상환에 충당하는 비교적 단순한 구조이다. 판매기업이나 구매기업이나 거래은행과 상호신뢰를 바탕으로 긴밀한 관계를 맺

약속어음에 준하여 처리하면 될 것이다. 신봉근, "전자채권에 관한 소고-사법적 논점을 중심으로", 법학연구 제29집, 전북대 법학연구소, 2008, 100-102.

14) 한국전자지불포럼에 의하여 표준화된 전자채권의 등록사항은 다음과 같다.
① 종류(은행보증, 무보증): 1자리 숫자, ② 전자채권번호: 20자리 숫자=채권발행은행 코드(2자리)+채권발행일(yyyymmdd)+은행보증 여부(1자리)+일련번호(8자리)+체크디지트(1자리), ③ 금액: 14자리 숫자 ④ 구매기업: 법인번호, 사업자번호, 사업자명 등 ⑤ 전자채권 발행은행: 금융결제원 금융기관 공동코드(2자리) 사용, ⑥ 발행일: yyyymmdd 8자리, ⑦ 만기일: yyyymmdd 8자리, ⑧ 전자채권 보관은행: 금융결제원 금융기관 공동코드(2자리) 사용, ⑨ 판매기업: 사업자번호, 사업자명, 계좌번호 등, ⑩ 위탁 여부: 1자리 숫자, ⑪ 구매기업의 전자서명: 공인인증서 기반

15) 한국전자지불포럼 · B2B지불분과위원회, 전자외상매출채권 구성요소, 2002.

고 있으므로 사실상 판매기업이 구매기업으로부터 현금결제를 받는 효과를 가져온다. 그러나 구매기업이 대금지급 예정일에 정상적으로 지급하지 않는다면 거래은행은 판매기업에 대한 대출금을 회수하거나 신규대출을 중단할 것이므로 여전히 문제는 남게 된다.

이러한 거래를 둘러싸고 다음과 같은 법적인 문제가 제기된다.

첫째, 전자채권의 원인관계에 있는 매출채권은 소멸한 것으로 보느냐, 아니면 전자채권과 매출채권이 병존하는 것으로 보느냐 하는 것이다. 이것은 마치 약속어음을 발행하였을 때 원인관계에 미치는 영향을 논하는 것과 마찬가지로 설명을 할 수 있을 것이다. 즉, 당사자의 의사를 해석하여 ① 원인채무의 지급에 갈음하여 약속어음을 발행한 것이라면 원인채무는 소멸할 것이고, ② 단지 지급을 위한 것이라면 원인채무와 어음채무는 병존할 것이다. 만일 ③ 원인채무의 지급을 확실히 하기 위한 것이라면 어음 발행인의 의사에 따라(어음행위 해석의 문제) 원인채무가 소멸하거나 병존하게 된다.[16)]

통설과 판례에 의하면, 어음은 최종적인 확실한 지급수단이 되지 못하므로 특별한 의사표시가 없는 한 기존채무는 소멸하지 않고 병존한다고 보고 있다.[17)] 전자채권의 경우 이를 담보로 하는 것은 위의 ③에 해당되어 원인채무와 병존하는 것으로 보아야 할 것이다. 전자채권이 어음과 같은 지급수단도 아니고 단지 중앙관리기관에 등록하는 방법으로 그 존재를 확실히 해 놓은 채 그 양도성을 제한하여 오로지 거래은행의 확인을 받아 대출을 받기 위한 것(담보용)이므로 어떤 의미에서는 원인채권관계는 소멸할 수 없다고 보아야 할 것이다.

여기서 전자채권의 양도성이 극히 제한되어 있다는 것은 현재 그 용도가 B2B 거래 및 오프라인 상거래용 온라인 결제수단에 그쳐 있기 때문이다. 만기는 발행일 포함 180일 이내로 하며, 공휴일을 포함한다. 결제일은 구매기업이 전자채권금액을 결제하는 날로 전자채권상의 만기일이며, 만기일이 공휴일인 경우 다음 영업일을 결제일로 한다. 未決濟 전자채권을 발행한 구매기업에 대해서는 거래정지처분 등 제재조치를 취할 수 있다.

전자채권의 담보대출도 채권보관은행에서만 가능하고, 전자채권을 유동화하는 것도 불가능하다. 시장의 수요에 부응한다고 전자채권을 채권양도 방식이 아니라 배

---

16) 지급담당자가 있는 銀行渡어음의 경우에는 먼저 어음상의 권리를 행사한다는 것, 즉 '지급을 위하여'에 해당한다고 보는 것이 당사자의 의사에 합치될 것이다.

17) 이철송, 어음 · 수표법 제7판, 박영사, 2006, 165; 大判 1956.7.28 4289민상313; 同 1995.10.13 93다12213 판결 외 다수

서 · 교부에 의해 양도될 수 있도록 한다면 이는 다음에 설명하는 전자어음이 될 것이다.[18)]

그러나 어음행위의 無因性과는 달리 전자채권의 발행은 매매계약 자체에 하자가 있는 경우 그로 인하여 해제 · 취소되거나 반대채권의 불이행 등 손실이 발생할 우려가 있다. 그러므로 그 손실을 누가 부담할 것인지 미리 당사자간의 약정으로 확정해 두어야 한다.[19)] 구매계약의 유효성을 요건으로 하지만, 구매계약상의 대금채무의 반대급부(재화인도 · 용역제공 의무)의 先이행 여부는 전자외상매출채권의 성립에 영향을 미치지 아니한다.

Ⅲ. 전자채권과 전자어음과의 관계

1. 전자채권과 전자어음

2005년 전자어음법이 새로 시행됨에 따라 금융결제원과 각 은행은 전자어음제도의 도입을 위한 관련규정 제정 및 전산개발을 마치고 2005년 9월 27일부터 업무를 개시하였다. 전자어음은 전자문서로 작성되어 발행 · 유통되는 약속어음으로서 전자어음관리기관[20)]에 등록된 어음을 말한다. 전자어음을 실시하는 목적은 약속어음의 발행 · 유통 과정을 전자화하여 기업의 거래투명성을 높이고 실물어음의 발행 및 관리에 따르는 시간과 비용을 절감하는 등 디지털 환경에 적합한 기업간 결제수단으로 활용하기 위함이었다.

종래 기업간의 상거래에는 어음이 많이 사용되었으나 위 · 변조, 연쇄부도 등의 문제점이 속출하자 이를 해결하기 위해 첨단 정보기술(IT)을 이용하여 전자화하게 된 것이다. 우리나라의 전자어음은 이미지를 취하는 證券방식[21)]이 아니라 전자어음관리기관에 등록해야 하는 登錄방식이다. 지급지가 은행점포이고 만기는 발행일로부터 1년이며 배서는 총 20회까지 가능하다. 발행 · 배서 등의 어음행위는 공인인증서에 의

---

18) 외상매출채권의 채무자인 구매기업이 이를 전자채권으로 변경하는 것을 '발행'한다고 하는 것은 대금지급을 약속어음으로 하는 경우의 작성 · 교부에 유추할 수 있다.

19) 「전자외상매출채권거래기본약관」은 제6조 3항에서 "전자채권은 정상적인 상거래에 의해 지급하여야 할 구매대금 결제용으로만 발행하기로 한다"고 규정하여 그 유통성을 제한하고 있다.

20) 금융결제원은 2005년 1월 1일자로 법무부로부터 전자어음관리기관으로 지정을 받았다.

21) 미국에서는 오래 전부터 수표를 이미지 형태로 보관하는 트렁케이션(check truncation) 방식이 이용되었으며, 우리나라에서도 2000년부터 이러한 방식의 자기앞수표 전자정보교환제도를 운영하고 있다. 일본에서는 金融法務研究會에서 이 방안을 유력하게 검토하였으나 비용 문제에 부딪혀 최종 단계에서 중단하고 말았다. 池田眞郎 外, "「電子債權法」の立法化に向ける理論的課題", ジュリスト 座談會, (No.1276) 2004.10.1, 13.

한 전자서명을 사용한다. 백지식 어음의 발행이나 배서는 불가능하다.

전자채권도 채무자가 채권자에 대하여 일정한 금액을 일정 기일에 지급하는 것을 내용으로 하는 것이고 전자문서의 형태로 거래된다는 점에서 전자어음과 비슷하다. 전자어음은 약속어음과 똑 같이 발행되므로 전자채권과 비슷하지만, 일단 발행된 후 1년 동안 20회까지 배서 · 교부의 방식으로 유통되고 그 방법도 정형화되어 있다는 점에서 전자채권과는 큰 차이가 있다.

2. 전자어음의 거래

전자채권은 전자어음으로 발행하여 거래은행으로부터 할인 받는 형식을 취하면, 비용 · 수수료 등의 문제를 떠나, 동일한 경제적 효과를 거두게 된다.[22]

구체적인 전자어음의 이용방법[23]을 보면 우선 발행할 때 거래은행과 당좌예금계약을 체결하고 전자어음의 이용을 신청하여야 한다. 거래은행의 인터넷뱅킹 홈페이지에서 전자어음의 발행에 필요한 항목을 기입하고 공인인증서로 전자서명을 함으로써 전자어음을 발행한다. 전자어음을 발행하려면 발행수수료를 납부하여야 한다.

전자어음의 수취는 전자어음이 발행되기 전에 거래은행에 전자어음 수취인으로 등록해둔 다음 거래은행의 인터넷뱅킹 홈페이지에서 발행된 전자어음의 내역을 조회함으로써 한다. 전자어음의 배서는 전자어음관리기관(금융결제원)의 홈페이지 또는 거래은행의 인터넷뱅킹 홈페이지에서 배서할 어음을 선택한 후 필요한 항목을 기입하고 공인인증서로 전자서명을 하면 끝난다. 이 경우에도 배서수수료를 납부하여야 한다. 전자어음의 피배서인은 전자어음이 배서되기 전에 거래은행에 이용자 등록을 하여야 한다. 피배서인은 거래은행의 인터넷뱅킹 홈페이지에서 전자어음의 내역을 조회하는 것으로 어음상의 권리자가 된다.

전자어음의 지급제시 및 결제는 전자어음관리기관이 운영하는 전산시스템에 의하여 거의 자동적으로 이루어지게 된다. 발행인이 만기일에 거래은행 당좌계좌로 어음금을 입금하면 전자어음관리기관에서 소지인의 거래은행으로 입금사실을 전송하고, 소지인 거래은행은 소지인의 계좌에 어음금을 입금한다. 이 때 소지인은 지급제

22) 금융결제원은 중앙관리기관으로서 전자채권을 취급한 데 이어 전자어음관리기관으로 지정을 받았으나 전자어음의 발행, 배서에 수수료가 부과되기 때문에 그 이용이 매우 저조했다. 이에 정부는 그 이용을 활성화하기 위해 전자어음법을 개정하여 2009년 12월 7일부터는「주식회사의 외부감사에 관한 법률」에 따른 외부감사대상 주식회사(직전 사업년도말 자산총액 100억원 이상 주식회사 또는 주권 상장 법인)는 약속어음 발행 시 전자어음으로만 발행해야 하고, 종이어음을 발행하면 장당 500만원 이하의 과태료를 부과하도록 했다.

23) 금융결제원 보도자료, 2005.9.26. 〈http://www.kftc.or.kr〉

시수수료를 납부하여야 한다.

〈그림 2〉에서 보다시피 전자어음은 전자외상매출채권의 거래구조를 많이 차용하고 있다. 그러나 전자어음의 법적 성격은 배서에 의하여 양도할 수 있는 指示證券이고 법률상의 有價證券이다. 종이어음과 마찬가지로 증권상의 권리가 증권의 기재내용에 따라 결정되는 文言證券이자 원인이 되는 법률관계와 관련이 없는 無因證券으로서 유통성(negotiability)이 보장된다.

〈그림 2〉 전자어음 발행의 메커니즘

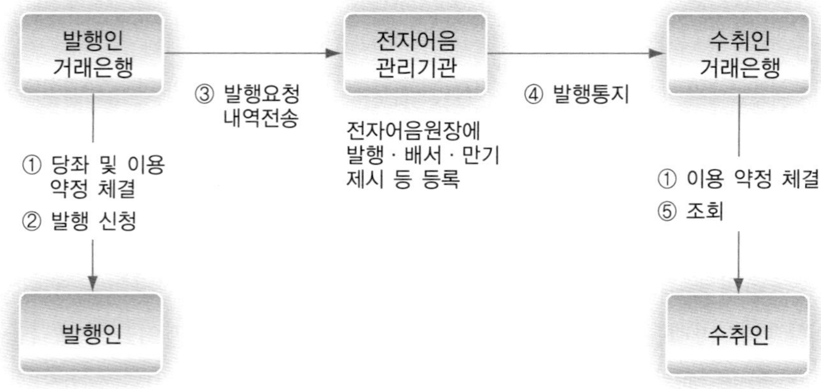

자료: 금융결제원 2005. 9. 26자 보도자료를 재구성함.

3. 전자어음을 둘러싼 논란

전자어음법은 입법과정 때부터 많은 시비와 논란이 있었다. 외상매출채권이 전자적으로 활발히 거래되는데 구태여 많은 비용을 들여가며 전자어음을 취급할 필요가 있느냐는 지적이 많았다. 그러나 전자어음법 찬성론자들[24]은 B2C 거래에서는 소액현금결제를 위한 전자결제가 매우 활성화되고 있으나, B2B 거래 및 일반 거래상의 대금지급은 매우 복잡하고 비경제적인 유통과정을 거쳐 교환결제되는 실물 약속어음으로 이루어지고 있어 디지털 경제에 합당한 電子決濟방법이 요청된다고 주장하였다. 그러므로 전자어음을 도입할 경우 거래내용이 투명하게 되고 어음의 남발로 인한 고의부도의 폐해, 어음의 위 · 변조를 방지할 수 있으며, 사채시장의 어음할인을 양성화

24) 전자어음법은 2001년 11월 말 議員立法으로 제안되었는데 이철송 교수의 2001년 연구보고서 「전자어음법의 제정에 관한 연구」에 포함되었던 전자어음법시안을 기초로 하였다. 전자어음법안은 법무부, 재정경제부 등의 반대에 부딪혀 일시 중단되었다가 2003년 5월 국회 법제사법위원회 공청회 및 학계의 논의를 거쳐 마침내 2004년 3월 임시국회에서 통과되었다.

하여 조세정의를 실현하고 금융질서를 확립할 수 있음을 강조했다. 특히 B2B거래의 결제수단을 다양화할 수 있으므로 전자상거래를 활성화하게 될 것이라고 말했다.[25)]

반면 반대론자들은 전자어음의 도입이 정부의 어음억제정책에 맞지 않고, 전자어음이 선진국의 사례도 없는 터에 국내 현실에 맞는 것인지 사전 검증이 필요하였으며, 전자어음을 관리하는 전자어음관리기관을 둘러싼 부작용이 우려된다며 이의 도입을 극구 반대하였다.[26)] 특히 전자어음을 종이어음과 함께 사용하는 경우 사채업자와 같이 거래정보의 노출을 싫어하는 사람들은 전자어음의 사용을 여전히 기피하게 마련이었고 B2B거래에 있어서도 수수료 부담을 꺼려 전자어음의 이용이 활발하지 않았다.[27)] 더욱이 전자어음제도를 유지하기 위해서는 전자어음관리기구를 두고, 전산시스템 및 인력의 유지 · 관리에 많은 비용이 드는 것도 감안해야 한다.[28)]

전자어음의 거래방법은 비교적 간단하고 사용하기에 편리하다.[29)] 그러나 거래의 실정을 보면, 온라인 또는 오프라인 거래에 따른 매출채권을 전자어음에 체화시켜 거래할 경우 판매기업의 입장에서는 매출채권을 조속히 현금화하는 것을 원하고 구매기업으로서도 굳이 비용을 들여가며 전자어음을 발행하려 들지 않았다. 또한 기업들의 유력한 단기자금조달 수단이었던 신종기업어음(CP)의 발행이 전면 스톱되는 부작용을 낳았다.[30)] 채권자가 어떤 이유에서 전자어음 할인의 필요성이 있더라도 상대방이 거래은행이라면 전자채권이 절차나 비용 면에서 유리하므로[31)] 전자채권을 권할 것이고, 일반 기업이나 사채업자의 입장에서도 거래정보가 고스란히 제3자에게 노출

---

25) 이철송, 어음 · 수표법, 박영사, 2006, 487-489.

26) 정찬형, "전자어음의 발행 및 유통에 관한 법률의 문제점", 금융법연구 제1권 제1호, 한국금융법학회, 2004, 108-109.

27) 전자어음은 발행, 배서, 지급제시 등에 수수료를 납부해야 하는 관계로 처음부터 전자어음으로 유통시킬 것을 예정하지 않는다면 현금결제 조건일 경우 인터넷뱅킹의 전자자금이체, 외상결제 조건일 경우 전자외상매출채권거래가 선호되었다.

28) 법무부로부터 전자어음관리기관으로 지정을 받은 금융결제원은 본래 회원은행의 회비로 운영되는 비영리기구이지만, 전자어음제도를 시행하면서 이를 이용하는 개인 및 법인, 금융기관들에게 일정한 비용을 부담시키고 조직과 사무실도 별도로 운영하고 있다.

29) 전자어음의 발행인과 수취인(보증인 포함)은 반드시 전자어음 사용자로 등록되어야 하는 바, 사용자 등록은 발행 및 수취계좌 은행을 직접 방문하여 신청해야 한다. 사용자 등록을 할 때 전자어음관리기관 홈페이지〈http://www.unote.kr〉에 자동으로 회원가입이 이루어진다. 전자어음의 사용은 거래은행의 인터넷뱅킹시스템을 이용하면 된다.

30) 2009년 2월 4일부터 시행된 「자본시장 및 금융투자업에 관한 법률」은 자본시장의 투자수단을 대폭 완화한 반면 적격 기업이 발행하는 융통어음 성격의 CP는 어음에 속하므로 전자어음법을 따르지 않으면 안 된다. 이에 따라 정부는 「단기사채등록법」을 새로 제정하여 기업의 CP발행을 지원할 방침이다. 이현철(금융위원회), "단기사채등록제도", 금융법학회 2009년도 동계 학술발표회, 2009.12.5.

31) 만기도래 전의 어음을 금융업자에게 양도하고 이자 기타 비용을 공제하는 어음割引의 법적 성격을 법원에서는 賣買로 보고 있다(大判 1984. 11. 15, 84다카1227; 同 1985.2.13, 84다카1832). 그러나 어음할인은 실질적으로는 金錢消費貸借에 가깝고 은행의 경우 기업에 대한 상업금융의 주요한 부분을 차지하고 있다.

되는 전자어음의 배서를 기피하려 들 것이다. 이러한 거래현실에 반하는 전자어음제도의 강화는 違憲시비로 번질 가능성이 많다는 견해마저 대두되고 있다.

제 3 외국의 전자채권 거래규범

Ⅰ. UNCITRAL 국제채권양도협약

국제거래에 있어서도 채권양도의 방법을 통한 자금조달에 일찍부터 주목하였다. 유엔국제거래법위원회(UNCITRAL)는 2001년 「국제거래에서의 채권양도에 관한 협약」(United Nations Convention on the Assignment of Receivables in International Trade: 일명 "UN Receivables Convention", 이하 "UNCITRAL협약" 또는 "협약"이라 함)을 5년여에 걸친 작업 끝에 제정하였다.[32]

국제거래상의 채권을 양도할 때 가장 큰 걸림돌은 이것이 이중으로 양도되거나 양도인의 압류채권자 · 파산관재인 등이 나타날 수 있다는 문제이다. UNCITRAL협약에서는 이에 대비하여 서로 경합하는 권리주장자(competing claimants) 중에서 優劣(priority)[33]을 가리는 규정을 두고 있다(협약 제22-24조). 다만, 협약은 우선순위에 관하여 통일적인 실체법(substantive law) 규칙을 두지 않고 저촉법(conflict of laws) 규칙(제22조)만을 두었을 뿐이며, 실체법 규칙에 관하여는 부속서(Annex)에서 각 체약국이 선택할 수 있는 여러 대안(alternatives)을 제시[34]하였다. 왜냐하면 채무자는 스스로 이익을 포기하고 채권자와의 특약으로 우선권 주장을 배제할 수 있지만, 제3자들 사이에 우열을 가리는 기준은 사회질서에 관계되는 것이므로 당사자간의 특약으로 이를 배제할 수 없기 때문이다.[35] 그러므로 협약에서는 경합하는 권리자들 사이에 누가 우선하는지 채권양도인의 소재지법에 의하여 결정하도록 하고, 협약 부속서에서는 (i) 전자방식을 포함한 국제 또는 국내 등록,[36] (ii) 양도계약의 체결시기, (iii) 통지

---

32) 2001년 12월 유엔총회 본회의에서 공식 채택되었다. 이 협약은 2009년 12월 현재 미국 등 3개국이 서명하였고 리베리아 1개국만이 비준하는 데 그쳐 여전히 발효조차 되지 못하고 있다.
〈http://www.uncitral.org/uncitral/en/uncitral_texts/payments/2001Convention_receivables_status.html〉

33) 우선권의 문제는 우리 민법상으로는 제3자에 대한 對抗要件의 문제이다. 그러나 협약에서는 우선권이 인적 · 물적 권리인지 여부, 채무를 위한 담보권인지 여부에 따라 그 취급을 달리하므로 순수한 채권양도의 대항요건 문제와 완전히 일치하는 것은 아니라고 한다. 석광현, 국제채권양도협약연구, 법무부, 2002, 20-21.

34) 5가지 대안 중에서 선택을 하지 않고 자국의 우선권 규칙을 적용할 수도 있다. 다시 말해서 이 규칙은 완전한 모델법이 아니므로 어느 국가든 추가적인 규정을 두어 이를 보완할 수 있도록 하고 있다.

35) 곽윤직, 채권총론(제6판), 박영사, 2005, 215.

36) 등록을 기준으로 우선권을 정하기로 하는 원칙에 대해 미국, 캐나다 등 이미 등록제도를 시행하고 있

의 도달시기를 기준으로 우선순위를 정하도록 하는 한편 (iv) 복수 양수인 간의 우선권에 관하여는 양도 통지의 도달시기를 기준으로 하고, (v) 양수인과 파산관재인 또는 압류채권 간에는 양도계약의 체결시기를 기준으로 하는 우선순위에 관한 5가지 대안을 제시하였다.

물론 UNCITRAL협약은 매출채권이 국제성(internationality)을 띠는 경우(원계약 체결 시점에 양도인과 채무자가 서로 다른 체약국에 소재하는 경우: 협약 제3조 1문)의 채권양도(assignments of international receivables) 및 채권거래가 국제성을 띠는 경우(양도계약 체결 시점에 양도인과 양수인이 서로 다른 체약국에 소재하는 경우: 협약 제3조 2문)의 양도(international assignments of receivables)에 적용되며,[37] 양도인은 양도계약의 체결 시점에 締約國에 소재하여야 한다.[38]

앞에서 말한 바와 같이 우리나라에서는 이미 매출채권을 전자등록하고 이를 양도하는 방식으로 이를 현금화하는 기법이 널리 이용되고 있으므로, 국제적으로 이 협약이 시행될 가망은 없어 보일지라도, UNCITRAL협약을 도입할 수 있는 국내 여건은 이미 갖춰져 있다고 볼 수 있다.

Ⅱ. 일본의 電子記錄債權法

일본에서는 오래 전부터 경제산업성장관의 자문기관인 産業構造審議會 産業金融部會 산하에 「금융시스템화에 관한 검토 소위원회」를 두고 산업금융기능의 강화 관점에서 중소 · 중견기업의 활성화 · 원활화를 위한 매출채권의 활용하는 금융의 발전 방안에 대하여 줄곧 연구해 왔다. 그 결과가 2004년 6월 中間報告書[39]로 나왔는데 매

는 나라들은 지지하였으나 유럽은행협회는 등록제도가 시기상조라는 이유로 이에 반대하였다. 석광현, 전게서, 197면.

37) 채권양도협약은 채권양도가 개인 · 가족 · 가계의 목적을 위하거나(예: 소비자청구권, 임금 · 보험금청구권의 양도), 기업소유지분의 변동을 가져오는 경우에는 다른 국내법이 적용되므로 배제된다(제4조 1항). 주식 · 외환 · 상품거래소에서의 거래, 네팅 계약으로 규율되는 파생금융상품거래 · 외환거래, 은행간 지급 · 결제, 금융기관에 의한 유가증권의 담보 · 매매 · 대여 · 환매거래, 은행예금, 신용장 또는 독립보증서에서 발생하는 금융채권의 양도는 그 결제방법이 다르므로 협약의 적용이 없다(제4조 2항). 협약은 어음 · 수표법이나 개인 · 가족 · 가계 목적의 거래당사자를 보호하기 위한 특별법(예: 소비자보호법)상의 권리 · 의무에 영향을 미치지 아니하며(제4조 3,4항), 부동산거래에 따른 채권양도 역시 현지 부동산시장을 교란할 우려가 있으므로 현지법의 적용을 받는 것으로 하였다(제4조 5항).

38) 여기서 '소재한다'(located)의 의미는 자연인의 경우 常居所(habitual residence)를 기준으로 하며, 법인의 경우에도 설립지가 아니라 주된 영업소의 소재지(place of central administration/chief executive office)로 본다. 왜냐하면 나라마다 설립지의 개념에 차이가 있을 수 있고, 절세 등을 이유로 많은 기업들이 영업지와는 아무런 상관이 없는 지역에 본사를 설립한 후 지점을 통해 영업을 영위하는 사례가 많기 때문이다.

39) 産業構造審議會 産業金融部會 中間報告書「金融サービスの高度化とリスクマネーの供給擴大に向け

출채권 및 어음의 전자적 취급에 관하여 電子債權法의 입법을 제안하였다. 소위원회는 일본에서의 매출채권 활용이 미국의 10분의 1에 불과한 점을 지적하고 채권양도 공시제도의 확충을 제안하는 한편 종이어음을 대신할 수 있는 전자적 결제수단의 개발을 촉구하였다.[40)]

日本에서는 매출채권의 금융이용이 자산유동화 방식으로 자금화하는 것부터 시작되었다. 1992년에 신용카드채권 · 리스채권 등 「특정채권등에 관련된 사업의 규제에 관한 법률」을 시행하면서 중소기업의 자금조달을 원활히 하기 위한 자산유동화를 추진하였다. 1998년부터는 자산유동화를 위한 특수목적회사(SPC) 제도를 도입하고 「채권양도의 대항요건에 관한 민법의 특례등에 관한 법률」[41)]에 의하여 채권양도등기에 의한 제3자 대항요건의 취득을 제도화하였다.[42)] 채무자가 특정되지 않은 將來債權까지 등기대상을 확대하게 되면 동산양도의 공시제도와 함께 동산 및 당해 동산의 매각대금까지 일괄하여 담보로 활용하는 것도 가능해진다.

한편 전자채권법은 「電子記錄債權法」으로 이름을 바꾸어 2007년 6월에 제정되어 2008년 12월 1일부터 시행되고 있다. 그 동안 일본에서는 주무장관이 전자채권기록기관을 지정하는 등 준비과정을 거쳐 2009년 11월부터 본격적으로 실시되었다.[43)] 일본의 전자기록채권은 어음, 지명채권에 수반하는 리스크, 코스트 경감을 위해 새로 창설되었는데, 혼다, 파나소닉 등 10여개 대기업이 미쓰비시토쿄, UFJ은행 등을 통해 전자채권을 발행하는 등 현재 7천여 개의 기업과 금융기관이 이 제도를 이용하는 것으로 알려졌다.[44)] 채권자와 채무자는 인터넷이나 팩스를 통해 전자채권 관리기관

て」 2004.6.25; 小委員會 會議案件 「金融システム化に關する檢討小委員會報告書－電子債權について」, 2004.6.16. 〈http://www.meti.go.jp/policy/economic_industrial/press/0005366/0/040625shingikai2. pdf〉

40) 전자채권법에 관한 논의는 일본에서 오래 전에 시작되었으나, 그 시행은 우리나라가이 훨씬 앞섰다. 전자어음제도만 하더라도 일본에서는 새로운 결제제도의 도입에 따른 코스트를 누가 부담할 것인가 하는 문제 등에 결론을 내리지 못하고 전자기록채권부터 시행하게 된 것이다. 池田眞郎 外, ジュリスト 座談會, 2～3면, 14면.

41) 일본의 債權讓渡特例法은 「동산 및 채권양도 대항요건에 관한 특례등에 관한 법률」로 제명이 바뀌는 등 2005년 3월 31일에 대폭 개정되어 2006년 4월 1일부터는 법인이 動産을 양도할 때에도 등기를 할 수 있게 되었다. 자세한 내용은 윤부찬, "동산양도등록제도의 도입 필요성 – 일본의 동산양도등기제도를 중심으로", 비교사법 제12권 3호, 한국비교사법학회, 2005.9, 426-440 참조. 일본법 규정은 로앤비 〈http://www.lawnb.com〉의 일본법령 서비스로 확인.

42) 박훤일, 남북경협 확대에 대비한 북한 담보제도의 정비방안, 아산재단 연구총서 제146집, 집문당, 2004, 168, 257-263; 이성훈, "일본의 채권양도 등기제도에 관한 소고(1-3)", 경영법무, Nos. 92-94.

43) 일본의 전자채권기록기관은 독점체제가 아니다. 2009년 6월 24일 日本電子債權機構株式會社가 제1호로 주무장관의 지정을 받아 개업한 데 이어 전국은행협회가 회원은행들이 모두 참가하는 전자채권기록기관의 설립을 준비하고 있다. 대형은행은 물론 중소 · 지역 금융기관들도 그 참여를 검토하고 있다고 한다. 佐藤哲治, "*電子記錄債權の法的位置づけ*", NBL No.918, 2009.12.1, 32.

44) 매일경제신문, "일본 전자채권거래 11월부터 시행, 7000여개 기업 참여", 2009.10.12.

에 신청하는 방식으로 전자채권거래에 참여할 수 있으며, 기존 현금결제 방식에 비해 외상판매 대금을 조기에 현금화할 수 있다는 장점이 있기 때문에 중소기업 자금조달에 많은 도움을 줄 것으로 기대되고 있다. 일본 정부는 전자채권거래를 시행하면서 위조방지와 각종 대책 등을 보완해 2010년부터는 일반 기업도 참여하도록 적극 권장할 방침이다.

일본의 전자기록채권은 그의 발생 · 양도에 있어서 전자채권기록기관이 조제하는 기록원부에의 전자기록을 요건으로 하는 새로운 유형의 금전채권이다. 입법 당시 금융계와 경제계에서는 전자기록채권이 ① 어음 대용의 활용(어음의 전자화), ② 일괄결제방식의 활용(판매기업, 구매기업, 금융기관 3자간 계약에 기하여 판매기업이 금융기관에 대금채권을 양도하고 금융기관이 대금채무를 인수하는 방식으로 판매기업은 금융기관으로부터 대금을 지급받고 구매기업은 금융기관에 그 대금을 지급하는 一括決濟방식), ③ 신디케이트론 등 대출계약에의 활용(대규모 자금수요에 응하여 복수의 금융기관이 신디케이트를 구성하고 하나의 대출계약서에 기하여 동일 조건으로 대출을 행할 때 전자기록채권을 활용하여 대출채권의 유동화를 도모) 등이 기대되었는 바, 전자채권기록기관의 사업내용을 보면 이러한 세 가지 서비스를 모두 제공할 것으로 보인다.[45] 일본 전자기록채권법을 보면 전자기록채권의 발생과 양도에 관한 必要的 기재사항(동법 제16조 1항, 제18조 1항) 외에 광범위한 任意的 기재사항을 인정하고 있다(제16조 2항, 제18조 2항). 양도기록, 보증기록, 질권설정기록과 분할기록을 금지하거나 제한할 수 있으며(제16조 2항 12호), 선의취득(제19조), 인적항변의 절단(제20조) 등 유통보호규정의 적용을 배제하는 것도 인정(제16조 2항 8호, 10호)하는 등 이용자의 이용방법에 부합하여 필요한 기능만을 갖는 전자기록채권을 발생시킬 수 있게 하고 있다.[46] 우리나라의 전자채권의 용도가 외상매출담보부 대출에 한정된 것과는 달리 금융계와 경제계가 그 활용방법을 여러 가지로 고안하여 이용할 수 있게 해 놓았다.

제 4 맺 음 말

앞에서 살펴본 바와 같이 우리나라의 전자채권은, 이것을 양도하거나 할인받거나 담보로 제공하고 자금을 조달하는 방법에 있어서 매우 제한적인 담보부 대출만 이용해 왔다. 그러다가 전자채권의 유통성을 제고하기 위해 그 동안 이용실적이 저조하였

45) 佐藤哲治, 전게논문, 33.
46) 상계논문, 33.

던 전자어음의 사용을 강제하게 된 것이라 볼 수 있다. 우리나라의 발전된 정보기술(IT)과 인터넷 인프라를 활용하여 전자어음법의 입법례가 드문 가운데[47] 거의 독창적으로 법제를 만들어 시행한 것은 바람직한 일이다. 그러나 전자외상매출채권 거래제도나 전자어음제도가 융통성을 발휘할 수 없고 금융시장의 니즈에 적극 부응하지 못한 것은 아쉬운 점이라 하겠다. 일본에서는 비록 우리나라보다 법제화는 늦었지만 법제도의 유연한 활용이 가능하게끔 설계되어 앞으로 금융시장에서의 이노베이션에 따라서는 입법 당시 생각하지 못했던 방법으로의 활용이 기대되고 있다.[48]

하지만 우리나라에서도 기업금융을 원활히 하기 위해 전자등기를 활용하는 방안이 적극 모색되고 있다. 최근 입법이 예고된 「동산 · 채권 등의 담보에 관한 법률」에 의하면, 그동안 담보가치 활용의 사각지대에 놓였던 동산을 채무자가 계속 점유하는 가운데 전자방식으로 담보등기할 수 있게 하는 한편 채권을 양도하는 것도 전자등기를 통해 담보로 활용할 수 있도록 하였다.[49] 따라서 그 동안 자산유동화 방식으로 SPV에 자산의 집합(asset pool)을 양도하는 것과는 달리 개별적으로 전자등기가 되어 있는 동산, 매출채권, 지적재산권 등도 이를 담보로 활용하는 것이 용이해질 전망이다. 이러한 경우에는 자산유동화(ABS)보다 자산담보부 대출(asset-backed loan: ABL)이 널리 이용할 것으로 예상된다. 특정 대기업의 협력업체가 아닌 일반 중소기업들도 이용할 수 있게 하고,[50] 큰 규모로 자산을 모아 SPV에 양도하지 않고도 필요할 때마다 금융을 이용할 수 있게 하는 전자채권의 다양한 활용방안이 널리 모색되어야 할 것이다.

---

47) 미국의 통일전자거래법(Uniform Electronic Transaction Act: UETA) 제16조가 규정하는 양도성 기록(transferable records)이 전자어음을 포함한 전자적 권리증서에 해당한다고 보는 견해가 있다. 정경영, 유가증권 전자화에 관한 법률적 고찰, 한국법제연구원, 2002, 27 이하.

48) 佐藤哲治, 전게논문, 37.

49) 동 법안에 대한 상세한 해설은 김재형, "「동산 · 채권 등의 담보에 관한 법률」 제정안의 구성과 내용", 법조, 2009. 10. 참조

50) 전자채권거래는 非對面거래이므로 거래상대방, 특히 중소기업의 거래능력, 신용도를 평가하는 일이 매우 중요하다. 현재 이크레더블을 비롯한 신용정보회사가 온라인 상으로 이러한 서비스를 제공하고 있다. 한편 신용보증기금은 금융업무 전반의 전자화 추세가 지속되고 기존 보증상품으로 지원할 수 없는 분야가 계속 발생함에 따라 이를 해소하고자 '전자채권'에 대하여 신용보증을 지원하는 '전자채권 담보대출보증'을 2008년 6월 개시했다. 전자채권 담보대출보증은 중소기업이 상거래를 하면서 거래처로부터 수취한 전자채권을 담보로 금융기관으로부터 받는 대출금에 신용보증기금(코딧)이 신용보증을 하고 전자채권이 결제되면 그 돈으로 대출을 상환하는 구조이다. 그 동안 전자채권을 수취하더라도 발행기업의 신용도 문제로 전자외상매출채권 담보부 대출을 활용하지 못했던 중소기업들도 코딧의 전자채권 담보대출보증을 받으면 자금난을 크게 해소할 수 있을 것으로 보인다. 한국재경신문 2008.6.4.

* Associate Professor of Law at Kyung Hee University Law School.

참고문헌

〈단행본〉

곽윤직, 채권총론(제6판), 박영사, 2005.

박훤일, 남북경협 확대에 대비한 북한 담보제도의 정비방안, 아산재단 연구총서 제146집, 집문당, 2004.

삼성경제연구소, 「IMF 사태 이후 업종별 동향 (1)」, 1998. 3.

석광현, 국제채권양도협약연구, 법무부, 2002.

이철송, 어음 · 수표법 제7판, 박영사, 2006.

______, 어음 · 수표법, 박영사, 2006.

자산유동화 실무연구회, 금융혁명 ABS: 자산유동화의 구조와 실무, 한국경제신문사, 1999.

정경영, 유가증권 전자화에 관한 법률적 고찰, 한국법제연구원, 2002.

한국재경신문, 2008. 6. 4.

한국전자지불포럼 · B2B지불분과위원회, 전자외상매출채권 구성요소, 2002.

池田眞郎, 「債權讓渡法理の展開」(債權讓渡の研究 第二卷), 弘文堂, 2001.

産業構造審議會 産業金融部會 中間報告書「金融サービスの高度化とリスクマネーの供給廣大に向けて」 2004. 6.

金融システム化に關する檢討小委員會 會議案件「金融システム化に關する檢討小委員會報告書ー電子債權について, 2004. 6.

http://www.meti.go.jp/policy/economic_industrial/press/0005366/0/040625shingikai2.pdf

〈논문〉

김재형, 「동산 · 채권 등의 담보에 관한 법률」제정안의 구성과 내용", 법조, 2009. 10.

김형민, "전자외상매출채권의 이해", 지급결제와 정보기술 제6호, 금융결제원, 2002.

매일경제신문, "일본 전자채권거래 11월부터 시행, 7000여개 기업 참여", 2009. 10.

박훤일, "자산유동화에 의한 금융위기의 극복과 시사점", 21세기 상사법 · 민사소송법의 과제(정동윤선생 고희기념논문집), 법문사, 2009.

______, "전자채권등록제도와 국내 입법", 국제거래법연구 제15집 제1호, 국제거래법학회, 2006. 7.

신봉근, "전자채권에 관한 소고-사법적 논점을 중심으로", 법학연구 제29집, 전북대 법학연구소, 2008.

윤부찬, "동산양도등록제도의 도입 필요성 - 일본의 동산양도등기제도를 중심으로", 비교사법 제12권 3호, 한국비교사법학회, 2005. 9.

이성훈, "일본의 채권양도 등기제도에 관한 소고(1-3)", 경영법무, Nos.
이철송, 「전자 어음법의 제정에 관한 연구」, 2001.
이현철(금융위원회), "단기사채등록제도", 금융법학회 2009년도 동계 학술발표회, 2009. 12.
정경원, "전자외상매출채권 도입에 따른 법적 문제점", 2002 e-비즈니스 법제연구 I, 한국전산원, 2002. 12.
정찬형, "전자어음의 발행 및 유통에 관한 법률의 문제점", 금융법연구 제1권 제1호, 한국금융법학회, 2004.
한국상사법학회, "전자증권제도의 도입에 따른 법적 과제", 2003. 6.
佐勝哲治, "電子記錄債權の法的位置づけ", NBL No.918, 2009. 12.
池前眞郎 外, "「電子債權法」の立法化に向ける理論的課題", ジュリスト 座談會, (No.1276), 2004. 10.

〈인터넷〉

국제거래에서의 채권양도에 관한 협약(UN Receivables Convention),
http://www.uncitral.org/uncitral/en/uncitral_texts/payments/2001Convention_receivables_status.html
금융감독원 전자공시 사이트 http://dart.fss.or.kr
금융결제원 홈페이지 http://www.kftc.or.kr
기타 인터넷 포털을 통한 뉴스 검색 http://www.naver.com, http://www.google.com
로앤비 http://www.lawnb.com
전자어음관리기관 홈페이지 http://www.unote.kr
한국산업은행 홈페이지 http://www.kdb.co.kr
日本 經濟産業省 홈페이지
http://www.meti.go.jp/policy/economic_industrial/press/0005366/0/040625shingikai2.pdf
UNCITRAL 홈페이지 http://www.uncitral.org/uncitral/index.html

제 6 절

전자어음의 발행과 유통에 관한 법적 문제점 *

제 1 서 언

Ⅰ. 오늘날 유가증권을 그 기능별로 크게 구별하면 주로 지급수단으로서의 기능을 수행하는 지급증권(예컨대, 수표), 신용수단으로서의 기능을 수행하는 신용증권(예컨대, 어음), 자본조달 및 투자의 수단으로서의 기능을 수행하는 자본증권(예컨대, 주권 · 채권) 및 재화의 유통을 촉진시키는 기능을 수행하는 물품증권(예컨대, 화물상환증 · 창고증권 · 선하증권)이 있다.[1]

Ⅱ. 이러한 각종의 유가증권은 컴퓨터에 의한 새로운 정보통신기술에 의하여 서면인 유가증권 분야에서 새로운 큰 변화를 가져왔다. 즉 지급증권인 수표는 직불카드제도(debit card system) · 은행의 전자자금 이체제도(Electronic Fund Transfer System: EFTS) 및 지로(Giro)제도 등에 의하여 많이 대체되고 있고(현금 없는 대체거래), 신용증권인 어음은 그의 일부가 신용카드제도(credit card system)에 의하여 대체되고 있으며, 자본증권인 주권과 채권은 증권예탁 결제제도에 의하여 무권화되고 있고(현물 없는 대체거래), 물품증권인 선하증권은 전자선하증권(商法〈이하 '商'으로 약칭함〉 862조)에 의하여 대체되고 있다.[2]

Ⅲ. 이와 같이 서면인 유가증권에 대체하는 새로운 제도가 발생함에 따라 이를 규율하기 위한 새로운 입법이 필요한데, 이에 관하여는 현재 부분적으로 일부의 사항을 규율하는 법률은 제정되어 있으나 당사자간의 사법상의 권리 · 의무를 포괄적으로 규율하는 법률은 아직 제정되어 있지 않고 이에 관하여는 주로 은행 등이 제정한 약

---

* 정찬형: 고려대학교 법학전문대학원 교수.

1) 정찬형, 어음 · 수표법강의(제7판), 박영사, 2009, 27-29; 同, 상법강의(下)(제11판), 박영사, 2009, 14-15.

2) 정찬형, 전게 어음 · 수표법, 29-30; 同, 전게 상법강의, 921.

관 등에 의하여 규율되고 있다. 즉 직불카드와 신용카드에 관하여는 현재 우리 나라에서 여신전문금융업법(제정: 1997년 8월 28일 법률 제5374호)에서 규율하고 있으나 이는 주로 이러한 카드를 발행하는 신용카드업자를 감독하기 위한 규정이고(동법 2조-27조 참조), 신용카드거래에 관련된 당사자간의 사법상의 법률관계는 거의 카드발행회사가 제정한 약관(카드회원약관 및 카드가맹점약관)에 의하여 규율되고 있다. 또한 현재 우리 나라에서 많이 이용되고 있는 전자자금이체거래에 관하여는 전자금융거래법(2006년 4월 28일 법률 제7929호)에서 부분적으로 당사자간의 권리와 의무에 대하여 규정하고 있으나(동법 2조-15조) 이 법도 주로 전자금융업자를 감독하기 위한 규정을 두고 있다(동법 21조-51조). 따라서 전자자금 이체에 관한 당사자간의 사법상의 법률관계는 주로 은행 등이 제정한 약관 등에 의하여 규율되고 있는데, 이에 관한 상세한 내용을 규율하는 입법의 필요성이 주장되고 있다.[3] 그러나 전자자금이체에 관하여 미국에서는 통일상법전(Uniform Commercial Code: UCC) 제4A장 및 전자자금 이체법(Electronic Fund Transfer Act, 15 U.S.C §§1693-1693r)이 제정되어, 이러한 거래를 하는 당사자의 사법상의 권리관계를 상세히 규율하고 있다.[4]

Ⅳ. 이와 같이 현재 전자화가 이루어지고 실생활에서 많이 이용되고 있는 전자자금이체 · 직불카드 및 신용카드 분야에서도 당사자간의 사법상 법률관계를 상세히 규율하는 법률이 아직 제정되어 있지 않았는데, (법 제정 당시에) 거래계에서 거의 이용되고 있지도 않은 전자어음에 관하여 전자어음법이 먼저 제정되었다. 즉 2004년 3월 22일 법률 제7197호로 「전자어음의 발행 및 유통에 관한 법률」(이하 '전자어음법'으로 약칭하고, 조문인용에서는 '電어'로 약칭함)이 제정 · 공포되었고, 또한 동법시행령(이하 '電어施'로 약칭함)이 2004년 12월 31일 대통령령 제18637호로 제정 · 공포되어, 동법은 2005년 1월 1일부터 시행하는 것으로 되었다(電어 附則). 이러한 전자어음법은 외국의 입법례에서도 거의 없는 입법으로 우리 나라에서 처음으로 제정되었다고 볼 수 있는데,[5] 현행 어음법(이하 조문인용에서는 '어'로 약칭함)과도 상충되고 또한 약속어음에 대체되는 새로운 결제제도(예컨대, 기업구매 자금대출제도 · 전자외상 매출채권 담보대출제도 · 기업구매 전용카드제도 등)가 활성화되고 있어 약속어음의 이용이 줄어들

---

3) 이에 관한 상세는 정찬형, "전자자금 이체의 법적 문제 및 입법론적 검토", 디지털 경제법 4, 한국법제연구원, 2002. 참조.

4) 정찬형, "전자어음법의 제정 필요한가?" 고려법학, 제41호, 2003, 40.

5) 同旨: 정동윤, 어음 · 수표법(제5판), 법문사, 2004, 475.

고 있는 때에 이에 역행하는 전자어음법이 이와 같이 조급히 제정된 것이므로,[6] 앞으로 이의 해석과 적용에 있어서 매우 신중한 접근이 요망된다.[7]

V. 전자어음법은 그 후 2009년 1월 30일에 개정되었고(법률 제9364호, 시행 2009. 1. 30), 다시 동년 5월 8일에 개정되어(법률 제9651호, 시행 2009. 11. 9) 주식회사의 외부감사에 관한 법률 제2조에 따른 외부감사대상 주식회사(원칙적으로 직전 사업연도말 자산총액이 100억원 이상인 주식회사 및 주권상장법인〈동법시행령 2조〉)는 약속어음을 발행할 경우 전자어음을 의무적으로 발행하여야 하고(電어 6조의 2) 이에 위반하는 경우 500만원 이하의 과태료를 부과하고 있다(電어 23조 2항 1호).

전자어음법이 제정된 후 전자어음이 거의 이용되지 않은 점에서 위와 같이 일정 규모 이상의 주식회사에 대하여 의무적으로 전자어음을 이용하도록 한 것인데, 사법상 물건대금의 결제행위 등에 대하여 이와 같이 (약속어음을 발행할 경우) 전자어음을 의무적으로 발행하도록 하는 규정이 과연 정당한 것인지는 극히 의문이다. 이는 신용카드의 이용을 활성화시키기 위하여 이러한 회사가 물건대금의 지급을 (외상으로 하는 경우) 신용카드로 지급하지 않으면 500만원 이하의 과태료에 처한다는 것과 유사하다고 볼 수 있는데, 이러한 입법이 정당성이 있는지 극히 의문이다. 이러한 입법은 「대한민국의 경제질서는 개인과 기업의 경제상의 자유와 창의를 존중함을 기본으로 한다」(憲法 119조 1항)는 헌법에 맞지 않는 것이 아닌가 생각된다. 따라서 이러한 규정을 둠으로써 향후 불필요하게 헌법소원의 대상을 자초한 것은 아닌지 심히 우려된다.

VI. 이하에서는 전자어음법의 제정과정, 전자어음법의 제정 필요성 여부에 관한 논의, 전자어음법의 주요내용, 전자어음법의 문제점 및 결어의 순으로 살펴보겠다.

제 2 전자어음법의 제정과정[8]

I. 「전자어음의 발행 및 유통에 관한 법률안」(이하 '전자어음법안'으로 약칭함)이 2001년 11월 29일 조재환 의원의 발의와 145인의 국회의원의 찬성으로 의안번호 제

6) 정찬형, 전게논문, 42.
7) 정찬형, 전게 어음 · 수표법, 781.
8) 이에 관하여는 정찬형, 전게논문, 42-44; 同, "전자어음법의 문제점에 관한 소고," 인터넷법률, 법무부, 통권 제24호, 2004. 7, 19-20 참조.

1254호로 국회에 제출되었다. 이러한 전자어음법안은 2001년 7월 31일에 제출된 이철송 교수의 「전자어음법의 제정에 관한 연구보고서」에 기초한 것이다.[9] 위의 의원입법안인 전자어음법안은 이철송 교수의 연구보고서에 있는 「전자어음의 작성 및 유통에 관한 법률시안」[10]의 내용을 (극히 일부의 사항에 대하여만 추가하거나 문언변경을 하여) 거의 그대로 반영하고 있다.

그런데 이러한 전자어음법안에 대하여 법무부는 (i) 국제적인 통일법 추세에 맞지 않고, (ii) 현행 어음법과의 법리적인 문제점이 있으며, (iii) 전자어음을 관리하는 중앙관리기구를 둘러싼 신용질서의 붕괴위험성 및 부작용으로 인한 비용증가의 우려가 있고, (iv) 법안의 실효성에도 의문이 있다는 등의 이유로, 이의 도입 여부는 학계와 실무계의 충분한 검토와 숙의를 거쳐 신중히 결정하여야 한다는 의견을 제시하였다.[11]

또한 재정경제부도 이는 (i) 정부의 어음억제정책에 맞지 않고, (ii) 전자어음이 국내현실에서 가능한 것인지에 대한 시뮬레이션이 필요하며, (iii) 선진국의 예에도 없다는 등의 이유를 들어 반대하였다.

이러한 이유인지는 몰라도 이 후 전자어음법안에 관한 논의는 잠잠하였다.

Ⅱ. 그 후 국회 법제사법위원회는 위의 전자어음법안을 부분적으로 손질하여(즉 전자어음의 등록 등에 관한 규정은 추가하고, 준용규정에 관한 규정은 삭제하며, 나머지는 약간의 문언수정만을 하여) 이 법안을 가지고 2003년 5월 23일에 국회 법제사법위원회 회의실에서 공청회를 개최하였다.[12]

이 공청회에서도 법무부는 전자어음은 기존 (종이)어음의 문제점(발행 남용, 연쇄부도, 위·변조 등)을 그대로 가지고 있을 뿐만 아니라, 분할배서를 허용하여 기존 (종이)어음의 문제점을 확대시키고, 또한 해킹 등으로 인한 혼란 등 새로운 문제점을 발생시킬 우려가 있다는 등의 이유로 이 법 제정의 필요성에 신중한 검토가 필요하다는 의견을 제시하였다.[13]

또한 재정경제부도 전자어음법안은 연쇄부도로 인한 기존 어음의 문제를 해결하

---

9) 이철송, "전자어음법의 제정에 관한 연구", 연구보고서, 2001. 7. 31.

10) 이철송, 전게 연구보고서, 51-56.

11) 필자도 법무부로부터 이러한 전자어음법안에 대한 검토의견을 요청받고 법무부와 같은 취지로 반대의견을 회신한 바 있다.

12) 이 공청회에서의 논의된 내용의 자료에 관하여는, 전자어음의 발행 및 유통에 관한 법률제정에 관한 공청회, 국회 법제사법위원회, 2003. 참조.

13) 조정환(법무부), 전게 공청회 자료, 51-57.

지 못하고 오히려 확대할 가능성이 있고, 2000년 2월 재정경제부 · 금융감독위원회 · 한국은행 · 중소기업청이 공동으로 발표한 어음제도의 점진적 폐지를 골자로 하는 내용의 '어음제도 개선방안'에 정면으로 배치되고, 또한 최근 현금결제 비중의 증대 · 어음 대체제도의 확대 · 기업간 결제제도의 변화추세 등에서 볼 때 입법의 필요성이 크지 않다고 하여 반대하였다.[14] 또한 대법원에서도 이는 외국의 입법례가 매우 드문 선도적인 입법으로 예기치 못한 문제의 발생 등을 방지할 필요가 있고, 중앙관리기구의 시스템 장애 등이 발생하는 경우 이에 따른 많은 법률문제가 발생한다는 점 등에서 이의 입법에는 신중한 검토가 필요하다는 의견을 밝혔다.[15]

Ⅲ. 이러한 전자어음법안은 위의 공청회 후 법무부와 협의를 거쳐 국회 법제사법위원회에서 심의하는 과정에서 대폭 수정되어(전자어음관리기관을 법무부장관이 지정하도록 한 점, 전자어음관리기관은 전자어음의 등록거부 또는 발행제한을 할 수 있도록 한 점, 전자어음의 만기를 1년을 초과할 수 없도록 한 점, 백지전자어음을 인정하지 않는 점, 전자어음의 총 배서횟수가 20회를 초과할 수 없도록 한 점, 전자어음의 분할배서를 폐지한 점 등), 2004년 3월 2일 제245회 국회(임시회) 제11차 본회의에서 통과되고, 2004년 3월 22일 법률 제7197호로 공포되었다.

제 3 전자어음법의 제정 필요성 여부에 관한 논의

전자어음법의 제정과정에서 전자어음법의 필요성을 주장하는 견해[16]와 전자어음법의 필요성을 부정하는 견해[17]로 나뉘어 있었는데, 필자는 이의 입법에 반대하였다.[18]

이하에서 차례로 살펴보겠다.

---

14) 변양호(재정경제부), 전게 공청회 자료, 73-84.

15) 민병훈(대법원), 전게 공청회 자료, 105-108.

16) 신양호(한국전자거래협회), 전게 공청회 자료, 8-17; 이철송, 전게 공청회 자료, 119-120; 권종호, "전자어음제도의 도입과 법리적 과제", 2003년 제1회 한국증권법학회 특별세미나 주제발표, 2003. 2. 27, 13-20.

17) 조정환(법무부), 전게 공청회 자료, 51-57; 현대호(한국법제연구원), 전게 공청회 자료, 61-69; 변양호(재정경제부), 전게 공청회 자료, 73-84.

18) 정찬형, 전게논문, 고려법학 제41호, 52-58; 同, 전게논문, 인터넷법률 제24호, 20-25.

Ⅰ. 전자어음법의 필요성을 주장하는 견해

1. 전자어음법안의 제안이유에서는 전자어음법의 필요성에 대하여 다음과 같이 설명하고 있다.

"인터넷을 통한 금융거래가 보편화되고 전자상거래가 활성화됨에 따라 기업과 소비자간 전자상거래에서는 전자자금이체 · 신용카드결제 · 휴대폰을 이용한 결제 · 전자화폐를 통한 결제 등 소액의 현금결제를 위한 전자결제방법은 매우 활성화되고 있으나, 기업간 전자상거래 및 일반 재화와 용역의 공급에 대한 대금지급은 실물 약속어음을 발행하여 매우 복잡하고 비경제적인 유통과정을 통하여 교환결제되는 현재의 결제방법이 그대로 사용되고 있어 디지털 경제에 합당한 전자결제방법의 제도적 도입이 절실히 요청되고 있는 현실이다.

현재 어음에 의한 대금결제를 대신하는 구매전용카드 · 구매자금대출제도 · 전자방식에 의한 외상매출채권담보대출 등의 새로운 금융상품에 대하여 여러 가지 인센티브를 제공하여 어음에 의한 외상거래를 은행대출에 의한 현금결제방법으로 대체하는 제도를 시행하고 있어 실물어음의 발행액이 감소하고 관련 금융상품의 대출이 증가하는 등 좋은 결과를 얻고 있음은 사실이나, 어음은 우리 나라 기업의 대표적인 결제수단으로서 신용창조의 기능과 실물경제를 활성화시키는 장점이 있는 제도이며 이를 전자화할 경우 (ⅰ) 조세정의 실현 (ⅱ) 금융질서 확립 (ⅲ) 물류비용 절감 (ⅳ) 디지털 경제환경 효과 등의 이점이 예상되며, 2000년도 연간 약속어음 교환결제액 3,208조원과 기업간에 교부받은 어음을 다시 배서하여 결제수단으로 이용되는 금액(추정불가)을 감안할 때 이를 모두 은행대출로 대체하기는 불가능한 것이므로 실물어음을 전자어음으로 유통이 가능하도록 지원하는 입법이 필요한 실정이다.

또한 디지털 환경하에서의 전자어음은 고액의 어음을 소액으로 분할하여 배서할 수 있어, 기업간 결제에 혁신적인 편리성을 제공하고 있는 전자어음의 도입이 매우 절실한 실정이다.

그러나 현행 어음법은 실물어음의 경우를 전제하여 만들어진 법으로서 전자결제환경에 적합치 못하므로 전자어음법을 제정하여 전자어음을 일반상거래와 전자상거래에서 디지털 환경에 적합한 전자결제수단으로 사용할 수 있도록 하고, 전자어음을 통하여 조세투명성 제고로 조세정의를 실현하며, 전자화를 통한 물류비용의 절감을 꾀하고, 디지털환경에 따른 기업간 결제의 효율성을 높이는 결제수단으로 활용하고

자 하는 것이다."

2. 전자어음법의 입법 필요성에 대하여 다음과 같이 주장하는 견해가 있다.[19]

(1) 전자어음에 의하면 거래 내용이 투명하게 되고 딱지어음으로 인한 폐해도 없으며 어음의 남발로 인한 고의 부도의 폐해가 없고, 어음의 위조·변조를 방지할 수 있다.

(2) 전자어음에 의하면 사채시장의 (종이)어음할인을 양성화하여 조세의 투명성을 확보하고, 중소기업의 단기자금조달시장의 활성화도 기대할 수 있다.

(3) 전자어음에 의하면 (B2B거래의 결제수단을 다양화하여) 전자상거래를 활성화시킨다.

(4) 전자어음에 의하면 종이어음의 발행·유통·보관 등으로 인한 많은 기업 및 사회적 비용을 절약할 수 있다.

Ⅱ. 전자어음법의 필요성을 부정하는 견해

전자어음법의 필요성을 부정하는 견해는 그 이유를 다음과 같이 주장한다.[20]

1. 전자어음법의 제정이유 중 가장 먼저 드는 것이 물류비용의 개선인데, 실제 종이어음을 발행하고 수수하는 것이 과연 얼마나 비용이 들고 불편한 것인지 의문이며, 이를 계량화하여 많은 물류비용을 절감할 수 있다고 하는 점은 과장된 점이 있다.

전자어음을 발행할 경우에는 일정한 시스템 및 인력을 갖추어야 하고 또한 중앙관리기구도 설치하여야 하므로, 이에 따른 상당한 추가적 비용이 필요하다.

2. 조세 투명성 제고는 중앙관리기구가 전자어음의 거래정보를 집중·관리하고 또한 이를 공시할 수 있도록 규정하고 있기 때문인데, 이는 전자어음의 사용을 강제할 경우에는 현실성이 있으나 종이어음의 사용과 병존하는 경우에 이러한 정보의 노출을 싫어하는 자는 전자어음의 활용을 기피할 것이므로 그 실효성이 반감된다고 볼 수 있다.

---

19) 신양호(한국전자거래협회), 전게 공청회 자료, 8-17; 이철송, 전게 공청회 자료, 119-120; 권종호, 전게 전자어음제도의 도입과 법리적 과제, 13-20.

20) 조정환(법무부), 전게 공청회 자료, 51-57; 현대호(한국법제연구원), 전게 공청회 자료, 61-69; 변양호(재정경제부), 전게 공청회 자료, 73-84.

3. 전자어음법은 2000년 2월에 성립된 어음제도의 점진적 폐지를 유도하는 정부의 「어음제도의 개선방향」에 반한다. 현재 기업구매 자금대출제도 · 기업구매 전용카드제도 및 전자외상 매출채권 제도 등이 도입되어 어음제도를 상당한 수준으로 대체하고 있다.

4. 전자어음의 경우 이의 발행 · 유통에 대한 정보가 중앙관리기구에 집중 · 공시되는데, 거래정보의 노출을 꺼리는 현 기업풍토에서 이러한 정보의 집중 · 공시는 전자어음의 사용을 꺼리게 하고 또한 노출을 꺼리는 사채시장의 속성상 사채시장에서의 할인도 기대하기 어려워 전자어음은 어음으로서 기능에 상당한 한계가 있다. 또한 전자어음은 어음의 발행에서부터 소멸까지 모두 중앙관리기구에서 관리되기 때문에 어음이 가지는 중요한 특징인 무인성 · 인적항변 절단의 법리 등이 종이어음과 다르게 전개될 가능성이 있는데, 이는 어음의 유통성을 크게 약화시켜서 그 실용성이 반감될 수 있다.

5. 전자적 유통과정에서 외부 해커로부터의 보안문제, 중앙관리기구 내부자로부터의 보안문제, 시스템 에러에 대한 문제, 위 · 변조의 위험문제 등에 따른 기술적인 문제뿐만 아니라 손해발생시 누구의 위험부담으로 할 것인지와 과실에 대한 입증책임의 분배문제 등 법리적인 문제도 많다.

6. 전자어음으로 인한 모든 불이익은 이 어음을 받는 제조업체(중소기업)가 부담하게 되어, 제조업체는 더욱 더 파산하게 된다. 더 나아가서 전자어음에 대하여 조세혜택까지 부여하면 이는 종이어음을 전자어음으로 전환하는 역할을 하기보다는, 오히려 기존에 현금결제방법을 이용하고 있는 기업에게 전자어음의 이용을 유발하는 동기를 부여할 수도 있다.

Ⅲ. 사　견

결론적으로 전자어음법의 입법에 반대하는데, 그 이유는 다음과 같다.[21]

---

21) 이에 관하여는 정찬형, 전게논문, 고려법학 제41호, 52-58 참조.

1. 약속어음에 갈음하는 전자어음의 필요성이 현재 우리 상거래에서 절실하며 또한 전자어음의 이용에 따른 당사자간의 편의성과 비용절감의 효과가 크게 나타날 것인지는 매우 의문이다.[22] 기업간 전자상거래(B2B거래)에 부응하기(또는 활성화하기) 위하여 전자어음제도를 반드시 도입할 필요는 없다고 본다. 즉 전자상거래에 따른 결제가 현금결제 조건이면 전자자금이체로 하면 되고, 외상결제 조건이면 이미 2002년 초부터 이용되고 있는 「전자외상 매출채권 제도」를 이용하면 충분하다고 본다.[23] 특히 대기업의 어음남발로부터 제조업체(중소기업)를 보호하기 위하여는 전자어음 제도보다는 지명채권의 일종으로서 인적 항변 등이 허용되면서 거래은행으로부터 담보대출도 받을 수 있는 「전자외상 매출채권 제도」를 이용하도록 하여야 할 것으로 본다. 또한 전자어음제도를 이용하면 이를 발행하는 기업(특히 대기업)에게는 편리할지 모르나, 이를 수취하는 기업(제조업체 또는 중소기업)에게는 매우 불확실하고 할인 · 양도 등이 (종이어음에 비하여) 용이하지 않으므로 매우 불리하고 불편할 것으로 본다. 따라서 전자어음제도가 이에 관련되는 모든 당사자에게 편의성을 준다고 볼 수도 없다. 또한 약속어음은 상업어음(진성어음)의 용도뿐만 아니라 융통어음인 기업어음(CP어음) · 금융기관간 콜거래시 자금상환수단 · 증권금융의 어음발행 등에도 광범위하게 이용되고 있는데 약속어음의 용도별 교환규모를 보면 2002년에 상업어음의 비중은 10% 정도에 불과하며, 또한 이러한 상업어음의 비율도 어음대체 결제수단(구매자금대출 · 구매전용카드 등)의 이용활성화로 지속적으로 감소하고 있는 추세에 비추어 볼 때, 전자어음제도의 비용절감효과는 크지 않다고 본다.[24] 오히려 전자어음 제도를 이용하기 위하여는 일정한 시스템 및 인력을 갖추어야 하고 또한 중앙관리기구도 설치하여야 하므로 이에 따른 추가적 비용이 클 수도 있다고 본다. 따라서 전자어음제도를 이용하면 비용절감의 효과가 매우 크다고 강조하는 점은 과장된 점도 있다.[25]

2. 어음은 원래 만기까지의 신용을 얻을 목적으로 발행하는 신용증권으로서 지급증권인 수표와 구별된다. 따라서 지급증권인 수표는 전자자금 이체에 의하여 대체되고 있으며 또한 전자자금 이체는 우리 일상생활에서 많이 이용되고 있는 것이 현실이다. 그러나 어음은 신용증권이므로 만기까지의 신용이용(즉 할인 · 양도 등)의 담보에

22) 同旨: 송강, "어음제도의 개선방안 및 어음에 갈음한 결제제도에 관한 연구", 고려대 법학석사학위논문, 2003. 2., 85.

23) 同旨: 변양호(재정경제부), 전게 공청회 자료, 79.

24) 同旨: 변양호(재정경제부), 전게 공청회 자료, 76-77.

25) 同旨: 조정환(법무부), 전게 공청회 자료, 52.

그 중점을 두어야지, 만기에 결제되는 점만을 강조하여 어음을 수표와 같이 전자결제의 하나의 수단으로만 파악하거나 이러한 점만을 강조하여 디지털환경에 따른 기업간 결제의 효율성 또는 다양성을 높이는 결제수단으로 활용하기 위하여 전자어음법을 제정한다는 것은 적절치 않은 것으로 본다.

이러한 점에서 미국에서도 1989년에 통일상법전을 개정하면서 어음에 관한 사항은 그대로 두고, 지급증권에 관한 사항에 대하여만 (전자자금 이체를 포함하여) 4A장(자금이체)을 신설하여 규정하고 있다.[26)]

3. 유체화된 종이어음에 대하여도 신뢰하지 못하고 공증 등을 하며 또한 많은 법률문제를 야기하고 있는데, 형체도 없는 전자어음을 자발적으로 수령하고 물건을 공급하거나(제조업체) 금전을 대여하고자 하는 자(할인업체)가 얼마나 많이 있을지 의문이다. 다시 말하면 종이어음의 실물에 익숙한 어음의 이용자 또는 자기의 재산관계나 거래관계의 노출을 꺼려하는 자에게는 전자어음이 자기의 권리에 대한 불안감을 주거나 노출되는 것을 두려워하여 그의 이용을 기피하는 점도 많을 것이다. 따라서 전자어음의 이용에 대한 필요성과 공감대가 형성되지 않은 상황에서 이에 대한 사전의 충분한 문제점의 검토도 없이 먼저 입법을 하는 것은 매우 무모하고 시간과 경비만을 낭비하며 많은 문제점을 유발하는 결과가 될 수도 있을 것으로 본다.[27)] 전자어음은 이를 발행하는 대기업에게는 결제의 간편성 등으로 유용할는지 몰라도(따라서 대기업을 대표하는 경제단체는 이 제도에 찬성할 수 있음) 이를 수취하는 제조업체(중소기업)는 매우 불안하고 또한 어음관계의 노출을 꺼려하는 사채업자로부터 할인을 받을 수도 없으므로 결국 제조업체(중소기업)의 어려움과 문제점을 가중시키고, 또한 현금결제를 하는 기존의 대기업에게 전자어음의 이용을 유발시켜 중소기업의 어려움을 더욱 가중시킴은 물론 현금결제의 비중을 높여 중소기업을 보호하고자 하는 정부의 정책에도 정면으로 반하게 되는 결과가 된다.[28)]

4. 유체화된 종이어음에 대하여도 위조 · 변조 등이 많이 발생하여 많은 법률문제를 야기하고 있는데 전자어음의 경우는 원본도 불확실하고 해킹 등의 위험도 추가되며 또한 대량으로 유통될 수 있어 컴퓨터 기술발전을 고려하더라도 항상 위조 · 변조

---

26) 정찬형, "전자어음법(안)에 대한 검토의견서", 법무부에 대한 회신, 2001.12.13, 2-3.
27) 정찬형, "전게 전자어음법(안)에 대한 검토의견서", 3.
28) 同旨: 현대호(한국법제연구원), 전게 공청회 자료, 64-65; 송강, 전게 석사학위논문, 84.

의 위험이 매우 크며, 이 경우 법률상 책임을 부담할 자 및 입증책임을 부담할 자 등의 확정이 어려워 새로운 많은 법률문제를 야기할 수 있다.[29]

5. 우리 어음법은 1930년 제네바 어음법 통일조약에 따른 것인데, 전자어음법에 관한 국제조약도 없고 또한 외국의 입법례도 없음에도 불구하고 우리 나라만이 유일하게 어음 중에서도 약속어음만에 관하여 전자어음법을 제정하여야 할 필요성이 꼭 있는지는 의문이다. 또한 국내에서도 외국인과의 무역거래가 매우 빈번한데 이에 관한 분쟁시 새로운 문제를 유발하고, 외국인(외국기업)이 이 제도를 남용할 경우 오히려 이 법으로 인하여 내국인(내국기업)의 폐해가 커서 국가이익에도 반하지 않을런지도 우려된다.

외국의 경우는 일반적으로 거래의 결제비중에서 어음의 비율이 축소되거나 다른 형태로 대체되어 있는 경향이 있으며, 또한 어음 자체를 전자화하여 발행 · 유통의 대상으로 하기보다는 그 결제(교환)업무를 전자화(부동화)하고 있다.[30]

참고로 미국의 통일전자거래법(Uniform Electronic Transaction Act: UETA)[31] 제16조는 양도성 기록(transferable records)에 대하여 규정하고 있는데, 이 때의 「양도성 기록」은 "전자기록이 서면이었을 경우 통일상법전 제3장에서의 약속어음(note) 또는 UCC 제7장에서의 증서(document)의 자격을 갖추고, 전자기록의 발행자가 명시적으로 양도성 기록임에 합의한 전자기록을 의미한다"고 한다[UETA §16(a)]. 이러한 양도성 기록의 권리자는 양도성 기록상의 권리양도를 증명하기 위하여 채용된 시스템에 의하여 양도성 기록의 수취인 또는 양수인으로 신뢰할 수 있게 입증된 자이다[UETA §16(b)]. 또한 이러한 시스템이 위 제16조 (b)항의 요건을 충족시키고 양도성 기록이 (일정한 경우를 제외하고) 유일하고 확인가능하며 변경할 수 없는 하나의 정본(a single authoritative copy)이 존재하는 방법으로 생성 · 저장 · 양도되는 경우에는 그러한 양도성기록의 수취인이나 최후의 양수인은 권리자로 간주된다[UETA §16(c)]. 이러한 미국 UETA상의 양도성 기록에 관한 규정은 약속어음(note)[UCC §3-104(e)]과 권원증서(document of title)[UCC §7-102(1)(e)]에 대하여만 적용되는데, 이러한

---

29) 同旨: 조정환(법무부), 전게 공청회 자료, 55; 변양호(재정경제부), 전게 공청회 자료, 81; 송강, 전게 석사학위논문, 84-85.

30) 조정환(법무부), 전게 공청회 자료, 53; 변양호(재정경제부), 전게 공청회 자료, 79; 권종호, 전게 전자어음제도의 도입과 법리적 과제(2003.2.27. 한국증권법학회 발표자료), 2-6 등 참조.

31) 이는 우리 나라의 「전자거래기본법」에 해당한다고 볼 수 있다. 이에 관한 상세는 정경영, "미국 통일전자거래법(Uniform Electronic Transaction Act: UETA)에 관한 연구", 상사법연구 제19권 2호, 2000, 253-289 참조.

증권의 당사자가 전자환경에서 증권을 유통할 수 있는 이익을 갖도록 하기 위하여 규정된 것이다.[32] 즉 UETA 제16조는 발행인 또는 채무자에 대한 전자약속어음과 이에 상응하는 전자권원증서의 발행 · 양도 및 권리행사에 대한 법적 효력을 인정함으로써, 관련 시스템 및 절차를 개발하는 산업에 동기를 부여하고 있다.[33] 그런데 이러한 양도성 기록에 대하여는 발행자가 명시적으로 합의하여야 하므로[UETA §16(a)], 양도성 기록의 발행시점에서 채무자에 의해서만 발행될 수 있고 서면어음을 전자어음으로 전환할 수는 없다.[34] 또한 동조는 양도성 기록에 대한 권리자에 대하여 서면증권의 소지인과 동일한 권리를 인정하고[UETA §16(d)], 양도성 기록이 유일하고 확인 가능하며 변경할 수 없는 하나의 정본이 존재하는 것을 전제로 선의취득도 인정하고 있다[UETA §16(c)]. 또한 양도성 기록에 대한 채무자는 서면증권의 채무자와 같은 항변을 주장할 수 있다[UETA §16(e)]. 그러나 채무자가 요청할 경우 양도성 기록에 대한 자신의 권리를 증명할 합리적인 증거를 제시하여야 한다[UETA §16(f)].

이러한 전자약속어음에 관하여 규정한 미국의 통일전자거래법은 통일주법 위원전국회의(National Conference of Commissioners on Uniform State Laws: NCCUSL)에 의하여 1999년에 채택된 하나의 통일법안으로, 양도성 기록에 관한 제16조는 어느 주에서 어느 내용으로 주법으로 채택되어 시행되고 있는지 명확하지 않다.[35] UETA 제16조는 전자약속어음 등이 실무에서 많이 이용되기 때문에 규정된 것이라기 보다는 앞으로 이러한 증권의 당사자가 원하는 경우 전자거래에서 이용할 수 있도록 하고, 이를 통하여 관련 시스템 및 절차를 발전시키고자 하는 목적에서 규정된 것이라고 볼 수 있다. 또 전자약속어음에 대하여 UETA는 한 개의 조문만 두고 있을 뿐이므로, 미국에서 전자어음에 관하여 단일한 법으로 규정하고 있지도 않다. 따라서 우리의 경우는 이러한 미국의 UETA 제16조가 각 주에서 어떻게 채택되고 시행되고 있으며 그 효과는 무엇인가를 파악한 후에, 전자어음에 관한 입법을 논의하여도 결코 늦지 않을 것으로 생각된다.

6. 의원입법으로 1998년 5월에는 약속어음이 남용되는 면만을 너무 부각시켜 약

---

32) Comment 1. to UETA §16.

33) *Id.*

34) 정경영, 전게 상사법연구, 272.

35) UETA는 캘리포니아주가 최초로 채택한(그러나 일부 내용을 수정하여 채택함) 이래 약 22개 주에서 채택하고 있다고 하나(정경영, 전게 상사법연구, 255-256, 255), 동법 제16조의 채택에 관한 내용은 명확하게 나와 있지 않다.

속어음제도의 폐지를 주요 내용으로 하는 어음법개정안을 국회에 제출하더니, 3년 후인 2001년 11월에는 다시 의원입법으로 약속어음의 이용을 촉진시키는 전자어음 법안을 제출하는 것은, 모두 이에 관한 충분한 검토 없이 상호 모순되는 법안을 연달아 제출하여 국회(의원)의 신뢰를 스스로 실추시키는 인상도 있다. 그 동안 정부는 약속어음제도의 남용에 따른 폐해를 축소하고 중소기업을 보호하기 위하여 2000년 2월에 약속어음의 이용을 점차 축소시키는 「어음제도개선방안」(기업구매 자금대출제도 · 기업구매 전용카드제도 · 전자외상 매출채권 제도 등)을 마련하여 시행하였으며 또한 매년 그 이용이 증가하고 있는 상황에서, 국회(의원)도 이에 반하는 법안을 제출할 것이 아니라 이러한 정부의 정책을 적극 지원하여 중소기업을 보호하도록 하여야 할 것이다.

7. 앞으로 디지털 환경에 부응하고 기업 등의 편의와 비용 등의 절감을 위하여 이에 대응하는 입법이 반드시 필요하다면 이러한 사항은 유가증권 분야에서 어음에만 해당하는 것이 아니라, 수표에 갈음하여 현재 일상생활에서 많이 이용되고 있는 전자자금이체, 주권 · 채권 등의 자본증권의 전자화에 관하여도 공통되는 사항이다. 따라서 이러한 문제는 유가증권의 전자화의 문제로 그의 필요성과 함께 그에 따른 권리자 보호의 전제하에 종합적으로 검토되어야 할 사항으로 본다. 이에 관한 입법을 개별적으로 한다면 현재 일상생활에서 많이 이용되고 있으면서 당사자간의 권리 · 의무관계에 대하여 통일된 입법이 되어 있지 않은(앞에서 본 바와 같이 부분적인 사항에 대하여는 전자금융거래법에서 규정하고 있음) 전자자금이체에 관하여 먼저 입법이 되어야지(이에 관하여 미국은 UCC 제4A장에서 규정하고 있음), 거의 이용되지도 않고 있는 전자어음에 관하여 입법을 하는 것은 순서가 전도된 면도 있다.

제 4 전자어음법의 주요내용

Ⅰ. 전자어음의 의의와 법적 성질

1. 전자어음의 의의

우리 전자어음법상「전자어음」이란 '전자문서로 작성되고 전자어음관리기관에 등록된 약속어음'을 말한다(電어 2조 2호). 이 때 「전자문서」란 '정보처리시스템에 의하여 전자적 형태로 작성, 송신 · 수신 또는 저장된 정보'를 말하는데(電어 2조 1호, 전자거래기본법 2조 1호), 여기에서의 「정보처리 시스템」이란 '전자문서의 작성, 송신 · 수신 또는 저장을 위하여 이용되고 정보처리능력을 가진 전자적 장치 또는 체계'를 말한다(전자거래기본법 2조 2호).

일반적으로 전자어음이라고 하면 전자문서로 작성되어 관리기관에 등록된 환어음과 약속어음을 말하는데,[36] 우리 전자어음법상 전자어음은 이 중에서 약속어음만을 의미한다. 따라서 이와 같이 환어음을 배제한다면 혼동의 우려가 있으므로 전자어음이라는 용어 대신에 전자약속어음 등으로 표현하는 것이 보다 더 정확하고 오인할 소지를 줄이는 것으로 본다.[37]

2. 전자어음의 법적 성질

전자어음은 사권(私權)인 금전채권을 포함하고 있으나 증권을 작성하지 않고 전자어음관리기관에 등록되어 관리되며(電어 5조 1항, 16조 2항) 또한 전자어음의 배서 · 보증 또는 전자어음상의 권리행사는 전자문서로만 할 수 있으므로(電어 5조 4항), 이의 법적 성질은 (유가증권법상 전형적인) 유가증권으로 볼 수 없고 장부증권이론에서의 장부증권 또는 전자적 권리표창이론에서의 전자적 등록증권이라고 볼 수 있다.[38] 이러한 점은 주권 또는 채권을 전자증권화한 전자증권제도(Electronic Securities System)와 동일하다고 본다. 다만 전자적 정보저장장치에 의한 권리의 표창이 전통적 권리표창방식과 동일한 것으로 인정될 수 있을 것인가에 대하여는 의문이 있으나, 오늘날 전자매체에 의하여 기억된 자료가 서면에 의하여 언제든지 일상언어로 재현될 수 있고 또한 정보통신기술의 발달에 따른 전산시스템의 안정성 및 보안성의 정도가 그 진정성을 확보하기에 충분하다면 전자적 등록을 새로운 권리표창의 하나의 방식으로 인정할 수도 있을 것이다. 이러한 점에서 볼 때 전자어음은 종래의 유가증권의 개념을 완전히 벗어난 전혀 다른 새로운 권리라고 보거나 종래의 유가증권에 적용되는 제 원칙이 모두 적용될 수 없다고 보는 것은 무리이고, 어디까지나 종래의 유가증권 개념의 연장선상에서 파악되어야 할 것으로 본다.[39] 따라서 전자어음에 대하여도 그 성질이 허용하는 한 종래의 유가증권에 관한 규정이 적용되는 것으로 보아야 할 것이다(電어 4조 참조). 또한 전자어음은 형법의 적용에 있어서는 유가증권으로 본다(電어 22조 4항).

---

36) 정동윤, 전게 어음 · 수표법), 475-476.

37) 정찬형, 전게논문, 인터넷법률 제24호, 25; 同, 전게 상법강의(下), 466; 同, 전게 어음 · 수표법강의, 782.

38) 정찬형, 전게 상법강의(下), 466; 同, 전게 어음 · 수표법강의, 783. 同旨: 정동윤, 전게 어음 · 수표법, 476.

39) 정찬형, 전게 상법강의(下), 466; 同, 전게 어음 · 수표법강의, 783. 전자증권의 법적 성질에 관한 상세는 정찬형, "전자증권제도의 도입에 따른 법적 과제," 상사법연구, 한국상사법학회, 제22권 3호, 2003, 16-20 참조.

Ⅱ. 전자어음의 발행

전자어음의 발행은 「전자어음에 필요적 기재사항을 기재하여 동 어음을 전자어음관리기관에 등록하고 수취인에게 교부하는 것」을 말하므로, 이하에서는 전자어음의 필요적 기재사항(전자어음요건)과 전자어음의 교부 및 등록에 대하여 설명하겠다.

1. 전자어음의 필요적 기재사항(전자어음요건)

(1) 전자어음의 필요적 기재사항은 다음과 같다.

① 전자어음의 본문 중에 그 어음의 작성에 사용하는 국어로 약속어음임을 표시하는 문자(電어 6조 1항 1호, 어 75조 1호) 이는 실물어음의 경우와 같다.

② 일정한 금액을 지급할 뜻의 무조건의 약속(電어 6조 1항 1호, 어 75조 2호) 이는 실물어음의 경우와 같다.

③ 만기의 표시(電어 6조 1항 1호, 어 75조 3호) 전자어음의 만기는 발행일로부터 1년을 초과할 수 없는데(電어 6조 5항), 이 점은 실물어음의 경우와 구별된다. 그러나 전자어음의 만기도 실물어음의 경우와 같이 일람출급, 일람후 정기출급, 발행일자후 정기출급 및 확정일출급이 모두 가능하다고 본다[40](어 77조 1항 2호, 33조).

④ 지급을 받을 자 또는 지급을 받을 자를 지시할 자의 명칭(電어 6조 1항 1호, 어 75조 5호) 이는 실물어음의 경우와 같다.

⑤ 발행일 및 발행지(電어 6조 1항 1호, 어 76조 6호) 이는 실물어음의 경우와 같다.

⑥ 전자어음의 지급을 청구할 금융기관(電어 6조 1항 2호) 이는 전자어음에만 있는 필요적 기재사항으로 실물어음의 경우와 구별된다. 실물어음에서 지급담당자 또는 지급장소(제3자방지급문언)는 유익적 기재사항이다(어 77조 2항, 4조, 27조). 또한 실물어음의 경우는 「지급지」가 필요적 기재사항인데(어 75조 1항 4호), 전자어음의 경우는 지급지가 필요적 기재사항이 아니고 다만 전자어음의 지급을 청구할 금융기관이 있는 지역을 지급지로 간주하는 것으로 규정한 점(電어 6조 2항)도, 양자가 구별되는 점이다. 이 때의 금융기관이란 '은행법에 따른 금융기관 및 이에 준하는 업무를 수행하는 금융기관으로 은행법 제32조의 규정에 의한 당좌예금을 취급하는 금융기관'을 말한다(電어 2조 6호, 電어施 2조).

⑦ 전자어음의 동일성을 표시하는 정보(電어 6조 1항 3호) 이는 전자어음법에만 있는 필요

---

40) 同旨: 정동윤, 전게 어음 · 수표법, 477.

적 기재사항으로 실물어음의 경우와 구별된다. 이 때 전자어음의 동일성을 표시하는 정보란 '어음의 번호 등 전자어음을 다른 전자어음과 구별하여 특정할 수 있는 정보'를 말한다.[41]

⑧ 사업자고유정보(電어 6조 1항 4호) 이는 전자어음법에만 있는 필요적 기재사항으로 실물어음의 경우와 구별된다. 이때 사업자고유정보란 '전자어음과 관련된 당사자의 상호나 사업자등록번호, 회원번호, 법인등록번호 또는 주민등록번호 등 사업자를 식별할 수 있는 정보'를 말한다(電어 2조 5호).

⑨ 발행인의 공인전자서명 발행인이 전자어음에 공인전자서명을 한 경우에는 어음법 제75조 7호에 따른 기명날인 또는 서명을 한 것으로 본다(電어 6조 3항). 이는 실물어음의 경우와 구별되는 점이다. 이 때의 공인전자서명이란 '(ⅰ) 전자서명 생성정보(전자서명을 생성하기 위하여 이용하는 전자적 정보)가 가입자에게 유일하게 속하고, (ⅱ) 서명 당시 가입자가 전자서명 생성정보를 지배·관리하며, (ⅲ) 전자서명이 있은 후에 당해 전자서명에 대한 변경여부를 확인할 수 있고, (ⅳ) 전자서명이 있은 후에 당해 전자문서의 변경여부를 확인할 수 있음의 요건을 갖추고, 공인인증서에 기초한 전자서명'을 말한다(電어 2조 3호, 전자서명법 2조 3호). 이 경우 공인인증서는 '전자서명법 제15조의 규정에 따라 공인인증기관이 발급하는 인증서'를 말하고(전자서명법 2조 8호), 전자서명이란 '서명자를 확인하고 서명자가 당해 전자문서에 서명을 하였음을 나타내는데 이용하기 위하여 당해 전자문서에 첨부되거나 논리적으로 결합된 전자적 형태의 정보'를 말한다(전자서명법 2조 2호).

(2) 전자어음에서는 백지어음이 인정되지 않고(電어 6조 6항), 또한 실물어음에서와 같은 보충규정(어조 76)이 없다. 따라서 전자어음에서는 위의 전자어음요건의 일부를 기재하지 아니한 경우에는 백지어음으로 추정되거나 보충규정에 의하여 보충되는 경우는 없고, 불완전어음으로서 무효어음으로 볼 수밖에 없다.[42]

2. 전자어음의 교부

발행인이 수취인(수신자) 또는 그 대리인이 동 어음을 수신할 수 있는 정보처리 시스템에 입력하여 송신하고, 수취인(수신자)이 동 어음을 수신할 정보처리 시스템을 지정한 경우에는 지정된 정보처리 시스템에 입력된 때이고(다만 동 어음이 지정된 정보처리시스템이 아닌 정보처리 시스템에 입력된 경우에는 수신자가 이를 출력한 때를 말

41) 同旨: 정동윤, 전게 어음·수표법, 477.
42) 同旨: 정동윤, 전게 어음·수표법, 477.

함), 수취인(수신자)이 동 어음을 수신할 정보처리 시스템을 지정하지 아니한 경우에는 수취인(수신자)이 관리하는 정보처리 시스템에 입력된 때에 전자어음을 발행한 것으로 본다(電어 6조 4항, 전자거래기본법 6조 1항 · 2항). 이는 실물어음의 경우 발행시기에 대하여 어음법에 규정이 없고 어음이론에 맡겨져 있는 것과 구별되는 점이다. 위의 전자어음법의 규정은 어음이론에서 발행설(교부시설)과 유사하다고 볼 수 있다.[43]

3. 전자어음의 등록

전자어음을 발행하려는 자는 그 전자어음을 전자어음 관리기관(이하 '관리기관'이라 약칭함)에 등록하여야 한다(電어 5조 1항). 전자어음을 관리기관에 등록하여 발행하고자 하는 자는 전자어음에 기재된 전자어음의 지급을 청구할 금융기관(지급금융기관)(電어 6조 1항 2호)과 당해 지급금융기관을 제3자방(어 4조)으로 하기로 하는 계약(당좌예금계약)을 체결하여야 하고(電어施 5조 1항), 전자어음을 수령할 자(수취인)로 하여금 관리기관에 등록하도록 하여야 한다(수취인 등록)(다만 전자어음을 수령할 자가 발행인등록을 한 경우에는 그러하지 아니하다)(電어施 6조 1항). 수취인 등록사항은 전자어음을 수령할 자의 명칭 · 사업자등록번호 또는 주민등록번호 및 주소이고(電어施 6조 2항), 관리기관은 수취인 등록을 거부하여서는 아니되며 수취인 등록을 한 자가 관리기관의 정보조직을 이용하여 배서를 하거나 전자어음의 지급제시를 할 수 있도록 하여야 한다(電어施 6조 3항).

관리기관은 전자어음의 발행인 등록 또는 수취인 등록을 한 자 외의 자가 권한 없이 등록한 자의 명의를 이용하여 전자어음행위를 할 수 없도록 등록한 자가 등록의 종류에 따라 전자어음 행위를 배타적으로 할 수 있는 장치를 제공하여야 하고(電어施 7조 1항), 또한 모든 전자어음 행위가 자신이 관리하는 정보통신망(정보통신망이용촉진 및 정보보호 등에 관한 법률 제2조 1호의 규정에 의한 정보통신망을 말함)을 통하여 이루어지도록 하여야 하며 다른 정보통신 서비스 제공자(정보통신망 이용촉진 및 정보보호 등에 관한 법률 제2조 3호의 규정에 의한 정보통신 서비스 제공자 및 동법 제18조 1항의 규정에 의한 전자문서 중개자를 말함)의 정보통신망을 통하여 이루어지거나 다른 정보통신서비스 제공자의 정보통신망을 경유한 후 관리기관의 정보통신망을 통하여 이루어지도록 하여서는 아니된다(電어施 7조 2항).

관리기관은 이용자가 사용할 전자어음에 관하여 동일한 양식을 정하여야 하고(電어施 8조 1항), 전자어음에는 복본 또는 사본의 제작이 불가능한 장치를 하여야 하며, 발행

---

43) 그러나 이를 교부계약설에 따른 것으로 해석하는 견해로는 정동윤, 전게 어음 · 수표법, 478.

된 때에는 발행인의 정보처리조직에는 전자어음이 소멸하거나 전자어음에 이미 발행을 표시하는 문언이 기재되도록 하여야 한다(電어施 8조 2항).

관리기관은 전자어음 발행인에 대하여 신용평가기관 또는 당좌예금계약을 체결한 금융기관의 전자어음 발행한도에 관한 의견 및 발행인의 연간매출액 · 자본금 · 신용도 · 당좌거래실적 등을 종합하여 전자어음 발행한도를 제한할 수 있다(電어 5조 2항, 電어施 5조 2항). 또한 관리기관은 전자어음의 발행인이 (i) 관리기관 또는 어음교환소로부터 거래정지처분(관리기관이 새로이 전자어음을 발행하고자 하는 자의 전자어음등록을 거부하거나 이미 등록한 발행인의 전자어음 발행을 금지하는 처분을 말함)을 받고 거래정지중에 있는 자, (ii) 전자어음법 또는 동법시행령과 어음법에 위반된 행위를 한 자, 또는 (iii) 그 밖에 금융기관과의 거래에 관하여 신용을 훼손하는 행위를 한 자로서 법무부령이 정한 자의 어느 하나에 해당하면 전자어음의 발행을 위한 등록을 거부할 수 있다(電어 5조 2항, 電어施 5조 3항).

Ⅲ. 전자어음의 배서

1. 전자어음의 배서의 방식

전자어음에 배서를 하는 경우에는 전자어음에 배서의 뜻을 기재한 전자문서(배서전자문서)를 첨부하여야 하는데(電어 7조 1항), 이 배서전자문서에는 전자어음의 동일성을 표시하는 정보를 기재하고 배서인이 공인전자서명을 하여야 한다(電어 7조 2항, 6항). 관리기관은 전자어음에 첨부할 이러한 배서 전자문서를 전자어음과 일체가 된 문서로 하고 전자어음과 분리할 수 없도록 하여야 한다(電어施 8조 4항). 피배서인이 다시 배서를 하는 경우에는 전자어음에 이전에 작성된 배서 전자문서를 첨부하고 위의 배서를 하여야 한다(電어 7조 4항).

이와 같이 전자어음에 대한 배서는 전자어음과는 별개의 배서 전자문서에 하는 점과 이에 전자어음의 동일성을 표시하는 정보를 기재하고 배서인이 공인전자서명을 하여야 한다는 점이 실물어음의 배서의 방식(어 77조 1항 1호, 13조)과 구별된다.

2. 배서된 전자어음의 교부

배서인은 전자어음과 배서전자문서를 전자거래기본법에 따라 피배서인에게 송신하고 또한 피배서인이 이를 수신한 때에 어음법 제13조 1항에 따른 배서 및 교부를 한 것으로 보는데(電어 7조 3항), 이는 발행의 경우와 같다.

관리기관에는 수취인이 등록되므로(電어施 6조) 이러한 수취인은 관리기관의 정보처리

조직을 이용하여 배서를 하는데(電어施 6조 3항), 배서인이 이와 같이 전자어음을 배서한 때에는 배서인의 정보처리조직에는 전자어음이 소멸하거나 전자어음에 이미 배서되었음을 표시하는 문언이 기재되도록 하여야 한다(電어施 8조 2항).

3. 배서의 횟수제한

전자어음의 총 배서횟수는 20회를 초과할 수 없다(電어 7조 5항). 이것은 전자어음의 배서가 너무 많으면 이전의 배서의 진정여부를 조사하는 것이 번거롭고 또한 시간이 많이 걸리게 되어 전자어음의 유통을 저해하기 때문인 것으로 추측되나,[44] 이러한 제한이 타당한지 또한 20회를 초과한 배서의 효력은 어떠한지 등은 의문이다.[45]

4. 특수배서

전자어음에 한 특수배서의 효력은 전자어음법에 특별히 규정하고 있지 않으므로 실물어음의 경우와 동일하게 볼 수밖에 없다[46](電어 4조).

Ⅳ. 전자어음의 보증

전자어음에 보증을 하는 자는 전자어음에 보증의 뜻을 기재한 전자문서(보증전자문서)를 그 전자어음에 첨부하여야 하고(電어 8조 1항), 이러한 보증 전자문서에는 전자어음의 동일성을 표시하는 정보를 기재하고 보증인이 공인전자서명을 하여야 한다(電어 8조 2항, 6조 3항, 7조 2항). 관리기관은 전자어음에 첨부할 이러한 보증 전자문서를 전자어음과 일체가 된 문서로 하고 전자어음과 분리할 수 없도록 하여야 한다(電어施 8조 4항).

보증된 전자어음의 교부는 전자어음의 발행의 경우와 같다(電어 8조 2항, 6조 4항).

Ⅴ. 전자어음의 지급

1. 전자어음의 지급제시

(1) 전자어음의 소지인이 전자어음 및 전자어음의 배서에 관한 전자문서를 첨부하여 지급청구의 뜻이 기재된 전자문서(지급제시 전자문서)를 지급금융기관에 송신하

---

44) 同旨: 정동윤, 전게 어음 · 수표법, 479.
45) 정찬형, 전게논문, 인터넷법률 제24호, 28.
46) 同旨: 정동윤, 전게 어음 · 수표법, 479.

고 동 금융기관이 이를 수신한 때에는 어음법 제38조 1항에서 규정한 지급을 위한 제시를 한 것으로 보는데, 다만 관리기관에 대한 전자어음의 제시는 지급을 위한 제시와 같은 효력이 있는데 관리기관이 운영하는 정보처리조직에 의하여 전자어음의 만기일 이전에 자동으로 지급제시되도록 할 수 있다(電어 9조 1항). 이러한 지급제시를 하는 소지인은 지급청구의 뜻이 기재된 전자문서에 어음금을 수령할 금융기관의 계좌를 기재하여야 한다(電어 9조 3항). 전자어음에 첨부할 이러한 지급제시 전자문서는 전자어음과 일체가 된 문서로 하고 전자어음과 분리할 수 없도록 하여야 한다(電어施 8조 4항).

(2) 전자어음의 지급제시 전자문서의 송신과 수신의 시기는 발행의 경우와 같이 전자거래기본법에 의한다(電어 9조 2항).

(3) 전자어음의 소지인이 지급제시를 위하여 전자어음을 지급금융기관에 송신하는 경우에는 전자어음의 소지인의 정보처리조직에서는 전자어음이 소멸하지 아니하고, 지급금융기관에 송부된 전자어음에는 지급제시를 위한 것임을 표시하는 문언이 기재되도록 하여야 한다(電어施 8조 3항).

2. 전자어음의 지급

(1) 전자어음의 지급제시를 받은 금융기관이 어음금을 지급할 때에는 관리기관에 지급사실을 통지하여야 하는데, 다만 관리기관에서 운영하는 정보처리조직에 의하여 지급이 완료된 경우에는 그러하지 아니하다(電어 9조 4항). 관리기관이 이와 같이 지급사실의 통지를 받거나 그의 정보처리조직에 의하여 지급이 완료된 경우에는 어음채무자가 동 어음을 환수한 것으로 본다(電어 10조).

(2) 관리기관은 지급제시 전자문서에 기재된 어음금을 수령하는 금융기관이 어음금을 수령하는 동시에 소지인이 보관하는 전자어음에 지급이 이루어졌음을 표시하는 문언이 기재되도록 장치하여야 하고(電어施 9조 1항), 지급필 문언이 기재된 전자어음을 발행인에게 송신하여야 한다(電어施 9조 2항).

(3) 전자어음의 경우에는 지급금융기관 또는 관리기관이 지급을 할 때에 전자어음의 소지인에 대하여 영수를 증명하는 기재를 하여 교부할 것을 청구할 수 없고(電어 11조, 어 39조 1항), 또한 일부지급이 허용되지 않는다(電어 11조, 어 39조 2항·3항). 따라서 전자어음의 소지인은 일부지급을 거절할 수 있다.

3. 전자어음의 지급거절과 상환청구(소구)

(1) 지급거절

(가) 전자어음의 지급제시를 받은 금융기관이 지급거절을 할 때에는 전자문서(지급거절전자문서)로 하여야 하는데(電어 12조 1항), 이러한 지급거절 전자문서는 지급제시를 위하여 송신되는 전자어음의 여백에 지급이 거절되었음을 표시하는 문언을 기재하는 방식으로 작성하거나 전자어음의 일부가 되는 별도의 문서로 작성하여야 한다(電어施 10조 1항). 관리기관은 이러한 별도의 지급거절 전자문서를 전자어음과 일체가 된 문서로 하고 전자어음과 분리할 수 없도록 하여야 한다(電어施 8조 4항).

(나) 지급금융기관은 지급거절 전자문서를 관리기관에 통보하고 그 기관이 문서내용을 확인한 경우에는 그 전자문서를 어음법 제44조 1항에 따른 공정증서로 보는데(電어 12조 2항), 전자어음의 소지인이 지급거절 전자문서를 수신한 날을 이러한 공정증서의 작성일로 본다(電어 12조 3항). 관리기관은 지급거절 전자문서를 통보받은 경우에는 전자어음의 소지인이 적법하게 금융기관에 지급을 위한 제시를 하였는지를 확인하여야 하며, 지급거절을 확인한 경우에는 지급제시를 위한 전자어음의 여백에 지급거절을 확인하였음을 표시하는 문언을 기재한 후 동 전자어음을 즉시 소지인에게 송신하여야 한다(電어施 10조 2항). 관리기관은 이와 같이 지급거절된 지급제시용 전자어음을 소지인에게 송신한 때에는 소지인이 보관하는 전자어음의 원본이 소멸되도록 하여야 하는데, 이 경우 지급거절된 지급제시용 전자어음을 어음의 원본으로 본다(電어施 10조 3항).

(2) 상환청구(소구)

(가) 지급거절된 전자어음의 소지인은 전자어음과 배서전자문서 및 지급거절 전자문서를 첨부하여 상환청구의 뜻을 기재한 전자문서(상환청구 전자문서)를 상환의무자에게 송신하여 상환청구권을 행사한다(電어 13조 1항). 이 때 상환청구권을 행사하는 전자어음의 소지인은 상환청구 전자문서에 어음금을 수령할 금융기관의 계좌를 기재하여야 한다(電어 13조 4항, 9조 3항). 또한 이 경우 전자어음에 첨부할 전자문서는 전자어음과 일체가 된 문서로 하고 전자어음과 분리할 수 없도록 하여야 한다(電어施 8조 4항).

(나) 상환의무자가 상환금액을 지급한 때에는 관리기관에 지급사실을 통지하여야 하는데(電어 13조 2항), 이러한 통지가 있으면 상환의무자가 전자어음을 환수한 것으로 본다(電어 13조 3항).

VI. 전자어음의 반환 · 수령거부

1. 전자어음의 반환

전자어음을 발행하거나 배서한 자가 착오 등을 이유로 전자어음을 반환받으려면 그 소지인으로 하여금 관리기관에 반환 의사를 통지하게 하여야 한다(電어 14조 1항). 이러한 통지를 하면 전자어음은 발행되거나 배서되지 아니한 것으로 보며, 관리기관은 동 전자어음의 발행 또는 배서에 관한 기록을 말소하여야 한다(電어 14조 2항). 이 때 전자어음의 소지인은 법무부령이 정하는 전자어음의 반환 양식을 기입하고 공인전자서명을 하여 관리기관에 통지한 경우 관리기관은 동 전자어음의 발행 또는 배서에 관한 기록을 말소하여야 한다(電어施 11조 1항).

전자어음법에 명문의 규정은 없으나 전자어음에 배서한 자도 동일하다고 본다.[47]

2. 전자어음의 수령거부

전자어음의 수신자는 전자어음의 수령을 거부하려면 관리기관에 수령 거부 의사를 통지하여야 하는데, 수령 거부 의사를 통지한 경우에는 수신자가 전자어음을 수령하지 아니한 것으로 보며 관리기관은 수신자가 청구할 경우 그 수신자가 전자어음의 수령을 거부한 사실을 증명하는 문서를 발급하여야 한다(電어 14조 2항). 이 때 전자어음의 수신자가 법무부령이 정하는 전자어음의 수령거부 양식을 기입하고 공인전자서명을 하여 관리기관에 통지한 경우 수신자가 전자어음을 수령하지 아니한 것으로 보며, 이 경우 관리기관은 수신자의 신청이 있는 경우 그 수신자가 전자어음의 수령을 거부한 사실을 법무부령이 정하는 양식에 따라 발급한다(電어施 11조 2항).

제 5 전자어음법의 문제점

2004년 3월 22일에 제정된 전자어음법은 앞에서 본 바와 같이 제정의 필요성이 있는지 여부도 의문이려니와, 그 법 자체의 내용에서도 많은 문제점이 있다. 따라서 이하에서는 전자어음법 자체의 내용상 문제점에 관하여 중요한 사항만을 지적하고자 한다.[48]

---

47) 정동윤, 상게 어음 · 수표법, 482.

48) 이에 관하여는 정찬형, 전게논문, 인터넷법률 제24호, 25-31 참조.

Ⅰ. 전자어음법에서는 “전자어음”을 「전자문서로 작성되고 동법 제5조에 의하여 전자어음 관리기관에 등록된 약속어음을 말한다」고 정의하여(電어 제2조 2호), 약속어음에 대해서만 규정하고 있다. 그런데 전자어음에서 환어음을 배제하여야 할 이유가 무엇인지도 의문이고(환어음을 배제한 이유가 무엇인지에 대하여 입법이유 등에서 밝히고 있지 않음), 환어음을 배제한다면 혼동의 우려가 있으므로 전자어음이라는 용어 대신에 전자약속어음 등으로 표현하는 것이 보다 더 정확하고 오인할 소지를 줄이는 것이 아닌가 생각된다.[49]

Ⅱ. 전자어음법에서는 「전자어음에 관하여 이 법에서 정한 것 외에는 어음법에서 정하는 바에 따른다」고 규정하고 있다(電어 4조). 그런데 현행 어음법은 유체물(종이)인 어음을 전제로 하여 규정된 것인데, 이러한 어음법의 규정이 실체가 없는 전자어음에 대하여 (전자어음법에 규정이 없는 경우) 모두 적용될 수 있을 것인가도 매우 의문이려니와, 어음법을 전자어음에 적용하는 경우 발생하는 문제점에 대한 해결방안에 관한 규정도 없다. 따라서 전자어음법에 규정이 없는 경우 어음법을 전자어음에 적용하는 경우 발생할 많은 새로운 법률문제와 혼란이 예상된다.[50] 즉 전자어음에도 어음법상 등본(어 67-68조, 77조 1항 6호) · 참가(어 55조 · 59조-63조, 77조 1항 5호) · 어음금액의 공탁(어 42조, 77조 1항 3호) · 일람후 정기 출급어음의 만기를 정하기 위한 특칙(어 78조 2항) 등의 규정이 적용될 수 있을지 여부는 매우 의문이다. 또한 전자어음에 의한 어음금 청구소송은 어떻게 할 것인지, 또한 만기가 일람 후 정기 출급인 전자어음의 경우 어음법 제78조 2항 및 제23조(발행인에게 일람을 위하여 발행일로부터 1년 이내에 제시하여야 함)와 전자어음법 제6조 5항(전자어음의 만기는 발행일로부터 1년을 초과할 수 없음)과의 조화문제 등 수 많은 문제점이 발생할 것이 예상되는데, 이의 해결에 관한 기준이 없어 불필요한 분쟁과 분쟁 발생시 많은 혼란이 예상된다.

Ⅲ. 전자어음법은 전자어음의 발행 등 많은 사항을 전자어음 관리기관에 위임하고(電어 5조, 9조 4항, 10조, 12조 2항, 13조 2항, 14조) 또한 전자어음 관리기관의 의무 · 감독 · 벌칙(電어 15조-24조)에 대하여 규정하고 있다. 그리고 이러한 전자어음 관리기관에 관한 사항은 대부분 대통령령에 위임하고 있다.

---

49) 同旨: 정찬형, 전게논문, 인터넷법률 제24호, 25; 同, 전게논문, 고려법학 제41호, 58; 同, 전게 상법강의(下), 466; 同, 전게 어음 · 수표법, 782.

50) 同旨: 정찬형, 전게논문, 고려법학 제41호, 58-59.

그런데 이러한 전자어음 관리기관은 전자어음의 발행·배서·보증 및 권리행사 등이 자신의 정보처리조직을 통하여 이루어지도록 하고, 전자어음별로 발행인과 배서인에 관한 기록·전자어음 소지인의 변동사항 및 당해 전자어음의 권리행사에 관한 기록을 보존하여야 하며, 또한 전자어음거래를 추적·검색하고 오류가 발생할 경우 이를 확인·정정할 수 있는 기록을 생성하여 보존하여야 할 의무를 지고 있다(電어 16조).

이와 같이 전자어음에 관한 전반적인 업무를 수행하는 전자어음관리기관이 기술적으로나 실질적으로 이러한 업무를 아무런 문제 없이 수행할 수 있을지 의문이다.[51] 또한 전자어음법은 전자어음 관리기관의 위와 같은 의무를 규정하고 있으면서(電어 16조 1항) 이러한 의무위반에 대한 사법상 책임 등을 규정하고 있지 않은 문제점도 있다(다만 전자어음거래 기록보존의무에 위반한 경우 1천만원 이하의 과태료를 부과하는 점에 대하여만 규정하고 있음－電어 23조 2항 2호). 전자어음법은 전자어음에 관한 전반적인 업무를 수행하는 전자어음 관리기관의 전산망의 마비·해킹 등 전산장애로 인하여 발생하는 손해에 대한 책임문제, 전자어음 관리기관에 근무하는 임·직원의 고의·과실에 의한 전산망의 부실조작 등으로 인하여 발생하는 손해 등에 대한 책임문제에 대하여는 전혀 규정하고 있지 않은 것도 문제점이라고 본다.[52] 다만 전자어음거래와 관련하여 업무상 (i) (전자어음)이용자의 신상에 관한 사항 (ii) (전자어음)이용자의 거래계좌 및 전자어음거래 내용과 실적에 관한 정보 또는 자료를 알게 된 자가 이용자의 동의를 얻지 아니하고 이를 타인에게 제공하거나 누설하는 경우에는 5년 이하의 징역 또는 1억원 이하의 벌금의 처벌을 받는데(電어 22조 2항 2호, 17조 2항), 이러한 자는 이와 같은 형사책임 외에도 민사책임을 부담함을 규정하였어야 할 것이다.

전자어음법은 전자어음 관리기관이 안전성 확보의무에 위반한 경우 1천만원 이하의 과태료의 처벌을 받고(電어 23조 1항 1호), 전자어음거래 기록의 보존의무에 위반한 경우에는 500만원 이하의 과태료의 처벌을 받는 것으로 규정하고 있는데(電어 23조 2항 1호), 이러한 벌칙은 그의 의무위반의 중대성에 비추어 너무 경미하다고 본다. 또한 전자어음 관리기관이 위와 같은 의무를 위반한 경우에는 형사책임 외에 이로 인하여 손해를 입은 자에 대한 무거운 민사책임에 대하여도 규정하였어야 할 것이다.

Ⅳ. 전자어음법은 전자어음 관리기관이 이용자의 전자어음의 연간 총 발행금액 등을 제한할 수 있음을 규정하고(電어 5조 2항) 또 전자어음의 만기는 발행일로부터 1년을 초

51) 同旨: 정찬형, 전게논문, 인터넷법률 제24호, 26; 同, 전게논문, 고려법학 제41호, 59.
52) 同旨: 정찬형, 전게논문, 인터넷법률 제24호, 26; 同, 전게논문, 고려법학 제41호, 59.

과할 수 없는 것으로 규정하여(電어 6조 5항) 전자어음의 금액 및 만기를 제한하고 있는데, 이와 같이 전자어음의 금액 및 만기를 제한하는 것이 타당한지 여부와 이에 위반한 전자어음의 효력은 어떠한지의 문제가 있다.

Ⅴ. 전자어음법은 전자어음의 발행에서 "전자어음의 지급을 청구할 금융기관"을 절대적 기재사항으로 추가하고(電어 6조 1항 2호) 이러한 금융기관이 소재하는 지역을 어음법 제75조 제4호의 "지급지"로 보고 있는데(電어 6조 2항), "전자어음의 지급을 청구할 금융기관"의 의미가 무엇인지도 애매하며(지급담당 금융기관인지 또는 지급제시 금융기관인지?) 만일 지급담당 금융기관을 의미하고 그 금융기관의 소재지를 지급지로 보는 의미라면 지급장소의 의미로 "전자어음의 지급을 청구할 금융기관" 대신에 "전자어음의 지급담당 금융기관 점포" 등으로 명확하게 규정하였어야 할 것으로 본다.

Ⅵ. 전자어음법은 전자어음의 배서에서 배서는 전자어음에 배서의 뜻을 기재한 전자문서(배서전자문서)를 첨부하도록 하고 있는데(電어 7조 1항), 이 때 「배서의 뜻을 기재한 전자문서(배서전자문서)」의 성질이 어음법 제13조 1항과 관련하여 어음의 연장으로 볼 수 있을 것인가 또는 보전으로 볼 수 있을 것인가의 문제가 있다. 어음의 연장도 아니고 보전도 아니면 별도의 전자문서의 일종으로 볼 수밖에 없을 것인데,[53] 이 경우 어음법 제13조 1항과 관련하여 별도의 전자문서에 배서하는 것이 유효한가의 문제가 있다(이는 전자어음법 제8조의 전자어음에 대한 보증의 경우도 동일하다). 전자어음에는 별도의 전자문서에 의한 배서가 가능한 것으로 하기 위하여는 전자어음법 제4조와의 관계에서 동법 제7조에서 어음법 제13조 1항 전단을 배제하는 규정을 두었어야 할 것으로 본다.

또한 이러한 「배서의 뜻을 기재한 전자문서(배서전자문서)」는 배서가 계속되면서 추가되는데 이의 순서도 매우 애매한 점에서(이에 대하여 배서의 기명날인 또는 서명의 효력을 가진 공인전자서명을 한 때에 받은 공인인증서의 날짜에 의하여 판단할 수 있다는 견해도 있으나,[54] 법상 근거는 없다), 전자어음법 제7조 제4항과 관련하여 배서의 연속 및 이에 의한 배서의 자격수여적 효력을 인정할 수 있을 것인가가 문제된다. 만일 배서의 연속이 인정되지 않으면 전자어음의 선의취득(어 16조 2항, 77조 1항 1호)이나 지급인의 면책

53) 同旨: 정동윤, 전게 어음 · 수표법, 479.
54) 정동윤, 상게 어음 · 수표법, 479.

(어 40조 3항, 77조 1항 3호)은 인정될 수 없게 된다.[55]

또한 전자어음법은 전자어음의 총 배서회수를 20회로 제한하고 있는데(電어 7조 5항), 이러한 제한에 대하여는 위에서 본 전자어음의 금액 및 만기의 제한(電어 5조 2항, 제6조 5항)에서와 같은 문제가 있다(특히 20회를 초과한 배서가 무효인가가 문제된다).

전자어음법안에서는 "중앙관리기구(전자어음관리기관)는 자기에게 등록된 전자어음에 배서가 이루어진 후 동일한 배서인이 재차 타인에게 배서하는 경우 이에 인증서에 의한 전자서명이 불가능하고, 그밖에 이중으로 유통되는 것을 방지할 수 있는 장치를 갖추어야 한다"는 규정을 두어(電어 9조) 전자어음의 이중유통을 방지하고자 하였는데, 전자어음법에서는 이러한 전자어음의 이중유통의 방지에 관한 규정을 채택하지 않았다. 전자어음법이 이를 채택하지 않은 이유는 무엇이며 전자어음법은 전자어음의 이중유통을 방지하기 위하여 어떠한 방안을 갖고 있는지 의문이다. 전자어음의 경우 (전자어음상에 전자어음의 동일성을 표시하는 정보가 기재될지라도 - 電어 6조 1항 3호) 변경할 수 없는 유일한 정본의 확정[UETA §16(c)(1)(5)]이 쉽지 않고 컴퓨터상으로 동일한 전자어음이 수 개 생성되어 유통되거나 권리행사하는 경우가 많을 것이므로,[56] 이 경우 많은 거래상의 안전과 당사자의 책임문제가 야기된다. 이 때 어음채무자의 책임이 없는 경우 만일 전자어음 관리기관에게 전부 그 책임을 부담하도록 하면 그 책임이 너무 과중하여 누가 이러한 업무를 담당하고자 할 것인가의 문제도 있다.[57] 따라서 유일한 정본의 확정이 쉽지 않은 전자어음의 경우에는 이의 이중유통에 따른 그 폐해는 상상할 수 없을 정도로 매우 클 것이므로 이의 방지조치 및 이에 따른 책임문제에 대하여는 반드시 규정하였어야 할 것으로 본다. 이러한 점에서 전자어음법이 전자어음법안이 규정한 어음의 분할배서제도(전자어음법안 8조)를 채택하지 않은 것은 그나마 다행으로 본다.

Ⅶ. 전자어음법은 전자어음의 지급제시에서「전자어음의 지급을 청구할 금융기관」에 전자어음 등을 송신(수신)한 경우에도 지급제시의 효력이 있고(電어 9조 1항 본문) 또한 「전자어음 관리기관」에 대한 전자어음의 제시도 지급제시의 효력이 있는 것으로 규정하고 있다(電어 9조 1항 단서). 그런데 전자어음에 의한 지급제시를 받은 금융기관이 어음금을 지급한 때에는 전자어음 관리기관에 그 사실을 통지하여야 하고(電어 9조 4항 본문) 이러한 통지

55) 同旨: 정찬형, 전게논문, 인터넷법률 제24호, 28; 同, 전게논문, 고려법학 제41호, 60.

56) 同旨: 변양호(재정경제부), 전게 공청회 자료, 81.

57) 同旨: 정찬형, 전게논문, 인터넷법률 제24호, 28; 同, 전게논문, 고려법학 제41호, 60-61.

가 있는 경우에는 어음채무자가 당해 어음을 환수한 것으로 보고 있다(電어 10조). 어음법상 약속어음에서 지급제시의 상대방(피제시인)은 발행인 또는 그의 지급담당자(지급장소)인데,[58] 전자어음법상 「전자어음의 지급을 청구할 금융기관」이란 이러한 전자어음의 발행인의 지급담당자로서 당연히 지급제시의 상대방이 될 수 있으므로 전자어음법 제9조 제1항 본문은 주의규정으로 볼 수 있다. 그런데 발행인에 대한 지급제시를 금지하는 취지라면 전자어음법 제4조와 관련하여 이에 관한 명문규정을 두었어야 하고, 전자어음법 제9조 제1항 단서의 「전자어음 관리기관」에 대한 지급제시가 어음법 제38조 제2항의 어음교환소에 대한 지급제시에 대응하는 것이라면[59] 어음법 제38조 제2항을 배제하는 규정을 두었어야 할 것으로 본다. 또 전자어음의 소지인이 「전자어음의 지급을 청구할 금융기관」이 있음에도 불구하고 직접 「전자어음 관리기관」에 전자어음을 제시하도록 할 필요성이 있는지도 의문이다. 이와 같이 지급제시의 상대방을 二元的으로 규정하는 것은 전자어음의 지급제시 및 지급의 업무에서 혼란을 가중시키지는 않을런지도 의문이다.

또한 전자어음법은 「…전자어음 관리기관이 운영하는 정보처리 조직에 의하여 전자어음의 만기일 이전에 자동으로 지급제시되도록 할 수 있다」고 규정하고 있는데(電어 9조 1항 단서 후단), 이는 어음법이 지급제시 기간을 확정일 출급어음 등의 경우에 만기일 이후인 「지급을 할 날 또는 이에 이은 2거래일 내」로 규정한 것(어 38조 1항, 77조 1항 3호)과 상충되는 것은 아닌지의 의문이 있다.

또한 전자어음법은 전자어음에 보증한 자(電어 8조 참조)에 대하여는 전자어음의 소지인이 어떻게 어음상의 권리를 행사할 것인지에 대한 규정이 없다. 이에 어음법상의 어음소지인이 어음보증인에 대하여 권리를 행사하는 것과 동일하게 볼 수는 없을 것이다.

전자어음의 지급이 완료되는 시기는 「전자어음의 지급을 청구할 금융기관」이 전자어음의 소지인이 지급청구의 뜻이 기재된 전자문서에 어음금을 수령할 금융기관의 계좌를 기재한 경우(電어 9조 3항 참조) 이 계좌에 입금한 때이냐 또는 그 금융기관이 이 사실을 「전자어음 관리기관」에 통지한 때(電어 9조 4항, 10조 참조)이냐의 문제가 있다.

전자어음법에서는 「어음소지인이 일부지급을 거절하지 못한다」는 규정(어 39조 2항, 3항)을 적용하지 않는 것으로 규정하고 있는데(電어 11조), 이의 의미가 전자어음의 소지인은 언제나 전부 지급만을 받는다는 의미인지 또는 일부지급을 거절할 수 있다는 뜻인지도 모호하고, 후자의 경우라면 어음소지인이 일부지급을 거절하지 않으면 전자어음을 지

58) 정찬형, 전게 상법강의(下), 317; 同, 전게 어음 · 수표법, 540.
59) 정동윤, 전게 어음 · 수표법, 480.

급하는 금융기관 등은 어떠한 방법으로 일부지급을 하여야 하는지 의문이다. 만일 전자어음의 소지인은 전부 지급만을 받아야 한다는 의미라면 이는 소구의무자 등의 이익을 해하는 면이 있다.

Ⅷ. 전자어음법은 지급거절에서 지급거절 전자문서를 전자어음 관리기관에 통보하고 동 기관이 이를 확인한 경우에 동 전자문서를 어음법 제44조 제1항의 공정증서(지급거절증서)로 본다고 규정하면서(電어 12조 2항), 전자어음의 소지인이 이러한 지급거절 전자문서를 지급제시를 받은 금융기관으로부터 수신한 날을 이러한 공정증서의 작성일로 보는 것으로 규정한 것은(電어 12조 3항) 균형이 맞지 않는 것으로 본다.

Ⅸ. 전자어음법은 「전자어음의 지급제시를 받은 금융기관이 어음금을 지급하고 어음관리기관에 지급사실을 통지하거나, 전자어음 관리기관의 정보처리 조직에 의하여 지급이 완료된 경우 어음채무자가 당해 어음을 환수한 것으로 본다」고 규정하고 있는데(電어 10조)(電어 13조 3항도 동일함), 어음소지인 · 배서인 등은 이러한 전자어음을 말소하고 다시 유통되지 않도록 하는 조치(이에 위반하는 경우 민사상 및 형사상 책임을 부담하는 것을 포함하여)가 필요하다고 본다.

Ⅹ. 전자어음의 발행에 관하여 당해 발행인이 전자어음 관리기관에 등록하도록 하고 있는 것(電어 5조 1항)과 같은 취지에서, 배서 및 보증의 경우에도 당해 배서인 및 보증인이 이 사실을 전자어음 관리기관에 통보하도록 하여야 할 것이다. 또한 전자어음 소지인은 전자어음 관리기관에 이러한 전자어음의 발행 · 배서 · 보증에 관한 사항을 조회할 수 있도록 하여 전자어음의 위조 · 변조 등을 방지하고 또한 지급이 완료된 전자어음이 유통됨으로써 발생하는 손해를 미연에 방지할 수 있도록 하여야 할 것이다.

Ⅺ. 전자어음법에서는 많은 사항을 대통령령(시행령)에 위임하고 있는데, 이러한 시행령에서 많이 보완하면 위에서 본 전자어음법 자체의 내용상의 문제점이 많이 보완될 수도 있을 것으로 본다. 따라서 이하에서는 시행령에 반드시 규정하여야 할 사항 중 중요한 몇 가지만을 제시하고자 한다.

1. 전자어음법 제3조 제2항에서 전자어음 관리기관의 지정요건 등을 대통령령으로 정하도록 하고 있는데, 전자어음 관리기관은 전자어음의 발행부터 지급결제까지

관련되는 매우 중요하고 또한 그의 의무와 책임이 매우 큰 기관이다. 따라서 이러한 전자어음 관리기관이 되기 위하여는 적어도 전금융기관과 결제시스템을 갖추고 있고, 신용이 있으며, 또한 공공적 성격이 있는 기관이어야 할 것으로 본다. 전자어음법 시행령에서는 이러한 점을 어느 정도 반영하여 규정하고 있다고 본다(電어施 3조, 4조) 전자어음의 성패는 전적으로 전자어음 관리기관의 운영에 달려 있다고 보는데, 만일 전자어음관리기관이 전자어음에 관한 사항을 부실 또는 부정하게 운영하면 전자어음의 신뢰가 추락함은 물론 이것이 우리 사회 및 경제에 미치는 폐해는 엄청나게 클 것으로 본다.

2. 전자어음법 제5조 제3항은 전자어음 관리기관의 전자어음 등록에 관한 절차 등을 대통령령으로 정하도록 하고 있는데, 이에 따라 전자어음법 시행령에서는 전자어음을 발행하고자 하는 자는 지급금융기관과 당좌예금계약을 체결하여야 하고, 전자어음관리기관은 제반사정을 종합하여 전자어음 발행한도를 제한할 수 있으며, 일정한 경우 전자어음의 발행을 위한 등록을 거부할 수 있음을 규정하고 있다(電어施 5조). 또한 전자어음법 시행령에서는 수취인등록(電어施 6조), 전자어음 관리기관의 정보처리 조직의 관리(電어施 7조) 및 등록어음의 동일성 등(電어施 8조)에 대하여도 규정하고 있다. 그런데 어느 범위의 어음을 전자어음으로 등록할 수 있도록 할 것인가에 대하여는 규정하고 있지 않다. 이는 매우 중요한 문제라고 보는데, 우선 원인관계(상거래)가 명백하게 존재하는 상업어음에 대해서만 전자어음으로 등록할 수 있도록 하여야 하지 않을까 생각한다.

또한 전자어음의 등록에 관하여는 전자어음의 발행인의 신용에 관한 사항도 등록하도록 하여야 할 것으로 본다.

3. 전자어음법 제12조 제4항에서는 전자어음 관리기관의 지급거절 전자문서의 확인방법 등은 대통령령으로 정하도록 하고 있고, 이에 따라 전자어음법 시행령은 지급거절문언의 어음상 기재 · 적법한 지급제시의 확인 · 지급거절문언이 기재된 전자어음의 소지인에 대한 송신 등에 대하여 규정하고 있다(電어施 10조). 그런데 전자어음 관리기관이 지급거절 전자문서를 확인하면 이를 공정증서로 보는 점을 고려하면(電어 12조 2항), 이러한 대통령령에는 지급거절 증서령의 필요한 내용이 규정되어야 할 것으로 본다.

4. 전자어음법 제15조는 전자어음 관리기관이 전자어음에 관한 거래의 안전을 확보하고 지급의 확실성을 보장할 수 있도록 대통령령이 정하는 기준을 준수하도록 하

는 의무를 부과하고, 이에 따라 전자어음법 시행령은 전자어음 관리기관의 안전성 확보기준을 원칙적으로 관리기관의 지정요건으로 정하고 있다(電어施 12조). 그런데 이러한 대통령령이 정하는 기준에는 만기에 지급을 담보하는 방안 · 지급이 완료된 전자어음 등에 대한 이중지급을 방지하는 방안 · 위조나 변조 등을 방지하는 방안 등이 구체적으로 상세하게 기술적인 면과 관련하여 포함되어야 할 것으로 본다.

5. 전자어음법 제16조 제2항은 전자어음 관리기관이 보존하여야 하는 기록의 종류와 방법 및 보존기간에 대하여 대통령령으로 정하도록 하고, 이에 따라 전자어음법 시행령은 보존하여야 하는 기록의 종류와 보존기간에 대하여 규정하고 있다(電어施 13조). 그런데 이 시행령에서 지급이 이루어지지 아니한 전자어음의 보존기간을 '당해 전자어음에 관한 판결확정일까지의 기간(소가 제기되지 아니한 경우에는 당해 전자어음을 발행한 날부터 3년)'으로 규정한 것은 약속어음의 주채무자에 대한 어음금청구권의 소멸시효기간이 '만기'로부터 3년이고(어 70조 1항, 77조 1항 8호) 또한 상업장부 등의 보존기간이 '그 폐쇄일부터' 10년(전표 등은 5년)인 점(상법 33조 1항) 등을 감안하면 문제가 있는 것으로 본다. 보존방법에 대하여는 상법 제33조 제3항 및 제4항이 참고가 될 수 있을 것으로 본다.

6. 전자어음법 제19조 제1항은 전자어음 이용자가 전자어음거래에서 입은 손해를 배상하기 위한 절차를 대통령령으로 정하도록 하고, 이에 따라 전자어음법 시행령은 전자문서에 의한 이의제기 · 이에 대한 처리기한 및 처리결과의 통지방법의 명시 등에 대하여 규정하고 있다(電어施 16조). 그런데 이러한 대통령령에서는 손해발생원인 · 손해배상을 할 자 · 손해액 · 입증책임 등에 대하여 어느 정도의 기준은 정하여야 할 것으로 본다.

제6 결 어

위에서 본 바와 같이 전자어음법의 제정 자체 및 그 내용에는 많은 문제점이 있으므로, 이의 시행(적용) 및 (입법론상) 개정(또는 폐지)에는 이러한 점이 충분히 고려되어야 할 것으로 본다. 이러한 전자어음법이 모든 이해관계인(특히 전자어음의 수취인인 제조업체 및 공급업체)에게 이익과 편의를 주는 것인지 여부를 재검토할 필요가 있고, 그렇지 않은 경우에는 이를 시행하지 않으면 안 되는 공공의 이익이 어느 정도인지를 재검토할 필요가 있다고 본다. 이 법이 이해관계인에게 이익과 편의를 제공하지 못하고 또한 이를 시행하는데 공공의 이익도 없으면서 이에 따른 사회적 혼란과 비용이 너무 크게 되면, 이 법의 시행을 강요할 것이 아니라 오히려 중단하여야 할 것으로 본다.

참고문헌

〈단행본〉

전자어음의 발행 및 유통에 관한 법률제정에 관한 공청회, 국회 법제사법위원회, 2003.

정동윤, 어음 · 수표법(제5판), 법문사, 2004.

정찬형, 상법강의(하)(제11판), 박영사, 2009.

______, 어음 · 수표법강의(제7판), 박영사, 2009.

〈논문〉

권종호, "전자어음제도의 도입과 법리적 과제", 2003년 제1회 한국증권법학회 특별세미나 주제발표, 2003. 2.

송강, "어음제도의 개선방안 및 어음에 갈음한 결제제도에 관한 연구", 고려대 법학석사학위논문, 2003. 2.

이철송, "전자어음법의 제정에 관한 연구", 연구보고서, 2001. 7.

정경영, "미국 통일전자거래법(Uniform Electronic Transaction Act: UETA)에 관한 연구", 상사법연구 제19권 2호, 2000.

정찬형, 전자어음법(안)에 대한 검토의견서, 법무부에 대한 회신, 2001. 12.

______, "전자어음법의 문제점에 관한 소고", 인터넷법률, 법무부, 통권 제24호, 2004. 7.

______, "전자어음법의 제정 필요한가?", 고려법학, 제41호, 2003.

______, "전자자금이체의 법적 문제 및 입법론적 검토", 디지털 경제법 4, 한국법제연구원, 2002.

______, "전자증권제도의 도입에 따른 법적 과제", 상사법연구, 한국상사법학회, 제22권 3호, 2003.

제 7 절

인터넷과 금융거래 *

- '인터넷전문은행'의 금융규제법상 문제점을 중심으로 -

제 1 서 론

인터넷 등 정보통신기술의 발전이 상거래의 수행형태와 운영방식에 많은 영향을 미치고 있다. 은행과 금융투자 그리고 보험을 포함한 금융거래도 예외가 될 수 없으며 인터넷은 금융거래의 종류와 영업방식의 다양화에 크게 기;여하고 있다. 이미 국내에서는 인터넷을 이용한 은행거래가 예금과 대출 그리고 자금이체 등 다양한 서비스분야로 확대되고 있다.[1] 인터넷을 통한 증권거래는 이미 중요한 금융투자상품 판매채널의 하나로 자리 잡았다.[2] 거래소나 대체거래시스템에서의 전자거래는 증권거래의 비용을 확실히 감축하여 새로운 투자자의 유치와 거래의 활성화에 크게 기여하고 있다.[3] 인터넷을 통한 보험계약의 판매도 이루어지고 있다.[4]

종래 금융업에서의 인터넷의 활용은 금융회사가 제공하는 다양한 서비스 중의 일부로서 특히 판매채널의 다양화를 위한 수단으로 인식되어 왔고 특히 '유통에 의한 제조의 지배'현상을 해소하기 위한 중요한 도구의 하나로 기대되고 있다. 최근에는 금융시장의 인프라 또는 하드웨어적인 측면에서도 인터넷의 중요성은 새롭게 인식되고 있다. 특히 최근에는 오프라인 영업망을 두지 않는 '인터넷전문은행'의 도입에 대해서 많은 논의가 이루어지고 있다. 점포 없이 인터넷과 콜센터를 통하여 은행업무를 처리하는 인터넷 전문은행은 현정부의 금융규제완화정책의 일부로서 도입이 검토되었으나 현재 구체적인 진전은 이루어지지 않고 있다. 인터넷전문은행은 사실상 오프

---

* 정순섭: 서울대학교 법과대학/법학전문대학원 조교수.

1) 금융산업에서 인터넷의 활용 일반에 대해서는, 강임호, 디지털금융의 이해, 한국금융연구원, 2003. 9. 참조.

2) 김건식, 증권거래법, 제4판, 2006, 585 이하 참조.

3) Committee on the Global Financial System, The Implications of Electronic Trading in Financial Markets(BIS, 2001). 보다 구체적인 논의로는 Dick Fraser and Helen Parry(eds), Exchanges and Alternative Trading Systems, 2002 참조.

4) 정경영, 전자금융거래와 법, 2007, 646 이하; 손진화, 전자금융거래법, 2006, 268 이하 참조.

라인 영업망을 기초로 전국을 영업범위로 하는 '종합은행업'만을 허용해온 국내 은행법상 사업모델에 대한 중대한 변화로서 사업모델의 다양화를 통하여 은행간 경쟁을 촉진하고 금융시장의 경쟁력을 제고하여 금융소비자의 편익을 향상시키는 긍정적인 효과를 가져 올 것으로 기대되고 있다. 특히 특정 고객 또는 특정 지역사회에 특화된 은행업 모델을 가능하게 할 수 있는 것으로서 은행과 정보기술업체간의 경쟁구도도 예상해 볼 수 있는 매우 중요한 법적 개념이라고 생각한다.

이하 본고에서는 인터넷전문은행의 의의와 구조를 살펴보고, 외국의 입법례를 검토한 후 국내에서의 도입 논의의 현황과 국내법상 법률문제를 특히 금융규제법적 관점에서 정리한다.

제 2 인터넷전문은행의 의의와 구조

Ⅰ. 의 의

인터넷전문은행은 "소수의 영업점 또는 영업점 없이 은행업무의 대부분을 인터넷 및 CD, ATM 등의 전자매체를 통해 영위하는 은행"을 말한다.[5] 인터넷을 통한 은행업무의 수행을 의미하는 인터넷뱅킹(internet banking)에는 두 가지 모델이 존재한다.[6)7)] 하나는 전통적인 영업소(brick-and-mortar offices)를 통하여 주로 은행업무를 수행하면서 인터넷도 동시에 활용하는 방식이다(인터넷겸업은행, "bricks and clicks banks"). 대부분의 은행은 주된 상품 판매채널이 아니라 증가하는 고객 수요에 부응하기 위하여 첫째 방식을 채택한다.[8] 또 하나는 전통적인 영업소를 거의 또는 전혀 보유하지 않고 고객들의 비인터넷 거래 수요 충족을 위하여 타인의 영업소를 이용

5) 구본성, 인터넷전문은행 도입 방안, 한국금융연구원, 2008. 10. 2.

6) Ken B. Cyree, Natalya Delcoure and Ross Dickens, "*An examination of the performance and prospects for the future of internet-primary banks*", Journal of Economics and Finance Vol 33 No 2, April 2009, 128-129.

7) 인터넷뱅킹은 PC나 다른 인터넷능력을 구비한 접근장치를 이용한 인터넷을 통한 전자적 금융거래의 제공을 의미한다. 텔리폰뱅킹(telephone banking)은 전화나 보다 발전된 스크린을 활용한 터미널을 이용한 금융서비스의 제공을 말한다. 온라인뱅킹은 인터넷뱅킹과 호환적으로 사용되고 있고, 홈뱅킹은 텔리폰뱅킹을 포함한 원격거래채널을 포함하는 것으로 이해되고 있다. Apostolos Ath. Gkoutzinis, Internet Banking and the Law in Europe: Regulation, Financial Integration and Electronic Commerce, 2006. 8.

8) 이 첫째 방식을 다시 기존 업무와 동일하게 운영하는 방식과 인터넷뱅킹에 대하여 독립적인 브랜드를 활용하지만 새로운 법인을 설립하지 않는 방식으로 구별한다. Apostolos Ath. Gkoutzinis, *The Law Relating to Internet Banking in Mark Howard*, Roger Masefield and Jason Chuah(eds), Butterworths Banking Law Guide, 2006, 567.

하는 순수하게 전자적으로 가상공간에만 존재하는 방식이다(인터넷전문은행, "Internet-primary banks" 또는 "Internet-only banks"). 첫째 방식은 이미 국내에서도 은행법 및 전자금융거래법상 허용되고 있으며 특별한 금융규제법상의 문제는 존재하지 않는다. 그러나 인터넷전문은행에 대해서는 현행법상 법적 근거가 없어 허용되고 있지 않다.

국내에서도 2001년 SK 및 롯데 등 일부 대기업과 약 20여개 벤처회사가 공동으로 V-bank 설립을 추진하였으나 수익모델 및 법적 근거의 미비 등으로 중단된 바 있다.[9] 그러나 여전히 많은 기업에서 인터넷전문은행에 대한 관심을 보이고 있다.[10] 인터넷전문은행의 도입이 논의되기 시작한 것은 인터넷뱅킹서비스의 확대와 비용효율화, 서비스 차별화, 해외사례 등 다양한 요인에 따른 것이라고 할 수 있다.

Ⅱ. 경제적 기능

인터넷전문은행이 금융시장에 초래할 수 있는 변화는 다음과 같이 정리할 수 있다.

첫째, 인터넷 기술의 본질상 영업의 지역적 한계를 극복할 수 있다는 점이다.[11] 금융업 수행의 지역적 한계는 지점 설치 등 점포규제와 관련하여 많은 국가에서 논의의 대상이 되어 왔다. 그러나 인터넷전문은행은 이러한 지역적 · 국가적 한계를 매우 쉽게 극복할 수 있다. 물론 국경을 넘는 역외영업(cross-border banking business)이 가능한지 여부는 각국의 금융규제법상 규제목적에 따라 결정될 문제이다. 인터넷기술을 활용하여 금융업의 지역적 한계는 극복할 수 있지만 법적 한계는 극복할 수 없는 것이다. 특히 EU에서는 역내금융시장의 통합을 위하여 인터넷뱅킹의 역할이 강조되고 있다.[12]

둘째, 오프라인 영업소의 설치와 관리 및 유지에 소요되는 물적 · 인적 비용을 절감할 수 있다는 점을 들 수 있다. 은행 고객의 지역적 한계를 극복하고 평균적인 컴퓨터시스템 비용을 감축함으로써 규모의 경제를 실현할 수 있는 점도 중요한 장점 중의 하나로 지적되고 있다.[13]

---

9) 구본성, 전게 보고서, 3.

10) "KT, 그린빌딩 · 녹색금융 등 신사업 개척한다", 이데일리, 2009. 9. 22.

11) Richard Scott Carnell, Jonathan R. Macey and Geoffrey P. Miller, The Law of Banking and Financial Institutions, 4th ed, 2009, 198.

12) Gkoutzinis, 전게서, 10-17.

13) Cyree, Delcoure and Dickens, 전게논문, 129-130.

셋째, 특정 고객에의 집중 등을 통한 영업전략의 다양화가 가능하다는 점도 지적되고 있다. 국내시장에서 은행이 가지는 전통적인 중요성은 은행의 영업전략 다양화에 한계가 되어 온 측면이 있다. 비교적 소규모의 일정한 영업범위로 한정된 은행사업모델은 영업전략의 다양화를 위한 기초가 될 수 있을 것이다.

그러나 높은 수준의 초기시설투자비용, 상대적으로 우수한 인적자원의 유지비용 그리고 한정적인 고객과의 접점 등으로 비용절감효과에는 한계가 있을 수 있을 것이다.[14)]

Ⅲ. 지급결제수단의 변화

비대면 · 비현금거래임을 특징으로 하는 인터넷전문은행의 발전은 지급결제수단의 변화를 전제로 한다. 지급결제수단(payment settlement instrument)이라는 용어와 관련하여 몇 가지 개념을 정리해 둔다. 상거래 과정은 일반적으로 거래체결(trade execution), 청산(clearing), 그리고 결제(settlement)의 3단계로 구성된다.[15)] 결제는 당사자가 거래상 부담하는 채무를 최종적으로 이행하고 더 이상의 채무를 남기지 않는 절차로서, 그 대상이 되는 결제수단의 종류에 따라 지급(payment)과 인도(delivery)로 구분된다. 전자는 자금을, 후자는 증권이나 일반상품과 같은 실물을 결제수단으로 한다. 따라서 지급수단(payment instrument)과 지급결제수단은 동일한 의미를 가지는 것이다. 과거 주화나 은행권과 같은 실물통화가 주로 이용될 때는 지급도 실물의 인도에 의하여 이루어졌다. 그러나 주화나 은행권을 은행에 예치하고 계좌간 증가기재(credit)나 감소기재(debit)를 통하여 결제가 이루어지는 것이 계좌이체(fund transfer)에 의한 지급결제이다. 통화에 대하여 일종의 무권화(dematerialization) 현상이 발생한 것이다. 전자화폐는 무권화가 조금 더 진전된 형태라고 할 수 있다. 동일한 형태의 무권화가 증권결제에서도 진행되고 있다.

금전의 의미는 사용되는 경우에 따라 달라질 수 있다. 지급결제수단으로서의 경제적 기능을 고려하면 그 범위는 더욱 확대될 수 있다. 우선 직불카드나 신용카드 또는 선불카드와 같은 플라스틱화폐도 통화로서의 지급결제기능을 수행하고 있다. 최근에는 각종 전자화폐도 관심의 대상이 되고 있다. 이와 같이 금전의 개념은 시대에 따라 변화하고 있고, 현재도 다양한 종류의 금전이 등장하고 있다. 또 하나의 발전은

14) Cyree, Delcoure and Dickens, 전게논문, 129-130.
15) 간단한 설명으로는 김건식 · 정순섭, 자본시장법, 2009, 404-409 참조.

금전의 현실인도(physical delivery)에 의한 결제가 아니라 계좌이체(fund transfer)에 의한 결제의 증가이다. 계좌이체는 지급지시의 주체에 따라 지급인이 자신의 거래은행에 지급을 지시하여 이체금액을 수취인의 계좌로 입금하도록 하는 입금이체(credit transfer)와 수취인이 자신의 거래은행에 추심의뢰 즉 인출지시를 하여 지급인의 계좌로부터 이체금액을 출금하여 수취인 자신의 계좌에 입금하도록 하는 출금이체(debit transfer)로 나눌 수 있다.[16] 주요 선진국의 총지급금액 중에서 은행권이나 주화에 의한 지급분은 전체 규모의 1%에도 미치지 못한다.[17] 국내에서도 예금과 전자화폐 등 비현금 지급결제수단에 의한 결제규모는 2006년 172조원을 기록한 데이어 2007년 199조원, 2008년 230조원 등 매년 꾸준히 증가하고 있다.[18]

예금이 계좌이체를 통하여 주로 지급결제수단으로 활용되는 상황에서 중앙은행이 발행한 은행권이라는 증서를 기초로 한 법화의 정의는 현실세계에서의 통화에 대한 일반적인 인식과는 유리될 수밖에 없다. 일부 국가에서는 예금통화 자체를 법화로 인정하는 예도 있다.[19] 현금거래를 수반하지 않는 금융거래의 한 형태라고도 볼 수 있는 인터넷전문은행의 발전은 이러한 금전의 무권화현상을 전제로 하는 것이라고 할 수 있다.

제 3 외국 사례

Ⅰ. 미 국

미국의 인터넷전문은행은 1990년대 비용절감을 통한 경영혁신과 인터넷서비스의 확대에 힘입어 은행 및 비은행금융회사의 자회사 형태로 설립되기 시작하였다.[20] 1995년 최초의 인터넷전문은행인 Security First Network Bank가 설립된 후 2000년까지 총 27개의 은행이 설립되었다. 그러나 2008년 4월 현재 은행계 자회사(6개), 비은행자회사(5개), 산업자본(1개) 등이 영업 중이다. 그리고 벤처회사에 의해 설립된 NetBank는 부동산대출의 확장 이후 서브프라임 사태로 2007년 파산하였다.

16) 한국은행, 우리나라의 지급결제제도, 2004, 49. 국내 계좌이체의 대부분은 지급이체에, 지로의 자동계좌이체와 CMS 출금이체서비스는 추심이체에 해당한다.

17) Philip R. Wood, Set-off, Netting, Derivatives, Clearing System, 2007, 265.

18) '하루에 카드 1453만건 긋는다' 한국경제신문, 2009. 05. 26.

19) 이상 통화법상 금전의 법적 의미에 대한 논의는, 정순섭, "금전의 법적 측면에 관한 연구-'지급결제수단'의 다양화에 대한 법적 대응을 중심으로 -", 상사판례연구, 한국상사판례학회 제22집제2권, 14-18 참조.

20) 구본성, 전게 보고서, 4.

미국은 인터넷전문은행에 대하여 별도의 규체체계를 신설하지는 않고 기존의 은행법체계 내에서 처리하고 있다. OCC 규칙에서는 국법은행은 그가 영위할 수 있는 업무, 기능, 상품 또는 용역을 전자적 수단이나 설비를 통하여 제공할 수 있다고 선언하고 있다.[21] 다만 OCC는 인터넷전문은행의 특수성을 감안하여 증가된 거래 속도와 최종이용자에 대한 직접적 통제의 부재, 최종이용자의 확인절차 및 의심거래의 확인 및 보고 업무위탁관련 내부통제 등을 강조하고 있다.[22]

Ⅱ. 영 국

영국에도 인터넷전문은행에 대한 별도의 규제체계는 존재하지 않는다. 영국의 금융규제법인 2000년 금융서비스 및 시장법(Financial Services and Markets Act)는 은행을 '영업으로서 예금을 수취하는 업무'(accepting deposits by way of business)라고 정의하고 있다. 따라서 주로 인터넷에 기반을 둔 예금수취행위도 당연히 영국법상 은행에 해당할 수 있는 것이다.

현재 3개의 인터넷은행이 운영 중이지만 직장인 및 은퇴자 등을 대상으로 한 예금업무와 개인대출, 주택담보대출, 신용카드를 중심으로 성장하고 있는 Egg Bank를 제외하면 미미한 수준이라고 한다.[23]

Ⅲ. 일 본

일본은 2000년 8월 현금인출기에 의한 결제서비스 또는 무점포의 인터넷전업은행 등 새로운 형태의 은행업을 허용하였다.[24] 인터넷전업은행에 대해서는 일반은행과 동일한 규제를 적용하되 ① 자은행의 사업친회사 등으로부터의 독립성확보, ② 사

---

21) 12 CFR 7.1019 Furnishing of products and services by electronic means and facilities

A national bank may perform, provide, or deliver through electronic means and facilities any activity, function, product, or service that it is otherwise authorized to perform, provide, or deliver. A national bank may also, in order to optimize the use of the bank's resources, market and sell to third parties electronic capacities acquired or developed by the bank in good faith for banking purposes.

22) Office of the Comptroller of the Currency, The Internet and the National Bank Charter(2001), 〈http://www.occ.treas.gov/corpbook/group4/public/pdf/internetnbc.pdf〉(2009.12.15 방문). 그 내용에 대해서는 Kevin Sutehall, Development in Banking Law: 2001, VII. ELECTRONIC BANKING, Annual Review of Banking Law, 2002, 58-69.

23) 구본성, 전게 보고서, 9-10.

24) 金融再生委員會 · 金融廳, 異業種による銀行業參入等新たな形態の銀行業に対する免許審査 監督上の対応, 2000. 8. 3.

업친회사 등의 사업리스크의 차단, ③ 사업친회사 등과 종합적인 사업전개를 도모할 경우의 고객의 개인정보의 보호, ④ 자산구성이 국채 등의 증권에 편중될 경우의 리스크 관리나 수익성, ⑤ 유인점포가 없는 인터넷, ATM등 비대면 거래를 전문으로 할 경우의 고객보호 등 종래의 전통적인 은행업에서는 볼 수 없었던 새로운 문제가 발생할 수 있음을 고려하여 특칙을 규정하고 있다. 현재 Japan Net Bank(2000년)와 Sony Bank 및 eBank, Seven Bank (2001년)가 설립되어 있다.[25)]

Ⅳ. 싱가포르

싱가포르는 인터넷전문은행을 포함한 인터넷뱅킹 전반에 대하여 통상적인 은행업무와 완전히 다르거나 전혀 새로운 것이라고 볼 수 없다는 이유에서 일반적인 은행규제의 대상으로 포함하고 있다.[26)] Bank of Singapore가 은행업 인가에 근거하여 소비자 대상으로 제공하고 있는 인터넷전문은행서비스인 finatiQ는 자금이체, 예금상품 및 자동차대출, 투자상품 판매, 생 · 손보상품 판매 등을 핵심수익모델로 활용하고 있다.[27)]

제 4 국내에서의 도입 논의와 국내법상 문제

Ⅰ. 국내에서의 도입 논의

1. 2008년 국가경쟁력강화위원회 보고

정부는 2008년6월26일 개최된 제4차 국가경쟁력강화위원회에서의 보고를 통하여 인터넷전문은행의 도입방안을 발표하였다.[28)] 동 발표에 따르면 현행 은행법에서는 업무범위 · 리스크 정도 등과 관계없이 최소자본금 등 진입요건을 일률적으로 규정하고 있어 특화된 금융회사의 출현을 저해하는 측면이 있음을 지적하고 있다. 따라서 은행산업의 경쟁을 촉진하고 다양한 금융상품 출현을 통한 소비자 편익제고를 위

---

25) 구본성, 전게 보고서, 7.

26) MAS, Internet Banking Announcement – MAS Announces Policy on Internet Banking, 19 July 2000.

27) 구본성, 전게 보고서, 10-11.

28) 금융위원회 · 국가경쟁력강화위원회, 금융규제개혁 기본방향 및 진입규제 개선방안, 2009. 6. 26, 20-21.

하여 소규모 특화은행 특히, 인터넷 전문은행의 도입방안을 검토할 필요가 있다는 것이다.

그리고 인터넷전문은행 도입과 관련한 주요쟁점으로는 다음 세 가지를 들고 있다.

(1) 업무범위 설정방향

먼저 인터넷전문은행의 업무범위 설정방향에 대하여 은행의 영업 자율성을 존중하되, 온라인·비대면 거래의 특성을 감안하여 적정한 업무범위 설정을 재안하면서 예대업무, 지급결제 서비스, 펀드 판매 등을 예시하고 있다. 또한 필요시 개별은행의 리스크관리·사업영위 능력 및 사업계획 타당성 등을 고려하여 구체적인 업무범위를 판단한다는 방안도 제시하고 있다.

(2) 최저자본금 요건 완화

다음으로 소규모 특화은행의 출현을 유도하기 위해 외국에 비해 높은 최저자본금 요건을 완화(예: 500억원)하는 방안을 검토할 것을 제안하고 있다. 구체적인 규모는 전산시스템 구축비용, 사업성 등을 고려하여야 하지만, 개별은행이 안정적으로 사업을 영위할 수 있도록 사업계획 심사 등을 통해 충분한 자본금을 보유토록 유도한다는 방침도 발표하고 있다.

(3) 고객확보상 어려움 해소(금융실명제법 문제)

끝으로 현행 금융실명제법에서 계좌개설시 대면으로 실명확인토록 규정함에 따라 이에 대한 해소방안 필요성을 지적하면서 은행직원이 직접 고객을 방문하여 실명확인, 업무협약을 체결한 타 금융회사가 실명확인 대행 등을 검토 중임을 밝히고 있다.

2. 인터넷전문은행 도입방안 공청회

2008년7월18일 금융연구원 주최로 인터넷 전문은행의 도입에 관한 정책토론회가 개최되었다. 발제문의 결론을 요약하면 다음과 같다.[29]

(1) 기본방향과 규율체계

기본방향으로는 새로운 형태(new form)에 해당되는 인터넷전문은행 설립을 허용하고, 인터넷전문은행은 은행산업의 경쟁 촉진, 소비자의 편익 제고, 은행의 전략

---

29) 이하 내용은 한국금융연구원, 인터넷전문은행 설립방안, 2008. 7. 18, 14 이하(발표자 구본성 금융연구원 선임연구위원)를 요약·정리한 것이다. 이에 대한 토론자들의 토론요지는 동 보고서 31 이하 참조.

적 다양화 촉진 등에 기여할 것으로 평가하고 있다. 구체적으로는 첫째, 소수의 영업점 또는 인터넷을 통한 특화형 영업을 통해 시장경쟁을 촉진함으로써 소비자의 편익을 제고할 것으로 기대, 둘째, 저비용 · 탄력적 조직체계는 신상품개발, 금리 측면, 소프트웨어 기반을 활용하여 기존은행과 차별화된 서비스 제공 가능, 셋째, 신규 방식의 은행업 허용은 기존은행의 혁신을 촉진함으로써 전략적 다양화를 촉진 등 세 가지를 기대효과로 들고 있다.

규율체계에 대해서는 (1안) 일반은행과 동일한 규율체계, (2안) 일반은행 규율체계를 적용하되 필요시 차별적 규율(opt-out), (3안) 독립된 규율체계 마련 등 세 가지 방안을 검토한 후, 인터넷전문은행의 특성 및 활성화 등과 은행시장과의 연계성을 감안하여 일반은행 규율체계와 더불어 필요시 차별적 규제를 도입하는 방안을 제안하고 있다. 인터넷전문은행의 은행서비스 특성은 원칙적으로 고려하되, 인터넷전문은행의 비대면 및 온라인 특성에 따른 유동성 위험, 고객위험, 전산 · 보안위험 등에 대한 차별적 규율체계 마련한다는 것이다.

(2) 소유 및 지배구조

첫째, 설립자본금은 일반은행에 비해 낮은 설립비용과 정책효과, 전국영업 가능성 등을 고려하여 결정하되, 전국은행의 최저자본금 요건을 감안하여 최소 500억원 이상으로 규정할 것을 제안하고 있다.

둘째, 소유규제는 예대업무의 허용, 안정적 수익기반 확보, 해외사례 등을 감안하여 일반은행에 대한 소유규제를 유지할 것을 제안하고 있다.

셋째, 지배구조는 인터넷전문은행의 업무범위와 임직원기반, 자산규모 등을 고려하여 (1안) 일반은행과 동일한 규제를 하거나 (2안) 자산규모에 따라 차별화하는 방안을 제안하고 있다.

(3) 업무범위

업무범위는 온라인 · 비대면거래의 특성, 고유리스크의 형태, 자본금 규모, 영업망 등을 고려하고 인터넷을 통한 새로운 금융수요를 충족할 수 있도록 제한적 · 선별적으로 허용할 것을 제안하고 있다.

구체적으로는 현행법상 일반은행의 고유업무는 일반은행과의 형평성 및 연계성 확보를 고려하여 원칙적으로 허용하고, 겸영 및 부수업무에 대해서는 인터넷전문은행의 특성 및 경영위험을 고려하여 선별적으로 허용하는 방안을 제안하고 있다.

(4) 영업기반

첫째, 본점 또는 1개 점포를 제외하면 인터넷전문은행의 영업점 기능은 일반은행과 차별화될 수 있도록 고객서비스 및 비현금서비스 등으로 제한하고 사실상 일반은행과 동일해질 소지가 있는 서비스는 최소화하는 방안을 제안하고 있다. 구체적으로는 오프라인 영업점에 의한 대출실행 또는 예금수취, 현금인출 등 현금이 수반되는 업무는 제한하되, 영업점의 인터넷을 활용한 상품신청, 계좌이체 등은 허용하고 이에 대한 지원 또는 안내, 상품홍보 등은 허용하는 방안을 제시하고 있다.

둘째, CD/ATM 설치는 원칙적으로 허용하는 방안을 제안하고 있다.

셋째, 은행업 영위를 위해 지급결제시스템에의 참가를 허용하는 방안을 제안하고 있다.

넷째, 인터넷전문은행의 예금상품은 은행법에 의한 인가대상에 해당된다는 점에서 예금보험료 부과대상에 해당한다.

(5) 금융실명제의 적용

비대면 및 온라인 거래를 중심으로 한 인터넷전문은행에서 실명확인방법이 가장 중요한 문제가 된다. 현재 국내에서는 대면확인, 가족 및 대리인에 의한 실명확인 이외의 온라인에 의한 실명확인은 인정하지 않고 있다.[30] 이에 대한 대안으로 (1안) 은행직원이 고객을 방문하여 계좌를 개설하는 방식, (2안) 업무제휴 협약에 의해 실명확인을 대행하는 방식, (3안) 공인인증서를 통한 계좌개설 방식, (4안) 인터넷동영상을 통한 대면확인 방식 등을 검토하고 있다.

3. 은행법 개정안 국회 제출

2008년 12월 29일 국회에 제출된 은행법 일부 개정 법률안에서는 인터넷전문은행의 설립근거를 신설하는 내용의 개정안을 제안하고 있다.[31] 동 개정안에서는 은행법 제8조의 은행업 인가에 관한 규정을 개정하여 "은행업무를 「전자금융거래법」 제2조제8호에 따른 전자적 장치를 이용하여 대통령령으로 정하는 바에 따라 운영하는 은행"을 '인터넷전문은행'이라고 정의한 후 별도의 자본금 요건을 규정하여 설립근거를 신설하고 있다(개정안 8조 3항2호).[32]

---

30) 금융실명거래 및 비밀보장에 관한 법률상 실명확인방법을 근본적으로 변경하는 것은 현재로서는 곤란할 것으로 판단된다. 특히 은행예금의 중개나 대리를 허용할 것인지 여부와 관련하여 감독당국에서는 실명확인을 업무위탁이 금지되는 본질적 업무에 해당하는 것으로 보아 이를 허용하고 있지 않다.

31) 은행법 일부개정 법률안(의안번호: 3279, 정부제출, 2008.12.29).

현재 인터넷전문은행의 도입에 관한 추가적인 논의는 이루어지지 않고 있으며, 국회에 제출된 은행법 개정안에 대해서도 추가적인 논의가 이루어지지 않고 있는 상황이다. 일부 언론에서는 '사실상 중단'되었다는 보도도 이루어지고 있다.[33)]

Ⅱ. 국내법상 문제

1. 은행법상 은행업형태의 규제

(1) 전국은행, 지방은행, 인터넷전문은행

은행법상 은행의 종류는 전국은행과 지방은행으로 구분된다. 전국은행은 전국을 영업구역으로 하는 은행을, 그리고 지방은행은 전국을 영업구역으로 하지 않는 은행을 말한다(법 9조). 법령상 영업구역의 차이를 제외하고는 자본금 요건의 차이가 있을 뿐 양자간에는 금융규제법상 차이가 사실상 존재하지 않는다.

은행의 인가 요건과 관련하여 은행법은 "사업계획의 타당성, 자본금 및 주주구성과 주식인수자금의 적정성, 발기인 또는 경영진의 경영능력과 성실성 및 공익성"에 대한 확인을 요구하고(법 8조 2항), 구체적인 확인방법을 시행령에서 규정하고 있다(동시행령 1조의7 1항 각호). 그 내용은 1. 사업계획이 그 주된 영업시장에서의 지속적인 영업을 영위하기 위하여 적합하고, 추정재무제표 및 수익전망이 영업계획에 비추어 타당성이 있는지의 여부, 2. 조직구조 및 관리 · 운용체제가 사업계획의 추진에 부합하는지의 여부, 3. 사업계획의 추진에 소요되는 자본등 재원의 조달방안이 현실성이 있는지의 여부, 4. 은행업을 영위하기에 충분한 전산체제를 갖추고 있는지의 여부, 5. 주주구성계획이 법 제15조 및 제16조의2의 규정에 적합한지의 여부, 6. 발기인(발기인이 개인인 경우에 한한다) 및 경영진 구성계획이 법 제18조의 규정에 적합한지의 여부를 확인하는 것이다. 그 구체적인 방법은 은행업인가지침에서 규정하고 있다.

은행법상 은행이 되기 위한 영업소 요건과 관련하여 은행법은 특별한 규정을 두고 있지 않다. 은행법상 영업소에 대한 규제는 국외에 영업소를 신설하거나 본점을

---

32) 제8조(은행업의 인가) ① 은행업을 경영하려는 자는 금융위원회의 인가를 받아야 한다.

③ 제2항에도 불구하고 다음 각 호의 어느 하나에 해당하는 은행에 대하여는 대통령령으로 정하는 바에 따라 제2항제1호에 따른 요건과 다르게 정하거나 제2항 각 호 외의 추가적인 요건을 정할 수 있다.

2. 제27조에 따른 은행업무를 「전자금융거래법」 제2조제8호에 따른 전자적 장치를 이용하여 대통령령으로 정하는 바에 따라 운영하는 은행(이하 "인터넷전문은행"이라 한다)

33) 인터넷 은행 사실상 중단: 실명제 등 규제많아…금융사 · 기업 줄줄이 포기, 매일경제 2009.8.12 〈http://news.mk.co.kr/outside/view.php?year=2009&no=429547〉.

다른 특별시 · 광역시 · 도의 지역으로 이전하는 경우를 제외하고는 특별한 제한이 없다(법조 13). 과거에는 은행의 영업소 신설과 이전에 대하여 감독당국의 인가사항으로 규제하고 있었다("점포규제").[34)]

은행업인가 지침상으로 은행업에 대한 진입요건으로 규정되어 있는 영업소관련 사항은 업무범위 및 규모에 부합되는 영업시설 및 전산체계를 갖출 것(동 지침 12.다.2))과 자본금규모 및 추가자본 확충계획에 비추어 점포수, 인원수, 영위업무의 범위가 적정할 것(동 지침 12.라.3))이다. 그러나 이러한 규정들도 오프라인 영업시설의 보유를 강제하거나 인터넷에 기반한 영업시설을 금지하는 규정이라고 해석하기 어렵다. 다만 은행업인가지침 별표2. 예비인가 및 인가 신청서류에서 3.본점 및 영업소의 설치계획(명칭, 주소 등)을 기재할 것을 요구하고 있다. 따라서 법령과 감독실무를 종합적으로 고려하면 오프라인 영업소를 보유한 은행업을 전제로 하고 있다는 해석이 가능할 것으로 생각된다.

다만 은행법 해석상 무점포형의 인터넷전문은행을 인가하는 것이 불가능하지는 않다고 보이지만 영업기반의 차이에 따른 고객 보호의 필요성, 진입요건 특히 자본금요건에 대한 완화 적용의 필요성 등을 고려하여 별도의 입법조치가 불가피한 것으로 보인다.

(2) 인터넷전문은행의 소재지

가상공간에 존재하는 인터넷전문은행의 특성상 그 소재지를 판단하는 문제가 있다. 은행법은 외국금융기관이 대한민국내에서 은행업을 영위하고자 할 경우에는 지점 · 대리점 또는 사무소를 두고 금융위의 인가를 받을 것을 요구하고 있다(법 제58조 제1항). 『자본시장과 금융투자업에 관한 법률』("자본시장법")(제2조)과 달리 역외적용에 관한 명시적인 규정을 두고 있지 않은 은행법 해석상 '대한민국내에서 은행업을 영위하고자 할 경우'를 어떻게 해석할 것인지의 문제가 발생하는 것이다.[35)] 일반적으로는 예금수취와 대출과 같은 은행업에 해당하는 행위의 전부 또는 일부가 국내에서 이루어질 것을 요구하는 것으로 해석하는 견해와 행위지를 불문하고 대한민국내에 소재하는 자를 상대방으로 하여 예금수취와 대출과 같은 은행업에 해당하는 행위의 전부 또는 일부가 이루어지는 것으로 보는 견해가 있을 수 있을 것이다. 다만 행위지를 판단할 때 인터넷전문은행의 서버나 기타 영업시설의 소재지가 결정적인 기준이 될 수는 없을

34) 은행감독원, 은행법해설, 1993, 74-77.

35) 자본시장법상 역외적용규정의 적용기준과 적용범위에 대해서는 김건식 · 정순섭, 전게서, 544, 이하 참조.

것이다. 예금자의 보호와 국내금융시장의 신뢰도 보호라는 은행법의 규제목적을 고려할 때 인터넷전문은행의 서버나 기타 영업시설의 소재지나 행위지 또는 거래의 상대방의 소속국을 불문하고 국내예금자의 보호와 국내금융시장의 신뢰도 보호에 영향을 미칠 경우에는 은행법상 은행으로서 진입규제의 대상에 포함되는 것으로 보아야 할 것이다.[36)]

2. 인터넷전문은행의 업무범위

인터넷전문은행의 업무범위를 정하는 원칙은 '현금'을 수반하지 않는 은행법상 은행업무를 포함하되, 비대면거래의 특징을 고려하여 선별적으로 그 범위를 조정하여야 할 것이다. 주로 결제서비스의 제공과 금융상품의 판매를 중심으로 영업을 전개하는 것이 바람직할 것으로 생각한다.

결제서비스에 대해서는 은행법상 일반은행과 차이를 둘 필요가 적을 것으로 생각한다. 또한 인터넷을 금융상품의 판매채널로 활용하기 위한 다양한 시도들이 성공을 거두고 있는 사실을 고려할 때 금융상품의 판매는 무점포 인터넷 전문은행에게는 매우 중요한 영업기반이 될 수 있을 것이다. 일단 현재 은행법상 일반은행이 수행하고 있는 금융상품 판매업무를 인터넷전문은행도 영위할 수 있다고 하면 『자본시장과 금융투자업에 관한 법률』상 집합투자증권의 판매(투자중개업자), 『보험업법』상 일부 보험상품의 판매(금융기관 보험판매 대리점)가 가능할 것이다.

추가적으로 검토되어야 하는 것은 금융상품판매 전문업자제도의 도입과 관련한 인터넷전문은행의 업무범위이다. 역시 현정부의 규제완화정책의 일부로서 검토되어 오던 것 중의 하나로서 투자자 보호와 금융상품에 대한 원스탑쇼핑을 가능하도록 하기 위하여 하나의 주체가 다양한 금융상품의 판매할 수 있도록 하는 제도이다.[37)] 금융상품의 제조자와 독립적으로 수행할 수 있는 독립적인 금융상품 판매조직의 형성은 투자자의 보호와 투자자의 편익 증대 그리고 장기적인 금융산업의 성장 기반 마련을 위하여 필수적인 과제라고 생각한다. 인터넷전문은행은 그러한 과정에서 중요한 역할을 담당할 수 있을 것이라고 생각한다.

---

36) 미국의 경우 인터넷전문은행의 주된 사무소는 그 은행에 의하여 지정되는 사무소로 보고 있다. 12 CFR 7.5009 Location under 12 U.S.C. 85 of national banks operating exclusively through the Internet. For purposes of 12 U.S.C. 85, the main office of a national bank that operates exclusively through the Internet is the office identified by the bank under 12 U.S.C. 22(Second) or as relocated under 12 U.S.C. 30 or other appropriate authority.

37) 금융위원회 · 국가경쟁력강화위원회, 금융규제개혁 기본방향 및 진입규제 개선방안, 2009. 6. 26, 18-19.

3. 인터넷전문은행의 소유규제

인터넷전문은행에 대한 소유규제는 그 수행하는 업무의 범위에 따라 판단할 사항이다. 주로 결제서비스의 제공과 금융상품의 판매를 중심으로 영업을 전개하겠지만 예금과 대출 기능을 보유하고 있다는 점에서 소유규제에 관한 한 은행법상 일반은행과 차이를 둘 근거는 없다고 생각된다.

4. 금융실명확인

비대면거래임을 특징으로 하는 인터넷전문은행에 대해서 대면방식의 금융실명확인수단을 강제하는 것은 불가능하다. 그렇다고 해서 금융실명법의 기본원칙에 해당하는 사항을 단기적인 고려만으로 변경하는 것도 쉽지 않을 것이다. 『금융기관의 업무위탁 등에 관한 규정』은 예금에 대하여 '예금계약체결'을 업무위탁이 금지되는 본질적 요소로 규정하고 있으므로(동 규정 제3조 제1항 제1호, [별표 1]), 예금에 대한 모집인제도도 가능하다고 해석된다. 그러나 『금융실명거래 및 비밀보장에 관한 법률』상 예금자의 실명확인과 관련하여 업무수탁자인 예금모집인이 1차적으로 실명확인을 했더라도 예금기관이 다시 실명확인을 할 것을 요구하고 있어 예금상품에 대하여 모집인 제도는 이용되고 있지 않다. 다만 『자본시장과 금융투자업에 관한 법률시행령』 제45조제2호는 투자매매업자와 투자중개업자의 업무 중 '단순한 계좌 개설 및 실명확인 업무'는 업무위탁이 금지되는 업무 범위에서 제외하고 있다.[38] 오프라인 영업점이 없는 온라인증권사의 출현을 가능하게 하기 위한 정책적 고려가 반영된 것으로 본다. 인터넷전문은행을 허용한다면 온라인증권사와 유사한 조치가 필요할 것으로 본다.

---

38) 제45조 (위탁이 금지되는 업무범위) 법 제42조제1항 단서에서 "대통령령으로 정하는 업무"란 다음 각 호의 업무를 말한다. 다만, 투자자 보호 및 건전한 거래질서를 해칠 우려가 없는 경우로서 금융위원회가 정하여 고시하는 업무는 제외한다. 〈개정 2009.7.1〉

2. 금융투자업의 종류에 따른 다음 각 목의 업무

가. 투자매매업인 경우에는 제47조 제1항 제1호 가목(단순한 계좌개설 업무 및 실명확인 업무는 제외한다) · 나목 및 라목의 업무

나. 투자중개업인 경우에는 제47조 제1항 제2호 가목(단순한 계좌개설 업무 및 실명확인 업무는 제외한다) 및 다목의 업무

제 5 결 론

이상 논의의 결과를 다음과 같이 정리한다.

첫째, 은행법은 은행업의 영위형태에 대하여 명시적인 규정으로 특정한 형태를 강제하거나 특정한 형태를 부정하는 규정을 두고 있지 않지만 전통적인 유인점포를 통한 은행업의 수행을 전제로 하고 있는 것으로 파악할 수 있다. 따라서 인터넷전문은행을 통한 은행업의 영위를 위하여 별도의 입법조치는 필요 없을 것으로 생각되지만, 자본금 요건의 완화 등 특례조치를 위해서는 입법조치가 필요할 것으로 생각된다.

둘째, 인터넷전문은행은 은행업 영위형태의 다양화를 통한 경쟁의 촉진과 금융시장의 장기적인 발전기반 조성을 위해 긍정적인 기능을 수행할 것으로 본다. 그에 대한 규제의 기본적인 접근방식은 은행법상 일반은행과 동일한 기능을 '현금'이 없이 수행하는 것으로 파악하는 것이다.

셋째, 인터넷전문은행의 업무범위규제는 은행법상 일반은행과 동일하게 규정하되 비대면 · 비현금거래인 특징을 고려해야 할 것이다. 금융상품 판매기능의 확대는 유통에 의한 제조의 지배라는 문제를 해소하여 장기적으로 균형있는 금융산업의 발전을 위하여 반드시 필요하고 그 과정에서 인터넷전문은행은 중요한 역할을 담당할 수 있을 것이라고 생각한다.

넷째, 인터넷전문은행의 소유규제는 은행법상 일반은행과 동일하게 설정되어야 할 것이다.

다섯째, 비대면거래임을 특징으로 하는 인터넷전문은행에 대해서 대면방식의 금융실명확인수단을 강제하는 것은 불가능하므로 최소한 온라인증권사에 대한 자본시장법상의 조치와 유사한 입법조치가 이루어져야 할 것으로 본다.

참고문헌

〈단행본〉

강임호, 디지털금융의 이해, 한국금융연구원, 2003. 9.

_____, 인터넷전문은행의 진입과 기존은행과의 경쟁, 금융동향: 분석과 전망, 한국금융연구원, 2002. 6.

_____, 인터넷전문은행의 진입에 관한 연구, 한국금융연구원, 2003. 4.

구본성, 인터넷전문은행 도입 방안, 한국금융연구원, 2008. 10.

금융위원회 · 국가경쟁력강화위원회, 금융규제개혁 기본방향 및 진입규제 개선방안, 2009. 6.

김건식 · 정순섭, 자본시장법, 2009.

서병호, 인터넷전문은행의 해외사례 및 시사점, 금융동향: 분석과 전망, 한국금융연구원, 2008.

손진화, 전자금융거래법, 2006.

정경영, 전자금융거래와 법, 2007.

金融再生委員會 · 金融廳, 異業種による銀行業參入等新たな形態の銀行業に對する免許審査監督上の對應, 2000. 8.

Apostolos Ath. Gkoutzinis, Internet Banking and the Law in Europe: Regulation, Financial Integration and Electronic Commerce, 2006. 8.

Apostolos Ath. Gkoutzinis, The Law Relation to Internet Banking in Mark Howard, Roger Masefield and Jason Chuah(eds), Butterworths Banking Law Guide, 2006.

Committee on the Global Financial System, The Implications of Electronic Trading in Financial Markets, BIS, 2001.

Dick Fraser and Helen Parry(eds), Exchanges and Alternative Trading Systems, 2002.

Richard Scott Carnell, Jonathan R. Macey and Geoffrey P. Miller, The Law of Banking and Financial Institutions 4th ed, 2009.

〈논문〉

정순섭, "금전의 법적 측면에 관한 연구- '지급결제수단' 의 다양화에 대한 법적 대응을 중심으로-", 상사판례연구 제22집 제2권. 한국상사판례학회, 2009.

Ken B. Cyree, Natalya Delcoure and Ross Dickens, "*An Examination of the Performance and Prospects for the Future of Internet-Primary Banks*", Journal of Economics and Finance Vol 33 No 2, April 2009.

제 8 절

전자보험거래상의 법률문제 *

제 1 들어가며

인터넷의 보급으로 전자거래가 활성화됨에 따라, 보험계약을 전자거래로 행하는 전자보험거래도 활발해지고 있다. 특히 위험이 비교적 정형화 되어 있는 자동차보험이나 상해보험 등에서 그러하다. 이 글은 전자보험거래에서 발생할 수 있는 법률문제를 검토하는 데 그 목적이 있다. 전자보험거래와 관련된 법률문제는 여러 가지로 나타날 수 있지만, 이 글은 전자보험계약의 성립과정과 관련된 사법적 측면을 다루고자 한다. 즉, II. 보험료의 지급과 계약의 성립 문제, III. 보험자가 청약자로 되는 문제, IV. 청약의 효력 및 계약의 성립시기 문제, V. 보험약관의 교부 · 설명의무 문제, VI. 고지의무의 문제 등이 그것이다. 2000년을 전후한 전자보험거래의 등장에 맞추어, 그와 같은 법적 쟁점들에 대한 논의는 이미 상당히 이루어진 바 있다. 따라서, 여기서는 기존의 논의에 추가 또는 보완되어야 할 쟁점, 주장, 논거 등을 개진하기로 한다. 관련 法源으로는 전자보험거래에 적용된다고 볼 수 있는, 상법, 민법, 전자거래기본법(1999년 제정), '전자상거래 등에서의 소비자보호에 관한 법률'(2002년 제정), 전자금융거래법(2006년 제정), 전자보험거래표준약관(2003년 제정) 등이 있다. 이 글이 대상으로 삼는 전자보험거래는 보험업법에 의한 보험회사가 보험자로 되는 경우이며, 이러한 전자보험거래는 상행위에 해당하므로 상법이 우선 적용되고, 상법이 규정이 없으면 민법이 적용된다(상법 제1조, 제3조 등 참조). 또한, 전자거래기본법, 전자상거래 등에서의 소비자보호에 관한 법률 및 전자금융거래법 등은 전자보험거래에 관한 특별법이고, 전자보험거래 표준약관은 전자보험거래에 대해 적용되는 표준약관이다.

---

* 한기정: 서울대학교 법과대학/ 법학전문대학원 교수.

제 2 보험료의 지급과 계약의 성립 문제

Ⅰ. 상 법

보험계약을 정의한 상법 제638조는, "보험계약은 당사자 일방이 약정한 보험료를 지급하고 상대방이 재산 또는 생명이나 신체에 관하여 불확정한 사고가 생길 경우에 일정한 보험급여 기타의 급여를 지급할 것을 약정함으로써 효력이 생긴다."라고 규정한다. 이 조항은 보험계약이 요물계약이라고 명시하고 있지 않다. 해석론은 보험계약이 불요식의 낙성계약이라는 데 일치하고 있다. 즉, 당사자(보험자와 보험계약자)가 보험목적 · 보험사고 · 보험기간 · 보험료 · 보험금액 기타 급여 등에 대해서 합의하는 것으로서 보험계약은 성립되고, 보험료의 지불이나 보험증권의 교부 등을 그 성립의 특별요건으로 하지 않는다고 해석되고 있다.[1]

Ⅱ. 전자보험거래 표준약관

전자보험거래 표준약관 제8조 제3항은 "이용자는 전자적 수단을 이용하여 청약과 함께 제1회 보험료를 회사가 정한 방법에 따라 납입하여야 합니다."라고 규정한다. 통상의 보험약관(예를 들면 생명보험표준약관)이 보험계약자로 하여금 청약과 함께 제1회 보험료를 지불할 것으로 규정하고 있지 않는 것과 대비된다. 결국, 전자보험거래표준약관에 의하면 보험료의 지불이 보험계약의 승낙 이전에 이루어져야 하므로, 동 약관에 의해 체결되는 전자보험계약은 요물계약으로 된다고 볼 수 있다.

전자보험계약을 요물계약으로 만든 전자보험거래 표준약관 제8조 제3항이 보험계약을 낙성계약으로 규정하고 있는 상법 제638조를 보험계약자에게 불이익하게 변경하였다고 보아서 상법 제663조 위반에 따라 무효라고 해석할 것인가? 비대면성, 신속성이라는 전자보험계약의 특징을 고려한다면, 청약과 함께 보험료를 지불하도록 하는 것을 무효라고 단정할 일은 아니라고 본다. 또한, 청약과 함께 보험료를 지불한 보험계약자는 승낙이전 보험보호를 받을 수 있게 된다는 점을 고려하면 더욱 그러하다. 즉 상법 제638조의3에 따르면, 보험계약자가 보험계약의 청약과 함께 보험료 상

---

1) 양승규, 보험법, 2002, 83.

당액의 전부 또는 일부를 지불하였고 승낙 이전에 보험사고가 발생하였다면, 청약을 거절할 사유가 없거나 또는 인보험계약의 피보험자가 신체검사를 받아야 하나 그 검사를 받지 않은 경우를 제외하고, 보험자는 보험계약상의 책임을 지도록 하고 있는 것이다.

제 3 보험자가 청약자로 되는 문제

Ⅰ. 일반보험거래

일반적으로 보험계약자는 보험자가 제공한 보험청약서에 필요한 내용을 기재하여 청약하게 된다. 보험약관에도 흔히 보험계약자가 청약자로 정해져 있다. 예를 들면, 생명보험표준약관 제1조 제1항에 의하면, "보험계약은 보험계약자의 청약과 보험회사의 승낙으로 이루어집니다."라고 규정되어 있다. 장기손해보험표준약관 제1조 제1항, 화재보험표준약관 제1조 제1항 등도 마찬가지로 규정되어 있다. 이에 따르면 보험계약자가 청약자로 되고, 보험자는 승낙자자로 된다.

[보험계약자 - 청약자] 및 [보험자 - 승낙자]로 되는 구도가 일반적 현상으로 나타나는 이유는, 보험계약의 성격상 그 성립 및 조건은 보험계약자에 의한 위험 제시와 보험자에 의한 위험 심사의 과정을 거친 후에 결정되는 것이 통상적인데, 이러한 과정을 모두 거친 후 그에 기초하여 보험자가 청약을 하고 보험계약자가 승낙 여부를 결정하기보다는, 보험계약자가 위험 제시를 하면서 청약을 하고 보험자가 위험 심사를 한 후 승낙 여부 및 계약조건을 결정하는 것이 계약체결의 편의성, 신속성에 기여하는 측면이 있기 때문이다.

다만 [보험계약자 - 청약자] 및 [보험자 - 승낙자]의 구도가 논리필연적인 것은 아니다.[2] 즉, 특정한 계약체결의 구체적 사실관계에 기초할 때 보험자가 청약자이고 보험계약자가 승낙자로 법률행위를 하였다는 해석을 이끌어내는 것이, 비록 드물기는 하더라도, 가능은 할 것이다. 이러한 경우라면, 설령 특정 보험약관이 보험계약자가 청약자라고 규정하고 있더라도, 이러한 규정이 그러한 해석을 불가능하게 하지는 못한다고 볼 수 있다.[3] 보험계약자별로 위험이 상이하지 않거나 위험이 단순하여 별

2) 그러나, 전자상거래소비자보호법은 전자상거래의 경우 소비자가 반드시 청약자로 규정되도록 하고 있다. 이에 대해 의문을 제기한 견해로는, 남효순, "전자상거래등에서의 소비자보호에 관한 법률에 관한 몇 가지 쟁점", 민법학의 현대적 양상, 2006, 408.

3) 보험약관의 법적 성질에 관한 합의설을 취하면 이러한 해석이 항상 가능하다. 판례 역시 합의설을 취하

도의 심사가 필요하지 않다면, 보험자를 청약자로, 보험계약자를 승낙자로 해석할 수 있을 것이다.

Ⅱ. 전자보험거래

전자보험거래표준약관 제8조 제1항도 "이용자는 전자적 수단을 이용하여 회사가 정한 방법에 따라 보험계약의 청약을 할 수 있습니다."라고 하여 일반적 보험약관과 마찬가지로 보험계약자를 청약자로 정하고 있다. 일반 보험거래와 마찬가지로 전자보험거래의 경우에도 특정한 계약체결의 구체적 사실관계에 기초해서 보험자가 청약자이고 보험계약자가 승낙자로 행위했다는 해석을 이끌어내는 것이 아래와 같은 이유에서 가능할 수 있다.

일반전자거래에서 웹상에 상품을 전시하는 것을 청약의 유인이라고 보는 것이 보통이다. 그렇다면 전자보험거래에서 보험자가 웹상에 부보위험 · 보험료 · 보험금 등을 포함한 보험상품을 전시하는 것도 일반적으로 청약의 유인이라고 보아야 하는가? 이와 관련하여, 웹상의 상품전시를 청약의 유인이라고 보는 이유는 온라인 거래의 광역성을 고려할 때 예상을 초과하는 상품공급의무를 상인에게 부담시키는 것이 부적절하기 때문이지만, 대수의 법칙이 적용되는 보험계약의 경우에는 예상을 초과하는 보험계약의 체결이 보험자에게 부담이 될 수 없다는 견해가 있다.[4] 이에 의하면, 자동차보험, 화재보험, 무진사 생명보험 등 규격화된 보험과 관련해서는 보험자에 의한 웹상의 상품전시를 청약의 유인이 아니라 청약으로, 즉 보험자가 청약자로 된다고 해석할 수 있는 가능성이 있다.[5]

다만, 전자보험거래의 실무상으로는 이러한 보험상품이 웹상에 전시되어 있다고 하더라도 보험계약자가 고지의무의 이행 등 청약의 절차를 거치도록 거래프로그램이 설정되어 있는 것이 보통이므로, 특별히 다른 사정이 없는 한 보험계약자가 청약자로 될 것이다.

고 있다(예를 들면 대법원 1985. 11. 26. 선고 84다카2543 판결).

4) 정경영, 전자금융거래와 법, 2007, 651.

5) 상게서, 651.

제 4 청약의 효력 및 계약의 성립시기 문제

Ⅰ. 상법 및 민법

1. 청약의 효력

전자보험거래는 격지자 사이의 거래이므로 격지자 간의 청약의 효력을 살핀다. 청약의 효력은 승낙기간을 정한 경우와 정하지 않은 경우로 구분된다. 승낙기간을 정하지 않은 경우에 대해서는 상법과 민법이 규정하고 있는데, 전자보험거래에는 상법이 우선 적용된다. 승낙기간을 정한 경우에 대해서는 민법만이 규정하고 있어서, 이것이 전자보험거래에 적용된다.

먼저, 승낙기간을 정한 경우, 청약자가 그 기간 내에 승낙의 통지를 받지 못한 때에는 청약이 효력을 상실한다(민법 제528조 제1항). 이에 따르면 '도달주의'가 적용된다. 한편, 승낙기간을 정하지 않은 경우, 상대방이 상당한 기간 내에 승낙의 통지를 발송하지 아니한 때에는 청약이 효력을 상실한다(상법 제52조 제1항). 이에 따르면 '발신주의'가 적용된다. 승낙의 의사표시가 도달하지 않음으로 인한 불이익을, 발신주의에 의하면 청약자가 부담하고, 도달주의에 의하면 승낙자가 부담하게 된다. 상법 제52조 제1항이 발신주의를 택한 이유는 상거래의 신속을 도모하는 데 있다고 한다.[6]

2. 계약의 성립시기

전자보험거래는 격지자 사이의 거래이므로 격지자 간의 계약의 성립시기를 살핀다. 보험계약의 성립시기와 관련하여 상법이 특별한 규정을 두고 있지 않으므로 민법에 의하게 된다. 민법 제531조는 격지자 간의 계약은 승낙의 의사표시를 발송한 때 성립한다고 규정하고 있다. 민법 제531조는 의사표시의 효력발생시기에 관한 도달주의 원칙(민법 제111조 제1항)을 수정하여 '발신주의'를 채택한 것이다. 그 취지는, 계약의 성립을 원하는 당사자 사이에서는 계약이 조속히 성립시키는 것이 당사자의 의사나 거래계의 요구에 부합하는 것이라는 점을 반영하는 데 있다.[7]

---

6) 최기원, 상법학신론(상), 2009, 239. 다만, 상행위와 관련하여, 승낙기간을 정한 경우에는 도달주의, 승낙기간을 정하지 않은 경우와 관련해서는 발신주의가 적용되는 것으로 하는 현행법은 합리적 근거를 결여한 것으로서 모두 발신주의로 통일해야 한다는 입법론적 비판이 있다(정찬형, 상법강의(상), 2008, 217; 최준선, 상법총칙, 2005, 235).

7) 곽윤직, 채권각론, 2000, 49.

Ⅱ. 전자거래기본법

전술한 바와 같이 전자보험거래의 경우는 청약의 효력 및 계약의 성립시기와 관련하여 일정한 경우 발신주의가 채택되어 있음을 알 수 있다. 그런데 전자보험거래에 대해서는 상기 상법 및 민법보다 우선하여 적용될 특별법인 전자거래기본법이 도달주의를 채택한 것이 아닌가 하는 논란이 있다. 만약 전자거래기본법이 도달주의를 채택한 것이라면 상법 및 민법이 규정하는 발신주의는 적용이 배제될 것이다.

1999년에 제정된 전자거래기본법 제6조 제1항은, 전자문서가 수신자 또는 그 대리인이 수신할 수 있는 정보처리시스템에 입력된 때를 전자문서의 발신시기[8]라고 규정하고 있다. 이러한 규정을 보면, 전자문서의 발신시기에 실질적으로 도달적 요소가 포함되어 있다고 평가할 수 있을 것이다. 이러한 규정의 도입은, 전자거래의 경우에 의사표시가 단시간 내에 상대방의 了知(요지)영역에 도달할 수 있으므로, 전자거래에서 발신주의는 합리적이지 않다는 견해[9]가 반영된 것이라고 볼 수 있다. 이 견해에 따르면, 대부분의 통신 소프트웨어는 발신자가 스스로 통신장애를 지각할 수 있도록 만들어져 있으며, 통신장애를 알지 못하는 상대방보다는 발신자가 도달하지 않음에 대한 위험을 부담하는 것이 바람직하다.[10] 다시 말하면, 전자거래는 일반거래와 달리 도달주의가 바람직하다는 것이다.

하지만, 상기 전자거래기본법의 규정이 도달주의를 채택된 것인지에 대해서는 논란이 있는 것이다. 즉, 전자거래에서는 도달주의가 채택된 것이라는 견해와[11] 전자거래에서는 발신시기가 일반거래와 달리 분명하지 않으므로 발신시기를 분명히 한 것에 불과하다는 견해[12]가 대립하고 있다. 앞의 견해에 의하면, 전자보험거래의 경우 청약의 효력이나 계약의 성립시기에 상법 제52조 제1항이나 민법 제531조가 규정하는 발신주의가 아니라 도달주의가 적용된다고 보게 된다. 생각건대, 전자거래기본법 제6조 제1항은 상법과 민법의 발신주의를 유지하되 전자거래의 기술적 특성을 고려하여 도달적 요소를 반영한 발신주의라고 볼 것이다. 왜냐하면. 전자거래기본법 제6조 제1항이 도달적 요소를 포함하고 있는 것은 분명하지만, 동법 제6조 제2항이 전자

8) 법문에는 "송신"이라고 표현되어 있으나 이것은 발신과 다를 바 없다.

9) 한웅길, "전자거래와 계약법", 비교사법, 제15권 제1호, 1998, 한국비교사법학회, 23.

10) 상게 논문, 23.

11) 박은경, "사이버보험계약의 법적 고찰", 해사법연구, 제11권 제2호, 1999, 한국해사법학회, 208.

12) 주기종, "인터넷보험계약상의 법률문제", 법학연구, 제21집, 2006, 한국법학회, 197.

문서의 수신시기를 별도로 규정[13]하여 발신과 도달을 구분하고 있으므로, 제6조 제1항의 발신을 도달과 동일하게 보는 것에는 무리가 있다고 보아야 하기 때문이다.

Ⅲ. 전자보험거래 표준약관

전자보험거래 표준약관 제6조는 '전자거래의 성립'이라는 표제 하에서, "전자거래는 회사가 이용자의 거래요청을 접수하고 그 내용이 회사의 호스트컴퓨터에 의해 처리되어 저장되는 때에 성립"하고(제1항), "회사는 제1항의 전자거래요청에 대한 접수사실과 그 처리결과를 즉시 알려"준다(제2항)고 규정한다.

상기 조항이 전자거래의 성립에 관한 것이어서, 전자거래 방식에 의해 체결된 보험계약의 성립시기에 대해 규정한 것인지에 대한 논란이 있을 수 있다. 만약 상기 조항이 그러한 성립시기에 대해 규정한 것이라고 본다면, 그것이 발신주의 또는 도달주의에 어떠한 영향을 미칠 수 있는지를 검토할 필요가 있다. 상기 조항의 해석과 관련해서는 다음과 같은 세 가지 견해가 존재한다. 첫째, 계약의 성립시기에 관한 규정이라는 입장이다. 둘째, 청약의 효력발생시기에 관한 규정이라는 입장이다. 셋째, 청약을 위한 전제조건의 성립시기에 관한 규정이라는 입장이다. 이를 순서대로 살피기로 한다.

첫째, 상기조항이 전자거래 방식에 의해 체결된 보험계약의 성립시기에 대해 규정한 것이라는 견해이다. 즉, 상기 조항이 "일반적으로 보험계약의 성립은 고객의 청약에 대응하여 보험회사가 승낙의 통지를 발송할 때 계약이 성립함에 반하여, 전자거래의 경우는 이용자가 '인적 사항', '보험가입기간', '가입조건' 등을 입력하고 최종적으로 초회보험료를 결제하기 위해 카드번호 등을 입력하여 최종 '가입' 버튼을 눌러 가입의사를 표시한다고 하더라도 이는 '청약'의 의사표시일 뿐이므로 이러한 가입내용이 인터넷망을 통하여 보험회사의 호스트컴퓨터에 전달되고, 보험회사의 인수(Underwriting)과정을 거쳐 보험회사의 '승낙'의 과정이라고 할 수 있는 절차인 호스트컴퓨터에 정확히 저장되는 때에 보험계약이 성립됨을 명시"한다고 보는 견해이다.[14] 이에 따르게 되면, 보험자가 보험계약자의 청약을 접수하고 그 내용이 보험자

13) 전자거래기본법 제6조 제2항은 전자문서가 수신된 것으로 볼 수 있는 경우로서, 첫째 수신자가 전자문서를 수신할 정보처리시스템을 지정한 경우에는 지정된 정보처리시스템에 입력된 때이되, 전자문서가 지정된 정보처리시스템이 아닌 정보처리시스템에 입력된 경우에는 수신자가 이를 출력한 때이고, 둘째 수신자가 전자문서를 수신할 정보처리시스템을 지정하지 아니한 경우에는 수신자가 관리하는 정보처리시스템에 입력된 때라고 규정하고 있다.

의 호스트컴퓨터에 의해 처리되어 저장되는 때에 보험계약이 성립한다는 것이다.

하지만, 전자보험거래 표준약관 제6조 제1항의 "이용자의 거래요청"을 보험계약자의 청약으로 해석할 수는 있다고 하더라도, "그 내용이 회사의 호스트컴퓨터에 의해 처리되어 저장되는 때"를 보험자의 승낙시기라고 해석하는 것은 무리가 있다는 반론이 가능하다. 청약자에게 승낙의 의사표시가 발신되거나 도달되지 않은 채, 회사의 호스트컴퓨터에 의해 처리되어 저장되어 있음에도 불구하고 승낙의 효력이 발생한다는 것은, 의사표시란 그것이 발신 또는 도달되는 때에 발생한다는 의사표시의 효력발생에 관한 일반원칙에 부합하지 않기 때문이다. 다시 말하면, 전자보험거래라고 하더라도 승낙의 의사가 청약자에게 발신 또는 도달되지 않고 승낙자의 내부에 머물러 있는 상태에서는 계약이 성립되었다고 하는 것이 무리이다.

둘째, 전자보험거래 표준약관 제6조는 보험계약자가 전자거래 방식으로 청약을 하는 경우 그 청약의 의사표시가 효력을 발생하는 시기를 규정한 것으로 해석하는 방법도 생각해 볼 수 있다. 즉, 보험자가 보험계약자의 청약(거래요청)을 접수하고 그 내용이 보험자의 호스트컴퓨터에 의해 처리되어 저장되는 때에, 그 청약이 효력을 발생한다는 식의 해석이다. 하지만, 이러한 해석은 의사표시의 효력발생시기에 관한 일반원칙에 부합하지 않을 수 있다. 청약의 의사표시는 상대방에게 도달하면 그 효력이 발생하는 것이 일반원칙(민법 제111조 제1항)인데, 이에 따르면 보험자가 보험계약자의 청약을 접수한 때 그 청약은 효력이 발생한다고 보아야 할 것이다. 그런데, 더 나아가 보험자의 호스트컴퓨터에 의해 처리되어 저장되는 때에 비로소 청약이 효력을 발생한다고 해석하는 것은 보험계약자에게 지나치게 불리한 것이 아닌가 하는 의문이 생길 수 있는 것이다. 전자보험거래 표준약관 제6조를 의사표시의 도달시기를 전자보험거래의 '전자적' 성격을 감안한 시각에서 바라본다고 해도 지나친 것이라고 볼 수 있다는 것이다. 왜냐하면 전자거래기본법 제6조 제2항이 전자문서의 전자적 성격을 감안하여 그 수신시기를 규정하고 있지만, 전자보험거래 표준약관 제6조는 이를 훨씬 넘어서서 보험계약자에게 지나치게 불리한 것이라는 의문이 생길 수 있기 때문이다. 전자거래기본법 제6조 제2항은, 전자문서가 상대방에게 수신된 것으로 볼 수 있는 경우로서, 첫째 수신자가 전자문서를 수신할 정보처리시스템을 지정한 경우에는 지정된 정보처리시스템에 입력된 때이되, 전자문서가 지정된 정보처리시스템이 아닌 정보처리시스템에 입력된 경우에는 수신자가 이를 출력한 때이고, 둘째 수신자가 전자문서를

14) 이병호, "전자보험거래 표준약관의 제정취지와 주요내용", 손해보험, 통권423호, 2004, 대한손해보험협회, 27-28. 주기종, 전게논문, 198도 동일한 입장을 취하고 있음.

수신할 정보처리시스템을 지정하지 아니한 경우에는 수신자가 관리하는 정보처리시스템에 입력된 때라고 규정하고 있다. 다만, 민법 제111조 제1항이나 전자거래기본법 제6조 제2항은 임의규정[15]이라는 점에서 위와 같은 해석론이 불가능한 것은 아니다. 하지만, 상기 약관조항이 위와 같이 해석되어야 한다는 점이 분명하지 않고, 또한 상기 약관조항이 제1장 총칙에 속해 있는 반면에, 제2장이 보험계약의 청약 등에 대해서 규정하고 있다는 점에서, 그것이 청약의 효력발생시기에 관한 규정이라고 단정하기 어렵다. 그렇다면 약관내용이 모호한 경우에는 작성자 불이익의 원칙(약관규제법 제5조 제2항)이 적용될 필요가 있다.

셋째, 상기 약관조항은 "보험계약의 청약을 전자적 수단을 이용하여 하기 위해서는 먼저 전자거래가 성립되어 있어야 하는 것으로 이해된다."는 견해가 있다.[16] 이 견해는, 상기 약관조항이 보험계약의 청약을 전자적 수단으로 하기 위해서는 그 이전에 회원가입 등 전제조건이 성립되어 있어야 한다는 점을 규정한 것으로 이해하는 것으로 보인다. 첫째 견해와 둘째 견해가 이미 살펴본 바와 같이 찬동하기 어렵고, 상기 약관조항이 제1장 총칙에 속해 있고, 보험계약의 청약 등이 제2장에 속해 있는 약관체계를 고려하면, 이 견해가 가장 타당하다고 판단된다.

제 5 보험약관의 교부 · 설명의무 문제

보험자는 보험계약을 체결할 때 보험약관의 교부 · 명시의무를 부담하게 되는데, 이러한 의무가 전자보험거래에도 적용되는지를 검토하고자 한다. 보험자의 보험약관에 대한 교부 · 명시의무를 먼저 살펴 본 후, 전자보험거래에서의 그것을 검토하기로 한다.

Ⅰ. 보험약관 일반론

1. 약관규제법

'약관의 규제에 관한 법률'(이하 '약관규제법'이라 칭함) 제3조는 약관의 명시 · 설명의무를 규정한다. 동법 제3조 제2항은 명시의무와 관련하여 "사업자는 계약체결에

15) 전자거래기본법 제10조: "작성자와 수신자는 다른 법령에 특별한 규정이 있는 경우를 제외하고는 제6조 내지 제9조의 규정과 다른 약정을 할 수 있다."

16) 정경영, 전게서, 651.

있어서 고객에게 약관의 내용을 계약의 종류에 따라 일반적으로 예상되는 방법으로 명시하고, 고객이 요구할 때에는 당해 약관의 사본을 고객에게 교부하여 이를 알 수 있도록 하여야 한다. 다만, 다른 법률에 따라 행정관청의 인가를 받은 약관으로서 거래의 신속을 위하여 필요하다고 인정되어 대통령령으로 정하는 약관에 대하여는 그러하지 아니하다."라고 규정한다. 동법 시행령 제2조 제1항은 명시의무가 면제되는 약관의 업종을 여객운송업, 통신업, 전기 · 가스 및 수도사업으로 한정하고 있으며, 동법 시행령 제2조 제2항은 이 경우에도 사업자가 영업소에 약관을 비치하여야 하며, 고객의 요청이 있으면 해당 약관의 사본을 고객에게 교부해야 한다고 규정하고 있다.

동법 제3조 제3항은 설명의무와 관련하여 "사업자는 약관에 정하여져 있는 중요한 내용을 고객이 이해할 수 있도록 설명하여야 한다. 다만, 계약의 성질상 설명이 현저하게 곤란한 경우에는 그러하지 아니하다."라고 규정한다. 설명의무의 이행방법은 반드시 구두에 한정되지 않으며, 서면에 의한 설명도 가능하다.[17]

만약 사업자가 상기 명시의무 또는 설명의무를 위반하여 계약을 체결한 경우에는 사업자가 당해 약관을 계약의 내용으로 주장할 수 없게 된다(동법 제3조 제3항).

2. 상 법

상법 제638조의3은 보험약관의 교부 · 설명의무를 규정한다. 즉, 보험자는 보험계약을 체결할 때에 보험계약자에게 보험약관을 교부하고 그 약관의 중요한 내용을 알려줄 의무가 있고(제1항), 보험자가 이러한 의무에 위반한 경우에는 보험계약자는 보험계약이 성립한 날부터 1월내에 그 계약을 취소할 수 있게 된다(제2항).

3. 약관규제법과 상법의 관계

약관규제법 제3조 제2항은 보험자에게 보험약관의 명시의무, 상법 제638조의3 제1항은 교부의무를 부과하는 등 요건의 면에서 일정한 차이가 있음을 알 수 있다. 그렇지만, 보다 중요한 차이는 효과의 면에서 나타난다. 즉, 약관규제법 제3조 제4항에 의하면 사업자가 약관의 명시 · 설명의무를 위반하면 해당 약관조항을 계약의 내용으로 주장할 수 없지만, 상법 제638조의3 제2항에 의하면 보험자가 약관의 교부 · 설명의무를 위반한 경우에 보험계약의 성립일로부터 1월내에 계약을 취소할 수 있다는 점에서, 법적 효과가 다른 것이다. 상법 제638조의3 제2항에 의하면, 보험약관의

---

17) 대법원 1997. 9. 26. 선고 97다4494 판결.

교부 · 설명을 받지 못한 보험계약자는, 취소권을 행사하여 해당 보험계약을 무효로 만들거나, 또는 해당 약관이 편입된 보험계약에 그대로 구속되거나 하는 두 가지 중에서 어느 하나를 선택해야 한다. 그런데, 상법 제638조의3 제2항이 부여하는 권리에 비해서, 약관규제법 제3조 제4항이 부여하는 권리, 즉 명시 · 설명되지 아니한 약관조항을 계약내용에서 선별적으로 배제한 채 해당 계약을 유효한 것으로 주장할 수 있는 권리가, 보험계약자에게 보다 유리한 경우도 있을 수 있는 것이다. 그렇다면 보험계약자의 입장에서는 상법 제638조의3 제1항만이 적용되는 것보다, 그것과 함께 약관규제법 제3조 제4항이 중복적용 되는 것이 보다 유리할 수 있다. 이와 관련하여 학설과 판례가 나뉜다.

학설로는, 상법 제638조의3 제2항이 단독으로 적용된다고 하는 견해(상법 단독적용설)[18]와 보험계약자가 약관규제법 제3조 제4항과 상법 제638조의3 제2항의 중복적용을 주장할 수 있다는 견해(양법 중복적용설),[19]가 대립하고 있다.

상법 단독적용설은 "보통보험약관은 개별적인 보험계약의 내용을 정하고 있으나, 그것은 구체적으로 보험에 든 위험의 차이를 고려함이 없이 동질적인 위험에 관한 다수의 보험계약을 기초로 하여 작성된 계약조항으로서 보험계약의 단체적 구조에서 보험계약자가 약관에 따를 것에 동의하지 아니하였다 하더라도 일반 보험계약이 체결된 이상 그 보험약관의 구속력을 인정하는 것이 마땅하다고 보기 때문"이라는 입장이다.[20] 다시 말하면 보험계약의 단체성을 논거로 하여 상법 제638조의3 제2항의 단독적용을 주장하는 것이다.

양법 중복적용설은 "상법 제638조의3 제2항은 보험계약의 특수성을 부당히 강조한 잘못된 규정내용으로서 장래 고쳐야 할 것으로 본다. 이에 대해서는 동 규정을 삭제하는 것이 하나의 해결방법이 되며 존치시킬 경우에도 특히 보험계약자의 취소권에 대한 보험자의 명시적인 주의의무가 선행되어야 한다."고 주장한다.[21]

대법원 판례는 양법 중복적용설의 입장을 취한다.[22] 대법원 1996. 4. 12. 선고 96다4893 판결은, "상법 제638조의3 제2항에 의하여 보험자가 약관의 교부 및 설명의무를 위반한 때에 보험계약자가 보험계약 성립일로부터 1월내에 행사할 수 있는 취

---

18) 양승규, 전게서, 116; 김성태, 보험법강론, 2001, 190; 장경환, "보험약관의 교부 · 설명의무 –입법취지와 성격을 중심으로–", 보험학회지, 제46집, 1995, 한국보험학회, 103.

19) 이기수 · 최병규 · 김인현, 보험해상법, 2008, 79; 최준선, 보험법 · 해상법, 2005, 39.

20) 양승규, 전게서, 116.

21) 이기수 · 최병규 · 김인현, 전게서, 79.

22) 대법원 1998. 11. 27. 선고 98다32564 판결; 대법원 1996. 4. 12. 선고 96다4893 판결.

소권은 보험계약자에게 주어진 권리일 뿐, 의무가 아님이 그 법문상 명백하므로 보험계약자가 보험계약을 취소하지 않았다고 하더라도 보험자의 설명의무 위반의 법률효과가 소멸되어 이로써 보험계약자가 보험자의 설명의무 위반의 법률효과를 주장할 수 없다거나 보험자의 설명의무 위반의 하자가 치유되는 것은 아니라고 할 것"이라고 판시하였다.

Ⅱ. 전자보험거래의 경우

1. 전자금융거래법

(1) 전자보험거래에의 적용

2006년 4월에 제정된 전자금융거래법은 전자금융거래를 규율하는 법이다. 보험업법에 의한 보험사업자가 행하는 전자보험거래는 전자금융거래에 포함되고, 따라서 그러한 전자보험거래법은 전자보험거래에 적용된다. 전자금융거래법이 적용대상으로 하는 전자금융거래는 "금융기관 또는 전자금융업자가 전자적 장치를 통하여 금융상품 및 서비스를 제공하고, 이용자가 금융기관 또는 전자금융업자의 종사자와 직접 대면하거나 의사소통을 하지 아니하고 자동화된 방식으로 이를 이용하는 거래"(전자금융거래법 제2조 제1호)이고, 여기의 금융기관에는 보험업법에 의한 보험사업자가 포함되기 때문이다(전자금융거래법 제2조 제3호 가목).

(2) 약관의 명시의무 및 설명의무

전자금융거래법 제24조는 약관의 명시의무 및 설명의무에 대해서 규정하고 있다. 즉, 동법 제24조 제1항은 "금융기관 또는 전자금융업자는 이용자와 전자금융거래의 계약을 체결함에 있어서 약관을 명시하여야 하고, 이용자의 요청이 있는 경우에는 금융위원회가 정하는 방법에 따라 그 약관의 사본을 교부하고 그 약관의 내용을 설명하여야 한다."고 규정한다. 또한 동법 제24조 제2항은 "금융기관 또는 전자금융업자는 제1항의 규정을 위반하여 계약을 체결한 때에는 당해 약관의 내용을 계약의 내용으로 주장할 수 없다."고 규정한다.

동법 제24조 제1항의 위임에 의해서 금융위원회가 제정한 전자금융감독규정은 제11조 제2항에서 "금융기관 또는 전자금융업자는 이용자와 전자금융거래의 계약을 체결함에 있어 이용자의 요청이 있는 경우 전자문서의 전송(전자우편을 이용한 전송을 포함한다), 모사전송, 우편 또는 직접 교부의 방식으로 전자금융거래 약관의 사본을 이용자에게 교부하여야 한다."고 규정한다. 또한, 동 규정 제11조 제3항은 "금융기관 또는 전자금융업자는 이용자와 전자금융거래의 계약을 체결함에 있어 이용자가 약관의 내용에 대한 설명을 요청하는 경우 다음 각 호의 어느 하나의 방법으로 이용자에게 약관의 중요내용을 설명하여야 한다."고 하면서, 그 방법으로서, "1. 약관의 중요내용을 이용자에게 직접 설명, 2. 약관의 중요내용에 대한 설명을 전자적 장치를 통하여 이용자가 알기 쉽게 표시하고 이용자로부터 해당 내용을 충분히 인지하였다는 의사표시를 전자적 장치를 통하여 수령"을 규정하고 있다.

(3) 약관규제법 제3조 및 상법 제638조의3과의 비교 및 관계

전자금융거래법 제24조와 약관규제법 제3조 및 상법 제638조의3을 비교한다. 전자금융거래법 제24조가 규정하는 약관의 명시 · 설명의무는 그 위반 시 법적 효과 면에서는 약관규제법 제3조의 그것과 차이가 없다. 하지만 요건 면에서는 중요한 차이점이 발견된다. 즉, 전자금융거래법 제24조는 약관규제법 제3조와 달리 이용자의 요청이 있는 경우에만 금융기관(또는 전자금융업자. 이하 같음)이 설명의무를 이행해야 한다. 다시 말하면, 금융기관은 자발적 설명의무를 부담하지는 않는다. 또한, 상법 제638조의3 제1항은 보험자가 보험약관을 교부할 것을 규정하고 있는데, 전자금융거래법 제24조는 명시의무가 원칙이고 다만 교부의무는 고객의 요청이 있는 경우에만 강제된다.

다음은 전자금융거래법 제24조와 약관규제법 제3조 및 상법 제638조의3과의 관계를 살핀다. 전자금융거래의 경우는 전자금융거래법 제24조가 특별법으로 우선 적용되고, 약관규제법 제3조는 적용이 배제된다고 볼 것이다. 전자금융거래법 제24조는 전자거래의 특수성을 고려하여 약관규제법 제3조가 규정하는 교부의무 및 설명의무를 일정하게 완화하는 데 그 취지가 있고 이와 달리 해석하게 되면 그 취지가 몰각될 우려가 있는 것이 분명하기 때문이다. 문제는 전자금융거래법 제24조와 상법 제638조의3의 관계이다. 생각건대, 전자금융거래법 제24조는 전자보험거래에 대해 상법 제638조의3이 적용되는 것을 배제하기 위한 목적에서 규정된 것이라고 단정하기 어렵다. 그리하여 현행법 하에서는, 보험거래에 대해 약관규제법 제3조와 상법 제638조의3의 적용과 관련하여 상법 단독적용설과 양법 중복적용설이 대립하고 있는 것과 마찬가지로, 전자보험거래에 대해 전자금융거래법 제24조와 상법 제638조의3의 적용과 관련하여 상법 단독적용설과 양법 중복적용설이 제24조가 대립할 것으로 추측할 수 있다. 만약 이러한 사안이 발생하는 경우, 판례는 양법 중복적용설을 취할 것으로 추측할 수 있다.

2. 전자상거래 등에서의 소비자보호에 관한 법률

전자상거래 등에서의 소비자보호에 관한 법률은 전자보험거래에 적용된다고 볼 수 있다. 동법 제10조 제1항은 "전자상거래를 행하는 사이버몰의 운영자는 소비자가 사업자의 신원 등에 관하여 쉽게 알 수 있도록 다음 각호의 사항을 총리령이 정하는 바에 따라 표시하여야 한다."고 규정하고, 게시대상으로서 제5호에서 사이버몰의 이용약관을 규정한다. 이 조항은 전자보험거래에 적용될 수 있는데, 이에 따르면 보험자는 사이버몰의 이용약관을 게시할 의무를 부담하게 된다. 다만 게시대상인 사이버몰의 이용약관이 사이버몰을 이용하기 위해서 이용자가 준수해야 할 사항을 담은 약관을 가리키는 것인지, 아니면 사이버몰이 제공하는 물품이나 용역의 거래약관인지는 분명하지 않다.

3. 전자보험거래 표준약관 제9조

전자보험거래 표준약관 제9조는 "약관교부 등"이라는 표제 하에 약관교부 및 약관내용확인에 대해서 규정하고 있다. 동 약관 제9조 제1항은 보험약관의 교부와 관련하여, "회사는 전자적 수단을 이용하여 보험계약을 체결하는 경우 이 약관과 보험상품약관을 게시하고 이용자에게 이들 약관의 중요한 내용을 확인하도록 하여 드립니다."라고 규정한다. 동 약관 제9조 제2항은 "회사는 전자적 수단을 이용하여 이 약관과 보험상품약관을 교부할 수 있습니다. 다만, 이용자의 요청이 있는 경우에는 이들 약관을 서면으로 교부하여 드립니다."라고 규정하고 있다. 요컨대, 동 약관 제9조 제1항은 보험약관의 게시 및 확인을 규정하고 있고, 제9조 제2항은 교부에 대해서 규정하고 있는 것이다.

전자보험거래 표준약관 제9조 제1항에서 보험약관을 전자적 방법으로 게시하여 이용자가 그 게시를 통해서 약관을 접할 수 있다면 명시에 해당하는 것으로 볼 수 있다. 그렇다면, 전자보험거래 표준약관 제9조 제1항의 게시가 전자금융거래법 제24조 제1항이 규정하는 명시의무에 위반한 것이라고 볼 것은 아닐 것이다. 전자보험거래 표준약관 제9조 제2항은 교부에 대해서 규정한다. 이 조항은 보험자가 보험약관의 교부의무를 부담하고 있다는 전제 하에, 전자보험거래의 경우에는 보험자가 보험약관을 서면으로 교부하는 것 이외에 전자적 수단을 이용하여 교부하는 것도 선택할 수 있음을 규정한 것이라고 해석해 볼 수 있다. 이러한 해석은 단서에서 이용자의 요청이 있는 경우에는 보험약관을 서면으로 교부할 것을 규정하고 있다는 점이 뒷받침하고 있다.

전자보험거래 표준약관 제9조 제1항이 규정하는 "약관의 중요한 내용을 확인하도록 하여"주는 것이 무엇인지 문제된다. 이것은 설명의무를 전자적으로 이행하는 방법으로서 규정한 것으로 해석된다.

4. 전자상거래(인터넷사이버몰이용)표준약관

전자상거래(인터넷사이버몰이용)표준약관 제3조은 약관의 명시의무 및 설명의무에 대해서 규정하고 있다. 전자보험거래표준약관이 제정되어 사용되고 있는 보험계약에 대해서는 전자상거래(인터넷사이버몰이용)표준약관이 적용되지 않고 있다.

다만 양자를 비교해 보기 위해서, 전자상거래(인터넷사이버몰이용)표준약관 제3조를 여기에 소개한다. 전자상거래(인터넷사이버몰이용)표준약관 제3조 제1항은, "몰"은 이 약관의 내용과 상호 및 대표자 성명, 영업소 소재지 주소(소비자의 불만을 처리할 수 있는 곳의 주소를 포함), 전화번호 · 모사전송번호 · 전자우편주소, 사업자등록번호, 통신판매업신고번호, 개인정보관리책임자등을 이용자가 쉽게 알 수 있도록 ○○사이버몰의 초기 서비스화면(전면)에 게시합니다. 다만, 약관의 내용은 이용자가 연결화면을 통하여 볼 수 있도록 할 수 있습니다."라고 규정한다. 전자상거래(인터넷사이버몰이용)표준약관 제3조 제2항은, "몰"은 이용자가 약관에 동의하기에 앞서 약관에 정하여져 있는 내용 중 청약철회 · 배송책임 · 환불조건 등과 같은 중요한 내용을 이용자가 이해할 수 있도록 별도의 연결화면 또는 팝업화면 등을 제공하여 이용자의 확인을 구하여야 합니다."라고 규정한다. 동 약관 제3조 제1항은 설명의무를 전자적으로 이행하는 방법에 대해서 구체적으로 규정하고 있다는 점에서, 그렇지 않은 전자보험거래 표준약관 제9조 제1항과 구분된다.

5. 평 가

전자금융거래법 제24조 및 전자금융감독규정이 제11조 제2항이 약관규제법 제3조 또는 상법 제638조의3에 비해 보험계약자 보호에 미흡한 것이 아닌가 하는 의문이 제기된다. 전술한 바와 같이, 전자금융거래법 제24조 및 전자금융감독규정이 제11조 제2항이, 약관규제법 제3조 또는 상법 제638조의3과 달리, 이용자의 요청이 있는 경우에만 금융기관이 설명의무를 이행하면 되기 때문이다.

하지만, 전자상거래에서도 약관의 설명의무가 이행되어야 한다는 것이 다수설이다.[23] 전자보험거래의 경우에도 마찬가지로 약관의 설명의무가 이행되어야 한다는 견해가 유력하다.[24] 다만 설명의무의 이행을 긍정하면서도 그 방법에 대해서는 다양한 의견이 개진되고 있다. 예를 들면, 중요한 내용을 한 번에 컴퓨터 화면에 보여주는 것만으로는 설명의무를 다한 것으로 볼 수 없다는 견해가 있다.[25] 이에 반해서, 전자상거래에서 비대면성과 신속성으로 인해서 설명의무가 면제될 여지가 있는 것으로 보는 견해도 있다.[26]

전자적 방식으로 보험계약을 체결하는 경우 그 성질상, 예를 들면 신속성의 요구 또는 기술적 곤란 등으로 인해서 설명이 현저하게 곤란하다면, 설명의무를 완화하는 방법도 고려해 볼 수 있을 것이다. 약관규제법 제3조 제3항도 계약의 성질상 설명이 현저하게 곤란한 경우를 사업자의 설명의무에 대한 면제사유라고 명문으로 규정하고 있다. 하지만, 전자보험거래에서 신속성의 요구 또는 기술적 곤란 등 어느 것도 설명의무를 희생할 만큼 절실하다고 볼 수 없다고 본다. 요컨대, 전자금융거래법 제24조 및 전자금융감독규정 제11조 제2항이 이용자가 요청하는 경우에만 금융기관에게 설명의무를 부과하는 것은 부적절하다고 볼 수 있다. 전자금융감독규정 제11조 제2항이 이용자의 요청에 의해 설명하는 경우 그 방식을 두 가지로 규정하고 있다. 그 중에서 "약관의 중요내용에 대한 설명을 전자적 장치를 통하여 이용자가 알기 쉽게 표시하고 이용자로부터 해당 내용을 충분히 인지하였다는 의사표시를 전자적 장치를 통하여 수령"하는 방식은 이용자의 요청 여부와 무관하게 금융기관이 이행하여야 하는 것으로 개정하고, 이용자의 요청이 있는 경우에는 또 다른 방식 중 하나로서 규정되어 있는 "약관의 중요내용을 이용자에게 직접 설명"하는 방식을 이행하도록 하는 것이 바람직하다고 볼 수 있다.

---

23) 최홍섭 · 박영준, "약관규제법에 의한 면책약관의 규제 -전자상거래를 중심으로-", 경영법률, 2005, 경영법률학회, 509; 김진환, "약관규제법과 전자약관의 계약편입", 법학연구, 제10집, 2001, 경상대학교 법학연구소, 52-53; 권대우, "전자거래에서의 약관의 편입과 내용통제", 디지털 경제시대의 소비자 보호와 법, 2001, 한국법제연구원, 76.

24) 김성태, 전게서, 204; 정경영, 전게서, 655면; 박은경, 전게논문, 223-224면; 주기종, 전게논문, 224면.

25) 김성태, 전게서, 204.

26) 장경환, "인터넷 사이버몰이용 표준약관의 검토", 상사법연구, 제19권 제2호, 2000, 한국상사법학회, 37.

제 6 고지의무의 문제

Ⅰ. 일반보험거래[27)]

1. 자발적 고지의무

보험계약자(또는 피보험자: 이하 '보험계약자 등')는 부보하려는 위험에 관한 중요사항을 보험자에게 고지할 의무를 부담한다. 만약 보험계약자 등이 고의 또는 중과실로 중요사항을 불고지 또는 부실고지하면 고지의무 위반으로 되고, 이 경우 보험자는 보험계약을 해지할 수 있다(상법 제651조). 이러한 고지의무제도는 보험자가 보험계약의 체결 여부 및 계약조건을 정하는 데 필요한 제도라고 인식되고 있다. 일반보험거래와 마찬가지로 전자보험거래의 경우에도 고지의무가 적용된다고 해석된다.

일반보험거래에서 고지의무의 이행과 관련하여, 보험계약자는 보험자가 질문하는 중요사항에 대해서 응답하는 것(수동적 응답의무)으로 충분한지, 아니면 그 이외에도 중요사항에 대해 자발적으로 고지해야(자발적 고지의무) 하는지에 대해 논란이 있다. 일반적으로 보험계약자는 보험자가 질문하는 사항에 대해 응답하는 것으로서 고지의무를 다한 것으로 생각하기 쉬운데, 그럼에도 불구하고 보험계약자가 우리 법 하에서 자발적 고지의무를 부담하는 것으로 해석되는지가 논란의 대상이다.

2. 학설 및 판례

자발적 고지의무에 대해서는 다음과 같이 학설이 대립한다. 첫째, 고지의무를 응답의무로 제한하는 명문의 규정이 없는 한 자발적 고지의무가 인정된다는 입장,[28)] 둘째, 질문하지 않은 사항에 대해서는 독일의 구보험계약법 18조처럼 보험계약자가 악의적으로 묵비한 경우에만 보험자가 계약을 해지할 수 있다고 보는 입장,[29)] 셋째, 고지의무를 순수한 응답의무로 파악하여 질문하지 않은 사항에 대해서는 자발적 고지의무가 없다고 보는 입장[30)] 등이 있다.

---

27) 일반보험거래에서 고지의무의 문제에 관한 이하의 기술은 한기정, "고지의무의 수동화 - 자발적 고지의무에서 수동적 응답의무", 비교사법, 제16권 제3호, 2009, 한국비교사법학회, 340-342에서 이미 다룬 바 있음.

28) 정호열 · 한기정, "고지의무에 관한 고찰", 서울대학교 법학, 제40권 제1호, 1999, 서울대학교 법학연구소, 94.

29) 양승규, 앞의 책, 124면; 손주찬, 상법(하), 박영사, 2005, 525.

30) 권혁재, "보험계약상의 고지의무", 해상 · 보험법에 관한 제문제(하), 재판자료, 53집, 1991, 대법원,

한편, 대법원 1996. 12. 23. 선고 96다27971 판결은 "보험청약서에 기재되지 않은 사항에 관하여는 원칙적으로 고지의무 위반이 문제될 여지가 없다고 할 것"이라고 판시한 바 있다. 하지만, 판결 전체를 읽어 보면, 보험자가 중요사항에 관한 질문표를 사용하고 있으면 보험계약자는 그 질문표에서 묻지 않은 중요사항에 대해서는 고지의무를 부담하고 있지 않다거나 악의의 묵비로 인한 불고지만 고지의무 위반으로 된다는 일반 원칙을 이 판결에서 도출하기 어렵다. 왜냐하면, 이 사건에서 보험계약자가 중요사항을 불고지 했지만 그에게 '중대한 과실을 인정할 수 없다'는 점에서 고지의무 위반이 아니라는 점을 대법원은 명백히 하였기 때문이다. 그러면서, 대법원은 보험계약자의 중대한 과실을 인정할 수 없는 이유에 대해서 다음과 판시하고 있다. 첫째, 대법원은 이 사건의 보험약관이 고지의무의 방법을 제한하고 있는 것으로 보고 있고, 이러한 경우에 보험계약자는 제한된 고지의무, 즉 응답의무만 수행하면 충분하다고 한 것이다. 이 사건의 영업용 자동차 종합보험 보통약관 40조 1항은, "보험계약을 맺을 때에 보험계약자, 피보험자 또는 이들의 대리인이 고의 또는 중대한 과실로 인하여 회사가 서면으로 질문한 사항에 대하여 알고 있는 사실을 알리지 아니하거나 사실과 다르게 알린 때에는 회사는 …… 이 보험계약을 해지할 수 있습니다."라고 규정하고 있었다. 둘째, 보험자가 중요사항에 관해서 서면질의를 하면서 응답의 범위를 줄였다면 그 효력을 인정해야 한다는 것이다. 즉, 보험청약서 용지의 차종란의 빈칸은 겨우 두 자리 숫자로 차종번호만 표시하도록 구획되어 있을 뿐, 당해 차량이 지입에 제공되는 차량인지의 여부를 표시할 만한 공간이 없다는 점을 대법원이 제시하고 있다.

생각건대, 보험계약자의 고지의무를 응답의무로 한정한다는 명시적 법규가 없는 경우에, 오로지 해석에 의해 자발적 고지의무가 부존재 한다고 보기는 어려울 것이다. 보험자가 서면으로 질문한 사항은 중요사항으로 추정한다는 규정을 두고 있지만(651조의2), 거꾸로 질문하지 않은 사항은 중요사항이 아니라고 추정할 수는 없으므로, 이 규정을 근거로 질문에 응답하면 고지의무를 다한 것으로 해석하기도 어렵다. 입법론 측면에서 보면, 상법 제651조를 개정하여 적어도 가계보험의 경우에는 자발적 고지의무를 폐지하고 수동적 응답의무로만 유지하는 것이 바람직하고 볼 수 있다.

186; 강대섭, "고지의무에 있어서 중요한 사항과 질문표의 효력", 안암법학, 7호, 1998, 안암법학회, 295.

3. 보험약관

고지의무를 자발적 고지의무에서 수동적 응답의무로 전환하는 보험약관이 존재하고 있고, 그 효력은 인정된다고 볼 수 있다. 예를 들면, 생명보험표준약관에 의하면, "계약자 또는 보험대상자(피보험자)는 청약시(진단계약의 경우에는 건강진단시 포함) 청약서에서 질문한 사항에 대하여 알고 있는 사실을 반드시 사실대로 알려야(이하 "계약전 알릴 의무"라 하며, 상법상 "고지의무"와 같습니다.)합니다."라고 규정하고(21조 본문), "회사는 계약자 또는 보험대상자(피보험자)가 제21조(계약전 알릴 의무)에도 불구하고 고의 또는 중대한 과실로 중요한 사항에 대하여 사실과 다르게 알린 경우에는 회사가 별도로 정하는 방법에 따라 계약을 해지하거나 보장을 제한할 수 있습니다."라고 규정한다(22조 본문).[31)]

상기 약관 21조 본문과 22조 본문을 함께 보면, 보험계약자는 청약서에서 질문한 사항에 대해 사실대로 응답하면 보험자가 보험계약자에게 고지의무 위반의 책임을 물을 수 없다고 해석할 수 있다.[32)] 이에 따르면, 위와 같은 약관조항의 적용을 받는 한, 자발적 고지의무는 적용되지 않는다고 볼 수 있다.

Ⅱ. 전자보험거래

전자보험거래 표준약관에는 고지의무에 관한 규정을 두고 있지 않다. 전자보험거래에는 전자보험거래 표준약관이 적용될 뿐만 아니라, 이와 상충되지 않는 범위 내에서 일반보험거래용 약관도 중복 적용된다. 따라서, 전자보험거래 표준약관이 고지의무를 수동적 응답의무로 제한하는 규정을 갖지 않고 있다고 하더라도, 그러한 규정을 갖고 있는 일반보험거래용 약관이 적용되는 한, 고지의무는 수동적 응답의무로 제한될 수 있다.

다만, 모든 일반보험거래용 약관이 고지의무를 수동적 응답의무로 제한하고 있는 것은 아니므로, 전자보험거래에서는 전자적 거래의 특성상 고지의무를 수동적 응답의무로 제한하는 해석론이 가능한지 여부를 검토할 필요가 있다.

생각건대, 전자보험거래는 기술적 특성으로 인해서 볼 때 보험계약자의 자발적

31) 장기손해보험 표준약관 24조 본문 및 26조 1항 1호, 화재보험 표준약관 10조 및 12조 3항 1호 등도 유사하게 규정하고 있다.

32) 同旨: 유관우 · 이현열, 인보험약관해석, 엘림G&P, 2006, 342.

고지의무를 기대하기 어렵다고 볼 수 있다. 왜냐하면 전자보험거래는 일반거래와 달리 보험계약자가 보험의 모집을 할 수 있는 자(보험업법 제83조)와 대면을 하지 않은 채 고지의무를 이행한다는 비대면적 특성을 띠기 때문이다. 따라서 전자적 방식에 의한 서면질문에 응답하는 것이 보통인 전자보험거래에서는, 특별한 사정이 없는 한, 보험계약자는 그러한 응답을 하는 것으로 고지의무를 이행했다고 해석할 필요가 있다.

제 7 마 치 며

전자보험거래는 전자적 수단을 통한 거래라는 특수성을 띤다. 이러한 특수성은 전자보험계약의 법리에 반영될 수 있다. 다만 이와 관련하여 다음과 같은 점을 지적하면서 마치고자 한다. 첫째, 전자보험거래에 관한 법규 및 약관의 해석 및 입법에는 비대면성, 신속성, 기술성 등 전자보험거래가 갖는 특수성이 적절히 반영되어야 한다. 예를 들면, 전자거래에서 의사표시의 '도달'에 대한 전자거래기본법 제6조 제1항은 이러한 특수성이 적절히 반영된 예이지만, 지속적인 개선이 필요하다고 할 수 있다. 둘째, 전자적 수단을 통한 거래라는 특수성이 강조된 나머지 보험자에게 지나치게 유리한 법리가 형성된 측면도 있다. 예를 들면, 전자금융거래법이 약관의 설명의무를 약관규제법보다 완화하고 있는데, 이것은 부적절하다고 볼 수 있다. 셋째, 전자보험거래 표준약관에는 전자적 수단을 통한 거래라는 특수성을 반영하면서 그 내용이 모호한 경우도 있다. 예를 들면, 전자보험거래 표준약관 제6조는 그러한 특수성을 고려하기 위해 전자보험계약의 성립시기 또는 청약시기를 특칙으로 규정하고 있는 것으로 해석될 여지가 있는데, 이렇게 해석되는 것은 부적절한 것이며, 개정을 통해서 그 내용을 명확하게 하는 것이 바람직하다.

참고문헌

〈단행본〉

곽윤직, 채권각론, 2000.

김성태, 보험법강론, 2001.

손주찬, 상법(하), 박영사, 2005.

양승규, 보험법, 2002.

이기수 · 최병규 · 김인현, 보험해상법, 2008.

유관우 · 이현열, 인보험약관해석, 엘림G&P, 2006, 342면.

정경영, 전자금융거래와 법, 2007.

정찬형, 상법강의(상), 2008.

최기원, 상법학신론(상), 2009.

최준선, 상법총칙, 2005.

______, 보험법 · 해상법, 2005.

〈논문〉

강대섭, "고지의무에 있어서 중요한 사항과 질문표의 효력", 안암법학, 7호, 1998, 안암법학회.

권대우, "전자거래에서의 약관의 편입과 내용통제", 디지털 경제시대의 소비자 보호와 법, 2001, 한국법제연구원 .

권혁재, "보험계약상의 고지의무", 해상 · 보험법에 관한 제문제(하), 재판자료, 53집, 1991, 대법원.

김진환, "약관규제법과 전자약관의 계약편입", 법학연구, 제10집, 2001, 경상대학교 법학연구소.

남효순, "전자상거래등에서의 소비자보호에 관한 법률에 관한 몇 가지 쟁점", 민법학의 현대적 양상, 2006.

박은경, "사이버보험계약의 법적 고찰", 해사법연구, 제11권 제2호, 1999, 한국해사법학회.

이병호, "전자보험거래 표준약관의 제정취지와 주요내용", 손해보험, 통권423호, 2004, 대한손해보험협회.

장경환, "보험약관의 교부 · 설명의무 –입법취지와 성격을 중심으로–", 보험학회지, 제46집, 1995, 한국보험학회.

______, "인터넷 사이버몰이용 표준약관의 검토", 상사법연구, 제19권 제2호, 2000, 한국상사법학회.

정호열 · 한기정, "고지의무에 관한 고찰", 서울대학교 법학, 제40권 제1호, 1999, 서울대학교 법학연구소.

주기종, "인터넷보험계약상의 법률문제", 법학연구, 제21집, 2006, 한국법학회.

최홍섭, 박영준, "약관규제법에 의한 면책약관의 규제 -전자상거래를 중심으로-", 경영법률, 2005, 경영법률학회.

한기정, "고지의무의 수동화 - 자발적 고지의무에서 수동적 응답의무", 비교사법, 제16권 제3호, 2009, 한국비교사법학회.

한웅길, "전자거래와 계약법", 비교사법, 제15권 제1호, 1998, 한국비교사법학회.

제4장

인터넷과 지적재산권법

제 1 절

도메인이름 사용과 법적 문제 *

- 판례를 중심으로 -

제 1 序

Ⅰ. 도메인이름이란?

도메인이름이란 특정 도메인의 위치를 나타내기 위한 경로라 볼 수 있는데, 전화번호와 같이 숫자의 조합(예; 166.104.37.57)으로 구성된 인터넷 통신규약 주소(Internet Protocol Address; IP주소)를 인터넷상에서 사람들이 사용하기 쉬운 영어 단어나 알파벳(예; www.microsoft.com), 숫자 등으로 표현한 것이다.

인터넷상의 모든 도메인은 루트(root)라 불리는 도메인 이하에 아래 그림과 같이 나무를 거꾸로 위치시킨 역트리(inverted) 구조로 계층적으로 구성되어 있다. 루트 도메인 바로 아래 단계를 1단계 도메인 또는 최상위 도메인(TLD: Top Level Domain)이라고 부르고, 그 다음 단계를 2단계 도메인이라고 부른다[1].

일반 최상위 도메인(gTLD: generic Top Level Domain)으로는 인터넷 초창기부터 사용되던 7개 .com, .net, .org, .edu, .gov, .mil, .int와 2000. 11. 새롭게 생성된 7개 .biz, .name, .info, .pro, .museum, .coop, .aero, 2005-6년에 생성된 6개 .job, .travel, .cat, .mobi, .tel, .asia 합계 총 20개가 있다. 또한 세계 각 국가들은 두 자리 영문 약자로 표현한 약 250개의 국가별 최상위 도메인(ccTLD: country code Top Level Domain)을 가지고 있다(예를 들어 .kr, .jp, .uk 등). 앞으로 각 나라의 고유 언어를 사용하는 다국어도메인(IDN: Internationalized Domain Name, 예를 들어 한글.한글)이 도입될 예정이고(한글.한국은 2010년에 실시될 예정이고, 그 밖에 한글.회사, 한글.서울, 한글.삼성 등이 검토되고 있으며, 한편 한글.kr은 2003. 8.부터 상용화되었

---

* 최성준: 서울고등법원 부장판사.

1) 아래의 그림은 http://www.kisa.or.kr/index.html에서 가져온 것이다.

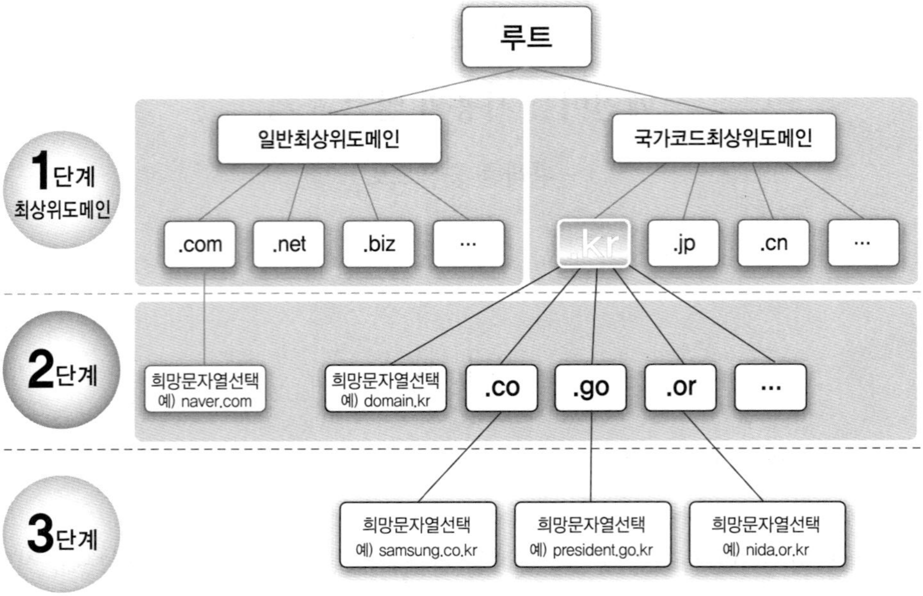

다), 새로운 일반 최상위 도메인으로 영어.보통명사(예를 들면 .shop)와 영어.기업명칭(예를 들면 .microsoft)의 도입도 검토되고 있다. 일반 최상위 도메인에서는 2단계에서 신청자가 원하는 명칭을 사용할 수 있고, 국가별 최상위 도메인에 관하여는 각 국가에 따라 3단계에서, 2단계에서, 2단계와 3단계에서 신청자가 원하는 명칭을 사용할 수 있는데, 우리나라는 2006년까지 3단계 도메인만을 사용하다가 2007년부터 2단계 도메인도 사용하고 있다.

키워드서비스(예: 한글인터넷주소)는 주소창에 한글, 숫자, 영문 입력시 연결이 설정되어 도메인이름 주소로 연결되는 인터넷 연결 서비스인데, 특정 프로그램(플러그인)이 설치된 인터넷 환경에서만 이용할 수 있는 서비스로 국제표준방식에 의한 것이 아니기 때문에 인터넷주소라고 할 수 없다[2].

부정경쟁방지 및 영업비밀보호에 관한 법률(2004. 1. 20. 법률 7095호로 개정되어 2004. 7. 21.부터 시행된 것, 이하 '부정경쟁방지법'이라고 줄여 부른다) 제2조 제4호는, "도메인이름이라 함은 인터넷상의 숫자로 된 주소에 해당하는 숫자 · 문자 · 부호 또는 이들의 결합을 말한다"고 정의하고 있고, 인터넷주소자원에 관한 법률 제2조 제1호는, "'인터넷주소'란 인터넷에서 국제표준방식 또는 국가표준방식에 의하여 일정한

2) 키워드서비스에 관한 보다 상세한 내용은, 졸고, "도메인이름의 법적 문제점", 인터넷과 법률 Ⅱ, 법문사, 2005, 545의 주1), 2) 참조.

통신규약에 따라 특정 정보시스템을 식별하여 접근할 수 있도록 하는 숫자 · 문자 · 부호 또는 이들의 조합으로 구성되는 정보체계로서 다음 각 목의 어느 하나에 해당하는 것을 말한다. 가. 인터넷 프로토콜(protocol) 주소: 인터넷에서 컴퓨터 및 정보통신설비가 인식하도록 만들어진 것, 나. 도메인(domain)이름: 인터넷에서 인터넷 프로토콜 주소를 사람이 기억하기 쉽도록 하기 위하여 만들어진 것, 다. 그 밖에 대통령령으로 정하는 것"이라고 정의하고 있다{그러나 현재 시행령에는 위 다목에 해당하는 것을 별도로 규정하고 있지 않으며, 다만 시행령 개정과정에서 위 다목에 해당하는 것으로 "1. 모바일 주소: 인터넷에서 인터넷 프로토콜 주소 또는 도메인이름 대신 이동전화단말기에 입력하기 쉽도록 하기 위해 만들어진 것, 2. 객체식별자(OID): 인터넷의 융합서비스에서 유 · 무형의 모든 객체를 식별하기 위하여 만들어진 것"이 검토되었다}.

Ⅱ. 도메인이름 등록기관

일반 최상위 도메인에 관하여 DNS의 관리, IP주소의 공간할당, 루트서버 시스템의 관리를 조정하는 업무 등을 담당하는 민간 비영리법인인 ICANN(Internet Corporation for Assigned Names and Numbers)은 도메인이름에 관한 업무를 담당하는 기관을 "Registry(등록원부 관리기관 또는 등록소라고 한다)"와 "Registrar(등록기관)"로 나누어, "Registrar"는 도메인이름 등록신청을 접수하여 등록하고 그 정보를 "Registry"에게 제공하며 등록된 정보의 취소, 변경 등의 업무를 담당하는 한편, "Registry"는 "Registrar"로부터 도메인이름 등록정보를 수령하여 루트존서버(root zone server)에 저장하여 이를 관리하고 도메인이름 등록정보를 "Registar"에게 제공하는 등의 업무를 담당하도록 하였다. .com, .net, .org에 관하여는 미국에 있는 VeriSign Global Registry Services, Inc.가 등록원부 관리기관이고, 전세계에 ICANN과의 등록기관인증계약을 체결한 수십 개의 등록기관이 도메인이름의 등록, 취소, 변경에 관한 업무를 수행하고 있으며, 새로운 gTLD 중 .biz는 NeuLevel, Inc.가, .info는 Afilias LLC가 등록원부 관리기관이고 역시 ICANN과의 등록기관인증계약을 체결한 수십 개의 등록기관이 도메인이름의 등록, 취소, 변경에 관한 업무를 수행하고 있다.

국가별 최상위 도메인 중 우리나라의 .kr은 역시 비영리 민간기구인 한국인터넷진흥원이 도메인이름 총괄 데이터베이스의 관리, .kr 네임서버관리 업무 등을 수행하고, 등록대행자로 선정한 7개의 공인.KR도메인사업자로 하여금 도메인이름의 신청

접수, 정보변경, 수수료 수납 등의 업무를 수행하도록 하고 있다.

제 2 도메인이름 분쟁 소송 개요

도메인이름 분쟁에 관한 소송의 유형은 크게, ㉮ 상표권자 등이 도메인이름 등록인을 상대로 상표권 침해나 부정경쟁행위 등을 주장하면서 도메인이름의 사용금지나 도메인이름 등록의 말소를 청구하는 소, ㉯ UDRP에 의한 분쟁해결절차(의무적인 행정절차)가 개시되어 행정패널에 의한 등록이전, 등록말소(등록취소라고도 하는데 등록말소와 같은 의미로 사용되므로 이하에서는 편의상 등록말소로 통일하기로 한다) 등의 판정이 있은 후 또는 인터넷주소분쟁조정위원회에 의한 등록이전, 등록말소 등의 결정이 있은 후 그 판정이나 결정이 집행되기 이전에 그 판정이나 결정에 의한 집행을 보류시키기 위하여 제기하는 소, ㉰ 상표권자 등이 UDRP의 분쟁해결절차에 의한 판정에 따라 도메인이름을 이전받은 경우, 도메인이름 전 등록인이 상표권자 등에게 도메인이름의 사용금지를 구할 실체법상 권리가 인정되지 아니하여 상표권자 등에게로의 이전은 법률상 원인이 없는 부당이득에 해당한다고 하면서 상표권자 등을 상대로 도메인이름의 반환을 구하는 소(그 이전이 도메인이름 전 등록인의 권리를 침해하는 불법행위에 해당한다고 하면서 손해배상을 구하는 소를 제기할 수도 있을 것이다), ㉱ 등록기관이 우리나라에 소재하고 등록인이 우리나라 사람임에도 상표권자 등이 외국 법원에서 등록이전, 등록말소 등의 판결을 받은 경우 그 판결의 집행을 저지하기 위하여 등록인이 등록기관을 상대로 하는 가처분 신청으로 나눌 수 있다.

㉮의 소송은 상표권 침해를 원인으로 한 침해금지청구소송, 침해의 예방에 필요한 행위 청구소송(도메인이름 등록말소청구는 이에 해당한다)이나 부정경쟁행위의 금지청구소송, 부정경쟁행위의 대상이 된 도메인이름의 등록말소청구소송으로서, 소송형태에 관하여 특별히 살펴볼 사항이 없다. gTLD에 관한 것과 ccTLD에 관한 것은 경우에 따라 재판관할과 준거법이 문제되는 외에는 별다른 차이가 없고, 다만 .kr 도메인이름에 대하여는 인터넷주소자원에 관한 법률이 적용될 수 있음에 반하여, gTLD에 대하여는 그 중 대한민국에서 등록 · 보유 또는 사용되는 도메인이름에 대하여만 위 법이 적용되는 차이가 있지만(위 법 제4조),[3)4)] 우리나라에서의 gTLD에 관한 분쟁은 거의

---

3) 2009. 6. 9. 개정되기 전 제4조는, "이 법은 국제표준에 따라 대한민국에서 할당되는 인터넷 프로토콜 주소와 대한민국의 국가코드(code)에 따르는 도메인이름 등의 인터넷주소자원에 대하여 적용한다"고 규정하고 있어서 gTLD는 모두 인터넷주소자원에 관한 법률의 적용대상이 아니었다.

모두가 대한민국에서 등록 · 보유 또는 사용되는 도메인이름에 관한 것이어서 실질적으로는 차이가 있다고 할 수 없다. 인터넷주소자원에 관한 법률 제12조와 그 요건이 유사한 부정경쟁방지법 제2조 제1호 아목은 그 적용범위에 제한이 없으므로 상표나 상호 등이 국내에 널리 알려져 있는 경우(대부분의 사례가 이에 해당한다)에는 부정경쟁방지법 제2조 제1호 아목이 자주 적용된다.

다음으로 ㉯의 소송에 관하여 본다.

UDRP(Uniform Domain Name Dispute Resolution Policy, 통일 도메인이름 분쟁해결규정)[5)]에 따른 행정패널의 판정(Administrative Panel's decision, 이하 'UDRP 판정'이라고만 한다)이 도메인이름의 등록말소나 신청인에게로의 이전을 명할 경우 UDRP 판정은 도메인이름 등록기관에 통지되는데, 등록기관은 UDRP 판정을 바로 집행하는 것이 아니라 판정을 통지받은 날부터 10 영업일(business day, 등록기관의 주사무소 기준) 동안 그 집행을 보류한다. 등록기관은 위 10 영업일 동안 도메인이름 등록인이 신청인을 피고로 하여 신청인이 분쟁해결신청을 할 때 Rules for UDRP 제1조가 규정하는 상호관할권(mutual jurisdiction)이 있는 법원(등록기관의 주된 사무소 소재지 또는 등록기관의 후이즈 데이터베이스에 나타난 도메인이름 등록인의 주소지에 위치한 법원) 중 그 관할권에 복종하기로 진술하여 놓은 특정 법원(Rules for UDRP 제3조 b항 xiii호)[6)]에 소를 제기하였다는 공식 문서(예를 들면 법원서기관 등의 소 제기 증명서 등)를 제출받지 못한 경우에는 판정을 집행하고, 만약 위 10영업일 이내에 위 공식 문서가 제출된 경우에는 판정의 집행을 계속 보류하며, 공정증서에 의한 당사자간 화해계약서, 위 소송이 각하 또는 취하되었다는 신뢰할 수 있는 증거, 해당 법원으로

4) gTLD 중 대한민국에서 등록 · 보유 또는 사용되는 도메인이름에 대하여 인터넷주소자원에 관한 법률이 적용되지만, 위 법 제16조 이하에 의해 설치된 인터넷주소 분쟁조정 위원회는 ccTLD의 등록과 사용에 관한 분쟁만을 조정할 뿐이고 대한민국에서 등록 · 보유 또는 사용되는 도메인이름이라도 gTLD의 등록과 사용에 관한 분쟁의 조정은 담당하지 아니한다. gTLD의 등록과 사용에 관한 분쟁의 조정은 사무국이 한국인터넷진흥원에도 있는 Asian Domain Name Dispute Resolution Centre(ADNDRC)에 신청하면 된다.

5) ICANN은 이른바 무단점유자(cybersquatter)가 보유하는 도메인이름에 대하여는 강제적인 행정절차(mandatory administrative proceeding)에 의하여 그 등록을 취소하거나 정당한 권리자에게 이전할 수 있도록 함을 주요내용으로 하는 위 정책을 승인하여 시행하고 있다.

6) gseshop.com에 관한 광주고등법원 2008. 9. 30.자 2007라53 결정(확정)은, 피고가 ADNDRC에 조정신청을 하면서 상호관할권이 있는 법원 중 어느 법원의 관할권에 복종할 것이지를 진술하지 않아 원고(위 도메인이름 등록인)가 자신의 주소지 관할 법원에 소를 제기한 사안에서, 피고가 위 진술을 하지 않은 이상 원고는 UDRP 제4조 k항에 의하여 등록기관의 주된 사무소 소재지에 위치한 법원 또는 등록기관의 후이즈 데이터베이스에 나타난 도메인이름 등록인의 주소지에 위치한 법원 어느 곳에도 ADNDRC 결정에 대해 불복하는 소를 제기할 수 있다고 봄이 상당하고, 만약 이와 같이 해석하지 않고 피고의 주장처럼 위 진술을 명시적으로 하지 않은 경우에는 Rules for UDRP의 상호관할권이 인정되지 않고 민사소송법에 의하여 토지관할을 정하여야 한다고 해석한다면, 상호관할권이 있는 법원 중 어느 법원을 특정하지 않은 불성실한 피고에 대하여는 위 결정의 집행을 보류시키는 조치를 취할 수 없다는 불합리한 결과에 이르게 될 것이라고 하였다.

부터 위 소송이 기각 또는 등록인이 도메인이름을 계속 사용할 권리가 없다는 판결이나 결정의 사본을 접수할 때까지는 어떠한 조치도 취하지 아니한다(UDRP 제4조 k항).[7)]

2009. 6. 9. 개정되어 2009. 9. 10.부터 시행된 인터넷주소자원에 관한 법률에 의하면, 인터넷주소의 등록 · 보유 또는 사용과 관련된 분쟁의 조정을 원하는 자는 인터넷주소 분쟁조정 위원회(이하 '분쟁조정위원회'라고 한다)에 조정을 신청할 수 있고(제18조 제1항), 분쟁조정위원회의 조정안을 송달받은 피신청인은 송달받은 날부터 15일 이내에 ① 피신청인이 관할 법원에 해당 인터넷주소에 관한 소를 제기하였다는 증명서 또는 ② 피신청인이 당사자 합의에 따라 중재법에 따른 중재를 신청하였다는 증명서를 제출하지 아니하면 분쟁조정 위원회의 조정을 수락한 것으로 보아 신청인은 분쟁조정위원회에 그 조정내용의 실행을 신청할 수 있고(제20조 제2항), 피신청인이 위 기간 내에 위 각 증명서를 제출한 경우 신청인은 소가 취하되거나 피신청인이 소 각하 또는 청구기각판결 또는 피신청인이 해당 도메인이름을 계속 사용할 권리가 없다는 판결을 받아 그 판결이 확정되었음을 증명할 수 있는 판결문 등이나 중재절차가 종료되었다는 증명서를 분쟁조정위원회에 제출하여 위 조정내용의 실행을 신청할 수 있다(시행령 개정안 제15조의3).[8)]

---

7) WALL-MART.COM에 관한 대구지방법원 2009. 6. 9. 선고 2008가합2092(본소), 2009가합3405(반소) 판결(확정)에 의하면, WAL-MART STORES, INC.(피고)가 위 도메인이름 등록인(원고)을 상대로 NAF에 의무적 행정절차 개시신청을 하여 위 도메인이름을 피고에게 이전할 것을 명하는 결정이 있자, 원고가 10영업일 이내에 대구지방법원에 도메인이름 등록자 정보변경금지 가처분을 신청하고 이를 이유로 등록기관(사이덴터티)에 위 결정의 집행을 보류할 것을 요구하였고, 등록기관은 이에 응했으며(피고는, UDRP 제4조 k항에 따른 관할법원은 서울중앙지방법원이고, 가처분신청은 위 조항에서 요구하는 소송의 형태가 아니라는 이유로 등록기관에게 위 도메인이름을 피고에게 이전하여 줄 것을 요구하였으나, 등록기관은 원고가 피고를 상대로 소를 제기한 이상 관할과 소의 형태에 관계없이 위 결정의 집행을 보류할 수밖에 없다고 거절하였다), 그 후 위 가처분신청이 기각된 다음 원고는 피고를 상대로 사용금지청구권 및 이전등록청구권 부존재 확인의 소를 제기하였는데, 피고는 가처분 기각결정이 확정되자 다시 등록기관에 위 결정의 집행을 요구하였으나 등록기관은 본소가 제기되었다는 이유로 위 결정의 집행을 보류하였다고 한다.

8) 인터넷주소자원에 관한 법률이 2009. 6. 9. 개정되기 전에는, 한국인터넷진흥원은 2004. 12. 31. 도메인이름관리준칙을 제정하면서, 도메인이름의 등록과 사용에 관련된 분쟁의 조정을 원하는 자는 인터넷주소자원에 관한 법률 제18조의 규정 또는 분쟁조정위원회의 도메인이름분쟁조정규정에 의하여 분쟁조정위원회에 조정을 신청할 수 있도록 하였고(후자를 등록약관에 의한 분쟁조정신청이라고 부르기도 하였다)(제12조 제1항), 분쟁조정위원회는 2005. 1. 27. 도메인이름 분쟁조정규정(이하'분쟁조정규정'이라고 한다)을 새로 제정하여 2005. 2. 17.부터 인터넷주소자원에 관한 법률 제18조에 의한 조정 외에 위 분쟁조정규정에 의한 조정을 시행하여 왔는데, 위 분쟁조정규정 제13조 제1항은, 피신청인이 조정부의 이전 또는 말소 결정을 송달받은 날로부터 14일 이내에 관할법원에 해당 도메인이름에 관한 소를 제기하였다는 증명서나 당사자 합의에 의한 중재를 신청하였다는 증명서를 분쟁조정 위원회에 제출하지 아니하는 경우 신청인은 분쟁조정위원회에 그 결정내용의 실행을 신청할 수 있고, 피신청인이 위 기간 내에 위 각 증명서를 제출한 경우 신청인은 소가 취하되거나 피신청인이 소 각하 또는 청구기각판결을 받아 그 판결이 확정되었음을 증명할 수 있는 판결문 등을 분쟁조정 위원회에 제출하여 위 결정내용의 실행을 신청할 수 있다고 규정하고 있었다.

이에 따라 gTLD 및 ccTLD에 대하여 UDRP 판정이나 인터넷주소 분쟁조정 위원회의 조정결정의 집행을 보류시키기 위하여 ㉯의 소송이 제기되는데 그 소송이 어떤 형태이어야 하는지, 준거법은 무엇인지가 문제된다.

그리고 ㉰의 소송에 대하여는 그 동안 거의 논의가 없다가 hpweb.com에 관한 두 번째 대법원판결인 2008. 4. 24. 선고 2005다75071 판결에서 언급함으로써 새로이 부각된 쟁점이다. 이에 관하여는 재판관할 및 준거법과 관련하여 아래에서 hpweb.com 판결의 전체 경과 및 쟁점들에 관하여 살펴보면서 같이 설명하기로 한다.

제 3 타인의 상표를 도메인이름으로 사용하는 경우 상표권 침해에 해당하는지 여부

Ⅰ. 상표권 침해에 해당하기 위한 요건 일반론

상표법 제66조는 타인의 등록상표와 동일, 유사한 상표를 그 등록상표의 지정상품과 동일, 유사한 상품에 사용하는 행위를 상표권 침해행위로 규정하고 있다. 그러므로 도메인이름이 타인의 상표권을 침해하였다고 하기 위해서는, ① 도메인이름과 동일, 유사하다고 주장되는 상표 · 서비스표가 등록상표 · 서비스표이어야 하고, ② 도메인이름이 그 「등록상표 · 서비스표와 동일 · 유사」하여야 하며, ③ 도메인이름의 웹사이트에서 제공되는 상품 · 서비스업이 「등록상표 · 서비스표의 지정상품 · 서비스업과 동일, 유사」하여야 하고, ④ 도메인이름을 웹사이트의 주소로 사용하는 행위가 상표 · 서비스표의 「사용」에 해당하여야 한다.

기존의 표지가 주지 · 저명에 이르지 아니한 경우나 도메인이름 등록인의 일정한 부정목적을 증명하기 곤란한 경우에는 상표권 침해에의 해당 여부가 큰 의미를 갖게 된다.

이 곳에서는 가장 많은 논란이 있는 ②와 ④에 관하여만 살펴보기로 한다.[9]

Ⅱ. 상표 · 서비스표(이하 상표라고만 한다)와의 동일 · 유사

1. myspce.com에 관한 서울중앙지방법원 2007. 8. 30. 선고 2006가합53066 판

9) Ⅲ.의 내용은 졸고, "도메인이름과 상표권", 특허법원 개원 10주년 기념논문집, 503이하를 토대로 그 이후의 연구결과를 보탠 것이고, ③의 요건에 관하여는 상게논문, 512이하 참조.

결(확정)은, 타인의 표지와 도메인이름의 유사성을 판단함에 있어서는 도메인이름 가운데 식별력을 갖는 부분을 기준으로 표지 그 자체를 형식적으로 대비함은 물론 그 이외에 당해 도메인이름을 타인의 표지로 오인하는데 기여하는 일체의 요소들을 참작하여 그 양자 표지의 외관, 호칭 또는 관념에 기초한 인상, 기억, 연상 등에 비추어 양자를 전체적 · 이격적으로 관찰 · 비교하여 유사한 것으로 받아들일 우려가 있는지, 아닌지를 기준으로 판단해야 한다고 하였다. 따라서 도메인이름 중 3단계가 주지 · 저명한 등록상표에 보통명칭이나 식별력이 없는 단어(예를 들면 shop, store, mall 등)를 덧붙인 것으로 구성된 경우 그 도메인이름은 등록상표와 유사하다고 할 수 있다.

UDRP에 따른 분쟁해결기관 중 하나인 WIPO(World Intellectual Property Office, 세계지적재산권기구) Arbitration and Mediation Center(중재 · 조정센터)가 만든 WIPO Overview of WIPO Panel Views on Selected UDRP Questions(UDRP와 관련된 주요 쟁점에 대한 WIPO 패널의 견해 요약집, 이하 'WIPO 패널의 견해 요약'이라고 한다) 1.2.는 합의된 의견으로 "웹사이트의 컨텐츠(상표권자의 사업과 유사하든 상이하든 무관)는 혼동될 정도의 유사성을 판정하는 기준으로 부적절하다. 이는 상표 소유자가 종종 최초 관심 혼동(Initial Interest Confusion)[10]으로부터 피해를 입기 때문인데, 이는 잠재적 방문자가 혼동될 정도로 유사한 도메인이름을 입력한 후 목적한 사이트에 즉시 도달하지 못하고 이어 음란하거나 상업적인 콘텐츠에 노출되는 경우를 말한다. 혼동될 정도의 유사성을 검증할 때에는 상표와 도메인이름을 비교하여 혼동의 가능성을 판단하여야 한다"고 설명하고 있다.

2. 주지 · 저명상표와 관련된 구체적인 사례를 보기로 한다.

위 2006가합53066 판결은, 위 도메인이름 중 식별력을 갖는 부분에 해당하는 'myspce'부분과 피고 MySpace, Inc.의 영업표지로서 국내에 주지되어 있는 'Myspace'(피고는 2004년 무렵 인터넷 네트워킹 서비스에 관한 상표로서 'MYSPACE'라는

10) 위 이론을 인정한 Brookfield Communication v. West Coast Entertainment Corp. 판결{174 F. 3d 1036 (9th Cir. 1999)}에서 제9순회연방항소법원은, 예를 들어, 피고의 경쟁업자인 Blockbuster라는 비디오 대여점이 고속도로상에 '2마일 앞 출구 7번에 West Coast Video'라는 간판을 세워놓았는데, 그것을 본 소비자가 7번 출구로 나왔으나 West Coast Video가 아니고 Blockbuster인 경우 소비자는 그것이 West Coast Video가 아니라는 것을 바로 알 수 있기 때문에 궁극적으로는 혼동이 생기지 않지만, West Coast Video에서 비디오테이프를 빌리려던 소비자로서는 Blockbuster이더라도 상관없다고 생각하고 그곳에서 비디오테이프를 빌리려 할지도 모르는바, 이것이 Initial Interest Confusion이고(결국 잠재적 방문자가 동일, 유사한 도메인이름으로 인해 원래 상표권자의 웹사이트에 이르지 못하고 다른 내용을 접하게 되는 경우를 말한다), 이것을 부당하게 이용하는 것은 상표권침해에 해당한다고 하였다.

표장을 미국 특허상표청 등록하기도 하였다)를 비교하여 보면, myspce는 피고의 영업표지 중에서 철자 'a'만 생략된 형태로 되어 있어 외관, 호칭을 전체적 · 이격적으로 관찰하여 보았을 때에 서로 유사하다고 하였다. 또한 WALL-MART.COM에 관한 대구지방법원 2009. 6. 9. 선고 2008가합2092(본소), 2009가합3405(반소) 판결(확정)은 도메인이름에서 식별력 있는 부분은 'WALL-MART'라 할 것인데 하이픈과 보통명사인 'MART'를 제외하면 'WALL'이 되고, 이는 피고의 표장 중 'WAL' 부분에 'L'을 하나 더 추가한 것으로 피고의 상표인 'WAL'과 그 구성, 호칭, 외관이 동일 · 유사하여 보통의 주의력을 가진 국내의 일반 수요자나 거래자들로서는 'WALL-MART'로 된 표장을 볼 경우 이를 피고와 어떠한 관련이 있는 도메인이름으로 오인 · 혼동할 가능성이 매우 크므로, 위 도메인이름과 피고의 영업표지인 'WAL-MART'는 유사하다고 하였고, fruitella.com에 관한 광주지방법원 2009. 7. 16. 선고 2008가합7040 판결(확정)도 도메인이름에서 식별력 있는 fruitella는 피고의 과자, 캔디 등의 상표인 FRUITTELLA 또는 Fruit-tella 중 가운데 알파벳 철자 T만을 삭제하였을 뿐이므로 서로 유사하다고 하였다. 이는 소위 Typo-squatting에 해당한다고 할 수 있는데, WIPO Arbitration and Mediation Center의 판정(이하 WIPO 판정이라고 한다) 중에는, 상표가 GUINNESS이고 도메인이름이 guiness.com인 경우(D2000-1698), 상호가 Barnes & Noble이고 도메인이름이 bunsandnoble.com인 경우(D2001-1216), 상표가 EDMUND'S이고 도메인이름이 edmnds.com 또는 edunds.com인 경우(D2006-0694), 상표가 ESPNEWS이고 도메인이름이 espnnews.com인 경우(D2005-0444) 도메인이름은 상표 등과 혼동을 일으킬 정도로 유사하다고 판단한 것이 있다. delonghi.co.kr에 관한 서울중앙지방법원 2008. 5. 8. 선고 2006가합31110 판결(항소취하로 확정)은 도메인이름에서 식별력 있는 delonghi는 피고의 표지 De'Longhi와 유사하다고 하였다.

그리고 disneystore.co.kr에 관한 서울중앙지방법원 2007. 4. 13. 선고 2006가합58818 판결(확정)은, 위 도메인이름의 요부는 'disney'와 'store'의 결합으로 구성된 것으로서 그 중 'store'는 상점 또는 가게의 뜻을 지닌 비교적 쉬운 영어 단어에 불과하여 'disney'가 식별력을 갖는 중요한 부분이라 할 것인데, 이는 디즈니 엔터프라이지즈, 인크의 주지 저명한 표장인 'DISNEY'의 영어 알파벳 소문자 표기에 해당하므로 결국 위 도메인이름은 위 'DISNEY' 표장과 외관 및 호칭에 있어서 유사하다고 하였다. 그리고 giorgioarmanihotel.com에 관한 대구고등법원 2009. 7. 23. 선고 2009나1024(본소), 1031(반소) 판결{확정, 원심은 대구지방법원 2009. 1. 13. 선고 2007가합11792(본소), 2008가합10505(반소) 판결)은 위 도메인이름에서 식별력 있는 주요 부분은 'giorgioarmanihotel'이라 할 것인데, 보통명사인 'hotel'을 제외하면 'giorgioarmani'가 되고, 특별히 중요도를 부여할 수 없는 영문 소문자로 구성되어 있다는 점 외에는 피고의 주지 상표인 'GIORGIO ARMANI'와 그 구성, 호칭, 외관이 동일하여 보통의 주의력을 가진 국내의 일반 수요자나 거래자들로서는 'giorgioarmanihotel'로 된 표장을 볼 경우 이를 피고와 어떠한 관련이 있는 도메인이름으로 오인 · 혼동할 가능성이 매우 크다고 할 것이므로 유사한 표장이라고 하였고, hsbccard.com에 관한 서울고등법원 2004. 10. 27. 선고 2002나68784 판결(심리불속행 상고기각으로 확정)은, 위 도메인이름 중 'hsbc' 부분은 HSBC Holdings Plc.의 등록서비스표 내지 영업표지인 'HSBC'의 영어 알파벳 소문자 표기에 불과하고, 또한 위 회사 내지 그 계열회사가 금융서비스와 관련하여 전 세계 고객을 대상으로 신용카드서비스를 제공하고 있고, 국내에서도 삼성카드 주식회사와 제휴하여 고객들에게 HSBC 삼성카드를 발행, 이를 이용하여 신용카드서비스업을 영위하고 있는 점에 비추어 볼 때, 'card' 부분은 피고의 신용카드서비스업과 관련된 용어로서 'hsbc' 부분에 추가되는 경우 전체적으로 위 도메인이름은 위 회사에게 권리가 있는 표장인 'HSBC'와 혼동을 일으킬 정도로 유사하다고 하였으며, SONYBANK.COM에 관한 서울지방법원 2002. 10. 18. 선고 2001가합35469 판결(확정)은, 위 도메인이름 중 'SONYBANK'에서 'SONY' 부분과 'BANK' 부분은 이를 분리하여 관찰하면 부자연스러울 정도로 불가분적으로 결합되어 있다고 보기 어렵고 그 중 'BANK'는 은행을 의미하는 보통명칭에 해당하므로 'SONY' 부분이 그 요부라고 할 것인데 이는 소니 주식회사의 상호이자 상표인 'SONY'와 동일하므로, 결국 위 도메인이름은 소니 주식회사의 표장과 유사하다고 하였다.

또한, 부정경쟁방지법 제2조 제1호 다목에 해당한다고 판단한 kbsi.co.kr에 관한 서울남부지방법원 2004. 6. 4. 선고 2003가합9494 판결(확정)은, 위 도메인이름은 주요부분이 'kbsi'인데, 국내의 다른 방송국이 인터넷방송서비스를 제공하는 홈페이지를 운영하면서 자신의 영업표지의 앞이나 뒤에 'internet'을 나타내는 'i'를 첨부하여 도메인이름을 구성하여 사용하고 있고, 어떤 표지를 가진 자가 인터넷을 이용하여 영업을 하거나 활동을 함에 있어 자신의 영업표지를 그대로 도메인이름으로 사용하는 경우도 있지만 그 표지의 앞이나 뒤에 'internet'을 나타내는 'i', 'electronic'을 나타내는 'e', 'network'를 나타내는 'n'이라는 철자를 부가한 도메인이름을 사용하기도 하며, 일반인들이 위 도메인이름을 접하면 피고 공사가 운영하는 홈페이지이거나 피고 공사와 관련이 있는 홈페이지를 자연스럽게 떠올릴 것으로 보이므로, 위 도메인이름의 주요부분인 'kbsi'는 피고 공사의 표지인 'KBS'와 외관, 호칭, 관념에 있어서 유사하다고 하였다. imbc.co.kr에 관한 서울고등법원 2005. 7. 6. 선고 2004나91948, 91955 판결(심리불속행 상고기각으로 확정)도 같은 이유로 'imbc'가 'MBC'와 서로 유사하다고 하였다.

UDRP 제4조 a의 요건을 충족하는지를 판단한 사건이긴 하지만 ccfhsbc.com, hsbcccf.com에 관한 서울고등법원 2004. 11. 24. 선고 2004나10697 판결(대법원 2008. 2. 1. 선고 2004다72457 판결로 UDRP가 등록인과 제3자 사이의 실체적 권리관계를 구속하는 효력이 없다는 이유로 파기환송 되었다)은 특이하게, "위 각 도메인이름 중 'ccf' 부분은 'CCF'의 영어 알파벳 소문자 표기에 불과하고, 또한 위 각 도메인이름의 등록 이전에 이미 피고(Crédit Commercial de France)와 소외 회사(HSBC Holdings Plc.) 사이의 회사 인수 협정이 발표되어 피고가 소외 회사 그룹의 일원이 될 것임을 예상할 수 있었던 점에 비추어 보면, 'hsbc' 부분은 소외 회사를 지칭하는 것으로서 'ccf'에 추가되어 전체적으로 소외 회사에 인수되는 피고를 지칭하는 것으로 인식된다 할 것이므로, 위 각 도메인이름은 피고에게 권리가 있는 표장인 'CCF'와 혼동을 일으킬 정도로 유사하다"고 하였다.

인터넷주소 분쟁조정 위원회(IDRC) 결정 중에는, 표지권자의 표장이 "Hauzen"이고 도메인이름이 hauzenshop.co.kr인 경우(D2005-A037[11]), 표지권자의 표장이 "SAMSUNG"이고 도메인이름이 samsungportal.co.kr인 경우(D2005-A034[12]), 역시 표지권자의 표장이 "SAMSUNG"이고 도메인이름이 samsungall.co.kr인 경우(D2005-A026), 표지권자의 표장이 "BURBERRY"이고 도메인이름이 e-burberry.co.kr인 경우(D2006-A003), 역시 표지권자의 표장이 "BURBERRY"이고 도메인이름이 burberrymall.co.kr인 경우(D2005-A003) 도메인이름은 표지권자의 표장과 유사하다고 판단한 것이 있다. 또한 WIPO 판정 중에는 상표가 TAMIFLU(Roche사가 생산하는 조류인플루엔자 치료제)이고 도메인이름이 tamiflu-vaccine.com 또는 ordertamiflunow.com인 경우(D2005-1255, D2005-1256), 상표가 VIAGRA이고 도메인이름이 half-price-viagra.com 또는 fem-viagra.com인 경우(D2005-0158,

11) "hauzenshop"은 "shop" 부분이 단순히 '매장, 가게, 상점' 등의 의미를 가지고 있어 특별한 식별력이 없으므로, 신청인의 저명표장 "Hauzen"을 강하게 연상시킨다고 하였다.

12) 위 도메인이름 중 co.kr은 식별력이 전혀 없고 portal도 보통명칭으로 식별력이 없거나 극히 희박한 요소이기 때문에 결국 위 도메인이름의 식별력 있는 요부는 samsung이다.

D2003-0133), 상표가 PEPSI이고 도메인이름이 pepsiadventure.com인 경우(D2003-0696), 상표가 SONY이고 도메인이름이 sonypresent인 경우(D2000-1409), 상표가 CAREERBUILDER(온라인상에서 직업 검색 및 상담을 하는 업을 하고 있다)이고 도메인이름이 job-careerbuilder.com인 경우(D2005-0251) 도메인이름은 상표와 혼동을 일으킬 정도로 유사하다고 판단한 것이 있다.

3. 다만, 상표 등 표지가 주지, 저명하지 않을 경우에는 도메인이름이 그 상표 등 표지에 식별력이 있다고 할 수 없는 단어가 덧붙여져 있는 경우라 하더라도 반드시 서로 유사하다고 판단할 수 있는 것은 아니다. acmbnb.com에 관한 대법원 2007. 2. 22. 선고 2005다399099 판결은, 등록상표들 **ACM π WATER**, , **에이씨엠파이워터**의 요부는 'ACM' 또는 '에이씨엠'이고, acmbnb는 일련불가분적으로 연결되어 있고 'acm'이 특별한 관념을 형성하거나 주지 · 저명한 표장이라고 보기도 어려워 위 도메인이름의 문자가 'acm'과 'bnb'로 분리 관찰된다고 보기 어려워서 위 도메인이름의 요부는 'acmbnb'라 할 것이므로, 양 표장은 외관, 호칭이 서로 다르고 관념에 있어 서로 대비되지 아니하므로 전체적으로 유사하다고 보기 어렵다고 하였다[13]. 원심(서울고등법원 2005. 6. 14. 선고 2004나72336 판결인데, 위 판결은 1심인 서울중앙지방법원 2004. 9. 2. 선고 2004가합11136 판결을 그대로 인용하여 항소기각을 하였으므로, 원심 판결의 내용은 위 2004가합11136 판결의 내용이다)은 더 나아가, "도메인이름은 영문자, 숫자 또는 하이픈(-)만을 사용할 수 있고 사실상 글자 수의 제한을 받고 있어서 그 선택의 범위가 매우 좁으므로, 문자, 도형, 색채 등을 자유로이 사용하여 선정되는 상표나 상호와는 달리 사용금지의 범위를 넓게 한다면 도메인이름을 등록하려는 사람들의 도메인이름 선택권을 심각하게 침해하게 될 우려가 있다. 그러므로 상표권 침해를 이유로 도메인이름의 사용금지나 등록말소를 청구하는 경우 그 도메인이름이 상표의 문자부분과 동일하거나 동일할 정도로 유사하여야만 상표권 침해를 인정하여 위 청구를 받아들일 수 있고, 상표의 문자부분과 도메인이름의 일부, 상표의 문자부분의 일부와 도메인이름, 상표의 문자부분의 일부와 도메인이름의 일부가 동일할 뿐인 경우에는 상표권 침해가 있다고 할 수 없다"고 하였다. 마지막의 '상표권 침해가 있다

---

13) 등록상표권자인 원고는 정수기 등을 제조, 판매하는 일본 법인 주식회사 A.C.M.(국내에 널리 인식되었음을 인정할 만한 아무런 증거가 없다)의 국내 총판대리점이었는데, 그 총판대리점 관계에 있던 기간 중 위 등록상표들을 출원 · 등록하였고, 위 A.C.M.사와의 총판대리점 계약이 종료된 후 최근 2, 3년 동안은 위 등록상표들을 사용하여 정수기 등을 제조, 판매한 적은 없으며, 도메인이름 등록인인 피고는 정수기 등을 제조, 판매하기 위하여 위 A.C.M.사가 출자하여 국내에 설립한 법인이다. 원고는 피고에 대하여 상표권 침해 등을 이유로 위 도메인이름의 등록말소 등을 청구하였다.

고 할 수 없다'고 단정한 것은 적절하지 못하다 하더라도 최소한 '언제나 상표권 침해가 있다고는 할 수 없다'고 보아야 할 것이다.

인터넷주소자원에 관한 법률 제12조에 관한 설명이기는 하나, 상표권자에게 그의 상표와 동일한 표장에 대해서 도메인이름을 등록받을 권리가 있음은 인정될 수 있겠으나, 그의 상표와 유사한 표장에 대해서까지 도메인이름을 등록받을 권리가 있는 것으로 보는 것은 타당하지 않다고 생각된다는 견해[14]도 같은 맥락이라고 생각된다.

우리나라의 일부 하급심 판결들은 "별지 목록 기재 상표를 포함하는 문자를 도메인이름으로 사용하여서는 아니된다" 또는 "상표로 사용되는 문자를 도메인이름에 포함시켜서는 아니된다"는 주문을 선고하기도 하는데, 이러한 주문 형태에 대하여는 사용금지의 범위가 지나치게 넓어서 도메인이름 등록희망자들의 권리를 침해하게 될 소지가 있다는 비판도 있다.[15] 도메인이름의 특징인 희소성과 관련하여 볼 때, 타인의 등록상표에 별개의 다른 문자를 붙여 전혀 다른 의미를 가지는 경우라든지, 병행수입업자가 외국상표의 앞 또는 뒤에 병행수입업자 표시를 덧붙이는 경우에는 과연 상표권 침해가 있다고 할 수 있는지에 관하여 신중한 판단을 요한다.[16]

라. 상표에 부정적 용어를 합쳐 만든 도메인이름은 그 상표와 혼동될 정도로 유사하다고 할 수 있는가?

주로 저명상표에 'sucks'나 그 밖의 명상을 손상시키는 접미사를 추가하는 도메인이름의 경우에 이와 같은 문제가 발생한다.

WIPO 패널의 견해 요약 1.3.은 이 문제에 관하여 다수의견과 소수의견을 소개하고 있다. 다수의견은, "상표에 부정적 용어를 합쳐 만든 도메인이름은 신청인의 상표와 혼동될 정도로 유사하다. 도메인이름이 상표 및 사전적 단어(dictionary word)를 포함하고 있을 경우, 또는 분쟁의 대상이 된 도메인이름이 상표와 매우 유사한 경우,

---

14) 김종윤, "도메인이름 분쟁에 있어서 상표권의 보호범위 및 그 한계", 도메인분쟁 해결의 사법적 문제에 관한 고찰 인터넷주소 분쟁조정위원회 제4회 국제세미나, 2006. 9. 22., 11

15) 손경한, "도메인네임 선점과 법적 과제", e-commerce 2000.1/2 ; 장덕조, "도메인네임의 법적성질 및 규제방안", 상사법연구 19권 2호, 2000, 303.

16) 대법원 2002. 9. 24. 선고 99다42322 판결은, 병행수입업자가 소극적으로 상표를 사용하는 것에 그치지 아니하고 나아가 적극적으로 상표권자의 상표를 사용하여 광고 · 선전행위를 하더라도 그로 인하여 상표의 기능을 훼손할 우려가 없고 국내 일반 수요자들에게 상품의 출처나 품질에 관하여 오인 · 혼동을 불러일으킬 가능성도 없다면, 이러한 행위는 실질적으로 상표권 침해의 위법성이 있다고 볼 수 없다고 하면서, 그러나 그 사용태양 등에 비추어 영업표지로서의 기능을 갖는 경우에는 일반 수요자들로 하여금 병행수입업자가 외국 본사의 국내 공인 대리점 등으로 오인하게 할 우려가 있으므로, 이러한 사용행위는 부정경쟁방지법 소정의 영업주체 혼동행위에 해당되어 허용될 수 없다고 하였는바, 따라서 병행수입업자가 외국상표의 앞 또는 뒤에 병행수입업자 표시를 덧붙이는 경우 상표권 침해가 아니라고 하더라도 부정경쟁행위에 해당할 여지는 있다.

또는 도메인이름이 부정적으로 인식되지 않을 수도 있는 경우, 또는 상표에 합쳐진 단어의 부정적 의미를 인식하지 못할 수 있는 비영어권 사용자들에게 도메인이름이 노출될 수도 있는 경우에는, 혼동될 정도의 유사성이 인정될만한 이유가 된다"는 것이다.[17] WIPO 판정은 walmartsucks.com 사건(D2000-0662) 등에서 UDRP는 사이버스쿼팅을 방지하기 위하여 채택된 정책임을 고려하여 상표권 침해라고 할 수 있는지 여부를 판단할 때와는 다른 기준을 적용하여 출처의 혼동이 발생하는지 여부와는 상관없이 상표와 도메인이름 그 자체만 비교하여 유사한지 여부를 결정한다는 입장을 취하면서, 혼동을 일으킬 정도의 유사성을 인정하고 있다. 그리고 정당한 비평 사이트의 권리는 UDRP 제4조 a가 그 적용 대상이 되는 분쟁의 다른 요건으로 들고 있는, '등록인이 해당 도메인이름의 등록에 대한 권리 또는 정당한 이익을 가지고 있지 아니하다는 것과 등록인의 도메인이름이 부정한 목적으로 등록 및 사용되고 있다는 것'에 의하여 적절히 보호받을 수 있으므로,[18] 위와 같이 해석하더라도 정당한 비평 사이트의 권리를 제한하는 것은 아니라고 한다. 이에 반하여 소수의견은, "인터넷 사용자들이 상표 소유자 및 그 상표에 부정적 용어를 합쳐 만든 도메인이름 사이에 연관성이 있는 것으로 볼 가능성은 크지 않으므로 상표에 부정적 용어를 합쳐 만든 도메인이름은 혼동될 정도로 유사하지 않다"고 한다. WIPO 판정은 lockheadsucks.com 사건(D2000-1015) 등에서 상표권 침해에서와 같은 접근을 하여 위 도메인이름이 상표권자와 연관이 없다는 것(출처가 같지 않다는 것)은 명백하므로[19] 상표와 혼동

17) 예컨대, 영어가 모국어가 아닌 이용자에게는 상표와 부정적 단어가 결합되어 있다고 하더라도 식별하지 못할 가능성이 있다.

18) WIPO 패널의 견해 요약 2.4.는, 비평사이트를 운영할 목적으로 도메인이름을 사용하는 피신청인은 권리 및 적법한 이해관계를 주장할 수 있는가에 대하여, "상표와 혼동될 정도로 유사한 도메인이름이 진정한 비영리적 자유 언론 웹사이트에 사용되고 있다고 가정할 때 주류 의견은 둘로 갈라져 있다. 또한 미국계 당사자들이 관계된 분쟁 해결 절차 및 비미국계 당사자들이 관계된 분쟁 해결 절차 사이에서도 일부 의견 차이가 발견되는데, 비미국계 패널리스트 중 아래의 견해 2의 논리를 받아들이는 경우는 극소수이다. [견해 1] 비평의 권리는 소유자의 등록상표와 동일하거나 혼동될 정도로 유사한 도메인이름의 등록 또는 상표와의 연관성을 불러일으키는 도메인이름의 등록에까지 확대 적용되지 않는다. [견해 2] 도메인이름의 사용이 공정하고 비영리적이라면 그러한 도메인이름이 비평을 함축하는지 여부와 무관하게 피신청인은 그 비평사이트의 도메인이름 내에 상표를 사용하는 행위에 대한 적법한 이해관계를 가진다"라고 설명하고 있다.

한편 조정욱, "WIPO 조정결정과 인터넷주소분쟁조정위원회 조정결정 경향 비교", 국내외 인터넷주소분쟁해결제도 최근 경향과 국제재판관할 문제 고찰(인터넷주소분쟁조정위원회 · 한국정보법학회 공동 국제세미나, 2009. 10. 29.), 47은, 인터넷주소분쟁조정위원회의 조정결정의 주요 경향은 비영리 웹사이트를 운영하고 있더라도 적어도 '상표와 동일하거나 혼동을 야기할 가능성이 매우 높을 정도로 유사한 도메인이름의 등록 또는 사용'에 대해서까지 피신청인에게 정당한 이익이 있다고 인정하지는 않는 것{다만 oakley.co.kr 사건(D2002-0045)에서만은 조정부는 위 도메인이름으로 비영리적 동호회사이트를 운영하고 있다는 이유로 신청을 기각하였다. 그러나 WIPO 판정 oakleykorea.com 사건(D2002-0814)와 oakleyshoes.com, oakleyfootwear, oakleywatches 사건(D2000-1658)에서는 피신청인이 위 도메인이름을 부정한 목적으로 등록 및 사용하고 있음을 인정하였다}으로 보인다고 한다.

을 일으킬 정도로 유사하다고 할 수 없다고 하였다. 필자의 의견으로는 UDRP의 제정목적을 감안하더라도 그 요건이 '혼동을 일으킬 정도로 유사하다'는 것인 이상 소수의견이 타당하다고 생각한다.[20]

우리나라에는 위와 같은 사례는 없고, antisec.co.kr에 관한 IDRC 결정(D2005-A033)은, 위 도메인이름의 등록인인 피신청인이 위 도메인이름을 사용하여 안티사이트를 운영하고 있으므로 신청인인 삼성전자 주식회사의 표지(영문상호의 약칭인 SEC[21])에 대한 식별력은 손상될 여지는 없다고 볼 수 있으나, 반면 피신청인이 신청인 측에 대한 안티사이트를 운영함으로써 그 내용을 정확히 인지하고 있지 못한 일반 인터넷 이용자들에게는 신청인의 대외적 이미지 및 명성에 부정적으로 영향을 미칠 가능성은 충분히 있다고 판단된다고 함으로써, 안티사이트에 관한 도메인이름이 저명표장에 대한 명성의 손상으로 인하여 도메인이름 분쟁조정규정 제9조 제1항 제3호에 해당한다고 하였다(피신청인에게 위 도메인이름을 신청인이나 그 외의 자에게 판매하여 부당한 이득을 얻으려는 목적이 있었다고 보아 도메인이름 분쟁조정규정 제9조 제2항에도 해당한다고 하였다). 저명표장 그 자체를 도메인이름으로 등록하여 그 도메인이름으로 웹사이트를 개설하여 안티 행동을 하는 경우와는 달리,[22] 저명표장에 'anti'를 결합한 도메인이름으로 웹사이트를 개설하여 비영리적으로 공정한 비판을 하면서 불법을 자행하지 않으며 운영하는 경우에까지 그 도메인이름이 저명표장에 대한 명성을 손상한다고 보아 도메인이름 분쟁조정규정 제9조 제1항 제3호에 해당한다고 하는 것은 안티사이트를 전혀 허용하지 않는 결과가 되어 바람직하지 않다고 생각된다.

---

19) 위 사건에서는 인터넷이용자는 피신청인의 웹사이트가 신청인의 상품에 대한 비판사이트임을 구별할 수 있다고 하였고, fucknetscape.com 사건(D2001-0918)에서는 Netscape사가 이 도메인이름을 자신의 도메인이름으로 선택하여 사용하고 있다고는 이 도메인이름 자체에서도 연상되기 어렵다고 하였다.

20) 조정욱, 앞의 글, 39-40은, 단순히 부정적 단어가 포함되어 있다고 유사성이 부인된다고 보기는 어렵다고 하면서도, 부정적 의미가 매우 강하여 상표권자가 등록하였다고 생각하기 어려운 도메인이름에 관하여는 '혼동할 정도의 유사성'을 인정하는 것에 신중할 필요가 있다고 주장한다.

21) 삼성전자 주식회사가 저명하고, 일반적으로 위 회사의 상표, 서비스표 또는 상호가 저명하다고 하여, 위 회사의 영문 상호의 약칭인 SEC가 과연 국내에서 저명하다고 할 수 있는지는 의문이다. 위 SEC에 관하여 상표 및 서비스표 등록을 하였다고 하더라도 마찬가지이다.

22) 이 경우에는 부정경쟁방지법 제2조 제1호 아목 또는 인터넷주소자원에 관한 법률 제12조 제1항, 제18조의2 제2항에 해당할 여지가 많다.

Ⅲ. 도메인이름을 웹사이트의 주소로 사용하는 행위가 상표 · 서비스표의 사용에 해당하는지 여부

상표법 제2조 제6호는, 상표의 사용이라 함은, ① 상품 또는 상품의 포장에 상표를 표시하는 행위, ② 상품 또는 상품의 포장에 상표를 표시한 것을 양도 또는 인도하거나 그 목적으로 전시 · 수출 또는 수입하는 행위, ③ 상품에 관한 광고 · 정가표 · 거래서류 · 간판 또는 표찰에 상표를 표시하고 전시 또는 반포하는 행위라고 규정하고 있다. 이 중에서 도메인이름으로서의 사용이 상표 · 서비스표의 사용인가는 주로 ③ 중 광고나 간판 또는 표찰에 상표를 표시하는 행위에 해당하는가의 문제이다.

1. 상표를 도메인이름으로 사용하는 것이 상표적 사용에 해당하는가?

(1) 도메인이름을 등록만 하고 그 도메인이름으로 웹사이트조차 개설하지 않은 경우에는 상표적 사용이 있다고 할 수 없음은 당연하다.[23)24)] 문제는 도메인이름으로 웹사이트를 개설한 경우인데, 도메인이름을 식별표지로 인정할 수 있다고 하더라도 상표를 도메인이름으로 사용하는 것이 언제나 상표적 사용에 해당한다고는 할 수 없고 상표적 사용에 해당하는 경우도 있을 수 있다는 의미라고 보아야 한다.

(2) 먼저, 상표적 사용에 해당한다고 인정한 판결들을 살펴보기로 한다.

morinaga.co.kr에 관한 서울지방법원 2004. 1. 15. 선고 2003가합24685 판결(확정)은, 인터넷 웹브라우저의 주소창에 morinaga.co.kr을 입력하면 곧바로 www.bebest.co.kr의 홈페이지로 이동하도록 포워딩하여 놓은 사안에서, "원래 숫자의 조합으로 표시되는 컴퓨터의 주소를 그에 대응하는 문자의 조합인 도메인이름으로 표시할 수 있도록 한 것 자체가 문자로 된 이름을 컴퓨터의 주소로 이용함으로써 웹사이트의 식별력을 높이려는 의도에서 비롯된 것인 점, 도메인이름이 컴퓨터의 주소로서의 기능을 가지고 있다고 하더라도 현재의 인터넷이용자들에게 그 등록자의 상호, 명칭, 상표 등을 반영하기도 한다는 사실이 잘 알려져 있어 사실상 등록자나 상품, 서비스를 식별하는 기능을 가지고 있는 경우가 많은 점, 도메인이름의 이와 같은

---

23) GRAMMY.CO.KR, GRAMMYAWARD.CO.KR 등에 관한 서울고등법원 2001. 7. 4.자 2000라452 결정

24) 이러한 도메인이름의 무단점유자가 상표법 제65조 제1항의 '권리를 「침해할 우려」가 있는 자'에 해당하는 것은 아닌가 하는 의문이 있을 수 있으나, 위 규정에서 말하는「침해할 우려」는 객관적으로 존재하여야 하고 침해가능성이 매우 큰 경우이어야 하는바, 단순히 타인의 등록상표와 동일, 유사한 도메인이름을 선점하고 있다는 이유만으로 반드시 상표권을 침해하는 방법으로 사용할 것이라고 단정할 수 없다.

기능에 따라 대부분의 상표권자들은 자신의 상표를 도메인이름으로 등록하려 하고 있고, 일반 수요자들도 도메인이름과 상표권자를 연결시켜 생각하는 경향이 높아지고 있는 점, 인터넷이용자들 사이에서는 미지의 홈페이지를 찾아갈 때 검색엔진을 사용하는 방법 이외에도 상표의 이름에 '.co.kr'이나 '.com' 등을 붙여서 찾아가는 경향이 있는 점 등을 종합하여 보면, 인터넷 사이트에서 제공하는 상품이나 서비스와 무관하게 단순히 인터넷 주소를 나타내는 수단으로 도메인이름을 사용하는 경우를 제외하면 도메인이름의 등록 · 사용은 제품이나 서비스의 출처를 표시한다는 의미에서 상표법상 상표로서 사용될 수 있다고 할 것이다(상표법 제2조 제6호 다목의 광고, 간판, 표찰에 상표를 표시하는 행위에 해당된다고 할 것이다)"라고 하면서, 등록한 도메인이름으로 개설한 웹사이트 내에 등록상표를 직접 표시하거나 그 상표와 어떠한 연관이 있는 듯한 표시를 하지 아니었더라도 그 웹사이트에서 등록상표의 지정상품과 동일 · 유사한 영업을 하고 있으므로, 등록상표와 동일하거나 유사한 도메인이름에 이끌려 그 웹사이트를 방문한 수요자들로서는 그 웹사이트에서 판매하는 등록상표의 지정상품과 동일 · 유사한 상품을 등록상표권자의 상품으로 오인할 여지가 있어서, 이러한 경우는 도메인이름의 등록 · 사용이 상표법상의 상표적 사용에 해당하여 상표권의 침해를 구성한다고 하였다.[25][26] 그리고 이 판결은, 포워딩에 의한 웹사이트간의 이동은 기술적으로 순식간에 일어나므로 수요자들로서는 이 건 도메인이름을 거쳐 원고가 개설한 웹사이트로 이동한다는 것을 느끼기가 어려운 점, 웹브라우저의 주소창에 이 건 도메인이름을 입력한 수요자는 통상 그 후 웹브라우저의 주소창상 인터넷 주소의 변동에 관하여 별다른 신경을 쓰지 아니하고 자신이 도메인이름을 입력한 결과 화면

25) chasebank.com에 관한 서울서부지방법원 2009. 4. 23. 선고 2008가합924 판결(확정)은, 도메인이름을 등록한 후 웹사이트를 개설하여 등록서비스표의 지정상품과 동일 · 유사한 상품판매나 영업을 하는 경우에는 그 웹사이트 내에 등록서비스표를 직접 표시하거나 그 서비스표와 어떠한 연관이 있는 듯한 표시를 하지 아니하더라도 등록서비스표와 동일하거나 유사한 도메인이름에 이끌려 그 웹사이트를 방문한 수요자들로서는 그 웹사이트에서 판매하는 등록서비스표의 지정서비스와 동일 · 유사한 서비스를 등록서비스표권자의 서비스로 오인할 여지가 있으므로, 이러한 경우는 도메인이름의 등록 · 사용이 상표법상 상표적 사용에 해당하여 서비스표권을 침해다고 할 것이라고 하였다.

26) musikgarten.co.kr에 관한 대구지방법원 2004. 6. 25. 선고 2003노3185 판결(확정)은 "전통적인 의미에서 상표의 사용은 상품이라는 유형물에의 부착 및 이들의 유통, 광고행위 즉 유형적인 사용만을 의미하였으나 서비스 산업의 발달로 무형의 서비스에 대하여서도 상표 또는 서비스표의 보호를 할 필요성이 생겨났다. 원래 도메인이름은 인터넷에 연결된 특정 웹사이트의 주소를 표시한 것으로 출발하였으나, 유명한 상표 또는 서비스표로 구성된 도메인이름은 특정 웹사이트에 관련된 상품이나 서비스의 출처와 품질을 나타내는 기능을 하고 있으므로, 타인의 상표 또는 서비스표를 도메인이름으로 사용한 경우에는 비록 유형적인 상품에 사용하지 아니하였더라도 상표 또는 서비스표의 사용이라고 보아야 할 것이다"고 판시하였는데, 이는 아래에서 설명하는 입장에 비추어 볼 때 도메인이름의 등록, 사용이 상표적 사용에 해당하는 범위를 너무 넓게 인정하였다 할 것이어서 적절하지 아니한 면이 있다.

에 표시된 웹사이트가 자신이 찾고자 하는 웹사이트라고 생각하기 쉬운 점, 수요자가 자신이 입력한 도메인이름에 해당하는 사이트에서 다른 사이트로 이동한 것을 알게 되더라도 옮겨진 사이트는 자신이 입력한 도메인이름에 해당하는 사이트와 어떠한 경제적, 인적, 조직적 연계가 있다고 생각하기 쉬운 점 등을 고려하면, 원고가 포워딩 방식을 사용하고 있다고 하더라도 그 실질은 이 건 도메인이름 하에 웹사이트를 개설하여 상품을 판매하고 있는 것과 다를 바가 없으므로, 포워딩 방식에 의한 도메인이름의 등록 · 사용도 상표법상 상표적 사용에 해당된다고 판단한 점[27]에서도 의의가 있다.[28]

chanel.co.kr에 관한 서울고등법원 2000. 11. 15. 선고 99나61196 판결(확정)도, 원고의 상표 및 서비스표를 피고의 도메인이름 및 홈페이지에 사용하여 상표의 지정상품과 유사한 상품을 전시, 광고하고 이를 판매하는 행위는 상표법 제2조 제1항 제6호 다목의 상표 또는 서비스표를 간판 또는 표찰에 표시하고 전시 또는 반포하는 행위이므로 '상표 및 서비스표의 사용'에 해당한다고 하였고, FIRSTCALL.CO.KR에 관한 서울지방법원 2002. 10. 18. 선고 2001가합63075 판결(확정)도, 피고의 위 도메인이름은 국내에 널리 알려진 원고의 서비스표와 동일 · 유사하고 위 도메인이름으로

27) chasebank.com에 관한 서울서부지방법원 2009. 4. 23. 선고 2008가합924 판결(확정)도 같은 취지이다.

28) hoar.com에 관한 수원지방법원 안산지원 2009. 6. 4. 선고 2007가합8157(본소), 2009가합1471(반소) 판결(항소심에서 2009. 12. 29. 조정 성립)은, 원고는 위 도메인이름을 포워딩 방식에 의해 곧바로 다른 웹사이트로 이동하도록 연결해 놓아 인터넷 웹브라우저의 주소창에 위 도메인이름을 입력하면 곧바로 원고가 운영하는 웹사이트로 이동하면서 위 도메인이름은 주소창에서 사라지고, 대신 위 웹사이트의 인터넷 주소가 나타나나, 위 연결된 웹사이트의 최초 화면의 좌측 상단에는 'Hoar.com'라는 표장이 표시되어 있고, 그 사이트에서는 Pretty women, Dating games, Free dating personals, Love relationships, Online personals, Find singles online, Blind dates 등의 주제와 관련된 검색카테고리를 통하여 검색되거나 링크된 관련 웹사이트로 방문할 수 있도록 하는 서비스를 제공하는 것으로 표시되어 있는 점 등을 종합하여 보면, 원고는 단순히 위 도메인이름을 다른 웹사이트에 연결하기 위하여 사용한 것이 아니라, 그 연결된 웹사이트 화면에 'Hoar.com'라는 표장을 표시함으로써, 상표법 제2조 제1항 제6호 다목(상품에 관한 광고 · 정가표 · 거래서류 · 간판 또는 표찰에 상표를 표시하고 전시 또는 반포하는 행위)에 해당하는 방법으로 위 도메인이름을 상표법상의 서비스표로서 사용하고 있다고 봄이 상당하다고 하였다. 다만 위 판결은, 피고는 1940년경부터 건설업에 종사하는 법인으로, 미국 내에서 건설업을 식별하는 표장으로 'HOAR'을 사용하여 온 점, 원고가 제공하는 서비스는 이성 소개, 데이트 등 성 관련 사이트를 검색 또는 연결해 주는 것으로 피고가 그동안 영위해온 건설업 등과는 전혀 별개의 서비스에 해당하는 점, 피고는 원고가 UDRP에 따른 미국 국가중재 위원회(NAF)의 위 도메인이름 이전명령에 대하여 불복하여 이 사건 소를 제기하자, 이 사건 소송 계속 중인 2008. 2. 12.경 'HOAR'을 인터넷검색 엔진제공업, 웹사이트 호스트업, 웹사이트개발업 등을 지정서비스업으로 하여 등록출원하고, 같은 해 10. 1.경 서비스표로 등록한 점, 피고는 현재까지 국내에서 위와 같은 서비스업을 제공하고 있지 아니하는 점 등을 종합하면, 피고는 인터넷검색 서비스업 등을 제공할 의사가 없음에도 오로지 원고의 위 도메인이름의 등록 말소를 위하여 원고가 제공하는 서비스업과 동일 · 유사한 인터넷검색 엔진제공업을 지정서비스업으로 등록하였다고 봄이 상당하므로, 이는 정당한 등록 서비스표권의 행사가 아닌 권리남용에 해당한다고 하였다.

접속되는 웹사이트에서 원고의 서비스표의 지정서비스업과 동일 · 유사한 서비스를 제공하고 있는 점에 비추어, 피고가 원고의 서비스표를 도메인이름의 일부로 사용하는 행위는 상표법 제2조 제3항, 제1항 제6호 다목의 서비스표를 간판 또는 표찰에 표시하고 전시 또는 반포하는 행위로서 서비스표의 사용에 해당하므로, 서비스표권 침해가 된다고 하였다.[29] 그리고 jjang0u.net에 관한 서울고등법원 2006. 12. 26. 선고 2006나40760 판결(아래 판시 부분은 대법원 2007. 10. 11. 선고 2007다11958 판결이 상고기각 함으로써 확정)은, 피고들의 도메인이름 변경 전의 웹사이트에서는 좌측 상단에 'Jjang0u'를 꾸민 그림 밑에 'JJANG0U.NET' 문자가 표시된 표지와 그 아래에 'JJANG0U'S LOGIN'이라는 로그인 구역이 나타나 있었고, 웹페이지의 각 구획 부분 제목이 '짱공유 공지사항 / JJANG0U'S NOTICE', '짱공유 업로더 / JJANG0U'S TOP10'등과 같이 표시되어 있었으며, 하단의 서비스 제공자 표시란에 'JJANG0U'라고 표시되어 있는 사안에서, 피고들은 위 웹사이트에서 'Jjang0u', 'JJANG0U', '짱공유'를 웹사이트 운영의 주체 또는 서비스제공의 주체로서 표시하였다 할 것이므로, 'jjang0u', '짱공유'가 각 중요 부분을 이루고 있는 피고들의 도메인이름과 한글인터넷주소는, 단순히 일반인들을 위 웹사이트로 유인하는 역할을 넘어 위 웹사이트를 통하여 제공되는 서비스의 출처와 품질을 나타내 주고, 그 서비스업에 대한 광고 · 선전하는 기능을 수행하였다고 하였다. wellfargo.com에 관한 서울중앙지방법원 2009. 5. 22. 선고 2008가합47119(본소), 81607(반소) 판결(확정)도 같은 취지이다.

한글인터넷주소 '장수온돌'에 관한 대법원 2008. 9. 25. 선고 2006나51577 판결은, 피고가 한글인터넷주소 서비스를 제공하는 주식회사 넷피아닷컴에 이 사건 한글인터넷주소를 등록하고, 인터넷 사용자가 웹브라우저의 주소창에 이 사건 한글인터넷주소를 입력하여 연결되는 피고 개설의 웹사이트(www.jangsuondol.com, 좌측 상단에는 이라고, 중앙에는 상품의 명칭으로 '장수온돌침대Queen, 장수온돌침대Double'이라고 각 표시되어 있으며, 위 도형과 문자부분 이외에는 상품 자체

29) imbc.co.kr에 관한 서울고등법원 2005. 7. 6. 선고 2004나91948, 91955 판결(심리불속행 상고기각)은 원고가 상표권 침해는 주장하지 아니하고 부정경쟁행위에 해당한다는 주장만을 하여 부정경쟁행위에서의 사용에 관하여 판단한 것이기는 하나, "도메인이름이 그 고유의 인터넷상의 주소 식별 기능을 넘어서 상표, 서비스표의 제2차적 의미를 갖는 기능을 하는 경우 즉, 그 홈페이지의 화면에 도메인이름을 형상화하여 상품을 선전하거나 각종 선전 홍보물에 자기 서비스를 타인의 것과 구별시키는 기능으로서 도메인이름을 사용하는 경우 등 상품과 서비스를 매개하는 포장의 내용으로서 도메인이름 문자가 표기되어 있거나 도메인이름 자체를 상호로 사용하고 있다면 이러한 도메인이름의 사용 역시 부정경쟁방지법상의 부정경쟁행위의 한 형태라고 인정할 수 있다"고 하였는바, 이 판시는 도메인이름의 사용이 상표의 사용에 해당할 수 있는 경우인지를 판단하는데 도움이 된다.

의 식별표지로 인식될 만한 다른 표장을 찾아볼 수 없다)에서 전기침대 등 상품에 관한 정보를 제공하고 판매하는 쇼핑몰을 운영하는 행위는 상표의 사용에 해당한다고 하였다.

그 밖에 하급심 판결 중에는 상표를 도메인이름으로 사용하는 것에 대하여 상표권 침해를 인정한 판결들이 다수 있는바,[30] 이 판결들은 모두 도메인이름의 사용이 상표의 사용에 해당함을 전제로 하고 있음은 물론이다.

(3) 다음으로, 상표적 사용에 해당하지 아니한다고 한 판결들을 살펴보기로 한다

rolls-royce.co.kr에 관한 부산고등법원 2001. 7. 27. 선고 2000나13078 판결은, "피고 등이 운용하는 이 사건 홈페이지에서 원고가 등록한 상표권의 지정상품과 동일 또는 유사한 상품을 취급하거나, 원고의 등록서비스표의 지정서비스업과 동일, 유사한 영업을 취급한 사실이 전혀 없으므로 피고 등이 이 사건 홈페이지를 통해 원고의 이 사건 상표권을 침해하였거나 침해할 우려가 있다고 볼 수 없다"하면서 ( ) 안에서 "원고는 이 사건 상표를 도메인이름으로 사용하는 행위는 상표법 제2조 제1항 제6호 다목에서 규정하는 '간판 또는 표찰에 상표를 전시 또는 반포하는 행위'에 해당한다고 주장하나 인터넷상의 주소를 나타내는 도메인이름은 위 법조에서 말하는 간판 또는 표찰에 해당한다고 볼 수 없으므로 원고의 위 주장은 이유 없다"는 판단을 부가하고 있는바, 이에 대한 상고심인 대법원 2004. 2. 13. 선고 2001다57709 판결은 원심의 위와 같은 인정과 판단은 정당하다고 하였다.

이 판결에 대하여는, 도메인이름이 인터넷상의 주소를 나타내는 것이라고 하더라도 그 기능상 상품이나 서비스의 출처 표시 또는 영업주체를 표시한다는 점에서 도메인이름은 사이버 공간에서의 '간판' 기능을 수행하고 있다고 보아야 한다거나,[31] 도메인이름으로서의 사용은 원칙적으로 상표의 사용으로 보아야 한다고 비판도 있다

---

30) dongbusteel.com에 관한 서울지방법원 2001. 3. 23. 선고 2000가합86835 판결(피고가 위 도메인이름의 관리비를 내지 않아 위 도메인이름이 직권으로 말소되어서 항소심인 서울고등법원 2002. 7. 3. 선고 2001나19884 판결은 소를 각하하였다), amazon.ne.kr에 관한 서울지방법원 북부지원 2001. 7. 6. 선고 2001가합1397 판결(확정), kodak.co.kr에 관한 서울고등법원 2002. 5. 28. 선고 2001나72120 판결(확정), altavista.co.kr에 관한 서울고등법원 2002. 10. 30. 선고 2002나9860 판결(심리불속행 상고기각, 위 판결은, 당해 검색서비스 등 정보제공에 대하여 이용자로부터 직접 대가를 받고 있지는 않더라도 당해 홈페이지 중에 이른바 배너광고를 게재하여 광고수입을 얻는 등으로 영리적 활동을 하고 있는 점을 고려하면, 정보제공이라고 하는 서비스에 관한 서비스표의 사용에 해당한다고 할 수 있다고 하였다), velcro.co.kr에 관한 서울지방법원 2003. 1. 29.자 2002카합3452 결정(위 결정은, 피신청인이 위 도메인이름으로 개설한 홈페이지상에서 판매하는 매직테이프에 별도의 상품식별표지가 존재하지 아니하는 점도 참작하여, 피신청인의 도메인이름 사용행위 자체도 상품에 관한 광고에 상표를 표시하는 행위로서 상표권을 침해한다고 하였다).

31) 남호현, "사이버스쿼팅 방지에 관한 국내법의 적용", 도메인이름 분쟁해결에 관한 WIPO의 최근 경향과 국내법의 정비, 도메인이름 분쟁조정 위원회 제4차 국제세미나, 2004. 4. 16, 40.

[32]. 하지만, 웹사이트에서 상품이나 서비스를 제공함이 없이 도메인이름을 단순히 인터넷 주소를 나타내는 수단으로 사용하는 경우도 있을 수 있고 이러한 점에서 위 사안의 경우에는 도메인이름이 상표법상 상표로서 사용되었다고 할 수 없으므로 위 대법원 판결의 판단은 정당하다. 그렇다 하더라도 위 판결의 취지를, 도메인이름을 사용하는 행위는 언제나 '간판 또는 표찰을 상표에 전시 또는 반포하는 행위'에 해당할 수 없다는 의미로까지 해석할 것은 아니고, 아래의 (4) 소결에서 보는 견해와 같은 입장이라고 생각한다. 즉 사안에 따라서는 도메인이름의 등록 · 사용은 상품이나 서비스의 출처를 표시한다는 의미에서 상표법 제2조 제6호 다목의 광고, 간판, 표찰에 상표를 표시하는 행위에 해당하여 상표의 사용이라고 할 수도 있다.

상표권 침해가 아니라 부정경쟁행위에 해당하는지 여부가 문제된 사안이기는 하지만 도메인이름의 사용이 상표적 사용에 해당하는지에 관한 지침을 주는 대법원 판결인 viagra.co.kr에 관한 대법원 2004. 5. 14. 선고 2002다13782 판결은, 특정한 도메인 이름으로 웹사이트를 개설하여 제품을 판매하는 영업을 하면서 그 웹사이트에서 취급하는 제품에 독자적인 상표를 부착 · 사용하고 있는 경우에는 특단의 사정이 없는 한 그 도메인이름이 일반인들을 그 도메인이름으로 운영하는 웹사이트로 유인하는 역할을 한다고 하더라도, 도메인이름 자체가 곧바로 상품의 출처표시로서 기능한다고 할 수는 없으나, 피고들이 이 사건 도메인이름으로 개설한 웹사이트에서 생칡즙, 재첩국, 건강보조식품 등을 인터넷상으로 판매하는 행위를 한 것은 원고들의 저명상표와 유사한 표지를 영업표지로 사용한 것에 해당한다고 하였다. ejangsu.co.kr에 관한 서울중앙지방법원 2009. 6. 19. 선고 2008가합128001 판결(항소)은 부정경쟁방지법 제2조 제1호 가목의 적용과 관련하여, 위 도메인이름으로 개설한 웹사이트에서 피고의 제품에 관하여 'ejangsu'나 'jangsu' 혹은 이를 한글로 표시한 '이장수'나 '장수' 등으로 표시한 바가 전혀 없는 사실이 인정될 뿐이어서, 위 도메인이 피고 제품에 대한 상품표지로서 사용되었다고는 보기 어렵고, 달리 위 도메인이름이 도메인이름 등록인의 제품과 관련하여 사용되었다는 점을 인정할 증거가 없으므로, 위 도메인이름이 상품표지로 사용된다고 볼 수 없다고 하였다.

이와 유사한 것으로 타인의 상호를 도메인이름으로 등록 · 사용하였을 뿐 제품에 대하여는 제조업자들의 상표를 그대로 표시하여 광고, 판매한 사안인 himart.co.kr에 관한 서울지방법원 2000. 11. 17. 선고 99가합88101 판결, 99카합3463 판결(항소취하

32) 조태연, 토론문, 전게서, 110.

간주로 확정)은, 원고의 상표권 침해 주장에 대하여, 피고가 위 도메인이름의 인터넷 웹사이트에서 자신이 판매하는 가전제품들의 광고를 위하여 제조업자들의 상표를 그대로 표시하여 가전제품들을 광고, 판매하여 왔으므로, 인정사실만으로는 피고가 원고의 등록상표 "HI-MART 하이마트"와 동일, 유사한 표장들을 피고가 판매하는 가전제품의 상표로서 사용하였다고 인정하기에 부족하고, 오히려 피고가 위 인터넷 웹사이트에서 국내외 제조업자들로부터 공급받은 다양한 가전제품들을 광고, 판매하면서 "하이마트", "HIMART", "Himart" 등의 문자를 사용한 것은 자신의 가전제품 판매영업을 표시, 광고하기 위하여 피고의 상호로서 사용한 것일 뿐이고, 자신이 판매하는 가전제품의 광고를 위하여 사용한 것이 아니라는 이유로, 피고의 위와 같은 행위는 원고의 상표와 동일, 유사한 표장들을 피고가 판매하는 가전제품의 상표로서 사용하는 행위에 해당하지 아니하여 원고의 상표권을 침해하였다고 할 수 없으며, 원고의 등록상표의 지정상품은 특별한 사정이 없는 한 피고가 원고의 등록상표와 동일, 유사한 표장들을 사용하는 서비스업인 국내외 제조업자들로부터 가전제품들을 공급받아 이를 판매하는 영업과는 상품 및 서비스업의 동일, 유사성을 인정할 수 없다는 이유로, 이러한 점에서도 피고의 위와 같은 행위가 원고의 상표권을 침해하였다고 할 수 없다고 판시하였다.

그러나 위 판결의 사실인정에 의하면, 피고가 "하이마트", "HIMART", "Himart" 등의 문자를 상표로서 사용하였다고 할 수는 없더라도 자신의 가전제품 판매영업의 상호 내지 서비스표로 사용하였다고 보는데 어려움이 없어 보이는데, 과연 원고의 등록상표의 지정상품과 피고의 서비스업의 유사성이 인정되지 않아 상표권 침해라고 할 수 없는지는 의문이다[33][34]. 아마도 부정경쟁행위에 해당한다고 볼 수 있기 때문에 상표권 침해행위에 해당하는지 여부를 엄격하게 판단한 것이 아닌가 짐작된다. 형사사건인 서울지방법원 2000. 11. 14. 선고 2000고단5178 판결은 상표권 침해를 인정하였다.

33) 대법원 1999. 7. 9. 선고 98후2887 판결은, 서비스 중에서 상품과 관계있는 서비스에 대해서는 어느 상품에 사용되는 표장과 동일 또는 유사한 표장을 그 상품과 밀접한 관련이 있는 서비스업에 사용할 경우 일반 수요자가 그 서비스의 제공자를 상품의 제조 · 판매자와 동일인인 것처럼 서비스의 출처에 대하여 혼동을 일으킬 우려가 있다 할 것이고, 특히 거래사회의 실정으로 보아 서비스의 제공과 상품의 제조 · 판매가 동일한 업자에 의하여 이루어지는 때가 많고 일반인들 또한 그렇게 생각하는 경향이 있는 경우에는 그와 같은 혼동의 우려는 더욱 많아진다고 한다.

34) 서울지방법원 2000. 11. 14. 선고 2000고단5178 판결에 의하면, 원고는 그 구성이 "HI-MART 하이마트"이고 지정서비스업이 전자제품 판매 대행업인 서비스표 등록도 하였음을 알 수 있는데, 위 99가합88101 판결에서는 원고가 위 서비스표권을 침해하였다는 주장을 하지 않아서 이에 대한 판단이 없는 것으로 보인다.

그리고 caselogic.co.kr 등에 관한 서울중앙지방법원 2009. 11. 13. 선고 2008가합126340 판결(확정)[35]은, 위 도메인이름 등에 연결된 쇼핑몰에서는 20여 종류의 상표가 부착된 제품군을 판매하고, 실제 판매목록에 표시된 케이스로직 제품은 수개에 불과하며, 첫 페이지의 화면 좌측 상단에 'CASELOGIC'의 밑에 'mall'을 기재한 표시와 그 아래에 'WWW.CASELOGIC.CO.KR'의 표시가 있고, 화면 중앙에는 '케이스로직몰 최고 Hit item'이라는 문자가 기재되어 있으며, 화면 우측에는 'HIPCE', 'ELECOM' 등 24 종류의 상표를 표시하고 그 위에 '케이스로직몰과 함께 하는 브랜드'라고 기재한 외에는 '케이스로직'이라는 문자가 부각될 만한 표시는 없는 사실을 인정할 수 있는데, 위 인정사실에 의하면 위 각 사이트의 쇼핑몰에서 일부 케이스로직 제품이 판매되기는 하나, 전체적으로 관찰할 때 위 도메인이름 등은 인터넷 쇼핑몰의 영업표지로서 사용될 뿐, 거래통념상 원고가 위 도메인이름 등에서 판매하는 상품의 출처를 표시하고 원고의 업무에 관계된 상품과 타인의 업무에 관계된 상품을 구별하는 식별표지로 기능하고 있다고는 보기 어렵다 할 것이어서, 이를 두고 '상표의 사용'이라 할 수는 없다고 하였다.[36)37)]

한글인터넷주소 '파출박사'에 관한 대법원 2007. 10. 12. 선고 2007다31174 판결은, 이 사건 한글인터넷도메인이름은 최상위도메인이름 등을 입력할 필요 없이 단순히 한글 등의 키워드를 인터넷주소창에 입력하여 원하는 웹사이트에 접속할 수 있도록 만든 인터넷주소로서, 인터넷주소창에 도메인이름을 입력하여 실행하면 그 웹사이트의 주소창에 도메인이름이 표시되는 일반적인 도메인이름과 달리 접속단계에서 피고 개설의 웹사이트에 연결하기 위하여 사용되고 있을 뿐이고 이 사건 한글인터넷도메인이름을 인터넷주소창에 입력하고 실행하여 연결되는 피고 개설의 웹사이트 화면에는 이 사건 한글인터넷도메인이름이 표시되지 아니하는 점, 피고가 개설한 웹사이트의 화면 좌측 윗부분에는 " "로 된 표장이 별도로 표시되어 피고가 제공하는 직업정보제공 등 서비스의 출처표시기능을 하고 있는 점 등 기록에 나타난 여러 사정을 고려하여 볼 때, 이 사건 한글인터넷 도메인이름이 서비스의 출처표시로 기능하고 있다고 보기 어렵다고 하였다.

---

35) 인터넷주소 분쟁조정 위원회의 조정결정과 실체적 판단에 있어서 결론을 달리한 사실상 최초의 판결인 것 같다.

36) 그러나 이 판결은 위 도메인이름 등이 인터넷 쇼핑몰의 영업표지로 사용되는 사실은 인정하고 있으므로, 서비표권 침해를 인정할 여지는 있어 보이는데, 이 판결은 여기까지 나아가 판단하지 않았다.

37) 이 판결은, '케이스로직'이 국내에 널리 인식된 표지라고 할 수 없다는 이유로 부정경쟁행위에 해당하지 아니한다고 판단하였고, 인터넷주소자원에 관한 법률 제12조에도 해당하지 아니한다고 판단하였다.

또한, 특허법원 2007. 1. 25. 선고 2006허8415 판결도, 원고가 bebehouse.com으로 웹사이트를 개설하여 유아용품 판매업을 하면서 등록서비스표인 를 독자적인 별도의 서비스표로 사용하고 있는 경우에는, 특별한 사정이 없는 한, 그 별도의 서비스표가 서비스의 출처를 표시한다고 보아야 하므로, 도메인이름 자체가 곧바로 상표법상의 서비스표로서 사용되었다고 볼 수 없다고 하였다.

한편, isetan.co.kr에 관한 광주지방법원 2006. 1. 27. 선고 2004가합9260 판결(확정)은, 일본에서 백화점을 운영하고 있는 원고가 그 백화점 상호인 ISETAN을 국내에서 상표 및 서비스표로 등록하였는데, 피고가 위 도메인이름을 등록한 후 주소창에 위 도메인이름을 입력하면 피고가 그의 처 명의로 운영하는 장의용품 인터넷 쇼핑몰 웹사이트인 www.forsoul.com으로 포워딩되도록 하여 놓은 사안에서, 위 도메인이름은 위 웹사이트를 통해 전시, 판매되고 있는 장의용품 등의 출처를 표시하는 기능을 한다고 보기는 어렵고, 단순히 일반인들을 위 웹사이트로 유인하는 역할만을 하고 있다고 봄이 상당하므로, 피고의 이 사건 도메인이름의 등록, 사용이 상표법상의 상표로서의 사용에 해당한다고 볼 수는 없다고 하였다.

(4) 소 결

결국, 도메인이름의 사용이 상표적 사용에 해당하는지 여부는 당해 도메인이름이 사용되고 있는 상황이나 웹사이트에 표시된 홈페이지 상의 구성 전체에서 도메인이름이 수행하는 기능을 종합적으로 판단하여 결정하여야 할 것이므로,[38] 사안별로 구체적으로 판단함이 상당하다. 도메인이름의 본래적 기능 즉 숫자로만 이루어져 있던 인터넷 주소를 사람들이 인식, 기억하기 쉽게 숫자 · 문자 · 기호 또는 이들을 결합하여 사용하기 시작한 것으로서 원래 상표나 영업표지로 사용될 것을 예정한 것은 아니라는 사정에 비추어 볼 때, 특정한 상표와 유사한 도메인이름을 등록하고 그 도메인이름 아래 개설한 웹사이트에서 영업을 하고 있다는 사정만으로 곧바로 상표로서의 사용이라고 인정하는 것은 피해야 한다.[39]

도메인이름의 사용이 상표의 사용이 되기 위해서는, 당해 도메인이름의 웹사이트상에 상품 · 서비스가 존재하여야 하고, 도메인이름이 그 상품 · 서비스를 식별하는 표지로서 기능하여야 할 것이다. 도메인이름이 상품 · 서비스의 식별표지로서 기능하

38) 이상정, "도메인네임과 상표권(2)", 발명특허 제294호, 2000, 40; 노태악, "도메인이름 분쟁해결에 관한 국내법의 정비와 최근 법원 판결의 경향에 관한 몇 가지 생각", 도메인이름 분쟁해결에 관한 WIPO의 최근 경향과 국내법의 정비, 도메인이름분쟁조정위원회 제4차 국제세미나, 2004. 4. 16, 85.

39) 강기중, "도메인이름에 관한 2개의 판례 비교 해설", 정보법학 제8권 제2호, 2004, 121.

는지 여부를 판단함에 있어서는 웹사이트의 콘텐츠 내에 도메인이름 외에 달리 상품 · 서비스를 식별하는 표지가 존재하는지 여부,[40] 당해 도메인이름이 실제의 거래에서 활용, 인식되는 상황이 참작되어야 할 것이다.[41]

2. 참고로 부정경쟁방지법상 부정경쟁행위에 관하여 보면, 이에 해당하기 위해서는 상표권 침해의 경우와 마찬가지로 타인의 상품표지나 영업표지를 '사용'하는 행위가 있어야 하지만, 부정경쟁방지법은 상표법과는 달리 사용의 개념을 별도로 규정하고 있지 않으므로 부정경쟁방지법에서의 "사용"의 개념은 상표법과는 달리 보다 탄력적이고 유연하며 넓게 해석되어 질 수 있을 것이고, 아울러 그 개념은 구체적, 실질적인 혼동가능성과 관련하여 의미가 확정될 것이다.[42] 그러나 부정경쟁방지법 제2조 제1호 가, 나, 다목에서의 '사용'의 개념을 무한정 넓게 해석할 수는 없고, 최소한 '상품과 관련된 일체의 사용행위', '영업에 관련된 일체의 사용행위', '상업적 사용'이어야 한다는 한계가 있다.[43][44] 따라서 부정경쟁행위에 해당하기 위한 요건 중 하나인 표지를 '사용'하는 행위에 관하여도 앞에서 살펴본 상표적 사용에 관한 설명이 대부분 그대로 적용될 수 있을 것이다.

---

40) 권영준, "도메인네임에 관한 지적재산권 법적문제점", 사법논집 제31집, 2000, 316은, 대부분의 전자상거래 웹사이트에서는 각각의 상품에 이미 그 상품을 식별하기 위한 표지가 부착되어 있을 것이므로 이러한 경우에 도메인이름은 상품식별표지로서 기능하는 것이 아니고, 다만 서비스는 그 무형적인 속성 때문에 인터넷에서 행해지는 서비스를 특정하기 위한 표지가 도메인이름 이외에는 달리 없을 가능성이 상표의 경우에 비하여 더 많을 것이고, 그러한 면에서 서비스표의 경우는 상표의 경우에 비하여 도메인이름의 사용이 서비스표의 사용으로 취급될 가능성이 상대적으로 높다고 한다.

41) 권영준, 전게논문, 318은 도메인이름이 광고 · 선전적 기능을 수행한다고 하여 더 나아가 상품출처표시로서의 기능까지 당연히 수행한다고는 볼 수 없는 점, 현실적으로 대부분의 경우에 있어서 도메인이름 이외에 별도로 상품이나 서비스의 식별표지가 존재할 것이라는 점 등을 종합하여 볼 때, 등록상표의 도메인이름으로서의 사용이 상표의 사용에 해당한다고 볼 수 있는 경우는 그리 많지 않을 것이라고 한다.

42) 권영준, 전게논문, 331

43) rolls-royce.co.kr에 관한 대법원 2004. 2. 13. 선고 2001다57709 판결은 위와 같이 판시하면서 도메인이름의 양도에 대한 대가로 금원 등을 요구하는 행위는 도메인이름을 상품 또는 영업임을 표시하는 표지로 사용한 것이라고 할 수 없으므로 부정경쟁방지법 제2조 제1호 가. 나. 다.목의 부정경쟁행위에 해당하지 아니한다고 하였다. 그러나 하급심 판결 예를 들면, SONYBANK.COM에 관한 서울지방법원 2002. 10. 18. 선고 2001가합35469 판결(확정), kangwonland.co.kr에 관한 춘천지방법원 영월지원 2004. 4. 9. 선고 2003가합556, 2004가합140 판결(확정), sungrak.co.kr, sungrak.pe.kr 등에 관한 서울지방법원 북부지원 2002. 5. 23. 선고 2001가합3690 판결(항소심에서 조정성립) 등은 다목의 부정경쟁행위에 해당한다고 하였다.

44) 대법원 2005. 5. 27.자 2003마323 결정(Korea First Card 사건)은 부정경쟁방지법 제2조 제1호 나목에 규정된 '사용'이라 함은 동일 · 유사한 영업표지를 '자신의 영업을 나타내는 영업표지'로 사용함으로써 영업주체의 혼동을 초래하는 것을 말한다고 할 것이므로, 그 영업표지를 자신의 영업을 나타내는 태양으로 사용하지 아니하고 단지 장식적 내지 수식적으로 사용한 경우에는 위 법조 소정의 '사용'에 포함되지 않는다고 판시하였다.

제 4 부정경쟁방지법 제2조 제1호 아목 및 인터넷주소자원에 관한 법률 제12조

Ⅰ. 부정경쟁방지법 제2조 제1호 아목 및 인터넷주소자원에 관한 법률 제12조를 신설한 취지

부정경쟁방지법 제2조 제1호 가목, 나목이 규정하는 상품주체 또는 영업주체의 혼동행위의 개념을 아무리 넓게 해석하더라도, 고의로 타인의 주지표장을 도메인이름으로 등록한 다음 그 도메인이름의 웹사이트에서 그 표장권자와는 전혀 다른 상품이나 서비스를 제공하거나 아예 비상업적인 웹사이트를 개설함으로써 혼동가능성을 야기하지 않는 사이버스쿼터를 규제할 수 없게 되자, 2001. 2. 3. 부정경쟁방지법 제2조 제1호 다목을 신설하여(2001. 7. 1.부터 시행) 타인의 표지의 식별력이나 명성을 손상하게 하는 행위를 새로이 부정경쟁행위로 규정하였다.[45] 그러나 위 다목은 "…… 비상업적 사용 등 대통령령이 정하는 정당한 사유 없이 …… 표지와 동일하거나 이와 유사한 것을 사용하거나 …… 하여 타인의 표지의 식별력이나 명성을 손상하게 하는 행위"라고 규정하고 있는데, 도메인이름을 등록만 하여 놓고 웹사이트를 개설하지 아니한 경우 어떤 표지를 '사용'하였다고 인정하기 곤란하여 위 다목으로도 규제할 수 없고, 더욱이 위 '사용'은 '상업적 사용'을 의미하는 것으로 해석하여야 할 것이므로(대법원 2004. 2. 13. 선고 2001다57709 판결) 웹사이트를 개설하기는 하였으나 그 내용이 비상업적인 경우에도 여전히 위 다목으로는 규제할 수 없게 되었다.

또한, 최근에는 검색엔진의 발달로 인하여 자신이 원하는 웹사이트를 찾고자 할 때 인터넷 웹브라우저의 주소창에 기억하고 있는 도메인이름을 입력하거나 상호 · 상표 · 서비스표의 명칭에 '.com'이나 '.co.kr' 등을 붙여서 입력하기보다는 검색엔진을 사용하는 경우가 점차 늘어가고 있는 실정에 비추어 보면, 타인의 저명한 상표 · 서비스표 등과 동일, 유사한 도메인이름을 등록만 하여 놓았다거나 그 도메인이름으로 개설한 웹사이트에서의 상품이나 영업이 저명한 상표 · 서비스표의 지정상품 · 지정서비스업과 전혀 다르다면(비영리적인 웹사이트를 개설하여 놓은 경우 포함), 일반인은 타

45) 희석화의 가능성만 있으면 충분한지 아니면 실제로 희석화가 발생하여야 하는지에 관하여는 졸고, "부정경쟁행위에 관한 몇 가지 쟁점", LAW & TECHNOLOGY 2009. 1, 24-25과 서울고등법원 2003. 12. 17. 선고 2002나73700 판결 및 대전지방법원 2009. 12. 18. 선고 2009가합9489 판결 참조.

인의 저명한 상표 · 서비스표 등과 동일, 유사한 도메인이름이 등록되어 있고 그 도메인이름으로 웹사이트가 개설되어 있음에도 검색엔진을 통하여 아무런 오인, 혼동 없이 그리고 아무런 불편 없이 자신이 원하는 웹사이트를 찾아갈 수 있는바, 이와 같은 상황 아래서도 저명한 상표 · 서비스표 등의 식별력이나 명성이 손상되었다고 할 수 있는지 즉 희석화가 있다고 할 수 있는지 의문을 제기하는 견해도 있다.

따라서 다시 이에 대처하기 위하여 2004. 1. 20. 부정경쟁방지법 제2조 제1호 아목은 부정경쟁행위 중 하나로 "정당한 권원이 없는 자가 (1) 상표 등 표지에 대하여 정당한 권원이 있는 자 또는 제3자에게 판매하거나 대여할 목적 (2) 정당한 권원이 있는 자의 도메인이름의 등록 및 사용을 방해할 목적 (3) 그 밖의 상업적 이익을 얻을 목적으로 국내에 널리 인식된 타인의 성명, 상호, 상표 그 밖의 표지와 동일하거나 유사한 도메인이름을 등록 · 보유 · 이전 또는 사용하는 행위"를 신설하여 2004. 7. 21.부터 시행되고 있고,[46] 2004. 1. 29. 인터넷주소 자원에 관한 법률이 제정되어 2004. 7. 30.부터 시행되고 있는데, 2009. 6. 9. 개정되기 전 위 법률 제12조는 제1항으로, 누구든지 정당한 권원이 있는 자의 도메인이름 등의 등록을 방해하거나 정당한 권원이 있는 자로부터 부당한 이득을 얻을 목적으로 도메인이름 등을 등록하여서는 아니된다고, 제2항으로, 정당한 권원이 있는 자는 제1항의 규정을 위반하여 도메인이름 등을 등록한 자에 대하여 법원에 그 도메인이름 등의 등록말소를 청구할 수 있다고 규정하고 있었다.

이에 따라 도메인이름을 둘러싼 분쟁에 관하여 종래 논의되어온 범위를 뛰어넘어 부정경쟁방지법 및 인터넷주소 자원에 관한 법률에 의한 해결이 가능하게 되었다. 즉 도메인이름을 등록하여 보유만 하고 있는 자가 부당한 이익을 얻을 목적이나 타인에게 손해를 가할 목적이 있었음이 증명된다면 부정경쟁행위에 해당하게 되므로 위 규정의 신설로 인하여 앞에서 논의한 많은 문제점들이 손쉽게 해결될 수 있는 길이 열리게 되었다. 다만 위 규정들에 의하여 도메인이름의 등록말소 등을 구하는 자는 도메인이름 등록인의 부정한 목적을 증명하여야 하는 부담을 추가로 안게 되었다.

한편, 부정경쟁방지법 제2조 제1호 아.목은 다른 목의 규정과 마찬가지로 도메인이름과 동일하거나 유사한 타인의 성명 · 상호 · 상표 그 밖의 표지가 "국내에 널리

46) delonghi.co.kr에 관한 서울중앙지방법원 2008. 5. 8. 선고 2006가합31110 판결(항소취하로 확정)은, 주지표시를 사용하는 자에게 비즈니스 활동에서 점차로 중요성을 더해가는 인터넷에서 도메인이름에 관한 상품 등 표시를 활용함에 불필요한 장해가 생김으로 인해 주지상품 등 표시에 신용을 화체하는 노력에 대한 인센티브를 과도하게 꺾는 일이 없도록 도메인이름의 부당취득 등의 새로운 부정경쟁행위를 두게 된 것이라고 설명한다.

인식"되어 있어야 한다는 제한이 여전히 있음에 반하여, 인터넷주소 자원에 관한 법률 제12조는 정당한 권원이 있는 자의 도메인이름 등의 등록을 방해하거나 정당한 권원이 있는 자로부터 부당한 이득을 얻을 목적만을 요건으로 하고 있을 뿐이어서 부정한 목적의 범위는 위 아.목의 경우보다 약간 좁지만 정당한 권원이 있는 자의 성명·상호·상표 그 밖의 표지가 반드시 국내에 널리 인식되어 있어야 함을 요구하지는 아니하므로, 성명·상호·상표 그 밖의 표지에 관한 권리자가 도메인이름 등록인을 상대로 도메인이름 등록말소를 청구할 수 있는 범위를 상호 보완하면서 대폭 넓혔다고 할 수 있다. 다만, 인터넷주소 자원에 관한 법률은 상표법이나 부정경쟁방지법과는 달리 손해배상청구권은 인정하지 아니한다.

그런데 위 아.목과 인터넷주소 자원에 관한 법률 제12조의 규정 내용에 의하면 결국 부정한 목적으로 도메인이름을 등록 또는 사용하는 행위를 규율하고자 하는 것인 점에서 아무런 차이가 없으므로 굳이 다른 법률로 따로 중복하여 규정할 필요는 없었고,[47] 지금이라도 하나의 법률로 통일함이 바람직하다.

부정경쟁방지법 제2조 제1호 아.목과 인터넷주소자원에 관한 법률 제12조 및 개정된 제12조는 위 법률 또는 개정법률 부칙에서 아무런 경과규정을 두고 있지 아니하므로 그 각 시행일 이전에 등록된 도메인이름 또는 그 각 시행일 이전에 제소된 사건에 대하여도 적용된다고 보아야 할 것이다.[48] ccfhsbc.com, hsbcccf.com에 관한 서울고등법원 2008. 6. 25. 선고 2008나21077 판결(심리불속행 상고기각으로 확정)도, 위 아목은 2004. 1. 20. 신설되어 2004. 7. 21.부터 시행되었는데 그 이전에 등록된 도메인이름에도 적용되는지에 관하여, 2004. 1. 20. 제7095호로 개정된 부정경쟁방지법에서는 제2조 1호 아목을 신설하면서도 부칙에 공포 후 6월이 경과한 날부터 시행한다는 시행일 규정 이외에 달리 경과규정을 두지 아니하고 있고, 원고가 이 사건 도메인이름을 등록한 이후 현재까지 계속 보유하고 있어 이로 인해 피고 등이 주장하는

47) 부정경쟁방지법을 담당하는 특허청과 인터넷주소 자원에 관한 법률을 담당하는 정보통신부 사이에서 상표, 상호, 성명 등 표지에 관한 사이버스쿼팅은 부정경쟁방지법에서, 그 외의 일반적인 사이버스쿼팅은 인터넷주소 자원에 관한 법률에서 각 규정하기로 합의하였다고 한다.

48) viagra.co.kr에 관한 대법원 2004. 5. 14. 선고 2002다13782 판결은, 원심이 2000. 11. 7., 2001. 3. 13. 두 번에 걸쳐 변론을 종결하고 선고기일을 추후로 지정하였다가, 현행 부정경쟁방지법 시행일 이후에 2001. 8. 21.자 원고들의 변론재개신청을 받아들여 2001. 10. 11. 변론을 재개하여 다시 심리를 한 다음, 2001. 11. 13. 변론을 종결하고, 이 사건에 현행 부정경쟁방지법에 신설(필자 주: 2001. 7. 1.부터 시행되었다)된 위 법률 제2조 제1호 다목의 규정(부칙에서 아무런 경과규정을 두고 있지 아니하다)을 적용하여 판결을 한 사실이 인정되는바, 법원은 변론을 종결한 후라도 심리에 미진함이 발견되거나 기타 필요하다고 인정할 때에는 종결된 변론을 재개할 수 있는 것이므로, 이와 같이 기일을 진행한 원심판결에 소송지휘권을 남용한 위법이 있다고 보기는 어렵다고 판시하였다.

권리 침해 역시 현재까지 발생하고 있다고 보아야 하는 이상 위 조항은 이 사건 도메인이름에 대하여 적용할 수 있다고 하였다.[49][50]

그리고 위 규정들은 새로운 소송물인 권리관계의 발생원인을 창설한 것이고 따라서 새로운 청구원인인 권리관계의 발생원인에 해당하는 사실 역시 창설된 것이므로, 위 규정들이 시행되기 이전에 도메인이름의 무단점유자를 상대로 도메인이름 등록말소청구를 하였다가 패소판결을 받고 그 판결이 확정되었더라도, 위 규정들의 적용을 주장하며 '보유' 뿐만 아니라 '등록'을 새로운 청구원인으로 하여 소송을 제기하는 것은 기판력은 저촉되는 것은 아니라고 보아야 할 것이다.[51]

한편 인터넷주소 자원에 관한 법률이 2009. 6. 9. 개정되어(2009. 9. 10.부터 시행), 그 적용범위가 ccTLD뿐만 아니라 대한민국에서 등록 · 보유 또는 사용되는 도메인이름으로까지 확대되었고, 제12조의 구제수단이 등록말소청구에서 등록말소 및 등록이전 청구로 확대되었다.

Ⅱ. 어떤 경우에 판매하거나 대여할 목적, 등록 및 사용을 방해할 목적, 그 밖의 상업적 이익을 얻을 목적이 있다고 인정할 수 있을까?[52]

도메인이름을 등록만 하고 있고 웹사이트를 개설하지 않거나 개설하였더라도 그

---

49) 위 판결은 계속하여, 경과규정을 두는 등 당사자의 신뢰를 보호할 적절한 조치를 하지 함이 없이 위 아목을 그대로 시행하거나 적용하는 것은 헌법의 기본원리인 법치주의 원리에서 도출되는 신뢰보호의 원칙에 위배되는지에 관하여, 위 아목은 과거에는 존재하지 않았던 인터넷을 통한 상거래의 등장으로 온라인상의 상행위자를 식별하는 이름이라 할 수 있는 도메인이름을 선점하여 이를 해당 도메인이름에 대해 성명, 상호, 상표 등 표지에 관한 권원을 갖는 자에게 되팔아 이득을 취하려는 이른바 사이버스쿼팅(cybersquatting)을 규제하기 위하여 신설된 것으로, 타인에게 정당한 권원이 있는 상표 등 표지를 자신의 도메인이름으로 등록하는 행위는 정당한 표지에 관한 권리를 갖고 있는 자에 대한 상거래상의 신뢰를 저하하고 소비자의 혼동을 야기함으로써 거래질서를 저해할 뿐 아니라 일반인의 인터넷 검색에 있어서의 사회적 총비용을 증가시키는 등의 폐해가 있어 이미 미국, 일본 등에서 이를 금지하는 입법이 이루어진 점 등을 참조하여 이를 부정경쟁행위로 새롭게 규정한 취지인바(위 법 개정 시 제출된 국회 전문위원 구희권 작성의 검토보고서 참조), 이러한 사이버스쿼팅 행위 금지를 통해 보호하고자 하는 건전한 온라인 상거래 질서라는 공익적 목적에 비하여, 타인의 정당한 도메인이름을 선점함으로써 부당한 이익을 취하려 시도하는 개인들이 이로써 침해받는 이익은 그 보호할 가치가 작음이 분명하고, 전 세계에서 접근할 수 있는 인터넷의 특성상 이미 분쟁해결방침은 물론 미국, 일본 등의 각 국가에서도 이러한 행위를 규율하는 입법이 이루어진 시점에서 사이버스쿼팅 행위 금지에 대한 행위자들의 신뢰 손상의 정도 역시 미미하다고 보이므로, 위 아목 신설 전에 등록된 위 각 도메인이름에 대하여 위 아목을 적용하는 것이 신뢰보호의 원칙에 위배된다고 할 수는 없다고 하였다.

50) 따라서 hoar.com에 관한 수원지방법원 안산지원 2009. 6. 4. 선고 2007가합8157(본소), 2009가합1471(반소) 사건(항소심에서 2009. 12. 29. 조정 성립)에서 피고가 2009. 6. 9. 개정되어 2009. 9. 10.부터 시행된 인터넷주소자원에 관한 법률 제12조에 의하여 원고에 대한 위 도메인이름 등록이전 또는 등록말소 청구권이 있다고 주장하였다면 받아들여질 여지도 상당히 있었다고 생각된다.

51) 정진용, "도메인이름의 무단점유 관련 새로운 입법에 관한 소고", 인터넷법률 제24호, 2004, 97-98.

내용이 형식적인 것에 불과하거나 또는 비상업적인 경우, 위와 같은 주관적 요건사실은 신청인이 제출한 증거 등과 피신청인의 대응태도, 등록의 동기 등 객관적 정황을 토대로 하여 추론적으로 판단할 수밖에 없다.

일반적으로, 도메인 이름 등록의 이전이나 말소를 신청 또는 청구한 자(이하 이 항에서는 '신청인'이라고 한다)의 표장이 국내에서 주지, 저명하고(대부분 신청인은 도메인 이름이 등록되기 이전에 그 표장에 관하여 상표, 서비스표 등록을 한 상태이다. 그리고 신청인의 표장이 저명한 표장인 경우 비록 등록인이 신청인에게 매각 제의를 한 적이 없다고 하더라도 자신의 사용목적이라기보다는 판매 등 다른 부정한 동기를 의심할 수 있는 요소가 된다), 설사 신청인의 표장이 국내에서 주지, 저명하다고 인정하기 부족한 경우라도 여러 사정에 의하여 해당 도메인이름 등록인이 신청인의 표장의 존재 나아가 외국에서의 그 명성을 알고 있었음이 명백하며, 해당 도메인 이름 중 3단계 부분이 신청인의 표장과 동일하거나 신청인의 표장에 식별력이 없는 성질표시적 용어를 결합한 것이며, 등록인이 도메인이름을 등록한 이래 오랜 기간이 경과하도록 그 도메인이름으로 웹사이트를 개설하지 않거나 개설하였더라도 그 내용이 형식적인 것에 불과하고, 등록인이 도메인이름에 대한 정당한 권리나 이익을 전혀 가지고 있지 않다면(등록인이 도메인이름에 대한 정당한 권리나 이익을 전혀 가지고 있지 않다는 점은 도메인이름의 등록과 보유의 동기를 의심해 볼 만한 충분한 이유가 된다), 특별한 사정이 없는 한 (a) 일응 등록인에게 정당한 권원이 있는 자의 도메인 이름의 등록 및 사용을 방해할 목적 내지 그 밖의 상업적 이익을 얻을 목적이 있다고 추정할 수 있고(그 밖의 상업적 이익을 얻을 목적은 주로 신청인의 표장이 저명한 경우에 위와 같은 추정이 가능할 것이다), 여기에 더하여 등록인이 신청인에게 양도의 대가로 등록비용을 훨씬 초과하는 금원을 요구한 경우(조정결정 중에는 도메인이름으로 웹사이트를 개설하여 해당 도메인이름의 판매를 광고하는 것 이외에는 별도의 영업행위를 하지 아니한 사안도 있다)에는[53] (b) 등록인에게 상표 등 표지에 대하여 정당한 권원이 있는 자에게 판매 · 대여하려는

52) 이하 2항 내지 5항은, 졸고, "도메인이름과 부정경쟁방지법 제2조 제1호 아목의 부정경쟁행위", LAW & TECHNOLOGY 2007. 7. 134-139와 도메인이름 분쟁조정결정문의 유형 · 사례분석에 관한 연구, 한국인터넷진흥원, 2007, 50-59(필자 집필 부분) 및 졸고, "부정경쟁행위에 관한 몇 가지 쟁점", LAW & TECHNOLOGY 2009. 1, 27-29를 토대로 그 내용을 정리하고 그 이후 선고된 판결을 추가한 것이다.

53) 도메인이름 분쟁 초창기에는 등록인이 상표권자에게 먼저 금전적 요구를 하는 경우가 많았으나, 분쟁사례가 축적되면서 등록인이 먼저 금전적 요구를 하는 경우는 줄어들고 있다. 이는 먼저 금전적 요구를 하는 경우 전형적인 사이버스쿼터로 취급받아 왔기 때문이다. 이러한 이유로 도메인이름을 등록한 후 상표권자 등 권리자로부터 연락을 받고도 답변을 하지 않는 경우가 많아지기 시작했다. 이러한 경우 신청인은 등록인의 부정한 목적을 증명하기가 어려워지는 경향이 있다, 도메인 이름 분쟁 백서, 한국인터넷진흥원, 2008, 77.

등 부당한 이득을 얻으려는 목적이 있다고 추정할 수 있을 것이다.[54] 신청인의 표장이 조어인 경우에는 등록인이 그 도메인이름을 우연히 선택한 결과라고 볼 수 없으므로 더욱 쉽게 위와 같은 추정을 할 수 있을 것이다. 또한, 등록인이 다수의 유명상표를 도메인이름으로 등록해 두고 있다던가 나아가 이미 일부 도메인이름에 대하여는 분쟁조정위원회로부터 이전 또는 말소 결정을 받은 적이 있는 경우에는 역시 더욱 쉽게 위와 같은 추정을 할 수 있을 것이다.

등록인이 도메인이름에 대한 정당한 권리나 이익을 가지고 있다고 인정할 수 있는 경우로는, 등록인이 신청인의 표장에 대하여 상표권, 서비스표권, 상호권을 가지고 있는 경우, 도메인이름이 등록인이 이해관계를 가질 수 있는 성명 등과 관련되거나 등록인의 사업이나 비전과 매치시킬 만한 합리적인 연결점이 도출될 수 있는 경우, 등록인이 도메인이름으로 웹사이트를 개설하여 성실하게 상품을 판매하거나 서비스를 제공하거나 또는 비상업적으로 사용하고 있는 경우 등을 예상하여 볼 수 있다.[55]

Ⅲ. "상표 등 표지에 대하여 정당한 권원이 있는 자 또는 제3자에게 판매하거나 대여할 목적"에 관하여 판시한 판결들

○ cebit.com에 관한 서울중앙지방법원 2004. 8. 19. 선고 2003가합88245 판결(확정)

○ citrix.co.kr.에 관한 서울서부지방법원 2006. 5. 14. 선고 2005가합2110 판결(확정)

○ dongbusteel.com에 관한 서울고등법원 2006. 6. 7. 선고 2005나102258 판결(확정)

[사실관계]

원고는 동부그룹 산하 동부제강 주식회사이고, 피고는 사이버스쿼터로 의심되는 개인(피고는 자신과의 관련성을 설명하지 못하는 다수의 도메인이름을 등록 · 보유하고 있다)인데 2001. 11. 4. dongbusteel.com 도메인이름을 등록하였다{원래 부산에 있는 동부철강 주식회사가 위 도메인이름을 등록하여 사용하고 있었는데 원고가 위 회사

54) 물론 등록인이 신청인에게 양도의 대가로 등록비용을 훨씬 초과하는 금원을 요구하지 않더라도 등록인에게 상표 등 표지에 대하여 정당한 권원이 있는 자에게 판매 · 대여하려는 등 부당한 이득을 얻으려는 목적이 있다고 추정할 수 있는 경우도 있을 것이다.

55) UDRP 제4조 c항 참조.

를 상대로 사용금지 및 등록말소 소송을 제기하여 1심 판결이 있은 후 위 회사가 도메인이름 관리비를 내지 않아 위 도메인이름이 직권으로 말소되었고(이와 같이 말소된 도메인이름을 속칭 낙장이라고 한다), 바로 피고가 위 도메인이름을 등록하였다}. 피고는 3년 9개월이 경과하도록 위 도메인이름을 등록 · 보유만 하고 있을 뿐 위 도메인이름으로 어떠한 웹사이트도 개설한 바 없을 뿐만 아니라 그 외의 다른 용도로도 위 도메인이름을 전혀 사용하지 아니하고 있다. 피고는 이 사건 소송 제기 직전인 2004. 11.경부터 2005. 3.경까지 원고와 위 도메인이름의 이전에 관한 협상을 진행하였는데, 협상과정에서 처음에는 이전 대가로 미화 3만 4,000달러를 요구하였다가, 2005. 2.경 원고에 의하여 이 사건 도메인이름에 대한 처분금지가처분이 이루어지자 미화 1만 5,000달러를 요구하였으며, 원고가 이에 대하여 100만 원만 지급하겠다는 입장을 밝힘에 따라 위 도메인이름 이전협상이 결렬되었다.

[판결 내용]

원고의 상호인 '東部製鋼 株式會社', 영문 상호인 'DONGBU STEEL CO., LTD' 및 원고의 등록상표인 DONGBU STEEL CO.,LTD , DONGBU STEEL 은 원고를 표시하는 표지로서 국내의 거래자 또는 수요자들 사이에 널리 알려졌고, 위 도메인이름은 원고의 상호, 영문 상호, 등록상표 등과 동일하거나 유사하며, 피고는 'DONGBU STEEL'이라는 명칭에 대하여 정당한 권원이 있는 원고 또는 제3자에게 위 도메인이름을 판매할 목적 또는 위 도메인이름을 이용하여 상업적 이익을 얻을 목적으로 위 도메인이름을 등록하였거나 적어도 그러한 목적으로 이 사건 도메인이름을 보유하고 있다고 봄이 상당하므로, 피고의 위 도메인이름의 등록 또는 보유행위는 부정경쟁방지법 제2조 제1항 아목이 정하고 있는 부정경쟁행위에 해당한다.

○ 3mcuno.com에 관한 대구지방법원 2007. 5. 22. 선고 2005가합11620 판결(확정)

○ airchina.com에 관한 수원지방법원 안산지원 2008. 3. 27. 선고 2007가합5745(본소), 2008가합372(반소) 판결{항소심인 서울고등법원 2008. 12. 3. 선고 2008나41095(본소), 41101(반소)판결이 1심 판결을 그대로 인용하면서 항소기각 하여 확정됨}

○ sens.co.kr에 관한 서울중앙지방법원 2008. 5. 1. 선고 2007가합79720(본소), 2008가합1236(반소) 판결(항소되엇다가 원고가 2008. 12. 5. 소취하 하였다)

○ merck-serono.com에 관한 인천지방법원 2008. 5. 23. 선고 2007가합5089(본소), 17037(반소) 판결(판결 선고 후 본소, 반소 모두 취하되었다)

○ fruitella.com에 관한 광주지방법원 2009. 7. 16. 선고 2008가합7040 판결(확정)

Ⅳ. "정당한 권원이 있는 자의 도메인이름의 등록 및 사용을 방해할 목적"에 관하여 판시한 판결들

○ harrypotter.co.kr에 관한 대구지방법원 경주지원 2004. 11. 12. 선고 2003가합943 판결(항소취하로 확정)

○ nvidia.co.kr에 관한 서울중앙지방법원 2007. 7. 4. 선고 2006가합86516 판결(항소취하로 확정)

[사실관계]

피고(엔비디아 코포레이션)는 그래픽 프로세스 제조회사로서 'NVIDIA' 표장에 대하여 우리나라에서 1999. 4. 6. 지정상품을 집적회로, 멀티미디어액셀레이터 등으로 하여 상표등록을 받은 이래, 같은 표장에 대하여 지정상품을 디지털미디어의 디스플레이 및 실행에 사용되는 컴퓨터소프트웨어, 자켓, 와이셔츠 등 여러 상품으로 확대하여 상표등록을 받아 왔고, 같은 표장에 대하여 2002. 9. 24. 지정서비스업을 컴퓨터시스템 설치업 등으로 하여 서비스표등록을 받았다. 또한, 피고는 1999년부터 'nvidia.com'을, 2002년부터 'nvidia.net'을 각 등록하여 사용해오고 있다.

원고는 컴퓨터 그래픽 카드 등의 멀티미디어 부품을 제조, 판매하는 회사로서 피치텔레콤을 통하여 피고의 그래픽 칩셋을 공급받아 이를 장착한 그래픽 카드를 제조, 판매하던 중, 1999. 12. 10. "nvidia.co.kr" 도메인이름을 등록하였는데, 2004. 1.경 위 피치텔레콤으로부터 거래관계 중단을 통보받고 그 이후로는 피고의 그래픽 칩셋을 공급받지 못하였고, 2005. 4. 5.경 코스닥 상장이 폐지된 후 2006년경 폐업신고를 하였다. 원고는 위 도메인이름 등록 후 한동안 이를 사용하지 않다가, 이후 원고(주식회사 슈마일렉트론)의 홈페이지인 'suma.co.kr'로 포워딩되도록 하여 위 홈페이지에서 원고의 그래픽카드 등 제품을 광고, 판매하였는데, 2006년경 원고의 위 홈페이지도 폐쇄되어 이 사건 도메인이름을 입력하면 아무런 사이트도 나타나지 않았다.

분쟁조정위원회는 2006. 9. 27. 원고의 위 도메인이름 보유 · 사용이 분쟁조정규정 제9조 제2항에 해당한다는 이유로 위 도메인이름의 말소결정을 하였다. 그 후 2006. 11. 하순경부터 위 도메인이름을 입력하면 사실상 아무런 내용이 없는 'zzeungkorea.com' 또는 수험 정보 사이트인 'easy4u.co.kr'로 이동하도록 되어 있다.

[판결 내용]

원고는 피고가 'nvidia' 표장에 관하여 상표권을 등록한 얼마 후 이 사건 도메인이름을 등록한 점, 계속 사용하지 아니하던 이 사건 도메인이름을 사용하기 시작한 시기는 피고와의 거래가 중단된 무렵 또는 그 얼마 후로 보이는 점, 원고의 폐업 무렵 이 사건 도메인이름과 포워딩되었던 원고의 홈페이지가 폐쇄되어 이 사건 도메인이름이 방치되다가 분쟁조정위원회의 말소결정 직후인 2006. 11. 하순경 급조된 'zzeungkorea.com'로 포워딩시킨 점, 위 사이트의 등록자는 원고 홈페이지의 등록자와 같은 사람인 점 등을 종합하면, 원고의 위 도메인이름 보유 또는 사용은 피고의 도메인이름 등록 및 사용을 방해할 목적으로 행하여진 것으로 봄이 상당하다. 따라서 원고는 분쟁조정규정 제9조 제2항에 기해 말소를 결정한 분쟁조정위원회의 결정에 따라 이 사건 도메인이름을 말소하거나 등록기관의 말소를 수인할 의무가 있다.

○ herts.com에 관한 광주지방법원 2008. 7. 3. 선고 2007가합11141(본소), 2008가합6375(반소) 판결{항소심인 광주고등법원 2008. 11. 19. 선고 2008나4987(본소), 2008나4994(반소) 판결이 1심 판결과 거의 같은 이유로 항소기각하여 확정}

○ chasebank.com에 관한 서울서부지방법원 2009. 4. 23. 선고 2008가합924 판결(확정)

○ giorgioarmanihotel.com에 관한 대구고등법원 2009. 7. 23. 선고 2009나1024(본소), 1031(반소) 판결{확정, 원심은 대구지방법원 2009. 1. 13. 선고 2007가합11792(본소), 2008가합10505(반소) 판결}[56)]

V. 아목에서의 "그 밖에 상업적 이익을 얻을 목적"에 관하여 판시한 판결들

○ myspce.com에 관한 서울중앙지방법원 2007. 8. 30. 선고 2006가합53066 판결(확정)

[사실관계]

피고(마이스페이스 인코포레이티드)는 "MySpace, Inc"라는 상호를 가지고 1996.

---

56) 위 판결은, 원고는 호텔 정보제공을 위한 웹사이트 운영할 목적으로 위 도메인이름을 등록하고 위 웹사이트를 준비 중이라고 주장하나, 이를 인정할 아무런 증거가 없고, 오히려 원고가 그 도메인이름으로 개설한 웹사이트는 주로 피고의 상표 또는 피고의 상표와 관련된 유명한 상품류를 조합한 단어, 피고와 비슷한 영업을 하는 기업의 영업표지를 나열한 단어들을 메뉴로 하여 구성되어 있고, 다른 업체의 웹사이트로 링크시킨 상태로 장기간 방치하고 있는 점 등을 고려하여 보면, 원고는 정당한 권원이 있는 피고의 도메인이름의 등록 및 사용을 방해할 목적으로 위 도메인이름을 등록한 것으로 볼 것이라고 하였다.

2. 22. "Myspace.com"이라는 도메인이름을 등록하여 보유하다가 2003년 무렵부터 그 도메인이름을 이용해서 웹사이트를 개설하여 블로그나 미니홈페이지를 통한 인적 네트워킹 서비스, 인터넷 대화방 운영, 각종 정보제공을 위한 검색서비스 등을 제공하고 있다.

소외 로드릭슨은 2003. 12. 무렵 피고의 도메인이름 중에서 하나의 철자만 생략하거나 부가한 형태의 도메인이름 4개를 등록하였고, 이에 대하여 피고는 2005. 12. 30. 로드릭슨을 상대로 그와 같은 도메인이름들이 피고의 상표권 등을 침해한다는 이유로 그 사용중지 등을 요구하였는데, 그 상황에서 2006. 3.경 각종 도메인이름을 사용하여 인터넷 서비스업을 하던 원고는 로드릭슨으로부터 "myspce.com"을 미화 22,000달러에 매수하였다. 원고는 위 도메인이름을 이용해서 웹사이트를 개설하지 않고 있다가 2006. 8. 무렵에 이르러 위 도메인이름이 원고가 운영하는 다른 웹사이트로 연결되도록 포워딩을 시켜 놓았다. 위 웹사이트에는 Myspace라는 검색카테고리가 여러 곳에서 사용되고 있었고 그 카테고리를 검색하면 만남이나 대화를 주선하거나 음악 서비스를 제공하는 또 다른 개별 웹사이트로 링크되도록 설정되어 있었다(음란사이트도 포함되어 있다). 원고는 이 사건 소송 계속 중 위 도메인이름으로 개설한 웹사이트에서 배너광고를 통해 다른 사람의 웹사이트로 링크되는 서비스를 제공하고 있는데, 그 웹사이트 중에는 피고의 웹사이트에서 인터넷 이용자들이 개인의 미니홈페이지를 만들거나 장식을 할 때 필요한 각종 이미지, 소품, 음악플레이어, 기타 도구를 판매하는 웹사이트도 포함되어 있다.

미국의 국가중재위원회(NAF)는 2006. 6. 19. UDRP 제4조 a항에 따라 원고에 대하여 위 도메인이름을 피고에게 이전하라는 내용의 결정을 하였고, 원고는 같은 달 22. 위 이전결정의 집행을 보류하기 위해 이 사건 소송을 제기하였다.

[판결 내용]

부정경쟁방지법 제2조 제1호 아목에서 부정경쟁행위의 주관적 요건으로 규정하고 있는 "그 밖의 상업적 이익을 얻을 목적"이라 함은, 표지에 대하여 정당한 권원이 있는 사람 또는 제3자에게 판매하거나 대여할 목적, 또는 정당한 권원이 있는 사람의 도메인이름의 등록 및 사용을 방해할 목적 외에 공서양속 내지는 신의성실의 원칙에 반하는 형태로 자신이 적극적으로 이익을 얻거나 타인에게 재산상 손해나 신용의 훼손 등 유형무형의 손해를 야기함으로써 반사적으로 이익을 얻고자 하는 목적을 의미하는 것으로 해석된다.

위와 같은 위 도메인이름의 창설과 이전과정, 원고의 도메인이름의 사용과 웹사이트의 운영실태를 종합하여 보면, 원고에게 피고의 도메인이름을 입력하려다가 일부 철자를 잘못 입력한 인터넷 이용자들을 원고가 운영하는 웹사이트로 유인하여 그 유인된 이용자들에게 피고와 유사한 인터넷 서비스를 제공하고 피고의 신용을 손상시킬 수 있는 웹사이트로 연결되도록 함으로써 원고가 적극적으로 재산상 이익을 얻음은 물론 피고에게 유형무형의 손해를 가하여 반사적으로 이익을 얻고자 하는 목적이 있었다고 추인할 수 있다. 따라서 (중략) 원고가 위 도메인이름을 등록하여 보유하고 있는 것은 부정경쟁방지법 제2조 제1호 아목에 정해진 부정경쟁행위에 해당한다.

○ wes.com에 관한 서울중앙지방법원 2007. 10. 11. 선고 2006가합74971 판결(확정)[57]

○ delonghi.co.kr에 관한 서울중앙지방법원 2008. 5. 8. 선고 2006가합31110 판결(항소취하로 확정)[58]

○ chasebank.com에 관한 서울서부지방법원 2009. 4. 23. 선고 2008가합924 판결(확정)

○ WALL-MART.COM에 관한 대구지방법원 2009. 6. 9. 선고 2008가합2092(본소), 2009가합3405(반소) 판결(확정)

Ⅵ. 인터넷주소 자원에 관한 법률 제12조에 해당하지 않는다고 한 판결

caselogic.co.kr에 관한 서울중앙지방법원 2009. 11. 13. 선고 2008가합126340 판결(확정)은, 위 도메인이름이 인터넷주소 자원에 관한 법률 제12조 해당 여부에 관하여 판단함에 있어,

- 국가코드 최상위도메인에 관하여 정당한 권원을 가진 자라 함은 해당 국가에서 정당한 권원을 가진 자로 제한되어야 할 것이고, 부정한 목적을 판단함에 있어서도

---

57) 위 판결은, 원고는 피고의 영업상 표지와 혼동가능한 도메인이름을 도메인트래픽광고사업자에게 제공하여 피고와 유사한 미국 유학 관련서비스를 제공하는 웹사이트에 링크되도록 하고 그 광고사업자로부터 일정 수수료를 얻고 있는데, 이는 원고가 피고의 표지의 인지도나 신용도에 편승하여 피고의 서비스를 이용하려고 하는 인터넷이용자들을 이 사건 도메인이름을 통해 링크된 웹사이트로 유인함으로써 적극적으로 재산상 이익을 얻음은 물론 피고에게 유형무형의 손해를 가하여 반사적으로 이익을 얻고자 하는 의도를 가지고 이루어진 것이라고 추인할 수 있으므로, 아목 소정의 부정경쟁행위에 해당한다고 하였다.

58) 위 판결은, 원고의 위 도메인이름의 보유ㆍ사용행위는 원고가 피고 표지의 인지도나 신용도에 편승하여 피고의 제품을 구매하거나 피고의 제품을 구매하기 위한 정보를 얻으려는 인터넷이용자들을 이 사건 도메인이름을 통해 링크된 웹사이트로 유인함으로써 적극적으로 재산상 이익을 얻음은 물론 피고에게 유형무형의 손해를 가하여 반사적으로 이익을 얻고자 하는 의도를 가지고 이루어진 것이라고 보이므로 원고는 상업적 이익을 얻을 목적으로 도메인이름을 보유하면서 사용하고 있다고 하였다.

이를 고려하여야 한다.

– ① 케이스로직 내지 피고(케이스로직을 인수 · 합병한 회사)는 주식회사 성진과 대한민국에서의 독점적 배포계약을 체결할 때까지 원고를 제외한 독자적인 수입원을 가지지 못하였고, 대한민국에 케이스로직 제품의 공급을 위한 노력이 거의 전무하여 피고가 대한민국에서 쌓은 영업상 신용은 인정되기 어렵다는 점, ② 원고가 케이스로직 제품을 처음 수입할 당시에는 대한민국에서 케이스로직 제품의 인지도가 아주 낮았고, 그 후 원고만이 전적으로 케이스로직 제품을 판매하고, 상당한 기간과 비용을 들여 케이스로직 제품을 홍보한 결과 케이스로직 제품의 인지도가 상당한 정도에까지 이른 점, ③ 원고는 피고가 원고를 배제하고 독점적 배포계약을 체결할 때까지 3여 년 전에 이미 '케이스로직'이라는 상호를 사용하였고, 그 무렵을 전후하여 위 도메인이름 1, 5를 사용하여 쇼핑몰을 운영하기 시작한 점, ④ 피고는 원고에게 케이스로직 제품의 홍보를 위한 자료 등을 공급하였고, 원고가 위 도메인이름을 인터넷 쇼핑몰로 운영하며 케이스로직 제품을 판매한 점을 인식하고 있었으며, 인터넷분쟁조정위원회에 분쟁조정신청을 하기 직전에는 원고에게 위 각 도메인이름의 양수를 제안한 점 등을 보태어 보면, 피고가 , , 등록상표의 상표권자라는 사실만으로는 피고만이 대한민국 내에서 케이스로직과 관련된 위 각 도메인이름에 관한 정당한 이익을 가진 자라 단정할 수 없다.59)

– 나아가 원고에게 피고의 도메인이름 등록을 방해하거나 피고로부터 부당한 이득을 얻는 등 부정한 목적으로 위 각 도메인이름을 등록하였다고는 보이지 아니하며, 달리 이를 인정할 증거가 없다.

라고 하면서, 인터넷주소 자원에 관한 법률 제12조에 해당한다는 원고의 주장은 이유 없다고 하였다. 앞의 3 내지 5항에서 본 판결들과는 상당히 다른 입장을 취하고 있는 것처럼 보인다.

참고로 'WIPO 패널의 견해 요약'에 의하면, 재판매업자도 분쟁의 대상이 된 도메인이름에 대한 권리 또는 적법한 이해관계를 가질 수 있는지에 관하여, 다수의견은, 재판매업자는 선의에 의한 재화 및 용역 제공행위를 할 수 있으며, 따라서 만일 그 용도가 특정 요건을 충족한다면 도메인이름에 대한 적법한 이해관계를 가질 수 있고,

59) 위 판결은 ( )안에서 도메인이름 분쟁조정 규정 제9조 제3항에서도 도메인이름 보유자가 등록이나 사용에 정당한 권리나 이익을 가지고 있는 경우에는 상표권자의 존재에도 불구하고 예외적으로 분쟁조정신청을 기각할 수 있다고 규정하고 있다고 판시함으로써, 원고가 위 도메인이름의 등록이나 사용에 정당한 권리나 이익을 가지고 있을 수도 있다는 뉘앙스를 나타내고 있다.

그러한 요건으로는 문제의 재화 및 용역을 실제로 제공하고 있을 것, 상표권의 대상 재화만을 판매하기 위한 목적으로 해당 사이트를 사용하고 있을 것, 그리고 동 사이트에 상표 등록자와 상표권 소유자 사이의 관계가 정확히 공지되어 있을 것 등이 있으며, 또한 피신청은 그 상표가 반영된 도메인이름을 사용하여 시장을 독점하려는 기도를 해서는 안 된다고 한다. 반면 소수의견은, 상표 소유자의 명시적인 허가가 없을 경우 상표 소유자의 제품을 재판매할 권리를 가지고 있다고 해서 도메인이름 내에 상표를 사용할 수 있는 권리가 주어지는 것은 아니라고 한다.

제 5 판정이나 인터넷주소 분쟁조정 위원회의 조정결정의 집행을 보류시키기 위하여 제기하는 소는 어떤 형태이어야 하나?

우리나라의 법제 아래에서 UDRP 판정이나 인터넷주소분쟁조정위원회의 조정결정의 집행을 보류시키기 위하여 제기하는 소의 형태로는, (1) UDRP 판정이나 위원회의 조정결정 취소 또는 UDRP 판정 무효 확인의 소, (2) 도메인이름에 대한 배타적인 권리의 확인을 구하는 소 또는 그 배타적인 권리에 근거하여 방해제거 · 방해예방을 구하는 소, (3) 도메인이름에 대한(채권적) 사용권이 있다는 확인을 구하는 소, (4) 이전 또는 등록말소 청구권 및 사용 금지청구권 부존재 확인의 소, (5) UDRP 또는 분쟁조정규정에 의하여 도메인이름의 이전 또는 등록말소를 구할 권리의 부존재 확인의 소를 생각하여 볼 수 있는데, 이하에서는 가장 적절한 소송형태인 (4)에 관하여만 살펴보기로 한다.[60)]

분쟁해결절차나 분쟁조정 신청인에게 도메인이름의 이전 또는 등록말소를 구할 권리가 존재하지 아니한다거나 도메인이름 사용금지청구권이 존재하지 아니한다는 확인을 구하는 소가, UDRP 판정이나 인터넷주소분쟁조정위원회의 조정결정의 집행을 보류시키기 위하여 제기하는 소로서 가장 적절하다고 평가받고 있다.

gTLD에 관한 사건으로는, SONYBANK. COM에 관한 서울지방법원 2002. 10. 18. 선고 2001가합35469 판결(확정), sex.biz에 관한 서울지방법원 2003. 9. 19. 선고 2002가합72847 판결(확정), webplus.com에 관한 서울지방법원 2004. 1. 30. 선고 2002가합29744 판결(확정), cebit.com에 관한 서울중앙지방법원 2004. 8. 19. 선고 2003가합88245 판결(확정), elpais.com에 관한 광주지방법원 2004. 7. 8. 선고 2002

60) 나머지 (1), (2), (3), (5)에 대한 상세한 설명은 도메인이름 분쟁백서, 한국인터넷진흥원, 2009, 30-38 참조(필자 집필 부분)

가합5929 판결(확정), easterntelecom.com에 관한 청주지방법원 2006. 6. 9. 선고 2003가합4171 판결(확정), vwbank.com, vwag.com에 관한 인천지방법원 2006. 9. 7. 선고 2004가합4085 판결(확정), irgroup. com에 관한 서울중앙지방법원 2006. 9. 15. 선고 2003가합35906 판결(확정), jcbvibromax.com에 관한 대구지방법원 2007. 2. 6. 선고 2006가합801 판결(항소심인 대구고등법원 2007. 10. 12. 선고 2007나2863 판결이 인용판결을 하면서 항소기각하여 확정), solvayfournier.com에 관한 대구지방법원 2007. 5. 22. 선고 2006가합13029 판결(확정), 3mcuno.com에 관한 대구지방법원 2007. 5. 22. 선고 2005가합11620 판결(확정), myspce.com에 관한 서울중앙지방법원 2007. 8. 30. 선고 2006가합53066 판결(확정), wes.com에 관한 서울중앙지방법원 2007. 10. 11. 선고 2006가합74971 판결(확정), pettersgrouppolaroid.com에 관한 대구지방법원 2007. 11. 6. 선고 2006가합12583 판결(확정), airchina.com에 관한 수원지방법원 안산지원 2008. 3. 27. 선고 2007가합5745(본소), 2008가합372(반소) 판결(항소기각 되어 확정), merckserono.com 및 merck-serono.com에 관한 인천지방법원 2008. 5. 23. 선고 2007가합5089(본소), 17037(반소) 판결(판결 선고 후 본소, 반소 모두 취하되었다), ifil.com에 관한 서울남부지방법원 2008. 6. 19. 선고 2007가합16978 판결(확정), herts.com에 관한 광주지방법원 2008. 7. 17. 선고 2007가합11141(본소), 2008가합6375(반소) 판결(항소기각 되어 확정), wellfargo.com에 관한 서울중앙지방법원 2009. 5. 22. 선고 2008가합47119(본소), 81607(반소) 판결(확정), hoar.com에 관한 수원지방법원 안산지원 2009. 6. 4. 선고 2007가합8157(본소), 2009가합1471(반소) 판결(항소), WALL-MART.COM에 관한 대구지방법원 2009. 6. 9. 선고 2008가합2092(본소), 2009가합3405(반소) 판결(확정), fruitella.com에 관한 광주지방법원 2009. 7. 16. 선고 2008가합7040 판결(확정), hsbccard.com에 관한 서울고등법원 2004. 10. 27. 선고 2002나68784 판결(상고기각으로 확정되었고, 1심은 서울지방법원 2002. 10. 18. 선고 2001가합25165 판결이다), ccfhsbc.com, hsbcccf. com에 관한 서울고등법원 2004. 11. 24. 선고 2004나10697 판결(대법원 2008. 2. 1. 선고 2004다72457 판결로 UDRP가 등록인과 제3자 사이의 실체적 권리관계를 구속하는 효력이 없다는 이유로 파기환송 되었다, 1심은 서울지방법원 2003. 12. 26. 선고 2002가합35343 판결이고, 파기환송 후 항소심은 서울고등법원 2008. 6. 25. 선고 2008나21077 판결이다. 다시 상고되었다가 심리불속행 상고기각으로 확정되었다), giorgioarmanihotel.com에 관한 대구고등법원 2009. 7. 23. 선고 2009나1024(본소), 1031(반소) 판결{확정, 원심은 대구지방법원 2009. 1. 13. 선고 2007가합11792(본소), 2008가합10505(반소) 판

결}을 비롯하여 취하간주 된 서울지방법원 2002가합73284, 소 취하된 서울지방법원 2002가합46572 등이 이런 소송형태를 취하고 있다.

ccTLD에 관한 사건으로는, delonghi.co.kr에 관한 서울중앙지방법원 2008. 5. 8. 선고 2006가합31110 판결(원고가 항소하였다가 소를 취하하였고 피고의 동의를 기다리는 중), disneystore.co.kr에 관한 서울중앙지방법원 2007. 4. 13. 선고 2006가합58818 판결(확정)의 예비적 청구취지, harrypotter.co.kr에 관한 대구지방법원 경주지원 2004. 11. 12. 선고 2003가합943 판결(항소취하로 확정), kbsi.co.kr에 관한 서울남부지방법원 2004. 6. 4. 선고 2003가합9484 판결(확정), kangwonland.co.kr에 관한 춘천지방법원 영월지원 2004. 4. 9. 선고 2003가합556(본소), 2004가합140(반소) 판결(확정), startv.co.kr에 관한 서울지방법원 2003. 12. 26. 선고 2002가합79664 판결(확정) 등이 이런 소송형태를 취하고 있다.

UDRP의 분쟁해결절차 또는 위원회의 분쟁조정절차에서 도메인이름 이전 판정이 있은 이상 과연 소의 이익이 있다고 할 수 있는지가 관건이라는 견해가 있으나,[61] 이 소송은 판정의 결론에 승복할 수 없기 때문에 제기하는 것이고 UDRP 자체 또는 분쟁조정규정 자체가 소송의 제기를 허용하고 있으므로 소의 이익이 없다고는 할 수 없다. 청구취지가 이러한 형태인 앞에서 든 판결들 모두 분쟁해결절차 신청인에게 도메인이름에 관한 이전청구권이나 등록말소청구권 또는 사용금지청구권이 존재하지 아니한다는 확인 청구에 대하여 확인의 이익이 있음을 전제로 실체에 관한 판단을 하였다.[62]

다만, 인터넷주소 자원에 관한 법률이 2009. 6. 9. 개정되기 전에는 우리나라 당시 실정법상으로는 상표권 침해나 부정경쟁행위 등을 이유로 하는 도메인이름 등록이전 청구가 허용되지 않는다고 보아야 할 것이기 때문에, 등록이전 청구권 부존재 확인의 소에서 실체에 관한 판단을 함이 없이 무조건 인용을 하여야 하는 것은 아닌지의 문제가 있었다. 이에 관하여는 항을 바꾸어 아래에서 상세히 살펴보기로 한다.

---

61) 한상호, "도메인이름 관련 분쟁의 새로운 동향과 해결방안에 관한 검토", 21세기 한국민사법학의 과제와 전망, 송상현 선생 화갑기념 논문집, 1005.

62) kangwonland.co.kr에 관한 춘천지방법원 영월지원 2004. 4. 9. 선고 2003가합556(본소), 2004가합140(반소) 판결(확정)은, 원고가 조정위원회로부터 도메인이름의 등록을 피고에게 이전하라는 결정을 받았는데, 분쟁조정규정에 의하면 조정위원회의 조정결정에 대하여 불복하는 당사자는 그 조정결정을 송부받는 날로부터 14일 이내에 법원에 제소하는 등 이의제기를 하지 않는 경우에는 상대편 당사자는 그 조정결정문을 등록대행자에게 제출하여 조정결정을 실행시킬 수 있다고 규정하고 있는바, 원고로서는 위 조정결정의 실행을 저지하기 위해 피고의 도메인이름 이전청구권의 부존재 확인을 소로써 구할 이익이 있다고 판시하여, 위 소송이 확인의 이익이 있음을 명확히 판단하고 있다. myspce.com에 관한 서울중앙지방법원 2007. 8. 30. 선고 2006가합53066 판결(확정)도 확인의 이익에 관하여 같은 취지이다.

제 6 도메인이름에 관한 소송에서 UDRP(인터넷주소분쟁조정위원회의 판단기준)를 판단기준으로 삼을 수 있는지 여부

Ⅰ. UDRP(인터넷주소 분쟁 조정위원회의 판단기준)와 우리나라 실정법의 비교

도메인이름 분쟁에 적용될 수 있는 우리나라의 실정법으로는 상표법 제66조,[63] 부정경쟁방지법 제2조 제1호 가, 나, 다, 아목,[64] 인터넷주소 자원에 관한 법률(이하 '인터넷주소법'이라 한다)이 있다. 상표법이나 부정경쟁방지법은 적용범위에 별도의 제한을 두고 있지 않으므로 gTLD에 대한 분쟁에 적용될 수 있고, 2009. 6. 9. 개정되어 2009. 9. 10.부터 시행된 인터넷주소법은 그 적용범위를 ccTLD 등으로 한정하고 있는 제4조를 개정하여 그 적용범위를 대한민국에서 등록·보유 또는 사용되는 도메인이름으로까지 확대하여 위 요건을 충족하는 gTLD에 대한 분쟁에도 인터넷주소법이 적용될 수 있도록 하였다.

개정된 인터넷주소법 제12조는, "① 누구든지 정당한 권원이 있는 자의 도메인이름등의 등록을 방해하거나 정당한 권원이 있는 자로부터 부당한 이득을 얻는 등 부정한 목적으로 도메인이름등을 등록·보유 또는 사용하여서는 아니 된다. ② 정당한 권원이 있는 자는 제1항을 위반하여 도메인이름등을 등록·보유 또는 사용한 자가 있으면 법원에 그 도메인이름등의 등록말소 또는 등록이전을 청구할 수 있다."라고 규정하고 있다.

UDRP 제4조 a항은, 신청인이 (i) 신청인이 권리를 가지고 있는 상표 또는 서비스표와 등록인의 도메인이름이 동일하거나 혼동을 일으킬 정도로 유사하다는 것, (ii) 등록인이 해당 도메인이름의 등록에 대한 권리 또는 정당한 이익을 가지고 있지 아니하다는 것, (iii) 등록인의 도메인이름이 부정한 목적으로 등록 및 사용되고 있다는 것을 모두 입증하면 도메인이름의 말소 요청 또는 신청인에게로의 이전 요청을 할 수 있다고 규정하고 있다. 그리고 2009. 6. 9. 인터넷주소법이 개정되기 전에는 인터넷주소 분쟁조정 위원회가 판단기준으로 사용하는 도메인이름 분쟁조정 규정 제9조 제1 내지 3항이 있었으나, 인터넷주소법이 개정되면서 도메인이름 분쟁조정 규정 제

63) 상표권 침해의 요건에 관하여는 Ⅲ. 참조
64) 규정 내용에 대하여는 Ⅵ. 1 참조

9조 제1 내지 3항의 내용이 거의 그대로 인터넷주소법 제18조의2로 들어갔는데,[65] 위 제18조의2는, "① 피신청인이 등록한 인터넷주소의 사용이 1. 피신청인의 인터넷주소의 사용이 국내에 등록된 신청인의 상표, 서비스표 등 상표법에서 보호되는 표장(이하 "표장"이라 한다)에 대한 권리를 침해하는 경우에 해당하는 경우, 2. 피신청인의 인터넷주소의 사용이 국내에 널리 인식된 신청인의 상품이나 영업과 혼동을 일으키게 하는 경우, 3. 피신청인의 인터넷주소의 사용이 국내에서 저명한 신청인의 성명, 명칭, 표장 또는 상호 등에 대한 식별력이나 명성을 손상하는 경우에는 조정부는 피신청인의 인터넷주소를 신청인에게 이전하도록 하거나 말소하는 조정결정을 할 수 있다. ② 피신청인의 인터넷주소의 등록 · 보유 또는 사용이 정당한 권원이 있는 자의 인터넷주소의 등록 또는 사용을 방해하거나 성명, 명칭, 표장 또는 상호 등에 대하여 정당한 권한이 있는 자에게 판매 · 대여하려는 등 부당한 이득을 얻으려는 목적으로 행하여진 경우에도 조정부는 제1항과 같은 결정을 할 수 있다. ③ 제1항 및 제2항에도 불구하고 피신청인의 인터넷주소가 피신청인이 정당한 권원을 가지고 있는 성명, 명칭, 표장 또는 상호와 동일하거나 그 밖에 피신청인이 인터넷주소의 등록이나 사용에 정당한 권리나 이익을 가지고 있는 경우에는 조정부는 신청을 기각할 수 있다."라고 규정하고 있다.[66]

UDRP 제4조 a항 (i) 내지 (iii)호와 부정경쟁방지법 제2조 제1호 아목, 인터넷주소법 제12조, 제18조의2를 비교하여 보면 다음과 같다.

UDRP 제4조 a항 (i) 내지 (iii)호와 우리나라의 부정경쟁방지법 제2조 제1호 아목, 인터넷주소법 제12조를 비교하여 보면, 위 아목은 UDRP 제4조 a항 (i) 내지 (iii)호와 신청인의 표장이 국내에 널리 인식되어 있어야 한다는 점만을 제외하고는 사실상 적용범위에 아무런 차이가 없고 오히려 도메인이름을 사용하지 아니하고 보유만 하고 있어도 위 아목에 해당한다는 점에서 위 아목이 적용범위가 넓다고도 할 수 있다. 다만 신청인의 표장이 국내에 널리 인식되지 않은 경우에는 위 아목의 요건을 충족하지 못할 수도 있지만,[67] 이때에는 신청인의 표장이 국내에 널리 인식되었는가의 요건을 제외하고는 거의 같은 내용을 규정하고 있는 인터넷주소법 제12조를 적용하면 되고(대한민국에서 등록 · 보유 또는 사용되는 도메인이름으로 적용범위를 확대하

---

65) 상표, 서비스표 뿐만 아니라 단체표장, 업무표장이 포함되었다는 미미한 차이만이 있다.

66) 인터넷주소법 제12조는 소송절차에서 적용되고, 같은 법 제18조의2는 조정절차에서 적용된다는 차이는 있으나, 같은 법에서 도메인이름의 등록말소 또는 등록이전의 요건을 이중으로 규정하는 것은 적절하지 않아 보인다.

67) 예를 들면 ifil.com에 관한 서울남부지방법원 2008. 6. 19. 선고 2007가합16978 판결(확정)

	UDRP 제4조 a항	부정경쟁방지법 제2조 제1호 아목	개정된 인터넷주소법 제12조	개정된 인터넷주소법 제18조의2 (구 분쟁조정규정 제9조 제2항, 제3항)
보호 대상 범위	신청인이 권리를 가진 상표 또는 서비스표	국내에 널리 인식된 성명, 상호, 상표, 그 밖의 표지	정당한 권원이 있는 자	정당한 권원이 있는 자
부정한 목적	부정한 목적(bad faith)을 요건으로 규정하면서, 부정한 목적에 의한 것이라는 점이 입증된 것으로 보는 경우를 예시적으로 열거	1. 정당한 권원이 있는 자 또는 제3자에게 판매하거나 대여할목적 2. 정당한 권원이 있는 자의 등록 및 사용을 방해할 목적 3. 그밖의 상업적 이익을 얻을 목적	등록을 방해하거나 부당한 이득을 얻는 등 부정한 목적	정당한 권원이 있는 자의 등록 및 사용을 방해하거나 판매·대여하려는 등 부당한 이득을 얻을 목적
등록인의 권리 또는 정당한 이익	소극적 요건으로 규정하면서, 권리 또는 정당한 이익이 있는것을 입증한 것으로 보는 경우를 예시적으로 열거	등록인에게 정당한 권원이 없어야 한다고 규정	별도의 규정 없음	도메인이름이 등록인이 정당한 권리를 가지고 있는 표지와 동일하거나, 등록인이 도메인이름에 정당한 권리를 가지고 있는 경우 신청을 기각할 수 있음
행위 유형	등록 및 사용	등록, 보유, 이전, 사용	등록, 보유, 사용	등록, 보유, 사용
구제 수단	말소, 이전	말소, 침해금지 또는 예방 조치	말소, 이전	말소, 이전

는 것으로 개정되었다)[68] 인터넷주소법 제12조는 등록이전청구권까지 인정하고 있다.

결국 우리나라 실정법은 UDRP 제4조 a항 (i) 내지 (iii)호에 비하여 그 적용범위나 구제수단에 있어서 사실상 차이가 없고 오히려 우리나라 실정법이 그 적용범위가 더 넓다고 할 수 있다. 그리고 우리나라 실정법은 인터넷주소 분쟁조정 위원회의 판단기준인 인터넷주소법 제18조의2와도 사실상 차이가 없다고 하여도 과언이 아니다.[69]

---

68) 대한민국에서 등록·보유 또는 사용되는 gTLD 이외의 gTLD에 대하여는 인터넷주소법 제12조가 적용되지 않지만 그러한 gTLD에 대한 분쟁이 우리나라에서 발생할 여지는 거의 없다.

69) 제18조의2 제1항 제1호는 상표법 제66조와, 제1항 제2호는 부정경쟁방지법 제2조 제1호 가, 나목과,

다만 문제는 동일한 사안에 대하여 구제수단에 차이가 있는 부정경쟁방지법 제2조 제1호 아목과 인터넷주소법 제12조가 중복적용 된다는 것인데, 양자의 차이를 일치시키거나 한쪽을 삭제하는 정비가 필요하며, 적어도 법률간의 적용 우선순위나 적용의 경계에 대한 명확한 정리가 필요하다.[70)]

Ⅱ. 소송에서 UDRP(인터넷주소분쟁조정위원회의 판단기준)를 준거법으로 인정할지 여부

분쟁해결기관의 UDRP에 따른 조정결정 또는 인터넷분쟁 조정 위원회의 조정결정의 집행을 보류시키기 위하여 제기한 소송에서 여전히 UDRP 또는 인터넷주소 분쟁조정 위원회의 판단기준(2009. 6. 9. 인터넷주소법이 개정되기 전의 도메인이름분쟁조정규정을 말하고, 이하 분쟁조정규정이라고 한다)을 적용하여 판단하여야 하는지 아니면 우리나라의 실정법을 적용하여 판단하여야 하는지에 관하여 살펴본다.

1. UDRP 결정(인터넷 분쟁조정 위원회의 조정결정)의 집행을 보류시키기 위한 소송에서 그 동안의 하급심 판결의 경향[71)]

아래 다.의 대법원 판결이 있기 전까지 하급심 판결은, (1) 원, 피고 모두 해당 도메인이름이 UDRP 제4조 a항 (ⅰ) 내지 (ⅲ)의 요건 또는 분쟁조정규정 제9조 제1, 2항의 요건을 충족하는지 여부에 대하여 주장하자 이에 대하여 판단한 판결, (2) 원고는 해당 도메인이름이 UDRP 제4조 a항 (ⅰ) 내지 (ⅲ)의 요건 또는 분쟁조정규정 제9조 제1, 2항의 요건을 충족하지 아니한다는 주장 또는 실정법에 의하여 상표권 침해나 부정경쟁행위에 해당하지 아니한다고 주장을 하거나 양 주장을 같이 하기도 하고, 피고는 해당 도메인이름이 UDRP 제4조 a항 (ⅰ) 내지 (ⅲ)의 요건 또는 분쟁조정규

제1항 제3호는 부정경쟁방지법 제2조 제1호 다목과, 제2항은 신청인의 표장이 국내에 널리 인식되어 있는 경우에는 부정경쟁방지법 제2조 제1호 아목과, 신청인의 표장이 국내에 널리 인식되어 있지 않더라도 인터넷주소법 제12조와 각 적용범위에서 사실상 아무런 차이가 없고, 구제수단에 있어서도 제18조의2 제2항에 해당하는 경우에는 인터넷주소법 제12조에 의하여 등록이전청구까지 인정되므로 아무런 차이가 없다(다만 제18조의2 제1항의 각호에 해당하는 경우에는 인터넷주소법의 개정에도 불구하고 여전히 실정법상 등록이전청구는 허용되지 아니한다).

70) 김원오 · 이경규, "도메인이름 사이버스쿼팅에 관한 실체적 분쟁해결 규준의 문제점", 법학연구 제10집 제3호, 2007, 인하대학교 법학연구소, 78.

71) 이에 관한 상세한 내용은, 도메인이름 분쟁백서, 한국 인터넷 진흥원, 2009, 250-252(필자 집필 부분)와 통일 도메인이름 분쟁 해결 규정(UDRP)의 실체법적 적용과 해석에 관한 연구, 한국 인터넷 진흥원, 53-56(필자 집필 부분) 참조.

정 제9조 제1, 2항의 요건을 충족한다고 주장 또는 실정법에 의하여 상표권 침해나 부정경쟁행위에 해당한다는 주장을 하거나 또는 양 주장을 같이 하기도 하였는데, 실정법에 의한 판단만을 한 판결, (3) 원고는 해당 도메인이름이 실정법에 의하여 상표권 침해나 부정경쟁행위에 해당하지 아니한다고 주장을 하였으나 UDRP 제4조 a항 (i) 내지 (iii)의 요건 또는 분쟁조정규정 제9조 제1, 2항의 요건을 충족하는지 여부만 판단한 판결로 나뉘어져 있었다.

2. 주장되어 온 견해 및 각 견해에 대한 검토[72)]

(1) UDRP 또는 분쟁조정규정 적용설, (2) 실정법 적용설, (3) 절충설이 주장되는데, 위 가의 (3) 판결들은 (1)설을, 아래의 대법원판결 및 위 가의 (2) 판결들은 (2)설을 취한 것으로 보이고, 가의 (1) 판결들은 (3)설과 비슷한 입장이라고 할 수 있다. 이러한 견해를 취한 것으로 보인다. 아래의 대법원판결 및 위 가의 (2) 판결들이 실무의 대세이었다.

3. 2008년의 대법원 판결

ccfhsbc.com, hsbcccf.com에 관한 대법원 2008. 2. 1 선고 2004다72457 판결은 지금까지의 논의와 하급심 판결들의 혼란에 종지부를 찍었다. 위 대법원 판결은 다음과 같이 판시하여 실정법 적용설이 타당함을 명백히 하였다.

(1) ICANN이 마련한 UDRP는 도메인이름 등록기관과 도메인이름 등록인 사이에 합의된 등록약관의 내용에 편입되어, 도메인이름 등록인과 상표 또는 서비스표에 관한 권리(이하 '상표 등에 관한 권리'라고 한다)를 가진 자(이하 '제3자'라고 한다) 사이에 도메인이름을 둘러싸고 분쟁이 발생한 경우 그 등록의 유지 · 취소 · 이전 등에 관한 판단을 신속히 내려 등록행정의 적정성을 향상시키기 위한 등록기관의 행정절차에 관한 규정에 불과하고, 특별한 사정이 없는 한 도메인이름 등록인과 제3자 사이에서는 UDRP가 상표 등에 관한 권리와 도메인이름의 등록 · 사용 등에 관한 실체적 권리관계를 규율하는 구속력을 가지는 것이 아니므로, 제3자로서는 의무적 행정절차를 벗어나서 UDRP가 정한 요건에 의하여 도메인이름의 사용금지를 도메인이름 등록인에게 직접 청구할 수 있는 실체적 권리가 있음을 주장할 수 없다. UDRP는 그것이 규정하는 상표권 또는 서비스표권의 개념이 모호하고, 준거법 조항이 불명확하며, '공

---

72) 이에 관한 상세한 내용은, 도메인이름 분쟁백서, 한국 인터넷 진흥원, 2009, 253-254(필자 집필 부분).

업소유권의 보호를 위한 파리협약' 제6조 제3항의 속지주의의 원칙과 부합하지 아니하여 세계 각국의 법체계와 조화되지 않는 등 내재적인 한계가 있고, UDRP 스스로 그 의무적 행정절차의 개시 전, 진행 중 또는 종료 후라도 국제재판관할권이 있는 법원이 당해 사건에 적용 가능한 법률에 의하여 도메인이름에 관한 분쟁을 최종적으로 해결할 것을 예정하고 있는 것(UDRP 제4조 k항, Rules for UDRP 제18조 a항 참조)도 이를 뒷받침한다. 따라서 도메인이름에 관한 소송을 심리 · 판단하는 법원은 UDRP에 의할 것이 아니라 당해 사건에 적용 가능한 법률에 의하여 당해 사건을 심리 · 판단하여야 할 것이다.

(2) 이 사건 소는 원고가 WIPO 중재조정센터 담당 행정패널이 UDRP에 따라 한 결정의 집행을 보류시키기 위하여 제기한 것인바, 도메인이름 등록기관의 등록행정절차에 관한 규정인 UDRP는 원고와 한강시스템 사이에서 이루어진 합의에 따라 의무적 행정절차에서 적용될 수 있음은 별론으로 하고, 의무적 행정절차를 벗어나서 원, 피고 사이의 실체적 권리관계를 규율하는 구속력이 있다고 할 수 없으므로, 원고의 이 사건 각 도메인이름의 등록 · 사용 등이 UDRP의 등록취소 · 이전 등의 요건을 충족하는지 여부는 이 사건의 심리 · 판단 대상이 될 수 없고, 피고가 자신의 상표 등에 관한 권리에 터 잡아 원고를 상대로 이 사건 각 도메인이름의 사용금지를 청구할 수 있는 법률요건을 충족하는지 여부가 이 사건의 심리 · 판단의 대상이라고 할 것이다.

(3) 원심은 UDRP가 원, 피고간의 실체적 권리관계를 규율하는 구속력이 있다고 본 나머지 피고가 UDRP에 의하여 원고를 상대로 이 사건 각 도메인이름의 사용금지를 직접 청구할 권리가 있다고 판단함으로써, UDRP의 구속력 및 준거법에 관한 법리를 오해하였으니 위법하다.

4. 위 대법원 판결의 의의 및 아쉬운 점[73)]

UDRP(분쟁조정규정)에 따른 조정결정의 집행을 보류시키기 위하여 제기한 소에서 적용되어야 할 규정이 UDRP(분쟁조정규정)인지 아니면 실정법인지에 관하여 앞에서 본 바와 같이 하급심 판결들은 통일되지 못하고 구구 각색이었다. 그러던 중 도메인이름 등록인이 자신의 도메인이름의 사용은 부정경쟁방지법상 부정경쟁행위에 해당하지 않으므로 피고는 위 도메인이름의 사용금지청구권과 이전등록청구권이 존재하지 아니한다는 확인을 구하는 사건에서 서울중앙지방법원 2007. 8. 30. 선고 2006

73) 라항 및 마항은 도메인이름 분쟁백서, 한국 인터넷 진흥원, 2009, 255-259(필자 집필 부분)에 그 이후에 개정된 법률, 선고된 판결 등에 따라 일부 내용을 수정하고 일부 내용을 보탠 것이다.

가합53066 판결(확정)이 앞에서 본 바와 같이 법적 논거를 상세히 제시하며 UDRP가 피고의 도메인이름에 대한 사용금지청구권 및 이전등록청구권의 존부에 관한 사법적 판단기준이 될 수는 없다고 판단하였다. 그 후 얼마 되지 않아 드디어 이에 관하여 위 서울중앙지방법원 판결처럼 실정법 적용설을 취하는 위 대법원판결이 선고되었다. 위 대법원판결은 이 쟁점에 관한 최초의 대법원판결로서 그 의의가 크고 이 쟁점에 관한 하급심의 다양한 입장을 실정법 적용설로 통일시켰다.

위 대법원판결은 그 원심판결이 선고된 이래 3년 2개월여 만에 선고되었는데, 이와 같이 오랜 기간 검토하여 결론을 내린 것으로 보아 그 사이 많은 고민이 있었음을 짐작하게 해준다. 기본적으로 실정법 적용설의 입장을 취하는 것은 다음에서 검토하는 바처럼 타당하다.

그러나 실정법 적용설을 취하는 근거로 들고 있는 것 중 "UDRP는 도메인이름 등록인과 상표 또는 서비스표에 관한 권리를 가진 자 사이에 도메인이름을 둘러싸고 분쟁이 발생한 경우 그 등록의 유지 · 취소 · 이전 등에 관한 판단을 신속히 내려 등록행정의 적정성을 향상시키기 위한 '등록기관의 행정절차에 관한 규정'에 불과하다"는 표현이 적절한지는 의문이다. 왜냐하면 UDRP(분쟁조정규정)에는 비록 분쟁해결절차(조정절차)에 적용되는 것이기는 하나 실체에 관한 규정도 포함되어 있다고 생각되기 때문이다.

다음으로, 원칙적으로는 실정법 적용설이 타당하지만, 이 사건에서는 원, 피고 모두 해당 도메인이름이 UDRP 제4조 a항 (i) 내지 (iii)의 요건에 충족되는지 여부에 대하여만 주장하고 있을 뿐이므로, 아래의 마.에서 살펴보는 것처럼 UDRP에 의하여 이 사건을 심리 · 판단함이 더 바람직하지 않을까? 따라서 대법원으로서는 이 사건처럼 원, 피고 모두 UDRP 제4조 a항 (i) 내지 (iii)의 요건에 충족되는지 여부에 대하여만 주장하는 사건이 아니라 실정법에 의한 주장도 함께 하는 사건에서 실정법 적용설이 타당함을 밝혔으면 더 좋았겠다는 아쉬움이 남는다.

위 대법원 판결 후 그 파기환송 사건인 ccfhsbc.com, hsbcccf.com에 관한 서울고등법원 2008. 6. 25. 선고 2008나21077 판결(파기환송심에서 피고는 위 도메인이름들의 등록행위는 부정경쟁방지법 제2조 제1호 아목의 부정경쟁행위에 해당한다는 주장을 새로 하고 있다. 다시 상고되었다가 심리불속행 상고기각으로 확정되었다)을 비롯하여, airchina.com에 관한 수원지방법원 안산지원 2008. 3. 27. 선고 2007가합5745(본소), 2008가합372(반소) 판결, ifil.com에 관한 서울남부지방법원 2008. 6. 19. 선고 2007가합16978 판결,[74] herts.com에 관한 광주지방법원 2008. 7. 3. 선고 2007가합

11141(본소), 2008가합6375(반소) 판결, kway.com에 관한 서울서부지방법원 2009. 4. 23. 선고 2008가합6373 판결(확정), wellfargo.com에 관한 서울중앙지방법원 2009. 5. 22. 선고 2008가합47119(본소), 81607(반소) 판결(확정), hoar.com에 관한 수원지방법원 안산지원 2009. 6. 4. 선고 2007가합8157(본소), 2009가합1471(반소) 판결(항소), WALL-MART.COM에 관한 대구지방법원 2009. 6. 9. 선고 2008가합 2092(본소), 2009가합3405(반소) 판결(확정), fruitella.com에 관한 광주지방법원 2009. 7. 16. 선고 2008가합7040 판결(확정), giorgioarmanihotel.com에 관한 대구고등법원 2009. 7. 23. 선고 2009나1024(본소), 1031(반소) 판결{확정, 원심은 대구지방법원 2009. 1. 13. 선고 2007가합11792(본소), 2008가합10505(반소) 판결}, caselogic.co.kr 등에 관한 서울중앙지방법원 2009. 11. 13. 선고 2008가합126340 판결(확정) 등이 위 대법원 판결의 판시에 따라 실정법 적용설을 취하고 있다.

5. 검 토

생각건대, 실정법 적용설이 들고 있는 논거들과, ① UDRP 제4조 k항은 등록인으로부터 신청인을 피고로 하여 관할법원에 제소하였다는 문서의 정본이 제출될 경우 판정의 집행을 보류한다고 규정하고 있는바, '관할법원에 UDRP 판정의 당부를 다투는 소송(UDRP 판정의 무효 확인 내지 취소를 구하는 소송)을 제기하였다는'이라고 규정하지 아니하고 위와 같이 막연하게 '관할법원에 제소하였다는'이라고 규정하고 있음에 비추어 보면{인터넷주소법 제20조 제2항 제1호는, 피신청인이 관할법원에 해당 인터넷주소에 관한 소를 제기하였다는 증명서를 제출하지 아니하면 신청인은 분쟁조정위원회에 그 조정내용의 실행을 신청할 수 있다고 규정하고 있는바,[75] '관할법원에 조정내용의 당부를 다투는 소송(조정결정의 무효 확인 내지 취소를 구하는 소송)을 제기하였다는'이라고 규정하지 아니하고 위와 같이 막연하게 '관할법원에 해당 인터넷주소에 관한 소를 제기하였다는'이라고 규정하고 있음에 비추어 보면}, UDRP(인터넷주소법 제18조의2, 인터넷주소법 개정 전에는 분쟁조정규정, 이하 이 항에서는 'UDRP'라고만 한다) 제정자의 의도는 일단 행정 패널(조정부)이 UDRP에 의하여 판단을 하였는데

---

74) airchina.com 및 ifil.com에 관한 위 판결들과 weddingritz.com에 관한 서울중앙지방법원 2004가합54560 판결은, 원고의 주장을 정리함에 있어, ADNDRC나 WIPO 중재조정센터의 결정은 부당하므로(위법하므로) 피고의 원고에 대한 도메인이름에 관한 사용금지 또는 이전등록 청구권이 존재하지 아니한다는 확인을 구한다고 표현하고 있으나, 위 사용금지 또는 이전등록 청구권이 존재하지 아니하기 때문에 위 결정이 부당(위법)하다고 하여야 할 것이어서, 위 표현은 적절하지 아니한 면이 있다.

75) 분쟁조정규정 제13조 제1항도 마찬가지로 규정하고 있었다.

등록인이 그 판단에 승복을 하지 아니하는 경우에는 해당 관할법원이 적용하는 실정법에 따라 판단을 받아보아 같은 결론이면 UDRP에 의한 결정에 따라 신속, 간편하게 말소, 이전 집행을 하지만, 만일 다른 결론이면 실정법에 따른 판단의 결론에 따르겠다는 취지라고 보이는 점, ② 도메인이름 등록인으로서는 제도적으로 불리한 UDRP를 조정절차에 의한 분쟁해결을 넘어서 법원의 재판 기준으로까지 확대하는 것에는 동의하지 않았을 것으로 충분히 예상할 수 있는 점,[76] ③ 도메인이름 관련 소송을, (ㄱ) 상표권자 등이 등록인을 상대로 등록말소나 손해배상을 구하는 소송, (ㄴ) 등록인이 조정결정과는 관계없이 상표권자 등을 상대로 등록말소청구권이나 손해배상청구권의 부존재 확인을 구하는 소송, (ㄷ) 등록인이 조정결정의 실행 보류를 위하여 조정신청인을 상대로 이전 · 등록말소 · 사용금지 청구권 부존재 확인을 구하는 소송의 3가지 형태를 예상하여 볼 때, (ㄱ)과 (ㄴ)의 경우에는 UDRP에 해당하는지 여부를 판단할 수 없음이 명백한바, (ㄷ)의 경우도 앞서서 조정결정이 있었다는 사실만을 제외하고는 (ㄴ)의 경우와 아무런 차이가 없으므로 적용되어야 할 법의 통일을 위하여 역시 UDRP에 해당하는지 여부를 판단하는 것은 부적절하다고 보아야 한다는 점 등에 비추어 보면, 실정법 적용설이 타당하다. 나아가 UDRP에 대하여는, ⓐ UDRP는 원래 모든 도메인이름 분쟁에 적용되는 규정이 아니라 사이버스쿼팅을 대상으로 한 규정으로 제정된 점, ⓑ UDRP는 자신의 분쟁해결절차를 사법절차가 아닌 의무적 행정절차라고 부르는데, 그 정확한 이유는 알 수 없지만 조정이나 중재를 행정절차라고 하지 아니함에 비추어 보면 UDRP 제정자는 그 분쟁해결절차를 기존의 국가 내지 국제적 사법시스템의 일부가 아닌 별개의 절차로 본 것으로 여겨지는 점,[77][78] ⓒ UDRP 제4조 a항은 여기에서 규정하고 있는 3가지 요건의 존재를 분쟁해결절차에서 입증한 경우 등록말소 또는 이전의 판정을 할 수 있다고 규정하면서도 제4조 k항에서는 분쟁해결절차와는 별도로 독자적인 해결(independent resolution)을 위해 관할법원에 소송을 제기할 수 있다고 규정하고 있는 점, ⓓ 만일 UDRP 적용설을 취한다면 특정 국가의 법원의 심리가 국제적인 절차인 UDRP 판정의 항소심 내지 재심의 형태가 되어 부적절한 점의 사정까지 있으므로 더욱 실정법 적용설이 타당하다.

UDRP가 마련되고 나서도 미국이 ACPA를 제정하여 적용하고 있고, 우리나라도

---

76) 조정욱, "도메인이름 분쟁조정결정에 대한 사법적 구제", 인터넷법률 제18호, 2003. 7, 171.

77) 김기중, "통일도메인이름 분쟁해결정책의 해석과 적용", 인터넷법률 제11호, 2002. 3, 124.

78) 장문철 경찰대 교수에 의하면, UDRP 제정에 관여한 사람들은 분쟁해결절차가 조정도 아니고 중재도 아니며 그에 맞는 적절한 용어가 없어서 찾다가 행정절차라고 표현한 것에 지나지 않는다고 주장한다고 한다.

인터넷주소 자원에 관한 법률을 제정하였다는 점은 UDRP 및 분쟁조정규정의 법규성을 인정하기 어렵다는 반증이라 할 것이다. 또한, 미국 항소법원도 WIPO가 법률을 제정할 수는 없으며, UDRP는 사법절차를 배제하지 않고 오히려 사법절차에 의해 재검토되는 것을 전제로 하고 있으므로 ACPA를 적용하는데에 문제가 없다고 판시한 바 있다.[79][80] 도메인이름에 대해 막대한 영향력을 행사하고 있는 미국의 이러한 입장을 보면, UDRP가 분쟁해결절차뿐 아니라 소송에서도 다른 실정법에 앞서 준거규정으로 사용될 수 있을 정도로 국제적으로 승인된 규범이라고는 할 수 없다.

다만, 실정법에서 정하지 않은 분쟁해결방법이라도 당사자의 합의로 정한 경우 실정법과 사회상규에 반하지 않는다면 그 분쟁해결방법을 허용할 수 있음에 비추어 볼 때,[81] 원, 피고 모두 해당 도메인이름이 UDRP 제4조 a항 (ⅰ) 내지 (ⅲ)의 요건 또는 인터넷주소법 제18조의2 제1, 2항(인터넷주소법 개정 전에는 분쟁조정규정 제9조 제1, 2항)의 요건을 충족하는지 여부에 대하여만 주장하는 경우[82]에는 양 당사자의 의사에 따라 예외적으로 소송에서도 UDRP 또는 분쟁조정규정에의 해당 여부를 판단할 수 있다고 함이 적절하다고 생각한다. 위 가의 (1) 판결들이 이러한 견해를 취한 것으로 보인다. 위 대법원판결이 판시하고 있듯이 일반적으로는 '특별한 사정이 없는 한 도메인이름 등록인과 제3자 사이에서는 UDRP가 상표 등에 관한 권리와 도메인이름의 등록 · 사용 등에 관한 실체적 권리관계를 규율하는 구속력을 가지는 것이 아니므로, 제3자로서는 의무적 행정절차를 벗어나서 UDRP가 정한 요건에 의하여 도메인이름의 사용금지를 도메인이름 등록인에게 직접 청구할 수 있는 실체적 권리가 있음을

---

79) 미국 연방제1항소법원의 Sallen v. Corinthians Licencianebtos LTDA(Dec 5, 2001) 판결은, ACPA의 입법취지는 분쟁당사자들이 해당 연방법과 UDRP 규정을 함께 병행하여 이용할 수 있도록 허용하되, 양 규정 사이에 마찰이 있는 경우 법원은 ACPA를 우선하여 적용하여야 한다고 하였고, 연방제4항소법원의 Barcelona.com Inc. v. Excelentisimo Ayuntamiento de Barcelona(Barcelona市) 판결(Jun 2, 2003)은, 도메인이름 분쟁에 있어서 법원이 반드시 UDRP 규정에 의거한 조정결정에 따라야 하는 것은 아니라고 하고, 나아가 위 도메인이름의 정당한 보유권자가 누구인지를 결정함에 있어서 스페인 상표법을 적용하여서는 아니된다고 하면서, 피고가 Barcelona에 대하여 미국에서 어떠한 상표적 권리를 취득하지 못하였다는 점과 ACPA에 의하면 원고의 barcelona.com의 등록이 위법한 것이 아니라는 점에 근거하여 WIPO 중재 · 조정센터의 UDRP 판정을 지지한 1심 판결을 파기하였다(이광영, "도메인네임에 관한 분쟁해결절차", 재판자료 제111집 외국사법연수논집 26-下, 252-253은, 위 판결의 논리에 따르면 외국 상표권자는 미국의 도메인이름 등록자가 미국법에 따라 UDRP결정에 불복할 경우 거의 항상 패소할 수밖에 없다는 결론이 되므로 이는 부당하다는 취지로 비판하고 있다). 이와 같이 미국 항소심은 UDRP 결정이나 UDRP 규정의 적용을 배제하고 ACPA를 직접 적용하여 사건을 처음부터 심리하는 경향을 보이고 있다.

80) 조정욱, "인터넷 도메인이름의 법적 문제에 관한 연구", 서울대학교 법학박사학위논문, 248-249.

81) 조정욱, 인터넷 도메인 분쟁 연구, 2004, 229.

82) 원고가 UDRP뿐 아니라 실정법에 의하여도 사용금지 청구권이나 등록이전 또는 말소 청구권이 없다고 주장하는 경우에는 당연히 실정법이 UDRP)에 우선할 것이므로 실정법에 따라 판단하여야 할 것이다.

주장할 수 없는 것'이지만, 등록약관에 동의함으로써 등록약관의 일부를 구성하는 UDRP[83]가 분쟁해결절차에서 자신에게 적용되는 규범임을 승인한 등록인(원고)이 나아가 소송절차에서도 UDRP에 의하여 사용금지 청구권이나 등록이전 또는 말소 청구권의 존부를 판단하여 줄 것을 요구하고, 피고로서는 UDRP에 따라 분쟁해결신청을 하였을 뿐이어서 통상적으로는 UDRP가 분쟁해결절차 이외의 다른 절차에서도 준거규정이 된다고 할 수는 없지만 피고가 소송절차에서도 실정법에 의한 주장을 전혀 하지 아니한 채 UDRP에 의하여 위와 같은 청구권이 인정된다는 주장만 할 경우, 이는 UDRP가 소송절차에서도 준거규정으로 될 수 있음을 용인한 것으로 볼 수 있고, 양 당사자의 의사가 이렇다면 법원으로서도 UDRP에 따라 피고에게 사용금지 청구권이나 등록이전 또는 말소 청구권이 있는지 여부를 판단하는 것이 더 자연스러울 것이다. 만일 이와 같은 소송에서 UDRP에 의하여 판단하지 않는다면 원, 피고 모두 UDRP 이외의 다른 실정법에 의한 주장을 전혀 하고 있지 아니한 상황에서 법원은 무엇에 의하여 위와 같은 청구권의 존부를 판단하여야 하나? 물론 법원이 원, 피고에게 석명권을 행사하여 UDRP가 아닌 어느 실정법에 근거하여 위와 같은 청구권의 부존재 또는 존재한다고 주장하는 것인지를 밝히도록 할 수는 있을 것이나 이렇게 하는 것이 과연 바람직한지 의문이다.

제 7 UDRP 판정이나 인터넷주소 분쟁조정 위원회의 조정결정의 집행을 보류시키기 위하여 제기하는 소에서 등록이전청구권 부존재 확인청구에 대하여 어떻게 판단하여야 하나?

Ⅰ. 문제의 제기

우리나라 상표법이나 부정경쟁방지법은 상표 등의 표지에 관하여 강제적인 등록이전을 허용하고 있지 아니한 점,[84] 등록상표나 미등록 주지 · 저명상표를 보호하기 위하여 도메인이름의 사용금지나 등록말소만으로도 충분함에도 불구하고 등록이전

83) 등록기관의 등록약관은 UDRP가 등록약관의 일부를 구성한다고 명시하고 있다.

84) 상표법에 의하면, 상표권자는 등록상표를 사용할 권리를 독점하고 동일, 유사한 다른 상표의 사용을 금지 시킬 수 있는 권한이 있을 뿐이며 다른 표지의 권리를 강제로 자신의 것으로 이전시키도록 할 수 있는 권한은 가지고 있지 아니하고, 부정경쟁방지법에 의하더라도, 등록상표가 주지 · 저명상표와 혼동을 일으키거나 손상을 가하는 행위에 해당할 경우 그 등록상표의 사용을 부정경쟁행위로 인정하여 금지 시킬 뿐이지 그 등록상표를 주지 · 저명상표권자에게 이전할 것을 명할 수는 없다.

까지 인정하는 것은 목적과 수단의 비례, 보충성의 원칙 또는 다른 표지와의 형평에 반할 수 있는 점, 하나의 도메인이름에 관하여 다수의 권리자[85]가 이전등록을 청구할 경우 누구에게 우선권을 부여하여야 할 것인지를 결정하기 어려운 점 등을 고려하면, 우리나라 현행법상으로는 도메인이름 등록이전청구가 허용되지 않는다고 보아야 할 것[86][87]이기 때문에, 도메인이름의 등록이전을 명한 UDRP 판정이나 인터넷주소분쟁조정위원회의 조정결정의 집행을 보류시키기 위하여 제기한 등록이전청구권 부존재 확인의 소에서 실체에 관한 판단을 함이 없이 무조건 인용을 하여야 하는 것은 아닌가라는 심각한 문제가 발생하였다.[88] 나아가 등록이전청구권 부존재 확인청구가 인용되면 설사 조정신청인이 사용금지청구권 부존재 확인청구가 인용된 판결을 등록기관에 제출하더라도 판결에 명시적으로 조정신청인에게 등록이전청구권이 없다고 기재되어 있음을 이유로 등록기관은 등록이전을 명한 UDRP 판정을 제대로 집행하지 아니하였다. 등록이전을 명한 인터넷주소 분쟁조정 위원회의 조정결정의 집행에 관하여도 같은 문제가 있었다.

미국의 ACPA는 타인의 상표를 이용하여 이득을 취하려는 부정한 목적을 가지고 식별력이 있는 상표와 동일 내지는 혼동을 일으킬 정도로 유사한 도메인이름을 사용하거나 저명한 상표와 동일 내지는 혼동을 일으킬 정도로 유사하고 그 저명한 상표를 희석시키는 도메인이름을 사용하는 경우에는 법원이 그 도메인이름의 등록의 말소나 취소 또는 그 도메인이름을 상표권자에게 이전할 것을 명할 수 있도록 규정하고 있어서, 이와 같은 문제가 발생하지 아니한다.

이에 위 문제를 해결하기 위하여 2009. 6. 9. 인터넷주소법 제4조를 개정하여 대한민국에서 등록 · 보유 또는 사용되는 도메인이름으로 그 적용범위를 확대하면서(.kr 도메인이름 뿐만 아니라 대한민국에서 등록 · 보유 또는 사용되는 gTLD에까지 적용범위가 확대되었다), 제12조도 개정하여 제12조 제1항에 해당하는 경우 즉 정당한 권원이 있는 자의 도메인이름 등의 등록을 방해하거나 정당한 권원이 있는 자로부터 부당한 이

85) 등록상표라도 지정상품별로 수 개의 동일한 상표가 병존할 수 있고, 상표권이 아닌 비영리적 사용으로 인해 정당한 이익을 가지는 경우도 인정할 수 있으며, 상호 기타 영업표지로 사용하는 경우에도 정당한 이익을 인정할 수 있을 것이다.

86) 도메인이름에 관한 지금까지의 우리나라 판결도 상표권 침해나 부정경쟁행위에 해당한다고 하여 도메인이름의 이전을 명한 경우는 없다.

87) 2009. 6. 9. 개정되기 전의 인터넷주소법 제12조 제2항은 등록말소청구만을 규정하고 있다.

88) 앞에서 살펴본 바와 같이 UDRP 판정 또는 인터넷주소 분쟁조정 위원회의 조정결정의 집행을 보류시키기 위하여 제기한 소에서 적용되어야 할 규정에 관하여 UDRP 및 분쟁조정규정 적용설, 실정법 적용설, 절충설이 주장되고 있는데, 위와 같은 점이 실정법 적용설보다는 UDRP 및 분쟁조정규정 적용설을 취하여야 한다는 하나의 근거로 주장되기도 한다.

득을 얻는 등 부정한 목적으로 도메인이름 등을 등록 · 보유 또는 사용한 경우 정당한 권원이 있는 자는 등록말소 뿐만 아니라 등록이전도 청구할 수 있도록 하였다.

이하에서는 이 문제에 관한 인터넷주소법 개정 전의 하급심 판결의 경향 및 대법원의 태도는 어떠하였는지를 살펴보고, 이어서 위와 같이 개정된 인터넷주소법의 의의 및 문제점에 관하여 살펴보기로 한다.[89)]

Ⅱ. 하급심 판결의 경향

1. gTLD인 myspce.com에 관한 서울중앙지방법원 2007. 8. 30. 선고 2006가합53066 판결은, myspace.com을 등록하고 그 도메인이름으로 웹사이트를 개설하여 블로그나 미니홈페이지를 통한 인적 네트워킹 서비스, 인터넷 대화방 운영, 각종 정보제공을 위한 검색서비스 등을 제공하고 있는 마이스페이스 인코포레이티드가 myspce.co.kr를 매수하여 등록한 개인을 상대로 UDRP에 따라 미국의 국가중재위원회(NAF)에 위 도메인이름을 자신에게 이전등록 하여 달라는 분쟁해결신청을 하여 이전 결정을 받자 위 등록인(원고)이 그 집행을 보류시키기 위하여 위 도메인이름에 대한 마이스페이스 인코포레이티드(피고)의 사용금지청구권 및 이전등록청구권이 존재하지 아니한다는 확인을 구한 사건에서, 원고가 이 사건 도메인이름을 등록하여 보유하고 있는 것은 부정경쟁방지법 제2조 제1호 아목에 정해진 부정경쟁행위에 해당한다고 판단하면서도, 부정경쟁방지법상 부정경쟁행위 금지의 효과로서 그 도메인이름의 등록말소에 갈음하여 부정경쟁행위자가 가진 도메인이름을 자기에게 이전할 것을 청구할 수 있는 도메인이름의 등록이전청구권을 가진다고까지 해석할 수는 없다고 하여 이전등록청구권 부존재 확인청구를 인용하였다. wes.com에 관한 서울중앙지방법원 2007. 10. 11. 선고 2006가합74971 판결(확정), airchina.com에 관한 수원지방법원 안산지원 2008. 3. 27. 선고 2007가합5745(본소), 2008가합372(반소) 판결(항소기각 되어 확정), merckserono.com 및 merck-serono.com에 관한 인천지방법원 2008. 5. 23. 선고 2007가합5089(본소), 17037(반소) 판결(판결 선고 후 본소, 반소 모두 취하되었다), ifil.com에 관한 서울남부지방법원 2008. 6. 19. 선고 2007가합16978 판결(확정), herts.com에 관한 광주지방법원 2008. 7. 3. 선고 2007가합11141(본소),

89) 이에 관한 상세한 내용은, 도메인이름 분쟁백서, 한국 인터넷 진흥원, 2009, 259-276(필자 집필 부분)와 통일도메인이름 분쟁해결규정(UDRP)의 실체법적 적용과 해석에 관한 연구, 한국 인터넷 진흥원, 65-79(필자 집필 부분) 참조.

2008가합6375(반소) 판결(이전청구권 부존재 확인청구가 인용된 부분에 대해 피고가 항소하지 않아 그 부분은 확정되었다), giorgioarmanihotel.com에 관한 대구지방법원 2009. 1. 13. 선고 2007가합11792(본소), 2008가합10505(반소) 판결(항소기각 되어 확정), chasebank.com에 관한 서울서부지방법원 2009. 4. 23. 선고 2008가합924 판결(확정), wellfargo.com에 관한 서울중앙지방법원 2009. 5. 22. 선고 2008가합47119(본소), 81607(반소) 판결(확정), WALL-MART.COM에 관한 대구지방법원 2009. 6. 9. 선고 2008가합2092(본소), 2009가합3405(반소) 판결(확정),[90] fruitella.com에 관한 광주지방법원 2009. 7. 16. 선고 2008가합7040 판결(확정)도 같은 취지이다.[91)92)]

2. 반면에 ccTLD인 kangwonland.co.kr에 관한 춘천지방법원 영월지원 2004. 4. 9. 선고 2003가합556(본소), 2004가합140(반소) 판결(확정)은, 이전청구권 부존재 확인청구에 대하여 등록인(본소원고 및 반소피고)의 도메인이름 사용 행위는 부정경쟁방지법 제2조 제1호 다목 소정의 부정경쟁행위에 해당하며, 그로 인하여 영업상 이익이

---

90) WALL-MART.COM에 관한 대구지방법원 2009. 6. 9. 선고 2008가합2092(본소), 2009가합3405(반소) 판결(확정)은, 피고가 원고는 부정경쟁방지법상 도메인이름의 이전등록청구권은 인정되지 않는다는 판례의 태도를 악용하여 위 부분에 관한 승소판결을 받은 다음 이를 등록기관인 사이덴터티에 제출함으로써 NAF 판정의 집행을 저지시켜 부정경쟁행위를 계속할 의도로 도메인이름 이전등록청구권 부존재확인의 소를 제기하고 있으므로, 이러한 소제기는 소권의 남용에 해당하여 부적법하다고 항변한 것에 대하여, 이 사건 본소 및 반소 청구의 당부를 판단하는 준거규범과 준거법은 대한민국법인 부정경쟁방지법인데, 위 법의 해석상 부정경쟁행위 금지의 효과로서 도메인이름의 사용금지 또는 말소등록의 범위를 넘어 도메인이름의 이전등록은 포함되지 않는 것이어서 원고의 본소 청구에 따라 그 부존재확인판결을 하여야 하고, 원고가 위 판결을 등록기관인 사이덴터티에 제출하여 사이덴터티가 위 판결에 따라 이 사건 도메인이름을 피고에게 이전할 것을 명하는 이 사건 결정을 집행하지 않음으로써 결과적으로 원고가 이 사건 도메인이름을 계속하여 보유 · 사용할 수 있게 된다고 하더라도, 피고로서는 이를 방지하기 위하여 부정경쟁방지법에 따라 이 사건 도메인이름의 사용금지, 등록말소를 구하여 피고의 영업 표지 등에 대한 침해의 예방에 필요한 조치를 할 수 있으므로, 피고가 주장하는 위와 같은 사정만으로 원고의 위 부분 청구가 소권을 남용한 것이라고 단정할 수 없다고 하였다.

91) 그 중 일부 판결들은 ① 부정경쟁행위의 대상이 된 도메인이름의 이전등록은 등록말소에 버금가는 강력한 조치인데, 부정경쟁방지법은 제4조 제2항 제3호에서 '등록말소'만을 규정하고 있을 뿐 명시적으로 '이전등록'을 규정하고 있지 않고, 같은 조 제4호 '그밖에 부정경쟁행위의 금지 또는 예방을 위하여 필요한 조치'에 이전등록이 포함된다고 단정하기도 어려운 점, ② 주지 · 저명한 상표 등의 표지를 보호하기 위하여 도메인이름의 사용금지나 등록말소만으로도 충분함에도 이전등록까지 인정하는 것은 목적과 수단의 비례, 보충성의 원칙에 반할 수 있는 점, ③ 만약 하나의 도메인이름에 관하여 다수의 권리자가 이전등록을 청구할 경우 누구에게 우선권을 부여하여야 할 것인지를 결정하기도 어려운 점 등의 사정을 종합하면, 부정경쟁방지법상 부정경쟁행위 금지의 효과로서 부정경쟁행위의 대상이 된 도메인이름의 이전등록청구권까지 인정된다고 볼 수는 없다 할 것이라고 하여, 보다 상세한 논거를 제시하고 있다.

92) chasebank.com에 관한 서울서부지방법원 2009. 4. 23. 선고 2008가합924 판결(확정)은 상표법 제65조에 규정된 '침해의 금지 또는 예방'이나 '침해행위를 조성한 물건의 폐기, 침해행위에 제공된 설비의 제거 기타 침해의 예방에 필요한 행위'에 도메인이름 이전등록이 포함된다고 보기 어렵다고 하였다.

침해되거나 침해될 우려가 있는 조정신청인(본소피고 및 반소원고)으로서는 부정경쟁방지법 제4조에 의하여 그 침해의 금지로서 도메인이름의 등록말소를 구할 권리가 있고, 또한 위 권리에 근거하여 구 도메인이름분쟁조정규정 제3조 제1항(타인의 도메인이름 등록과 사용으로 인하여 대한민국의 법률 또는 대한민국이 가입한 조약에 따라 보호받는 권리 또는 정당한 이익을 침해받는 자는 해당 도메인이름의 말소 또는 자신에게로의 이전을 구하는 취지의 조정을 위원회에 신청할 수 있다)[93]에 따라 해당 도메인이름의 자신에게로의 이전을 구할 권리가 있다고 판시하여, 위 2006가합53066 판결 등과 다른 입장을 취하고 있다. gTLD인 cebit.com에 관한 서울중앙지방법원 2004. 8. 19. 선고 2003가합88245 판결(확정)도, 원고의 도메인이름의 등록, 보유 및 사용 행위는 부정경쟁방지법 제2조 제1호 아목에 정한 부정경쟁행위에 해당한다고 판단한 다음, 비록 부정경쟁방지법상 도메인이름 등록이전을 구할 권리는 인정되지 아니하나, 원고의 도메인이름의 등록, 보유 및 사용 행위가 부정경쟁행위에 해당하여 피고에게 도메인이름의 등록말소 및 사용금지를 구할 권리가 인정된다면, 어차피 도메인이름은 피고에 의하여 등록말소된 후 피고 명의로 등록될 것이 예정되어 있고, 원고는 도메인이름을 사용할 수 없으므로, 피고에게 도메인이름의 등록말소 및 사용금지를 구할 권리를 인정하면서 등록이전을 구할 권리가 없음을 확인하는 것은 아무런 실익이 없고, 오히려 피고가 원고에게 도메인이름의 등록말소 및 사용금지를 구하는 것은 궁극적으로 도메인이름을 피고 명의로 등록하기 위함이므로, 결국 피고에게 도메인이름에 관하여 등록말소, 사용금지 등을 청구할 권리가 없음을 확인한다는 청구뿐만 아니라 등록이전을 구할 권리가 없음 또한 확인한다는 원고의 청구 역시 받아들일 수 없다고 판시하였다. 그 밖에 SONYBANK.COM에 관한 서울중앙지방법원 2002. 10. 18. 선고 2001가합35469 판결(확정), hsbccard.com에 관한 서울지방법원 2002. 10. 18. 선고 2001가합25165 판결도 같은 입장이다.

Ⅲ. 대법원의 입장을 짐작할 수 있는 대법원 판결

한글 인터넷주소 '장수온돌'에 관한 사건이기는 하나 대법원 2008. 9. 25. 선고

93) 도메인이름 분쟁조정 규정 제3조 제1항은 관리준칙 제12조에 의하여 타인의 도메인이름 등록 또는 사용으로 인하여 자신의 권리 또는 정당한 이익을 침해받은 자는 위원회에 조정을 신청할 수 있다고, 제9조 제1항은 …… 조정부는 피신청인의 도메인이름 등록을 신청인에게 이전하도록 하거나 말소하는 결정을 할 수 있다고 각 규정하여 실질적으로 구 분쟁조정규정과 아무런 차이가 없다.

2006다51577 판결은, 상표법 제65조 제2항의 '침해의 예방에 필요한 조치'에는 도메인이름의 사용금지 또는 말소등록 등의 범위를 넘어서 도메인이름의 이전등록까지 당연히 포함된다고 볼 수 없다고 판시하고 있는바, 이는 위 하급심 판결 중 가항의 하급심 판결의 입장을 지지한 것으로 볼 수 있다.

Ⅳ. 개정된 인터넷주소법의 의의 및 문제점

1. 의 의

인터넷주소법 제4조 및 제12조의 개정에 의해 소위 부정한 목적으로 도메인이름 등을 등록 · 보유 또는 사용하는 경우에는 우리나라 ccTLD는 물론이고 사실상 gTLD에 대해서도 실정법상 등록이전청구가 허용되게 되었다. 인터넷주소법 제12조는 UDRP와 거의 차이가 없으므로 gTLD에 대하여는 거의 문제가 해결된 셈이지만, 우리나라 ccTLD에 대하여는 인터넷주소 분쟁조정 위원회의 판단기준인 인터넷주소법 제18조의2가 상표권 침해와 부정경쟁방지법 제2조 제1호 가목, 나목, 다목도 들고 있어서, 조정결정에서는 등록이전을 명하였지만 실정법상으로는 이러한 경우 등록이전청구가 허용될 수 있는 근거규정이 없기 때문에 여전히 1.에서 본 것과 같은 문제가 남게 된다. 물론 조정 과정에서 도메인이름 분쟁의 상당수가 인터넷주소법 제18조의2 제2항에 의하여 해결될 수 있으므로 즉 굳이 상표권 침해와 부정경쟁방지법 제2조 제1호 가목, 나목, 다목에 대응하는 인터넷주소법 제18조의2 제1항 각호에 의하여 해결하지 않아도 되므로 큰 문제는 아니지만, 도메인이름 등록인의 부정한 목적을 증명하기 곤란한 경우도 있을 수 있으므로 위 문제가 완전히 해결된 것은 아니다.

2. 문제점

(1) 부정경쟁방지법과의 부조화 해결

부정경쟁방지법 제2조 제1호 아목은 인터넷주소법과는 달리 보호대상이 "국내에 널리 인식된 성명 · 상호 · 상표 그 밖의 표지"이어서 인터넷주소법의 보호대상 표지보다 표지권자에게 더 확실한 권원이 있다고 할 수 있다. 그런데 부정경쟁방지법 제4조 제2항은 도메인이름의 등록말소만을 인정하고 있다. 그러므로 국내에 널리 인식되어 더 확실한 권원을 가진 자는 말소 밖에 청구하지 못함에 반하여, 인터넷주소법은 상표등록 여부와도 관계없고 표지에 대해 부정경쟁방지법보다 더 약한 정도이어도 정당한 권원을 가지고 있다고 인정되기만 하면 등록이전을 청구할 수 있으므로, 양 법 사이에 균형이 맞지 아니한다. 따라서 인터넷주소법을 개정한 이상은 부정경쟁방지법도 개정되어야 할 것이다. 최소한 부정경쟁방지법 제4조 제2항 제3호를 삭제하여 "부정경쟁행위의 금지 또는 예방을 위하여 필요한 조치"에 등록이전청구가 포함된다고 해석할 수 있는 여지를 남겨 놓아야 할 것이다. 부정경쟁방지법을 관장하는 특허청은 인터넷주소법이 gTLD에까지 적용된다면 아예 부정경쟁방지법 제2조 제1호 아목의 폐지도 고려할 수 있다고 하였다는데, 이와 같이 된다면 이 문제는 쉽게 해결될 수 있다.

(2) 정당한 권원이 있는 자가 '다수 경합' 하는 경우 어떻게 처리하나?

정당한 권원이 있는 자 여럿이 각자 도메인이름 등록인을 상대로 도메인이름 이전등록청구를 하는 경우가 있을 수 있는데, 이 경우 별도의 해결방안이 있을 수는 없고 먼저 확정판결을 받아 집행하는 자에게 도메인이름의 등록이 이전될 수밖에 없다. 이러한 결과가 바람직한가라는 의문이 여전히 남는다.

(3) '정당한 권원' 의 범위

'정당한 권원'의 범위의 해석과 관련하여 다툼이 발생할 여지가 많으므로 '정당한 권원'의 범위를 명문으로 규정하여 해석상 혼란이 발생하지 않도록 할 필요가 있다. 앞으로 등록이전청구를 할 수 있는 정당한 권원과 등록말소청구를 할 수 있는 정당한 권원을 달리 규정하는 방법은 없는지도 검토하여 보아야 할 것이다. 예를 들어 도메인이름 무단점유의 경우 도메인이름이 정당한 표지의 문자열과 가감없이 일치하는 경우에만 그 도메인이름의 이전결정을 허용하는 방안을 생각하여 볼 수 있다.

제 8 도메인이름 분쟁의 국제재판관할 및 준거법[94)]

Ⅰ. 도메인이름 분쟁의 국제재판관할의 개요

국제재판관할의 문제는, 어느 나라 법원에 국제적인 사건에 관한 소가 제기된 경우 그 법원이 재판을 할 수 있는 관할을 가지는가에 관한 것이다.

94) 이 항은 도메인이름 분쟁백서, 한국 인터넷 진흥원, 2009, 43-59(필자 집필 부분)를 토대로 그 내용을 정리하고 최근에 선고된 판결들을 추가한 것이다.

그런데 도메인이름은 gTLD는 물론이고 ccTLD도 상표와는 달리 등록을 한 국가 내에서만 또는 미리 지정한 일정한 국가 내에서만 사용되고 보호되는 것이 아니라, 전 세계적으로 동일한 도메인이름은 하나만이 허용되고 국경의 제한 없이 전 세계적으로 사용되는 특징을 가지고 있다. 따라서 도메인이름에 관한 분쟁은 가상공간에서의 국제적인 분쟁의 성격을 띠게 되는데, 이러한 분쟁을 오프라인에서 해결하는 경우, 전통적인 국제재판관할 원칙에 따라 이를 해결할 수 있다는 온건한 접근방법과 전통적인 원칙을 버리고 가상공간에 적합한 새로운 국제재판관할 원칙을 정립해야 한다는 급진적인 접근방법이 대립하고 있다.

구체적으로 보면 주로, 상표권자 등이 도메인이름 등록인을 상대로 그 도메인이름의 등록말소나 이전을 구하는 소를 어느 나라 법원에 제기하여 판결을 받아야 도메인이름 등록기관에서 그 판결에 따른 집행이 이루어질 수 있는가, 반대로 도메인이름 등록기관은 도메인이름의 등록말소나 이전을 명하는 어느 나라 법원의 판결이 제출되었을 경우 그 판결에 따라 도메인이름의 등록을 말소하거나 이전을 하여야 하는가, 또한 상표권자 등이 도메인이름 등록인을 상대로 그 도메인이름 등록 및 사용으로 인한 손해의 배상을 구하는 소, 또는 상표권자 등이 UDRP의 분쟁해결절차에 의한 판정에 따라 도메인이름을 이전받았으나 도메인이름 전 등록인이 상표권자 등에게 도메인이름의 사용금지를 구할 실체법상 권리가 인정되지 아니하여 그 이전이 도메인이름 전 등록인의 권리를 침해하는 불법행위에 해당한다고 하면서 상표권자 등을 상대로 손해배상을 구하는 소를 어느 나라 법원에 제기하여 판결을 받아야 도메인이름 등록인 또는 상표권자 등의 재산에 대하여 강제집행을 할 수 있는지 등이 문제된다.

일반적으로 상표권자로서는 소송의 편의를 위하여 상표가 등록되어 있는 자신의 주소지 국가에서 재판을 받기를 원할 것이고, 도메인이름 등록인으로서도 역시 자신의 주소지 국가나 등록기관 소재지 국가에서 재판을 받기를 원할 것인바, 도메인이름의 특성상 상표권자와 도메인이름 등록자가 재판받기를 원하는 국가가 일치하지 아니하는 경우가 많을 것이므로, 국제재판관할의 법리에 따라 이를 합리적으로 해결할 수 있는 방안을 마련하여야 할 것이다.

도메인이름 분쟁에서의 국제재판관할에 관한 상세한 설명은 생략하고[95], 이곳에서는 10년 가까이 소송이 진행 중인 hpweb.com 사건의 전체 경과 및 쟁점에 관하여 살펴보는 것에 그치기로 한다.

---

95) 도메인이름 분쟁백서, 한국 인터넷 진흥원, 2009, 44-51, 55-57(필자 집필 부분)에 상세한 설명이 있다.

Ⅱ. 우리나라의 hpweb.com 사건

일반적인 사안은 아니지만, 등록인(한국인, 웹디자이너)이 hpweb.com을 미국 버지니아주에 있는 등록기관 NSI에 등록하였다가 분쟁해결기관 중 하나인 NAF에서 UDRP에 따라 위 도메인이름을 신청인인 휴렛패커드(이하 HP라 한다)에게 이전하라는 판정을 받은 다음, HP가 신청 당시 관할권에 복종하기로 선택한 버지니아주 헌던시 법원이 아닌 등록인의 주소지 법원인 서울지방법원에 HP를 피고로 하여 소송을 제기함으로써 위 판정의 집행을 보류시키지 못하고 HP에게 도메인이름의 등록이 이전되자 HP에 대하여 도메인이름 등록이전 청구와 침해금지청구권의 부존재 확인청구(손해배상청구를 하였다가 항소심에서 취하하고 위 확인청구를 선택적 청구로 추가하였다)를 한 사안에서, 서울지방법원 2001. 12. 14. 선고 2000가합67360 판결은, 이 사건 소는 UDRP에 의한 분쟁해결절차가 종결된 후의 소에 해당한다고 보아야 한다면서, 국제재판관할의 일반원칙에 따라 도메인이름 등록인의 주소지 법원인 서울지방법원의 관할권을 인정한 반면, 항소심인 서울고등법원 2002. 9. 25. 선고 2002나4896 판결(1차 항소심 판결)은, 원고가 주장하는 불법행위가 있었다고 하더라도 그 가해행위지 및 결과발생지가 모두 미국이라고 봄이 상당하고, 위 도메인이름의 피고에게로의 이전이 부당이득에 해당한다 하더라도 그 반환의무의 이행지는 위 도메인이름의 등록기관 소재지인 미국이라고 봄이 상당하며, 등록기관의 주소지가 미국이므로 원고의 위 도메인이름에 관한 권리라는 재산의 소재지도 미국이이라고 봄이 상당하고, 국제사법 제2조 등을 고려하여 볼 때 원고 또는 이 사건이 대한민국과 실질적 관련이 있다고 보기 어렵고 오히려 등록기관 소재지국 법원에 국제재판관할을 인정하는 것이 국제재판관할 배분의 이념에 부합한다고 하면서, 국제재판관할이 서울지방법원에 없다는 이유로 제1심 판결을 취소하고 원고의 이 사건 소를 각하하였다.

그러나 대법원 2005. 1. 27. 선고 2002다59788 판결(1차 대법원 판결)은,'도메인이름의 선등록자인 원고는 행정패널의 판정이 내려져 집행되기 이전까지는 대한민국 내의 자신의 주소지를 사업 중심지로 삼아 회원들에게 위 도메인이름을 포함한 여러 도메인이름들을 이메일 주소용으로 사용할 수 있도록 제공하는 서비스업을 영위하면서 도메인이름을 사용하고 있었고, 그 웹사이트의 주된 이용언어는 한국어이었으며 그 주된 서비스권역 역시 대한민국이었던 것으로 보여지며, 도메인이름에 대한 이전 판정으로 인하여 영업상의 손해가 발생한 곳 역시 원고의 사업본거지이므로, 과연 그러한 이용행위가 침해행위인지 여부 및 손해의 유무를 판정하기 위한 증거들은 모두 대한민국에 소재한다고 보여지고, 따라서 분쟁이 된 사안과 대한민국 사이에 대한민국 법원이 재판관할권을 행사하는 것을 정당화할 수 있을 정도로 실질적 관련성이 있다 할 것이다. 절차규정 제1조가 행정패널의 판정의 집행을 저지하기 위한 소송을 제기할 수 있는 관할로서 신청인이 선택가능한 관할인 상호관할을 정의하면서 등록기관의 주된 사무소 소재지 법원과 함께 도메인이름 등록자의 주소지 법원을 나란히 열거하고 있는 것은 의무적 행정절차에 따른 판정을 신청할 당시를 기준으로 볼 때 등록인이 소극적 당사자라는 측면을 고려한 것이기도 하지만, 다른 한편으로 도메인이름에 관한 소송에 있어서 도메인이름 등록자의 주소지는 등록기관의 주된 사무소와 함께 도메인이름에 관한 분쟁과 실질적 관련성이 인정될 가능성이 큰 곳이라는 점을 고려한 것으로 이해할 수도 있겠고, 피고가 UDRP에 따른 판정을 신청할 당시에 원고의 주소지를 중심지로 하는 영업에 영향을 미치게 된다는 점을 충분히 알 수 있었을 것이므로 자신이 지정한 상호관할지 법원 이외에 대한민국 법원에 소송이 제기될 가능성을 충분히 예견할 수도 있었다 할 것이다.'라고 하여, 서울지방법원의 국제재판관할을 부정한 서울고등법원 2002. 9. 25. 선고 2002나4896 판결을 파기 환송하였다.

이에 대하여는, 원고가 승소판결을 받는다고 하더라도 등록기관이 위 도메인이름을 다시 원고에게 이전해 줄 가능성은 거의 없으므로, 우리나라 법원에게 국제재판괄할을 인정한다고 하더라도 당사자 사이의 분쟁이 실효성 있게 해결되지 아니하는 이상 우리나라 법원으로서는 국제재판괄할권 행사에 신중을 기하여야 하고, 이러한 관점에서 본다면 위 대법원 판결보다는 항소심 판결이 보다 실제적인 관점에 입각한 것이라는 견해[96], 국제재판관할의 기준을 영토적 관련 여부를 중심으로 구체화하기 위해서는 다툼의 대상인 법률관계의 성질별로 국제재판관할의 기준을 구체화할 필요가 있으므로 당해 사건이 어떤 성질의 법률관계에 관한 분쟁인지를 판단하여야 하고(사안근접성이 주된 고려요소가 되고 증거근접성은 보조적인 역할을 한다), 위 대법원 판결 이전까지의 우리나라 하급심 판결들에서 사건의 성질, 유형별로 국제재판관할의 판단기준을 구체화하려는 경향도 점진적으로 확대되어 왔으나, 위 대법원 판결은 구체적 사건에서의 국제재판관할 유무의 판단에 대해 증거조사의 편의가 인정된다면 사건과 법정지 간에 '실질적 관련'이 있고 그 법정지에서 재판하는 것이 '재판의 적정, 신속, 공평'에 맞는다고 함으로써 '재판의 적정, 신속, 공평'에 맞는지 여부를 주

96) 도두형, "도메인이름 분쟁의 국제재판관할", 인권과 정의, 2005. 7, 141-142.

로 증거근접성에 비추어 직접 판단하는 것으로 족하다는 태도를 밝혔는바, 이는 기존의 판례의 주류적인 흐름으로부터 궤도를 이탈한 것이고 국제사법 제2조의 입법취지에도 맞지 않는다는 견해[97]가 있다.

한편, 파기환송을 받은 서울고등법원은 2005. 11. 8. 선고 2005나23409 판결(2차 항소심 판결)로, 원고의 침해금지청구권 부존재 확인청구에 대하여는 이미 위 도메인이름이 피고에게 이전된 이상 위 부존재 확인청구는 위 도메인이름을 원고에게 회복하기 위한 유효적절한 수단이라 할 수 없으므로 확인의 이익이 없어서 부적법하다는 이유로 이를 각하하였고, 원고의 도메인이름 이전청구에 대하여는 UDRP나 우리나라의 부정경쟁방지 및 영업비밀보호에 관한 법률 제2조 제1호 아목 및 미국의 연방상표희석화방지법 어느 것에 의하더라도 이유 없다는 이유로 받아들이지 아니하였다. 이에 대하여 원고가 다시 상고하자, 대법원은 2008. 4. 24. 선고 2005다75071 판결(2차 대법원 판결)로, 대법원 2008. 2. 1. 선고 2004다72457 판결과 마찬가지로 도메인이름 등록인과 제3자 사이의 도메인이름에 관한 소송을 심리 · 판단하는 법원은 특별한 사정이 없는 한 UDRP에 의할 것이 아니라 당해 사건에 적용 가능한 법률에 의하여 당해 사건을 심리 · 판단하여야 할 것임을 전제로 하여, 원심이 원고의 위 도메인이름 등록 · 사용이 UDRP의 요건을 충족하므로 원고가 피고에게 도메인이름을 이전하는 것이 위법하거나 부당하지 않다고 판단한 것은 UDRP의 구속력에 대한 법리를 오해하였음이 분명하고, 위 도메인이름이 피고에게 이전등록 된 2000. 9. 29. 당시에는 위 아목이 신설되기 전이므로 원심이 위 아목을 근거로 원고가 피고에게 도메인이름을 이전하는 것이 위법하거나 부당하지 않다고 판단한 것은 위 아목에 대한 법리를 오해한 것이며, 위 도메인이름 이전등록 당시 피고에게 위 도메인이름의 사용금지를 구할 실체법적 권리가 인정되지 않는다면 비록 분쟁해결기관의 조정결정에 따른 이전등록이었다고 하더라도 결국 위 이전은 법률상 원인이 없는 것으로 피고에게 부당이득이 성립할 여지가 있다 할 것이므로,[98] 원심으로서는 부당이득반환채권의 성립 및 효력에 관한 구 섭외사법 제13조(제1항은 부당이득 또는 불법행위로 인하여 생긴 채권의 성립 및 효력은 그 원인된 사실이 발생한 곳의 법에 의한다고 규정하고 있는데, 부당

97) 장준혁, "도메인이름 분쟁에 관한 국제재판관할", 경희법학 41권 2호, 2006. 12, 81-86.

98) 김기중, "통일도메인이름 분쟁해결 규정(UDRP)의 해석과 적용", 인터넷법률 제11호, 2002. 3, 136은, UDRP 판정을 통보받은 날부터 10영업일이 지나서야 소를 제기함으로써 분쟁해결절차 신청인에게 도메인이름 등록이 이전되었다 하더라도 분쟁해결절차 피신청인(당시 등록자)이 위 소에서 등록이전 등을 명하는(또는 신청인에게 사용금지청구권이나 등록이전청구권이 부존재한다는) 확정판결을 받은 경우 등록기관은 위 판결에 따라 다시 원등록자에게 등록이전 등을 하여야 한다고 주장한다.

이득에 있어 원인된 사실이 발생한 곳은 그 이득이 발생한 곳을 말한다)의 규정에 따라 준거법을 결정하고 그 준거법을 적용하여 도메인이름 반환청구의 당부를 살펴보았어야 함에도 달리 판단하고 말았으니 원심은 구 섭외사법상 준거법에 관한 법리 및 부당이득의 법리를 오해한 위법이 있다고 하면서(위 도메인이름의 이전등록으로 인하여 원고는 대한민국에서 위 도메인이름을 사용하지 못하게 되었으므로 불법행위의 성립 및 효력에 대하여는 대한민국법이 준거법이 된다고 할 것인바, 피고가 UDRP에서 정한 바에 따라 분쟁해결기관에 분쟁조정신청을 하고서 그 조정결과에 따라 위 도메인이름을 이전받은 행위는 특별한 사정이 없는 한 위법하다고 할 수 없으므로 원고에 대한 불법행위는 성립되지 않는다고 하였다), 원심판결을 다시 파기 환송하였다.[99]

환송받은 서울고등법원은 2009. 1. 21. 선고 2008나43015 판결(3차 항소심 판결, 상고되어 대법원 2009다15596으로 계속 중)로, 피고의 불법행위의 성립에 대하여는 2차 대법원 판결과 같이 판단하여 부정하였고, 부당이득반환을 원인으로 한 도메인이름 이전청구에 대하여는, 위 도메인이름을 피고가 보유함으로써 그 이득이 발생하고 있는 곳은 피고의 소재지인 미국이어서 아래 3.의 나.에서 보는 섭외사법의 규정에 따라 부당이득반환채권의 성립 및 효력에 관하여는 미국법이 준거법이 되고, 원고는 그의 위 도메인이름 등록 또는 사용이 미 연방상표법에 위반되지 아니함을 입증함으로써 미 연방상표법 §1114(2)(D)(v)의 규정에 의하여 이 사건 도메인이름의 반환을 구할 수 있는데, 원고의 위 도메인이름의 등록, 사용은 미 연방상표법 §1125(d)(1)(A)(d) 규정에 따라 피고의 상표권을 침해하는 위법한 행위에 해당하므로 원고는 미 연방상표법 §1114(2)(D)(v)의 규정에 의하여서는 피고를 상대로 위 도메인이름의 반환을 구할 수는 없다고 하면서, 원고의 도메인이름 이전청구를 기각한 제1심 판결에 대한 항소를 기각하고, 항소심에서 추가된 원고의 침해금지청구권 부존재 확인 청구 부분의 소는 확인의 이익이 없어 부적법하다는 이유로 각하하였다.

---

99) lg-nortel.co.kr에 관한 대구지방법원 2009. 4. 28. 선고 2008가합9628 판결(확정)은, 도메인이름 등록인이 인터넷주소분쟁조정위원회의 결정을 송달받은 후 14일 이내에 소 제기 증명서를 제출하지 않아 위 도메인이름이 분쟁조정신청인에게 이전등록이 된 후 위 신청인을 상대로 신청인의 사용금지청구권 및 이전청구권 부존재 확인의 소를 제기하자 확인의 이익이 없다는 이유로 각하하였다.

Ⅲ. 도메인이름 분쟁에 대한 준거법

1. 상표권 침해, 부정경쟁행위로 인한 도메인이름 사용금지청구와 이전등록청구의 준거법

UDRP 판정의 집행을 보류하기 위한 제기한 소에서 피고의 도메인이름에 대한 사용금지청구권 및 이전등록청구권의 존부에 관한 사법적 판단을 UDRP에 의할 것인가 아니면 각국 실정법(국제사법에 따라 정해진)에 의할 것인가의 문제는 앞에서 상세히 살펴보기로 하고, 여기에서는 위 문제에 관한 대법원판례에 따라 각국 실정법을 사법적 판단기준으로 삼을 경우 국제사법에 의하면 어느 나라의 실정법을 준거법으로 하여야 하는지에 대해서만 간단히 살펴보기로 한다.

이에 대하여는 myspce.com에 관한 서울중앙지방법원 2007. 8. 30. 선고 2006가합53066 판결(확정){wes.com에 관한 서울중앙지방법원 2007. 10. 11. 선고 2006가합74971 판결(확정)도 같은 취지이다}이 상세히 설명하고 있으므로 그 내용을 살펴보기로 한다. 사안의 개요 및 쌍방의 주장은 다음과 같다. 원고는 로드릭슨으로부터 위 도메인이름을 매수하여 이전등록 한 등록인으로서 2006. 8. 무렵에 위 도메인이름으로 원고가 운영하는 다른 웹사이트로 연결되어 서비스가 되도록 포워딩을 시켜 놓았으며, 피고(MySpace,Inc.)는 UDRP에 따라 원고를 상대로 NAF에 분쟁해결신청을 하여 2006. 6. 19. 원고는 위 도메인이름을 피고에게 이전하라는 판정을 받았고, 이에 원고는 2006. 6. 22. 서울중앙지방법원에 위 도메인이름에 대한 피고의 사용금지청구권 및 이전등록청구권이 존재하지 아니한다는 확인을 구하는 소를 제기함으로써 위 판정의 집행이 보류된 상태이다. 원고는 자신이 위 도메인이름을 사용하는 것은 우리나라의 부정경쟁방지 및 영업비밀보호에 관한 법률에 정해진 부정경쟁행위에 해당하지 아니한다고 주장하였고, 피고는 원고가 위 도메인이름을 사용하는 것은 UDRP 제4조 a항의 요건을 충족하고, 설령 UDRP가 판단기준이 될 수 없다고 하더라도 피고의 상표권을 침해하고 있으므로 준거법으로서 미국의 Anticybersquatting Consumer Protection Act(이하 'ACPA'라 한다)가 적용되어야 한다고 주장하였다.

위 판결은, 우선 이 사건 소에서 UDRP가 피고의 위 도메인이름에 대한 사용금지청구권 및 이전등록청구권의 존부에 관한 사법적 판단기준이 될 수는 없다고 한 다음, ACPA에 기초한 도메인이름 사용금지청구와 이전등록청구는 미국 상표권의 독점적 배타적 효력에 기초한 것이므로 그 법률관계의 성질을 상표권의 효력으로 봄이 상당하고, 상표권의 효력의 준거법에 관해서는 국제사법 제24조에서 '지적재산권의 보호는 그 침해지법에 의한다.'고 규정하고 있는데, 이는 지적재산권의 침해행위의 준거법을 규정한 것이고 지적재산의 침해와 관련해서는 지적재산권의 보호를 인정하는 보호국에서만 침해가 인정될 수 있으므로 침해지법은 보호국법과 동일하며, 따라서 상표권의 효력의 준거법은 국제사법 제24조의 침해지법에 해당하는, 당해 상표권과 가장 밀접한 관계가 있는 국가인 당해 상표권이 등록되어 있는 국가의 법률에 의한다고 해석함이 상당하므로, 피고의 원고에 대한 이 사건 사용금지청구와 이전청구에 관해서는 일응 피고의 상표권이 등록되어 있는 미국의 ACPA가 준거법이 된다고 하였다. 그러나 이어서 우리나라는 상표권에 관해서 속지주의의 원칙을 채용하고 있고, 그에 따르면 각국의 상표권은 해당국의 영역 내에서만 효력을 가짐에도 불구하고 미국의 상표권에 기초하여 우리나라에서의 도메인이름의 등록말소(사용금지)나 이전등록을 인정하는 것은 미국 상표권의 효력을 그 영역인 미국 이외인 우리나라에 미치게 하는 것과 실질적으로 동일한 결과를 가져오게 되어 우리나라가 채용하고 있는 속지주의의 원칙에 반하는 것이 되고, 또한 우리나라와 미국 사이에서 서로 상대국의 상표권의 효력을 자국에 있어서도 인정하여야 하는 내용을 정한 조약도 존재하지 않으므로, 미국 상표권의 침해행위에 대하여 미국 ACPA를 적용한 결과 우리나라 국내에서 그 침해행위의 금지의 효과로서 도메인이름의 사용금지의무나 이전의무를 인정하는 것은 우리나라의 상표법 질서의 기본이념에 비추어 받아들일 수 없는바, 따라서 미국 ACPA의 규정들을 적용하여 원고에게 위 도메인이름의 사용금지의무와 이전등록의무를 인정하는 것은 국제사법 제10조에서 말하는 우리나라의 사회질서에 반하는 것이라고 봄이 상당하므로 미국 ACPA를 적용하지는 않는다고 하였다, 그러면서 다만 외국법의 적용이 우리나라의 사회질서에 반하여 당해 외국법을 문제된 법률관계에 적용할 수 없는 법률의 흠결이 발생하게 될 경우에는 우리나라의 공서양속과 사회질서를 유지하기 위해 예외적으로 외국법의 적용을 배제하는 취지에 비추어 우리나라의 법률로써 그 법률의 흠결을 보충해야 하므로, 결국 우리나라의 부정경쟁방지법에 따라 원고의 위 도메인이름의 사용이 피고에 대하여 부정경쟁행위에 해당하는지 여부를 살펴보아야 한다고 하였다.

이 판결의 준거법 결정에 대하여는, 2001. 7. 1.부터 시행된 전면 개정 국제사법이 공서(公序)조항(제10조)을 개정하면서 공서조항의 예외적 성격을 강조하고 공서조항의 남용을 막기 위해 선량한 풍속 및 사회질서에 '명백히' 위반되는 경우에만 외국법의 적용이 배제됨을 명시하였는데, 위 판결은 이와는 달리 너무 완화된 기준으로 공서조항을 적용하였다는 비판이 있다.

한편, wellfargo.com에 관한 서울중앙지방법원 2009. 5. 22. 선고 2008가합47119(본소), 81607(반소) 판결(확정)은, 분쟁조정신청인이 우리나라의 상표법에 따라 도메인이름의 사용금지와 이전등록절차 및 등록말소절차의 이행을 구할 권리가 있다고 주장하는 사건에서 도메인이름 등록인이 도메인이름을 등록 · 사용함으로써 위 신청인이 대한민국에 등록한 서비스표권을 침해할 수 있는 행위를 한 장소가 대한민국이므로 위 국제사법 제24조에 따라 적용되어야 할 준거법은 대한민국법이라고 하였다. hoar.com에 관한 수원지방법원 안산지원 2009. 6. 4. 선고 2007가합8157(본소), 2009가합1471(반소) 판결(항소)도 같은 취지이다. WALL-MART.COM에 관한 대구지방법원 2009. 6. 9. 선고 2008가합2092(본소), 2009가합3405(반소) 판결(확정), fruitella.com에 관한 광주지방법원 2009. 7. 16. 선고 2008가합7040 판결(확정), giorgioarmanihotel.com에 관한 대구고등법원 2009. 7. 23. 선고 2009나1024(본소), 1031(반소) 판결{확정, 원심은 대구지방법원 2009. 1. 13. 선고 2007가합11792(본소), 2008가합10505(반소) 판결}도 부정경쟁방지법에 관하여 같은 이유로 준거법은 대한민국법이라고 하였다.

2. 도메인이름 분쟁으로 인한 불법행위, 부당이득의 준거법

국제사법 제32조 제1항은, 불법행위는 그 행위가 행하여진 곳의 법에 의한다고 규정하고 있다. 구 섭외사법 제13조가 불법행위로 인하여 생긴 채권의 성립 및 효력은 그 원인된 사실이 발생한 곳의 법에 의한다고 규정하고 있을 당시 '원인된 사실이 발생한 곳'이라 함은 불법행위를 한 행동지 뿐만 아니라 손해의 결과발생지도 포함한다는 것이 대법원판례이었는데, 국제사법 제32조 제1항도 마찬가지로 해석할 수 있을 것이다. 따라서 만일 도메인이름의 이전등록이 불법행위에 해당한다면 그 이전등록으로 인하여 도메인이름을 사용하지 못하게 된 나라의 법이 준거법이 될 수 있다. 한편 국제사법 제31조 본문은, 부당이득은 그 이득이 발생한 곳의 법에 의한다고 규정하고 있다.

참고문헌

〈단행본〉

도메인이름 분쟁백서, 한국인터넷진흥원, 2008.

______, 한국인터넷진흥원, 2009.

조정욱, 인터넷 도메인 분쟁 연구, 2004.

최성준, 도메인이름 분쟁조정결정문의 유형 · 사례분석에 관한 연구, 한국인터넷진흥원, 2007.

통일도메인이름 분쟁해결규정(UDRP)의 실체법적 적용과 해석에 관한 연구, 한국인터넷진흥원.

〈논문〉

강기중, "도메인이름에 관한 2개의 판례 비교 해설", 정보법학 제8권 제2호, 2004.

권영준, "도메인네임에 관한 지적재산권 법적문제점", 사법논집 제31집, 2000.

김기중, "통일도메인이름 분쟁해결정책의 해석과 적용", 인터넷법률 제11호, 2002. 3.

______, "통일도메인이름 분쟁해결규정(UDRP)의 해석과 적용", 인터넷법률 제11호, 2002. 3.

김원오 · 이경규, "도메인이름 사이버스쿼팅에 관한 실체적 분쟁해결 규준의 문제점", 법학연구 제10집 제3호, 인하대학교 법학연구소, 2007.

김종윤, "도메인이름 분쟁에 있어서 상표권의 보호범위 및 그 한계", 도메인분쟁 해결의 사법적 문제에 관한 고찰, 인터넷주소 분쟁조정 위원회 제4회 국제세미나, 2006. 9.

남호현, "사이버스쿼팅 방지에 관한 국내법의 적용", 도메인이름분쟁해결에 관한 WIPO의 최근 경향과 국내법의 정, 도메인이름 분쟁조정 위원회 제4차 국제세미나, 2004. 4.

노태악, "도메인이름 분쟁해결에 관한 국내법의 정비와 최근 법원 판결의 경향에 관한 몇 가지 생각", 도메인이름분쟁해결에 관한 WIPO의 최근 경향과 국내법의 정비, 도메인이름 분쟁조정 위원회 제4차 국제세미나, 2004. 4.

도두형, "도메인이름 분쟁의 국제재판관할", 인권과 정의, 2005. 7.

손경한, "도메인네임 선점과 법적 과제", e-commerce 2000.1/2

이광영, "도메인네임에 관한 분쟁해결절차, 재판자료 제111집 외국사법연수논집 26-下.

이상정, "도메인네임과 상표권(2)", 발명특허 제294호, 2000.

장덕조, "도메인네임의 법적성질 및 규제방안", 상사법연구 19권 2호, 2000.

장준혁, "도메인이름 분쟁에 관한 국제재판관할", 경희법학 41권 2호, 2006. 12.

정진용, "도메인이름의 무단점유 관련 새로운 입법에 관한 소고", 인터넷법률 제24호, 2004.

조정욱, "WIPO 조정결정과 인터넷주소분쟁조정위원회 조정결정 경향 비교", 국내외 인터넷주소분쟁해결제도 최근 경향과 국제재판관할 문제 고찰, 인터넷주소분쟁조정위원회 · 한국정보법학회 공동 국제세미나, 2009. 10.

______, "도메인이름 분쟁조정결정에 대한 사법적 구제", 인터넷법률 제18호, 2003. 7.

______, "인터넷 도메인이름의 법적 문제에 관한 연구", 서울대학교 법학박사학위논문. ??

최성준, "도메인이름과 상표권", 특허법원 개원 10주년 기념논문집.

______, "도메인이름과 부정경쟁방지법 제2조 제1호 아목의 부정경쟁행위", Law & Technology 2007. 7.

______, "도메인이름의 법적 문제점", 인터넷과 법률 Ⅱ, 법문사, 2005.

______, "부정경쟁행위에 관한 몇 가지 쟁점", Law & Technology 2009. 1.

한상호, "도메인이름관련 분쟁의 새로운 동향과 해결방안에 관한 검토", 21세기 한국민사법학의 과제와 전망, 송상현 선생 화갑기념 논문집.

제 2 절

인터넷 오픈마켓 사업자의 상표권 침해책임 *

제 1 서 론

Ⅰ. 용어의 정리

'오픈 마켓'이란, 우리 법령상 이미 채택하고 있는 용어인 '사이버 몰'[1]의 여러 유형 중에서도 인터넷서비스제공자가 직접 판매자로 나서는 것이 아니라, 오픈마켓서비스 이용계약을 체결한 판매자와 불특정 다수의 구매자들 간에 상품 거래가 이루어질 수 있는 인터넷상 공간을 제공하고 그 대가로 상품등록이나 판매에 대한 수수료를 판매자로부터 징수하는 형태의 사이버 몰을 가리킨다.

우리 법령에서 아직 드물기는 하지만 '온라인 오픈마켓'이라는 용어를 이미 사용한 예가 있다.[2] 우리 법령은 위 용어 이외에도 거의 동일한 객체를 지칭하는 다른 표현으로 '통신판매중개'[3]라는 용어를 사용하기도 한다. 이하, 이 글에서는 '인터넷 오

* 박준석: 서울대학교 법학대학원 조교수.

1) '사이버 몰'에 관하여, '전자상거래 등에서의 소비자보호에 관한 법률' 제2조 제4호에서는 "컴퓨터 등과 정보통신설비를 이용하여 재화등을 거래할 수 있도록 설정된 가상의 영업장"이라고 정의하고 있고, 한편 부가가치세법 시행령 제4조 제14호에서는 "전기통신사업법 제4조에 따른 부가통신사업을 영위하는 사업자.... 가 컴퓨터 등과 정보통신설비를 이용하여 재화 등을 거래할 수 있도록 설정한 가상의 영업장"이라고 규정하고 있다.

2) 아직은 유통산업발전법 시행규칙 제2조 6의2호에서의 다음과 같은 문구가 유일한 예로 보인다.
『제2조 (무점포판매의 유형) 「유통산업발전법」(이하 "법"이라 한다) 제2조제8호에서 "지식경제부령이 정하는 것"이라 함은 다음 각 호의 어느 하나에 해당하는 것을 말한다.
6. 인터넷쇼핑몰 또는 사이버몰 등 전자상거래
6의2. 온라인 오픈마켓 등 전자상거래중개』

3) 대표적으로 '전자상거래 등에서의 소비자보호에 관한 법률'의 아래 조항 등이 그러하다.
『제2조 (정의) 이 법에서 사용하는 용어의 정의는 다음과 같다.
2. "통신판매"라 함은 우편 · 전기통신 그 밖에 총리령이 정하는 방법에 따라 재화 또는 용역(일정한 시설을 이용하거나 용역의 제공을 받을 수 있는 권리를 포함한다. 이하 같다)의 판매에 관한 정보를 제공하고 소비자의 청약에 의하여 재화 또는 용역(이하 "재화등"이라 한다)을 판매하는 것을 말한다. 다만, 방문판매등에관한법률 제2조제3호의 규정에 의한 전화권유판매를 제외한다.
4. "통신판매중개"라 함은 사이버몰(컴퓨터 등과 정보통신설비를 이용하여 재화등을 거래할 수 있도록 설정된 가상의 영업장을 말한다. 이하 같다)의 이용을 허락하거나 그 밖에 총리령이 정하는 방법에 의하여 거래 당사자간의 통신판매를 알선하는 행위를 말한다.』

픈마켓'이라는 용어를 사용하고자 한다.[4)]

아울러 후술하듯이 오픈마켓에서의 상표권 침해책임 문제는, 사실 이미 이용자들의 저작권이나 명예훼손행위를 둘러싸고 수년 동안 치열하게 논의되어 온 인터넷서비스제공자의 책임론의 한 분야에 불과하므로, '(인터넷)서비스제공자'[5)]라는 표현을 첨가하여, 결국 '인터넷 오픈마켓 서비스제공자'란 표현이 가장 적절할 것이다. 하지만, 이 글에서는 편의상 경우에 따라 '오픈마켓 사업자'[6)]로 축약한다.

Ⅱ. 이 글의 논의범위

'인터넷 오픈마켓 서비스제공자'의 상표권 침해책임에 관한 쟁점들을 넓게 보자면 실로 다양할 수 있지만 현실에서 문제되어 이 글이 논의하고자 하는 범주는 주로 다음과 같은 것에 국한된다.

1. 오픈마켓 사업자의 직접 침해책임이 아닌 부수적 책임 문제에 국한함

인터넷서비스 제공자가 중개역할에 그치지 아니하고 직접 판매자로 나서는 형태는 인터넷 보급초기에 이미 등장하였고 오픈마켓이 번성하는 지금까지도 일부 존재하는 사업형태이다. 가령, 상품제조자가 직접 자신이 운영하는 인터넷사이트를 통하여 판매행위까지 하는 경우가 그것이다. 이런 경우에 만일 상표권침해가 발생하였다면 인터넷서비스 제공자가 부담할 책임은 자신이 상표권을 침해한 행위에 대한, 이른바 직접적인 책임이다. 설령 자신이 직접 위조상표를 상품에 부착한 것이 아니라 타

4) '오픈마켓'이라는 용어만으로는 사이버가 아닌 현실공간에서의 그것과 혼동될 가능성이 있고, 이를 피하기 위하여 '온라인 오픈마켓'이라고 칭하는 방법은 '온라인'이란 문구가 비록 틀린 것은 아니지만 논의대상을 정확하게 지적하는 표현이 아니다. 온라인이란 표현은 인터넷이란 표현에 비하여 폐쇄적 네트워크까지 포함한다는 장점이 있어 비록 저작권법 제102조 등에서 채용하고 있으나, 오픈마켓 분야에서 인터넷이 아닌 폐쇄적 네트워크가 문제될 경우를 상정하기란 극히 어렵기 때문이다. 한편 '통신판매중개'라는 용어는 바로 위 각주에서의 정의에서 알 수 있듯이 지나치게 광범위하여 부적절하다. 이와 관련하여 '통신판매중개'의 정의가 불명확하다는 비판으로는 오병철, "통신판매업자의 불법행위에 대한 통신판매중개자(오픈마켓)의 책임 -서울중앙지방법원 2008.11.20, 2006가합46488 판결을 중심으로-", 재산법연구, 제26권 제1호, 2009. 6, 188을 참조할 것.

5) 필자는 저작권법에서도 '온라인서비스 제공자'가 아닌 '인터넷서비스 제공자'란 표현이 논의대상을 더 정확하게 드러내는 적절한 표현이라는 입장이다(이에 관하여는 박준석, 「인터넷서비스제공자의 책임」, 박영사, 2006, 8면). 그것이야 어쨌든 저작권법 분야가 아닌 명예훼손 분야에 있어서 최근 가장 중요한 판례라 할 대법원 2009. 4. 16. 선고 2008다53812 전원합의체판결(이용자의 명예훼손행위에 있어 포털사이트의 방조책임을 긍정한 판결임)에서도 법원은 포털(portal)을 '인터넷 종합 정보서비스 사업자'로 명명하는 한편 사이버공간을 지칭하는 용어로 '온라인'이 아닌 '인터넷'이라는 표현을 사용하고 있다.

6) 비영리로 오픈마켓 서비스를 제공하는 경우도 상정할 수 있으나, 현실의 예는 거의 예외없이 영리를 목적으로 한 '사업자'이기 때문이다.

인으로부터 그런 상품을 양수한 것이라도 이를 인터넷서비스제공자가 자신의 서비스를 통하여 다시 양도하는 행위는 상표법 제50조,[7] 제2조 제1항 제6호 나목[8]에 따라 상표권 침해행위에 해당하므로 같은 법 제65조의 금지청구나 제93조의 형사처벌을 받게 되는 것이다. 그러나 이렇게 인터넷서비스 제공자가 직접 상표권을 침해하는 경우라면, 인터넷기술의 특징과 결합하여 새롭게 등장한 몇몇 문제들(가령, 도메인네임 사용을 통한 타인의 상표권 침해 문제나, 팝업광고 · 키워드광고를 통한 타인의 상표권 침해 문제 등)을 제외하고는, 종전의 현실공간에서의 상표권침해 관련논의와 굳이 구별하여 논의할 필요성이 작다. 이 글에서 논의할 법적책임은 위와 같은 직접적 책임이 아니라 오픈마켓의 판매자(환언하여, 오픈마켓 서비스 이용자)의 상표권침해행위에 부수하여 오픈마켓 사업자가 부담할 수 있는 부수적 책임이다.

마찬가지로, 다음과 같은 설명부분 역시 이 글의 관심이 아니다. 즉 오픈마켓사업자의 책임에 관한 국내논의 중에는 '표시광고의 공정화에 관한 법률' 제10조[9]에서 사업자의 부당한 광고에 대하여 무과실책임을 부과하고 있음을 들어 만일 오픈마켓사업자가 판매자의 개별상품 판매와 관련 없이 자신의 오픈마켓 자체를 위한 광고행위를 하였을 때 위와 같은 무과실책임을 부담할 것이라는 설명이 존재한다. 하지만, 이런 행위에 대하여는 이런 오픈마켓 사업자뿐만 아니라 사업자 전반에 대한 허위광고 규제의 일반적인 논의로 충분할 것으로 사료된다.[10]

2. 오픈마켓 소비자가 아닌 제3자(상표권자)에 대한 책임문제에 국한함

인터넷 오픈마켓 서비스 제공자가 부담할 수 있는 부수적인 법적 책임에 국한하더라도, 이론상으로는 제3자인 상표권자는 물론 해당 위조상품을 구입한 소비자도

7) 제50조 (상표권의 효력) 상표권자는 지정상품에 관하여 그 등록상표를 사용할 권리를 독점한다....

8) 제2조 제1항 6. '상표의 사용'이라 함은 다음 각목의 1에 해당하는 행위를 말한다.

나. 상품 또는 상품의 포장에 상표를 표시한 것을 양도 또는 인도하거나 그 목적으로 전시 · 수출 또는 수입하는 행위

9) 표시광고의 공정화에 관한 법률 제10조 (손해배상책임) ① 사업자등은 제3조제1항의 규정에 위반하여 부당한 표시 · 광고행위를 함으로써 피해를 입은 자가 있는 경우에는 당해 피해자에 대하여 손해배상의 책임을 진다.

② 제1항의 규정에 의하여 손해배상의 책임을 지는 사업자등은 그 피해자에 대하여 고의 또는 과실이 없음을 들어 그 책임을 면할 수 없다.

10) 사실 그간 별다른 논의가 없긴 하였지만 향후 논의방향에 따라서는 위 법률 제10조의 규정취지를 확대하여 오픈마켓 사업자의 광고행위를 판매자의 개별상품 판매로 인한 상표권 침해와 결부지어 설명하려는 입장도 등장할 수 있을 것이다. 그렇지만 오픈마켓 사업자가 거의 예외 없이 별도의 공고로서 자신은 개별 판매자의 광고내용과 직접적 관계가 없다는 점, 혹은 개별판매자의 광고에 따른 책임이 없다는 점을 알리고 있는 이상, 그럼에도 여전히 위 법 제10조의 적용 여부를 운운하는 것은 지나치게 기교적이거나 무리한 확장해석이 될 것이다.

그 법적책임 추궁의 주체가 될 수 있다. 이때 소비자에 대하여는 '전자상거래 등에서의 소비자보호에 관한 법률'(이하 '전자상거래법'이라고만 함)의 관련규정이 적용될 여지가 있다. 가령 위 법률 제20조[11]에서는, 책임이 없음을 미리 약정하거나 고지하지 아니한 때에는 통신판매 중개자로 하여금 소비자에 대하여 판매자와 연대책임을 부담하도록 하여(제1항), 통상 민법규정이 적용되었을 때보다 그 책임을 가중하고 있다. 나아가 현재 국회에서 전자상거래법 개정안[12]은 통신판매 중개자의 책임을 더욱 분명히 하거나 강화하여, 통신판매 중개자의 관리 의무를 명시하여 통신판매중개자는 선량한 관리자의 주의의무를 다할 것을 명시하는 한편(개정안 제20조 제1항), 자신이 통신판매의 주체가 아니며 중개행위만을 한다는 사실을 명확하게 고지하여야 하고(같은 제2항), 특히 해당 사이버몰에서 거래되고 있는 재화 등의 정보를 확인하여 검증된 정보를 소비자에게 제공할 의무를 지우고 있다(같은 제3항). 보기에 따라서 이런 '선관의무'나 '검증된 정보 제공의무' 조항이 상표권자가 위 중개자를 상대로 제소함에 있어서도 책임위반의 근거조항으로 활용될 여지가 전혀 없지는 아니하지만, 근본적으로 위 개정안 역시 이런 의무의 부과가 '소비자'의 권리보호를 위한 것임을 명시하고 있다.[13] 이처럼 전자상거래법의 관련규정은 전반적으로 소비자에 대한 법적 책임을 취급하고 있는 규정에 불과하므로, 상표권자에 대한 법적 책임에 관심 있는 이 글의 논의과정에서는 참고가 될 수 있을 뿐 직접 적용될만한 규정은 아니다. 뿐만 아니라 실제 발생한 법원의 재판 사례 중에서는 전자상거래법상 소비자보호가 문제될 사례를 발견하기 힘들

11) 제20조 (통신판매 중개자의 책임) ① 통신판매 중개자가 재화등을 판매함에 있어서 책임이 없다는 사실을 약정하지 아니하거나 미리 고지하지 아니하고 통신판매의 중개를 한 경우에는 당해 통신판매와 관련하여 통신판매의 중개를 의뢰한 자의 고의 또는 과실로 소비자에게 발생한 재산 상의 손해에 대하여 그 통신판매중개자는 중개를 의뢰한 자와 연대하여 배상할 책임을 진다.

② 〈생략〉

③ 〈생략〉

④ 통신판매 중개자는 통신판매의 중개를 의뢰한 사업자의 신원에 관한 정보를 열람할 수 있는 방법을 소비자에게 제공하여야 하고 통신판매의 중개를 의뢰한 자가 사업자가 아닌 경우에는 주소 · 전화번호 등 대통령령이 정하는 사항에 관하여 통신판매의 중개 대상이 되는 거래의 당사자들에게 거래상대방에 관한 정보를 열람할 수 있는 방법을 제공하여야 한다.

12) 2010년 11월 현재 여러 개의 전자상거래법 개정안이 거의 동시에 발의되어 심의중이나, 여기서는 2008. 10. 16.자 국회의원 김영선 등 13인의 개정안을 가리킨다. 2009. 12. 31. 정부가 발의한 개정안에서도 통신판매 중개자로 하여금 자신이 통신판매의 당사자가 아니라는 사실을 소비자에게 미리 고지하도록 하고 (개정안 제20조 제1항), 이런 고지를 하지 아니한 경우 통신판매 중개의뢰자의 고의 또는 과실로 소비자에게 발생한 재산상 손해 등에 대하여 통신판매 중개의뢰자와 연대하여 배상할 책임을 부담하도록 정하고 있다 (같은 제20조의2 제1항).

13) 제1항 의무위반에 대하여는 제20조의2 제1항에서, 제3항 의무위반에 대하여는 제20조의2 제2, 3항에서 그 법적효과에 관하여 모두 소비자에게 (연대)책임이 문제될 수 있다고 정하고 있을 따름이다.

14) 전자상거래법 관련 사례로는 드물게 대법원 2008.12.24. 선고 2008다58961 판결이 존재하지만, 이는 인터넷 사이트를 운영하는 콘텐츠 제공회사가 전자상거래 등에서의 소비자보호에 관한 법률을 위반하였음

다.[14] 그 이유로는 여러 가지가 있을 것이지만 긴 설명은 줄이기로 하고,[15] 어쨌든 이런 오픈마켓에서의 소비자 보호문제는 강학상 흥미로운 주제일 수는 있더라도, 이 글에서는 각국에서 재판이 벌어지고 있는 상표권자 보호문제에 논의를 집중하고자 한다.

제 2 오픈마켓 거래의 과정 및 판매자에 의한 상표권침해 실태 등

Ⅰ. 인터넷 오픈마켓의 거래 과정[16]

1. 개 요

인터넷 오픈마켓 서비스제공자, 줄여서 오픈마켓 사업자는 단지 운영자로서 전체적인 시스템 관리를 주업무로 하고 있고, 직접 상품 판매의 주체로서 소비자들과 거래관계를 맺지는 않는다. 오픈마켓 거래에 있어 개별 판매자가 피고의 오픈마켓에 판매하고자 하는 상품을 등록, 광고하여 독자적인 개별의 사이버상점이 된다. 나아가 개별판매자가 소비자들에게 상품을 판매한 다음 피고로부터 구매자(소비자)가 피고에 대해 입금한 대금을 정산하는 방식으로 오픈마켓운영이 이루어진다.

2. 오픈마켓 사업자의 거래에서의 역할

직접 상품 판매의 거래관계를 맺지는 않더라도 오픈마켓 사업자는 거래에 있어 다음과 같은 중요한 기능을 수행한다.

우선 오픈마켓 사업자는 이른바 에스크로우(Escrow) 기능을 수행한다. 구매자 입장에서 볼 때, 직접 물건을 관찰할 수 있는 오프라인 시장과 달리 오픈마켓과 같은 전자상거래 시장에서는 인터넷에 게시된 불완전한 정보에 의존하여 구매 여부를 결정

을 이유로 결제대행회사가 콘텐츠 제공회사와의 계약을 해지한 것은 적법하다고 한 사례에 불과하다.

15) 진품으로 믿고 구입한 상품이 상표위조품이었다는 이유로 손해를 입은 소비자가 분명히 존재하지만, 소비자들이 상표위조품인지 여부에 대하여 무관심하거나 심지어 그런 사정을 알거나 충분히 인식할 수 있음에도 가격이 저렴하다는 점 때문에 구입하는 사례가 다수이다. 따라서 품질문제를 논외로 하면 상표권 침해 여부는 소비자들에 의하여 문제제기될 대상이 되기 어렵다. 아울러 고가상품의 경우 오픈마켓보다는 구매자가 구매 전에 직접 확인할 수 있는 오프라인 마켓이 아직 주로 이용되는 실태이므로(가령, 부동산거래에서도 인터넷서비스가 일정하게 개입하기는 하지만 오픈마켓에서처럼 최종적인 구매단계까지 인터넷서비스가 개입하지는 못하며, 부동산 중개사이트와 같이 사전정보교환 수준에서 제한적으로 개입하고 있을 뿐임), 오픈마켓의 저가상품 구매자들이 시간과 비용을 들여 소송을 제기하거나 심지어 집단소송에 참가하는 것조차 기대하는 것이 상대적으로 어렵다. 그 때문에 오픈마켓에서의 소비자의 보호는 공정거래위원회의 개입 등 재판 이외의 방법에 의하는 경우가 현재까지는 압도적이다.

16) 이 부분은 아래 설명할 서울중앙지방법원 2008. 11. 13. 선고 2006가합46488 판결 및 서울중앙지방법원 2009. 9. 9. 선고 2009카합653 결정의 재판내용을 조합하고 일부 보충한 것이다.

할 수밖에 없고, 아울러 대금 결제를 완료하고도 상품을 수령하지 못할 위험이 있다. 판매자 입장에서도 외상으로 상품을 발송하는 경우 추후 대금을 지급받지 못할 위험이 있다. 이에 따라 구매자와 판매자의 이런 위험을 해소하기 위하여 오픈마켓 사업자는 일단 판매자 대신 상품 대금을 수령하여 보관하다가 구매자가 상품을 수령한 것으로 확인된 이후 판매자에게 그 대금을 송금해주는 방식으로 거래의 안정성을 담보하는 역할을 수행하고 있다.

다음으로 오픈마켓 사업자는, 인터넷 오픈마켓에 등록된 수많은 상품(현재 약 3,500만 개)을 종류별로 구분하고 상품명, 판매수량 등 다양한 기준에 의한 검색이 가능하게 하여 구매자들이 오프라인에 비하여 훨씬 간편하고 능동적으로 거래를 체결할 수 있게 해주는 등, 거래 활성화를 위한 각종 편의기능을 제공하고 있다.

3. 거래가 이루어지는 구체적인 절차

오픈마켓에서 거래가 이루어지기 위해 가장 먼저 요구되는 절차는, 오픈마켓사업자의 오픈마켓을 통해 상품을 판매하고자 하는 개별 판매자(사이버상점)가 오픈마켓 사업자가 미리 마련한 약관에 동의한 이후 오픈마켓사업자의 회원으로 가입하는 절차이다.

판매자가 상품판매가격을 정하고, 판매자는 스스로 상품의 명칭, 사양, 특성, 가격, 재고, 배송 등 상품에 관한 정보를 오픈마켓사업자의 판매자매니저시스템을 통해 오픈마켓 사업자의 오픈마켓에 등록하고, 그 내용이 사실과 부합하도록 상시적으로 이를 관리하여야 한다. 오픈마켓 사업자는 약관상 정해진 사유를 제외하고는 그 내용을 자의적으로 변경, 삭제할 수 없다.

개별소비자가 오픈마켓 사업자의 웹사이트에서 탐색하여 개별상품의 구매를 결정하고, 오픈마켓 사업자에 대해 대금을 입금하면, 오픈마켓사업자는 판매자매니저시스템에 판매현황, 대금결제내역 등을 입력하고, 판매자는 판매자매니저시스템을 통해 이를 확인한다.

판매자는 구매자가 구매금액을 입금한 때로부터 48시간 이내에 상품을 발송하고, 택배 운송장번호, 수화물번호 등을 판매자매니저시스템에 입력하여 오픈마켓 사업자가 이를 확인할 수 있도록 하며, 구매자가 상품을 수령하면 오픈마켓 사업자에게 이를 통보한다.

판매자는 구매자가 상품을 수령하기까지의 위험을 부담하고, 오픈마켓사업자의 오픈마켓을 통해 거래된 물품의 운송과 관련하여 판매자와 구매자, 운송업체 등 사이에 분쟁이 발생한 경우에는 관련 당사자 사이에 이를 해결하여야 하고, 오픈마켓사업자는 이에 관여하지 않고 어떠한 책임도 부담하지 않는다고 오픈마켓사업자의 약관은 규정하고 있다.

이후, 오픈마켓 사업자는 판매자에 대해 지급하여야 할 금액을 일일 단위로 정산하여 지급한다. 이때 오픈마켓사업자는 이상의 시스템을 제공하는 대가로 판매자 측으로부터 상품 등록 및 거래성립시 일정 비율의 수수료를 지급받는데, 수수료 결제는 피신청인이 개별 물건이나 거래를 확인하는 절차 없이 시스템에서 정한 판매자에 대한 지급액에서 자동으로 차감하는 방법으로 이루어지고 있다.

한편 오픈마켓 사업자는 오픈마켓의 웹사이트 상에 "○○에 등록된 오픈마켓 상품은 판매자가 시스템을 이용하여 직접 등록하였으며, 오픈마켓사업자는 등록된 상품과 그 내용에 대하여 일체의 책임을 지지 않습니다. 판매자와 구매자 사이에 분쟁이 발생하더라도 오픈마켓 사업자는 이에 관여하지 않고 어떠한 책임도 부담하지 않는다"라는 식의 경고 문구를 예외 없이 게시하고 있다.

Ⅱ. 개별판매자에 의한 상표권 침해의 실태 등[17)]

1. 오픈마켓 사업자의 상표권침해 방지를 위한 조치내역

오픈마켓 사업자는 판매자에 의하여 타인의 상표권을 침해하는 상품(이하 편의상 '위조상품'이라고 함)이 판매되지 않도록 일정한 노력을 하는 것이 보통이다. 우선 판매자로부터 서비스이용신청을 받음에 있어 약관으로 위조상품을 판매하지 아니할 것과 그런 상황에서 사업자는 책임이 없음을 분명히 하는 한편 경우에 따라 위조상품 여부를 확인할 수 있는 자료를 판매자에게 요구할 수 있음[18)]과 위조상품 판매시 서비스계약을 해지할 수 있도록 하여 계약으로 위반행위를 억제하려 하고 있다.[19)]

---

17) 이 부분 설명 중 일부는 특허청 지식재산보호센터, "위조상품 식별요령"의 내용을 변형한 것이다. 이는 〈http://ippc.kipo.go.kr:9010/goods/intro_06.kipo〉. 이하, 이 글의 각주에서 원용한 인터넷자료는 모두 2010. 1. 20. 방문을 기준으로 한 것이다.

18) 상품정보의 진실성이 의심되거나 그 정보의 진실성이 상품가치에 상당한 영향을 미친다고 판단되는 경우에는 상품의 전시와 판매의 중단 및 연기, 상품정보의 변경과 삭제, 상품정보의 진실성을 입증할 서류의 제출 등을 판매자에 대해 요구할 수 있고, 피고가 직접 그 조치를 취할 수 있다(이는 K2 등산화 사건에서의 피고 오픈마켓 판매자약관 제11조 제3항 참조).

19) 2006말 공정거래위원회의 지도에 따라 G마켓이나 인터파크를 포함한 6개 오픈마켓사업자들은 이른바 '통신판매중개자 자율준수규약'을 정한바 있고 여기에는 가령 판매자의 신원정보를 제공하는 것도 포함하고 있으나, 주의할 점은 이런 정보제공의 요구주체가 소비자에 국한될 뿐이라는 점이다. 이와 관련하여서는 〈https://www.gmarket.co.kr/gmap/gmap02_menu03.asp〉.

나아가 제3자 지위에 있는 상표권자 등 지적재산권자로 하여금 오픈마켓사업자에게 자신의 권리가 침해당하고 있다는 취지를 통지하도록 요구하고[20] 이런 통지를 적법하게 수령한 경우 일단 판매자에게 반박기회를 부여한 뒤 반박이 없을 경우 해당 상품을 판매금지하는 절차를 도입하고 있다.[21] 이런 절차의 개요는 엄밀하게 보자면 아직 여러모로 개선할 점이 있는 것이지만,[22] 전반적으로 저작권침해시 온라인서비스제공자의 책임제한을 위한 절차(저작권법 제102조 및 제103조)의 골격을 따르고 있는 것이라고 하겠다.

2. 위조상품인지 여부를 판별하는데 있어서 곤란성

현실에서는 아래 예들에서와 같이, 개별판매자의 판매상품이 위조상품인지 아닌지를 판별하는 것이 곤란하거나 거의 불가능에 가까운 경우가 많아 문제이다.

상표법이 적용되는 상품의 경우에는 다른 지적재산권 영역과 달리 이른바 '병행수입'의 사례가 많은데, 적법하게 병행수입[23]된 상품인지 위조상품인지를 확인하는 것은 상당히 곤란하다. 아울러 상표권자와 전용사용권자는 그 등록을 요하여 제3자가 이를 비교적 쉽게 확인할 수 있는 것과 달리 통상사용권은 등록을 요하지 아니하므로[24] 그 자가 제조한 상품의 경우, 권한 있는 자에 의하여 당해 표지가 부착되었음에도 위조상품으로 오인될 가능성이 있다.

---

20) 다만, 등록된 권리 혹은 제3자에게 대항할 수 있는 권리에 한정된다(가령 인터파크의 '지적재산권 침해 신고서' 제3항 참조, 이는 〈http://www.interpark.com/tns/IntellectualPropertyRights_infringement.html〉.

21) G마켓의 경우는 '권리침해신고센터'(http://www.gmarket.co.kr/gmap/default.asp)를, 인터파크의 경우에는 '지적재산권보호센터'(http://www.interpark.com/tns/IntellectualPropertyRights_infringement.html)라는 제목으로 서로 유사한 제도를 운영하고 있다. G마켓의 경우는 권리자의 통지가 있더라도 일단 판매자에게 반박의 기회를 부여하도록 하고 있고 인터파크의 경우는 명확하지 아니하나 일단 판매금지 조치를 먼저 취하는 듯하다.

22) 현재 G마켓이나 인터파크가 규정한 위 절차는 골격만 저작권법의 그것과 유사할 뿐 정확히 저작권법 제102조, 제103조의 요건을 구비하고 있지는 않다(가령 저작권법에서는 침해자에게 소명기회를 부여하더라도 그 소명을 기다리지 않고 권리자의 통지 즉시 침해물을 제거할 것을 요구하고 있다). 아울러 상표권 침해에 대하여는 '정보통신망 이용촉진 및 이용자보호 등에 관한 법률' 제44조의2가 적용될 가능성이 가장 유력한데 이 조항의 내용 중 상당히 중요한 지위를 차지하는 '임시조치'에 관하여 G마켓이나 인터파크가 규정한 위 절차에서는 아무런 관련내용이 없다. 뿐만 아니라 가령 인터파크의 경우 침해통지를 함에 있어 '향후 본 권리침해신고에 따라 판매자 등에게 법적인 책임이 발생시에는 모두 신고자가 이를 전적으로 부담하고, 인터파크는 면책시킬 것임을 확약합니다'(위 인터파크의 '지적재산권 침해 신고서' 제3항 참조)라는 조항을 강제하고 있지만 현행 저작권법이나 '정보통신망이용촉진 및 이용자보호 등에 관한 법률' 상으로 서비스제공자의 책임은 필수적인 면제가 아니라 임의적 감면에 불과하다.

23) 관세청 '지적재산권 보호를 위한 수출입 통관 사무처리에 관한 고시'가 그 허용요건을 정하고 있다.

24) 상표법 제58조 제1항에서 대항요건으로 규정하고 있을 뿐이다.

가격이 통상의 경우보다 현저히 저렴하다는 것은 일응 당해 상품이 진정한 상품이 아님을 드러내는 경우도 있지만, 상품에 따라서는 이른바 재고정리형태(소위 "땡처리")로 방출됨으로서 정상제품보다 저가로 그 유통경로만 달리하여 판매되는 사례도 드물지 않아서 낮은 가격이 당해 상품이 위조인지를 가리는 결정적인 증거가 될 수 없다.

상표법과 '부정경쟁방지 및 영업비밀보호에 관한 법률'(이하, 부정경쟁방지법)로 보호되는 표지(標識)에는, 등록상표뿐 아니라 미등록이지만 국내에 널리 인식된 상표, 즉 미등록 주지 · 저명 표지도 포함된다. 그런데 이렇게 주지 · 저명한 지 여부는 명확하다기보다 상당히 유동적이고 불명확한 것이다. 그 결과, 권리보호를 주장하는 자의 표지가 과연 부정경쟁방지법 상의 보호요건(주지 · 저명성)을 구비하였는지 판단하는 것이 아주 어렵다. 아래 설명할 사례들 중 '히노키 샴푸사건'[25]에서는 권리자의 표지가 상표법상 등록된 상표일 뿐 아니라 원래 인터넷상으로는 판매하지 않고 있던 상품이이었음에 반하여, 'K2 등산화' 사건[26]에서는 권리자의 표지가 아직 미등록 상태여서 부정경쟁방지법 상의 보호요건을 구비하였는지가 대법원판결에까지 이른 별도의 쟁송을 통하여 늦게 확정되었었다. 이런 사실의 차이가 전자 사건과 달리 후자 사건에서 오픈마켓사업자의 책임이 부정되는 데 큰 영향을 미쳤다고 하지 않을 수 없다.[27]

Ⅲ. 판매자에 의한 상표권 침해사례에 대한 외국법원의 법적 처리의 개요

외국의 관련 법적분쟁들은 Louis Vuitton v. Akanoc Solutions사건을 제외하고는 모두 eBay가 피고였던 것이 특징이다. 피고인 오픈마켓사업자가 동일하다는 특징 때문에 각 사건들에서 개별판매자에 의하여 상표권 침해가 발생하는 과정, 그런 침해를 방지하기 위하여 피고가 기울이는 구체적인 노력이 근본적으로 동일할 수밖에 없다. 그럼에도, 오픈마켓 사업자의 부수적인 책임 유무에 관하여 미국, 프랑스, 영국, 독일 판결들의 입장이 엇갈리고 있다.[28]

---

25) 서울중앙지방법원 2008. 8. 5.자 2008카합1901 결정.

26) 서울중앙지방법원 2008. 11. 13. 선고 2006가합46488 판결.

27) 같은 지적으로는 최성준, "부정경쟁행위에 관한 몇 가지 쟁점", 「LAW & TECHNOLOGY」 제5권 제1호, 서울대학교 기술과법센터, 2009. 1, 15.

28) 이런 각국의 다양한 사례에 관한 개략적 설명에 관하여는 Brian W. Brokate et al., "*What's New In*

가령 미국의 경우, 고급보석상점인 Tifany가 eBay를 상대로 제기한 사건[29]에서 원고는 주로 '기여침해(contributory infringement)'이론에 근거하여[30] 주장을 개진하였다. 즉 가짜 보석이 eBay의 온라인마켓에서 판매되는 비율이 7할 이상 되어 원고가 여러 번 피고에게 경고하였음에도 피고는 이런 사정을 알고도 개별판매자에 의한 상표권 침해행위에 있어 피고의 오픈마켓을 제공하였으므로 함께 책임이 있다는 취지의 청구였다. 그러나 연방지방법원은 2008. 7. 14. 원고의 청구를 기각하였다. 법원은, 단지 자신의 오픈마켓 서비스 상에서 판매자에 의한 침해행위가 존재할 수 있다는 일반적인 인식이 아니라 보다 구체적인 인식이 요구된다고 보았다.[31] 이 점에서 피고가 원고의 통지를 받은 즉시 통지대상 침해물은 제거하였지만 나아가 침해를 근절하기 위하여 사전의 억제조치, 모니터링 채택을 거부한 것은 기여침해의 성립여부를 판단함에 있어 피고에게 불리하게 작용하지 않는다고 보았다. 법원은 원고 Tiffany의 주장과 달리 온라인마켓 상에서 가짜 보석이 팔릴지 항상 감시하는 것은 오픈마켓사업자가 아니라 권리자인 Tiffany에게 책임이 있다고 보았다.

위 미국에서의 판결 결론과는 반대로 루이뷔통(Louis Vuitton)이 역시 동일한 eBay를 상대로 상표권 침해소송을 제기한 사건에 대하여 프랑스 법원은 위 판결과 비슷한 시기에 피고의 책임을 긍정하는 판결을 내렸다.[32] 아울러 미국에서도 Louis Vuitton V. Akanoc Solutions 사건에서, 연방지방법원은 2008. 12. 23. 피고가 책임 없음을 내세워 요청한 약식명령신청을 기각하면서 기여책임 유무는 사실의 다툼 있다고 재판하였었는데, 배심원단이 위 사실에 대한 심리 후 2009. 8. 28. 기여책임을 긍정하고 배상을 명하는 평결(verdict)을 한 뒤 그 후속절차가 2010. 1. 현재까지 진행 중이다.[33]

Anticounterfeiting", 947 PLI/Pat 615 (September–October, 2008)을 참조할 것. 다만 일본의 경우에는 이용자의 상표권침해로 인한 인터넷 옥션(インターネット オークション)의 책임을 직접 다룬 사례를 찾기 힘들다.

29) Tiffany (NJ), Inc. v. eBay Inc., 576 F. Supp. 2d 463 (S.D. N.Y. 2008).

30) 원고의 주장 중에는 사실 피고의 웹사이트 광고상에 원고상표가 사용된 행위에 대한 책임추궁도 포함되었고 법원은 이를 이른바 설명을 위한 부득이한 사용(nominative fair use; 우리 상표법 제51조 제1항에서 등록상표의 지정상품과 동일 또는 유사한 상품의 보통명칭 · 산지 · 품질 · 원재료 · 효능 등을 보통으로 사용하는 방법으로 표시하는 상표에 상표권의 효력을 제한하는 것과 취지가 동일함)이라고 보아 책임을 부정하고 있다. 그러나 이는 이 글의 초점인 오픈마켓사업자의 부수적인 책임이 아니라 직접침해에 따른 책임 유무에 불과하다.

31) 다만, 당시 원고가 오픈마켓에서의 위조상품 판매에 대응하여 개별소매상들을 통한 판매방식을 철폐하고 직접 판매로 전환한 상황이었고, 그런 취지를 피고에게 통지하였음에도 법원은 여전히 피고가 일반적인 인식밖에 가지지 않는다고 보았다. 이에 관하여는 다소 논란이 있는 상황이다.

32) 이 사례에 관하여 자세히는 위 Brian W. Brokate et al., op. cit., p. 624이하를 참조할 것.

33) 이는 〈http://dockets.justia.com/docket/court-candce/case_no-5:2007cv03952/case_id-194697〉.

지면관계상 자세히 상술하기는 곤란하지만, 미국에서는 이 부분 오픈마켓사업자의 책임에 관하여 책임성립요건에 관하여는 저작권침해 사안에서와 마찬가지로 보통법에서 유래한 이른바 기여책임(contributory liability) 법리 등을 동일하게 적용하고 있음에 비하여, 책임감면요건에 있어서는 연방상표법에 연방저작권법과 같은 책임제한(safe harbor) 조항이 규정되어 있지 아니한 결과 부득이하게 상이한 취급을 할 수 밖에 없다는 사정이 있다. 따라서 오픈마켓 사업자에게 기여책임을 부과함으로써 오픈마켓이 크게 위축되는 결과와 반대로 기여책임을 부정함으로써 상표권자의 보호가 소홀해질 염려 사이에서 법원은 저작권 침해사건에서보다 다소 극단적인 양자택일을 할 수 밖에 없다. 그 때문에 법원에 계속 이런 강요를 하기보다는 의회가 나서 연방저작권법에서와 같은 유사한 책임제한조항을 연방상표법에도 도입하여야 한다는 주장이 개진되고 있는 형편이다.[34)]

제 3 한국에서의 관련 재판사례

Ⅰ. 히노키 샴푸 사건(서울중앙지방법원 2008. 8. 5.자 2008카합1901 결정)[35)]

1. 사 안

이 사건 신청인은 '히노키'상표[36)]의 등록상표권자로 미국으로부터 해당 상품(샴푸, 컨디셔너 등)을 독점적으로 수입판매하여 온 자이다. 지마켓, 옥션, 인터파크의 사이트를 통하여 그 사이트 상의 판매자들 중 일부가 신청인의 허락 없이 위 상표가 부착된 샴푸 등을 판매하자 신청인은 위 사이트운영자를 피신청인들로 삼아 이 사건 침해금지가처분신청에 이르렀다.

---

34) 이런 주장으로는 Elizabeth K. Levin, 「"*A Safe Harbor for Trademark: Reevaluating Secondary Trademark Liability after Tiffany v. Ebay*"」, 24 Berkeley Tech. L.J. 491 중 521 이하 참조.

35) 이에 관하여는 같은 재판부에 의하여 2009. 2. 10. 2008카합3997호로 가처분결정이 인가되었지만, 서울고등법원(2009라423호)에서 2009. 5. 8. 가처분신청인의 신청취하로 가처분신청사건이 종결되었다. 뿐만 아니라 본안의 손해배상청구 사건인 서울중앙지법 2009. 5. 14. 선고 2008가합87513 판결에서는 상표권침해가 부정되어 청구가 기각되었다(확정).

36) 정확한 등록상표의 모양은 '히노키'와 'system'이라는 각 문구가 위 아래로 평행하게 병기된 형태이다.

2. 법원의 판단

(1) 협의의 공동 불법행위 책임의 부정

신청인은 먼저, 피신청인들이 개별판매자들과 협의의 공동 불법행위 책임 관계에 있다고 주장하였다. 그러나 법원은, 협의의 공동 불법행위가 성립하려면 적어도 객관적으로 보아 피해자에 대한 권리침해가 공동으로 행하여지고 그 행위가 손해발생에 공통의 원인이 되었다고 인정되는 경우라야 할 것이며, 또한 그 각 행위는 독립적으로 불법행위에 해당하여야 한다고 할 것인데 이 사건 피신청인들의 행위는 이에 해당하지 않는다고 보았다.[37]

(2) 부작위 방조에 의한 불법행위 책임의 긍정

(가) 방지조치의무의 발생기준

그렇지만 법원은 피신청인들이 정보통신망이용촉진법 제44조 제2항[38]에 따라 각 인터넷 사이트에 타인의 상표권을 침해하는 판매정보가 유통되지 아니하도록 노력하여야 할 법적 의무가 있는데다가, 상표권 침해행위가 발생할 위험성이 있는 오픈마켓을 스스로 제공하고 관리 · 지배하며 그 대가로 판매수수료 등을 수수하고 있으므로, 각 인터넷 사이트를 통한 상표권 침해행위를 방지하고 중단하여야 할 법령상, 조리상의 작위의무가 발생한다고 보았다.

(나) 방지조치의무의 구체적 내용

특히 그 의무의 구체적 내용이 무엇인지에 관하여 "각 인터넷 사이트에서 상표권 침해행위가 발생한 사실을 알게 된 경우에는 지체 없이 해당 판매정보를 삭제하거나 해당 판매정보에 대한 접근을 임시적으로 차단하는 조치를 취하고, 나아가 해당 판매

---

37) 법원은 "피신청인들은 인터넷상에서 판매자와 구매자가 거래할 수 있는 가상의 공간, 즉 오픈마켓을 제공해 주고 그 대가로 판매수수료 등을 수수하고 있을 뿐, 그곳에서 누가 어떤 물건을 판매하는지에 대해서는 관여하지 않으므로, 판매자들이 신청인의 허락 없이 이 사건 상표가 부착된 제품을 판매하는 것과 같은 상표권 침해행위 자체에 피신청인들이 직접적이고 밀접하게 기여하였다거나 그 침해행위를 유발하였다고 보기 어렵고, 그 밖에 달리 이를 인정할 만한 소명이 없다."고 이 부분 책임을 부정하고 있다. 그러나 마치 '직접적이고 밀접하게 기여하였다거나 그 침해행위를 유발'하였다면 협의의 공동 불법행위가 성립하는 것으로 설시한 것은 의문이다. '기여' 내지 '유발'이라는 표현이 미국의 '기여책임'이나 '유발이론'이 언급하고 있는 기여행위나 유발행위와 혼동될 수 있고, 설령 그렇지 않더라도 위와 같은 기여나 유발행위는 한국법상으로도 협의의 공동 불법행위가 아니라 방조행위에 속할 수 있을 뿐이다.

38) 제44조 (정보통신망에서의 권리보호) ① 이용자는 사생활 침해 또는 명예훼손 등 타인의 권리를 침해하는 정보를 정보통신망에 유통시켜서는 아니 된다.

② 정보통신서비스 제공자는 자신이 운영 · 관리하는 정보통신망에 제1항에 따른 정보가 유통되지 아니하도록 노력하여야 한다.

정보가 다시 게시되지 않도록 하여야 할 작위의무"라고 파악하였다.

그런데 이 사건 피신청인들은, 신청인이 권리침해신고를 하면서 지목한 판매자에 한하여 이 사건 상표가 부착된 제품에 대한 판매중지 조치를 취하였을 뿐, 해당 상표가 부착된 제품에 관한 다른 판매정보에 대하여는 검색 기능을 통해 이를 쉽게 찾을 수 있었음에도[39] 이를 찾아 삭제하거나 이에 대한 접근을 임시로 차단하려는 노력을 하지 않은 점, 피신청인들은 각 인터넷 사이트를 통해 신청인의 이 사건 상표권이 침해되고 있다는 사실을 알게 된 이상 앞으로 이 사건 상표가 부착된 제품에 관한 판매정보가 게시되거나 검색되지 않도록 필요하고 가능한 기술적 조치[40]를 취하여야 할 것임에도, 이러한 노력을 전혀 하지 않은 것으로 보이는 점 등에 비추어 위 작위의무를 불이행한 것이라고 판단하였다.

Ⅱ. K2 등산화 판결(서울중앙지방법원 2008. 11. 13. 선고 2006가합46488 판결)[41]

1. 사 안

원고들은 신발의 제조 · 판매업, 등산장비의 제조와 도 · 소매업 등을 하는 회사 및 그 회사의 대표이사이다. 앞서 히노키 샴푸 사건과 다르게, 이 사건에서는 문제된 원고 측의 표지('K2'나 'K-2')가 미등록상태였으므로 과연 주지 · 저명성을 구비하여 부정경쟁방지법 상의 보호를 받을 수 있는지부터 피고에 의하여 다투어졌다. 원고의 'K2'나 'K-2' 표지는 간단하고 흔히 있는 표장에 해당하거나 세계에서 2번째로 높은 산을 지칭하는 현저한 지리적 명칭에 해당하여 자타 상품의 식별력이 없으므로 상품표지도 될 수 없다고 반박이 다툼의 요지였다. 이런 다툼에 관하여는 결국 2008. 9. 경 관련 하급심들[42]을 뒤집은 대법원의 별건 판결들[43]에 의하여 원고 측의 표지가 부정경쟁방지법 상의 보호요건을 구비한 것으로 최종정리된 바 있다.

어쨌든 피고는 2007. 1. 무렵부터 2008. 6. 무렵까지 여러 차례 원고부터 권리침

---

39) 여기서 법원은 이 사건 상표는 문자상표이기 때문에 예컨대 요부(要部)에 해당하는 '히노키'라는 검색어로 판매정보를 검색하면 이 사건 상표가 부착된 제품에 관한 다른 판매정보도 쉽게 찾을 수 있다고 판시하였다.

40) 법원은 여기서 예컨대, 이 사건 상표의 요부를 금칙어로 설정하여 그것이 포함된 판매정보에 대하여는 게시 및 검색을 제한하는 조치 등을 제시하고 있다.

41) 이는 서울고등법원 2009나893호로 항소되었다가 2009. 4. 7. 소취하되었다.

42) 특허법원 2006. 7. 7. 선고 2005허9930 판결 등.

43) 대법원 2008. 9. 25. 선고 2006후2288 판결 등.

해신고를 받고서 해당 상품판매중지조치를 취하였다. 나아가 원고 표지가 국내에 널리 알려서 주지성과 식별력을 취득하였다고 판단한 대법원의 별건 판결들이 선고되었음을 통지받은 2008. 10. 중순 무렵부터는 피고의 인터파크에서 판매되는 'K2'나 'K-2'를 포함한 표지를 사용하는 등산화 등 상품을 검색하여 판매금지조치를 취하였다. 그러나 원고의 표지를 사용하는 상품이 새롭게 피고 운영의 오픈마켓에 등록되어 판매되는 것을 사전에 막을 방법은 강구하지 않았다.

2. 법원의 판단

(1) 협의의 공동 불법행위 책임의 부정

우선 법원은 민법 제760조 제1항에 정해진 공동 불법행위가 성립한다는 원고 측 주장을 배척하였다. 이것이 성립하려면 객관적으로 보아 행위자 각자의 고의 또는 과실에 기한 불법행위로 인한 피해자에 대한 권리침해가 공동으로 행하여지고, 그 행위가 손해발생에 공통의 원인이 되었다고 인정되는 경우라야 하는데, 앞서 본 전제사실과 위 인정사실에 따르면, 판매자들의 부정경쟁행위가 피고 운영의 오픈마켓을 통해 이루어지고 있기는 하지만, 피고의 이런 제공행위는 피고가 오픈마켓을 운영함에 있어 필요한 본질적인 시설제공행위 내지는 영업행위에 불과하다고 판단하였다.

(2) 부작위 방조에 의한 불법행위 책임의 긍정

(가) 방지조치의무의 발생 기준

법원은 오픈마켓 운영자가 운영하는 오픈마켓에서 부정경쟁행위 등 타인의 권리를 침해하는 행위가 실제로 발생하고, 오픈마켓운영자가 그 권리침해행위의 발생사실을 알았거나 알 수 있었다고 인정할 상당한 이유가 있으며,[44] 오픈마켓 운영자가 그 침해행위의 발생 내지 위험성을 방지하거나 제거할 수 있는 구체적인 수단을 가지고 있는 경우에만 오픈마켓 운영자가 그 침해행위를 방지할 구체적인 방지의무가 발생한다고 볼 수 있고[45] 이를 위반한 때에는 과실에 의한 방조책임을 부담한다고 판시

---

44) 이렇게 상당한 이유가 있는지 여부는 "권리침해행위 라고 주장되는 해당 상품의 등록과 판매의 행태, 기간, 횟수, 오픈마켓 운영자가 권리자에 의해 권리침해행위라고 주장되는 해당 상품의 등록과 판매 등을 알고 있었는지 여부, 피해자의 오픈마켓 운영자에 대한 판매중지요청 등 구체적인 권리침해방지의 노력과 그와 관련해 오픈마켓 운영자가 취한 조치의 내용, 피해자와 침해자 이외의 제3자가 볼 때에 해당 상품의 등록과 판매 등이 부정경쟁행위 등 권리침해행위에 해당함을 알 수 있는지 여부 등을 종합적으로 고려하여 판단하여야 한다."고 법원은 부연하고 있다.

45) 이와 관련하여 법원은 구체적인 방지의무와 대립되는 표현으로 '일반적인 주의의무'란 표현을 사용하고 있다. 이는 언뜻 민법상의 일반적인 주의의무와 같은 종류로 오해하기 쉬우나, 이 사건 판결문에서의 정

하였다.

(나) 방지조치 의무의 구체적 내용

피고로서는 원고 케이투(주)의 권리침해신고에서 특정한 한정된 표지들과 'K2'나 'K-2'를 포함한 표지를 사용하는 개별 판매자들에 관해서는 그 판매자들의 행위가 부정경쟁 행위임을 알았거나 알 수 있었다고 볼 만한 상당한 이유가 있다고 볼 수 있지만, 나아가 피고가 원고로부터 권리침해신고를 받지 않았음에도 피고의 오픈마켓에서 이 사건 표장들이나 'K2'나 'K-2'를 포함한 표지를 상품 자체나 그 상품의 광고에 사용하여 판매하는 상품판매행위 전부에 관하여 부정경쟁 행위임을 알았거나 알 수 있었다고 볼 만한 상당한 이유가 있다고 볼 수 없으므로 이에 관해서까지 판매중지조치 등을 취할 주의의무를 부담한다고 보기는 어렵다고 판단하였다.[46]

Ⅲ. 아디다스 스포츠용품 사건(서울중앙지방법원 2009. 9. 9. 선고 2009카합653결정)[47]

1. 사 안

이 사건에서 문제된 상표가 스포츠용품에 부착되는 것이라는 점을 제외하고 앞서 히노키 샴푸 사건과 그 사실관계가 대동소이하다.

확한 취지는 자신의 서비스 상에서 침해를 언제나 원칙적으로 방지해야 할 의무, 환언하여 모니터링과 같은 수준의 감시의무를 칭하는 것이다. 즉 법원은 "오픈마켓의 특성상 오픈마켓에서는 수많은 상품이 등록되어 판매되고, 그 판매상품에 대해 오픈마켓 운영자는 품질보증 등 오픈마켓에서 판매되는 상품에 관해 신용을 제공하지 않으며, 판매자의 신용으로 상품이 판매되는 것이므로 판매되는 상품이 타인의 특허권, 상표권, 저작권 등 지적재산권을 침해하거나 판매자의 상품판매가 부정경쟁 행위에 해당할 가능성도 항상 존재하고 있지만, 오픈마켓 운영자가 그러한 권리침해 행위의 직접 주체도 아니고, 그 침해여부를 판단하기도 용이하지 않다. 따라서 오픈마켓에서 판매되는 상품이 타인의 권리를 침해할 수 있다는 일반적인 권리침해 가능성 내지는 개연성만을 들어 오픈마켓 운영자에 대해 판매자의 상품의 등록 · 판매행위가 부정경쟁 행위 등 타인의 권리를 침해하는지를 일일이 검색하여 미리 삭제하는 등과 같이 판매자의 부정경쟁행위 등을 방지할 일반적인 주의의무를 부담시킬 수는 없다"고 판시하고 있다.

46) 여기에 덧붙여 법원은 "피고가 여러 차례 원고 케이투(주)부터 권리침해 신고를 받고서 상품판매중지조치를 취하였음은 앞서 본 바와 같고(피고는 2008. 10. 중순 무렵부터는 피고의 인터파트에서 판매되는 'K2'나 'K-2'를 포함한 표지를 사용하는 등산화 등 상품을 검색하여 판매금지조치를 취하고도 있다), 달리 원고 케이투(주)로부터 상품번호, 판매자 등을 특정하여 개별 판매자들의 판매행위가 부정경쟁 행위라는 증명과 함께 권리침해 신고를 받았음에도 상품판매중지를 취하지 않았다는 증거는 없으므로 피고가 그 운영의 오픈마켓에서 개별 판매자의 부정경쟁 행위를 방지하여야 할 주의의무를 다하였다고 보인다."고 설시하고 있다. 이는 해석하기에 따라서 권리자로부터 통지가 있는 부분에 대하여만 사업자가 제거하면 족하다는 취지이거나, 혹은 통지 받은 부분이 아니라도 그 통지에 담긴 표지에 관련된 기왕의 다른 침해부분도 찾아 제거하여야 한다는 취지로 각각 달리 풀이될 수 있다. 하지만 어느 취지더라도 공통된 부분은 피고에게 향후의 침해부분까지 미리 방지하여야 할 의무는 없다는 점이다.

47) 각공2009하, 1607.

2. 법원의 판단

(1) 방지조치의무의 발생기준

법원은, 피신청인이 판매자 및 상품에 대한 전체적인 관리를 담당하고 있는 이상, 관리 대상이 되는 이 사건 쇼핑몰에서 상표권 침해와 같은 불법행위로 제3자가 부당한 피해를 입지 않도록 적절한 조치를 취할 주의의무를 부담한다고 봄이 상당하다고 보았는데, 특히 앞서 히노키 샴푸 사건에서와 마찬가지로 정보통신망이용촉진법 제44조 제1, 2항을 원용하고 있다.

(2) 방지조치의무의 구체적 내용

법원은 조치의무의 내용과 관련하여, 아주 상세하게 ① '위조품 등록의 삭제',[48) ② '적정한 운영시스템의 구축',[49) ③ '위조품 판매자의 인적 사항 관리'[50) 등과 더불어 ④ '특정 상표의 상품에 대한 거래 제한' 등 4가지 조치를 언급하였다. 그 중 마지막 조치는, 특정한 상표의 위조품이 운영자의 등록통제, 삭제조치 등 통상적인 억제조치로는 유통을 통제하는 것이 불가능할 정도로 범람하여 건전한 거래질서를 해칠 지경에 이른 경우 등 오픈마켓 운영자의 영업의 자유보다는 상표권자의 권리 침해를 방지할 필요성이 훨씬 크다고 인정되는 '특별한 사정'이 있는 경우에는, 당해 상표의 상품은 판매자가 등록을 한 후 일반 인터넷 이용자에게 공개되기 전에 상표권자나 오픈마켓 운영자가 정상품 여부를 여과하여 선별할 수 있는 유보기간을 설정한다든가, 더 극단적으로는 정상품과 위조품을 가릴 것 없이 당해 상표를 금칙어로 설정하여 검색을 차단하는 방안도 고려해 볼 수 있다고 판시하였다. 이와 관련하여 이 사건에서는 원고에 의하여 위와 같은 특별한 사정이 존재한다는 점에 대한 입증이 부족하다고

---

48) "상표권은 대세적 효력이 있어 누구도 위조품을 판매하거나 이를 방조하여서는 아니되므로, 일단 위조된 것으로 확인되는 상품에 대하여는 판매자뿐만 아니라 오픈마켓 운영자도 신속하게 이를 판매 목록에서 삭제할 의무가 있다. 또한 상표권자로부터 위조가 의심되는 것으로 통보받아 상표권 침해 가능성을 구체적으로 인식할 수 있게 된 상품 목록에 관하여도 위조 여부에 대한 심사를 실시하여 그 결과에 따른 적절한 조치를 취할 의무가 있다."

49) "오픈마켓 운영자는 판매자들에 의한 상표권 침해를 저지하고 감소시키는 방향으로 시스템을 구축할 의무가 있다. 구체적으로는 판매자의 익명성을 최대한 약화시키고 유명 상표의 의류나 장신구 등 위조가 빈번한 상품군에 대하여 등록 요건을 강화하는 것 등이 상표권 침해행위의 감소를 위해 필요한 조치로 판단된다. 예를 들어 특정 상표의 상품에 대하여는 그 등록을 위한 필수기재사항을 추가하게 하고, 특히 신품의 경우에는 정상품 입증을 위한 자료를 반드시 게시하도록 강제하는 방안 등이 고려될 수 있을 것이다."

50) "오픈마켓에 등록된 물품이 위조품으로 확인된 경우, 특히 대량거래자의 경우 등 특수한 사정인 때에는 그 등록자의 인적 사항을 특정할 수 있도록 관리하고, 상표권자 등 정당한 권리자가 요구할 경우 그 등록자의 인적사항을 제공할 수 있는 제도적, 기술적 장치를 마련하여 실시할 의무가 있다."

판단하였다.

위와 같이 유보기간 설정이나 일률적인 금칙어 사용이 원칙적으로 부당한 이유에 대하여 법원은 ① 오픈마켓에서는, 저작권자의 사전 허락이 없는 이상 파일 게시만으로 저작권 침해가 추정되는 디지털 저작물과 달리 등록된 상품 정보만으로는 정상품 여부를 확인할 수 없을 뿐만 아니라 정교하게 제조한 위조품인 경우에는 실물을 받더라도 이를 확인하기 쉽지 않은 점, ② 오픈마켓은 본질적으로 판매자와 구매자 사이에 자유롭게 거래가 이루어지는 구조로 형성되어 있어 운영자가 사전에 판매자가 등록하려는 상품 명세를 확인하는 것은 인터넷을 통한 간편한 거래라는 오픈마켓의 존재 의의를 무력화시킬 수 있는 점, ③ 매일 새로 등록되는 대량의 상품을 일일이 확인하여 특정 상표가 사용된 상품의 위조품 여부를 검증하는 것은 현실적으로 불가능에 가깝다고 할 수 있어[51] 상표권 보호를 위한 오픈마켓 운영자의 일반적인 관리의무의 범위를 넘는다고 보이는 점 등을 제시하고 있다.[52]

제 4 오픈마켓 사업자 책임론의 출발점 - 방조책임론[53]

Ⅰ. 총 설

앞서 언급한 대로 이 글의 초점이자, 한국 등 각국에서 최근 오픈마켓사업자의 상표권침해가 문제되는 사례는 모두 ① 오픈마켓을 이용하는 개별 판매업자, 바꾸어 말하자면 오픈마켓의 서비스이용자가 행한 권리침해행위에 대하여, ② 상표권자가 오픈마켓사업자의 부수적 책임을 추궁한 것들이다. 그런데 이것은 침해된 권리가 상표권으로 종류만 바뀌었을 뿐 종전에 같은 지적재산권 영역 내에서 이용자의 저작권 침해행위에 관하여 인터넷 서비스 제공자의 부수적 책임을 논의하던 구조와 아주 흡사

51) 그 이유로 설사 이 사건 상표를 검색이 안 되는 금칙어로 설정하더라도, 인터넷 공간에서 드물지 않게 발견되는 회피수단, 예컨대 상표 명칭 표시의 띄어쓰기를 달리하는 변형 등록을 하는 등으로 정보를 전달하는 것까지 전부 차단하는 것은 현실적으로 불가능하며, '운동복', '운동화'등 상품의 종류 등을 검색어로 하여 거래되는 것까지 봉쇄하기는 어려워, 이 부분 신청을 이행하기 위해서는 필연적으로 이미 등록되었거나 앞으로 등록될 모든 상품에 대한 전면 심사 절차가 필요할 것임을 들고 있다.

52) 그 외에도 다른 부분에서 법원은, 특정 상표에 대한 상표권자와 전용사용권자가 따로 있다고 하더라도 그 권리자로부터 정상품을 매수하여 오픈마켓을 통하여 판매하려는 영업자가 있고, 병행수입업자도 존재하며, 개인이 정상품을 구입한 후 필요가 없게 되어 인터넷 쇼핑몰을 통하여 되팔고자 하는 경우도 있을 뿐 아니라 중고품의 거래도 왕성하게 이루어지고 있는 사정 등도 제시하고 있다.

53) 이 부분은, 박준석, "한국에서 온라인 서비스 제공자의 법적 책임론이 나아갈 방향",『경희법학』제43권 제3호, 경희법학연구소(2008. 12.)의 일부 내용을 이 글의 주제와 관련하여 새롭게 진술하거나 이후 변화를 반영하여 일부 수정한 것이다.

하다. 다만, 상표권을 침해한 개별 판매업자에 대한 오픈마켓 서비스제공자의 지위는 저작권 침해의 경우에서의 그것보다, 우리 민법상 사용자책임(使用者責任)에 보다 가깝게 보일 여지가 있다는 등 차이점이 일부 발견될 뿐이다. 따라서 저작권침해를 중심으로 그간 한국에서 정립되어온 인터넷 서비스 제공자의 부수적 책임론의 내용을 이해하는 것이 오픈마켓 사업자의 상표권침해 관련 책임을 올바르게 논의하는데 긴요하다.

Ⅱ. 저작권침해에 대하여 쌓여진 규율이 상표권 침해에 대하여도 큰 영향

1. 저작권침해에 대한 인터넷 서비스 제공자의 책임 법리의 골격은 방조에 의한 책임성립과 '통지 및 제거절차'에 따른 책임제한임

인터넷이나 혹은 그 이전의 폐쇄적인 네트워크 제공자의 부수적 책임이 한국에서 가장 처음 문제된 것은 이용자들의 저작권 침해분야였다.[54] 뿐만 아니라 다른 권리침해영역보다 대체로 저작권침해를 둘러싸고 가장 치열하고 오랜 법적 쟁송이 벌어져 왔다.[55] 이런 추세는 외국도 크게 다르지 않다.

그런데 이용자의 침해행위에 대한 인터넷 서비스 제공자의 부수적 책임에 관한 논의나 규율은 그 권리의 종류가 저작권침해이든, 상표권침해이든, 아니면 지적재산권이 아니라 명예훼손과 같은 영역이든 어느 것이나 크게 두 가지, 책임성립요건(責任成立要件)과 책임제한요건(責任制限要件)으로 나눌 수 있다. 이와 관련하여 저작권 침해 분야에서는 짧은 기간에 불구하고 그간 비교적 풍부하게 쌓여온 우리 법원의 판례들 덕택에 비교적 분명하게 책임성립요건과 책임제한요건이 규명되어 나가고 있다. 우선 '책임성립요건'의 문제에서 이용자들의 저작권침해에 따라 서비스제공자는 민법 제760조 제3항[56]을 근거로 방조에 의한 공동 불법행위 책임을 부담할 수 있다는 법리가 분명하게 확립된 바 있다. 한편 '책임제한요건'의 문제에 관하여는 이미 2003년 저작권법에 도입된 제102조[57] 및 제103조[58]의 해석(이는 주로 미국 저작권법

---

54) 1999년 이른바 '칵테일98 사건'(서울지방법원 1999. 12. 3. 선고 98가합111554 판결)이 최초였다.

55) 무엇보다 소리바다를 둘러싼 길고 긴 법적공방이 대표적이다. 현재 제공되는 소리바다6의 이전버전들 중 소리바다1, 소리바다3, 소리바다5가 여러 건에 걸친 법정공방의 대상이었고 소리바다1에 관하여는 대법원 판례로만 2007. 1. 25. 선고 2005다11626 판결 및 대법원 2007. 12. 14. 선고 2005도872 판결 등이 존재하는 상황이다.

56) 제760조 (공동불법행위자의 책임) ① 수인이 공동의 불법행위로 타인에게 손해를 가한 때에는 연대하여 그 손해를 배상할 책임이 있다.

〈중간생략〉

③ 교사자나 방조자는 공동행위자로 본다.

57) 제102조 (온라인서비스제공자의 책임 제한) ① 온라인서비스제공자가 저작물등의 복제 · 전송과 관

의 이른바 통지 및 제거 절차[59]의 골격을 수용한 것임)을 통하여 그 요건이 구체화되어 가고 있다.

요컨대, 이용자들의 저작권침해행위에 따른 서비스제공자의 부수적인 책임성립에 있어서는 우리 법원이 많은 판례를 통하여 방조의 법리를 정립하였고, 반면 서비스제공자의 책임제한에 관하여는 저작권법이 명문으로 이른바 통지 및 제거 절차를 도입하여 이런 절차를 준수하면 책임을 감면하여 주도록 정하고 있다.

2. 판례에 의해 방조의 법리가 명예훼손 사례의 책임성립요건에도 적용됨

그런데 인터넷서비스 상에서 빚어지는 이용자들의 불법행위에서 침해의 대상이 되는 객체는 비단 저작권에 한정되지 않는다. 타인의 인격권이나 상표권 등도 그 대상이 되므로, 인격권을 침해하는 명예훼손행위나 상표권침해행위 등도 온라인서비스 제공자의 부수적인 책임이 문제되는 영역들이다. 이런 영역들에 대하여 우리 법이나 판례는 그간 책임제한요건에 대한 배려가 소홀하였음은 물론이려니와 심지어 책임성

련된 서비스를 제공하는 것과 관련하여 다른 사람에 의한 저작물등의 복제 · 전송으로 인하여 그 저작권 그 밖에 이 법에 따라 보호되는 권리가 침해된다는 사실을 알고 당해 복제 · 전송을 방지하거나 중단시킨 경우에는 다른 사람에 의한 저작권 그 밖에 이 법에 따라 보호되는 권리의 침해에 관한 온라인 서비스 제공자의 책임을 감경 또는 면제할 수 있다.

② 온라인 서비스 제공자가 저작물등의 복제 · 전송과 관련된 서비스를 제공하는 것과 관련하여 다른 사람에 의한 저작물등의 복제 · 전송으로 인하여 그 저작권 그 밖에 이 법에 따라 보호되는 권리가 침해된다는 사실을 알고 당해 복제 · 전송을 방지하거나 중단시키고자 하였으나 기술적으로 불가능한 경우에는 그 다른 사람에 의한 저작권 그 밖에 이 법에 따라 보호되는 권리의 침해에 관한 온라인서비스제공자의 책임은 면제된다.

58) 제103조 (복제 · 전송의 중단) ① 온라인 서비스 제공자의 서비스를 이용한 저작물등의 복제 · 전송에 따라 저작권 그 밖에 이 법에 따라 보호되는 자신의 권리가 침해됨을 주장하는 자(이하 이 조에서 "권리주장자"라 한다)는 그 사실을 소명하 여 온라인 서비스 제공자에게 그 저작물등의 복제 · 전송을 중단시킬 것을 요구할 수 있다.

② 온라인 서비스 제공자는 제1항의 규정에 따른 복제 · 전송의 중단요구가 있는 경우에는 즉시 그 저작물등의 복제 · 전송을 중단시키고 당해 저작물등을 복제 · 전송하는 자(이하 "복제 · 전송자"라 한다) 및 권리주장자에게 그 사실을 통보하여야 한다.

③ 제2항의 규정에 따른 통보를 받은 복제 · 전송자가 자신의 복제 · 전송이 정당한 권리에 의한 것임을 소명하여 그 복제 · 전송의 재개를 요구하는 경우 온라인 서비스 제공자는 재개요구사실 및 재개예정일을 권리주장자에게 지체 없이 통보하고 그 예정일에 복제 · 전송을 재개시켜야 한다.

④ 〈생략〉

⑤ 온라인 서비스 제공자가 제4항의 규정에 따른 공지를 하고 제2항 및 제3항의 규정에 따라 그 저작물등의 복제 · 전송을 중단시키거나 재개시킨 경우에는 다른 사람에 의한 저작권 그 밖에 이 법에 따라 보호되는 권리의 침해에 대한 온라인서비스제공자의 책임 및 복제 · 전송자에게 발생하는 손해에 대한 온라인 서비스 제공자의 책임을 감경 또는 면제할 수 있다. 〈이하 생략〉

59) 이용자의 개별적 침해행위에 대하여 저작권자가 인터넷 서비스 제공자에게 먼저 침해의 제거를 요구하도록 하고, 이런 요구의 통지를 받은 인터넷 서비스 제공자는 당해 침해물의 복제 · 전송을 중단하는 한편 그 취지를 이용자에게 통지하여 반박의 기회를 부여하며 나중에 그 반박이 정당하다고 소명되면 이미 중단되었던 복제 · 전송을 재개하도록 규정한 일련의 절차를 말한다.

립요건의 차원에서 과연 온라인 서비스 제공자의 책임의 근거규정이 무엇인지조차 최근까지 분명하게 밝히고 있지 않았다. 이처럼 저작권 이외의 영역에 있어서는 서비스제공자가 당면하는 법적 현실이 아직 훨씬 불안정하다.[60] 그러나 다행스럽게도 시기적으로는 늦었지만 앞서 저작권침해의 분쟁을 해결하면서 동원된 법원의 법리나, 관련 입법의 골격이 점차로 다른 권리침해에 대하여서까지 점차로 확산되는 양상이 뚜렷하다.

가령 '책임성립요건'에 관하여 이 글의 초점인 상표권침해보다 시기적으로 조금 앞서 법원에서 문제되었던 침해사례가 명예훼손에 관한 것이었다. 이런 명예훼손사례에 관하여 온라인 서비스 제공자가 부담하는 부수적 책임이 한국에서 문제된 최초의 사례는 이른바 '하이텔(Hitel) 사건'[61]이다. 이는 이용자가 하이텔 게시판을 이용하여 유명가수 박○○의 팬에 대한 명예훼손행위를 한 사안이었다. 그 이후에도 명예훼손행위 영역에서 온라인 서비스 제공자의 책임이 취급된 사례가 아예 없지는 않으나,[62] 대법원이 이용자의 명예훼손행위에 부수한 포털사이트의 방조책임을 긍정하는 판결[63]을 2009년에 내리기 전까지는 '청도군 홈페이지 사건'에 대한 2003년 대법원 판결[64]이 명예훼손과 관련한 서비스 제공자의 책임에 대한 가장 중요한 선례로 취급되었었다. 그러나 정작 2003년의 위 대법원 판결에 이르기까지 법원은 과연 서비스 제공자가 이런 경우 책임을 부담하는 근거규정이 무엇인지 판결문상에서 명확히 하지 않고 있었다.[65] 명예훼손 분야에서는 위 '청도군 홈페이지 사건' 이후 이렇다 할 후속 사례가 없었던 결과로 이런 법적 모호함은 거의 6년 가까이 지속되었다.[66] 그러

60) 그럼에도 이런 불안정이 주목받지 않은 것은 소리바다 사건을 필두로 저작권침해 사안은 다수의 이용자들이 침해자로서 개입되어 사회적 주목을 끌었지만 여타 권리침해의 사안에서는 그렇지 않았고 법적 분쟁이 된 사건수도 상대적으로 적었기 때문일 것이다.

61) 서울지방법원 2001. 4. 27. 선고 99나74113 판결. 1심인 서울지방법원 동부지원 1999. 8. 18. 선고 99가소83281 판결에서는 원고의 청구를 기각하였지만 위 항소심에서 이를 뒤집어 일부 인용하였고 상고심(대법원 2001. 9. 7. 선고 2001다36801 판결)에서 항소심의 판단을 그대로 원용, 지지하여 종결되었다.

62) 제주지방법원 2003. 1. 16. 선고 2000가단16380(본소), 2002가단3869(반소) 판결 외에는 찾기 힘들다.

63) 대법원 2009. 4. 16. 선고 2008다53812 전원합의체판결.

64) 대법원 2003. 6. 27. 선고 2002다72194 판결.

65) 즉 판결의 취지상 민법상 불법행위이론에 의하여 온라인서비스제공자가 책임을 부담한다는 사실은 비교적 분명하였지만, 직접 불법행위를 범한 이용자의 책임과의 관계에 있어 과연 온라인서비스제공자의 불법행위책임이 민법 제760조 1항의 협의의 공동불법행위인지, 아니면 앞서 저작권침해와 마찬가지로 민법 제760조 3항의 공동불법행위가 되는 것인지를 판결문상으로는 알기 힘들었다.

66) 그 사이 관련 사건으로 굳이 꼽자면 세칭 '트위스트 김' 사건을 들 수 있다. 이는 유명연예인인 원고가 자신의 예명을 담았으나 자신과 아무런 관련이 없는 음란사이트를 피고 검색엔진 서비스제공자들이 링크해주는 행위에 관하여 방조책임을 주장한 사안이었다. 그러나 법원은 이런 방조법리에 기한 원고의 주장을 배척하였다. 이는 서울중앙지방법원 2007. 12. 26. 선고 2005가합112203 판결 및 그 항소심인 서울고등법원 2009. 4. 15. 선고 2008나26416 판결.

던 중 2008. 7. 2. 내려진 이른바 '억울하게 죽은 내 딸 사건'[67]에서 서울고등법원은 원심의 모호한 입장을 수정하여 민법 제760조 제3항[68]을 피고들인 포털업체(온라인서비스제공자)의 책임발생 근거규정으로 명시하기에 이르렀고 2009년 그 상고심[69]에서도 은연중에 방조책임에 의하여 피고들의 책임을 긍정하고 있다.[70] 요컨대, 이용자에 의한 명예훼손의 경우에도 우리 법원은 현재 저작권침해의 경우와 동일한 근거규정을 서비스제공자의 책임발생요건으로 삼고 있다.

3. 방조의 법리가 인터넷 서비스 제공자의 책임성립의 일반적 요건으로 자리잡고 있음

우리 법원은 명예훼손의 경우뿐 아니라 다른 권리침해영역에서도 이런 방조의 법리를 적용함으로써, 인터넷 서비스 제공자의 '책임성립요건'의 일반적 틀로 확장시키는 경향을 보이고 있다.[71] 가령 개인정보 침해행위에 관한 이른바 '리니지 이용자정보 누출' 판결[72]이 그 예이다. 이 사건에서 중국 소재로 추정되는 익명의 불법업자들

67) 서울고등법원 2008. 7. 2. 선고 2007나60990 판결. 다만 그 원심인 서울중앙지방법원 2007. 5. 18. 선고 2005가합64571 판결에서는 책임발생의 근거규정을 명확히 하지 않고 있다. 이 사건 사안은 다음과 같다. 원고와 교제하던 딸이 실연하고 자살하자, 죽은 딸의 어머니가 원고의 명예를 훼손하는 내용의 게시글을 미니홈피 등에 올렸다. 이후 이에 호응하여 제3의 이용자들에 의하여 관련 신문기사의 댓글이나 미니홈피, 블로그 등에 원고를 비방하는 게시글들이 수없이 올려졌다. 법원은 원고의 삭제요청에 불구하고 피고 포털이 이런 게시글들을 방치하였다고 판단하여 피고들에게 명예훼손에 관한 방조에 의한 불법행위 책임을 인정하였다.

68) 판결원문은 오기("제766조 제3항")가 있으나 제760조 3항을 적시하고 있음이 분명하다.

69) 위 2008다53812 전원합의체판결.

70) 다만 3인의 반대의견은 '명예훼손 피해자에 대한 권리구제의 실효성을 더한다는 측면에 치중한 나머지, 인터넷 종합 정보제공 사업자를 불법적인 명예훼손 게시물을 직접 게시한 자의 불법행위를 방조한 공동불법행위자의 범주에 드는 것으로 포섭하여, 위 사업자의 법적 책임을 단순히 민법상 공동불법행위 책임의 법리에 따라 정하려는 것도 마땅히 경계되어야 한다.'고 하여 다수의견이 방조책임을 인정한 것임을 전제하고 있고, 다수의견의 보충의견(김영란 대법관)의 판시 중에도 '피해자의 요구를 받고서도 삭제 및 차단 조치를 취하지 않은 위 사업자에 대하여는 게시자의 직접적인 명예훼손책임에 대한 고의의 방조책임을 용이하게 인정할 수 있을 것'이라고 하여 다수의견이 방조책임 이론에 의한 것임을 확인할 수 있게 하고 있다.

71) 다만 우리 판례가 인터넷 서비스 제공자의 부수적 책임 문제를 다룬 사안의 대부분은 저작권침해에 국한되고 앞서 언급한 대로 명예훼손의 경우조차 선례가 아직 많지 않으며, 이 글의 주제인 상표권침해에 관련하여서는 아직 앞서 설명한 사례들 정도가 있을 뿐이다. 따라서 다른 유형의 권리침해에 대하여 위 문제를 취급한 사례를 찾기는 극히 힘든 상황이다. 참고로 미국에서는 이용자가 일종의 공법(公法)위반의 불법행위를 함으로써 생긴 침해에 관하여도 서비스제공자의 부수적 책임이 문제된 사례가 존재한다. C.L.C. V. Craigslist, Inc. 사건[519 F.3d 666 (7th Cir 2008)]은 이용자들이 '유색인종 금지,' '아이 있는 가족 거절' 등 차별적인 임대차행위를 함으로써 '공정 임대차 법(Fair Housing Act)'을 위반하는데 있어 그런 임대인을 위한 임대물 게시서비스를 제공한 피고 Craigslist에게 원고가 온라인서비스제공자의 부수적 책임을 추궁한 사건이었다. 법원은 온라인서비스제공자의 면책을 규정한 통신품위법(CDA) 제230조(c)(1)이 위 법률위반의 경우까지 온라인서비스제공자에게 면책을 부여하는 것이 아니라는 원고의 주장을 배척한 바 있다.

72) 서울중앙지방법원 2007. 5. 31. 선고 2006가합22338, 2006가합38197(병합) 판결. 그 항소심은 서울고등법원 2008. 10. 16. 선고 2007나62538 판결(항소기각). 상고심은 대법원 2009.5.14. 선고 2008다75676 판결(상고기각).

은 다른 이용자에게 판매할 게임아이템을 직접 '리니지' 온라인게임에 접속하여 게임 플레이를 하는 과정에서 획득하고자 하였다.[73] 게임에 접속하기 위하여 업자들은 미리 대량으로 획득한 타인의 주민등록번호 등 인적정보를 부정하게 사용하였는데, 이렇게 일부 게임이용자들이 프라이버시 침해행위를 함에 있어 게임서비스제공자인 피고가 어떤 조문 하에서 책임을 부담하는지가 쟁점이었다.[74] 여기서 법원은 다시 한번 민법 제760조 제3항을 피고의 책임발생 여부를 따지는 근거로 명시하고 있다.

마찬가지로 명예훼손의 경우보다 시기적으로 다소 늦었지만, 앞서 보았듯이 상표권 침해와 관련한 사례들에서도 우리 법원은 인터넷 오픈마켓 서비스 제공자의 책임 성립요건을 역시 방조의 법리를 기준으로 파악하고 있다.[75] 이런 경향에 비추어 인터넷오픈마켓 서비스제공자의 책임성립을 규명함에 있어서, 이전에 다른 유형의 권리 침해에서 쌓여온 풍부한 법원의 판례들을 참조하여야 유용할 것임은 물론이다.[76]

4. 한편 서비스 제공자의 책임제한요건에 관하여는 정보통신망 이용촉진법이 '통지 및 제거' 절차를 수용하였으나 부족함이 있음

앞서 설명한 대로 저작권법은 온라인서비스제공자가 서비스를 제공하는 행위와 관련하여 이용자들이 저작권 등을 침해한 경우 일정한 요건 하에서 서비스제공자의 책임을 감경 · 면제해주는 규정들을 이미 2003년에 신설하였다. 이들 규정은 미국 디지털 밀레니엄 저작권법의 규정을 수용한 것이었고, 이런 규정들은 현행 저작권법 제102조 및 제103조로 거의 그대로 이어지고 있다. 그 중 제103조는 이른바 '침해주장

---

73) 이 사건에서 중국의 업자들은 이른바 '아이템 공장'을 운용하면서 게임 서비스에 접속한 후 주로 'BOT'라고 불리는 자동사냥 프로그램(이용자가 게임 내에서 직접 마우스 등을 통해 캐릭터를 조종하지 않더라도 캐릭터를 자동적으로 조종하여 아이템을 취득하는 작업만을 반복적으로 수행하도록 하는 용도의 특수한 프로그램을 말한다, 이는 위 판결문에서 인용)을 실행하여 판매 목적으로 아이템을 대량으로 수집 · 축적하였다.

74) 이런 사안에서 원고들은 피고 온라인게임사업자가 이 사건 명의도용발생 당시 이미 게임 외에서의 아이템 거래가 피고 회사의 이 사건 게임 영업에 이익이 된다는 판단 하에 작업장 내지 아이템 중개업자들과 유착되어 아이템 거래와 연관된 이 사건 명의도용을 고의 또는 과실로 방조하였다는 주장을 하였다.

75) 아래 언급하는 3건의 관련 판례가 책임의 긍정, 부정 결론이 달랐을 뿐 모두 이러한 분석틀을 사용하고 있다.

76) 가령 히노키 샴푸 판결에서 "상표권 침해행위를 미필적으로만 인식하는 방조도 가능함은 물론 과실에 의한 방조도 가능한데, 과실에 의한 방조에 있어서 그 과실의 내용은 상표권 침해행위에 도움을 주지 않아야 할 주의의무가 있음을 전제로 하여 이 의무에 위반하는 것을 말하는 것이다. 위와 같은 침해의 방조행위에 있어서 방조자는 실제 상표권 침해행위가 실행되는 일시나 장소, 침해의 객체 등을 구체적으로 인식할 필요가 없으며 실제 침해행위를 실행하는 자가 누구인지 확정적으로 인식할 필요도 없다"라고 한 설시 부분은 저작권침해에 관한 서비스제공자의 방조책임을 다룬 대법원 판례(소리바다에 대한 대법원 2007.1.25. 선고 2005다11626 판결)의 설시를 그대로 따른 것이라 할 수 있다.

의 통지 및 제거(notice and takedown procedure)'절차를 규정하여 권리자의 요청에 따라 침해물을 제거한 온라인서비스제공자에게 임의적인 책임감면을 부여하고 있고, 제102조에서는 침해물을 제거하고자 하였으나 기술적으로 불능한 경우 온라인서비스제공자에게 필요적 책임면제를 부여하고 있다.

이에 비하여 명예훼손 등 여타 권리침해부분에서는 서비스제공자를 위한 책임제한규정이 존재하지 않는 법적 불균형 내지 공백의 상황이 수년간 지속되었었다. 그러던 중 2007. 1. 26. 개정된 정보통신망 이용촉진법은 종전의 간략한 제44조 규정[77]을 환골탈태시키면서 보다 자세한 조문들로 변화시키고 있다. 특히 제44조의2('정보의 삭제요청 등') 조항[78]을 통하여 드디어 한국에서도 이용자에 의한 명예훼손 등 여타의 침해행위가 발생한 경우에도 온라인 서비스 제공자의 책임제한을 인정하는 조항이 도입되었다. 특히 정보통신망 이용촉진법의 위 조항은 명예훼손뿐 아니라 이 글의 주제인 상표권침해에 있어서도 오픈마켓 사업자의 책임제한조항으로 작동할 수 있는 것이어서 중요하다.

그럼에도 정보통신망 이용촉진법 제44조의2는 아직 2003년 개정 저작권법과 그 시행령의 내용과 비교할 때 상대적으로 소략한 내용에 그치는데다, 책임제한요건의 구체적 부분에서 저작권 법령에서의 그것과 일치하지 않아 실제 분쟁에 적용됨에 있어 해석상 혼란이 생길 여지가 있다. 가령 저작권법에서는 ① 저작권법에서는 권리자의 침해주장 통지에 대응하여 이용자도 대응통지를 할 수 있도록 정하고 있으나,[79]

---

77) 구법 제44조는 엄밀히 말하자면 온라인 서비스 제공자의 책임관련 규정이라고는 할 수 있어도, 책임을 제한하여 주는 규정은 아니었다. 이 규정이 종전의 저작권법상 온라인서비스제공자의 책임제한규정과 충돌하고 있었다는 비판으로는 박준석, 앞의 책, 164-168면 참조.

78) 제44조의2 (정보의 삭제요청 등) ① 정보통신망을 통하여 일반에게 공개를 목적으로 제공된 정보로 사생활 침해나 명예훼손 등 타인의 권리가 침해된 경우 그 침해를 받은 자는 해당 정보를 취급한 정보통신서비스 제공자에게 침해사실을 소명하여 그 정보의 삭제 또는 반박내용의 게재(이하 "삭제등"이라 한다)를 요청할 수 있다.

② 정보통신 서비스 제공자는 제1항에 따른 해당 정보의 삭제등을 요청받으면 지체 없이 삭제 · 임시조치 등의 필요한 조치를 하고 즉시 신청인 및 정보게재자에게 알려야 한다. 이 경우 정보통신서비스 제공자는 필요한 조치를 한 사실을 해당 게시판에 공시하는 등의 방법으로 이용자가 알 수 있도록 하여야 한다.

③ 정보통신 서비스 제공자는 자신이 운영 · 관리하는 정보통신망에 제42조에 따른 표시방법을 지키지 아니하는 청소년유해매체물이 게재되어 있거나 제42조의2에 따른 청소년 접근을 제한하는 조치 없이 청소년유해매체물을 광고하는 내용이 전시되어 있는 경우에는 지체 없이 그 내용을 삭제하여야 한다.

④ 정보통신 서비스 제공자는 제1항에 따른 정보의 삭제요청에도 불구하고 권리의 침해 여부를 판단하기 어렵거나 이해당사자 간에 다툼이 예상되는 경우에는 해당 정보에 대한 접근을 임시적으로 차단하는 조치(이하 "임시조치"라 한다)를 할 수 있다. 이 경우 임시조치의 기간은 30일 이내로 한다.

⑤ 정보통신 서비스 제공자는 필요한 조치에 관한 내용 · 절차 등을 미리 약관에 구체적으로 밝혀야 한다.

⑥ 정보통신 서비스 제공자는 자신이 운영 · 관리하는 정보통신망에 유통되는 정보에 대하여 제2항에 따른 필요한 조치를 하면 이로 인한 배상책임을 줄이거나 면제받을 수 있다.

79) 저작권법 제103조 3항.

정보통신망 이용촉진법에는 이런 대응통지제도가 존재하지 않는 점, ② 저작권법과 달리 정보통신망 이용촉진법에는 이른바 임시조치제도가 존재하고,[80] 이에 의하여 서비스제공자가 권리의 침해 여부를 판단하기 어렵거나 이해당사자 간에 다툼이 예상되는 경우 해당 정보에 대한 접근을 임시적으로 차단하는 조치를 할 수 있는 점, ③ 저작권법에서는 침해물 제거가 기술적으로 불가능한 경우에 온라인서비스제공자의 책임을 면제하고 있지만,[81] 정보통신망 이용촉진법에는 이런 규정이 존재하지 않는 점,[82] ④ 저작권법에서는 권리자의 침해주장 통지가 없더라도 서비스제공자가 침해사실을 다른 경로로 알 게 된 때는 책임제한을 인정하지 않는다고 명시하고 있지만,[83] 정보통신망 이용촉진법에서는 그런 규정이 존재하지 않는 점, ⑤ 권리자가 침해주장의 통지를 함에 있어 소명할 사실에 관하여 저작권법 시행령 제40조[84]에서 상세히 정하고 있으나, 정보통신망 이용촉진법에서는 그냥 '소명'이라고만 정하고 있을 뿐 구체적인 세칙이 없는 점[85] 등 헤아릴 수 없이 많은 면에서 차이[86]를 두고 있다. 결국 온라인서비스제공자는 이용자의 불법행위가 저작권침해인지, 아니면 여타의 권리침해인지에 따라 각각 책임제한을 받기 위하여 여러 가지 점에서 차이가 있는 두 법률(저작권법과 정보통신망 이용촉진법) 중 해당 요건을 그때그때 충족하여야 하므로

80) 정보통신망이용촉진법 제44조의2 4항.

81) 저작권법 제102조 2항.

82) 이 글의 아래에서 설명하는 바와 같이, 명예훼손의 사안에서는 P2P 네트워크가 아니라 전자게시판(BBS) 서비스가 주된 침해수단이 되므로 현실적으로 명예훼손 사안에서 온라인서비스제공자의 침해물 제거가 불가능한 경우는 거의 존재하지 않을 것이지만, 예외적으로 P2P 네트워크를 통하여서도 명예훼손이 발생하기도 하므로 위 본문 설명에서와 같은 차이점이 문제될 소지가 여전하다.

83) 저작권법 제103조 5항 단서.

84) 제40조 (복제 · 전송의 중단 요청) 법 제103조 제1항에 따라 온라인서비스제공자에게 복제 · 전송을 중단시킬 것을 요구하려는 자(이하 "권리주장자"라 한다)는 문화체육관광부령으로 정하는 요청서(전자문서로 된 요청서를 포함한다)에 다음 각 호의 어느 하나에 해당하는 소명 자료(전자문서를 포함한다)를 첨부하여 온라인서비스제공자에게 제출하여야 한다. 다만, 권리주장자가 저작권신탁관리업자이거나 최근 1년 이내에 반복적인 침해행위에 대하여 권리자임을 소명할 수 있는 자료를 이미 제출한 사실이 있는 경우에는 요청서만 제출하여도 된다.

1. 자신이 그 저작물등의 권리자로 표시된 저작권 등의 등록증 사본 또는 그에 상당하는 자료

2. 자신의 성명등이나 이명으로서 널리 알려진 것이 표시되어 있는 저작물등의 사본 또는 그에 상당하는 자료

85) 가령, 정보통신망 이용촉진법의 적용을 받는 명예훼손 사안에서는 피해자가 "최근 1년 이내에 반복적인 침해행위에 대하여 권리자임을 소명할 수 있는 자료를 이미 제출한 사실이 있는 경우"라도 다른 경우와 구별 없이 원칙적으로 권리침해사실의 소명자료를 구비할 것이 요구된다고 해석된다.

86) 가령 저작권법에서는 권리자에 의한 침해주장의 통지를 원활하게 수령하도록 수령인 성명과 전화번호, 이메일 등을 온라인상에 공지할 것을 의무화하고 있지만(시행령 제44조), 정보통신망이용촉진법에서는 일련의 조치에 관한 내용 · 절차 등을 미리 약관에 구체적으로 밝힐 것을 요구하고 있다. 사소한 차이이지만 이런 요건의 충족도 나중에 분쟁발생시 온라인 서비스 제공자의 책임제한요건 충족유무를 따지는데 기준의 일부가 됨은 물론이다.

법적으로 상당히 혼란을 겪게 된다.[87]

제 5 오픈마켓 사업자 책임론의 특징

앞 장에서는 오픈마켓 사업자의 책임을 분석함에 있어 단지 상표권침해 관련하여 등장한 최근 사례들에만 국한하기 보다는, 그동안 저작권침해 등을 중심으로 비교적 상세하게 정립되어온 인터넷 서비스 제공자의 방조책임론이라는 보다 넓은 차원에서 살펴볼 것을 주장하였다. 그에 비하여 본 장에서는 오픈마켓 사업자의 상표권 관련 책임론이 다른 인터넷 서비스 제공자의 방조책임론과 어떤 점에서 차이가 있는 지를 고찰하고자 한다.

Ⅰ. 저작권침해의 사안과 구별되는 몇 가지 차이점 문제

1. 이른바 사용자책임의 성립가능성 문제

같은 지적재산권 침해이지만 저작권 침해와 비교하여 볼 때, 오픈마켓에서의 상표권 침해는 앞서 '아디다스 스포츠용품' 판결이 친절하게 일부 설명[88]하고 있는 것과 같이 몇 가지 뚜렷한 차이점들을 가지고 있다. 그 중 가장 주목할 만한 부분은 저작권 침해에서의 온라인 서비스 제공자와 달리 오픈마켓 사업자는 구조상 민법상 사용자(使用者)와 같은 지위에 더 가깝다고 볼 여지가 있다는 점이다.[89] 이것은 오픈마켓에서 오픈마켓 사업자는 판매자를 선별하여 계약을 체결하고[90] 그 판매자의 수익에 비례하여 수수료를 징수하는 등 상당한 수준의 개입을 하고 있는 점, 구매자들은

87) 혹자는 오픈마켓 사업자는 오로지 정보통신망이용촉진법의 책임제한요건만 관련될 것이므로 별다른 문제가 없을 것이라 오해할 수 있다. 그렇지만 G마켓과 같은 오픈마켓사업자도 거래상품의 종류에 따라서는 상표권침해가 아니라 저작권침해에 따른 부수적 책임이 문제될 수 있다. 가령 G마켓을 소유한 미국의 본사 eBAY가 피고로 섰던 Hendrickson v. Ebay 사건{165 F. Supp. 2d 1082, 1088 (C.D. Cal. 2001)}은 피고 eBAY 서비스를 통하여 원고의 저작권이 존재하는 다큐멘타리의 불법복제 DVD가 유통된 사안이었다. 여기서 미국의 법원은 피고가 미국 저작권법 제512조의 온라인 서비스 제공자 책임제한조항에서의 '서비스제공자'에 해당함에 의문의 여지가 없다고 판단한 바 있고 비록 구체적 문구의 차이는 있으나 한국 저작권법의 해석도 다르지 않다.

88) 위 판결은 디지털 저작물은 상품의 배송절차가 필요 없이 인터넷 공간에서 직접 거래 목적물이 전송될 수 있는 반면에, 실물 상품을 대상으로 하는 쇼핑몰은 어디까지나 상품에 대한 정보를 제공하는 기능을 하는데 불과함을 지적한 바 있다.

89) G마켓(www.gmarket.co.kr) 등에 가입한 판매자가 침해행위를 할 경우 그 공간을 임대한 서비스제공자의 책임논의는 사용자책임법리에 의할 가능성도 있다는 언급은 박준석, 전게서, 65.

90) 이것은 소리바다 사건과 같은 저작권 침해 사안에서처럼 이용자가 단순히 회원가입 후 로그인하는 것과 구별된다.

개별판매자의 상품을 구매할 것을 결정함에 있어 오픈마켓 사업자가 사용하는 사업상표에 대한 신뢰를 상당부분 반영하는 점 등에 근거한 분석이다.

특히 오픈마켓 사업자에 대한 사례는 아니었지만 개별판매자가 범한 상표권침해행위에 대하여 마켓 전체운영자가 부담할 부수적 책임이 쟁점이었다는 점에서 논리구조가 거의 유사하였던 실제사건(이른바 '홈플러스 사건'[91])에서 법원은 할인마트 운영자에게 사용자책임을 인정한 적이 있다. 이것은 인터넷 오픈마켓 서비스 제공자에 대한 책임논의에서도 향후 논의방향에 따라서는 마찬가지로 사용자 책임이 거론되는데 선례가 될 가능성도 있다.[92]

그러나 이런 사용자책임에 가까운 특징은 단지 저작권침해의 경우와 비교할 때 그러하다는 것일 뿐,[93] 근본적으로 오픈마켓 사업자를 사용자로 의율하자는 주장은 아님을 주의할 필요가 있다. 만일 향후 판례가 오픈마켓 사업자에 대하여 사용자책임을 긍정하여서는 아래와 같은 이유들 때문에 부당한 결과가 초래될 위험이 더 크다고 본다.

우선 할인마트 운영주가 사용자 지위를 취득할 상대방인 '입점상인'은 그 숫자가 많더라도 일정 수준을 넘기 어려울 것이지만, 오픈마켓 사업자가 포섭하고 있는 개별판매자의 숫자는 공간제약을 거의 받지 않는다는 인터넷공간의 특징 때문에 엄청난 숫자에 이르는 것이 보통이라는 점, 인터넷공간은 현실공간과 달리 개별판매자의 행위를 감독하기가 더욱 곤란한 점 등을 고려할 때 인터넷공간의 개별판매자들 모두에 대하여 오픈마켓 사업자가 사용자의 지위를 취득한다고 판단하는 것은 무리한 법적 의제에 가깝기 때문이다.

다음으로, 오픈마켓 사업자가 개별판매자를 선별하여 이용계약을 체결하고 그 개별판매자의 수익에 비례하여 수수료를 징수하는 등 상당한 수준의 개입을 한다는 점도 단순히 저작물전송서비스를 제공하는 온라인 서비스 제공자가 행하는 개입수준에

91) 서울중앙지방법원 2008. 8.20. 선고 2006가합51480 판결. 이는 버버리(Burburry)의 위조상품을 개별점포임차인이 판매한 경우 전체마트운영자인 홈플러스에게 사용자책임을 부담시킨 판결이다.

92) 그 외에도 비록 명예훼손 사안에 대한 것이었으나, 일본의 니프티서브(ニフティサーブ) 사건의 원심법원[동경지방재판소 平成9. 5. 26. 판결 平6(ワ)7784号 · 平6(ワ)24828号]에서는 명예훼손이 발생한 게시판을 관리하던 시솝(sysop)에게 책임이 있음을 전제로 게시판 서비스 제공자를 그 시솝의 사용자로서 책임을 추궁한 적이 있다. 그러나 이런 원심과 달리 항소심[동경고등재판소 平成13. 9. 5. 판결 平9(ネ)2631号, 2633号, 2668号, 5633号]에서는 시솝의 책임자체가 부정되어 게시판 서비스 제공자의 사용자책임은 당연히 문제되지 않게 되었다. 이에 관하여 자세히는 박준석, 전게서, 65~66 참조.

93) 이윤의 효율적인 징수를 위하여 통제가 필요한데 그런 통제가 강할수록 법적책임의 여지가 증가한다는 면과 관련하여서이다.

비하여 그러하다는 것일 뿐이다. 보기에 따라서는 오픈마켓사업자의 경우가 저작물 전송서비스를 제공하는 서비스제공자보다 이용자에 대한 통제가능성이 더 제한되는 면도 존재하는데, 가령 온라인 서비스 제공자는 적어도 불법저작물이 자신이 제공하는 서비스망을 통하여 전송되는 구조이므로 이른바 필터링 기술을 채택하는 경우 비록 불완전하더라도 불법저작물을 걸러낼 수 있는 가능성이 존재하지만 오픈마켓사업자는 상품 실물(實物)이 개별판매자로부터 구매자 앞으로 택배 등을 통하여 전달되는 과정에서 위조상품을 선별하거나 제지할 수단이 사실 전무한 것이 그 예다.[94]

끝으로, 민법 제756조[95]의 사용자책임이 긍정되면 방조책임에서와 달리 일단 책임이 성립될 경우 그간 제756조 단서에 따른 면책을 사실상 인정하지 않아왔던 우리 판례의 입장을 고려할 때 오픈마켓 서비스 제공자를 위한 책임제한가능성이 거의 없어지게 된다. 그런데 이런 결과는 인터넷의 특징을 감안하여 그 공간의 정보전달자역할을 하는 인터넷 서비스 제공자를 위하여 각국이 특별한 면책규정까지 굳이 도입해 온 흐름에 반하는 것이다.

2. 간접책임 규정의 유무 차이에 따른 문제

저작권법 침해사안의 경우 우리 저작권법이 특허법이나 상표법 등 다른 지재권법 영역과 달리 침해도구의 제공에 관한 간접침해 규정을 규정하지 않고 있다. 그 때문에 한국에서 인터넷 서비스 제공자의 부수적 책임이 처음 저작권침해를 둘러싸고 문제되었을 때 논란 끝에 결국 저작권법에 의하지 못하고 민법상 방조규정에 의하여 책임요건이 정립되었다.

반면 상표법은 저작권법과 달리 이런 간접침해에 대한 규정을 제66조[96]에서 정하고 있다. 따라서 가령 오프라인에서의 상표권침해 방조행위는 저작권침해 사안과

---

94) 오픈마켓 사업자가 개별판매자에게 위조상품이 아닌 적법한 상품을 제공하도록 사전에 상표권자로부터의 라이센스 서류를 요구하거나 경우에 따라 의심이 나는 상품판매에 관한 입증서류를 제출받는다 하더라도 실제 구매자에게 전달되는 상품의 내용을 일일이 확인하는 것은 거의 불가능하다.

95) 제756조 (사용자의 배상책임) ① 타인을 사용하여 어느 사무에 종사하게 한 자는 피용자가 그 사무집행에 관하여 제삼자에게 가한 손해를 배상할 책임이 있다. 그러나 사용자가 피용자의 선임 및 그 사무감독에 상당한 주의를 한 때 또는 상당한 주의를 하여도 손해가 있을 경우에는 그러하지 아니하다

96) 제66조 (침해로 보는 행위) ① 다음 각호의 1에 해당하는 행위는 상표권(지리적 표시 단체표장권을 제외한다) 또는 전용사용권을 침해한 것으로 본다....

3. 타인의 등록상표를 위조 또는 모조하거나 위조 또는 모조하게 할 목적으로 그 용구를 제작 · 교부 · 판매 또는 소지하는 행위

② 다음 각호의 1에 해당하는 행위는 지리적 표시 단체표장권을 침해한 것으로 본다....

3. 타인의 지리적 표시 등록단체표장을 위조 또는 모조하거나 위조 또는 모조하게 할 목적으로 그 용구를 제작 · 교부 · 판매 또는 소지하는 행위

달리 굳이 민법상 방조법리를 동원하지 않더라도 직접 상표법 위반행위로 의율할 수 있는 상황이다. 흥미로운 문제는, 오프라인이 아닌 온라인에서 상표권침해를 방조했을 때도 마찬가지로 간접침해에 대한 제66조를 적용하여 의율할 수 있는 가이다. 만일 그렇다고 하면 앞서 '히노키 샴푸 사건' 등에서 우리 판례처럼 굳이 민법상 방조책임에 의하지 않았어도 될 것이다. 이에 관하여 논자에 따라서는 오픈마켓사업자가 개별판매자에게 제공하는 서비스가 다름 아니라 위 조문에서 정한 "....상표를 위조 또는 모조하게 할 목적으로 제작 · 교부 · 판매되는 용구"라고 풀이할 수 도 있겠지만, 이는 무리한 해석이다. 왜냐하면 간접침해에 관한 위 상표법 규정은 비록 그 표현이 특허법상 간접침해 규정과는 다소 상이하더라도[97] 양자의 규정 모두 공히 당해 도구가 권리침해를 유일한 용도로 삼을 것을 요구하므로, 만일 비침해적인 용도에도 쓰일 수 있는 도구라면 위 간접침해규정이 적용되기 어렵기 때문이다. 적어도 통상적인 오픈마켓이 이렇게 권리침해를 유일한 용도로 하고 있지 않음은 물론이다.

Ⅱ. 방지조치의무의 구체적 내용을 어느 수준으로 설정할지의 문제

2007. 7. 27. 시행된 개정 정보통신망 이용촉진법[98]에서는 종전과 달리 제44조[99]에서 정보통신 서비스 제공자에게 자신이 운영 · 관리하는 정보통신망에 타인의 권리를 침해하는 정보가 유통되지 아니하도록 노력할 의무를 부과하고 있다. 이 조문의 내용만을 중시하면 위 법에서의 '정보통신 서비스 제공자'에 해당하는[100] 인터넷오픈마켓 서비스제공자는 상표권을 침해하는 정보가 유통되지 않도록 종전보다 적극적으로 노력할 의무가 있다는 방향으로 해석할 여지가 있다. 실제로도 앞서 히노키 샴푸 판결이 위 조문을 인터넷 오픈마켓 서비스 제공자로 하여금 침해와 관련된 판매정보를 차단하는 것에서 더 나아가 그것이 아예 다시 게시되지 않도록 하여야 할 작위의

97) 특허법은 침해품의 생산'에만' 사용하는 도구일 것을 요구한다(특허법 제127조 제1호 참조).

98) 법률 제8289호, 2007. 1.26, 일부개정.

99) 제44조 (정보통신망에서의 권리보호) ① 이용자는 사생활의 침해 또는 명예훼손 등 타인의 권리를 침해하는 정보를 정보통신망에 유통시켜서는 아니 된다.

② 정보통신서비스제공자는 자신이 운영 · 관리하는 정보통신망에 제1항의 규정에 따른 정보가 유통되지 아니하도록 노력하여야 한다.

③ 정보통신부장관은 정보통신망에 유통되는 정보로 인한 사생활의 침해 또는 명예훼손 등 타인에 대한 권리침해를 방지하기 위하여 기술개발 · 교육 · 홍보 등에 대한 시책을 마련하고 이를 정보통신서비스제공자에게 권고할 수 있다.

100) 같은 법 제2조 제1항 3. "정보통신 서비스 제공자"란 「전기통신사업법」 제2조 제1항 제1호에 따른 전기통신사업자와 영리를 목적으로 전기통신사업자의 전기통신역무를 이용하여 정보를 제공하거나 정보의 제공을 매개하는 자를 말한다.

무를 긍정하는 근거로 삼고 있고, 일부 학설도 이에 동조하는 취지이다.[101)]

바꾸어 말하면, 인터넷 오픈마켓 서비스 제공자의 의무 수준과 관련하여 이를 ⓐ 권리침해신고에서 구체적으로 특정된 당해 판매정보를 삭제 및 접근 임시 차단 조치, ⓑ 해당 상표가 부착된 제품에 대한 다른 판매정보를 찾아 이에 대하여도 삭제 및 접근 임시 차단 조치, ⓒ 앞으로 해당 상표가 부착된 제품에 관한 판매정보가 게시되거나 검색되지 않도록 필요한 조치 등 3가지로 구분한다고 할 때, 히노키 샴푸 판결은 정보통신망이용촉진법의 위 조항 등을 근거로 위 3가지 모두를 긍정한 사례이고 반면 K2 등산화 판결은 ③번째 의무는 부정한 사례라고 할 수 있다.[102)]

그러나 위와 같은 제44조 제2항을 해석함에 있어서는 그 조문과 동시에 도입된 제44조의2 등을 함께 연결 지어 체계적으로 해석하여야 함은 두말할 나위가 없는데, 제44조의2는 권리가 침해된 경우 그 침해를 받은 자는 서비스제공자에게 삭제 등을 요청할 수 있고(제1항), 서비스제공자가 이런 요청에 소정의 절차를 준수하여 적법하게 응하는 경우에는(제2항 내지 제5항) 해당 서비스제공자의 책임을 감면하도록(제6항) 규정하고 있으므로 이것은 저작권법의 기존규정인 제102조, 제103조와 마찬가지로 이른바 '통지 및 제거 절차'의 골격을 정보통신망촉진법에도 도입한 것일 뿐이다. 따라서 저작권침해뿐 아니라 상표권 등 여타권리에 있어서도 서비스제공자의 적극적 행위가 있으려면 일단 권리자의 통보가 있어야 함을 원칙적으로 요구한다고 할 수 있다.

여기서 혼동하지 말아야 할 것은 '제거 및 통지 절차'하에서라도 항상 서비스제공자가 통지를 받은 경우에만 행동할 의무를 부과하는 것은 아니라는 점이다. 권리자로부터의 통지가 없더라도 만일 서비스제공자가 스스로 침해사실을 알게 되었거나 적어도 분명히 알 수 있었을 경우[103)]라면 미국[104)]이든 한국에서든 서비스제공자가 침해물을 제거할 것을 요구한다는 데 별다른 논란이 없다(이에 관하여 가장 분명히 한 것으로는 최근 이용자의 명예훼손행위에 관한 포털사이트의 방조책임을 긍정하는 대법원 전원합의체 판결[105)] 참조).

---

101) 오병철, 전게 논문, 199, 202-203.

102) 이런 설명은 최성준, 전게 논문, 15-16.

103) 침해책임을 면하려고 서비스제공자가 고의로 이용자의 침해를 인식하는 것을 회피하는 경우 등이 이에 해당된다. 하지만 자신의 서비스상에서 침해가 있을 것이라는 막연한 인식(혹은 미국에서의 표현에 따르자면 구체적 인식에 대립되는 의미로 추상적 · 추정적 인식, constructive knowledge)만으로는 여기에 해당되지 않는다.

104) DMCA의 명문규정이 그러하다. 이와 관련하여서는 박준석, 전게서, 96-97, 331 참조.

105) 대법원 2009. 4. 16. 선고 2008다53812 전원합의체판결; "명예훼손적 게시물이 게시된 목적, 내용, 게시기간과 방법, 그로 인한 피해의 정도, 게시자와 피해자의 관계, 반론 또는 삭제 요구의 유무 등 게시에 관련한 쌍방의 대응태도 등에 비추어, 인터넷 종합 정보제공 사업자가 제공하는 인터넷 게시공간에 게시된

요컨대, 정보통신망 이용촉진법 제44조 제2항이 가지는 의미는 그 조항과 함께 도입된 면책조항들과의 균형적인 해석상 여전히 '통지 및 제거절차'라는 큰 틀을 벗어난 것이 아니므로, 단지 정보통신 서비스 제공자의 주의의무를 강조하는 조항에 가깝다다. 히노키 샴푸 판결이 요구하는 대로 1회 침해의 통보가 이루어졌다는 사정만으로 서비스제공자로 하여금 앞으로 해당 상표가 부착된 제품에 관한 판매정보가 게시되거나 검색되지 않도록 필요한 조치를 할 것을 요구하는 것은, 향후 비슷한 침해가 어떤 영역에서 발생할 것인지 예측하기 곤란한 인터넷 서비스의 특징에 비추어, 사실상 모니터링 의무를 인정하는 것과 별다른 차이가 없게 되어 부당하다.

Ⅲ. 책임성립이 아닌 책임제한조항의 적용문제

한국에서는 지적재산권에 대한 이용자의 인터넷상 침해행위 중, 저작권 침해에 대하여는 저작권법에 인터넷 서비스 제공자의 책임감면요건이 비교적 명확하게 규정되어 있지만, 상표권 침해에 대하여는 책임감면요건이 불명확한 상황이다. 앞서 언급한 대로, 일단 상표권 침해에 대하여는 정보통신망이용촉진법 제44조의2 규정이 책임감면요건으로 적용될 것으로 보인다. 그런데 위 규정의 '정보통신망을 통하여 일반에게 공개를 목적으로 제공된 정보로 사생활 침해나 명예훼손 등 타인의 권리가 침해된 경우'라는 표현 중 '정보'에 과연 상표가 포함되는 지 다소 의문이 있을 수도 있지만,[106] 위 법률의 '정보'는 "자연인 또는 법인이 특정목적을 위하여 광 또는 전자적

명예훼손적 게시물의 불법성이 명백하고, 위 사업자가 위와 같은 게시물로 인하여 명예를 훼손당한 피해자로부터 구체적·개별적인 게시물의 삭제 및 차단요구를 받은 경우는 물론, 피해자로부터 직접적인 요구를 받지 않은 경우라 하더라도 그 게시물이 게시된 사정을 구체적으로 인식하고 있었거나 그 게시물의 존재를 인식할 수 있었음이 외관상 명백히 드러나며, 또한 기술적, 경제적으로 그 게시물에 대한 관리·통제가 가능한 경우에는, 위 사업자에게 그 게시물을 삭제하고 향후 같은 인터넷 게시공간에 유사한 내용의 게시물이 게시되지 않도록 차단할 주의의무가 있고, 그 게시물 삭제 등의 처리를 위하여 필요한 상당한 기간이 지나도록 그 처리를 하지 아니함으로써 타인에게 손해가 발생된 경우에는 부작위에 의한 불법행위책임이 성립된다." 사실 이런 판시는 그보다 앞섰고 이 글이 지지하는 K2 등산화 판결 중 "오픈마켓 운영자가 운영하는 오픈마켓에서 부정경쟁행위 등 타인의 권리를 침해하는 행위가 실제로 발생하고, 오픈마켓 운영자가 그 권리침해행위의 발생사실을 알았거나 알 수 있었다고 인정할 상당한 이유가 있으며, 오픈마켓 운영자가 그 침해행위의 발생 내지 위험성을 방지하거나 제거할 수 있는 구체적인 수단을 가지고 있는 경우에만 오픈마켓 운영자가 그 침해행위를 방지할 구체적인 방지의무가 발생한다"는 취지와 적어도 문구상 표현은 크게 다르지 않은 것이다. 두 판결이 가지는 실질적인 의미가 달라진 것은, 위 대법원 판결이 실제 사건에서 위에서 언급한 '외관상 명백히 드러나'는 불법의 의미를 확장하여 추상적으로 자신의 서비스 상에 존재할 지도 모르는 불법도 여기에 충분히 해당될 개연성을 남긴데서 비롯되었을 따름이다.

106) 혹자는 오픈마켓 서비스 제공자가 매개하는 것은 현실의 상품거래이고, 이런 상품이 과연 '정보'라고 할 수 있겠는가라는 의문이 있을 수 있겠다. 그러나 엄밀히 오픈마켓 서비스에서 매개하는 것은 현실의 상품거래에 대한 판매자와 구매자의 거래관련 '정보'이지, 오픈마켓이라는 가상공간에서 상품이 직접 전달되는

방식으로 처리하여 부호 · 문자 · 음성 · 음향 및 영상 등으로 표현한 모든 종류의 자료 또는 지식"[107]이기만 하면 충분한 것으로 사실상 인터넷상에서 전달되는 모든 형태의 데이터를 의미하여 일종의 '표지 정보'인 상표도 '정보'의 개념에 당연히 포함된다고 본다. 나아가 오픈마켓 서비스 제공자가 제공하는 서비스가 '정보통신서비스'임에도 별다른 의문이 있을 수 없다. 따라서 종전 판례들에서는 주목받지 못하였으나 앞으로는 위 조항에 근거한 오픈마켓 사업자의 면책주장도 활발해질 개연성이 있다.

이런 상황을 대비하여 조금 더 세부적으로 보자면, 첫째 정보통신망 이용촉진법에 따른 권리자의 침해사실 소명 및 삭제할 정보의 특정은 막연한 것이 아니라 구체적이어야 한다. 비록 저작권침해 관련판례지만 미국 판례[108]에서는 권리자의 통지 내용만으로 침해결과물을 확실히 특정하기 곤란한 경우 적법한 통지가 없는 것이라 하여 피고의 부수적인 책임을 부정한 바 있다. 둘째, 저작권침해에서는 저작권법 제103조 제5항,[109] 제4항[110]에 따라 복제 · 전송의 중단 및 그 재개의 요구를 받을 자의 공지는 면책의 전제조건임에 비하여, 상표침해에서는 정보통신망이용촉진법 제44조의2에 따른 책임감면을 주장하기 위하여 전제조건으로서 비슷한 공지가 요구되는 것이라고는 해석되지 아니한다. 셋째, 동일한 서비스에서라도 전달된 정보의 성격이 저작물인지, 상품관련정보였는지에 따라 서비스 제공자의 책임제한 조항이 달라질 것이다. 오픈마켓 서비스 제공자의 서비스 상에서 저작권침해상품의 거래가 이루어졌을 때는 저작권법이, 그렇지 않고 상표권을 침해하는 상품거래가 이루어졌을 때는 정보통신망이용촉진법이 적용될 것이다.[111]

것은 아닌 것이다.

107) 정보통신망 이용촉진법 제2조 제2항에서 "이 법에서 사용하는 용어의 뜻은 제1항에서 정하는 것 외에는 「정보화촉진 기본법」으로 정하는 바에 따른다."고 정하고 있고, 다시 정보화촉진 기본법 제2조 제1호에서 "정보라 함은 자연인 또는 법인이 특정목적을 위하여 광 또는 전자적 방식으로 처리하여 부호 · 문자 · 음성 · 음향 및 영상 등으로 표현한 모든 종류의 자료 또는 지식을 말한다."고 규정하고 있다.

108) 앞서 설명한 Hendrickson v. Ebay 사건의 판시이다.

109) 제103조 ⑤ 온라인 서비스 제공자가 제4항의 규정에 따른 공지를 하고 제2항 및 제3항의 규정에 따라 그 저작물등의 복제 · 전송을 중단시키거나 재개시킨 경우에는....온라인 서비스 제공자의 책임을 감경 또는 면제할 수 있다.

110) 제103조 ④ 온라인 서비스 제공자는 제1항 및 제3항의 규정에 따른 복제 · 전송의 중단 및 그 재개의 요구를 받을 자(이하 이 조에서 "수령인"이라 한다)를 지정하여 자신의 설비 또는 서비스를 이용하는 자들이 쉽게 알 수 있도록 공지하여야 한다.

111) eBAY가 저작권침해의 기여책임과 관련하여 피고로 섰던 Hendrickson v. Ebay 사건에 대한 앞 부분 설명 참조.

제6 결 론

인터넷 서비스 제공자는 그것이 제공하는 서비스가 저작물 유통이던지, 혹은 이 글의 초점인 상표부착 상품의 공급이던지, 아니면 명예와 관련된 표현물의 전달이던지를 불문하고 현대 정보화사회에서의 정보전달과정에 핵심적 지위를 차지하고 있다. 이런 핵심적 기능은 달리 표현하자면 인터넷 서비스 제공자가 불법정보의 유통에 있어 이를 효과적으로 걸러낼 수 있는 이른바 문지기(gate keeper) 역할을 수행할 수 있다는 말에 다름 아니다. 당장의 피상적인 경제적 효율성, 즉 권리자가 개별침해자를 상대로 직접 법적제재를 가하는 데 소요될 시간과 비용 대비 인터넷서비스제공자가 권리자에 협력하여 모니터링 등 일정한 조치를 취하는 데 소요될 시간과 비용을 전체적으로 형량하자면 일견 후자의 시간과 비용이 더 작은 것이다. 이런 판단에만 근거하자면 인터넷 서비스 제공자에게 권리자를 위한 적극적 행동에 나서도록 법적으로 최대한 유도하거나 심지어 강제하는 것이 바람직하다고 오해할 수도 있다. 그러나 수많은 정보의 불법성 여부를 일일이 식별하기 어려운 인터넷 정보유통의 특징상 인터넷서비스제공자에 대한 위와 같은 유도 · 강제는 그 선의에 따른 좋은 결과를 낳기보다 서비스제공자로 하여금 아예 인터넷 서비스를 포기하게 만드는 심각한 부작용을 낳을 개연성이 더 크다.[112] 이런 부작용의 우려 때문에 과연 적절한 유도 · 강제의 수준이 어느 정도인지에 관하여 미국을 비롯한 외국이나 한국 모두 여러 사건에서 심각한 고민이 이루어졌고 앞으로도 계속 검토가 이루어질 필요가 있음은 물론이다. 다만 덧붙일 말은 이런 검토에 있어 인터넷 공간이라는 공통점에 착안한 전체맥락에서의 분석과 더불어 당해 사건에서 침해된 권리가 저작권인지, 상표권인지 등의 구체적 태양에 맞춘 개별적 분석이 모두 필요하다는 점이다.

인터넷 오픈마켓 서비스 제공자의 방지조치의무에 관하여도 종래 저작권법상 온라인 서비스 제공자의 그것과 같이 그 기본골격은 방조책임을 따르고 있음이 분명하다. 위 방지조치의무의 발생 기준에 관하여, 비록 다른 분야의 판결이기는 하지만 대법원 전원합의체 판결[113]의 판시에서처럼 '불법의 존재를 인식하고 있었거나 그 존재

112) 멀리서 예를 찾을 것도 없이 앞서 본 대법원의 명예훼손 관련 2008다53812 전원합의체판결이 선고된 직후, 그 판결이 제시한 기준이 해석에 따라서는 적극적인 모니터링을 요구하는 것으로 판단되자, 일부 언론사(가령 '법률신문' 등) 등은 아예 댓글을 달 수 있는 기능을 현재까지 계속 차단하는 것으로 대응하고 있는 형편이다.

113) 위 2008다53812 전원합의체판결.

가 외관상 명백한 경우'에는 비록 구체적 통지가 없더라도 서비스제공자가 행동에 나서야 할 의무가 있다는 것은 사실 미국에서의 시발은 물론이고 그간의 어떤 논의에서도 크게 논란이 없다. 구체적인 통지가 '반드시' 필요하다고 해석하는 입장이나 그와 반대로 1회 통지가 있기만 하면 '나아가 해당 판매정보가 다시 게시되지 않도록 하여야 할 작위의무'가 생긴다고 하여 사실상 일반적인 모니터링 의무가 있다고 해석하는 입장은 모두 극단적인 것으로 부당하다. 그런 의무의 범위를 상표권침해이라는 구체적인 태양과 관련하여 어떻게 해석할 지, 환언하여 오픈마켓 사업자의 침해방지 조치의무의 구체적 내용을 어느 수준으로 설정할 지의 문제에 대하여는 우리 판례들 중 '히노키 샴푸 결정'이 아니라 나중의 'K2 등산화 판결'이나 '아디다스 스포츠용품 결정'이 더 적절한 대답을 한 것으로 평가된다.

참고문헌

〈단행본〉

박준석, 인터넷서비스제공자의 책임, 박영사, 2006.

〈논문〉

박준석, "한국에서 온라인서비스제공자의 법적 책임론이 나아갈 방향", 경희법학 제43권 제3호, 경희법학연구소, 2008. 12.

오병철, "통신판매업자의 불법행위에 대한 통신판매중개자(오픈마켓)의 책임-서울중앙지방법원 2008.11.20, 2006가합46488 판결을 중심으로-", 재산법연구, 제26권 제1호, 2009. 6.

최성준, "부정경쟁행위에 관한 몇 가지 쟁점", Law & Technology 제5권 제1호, 서울대학교 기술과법센터, 2009. 1.

Brian W. Brokate et al., "What's New in Anticounterfeiting", 947 PLI/Pat 615, 2008. September - October.

Elizabeth K. Levin, "A Safe Harbor for Trademark: Reevaluation Secondary Trademark Liability after Tiffany v. Ebay", 24 Berkeley Tech. L. J.

〈인터넷〉

인터파크의 '지적재산권 침해 신고서',
http://www.interpark.com/tns/ IntellectualPropertyRights_infringement.html

특허청 지식재산보호센터, http://ippc.kipo.go.kr:9010/goods/intro_06.kipo

G마켓 통신판매중개자 자율준수규약, http://www.gmarket.co.kr/gmap/gmap02_menu03.asp

http://dockets.justia.com/docket/court-candce/case_no-5:2007cv03952/case_id-19469
이상 2010. 1. 20. 방문 기준

제 3 절

Google의 키워드광고와 상표권 침해 및 부정경쟁행위 *

제 1 서 론

인터넷의 발달과 더불어 기업들은 인터넷을 통한 다양한 광고방법에 관하여 생각하게 되었다. 그러한 광고수단으로는 배너(banner)광고, 스팸(spam), 메타택(metatag), 팝업(Pop-Up)광고, 키워드(key-word)광고 등이 거론되고 있다. 이러한 광고수단은 이를 이용하는 기업들의 입장에서는 상품이나 서비스를 알리고 이를 판매할 수 있는 아주 유용한 수단이 되고 있으나, 한편 위와 같은 광고 과정에 타인의 상표 등 지적재산이 이용되는 경우 새로운 유형의 지적재산권 침해행위가 아닌가 하는 의문을 불러일으켜 왔고 그에 관하여 많은 논의가 있어 왔다.

이글에서는 위와 같은 다양한 광고수단 중 현재 전 세계에서 가장 많이 사용되고 있는 Google이라는 인터넷 검색엔진에 적용되어 Google사의 최대 수입원이 되고 있는[1] 동시에 다양한 지적재산권법적 문제를 제기하고 있는 키워드광고를 그것이 상표권 침해에 해당하느냐는 관점에서 살펴보기로 한다. 그런데 키워드광고에 관하여는 인터넷이 태동한 미국의 경우 다양한 사례 및 판례가 나와 있으나 우리나라의 경우에는 관련 판례가 많지 않으므로 미국의 상표법 및 판례에 대한 검토를 선행한 후 우리나라 상표법 등에 대하여 검토하기로 한다.

---

* 김기영: 광주지방법원 부장판사.

1) Google사는 2007년 여름을 기준으로 $ 160 billion 이상의 가치가 있고(Disney는 $ 65 billion, Time-Warner는 $71 billion), Google이라는 상표의 가치는 $ 60 billion 이상이며, Google의 수입 중 99%는 광고수입이라 한다. Greg Lastowka, "Google's Law", 73 Brook. L. Rev. 1327(2008), 1330-1331. 한편 Google은 원래 광고를 통한 수입창출에 부정적인 태도를 가지고 있었으나, 2000년경에 Adwords라는 프로그램을 통하여 광고를 팔기 시작하면서 사업태도를 바꾸었다 한다. 같은 글, 1334-1338 참조.

제 2 키워드광고의 의의, 작동원리

Ⅰ. 키워드광고의 의의와 논의의 범위

원래 키워드(검색어)광고는 검색 사이트에서 키워드를 입력하면 검색 결과가 나오는 화면에 관련업체의 웹사이트 링크, 동영상 또는 배너 등이 나타나도록 하는 광고 기법을 말한다.[2)]

광고주가 검색엔진회사로부터 일반적 어구(generic terms)를 구입하여 광고를 하는 경우에는 문제가 없으나, 타인의 상표를 검색용어로 구입하여 광고를 하는 경우에는 상표권 침해가 문제될 수 있다. 특히 상표권자와 경쟁관계에 있는 자가 상표권자의 상호나 상표를 포함하는 키워드에 대한 광고권을 구입하여 검색결과에 자신의 홈페이지에 대한 링크를 상표권자보다 앞선 위치에 배열되도록 하는 경우 상표권자 및 경쟁자의 이해관계에 큰 영향을 미친다는 점에서 많은 논란을 불러일으키고 있다.[3)]

한편, 키워드광고는 그 내용에 따라, (i) 해당 키워드광고에 타인의 상표가 직접 표시되는 경우 및 (ii) 해당 키워드광고에 타인의 등록상표가 표시되지 않는 경우의 두 가지 유형으로 나누어 볼 수 있는데, 상표권 침해 등이 문제되는 유형은 (ii) 유형이므로, 이글에서도 주로 이에 관하여 논의한다.

Ⅱ. Google 키워드광고의 작동원리[4)]

Google은 인터넷 검색엔진을 운영하고 있는데, 컴퓨터 이용자들은 이러한 검색엔진을 상품 및 서비스를 공급하는 웹사이트를 찾기 위하여 많이 이용한다. 검색엔진은 인터넷 이용자가 입력한 키워드를 웹사이트를 저장하고 있는 데이터베이스와 비교하여 그러한 키워드에 일치하는 웹사이트를 보여주는 결과 페이지(results page)를 생성한다. 이때 입력되는 키워드는 이용자가 자신이 원하는 정보를 얻을 수 있다고

---

2) 김병일, "키워드광고의 상표권 침해에 관한 판례동향", LAW & TECHNOLOGY 제3호, 서울대학교 기술과법센터, 137 참조.

3) 상게논문.

4) 전체적으로 Government Employees Insurance Company(Geico) v. Google Inc., 330 F.Supp.2d 700(E.D. Virginia, 2004), 701-702; Rescuecom Corp. v. Google Inc., 456 F.Supp.2d 393(N.D. New York, 2006), 396-397; Rescuecom Corp. v. Google Inc., 562 F.3d 123(N.D. New York, 2006), 125-126을 참조하였다.

생각하는 것이면 어느 것이든 상관없는데, 예를 들어 다른 사람의 이름일 수도 있고, "컴퓨터 수리"와 같은 일반적인 용어(generic term)일 수도 있으며, "Nike", "Geico"나 "Rescuecom"과 같은 제3자의 상표일 수도 있다.

Google은 그러한 키워드에 결부된 광고(또는 광고공간)를[5] 판매하였는데, 이에 의하면 어떤 이용자가 특정한 키워드를 입력하는 경우 결과 페이지에는 검색엔진 프로그램이 중립적이고 객관적인 기준에 의하여 생성한 웹사이트의 목록뿐만 아니라, 광고비를 지불한 광고주들의 웹사이트가 스폰서링크(Sponsored Links)라는 이름 아래 나타나게 된다.

Google은 이러한 광고를 제공하기 위하여 최소한 두 가지 프로그램을 사용하였는데, 이는 Adwords와 Keyword Suggestion Tool이다. Adwords는 광고주들로 하여금 키워드를 살 수 있도록 하는 프로그램이다. 이용자가 키워드를 입력하면, 키워드는 광고주의 광고 및 링크가 나타나도록 하여준다. 광고주는 인터넷 이용자들이 그들의 광고에 클릭하는 횟수에 따라 Google에게 광고비를 지급한다. Keyword Suggestion Tool은 광고주들에게 구입할 키워드를 추천하는 프로그램인데, 키워드 중에는 일반용어뿐만 아니라 다른 회사의 상표도 포함되어 있다.

제 3 Google의 키워드광고와 관련한 미국에서의 논의

Ⅰ. 상표권 침해 및 희석화 주장 요건

일반적으로 Google의 키워드광고로 인하여 자신의 상표에 관한 권리가 침해었다고 주장하는 상표권자들은 미국 상표법(Trademark Act of 1946, The Lanham Act)상의 등록상표의 상표권 침해, 출처오인 · 혼동 유발로 인한 부정경쟁행위 및 희석화, 주법 또는 보통법상의 상표권 침해 및 희석화, 상업적 이익에 대한 부당한 간섭(interference)으로 인한 불법행위 등을 청구 근거로 주장한다.[6]

그런데 미국 상표법 제32조 제1항{§ 32(1) of the Lanham Act, 15 U.S.C. §

5) 이러한 광고공간을 "맥락광고"(contextual advertising) 공간이라 하는데, 이는 어떠한 회사로 하여금 그들의 상품 또는 서비스의 광고를 그와 유사한 상품 등에 대하여 이미 관심을 표명한 소비자들 앞에 나타낼 수 있게 하는 광고공간을 말한다. Rescuecom Corp. v. Google Inc., 456 F.Supp.2d 393(N.D. New York, 2006), 396-397; Rescuecom Corp. v. Google Inc., 562 F.3d 123(N.D. New York, 2006), 125.

6) Government Employees Insurance Company(Geico) v. Google Inc., 330 F.Supp.2d 700(E.D. Virginia, 2004), 702; Rescuecom Corp. v. Google Inc., 456 F.Supp.2d 393(N.D. New York, 2006), 395-396 참조.

1114(1)}의[7] 상표권 침해 및 제43조 (a)항{§ 43(a) of the Lanham Act, 15 U.S.C. § 1125(a)(1)}의[8] 출처오인 · 혼동으로 인한 부정경쟁행위가 성립하기 위해서는, (i) 유효한 상표의 존재, (ii) 피고의 상표 사용, (iii) 상업적 사용, (iii) 상품 및 서비스의 판매, 광고 등과 관련한 사용, (iv) 상표권자의 동의 없는 사용 (v) 혼동가능성이 입증되어야 한다.[9]

나아가 미국 상표법 제43조 (c)항{§ 43(c) of the Lanham Act, 15 U.S.C. § 1125(c)}의[10] 상표 희석화가 성립하기 위해서는, (i) 상표가 저명하고, (ii) 피고가 상표를 상업적으로 사용하며, (iii) 원고의 상표가 유명해진 다음에 피고가 상표를 사용하고, (iv) 피고의 상표가 상품이나 서비스의 출처를 나타내고 식별시키는 상표의 능력을 감소시킴으로써 상표를 희석시켰다는 점이 입증되어야 한다.[11]

따라서 미국 상표법상의 상표권 침해 및 출처오인 · 혼동으로 인한 부정경쟁행위가 성립하기 위해서는 기본적으로 "상표의 상업적 사용(use in commerce)"과 "혼동

---

7) 15 U.S.C. § 1114(a)(1).

(1) Any person who shall, without the consent of the registrant--

(a) use in commerce any reproduction, counterfeit, copy, or colorable imitation of a registered mark in connection with the sale, offering for sale, distribution, or advertising of any goods or services on or in connection with which such use is likely to cause confusion, or to cause mistake, or to deceive; or

(b) reproduce, counterfeit, copy, or colorably imitate a registered mark and apply such reproduction, counterfeit, copy, or colorable imitation to labels, signs, prints, packages, wrappers, receptacles or advertisements intended to be used in commerce upon or in connection with the sale, offering for sale, distribution, or advertising of goods or services on or in connection with which such use is likely to cause confusion, or to cause mistake, or to deceive, shall be liable in a civil action by the registrant for the remedies hereinafter provided.

8) §1125. False designations of origin and false descriptions forbidden

(a) Civil action.

(1) Any person who, on or in connection with any goods or services, or any container for goods, uses in commerce any word, term, name, symbol, or device, or any combination thereof, or any false designation of origin, false or misleading description of fact, or false or misleading representation of fact, which--

(A) is likely to cause confusion, or to cause mistake, or to deceive as to the affiliation, connection, or association of such person with another person, or as to the origin, sponsorship, or approval of his or her goods, services, or commercial activities by another person, or

(B) in commercial advertising or promotion, misrepresents the nature, characteristics, qualities, or geographic origin of his or her or another person's goods, services, or commercial activities, shall be liable in a civil action by any person who believes that he or she is or is likely to be damaged by such act.

9) Rescuecom Corp. v. Google Inc., 456 F.Supp.2d 393(N.D. New York, 2006), 398 등 참조.

10) 15 U.S.C. § 1125(c)(1). (1) The owner of a famous mark shall be entitled, subject to the principles of equity and upon such terms as the court deems reasonable, to an injunction against another person's commercial use in commerce of a mark or trade name, if such use begins after the mark has become famous and causes dilution of the distinctive quality of the mark, and to obtain such other relief as is provided in this subsection.

11) Rescuecom Corp. v. Google Inc., 456 F.Supp.2d 393(N.D. New York, 2006), 403 등 참조.

가능성(likelihood of confusion)"이 요구되고, 희석화에 해당하기 위해서는 "상표의 상업적 사용"은 요구되나 "혼동가능성"은 요구되지 않음을 알 수 있고, 아래 2.항에서 구체적으로 살펴보는 바와 같이 현재 Google의 키워드광고를 둘러싼 미국 판례에서의 주요 논점은 키워드광고가 "상표의 상업적 사용"에 해당하는지 여부이다.[12)]

Ⅱ. "상표의 상업적 사용"에 관한 판례의 검토

1. 검토의 방향

인터넷에서의 상표의 사용에 관한 미국 법원의 종래(2009. 4. 이전) 입장은, (i) Brookfield로 대변되는 최초관심혼동 이론(상표 사용 요건에 큰 의미를 두지 않고 최초혼동에 관심을 두어 그 사실만으로 상표권 침해를 인정) 위주의 연방 제9항소법원과, (ii) 1-800-Contacts로 대변되는 상표 사용 요건 검토(상표의 사용요건을 먼저 심사하여 인식할 수 없거나 상표로서의 사용이 아니라고 인정되면 혼동가능성 판단에 나아가지 않고 상표권 침해 부정) 중심의 연방 제2항소법원의 입장이 대립되고 있는 것으로 보인다.[13)] 따라서 키워드광고가 미국 상표법상 "상표의 상업적 사용"에 해당하는지 여부를 검토함에 있어서는 그것이 비록 키워드광고에 관한 것은 아니라 하더라도 Brookfield 사건 및 1-800-Contacts 사건 등에 대한 검토를 빼놓을 수 없다 할 것이므로, 이하 위 판례들에 대한 검토를 거쳐 최근의 Rescuecom 사건에 대하여 검토하기로 한다.

(1) 1999년 제9항소법원의 Playboy Enterprises, Inc. v. Nestscape 사건[14)]

이 사건은 배너광고에 관한 것으로서, 피고가 그가 운영하는 검색엔진의 키워드 중 "playboy" 및 "playmate"를 성인오락물 웹사이트를 운영하는 자들에게 팔아 컴퓨

12) 종래 미국에서 상표권 침해 여부를 판단하는 핵심적 요소는 "혼동가능성"이 있는지 여부였는데, 근래 이에 반대하면서 침해성립 여부의 판단에는 상표의 '사용행위' 고유의 요건이 충족되었는지 여부가 먼저 판단되어야 하며 단지 결과로서의 혼동의 우려가 발생한다는 것만으로는 부족하다는 '상표사용론(Trademak Use Theory)이 주장되고 있다. Graeme B. Dinwoodie & Mark D. Janis, "*Confusion over Use:Contextualism in Trademak Law*", Iowa L. Rev. 1597(2007), 1599-1600 참조; Stacey L. Dogan & Mark A Lemley, "*Graounding trademark law through trademark use*", 92 Iowa L. Rev. 2007, 1673. (조영선, "상표의 사용개념에 대한 입법론적 고찰", 저스티스 통권 제105호, 한국법학원, 2008, 137-138에서 재인용).

13) Greg Lastowka, "Google's Law", 73 Brook. L. Rev. 1327(2008), 1384, 1389; 백강진, "인터넷에서의 상표사용의 개념," Law & Technology 제5권 제5호, 서울대학교 기술과법센터, 2009. 9, 54.

14) Playboy Enterprises Inc. v. Netscape Communs., Corp., 55 F. Supp. 2d 1070 (9th Cir. 1999) aff'd, 202 F.3d 278 (9th Cir. 1999).

터 사용자들이 위와 같은 키워드를 검색엔진의 검색창에 입력하는 경우 피고와 계약한 성인오락물 웹사이트의 배너광고가 나타나게 한 것이 원고의 등록상표인 "Playboy"와 "Playmate"에 관한 권리를 침해한 것으로 볼 수 있는지가 문제되었다. 이에 대하여 제9항소법원은 피고가 검색엔진을 설계함에 있어 일반적인 영어단어인 "playboy" 및 "playmate"를 사용한 것은 원고의 등록상표를 사용한 것으로 볼 수 없다고 판단했다.[15] 법원은 검색어인 "Playboy"를 원고의 상표와 동일하게 보는 것은 원고에게 영어 단어 하나를 제거할 능력을 부여하는 것과 동일하다고 하였다.

이 판결은 검색엔진의 키워드로 원래 영어 단어가 아닌 'AOL', 'Exxon', 또는 'Bose'와 같은 용어를 사용하는 경우 상표권을 침해하는 "사용"이 될 수 있음을 시사한다는 점에서 의미가 있다.[16] 다만, 이 사건에서 Netscape의 검색엔진은 광고주들로 하여금 특정한 검색어를 구입하도록 한 것이 아니라 광범위한 검색어의 풀에서 광고가 들어갈 자리를 선택하도록 한 것이라는 점에서 Google의 Adwords와는 다르다.[17]

(2) 1999년 제9항소법원의 Brookfield Comm. v. West Coast Enterprises Corp.사건[18]

미국 9항소법원은 이 사건에서 경쟁자의 상표를 도메인이름 및 메타태그로 사용하는 것이 상표권 침해를 구성하는지에 관하여 다루었다. 원고 Brookfield는 1993년부터 "Moviebuff"라는 상표를 사용하여 연예산업관련 정보를 포함하고 있는 데이터베이스 소프트웨어를 판매하여 왔는데, 1996년에 판매망을 온라인으로 옮기고

15) 하지만, 제9항소법원의 이러한 태도는 4년 후 변경되었는데, 법원은 같은 당사자들 사이의 사건에서 Brookfield 사건의 최초 관심 혼동이론을 적용하여(즉, Playboy의 웹사이트를 찾으려 하던 소비자들이 최초에 배너광고를 보고 이것이 Playboy에 링크되어 있거나 관련되어 있다고 믿은 것이 혼동이라는 점에서) 혼동가능성이 있고 희석화가 될 수도 있으며, 광고주가 굳이 Playboy라는 상표등록되어 있는 말을 사용하지 않고 다른 말을 사용하여 광고할 수 있다는 점을 들어 정당 사용(fair use)에도 해당하지 않는다고 판시하였다. Playboy Enters. v. Netscape Commc'ns Corp., No. SA CV 99-320, 2000 U.S. Dist. LEXIS 13418(C.D. Cal. Sept. 12, 2000), rev'd Netscape II, 354 F.3d 1020 (9th Cir. 2004). 다만, 이 사건에서 별개의견(concurring opinion)을 낸 Berzon 판사는 메타태그와 같이 고객으로 하여금 (비록 잠시 동안이라도) 상표권자의 웹사이트를 방문하고 있다는 착각에 빠지게 하여 다른 웹사이트로 가게 하는 것과, 다른 선택지를 제공하는 데 불과한 것은 다르다고(이는 시장에서 상품진열대에 상표권자의 상표 외에 다른 상표가 붙어 있는 상품을 전시하는 것과 비슷하다) 하면서, 최초 관심 혼동이론을 일반화하는 것은 문제가 있다는 의견을 제시하였다.

16) Erich D. Schiefelbine, "*Stopping a Troijan Horse:Challenging Pop-Up Advertisements and Embedded Software Schemes on the Internet Through Unfair Competition Laws*", 19 Santa Clara Computer & High Tech. L.J. 499 (2003. 5.), 510.

17) Greg Lastowka, "Google's Law," 1377.

18) Brookfield Communs. Inc. v. West Coast Entm't Corp., 174 F.3d 1036 (9th Cir. 1999).

"moviebuff.com"이라는 도메인이름을 등록하려고 시도하였으나, 위 도메인이름은 미국의 가장 큰 비디오 대여 체인의 하나인 피고 West Coast가 이미 등록한 상태였다. 한편, West Coast는 연예산업관련 데이터베이스를 제공하는 또 다른 웹사이트인 "westcoast.com"에서 "moviebuff"를 메타태그로 사용함으로써 컴퓨터 사용자가 검색엔진에 "moviebuff"를 입력하면 Brookfield의 상품 대신에 "westcoast.com"을 보여주도록 하였다. 이 사건에서 법원은 West Coast가 그 스스로의 상품을 설명하고 소비자들을 그의 웹사이트로 유인하기 위하여 {"movie buff"(영화광)와는 달리 일반적인 영어단어가 아닌} "moviebuff"라는 메타태그를 사용한 행위는 의도적으로 사람들을 그의 웹사이트로 유도한 것으로서, 소비자들이 "westcoast.com"에서 상품을 구입할 당시에는 Brookfield의 상품이 아니라는 것을 알게 된다 하더라도, 착각에 빠져 피고의 웹사이트로 오게 한 것 자체로 혼동이 있는 것으로 보아야 한다(최초 관심 혼동)고 판시하였다. 다만, 법원은 이 사건에서 '상업적 사용'이 있는지에 관하여는 판단하지 않았다.

(3) 2004년 동부버지니아지방법원의 Geico v. Google Inc. 사건[19)]

2004년 5월 4일 미국 보험회사인 Government Employees Insurance Company (GEICO)는 Google Inc.(Google)과 Yahoo가 소유하고 있는 Overture Service Inc.(Overture)을 상대로 소송을 제기하였다. Geico는 Google 등 사이트에서 자사명칭을 키워드로 사용하여 검색하면, 검색결과 페이지에 경쟁사 홈페이지의 링크가 표시되는 것은 자사의 상표권을 침해하고 상표의 가치를 희석시키는 것이라고 주장하였다. 2004. 12. 15. 미국 버지니아 동부연방지방법원은 Google이 Geico의 상표를 광고와 연계된 키워드로 판매하는 것은 Google이 상표권자로부터 그러한 판매행위에 대한 허가를 받은 것을 암시한다는 점에서 상표권자의 상표를 사용하는 것이라고 판시하였다.[20)] 나아가 법원은 이러한 키워드광고에 관련된 Google의 행위는 광고주에게 상표법에 의하여 보호되는 상표 자체를 키워드로 판매한 것이라는 점에서 그러한 상표도 포함하는 광범위한 키워드의 디렉토리를 판매한 팝업광고 사건과 구별된다고 판시하였다.[21)]

---

19) Government Employees Ins. Co. v. Google, Inc., 330 F.Supp.2d 700(E.D.Va.,2004., August 25, 2004).

20) 330 F.Supp.2d 700, 704.

21) 330 F.Supp.2d 700, 704. Geico는 2005. 9. 7. Google과 화해하였다. 김병일, 전게논문, 139.

(4) 2005년 제2연방항소법원의 1-800 Contacts, Inc. v. WhenU.com & Vision Direct, Inc. 사건[22)]

위 사건의 피고인 WhenU.com은 SaveNow라는 애드웨어 프로그램을 이용하여 사용자의 컴퓨터에 팝업광고를 내보내 왔다. 원고와 피고는 모두 콘택트렌즈를 판매하는 회사로서 서로 경쟁관계에 있었는데, SaveNow 프로그램이 설치된 컴퓨터의 사용자들이 원고의 웹사이트인 www.1800contacts.com에 접속하였을 때, 그와 경쟁관계에 있는 피고 Vision Direct사의 팝업광고가 등장했다. 이에 원고는 피고들이 원고가 등록상표인 "1-800CONTACTS"에 관하여 가지는 상표권 등을 침해하였다고 주장하며 뉴욕남부지방법원에 피고들을 상대로 예비적 금지명령을 청구하였고, 법원은 2004. 1. 7. "피고 WhenU가 원고 1-800 Contacts의 웹사이트 주소를 Savenow 디렉토리(directory)에 포함하는 것은 원고의 상표를 사용하는 것으로서 금지되어야 한다"고 판시하면서 원고의 상표권 침해 주장 등을 받아들여 예비적 금지명령을 발하였다.[23)]

피고들은 위와 같은 법원의 결정에 대하여 항소하였는데, 제2연방항소법원은 2005. 6. 27. "피고 WhenU가 원고의 상표와 유사한 웹사이트 주소를 공개되지 않은 내부(internal) 디렉토리에 포함시켜 팝업광고가 나타나게 한 행위는 원고의 상표를 사용하는 행위가 아니다"라고 판시하였고,[24)] 나아가 상표권자의 경쟁자가 상표권자의 상품 옆에 그보다 저렴한 상품을 배치하여 상표권자의 명성에 편승하는 것은 흔히 있는 일로서 비난하기 어려운 것이라는 취지로 판시하였다.[25)]

법원은 또한 이 사건에서 상표의 "상업적" "사용", "혼동가능성"은 모두 상표권 침해를 인정하기 위한 독립된 구성요소이고, 특히 "사용"은 다른 요건들보다 먼저 판단되어야 한다고 판시하였다.[26)]

(5) 2009. 4. 제2항소법원의 Rescuecom v. Google 사건[27)]

컴퓨터 프랜차이즈 업체로서 컴퓨터 수리, 컨설팅 사업을 하는 원고 Rescuecom Corp.는 1998년 미국 특허청에 "Rescuecom"이라는 상표를 등록하였다. 그런데

---

22) 1-800 CONTACTS, INC., v. WHENU.COM and Vision Direct, Inc., 414 F.3d 400(2000).

23) 1-800 CONTACTS, INC., v. WHENU.COM and Vision Direct, Inc., 2003 WL 22999270 (S.D.N.Y., 2003).

24) 414 F.3d 400, 409.

25) 414 F.3d 400, 411.

26) 414 F.3d 400, 412.

27) Rescuecom Corp. v. Google, Inc., 562 F.3d 123(2009).

Google이 원고의 상표를 경쟁업체의 키워드광고에 사용하도록 판매하였고, 이로써 인터넷 이용자들이 'Rescuecom'이라는 단어로 검색하면 경쟁업체 웹사이트의 링크가 스폰서링크라는 이름 아래 먼저 나타나게 되자 Google이 원고의 상표를 키워드로 판매한 행위가 상표권 침해 및 희석화에 해당한다고 주장하며 소를 제기하였다.

이에 대하여 뉴욕북부지방법원은 2006. 9. 28. 위 1-800 Contacts 판결의 취지에 따라, Google이 'Rescuecom'이라는 상표(서비스표)를 단지 내부적인 검색방법으로 사용한 것은 Google이 원고의 상표를 상품이나 용기, 디스플레이, 광고에 사용하였거나 대중이 그러한 내부적 사용을 볼 수 있다고 할 수 없으므로, 미국 상표법상의 '상표의 사용'에 해당하지 않고, '상표의 사용'에 해당하지 않는 이상 희석행위에 해당하지도 않는다고 판시하였다.[28)]

위와 같은 법원의 판결에 대하여 원고가 항소하였고, 제2항소법원은 2009. 4. 3. Google의 행위는 미국 상표법상의 '상표의 사용'에 해당한다는 이유로 1심 판결을 파기 환송하였다.

법원은 우선 1-800 Contacts 사건은, 광고주가 검색엔진 운영자로부터 특정한 키워드 특히 타인의 상표를 추천받거나 이를 구입한 것이 아니고, 팝업광고는 상표가 아닌 원고의 웹사이트 주소에 의하여 나타난다는 점 등에서 이 사건에서의 Google의 행위와 구별된다고 판시하였다.[29)] 나아가 법원은 상표를 내부적(internal)인 소프트웨어 프로그램에서 사용하였다고 하여 반드시 상표의 사용이 될 수 없는 것은 아니라고 판시하였다.[30)]

법원은 또한 방론에서 미국 상표법 제45조{§ 45 of the Lanham Act, 15 U.S.C. § 1127}의 "상표의 상업적 사용(use in commerce)"이란 용어는[31)] 여러 번의 입법 및

28) Rescuecom Corp. v. Google, Inc., 456 F.Supp.2d 393(N.D. New York). 법원은 키워드광고의 경우 검색결과 스폰서링크와 함께 원고 상표권자의 웹사이트에 대한 링크를 포함한 페이지를 보여준다는 점에서 상표권자의 상표를 포함한 웹사이트 주소를 입력하면 상표권자의 웹사이트가 아니라 그의 상표를 포함하고 있는 다른 웹사이트로 연결되도록 상표권자의 상표와 유사한 도메인 이름을 등록하는 행위와 다르다고 판시하였다. 456 F.Supp.2d 393, 401.

29) 562 F.3d 123, 127-129.

30) 562 F.3d 123, 130.

31) 15. U.S.C. § 1127 (2002). The Term "use in commerce" means the bona fide use of a mark in the ordinary course of trade, and not made merely to reserve a right in a mark. For purposes of this Act, a mark shall be deemed to be in use in commerce --

(1) on goods when --

"(A) it is placed in any manner on the goods or their containers or the displays associated there with or on the tags or labels fixed thereto, or if the nature of the goods makes such placement imparcticable, then on documents associated with the goods or their sale, and

(B) the goods are sold or transported in commerce, and

개정과정에서 조문을 재배치하다가 들어간 것으로서 입법연혁이나 그 규정 내에 "선의의 사용"(bona fide use)이란 말이 들어가 있는 점에 비추어 상표의 등록 요건에 관하여 규정한 것으로 보아야 하고, 제32조 제1항의 상표권 침해, 제43조 (a)항 과 (c)항의 출처오인 · 혼동으로 인한 부정경쟁행위 및 희석화에 관하여는 적용되지 않는 것으로 보아야 하며, 가사 위 규정이 위와 같은 경우에 적용된다고 하더라도 Google의 행위는 광고 서비스를 위하여 상표를 판매한 것이므로 '상표의 사용'에 해당한다고 설시하였다.[32)]

(6) 검 토

종래 미국 제2연방 항소법원은 상표권 침해, 출처 오인 · 혼동으로 인한 부정경쟁행위, 희석화가 성립하기 위한 요건으로서 상표가 사용되었다고 하기 위해서는 상표가 상품 또는 서비스를 표시(식별)하기 위하여 사용되어야 한다는 견해를 취하고 있었다 할 것이나, 위 Rescuecom 법원의 판시에 의하여 상표가 반드시 상품이나 서비스에 표시되어 시각적으로 인식할 수 있는 상태에서 사용될 필요가 없는 것으로 그 태도를 변경하게 되었다 할 것이다.

그러나 이에 대해서는 Google이 판매한 것은 광고 서비스이고 상표는 그 서비스에 부착되는 등으로 서비스를 나타내기 위한 것이 아니라 서비스에 수반되어 서비스가 제대로 기능을 하게 하기 위하여 판매되는 것으로 볼 수 있다는 점에서 비판할 수 있을 것이다.

Ⅲ. "혼동가능성"과 "최초 관심(이익) 혼동" 이론

앞에서 본 바와 같이 종래 미국의 상표권 침해 또는 부정경쟁행위 관련 소송에서 소비자의 혼동 가능성 유무는 핵심적인 쟁점이 되어 왔는데,[33)] 혼동가능성은 상품 출처뿐만 아니라 후원관계의 오인 등도 포함하는 개념으로 이해되어 왔다.[34)] 나아가 혼

(2) on services when it is used or displayed in the sale or advertising of services and the services are rendered in commerce, or the services are rendered in more than one State or in the United States and a foreign country and the person rendering the services is engaged in commerce in connection with the services.

32) 562 F.3d 123, 131-141. 한편, 우리나라 상표법은 상표의 사용개념에 관하여 상표법에 별도의 정의규정을 두고 침해로 인한 민 · 형사상의 책임, 불사용 취소 여부는 물론 상표등록의 요건, 사용에 의한 식별력의 취득, 상표등록을 받을 수 없는 상표, 선출원, 출원 후 등록 전 상표사용에 대한 손실보상청구권 등을 판단함에 있어 그 개념을 통일적으로 사용하는 입법유형에 속한다. 조영선, 전게논문, 153.

33) Erich D. Schiefelbine, "Stopping a Troijan Horse", 511.

동가능성을 판단하기 위한 일반적 기준으로는 제9연방 항소법원의 Polaroid Corp. v. Polarad Elecs. Corp. 사건[35]에서 제시된 폴라로이드 기준(Polaroid Test 또는 Eight-Factor Test) 또는 제2연방항소법원의 AMF Inc. v. Sleekcraft Boats 사건[36]에서 제시된 Sleekcraft 요소(Sleekcraft factors)가 사용되는데, Polaroid 기준에서 사용되는 요소들은 (i) 원고 상표의 강약,[37] (ii) 원고와 피고 상표의 유사 여부, (iii) 상품이나 서비스의 유사성, (iv) 한 당사자가 다른 당사자의 생산 라인에 끼어들 가능성, (v) 상표 사이의 실제적 혼동의 존재 여부, (vi) 상표 사용에 있어서의 피고의 의사, (vii) 피고의 상품이나 서비스의 품질, (viii) 소비자의 세심함이다.

한편, 종래 혼동가능성의 유무가 문제된 사건들에서는 상품이나 서비스의 판매시점(at the point of sale)에서의 혼동 여부가 문제되었는데, 인터넷 특히 메타태그나 팝업광고의 등장과 더불어 법원은 소비자를 유인하기 위하여 타인의 상표를 사용하는 행위에 대한 규제가 필요함을 인식하고 그러한 행위의 과정에서 혼동이 발생한 경우에도 상표권침해나 부정경쟁행위에 해당한다고 보는 "최초 관심 혼동"(Initial Interest Confusion) 이론을 채택하기에 이르렀다.[38]

Google의 키워드광고를 둘러싼 사건의 경우에도 인터넷 이용자가 혼동을 일으키는 것은 키워드를 입력하여 나타난 검색결과 페이지의 제일 위쪽에 중립적이고 객관적인 웹사이트의 링크가 아닌 키워드를 구입한 스폰서의 링크가 나타나고, 이로 인하여 이용자가 스폰서 링크가 가장 연관성이 높은 웹사이트로 생각하고 그 링크를 클릭하여 들어간 웹사이트에서 상품을 구입하는 등의 행위를 한다는 점에서 '혼동'이 있을 수는 있으나, 일단 들어간 웹사이트에서 물건을 구입할 때에는 자신이 어떠한 곳에서 상품을 구입하는지를 알고 있다는 점에서 혼동이 있다고 볼 수는 없으므로, 키워드광고를 규제하기 위해서는 전통적인 '혼동 가능성'이론이 아닌 '최초 관심 혼동'

---

34) 15 U.S.C. §§ 1114(1)(a), 1125(a)(1)(A) (2000); 1-800 CONTACTS, INC., v. WHENU.COM and Vision Direct, Inc., 2003 WL 22999270 (S.D.N.Y., 2003), 16.

35) Polaroid Corp. v. Polarad Elecs. Corp., 287 F.2d 492, 495 (2d Cir.), cert. denied, 368 U.S. 820, 82 S.Ct. 36, 7 L.Ed.2d 25 (1961).

36) AMF Inc. v. Sleekcract Boats, 599 F.2d 341, 204 U.S.P.Q. 808 (1979).

37) 문자상표는 조어 상표(fanciful marks), 임의적 상표(arbitrary marks), 암시적 상표(suggestive marks), 기술적(descriptive) 또는 일반명칭(generic) 상표로 나눌 수 있고, 상표의 강도(식별력의 크기)는 앞에 열거된 것일수록 크고 뒤로 갈수록 작아진다. G. Heilman Brewing Company, Inc. v. Anheuser-Busch, Inc., 873 F.2d 985; 정상조, 지적재산권법, 홍문사, 2004, 476.

38) Beth I. Z. Boland et al., "Initial Interest Confusion" and the Use of Metatags and Keyed Banner Ads in Internet Trademark Law, 45-OCT B. B.J. 6 (2001), 6. 그 대표적인 사례가, 앞에서 본 Brookfield Communs. Inc. v. West Coast Entm't Corp., 174 F.3d 1036 (9th Cir. 1999) 사건 및 1-800 CONTACTS, INC., v. WHENU.COM and Vision Direct, Inc., 2003 WL 22999270 (S.D.N.Y., 2003) 사건이다.

이론의 적용을 고려할 필요가 있다 할 것이다.

그러나 오프라인 상에서 최초에 혼동하여 다른 곳에 갔다가 다시 원하는 장소로 돌아가는 것은 시간과 비용이 상당히 소요될지 모르지만, 온라인 상에서는 클릭 한, 두번으로 원래 원하는 장소로 돌아갈 수 있다는 점과 최초 관심 혼동이론의 적용범위를 넓히다 보면 상품의 경쟁관계 등을 전혀 고려하지 않고 이 이론을 적용하여 혼동가능성의 인정범위를 지나치게 넓힐 위험성이 있고, 또 원래 검색엔진을 이용하여 검색을 하는 이용자가 비록 상표등록이 된 용어를 사용하여 검색을 하더라도 과연 그 이용자가 상표권자의 웹사이트만을 찾고 있었는지가 불확실하다는 점에서 이 이론의 확대 적용은 소비자의 이익을 도모하기 보다는 오히려 검색엔진의 기능을 축소시켜 소비자에게 해를 주는 결과를 초래할 수 있으므로, 원, 피고 상품 사이의 견련관계 등도 고려하여 최초 혼동이론을 적용하는 등 그 적용범위를 합리적인 범위 내로 한정하는 노력을 기울일 필요가 있다는 비판이 있다.[39]

제 4 유럽에서의 키워드광고에 관한 논의[40]

Ⅰ. 유럽연합 상표법 지침의 규정

유럽연합 상표법 지침(EU Directive 89/104 on trademark) 중 상표권 침해 및 상표의 사용에 관련된 규정은 제5조이다.[41] 그 중 제5조 제1항은 "1. 등록된 상표권자는 배타적 권리를 가진다. 상표권자는 모든 제3자가 그의 동의 없이 다음의 표장을 거래의 과정에서(in the course of trade) 사용하는 것을 금지할 권리가 있다. (a) 등록상표의 지정상품이나 서비스와 동일한 상품 또는 서비스에 등록상표와 동일한 표장 (b) 상표 그리고 상표가 부착된 상품이나 서비스 그리고 표장과의 동일성이나 유사성으로 인하여 일반에 표장과 상표 사이의 관련 가능성을 포함한 혼동가능성이 존

---

39) Greg Lastowka, "*Google's Law*", 1391-1393; J.E. Rothman, "*Initial Interest Confusion: Standing at the Crossroads of Trademark Law*," 27 Cardozo L. Rev. 105, 2005, 175; 이지윤, 임건면, "미국 판례에 나타난 사이버공간에서의 판례전 혼동이론에 관한 연구 - 도메인네임, 메타태그, 인터넷광고 등을 중심으로 -," 성균관법학 제20권 제2호, 2008. 8, 159에서 재인용.

40) 이는 전체적으로 www.linksandlaw.com/adwords-google-keyword-lawsuit-France.htm(2009. 11. 6. 최종 방문), 김금선, '팝업광고 및 키워드광고의 위법성에 대한 고찰 -상표법 및 부정경쟁방지법을 중심으로-", 서울대학교 법학석사학위논문, 2009. 2., 50-59, 백강진, 전게논문, 57-59, 김병일, 전게논문, 140-142.를 주로 참고하였다.

41) 제10조도 상표의 사용에 관하여 규정하고 있으나, 이는 상표 불사용으로 인한 취소와 관련된 규정으로 보인다.

재하는 경우의 표장"이라고 규정하고 있다. 나아가 제2항은 상표의 희석화에 관하여 규정하고 있고, 제3항은 제1항 및 제2항에서 금지되는 행위의 유형을 "표장을 상품 또는 그 포장에 부착하는 것; 그 표장을 부착한 상품을 공급 또는 판매하거나 그 목적으로 저장하거나, 그 표장 아래 서비스를 제공하는 것; 그 표장 아래 상품을 수입 또는 수출하는 것; 그 표장을 거래서류 또는 광고에 사용하는 것"을 예시하고 있다.

Ⅱ. 프랑스에서의 논의

프랑스 법원은 대체로 검색엔진의 키워드 판매에 대하여 상표권 침해의 책임을 인정하는 태도를 보이고 있다.

우선 광고주의 책임에 관하여, 낭트 및 파리 법원, 베르사유 항소법원은 모두 키워드광고를 사용한 광고주들이 상표권을 침해했다고 판결하였고, 스트라스부르그 법원만이 2007. 7. 20.의 Atrya vs. Google and K par K/Techni Feneres 사건에서 상표의 일차적인 기능은 상품이나 서비스를 구별하고 그 출처를 연상하도록 하는 것이라는 점을 강조하면서 상표권 침해가 없다고 판결하였다. 그러나 스트라스부르그 법원은 키워드광고를 통한 상표의 사용이 부정경쟁행위(unfair competition) 즉, 경쟁자의 잘 알려진 상표를 이용하는 기생충 같은 행위라고 보았다.

검색 엔진의 책임과 관련하여, 법원은 서로 다른 논거를 제시하고 있다. 낭트법원은 상표를 키워드로 사용하는 것만으로 침해를 인정하기에 충분하다고 보아, 구글이 직접적인 상표권 침해자라고 판시하였다. 파리법원은 그와 반대로 구글이 상표를 동일 또는 유사한 상품 또는 서비스에 사용하지 않았다는 점을 강조하여 상표권 침해가 없다고 보았으나, 선택된 키워드가 제3자의 권리를 침해하는지를 점검할 장치를 갖추지 못한 과실이 있으므로 민법상의 과실책임이 있다고 판시하였다. 한편, 스트라스부르그 법원은 구글이 채용한 필터링이나 제3자의 권리를 점검하기 위한 링크 시스템 등의 기술적 조치를 고려하여 모든 면에서 Google의 책임을 인정하지 않았다.

대표적인 사례로 Louis Vuitton Malletier v. Google 사건[42]이 있는데, 이 사건은 Louis Vuitton을 Google에 검색어로 입력할 경우 모조품 판매자들의 홈페이지 링크가 나타나도록 한 것에 관하여 Louis Vuitton이 상표위조(trademark counterfeiting), 부정경쟁행위(unfair competition), 허위광고(misleading)에 해당한다고 하면서 소를

42) Louis Vuitton Malletier v. Google Inc. and Google France, TGI Paris, Feb. 4., 2005.

제기한 사건인데, 파리지방법원 및 고등법원은 Google이 상표를 키워드로 사용하도록 추천하고 그 대가를 받은 이상 상표권침해에 해당한다고 판시하였다. 위 판결에 대하여 Google이 상고하자 프랑스 파기원(Cour de cassation)은 위 사건을 유럽사법재판소(European Court of Justice, ECJ)에 회부하였는데, 이와 관련하여 유럽사법재판소의 법무장관(Advocate General)인 Poiares Maduro는 2009. 9. 22. Google의 행위가 유럽연합 상표법 지침 제5조의 상표권침해 또는 희석화에 해당하지 않는다는 취지의 의견을 제출하였다.[43)]

Ⅲ. 독일에서의 논의

독일에서는 뮌헨지방법원이 2003. 12. 3. Nemetschek AG v Google deutschland 사건에서, 함부르크 지방법원이 2004. 9. 21. Metaspinner GmbH v. Google Deutschland 사건에서 각 상표가 광고의 문구에 나타나지 않으면 상표권침해가 될 수 없다고 판시하였다.

그러나 독일 대법원이 2006년에 상표를 메타태그로 사용하는 경우 상표가 광고에 나타나지 않더라고 상표침해를 구성한다고 판시한 이래 대부분의 하급법원이 키워드도 메타태그와 동일하게 다루어져야 한다는 판단을 하여왔다.[44)]

독일 연방대법원은 2009. 1. "Bananabay"라는 상표를 키워드로 사용하는 것이 상표침해에 해당하는지 여부가 문제된 사건을, 독일 상표법이 유럽 상표법 지침에 기초하고 있는 점 및 프랑스의 예에 따라, 유럽사법재판소에 회부하였다.[45)]

Ⅳ. 영국에서의 논의

영국 상고법원(Supreme Court of Judicature Court of Appeal)은 2004. 3. 3. Reed Executive v. Reed Business Information Limited 사건(피고가 'reed'라는 키워드로 검색이 이루어지는 경우 자신의 웹사이트인 totaljob.com에 대한 배너광고가 나올 수 있도록 Yahoo!에 비용을 지급한 사건)에서, 웹사이트 이용자들이 키워드 검색을 할 경우 온갖 종류의 불필요한 광고가 뜨는 것을 이미 알고 있으므로 혼동가능성이 없다는

---

43) http://www.linksandlaw.com/adwords-google-keyword-lawsuit-France.htm 참조.
44) http://www.linksandlaw.com/adwords-google-germany-preispiraten.htm.
45) 상게서.

이유로 피고의 책임을 부정하였다.

영국 고등법원(England High Court)은 2008. 2. 20. Victor Andrew Wilson v. Yahoo! UK Ltd. 사건에서, "Mr Spicy"라는 등록상표를 키워드로 입력하는 경우 Sainsbury 슈퍼마켓의 링크가 나타나도록 한 것과 관련하여, "Mr Spicy"라는 말이 브라우저에 의하여 이용되었을 뿐이어서 피고가 그러한 상표를 사용한 것으로 볼 수 없다는 취지로 판시하였다.[46)]

제 5 우리나라에서의 키워드광고와 상표권 침해 및 부정경쟁행위

Ⅰ. 키워드광고 관련 사례

우리나라에서 키워드광고 관련 사례를 찾기는 쉽지 않으나, ① 원조 오토바이 택배업체인 주식회사 퀵서비스가 2006. 8. 16. 온라인 광고 대행업체인 Overture Korea를 상대로 "인터넷 포털사이트에서 '퀵서비스'라는 표장을 '심부름 대행업' 등의 광고에 사용하지 말라"며 서울중앙지방법원에 가처분신청을 하였으나, 법원이 2006. 10. 2. '퀵서비스'라는 단어는 일반 소비자들의 영어보급수준에 비추어 사전을 찾아보지 않고서도 '빠른 서비스'를 의미하는 것이므로 이를 별도의 식별력 있는 표장에 해당한다고 보기 어렵고, Overture Korea의 업종은 인터넷 광고업 내지 데이터베이스판매업으로 주식회사 퀵서비스의 지정서비스업인 택배, 운송업과는 서로 다르다는 점을 이유로 신청인의 신청을 기각하는 결정을 한 사건이 있었고, ② '마이크레딧'이라는 인터넷 신용정보 조회 서비스를 운영하는 한국신용정보가 '올크레딧'이라는 신용정보 조회 서비스를 운영하는 한국개인신용을 상대로 네이버에 '한국신용정보'를 입력하면 검색결과 중 스폰서링크에 '한국신용정보 올크레딧'이라는 이름의 웹사이트가 검색되어, 인터넷 이용자로 하여금 한국개인신용의 '올크레딧'을 한국신용정보의 '마이크레딧'인 것처럼 착각하게 하여 고객을 유인함으로써 부정경쟁행위를 하였다고 주장하고, 이에 한국개인신용이 즉시 관련 내용을 삭제한 사건이 있었으며,[47)] ③ 피신청인이 신청인 포털사이트의 여백을 찾아내어 피신청인이 선택한 배너광고를 노출(삽입광고방식)하거나 포털이 제공하고 있는 광고란에 피신청인이 선택한 배너광고를 덮어쓰거나(대체광고방식), 포털의 검색창 하단과 포털이 제공하는 키워

46) http://www.linksandlaw.com/adwords-google-keyword-lawsuit-uk.htm.

47) 김금선, 전게논문, 63-64.

드광고 사이에 피신청인이 제공하는 키워드광고를 삽입하는 방식(키워드광고방식)의 프로그램을 배포하여 인터넷상의 광고행위를 하여 온 데 대하여 포털이 그 프로그램의 배포 등 금지를 구하였고, 이에 대하여 서울고등법원이 "피신청인이 자신의 영업의 출처를 명시하여 그 출처혼동의 가능성을 일단 제거하고 있는 이상 이를 부정경쟁방지법에서 말하는 타인의 영업표지를 '사용'하였다고 볼 수는 없다"는 이유로 상표법 및 부정경쟁방지법에는 위반되지 않으나, "이 사건 광고에 출처가 표시되어 있다고 하더라도 그 광고가 신청인의 인터넷 사이트와 하나로 된 외관을 형성하고 있어 적어도 신청인 인터넷 사이트가 후원하는 광고주로 여겨질 가능성이 있는 이상 그 오인, 혼동의 우려가 전혀 없다고 단정할 수 없을 뿐 아니라, 이용자들이 최종적으로는 이 사건 광고의 출처를 알게 된다고 하더라도 처음에는 신청인 인터넷 사이트의 방문 또는 이용을 계기로 하여 피신청인의 광고를 보게 되는 점 등에 비추어 보면 피신청인이 신청인 인터넷 사이트가 축적한 신용이나 고객흡인력에 편승하여 광고행위를 하고 이로 인하여 신청인이 제공하는 광고가 화면에서 사라지거나 후순위로 밀리는 등으로 신청인의 영업이익이 침해되고 있다고 할 것이므로 피신청인이 단순히 출처의 표시를 하였다는 것만으로는 영업방해에 해당하지 않는다고 볼 수는 없다"는 이유로 민법상의 불법행위를 인정하여 신청인의 가처분 신청을 인용한 사건이 있다.[48)]

Ⅱ. 상표법과 부정경쟁방지법의 규정체계

우리 상표법은 등록상표에 대한 침해행위에 관해서만 규정하고, 그 외 상표 희석화(Dilution)를 포함한 등록 및 등록되지 않은 상표와 관련한 부정경쟁행위에 관하여는 부정경쟁방지 및 영업비밀보호에 관한 법률(부정경쟁방지법)에서 규정하고 있고,[49)] 이러한 점에서 연방상표법(Federal Trademark Act 또는 Lanham Act)이라는

48) 서울고등법원 2008. 9. 23. 선고 2008라618 결정(인터넷채널21 사건). 그 외 상표와 관련된 것은 아니나, 인터넷 이용자들에게 음란사이트로 인식될 수 있는 인터넷 사이트의 운영자들이 유명 연예인의 예명을 무단으로 도메인 이름과 웹페이지의 광고문구로 이용하고 그 예명을 검색어로 인터넷 검색이 되게 한 행위가 그 연예인의 명예, 성명권 등의 인격권을 침해한 불법행위라고 한 사례(일명 'twistkim' 사건)가 있다. 서울고등법원 2009. 4. 15. 선고 2008나26416호 판결 참조.

49) 키워드광고에 관련된 상표법 및 부정경쟁방지법상의 규정을 표로 나타내면 다음과 같다.

		상표 등록 요부	주지 · 저명 요부	혼동가능성 요부
상표법상의 상표권 침해		요	불요	요
부정경쟁방지법상의 부정경쟁행위	법 제2조 제1호 가. 나. 목의 부정경쟁행위	불요	주지 요	요
	제1호 다. 목의 상표 희석화	요	저명 요	불요

단일의 법 내에 위와 같은 상표와 관련된 행위에 대한 모든 규정을 두고 있는 미국의 법체계와 다르다 할 것이다.[50)]

이하에서는 위와 같은 우리 법체계의 특징을 염두에 두고, 키워드광고와 관련한 쟁점들을 논의하기로 한다.

Ⅲ. 상표권 침해 및 부정경쟁행위와 "상표의 사용"

1. 상표권 침해의 유형 및 상표의 사용

우리 상표법 제50조는 그 본문에서 "상표권자는 지정상품에 관하여 그 등록상표를 사용할 권리를 독점한다."라고 규정하여 상표권자의 전용권 또는 사용권에 관하여 규정하고 있는바, 그와 같은 상표권의 내용에 기하여 상표권자 이외의 제3자가 정당한 이유 없이 상표권의 내용에 속하는 행위를 행하는 것은 금지되고 그에 반하는 행위는 상표권의 침해가 된다. 그런데 상표권의 내용을 보호하고 그 기능이 저해되지 않도록 하기 위해서는 위와 같이 상표권의 내용에 기하여 당연히 인정되는 효과만으로는 부족하기 때문에 상표법은 제66조에서 타인의 등록상표와 동일한 상표를 그 지정상품에 유사한 상품에 사용하거나 타인의 등록상표와 유사한 상표를 그 지정상품과 동일 · 유사한 상품에 사용하는 행위뿐만 아니라 상표권 침해의 예비 또는 방조에 해당하는 타인의 등록상표와 동일 또는 유사한 상표를 그 지정상품과 동일 또는 유사한 상품에 사용할 목적이나 사용하게 할 목적으로 교부 또는 판매하거나 위조 · 모조 또는 소지하는 행위 등을 모두 상표권침해로 규정하고 있다. 이러한 상표법의 규정에 따라, 상표법이 규정하는 상표권의 침해는 전용권에 의한 침해(상표법 제50조에 기한 침해)와 유사범위에서의 침해(상표법 제66조 제1호의 행위) 및 간접침해(상표법 제66조 제2호 내지 제4호의 행위)로 나눌 수 있다.[51)]

그런데 위와 같은 각 유형의 상표권 침해는 모두 상표의 "사용"에 의하여 이루어지는데, 우리 상표법은 제2조 제6호에서 "상표의 사용"에 관하여 "상품 또는 상품의

---

50) 앞에서도 이미 살핀 바와 같이 미국 연방상표법상 (i) 혼동가능성(likelihood of confusion)의 야기에 의한 상표의 침해에 대하여는 제32조(15 U.S.C. § 1114), (ii) 부정경쟁(unfair competiton)에 대하여는 제43조(a)(15 U.S.C. § 1125(a))에, (iii) 희석(dilution)에 의한 상표의 침해(FTDA)에 대하여는 제43조(c)(15 U.S.C. § 1125(a))에, (iv) 인터넷상의 상표도용(cyberpiracy) 방지(ACPA)에 대하여는 제43조(d)(15 U.S.C. § 1125(d))에 각 규정되어 있다. 이는 보통법(common law) 또는 각 주의 주법에 의해서 상표가 보호되어 오다가 상표법이 성문법 또는 연방법으로 제정되면서 부정경쟁방지법 이론이 거의 상표법에 흡수된 결과이다. 정상조, 지적재산권법, 471 참조.

51) 송영식 외 7인, 지적소유권법(하), 육법사, 2008, 297-298.

포장에 상표를 표시하는 행위, 상품 또는 상품의 포장에 상표를 표시한 것을 양도 또는 인도하거나 그 목적으로 전시 · 수출 또는 수입하는 행위, 상품에 관한 광고 · 정가표 · 거래서류 · 간판 또는 표찰에 상표를 표시하고 전시 또는 반포하는 행위를 말한다."라고 규정하여, 상표가 상품에 대하여 사용되는 경우 중에서도 출처표시로서 기능을 하는 경우에 대해서만 상표법상의 사용으로서의 법적 효과를 인정하고 있는바, 상표권 침해행위를 규제하는 근본적인 이유는 타인이 상표권자의 등록상표를 사용함으로써 부당한 이익을 취득하고 소비자로 하여금 상품의 출처에 관하여 오인 · 혼동을 일으키게 할 가능성이 있기 때문이고, 이러한 오인 · 혼동의 가능성이 있기 위해서는 본질적으로 타인의 상표 사용행위가 상품의 출처를 표시하는 기능을 수행하고 있어야 한다는 점이 전제되어야 하므로, 상표권 침해에 있어서의 '상표의 사용'에 해당하려면 타인의 행위가 원칙적으로 상표법상의 '상표의 사용'에 관한 정의규정에 해당할 뿐만 아니라 근본적으로 상품의 출처를 표시하는 기능을 수행할 것이 전제되어야 할 것이다.[52)]

결국 위와 같은 상표권 침해의 유형 및 상표 "사용"에 관한 정의를 통하여 알 수 있는 바와 같이, 상표권 침해가 되기 위해서는 타인의 등록상표와 동일 · 유사한 상표를 등록상표의 지정상품과 동일 · 유사한 상품이나 그 상품의 포장 또는 광고에 표시하여야 할 것이다.[53)] 여기서 "표시"한다 함은 물리적 부착에 한하지 않고 상품과 관련하여 상표를 표시하는 행위로 보아야 할 것이다.[54)]

대법원도 종래 위와 같은 취지로 판시하여 왔고,[55)] 특히 도메인이름의 사용이 "상표의 사용"에 해당하는지와 관련하여 "상표법 제66조 제1항 제1호 소정의 상표권

52) 윤선희, "상표의 사용에 관한 연구," 산업재산권 제20호, 2006, 136-137; 송영식 외 2인, 지적소유권법(제9판 - 하권), 육법사, 2005, 236. 통설은 상표법상 상표는 시각에 의하여 파악되는 기호, 문자, 도형, 입체적 형상 또는 이들의 결합 및 이들에 색채를 결합한 것이므로 상표법의 문리해석상 시각에 의한 사용만이 상표법상 사용개념에 해당하고 청각에 의한 사용은 포함되지 않는다고 본다. 송영식 외 7인, 지적소유권법(하), 237 주 267).

53) 강동세, 지적재산권의 형사적 이해, 세창출판사, 2003, 132 참조. 한편, 상표법 제2조 제3항은 '서비스표 · 단체표장 및 업무표장에 관하여는 이 법에서 특별히 규정한 것을 제외하고는 이 법 중 상표에 관한 규정을 적용한다'라고만 규정하고 있을 뿐, 구체적으로 어떠한 것이 서비스표의 사용행위에 해당하는지에 관하여는 규정하고 있지 않다. 이와 관련하여 일본 상표법의 서비스표 사용행위에 관한 규정을 차용하여, (i) 서비스를 제공받을 자가 이용하도록 제공되는 물건에 표장을 표시하는 행위 및 그러한 물품을 실제로 이용에 제공하는 행위, (ii) 서비스 제공에 사용되는 물건에 표장을 표시한 채로 서비스 제공을 위하여 전시하는 행위, (iii) 서비스 제공에서 당해 서비스의 제공에 관계되는 물건에 표장을 표시하는 행위를 각 포함시키고, 인터넷에서 서비스가 제공되는 과정에서 사용자 인터페이스에 서비스표가 표시되는 경우를 커버하기 위하여 (iv) 전자적 방법에 의한 영상화면을 매개로 서비스가 제공되는 경우에 그 영상화면에 표장을 나타낸 채로 서비스를 제공하는 행위를 포함시켜야 한다는 견해가 있다. 조영선, 전게논문, 153-154.

54) 김금선, 전게논문, 82-83 참조.

55) 대법원 2005. 6. 10. 선고 2005도1637 판결; 대법원 2007. 10. 12. 선고 2007다31174 판결 참조.

침해가 인정될 수 있으려면 상표의 사용이 전제되어야 할 것인데, 도메인이름의 경우에는 도메인이름의 사용태양 및 그 도메인이름으로 연결되는 웹사이트 화면의 표시내용 등을 전체적으로 고려하여 거래통념상 상품의 출처를 표시하고 자기의 업무에 관계된 상품과 타인의 업무에 관계된 상품을 구별하는 식별표지로 기능하고 있을 때는 '상표의 사용'으로 볼 수 있다."라고 판시하여,[56] 상표의 '사용'이 되기 위해서는 '출처식별기능'이 있어야 한다고 하고 있다.[57]

2. 부정경쟁행위와 상표의 사용

우리 부정경쟁방지법은 제2조 제1호에서 부정경쟁행위를 (i) 상품주체 혼동행위, (ii) 영업주체 혼동행위, (iii) 저명상표 희석행위, (iv) 상품원산지 허위표시행위, (v) 상품출소지 오인야기행위, (vi) 상품 질양 오인야기행위, (vii) 상표권자의 동의 없는 대리인의 사용행위, (viii) 동일 · 유사 도메인이름 등록 · 보유 · 이전 · 사용 행위(Cybersquatting), (ix) 트레이드 드레스 사용행위 등 9가지 형태로 나누어 규정하고 있는데,[58] 이에 관하여는 부정경쟁방지법이 부정경쟁행위를 포괄적으로 정의하는 일반조항을 두고 있지 않다는 점에서 한정열거주의를 취하고 있다고 보는 것이 일반적이다.[59]

위와 같은 부정경쟁행위의 유형 중 키워드광고에 적용될 수 있는 유형은 위 (i) 내지 (iii)호의 상품주체 혼동행위, 영업주체 혼동행위, 저명상표 희석행위라 할 것인데,[60] 위와 같은 유형의 부정경쟁행위에 해당하기 위해서 상표의 "사용"이 요구됨은 법률의 규정에 비추어 명백하다 할 것이다{이하에서는 설명의 편의상 위 (i)(ii)의 행

56) 대법원 2008. 9. 25. 선고 2006다51577 판결 등.

57) 이를 '시각성'과 '상징성'이라고도 한다. 최성준, "인터넷상에서의 상표법상 문제점," 저스티스 통권 87호, 한국법학원, 41.

58) 이 중 (viii) 및 (ix) 유형은 2004. 1. 20. 개정법에서 추가되었다.

59) 송영식 외 2인, 지적소유권법, 402; 강동세, 지적재산권의 형사적 이해, 세창출판사, 2003, 239; 사법연수원, 부정경쟁방지법(해설 및 판례), 2004. 9.

60) 부정경쟁방지법 제1호 가, 나, 다, 아목은 아래와 같이 규정하고 있다.

가. 국내에 널리 인식된 타인의 성명 · 상호 · 상표 · 상품의 용기 · 포장 기타 타인의 상품임을 표시한 표지와 동일 또는 유사한 것을 사용하거나 이러한 것을 사용한 상품을 판매 · 반포 또는 수입 · 수출하여 타인의 상품과 혼동을 일으키게 하는 행위

나. 국내에 널리 인식된 타인의 성명 · 상호 · 표장 기타 타인의 영업임을 표시하는 표지와 동일 또는 유사한 것을 사용하여 타인의 영업상의 시설 또는 활동과 혼동을 일으키게 하는 행위

다. 가목 또는 나목의 혼동하게 하는 행위 외에 비상업적 사용 등 대통령령으로 정하는 정당한 사유 없이 국내에 널리 인식된 타인의 성명, 상호, 상표, 상품의 용기 · 포장, 그 밖에 타인의 상품 또는 영업임을 표시한 표지와 동일하거나 유사한 것을 사용하거나 이러한 것을 사용한 상품을 판매 · 반포 또는 수입 · 수출하여 타인의 표지의 식별력이나 명성을 손상하는 행위

위는 단지 '부정경쟁행위'로, (iii)의 행위는 '희석화로 인한 부정경쟁행위'라고 한다}. 다만, 부정경쟁방지법에는 상표법에서와 같은 상표의 "사용"에 관한 정의 규정이 없으므로, 부정경쟁행위가 되기 위한 "사용"을 상표법에서 규정하고 있는 상표의 "사용"과 동일한 것으로 해석할 것인가가 문제된다.

이와 관련하여 서울고등법원은 앞에서 본 2008. 9. 23. 대체광고 사건(인터넷채널 21 사건)에서[61] "부정경쟁방지법상의 상표 "사용"의 개념에 관하여, "타인의 영업표지를 부정하게 자신의 영업에 사용하여 출처의 혼동을 가져오는 부정경쟁행위를 방지하기 위한 부정경쟁방지법의 목적 및 부정경쟁방지법 제18조가 위 각 조항에 따른 부정경쟁행위를 형사 처벌하도록 정하고 있는 점에 비추어 볼 때 영업표지를 '사용' 한다고 하기 위해서는 적어도 타인의 영업표지를 행위자 자신의 영업의 출처를 나타내는 방법으로는 사용하여야 한다고 볼 것이다."라고 판시하여 부정경쟁방지법상의 상표 '사용'의 개념도 상표법상의 상표 '사용'의 개념과 마찬가지로 출처식별기능을 가질 것을 요하는 것으로 해석하였다.[62]

3. 검 토

위와 같이 우리나라 상표법 및 부정경쟁방지법 상의 상표 '사용'의 개념을 '출처식별기능'이 있을 것이 요구되는 것으로 해석하면, 광고의 경우 상표법 제2조 제1항 제6호 다목에서 규정하고 있는 바와 같이 "상품에 관한 광고에 상표를 표시하고 전시 또는 반포"할 것이 요구되는 점에 비추어, 키워드광고가 타인의 상표권을 침해하는 행위 또는 부정경쟁행위가 되기 위해서는 키워드광고에 타인의 상표가 표시되어 전시 또는 반포되었다는 점이 인정되어야 한다.[63]

그런데 키워드광고의 경우 그러한 광고가 나타나는 과정에서 타인의 상표(또는 그와 동일한 용어, 예를 들어 "Rescuecom")가 사용되기는 하나 검색결과 페이지에 나타난 스폰서광고의 웹사이트 링크(예를 들어 "컴퓨터114")에는 상표권자의 상표가 표시되지 않으므로(스폰서광고의 웹사이트 링크에 상표권자의 상표가 표시되는 경우에는 위 요건을 충족하여 상표의 '사용'이 인정될 것이다), 경쟁자가 상표권자의 상표를 키워드

61) 서울고등법원 2008. 9. 23. 2008라618결정(인터넷채널 21사건).

62) 희석행위로 인한 부정경쟁행위가 성립하기 위한 '사용'은 유명상표와 동일 · 유사한 상표를 기존의 지정상품과는 다른 새로운 상품의 출처표시로서 사용하는 것을 의미하나, 이 또한 기존 상품의 출처가 아닌 새로운 상품의 출처표시로서 기능한다는 것을 제외하고는 출처표시기능을 가져야 한다는 점에서 여전히 '상표적 사용'을 의미한다. 송재섭, "상표 희석화 이론의 요건과 적용 – 인터넷상의 희석화를 중심으로," Law & Technology 제3권 제4호, 서울대학교 기술과법센터, 2007. 7, 111–112.

63) 김금선, 전게논문, 86.

로 사용하여 자신의 웹사이트 링크가 나타나도록 하는 키워드광고의 경우 상표의 '사용'이 있다고 보기 어렵다 할 것이다.

다만, 우리 부정경쟁방지법이 상표법과는 달리 상표 '사용'의 정의를 두고 있지 않은 점에 비추어, 앞에서 본 미국의 Rescuecom 사건에 대한 제2연방항소법원의 판시에서와 같이, 상표의 '사용'을 출처식별기능을 요하지 않는 '영업적 또는 경제적 이익을 위한 사용'으로 해석한다면 타인의 상표를 키워드로서 판매하여 수익을 얻는 Google의 행위를 부정경쟁행위로 규율할 수는 있다 할 것이다.[64]

Ⅳ. 상표권 침해 및 부정경쟁행위와 "혼동가능성"

1. 혼동가능성에 대한 일반론

우리 상표법은 앞에서 살펴본 바와 같이 상표권 침해의 요건으로서 "타인의 등록상표와 동일 · 유사한 상표를 등록상표의 지정상품과 동일 · 유사한 상품에 붙이거나 그 상품의 포장에 표시할 것"을 규정하고 있을 뿐이고 그로 인하여 상품 출처 등에 관한 혼동이 일어날 것을 요구하고 있지는 않으나,[65] 일반적인 학설[66] 및 판례[67]는 상품의 인식표지로서의 상표가 유사하다 함은 대비되는 두 개의 상표가 서로 동일한 것은 아니나 외관, 칭호, 관념의 면에서 근사하여 이를 동일 · 유사 상품에 사용할 경우 거래통념상 상품 출처의 혼동을 일으킬 염려가 있는 것을 의미한다고 봄으로써 "상품출처의 혼동여부"를 상표의 유사여부 판단의 기준으로 삼고 있다.

나아가 상품출처의 혼동은 대비된 두 개의 상표가 부착된 상품이 시장에 유통된다고 가정할 때 거래계의 일반적인 경험칙에 비추어 동일한 생산자, 판매자에 의하여 생산, 판매되는 것으로 인정되는 일반적 출처의 혼동과 대비된 상표품(상표가 부착된 상품)이 현실로 시장에 유통되고 있고 그들 상표품에 대한 구체적인 거래실정에 비추

64) 김금선, 전게논문, 76; 백강진, 전게논문, 63-65 참조.

65) 이 점에서 명시적으로 상표권 침해에 있어서 혼동가능성을 하나의 요건으로 들고 있는 미국 연방상표법(15 U.S.C § 1114)과 다르다.

66) 송영식 외 2인, 지적소유권법, 244; 강동세, 지적재산권의 형사적 이해, 133; 정상조, 지적재산권법, 502-503; 이대희, 인터넷과 지적재산권법, 박영사, 2002, 105-106.

67) 대법원 2000. 2. 25. 선고, 97후3050 판결; 대법원 2000. 2. 22. 선고 99후1850 판결; 1988. 1. 12. 선고 86후77 판결(혼동가능성을 고려해야 하는 이유에 관하여, "상표의 유사라 함은 대비된 두 개의 상표가 동일한 것은 아니지만 외관, 호칭, 관념의 어느 면에서 서로 비슷한 것을 가리키는 형식적, 기술적 개념으로서 위에서 본 세 가지의 상표의 속성 중에서 무엇을 중심으로 하여 판단하는가에 따라 숙명적으로 결론이 달라질 수 있는 상대적 개념이므로 상표의 유사 여부는 궁극적으로는 상표법의 제도적 목적인 상표모용에 의한 혼동초래행위를 금하여 상표에 화체된 상표권자의 영업상의 신용을 보호해야 한다는 입장에서 상품의 출처를 혼동할 우려가 있느냐 없느냐를 기준으로 하여 결정하여야 한다."라고 판시) 등.

어 동일 출처로 인정되는 구체적 출처의 혼동으로 나눌 수 있다. 등록주의를 취하고 있는 우리 상표법 아래에서는 등록상표가 현실로 사용될 필요가 없고 출원된 상표에 대해서도 사용을 예측함으로써 판단할 수밖에 없다는 점 등에 비추어 선등록상표와 저촉 유무를 판단함에 있어서의 상품 출처의 혼동은 일반적 출처의 혼동을 의미하는 것으로 보고 있다.[68] 이에 대하여 부정경쟁방지법상의 혼동은 구체적 출처의 혼동(혼동의 구체적 위험)을 의미하는 것으로 해석된다.[69]

한편, "상품 출처의 혼동"은 좁은 의미로는 상품 그 자체의 출처의 혼동을 말하고, 광의의 혼동 내지 후원관계의 오인(confusion of sponsorship)은 상표가 서로 비슷하기 때문에 구매자의 심리에 당해 상품의 출처가 상표권자의 기업과 업무상 · 계약상 · 조직상 또는 그 밖의 특수한 관계가 있는 것처럼 오인되는 경우를 말한다.[70] 일반적으로 상표법상의 혼동은 협의의 혼동을 말하고, 부정경쟁방지법상의 혼동은 동법이 '사용되어 널리 알려진' 상품표지와의 혼동 야기를 방지하는데 그 목적이 있다는 점에서 광의의 혼동을 말하는 것이며,[71] 그러한 혼동은 현실적으로 혼동의 결과가 생기지 않아도 혼동의 우려가 있으면 족하다고 이해된다.[72]

한편, "혼동가능성"이 있는지를 판단하는 시기는 상품 또는 서비스의 판매시 또는 거래시라고 해석되고 있고,[73] 상표 희석화로 인한 부정경쟁행위가 되기 위해서는 "혼동가능성"이 요건이 아니라는 것이 일반적인 해석이다.

2. 키워드광고와 "혼동가능성"

앞에서 본 바와 같이 미국에서는 인터넷의 발달과 더불어 새로이 등장하는 상표권 침해행위에 대처하기 위하여 "최초 관심 혼동"이론이 등장하였으나, 상표법상의 상표권 침해의 경우 미국법상의 "혼동가능성"에는 회사들 사이의 후원관계와 같은 광의의 혼동까지 포함되는데 반하여 우리 상표법의 해석에 있어서는 그러한 혼동은

---

68) 송영식 외 2인, 전게서, 244-245; 사법연수원, 전게서, 189; 대법원 1999. 10. 8. 선고 97후3111 판결("서비스표의 오인 · 혼동의 염려는 지정서비스업과 관련하여 일반적, 추상적으로 서비스의 품질이나 출처의 호인 · 혼동 가능성이 존재하는지 여부에 의하여 판단되어야 하고, 구체적인 오인 · 혼동의 발생 유무나 대비되는 각 표장을 사용하는 자 사이의 분쟁 유무 등은 고려할 바가 아니다."라고 판시).

69) 김금선, 전게논문, 102 참조.

70) 김금선, 전게논문, 101-102 참조.

71) 송영식 외 2인, 전게서, 246-247; 강동세, 전게서, 136; 김금선, 전게논문, 101-102 참조; 대법원 2001. 4. 10. 선고 2000다4487 참조. 이에 반대되는 견해로는 정상조, 전게서, 514-515; 정상조, "상표법과 부정경쟁방지법의 조화," 민사판례연구 25권 (2003. 2.), 492 참조.

72) 송영식 외 2인, 전게서, 409; 강동세, 전게서, 254; 서울고법 2006.12.12. 선고 2005나35938 판결.

73) 최성준, 전게논문, 39 참조.

포함되지 않는다는 해석론이 우세한 상태이고, 부정경쟁행위와 관련해서는 위와 같은 후원관계의 혼동도 포함될 여지가 있으나, 앞에서 본 바와 같이 "최초 관심 혼동"에 대해서는 상표권의 보호범위를 불명확하게 하거나 지나치게 확대할 염려가 있다는 비판이 있을 수 있다는 점에서 위와 같은 미국의 이론을 곧바로 우리나라의 사안에 적용하기는 쉽지 않을 것으로 보인다.

결국, 우리나라의 경우 일반적인 견해에 따라 "혼동가능성"이 상품 또는 서비스의 판매시 또는 거래시에 있어야 한다고 보는 경우, 인터넷 이용자들은 일반적으로 자신이 입력하는 키워드의 검색결과에는 자신이 찾고자 하는 웹사이트 외의 다른 웹사이트도 검색되어 나타난다는 것을 이미 알고 있고,[74] 인터넷 이용자가 키워드를 통한 검색결과 스폰서링크로 표시된 웹사이트에 들어가 상품을 구입하는 시점에는 어느 곳에서 상품을 구입하는지를 인식하고 있다 할 것이어서, 키워드광고 자체에 타인의 상표가 표시되는 경우가 아닌 한, 예를 들어 "Nike"라는 키워드를 입력하여 "Nike"사의 웹사이트 외에 다른 운동화를 파는 웹사이트의 링크가 검색결과로 나타났고 이로 인하여 소비자가 그 웹사이트가 Nike사와 일정한 연관관계가 있는 것으로 순간 혼동하였다 하더라도, 상표권 침해 또는 부정경쟁행위가 성립하기 위한 "혼동가능성"이 존재한다고 보기는 어려울 것이다.

V. 키워드광고와 희석화로 인한 부정경쟁행위

앞에서 본 바와 같이 희석화로 인한 부정경쟁행위가 성립하기 위해서는 상표법상의 '사용' 개념에 부합하는 상표의 사용이 있어야 하나 '혼동가능성'은 필요하지 않다.

따라서 키워드광고의 경우 타인의 저명상표의 명성과 인기를 흡수하고자 관련 없는 상표를 사용하여 인터넷 이용자의 원래 관심과 전혀 무관한 웹사이트로 유인하는 행위를 하는 행위는 상표의 식별력을 저해하는 희석화 행위로 볼 수 있을 것이나,[75] 키워드광고 자체에 타인의 상품표지 또는 영업표지가 사용되었다는 특별한 사정이 없는 한 '표지로서의 사용'을 인정하기 어렵고, 결국 '표지로서의 사용'이 여전히 요구되는 희석화로 인한 부정경쟁행위에 해당하기도 어렵다 할 것이다.[76]

---

74) 김금선, 전게논문, 96, 108.
75) 송영식 등 7인, 전게서, 533.
76) 김금선, 전게논문, 109.

제 6 상표권 침해와 관련한 항변

Ⅰ. 문제의 제기

위와 같이 키워드광고가 상표권 침해나 부정경쟁행위에 해당할 것인가에 관하여는 회의적이지만, 만약 그러한 행위에 해당한다면 광고주나 인터넷 서버 또는 검색엔진 사이트는 어떠한 항변을 할 수 있을 것인가를 생각해본다.[77]

Ⅱ. 미국 상표법상의 항변

미국 상표법상 상표권 침해와 관련하여 논의되고 있는 항변사유를 키워드광고와 관련하여 검토하여 보면 아래와 같다.

1. 미국 헌법 제1수정조항에 의한 항변: 상업적 표현(Commercial Speech)

상표는 메시지와 이이디어를 전달한다는 점에서 상징이라 할 수 있으나, 미국 대법원이 Central Hudson Gas & Electric Corp. v. Commission of New York 사건[78]에서 결정한 바와 같이 상업적 표현은 혼동을 유발하거나 불법 행위를 부추기는 것이 아닌 경우에만 보호된다 할 것이고, 따라서 키워드광고가 제휴, 승낙, 원조 등에 관하여 혼란을 일으킨다면, 제1수정조항에 의하여 보호받지 못할 것이다.

2. 공정사용(Fair Use)

미국 연방상표법은 상표권 침해 및 상표희석화와 관련하여 "공정사용"에 관하여 규정하고 있다.[79] 공정사용은 영미 보통법(Common Law)과 판례에 기초하여 전통적

---

77) 이와 관련하여 만약 광고주가 키워드광고에 대하여 위와 같은 행위로 인한 책임을 지는 경우, Google과 같이 Adwords나 Keyword Suggestion Tool을 사용하여 광고주에게 타인의 상표를 키워드로 구입할 것을 권유하는 검색엔진 소유자는 그러한 행위에 대한 교사자 또는 방조자로서 민법상의 공동불법 행위책임을 부담할 것이다. 김금선, 상게논문, 111-116 참조. 미국법상으로는 기여책임(contributory liability) 또는 대위책임(vicarious liability)의 성립을 생각해볼 수 있을 것이다.

78) Central Hudson Gas & Electric Corp. v. Pub. Serv. Comm'n of of New York, 447 U.S. 557 (1980).

79) [T]he use of the name, term, or device charged to be an infringement is a use, otherwise than as a mark, of the party's individual name in his own business, or of the individual name of anyone in privity with such party, or of a term or device which is descriptive of and used fairly and in good faith only to describe the goods or services of such party, or their geographic origin...

인 공정사용(classic fair use)과 명목적 공정사용(nominal fair use, 비교 광고)으로 나눌 수 있다. 전통적 공정 사용은 어떠한 상표가 1차적 의미와 2차적 의미를 가지고 있고 2차적인 상표적 의미(예, Moviebuff)로 사용되기보다는 1차적인 서술적(descriptive) 의미(예, Movie Buff)로 사용될 때만 적용되는바,[80] 예를 들어 "Rescuecom"과 같이 임의적(arbitrary) 또는 가공의(fanciful) 조어 상표를 사용한 Google의 경우는 전통적 공정 사용에 해당한다고 보기는 어려울 것이다.

3. 명목적 공정 사용 (Nominal Fair Use) (비교 광고)

명목적 공정 사용은 전통적 공정사용과 달리 피고가 상표를 1차적이고, 기술적인 의미로 사용하지 않고, 2차적이고 상표적인 의미로 사용할 경우 적용되는데,[81] 일반적으로 "비교 광고"를 위한 사용으로 불리고, 상품 비교와 모방은 경쟁의 핵심이라는 생각에서 비롯된 것이다.[82]

명목적 공정 사용에 해당하기 위해서는, (i) 문제된 상품이나 서비스가 그 상표의 사용 없이는 식별될 수 없어야 하고, (ii) 상표나 상품을 식별하기에 합리적으로 필요한 만큼만 상표가 사용되어야 하며, (iii) 사용자는 그 상표와 관련하여, 상표권자로부터 지원이나 허락을 받았다는 것을 암시하는 어떤 것도 하여서는 안 된다.[83]

그런데 Rescuecom과 같은 키워드광고 사건에서, (i) 원고의 상품과 서비스는 그 상표에 대한 언급이 없이는 식별될 수 없다고 볼 수 있으나(Rescuecom 사건에서, 원고를 "컴퓨터 수리업체"라고만 해서는 식별할 수 없을 것이다.), (ii) 검색엔진 서버는 원고의 상표를 얼마나 사용할 것인가에 관하여 거의 통제할 수 없는 경우가 많아 일률적으로 말할 수는 없으나 필요 이상으로 사용하는 경우가 있을 수 있고, (iii) 키워드광고의 목적에 비추어 사용되어지는 상표의 상표권자에 의한 원조, 승인, 또는 허락을 암시하는 경우가 많을 것이므로, 명목적 공정사용의 법리도 활용하기는 어려울 것으로 보인다.

---

15 U.S.C. § 1115(b)(4) (2002).

[T]he following shall not be actionable under this section: (A)Fair use of a famous mark by another person in comparative commercial advertising or promotion to identify thecompeting goods or services of the owner of the famous mark; (B)Noncommercial use of a mark; (C) All forms of news reporting and news commentary.

15 U.S.C. § 1125(c)(4).

80) Brother Records, Inc. v. Jardine, 318 F.3d 900 (9th Cir. 2003), 905.

81) 318 F.3d 900, 908.

82) Thomas Schatzel, Lecture on Unfair Competition, Santa Clara University School of Law, Mar. 26, 2002 (on file with the author).

83) 318 F.3d 900, 908.

나아가 키워드광고는 상품 진열대에 유명한 상표가 부착된 상품과 나란히 경쟁자의 상품을 전시하거나 "Nike" 운동화를 사러 온 손님에게 그보다 저렴한 다른 회사의 상품을 권유하는 점원의 행위와 유사한 면이 있고, 대개 그러한 행위는 수인할 수 있는 정도의 경쟁행위로 여겨지고 있으나,[84] 이글에서 문제로 삼고 있는 키워드광고는 가장 많은 비용을 지불한 광고주에게 경쟁자의 상표를 검색어로 사용할 수 있도록 함으로써 이익을 취하는 행위로서, 이를 위와 같은 수인 가능한 행위 유형과 동일하게 취급할 것인지는 의문이 있다.

Ⅲ. 우리 상표법 및 부정경쟁방지법상의 항변

우리 상표법상 상표권침해와 관련한 가처분 또는 본안소송에서 피고는 상표권이 무효, 등록의 취소, 포기 등으로 인하여 소멸되었음을 주장하거나 상표법 제51조의 상표권 효력의 제한 사유[85]를 주장할 수 있다. 또 희석화로 인한 부정경쟁행위에 관한 부정경쟁방지법 제2조 제1호 다.목에 따르면 "비상업적 사용 등 대통령령으로 정하는 정당한 사유"가 있는 경우 희석화에 해당하지 않게 되는데, 부정경쟁방지법 시행령 제1조의 2는 정당한 사유로서 "비상업적으로 사용하는 경우, 뉴스보도 및 뉴스 논평에 사용하는 경우, 그밖에 당해 표지의 사용이 공정한 상거래 관행에 상반되지 아니한 것으로 인정되는 경우" 등을 들고 있는바, 이러한 사유도 피고가 항변으로서 주장할 수 있다 할 것이다.

한편, 우리 상표법은 저작권법(제27조) 과는 달리 사적이용 또는 공정사용(fair use) 등을 상표권 침해에 대한 예외사유로 규정하고 있지 아니한바, 이와 관련하여 위 상표법 제51조의 규정을, 피상적으로는 상표의 사용에 해당되는 행위이지만 일정한 상표를 한 사람에 독점시키는 것이 부당하거나 그러한 사용으로 출처의 혼동이 초래될

---

84) Roger E. Schechter & John R. Thomas, Intellectual Property – The Law of Copyrights, Patents and Trademarks, Thomson West, 2003, 811–812 참조.

85) 상표법 제51조 (상표권의 효력이 미치지 아니하는 범위) 상표권은 다음 각호의 1에 해당하는 경우에는 그 효력이 미치지 아니한다. 1. 자기의 성명 · 명칭 또는 상호 · 초상 · 서명 · 인장 또는 저명한 아호 · 예명 · 필명과 이들의 저명한 약칭을 보통으로 사용하는 방법으로 표시하는 상표. 다만, 상표권의 설정등록이 있은 후에 부정경쟁의 목적으로 그 상표를 사용하는 경우에는 그러하지 아니하다. 2. 등록상표의 지정상품과 동일 또는 유사한 상품의 보통명칭 · 산지 · 품질 · 원재료 · 효능 · 용도 · 수량 · 형상(포장의 형상을 포함한다) · 가격 또는 생산방법 · 가공방법 · 사용방법 및 시기를 보통으로 사용하는 방법으로 표시하는 상표 3. 등록상표의 지정상품과 동일 또는 유사한 상품에 대하여 관용하는 상표와 현저한 지리적 명칭 및 그 약어 또는 지도로 된 상표 4. 등록상표의 지정상품 또는 그 지정상품의 포장의 기능을 확보하는데 불가결한 입체적 형상으로 된 상표.

위험이 없으며 그러한 상표를 자유롭게 사용하도록 하는 것이 경쟁적인 시장질서의 형성에 도움이 되는 것이라는 취지에서 마련된 것으로 보아 일종의 공정사용을 허용한 것으로 해석하여야 한다는 견해가 있다.[86]

나아가 일반적으로 상표권 침해의 예외로 받아들여지는[87] 비교광고 등과 관련하여서도 그러한 것들을 공정사용으로 볼 수 있는지, 아니면 상표법 제2조 제6호의 "상표사용"의 개념에 해당되지 않거나[88] 제51조의 예외 규정에 포함되는 것으로 해석하여야 하는지 아니면 출처혼동의 가능성이 없는 경우에 해당하는 것으로 보아야 하는지에 관하여 논란이 있다.[89]

제 7 정책적 고려사항

Ⅰ. 문제의 제기

이상 키워드광고가 상표권 침해 또는 부정경쟁행위에 해당하는지에 관하여 살펴보았다. 그런데 앞에서 이미 밝힌 바와 같이 상표권침해 및 부정경쟁행위와 관련하여서는 키워드광고가 "상표의 사용" 및 "혼동가능성"의 요건을 충족할 수 있을 지가 문제되고(상표희석화의 경우는 혼동가능성이 요건이 아님), 그러한 요건을 충족시키기가 쉽지 않다는 점에서 이를 어떻게 규제할 것인가를 생각할 필요가 있다.

한편으로는 인터넷이 기본적으로 정보 제공의 기능이 있다는 점과 키워드광고에 의하여 나타나는 결과는 기존에 오프라인에서 흔히 행해지던 '비교광고'와 유사한 측면이 있다는 점에서 상표권자의 보호와 인터넷의 정보제공 기능, 그리고 오프라인과 온라인 세상에서의 법이론을 어떻게 조화시킬 것인가 하는 점도 고려되어야 한다.

Ⅱ. 부정경쟁방지법의 기본 원리에서 해결책을?

원래 상표제도의 목적은 특정 상품의 특정 출처에 대하여 간결하고 확실한 식별표지를 제공함으로써 소비자의 검색(조사) 비용을 줄이는 것인바,[90] 진실한 광고는

86) 정상조, 전게서, 537-538.
87) 강동세, 전게서, 159.
88) 강동세, 상게서 참조.
89) 정상조, 상게서.
90) Jonathan J. Darrow & Gerald R. Ferrera, "*The Search Engine Advertising Market: Lucrative*

소비자들에게 선택의 기회를 제공하고, 건전한 경쟁을 촉진한다는 점에서 상표제도의 목적에 부합하는 것이다. 그리고 키워드광고도 소비자에게 정보를 제공함으로써 소비자의 상품에 대한 조사비용을 낮춘다는 측면에서 바람직한 기능을 하기도 한다.[91] 그러나 키워드광고는 가장 적절한 정보를 원하는 소비자에게 그렇지 못한 정보를 제공함으로써 엉뚱한 웹사이트에 들어가서 시간과 돈을 낭비하는 결과를 초래할 수도 있다. 나아가 키워드광고는 팝업광고와 마찬가지로 경쟁자의 고객을 빼앗아 오기 위하여 개발된 것으로서 정상적인 사업 행위라 보기 어려운 측면이 있다는 점에서 '일정한 범위 내에서는' 부정경쟁방지법이 원래 금지하고자 하였던 부정경쟁행위의 한 유형으로서 상표법이나 부정경쟁방지법에 열거되어 있는 행위들과 마찬가지로 손해배상청구나 금지청구 등을 통하여 규제될 필요가 있다.[92]

그런데, 앞에서 본 바와 같이 키워드 광고가 전통적인 상표권 침해 또는 부정경쟁행위에 해당하기 위한 요건을 충족하기 어려운 면이 있으므로, 이에 대한 적절한 규제를 위해서는 키워드 광고가 부정경쟁행위를 금지하는 부정경쟁방지법의 기본원리에 반한다는 점에 착안하여, "부정경쟁행위"를 타인의 투자나 명성에 무임승차하여 부당하게 이익을 도모하는 불공정한 방법의 경쟁행위로 보고, 우리 부정경쟁방지법 제2조 제1항의 부정경쟁행위의 유형을 예시적인 것으로 해석하거나 그러한 행위들을 포괄할 수 있는 부정경쟁행위에 관한 일반조항을 삽입하는 방안을 생각해 볼 수 있다.[93]

이러한 방안은 전통적인 지적재산권의 침해에는 해당하기 어려운 행위에 관하여 행위자의 책임을 물은 미국 및 우리나라의 몇몇 사례와 그 맥락을 같이 하는 것이다.

즉, 종래 미국에서는 저작권침해라고 보기는 어렵지만 아무런 비용과 노력을 들이지 않고 타인의 데이터베이스 또는 그 자료 중의 일부를 복제해서 이용한 행위와 관련하여, 주법상의 도용 또는 불법영득(misappropriation)의 법리에 의해 데이터베이스를 보호하는 판결을 한 International News Service v. The Associated Press 사건[94](INS가 AP의 뉴스정보가 게재된 동부 신문 초판으로부터 당해 정보를 추출하여 서부 신문들에게 전송한 사건) 및 The National Bastketball Association v. Sports Team

---

Space or Trademark Liability?," Tex. Intell. Prop. L.J. 223, Winter 2009, 237.

91) Jonathan J. Darrow & Gerald R. Ferrera, "*The Search Engine Advertising Market: Lucrative Space or Trademark Liability?*," 238-241 참조.

92) Erich D. Schiefelbine, "*Stopping a Troijan Horse*", 525-528 및 정상조, 전게서, 597-598 참조.

93) 정상조, 전게서, 600-602 참조.

94) 248 U.S. 215 (1918).

Analysis and Tracking Systems, Inc.(STATS) 사건[95](STATS가 NBA의 허락을 받지 않고 PC통신 및 삐삐를 이용하여 프로농구게임에 대한 실시간 정보를 제공한 사건)이 있고, 또 무단침입(trespass)법리에 의한 보호를 인정한 eBay, Inc. v. Bidder's Edge, Inc. 사건[96](피고가 software robot을 이용하여 원고 웹사이트의 경매제품정보를 수집하자, 원고가 피고의 행위가 원고의 컴퓨터시스템을 무단으로 침해하는 불법행위에 해당한다고 주장한 사건)이 있으며, 우리나라에서도 피고가 전자지도를 개발한 원고의 허락 없이 전자지도 검색 웹사이트를 피고의 웹사이트 윤곽(frame) 속에서 볼 수 있게 연결(framed linking)한 사안에서, 타인의 웹사이트에 무단으로 연결한 것이 저작권침해에는 해당되지 않지만 위법하다고 인정하고 손해배상청구를 인용한 사례가 있고,[97] 앞에서 든 대체광고 사건(인터넷채널21 사건)에서 서울고등법원은 피신청인의 행위가 상표권 침해 또는 부정경쟁행위에는 해당하지 않지만 민법상의 불법행위의 한 유형으로서의 업무방해행위에 해당한다고 판시하고 신청인의 가처분 신청을 인용하였다.

결국 위와 같은 사례들은 상표권, 저작권 또는 소유권의 침해에는 해당하지 않지만 위법한 행위에 대하여 대처할 수 있는 이론적 근거를 제시해 줌으로써 키워드광고에 대한 대처방안에 대하여도 많은 시사점을 던져주고 있다 할 것이다.[98]

Ⅲ. 온라인과 오프라인 법이론의 조화?

앞에서 본 바와 같이 종래 '비교광고'는 정당한 행위로서 상표권 침해 또는 부정경쟁행위에 해당하지 않는 것으로 받아들여져 왔고, 오프라인 또는 온라인에서 소비자를 다른 상품으로 유인하는 일정한 행위에 대해서는 아무런 법적 문제가 제기되지 않았다.

예를 들어, 직업별 전화번호부에서 비슷한 직역의 광고를 같은 란에 모아놓는 행위, 슈퍼마켓에서 비슷한 종류의 상품을 같은 진열대 위에 올려놓는 행위, 식당에서 코카콜라를 찾는 손님에게 점원이 단순히 있다 없다고만 대답하지 않고 펩시, 스프라

95) 41 USPQ 2d. 1549 (S.D.N.Y. July 22, 1996). 다만, 이 사건은 항소심에서 파기되었다.

96) 100 F.Supp.2d. 1058, 54 USPQ 2d. 1798 (N.D. Cal., May 24, 2000).

97) 서울지방법원 2001. 12. 7. 선고 2000가합54067 판결.

98) 한편, 키워드광고는 검색엔진과 광고주 사이의 의사합치에 따라 키워드 매매가 이루어진 결과 나타나게 되는 것이고, 팝업광고와 같이 특별한 프로그램의 설치로 나타나는 것이 아니라는 점에서 프로그램의 전달 또는 유포행위를 처벌하는 정보통신망 이용촉진 및 정보보호 등에 관한 법률의 규제 대상이 되기도 어렵다 한다. 김금선, 전게서, 120. 나아가 검색결과와 검색광고를 구별하도록 하여야 한다는 점에 관하여는 전게논문, 121-122 참조.

이트 등의 대체음료가 있음을 알리는 행위, Amazon에서 어떠한 상품을 선택하였을 때 "이 상품을 구입한 사람은 다음의 상품도 구입하였습니다"라고 알리는 행위 등에 대해서 지금까지 상표권 침해나 부정경쟁행위에 해당한다는 논의가 없었던 것이다.[99)]

그런데, 그러한 행위가 온라인상에서 또 최대의 검색사이트에 의해서 조직적으로 또 대대적으로 이루어지고 있다고 하여 다른 법리를 적용할 것인가가 문제된다. 즉, 이는 상표권을 지나치게 보호함으로써 종래 '비교광고'로서 정당행위로 여겨진, 상품이나 서비스를 설명하기 위하여 상표를 사용하는 행위마저 금지하는 결과를 초래하는 것이 아닌가 하는 의문이 들 수 있다.[100)]

결국, 종래 일정한 범위 내에서 소비자를 다른 상점이나 상품으로 유인하는 행위를 용인하여 왔던 것처럼, 키워드광고도 소비자들이 출처나 관련성, 후원관계에 대하여 혼동을 일으킬 염려가 없는 한 용인되어야 하는 것은 아닐까?[101)]

이와 관련하여 미국에서는 상표권 침해에 관한 미국 상표법 제35조 제2항에 "광고임을 명백히 표시하여 광고를 일반 검색결과와 구별하고, 상표권자와 아무런 관계가 없다는 표시를 하며, 혼동가능성이 있음에 대하여 고의가 없고, 어떠한 검색어를 누구에게 팔 것인가에 관하여 부당하게 차별하지 않는 것"을 조건으로 상표권이 있는 키워드를 판매하는 검색엔진에 대한 책임을 면제해주는 조항을 신설하여야 한다는 입법론이 제기되고 있다.[102)]

---

99) Jonathan J. Darrow & Gerald R. Ferrera, "*The Search Engine Advertising Market: Lucrative Space or Trademark Liability?*," 245-252 참조.

100) 상게서 참조.

101) 상게논문, 252 참조.

102) Jonathan J. Darrow & Gerald R. Ferrera, "*The Search Engine Advertising Market: Lucrative Space or Trademark Liability?*," 265. 앞에서 본 Rescucom 판결 이후 Google은 키워드 검색에 관한 종전의 정책을 바꾸어, 상표가 기술적 또는 보통 명칭으로 사용되는 경우 등을 제외하고, 광고주가 다른 사람의 상표를 사용하는 것을 허용하지 않는 것으로 하였다. Google's U.S. Trademark Policy, at https://adwords.google.com/support/bin/answer.py?answer=145626(vistited July 13, 2009), Tamara Carmichael & Shelly Elimelekh, "*Is the Tide Turning in Keyword Advertising Litigation? The Significance of Rescuecom v. Google*," NYSBA Fall 2009(Vol. 18., No. 2), 14에서 재인용.

제8 결 론

인터넷의 발달과 더불어 이를 이용한 다양한 광고기법이 등장하고 있고, 그 중에는 상표권자의 상표가 가지는 명성에 편승하여 이익을 취하면서 상표권자의 권리 또는 이익을 침해하는 경우도 발생하고 있다.

Google이 개발한 키워드광고기법의 경우에도 경쟁자가 타인의 상표를 키워드로 사용하는 경우 상표권자의 상표를 사용하여 상표권자를 배제하고 경쟁자의 상품을 판매하거나 서비스를 이용하도록 하는 부당한 결과가 초래될 수 있다. 그런데 종래의 상표권 침해 및 부정경쟁행위에 관한 법규정 및 판례는 상표의 "사용" 및 "혼동가능성"이 있을 경우에 그러한 행위가 성립하는 것으로 보고 있고, "사용" 및 "혼동가능성"의 개념 또한 제한적으로 해석함으로써 키워드광고와 같이 새로이 등장하는 상표권 침해 또는 부정경쟁행위를 규제할 수 없는 경우가 발생하고 있다.이에 미국의 Rescuecom 법원과 같이 종래의 판례 또는 법이론과 달리 상표 "사용" 또는 "혼동가능성"의 개념을 넓게 해석함으로써 새로운 유형의 상표권 침해행위를 규제하려는 시도가 나타나고 있으나, 그러한 해석이 정보의 제공이라는 인터넷의 본래의 기능을 침해할 수 있다는 우려도 제기되고 있다.

결국, 키워드광고를 어떻게 또 어떤 범위에서 규제할 것인가는 상표권자의 보호와 자유로운 경쟁의 장려라는 상표법 및 부정경쟁방지법의 이념을 고려한 적절한 입법 및 법해석을 통하여 해결할 문제라 할 것이다.

참고문헌

〈단행본〉

강동세, 지적재산권의 형사적 이해, 세창출판사, 2003.

사법연수원, 부정경쟁방지법(해설 및 판례), 2004. 9.

송영식 외 2인, 지적소유권법(제9판 – 하권), 육법사, 2005.

송영식 외 7인, 지적소유권법(하), 육법사, 2008.

이대희, 인터넷과 지적재산권법, 박영사, 2002.

정상조, 지적재산권법, 홍문사, 2004.

Roger E. Schechter & John R. Thomas, Intellectual Property – The Law of Copyrights, Patents and Trademarks, Thomson West, 2003.

Thomas Schatzel, Lecture on Unfair Competition, Santa Clara University School of Law, 2002. 3. (On File with the Author).

〈논문〉

김금선, "팝업광고 및 키워드광고의 위법성에 대한 고찰–상표법 및 부정경쟁방지법을 중심으로–", 서울대학교 법학석사학위논문, 2009. 2.

김병일, "키워드광고의 상표권 침해에 관한 판례동향", Law & Technology 제3호, 서울대학교 기술과법센터.

백강진, "인터넷에서의 상표개념의 개념", Law & Technology 제5권 제5호, 서울대학교 기술과법센터, 2009. 9.

송재섭, "상표 희석화 이론의 요건과 적용 – 인터넷상의 희석화를 중심으로", Law & Technology 제3권 제4호, 서울대학교 기술과법센터, 2007. 7.

윤선희, "상표의 사용에 관한 연구", 산업재산권 제20호.

이지윤, 임건면, "미국 판례에 나타난 사이버공간에서의 판례전 혼동이론에 관한 연구 – 도메인네임, 메타태그, 인터넷광고 등을 중심으로 –" 성균관법학 제20권 제2호, 2008. 8.

정상조, "상표법과 부정경쟁방지법의 조화", 민사판례연구 25권, 2003. 2.

조영선, "상표의 사용개념에 대한 입법론적 고찰", 저스티스 통권 제 105호, 한국법학원, 2008.

최성준, "인터넷상에서의 상표법상 문제점", 저스티스 통권 87호, 한국법학원, 41.

Beth I. Z. Boland et al., *"Initial Interest Confusion"* and the Use of Metatags and Keyed Banner Ads in Internet Trademark Law, 45–OCT B. B. J. 6, 2001.

Erich D. Schiefelbine, *"Stopping a Troijan Horse: Challenging Pop–Up Advertisements and Embedded Software Schemes on the Internet through Unfair Competition Laws*", Santa Clara Computer & High Tech. L. J., 2003. 5.

Graeme B. Dinwoodie & Mark D. Janis, "*Confusion over Use: Contextualism in Trademark Law*", Iowa L. Rev. 1597, 2007.

Greg Lastowka, "*Google's Law*", 73 Brook. L. Rev. 1327, 2008.

J.E. Rothman, "*Initial Interest Confusion: Standing at the Crossroads of Trademark Law*", Cardozo L. Rev. 105, 2005.

Jonathan J. Darrow & Gerald R. Ferrera, "*The Search Engine Advertising Market: Lucrative Space or Trademark Liability?*", Tex, Intell. Prop. L.J. 223, Winter 2009.

Stacey L. Dogan & Mark A Lemley, "*Graounding Trademark Law through Trademark Use*", Iowa L. Rev., 2007.

Tamara Carmichael & Shelly Elimelekh, "*Is the Tide Turning in Keyword Advertising Litigation? The Significance of Rescuecom v. Google*", NYSBA Fall 2009(VOL. 18., No. 2).

〈인터넷〉

http://www.linksandlaw.com/adwords-google-germany-preispiraten.htm.

http://www.linksandlaw.com/adwords-google-keyword-lawsuit-France.htm. (2009.11.6. 최종방문)

http://www.linksandlaw.com/adwords-google-keyword-lawsuit-uk.htm.

Google's U.S. Trademark Policy

http://www.adwords.google.com/support/bin/answer.py?answer=145626(2009. 6.13 최종방문).

제 4 절
디지털 시대의 저작권 집중관리 * **

제 1 서 론

Ⅰ. 저작권 집중관리 제도의 의의

'저작권 집중관리'란 저작권자 등이 개별적으로 권리를 행사하는 것(이것을 '개별관리'라고 한다)에 갈음하여 저작권자 등으로부터 권리를 위탁받은 저작권 관리단체가 집중적으로 저작권 등을 관리하는 것을 말하며, 그것을 뒷받침하는 제도를 '저작권 집중관리 제도'라고 한다.

일반적으로 저작권 등의 집중관리는 저작물등에 대한 권리자와 그 위탁을 받는 저작권 관리단체 사이의 법률행위와 그 관리단체와 저작물 이용자 사이에 행해지는 법률행위에 의하여 성립한다고 할 수 있다. 전자에 있어서는 그 위탁의 내용이 예를 저작물이용의 대리, 중개 또는 신탁행위라고 하는 형태로 행해진다. 여기서 저작물에 대한 권리자와 저작권 관리단체 사이에 그 관리단체가 징수하는 당해 저작물 등의 사용료 중 권리자에게 지급된 분배금액과 관리단체가 얻는 보수액이 결정된다. 이 보수액은 관리수수료 등의 명목으로 당해 계약 등에 기재된다.

한편으로 저작권 관리단체와 이용자 사이에서는 이용허락계약이 체결되고 이에 기하여 이용자는 그 사용료를 지불하게 된다. 이때 당해 저작권관리단체는 위탁자인 권리자의 의사에 반하는 형태의 계약을 하지 않을 의무를 진다. 저작물등의 권리자의 의향을 부정하는 것과 같은 형태의 계약은 피하여야 한다.

---

* 이해완: 성균관대학교 법학전문대학원 교수.

** 이 글은 필자가 2009. 8. 문화체육관광부에 제출한 연구보고서 "저작권관리사업법 제정의 주요쟁점과 대안"의 내용을 토대로 하여, 체계를 새로 잡고 부분적으로 정리, 요약하는 방식으로 작성된 것이다.

Ⅱ. 저작권 집중관리 제도의 필요성

1. 저작권자의 측면

과학기술의 발달에 따라 저작물의 복제 수단이 다양화되고 저작물의 이용이 국제화됨에 따라 각 저작권자가 개별적으로 자신의 저작물이 어디서 누구에 의하여 이용되고 있는지 감시하고 이를 적절하게 관리하는 것이 불가능하거나 가능하더라도 상당한 비용과 시간이 소요되게 되었다. 또한 저작물의 이용허락이 매우 빈번하게 이루어지는 경우에 이를 개별적으로 수행하려고 하면 이 역시 매우 불편한 일이다. 그러므로 그 저작권에 대한 관리를 특정한 단체에 위탁하고 저작물 이용에 따른 일정한 수익만 취하는 것이 위와 같은 불편을 제거하는 효과적인 방법이 된다.

2. 이용자의 측면

저작물의 이용자 측에서도 여러 저작물에 대한 이용허락을 받을 필요가 있을 때 각 저작물의 저작권자가 누구인지를 일일이 확인하고 찾아서 교섭을 해야 한다면 큰 불편이 따를 것이다. 특히 그 이용자가 예를 들어 온라인 음악콘텐츠 사업을 하는 경우와 같이 수많은 콘텐츠에 대한 권리를 단기간 내에 확보하고자 하는 경우를 가정해 보면 "집중관리"는 없고 "개별관리"만 있는 상황이 얼마나 불편한 것인지를 능히 짐작할 수 있을 것이다. 그런 점에서 많은 권리자들의 권리를 위탁받아 관리하는 집중관리단체의 존재는 이용자의 편의(즉 개개의 저작물에 대한 권리자의 파악과 개별교섭을 위해 들이는 시간과 노력의 절감)를 위하여도 필요한 것이다.

3. 저작물의 국제적 교류의 증진

저작물의 국제적 교류에 있어서도 각국의 저작권관리단체가 상호관리계약에 의하여 관리함으로써 권리자들의 권리 관리와 저작물이 이용이 편리하다는 이점이 있다.[2] 예를 들어 어떤 종류의 저작물을 관리하는 단체가 나라에 하나밖에 없는 경우 외국의 이용자가 그 중 어떤 저작물을 이용하고자 할 때에는 위 단체를 통하여 그 저작권관리 등의 권리관계가 용이하게 파악될 수 있고, 나아가 그 관리단체의 허락만 얻으면 이용할 수 있다는 점에서 개별적인 확인과 개별교섭에 따르는 리스크, 시간,

2) 허희성, 신저작권법축조개설, 343-344.

비용 등을 대폭 절감할 수 있다. 이것은 위 나.항에서 설명한 상황이 국제적인 차원에서도 적용된다는 것을 뜻하는 것인바, 이를 통해 저작물의 국제교류가 증진되는 효과를 기대할 수 있다.

Ⅲ. 현행 저작권법상의 저작권 위탁관리업 제도

1. 저작권 위탁관리업의 종류와 성격

현행 저작권법은 저작권 집중관리와 관련하여, 저작권 위탁관리업에 관한 규정을 두고 있다. 저작권법상 저작권 위탁관리업은 다시 저작권 신탁관리업과 저작권 대리중개업으로 나누어진다.

저작권 신탁관리업은 저작재산권자, 출판권자, 저작인접권자 또는 데이터베이스 제작자의 권리를 가진 자를 위하여 그 권리를 신탁받아 이를 지속적으로 관리하는 업을 말하며, 저작물등의 이용과 관련하여 포괄적으로 대리하는 경우를 포함한다(저작권법 제2조 제26호). 저작권 대리중개업은 저작재산권자, 출판권자, 저작인접권자 또는 데이터 베이스 제작자의 권리를 가진 자를 위하여 그 권리의 이용에 관한 대리 또는 중개행위를 하는 업을 말한다(저작권법 제2조 제27호).

먼저 저작권 등의 '신탁관리'의 법적 성격을 살펴보면, 이는 신탁법상의 신탁에 해당하여 그 권리가 법률상 수탁자에게 이전된다. 따라서 수탁자인 저작권 위탁관리업자는 대외적으로 권리자로 인정되며 자신의 명의로 권리 침해자를 상대로 한 소송을 제기할 수도 있다. 권리의 이전으로서의 성격을 가지므로 일신전속권으로서의 성질을 가지는 저작인격권은 신탁관리의 대상이 되지 아니한다.

저작권 행사의 중개 또는 대리는 저작권의 귀속에는 아무런 변동이 없고, 단지 특정한 저작권관리단체가 저작권의 실명등록, 양도, 이용허락계약을 대리하거나 중개하는 것을 말한다. 이러한 경우에는 저작권 관리단체가 권리 침해자를 상대로 한 소송을 제기할 수는 없는 등의 한계가 있다.

2. 위탁관리업의 허가 및 신고

(1) 허가제와 신고제

저작권 신탁관리업을 하려는 자는 문화관광부 장관의 허가를 받아야 하며, 저작권대리중개업을 하고자 하는 경우에는 허가를 요하지 아니하고 문화관광부 장관에게 신고를 하기만 하면 된다(저작권법 제105조 제1항). 즉, 저작권 위탁관리업 중에서 저작권 신탁관리업에 대하여는 허가제를, 저작권 대리중개업에 대하여는 신고제를 취하고 있다.

(2) 허가의 요건 등

(가) 허가의 요건

저작권 신탁관리업을 하고자 하는 자는 다음 각 호의 요건을 갖추어야 한다(제105조 제2항).

① 저작물등에 관한 권리자로 구성된 단체일 것

② 영리를 목적으로 하지 아니할 것

③ 사용료의 징수 및 분배 등의 업무를 수행하기에 충분한 능력이 있을 것

위와 같은 허가의 요건은 2006년 개정법에서 새로 신설된 것이다.

(나) 허가 및 신고가 금지되는 경우

저작권법 제105조 제3항의 규정에 의하여, 다음에 해당하는 자는 허가를 받거나 신고를 할 수 없다.

① 금치산자, 한정치산자

② 파산 선고를 받고 복권되지 아니한 자

③ 저작권법에 위반하여 벌금 이상의 형을 선고받고 그 집행이 종료되거나 집행을 받지 아니하기로 확정된 후 1년이 경과되지 아니한 자, 또는 형의 집행유예를 선고받고 그 집행유예 기간 중에 있는 자

④ 대한민국 내에 주소를 두지 아니한 자

⑤ 제1호 내지 제4호의 1에 해당하는 자가 대표자 또는 임원으로 되어 있는 법인 또는 단체

저작권대리중개업의 경우에는 위와 같은 소극적 금지사유 외에 다른 적극적 요건이 규정되어 있지 않다.

3. 수수료 및 사용료 승인제도

(1) 의 의

저작권 위탁관리업자는 그 업무에 관하여 저작재산권자, 그 밖의 관계자로부터 수수료를 받을 수 있다(법 제105조 제4항). 한편, 저작권 신탁관리업자는 대외적으로 저작재산권 등을 직접 행사하여 저작물 등의 이용자로부터 저작물 등의 사용료를 받을 수 있다.

이와 관련하여 2006년 개정 이전의 법은 저작권자와 저작권 신탁관리업자의 이

해가 충돌하는 수수료 요율에 대하여는 저작권법에 직접 규정을 두면서도 이용자와 저작권신탁관리업자의 이해가 충돌하는 사용료의 요율이나 금액에 대하여는 법률에 직접 규정을 두지 않고 저작권법 시행령 제29조에서 '저작권 신탁관리 업무에 관한 규정'의 하나로 규정하여 저작권 신탁관리업체의 설립 시와 사용료 징수규정의 변경 시에 문화관광부장관의 승인 사항으로만 규정하고 있었는데, 이는 법체계상 적절하지 못할 뿐만 아니라 심의 절차나 강제성 등의 면에서 법률상의 뒷받침을 받을 수 없었다. 그리고 개정 전 법상 사용료에 대한 문화관광부 장관의 승인은 강학상 이른바 '인가'에 해당하는바, '인가'라 함은 사인간의 법률행위에 동의를 부여하여 그 행위의 법률적 효력을 완성시키는 행위로서 행정청은 당해 법률행위의 인가 여부를 소극적으로 결정할 수 있을 뿐 적극적으로 수정, 변경하여 인가하는 것은 법률에 특별한 규정이 없는 한 허용되지 않는 것으로 이해되었다.[3] 그러나 변경 승인을 할 수 없다면 당사자 간 협상력의 불균형을 조정하기 위한 적극적인 역할을 수행하기가 어렵다. 이러한 여러 문제점들을 개선하기 위해 2006년의 개정법은 '저작권 위원회'의 심의 절차와 변경 승인 가능성을 요체로 하는 다음과 같은 내용의 수수료 및 사용료 승인제도를 규정하게 된 것이다.

(2) 구체적 내용

저작권 위탁관리업자가 그 업무에 관하여 저작재산권자, 그 밖의 관계자로부터 받는 수수료의 요율 또는 금액 및 이용자로부터 받는 사용료의 요율 또는 금액은 저작권위탁관리업자가 문화관광부 장관의 승인을 얻어 이를 정한다. 다만, 저작권 대리중개업의 신고를 한 자의 경우에는 그러하지 아니하다(법 제105조 제5항). 즉, 저작권 신탁관리업자의 업무에 대하여만 승인제도가 적용된다.

문화관광부 장관은 위 규정에 따른 승인의 경우에 저작권 위원회의 심의를 거쳐야 하며 필요한 경우에는 기간을 정하거나 신청된 내용을 수정하여 승인할 수 있다(같은 조 제6항). 위에서 본 취지에 따라 '변경 승인'을 허용한 취지이다.

문화관광부 장관은 위 규정에 따른 사용료의 요율 또는 금액에 관한 승인 신청이 있는 경우 및 승인을 한 경우에는 대통령령이 정하는 바에 따라 그 내용을 공고하여야 한다(같은 조 제7항). 문화관광부 장관은 저작재산권자 그 밖의 관계자의 권익보호 또는 저작물 등의 이용 편의를 도모하기 위하여 필요한 경우에는 제5항의 규정에 따른 승인 내용을 변경할 수 있다(같은 조 제8항).

3) 저작권 심의 조정 위원회, 저작권법 전면 개정을 위한 조사연구 보고서(1), 2002, 226, 227.

저작권 신탁관리업자가 승인된 수수료를 초과하여 받은 경우 또는 승인된 사용료 이외의 사용료를 받은 경우에는 업무정지 명령 또는 과징금 처분의 대상이 된다(법 제109조 제1항, 제111조).

4. 저작권 신탁관리업자의 의무

2006년의 개정 저작권법은 저작권 신탁관리업자에게 다음의 두 가지 의무를 부과하고 있다.

(1) 저작권 신탁관리업자는 그가 관리하는 저작물등의 목록을 분기별로 도서 또는 전자적 형태로 작성하여 누구든지 적어도 영업시간 내에는 목록을 열람할 수 있도록 하여야 한다(법 제106조 제1항). 목록에는 ① 저작물 등의 제호, ② 저작자, 실연자 · 음반제작자 또는 방송사업자, 데이터 베이스 제작자의 성명 등, ③ 창작 또는 공표 연도, 실연 또는 고정 연도, 제작 연도 등의 사항을 기재하여야 한다(영 제54조).

(2) 저작권 신탁관리업자는 이용자가 서면으로 요청하는 경우에는 정당한 사유가 없는 한 관리하는 저작물등의 이용계약을 체결하기 위하여 필요한 정보로서 ① 관리저작물 등의 목록, ② 해당 저작물의 저작권자 등과의 신탁계약기간, ③ 사용료 등 이용조건 및 표준계약서를 상당한 기간 이내에 서면으로 제공하여야 한다(법 제106조 제2항, 영 제55조).

저작권 신탁관리업자가 위 규정에 따른 의무를 이행하지 아니한 때에는 1천만원 이하의 과태료에 처해진다(법 제142조).

5. 서류열람 청구권

저작권 신탁관리업자는 그가 신탁관리하는 저작물 등을 영리목적으로 이용하는 자에 대하여 당해 저작물 등의 사용료산정에 필요한 서류의 열람을 청구할 수 있다. 이 경우 이용자는 정당한 사유가 없는 한 이에 응하여야 한다(저작권법 제107조).

이 규정은 저작권 신탁관리업자로 하여금 저작권침해로 인한 구제절차에서 활용할 수 있는 자료를 원활하게 입수할 수 있도록 하기 위해 2000년 저작권법 개정 시부터 도입된 것이다.

6. 위탁관리업자에 대한 감독

저작권 위탁관리업자에 대한 감독은 문화관광부 장관이 행한다. 문화관광부 장관은 저작권 위탁관리업자에게 저작권 위탁관리업의 업무에 관하여 필요한 보고를 하게 할 수 있으며(법 제108조 제1항), 저작자의 권익보호와 저작물의 이용편의를 도모하기 위하여 저작권 위탁관리업자의 업무에 대하여 필요한 명령을 할 수 있다(같은 조 제2항). 한편, 저작권 위탁관리업자가 승인된 수수료를 초과하여 받거나 승인된 사용료 이외의 사용료를 받은 경우(이것은 신탁관리자의 경우에 한함), 법 제108조제1항의 규정에 따른 보고를 정당한 사유 없이 하지 아니하거나 허위로 한 경우 또는 제108조제2항의 규정에 따른 명령을 받고 정당한 사유 없이 이를 이행하지 아니한 경우 등에는 6월 이내의 기간을 정하여 업무의 정지를 명할 수 있으며(법 제109조 제1항), 이러한 정지명령에도 불구하고 그 업무를 계속한 경우에는 허가를 취소하거나 영업의 폐쇄명령을 할 수 있다(같은 조 제2항). 다만 문화관광부 장관이 허가 취소나 영업폐쇄명령을 내리고자 하는 경우에는 '청문'을 거쳐야 한다(법 제110조).

한편, 문화관광부 장관은 저작권 위탁관리업자가 위에 열거한 사유 중 어느 하나에 해당하여 업무의 정지처분을 하여야 할 때에는 그 업무정지처분에 갈음하여 5천만원 이하의 과징금을 부과 · 징수할 수 있다(법 제111조 제1항). 문화관광부 장관은 과징금 부과처분을 받은 자가 과징금을 기한 이내에 납부하지 아니하는 때에는 국세체납처분의 예에 의하여 이를 징수한다(같은 조 제2항). 이 규정에 따라 징수한 과징금은 징수주체가 건전한 저작물 이용 질서의 확립을 위하여 사용할 수 있다(같은 조 제3항).

또한 허가를 받지 아니하고 저작권 신탁관리업을 하는 자에 대하여는 1천만원 이하의 벌금에 처하며(저작권법 제137조 제4호), 신고를 하지 아니하고 저작권대리중개업을 하는 경우 및 영업의 폐쇄명령을 받고 계속 그 영업을 하는 경우는 500만원 이하의 벌금에 처한다(저작권법 제138조 제5호).[4]

Ⅳ. 디지털 시대의 새로운 환경과 제도 개선의 필요성

위와 같은 제도 하에, 현재 우리나라의 집중관리 현황을 조감해 보면, 음악저작권 분야의 경우 한국 음악저작권 협회(KOMCA, 이하 음저협이라 한다)가 독점적 지위를 남용하고 있는 것이 문제점으로 지적되고 있는 반면, 다른 분야의 경우에는 집중관리의 육성이 아직 매우 미흡하고 뚜렷한 집중관리 단체가 없는 분야도 많은 상태이다. 즉 현재 다음 표와 같이 12개의 저작권 신탁관리 단체가 있으나, 그 가운데 온라인 활용과 관련된 이른바 '전송' 분야에서 70% 이상의 대표성을 갖춘 단체는 음저협(약 97% 추정), 음실연(약 70% 추정), 한국 방송작가협회(약 80% 이상 추정), 한국 방송실

4) 이상 현행 저작권법의 규정 내용에 대한 소개는 졸저, 저작권법, 2007, 박영사, 629-648 참조.

구분	단체(대표)	관리분야	신탁허가	징수대상	기타
저작권	한국 음악저작권 협회(지명길)	음악저작물(작곡 · 작사가, 음악출판사)	'8.2.23	복제(음반/노래반주기), 공연(연주회/노래방/유흥/단란주점), 방송, 온라인 전송 등	
	한국 문예학술저작권 협회(허영자)	어문, 연극, 미술, 사진	'89.3.16	도서출판, 교과서 보상금	교과서보상금 수령단체
	한국 방송작가 협회(박정란)	방송시나리오	'88.9.20	방송물의 재방송, 비디오 복제 등	
	한국 시나리오작가 협회(유동훈)	영화시나리오	'01.9.12	최초 영화제작, 비디오 판매, TV 방송 등	
	한국 복사전송권 관리센터(조동성)	어문저작물의 복사, 전송	'00.11.14	공중용 복사기에 의한 복사, 도서관에서의 전송	도서관보상금 지정단체 ('03.10.17)
	한국 문화콘텐츠 진흥원(서병문)	공공기관의 디지털콘텐츠	'05.10.10	복제, 전송 등	
	한국 영화제작가 협회(김형준)	영화저작물의 전송권	'05.11. 9	전송	
	한국 영상산업 협회(우남익)	비디오, DVD의 공연권	'05.11. 9	공연	
	한국 언론재단(정남기)	뉴스저작물의 온라인상 복제 · 전송권	'06. 6. 7	온라인상의 복제 · 전송	
저작인접권	한국 예술실연자단체 연합회(윤통웅)	음악실연자(가수, 연주자등)의 권리	'00.11.14	전송, 디지털복제 등 음반의 방송(보상금)	방송보상금 지정단체 ('88.10.14)
	한국 방송실연자 협회(송기윤)	방송실연자(탤런트, 성우, 코미디언 등)의 권리	'02.2.20	방송물의 재방송, 비디오 복제	
	한국 음원제작자 협회(서희덕)	음반제작자의 복제 · 전송 · 배포권	'03.3.17	전송, 디지털복제 등 음반의 방송(보상금)	방송보상금 지정단체 ('01.12.27)

연자협회(95% 이상 추정) 등에 한하고, 나머지 단체들의 대표성은 매우 미흡한 상태에 있다.

디지털 시대의 새로운 상황은 이 두 가지 측면 모두에 대한 개선을 요구하고 있다. 먼저, 음악저작권 분야에 대하여 말한다면, 현재의 독점상태는 디지털시대의 진화에 따라 사용료의 정산 및 분배의 투명성에 대한 요구의 증대, 권리침해에 대한 저작자의 직접적 대응 및 온라인상의 다양한 이용형태에 대한 자기관리 욕구의 증가, 독점의 폐해를 극복하고 권리자에게 선택권을 되돌려 줄 수 있는 새로운 경쟁시스템의 지향 등으로, 전례 없이 강력한 개혁요구에 직면하고 있다. 그런가하면, 독점의 폐해보다는 저작권 집중관리의 부족을 걱정해야 할 형편에 있는 다른 많은 분야에서는 저작권 집중관리의 육성 내지 활성화가 디지털 저작물의 효율적 이용을 위한 필요조건으로 부각되고 있다. 전체적으로 디지털 저작물의 온라인상의 유통 및 활용에 대한 수요가 폭발적으로 늘어나고 있는 오늘날의 디지털 환경에서는, 집중관리를 효과적으로 활용하여 '거래비용'을 최소화하는 효율적인 저작권 유통시스템의 구축이 전 저작물에 걸쳐 매우 긴요한 과제로 부상하고 있는 것이다.

이러한 문제와 관련하여, 그 동안 정부와 국회에서는 저작권법상의 저작권 위탁관리업 규정을 대체하는 새로운 법률로서, 저작권 관리업법 또는 저작권 관리사업법의 제정을 검토해 온 바 있다.[5)]

이 글에서는 위와 같은 신법 제정 논의를 배경으로 하여, 먼저 디지털 환경이 저작권 집중관리를 필요로 하는 이유를 살펴본 다음 새로운 디지털 환경에 대응하기 위한 제도적 개선방안들을 살펴보기로 한다.

제 2 디지털 환경과 집중관리 활성화의 필요성

Ⅰ. 온라인상의 광범위한 저작권 침해와 유통활성화의 필요성

오늘날 초고속인터넷망의 보급과 디지털 통신기술의 눈부신 발전은 인터넷 등을 통하여 국민 개개인 누구나 '정보 발신자'가 될 수 있는 새로운 가능성의 시대를 활짝 열었다. 그런데 그것은 한편으로 저작권제도에 큰 위기를 초래하였다.

과거에는 저작권 집행(단속)의 주된 대상이 되는 침해의 주체들이 특별한 상업적 이익을 목적으로 비용이 드는 투자를 통해 불법복제물(해적판 서적, 불법복제 테이프

5) 국회에서는 특히 이경재 의원실에서 주도적으로 법안 발의를 준비해 오고 있다. 이 글에서 필자가 '국회 검토 법안'이라고 할 경우에는 필자가 2009년 6월 경에 개인적으로 입수한 이경재 의원실의 법안을 말한다. 그와 별도로 필자는 정부에서 검토를 진행해 온 법안을 그 무렵에 함께 입수하여 검토대상으로 삼았는데, 이 법안에 대한 정부의 입장이 분명하게 정해진 바는 없음을 전제로 하여, 일부 논의 전개에 필요한 범위 내에서만 이 글에서 부분적으로 인용한다.

등)을 생산하여 유통하는 일을 하였고, 그것을 아무나 할 수 있는 것은 아니었으며, 개인적으로 일부 복제하는 것은 그냥 두어도 될 정도의 미미한 것이었는데, 인터넷이 발달한 오늘날은 한 개인이 짧은 시간 동안 전혀 비용을 들이지 않고 원본과 똑같은 질의 복제물을 얼마든지 만들어낼 수 있는 가공할 만한(!) 능력을 지니게 된 것이다. 즉 국민 대부분이 소유하고 있는, 인터넷이 연결된 PC는 과거의 복사기와는 비교도 할 수 없는 거대한 힘을 가진 복사기라고 할 수 있다.

이로 인해 누구나 마음만 먹으면 P2P를 통해 음악파일을 교환하고, 웹하드 사이트에서 간단하게 영화를 다운로드 받아 즐길 수 있게 되었다. 이러한 상황은 저작권자만 시야에서 제하고 보면, 굉장히 자유롭고 편리한 시스템인 것으로 느껴지지만, 저작권자의 입장을 함께 고려하면, 그대로 방치하기만 해서는 안 될 상황인 것이 분명하다. 특히 불법적인 파일공유형 웹하드 서비스의 경우를 보면, 매개자인 해당 서비스 운영자와 불법파일 등록자 사이에 경제적 이익을 나누고, 다운로드를 하는 일반 이용자도 저렴하게 이용하는 데 따른 혜택을 보게 되지만, 정작 저작권자는 자신의 저작물의 활용을 통한 이익을 전혀 배분받지 못하고 철저히 소외되고 있는 것이다. 이러한 현상이 계속 지속될 경우 저작자는 창작 유인을 잃게 되고 문화산업은 그 발전이 둔화되어 결국 사회 전체적으로 큰 대가를 치르는 상황이 될 것이다. 온라인상의 불법복제가 만연한 것이 음반산업의 급격한 침체를 가져오고, 합법적인 디지털 음원시장의 빠른 발전을 가로막아 창작자의 수입원이 크게 줄어드는 결과가 된 오늘날의 현실은 적어도 음악 분야에서의 '창작유인'의 고갈의 문제는 바로 눈앞에 다가와 있을 수도 있음을 말해 주는 것이라 하겠다.

이러한 상황에서 권리자들의 권익을 효과적으로 보호하기 위해서는 불법적 유통을 억제하기 위한 시스템의 정비와 법집행의 노력을 경주함과 동시에 합법적인 유통의 통로를 최대한 효율적으로 구축하여 이용자들의 욕구가 그쪽으로 모아지도록 유도하고, 이를 통해 권리자들이 적정한 보상을 받도록 하는 것이 가장 바람직한 방향이라 할 수 있다. 즉 합법유통의 물길을 잘 만들지 않고, 불법유통의 물길만 가로막으면 그 물이 넘쳐 결국 다른 쪽에 새로운 수단과 방법에 의한 불법유통의 물길이 만들어지는 일이 되풀이될 수도 있는 것이다.

그런 점에서 오늘날 저작권 정책의 가장 시급한 과제 중의 하나는 저작물의 원활한 유통시스템을 만들어내는 것이라 할 수 있다.

Ⅱ. 배타적 권리인 저작권과 거래비용의 문제

위와 같은 유통시스템을 원활하게 구축, 운영함에 있어서는 집중관리의 활용을 빼놓을 수 없다.

왜 그런지를 생각해 보자. 저작권은 원칙적으로 배타적인 권리이므로, 권리자의 허락 없이 함부로 이용하면 민 · 형사상의 책임을 면할 수 없다. 그러므로 민 · 형사 책임을 면하기 위하여 법에 따라 저작권자의 사전허락을 받은 뒤에만 저작물을 사용한다고 가정한다. 그 경우 인터넷을 이용하는 수많은 이용자들이 자신이 이용하는 저작물의 권리자들을 일일이 확인하고 찾아서 사용대가를 협상하여 정한 후 그것을 이용한다는 것은 불가능한 일이다. 결국 이용자들은 활용을 포기한다. 즉 거래비용으로 인한 과소이용으로 모두가 패자가 되는 구조이다.[6]

Ⅲ. OSP에 의한 집중관리 대체 가능성의 한계

그 다음 순서로는 OSP(Online Service Provider: 온라인 서비스 제공자)의 역할을 생각해 볼 필요가 있다. OSP들은 직접 수많은 권리자들과 협상하여 자신이 제공하는 합법적인 사이트를 통해 이용자들이 편리하게 저작물을 이용할 수 있는 시스템을 만들어낼 수 있지 않을까? 그렇다면, 집중관리의 필요성은 없는 것이 아닐까?

이 문제에 대한 답은 일의적이지 않다. 즉 '예'와 '아니오'가 동시에 존재한다. 실제로 OSP들이 스스로 개별 권리자들과의 협상을 통해 라이선스를 받은 저작물을 이용자들에게 제공하는 경우도 있을 수 있고(이 경우는 일종의 집중관리적 역할을 겸하고 있는 셈이다), 다른 한편으로는 온라인상에서 DRM 등 기술을 활용한 시스템을 구축하여 권리자들이 자신의 저작물에 대한 대가를 스스로 책정하여 등록할 수 있도록 한 후 이용자들에게 제공하는 경우(이 경우는 권리자들의 '자기관리'를 시스템적으로 매개하는 매개자적 역할을 한다고 볼 수 있다)도 있다. 그리고 그러한 부분은 집중관리를 일부나마 대체하는 사회적 효용을 발생시키고 있음을 긍정하여야 할 것이다.

그런데 OSP의 역할에는 다음과 같은 문제점 또는 한계가 있다.

---

6) 그런데 이러한 일은 현실에서 일어나기 어려운데, 그것은 인터넷 이용자들의 간편한 정보 이용에 대한 수요가 매우 강력하고 거래비용의 문제를 해결하지 못함으로 인해 합법적 유통공간을 충분히 만들지 못하는 상황에서는, 어떻게든 단속의 눈을 피하여 불법적인 저작물 교환을 하고자 할 것이기 때문이다.

첫째, OSP는 일반적으로 경제적인 관점에서 원가대비 수익을 따지기 때문에 거래비용이 지나치게 많이 드는 방법은 피하려 할 것이다. 그래서 이용자들이 활용할 만한 콘텐츠 중에서 비교적 저렴한 거래비용으로 확보할 수 있는 일부만을 입수하여 제공하고, 나머지의 방대한 자료들은 미활용의 상태로 남겨두게 될 가능성이 많다.

둘째, 이 경우 권리자들은 전혀 조직화되어 있지 않은 상태에 있어 OSP들이 약관으로 정하는 가격정책이나 기타 권리설정 방식 등에 종속될 가능성이 많아 집중관리의 이점인 권리자 보호가 실질적으로 충실하지 않을 수가 있다.

셋째, OSP의 노력만으로는 하나의 콘텐츠에 대한 권리가 여러 주체로 나뉘어 귀속된 경우를 해결하기가 쉽지 않다. 예컨대 하나의 음원 파일 안에 음악 저작권의 다양한 지분권의 다발(그 귀속이 지분권별로만이 아니라 이용형태별, 지역별 등으로 여러 주체에 분산될 수 있음)과 실연자의 권리, 음반제작자의 권리 등이 동시에 포함되어 있는 경우를 집중관리의 도움 없이 해결하기는 어렵다.

저작권 등이 권리다발로서 세분화되어 분산될 수 있는 현상을 권리의 분절화(fragmentation)라고 일컫는데, 이러한 분절화로 인한 과소활용의 문제를 극복하기 위해서는 집중관리가 필수불가결하다.[7)]

요컨대, OSP는 일부 집중관리의 기능을 대체할 수 있지만(이것을 권리자의 입장에서 보면, 온라인 시스템과 DRM 등을 통해 권리자의 '자기관리'가 가능하게 된 부분이 있다고 볼 수 있다), 전체적으로는 OSP도 집중관리단체의 도움을 절실히 필요로 하는 부분이 많다고 할 수 있다.

Ⅳ. 집중관리 단체와 OSP의 협력을 통한 상생적 구조의 확립

한편으로는, 이용자들의 UCC 등을 통한 창의적 표현활동을 적정한 저작권 보호 조건 하에 최대한 활성화하고, 이용자들의 비영리적 저작물 이용 중 일정 범위의 이용에 대하여 보다 명료하게 법적 책임으로부터 벗어날 수 있도록 함으로써 이용자를 보호하고 궁극적으로 표현의 자유와 문화 발전을 기하는 문제도, 집중관리 단체와 OSP의 협력을 필요로 하는 문제이다.

최근 권리자 단체, OSP, 소비자단체 등의 세 집단 간에 저작권 보호 및 이용활성화와 관련한 상생적 논의를 활성화할 수 있도록 저작권 상생 협의체가 구성되어 본격

---

7) Ed. Daniel Gervais, Collective Management of Copyright and Related Rights, KLUWER LAW INTERNATIONAL, 2006, 10-15.

적인 활동을 준비하고 있는데, 이러한 상생 협의체가 보다 큰 성과를 거두기 위해서도 집중관리 단체의 대표성 확보는 매우 중요한 문제이다. 즉 대표성 있는 집중관리 단체를 통하여 실효성 있는 합의를 도출할 수 있을 때 권리자-이용자-유통자가 윈-윈-윈하는 새로운 질서와 문화가 온라인상에서 정립될 수 있다.

제 3 집중관리의 활성화 방안

Ⅰ. 서 설

지금까지 집중관리에 대한 대부분의 논의가 처음에는 그 필요성을 강조하다가도 막상 제도의 문제로 들어가면, 집중관리를 어떻게, 어느 정도로 규제하여야 하는가 하는 '규제'의 측면에 논의의 초점이 맞추어진 면이 있다. 그러나 위에서 살펴본 집중관리의 필요성, 특히 디지털 기술을 통한 정보활용의 수요가 폭발적으로 증가하고 있는 환경 속에서 '전송' 분야를 뒷받침할 집중관리의 정비가 매우 부족한 현실을 고려할 때, 집중관리는 적어도 일차적으로는 규제와 단속의 대상이 아니라, 촉진과 육성의 대상임이 분명하다. 그러한 관점에서 필자는 집중관리의 제도를 설계할 때에도, 규제보다 우선 그 활성화의 제도적 방안에 초점을 맞추어야 한다고 생각한다.

Ⅱ. 집중관리 활성화의 제도적 방법

1. 배타성 원칙의 수정

(1) 문제의 소재와 그 해결방향

우리나라의 저작권법은 저작권 집중관리 제도를 규정함에 있어서 기본적으로 두 가지 종류의 저작권 위탁관리업을 나누어 규제하는 방식을 취하고 있다. 그 중 하나가 저작권 신탁관리업이고 다른 하나가 저작권 대리중개업이다. 전자에 대하여는 허가제, 후자에 대하여는 신고제를 취하고 있다.

현재 정부의 허가를 받은 저작권 신탁관리 단체는 앞서 표를 통해 살펴본 바와 같이, 음악분야의 음저협, 한국 음원제작자 협회('음제협'으로 약칭) 및 한국음악실연자 협회('음실연'으로 약칭), 어문저작물 분야의 한국 문예학술저작권 협회, 한국 방송작가 협회, 한국 시나리오작가 협회, 한국 복사전송권 협회, 영화 분야의 한국 영화제작자 협회('영제협'으로 약칭), 한국 영상산업 협회, 방송분야의 한국 방송실연자 협회, 뉴스저작물 분야의 한국 언론재단, 공공콘텐츠분야의 한국 문화콘텐츠 진흥원 등 12개이다. 그리고 문화부 자료에 의하면, 저작권 대리중개업 신고업체는 2008년 7월 현재 632개라고 한다. 신고업체 중 약 200개 가량은 실질적으로 운영하고 있지 않는 것으로 파악되고 있다고 하니, 실질적으로 운영되는 신고업체만 해도 약 430개 가량 되는 것이다.

이러한 수적 비교를 통한 "숲 보기"는 우리를 거의 직관적인 결론도출로 이끈다. 즉, 이러한 상황 속에서 정부가 권리자의 충실한 보호 및 저작물 이용활성화를 위하여 집중관리를 활성화하고자 할 때 일단 관심의 대상은 허가단체들이 특히 전송권 분야에서 좀 더 많은 분야를 포괄하고, 대표성을 가질 수 있도록 하는 것에 초점이 맞추어질 수밖에 없다고 생각된다. 즉 대리중개업의 영역을 키우는 것보다 신탁단체가 포괄 범위를 넓히고, 대표성을 키움으로써 디지털 시대 유통활성화의 수요에 부응해 나가면서 권리자의 적정한 보호를 기해 나갈 수 있도록 하는 것이 우선적인 정책목표가 될 것이라는 말이다.

그런데 바로 이 대목에서 문제가 되는 것이 '신탁'의 법률적 성질에 따른 배타성의 문제이다. 앞서 본 바와 같이, '신탁'은 판례상 '신탁법상의 신탁'으로서 권리자가 해당 권리를 완전히 신탁단체에게 이전함을 뜻하는 법률행위로 보므로, 신탁의 방법을 취할 경우에 신탁단체(수탁자)는 편리하지만, 위탁자인 권리자는 자신의 권리(전부 또는 일부)를 상실하게 되는 것이다. 기본적으로 배타적인 권리인 저작권에 관한 한 이러한 신탁을 강요할 수는 없고, 결국 자원(自願)적 의사에 따라 신탁을 받을 수밖에 없는데, 음악 분야의 공연권과 같이 집중관리가 아니면 수익을 취하기 어려운 분야나 그에 결부되어 실질적으로 강요되는 경우가 아닌 한, 그러한 자발적 권리 이전을 이끌어 내기가 쉽지 않을 것이다.

특히 음반제작자, 영화제작자, 신문사 등 '기업형 권리자'의 경우에는 '자기관리'의 장단점과 '집중관리'의 장단점을 비교할 수밖에 없는데, 그 경우에 '신탁'의 배타적 속성은 저울추가 '자기관리' 쪽으로 움직이게 하는 데 큰 영향을 미칠 것으로 생각된다. 그것이 바로 그러한 분야의 신탁단체들이 이른바 '메이저 업체'의 참여를 이끌어내지 못하고 있는 원인의 하나가 아닐까 생각되는 것이다.

그럼에도 불구하고 집중관리 단체가 신탁단체로 규정되어 있어 배타성의 원칙이 무차별적으로 적용되고 있는 것은 시급히 시정해야 할 문제이다. 미국의 경우는 오히려 동의판결에 의하여 ASCAP, BMI 등의 공연권 단체에 대하여 그 독점적 지위를 권리자에 대한 관계에서 남용하지 못하도록 '비배타적 이용허락(non-exclusive license)'[8]만을 받아 관리하도록 제한하고 있고, 중국,[9] 대만 등 몇몇 나라를 제외하고는 집중관리에 배타성의 원칙을 적용하는 나라가 거의 없는 상황이다.[10] 대만의 경우도 2007년에 마련된 개정조례안에서는 배타성의 원칙을 반영한 기존 중개단체조례의 평행수권금지(平行授權; 권리자가 별도로 자신이나 다른 제3자에게 위탁하여 이용허락을 하지 못하도록 금지함을 뜻함) 조항(제13조 제2항)을 폐지하는 내용을 담고 있다.[11]

물론 배타성의 원칙도 나름대로의 이유가 있어서 일부 집중관리단체에 의하여 채택되고 있다고 할 수 있다. 특히 집중관리 단체의 입장에서는, 비배타성의 원칙을 취하게 되면 음악 공연권 관리단체 등의 경우 그 관리목록에 대한 불확실성을 키움으로써 이용허락 및 집행의 노력을 더 어렵게 하고, 관리 비용을 상승시키는 측면이 있다고 지적된다.[12] 그러나 복사 복제의 경우나 방송프로그램의 재전송 등의 제2차적 활용의 경우에는 그러한 문제가 훨씬 덜하며,[13] 전송 등의 기타 영역에서도 배타성이

---

8) 우리나라의 현행 저작권법은 미국의 경우와 달리 저작물 이용허락은 출판권 설정의 경우와 컴퓨터프로그램 배타적 발행권 등의 경우를 제외하고는 배타적 이용권 제도가 없어 모든 이용허락은 원칙적으로 비배타적 이용허락으로서 설령 당사자 사이에 '독점적' 이용허락계약을 체결하더라도 독점적 지위를 대세적으로는 주장할 수 없는 것으로 해석되고 있다. 다만 FTA 이행을 위한 개정안(정부안)에 미국법을 본뜬 배타적 이용권 제도가 마련되어 있다. 미국에서는 집중관리단체에서 '신탁' 제도를 활용하는 것이 아니라 '배타적 이용권' 제도를 활용하여 ASCAP 등이 초기에 권리자들로부터 '배타적 이용권'을 설정받은 후 자신의 명의로 관리하는 방법을 취하다가 동의판결을 받은 이후에는 비배타적 이용권을 설정받되 그 이용권의 범위에 다른 이용자들에게 권리자를 대리하여 이용허락을 할 수 있는 권리를 포함시키는 방식으로 계약하고 있다. 이것은 우리 저작권법의 제도로 말하면, 대리중개업 신고를 요하는 이용허락의 '대리'를 하고 있는 것이다.

9) 중국 저작권집체관리조례 제20조: "권리자가 저작권 관리 단체와 저작권 관리 계약을 체결한 후, 계약기간 중에는, 저작권 관리 단체가 행사하기로 약정한 권리를 자신이 행사하거나 또는 타인에게 행사하도록 허락하여서는 아니 된다."

중국의 경우는 '저작권 집체관리 조례' 등 법규를 통해 저작권 집중관리를 규제하면서 신탁에 대하여만 규제하고 대리, 중개에 대하여는 아무런 규제를 하지 않는 입장을 취하였다.(중국 저작권집체관리조례 제2조 참조; 신탁이라는 용어를 조례에서 사용하지는 않고 있으나, 권리자 본인 명의의 관리를 포함하지 않고 단체 명의의 관리만 포함하고 있어, 다수학설은 신탁만 집중관리의 대상인 것으로 본다.) 이것은 이른바 '저작권 대리회사'를 자유업으로 허용하고자 하는 취지에 기한 것이나, 결과적으로 '배타성의 원칙'이라는 경직된 방식을 집중관리에 강요하는 것으로 이어진 점에서, 우리 법제와 동일한 문제점을 가지고 있다고 생각된다.

10) 독일의 경우도 '저작권 및 저작 인접권의 관리에 관한 법률'(이하 '관리단체법'으로 약칭함)에서 신탁과 대리중개의 구분 없이 집중관리에 포함하는 입장을 취하고 있으나, 독점성이 강한 집중관리 조직인 GEMA는 정관 3조 e)에서 회원의 이용허락을 금지하는 조항을 두고 있다.

11) 대만의 저작권법 전문가인 章忠信은 "집중관리 활성화는 저작권중개단체의 발전을 통해서 얻을 수 있는 장점이다. 그러나 '평행수권 금지조항'이 한편으로는 저작권중개단체의 지위 남용을 야기하고 다른 한편으로는 저작권자에게 스스로 이용허락을 할 수 없도록 제한함으로써 저작권중개단체 가입을 원하지 않도록 유도하는 문제가 있다. 이것은 저작권중개단체의 발전에 불리하다. 최근 새로 허가를 받은 사단법인 중화어문저작권중개협회도 바로 이러한 곤경에 직면해 있다."라고 주장한다. 章忠信, 解散著作權仲介團體的省思(http://www.copyrightnote.org)

12) Heather Rosenblatt, "*Copyright Assignments: Rights And Wrongs – The Collecting Societies' Perspective*", I.P.Q. 2000. 2, 187–200, at 191.

13) Id, 191.

필요하지 않은 부분이 많을 것이다.[14)]

한편으로는 역사적 경험을 살펴볼 때, 동의판결 이후 미국의 ASCAP, BMI 등 주요 집중관리 단체들이 50년이 넘는 기간 동안 비배타적 이용허락에 의한 관리(즉 우리 법상, 대리에 의한 관리)만을 해 왔지만, 동의판결에 의한 그러한 변화가 관리적인 면에서나 권리자의 면에서나 별다른 부정적 영향을 미치지 않았고, 오히려 양 단체의 사용료 징수액은 훨씬 더 증가하였다고 한다.[15)] 법경제학적으로도 신탁과 같은 배타적 관리위탁의 활용은 꼭 필요한 범위 내로 제한되어야 가격 등의 면에서 소비자와 공급자 모두 윈-윈 할 수 있는 적정선이 만들어질 수 있다고 한다.[16)]

우리의 현행 법제 하에서도 신탁 이외의 방법에 의한 위탁약관을 제정하는 것이 법에 어긋나는 것은 아니라고 볼 여지도 있으나, 이름 자체가 '저작권 신탁관리업'이다 보니, 100% 신탁관리의 방법을 취하고 있는 것으로 보인다. 이러한 관행을 바꾸어, 시장 상황과 참여 가능 업체들의 의사 등을 감안하여 꼭 필요한 경우가 아닌 한 배타성이 없는 위탁을 받아 보다 유연한 형태로 폭넓은 관리를 할 수 있도록 하는 것이, 집중관리업 허가 신청률도 높이고,[17)] 해당 사업자에 대한 권리자의 위탁비율도 높여, 집중관리가 전체적으로 활성화되도록 하는 좋은 방법의 하나가 되리라 믿는다.

(2) 구체적인 규정방식

위와 같은 방안이 글로벌 스탠더드에 부합되는 방향인 것 자체에 대하여는 아마도 큰 이견이 없을 것으로 생각되나, 문제는 그렇게 하면, 대리중개 업무에 대하여 폭넓게 규제범위가 미치게 되어 그나마 시장원리에 따라 움직이면서 권리자들과 이용자들 사이에 가교 역할을 하고 있는 영리목적의 대리중개업 시장에 부정적인 영향을 미치는 것이 아닌지를 우려하는 목소리가 많을 것이다. 그러나 배타성의 원칙을 버리는 이유가 규제에 있는 것이 아니라 활성화 내지 촉진에 있는 것인 만큼, 그러한 우려

---

14) 일본의 경우에 JASRAC 이외의 신규진입자들은 예외 없이 '취차(간접대리)'의 방식을 취하고, 신탁의 방식을 버리고 있다.

15) Jonathan T. Weiss, Ronald H. Gertz "*The Effect, On Broadcasters, Of Nonexclusive Grants Of Rights Between The U.S. Performing Rights Societies And Their Members*", 467 PLI/Pat 763, at 765.

16) William M. Landes, Richard A. Posner, *The Economic Structure Of Intellectual Property Law*, Harvard University Press, 2003, 386.

17) 지금까지의 행정관행에 의하면, '집중관리 허가 신청률'을 높이는 것이 정책목표라고는 잘 생각되지 않았을 수도 있다. 그러나 집중관리를 활성화하려면 적어도 인터넷 전송과 관련된 모든 분야를 포괄할 수 있도록 다양하고 경쟁력 있는 집중관리단체가 새로 등장할 필요가 있다. 이를 위해서는 집중관리단체가 되는 데 대한 매력을 느끼고 신청하는 주체가 많아져야 한다. 그러면 행정부에서 허가권자로서의 재량을 적절히 활용하여 집중관리 활성화에 도움이 될 만한 주체들을 선별하여 허가함으로써 집중관리를 활성화시킬 수 있으리라 생각된다.

는 가질 필요가 없도록 제도 설계를 하여야 할 것이다.

그것은 허가대상인 저작권 집중관리업[18]의 내용에는 '신탁'만이 아니라 '간접대리',[19] '대리' 등에 의한 관리위탁도 포함되도록 하되, 그 중 신탁에 의하지 않는 경우에는 현행법과 같이 대리중개업 신고를 한 경우에 허가대상에서 제외되도록 규정하는 방법으로 가능하다.

필자가 정부 검토 법안의 규정을 토대로 제시한 수정안은 다음과 같다.[20]

제2조 (정의) 이 법에서 사용하는 용어의 정의는 다음과 같다.

1. "저작권 집중관리업"이란 저작재산권자, 출판권자, 저작인접권자, 프로그램 배타적 발행권자 또는 데이터 베이스 제작자 등의 권리를 가진 자(이하 '저작재산권자등'이라 한다)로부터 저작재산권, 출판권, 저작 인접권, 프로그램 배타적 발행권 또는 데이터 베이스 제작자의 권리(이하 '저작재산권등'이라 한다)를 신탁받거나 간접대리 또는 대리의 방법으로 저작물 이용허락을 할 권리를 포함한 관리권한을 위탁받아 이용허락 또는 그 밖의 방법으로 이를 지속적으로 관리하는 업을 말한다.
2. "저작권 집중관리 사업자"란 이 법에 따른 허가를 받고 저작권 집중관리업을 행하는 법인을 말한다.
3. "저작권 대리중개업"이란 저작재산권자등으로부터 위임받아 저작재산권등의 이용에 관한 대리 또는 중개행위를 하는 업을 말한다.
4. "저작권 대리중개업자"란 이 법에 따른 신고를 하고 저작권 대리중개업을 행하는 자를 말한다.

5.~8. (생략)

9. (삭제)

제4조 (저작권 집중관리업의 허가) ① 저작권 집중관리업을 하고자 하는 자는 문화체육관광부 장관의 저작권 집중관리업 허가를 받아야 한다. 다만, 저작재산권자등으로부터 신탁의 방법을 제외한 나머지 방법으로 저작물 이용허락을 할 권리를 포함한 관리권한만을 위탁받은 경우로서 제27조 제1항의 규정에 따른 저작권 대리중개업 신고를 한 경우에는 그러하지 아니하다.

---

18) "저작권 신탁관리업"이 아님에 주의를 요한다.

19) 간접대리(間接代理)란 행위자가 타인의 계산 내지 이익으로 그러나 자신의 이름으로 법률행위를 하는 것을 말한다. 이에 관하여는 민법 등에 그에 관한 일반적 규정이 없고, 다만 상법상 위탁매매업(제101-113조)및 운송주선업(제114-124조)에 관한 규정이 '간접대리'의 유형에 해당한다고 이해되고 있다. 일본 저작권등관리사업법에 저작권 관리사업자에 대한 저작물 관리위탁의 한 방법으로 적시된 '취차(取次)'가 '중개'로 잘못 번역되는 경우가 많으나, 실제로는 '간접대리'를 뜻하는 것으로 보아야 한다.

20) 밑줄 그은 부분에 필자의 수정 내지 보충 의견이 반영되어 있다.

② ~ ⑦ 생략

第29조 (저작권 대리중개업의 신고) ① 저작권 대리중개업을 하고자 하는 자는 문화체육관광부령으로 정하는 바에 따라 다음 사항을 문화체육관광부 장관에게 신고하여야 한다. (이하 생략)

2. 변호사법 문제의 해결

(1) 저작권 대리중개업과 변호사법 문제

위 첫 번째의 활성화 방안은 말하자면, 권리자의 입장에서 볼 때 신탁단체와 대리중개업 중 배타성의 원칙과 관련한 매력의 정도가 대리중개업 쪽이 강하던 것을 신탁단체도 똑같은 매력을 가질 수 있도록 수정하는 것이라면, 이 두 번째의 활성화 방안은 신탁단체가 대리중개업보다 좀 더 매력을 가질 수 있는 부분과 관련된 것이다.

원래 수탁자의 배타적 권리 행사를 속성으로 하는 신탁의 경우 자신의 명의로 직접 소송을 제기할 수 있다는 것이 큰 장점의 하나라고 할 수 있다. 권리자는 권리 집행 문제를 수탁자에게 완전히 맡기고 아무런 관여를 하지 않아도 되고, 신탁단체도 매우 효율적으로 권리 행사를 할 수 있어 집중관리의 강점이 될 수 있는 것이다. 그런데 대리중개업의 경우에는 원칙적으로 자신의 명의로 소송을 제기할 수 없고, 권리자 본인 명의의 소송에 관여할 수도 없는 변호사법상의 제한을 받고 있다.

즉 변호사법 제109조 제1호는 "변호사가 아니면서 금품 · 향응 또는 그 밖의 이익을 받거나 받을 것을 약속하고 또는 제3자에게 이를 공여하게 하거나 공여하게 할 것을 약속하고 (가) 소송 사건, 비송 사건, 가사 조정 또는 심판 사건, (나) 행정심판 또는 심사의 청구나 이의신청, 그 밖에 행정기관에 대한 불복신청 사건, (다) 수사기관에서 취급 중인 수사 사건, (라) 법령에 따라 설치된 조사기관에서 취급 중인 조사 사건, (마) 그 밖에 일반의 법률사건 등의 사건에 관하여 감정 · 대리 · 중재 · 화해 · 청탁 · 법률상담 또는 법률 관계 문서 작성, 그 밖의 법률사무를 취급하거나 이러한 행위를 알선한 자"에 대하여 7년 이하의 징역 또는 5천만원 이하의 벌금에 처하도록 규정하고 있다.

이에 따라, 저작권 대리중개업자[21]는 권리자를 대리하여 권리침해자를 상대로 민사소송을 제기할 수 없고 소송대리인의 선임에 관하여 본인을 대리할 수 없다.[22] 권

---

21) 다만, 저작권 대리중개업자로 신고하였더라도, 실질적으로는 권리자로부터 조건부 권리 양도를 받아 권리자가 된 것으로 볼 수 있는 음악출판자 등의 경우는 다르게 보아야 할 것이다.

리자를 대리하여 형사고소를 할 수도 없다. 만약 형사고소를 한다면 오히려 권리침해자로부터 변호사법위반으로 고발당할 수도 있기 때문이다.[23]

(2) '간접대리' 등에 의한 저작권 집중관리 제도가 입법화될 경우

위 (1)의 문제는 저작권 관리사업법의 입법으로 허가제 하의 집중관리 사업자가 대리 또는 간접대리 방식으로 이용허락을 할 권리를 포함한 관리권한을 위탁받아 관리하는 경우에도 동일하게 발생할 수 있다. 그 경우 집중관리 사업자가 권리자를 대리하여 형사고소를 할 수 있는 권한이 없다면, 신탁의 경우에 비하여 대단히 큰 불편을 가지게 될 것이다.

그리고 그런 부분에서 집중관리 사업자이든 대리 중개업자이든 동일한 약점을 가지고 있다면 집중관리 사업자가 될 특별한 유인을 느끼지 못할 수도 있다. 따라서 집중관리 사업자가 권리자 본인을 대리하거나 사업자 명의로 형사고소 또는 소송대리인 선임 등 업무를 수행하는 것을 변호사법 위반으로 보지 않도록 하는 입법은 집중관리를 활성화시키는 데 중요한 제도적 고리의 역할을 할 수 있다.

(3) 해외 입법사례 등

해외 입법사례를 보면, 관련 법규에 집중관리 사업자가 자신의 명의로 소송행위를 수행할 수 있다고 규정한 예가 더러 있다. 스페인 지적재산권법 제150조, 대만 중개단체조례 제36조, 헝가리 저작권법 제92조, 브라질 저작권법 제98조 등이 그러한 예이다. 필자의 위와 같은 제안은 "자기의 명의로 민·형사 소송을 제기할 수 있다"고 규정한 위 입법례들에 비하여는 상대적으로 약한 권한을 부여하자는 것이다. 그것은 최대한 법체계의 정합성을 해하지 않으면서 현실적인 대안을 모색하고자 한 데서 나온 결론이라 할 수 있다.

변호사법에 대한 예외규정으로 규정한 예를 찾기 어려운 것은 변호사법의 위와

---

22) 법제처 질의회답 가운데, "저작재산권자 등이 관련사업자 및 법무법인과 위임계약을 체결하여 저작권 침해행위에 대응하기 위한 민·형사상 조치 등 저작권 보호 및 이에 부대하는 일체의 행위만을 하는 것은 「저작권법」 제2조 제26호의 저작권신탁관리업에 포함되는 "저작물 등의 이용과 관련하여 포괄적으로 대리하는 경우"에 해당하지 않는 다고 한 것(법제처 2008.1.30)이 있으나, 이것은 질의 자체가 저작권법에 대한 질의만 있었기 때문에 그 부분을 답한 것일 뿐이고, 관련 사업자의 행위가 변호사법 문제로부터 자유로움을 뜻하는 것은 아니라고 생각된다.

23) 실제로 2008년 초경 저작권대리중개업의 현황에 대하여 실태조사과정에서, 저작권 대리중개업체가 저작권 침해혐의자를 상대로 저작권자를 대리하여 형사고소 하였으나, 오히려 저작권 침해혐의자 측에서 저작권 대리중개업체를 상대로 변호사법위반으로 고발하는 사례가 있었음을 알 수 있었으며, 그 저작권대리중개업체는 결국 벌금형에 처해졌다고 한다. 차상육, 저작권법상 대리중개인의 지위와 법률관계, 인권과 정의 2008년 8월, 65 주)21 참조.

같은 규정 자체가 입법례가 드문 규정이라는 것에 기인한다. 즉, 한국과 일본을 제외한 대부분의 나라에서 위와 같은 대리권의 행사는 별다른 문제가 없는 것으로 받아들여지고 있는 것으로 보인다. 예컨대, 미국의 ASCAP 등 공연권단체의 경우 미국저작권법 등에 스페인, 대만 등의 입법례와 같은 특칙 규정이 없으므로 단체의 명의로 소제기 등을 할 권한은 없는 것으로 보지만, 위탁계약에 따라 실질적으로 ASCAP이 권리자를 대리하여 자신의 전담 변호사 등을 선임하여 소송을 수행할 권한을 위임받아 원활하게 관리하고 있다.[24)]

변호사법의 위 규정이 다소 과잉규제가 아니냐는 비판을 받고 있는 상황이라는 점까지 감안할 때, 집중관리의 활성화라고 하는 공익적 목적에 기하여 정부의 허가 등 규제 및 감독을 받는 집중관리 사업자에게 그 사업을 원활하게 수행할 수 있도록 하기 위해 위와 같은 특칙 규정을 두는 것은 타당한 입법으로 공감대를 형성할 수 있으리라 기대한다.[25)]

(4) 문화부의 2008년 연구용역 결과 보고서의 제안에 대한 검토

이와 관련하여 저작권 관리사업법 제정과 관련한 문화부의 2008년 연구용역 결과에서는 "...제1항에 의하여 요구되는 허가를 받지 아니하고 사업을 행하는 자는 관리에 관하여 자기에게 의뢰된 권리 또는 청구권을 행사할 수 없으며, 저작권법 제140조에 규정된 고소권을 행사할 수 없다"는 규정을 둘 것을 시안으로 제안한 바 있었다.[26)]

이 제안은 필자의 제안과 유사한 맥락에서 독일의 관리단체법을 참조하여 제안한 것이지만, 우리의 법현실 속에서는 다음과 같은 점에서 문제가 있을 수 있다고 생각한다.

첫째, 전단의 "...허가를 받지 아니하고 사업을 행하는 자는 관리에 관하여 자기에게 의뢰된 권리 또는 청구권을 행사할 수 없다"는 규정은 허가제의 규율대상이 다소 애매한 상태에서는 지나친 규제가 될 수 있고 법률관계를 복잡하게 만드는 측면이 있다고 생각한다. 유사한 규정[27)]을 가진 독일법 하에서도 무허가 단체가 의뢰받은 권리 중 이용허락권을 행사하여 이용자와 계약을 하였을 때 그 계약의 효력은 어떻게

---

24) M. Nimmer, Nimmer On Copyright II, 8-271

25) 물론 이것은 등록제가 아니라 허가제로서 정부가 어느 정도 재량을 가지고 집중관리업체의 난립을 막을 수 있음을 전제로 한다. 그래서 필자는 뒤에서 보는 바와 같이 적어도 새로운 입법상의 허가는 기속행위가 아니라 '예외적 승인'의 의미를 갖는 허가로서 재량행위라고 보는 입장을 취한다.

26) 이상정 외 7인, 「저작권 관리사업법」제정을 위한 연구, 문화관광부, 2008, 134.

27) 독일 관리단체법 제1조 제3항 : 제1항에 의하여 요구되는 허가를 받지 아니하고 사업을 행하는 자는

되는지에 대하여 논란이 있는데,[28] 만약 그 효력을 부정한다면, 법률관계에 상당한 혼란을 초래하고 이용자의 법적 안정성도 침해하게 될 우려가 있다.

둘째, 위 규정은 무허가 행위에 대한 처벌규정을 두는 대신 위와 같은 규정을 두자고 하는 제안인데, 그렇다면, 형사고소권 관련 규정만으로는 허가제의 취지를 살리는 데 너무 미약하다고 할 수 있다.[29] 즉 허가제가 어느 정도 강제성을 가지려면 너무 높은 형량은 아니더라도 최소한의 벌칙규정은 두어야만 할 것이라 생각된다.

셋째, 위 규정만으로는 허가를 받지 않은 경우 중 신탁을 받은 경우에 대하여 불이익을 주는 의미가 있을 뿐이고, 허가를 받은 경우 중 신탁을 받지 않은 경우에 대하여 관리상의 필요를 충족시켜 주는 의미를 갖지는 않는다.

(5) 기대효과 및 구체적 규정안의 제시

필자의 제안이 신법에 수용될 경우에는 문화부로부터 허가를 받은 집중관리 단체가 권리자들에게 보다 매력적인 제안을 할 수 있다. 즉 "본인의 권리를 전혀 이전할 필요 없이 집중관리가 꼭 필요한 부분만 관리를 위탁할 수 있습니다. 복잡한 라이선스 업무뿐만 아니라 침해로부터의 보호까지 책임지고 이행하겠습니다. 저희만 믿고 맡겨 주십시오."라고 말할 수 있게 되는 것이다. 복잡한 허가절차를 거쳐 아무래도 규제가 많은 집중관리를 하는 데는 이만한 정도의 인센티브는 최소한 주어져야 그 활성화를 기대할 수 있을 것이다.

필자의 위 제안을 구체적으로 조문화할 경우, 다음과 같은 내용으로 규정할 수 있을 것이다.

제＊조 (변호사법에 대한 특칙) 저작권 집중관리 사업자가 저작권자등과의 관리위탁계약에 따라 허락받은 범위 내에서 위탁자인 저작권자등을 대리하여 수행하는 형사고소 및 소송대리인의 선임 등 행위에 대하여는 변호사법 제109조 제1호의 규정을 적용하

관리에 관하여 자기에게 의뢰된 권리 또는 청구권을 행사할 수 없다. 그 자에게는 저작권법 제109조에 의한 고소권이 귀속되지 아니한다.

28) Dreier/Schulze/Schulze, UrhG, 3. Auflage § 1UrhWG Rn. 22에서는 권리자의 보호를 위해 그 효력을 무효로 해석하여야 한다고 주장하나, Wandtke/Bullinger, Urheberrecht, 3. Auflage § 1UrhWG Rn. 7에서는 문리해석에 반한다는 이유로 반대한다.

29) 독일 관리단체법의 경우에도 제1조 제3항의 규정 외에 제19조 제2항에서 "관리단체가 제1조 제1항의 허가 없이 활동한다면, 감독관청은 사업의 계속을 금지할 수 있다. 관리단체가 자신에게 부여된 여타 의무들을 적법하게 이행할 것을 보장하기 위해 감독관청은 필요한 모든 조치를 행할 수 있다."고 규정하고, 나아가 제21조에서 "본법에 의하여 명해지는 행정행위의 집행에 대해서 1953년 4월 27일자 행정집행법은 강제부과금의 액수가 100,000유로에 이를 때까지 적용된다."고 규정하고 있다. 결국 강제부과금을 통하여 사업의 계속을 중단시키는 조치가 가능하게 되어 있는 것이다.

지 아니한다.

3. 확대된 집중관리 제도의 도입

(1) 의 의

확대된 집중관리(Extended Collective License; 이하 ECL이라 한다)란 어떤 집중관리단체가 일정한 분야에서 그 권리의 관리가 필요할 것으로 예상되는 권리자의 상당수(substantial/considerable number)를 대표하는 경우에, 해당 권리의 특정한 영역에서의 집중관리에 의한 이용허락계약에 법이 일정한 확대적인 효과를 부여하여 이용자들이 동일한 조건으로 사용할 수 있도록 하는 제도를 뜻한다. 여기서 ECL의 주요한 개념 요소를 정리해 보면, 다음과 같다.[30)]

① 집중관리단체와 이용자는 자유로운 협상의 기초 위에서 합의에 도달한다.

② 집중관리단체는 그 분야에 있어서 일정한 대표성을 가져야 한다.

③ 협상에 의하여 도출된 합의는 비회원 권리자들에게도 법적인 효력을 가지게 된다.

④ 이용자들은 비회원들에 의한 개별적 권리주장이나 형사적 제재의 우려 없이 모든 저작물을 합법적으로 사용할 수 있다.

⑤ 비회원 권리자들은 자신의 저작물의 이용에 대하여 개별적으로 보상을 받을 권리를 가진다.

⑥ 비회원 권리자들은 그들의 저작물의 사용을 금지할 수 있는 권리(거부권)를 가진다.

(2) ECL의 필요성

ECL의 필요성은 집중관리의 필요성의 연장선상에 있다고 할 수 있다. 집중관리가 아니고는 관리하기 어려울 정도로 거래비용이 극히 높은 경우에 집중관리단체가 있더라도 권리자를 일일이 확인하여 가입을 설득하는 거래비용을 도저히 감당하지 못하여 그 관리목록이 제한될 경우에, 결과적으로 이용자들의 저작물 활용권이 제한되게 된다. 그 경우에 권리자들은 이익을 얻는가 하면 그렇지 않고, 오히려 집중관리에 의한 이용허락계약의 효력을 확대하여 그 부분에도 이용허락이 있은 것과 같은 효과를 인정함으로써 특별한 의사를 표명하지 않은 비회원 권리자도 보호하는 것이 실

---

30) Ed. Daniel Gervais, *Collective Management of Copyright and Related Rights*, KLUWER LAW INTERNATIONAL, 2006, 266.

질적으로는 권리자보호에 보다 충실한 경우들이 많이 있을 수 있다. 물론 이용자 보호의 효과가 더욱 크다. 이용자들은 적어도 합법적으로 이용하고자 할 경우에 ECL기관과만 계약을 하면, (명시적으로 제외를 요구한 부분만 명확하게 관리하고 그 나머지) 그 특정 영역 내의 모든 저작물을 안심하고 이용할 수 있기 때문에 이용자의 법적 안정성을 크게 높일 수 있다.

(3) ECL 도입의 주요 쟁점

현재 국회 검토 법안은 위와 같은 취지에 기하여 ECL제도를 도입하는 내용을 포함하고 있다. 법안 추진과정에서의 주요 쟁점으로는, ① ECL 제도의 도입이 저작권을 배타적 권리로서 보장하고 그에 대하여 최소보호의 원칙(the principle of minimum protection)을 규정하고 있는 베른협약 등의 국제협약에 저촉되는 것은 아닌지, ② 보상금제도가 보다 바람직한 대안인 것은 아닌지, ③ 그 적용범위는 어디까지로 하여야 할 것인지 등을 들 수 있다. 이에 대하여 필자가 보고서 등에서 주장한 바를 요약해 보면, 다음과 같다.

① ECL 제도가 국제협약상 강제허락이 가능하도록 규정한 권리 및 보상청구권 성격으로 규정한 권리 등에 도입될 경우에는 국제협약에의 저촉문제가 일어나지 않는 데 이론이 없다. 그것을 벗어난 경우에는 학설상의 대립이 일부 있지만, 적어도 ECL에 대하여 명시적으로 긍정하는 입장을 표명한 2001년의 EU 저작권 지침 제정 이후에는 ECL제도가 저작권의 배타성을 기본적으로 존중하는 토대 위에 거래비용 문제를 해결하기 위하여 채택해 온 저작권의 '관리방법'의 하나로 인정되고 있다고 할 수 있다. 즉, 이 부분에 관하여 문제가 100% 명료하게 해결된 것이라고 할 수는 없으나, 거래비용 문제의 해결을 위하여 집중관리에 의한 해결이 꼭 필요한 일정한 영역에 대하여 권리자의 '거부권'을 존중하는 ECL 제도를 도입할 경우에는 국제협약에의 저촉 문제를 크게 염려할 필요는 없는 상황이라 할 수 있다. 현실적으로는 '국내 저작물'에 한하여 ECL을 도입하는 것이 바람직하다고 생각된다.

② 보상금제도는 이용자 보호의 면에서는 ECL 제도에 못지않은 기능을 수행할 수 있으나, 권리자의 협상력을 없애거나 약화시켜 권리자 보호에는 미흡한 면이 많으며, 무엇보다 국제협약등과의 관계에서 ECL제도보다 그 활용범위가 매우 제한적일 수밖에 없으므로, 보다 폭넓은 분야에서 디지털 저작물의 활용을 크게 증대시키고자 한다면, ECL제도가 필요하다고 할 수 있다.

③ 필자는 위와 같은 ECL의 필요성 등에 비추어 그 적용범위를 지나치게 제한하

지 않고 디지털 저작물 활용의 영역을 포함하여 적절한 범위로 정하는 것이 바람직하다고 생각한다. 결론적으로, 필자는 i) 저작권법 제30조 단서의 규정에 의한 공중의 사용에 제공하기 위하여 설치된 복사기기에 의한 복사에 관한 어문저작물(그 저작물의 본문과 함께 복제된 삽화를 포함한다)의 저작재산권자 및 출판권자의 복제권, ii) 비연극적 음악저작물 저작재산권자의 공연권 · 공중송신권 또는 공연을 위한 목적으로 제조되는 노래반주기 등에의 복제권, iii) 음악저작물의 실연자 및 음반제작자의 해당 실연 및 음반에 대한 디지털 복제 및 전송권(음반에 대하여는 음반이 발행된 지 1년이 경과한 때에 적용한다), iv) 교육 및 학문연구를 위해 학술논문을 디지털 형태로 활용하기 위한 어문저작물 저작재산권자의 복제권 및 전송권 등을 ECL의 적용대상으로 하는 것이 바람직하다고 생각한다.

(4) ECL에 관한 구체적 규정안의 제시

국회 검토 법안을 토대로 필자가 제시한 수정안은 다음과 같다.

제2조(정의) 제2조(정의) 이 법에서 사용하는 용어의 정의는 다음과 같다.

1.~3.(생략)

4. "확대된 집중관리"란 이 법에 의하여 지정을 받은 '확대된 집중관리 단체'가 이용자와의 이용허락계약을 체결하였을 때 이 법 제25조 제1항의 규정에 따라 그 계약의 효력이 해당 단체에 저작재산권등의 관리위탁을 하지 아니한 저작재산권자등에 대하여도 확대되는 경우의 저작재산권등의 집중관리를 말한다.

5. "확대된 집중관리단체"란 이 법 제24조에 따른 지정을 받아 확대된 집중관리를 수행하는 법인을 말한다.

제24조(확대된 집중관리단체의 지정) ① 문화체육관광부 장관은 다음 각 호의 어느 하나에 해당하는 저작재산권등(외국인의 저작재산권등을 제외한다)에 대하여 확대된 집중관리를 수행할 단체를 지정할 수 있다.

1. 저작권법 제30조 단서의 규정에 의한 공중의 사용에 제공하기 위하여 설치된 복사기기에 의한 복사에 관한 어문저작물(그 저작물의 본문과 함께 복제된 삽화를 포함한다) 저작재산권자 및 출판권자의 복제권

2. 비연극적 음악저작물 저작재산권자의 공연권 · 공중송신권 또는 공연을 위한 목적으로 제조되는 노래반주기 등에의 복제권

3. 음악저작물의 실연자 및 음반제작자의 해당 실연 및 음반에 대한 디지털 복제 및 전송권(음반에 대하여는 음반이 발행된 지 1년이 경과한 때에 적용한다)

4. 교육 및 학문연구를 위해 학술논문을 디지털 형태로 활용하기 위한 어문저작물 저작

재산권자의 복제권 및 전송권
5. 그 밖에 집중관리의 필요성이 특히 높은 분야로서 대통령령으로 정하는 경우 ② 제1항에 따라 확대된 집중관리 단체로 지정을 받고자 하는 법인은 문화체육관광부령으로 정하는 확대된 집중관리 단체 지정신청서에 다음 각 호의 서류를 첨부하여 문화체육관광부장관에게 제출하여야 한다.
1. 저작권 집중관리 단체의 회원이 아닌 저작재산권자등을 포함한 확대된 집중관리로 인한 이용료관리위원회 구성 · 운영 방안
2. 다음 각 목의 사항을 포함한 확대된 집중관리 업무규정
가. 저작권 이용계약 약관
나. 확대된 집중관리로 인한 이용료 징수규정
다. 확대된 집중관리로 인한 이용료 관리규정
라. 확대된 집중관리로 인한 이용료 분배규정
마. 수수료 규정
3. 그 밖에 문화체육관광부령으로 정하는 사항
③ 제1항에 따라 확대된 집중관리단체로 지정을 받고자 하는 법인은 다음 각 호의 요건을 갖추어야 한다.
1. 제4조에 따라 허가를 받은 저작권 집중관리단체일 것
2. 문화체육관광부령으로 정하는 바에 따라 대한민국 내에서 제1항 각 호의 권리별로 확대된 집중관리로 인한 이용료를 받을 권리를 가진 자를 대표할 수 있을 것[31)]
3. 문화체육관광부령으로 정하는 바에 따라 확대된 집중관리로 인한 이용료의 징수 및 분배 등의 업무를 수행하기에 충분한 인력, 조직 및 전산설비 등 기술능력 등을 갖출 것
④ 문화체육관광부장관은 확대된 집중관리단체를 지정할 때 문화체육관광부령으로 정하는 바에 따라 확대된 집중관리의 원활한 수행에 필요한 조건을 붙일 수 있다.
⑤ 제1항에 따른 확대된 집중관리단체 지정의 유효기간은 5년을 초과하지 아니하는 범위 안에서 문화체육관광부령으로 정한다. 확대된 집중관리단체가 지정 유효기간의 만료 후 계속하여 확대된 집중관리를 수행하고자 하는 때에는 문화체육관광부 장관의 재지정을 받아야 한다.
제25조(확대된 집중관리의 효력 등) ① 확대된 집중관리단체는 그 지정된 업무 범위 내에서 이용자와 사이에 해당 단체에 그 저작재산권등의 관리를 위탁한 저작재산권자등(이하 회원 권리자라고 한다)과 그 저작재산권등의 관리를 위탁하지 아니한 저작재산권

---

31) 이것이 실제로 지정에 있어서의 가장 중요한 요건이다. 이와 같은 입법이 통과될 경우에 그 대표성 요건의 기준을 구체적으로 결정하는 문제는 시행규칙 제정에 있어서의 최대 이슈가 될 것인데, 그에 대한 자세한 논의는 Daniel Gervais, "*Application Of An Extended Collective Licensing Regime In Canada: Prubcuokes And IssuesS Related To Implementation*" 〈http://aix1.uottawa.ca/~dgervais/publications/extended_licensing.pdf〉(마지막 방문: 2009.10.30.) 32-35 참조.

자등(이하 비회원 권리자라고 한다)의 저작재산권등을 전부 이용허락의 대상으로 하는 이용허락계약(이하 '확대된 이용허락계약'이라 한다)을 체결할 수 있다.

② 확대된 집중관리 단체와 제1항의 확대된 이용허락계약을 체결한 이용자는 제4항 및 제6항에 따라 거부권 행사의 효력이 발생한 경우를 제외하고는 비회원 권리자의 허락 없이, 확대된 이용허락계약의 대상이 된 저작물등과 동일한 종류의 저작물등을 동일한 이용형태로 사용할 수 있고, 이 때 그에 대한 사용료를 확대된 이용허락계약에 따라 해당 단체에게 지급할 의무를 지는 것 외에는 그 저작물 등의 사용에 따른 일체의 민 · 형사상의 책임을 지지 아니한다.

③ 비회원 권리자는 제1항에 의한 이용허락계약의 효력이 자신의 저작 재산권등에 확대되는 것에 대해 문화체육관광부령이 정하는 바에 따라 확대된 집중관리 단체에 대한 통지의 방법으로 거부권을 행사할 수 있다.

④ 제3항에 의한 거부권 행사의 통지를 받은 확대된 집중관리 단체는 제1항의 이용허락계약 체결 시에 거부권이 행사된 저작재산권등과 동일한 종류의 저작물등을 동일한 이용형태로 이용하고자 하는 자에게 그 거부권이 행사된 사실을 문화체육관광부령이 정하는 방법으로 고지하여야 한다. 확대된 집중관리 단체로부터 그러한 고지를 받고 확대된 이용허락계약을 체결한 이용자는 거부권이 행사된 저작 재산권등의 목적인 저작물등을 해당 비회원 권리자의 허락 없이 사용할 수 없다.

⑤ 저작재산권자등이 제3항에 의한 거부권을 행사할 당시 확대된 집중관리 단체와 이용자 사이에 제1항의 확대된 이용허락계약이 이미 체결된 때에는 확대된 집중관리 단체는 거부권 행사의 통지를 받은 때로부터 7일 이내에 문화체육관광부령이 정하는 방법으로 제2항에 따라 동종의 저작물을 사용할 권한을 가진 이용자에게 그 사실을 고지하여야 한다.

⑥ 확대된 집중관리 단체가 비회원 권리자로부터 제3항에 의한 거부권행사의 통지를 받은 때로부터 60일[32]이 경과한 때에는 해당 비회원 권리자와 그 이용자의 관계에서 제2항에 의한 확대된 이용허락의 효력이 종료한다.

제26조(확대된 집중관리 단체의 사용료 징수, 분배 등) ① 확대된 집중관리단체는 비회원권리자의 저작재산권등의 이용허락에 따른 사용료가 정확하고 공정하게 징수, 정산 및 분배될 수 있도록 선량한 관리자의 주의의무를 기울여야 한다.

② 확대된 집중관리 단체는 확대된 이용허락계약의 체결 및 그에 따른 사용료의 정산, 분배 등의 절차에 있어서 비회원 권리자의 권리가 회원 권리자의 권리와 함께 공정하게

---

32) 이용자들의 보호를 위한 입법취지에 따라 관리목록 변경에 따른 시스템 등 변경에 필요한 최소한의 유예기간을 법에서 명시적으로 허용하여 법률관계를 최대한 명료하게 하고자 하는 취지이다. 앞에서 본 헝가리의 사례를 제외하면, 법에서 분명하게 기간을 정한 예를 찾아보기 어렵고, 북유럽 국가들의 경우 행정적 절차규정(우리의 시행령이나 시행규칙에 해당하는 것들)에 그러한 내용을 담고 있는 것으로 추측된다. 저베이스에 의하면, 덴마크가 3개월의 유예기간을 규정하고 있는 예라고 하며, 그가 마련한 캐나다의 ECL 관련 저작권법개정시안 상으로는 60일의 유예기간을 두고 있다. Daniel Gervais, 전게서, 32 및 43 참조.

존중될 수 있도록 하기 위해 비회원 권리자를 포함한 사용료관리위원회를 구성 · 운영하여 의견을 들어야 한다.

③ 자신의 권리가 확대된 집중관리의 대상이 된 비회원 권리자는 확대된 집중관리 단체에 대하여 회원 권리자와 동등한 지위에서, 징수된 사용료 중 자신에게 분배되어야 할 몫의 지급을 청구할 수 있다.

④ 확대된 집중관리 단체는 확대된 집중관리로 인한 사용료 분배 공고를 한 날부터 3년이 경과한 미분배 사용료에 대하여 문화체육관광부 장관의 승인을 얻어 문화체육관광부령으로 정하는 공익 목적을 위하여 사용할 수 있다. 이 때 공익을 위한 목적은 해당 단체나 회원 권리자들만의 이익이 아니라 최소한 해당 분야 전체의 이익에 부합하는 것이어야 한다.

⑤ 확대된 집중관리 단체는 제2항에 따른 거부권 행사의 내역, 분배되지 않은 확대된 집중관리로 인한 사용료 현황 및 분배되지 않은 확대된 집중관리로 인한 사용료의 공익 목적 사용내역을 인터넷 홈페이지를 통하여 공시하여야 한다.

⑥ 제5항 내지 제7항에 따른 이용료관리위원회의 구성 · 운영, 사용료 분배 공고, 미분배 이용료의 공익목적 사용 승인, 미분배 이용료 현황 등의 공시 등에 관하여 필요한 사항은 문화체육관광부령으로 정한다.

제27조(준용) – 생략

4. 규제의 완화 및 사용료 분쟁에 대한 재정제도의 도입

집중관리를 활성화하는 데 있어서는 지나치게 높은 진입장벽을 적절히 낮추고, 사용료 승인제도의 무거운 규제를 적절히 완화해 나가는 노력도 반드시 필요하다. 저작권법상의 저작권 신탁관리업에 대한 허가제는 그 동안 기본적으로 1분야 1단체의 독점적 체제를 뒷받침하는 방향으로 운영되어 왔으며, 그것을 배경으로 하여 2006년의 개정 저작권법은 앞서 살펴본 바와 같이 신탁관리업의 허가요건을 상당히 무겁게 규정한 바 있다. 즉 개정법은 신탁관리단체에 대한 적극적인 허가요건으로 ⅰ) 저작물등에 관한 권리자로 구성된 단체일 것, ⅱ) 영리를 목적으로 하지 아니할 것, ⅲ) 사용료의 징수 및 분배 등의 업무를 수행하기에 충분한 능력이 있을 것 등 3가지를 요구하고 있다.

ⅰ), ⅱ)의 요건은 결국 비영리의 권리자 협회 방식의 조직만 진입할 수 있도록 허용하고 있어 경쟁의 가능성을 그 만큼 제한하고 있는 것으로 볼 수 있다. 이것은 음악저작권 분야에서 음저협의 강력한 독점구도가 유지되도록 하는 제도적 바탕이 되고 있기도 하지만, 동시에 다른 많은 분야에서 저작권 집중관리사업이 활성화되지 않고

정체되어 있도록 하는 데 기여하고 있다고도 말할 수 있을 것 같다. 일본의 경우 주식회사 등의 영리법인 형태의 집중관리사업을 허용함으로써 현재 여러 가지 분야에서 비교적 활발한 집중관리사업이 이루어지고 있는 것과 비교할 때 그 문제점은 더욱 분명하게 드러난다고 할 수 있다.

이러한 문제와 관련하여 허가제/등록제, 독점체제/복수 · 경쟁체제, 영리법인 진입 허용 여부 등의 여러 가지 쟁점이 집중관리의 제도 방향을 둘러싸고 상당한 논쟁의 대상이 되어 왔다. 한편으로, 이것은 음저협의 독점으로 인한 여러 가지 폐해를 해결하는 문제와 깊은 관계를 맺고 있어, 여기서 자세한 논의를 진행하기에는 여러 가지로 적절치 않은 면이 있다고 생각되어 자세한 내용은 생략하기로 한다. 다만, 결론적으로, 새로운 요건에 의한 허가제, 복수 · 경쟁체제, 영리법인의 진입 허용 등의 입법방향을 취하는 것이 음저협의 독점으로 인한 폐해를 시정하고 권리자의 선택권을 존중하는 데 가장 큰 도움이 될 뿐만 아니라 결과적으로 저작권 집중관리를 활성화시켜 나가는 데 있어서도 매우 긍정적인 영향을 미칠 것이라는 필자의 입장을 밝혀 두기로 한다.

위와 같은 '진입규제'의 완화 외에 저작권 집중관리업의 운영과 관련하여서는 일부 규제의 보완이 필요한 부분도 없지 않다. 그러나 그 운영에 있어서 가장 중대한 정부 규제라고 할 수 있는 '사용료 승인제도'는 폐지하고, 그 대신 사용료에 대한 재정제도를 도입하는 것이 바람직하다. 가격결정에 대한 정부의 사전 개입은 사권으로서의 저작권 행사의 본질에 부합하지 않는 지나친 규제로서 집중관리의 활성화에도 큰 암초로 작용할 가능성이 많은 반면에, 사후적인 분쟁해결 메커니즘으로서 독립성, 중립성, 전문성을 갖춘 재정위원회에 의한 재정제도를 도입하는 것은 집중관리단체의 독점적 지위의 남용을 예방함과 동시에 당사자 사이에 이와 같은 사후적 분쟁해결제도를 전제로 하여 적정한 협상을 하도록 유도함으로써 집중관리 활성화에 긍정적인 기여를 할 수 있는 방안이라 할 수 있기 때문이다. 이 부분에 대하여도 여기서는 자세한 논의의 진행을 생략하기로 한다.

제 4 결 어

이상에서 디지털 시대의 새로운 환경이 집중관리의 활성화를 필요로 하는 이유와 그 활성화를 위한 구체적 제도방안에 관하여 살펴보았다. 이와 같은 제도적 방안에 대하여는 조만간 보다 가시적인 형태의 입법추진이 이루어질 것으로 기대하며, 이를 통해 디지털 저작물의 효율적 이용과 원활한 유통시스템의 구축에 크게 기여함과 아울러, 저작권자, 이용자, 유통사업자가 모두 상생할 수 있는 새로운 선순환의 저작권 질서를 형성하는 데 있어서도 훌륭한 제도적 기초를 마련할 수 있기를 바란다.

참고문헌

〈단행본〉

이상정 외 7인, 「저작권법관리사업법」제정을 위한 연구, 문화관광부, 2008.

이해완, 저작권법, 박영사, 2007.

저작권 심의 조정 위원회, 저작권법 전면 개정을 위한 조사연구 보고서(1), 2002.

차상육, 저작권법상 대리중개인의 지위와 법률관계, 인권과 정의, 2008년 8월.

허희성, 신저작권법 축조개설.

Dreier/Schulze/Schulze, UrhG, 3. Auflage §1 UrhWG Rn.

Ed. Daniel Gervais, Collective Management of Copyright and Related Rights, Kluwer Law International, 2006.

M. Nimmer, Nimmer on Copyright Ⅱ.

Wandtke/Bullinger, Urheberrecht, 3. Auflage §1UrhWG Rn. 7

William M. Landes, Richard A. Posner, The Economic Structure of Intellectual Property Law, Harvard University Press, 2003.

〈논문〉

이해완, "저작권관리사업법 제정의 주요쟁점과 대안".

Heather Rosenblatt, "*Copyright Assignments: Rights And Wrongs – The Collecting Societies' Perspective*", I.P.Q. 2000. 2.

Jonathan T. Weiss, Ronald H. Gertz "*The Effect, on Broadcasters, of Nonexclusive Grants of Rights Between the U.S. Performing Rights Societies and Their Members*".

〈인터넷〉

章忠信, 解散著作權仲介團體的省思 (http://www.copyrightnote.org)

Daniel Gervais, "Application of an Extended Collective Licensing Regime in Canada: Principles and Issues Related to Implementation"

〈http://aix1.uottawa.ca/~dgervais/publications/extended_licensing.pdf〉(마지막 방문: 2009.10.30.)

제 5 절

인터넷 시대의 저작재산권의 제한 *

제 1 서　　론

최근 한 블로거가 5살 난 딸이 가수 손담비의 노래를 따라 부르면서 춤을 추는 모습을 촬영해 포탈 사이트인 네이버[1])에 있는 자신의 블로그에 올렸다가 저작권침해를 이유로 한 한국 음악저작권 협회의 삭제요청에 따라 네이버에 의해 차단이 된 사실을 두고 논란이 된바 있다.[2]) 저작권자의 당연한 권리 주장이라는 견해와 저작권을 침해하지 않는 정당한 이용으로 이를 규제하는 것은 표현의 자유를 심대하게 침해하는 것이라는 견해가 맞섰는데, 미국에서도 이와 비슷한 사건이 있었다. 팝 가수인 프린스의 노래 '레츠고 크레이지(Let's go crazy)'에 맞추어 몸을 흔들며 즐거워하는 아기의 모습을 어머니가 촬영하여 동영상 사이트인 유투브[3])에 올렸다가 음원 권리자인 유니버설뮤직(Universal Music)으로부터 삭제요청을 받자 이에 반발하면서 소송[4])을 제기하였던 사례이다. 이 사건도 이용자는 자신의 행위가 공정이용(fair use)에 해당한다는 주장을 하였던 반면, 권리자는 그러한 잠재적인 침해행위를 합법화할 경우 초래될 결과에 대해 심각한 우려를 표명하면서 권리주장을 하는 등 역시 팽팽히 맞서고 있다. 우리나라와 미국의 이 두 사례는 인터넷 시대에 있어 저작권을 둘러싼 상반된 시각의 대립을 극명하게 보여준다. 즉 저작권자들은 이용자들이 저작물을 인터넷상으로 광범위하게 불법 배포함으로써 자신들의 피해가 확대될 가능성이 커졌으므로 규제가 강화되어야 한다고 주장하고 있고, 이용자들은 적극적 문화 참여가 확대된 인터넷 시대에 걸맞게 저작물의 자유로운 활용을 통한 창작과 저작물의 이용에 더 많은 여지를 줄 것을 요구하고 있는 것이다.[5])

---

* 윤종수: 대전지방법원 논산지원 판사.

1) http://www.naver.com

2) 결국 이 사건은 손해배상청구소송의 제기로 이어져 현재 법원에 계속 중이다. http://blog.peoplepower21.org/PublicLaw/21321 참조 2009. 11. 15. 최종방문.

3) http://www.youtube.com/watch?v=N1KfJHFWlhQ.

4) STEPHANIE LENZ, v. UNIVERSAL MUSIC CORP.

5) 이대희, "저작권법상의 공정이용의 법리에 관한 비교법적 연구", 경영법률, 1999, 542.

이러한 상황에서 저작재산권의 제한 사유가 주목을 받는 것은 당연하다. 저작권법은 제1조에서 "이 법은 저작자의 권리와 이에 인접하는 권리를 보호하고 저작물의 공정한 이용을 도모함으로써 문화의 향상발전에 이바지함을 목적으로 한다."라고 규정하여 저작권법의 목적이 창작자의 권리보호와 문화의 향상발전이라는 두 가지 목표의 동시달성에 있음을 명확히 하고 있다. 이를 위해 저작권법은 저작권자와 저작인접권자에게 저작물에 대한 배타적 권리(exclusive rights)를 주어 그들의 창작적인 인센티브를 고취하는 한편, 사회전체의 문화발전을 위해 표현과 아이디어를 구별하여 저작물에 내포된 아이디어는 보호의 대상에서 제외한다던지, 배타적인 권리를 영구적으로 인정하는 대신 일정한 기한이 지나면 권리가 종료되는 시간적 제한을 둔다던지 하는 방식으로 권리자의 권리를 일정 범위 내로 제한하여 그 범위를 넘는 저작물은 자유이용의 대상으로 하고 있다. 그러나 문화발전을 위한 저작물의 자유이용의 보장은 주로 저작재산권의 제한사유에 의해 구체적으로 실현된다. 개개의 이용행위를 평가하여 저작권의 배타적 효력의 범위를 결정할 때 그 기준이 되는 것이 저작재산권의 제한사유이기 때문이다. 따라서 현행 저작권체계를 유지하는 한 인터넷의 등장이라는 저작권환경의 큰 변화의 와중에 탄력적으로 권리자와 이용자의 상반되는 요구와 이익의 충돌을 적절하게 조정하면서 저작권법의 목적을 달성하려면 저작재산권의 제한 법리에 의존할 수밖에 없다. 그러나 저작재산권의 제한 법리를 포함한 현행 저작권법의 기본골격과 법리들이 대부분 인터넷이라는 환경을 예상하지 못한 상태에서 만들어진 것이라는데 문제가 있다. 인터넷 시대 이전의 저작재산권의 보호는 주로 동종의 출판업자, 음반제작자, 방송사업자 등 소수의 상업적인 경쟁 사업자에 의한 무임승차를 막는 것을 목적으로 한 것이었고,[6] 저작재산권의 제한 법리도 그러한 사업자들과 기타 복제 · 전달자들이 문화발전에 기여하는 정도를 고려해서 그들의 이익과 저작재산권자의 이익을 비교형량 하는 방식으로 전개되어 온 것이다. 따라서 소수의 상업적 주체들에 국한되지 않고 수많은 개인들이 비전형적이고 다양한 방식으로 자연스럽게 저작물의 생산, 유통, 분배에 참여하게 되는 인터넷 환경에서는 그러한 법리가 제대로 현실을 반영하지 못할 수밖에 없다. 그렇기 때문에 어찌 보면 비상식적으로도 여겨지는 위의 사례들이 적절하게 해결점을 찾지 못하고 여전히 법적 논쟁에

6) 저작물의 이용행위로부터 수익을 얻는 것은 주로 저작물의 감상 등 저작물에 대한 접근을 통제함으로써 이루어졌는데 이는 대부분 저작권이 아닌 일반 재산권의 영역이었다. 즉 저작물이 담긴 미디어에 대한 소유권과 감상 장소에 대한 물리적 지배권에 의하여 저작물에 대한 허락받지 않은 접근을 통제하였던 것이다. 따라서 전통적인 저작권은 이용자를 대상으로 한 권리라기보다 동종업자로부터 저작자의 이익을 지키기 위한 권리라고 할 수 있다.

휘말려 있는 것이다.

이글에서는 이와 같은 문제의식 하에 지금까지 논의되어 온 저작재산권의 제한 법리와 현재의 입법례를 살펴 본 다음, 인터넷이 저작재산권 제한 법리에 던져 준 충격과 그로 인한 몇 가지 이슈들에 관해 논의해 볼 예정이다. 다만 저작재산권의 제한 사유는 최종적으로는 구체적 사건에서 사법부의 판단에 의해 구체화 될 수밖에 없기 때문에 그와 같은 논의들이 모든 상황에 보편적으로 적용될 수 있는 새로운 기준을 제시하는 데까지 이른다거나 구체적인 결론을 끌어낼 수 있는 것은 아니다. 따라서 이글 역시 구체적인 기준이나 결론을 제시하기 보다는 현재의 저작재산권 제한 법리에 대한 문제 제기와 그에 대한 나름대로의 원론적인 견해를 펼치는 것에 그칠 수밖에 없다는 점을 미리 염두에 두었으면 한다.

제 2 저작재산권 제한의 의미와 근거

Ⅰ. 의 미

저작권법은 저작자에게 저작물에 대한 배타적 지배권을 부여하여 이용허락 여부를 그의 의사에 맡기되 일정한 경우에는 저작권자의 의사에 관계없이 저작물의 자유이용을 허용하여 일반 공중의 이익을 도모하고 있는바, 그와 같이 저작물의 자유이용이 허락되는 경우를 저작재산권의 제한사유라고 부른다.[7] 즉 배타적인 저작재산권의 영역에 속하는 행위로 저작재산권의 침해에 해당하는 이용이지만 예외적으로 일정한 경우에는 그 책임을 면제시켜주는 경우이다. 따라서 저작재산권의 제한사유는 저작권침해주장에 대항하기 위하여 이용자가 원용하게 되는 항변사유의 하나라 할 수 있다. 간혹 저작재산권의 제한으로 얻게 되는 이용자의 이익을 그에게 인정되는 권리로 파악하려는 견해도 눈에 띄나 그 법적 구조상 이용자의 권리라기보다는 저작재산권의 제한에 따르는 반사적 이익으로 파악함이 타당하다. 따라서 권리자의 저작권침해

---

7) 창작의 인센티브의 제공과 문화의 향상발전이라는 두 가지 목적의 균형을 위한 저작권 제한 사유는 저작물의 경제적 이익의 확보를 위한 저작재산권에만 적용될 뿐 자신의 저작물에 대하여 가지는 저작자의 인격적 · 정신적 권리로서의 저작인격권에는 적용되지 않는다. 저작권법도 저작재산권의 제한 규정은 저작인격권에 영향을 미치는 것으로 해석되어서는 아니 된다(저작권법 제38조)라고 하여 이를 명백히 하고 있다. 그러나 저작인격권에도 별개의 규정을 두어 일정한 경우에는 저작물의 원활한 이용을 위해 저작인격권을 제한하고 있는바(저작권법 제11조 제2항 내지 4항, 제12조 제2항 단서, 제13조 제2항) 이에 관해서는 관련된 부분에서 간단히 언급하는 것으로 그치고자 한다.

주장에 대한 방어를 넘어 저작재산권 제한 사유에 해당한다는 이유로 저작권자에게 특정한 행위를 요구하거나 이를 부인하는 권리자의 행위를 이용자의 권리의 직접적 침해로 파악하여 그에 대한 책임을 묻기는 어렵다 할 것이다.[8)]

Ⅱ. 개념적 범위[9)]

1. 한계(limitation)와 예외(exception)

저작권의 '제한'이라는 개념이 종종 저작권의 '한계(limitation)' 내지 '예외(exception)'와 혼용되어 쓰이기도 한다.[10)] 입법례나 학술적으로 통일된 견해가 있는 것은 아니나 보통 '한계'와 '예외'는 다음과 같이 구분되어 설명된다. 즉 저작권의 '한계'는 저작권으로서의 보호영역에서 아예 제외되는 특정 저작물의 경우를 의미한다.[11)] 이에 반하여 저작권의 '예외'라 함은 저작권 침해의 책임이 면책되는 부분을 의미하는 것으로, 저작권자의 저작권은 그대로 미치지만 특정한 경우에는 저작권자의 허락 없이 이용을 하여도 저작권침해의 책임을 지지 않는 것을 의미한다.[12)] 따라서 원칙적으로는 저작권의 '한계'는 저작물의 본질적인 특성을 기준으로 정해지고, '예외'는 이용의 태양이나 조건의 성취에 따라 정해진다는 점에서 그 접근방법이 다르다 할 수 있다. 결과적으로는 이용자들이 자유롭게 이용할 수 있는 경우라는 점에서 공통되지만 '한계'의 경우에는 저작권법의 보호로부터 애초부터 배제되기 때문에 저작인격권의 보호도 받을 여지가 없으나 '예외'의 경우는 저작재산권에 한하여 적용될

8) 그러한 권리자의 행위가 표현의 자유에 대한 침해 등 이용자의 다른 법익을 침해하는 것인지 여부는 별개의 문제이다.

9) 저작재산권의 제한을 최광의, 광의, 협의로 나누어 보호받지 못하는 저작물이나 저작권보호기간이 지난 저작물 등을 최광의로, 법정 허락을 포함하여 저작권자의 허락 없이 이용할 수 있는 모든 경우를 광의로, 그 중 법정허락제도에 의한 저작물 이용을 제외한 것을 협의로 분류하는 견해도 있다. 오승종, 『저작권법』, 박영사, 2007, 552.

10) TRIPS 등 국제조약에서는 보통 limitations and exceptions이라는 개념 하에 저작재산권의 제한을 규정하고 있다. TRIPs Article 13, WCT Article 10, WPPT Aricle 16 등 참조.

11) 우리 저작권법의 제7조에서 보호받지 못하는 저작물이라는 제호 하에

1. 헌법 · 법률 · 조약 · 명령 · 조례 및 규칙
2. 국가 또는 지방자치단체의 고시 · 공고 · 훈령 그 밖의 이와 유사한 것
3. 법원의 판결 · 결정 · 명령 및 심판이나 행정심판절차 그 밖의 이와 유사한 절차에 의한 의결 · 결정등
4. 국가 또는 지방자치단체가 작성한 것으로서 제1호 내지 제3호에 규정된 것의 편집물 또는 번역물
5. 사실의 전달에 불과한 시사보도
6. 공개한 법정 · 국회 또는 지방의회에서의 연술

의 6가지를 규정하고 있다.

12) 저작권법에서 저작재산권의 제한이라는 표제 하에 제22조부터 제33조까지 저작권자의 승낙 없이 자유로이 이용할 수 있는 경우를 규정하고 있다.

뿐 저작인격권은 영향을 받지 않는 등 실질적인 효과 면에서도 차이가 있기 때문에 구별의 실익이 있다. 이 글에서 말하는 저작재산권의 제한은 그중 '예외(exception)'에 해당되는 것이며 우리 저작권법도 그러한 예외 사유들을 "저작재산권의 제한"이라는 제목 하에 규정하고 있다. 한편 저작권의 '한계'에 따라 저작권법의 보호에서 제외되는 저작물은 저작권보호기간이 만료된 저작물과 함께 퍼블릭 도메인(Public Domain)에 해당하는 저작물에 해당한다.

2. 법정허락

법정허락은 저작권자의 허락을 받지 못한 경우에도 저작물을 이용하게 하는 것이 공공의 이익에 부합하는 경우 일정한 대가를 권리자에게 지급하거나 공탁하게 하고 이용을 허용하는 제도이다. 즉 권리자의 의사에 따르는 일반적인 이용허락(voluntary license)과는 달리 일정한 조건하에 권리자의 의사에 관계없이 이용허락을 강제하는 비자발적 이용허락(non-voluntary license) 제도이다. 베른협약은 문학 · 예술저작물의 방송권과 음악저작물에 대한 녹음권의 행사조건에 대해서 권리자들의 정당한 보상을 받을 권리를 해치지 않는 범위 내에서 각 체약국이 자유로이 입법할 수 있도록 유보[13]함으로써 법정허락제도를 도입할 수 있는 근거를 마련하고 있다. 이에 따라 우리 저작권법은 공표된 내국인의 저작물에 대한 저작재산권자를 알 수 없는 경우,[14] 방송사업자가 공표된 저작물을 공익상 필요에 의하여 방송하려 하였으나 협의가 이루어지지 않은 경우,[15] 국내에서 판매되어 3년이 경과한 판매용 음반에 녹음된 저작물을 새롭게 녹음하여 판매용 음반으로 제작하려 하였으나 협의가 이루어지지 않은 경우[16]에 문화체육관광부 장관의 승인을 얻은 후 그가 정하는 기준에 의한 보상금을 지급하거나 공탁하는 것을 조건으로 그 이용을 허락하는 규정을 두고 있다. 그밖에 판매용 음반의 방송사용 및 디지털 음성송신 사용의 경우 실연자와 음반제작자의 배타적 권리를 인정하지 않는 대신 보상금청구권을 인정해주고 있는 규정도 방송사업자나나 디지털 음성송신 사업자에게 판매용 음반에 대해 법정허락을 부여한 것과 같은 의미로 볼 수 있다.[17] 법정허락은 권리자의 이익과 공공의 이익의 균형을 위해 채

13) 베른협약 제11조의2 제2항 및 제13조의 제1항, http://www.wipo.int/treaties/en/ip/berne/ 참조.

14) 저작권법 제50조 제1항. 이러한 저작물을 고아 저작물(orphan works)이라고 부른다. 개정 전 저작권법에서는 외국인의 저작물을 특별히 제외하고 있지 않았는데 베른협약이 법정허락제도를 이를 정한 국가에만 적용된다고 규정하고 있어 이에 위반여부가 문제됨에 따라 현행법에서는 외국인의 저작물을 대상에서 제외하였다.

15) 저작권법 제51조.

16) 저작권법 제52조.

택된 제도로서 저작권자의 허락 없이 저작물에 대한 특정 이용이 허용된다는 점에서 저작재산권의 제한과 유사하지만 저작권자에 대한 금전적 보상을 전제로 한다는 점에서 차이가 있다. 그러나 아래에서 보는 바와 같이 우리나라 저작권법에서 규정하고 있는 저작재산권의 제한사유 중에도 '제25조 학교교육 목적 등에의 이용' 중 일부와 '제31조 도서관 등에서의 복제 등' 중 일부는 자유이용을 허락하되 보상금을 지급할 것을 의무화 하고 있는 바, 이는 실질적으로 법정허락에 해당하는 것이라 할 수 있다. 아래에서 설명하는 3단계 테스트[18]의 마지막 관문인 '권리자의 합법적인 이익을 부당하게 해치지 아니하여야 한다'는 조건을 충족시키기 위한 보완적인 역할로 권리자에게 금전적인 보상이 주어지는 것으로 본다면 결국 법정허락은 저작재산권 제한 사유의 하나의 유형으로서 본질적으로 같은 제도로 이해함이 타당하다. 한편, 사전에 저작권자와의 협의를 거치지 아니하고 바로 보상금을 지급 또는 공탁하고 이용할 수 있는 법정허락(statutory license 또는 legal license)과 저작권자와의 협의가 결렬될 경우에만 가능한 강제허락(compulsory license)으로 구별하기도 하는데[19] 실질적인 효과 면에서는 큰 차이가 없어 굳이 구분해서 논할 실익은 적다.

Ⅲ. 근 거

1. 이익형량

일반적으로 저작재산권의 제한 규정은 저작물에 대한 배타적 지배권을 인정하여 저작자의 이익을 도모하는 한편, 일정한 경우에는 저작물의 자유이용을 허용하여 저작물을 이용하는 일반 공중의 이익을 도모함으로써 양자의 이익의 균형을 꾀하기 위한 것으로 설명된다.[20] 즉 인류 문화는 매번 전혀 새로운 것으로 창조되어 온 것이 아니라 과거로부터 계승된 문화를 토대로 새로운 요소가 더해지고 변형되는 식으로 발전되어 온 것이므로 문화적 산물인 저작물도 가능한 한 많은 사람에 의하여 널리 이용되어 새로운 문화발전의 재료로 사용되도록 하는 것이 문화와 저작물의 본질에 적합하다는 견해나, 문화의 향상은 저작물에 대한 자유로운 접근과 타인의 저작물을 이용한 창조적인 리믹스(remix)를 통하여만 이루어질 수 있으므로 실질적인 면에서

---

17) 저작권법 제75조 제1항, 제76조 제1항, 제82조 제1항, 제83조 제1항.
18) 3단계 테스트에 대해서는 이 글 중반 부분에서 자세히 언급할 예정이다.
19) 사법연수원, 저작권법 I, 2003, 265.
20) 오승종, 전게서, 551.

도 저작물의 자유이용이 최대한 보장되어야 한다는 설명은 모두 저작재산권의 제한은 권리자와 공공의 이익형량을 통해 창작의 고취와 문화발전이라는 저작권법의 목적을 실현하기 위한 장치라는 의미로 정리될 수 있다. 특히 저작물을 이용하기 위한 경제적 부담의 문제가 아니라 당사자 사이의 이해관계상 권리자로부터 이용허락을 받기가 아예 힘들 것으로 예상되는 경우에는 저작재산권 제한 조항은 문화적으로 큰 의미를 갖는다. 예를 들어 저작물 자체의 비평이나 연구를 위한 분석을 위해 저작물을 이용하려는 경우나, 패러디와 같이 저작물을 풍자하거나 조롱하기 위하여 저작물을 이용하고자 하는 경우 저작자들은 일반적으로 이를 달갑게 생각하지 않을 것이고 따라서 그로부터 이용허락을 받는 것은 사실상 불가능할 것이다. 따라서 이러한 비평이나 패러디의 작성을 위해서도 항상 권리자로부터 이용허락을 받을 것을 요구한다면 그러한 비평이나 풍자는 세상에 빛을 볼 수 없을 것이다. 만약 그러한 비평이나 풍자가 문화적으로 가치가 있다면 일정한 경우에는 저작재산권의 제한으로 권리자의 배타적 권리의 행사를 중지시키고 그 이용을 강제시키는 것이 문화 발전과 공공의 이익에 긍정적인 영향을 미치게 될 것이므로 결국 이익의 균형을 위해 저작재산권이 일부 제한될 필요가 있는 것이다.

2. 시장실패의 보완

한편 이익형량과는 약간 다른 측면에서 저작재산권 제한의 근거를 찾아 볼 수 있다. 즉 일정한 경우에는 저작권자의 사전허락을 받도록 요구하게 되면 저작물의 이용을 위한 거래비용이 급격히 증가되기 때문에[21] 저작재산권의 제한으로 조정이 필요하다는 견해이다. 이는 저작권에 대한 경제적 측면의 분석과 관계가 있다. 현행법상 저작권은 비록 소유권과 같이 목적물의 사용가치와 교환가치의 전부를 지배하는 전면적 · 일반적인 권리나 존속기간의 제한이 없는 항구적인 권리는 아니지만, 소유권에 유사한 독점적 · 배타적인 지배권으로서 물권적 권리의 성질을 갖고 있다. 따라서 타인의 저작물을 이용하기 위해서는 원칙적으로 저작권자로부터 이용허락을 받아야 하며 그러한 이용허락을 받지 않는 행위는 저작권을 침해하는 행위로서 형사책임과 함께 손해배상이라는 민사책임뿐만 아니라 침해정지 청구권[22]의 대상이 된다. 이러한 침해정지 청구권은 소유권이나 점유권의 경우 그 물권내용의 완전한 실현이 방해받고 있을 때 그 방해자에 대하여 물권내용의 실현을 가능하게 하는 행위를 청구할

21) 정상조, 저작권법주해, 박영사, 2007, 451.
22) 저작권법 제123조.

수 있는 권리 즉 물권적 청구권의 하나인 방해배제 청구권과 유사한 권리이다.[23] 이와 같이 저작권을 물권적 지배권으로 파악하는 현행법의 태도는 이른바 물권적 보호원칙(property rule)[24]에 의한 재산권의 보호로 파악할 수 있다. 즉 본인의 자발적 의사에 의하지 않고는 그 권리를 전혀 박탈할 수 없도록 하여 오직 자발적인 의사에 기초한 거래를 통하여서만 권리의 이전이 가능하도록 하는 방법이다. 법은 누구에게 권리를 부여할 것인가만 결정하고 그 권리의 가치에 대한 평가는 시장에서의 이해당사자들 간의 개인적인 평가(individual valuation), 즉 시장가격에 맡기게 된다.[25] 따라서 물권적 보호원칙은 시장이 정상적으로 작동할 것을 전제로 하고 있다. 그런데 저작물은 본질적으로 공공재(public good)의 성격을 띠게 되고 거래비용의 증가로 시장의 실패가 발생할 가능성이 커 이러한 물권적 보호원칙(property rule)에 의한 보호가 적합하지 않은 경우가 많다. 무형의 정보로서의 저작물은 이에 대한 누군가의 '이용'이 다른 사람의 '이용'에 영향을 미치지 않는 비경합성(nonrivalrous)과 한 사람에게라도 이용을 허락하게 되면 다른 사람들의 이용을 통제하기가 사실상 불가능하거나 어렵게 된다는 의미의 비배재성(nonexcludable)을 갖고 있기 때문이다. 특히 디지털 시대에서는 유형적 매체를 통한 물리적 관리나 통제가 아닌 무형적인 콘텐츠 전달이 원칙적인 모습이 되면서 비경합성과 비배재성이 본격적으로 드러난다. 이러한 사정 하에서는 저작물의 거래는 다른 공공재의 경우처럼 시장의 실패를 가져오고 따라서 시장의 정상작동을 전제로 하는 물권적 보호원칙에 의한 자원의 분배 역시 제 기능을 발휘하지 못하게 된다. 이처럼 시장의 실패로 물권적 보호원칙이 제대로 기능하지 못하는 경우에 이용자에게 저작물을 사용하게 하는 것이 사회적으로 바람직한 상황에서는 배타적 권리인 저작권을 후퇴시키고 자유이용을 허락하게 하는 것이 바

---

23) 오승종, 전게서, 1263.

24) 다툼 있는 권리의 보호방식에 대해서 Guido Calabresi와 A. Douglas Melamed는 1972년에 발표한 논문(Property rules, Liability Rules and Inalienablility : One View of Cathedral, 85 Harv. L. Rev. 1089. 1092, 1972)에서 물권적 보호원칙(property rule), 손해배상원칙(liability rule), 양도불가의 원칙(Inalienability)의 세 가지 분석방법을 제시하였는바 사권의 보호에 있어 보호의 목적, 권리의 구성, 이해당사자들의 지위, 사적거래의 효율성, 국가개입의 필요성 등 권리관계를 둘러싼 제반요소를 고려하여 가장 적절한 권리보호방식이 무엇인지 끌어내는 것으로 단순히 개념적인 권리분류방식이나 별개의 법 원리에 의한 규율보다 체계적인 접근을 가능하게 한다. 이러한 접근방법은 국내법 체계에서도 충분이 원용될 수 있을 것으로 판단되는바, 소유권 등 권리의 내재적 제한, 권리남용이론, 공용수용 및 공용제한 등 사권에 대한 공법적인 제한 등도 모두 이 분석방법으로 설명이 가능하다. 허성욱, "권리남용금지 법리에 관한 법경제학적 고찰", 법조 55권 1호, 2006 및 법조 54권 12호, 2005; Salil Mehra, "*The iPod Tax : Why the Digital Copyright System of American Law Professors' Dreams Failed in Japan*", 79 U. Colo. L. Rv., 2008(http://ssrn.com/abstract=1010246에서 이용가능) 참조.

25) 허성욱, 전게논문, 213.

람직한데 그 역할을 하는 것이 저작재산권의 제한이라는 의미이다.[26]

3. 공공 정책적 고려

모든 국민의 재산권은 그 내용과 한계가 법률로 정해지고[27] 국민의 모든 권리는 공공복리를 위하여 필요한 경우에는 법률로써 제한할 수 있으므로[28] 저작권의 경우에도 이익형량이나 거래비용의 고려 외에 공공복리 등 공공 정책적 고려에 의하여 그 재산권의 제한이 이루어질 수 있음은 당연하다. 이른 바 비경제적인 요소, 즉 표현의 자유라던가 자유로운 정보의 유통, 교육적인 목적, 특정 계층의 보호 등 규범적 또는 공공정책적 차원에서 저작재산권이 제한되는 경우이다. 우리 저작권법의 저작재산권 제한 규정 중 국가목적의 실현을 위한 '제23조 재판절차 등에서의 복제', 국민의 알 권리를 충족시키기 위한 '제24조 정치적 연설 등의 이용'과 '제27조 시사적인 기사 및 논설의 복제 등', 언론의 자유를 위한 '제26조 시사보도를 위한 이용', 시각장애인 등의 복리증진을 위한 '제33조 시각장애인 등을 위한 복제' 등이 여기에 해당한다. 국제조약체결과정에서 몇몇 국가에 의해 제안되었던 문화다양성 보호를 포함한 일반 공중이익 조항, 공정경쟁 조항 등[29]도 같은 맥락이라 할 수 있다. 최근에는 브라질, 에콰도르, 파라과이에 의해 제한된 시각장애인을 위한 저작재산권의 제한이 WIPO(World Intellectual Property Organization)의 저작권 · 저작인접권 상설위원회(SCCR)에서 논의되고 있는데 주로 개발도상국의 시각장애인들의 접근권을 보장해주기 위하여 그 채택이 주장되고 있어 이 역시 공공정책적 고려에 의한 저작재산권의 제한으로 볼 수 있다. 이에 대해서 특정계층의 보호를 위한 저작재산권의 제한이 자

26) 이 경우 저작권자의 경제적 이익을 크게 침해하게 되는 경우에는 이를 보완하기 위하여 금전적인 보상이 고려되어야 하는데 앞서 언급한 법정허락이나 보상금의 지급이 전제가 되는 저작재산권 제한 사유 등이 여기에 해당한다. 더 나아가 애초부터 물권적 보호원칙이 아닌 손해배상원칙, 즉 권리자의 의사에 관계없이 자원에 대한 권리를 박탈 또는 침해할 수 있으나 객관적으로 평가되는 손해액(objectively determined value)은 반드시 배상하도록 하는 원칙을 채택한다면, 이는 거래비용의 과다로 인하여 당사자들에 의한 자발적인 거래가 불가능하지만 거래가 이루어지는 것이 더 효율적인 상황에서 국가가 개입하여 객관적 가격으로 거래가 이루어진 것과 같은 법률관계를 창설하는 방법으로 논의되는 ACS(Alternative Compensation System)에 이르게 된다. ACS의 자세한 내용에 대해서는 필자의 "디지털 시대의 저작권과 대안적 보상체제", 지적재산권, 2008, 참조.

27) 헌법 제23조 제1항.

28) 헌법 제37조 제2항.

29) 일반 공중이익(General Public Interest) 조항은 브라질이 제안한 것으로서, 문화다양성 보호(유네스코의 Convention on the Protection and Promotion of the Diversity of Cultural Expressions에 상응하는 조치를 요구하는 취지)를 포함하여, 지식과 정보에의 접근권과 교육과 과학목적의 이용을 보장해야 한다는 취지를 담고 있고, 또한, 공정경쟁(Defense of Competition) 조항은 칠레가 제안한 것으로서, 지적재산권이 거래와 기술의 국제 확산을 제한하는 방법으로 사용되어서는 안 된다는 취지 및 시장에서의 자유경쟁을 제한하는 방법으로 이용허락의 방법이나 조건을 입법해서도 안 된다는 취지 등을 담고 있다.

칫하면 일반인들의 부당한 이익을 위하여 활용될 수 있다는 우려나, 사회약자층의 보호는 기본적으로 각국 정부의 사회복지정책에 의하여 이루어져야 한다는 반대의견들도 많아 조약성립이 순탄하지만은 않은 실정이다. 공공정책적 고려에 의한 저작재산권의 제한이 정책적 이유로 권리자의 이익을 다소 후퇴시키는 것이라는 점에서 이익형량에 의한 저작재산권의 제한보다는 권리자들의 반발이 더 심할 수 있다는 점을 잘 나타내 준다. 특히 아래에서 설명하게 될 국제조약상의 저작재산권 제한 원칙인 3단계 테스트와 충돌이 제일 문제가 될 것이다. 이에 대해서는 해당 부분에서 상세히 언급한다.

제 3 저작재산권 제한의 국제적 기준과 입법례

Ⅰ. 개 관

저작권법에 저작재산권의 제한규정을 두어 일정한 경우에 자유이용을 허락하는 것은 대부분 국가에서 찾아 볼 수 있다. 다만 그 형식에 있어서는 차이가 있는데 영국의 공정취급(fair dealing)이나 미국의 공정이용(fair use)처럼 구체적인 경우를 열거하는 대신 원칙적인 일반조항을 두어 저작재산권의 제한 사유를 추상적으로 규정하는 영미법계의 입법례와 각 제한 사유를 구체적으로 열거하여 그에 해당되는 경우에만 저작재산권이 제한되는 우리나라를 포함한 대륙법계의 입법례로 나눌 수 있다. 전자는 구체적 사안에 탄력적으로 대응을 할 수 있고 저작권환경 변화에 상대적으로 유연한 대처가 가능하나 이용자의 입장에서는 구체적 적용여부를 확신할 수 없어 저작재산권 제한사유를 방어수단으로 삼기 위해서는 위험부담을 감수해야 하는 법적 불안에 처하게 되는 단점이 있다. 이와 반대로 구체적 조항을 열거하는 경우에는 그 적용여부가 상대적으로 예상 가능한 범위에 있게 되므로 법적 안정성을 얻을 수 있으나 구체적 상황에 유연하고 탄력적으로 대처하기에 어려운 점이 있다. 그러나 열거주의를 택하고 있는 경우에도 입법기술상 구체적으로 어떤 경우에 저작재산권이 제한되는지 모두 예상하여 규정할 수 없으므로 개별 조항에 추상적인 불확정 개념이 포함되어 있는 경우가 많아[30] 그 경우에는 역시 구체적 해석이 필요하다.

30) 우리 저작권법의 저작재산권 제한 조항에도 제23조의 "저작재산권자의 이익을 부당하게 침해하는 경우", 제23조 제2항의 "저작물의 전부를 이용하는 것이 부득이한 경우", 제267조의 "정당한 범위 안에서", 제29조의 "정당한 범위 안에서 공정한 관행에 합치되게", 제32조의 "정당한 범위에서" 등과 같이 불확정 개념이 포함되어 있다.

Ⅱ. 저작재산권 제한의 국제적 기준 – 3단계 테스트

1. 연 혁

베른협약[31)]은 저작권의 한계와 예외에 관하여 비교적 자세한 규정을 두고 있는데 주로 제2조, 제2조의 2와 제9 내지 14조 사이에 집중적으로 규정되어 있다. 대부분은 저작권의 한계와 예외가 인정되는 저작물 또는 이용태양을 구체적으로 열거하고 있으나 유독 복제권의 예외를 규정한 제9조 제2항만 일반조항의 형태를 띠고 있다. 이것이 이른바 '3단계 테스트' 조항이다. 복제권이 베른협약에 규정된 것은 비교적 최근의 일이다. 물론 그전에도 협약의 해석상 복제권이 인정되고 있었다는 견해도 있었으나 명문화 되어 있지 않은 이상 많은 지지를 받기는 힘들었다. 따라서 그 이전까지는 복제권의 인정여부나 그에 대한 예외규정을 동맹국들이 자유롭게 정할 수 있었는데, 복제권을 인정하는 점에서는 대부분 일치하였지만 그 예외규정에 있어서는 다양한 모습을 띠고 있었다. 베른협약에서도 개별규정[32)]으로 특별한 경우에 복제권이 제한된다는 취지의 규정을 두고 있었긴 하였지만 복제권에 대한 근거가 명확하게 규정되어 있지 않은 관계로 복제권에 대한 일반적 예외조항도 역시 존재하지 않았다. 그러다가 1967년의 스톡홀름 개정에서 제9조 제1항으로 "이 협약이 보호하는 문학 · 예술 저작물의 저작자는 어떠한 방법이나 방식으로, 이 저작물의 복제를 허락할 배타적 권리를 갖는다"라고 규정함으로써 처음으로 복제권이 도입되었고, 1971년 파리개정에서도 그대로 채택되었다. 그 결과 복제권의 예외에 대한 가이드 라인이 필요하게 되었고 한편 이러한 가이드 라인은 이미 존재하고 있는 각 동맹국들의 규정을 되도록 수용할 수 있어야 했기 때문에[33)] 많은 논쟁 끝에 구체적인 규정이 아닌 일반조항을 채택하는 것으로 결정되었다. 그 일반조항으로서 채택된 것이 이른바 '3단계 테스트'이다.

---

31) 정식 명칭은 "문학 및 미술 저작물의 보호에 관한 베른협약(the Berne Convention for the Protection of Literary and Artistic Works)"이다. 다자간 협약에 의한 저작권의 국제적 보호의 시초로서 지금도 저작권법의 기본조약으로서 역할을 하고 있다.

32) 제10조의 2에서 규정하고 있는, 시사문제에 관한 신문이나 정기신문이나 정기간행물에 발행된 기사 및 방송저작물을 언론이 복제하는 경우, 사진 · 영화 · 방송 또는 유선에 의한 공중에의 전달을 통하여 현재의 시사 사건을 보도(Reporting Current Events)하고자 하는 목적으로, 그 사건의 과정에서 보이고 들리는 문학 · 예술 저작물을 목적상 정당화되는 범위 내에서 복제하는 경우가 이에 해당한다.

33) Jane C. Ginsburg, "*Toward Supranational Copyright Law? The WTO Panel Decision and the Three-Step Test for Copyright Exception*", The Center for Law and Economic Studies Working Paper No.181, 11.

이렇게 탄생하게 된 '3단계 테스트'는 그 후 TRIPs가 제13조에서 이를 거의 그대로 차용[34)]하면서 이를 복제권에 한정하지 않고 모든 저작권에 대한 한계와 예외의 적법성을 평가하는 기준으로 사용하였고 베른협약과 달리 임의조항이 아닌 의무조항으로 규정함으로써 중요한 의미를 갖게 되었다. 그 후 1996년의 WCT와 WPPT[35)]도 이를 도입하면서 저작권의 한계와 예외에 관한 일반적 국제규범으로의 모습을 갖추게 되었다.

2. 내 용

(1) 조 문

베른협약 제9조 제2항은 다음과 같이 규정하고 있다.[36)]

"어떤 특별한 경우에 있어 그러한 저작물의 복제를 허용할지는 동맹국의 입법에 맡긴다. 다만, 그러한 복제는 저작물의 통상적인 이용과 충돌하지 아니하여야 하며, 저작자의 합법적인 이익을 부당하게 해치지 아니하여야 한다.(It shall be a matter for legislation in the countries of the Union to permit the reproduction of such works in certain special cases, provided that such reproduction does not conflict with a normal exploitation of the work and does not unreasonably prejudice the legitimate interests of the author)"

위 규정의 내용을 분석하면 (1) 어떤 특별한 경우(certain special case), (2) 저작물의 통상적인 이용과 충돌하지 아니할 것(not conflict with normal exploitation of

---

34) TRIPs의 해당 조항의 내용은 다음과 같다.

"Members shall confine limitations and exceptions to exclusive rights to certain special cases which do not conflict with a normal exploitation of the work and do not unreasonably prejudice the legitimate interests of the right-holder"

베른조약의 조항과 비교해보면 세 번째 단계의 마지막 단어인 author가 right-holder로 바뀐 것 외에는 완전히 일치하고 있으므로 베른협약의 조문을 기준으로 설명한다.

35) WCT(WIPO Copyright Treaty)와 WPPT(WIPO Performance and Phonogram Treaty)는 저작권과 저작인접권의 양대 조약인 베른협약과 로마협약을 디지털 시대의 환경변화에 대처하기 위하여 업그레이드한 조약으로 1996년에 체결되었다.

36) 정식명칭은 "The Agreement on Trade Related aspects of Intellectual Property Rights, 무역관련 지적재산권협정)이다. GATT 체제를 대신하여 출범한 WTO(World Trade Organization, 세계무역기구) 설립협정의 부속협정으로 적재산권 문제만을 다룰 수 있는 WIPO의 역할에 한계가 있자 지적재산권의 보호문제를 무역문제와 연계시켜 해결하려는 미국의 주도하에 이루어졌다.

the work) (3) 저작자의 합법적인 이익을 부당하게 해치지 아니할 것(not unreasonably prejudice the legitimate interest of the author)의 세 가지 요소로 크게 분류할 수 있는데, 이것이 3단계 테스트를 함에 있어서 차례대로 거쳐야 할 관문이다. 따라서 어느 저작재산권의 제한 조항이 전 단계에서 그 테스트를 통과하지 못하면 다음 단계는 판단할 필요 없이 위 규정에 반하게 된다. 결국 위 세 가지 요소의 정확한 해석이 관건인데, 위 규정이 도입되는 과정에서 이루어진 논의들, 전체 협약 규정과의 조화 등이 주요한 기준이 될 것이나, 2000년 6월에 EU가 미국을 상대로 미국 저작권법 110(5)에 대하여 TRIPs 규정 위반으로 제소한 사건[37]에서 WTO 패널이 3단계 테스트를 규정한 TRIPs 제13조의 의미를 판단한 바 있어 3단계 테스트의 해석에 있어 좋은 자료가 되고 있다.

(2) 구체적 해석

(가) 어떤 특별한 경우(certain special cases)

위 조건은 'certain'과 'special' 두 개의 수식어를 어떻게 해석하느냐의 문제이다. 'certain'에 대해서 WTO 패널은 ".....must be clearly defined.... the scope of the exception is known and particularized....."로 설명하고 있다[38]. 즉 적용범위가 명확하게 특정되어야 한다는 것을 의미한다. 한편 'special'의 의미에 대해서는 "....exception or limitation should be narrow in quantitative as well as a qualitative sense.... narrow scope as well as an exceptional or distinctive objective..."라고 설명하고 있다.[39] 적용범위가 질적인 면에서나 양적인 면에서나 좁아야 한다는 것이다. 따라서 이를 종합하면 certain special cases는 '특정되고 좁은 범위의 이용'에 한정된다고 할 수 있다. 추가적으로 그러한 한계나 예외가 공공정책의 명백한 이유나 다른 예외적인 여건 때문에 정당화되어야 한다는 조건을 부가하는 견해[40]가 있지만 이러한 규범적인 판단은 첫 번째 테스트에서는 고려하지 말아야 한다는 견해[41]가 더 설득력 있고 WTO 패널도 같은 입장을 취하고 있다. 뒤에서 살펴볼 두 번째 및 세 번째 단계에서 이러한 규범적 요소가 다루어진다는 점을 고려하면 이러한 입장은 타당한 것으로 보인다.[42]

---

37) EC v. US : Section 110(5) of the US Copyright Act(WT/DS160).

38) WTO Panel on United States–Section 110(5) of the Us Copyright Act, June, 2000, 제33.

39) 상동.

40) Sam Ricjetson, "*Wipo Syudy on Limitations and Exceptions of Copyright and Related Rights in the Digital Environment*", WIPO, 22.

41) Jane C. Ginsburg, 전게논문, 11.

(나) 저작물의 통상적인 이용과 충돌하지 아니할 것(not conflict with the normal exploitation of the work)

이 단계에서의 핵심적인 요소는 무엇이 '통상적(normal)'인 것이냐이다. 저작권자의 이용(exploitation)을 저작권자가 저작물에 대하여 자신의 권리를 행사하여 그 저작물을 통해 경제적인 가치를 획득하는 행위라고 한다면 통상적('normal)' 이용은 보통의 또는 전형적인 경우에 합리적으로 기대할 수 있는 이용이라 할 수 있는데 그 구체적인 정의로는 정적인 접근방법과 동적인 접근방법이 있다.[43] 두 접근방법의 차이는 아직은 실현되지 않았지만 미래에 가능한 잠재적인 이용을 포함하느냐에 있다. 정적인 접근방법은 현재를 기준으로 저작권자가 보상을 받기를 기대할 만한 이용이냐에 따라 판단하는 것이다. 저작권의 한계나 예외조항을 염두에 두고 저작권자의 기대를 판단하게 되는 경우에는 판단대상이 전제가 되는 논리적인 오류가 있게 되므로 이를 피하기 위해 아무런 제한이나 면책되는 행위가 없다는 전제하에 저작권자가 통상적으로, 그리고 합리적으로 기대할 수 있는 이용을 파악하게 된다. 이 방법은 비록 현재는 그러한 이용에 소모되는 거래비용이나 여러 사정으로 저작권자가 기대하지 않는 이용이라 하더라도 기술이나 여건이 변화함에 따라 통상적으로 기대할 수 있는 이용범주에 들어갈 수 있는 경우의 잠재적 가능성을 고려하지 않는다는 비판을 받는다. 이와 달리 장차 있을지도 모를 기술적 · 시장적 발달을 고려함으로써 현재의 이용뿐만 아니라 저작물로부터 가치를 끄집어 낼 수 있는 잠재적인 이용도 고려하는 방법이 동적 접근방법이다. WTO 패널은 현재의 보상을 가져다주는 이용뿐만 아니라 어느 정도의 가능성 내지 실현성(with a certain degree of likelihood and plausibility)이 있는 이용도 포함한다는 취지로 설시[44]하고 있어 이와 같은 동적인 접근방법을 택하고 있는 것으로 보인다.

이 두 번째 요소의 해석에 있어 또 하나의 관건은 규범적인 측면의 고려이다. 즉 단순히 경험적(empirical) 측면, 즉 단지 어떤 이용이 기대되느냐를 예측하는 가능성의 문제가 아니라 저작권자의 기대를 어디까지 인정해야 하느냐의 규범적(normative) 판단이 이 단계에서 고려되어야 하는가의 문제이다. WTO Panel의 결정에서는 'exploitation which could acquire considerable economic or practical

42) Daniel J. Geravais, "*Towards a New Core International Copyright Norm : the Reverse Three-step Test*", Marquette Intellectual Property Law Review Vol.9:1 2005, 15.

43) Sam Ricjetson, 전게논문, 23.

44) Sam Ricjetson, 전게논문, 23.

importance'라고만 설시하고 있어서 이러한 규범적 판단도 고려하고 있는지는 명확하지 않다. 그러나 단지 경제적 경쟁관계에 해당하는지 여부나 통상적인 이용의 가능성으로만 이 두 번째 테스트를 판단하게 되는 경우, 비경제적인 요소, 즉 자유로운 정보의 유통이나 표현의 자유, 특정 계층의 보호, 사적 자치 등의 규범적 의미가 고려되어야 할 이용들이 이 두 번째 테스트를 통과하지 못하여 저작권자의 통상적인 이용과 충돌할 가능성이 있다. 따라서 그러한 경우에는 비경제적인 공공정책(public policy)를 통상적 이용의 판단의 고려요소로 포함시킴으로써 공공정책에 기하여 인정되는 특정 이용들에 대한 저작권자의 개입은 합리적으로 기대할 수 있는 통상적 이용에 포함되지 않는다고 판단할 여지를 만들 수 있다.[45] 결국 통상적 이용의 판단도 다른 법규들의 해석과 마찬가지로 가치판단 내지 이익형량의 문제가 중요한 문제로 부각될 수밖에 없다. 물론 비경제적인 규범적 이유 때문에 저작권자의 통상적 이용과 충돌하지 않게 되어 이 두 번째 테스트를 통과하였다 하더라도 그 때문에 저작권자가 수인할 수 없는 정도의 손해를 입게 되는 경우는 또 다른 문제인데, 이는 다음의 세 번째 단계에서 걸러지게 된다.

(다) 저작자의 합법적인 이익을 부당하게 해치지 아니할 것(not unreasonably prejudice the legitimate interests of the author)

'unreasonably'와 'interest'라는 두 단어에서 잘 드러나듯이 마지막 관문인 세 번째 단계는 두 번째 단계의 규범적 판단 여부에서 언급되었던 이익형량의 문제가 본격적으로 고려된다는 것을 의미한다.

'legitimate interest'는 '적법한 이익' 정도로 해석이 되지만 좀 더 넓은 의미의 규범적인 측면에서 인정되는 이익으로 보아야 한다는 견해도 있다.[46] 베른 조약의 경우에는 권리자(Right-holder)의 이익이 아니라 저작자(Author)의 이익이라는 점에서 금전적, 경제적 이익뿐만 아니라 저작인격권에서 인정되는 비경제적, 인격적 이익도 포함된다고 보는 것이 문언 해석상으로 타당하고 협약 전체의 취지와도 부합한다. 사실상 모든 권리의 제한 규정은 권리자의 이익의 침해를 수반하게 되는데 결국 그 허용여부는 침해가 얼마나 비례적이고 합리적인 범위에 그쳤냐 하는 점에 달려있다. 이를 명백히 하고 있는 것이 'unreasonably'라는 수식어이며 이것이 이 세 번째 단계의

45) Jane C. Ginsburg, 전게논문, 15.

46) 스톡홀롬 개정 당시 주장되었던 부분인데 이에 대해서 법적인 이익에 한정하여야 한다는 의견도 만만치 않다. 이에 대하여는 Daniel J. Geravais, 전게논문, 18 참조.

키워드라 할 수 있다. 따라서 세 번째 단계는 두 번째 단계에서도 다루어졌던 이익형량의 문제로 귀착된다. 즉 한계 또는 예외 규정이 첫 번째와 두 번째 단계를 충족하고, 비례적 · 합리적 한계를 넘지 않는 경우에는 저작자의 이익이 중대하게 침해되어도 괜찮다는 것이다. 이러한 비례성 · 합리성은 침해되는 저작자의 이익과 보호되는 이용자의 이익의 형량으로 결정되겠지만 침해되는 저작자의 이익을 보충해 줄 만한 다른 조건, 즉 저작자 표시나 동일성을 유지하는 것을 요구한다던지 이용에 대한 보상을 하게 하는 것으로 얻어질 수도 있다.[47] 앞에서 본 법정허락 형태의 예외 규정도 바로 침해의 비례적 · 합리적 한계를 유지하기 위하여 자유로운 이용을 하게하는 대신 권리자의 이익에 대한 침해를 보완해주는 방법으로 보상을 하게 한 예라고 할 수 있다.

3. 평 가

베른협약 상 복제권의 뒤늦은 명문화 과정에서 고민 끝에 부득이하게 도입되었던 3단계 테스트는 TRIPs 제13조에 의하여 저작권의 한계와 예외에 관한 일반조항으로 채택된 후 후발 협약들이 같은 입장을 취함으로써 바야흐로 저작권의 한계와 예외에 관한 국제적 일반원칙으로 승격되었다고 할 수 있다. 기본적으로 일반 조항은 입법기술상 그 개념의 개방성 때문에 좀 더 유연하고 탄력적인 적용이 가능하도록 만들어진다. 하지만 국제협약들에 적용된 3단계 테스트의 내용을 보면, 일반조항으로서 독자적으로 적용되는 것이 아니라 기존에 존재하던 한계와 예외규정에 추가적으로 적용됨으로써 오히려 기존규정의 요건을 더욱 엄격하게 하는 역할을 하고 있음을 알 수 있다. 특히 불확정 개념과 이익형량이라는 고도의 규범적 도구를 사용하고 있어 국내입법의 국제규범에 대한 부합여부가 오히려 불명확해져 더 불안한 법적 상태에 놓이게 될 우려가 있다. 특히 저작권의 한계나 예외 조항이 경제적 경쟁관계나 경제적 이익의 균형에 근거하는 것이 아니라 비경제적인 가치, 즉 공공목적, 사적자치, 교육목적, 정보의 자유, 디지털격차의 해소, 장애인의 보호, 개발도상국의 지원 등에 근거하는 경우 과연 3단계 테스트를 무사히 통과할 수 있을지는 단정하기 어렵다. 극단적으로 흐르는 경우 모든 실질적 중요성이 있는 저작물의 현재적 · 잠재적 이용은 저작권자의 몫이므로 이에 제한을 가하는 것은 용납될 수 없다는 견해도 가능하기 때문이다.[48] 앞서 언급한 것처럼 두 번째 단계의 통상적 이용에 대한 판단에서 규범적 측면

47) Sam Ricjetson, 전게논문, 27.

48) 정찬모, "국제저작권협정상 3단계 테스트의 변천", 계간 저작권 제65호, 2004, 56.

이 강조되는 이유도 바로 위와 같은 조항들을 포섭하기 위한 궁여지책처럼 느껴진다. 그럼에도 불구하고 실제 사건에서 어떤 식으로 적용될 수 있을지 명확하지 않고 만약 3단계 테스트를 통과하지 못한다면 저작권의 한계와 예외에 대한 기존의 체계가 흔들릴 위험성이 있다. 결국 저작권의 한계와 예외에 관하여 권리자와 이용자의 이익균형을 근간으로 한 일반원칙으로서 유연성을 가지고 제반 문제를 해결하기 위하여 도입된 3단계 테스트가 그 바람직한 취지와 특성에도 불구하고 실제 적용에 있어서는 오히려 일방적인 권리의 강화와 경직된 결과를 초래할 수 있는 위험성을 갖고 있다는 것이 3단계 테스트의 딜레마라 할 수 있다.

Ⅲ. 국내 저작권법의 저작재산권 제한 규정

우리나라 저작권법은 제23조부터 37조에서 저작재산권이 제한되는 사유를 열거하고 있는바 이를 정리하면 다음 표와 같다. 이 규정은 당연히 저작인격권에는 영향을 미치지 않는다.[49] 한편 저작재산권 제한 규정 중 제23조, 제25조, 제30조, 제32조는 컴퓨터프로그램에는 적용되지 않는다.

조 항	구체적 내용	보상금 지급의무	가능한 2차적 저작	출처 명시의무
제23조 재판절차 등에서의 복제	재판절차에 필요 입법·행정목적의 내부자료 이익의 부당한 침해는 제외		번역	○
제24조 정치적 연설 등의 이용	공개적 정치적 연설, 법정 진술 동일한 저작자의 연설이나 진술의 편집은 제외		번역	○
25조 학교교육 목적 등에의 이용	교과용 도서(고등학교 이하)에 게재	○	번역 편곡 개작	○
	수업목적의 교사 등의 이용 (학생은 복제·전송만 가능)	○ (대학교 이상)		
26조 시사보도를 위한 이용	우발적인 이용, 정당한 범위		번역	×

49) 저작권법 제38조.

27조 시사적인 기사 및 논설의 복제 등	다른 언론기관의 복제 · 배포 · 방송에만 해당 (이용금지표시의 경우에는 제외)		번역	○
28조 공표된 저작물의 인용	정당한 범위 내(주종관계) 공정한 관행에 합치		번역	○
29조 비영리 목적의 공연 · 방송	비영리목적의 공연 · 방송(실연자에게 통상의 보수 지급불가) 반대급부를 받지 않는 판매용음반 또는 영상저작물의 재생(일부 영업장 및 시설 제외)		번역 편곡 개작	×
30조 사적이용을 위한 복제	비영리목적 개인적 이용 또는 한정된 범위 내 공중설치복사기기에 의한 복제제외		번역 편곡 개작	×
31조 도서관 등에서의 복제 등	조사 · 연구목적의 이용자요청에의한 1인 1부 복제(디지털 형태 제외), 자체보전목적의 복제 다른 도서관의 요구에 따른 절판 기타 사유의 보존용 복제(디지털 형태 제외)	○ (디지털 형태도서의 이용자 복제)	×	×
	관내전송 – 동시열람자 수제한 관간 전송 – 발행일로부터 5년 경과한 도서	○		
32조 시험문제로서의 복제	정당한 범위 내, 비영리		번역	×
33조 시각장애인 등을 위한 복제	점자로 복제 · 배포 시각장애인을 위한 시설의 비영리적인 어문저작물의 녹음 · 시각장애인들을 위한 전용기록방식으로 복제 · 배포 · 전송		번역	○
34조 방송사업자의 일시적 녹음 · 녹화	방송을 위한 경우 1년 초과 보존 불가		×	×
35조 미술저작물 등의 전시 또는 복제	원본의 소유자 등에 의한 원본 전시(개방된 상시 전시는 제외)		×	×
	공개된 미술저작물 등의 복제 및 이용			
	전시 · 판매에 수반되는 복제 및 배포			

Ⅳ. 공정이용(fair use)

1. 연 혁

최근에 들어와 관심의 대상이 되고 있는 것 중 하나가 미국의 저작권 제한의 일반 조항인 공정이용(fair use)이다. 인터넷상의 저작권 분쟁과 관련해서 기존의 열거적인 저작재산권 제한사유의 한계가 지적되자 구체적 사안에 따라 좀 더 유연한 저작재산권 제한 조항의 적용을 위해 일반 조항의 도입이 요구됨에 따라 제일 잘 알려진 미국의 공정이용에 대한 관심이 높아진 것이다.

미국의 공정이용은 18세기 영국 보통법의 공정요약(fair abridgement)에 기원을 두고 있는 것[50]으로 1841년 Folsom v. Marsh 사건에서 처음으로 등장한 바 있고 그 후 판례에 의하여 계속 그 이론이 정립되어 오다가 1976년 개정 저작권법 제107조[51]로 도입되었다. 흥미로운 것은 공정이용은 권리의 제한 규정으로 처음 소개 된 것이 아니라 권리 침해의 여부를 판단하기 위한 기준의 제시로 등장했다는 점이다. 즉 위 Folsom v. Marsh 사건은 그 전까지는 영국의 판례에 따른 공정요약의 원리가 채택되어 원 저작물을 요약하는 것은 저작권의 침해가 아니었고 그 요약자는 원저작자와 동일한 권리를 누리고 있었는바 공정요약의 원리가 창작성이 희박한 요약물을 만든 자에게 너무 많은 자유를 주고 있는 것에 대한 비판이 제기 되었고 이를 제한하기 위하여 새로운 대체원리로서 후에 공정이용이라 불리게 되는 새로운 원리[52] 가 제시되었

50) 정상조, 전게서, 455.

51) Copyright Act of 1976, 17 U.S.C., § 107.

Notwithstanding the provisions of sections 106 and 106A, the fair use of a copyrighted work, including such use by reproduction in copies or phonorecords or by any other means specified by that section, for purposes such as criticism, comment, news reporting, teaching (including multiple copies for classroom use), scholarship, or research, is not an infringement of copyright. In determining whether the use made of a work in any particular case is a fair use the factors to be considered shall include?

(1) the purpose and character of the use, including whether such use is of a commercial nature or is for nonprofit educational purposes;

(2) the nature of the copyrighted work;

(3) the amount and substantiality of the portion used in relation to the copyrighted work as a whole; and

(4) the effect of the use upon the potential market for or value of the copyrighted work.

The fact that a work is unpublished shall not itself bar a finding of fair use if such finding is made upon consideration of all the above factors

52) 실제 공정이용이라는 이름이 붙여 진 것은 1869년에 있은 Lawrence v. Dana 사건이다.

던 것이다[53)]

2. 규 정

공정이용에 관한 미국 저작권법 제107조의 규정은 다음과 같다.

제107조(배타적 권리에 대한 제한: 공정이용)

제106조 및 제106조의 A의 규정에도 불구하고, 비평, 논평, 뉴스 보도, 학교 수업(학급에서 다수 복제하는 경우를 포함), 학문, 또는 연구 등과 같은 목적을 위하여 저작권이 있는 저작물을 복제물이나 음반으로 제작하거나 또는 기타 제106조 및 제106조의 A에서 규정한 방법으로 인용하는 경우를 포함하여 공정 이용 행위는 저작권 침해가 되지 아니한다. 구체적인 경우에 저작물의 사용이 공정 이용이냐의 여부를 결정함에 있어서 다음의 사항을 참작하여야 한다.

(1) 이러한 사용이 상업적 성질의 것인지 또는 비영리적 교육목적을 위한 것인지의 여부를 포함한, 그 사용의 목적 및 성격

(2) 저작물의 성격

(3) 저작물 전체에서 사용된 부분이 차지하는 양과 상당성

(4) 이러한 사용이 저작물의 잠재적 시장이나 가치에 미치는 영향

위의 모든 사항을 참작하는 공정 이용이라면, 저작물이 발행되지 아니하였더라도 그 사실 자체만으로는 그러한 결정을 방해하지 못한다.

3. 해 석

우선 비평, 논평, 뉴스보도, 학교수업, 학문 또는 연구 등을 위한 행위를 열거하고 있는데 이는 예시적인 규정이라 할 수 있다. 따라서 여기에 해당되지 않더라도 공정이용에 해당하는 경우가 있을 수 있다. 결국 이러한 목적들은 그 다음에서 고려사항으로 요구하고 있는 네 가지 요소들과 함께 고려될 필요가 있다. 107조의 공정이용에 해당하는 여부는 그러한 고려사항들이 모두 충족되어야 하는 것이 아니라 이를 종합적으로 판단하여 공정이용 해당여부가 결정되게 된다.

---

53) 이대희, 전게 논문, 546.

(1) 사용의 목적 및 성격

사용의 목적 및 성격으로 고려해온 대표적인 요소는 상업적(commercial) 이용 여부와 변형적(transformative) 이용 여부이다. 그러나 오늘날에 있어서 대부분의 이용행위에서 상업성 여부를 완전히 제거하기가 어렵고, 상업적 이용 여부가 사실상 권리자의 손실과는 관계가 없으며, 저널리스트나 학자에 의한 인용같이 비록 비상업적 이용이라고 보기는 힘들지만 기존의 저작물에 새로운 가치나 표현을 더하는 것이어서 공정이용을 적용하여야 할 경우가 많기 때문에 공정이용 여부를 결정하기 위한 요소로서 상업적 · 비상업적의 구별실익이 없어졌다[54]고 보는 것이 적절하다. 따라서 이용행위가 저작물을 그대로 이용하는 것이 아니라 이를 변형하여 이용하는 것인지 여부가 제일 중요한 요소로 고려된다. 변형적 이용이라는 것은 생산적(productive)이라는 것을 의미하는 것으로 애초 저작권법이 문화의 향상발전을 목적으로 두고 있다는 점에서 기존의 저작물에 가치를 추가하여 새로운 저작물을 만들어 내는 것은 저작권법의 기본 취지에 부합하기 때문이다. 그 밖에 이용행위가 윤리적 관점에서 볼 때 적절한지 여부나 교육목적[55]을 위한 것인지도 고려의 대상이 될 수 있다.

(2) 저작물의 성격

저작물을 사실적 저작물(factual work)과 허구적 저작물(fictional work)로 나눈다면 사실적 저작물이 좀 더 공정이용의 대상이 될 가능성이 크다. 즉 역사적 사실은 특정인의 독점에 두기는 어려운 것이므로 사실에 기초한 저작물은 누구나 이를 인용하거나 재창작에 활용할 수 있도록 해야 될 필요가 있기 때문이다. 그밖에 공표된 저작물일수록 공정이용의 대상이 될 가능성이 크고[56] 컴퓨터 프로그램과 같은 기능적 저작물의 경우도 공정이용이 적용될 가능성이 크다.

(3) 이용되는 저작물이 차지하는 양과 상당성

이용되는 저작물이 양적으로나 질적으로 작을수록 공정이용이 될 가능성이 크고, 상당한 범위를 넘어 과도하게 사용하였을 경우에는 공정이용이 될 가능성이 줄어든다.

---

54) 오승종, 저작권법, 박영사, 2007, 698.

55) 교육목적의 이용에 대해서는 1976년 저작권법의 개정과 같은 해에 만들어진 "비영리 교육기관의 교실에서 복제에 관한 가이드라인(Guidelines for Classroom Copying in Not-for-Profit Educational Institution)"이 있는데 법률이 아니지만 합의에 의하여 만들어진 가이드라인으로 어문 · 음악저작물의 교육목적 이용에 대해서 중요한 기준을 제시하고 있으며, 1982년에는 시청각 저작물에 관한 지침도 마련된 바 있다.

56) 그러나 1992년에 위 단서규정이 추가되면서 공표되지 않았다는 사실 자체가 공정이용에 기한 방어를 배제하는 것이 아님을 명백히 한 바 있다.

(4) 저작물의 잠재적 시장이나 가치에 미치는 영향

이용행위로 인하여 저작물의 시장가치가 훼손될 가능성이 클수록 공정이용이 될 가능성이 적어진다. 저작물의 재산적 가치를 보호하기 위한 저작재산권의 본질을 생각할 때 저작재산권의 제한사유로서의 공정이용은 그러한 재산적 가치에 대한 영향이 최소화 할수록 긍정되기 때문이다. 시장가치에 대한 영향은 이용되는 저작물의 시장과 공정이용을 통하여 만들어진 저작물의 시장이 중첩되지 않고 서로 다른 효용을 주느냐에 따라 달라진다고 할 수 있다. 시장가치는 현실적인 것뿐만 아니라 잠재적인 것도 포함한다. 이 요건이 공정이용의 고려요소에 있어 가장 중요하다고 할 수 있다.

제 4 인터넷 시대의 저작재산권 제한

Ⅰ. 인터넷과 저작권

1. 권리침해양상의 변화

저작물에 대한 저작권자 내지 저작인접권자의 재산적 이익은 다음과 같은 세 가지 측면에서 위협을 받는다. 첫 번째는 이용자들의 허락받지 않은 접근이다. 권리자는 저작물에 대한 접근을 통제하되 대가를 지불하는 이용자에게만 감상을 허락하는 방식으로 경제적 이익을 얻는다. 따라서 권리자들 입장에서는 허락받지 않은 이용자들의 접근은 자신들의 이익을 직접적으로 침해하는 행위로써 최대한 막아야 할 위협에 해당한다. 전통적으로 이러한 위협에 대해서는 물리적인 차단 장치와 일반 재산권의 행사로 대처를 해왔다. 즉 저작물이 수록된 매체와 감상시설에 대한 물리적 차단 장치와 소유권과 같은 지배권으로 이용자들의 접근을 통제해 온 것이다. 두번째는 시장침탈행위이다. 즉 아무런 허락을 받지 않고 저작물의 사본을 만들어 배포하거나 공중에 전달하여 권리자로 가야할 수입을 가로채는 행위이다. 이에 대해서는 '저작물로부터 수익을 얻기 위한 추가적인 행위를 할 수 있는 권리' 내지 '저작권자의 이익취득기회를 상실시키거나 저작권자의 시장을 침해하는 타인의 행위를 막을 수 있는 권리'로 이해되는 저작재산권이라는 비교적 새로운 유형의 재산권으로 대처를 해왔다. 이와 함께 시장침탈행위에 소요되는 적지 않은 시간과 경제적 비용의 부담이 시장침탈행위를 억제하여 왔다. 세 번째는 허락받지 않은 2차적 저작물의 창작 내지 개작행위이다. 즉 저작물 자체를 그대로 이용하는 보통의 시장침탈 행위와는 달리 타인의 저작물에 새로운 가치를 더하여 재산적 이득을 취하는 행위이다. 비록 기존의 저작물에 새로운 가치를 더하는 것이기는 하지만 이 역시 권리자의 입장에서는 추가적인 시장의 침해로 볼 수 있기 때문이다. 저작재산권의 하나인 2차적 저작물 작성권이 이를 통제하기 위해 고안된 권리인데, 이와 함께 실제 일부 전문 창작자들만이 그러한 재창작이나 개작행위를 할 수 있었던 사정도 권리자들의 이익보호에 도움을 주는 요소였다.

인터넷이 등장하기 전까지 이러한 방어체제는 비교적 제대로 돌아가고 있었다. 권리자에게 부여된 법적 방어수단과 물리적 억제요소의 결합이 효과가 있었기 때문이다. 그러나 인터넷 시대로 넘어오면서 그러한 방어체제는 새로운 국면을 맞게 된다. 접근통제의 경우 초기에는 접근경로(Access Point)의 확대와 물리적인 통제의 곤란으로 어려움을 겪었지만 회원제나 신원확인기술과 같은 인터넷에서의 접근통제 기술이 점차 정교해지고 기술적 보호조치와 그 법적 보호가 자리를 잡아감에 따라 권리자가 원할 경우에는 오히려 그 전보다 더 확실한 접근통제가 이루어질 수 있었으므로 큰 문제는 없었다. 문제는 두 번째와 세 번째 위협이었다. 인터넷과 디지털기술이 시장침탈 행위에 소요되는 시간과 비용을 급격하게 감소시킴에 따라 저작재산권에 의한 효율적인 대처를 어렵게 만들기도 하였지만 무엇보다도 권리자들을 당황하게 한 것은 새로운 침해자들의 등장이었다. 종전의 시장침해자들은 대부분 침해행위에 소요되는 비용을 감당할 수 있었던 영리사업자에 국한되었다. 따라서 저작재산권의 주요 목표는 무임승차 행위를 하는 비교적 소수의 동종업계 종사자였고 그들을 파악하고 제재를 가하는 것은 그다지 곤란한 작업은 아니었다. 그러나 인터넷 시대에 들어와 이용자들의 이용패턴이 달라지면서 상황이 달라졌다. 즉 저작물의 단순한 소비자(consumer)였던 수많은 이용자들이 자연스럽게 저작물을 타인에게 배포하고 공유하는 등 저작물의 적극적인 이용자(exploiter)가 되면서 권리침해의 양상이 소수의 전문사업자에 의한 침해에서 다수의 일반인들에 의한 침해로 바뀐 것이다. 또한 기술의 발전과 정보의 확산에 힘입어 예전에는 소수의 재능 있는 전문 창작자 그룹만이 할 수 있었던 2차적 저작물의 창작이나 기존 저작물의 개작행위도 점점 대중화되면서 그 추가적인 시장의 침해도 확대되었다. 그런데 더욱더 권리자들을 당혹스럽게 만든 것은 이 새로운 침해자들은 종전의 침해자들과는 달리 경제적 이익의 취득보다는 자신의 생각과 감정을 표현하기 위하여, 또는 다른 이들과의 커뮤니케이션을 위하여, 아니면 그저 그 자체를 즐기기 위하여 그러한 행동에 나서는 경우가 대부분이어서 시장침해에 대한 뚜렷한 인식이 없는 경우가 많다는 점이다. 오히려 그들의 상당수는 자신들의 행위를 시장침해나 권리침해가 아닌 자연스러운 일상적인 행위로, 또는 문화를 즐기고 자신을 표현하는 당연한 과정으로 여기고 있다. 따라서 그들은 자신들의 행위에 대한 권리자들의 공격적 권리행사와 법적 제재를 쉽게 납득하지 못하고 오히려 이에 반발하는 경향이 있다. 앞서 언급한 동영상 사례에서 나타나는 이용자들의 격렬한 반응이 바로 그 점을 잘 나타내준다.

2. 권리침해행위에 대한 평가

이용자들이 타인의 저작물을 나누고 전달하는 자신들의 행위에 대해 긍정적인 의미를 부여하고 있고, 또한 그 동기가 권리자의 노력에 무임승차하여 이득을 취하려는 데 있는 것이 아니라 표현의 자유나 타인과의 소통 또는 문화향유를 위한 것이었다 하더라도 그러한 행위가 결과적으로 저작물에 대한 수요를 대체하고 권리자들의 시장을 침해하는 것이라면 그 정당성을 부여받기는 어렵다. 앞서 공정이용에 대한 해석에서 언급한 것처럼 이용자들의 이용행위가 상업적이냐 아니냐는 권리자들의 손실과는 직접적으로 관계가 없기 때문이다. 새로운 방식에 의하여 권리자들의 시장을 보완해 주어 이러한 이용자들의 행위를 자연스럽게 적법 행위로 전환시키는 ACS와 같은 새로운 시스템이 완비된다면 두 마리 토끼를 다 잡을 수 있는 바람직한 결과가 나오겠지만 그러한 시스템이 갖추어지지 않은 상태에서는 그대로 방치할 수는 없다. 혁신의 지연을 탓할 수는 있어도 권리자들의 이익을 무시할 수는 없는 일이다. 이용자들의 행위에 그 나름대로의 문화적인 가치가 인정되지만 그렇다고 권리자들의 정당한 이익을 도외시 할 만큼의 가치라고 단정하기는 어렵기 때문이다.

그러나 세 번째 위협, 즉 2차적 저작물의 작성이나 개작행위의 대중화는 달리 접근할 필요가 있다. 그러한 행위는 권리자들의 시장에 대한 직접적인 침해로 이어지는 단순 이용(exploitation)과는 차별되는 일종의 창작(creation) 행위로서 문화발전에 기여한다. 비록 더해진 가치가 질적으로 대단치 않다거나 재창작의 동기가 창작에 대한 열정이나 예술적 영감에 의한 것이 아니라 단순한 오락거리로 또는 사람들의 관심을 끌기 위한 것에 있었다고 하더라도 그 문화적 가치를 무시할 수는 없다. 오히려 전문 창작자가 아닌 일반인들의 적극적인 문화 참여의 본 모습은 그와 같은 것이 전형적이라 할 수 있다. 온전히 새로운 것을 창작할 능력이 없는 만큼 기존의 저작물을 이용하여 자신의 소박한 예술적 영감이나 생각을 담아 다른 사람들에게 전달하고, 수용자들은 이용된 저작물의 맥락(context)에 더해진 메시지를 즐기며 더 나아가 자신의 생각이나 표현을 추가하여 다시 다른 이들과 소통하는 것이 좀 더 현실적이고 자연스러운 모습이다.

문제는 문화적인 측면에서의 이러한 긍정적 평가를 저작권법 체계와 어떻게 조화를 시키느냐에 있다. 이용자들은 자신들의 행위가 저작재산권의 제한되는 자유이용에 해당한다고 주장한다. 하지만 지금까지의 우리 저작권법의 입장은 이에 대해 부정적이라고 할 수 있다. 저작권법은 저작물의 복제와 관련해서 그 개변의 정도에 따라 저작자에게 추가적인 권리를 인정하고 있다. 즉 저작권자는 단순 복제의 범위를 넘어 저작물에 개변이 가하여졌으나 새로운 창작성이 부가된 정도는 아닌 경우에는 저작인격권의 하나인 동일성 유지권으로, 개변으로 새로운 창작성이 부가됨으로써 새로운 저작물로 인정할만한 정도에 이른 경우에는 저작재산권인 2차적 저작물 작성권으로 그 행위를 통제할 수 있다. 따라서 복제권을 갖고 있거나 복제행위에 대한 이용허락을 받았어도 그 범위를 넘는 개변의 경우에는 위 권리들의 침해가 된다. 만약 복제권원마저 없다면 첫 번째 경우에는 복제권 및 동일성유지권을, 두 번째 경우에는 복제권, 동일성유지권 및 2차적 저작물 작성권을 각 침해한 것으로 된다. 이처럼 침해되는 권리가 증가되어서 그런지 일반적으로 단순한 무단복제보다는 개변이 가해진 복제, 즉 동일성이 변경된 경우나 2차적 저작물 단계에 이른 복제를 더 심각한 권리침해로 인식하고 그 책임을 더 중하게 추궁하는 게 일반적인 견해이다.

그러나 한편, 미국의 공정이용의 해석에서 보는 바와 같이 저작권의 실질적 침해여부를 판단함에 있어서 권리자의 시장을 침해하는지가 제일 중요한 고려요소가 될 수밖에 없다면, 원 저작물을 대체함으로써 권리자의 시장에 명백한 침해를 가하게 되는 단순 복제의 경우보다는 원 저작물의 시장과 중첩되지 않아 시장침해가 덜한 저작물의 개작 내지 2차적 저작물의 작성이 오히려 긍정적인 평가를 받아야 한다. 물론 저작인격권에 포함되는 동일성유지권의 경우에는 시장침해여부로만 그 보호가치를 논할 수는 없지만 실질적으로는 2차적 저작물 작성권이라는 저작재산권의 운명과 상당 부분 같이할 수밖에 없는데다가[57] 창작행위가 대중화되고 포맷의 변경이나 내용

57) 저작권자로부터 허락을 받지 않은 2차적 저작물의 경우 2차적 저작물 작성권 외에 동일성유지권도 침해한 것인지에 대해서는 견해가 일치하는 것은 아니다. 그러나 2차적 저작물의 경우에도 창작성이 더해졌을 뿐 기존 저작물과의 실질적 유사성이 계속 유지되어야 하는 이상, 개변의 정도가 작은 경우에는 인정되던 동일성유지권이 개변의 정도가 커졌다고 하여 인정되지 않는다는 것은 논리에 부합하지 않으므로 2차적 저작물의 작성의 경우에도 여전히 동일성유지권의 대상으로 보아야 한다고 해석된다. 따라서 2차적 저작물 작성권을 양도받거나 이용허락을 받았더라도 경우에 따라서는 여전히 저작자에게 남아 있는 동일성유지권의 침해가 문제될 수 있다. 물론 2차적 저작물 작성권을 양도하거나 이용허락을 주는 경우 동일성유지권에 대해서도 명시적인 합의가 있을 수 있지만 이를 언급하지 않는 경우가 대부분인데, 명시적인 의사표시가 없더라도

의 수정이 용이한 디지털 저작물이 점점 확대되면서 동일성 유지와 관련된 인격적 이익의 보호는 그 의미가 점차 줄어들고 있기 때문에 큰 문제는 되지 않을 것이다.[58] 만약 이러한 해석론의 당위성이나 필요성에 대해서 어느 정도 공감대가 형성된다면 그 다음 문제는 이러한 해석론이 저작재산권의 제한에 관한 일반조항을 채택하고 있지 않은 현행 저작권법에서 실현가능한지 여부이다. 이에 관련해서 현행 인용 조항의 적용 확대를 논의해 볼 필요가 있다. 더 나아가 그러한 해석론을 위해 고려되고 있는 저작재산권 제한의 일반조항의 내용이 무엇이 될 것인지, 그리고 시장의 중첩여부 및 침해여부를 판단함에 있어 근거가 되는 실질적 기준은 무엇이 될 것인지를 고민할 필요가 있다.

Ⅱ. 인용 규정의 확대 적용

1. 인용의 요건

열거주의를 채택하고 있는 현행 저작권법에는 저작재산권 제한의 일반조항이라 할 수 있는 포괄적 규정이 없다. 따라서 인터넷에서 벌어지는 다양한 유형의 이용행위를 긍정적으로 평가한다고 하더라도 이를 저작재산권의 제한 사유로 포섭하기가 쉽지 않다. 다만 저작권법 제28조는 "공표된 저작물은 보도 · 비평 · 교육 · 연구 등을 위하여는 정당한 범위 안에서 공정한 관행에 합치되게 이를 인용할 수 있다"라고 하여 저작재산권의 제한 사유중 하나로 인용을 규정하고 있는 바, 많은 부분 미국의 공정이용과 공통된 요소를 갖고 있어 그나마 일반조항으로서의 역할을 하고 있다. 비록

당사자 간에 2차적 저작물 작성권을 행사하는 범위 내에서는 원저작자가 동일성유지권을 행사하지 않기로 하는 의사표시가 묵시적으로 이루어졌다고 보거나, 저작권법 제13조 제2항 제3호가 규정하고 있는 '저작물의 성질이나 그 이용의 목적 및 형태 등에 비추어 부득이하다고 인정되는 범위 안에서의 변경'에 해당하는 것으로 해석이 가능할 것이므로 큰 문제는 없다. 다만 위 제13조 제2항 단서가 규정하고 있는 '본질적인 변경'의 경우에는 위 규정의 적용을 받지 않으므로 이로서 해결이 안 된다. 더 나아가 저작자의 명성을 해하는 2차적 창작은 동일성유지권 불행사의 의사표시가 묵시적으로 있었다고 해석하기 어려울 수 있으므로 여전히 동일성유지권의 침해 문제가 발생한다.

58) 일본에서 동일성유지권과 관련하여 네가지의 개정 입법론이 제기되고 있는 바, (ⅰ) 사적인 개변에는 동일성유지권의 적용이 제외되도록 명시하는 방안, (ⅱ) 베른협약에는 포함되어 있는 '명예, 성망을 해할 것'이라는 요건을 동일성유지권에 부가하는 방안(이것은 다시 a. 적극요건에 그러한 내용을 추가하는 방안과 b. 소극요건이라고 할 수 있는 예외 사유에 "부득이한 사정" 대신 "저작물의 성질이나 그 이용의 목적 및 태양에 비추어 공정한 관행에 합치하는 것으로 인정되는 개변으로서 저작자의 명예 또는 성망을 해할 우려가 없는 것"을 규정하자고 하는 방안으로 나누어진다), (ⅲ) 저작인격권에 관한 불행사특약 등 계약의 유효성을 명시하는 방안, (ⅳ) 법인의 저작인격권을 부정하는 규정을 도입하는 방안 등이 그것이다. 上野達弘,「著作權法の近未來像 - 著作者人格權-」,『知財年譜2005(別冊NBL/No.106)』, 226-235, (이해완, "디지털 환경에서의 저작권법의 새로운 과제", 2009. 11. 25.일 저작권포럼 발표문, 71에서 재인용)

합리적인 결론을 위한 것이어도 너무 무리한 확장해석이 아니냐는 비판이 있긴 하지만 인용의 요건을 유연하게 해석하여 인터넷에서의 이용행위를 적법 영역으로 포섭하고자 한 법원의 판단[59]도 그러한 취지라고 할 수 있다.

인용으로 포섭되기 위한 핵심적인 요건은 '정당한 범위 내'와 '공정한 관행에의 합치'이다. 이 두 가지 요건은 모두 불확정개념으로서 구체적 사건에서 판단되겠지만 해석상 정당한 범위 내인지 여부는 '표현형식상 피인용저작물이 보족, 부연, 예증, 참고자료 등으로 이용되어 인용저작물에 대하여 부종적 성질을 가지는 관계'[60]에 있는지 여부가 중요한 판단기준으로서 양적인 측면뿐만 아니라 질적인 측면 양자 모두에서 부종적인지를 따져야 한다. 결국 이 조건이 고려하고자 하는 건 인용으로 인하여 피인용저작물의 시장 수요가 대체될 가능성이 있느냐[61]로 앞서 논의한 바와 같은 맥락이다. 한편 공정한 관행에의 합치라 함은 인용의 목적과 방법이 이미 통용되는 관행이나 저작물의 성질에 비추어 사회통념에 따라 인정되는 관행에 합치되어야 한다는 의미로 해석된다. 피인용 저작물이 다른 부분과 구분이 되어야 한다든가 출처를 명시하는 것 등이 그 예가 될 수 있겠지만 상황에 따라서 다른 내용이 될 수 있으므로 다소 유연한 판단이 필요하다.

문제는 피인용저작물을 수정하거나 개작하는 경우 또는 이를 가지고 2차적 저작

---

59) 검색서비스, 특히 다른 웹페이지에 개재된 이미지 등을 수집하여 썸네일 이미지로 검색결과를 보여주는 검색서비스의 저작권침해여부가 문제된 사건(대법원 2006.2.9. 선고 2005도7793 판결)에서 대법원은 (1) 원 사진작품들은 권리자의 개인 홈페이지에서 이미 공표된 것인 점, (2) 썸네일 이미지를 제공한 주요한 목적은 보다 나은 검색서비스의 제공을 위해 검색어와 관련된 이미지를 축소된 형태로 목록화하여 검색서비스를 이용하는 사람들에게 그 이미지의 위치정보를 제공하는 데 있는 것이지 피고인들이 공소외인의 사진을 예술작품으로서 전시하거나 판매하기 위하여 이를 수집하여 자신의 사이트에 게시한 것이 아닌 만큼 그 상업적인 성격은 간접적이고 부차적인 것에 불과한 점, (3) 원 사진작품은 심미적이고 예술적인 목적을 가지고 있다고 할 수 있는 반면 썸네일 이미지화된 사진작품의 크기는 원본에 비해 훨씬 작은 가로 3㎝, 세로 2.5㎝ 정도이고, 이를 클릭하는 경우 독립된 창으로 뜬다고 하더라도 가로 4㎝, 세로 3㎝ 정도로 확대될 뿐 원본 사진과 같은 크기로 보여지지 아니할 뿐만 아니라 포토샵 프로그램을 이용하여 원본 사진과 같은 크기로 확대한 후 보정작업을 거친다 하더라도 열화현상으로 작품으로서의 사진을 감상하기는 어려운 점, (4) 썸네일 이미지의 제공이 원 작품사진에 대한 수요를 대체한다거나 사진 저작물에 대한 저작권침해의 가능성을 높이는 것으로 보기는 어려운 점, (5) 이미지 검색을 이용하는 사용자들도 썸네일 이미지를 작품사진으로 감상하기보다는 이미지와 관련된 사이트를 찾아가는 통로로 인식할 가능성이 높은 점, (6) 썸네일 이미지의 사용은 검색사이트를 이용하는 사용자들에게 보다 완결된 정보를 제공하기 위한 공익적 측면이 강한 점 등을 고려하여 이러한 사용은 정당한 범위 안에서 공정한 관행에 합치되게 사용한 것으로 봄이 상당하다고 판단하였다. 검색서비스가 인터넷 이용에 있어 필수적이고 위 판시에서 지적한 것처럼 보다 완결된 정보를 제공하기 위한 공익적 측면이 강한 만큼 그 범위를 크게 벗어나지 않는 한 공표된 저작물의 인용으로 포섭할 필요성이 있음을 시사하는 판결인데 인터넷의 등장에 따른 새로운 이슈에 대해서 현행법상의 인용규정을 가지고 상당히 유연하게 적용하였다는 점에서 주목할 만하다.

60) 대법원 1990. 10. 23. 선고 90다카8845 판결.

61) 이해완, 전게서, 374.

물을 만들어 내는 경우인데 역시 이를 공정한 관행에 합치되지 않는 것으로 보는 것이 다수의 견해이다.[62][63] 따라서 이러한 해석론을 유지하는 한 수정이나 개작 등의 방법으로 기존의 저작물을 이용하는 경우는 그 정당성을 얻기가 쉽지 않다. 그러나 앞서 본 바와 같이 시장수요의 대체라는 점에서 보면 오히려 수정, 개변된 인용을 수정되지 않은 그대로의 인용보다 더 폭넓게 수용해주어야 할 필요가 있고, 부종성의 측면에서 보더라도 피인용저작물에 수정과 개변이 많이 더해지면 더해질수록 오히려 양과 질 모든 면에서 피인용저작물의 부종성이 더 쉽게 인정될 것이므로 두 요건의 조화된 해석을 위해서라도 수정이나 개작을 통해 인용이 이루어진 경우에 인용의 인정범위를 더 넓게 허용하는 것이 타당하고 이것이 인용의 본질에 어긋난다고 보기도 어렵다.[64] 인터넷 시대의 자연스러운 적극적 이용행위와 참여적인 창작행위를 적법행위로 포섭하기 위해서는 개변의 결과 2차적 저작물에 이르렀거나 여기에 거의 근접한 정도의 변화가 이루어져 탄생한 재창작물에 대해서는 좀 더 유연한 접근이 필요[65]하다.

2. 구체적 사례

(1) 패러디

원 저작물의 수정이나 개작과 관련해서 자주 거론되는 것이 패러디(Parody)이다. 패러디는 보통 널리 알려진 원작품을 변형하거나 왜곡시킴으로써 원작품 자체나 사회전체를 풍자하거나 비평하는 창작방법으로서 원 저작물과는 독립된 창작성을 가지고 있는 것을 말한다.[66] 미국의 경우 패러디의 허용여부는 저작물의 다른 이용과 같이 공정이용에 해당하는지에 따라 결정된다. 즉 패러디 창작행위의 성격, 원 저작물의 성질, 원 저작물의 이용분량, 시장수요의 대체여부 등이 그 판단기준이다. 아직 공

62) 이해완, 전게서, 376; 정상조, 전게서, 522.

63) 소설 '무궁화꽃이 피었습니다'에 관한 저작권침해사건인 대법원 1998. 7. 10. 선고 97다34389 판결에서 "소설 중에 설정된 상황을 설명하기 위하여 원문의 동일성을 해하지 않은 채 거의 그대로 인용"한 것을 적법한 인용행위에 해당되는 근거로 제시하고 있는 것을 보면 법원도 역시 같은 견해를 갖고 있는 것으로 보인다.

64) 이러한 견해에 따르면 결국 저작권자의 2차적 저작물 작성권은 대부분 인용으로 포섭될 수 있으므로 형해화 되는게 아니냐 하는 비판이 있을 수 있다. 그러나 시장수요의 대체여부라는 요건으로 이는 충분히 걸러질 수 있을 것으로 보인다. 즉 시장수요가 대체되는 경우는 2차적 저작물 작성권의 대상으로, 시장수요가 대체되지 않는 경우는 인용의 대상으로 구분하는 것이다.

65) Rebecca Tushnet, "*Creating in the Shadow of the Law : Media Fans and Intellectual Prpperty*", Intellectual Property and Information Wealth Vol. 1, Praeger Perspectives, 2007, 251.

66) 정상조, 전게서, 525.

정이용 같은 일반 조항이 없는 국내의 경우에는 확립된 견해는 아니지만 대체로 인용에 의해서 정당화 될 수 있다는 견해를 취하고 있는 것으로 보이는데,[67] 앞서 본바와 같이 수정이나 개작을 통한 인용에 전향적인 자세를 취하지 않는 한 패러디를 인용으로 포섭하기가 쉽지 않을 것이다. 또한 패러디의 경우에는 인용되는 원 저작물의 양이 거의 전부에 해당하거나 상당히 많은 양일 것이므로 양과 질의 부종성이라는 면을 강조하다 보면 역시 패러디를 인용으로 포섭하기 쉽지 않다.[68] 특히 원 저작물 자체의 패러디가 아니라 원 저작물을 매개로 하여 사회현실을 풍자하는 이른바 매개패러디의 경우 원 저작자가 굳이 저작물의 이용허락을 거절할 이유가 없으므로 그러한 패러디를 인정할 필요 없이 정당한 보상금을 지급하고 이용하는 것이 타당하다는 견해[69]가 있고 법원도 '패러디로서 보호되는 것은 당해 저작물에 대한 비평이나 풍자인 경우라 할 것이고 당해 저작물이 아닌 사회현실에 대한 것까지 패러디로서 허용된다고 보기 어렵다'고 설시한 판결이 있어 역시 같은 입장을 취했던 것으로 보이는데[70] 이는 수긍하기 어렵다. 영리목적인 경우에는 이와 같은 해석이 타당할지 몰라도 비영리적 목적의 패러디의 경우는, 원 저작자가 저작물의 이용허락을 거절할 가능성이 있기 때문에 자유이용을 인정할 필요가 있다기보다는 권리자로부터 이용허락을 얻어 내기 위한 비용이 대부분 그 창작에 나아가면서 감수하고자 하는 비용보다 클 수밖에 없기 때문에 자유이용을 허락하지 않으면 이러한 창작물이 만들어질 수 없다는데 있다. 따라서 사회적으로 매개패러디의 존재가치를 인정한다면, 원 저작물의 시장 수요에 대한 침해 여부를 고려하는 것을 전제로 비영리목적의 전형적인 패러디의 경우에는 매개패러디도 포함하여 인용으로서 그 자유이용을 허용하는 것이 바람직하다 할 것이다.

(2) 샘플링

샘플링(Sampling)은 원곡의 녹음 중 일부를 발췌해서 새로운 곡에 삽입하여 사용하는 작업방식이다. 자신의 주변에 존재하는 기존의 것으로부터 영감을 받아들여 이를 재해석하여 새로운 것을 만들어 내는 것으로 힙합문화에서는 상당히 중요한 의미

67) 오승종, 전게서, 610; 이해완, 전게서, 398.

68) 패러디에 관한 법원의 판단사례는 아직 많지 않은바, 이른바 서태지의 컴팩홈 패러디 사건인 서울중앙지방법원 2001. 11. 1. 선고 2001카합1837 결정은 "패러디는 우리 저작권법이 인정하고 있는 저작권자의 동일성유지권과 필연적으로 충돌할 수밖에 없는 이상 그러한 동일성유지권의 본질적인 부분을 침해하지 않는 범위 내에서 예외적으로 허용되는 것으로 보아야 할 것이고"라고 설시하여 원 저작물의 개변이라는 부분이 패러디의 적법성을 인정하는데 적지 않은 걸림돌이 됨을 시사하고 있다.

69) 정상조, 전게서, 378.

70) 서울중앙지방법원 2001. 11. 1. 선고 2001카합1837 결정.

를 갖고 있는데, 그렇다고 힙합 장르에만 한정되는 것은 아니고 다양한 장르에서 샘플링을 이용한 노래들이 발표되고 있다. 애초에는 곡의 아주 작은 일부분을 샘플링하는 것은 뮤지션들 사이에서 관례상 허용되는 것으로 여겨졌으나 점점 샘플링에 의한 곡들이 히트를 치는 경우가 많아지자 원의 권리자들이 권리주장에 나서면서 소송이 이어졌고 이에 미국 법원이 아무리 작은 부분이라도 음원 권리자의 허락 없이 샘플링을 하는 것은 저작권침해에 해당하며 이는 공정이용(fair use)에 해당하지 않는다고 판단함에 따라 현재는 자유로운 샘플링은 인정되지 않는 것으로 보인다.[71] 국내에서는 샘플링에 대한 직접적인 법원의 판단은 아직 없는 것으로 보이며, 가끔 표절의 한계 문제로 샘플링이 이슈가 되었던 경우는 있다. 샘플링은 그 성질상 전문 음악인뿐만 아니라 일반인들이 활용할 가능성이 많은 창작 방법이다. 아주 작은 부분의 샘플링은 오히려 동영상 UCC보다 원 저작물의 이용이 양과 질 모두 더 부종적인 경우가 많고 시장의 수요라는 측면에서도 부정적인 효과보다는 홍보라는 긍정적인 효과가 많으므로 음원의 활용이 비영리목적인 경우에는 좀 더 폭넓게 인용으로 인정하는 것이 바람직한바 구체적인 사례들이 축척되기를 기대해 본다.

(3) 팬 아트

팬 아트(fan art)는 비정형적인 유형의 이용자 참여를 일컫는 것으로 성질상 명확한 정의를 내리기는 쉽지 않다. 일반적으로 기존의 주류 저작물에 등장하는 캐릭터나 장면, 스토리, 의상 등을 이용해서 그 팬들이 창작한 작품을 의미한다. 좁은 의미의 팬 아트는 배우나 가수 등의 연예인이나 스포츠 스타 또는 만화나 소설 등의 캐릭터 등 자신이 좋아하는 대상을 만화나 그림으로 표현하는 것을 의미하는데 광의의 팬 아트에는 이러한 협의의 팬 아트뿐만 아니라 만화 · 소설 · 영화 등 장르를 구분하지 않고 대중적으로 인기를 끄는 작품을 대상으로 팬들이 자신의 뜻대로 비틀기 하거나 재창작한 작품[72]으로서 원 작품의 캐릭터나 상황을 이용하여 작성된 소설로 줄여서 팬

---

71) 2003년 재즈 플루트 연주자인 James Newton이 힙합그룹인 비스티보이스가 그의 1978년 작품인 'choir'의 6초 정도 부분을 음원(sound recording) 권리자로부터 허락을 받고 자신들의 "Pass the Mic"라는 노래에 삽입하자 자신의 작곡을 허락 없이 사용하였다는 이유로 손해배상을 구하는 소송을 제기하였는데 1심 재판부는 비스티보이즈가 사용한 부분이 C 코드를 기본으로 해서 반음씩 변화가 있는 단 3개의 음표로 이루어진 아주 사소한 부분으로서 그것만으로는 저작권침해가 있었다고 보기 어렵다는 이유로 원고의 청구를 기각하였다. 비록 이 사안이 음의 구성과 전개가 워낙 간단한 음악저작물에 대한 것으로 이를 모든 사안에 일반화하기는 어렵지만, 음원권리자로부터 허락을 받았어도 저작권자의 권리는 별개인 점을 고려하면 작곡과 같은 저작권자의 권리보다 음원 권리자의 권리를 좀 더 강하게 보호하고자 하는 경향이 드러남을 엿볼 수 있다. 음원의 경우에는 극히 일부분도 권리침해에 해당한다고 하면서 작곡의 경우에는 이와 다르게 취급하고 있기 때문이다.

픽(fan fic)이라고도 부르는 팬 픽션(fan fiction), 텔레비전 쇼나 영화 등의 비디오 클립을 이용한 팬 뮤직비디오(fan music video), 외국 영화나 에니메이션 필름에 부가된 팬들이 만든 한글자막인 팬 번역(fan translation) 등이 포함된다. 팬 아트는 이른바 스타덤(stardom)에 대비되는 팬덤(fandom)[73]의 하위 장르이다. 특정의 대중문화 텍스트에 대한 팬들의 적극적인 개입과 그에 따른 문화적 실천(cultural practice)의 한 표현이라 할 수 있다.

팬 아트, 특히 팬 픽션은 나름대로 오랜 전통을 가지고 있지만 이러한 팬 아트가 본격적으로 활성화 된 것은 인터넷이 등장하면서 부터이다. 비전문가인 팬들이 자신의 생각을 쉽게 표현할 수 있는 미디어 편집 내지 창작 수단이 대중화되었을 뿐만 아니라 인터넷을 통하여 같은 관심과 생각을 가진 팬 그룹들이 쉽게 커뮤니티를 형성하여 정보를 주고받고 서로 팬 아트를 공유하면서 즐길 수 있었기 때문이다. 팬 아트는 어찌 보면 저작물이 갖는 문화적 의미를 가장 잘 표현한다고 할 수 있다. 팬 아트는 사람들이 TV 프로그램이나 영화, 음악 등으로부터 영감과 감동을 받고 그로부터 상상력을 발휘해서 자신의 감정과 감동을 다른 사람과 나누고자 하는 일종의 대화라고 할 수 있고 선행의 문화를 기초로 새로운 문화를 만들어 내는 일반 이용자들의 가장 적극적인 참여라고 할 수 있기 때문이다. 그러나 팬 아트도 역시 저작권의 논쟁에서 자유롭지 못하다. 물론 그 중에는 표현이 아닌 아이디어의 차용에 해당하거나 새로운 창작의 추가로 기존의 저작물과 전혀 다른 저작물로 인정을 받는 경우도 있겠지만 대부분의 팬 아트는 저작권의 배타적 영역과 겹치게 된다. 결국 이에 대한 논의도 앞서 본 패러디나 샘플링의 경우처럼 시장의 침해라는 부정적인 측면에 대한 실질적인 고려를 통해 인용규정의 적용 등 그 적법 여부를 고민해볼 필요가 있다. 권리자들에 따라서는 팬 커뮤니티를 공고히 하고 자신들의 작품을 홍보하려는 목적에서 오히려 팬 아트를 장려하는 정책을 취하기도 한다. 그러나 팬 아트는 양단의 효과를 동시에 가지고 있는데다가 그 유형도 다양한 만큼 패러디나 샘플링에 비해 인용 규정의 적용 등 그 법률적인 판단이 더 어려운 게 사실이다. 인터넷 시대에 있어 팬 아트는 저작권의 회색지대를 대표하는 영역으로서 저작재산권 제한의 논의에 있어 계속 이슈가 될 전망이다.

---

72) http://100.naver.com/100.nhn?docid=768244

73) 팬덤은 어떤 대중적인 특정 인물이나 분야에 지나치게 편향된 사람들을 하나의 큰 틀로 묶어 정의한 개념이다. 텔레비전의 보급과 함께 대중문화가 확산되면서 나타난 현상의 하나로, 팬덤이 문화적 영향력을 행사하면서 팬덤 문화라는 말이 탄생하였다. http://100.naver.com/100.nhn?docid=780600에서 인용.

Ⅲ. 저작재산권 제한의 일반조항

1. 개정안의 내용

한·미 FTA 협정이 타결됨에 따라 협정의 이행에 필요한 관련규정의 개정을 위하여 저작권법 일부개정안[74]이 2007. 9.경 발의되어 있는 상태인데, 제35조의 3으로 저작재산권 제한의 일반 규정으로서 다음과 같은 공정이용 조항이 포함되어 있다.

> 제35조의3(저작물의 공정 이용) ① 제23조 내지 제35조의2에 규정된 경우 외에도 저작물의 통상적인 이용 방법과 충돌하지 아니하고 저작자의 합법적인 이익을 불합리하게 해하지 아니하는 특정한 경우에는 저작물을 이용할 수 있다.
> ② 저작물 이용 행위가 제1항의 공정 이용에 해당하는지 여부를 판단함에 있어서 다음 각 호의 사항을 고려하여야 한다.
> 1. 영리 비영리 등 이용의 목적 및 성격
> 2. 저작물의 종류 및 용도
> 3. 이용된 부분이 저작물 전체에서 차지하는 분량 및 비중
> 4. 이용이 저작물의 현재 또는 장래의 시장이나 가치에 미치는 영향

앞서 본바와 같이 현행법상 인용규정이 공정이용과 같은 일반조항으로서의 역할을 어느 정도 하고 있지만 해석상 다소 무리가 따르고 모든 경우에 구체적 타당성을 끌어 내기에는 규정의 형식상 어려운 점이 많다. 따라서 개별적인 저작재산권 제한사유를 열거함과 동시에 일반 조항으로서의 공정이용 조항이 신설되게 되면 좀 더 탄력있게 패러디와 같은 공정이용에 해당할 만한 이용행위들을 포섭하기 쉬운 장점이 있을 것이다. 다만 위 제2항은 미국의 공정이용 조항과 같은 내용을 가지고 있지만 이는 같은 조 제1항의 판단을 위한 고려사항일 뿐이고 실제적인 판단기준은 제1항인데 이는 3단계 테스트를 그대로 옮겨왔다는 점에서 해석의 주의가 요구된다. 즉 제1항의 내용을 정리하면 (1) 특정한 경우에, (2) 저작물의 통상적인 이용방법과 충돌하지 아니하고, (3) 저작자의 합법적인 이익을 불합리하게 해하지 아니하는 경우에 한정되므로 3단계 테스트의 내용과 같다. 베른협약에서 유래하고 TRIPs를 거치면서 저작재산권 제한의 일반원칙으로 채택되고 있는 3단계 테스트는 저작물의 통상적 이용과의

74) 2008. 10. 10. 정부 제출 저작권법 일부개정 법률안, 변재일 의원 발의안도 동일한 규정을 포함하고 있다.

충돌여부와 이익형량이라는 두 가지 불확정개념에 의존하고 있어 경우에 따라서는 해석상 오히려 현재의 저작재산권 제한 조항보다 더 엄격하게 운영될 여지가 있다. 즉 앞서 본바와 같이 기술의 발달에 따라 이전에는 거래를 통하여 보상을 받는 것이 사실상 불가능하였던 수많은 개개의 이용자들의 행위도 저작물의 통상적 이용에 포섭되는 등 통상적 이용의 범위가 확대될 수 있고, 권리자와 이용자의 이익형량이라는 규범적 판단은 다른 가치나 공공정책에 따른 저작재산권 제한사유들과 충돌할 우려가 있기 때문이다. 이런 우려 때문에 국제조약의 논의 과정에서도 직접적인 저작재산권의 제한사유로서 3단계 원칙을 채택하는 것에 대해 반발이 적지 않았는데 우리 저작권법에 이 내용이 명시적으로 도입되게 된다면 제한사유의 해석에 있어 다소 논란이 생길 여지가 있다. 따라서 일반조항을 채택하되 그 구체적인 규정형식과 해석론에 있어서 좀 더 검토가 필요하다.

2. 일반조항의 해석

(1) 이익형량의 한계

일반조항이 도입되더라도 실질적인 적용범위는 그 해석에 의해서 결정된다. 앞서 본바와 같이 저작재산권의 제한은 주로 창작자의 이익과 이용자 내지 공공의 이익의 균형이라는 측면에서 이해되고 있다. 즉 이익형량(balancing)을 통해 그 정당성과 합리성을 판단하는 것이다. 3단계 테스트가 두 번째 단계에서 저작물의 통상적인 이용과 충돌하지 아니할 것을, 세 번째 단계로 저작권자의 합법적인 이익을 부당하게 해치지 아니할 것을 각 요구하고 있는 것도 궁극적으로는 권리자와 이용자 간의 이익형량을 고려하고자 하는 것이다. 미국의 공정이용이 저작물의 잠재적 시장이나 가치에 미치는 영향을 제일 중요한 요소로 고려하고 있는 것도 역시 이익형량에 그 중점을 두고 있음을 의미한다. 공정이용의 고려사항에 속하는 나머지 요소들, 즉 저작물의 이용의 목적 및 성격, 저작물의 성격, 저작물 전체에서 사용된 부분이 차지하는 양과 상당성도 결국 이용행위가 저작권자의 시장과 중첩이 되는지를 분석하기 위한 것이고 이는 결국 저작물의 잠재적 시장이나 가치에 미치는 영향분석에 귀착된다. 우리 저작권법도 저작권법의 목적에서 그러한 이익형량이 저작권법 전체를 지배하는 원리임을 밝히고 있다. 열거된 저작재산권 제한 조항도 그 구체적인 의미에는 조금씩 차이가 있지만 결국 이와 같은 이익형량이 그 기본이 되고 있는 것은 다른 입법례와 마찬가지이다.

그러나 양 당사자 간의 이익을 저울질하여 최대한 어느 한쪽으로 기울어지지 않는 균형 상태를 유지하고자 하는 이익형량에 의한 저작재산권의 제한은 근본적인 한계를 가질 수밖에 없다. 권리자가 이용허락을 거절할 것이 명확히 예상되는 경우나 기술적으로 또는 경제적으로 그 이용을 도저히 기대하기 어려운 경우를 제외하면 대부분의 이용은 저작권자의 통상적인 이용과의 충돌될 수 있기 때문이다. 어떤 이용이던 간에 그 이용에 대해서 저작권자가 보상 받기를 기대하고 있고 그것이 기술적으로나 경제적으로 불가능한 게 아니라면 그 이용은 저작권자의 통상적인 이용과 충돌하게 되고 시장이 중첩된다고 주장할 수 있다. 그렇게 되면 대가를 지불하지 않는 이용행위 자체가 바로 권리자의 시장을 침해하는 결과가 되어 버린다. 이런 상황에서 이익형량을 하게 되면 권리자의 이익이 이용자의 이익보다 더 무게 있게 다루어질 수밖에 없는 것은 당연하다. 권리자는 자신의 저작물에 대해 구체적인 이해관계를 가지고 있다. 특히 상용저작물의 경우 권리자가 저작물로부터 얻게 되는 이익은 구체적인 경제적 이익으로서 그 이익을 함부로 후퇴시키기가 쉽지 않다. 이에 반해 이용자의 이익은 문화발전이나 공익의 증진 등 대부분 간접적이며 잠재적인 이익이다. 그렇기 때문에 권리자의 이익과 이용자의 이익을 형량하게 되면 대부분 권리자의 손을 들어주거나 최소한 권리자에게 일정한 보상을 해줄 것을 이익균형의 전제조건으로 요구하게 된다. 저작권자의 통상적인 이용을 단순한 경험적 측면, 즉 단지 어떤 이용이 기대되느냐를 예측하는 가능성의 문제가 아니라 저작권자의 기대를 어디까지 인정해야 하느냐의 규범적 판단으로 본다고 하더라도 결국 이것도 이익형량의 문제에 귀착되므로 결론은 크게 달라지지 않는다. 인터넷에서 일어나고 있는 비영리적인 이용행위나 권리자의 기존 시장에 미치는 실질적 효과가 미미할 것으로 예측되는 저작물의 변형적 이용들도 권리자의 통상적 이용이 미치는 추가적인 새로운 시장으로 파악하고자 한다면 이익형량에 따라 저작재산권이 제한되는 경우로 해석할 수 있는 경우는 상당히 줄어든다.

(2) 영역구분론

이러한 이익형량의 한계를 극복하기 위하여, 저작재산권의 제한을 권리자의 이익과 이용자 내지 공공의 이익을 비교형량 하는 것으로 파악할 것이 아니라 기존의 시장(market) 메커니즘이 아닌 규범, 관습 등 별도의 비시장(nonmarket) 메커니즘에 의하여 규율되는 이용을 저작재산권이 제한되어야 하는 이용으로 봐야 한다는 주장[75]에

75) Michael J. Madison, "*Fair Use and Social Practice*", Intellectual Property and Information

주목할 필요가 있다. 즉 저작권법의 목적이 '표현적 창의성(expressive creativity)'의 발달과 증진을 도모하기 위한 법적 시스템을 제공하기 위한 것이라고 한다면, 저작권자에게 배타적인 권리를 부여하는 것과 저작재산권의 제한은 모두 그러한 창의성을 증진시키기 위한 수단에 해당하는 것이고, 따라서 저작재산권의 제한은 단지 배타적 권리가 제한되는 부분을 특정하기 위한 것이 아니라 역시 저작권법의 목적을 달성하기 위하여 고안된 장치로서 단지 서로 다른 영역을 규율한다는 점에서 배타적 권리와 구분된다는 것이다. 즉 배타적 저작권은 시장 메커니즘이 지배하는 영역에 적용되는 법리이고 저작재산권의 제한은 비시장적 메커니즘이 지배하는 영역에 적용되는 법리로서, 저작재산권의 제한은 시장실패를 치유하기 위한 수단이라기보다는 시장과는 분리된 별개의 영역을 위한 것이라는 의미이다. 여기서 비시장적 메커니즘이 지배하는 영역이라 하면 나름대로의 사회적 관습(Social Practice)이 확립된 곳을 의미하는데 전통적으로 학문영역 등이 여기에 해당할 것이다. 따라서 어떠한 이용행위가 이러한 비시장적 메커니즘이 지배하는 사회적 관습 영역에 해당되는 것이 증명된 경우에는 배타적 저작권 대신 저작재산권의 제한에 따르는 공정이용 법리가 적용되게 된다는 것이 그 주장의 요지이다.

이 주장은 다소 논리의 비약이 있기는 하나 현재의 상황을 분석함에 있어 많은 시사점을 던져준다. 즉 경제적 이익의 취득을 목적으로 하지 않는 수많은 참여자들에 의한 다양한 재창작 활동이 벌어지고 있는 인터넷의 장을 시장과는 완전히 별개의 원리가 지배하는 곳으로 정의할 수 있다면 공정이용의 적용은 좀 더 수월해진다. 사실 우리가 주목하고 있는 다양한 재창작이 이루어지는 인터넷 공간은 기존의 저작물의 생산 · 유통 · 수익분배 시스템이 전혀 작동하지 않는 곳이다. 대규모로 콘텐츠가 생산되고 유통되지만 이를 지배하는 것은 시장 메커니즘이 아니다. 시장 메커니즘과 별도로 나름대로의 방식으로 콘텐츠가 생산되고 소비된다. UCC(User Created Contents)니 프로슈머(Prosumer)니, 공유에 기초한 개인들의 생산(Common Based Peer Production)이니 하는 용어들은 바로 그러한 비시장 메커니즘의 원리라 할 수 있다. 결국 핵심은 그러한 인터넷 공간에 대한 평가이다. 과연 시장 메커니즘에 의하지 않은 채 수많은 이용자들에 의해 끊임없이 콘텐츠가 재생산되고 해석되고 유통되는 곳, 전통적인 시각에서 볼 때 그다지 고급스럽지는 아니지만 수많은 참여자가 함

Wealth, Praeger, 2006, 179.

께한 가운데 다양한 문화가 만들어지는 용광로 같은 곳, 창의성과 문화를 자연스럽게 경험하고 학습할 수 있는 그 곳을 '표현적 창의성'의 촉진을 위한 중요한 공간으로 인정할 수 있는지. 그리고 그 가치를 인정하여 그 곳을 배타적 권리에 기초한 시장 메커니즘에 의하여 지배되는 저작권자의 통상적인 이용이 개입될 수 없는 곳으로 인정할 수 있는지 여부가 저작재산권의 제한여부를 결정하게 된다.[76] 이러한 영역구분론은 3단계 테스트 등 기존의 저작재산권의 제한 원칙과 모순되는 것은 아니다. 만약 인터넷에서의 이용행위에 대한 지배적 메커니즘을 시장과 구별한다면, 그곳에서의 이용은 제3단계 테스트에 의한 저작권자의 통상적 이용과 충돌하지 않으므로 기존의 저작물을 자유이용하면서 대가를 지급하지 않더라도 상업적 시장이 존재하지 아니하는 이상 권리자의 시장침해가 발생하지 않는다는 해석이 가능하다. 그리고 저작물의 변형적 이용은 앞에서 본 바와 같이 단순 복제에 비하여 원 저작물의 시장수요를 대체할 위험이 적으므로 그 영역 밖에 있는 시장 메커니즘이 지배하는 곳에서의 저작권자의 합리적 이익을 부당하게 침해할 가능성도 없으므로 역시 3단계 테스트와 부합한다. 결국 영역구분론은 3단계 테스트의 해석에 있어 규범적 의미를 좀 더 적극적으로 해석한 것으로 생각할 수 있다. 영역구분론에 의한 해석으로 저작재산권 제한의 범위가 너무 확대된다면 이를 적절하게 제한하는 것도 가능하다. 즉 비시장적 메커니즘이 적용되는 영역에 해당하기 위한 한계를 설정하여 음악이나 영상 등 각 매체에 따라 일정시간을 넘지 않는 범위 내에서 자유이용이 가능하다든지, 어느 정도의 창작이 부가되어야 원 저작물과의 시장이 중첩되지 않는 개작으로 볼 수 있을 것인지에 대해서도 가능한 한 구체적인 기준을 마련할 수도 있을 것이다.

Ⅳ. 그 밖의 쟁점

1. 사적복제 보상금제도

저작권법 제30조는 "공표된 저작물을 영리를 목적으로 하지 아니하고 개인적으로 이용하거나 가정 및 이에 준하는 한정된 범위 안에서 이용하는 경우에는 그 이용자는 이를 복제할 수 있다"고 규정하여 사적복제를 저작재산권의 제한 사유의 하나

76) 우리나라의 경우 그러한 인터넷 장이 많은 부분 대형포탈에 의하여 제공되고 있어 이를 온전히 비시장적 메커니즘이 적용되는 영역이라고 보기 곤란할 수도 있다. 이러한 경우에는 이용자들의 창작적 활동을 이용한 비즈니스를 하고 있는 포탈이 권리자들과의 합의를 통해 일정 부분의 이용대가를 지불하여 해결하는 방법도 가능할 것이다.

로 규정하고 있다. 사적복제의 허용은 사적 자치가 지배하는 사적 영역에 법이 개입하는 경우 그로 인하여 초래되는 사회적 비용이 규제를 통하여 이룰 수 있는 사회적 이익을 초과한다는 점에 그 근거를 두고 있다. 최근 아날로그 시대의 산물인 사적이용을 위한 복제를 디지털 인터넷 시대에도 인정하는 것은 불합리하다는 주장이 나오고 있는바, 복제나 저장이 용이하고 그 품질에 있어서 원본과 차이가 없으며 많은 사람에게 전파될 위험성이 있는 디지털의 특성상 사적복제의 허용은 권리자의 권리를 인정하지 않는 것과 같다는 것이다. 게다가 기술의 발달로 사적 영역에서 이루어지는 복제행위에 대한 과금의 가능성이 제기되면서 사적복제행위가 권리자의 통상적인 이용과 충돌된다는 주장도 힘을 얻고 있다. 이러한 상황에서 사적복제로 인한 경제적 손실이 수인한도를 넘었다고 판단한 권리자들은 이에 대한 규제를 계속적으로 요구하여 왔고 이에 따라 고안된 것이 사적보상금제도이다.

사적복제 보상금제도(copyright levy)는 녹음기, 녹화기 등의 복제기기나 테이프, 공 CD 등의 저장 미디어에 부과금을 부과하여, 저작물의 사적 복제에 따른 저작재산권자의 손해를 징수된 부과금의 분배로서 보상해주려는 제도이다. 보상재원을 마련함에 있어 사적 복제 당사자에게 직접 부과금을 부과하는 것이 아니라 복제 기기나 미디어 제작자에게 부과하여 이를 제품 가격에 포함시킴으로써 제품을 구입해서 복제행위에 나아가는 이용자들이 최종적으로 부담하게 하는 간접적인 방식을 취하고 있는 것이 그 특징이다. 사적복제 보상금제도는 독일 저작권법에서 1965년 도입된 이래 주로 유럽 각국에서 많이 시행되고 있는데 1992년에 일본[77]과 미국[78]도 일부 이를 도입한바 있고 현재는 40여 개국의 국가가 사적복제 보상금제도를 채택하고 있다. 우리 저작권법은 사적복제 보상금제도는 도입하지 않고 다만 2000년 개정시에 사적 복제에 대한 예외로 '공중의 사용에 제공하기 위하여 설치된 복사기기에 의한 복제'를 사적 복제에 의하여 허용되는 이용에서 제외하였다. 그리고 관계 당사자간의

77) 일본에서는 음반의 최초판매일로부터 1년간만 배타적 권리로서 대여권을 권리자에게 부여하고 있어, 그 기간이 지난 경우(많은 경우에는 합의에 따라 더 짧은 기간으로 축소되기도 한다)에는 권리자의 동의 없는 대여가 가능하여 음반 대여업이 합법적으로 영업을 할 수 있다. 음반 대여점으로 인해 소비자들이 음반을 구입하는 대신 음반을 대여하여 CD와 DAT에 복사하는 사례들이 확산되자 이를 보완하기 위하여 1993년 사적복제보상금제도를 신설하여 SARAH(Soceity for Administration of Remuneration for Audio Home Recording)로 하여금 이를 담당하게 하고 있다. 일본 저작권법 제104조의 2 내지 11 참조.

78) 미국은 1992년 Audio Home Recording Act를 제정하여 디지털 오디오 녹음기와 테이프의 판매대금에 로열티를 부과하여 그중 3분의 1은 작곡가 및 작사가들에게 나머지 3분의 2는 음반제작자 및 실연자에게 분배하는 대신, 가정에서 이루어지는 비상업적인 녹음에 대해서는 권리자들이 소송을 제기할 수 없도록 규정하였다. AHRA Section 1003 (a) 및 1009 (a) 참조.

계약을 통한 권리처리를 위해 2007. 1. 설립된 사단법인 한국 복사전송권 관리센터에 저작권 신탁관리업무를 허가하여 저작권자와 출판권자로부터 저작물의 복사와 전송에 관한 권리 위탁을 받아 관리하도록 하고 있다. 위 센터는 학교, 도서관, 기업, 행정기관이나 복사점 등과 이용허락계약을 체결하여 사용료를 징수한 다음 이를 개별 권리자에게 분배한다. 결국 일정한 경우의 사적복제에 관해 당사자 간의 계약에 의해 권리처리를 하는 복사권 센터제도를 도입함으로써 사적복제 보상금제도의 역할을 일부 수행하고 있다고 할 수 있다. 그러나 디지털 방식의 복제에 관해서는 이 규정이 사실상 적용될 여지가 없다. 따라서 CD 라이터 같은 디지털 복제기기의 경우에는 복제기기와 기록매체에 일정한 금액을 징수하는 부과금 제도를 도입하는 것이 공평하고 저작자의 이익보호에도 도움이 된다는 견해[79]가 여전히 설득력을 얻고 있는 바 이에 대한 입법적 논의가 계속될 전망이다. 이용은 허용하되 간접적 부과금의 징수로 권리자의 이익을 보호해준다는 의미에서 저작재산권의 제한을 보완해 줄 수도 있는바 실질적으로 권리자들이 얻게 되는 이익과 증가된 이용자의 부담을 고려한 정책적인 결정이 필요할 것이다.

2. 기술적 보호조치와 저작재산권의 제한

기술적 보호조치는 저작권자가 원하지 않는 저작물에의 접근이나 부당한 이용을 막기 위하여 저작물에 적용된 기술적 통제장치이다. 기술적 보호조치에 관한 규정은 1996년 WIPO 저작권조약 및 WIPO 실연 · 음반조약에 포함된 후, 1998. 10. 12. 제정된 미국의 DMCA(Digital Millenium Copyright Act, 디지털밀레니엄 저작권법)[80]의 핵심적 규정으로 도입되면서 본격적으로 저작권의 영역에 등장하였다. 기술적 보호조치는 권한 없는 저작물의 복제, 전송 등 행위, 즉 저작권 침해행위를 막는 '권리침해 통제장치'와 일정한 자격을 갖추지 못한 이용자들의 저작물에 대한 접근을 막는 '접근 통제장치'로 구별되는데,[81] 미국의 DMCA는 기술적 보호조치로 접근통제장치[§1201(a)(1)&(2)]와 권리침해 통제장치[§1201(b)] 모두를 대상으로 함을 명확하게 하고 있다. 기술적 보호조치는 저작권 침해행위에 드는 물리적 · 경제적 비용이 감소하면서 확대된 침해행위의 억제를 위해 다시 새로운 물리적 · 경제적 비용을 부과하는 것이다. 즉 저작권 침해를 위해서는 기술적 보호조치라는 장벽을 넘어야 하고 그 실

79) 최상필, "디지털 영역에서의 사적 복제", 상사판례연구, 2005, 24.
80) Copyright Act of 1976 [§1201]
81) 이대희, "기술적 보호조치와 접근권의 문제점", 정보법학 제7권 제2호, 2003, 79.

효성을 담보하기 위하여 이를 도와주는 행위를 법으로 금함으로써 저작권 외에 추가적인 보호수단을 마련한 것이라 할 수 있다. 문제는 기술적 보호조치로 인하여 저작재산권 제한 등 저작권법이 허용하고 있는 자유로운 이용이 배제될 수 있고, 저작권이 소멸된 저작물도 여전히 권리자의 통제에 들어가게 되는 등 법에 의한 지배가 아닌 코드(code)에 의한 지배, 또는 사적 지배가 이루어질 수 있다는 점이다. 특히 접근통제장치가 채택될 경우 법이 인정하고 있지 않은 접근권이라는 새로운 권리를 권리자에게 부여한 것과 같은 효과가 있다는 점에서 많은 비판을 받고 있다.

3. 권리남용의 적용

저작재산권이 제한되는 경우에 해당되지 않는 이용행위이지만 이에 대한 권리자의 권리주장을 권리남용의 법리로 대항할 수 있는지 여부가 문제된다. 미국에서는 특허권을 중심으로 권리남용(patent misuse)이 논의되어 오다가 1990년 Lasercomb America, Inc. v. Reynolds 사건에서 처음으로 저작권에 권리남용 법리가 적용된 바 있다. 미국에서는 저작권 등 지적재산권의 남용은 주로 부정경쟁방지 측면에서 다루어지는 바 위 사건에서는 어떠한 행위가 반드시 독점규제법 위반이 되어야만 저작권남용이 성립하는 것은 아니며, 저작권 남용은 원고가 자신의 저작권을 이용하는 방법이 저작권을 부여한 배경이라고 할 수 있는 공공정책에 부합하는지 여부에 따라 결정되어야 한다고 판시[82]한 바 있다. 우리나라에서는 민법상의 권리남용법리에 의하여 따질 수밖에 없는 바, 외형상으로는 정당한 권리행사인 것처럼 보이지만 실질적으로는 권리가 가지고 있는 본래의 사회적 목적을 위반하여 정당한 권리행사로 인정될 수 없는 경우를 권리남용이라고 한다. 이러한 권리남용에 해당하기 위한 요건으로 행위자의 가해의 의사나 목적과 같은 주관적 요건이 필요한지에 대해서는 의견이 대립되고 있는데, 객관적 요건뿐만 아니라 주관적 요건도 모두 요구된다고 보는 것이 판례의 대체적인 태도라 할 수 있고 학설로도 많은 지지를 받고 있는 것으로 보인다. 다만 주관적 요건을 요구하더라도 이를 직접적으로 입증할 필요 없이 정당한 이익이나 이유를 찾기 힘든 권리행사나 부당한 이익을 목적으로 하는 권리행사의 경우에는 그 객관적 요건에 의하여 가해의사나 목적이 추정된다고 해석된다. 우리의 권리남용 법리의 내용상 실제 저작권의 행사가 권리남용에 해당하는 경우는 그리 많지 않을 것이다. 저작권의 행사가 상식적인 범위를 넘는다고 하더라도 그것만으로는 권리자의 이

82) 오승종, 전게서, 714.

익추구 행위를 가해의사나 가해목적에 의한 것으로 해석하기는 어렵기 때문이다. 아무리 저작권이 일반적인 소유권보다 더 공공목적에 의하여 제한된다고 하더라도 법에 의하여 부여된 범위 내에서 권리를 행사하여 금전적 인센티브를 얻겠다는 권리자의 의사를 가해의사로 해석하는 것은 아주 예외적인 경우를 제외하고는 어려울 것이다. 실제 사례에서도 그와 같은 권리남용을 인정한 경우는 극히 드물 수밖에 없어 저작권에 있어서 권리남용의 법리는 큰 역할을 하지 못한다고 할 수 있다.

제5 결 론

최근 저작권 상생위원회에서, 저작물의 공정한 이용(Fair Use)의 범위에 대한 사회적 합의 부족으로 공정이용의 경계선을 둘러싼 불필요한 갈등이 양산되는 것을 막고, 저작물 이용과 관련된 불확실성을 제거함으로써 UCC 등을 통한 소비자의 능동적 참여 활성화 및 새로운 콘텐츠 창작 활성화 계기 마련을 위해 공정이용 가이드라인의 제정 작업이 시작되었다. 과연 저작권법 체계에서 가장 이해하기 어렵고 가장 애매한 내용을 갖고 있다고 평가받는 저작재산권의 제한에 관하여 얼마나 구체적이고 실효성 있는 가이드라인을 만들어 낼 수 있을지는 모르겠지만 그 만큼 어렵고 애매하기 때문에 어느 정도라도 서로간의 합의를 끌어 내지 않으면 해결책을 찾기 어렵다는 답답한 상황을 시사하는 것이라 할 수 있다. 사실 저작재산권의 제한 규정은 그 중요성에도 불구하고 지금까지는 강력한 저작권의 행사와 집행에 대한 반발을 무마하기 위한 곁다리 식의 부수적인 논의로 진행되어 온 경우가 많았던 것으로 기억된다. 이는 저작재산권의 제한을 배타적인 저작재산권의 적용 범위를 기본 전제로 하여 그 나머지 부분에 대한 보완적 법리로서 인식되어 왔다는 점에 한 원인을 찾을 수 있다. 그러나 앞서 본바와 같이 기존의 시장 메커니즘의 입장에서는 낯설기만 한 새로운 유형의 창작 생태계가 등장하고 있는 지금의 상황에서는 저작재산권의 제한은 그러한 새로운 생태계를 계속 활성화 시키고 새로운 가치와 혁신을 끌어내기 위하여 의지할 수 있는 유일한 법리로 주목을 받고 있다. 따라서 저작재산권의 제한이 배타적 저작권이 지배하는 시장의 실패를 보완하기 위한 부수적인 법리로서가 아니라 배타적 저작권이 지배하는 시장 메커니즘과는 전혀 다른 비시장적 메커니즘을 지배하는 법리의 관점에서 논의를 진행하여야 한다는 주장은 곰곰이 그 의미를 생각해 볼 필요가 있다. 물론 이러한 주장이 쉽게 받아들여질 것으로 예상되지는 않는다. 권리자들은 최대한 자신들의 통상적인 이용범위를 확대하려고 할 것이고 새로운 유형의 창작 생태계에 대한 그들의 평가도 부정적일 가능성이 크기 때문이다. 그러나 새로운 저작환경의 변화를 인정하고 그 가운데에서 적절한 균형을 찾아가는 작업은 그와 같은 획기적인 인식의 변화가 있지 않는 한 쉽게 결론에 도달하기 어려울 것이다. 따라서 저작재산권의 제한 법리를 논함에 있어서는 좀 더 전향적인 방향에서 가치 판단을 한 다음 그 실현성을 확보하기 위한 여러 가지 구체적인 장치를 고민하는 것이 바람직하다. 여기에 현재 진행하고 있는 공정이용의 가이드라인처럼 당사자 간의 합의에 의한 일응의 기준이 더해진다면 좀 더 현실적인 해결책이 나올 수 있으리라 생각된다.

참고문헌

〈단행본〉

사법연수원, 저작권법 I, 2003.

오승종, 저작권법, 박영사, 2007.

이해완, 저작권법, 박영사, 2007.

정상조, 저작권법주해, 박영사, 2007.

〈논문〉

윤종수, "디지털 시대의 저작권과 대안적 보상체제", 지적재산권, 2008.

이대희, "기술적 보호조치와 접근권의 문제점", 정보법학 제7권 제2호, 2003.

이대희, "저작권법상의 공정이용의 법리에 관한 비교법적 연구", 경영법률, 1999.

이해완, "디지털 환경에서의 저작권법의 새로운 과제", 2009. 11. 25. 저작권포럼 발표문

정찬모, "국제저작권협정상 3단계 테스트의 변천", 계간 저작권 제65호, 2004.

최상필, "디지털 영역에서의 사적 복제", 상사판례연구, 2005.

허성욱, "권리남용금지 법리에 관한 법경제학적 고찰", 법조 55권 1호, 2006 및 법조 54권 12호, 2005.

Daniel J. Geravais, "Towards a New Core International Copyright Norm : the Reverse Three-step Test", *Marquette Intellectual Property Law Review* Vol.9:1 2005.

Jane C. Ginsburg, "Toward Supranational Copyright Law? The WTO Panel Decision and the Three-Step Test for Copyright Exception", *The Center for Law and Economic Studies Working Paper* No.181.

Michael J. Madison, "Fair Use and Social Practice", *Intellectual Property and Information Wealth*, Praeger, 2006.

Rebecca Tushnet, "Creating in the Shadow of the Law : Media Fans and Intellectual Prpperty", *Intellectual Property and Information Wealth* Vol. 1, Praeger Perspectives, 2007.

Salil Mehra, "The iPod Tax : Why the Digital Copyright System of American Law Professors' Dreams Failed in Japan", 79 U. Colo. L. Rv., 2008.

Sam Ricjetson, "Wipo Syudy on Limitations and Exceptions of Copyright and Related Rights in the Digital Environment", WIPO.

제 5 장

인터넷과 소송법

제 1 절

전자소송의 추진 경과와 「민사소송 등에서의 전자문서의 이용 등에 관한 법률(안)」 소개 *

제 1 들어가며

최근 눈부신 정보통신기술의 발전은 일상생활과 업무수행 방식을 전통적인 종이문서 중심에서 컴퓨터와 인터넷을 통하여 작성되고 유통되는 전자문서 중심으로 재편시키고 있다. 기업이 제공하는 쇼핑, 금융 등의 상업용 서비스에서 국회, 행정부 등이 제공하는 공공서비스에 이르기까지 다양한 종류의 서비스에 대한 전자적 접근이 구축되고 있는 것이다. 법원은 이러한 시대적 변화와 요구에 부응하기 위하여 등기, 경매, 재판진행정보 등에 관한 서비스를 인터넷을 통해 제공하여 왔고, 2006. 10.부터 전자문서를 이용한 독촉절차를 실시하는 등 국민의 사법서비스에 대한 전자적 접근을 확대하기 위하여 노력하여 왔다.

정보화 사회의 도래와 전자화의 급속한 확산에 따른 각종 제도 개선 요구에 대하여 소송절차도 예외일 수 없다. 전자문서의 이용 증가라는 환경변화를 반영하여 소송절차에서도 전자문서를 이용하는 전자소송을 도입함으로써 국민의 편의를 증진하고 분쟁 해결의 효율성을 높일 필요가 있다. 전자소송의 도입은 종이문서의 제출, 관리에 소요되는 비용과 부담을 감소시키고, 당사자의 편의를 획기적으로 증가시키며, 나아가 전자소송 관련 산업의 발전 등 경제 발전에도 기여할 수 있을 것이다.

---

* 오민석: 법원행정처 사법정책실 민사심의관 판사.

제 2 전자소송의 추진 경과

Ⅰ. 외국의 전자소송 도입 현황[1)]

1. 미 국

연방법원과 주법원 상호 독립적인 2원 체제로 전자소송이 추진되면서 상대적으로 예산이 풍부하게 뒷받침이 된 연방법원이 앞서 있는데, 전자기록에 의한 사건관리 시스템(CM/ECF), 웹을 통한 사법정보 제공서비스 시스템 및 21세기형 첨단 법정 구축 등이 그 주된 내용을 이루고 있다. 특히 주 법원센터(NCSC)를 중심으로 학계와 업계가 연합하여 주법원 정보화를 위한 표준화, 시범사업 등을 통하여 전자소송의 발전을 주도하고 있다. 여러 주 법원들은 전자파일링 시범 실시 법원 및 그 대상 사건을 확대하고 있어,[2)] 미국 내에서 전자파일링 시스템의 확산은 거스를 수 없는 대세이다.

2. 유 럽

영국은 2002년부터 인터넷을 통하여 10만 파운드 미만의 확정금청구소송을 제기할 수 있고, 2006년부터 일부 부동산인도청구소송을 제기할 수 있게 되었다.

독일은 이미 1980년대에 AUMAN(Automation des gerichtlichen Mahnverfahrens)이라는 독촉사건의 전산화 시스템을 개발하여 운영한 이래 연간 800여 만 건의 독촉사건 중에서 80% 이상이 전산처리되며, 특히 대량 소 제기 기관의 경우 자기테이프나 디스켓 등을 이용하여 신청을 접수하고 있다.

2002년부터는 민사소송법을 개정하여 전자문서에 의한 소송서류의 제출, 송달에 관한 법적 근거를 마련하였고, 2007년초에 수립된 "전자적 의사소통의 촉진을 위한 10대 계획"에 따르면, 2010년까지는 법원과 소송관계인 사이의 모든 의사소통을 전자적인 방법으로 하기로 하고 있다.[3)]

---

1) 대한민국 사법 60주년 기념사업 기획위원회, 우리의 법원 세계의 법원, 사법발전재단, 2008, 526, 527 참조.

2) 미국 뉴욕주의 경우 www.nycourts.gov/efile에 주소를 둔 웹사이트를 통해 New York State Courts Electronic filing System을 이용할 수 있다. 이 홈페이지는 사용자 매뉴얼, FAQ, 법령과 서식 등이 있고, 연습 시스템도 갖추고 있다.

3) 유병현, 독일민사소송법상 전자문서에 의한 소송절차, 1.

3. 싱가포르 및 호주

싱가포르에서는 2007년 기준으로 법원에서 접수되는 문서 중 84%가 전자문서로 이루어지고 있고, 호주에서도 2008년 2월부터 일부 법원에서 전자소송을 시행하고 그 범위를 확대하여 가고 있다.

4. 일 본

일본은 2004년 4월 민사소송법에서 규정을 두어 '최고재판소가 정하는 재판소에 대해서 최고재판소 규칙으로 정하는 문서'에 대해서 소송문서의 제한적인 온라인 제출을 가능하도록 하여, 2004년 7월 삿포로 지방법원에서 기일지정 및 변경신청, 당사자 및 증인심문신청 등에 적용하고, 2004년 4월 독촉사건처리를 전자적으로 가능하도록 민사소송법을 개정하고, 도쿄간이재판소를 시작으로 전자독촉을 시행하고 있다.

Ⅱ. 우리나라의 전자소송 추진 현황

1. 인터넷의 보급 현황

전자소송의 도입과 구현을 위해서는 인터넷의 보급 수준이 중요한 영향을 미친다. 전자소송의 물적, 제도적 기반을 조성하더라도 국민의 인터넷 접근이 용이하지 않으면 전자소송은 장식물에 그칠 수밖에 없다. 우리나라는 정보통신기술(IT) 강국이라는 명성에 맞게, 세계 어느 나라에 내세워도 뒤지지 않을 정도의 인터넷 보급 수준을 달성하고 있다. 아래 표에서 보는 것과 같이 우리나라는 일찍부터 초고속 인터넷 기반이 구축되어 거의 1가구 1인터넷 시대에 돌입하였다고 하여도 과언이 아니다.

[OECD 국가 초고속인터넷 100명당 가입자 수][4)]

순위	1	2	3	4	5	6	7	14	15	17	OECD 평균
국가	덴마크	네덜란드	노르웨이	스위스	아이슬란드	스웨덴	한국	독일	미국	일본	
가입자 수	36.7	35.5	33.4	32.7	32.3	32.3	31.2	26.2	25.0	23.0	21.3

4) 한국정보화진흥원, 전게서, 428.

2008년 현재 인터넷 이용률은 77.1%에 이른다.[5] OECD 국가 초고속인터넷 가입자수를 기준으로 보면, 우리나라는 100명당 가입자수가 31.2명으로서 세계 7위 수준이다.

2. 전자소송 추진 경과

대법원은 2001년에 전자법원 구현을 위한 마스터 플랜을 수립한 이후 전자소송을 도입하기 위한 노력을 지속적으로 기울여 왔다. 그 추진 경과는 아래와 같은 표로 정리할 수 있다.

사업년도	사업내용
2003년	전자법원 구현을 위한 마스터플랜 수립 (2003년)에 이어 사법전자파일링 구축 계획 수립
2004년	대구, 부산고법에서 소송문서 전자교환 시범사업 실시
	재판절차에서의 전자문서 이용 등에 관한 법률(안) 마련 및 입법추진
2006년	전자독촉 특례법안 국회 통과(2006. 10.)후, 전자독촉 오픈
2007년	우체국 시스템과 연계하여 송달통지서 폐지
	민사소송법 개정안 논의(전자소송 TFT)
2008년	61개 법원 대상 판결문DB 1차 전환(2007년)에 이어 170개 법원 대상 판결문DB 2차 전환사업 진행중
	특허 전자소송을 위한 특례법안 마련 (특허 전자소송 TFT)
2009년	전자소송의 일반법적 성격을 갖는 「민사소송 등에서 전자문서의 이용 등에 관한 법률」(안) 마련

3. 전자독촉 시스템의 운영 현황

우리나라에서 본격적인 전자소송 도입의 첫 단추를 끼운 것은 전자독촉의 시행이라고 할 수 있다. 독촉절차에서 재판서류를 전자적으로 작성 · 제출 및 송달할 수 있도록 하여 국민의 편의를 도모할 목적으로, 2006. 10. 27. 「독촉절차에서의 전자문서 이용 등에 관한 법률」이 제정되어 시행되고 있다. 전자독촉을 위하여 구축된 전자독촉시스템을 이용한 지급명령 신청의 편리함이 알려지면서 전자독촉 사건이 크게 증가하고 있으며, 2009년 1월부터 9월까지를 기준으로 하면 전자독촉 사건이 전체 독

5) 한국정보화진흥원, 2009 국가정보화백서, 2009, 437(한국인터넷진흥원, "2008년 인터넷이용실태조사", 2008. 12.에서 재인용).

촉 사건에서 차지하는 비중은 42.4%에 이르고 있다.

연도	일반독촉	전자독촉	합계	전자독촉 점유율
2006년	698,801	1,685	700,486	-
2007년	558,446	305,551	863,997	35.4%
2008년	514,314	335,663	849,977	39.5%
2009년 (1월~9월)	431,934	317,713	749,647	42.4%

4. 소송문서 전자관리 시스템

법원은 본격적인 전자소송의 시행에 대비한 가교 역할을 위하여 소송문서 전자관리시스템을 구축하고 2009. 3. 2.부터 서울중앙지방법원에서 시범실시를 시작하였다. 소송문서 전자관리 시스템이란, 법원과 변호사, 법원과 특허기관 사이에 소송문서의 전자적 교환을 목적으로 하는 시스템으로서, 변호사, 특허청 소송수행자 등은 시스템을 통하여 법원에 제출하는 소송문서를 전자문서로 제출하여 상대방에게 전달할 수 있고, 판결문 등 법원 작성 문서를 전자적으로 수신할 수 있다. 2009. 3.에 서울중앙지방법원과 특허법원을 대상으로 시범 오픈하였고, 2009. 6. 1.부터 전자송달 신청 서비스 가능 법원이 전국법원의 확대되었다.

소송문서 전자관리 시스템을 이용하려면, 우선 소송문서 전자관리 시스템 홈페이지(http://efile.scourt.go.kr)에 접속한 후 공인인증서를 이용하여 회원가입을 한다. 회원가입을 완료하고 나서 로그인을 하고, 담당하고 있는 사건에 대한 전자송달 신청 항목을 정하여 신청하면, 전자송달 신청 사건에 대하여 전자송달수신, 소송문서제출 등 각종 서비스를 이용할 수 있다.

소송문서 전자관리 시스템의 주요 기능으로는, ① 전자송달신청 사건에 대한 소송문서의 전자적 제출 및 전자적 수신, ② 휴대폰 단문메시지(SMS), 이메일을 통한 알림서비스 제공, ③ 판결문, 명령 · 결정문, 기일통지서 등의 전자적 송부, ④ 법원과 대리인 상호간 의견공유 게시판 제공 등이 있다.

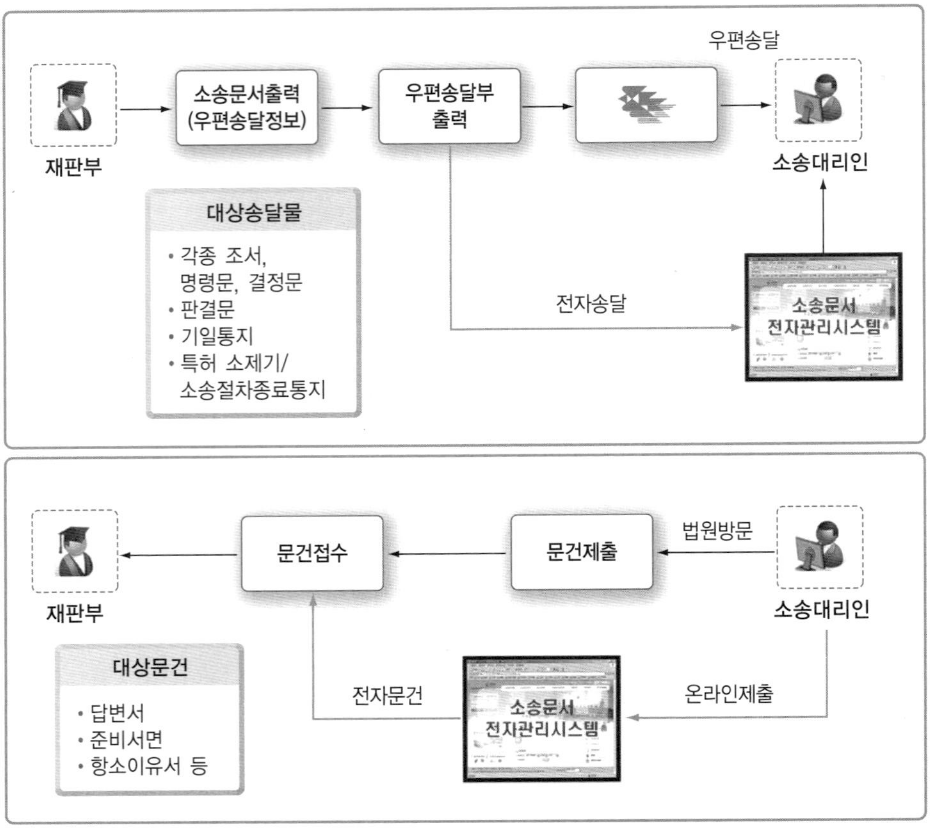

Ⅲ. 전자소송과 전자법정

전자법원은 전자소송과 전자법정을 큰 두 축으로 하고 있다. 그 밖에 법원포탈, 전자기록관리, 전자법원행정 등도 전자법원을 구성하는 주요 시스템 요소이다.

전자소송은 전자기록관리 시스템으로 접수되는 전자문서와 법원에서 생성하는 전자문서로 구성된 전자소송기록으로 재판하는 개념을 말한다. 한편, 전자법정은 현재 각급 법원에 설치되어 있는 전자법정을 포함하여 기존의 오프라인 법정이 아닌 온라인 재판을 포함하는 광의의 개념을 말한다. 전자법정의 구현을 위하여 각급 법원의 모든 법정(경매, 즉결 법정 제외)에는 빔 프로젝터, 스크린, 컴퓨터와 실물화상기가 설치되어 있다. 당사자나 대리인은 법정에 설치된 빔 프로젝터 등의 장비를 이용하여 전자문서에 의한 프리젠테이션을 할 수 있고, 실물화상기를 활용하여 증인신문사항이나 증거물을 스크린에 현출시켜 효율적인 변론을 진행할 수 있다.

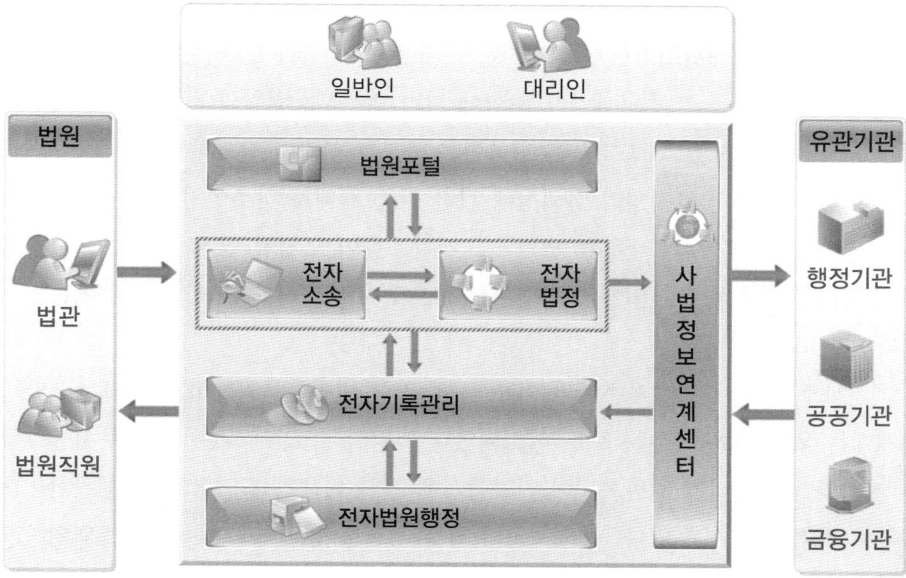

전자법원이 총체적으로 구축되면, 일반인과 대리인은 법원 포탈을 통해 전자소송을 수행하고 전자법정에 접근할 수 있을 것이다. 법원공무원은 전자기록관리시스템을 이용하여 기록을 체계적으로 관리할 수 있고, 법원행정 역시 전자법원행정시스템을 통하여 전자적인 방법으로 이루어지게 된다. 또한 법원은 사법정보연계시스템을 통해 외부의 행정기관, 공공기관 등과 정보와 자료를 실시간으로 주고받을 수 있을 것이다.

제 3 「민사소송 등에서 전자문서의 이용 등에 관한 법률」

Ⅰ. 과거 전자소송 도입의 실패원인과 그 해소

2004년에 「재판절차에서의 전자문서 이용 등에 관한 법률」의 입법이 추진되었으나, 법무부에 설치된 동 법률 제정 실무위원회의 논의과정에서 그 적용범위가 대폭 축소되어 독촉절차에 한정하여 전자소송을 부분적으로 도입하는 것으로 귀결되었다. 그에 따라 「독촉절차에서의 전자문서 이용 등에 관한 법률」이 탄생하는 것에 만족하여야 하였다.

2004년의 입법 추진이 좌절된 주요 원인은 다음과 같이 4가지로 요약할 수 있다.

① 2004년 당시에는 전자문서에 관한 연구가 미흡하였고 법률가들의 이해도 충분하지 못하였다. ②「재판절차에서의 전자문서 이용 등에 관한 법률」은 형사소송을 포함한 모든 재판절차를 그 적용대상으로 함에 따라 법무부 · 검찰과의 의견 조율이 필수적인 요소로 등장하였고 그 조율을 위하여는 충분한 시간이 필요하였다. ③ 전자소송을 구현할 시스템의 안정성과 신뢰성에 관한 검증 체계가 갖추어지지 않아 전자소송의 도입에 관한 불안감이 존재하였다. ④ 전자소송이 도입될 경우 변호사 아닌 사람이 컴퓨터를 이용하여 손쉽게 대리행위를 함으로써 변호사 대리의 원칙이 훼손될 우려가 있다고 보았다.6)

「민사소송 등에서 전자문서의 이용 등에 관한 법률」의 입법이 추진되는 2009년 현재에는 위와 같은 사유는 모두 해소되었다고 말할 수 있다. 우선 전자문서를 이용한 거래와 업무처리가 일반화되어 전자문서에 관한 이해가 깊어졌고 그에 관한 연구결과도 축적되어 가고 있다. 전자독촉의 시행 경험을 통하여 전자독촉시스템의 안정성에 대한 검증이 이루어졌고 전자소송에 대한 신뢰의 기반도 형성되었다. 그리고 「민사소송 등에서 전자문서의 이용 등에 관한 법률」은 형사소송을 그 적용대상에서 제외함으로써 법무부 · 검찰과의 의견 조율 문제가 발생하지 아니할 뿐만 아니라 형사소송에 관하여도 별도의 전자소송 입법 추진이 진행되고 있다.

한편, 변호사대리 원칙의 훼손 문제는 전자소송에 특유한 것이라고 할 수 없다. 종이문서에 기반한 소송에서도 변호사 아닌 사람이 서류를 대신 작성하는 것이 얼마든지 가능하다. 전자소송에서 전자문서를 작성하는 것은 종이서류의 작성을 대체하는 것에 불과하기 때문에 전자소송의 도입으로 변호사 아닌 사람이 개입할 가능성이 특별히 높아진다고 볼 이유는 없다.

이와 같이 과거 전자소송의 도입을 가로막았던 장애요소들이 대부분 해소되었기 때문에 「민사소송 등에서 전자문서의 이용 등에 관한 법률」의 입법 추진은 무난하게 진행될 것으로 기대된다. 전자소송의 입법 추진을 위하여 2009. 8. 13. 법무부 산하에 전자소송법 제정 특별분과 위원회(위원장 정동윤)가 구성되어 대법원이 마련한 「민사소송 등에서의 전자문서 이용 등에 관한 법률(안)」(다음부터 "전자소송법안"이라고 한다)을 토대로 법률안 제정 작업을 진행하여, 2009. 10. 21. 그 작업을 마무리하였다. 전자소송법안은 2009. 12.에 국회에 제출되어 2010년 상반기에는 그 시행에 들어갈 수 있을 것으로 예상된다. 다음부터는 전자소송법 제정 특별분과위원회에서 마련

6) 그 당시 법무부 「재판절차에서의 전자문서 이용 등에 관한 법률」제정 실무위원회에 위원으로 참여하였던 유병현 교수님의 설명을 참조하였다.

한 전자소송법안을 토대로 그 내용을 살펴보기로 한다. 전자소송법 제정 특별분과위원회에서 마련한 법률안은 이 글의 말미에 첨부하였다.

Ⅱ. 전자소송의 효용

전자소송의 도입은 당사자와 대리인은 물론 법원에게도 다양한 효용을 가져다 주는데,[7] 이는 결국 비용의 절감, 효율의 증대, 사법서비스의 개선으로 요약할 수 있다.

1. 당사자 및 대리인의 측면

당사자 및 대리인은 소장이나 답변서 등 소송서류를 법원에 제출할 때에 상대방 당사자 수만큼 부본을 준비할 필요가 없다. 그리고 상대방이 제출한 전자문서를 이용하여 준비서면을 편집할 수 있으므로, 소송서류의 준비에 투입되는 노력과 시간을 줄일 수 있다. 소송서류를 법원에 접수시키기 위하여 직접 법원에 갈 필요가 없고, 법원과 은행의 업무시간 이후에도 서류의 접수와 비용의 납부 등이 가능하다. 특히 법원에서 먼 거리에 거주하는 당사자의 서류접수가 용이해진다.

당사자 및 대리인은 시간적, 장소적 제약 없이 사무실이나 집 등에 있는 컴퓨터를 이용하여 기록을 열람, 복사할 수 있게 된다. 판사나 상대방 당사자가 기록을 열람하고 있는 도중에도 기록에의 접근이 가능하다. 당사자 및 대리인은 소송의 진행 경과와 현황을 실시간으로 정확하게 파악할 수 있게 되므로, 권리의 방어에도 충실을 기할 수 있게 된다.

2. 법원의 측면

재판부는 문서접수 후 바로 기록을 검토할 수 있어 사건처리의 지연이 방지되고, 기록 접근에 시간과 장소의 제약이 없어져 재택근무나 원격지근무가 가능하게 된다. 시스템에 의해 자동적으로 기록이 편철되므로 기록 편철 업무가 크게 감소하고, 기록 편철상의 오류를 막을 수 있다. 또한 현실적으로 물리적으로 운반할 필요가 없게 되어, 판사실 또는 법정으로의 기록이동이 불필요하고 사건의 재배당, 이송, 상소에 있어 전자파일의 전송으로 기록송부를 대체하게 된다. 기록 보관 및 보존에 필요한 물

7) 강민구, "전자파일링(Electronic Filing)에 관한 연구 : 21세기 정보화 시대에 있어서 법원업무 자동화의 측면에서", 사법논집 32집, 법원행정처, 2001, 441-444 참조; 임준호, "소송기록의 전자화", 재판자료 79집, 법원도서관, 1998, 119-124 참조.

리적 공간이 획기적으로 줄어들어 그 비용이 현저히 감소된다.

법원은 전자적 방법에 의하여 소송서류를 편리하고 신속하게 전송할 수 있어 송달과 관련된 업무를 경감할 수 있다. 판결, 결정 등도 시스템 등재와 당사자에 대한 통지로써 즉시 송달이 가능하게 된다. 특히 신속한 송달, 통지, 등기촉탁이 필요한 보전처분에 있어서 그 장점이 발휘될 것이다.

Ⅲ. 전자문서

전자소송법안은 재판절차에서 전자문서의 작성, 제출, 송달 등에 법적인 효력을 부여함으로써 전자문서에 의한 재판에 관한 법적 근거를 마련하는 것을 골자로 하고 있다. 따라서 전자문서의 개념 파악은 전자소송법안을 이해하는 출발점이 된다고 할 수 있다.

"전자문서"라는 용어는 그 동안 여러 법률에서 사용되어 왔는데, 법률마다 그 개념에 차이가 있었다. 구 공업 및 에너지기술 기반조성에 관한 법률 제2조 제3호는 전자문서를 "컴퓨터 등 정보처리능력을 가진 장치 상호간에 전기통신설비를 이용하여 전송 · 처리 또는 보관되거나 출력된 문서 형식의 자료로서 표준화된 것"으로 정의하여 '표준화'와 '문서형식'을 요건으로 하였다. 그 후 '표준화'와 '문서형식'이 전자문서의 개념요소에서 제외되어, 전자정부법 제2조 제5호는 전자문서를 "컴퓨터 등 정보처리능력을 가진 장치에 의하여 전자적인 형태로 작성되어 송 · 수신 또는 저장되는 정보"로 정의하고 있다. 한편, 전자서명법 제2조 제1호, 전자거래기본법 제2조 제1호는 전자문서를 "정보처리 시스템에 의하여 전자적 형태로 작성, 송신 · 수신 또는 저장된 정보" 또는 "정보처리 시스템에 의하여 전자적 형태로 작성되어 송신 또는 수신되거나 저장된 정보"로 정의하여 정보 작성의 주체를 장치에서 시스템[8]으로 변경하고 있다.

전자소송법안은 전자문서의 개념을 "컴퓨터 등 정보처리능력을 갖춘 장치에 의하여 전자적인 형태로 작성되거나 변환되어 송 · 수신 또는 저정된 정보"로 정의하고 있다(안 제3조 제1호). 전자문서에 관한 이러한 정의는 전자거래기본법, 전자서명법, 전자정부법이 정하는 전자문서의 정의와 비교하여 일부 표현상의 차이가 있으나 그 개념은 실질적으로 동일하다고 할 수 있다.

---

8) 전자거래기본법 제2조 제2호는 정보처리 시스템을 "전자문서의 작성, 송신 · 수신 또는 저장을 위하여 이용되는 정보처리능력을 가진 전자적 장치 또는 체계"로 정의하고 있다.

전자소송법안이 정하는 전자문서의 개념적 특징으로는 두 가지를 들 수가 있다. 첫째, 전자문서는 "문서의 형식으로 표준화"될 것이 요구되지 않는다. 전자문서는 문서형식을 갖출 필요가 없으므로, 이미지 파일이나 동영상 파일 등도 전자문서의 범주에 포함된다. 전통적인 의미의 문서와는 그 개념 범위에 큰 차이가 있어 혼란이 발생할 수 있으므로 주의를 요하는 부분이다. 전자문서의 파일 형식에도 아무런 제한이 없다. 그러나 현실적인 문제로서 법원이 구축할 전자소송시스템[9]에 모든 형식의 파일을 실행할 수 있도록 미리 프로그램을 완벽하게 구비하여 둘 수는 없다. 전자소송시스템에서 실행할 수 없는 파일 형식을 가진 전자문서가 제출되어 전자소송의 원활한 진행에 지장이 초래되는 것을 방지하기 위하여, 전자소송법안은 전자소송시스템을 이용하여 제출할 수 있는 전자문서의 파일 형식을 대법원규칙으로 정할 수 있도록 하고 있다(안 제7조 제1항). 전자소송 시스템에서 이용할 수 있는 전자문서의 파일 형식을 대법원규칙으로 정할 수 있도록 한 것은 법률의 개정 절차를 거치지 않고도 기술 발전에 유연하게 적응할 수 있도록 하기 위한 것이다.

둘째, 전자적인 형태로 변환된 정보도 전자문서의 범주에 속한다. 전자소송법안은 당사자가 종이문서를 제출한 경우 법원사무관등이 이를 전자문서로 변환하여 전자소송 시스템에 등재하도록 함으로써 사건기록의 전자화를 도모하고 있다(안 제9조 제2항). 또한 전자소송을 선택한 당사자로서도 법원에 제출할 서류를 전자문서로 제출하여야 하므로(안 제7조 제1항), 종이로 작성된 문서를 제출하는 경우에는 이를 스캔하는 등의 방법으로 전자문서로 변환할 필요가 생긴다. 이와 같이 전자적인 형태로 "변환"된 문서도 처음부터 전자적인 형태로 "작성"된 문서와 마찬가지로 전자문서에 해당한다는 점이 명확하게 규정되어 있다.

전자문서는 민사소송 등에 적용 또는 준용되는 법령에 규정된 문서와 동일한 효력을 가진다(안 제4조 제2항). 전자소송법안은 민사소송 등에서 전자문서를 이용할 수 있도록 전자문서에 법적인 효력을 부여하는 것을 주된 목적으로 하고 있으므로, 전자소송법안 제4조 제2항은 전자소송법안의 핵심을 이루는 규정이라고 할 수 있다. 전자문서의 효력을 소송절차의 각 단계별로 규정하기는 어려우므로, 전자문서를 작성 · 제출 · 송달 · 보존한 경우 그 전자문서는 민사소송법 등이 정하는 요건과 절차에 다른 문서로 간주된다는 포괄적 규정을 마련하여 그 효력 문제를 해결하고 있다.

---

9) 전자소송법안 제3조 제2호는 "전산정보처리 시스템"을 민사소송 등에서 전자문서를 작성, 제출, 송달하는 데에 이용되는 정보처리능력을 갖춘 전자적 장치 또는 체계로서 법원행정처장이 지정하는 것으로 정의하고 있는바, 이에 따라 지정될 전산정보처리 시스템을 이 글에서는 "전자소송 시스템"이라고 하겠다.

Ⅳ. 전자소송이 적용되는 재판절차[10)]

1. 민사소송법
2. 가사소송법
3. 행정소송법
4. 특허법 제9장
5. 민사집행법
6. 채무자회생 및 파산에 관한 법률
7. 비송사건절차법
8. 그 밖에 위 각 호의 법률을 적용 또는 준용하는 법률

전자소송법안은 형사재판절차를 제외한 모든 재판절차를 그 적용 대상으로 하고 있다. 전자소송법안 제2조는 그 적용 대상인 재판절차를 아래의 법률에 의한 재판절차로 규정하고 있다.

전자소송을 입법화하는 방안으로는, ① 각 소송유형별로 전자소송에 관한 특례법을 개별적으로 제정하는 방안과 ② 전자소송 일반에 적용되는 특례법을 제정하는 방안을 고려할 수 있다. 전자소송을 시행하기 위하여는 각 소송유형별 특성을 고려한 전자소송 시스템의 구축이 필요하고 이에는 상당한 예산이 소요된다. 또한 전자소송을 본격적으로 시행하여 본 경험이 없는 상황에서 일시에 전면적으로 전자소송을 도입할 경우 예측하지 못한 혼란이 발생할 수도 있다. ①안은 이러한 사정을 고려하여 전자소송의 시행 시기를 분산시킴으로써 전자소송의 도입을 점진적이고 안정적으로 추진할 수 있는 장점이 있으나, 다수의 특례법 제정 과정을 반복하여야 하고 특례법이 양산되는 단점이 있다. ②안은 전자소송에 관한 통일적인 규율이 가능하고 특례법의 제정 절차를 단순화할 수 있는 장점이 있으나, 전자소송을 일반적, 전반적으로 시행하여야 하는 부담이 발생하는 단점이 있다.

전자소송법안은 이러한 두 가지 방안의 장, 단점을 절충하여, 전자소송 일반에 적용되는 특례법의 형식을 취하면서도 대법원 규칙으로 재판절차별 시행시기를 달리 정할 수 있도록 하고 있다(안 제2조 제2항). 따라서 전자소송법안이 시행된다고 하여 제2조 제1

10) 전자소송이 적용되는 재판절차는 소송에 한하지 않고 신청과 비송 등이 포함된다. 이 글에서는 논의의 편의상 소송을 중심으로 서술하고 "전자소송"이라는 용어를 사용하도록 하겠다.

항이 정하고 있는 재판절차 전부에 대하여 동시에 전자소송이 시행되는 것은 아니고, 각 재판절차별로 전자문서를 이용할 수 있는 시기는 대법원규칙으로 정해지게 된다.

대법원은 전자소송의 최초 시행 대상으로 특허소송을 예정하고 있다. 특허소송의 전심절차인 특허심판절차가 이미 전자화되어 있고[11] 특허관련분쟁의 당사자는 대부분 전자문서의 작성과 유통에 관한 풍부한 지식과 경험을 가지고 있기 때문에 소송대리인이 선임된 경우는 물론이고 당사자 본인소송의 경우라고 하더라도 전자소송의 실시에 어려움이 없을 것이라는 사정을 고려한 것이다.

대법원은 2010년 초에는 전자소송법안이 국회를 통과할 것으로 예상하고, 그 시행에 대비하여 특허전자소송시스템의 구축작업을 진행하고 있다. 2010년 4월경에는 특허전자소송시스템이 오픈되어 전자소송의 구체적인 모습을 보여줄 것으로 기대된다.

Ⅴ. 전자소송에 대한 당사자의 선택권

전자소송의 도입을 통한 당사자의 편의, 재판의 신속화 · 효율화, 비용 절감 등의 효과를 극대화하기 위하여는 모든 당사자와 대리인이 예외 없이 전자소송을 이용하도록 함으로써 종이문서를 이용한 소송이 사라지도록 하는 것이 이상적일 것이다. 이와 관련하여 당사자나 대리인에게 전자소송의 이용 여부에 관한 선택권을 부여할 것인지, 당사자 중 한쪽이 전자소송을 선택하지 않은 경우에도 전자소송을 적용할 것인지, 전자소송을 진행하다가 종이문서에 의한 소송으로 전환하는 것을 허용할 것인지 등이 문제된다.

1. 전자소송에 대한 선택권의 보장

전자소송을 이용할 수 있는 능력이나 여건을 갖추지 못한 당사자나 대리인이 존재하는 한 전자소송의 이용을 강제하는 것은 헌법상 보장되는 재판청구권이나 평등권의 침해 문제를 야기한다. 법원이 당사자나 대리인의 전자소송 이용 능력이나 여건을 완벽하게 지원, 보완해 주지 않는 한 전자소송의 이용을 강제할 수는 없다.[12] 전자소송법안은 전자소송을 강제하는 입장을 취하지 않고 당사자나 대리인에게 전자소송의 이용 여부에 관한 선택권을 보장하고 있다(안 제4조 제1항 참조). 다만, 국가, 지방자치단체 등 대법원규칙으로 정하는 자에 대하여는 그 의사를 묻지 않고 소장 부본의 송달 단

11) 특허법 제28조의3, 제28조의4는 전자문서에 의한 특허에 관한 절차의 수행 등에 관하여 규정하고 있다.
12) 장준현, "전자법원 도입을 위한 과제 – 전자파일링을 중심으로", 11 참조.

계부터 전자적인 방법에 의한 송달을 실시할 수 있으므로(안 제10조 제1항 제3호), 사실상 전자소송의 이용이 의무화되어 있다고 할 수 있다. 국가, 지방자치단체 등에 관하여는 전자정부법이 제정되는 등 전자정부의 구현을 위한 사업을 촉진하고 국민에 대한 효율적인 서비스를 제공할 의무가 있으므로 전자소송의 이용을 강제하여도 무방할 것이다.

전자소송의 이용 여부를 선택할 수 있도록 하는 구조를 취할 경우 전자소송의 이용률을 높이기 위한 다양한 지원, 유인의 방안 등이 강구될 필요가 있다. 당사자가 전자소송을 선택하는 경우 인지대나 송달료를 감액하는 방안, 법원 내부에 전자화지원센터를 설치하여 손쉽게 종이문서를 전자문서로 전환할 수 있도록 서비스를 제공하는 방안, 컴퓨터를 보유하고 있지 않은 저소득층도 손쉽게 전자소송을 이용할 수 있도록 주민자치센터와 협력 체제를 구축하는 방안 등을 검토할 수 있을 것이다.

전자소송법안은 전자소송 시스템을 이용하려면 우선 사용자등록을 하도록 규정하고(안 제5조 제1항), 등록사용자로서 전자소송 시스템을 이용한 재판진행에 동의한 자에게는 법원에 제출할 서류를 전자문서로 제출하여야 하는 의무를 부과하고 있다(안 제7조 제1항). 이와 같이 "사용자등록"과 "전자소송의 동의"는 별개의 개념이다. 사용자등록을 하였다는 사정만으로 전자소송에 대한 동의를 의제하면 당사자의 선택권을 침해할 소지가 있으므로, 사용자등록을 한 이후 개별 소송에서 전자소송에 동의하여야 비로소 전자문서 제출 의무가 발생한다고 하는 2중 구조를 취하고 있다. 전자소송시스템 안에 연습 시스템을 구축하여 등록사용자가 실제와 동일한 환경에서 전자소송을 체험할 수 있는 기회를 제공할 예정이므로, 당사자나 대리인 등은 사용자등록을 하고 전자소송시스템에 접속하여 전자소송에 관한 충분한 정보를 취득한 후 개개의 구체적 소송에서 전자소송에 동의할 것인지를 결정할 수 있을 것이다.

2. 전자소송의 편면적 적용의 허용 문제

소송의 양쪽 당사자 중 한쪽 당사자는 전자문서를 제출하고 다른 쪽 당사자는 종이문서를 제출할 수 있도록 허용하면 절차 진행과 기록 관리에 많은 비효율이 발생할 것이다. 이러한 비효율을 방지하기 위하여 당사자 쌍방이 모두 전자소송을 선택한 경우에만 전자소송을 이용할 수 있도록 하는 방안을 고려할 수도 있다. 그러나 전자소송의 적용범위를 제한하면 전자소송이 적용되는 사건이 감소하게 되고, 당사자나 대리인이 전자소송의 효용을 체감할 수 있는 기회도 그 만큼 줄어들 수밖에 없다. 이는 전자소송의 확산을 지연시켜 장기적으로 더 큰 비효율을 초래하게 될 것이다. 이러한 고려에 따라 전자소송법안은 전자소송을 원하는 당사자나 대리인은 상대방의 동의

없이도 전자문서를 이용할 수 있도록 정하여 당사자의 편의를 도모함과 동시에 전자소송의 신속한 확산을 꾀하고 있다(안 제4조 제1항). 양쪽 당사자 중 한쪽만 전자소송을 선택한 경우 소송서류의 송달, 기록관리 등의 방법에 관하여는 뒤에서 살펴보기로 한다.

3. 사전 선택의 허용 문제

전자소송의 이용을 선택하는 방법으로는, ① 각 소송사건별로 개별적인 선택권을 행사하도록 하는 방안, ② 일정한 기간을 정하여 그 기간 안에 발생하는 모든 소송사건에 대하여 사전에 선택권을 행사할 수 있도록 하는 방안, ③ 위 ②안과 같이 사전에 선택권을 행사할 수 있도록 하되, 적어도 소장 부본은 전자적인 방법과 병행하여 종이문서의 송달을 실시하는 방안을 생각할 수 있다.

금융기관과 같이 다수의 소송을 제기하고 관리하는 당사자로서는 각 소송사건별로 선택권을 행사하는 것은 번거로울 수 있다. 사전 선택권의 행사를 허용할 경우에는 이러한 번거로움을 덜 수 있는 반면, 당사자가 항시 자신의 전자우편을 확인하고 관리하지 않으면 소송이 제기된 사실 자체를 간과하여 법적 불이익을 입게 될 가능성이 있다. 절충적인 형태로서 사전 선택권의 행사를 허용하되 당사자가 소송이 개시된 사실을 간과하지 않도록 소장 부본만은 종이문서에 의한 교부송달 등을 병행하여 실시하는 방안을 고려할 수 있으나, 전자소송 도입의 취지가 반감되고 전자소송의 완전한 정착에 장애요소로 작용할 수 있다.

전자소송법안은 ②안의 입장을 채택하여 당사자가 전자소송시스템을 이용한 재판 진행에 사전 동의할 수 있도록 하면서, 이 경우에는 최초의 송달부터 전자적인 방법으로 실시할 수 있도록 하고 있다(안 제10조 제1항 제2호). 사전 선택권을 행사하는 당사자는 금융기관과 같이 소송사건의 관리를 일상적인 업무로서 처리하는 경우에 한정될 것으로 예상된다는 점을 고려한 것이다. 사전 선택권을 행사할 때 전자소송에 대한 동의 기간을 지나치게 길게 설정하면 당사자가 소송이 제기된 사실을 간과할 가능성이 증가하는 점을 고려하여, 대법원규칙으로 동의 기간을 1년 이내로 제한하는 방안이 검토되고 있다.

4. 전자소송과 종이문서에 의한 소송 사이의 절차 전환 문제

종이문서에 의한 소송을 선택한 당사자나 대리인이 소송 진행 도중에 전자소송으로 전환하기를 희망하는 경우가 있을 수 있고, 그와 반대의 경우가 생길 수도 있다. 전자소송과 종이문서에 의한 소송 사이의 절차 전환은 전자소송법안이 정하는 전자소송의 동의와 그 철회의 형식으로 현실화된다.

전자소송법안은 전자소송의 동의에 관하여 시기적인 제한을 설정하고 있지 않으므로,[13] 종이문서에 의한 소송을 진행하여 온 당사자나 대리인은 언제든지 사용자등록을 하고 전자소송에 동의함으로써 전자소송으로의 전환을 선택할 수 있다. 재판장의 허가가 필요한 것은 아니다. 즉, 종이문서에 의한 소송에서 전자소송으로 전환하는 데에는 아무런 시기상, 절차상의 제한이 없다. 전자소송법안은 종이문서에 의하여 소송이 진행되는 경우에도 종이문서를 모두 전자문서로 변환하여 기록을 전자적으로 관리하도록 하고 있으므로, 종이문서에 의한 소송에서 전자소송으로 전환되는 시기에 따라 소송절차의 혼란이나 비용이 증가되는 것은 아니다.

한편, 전자소송을 진행하던 당사자가 종이문서에 의한 소송으로 전환하는 것에 대하여 일정한 제한을 둘 것인지가 문제이다. 종이문서에 의한 소송은 전자소송에 비하여 당사자의 비용 부담을 증가시키고 법원의 업무를 가중시키는 등 사회 전체의 비효율을 초래하기 때문에 전자소송에서 종이문서에 의한 소송으로 전환하는 것을 제한하여야 한다는 견해가 있다. 이에 대하여 당사자가 전자소송에서 자유롭게 이탈할 수 없다면 전자소송에 대한 당사자의 선택권 부여는 그 의미가 반감되고, 전자소송이 불편하다고 느끼는 당사자에게 전자소송의 이용을 강제하는 것은 국가가 시스템 불완전의 책임을 당사자에게 전가하는 것이 되어 부당하다는 견해가 있다. 전자소송법안에 전자소송에서 종이문서에 의한 소송으로 전환하는 것을 제한하는 규정을 두지 않는 한 소극적으로 보아야 하지 않을까 생각한다.

Ⅵ. 사용자등록

전자소송 시스템을 이용하여 소를 제기하고자 하는 원고나 제기된 소송에 응소하려는 피고 등은 우선 사용자등록을 하여야 한다(안 제5조 제1항). 사용자등록을 하는 구체적인 방법은 대법원규칙으로 정하게 되는데, 전자서명을 위한 인증서를 발급받은 후 전자소송시스템에 접속하여 일정한 정보를 입력하는 방법으로 사용자등록을 신청하게 될

13) 전자소송법안 제5조 제1항은 "전산정보처리조직을 이용하고자 하는 자는 대법원규칙이 정하는 바에 따라 사용자등록을 하여야 한다"고 규정하고 있다. 위 규정의 해석과 관련하여 대법원규칙으로 사용자등록의 시기적 제한을 설정할 수 있다는 주장이 제기될 수 있으나, 위 규정은 전자소송 이용에 사용자등록이 필수적으로 요구된다는 취지를 규정하면서 사용자등록의 방법을 대법원규칙으로 정하도록 한 것으로 보아야 하고, 전자소송을 이용하고자 하는 당사자가 사용자등록을 할 수 있는지 여부까지 대법원규칙으로 정할 수 있도록 하려는 취지로 보기는 어렵다.

것이다.[14] 다른 사람의 자격을 도용하는 것을 방지하기 위하여 적어도 시행 초기에는 개인이나 법인의 경우 사전에 법원을 직접 방문하여 사용자등록을 위한 접속코드를 부여받도록 하는 방안도 검토 중이다. 한편, 변호사, 변리사, 법무사의 경우에는 변호사협회 등과의 시스템 연계를 통하여 실시간 인증으로 자격 확인 절차를 거침으로써 법원을 방문할 필요 없이 사용자등록이 가능하도록 조치할 예정이다.

Ⅶ. 전자문서의 제출

사용자등록을 마친 후 전자소송에 동의한 당사자는 법원에 제출할 서류를 종이문서로 제출할 수 없고, 반드시 전자소송 시스템을 이용하여 전자문서로 제출하여야 한다(안 제7조 제1항). 전자소송을 이용할 것인지 여부는 당사자가 자유롭게 선택할 수 있으나, 일단 전자소송에 동의하고 나면 전자문서의 이용이 의무화된다. 법원에 제출하려는 서류가 이미 종이문서로 작성되어 있는 경우에는 이를 스캔 등의 방법으로 이미지파일로 변환한 후 전자문서로 제출하여야 한다. 그러나 전자소송시스템에 장애가 생긴 경우, 법원에 제출하려는 서류가 서적인 경우 또는 기술적인 문제로 서류를 전자이미지 파일로 변환하는 것이 곤란한 경우 등 전자문서로 제출하기에 적합하지 아니한 사정이 있으면 전자문서로 제출하지 않을 수 있는 예외가 인정된다(안 제7조 제2항). 특히 영업비밀과 관련된 소송에서 당사자의 영업비밀에 관한 사항을 담고 있는 서류가 외부로 유출될 가능성을 차단하기 위하여, 해당 서류를 전자문서로 제출하지 않을 수 있는 예외가 인정될 수 있을 것이다.

대법원은 전자소송을 이용하는 당사자의 편의를 위하여 전자소송시스템에서 소장, 준비서면 등의 서류를 빈 칸 채우기 방식으로 작성 · 제출할 수 있는 기능을 제공할 예정이다. 한글 프로그램 등을 이용하여 전자문서를 미리 작성한 후 전자소송시스템을 이용하여 제출하는 경우에는 전자소송 시스템에서 해당 전자문서에 관한 정보를 입력한 후 전자문서 파일을 업-로드하는 방식으로 제출하면 될 것이다. 다만, 파일 업로드 방식을 이용하는 경우에도 소장 등의 필수적 기재사항 중 당사자의 이름(또는 명칭)과 주소(또는 주된 사무소 등), 대리인 등은 당사자나 대리인이 전자소송시스템에서 빈칸채우기 방식으로 입력하도록 하는 방식이 검토되고 있다. 사건 및 기록관리의 오류를 방지하고 효율성을 제고하기 위한 것이다. 이러한 방식은 당사자, 대

14) 독촉절차에서의 전자문서 이용 등에 관한 규칙 제6조 제1항 참조.

리인 등을 입력하는 것이 소장 등 작성 행위의 일부를 구성한다는 것을 전제로 하는 것이므로, 소장 등의 작성은 단순히 청구원인 등이 기재된 파일을 업-로드하는 것으로 완성되지 않고 필수적 기재사항까지 입력하여야 비로소 완성되게 된다.

전자소송에 동의한 당사자는 법원에 제출하는 전자문서에 전자서명(전자서명법 제2조 제3호의 공인전자서명 또는 전자정부법 제2조 제6호의 행정전자서명을 말함)을 하여야 한다(안 제6조 제1항, 제2조 제3호). 전자서명은 해당 전자문서가 작성명의인에 의하여 정당하게 작성되었음을 확인하여 주는 전자적 형태의 정보를 말한다. 전자문서의 작성·제출자의 진정성(동일성), 완결성(위·변조 방지)을 담보하기 위하여 전자서명을 의무화하고 있다. 전자서명은 민사소송 등에 적용 또는 준용되는 법령에서 정한 서명, 서명날인 또는 기명날인으로 간주된다(안 제6조 제3항). 따라서 전자문서에 전자서명을 하게 되면 민사소송규칙 제2조[15]가 정하는 요건을 충족하는 서면으로 인정된다.

여러 명의 등록사용자가 공동소송인으로서 하나의 소장이나 준비서면 등을 제출하고자 하는 경우가 있을 것이다. 공동 명의의 전자문서를 제출하는 방법으로는, ① 여러 명의 등록사용자가 대표자를 미리 지정하여 그 대표자가 공동명의로 전자문서를 제출할 수 있도록 하는 방안, ② 각 등록사용자가 순차로 공동 명의로 전자문서를 제출한다는 취지를 전자소송 시스템에 입력하도록 하는 방안, ③ 종이에 각 당사자의 날인을 받고 이를 이미지파일로 변환하여 제출하는 방안을 생각할 수 있다. ①안은 전자문서의 제출 절차가 간편하다는 장점이 있으나, 대표자 이외의 등록사용자는 제출되는 전자문서의 내용을 알지 못하는 상태에서 공동 명의자가 될 우려가 있고 당사자 사이에 소송대리와 유사한 결과를 초래할 수 있는 단점이 있다. ②안은 전자문서의 제출 절차가 복잡하고 일부 당사자가 공동 명의로 제출한다는 취지의 입력을 누락할 경우 소송절차의 지연을 초래할 우려가 있다는 단점이 있으나, 공동 명의 문서에 명의인 각자가 서명 또는 기명날인하는 형태와 가장 유사하다는 장점이 있다. ③안은 전자소송의 취지에 부합하지 아니하여 바람직하지 아니하다. 공동 명의의 전자문서

15) 제2조(법원에 제출하는 서면의 기재사항) ① 당사자 또는 대리인이 법원에 제출하는 서면에는 특별한 규정이 없으면 다음 각호의 사항을 적고 당사자 또는 대리인이 기명날인 또는 서명하여야 한다.

1. 사건의 표시
2. 서면을 제출하는 당사자와 대리인의 이름·주소와 연락처〔전화번호·팩시밀리번호 또는 전자우편주소 등을 말한다. 다음부터 같다〕
3. 덧붙인 서류의 표시
4. 작성한 날짜
5. 법원의 표시

② 당사자 또는 대리인이 제출한 서면에 적은 주소 또는 연락처에 변동사항이 없는 때에는 그 이후에 제출하는 서면에는 주소 또는 연락처를 적지 아니 하여도 된다.

를 제출하는 방법은 대법원규칙으로 결정되겠지만, ②안이 채택될 것으로 예상된다.

등록사용자의 동일성이 인정되지 않는 것으로 밝혀지거나 허위의 정보를 입력한 것으로 밝혀진 경우 등 일정한 사유가 발생한 경우에는 법원행정처장이 등록사용자의 사용을 정지하거나 사용자등록을 말소할 수 있다(안 제5조 제3항). 전자소송의 진행 중에 사용이 정지되거나 사용자등록이 말소되면 해당 당사자는 종이문서를 제출하고 송달받는 방식으로 그 이후의 소송절차를 진행할 수밖에 없다.

Ⅷ. 전자문서의 접수와 송달 등

당사자가 전자소송 시스템을 이용하여 전자문서를 제출하는 경우 어느 시점에서 전자문서가 제출된 것으로 볼 것인지가 문제되고, 이는 제소기간의 준수 여부 등과 관련하여 특히 중요한 의미를 갖게 된다. 전자소송법안은 전자문서가 전자소송시스템에 전자적으로 기록된 때를 접수시점으로 삼고 있다(안 제8조 제1항). 당사자로서는 자신이 제출한 전자문서가 법원에 정상적으로 접수되었는지에 관하여 불안감을 느낄 수 있다. 이를 해소하기 위하여 전자문서가 접수된 경우 법원사무관등은 즉시 그 문서를 제출한 등록사용자에게 접수사실을 전자적으로 통지하도록 하고 있다(안 제8조 제2항). 구체적으로는 사건번호,[16] 접수일시, 전자문서의 종류 등이 기재된 접수확인서를 접수 즉시 당사자의 전자우편주소로 보내는 방식을 검토하고 있다. 비록 법원사무관등이 통지의 주체이자 의무자로 규정된다고 하더라도 실제 운영에 있어서는 접수와 동시에 자동적으로 접수확인서가 발송되도록 전자소송시스템이 설계될 것이다.

법원사무관등은 접수된 전자문서를 상대방에게 송달하여야 하는 경우 그 상대방이 전자소송에 동의한 경우에는[17] 전자소송 시스템을 이용하여 전자적인 방법으로 송달을 실시한다(안 제10조 제1항). 법원사무관등은 송달할 전자문서가 전자소송시스템에 등재되어 있다는 사실을 송달받을 사람에게 전자우편 등을 통해 전자적으로 통지하는 방식으로 송달을 실시하게 된다(안 제10조 제2항). 송달할 전자문서를 법원이나 법원사무관등이 작성하여 전자소송시스템에 등재한 경우에도 동일하다. 등재사실 통지는 당사자가 전자소송시스템에 입력한 전자우편주소로 이루어지게 되므로, 사용자등록 시에 정확

16) 전자소송 시스템을 구축할 때에는 소장의 전자적인 접수와 동시에 시스템상 사건번호가 자동적으로 생성되도록 할 예정이다.

17) 송달받을 사람이 전자소송에 동의하였다고 하여도 민사소송법 제181조(군관계인에게 할 송달), 제182조(구속된 사람 등에게 할 송달), 제192조(전쟁에 나간 군인 또는 외국에 주재하는 군관계인 등에게 할 송달)에 해당하는 경우에는 전자적인 방법으로 송달을 실시할 수 없다(전자소송법안 제10조 제1항).

한 주소를 입력하지 않으면 불이익을 입게 될 수 있어 주의를 요한다. 당사자 본인과 대리인이 모두 사용자등록을 한 경우에는 등재사실의 통지를 당사자 본인과 대리인 모두에게 실시함으로써 소송관계자의 편의를 최대한 도모하는 방안이 검토되고 있다.

송달할 전자문서가 등재되어 있다는 사실을 통지하였다고 하여 바로 송달의 효력이 발생하는 것은 아니다. 송달받을 사람이 등재된 전자문서를 확인하여야 송달의 효력이 발생하는 것이 원칙이다(안 제10조 제3항 본문). 그러나 송달받을 사람이 상당한 기간 안에 전자문서를 확인하지 않는 경우에 무한정 송달의 효력을 인정하지 않으면 소송절차가 지연되는 불합리가 생길 수 있다. 전자소송법안은 송달받을 사람이 등재사실의 통지 후 1주 이내에 전자문서를 확인하지 아니하는 때에는 등재사실을 통지한 날부터 1주가 경과한 날에 송달의 효력이 발생하도록 규정하여 이러한 문제를 해결하고 있다(제10조 제3항 단서). 「독촉절차에서의 전자문서 이용 등에 관한 법률」은 전자독촉절차에서 송달이 간주되는 시점을 등재사실의 통지일부터 "2주가 경과한 날"로 정하고 있다. 이는 민사소송법이 정하고 있는 공시송달의 효력 발생시점을 참고하였던 것이다. 그러나 "2주"의 기간은 전자소송의 특성에 맞지 않는 장기간이라는 점과 국민의 일상생활이 1주 단위로 이루어지는 점 등을 고려하여, 전자소송법안은 송달 간주의 효력 발생 시점을 등재사실 통지일부터 "1주가 경과한 날"로 정하고 있다. 만일 전자소송시스템에 장애가 발생하여 송달받을 사람이 전자문서를 확인할 수 없는 경우에는 그 장애가 발생한 기간은 1주의 기간에 산입하지 아니한다(안 제10조 제4항).

송달받을 사람이 전자소송을 선택하지 아니한 경우에는 접수된 전자문서를 전자적인 방법으로 송달할 수 없으므로, 법원사무관등은 그 전자문서를 출력한 서면을 우편으로 송달하게 된다(안 제10조 제5항 제2호). 이 경우 출력서면을 송달하여야 하는 전자문서와 동일한 것으로 간주함으로써(전자소송법안 제11조 제2항), 전자문서와 출력서면의 형식적 상이함을 이유로 송달의 적법성에 관한 논란이 발생하는 것을 방지하고 있다. 전자문서의 출력이 필요한 경우 출력서면의 분량이 과다하게 많은 경우에는 전자문서의 출력이 과중한 비용과 부담으로 작용할 수 있다. 출력서면의 분량이 일정한 수준을 초과하는 경우에는 등록사용자로 하여금 전자문서를 직접 출력한 후 출력된 서면을 제출하도록 하는 규정을 대법원규칙에 마련하는 방안이 논의되고 있다(제10조 제5항 제3호 단서 참조).

한편, 전자소송을 선택하지 아니한 당사자는 송달할 서류를 종이문서로 제출할 것이므로, 이를 전자적인 방법으로 송달하는 방안이 필요하다. 법원사무관등은 종이문서로 제출된 서류를 전자문서로 변환하여 전자소송 시스템에 등재하여야 하고, 이 경우 등재된 전자문서는 원래의 서류와 동일한 것으로 간주된다(안 제9조 제4항). 법원사무관

등은 송달받을 사람이 전자소송에 동의한 동록사용자인 경우에는 변환된 전자문서를 앞에서 본 것과 동일한 방법으로 전자적으로 송달하게 되고 그에 대하여 송달의 효력이 인정될 것이다. 변환된 전자문서는 원래의 서류와 동일한 것으로 간주되므로, 그 변환과정에서 원래의 서류와 동일성이 확보되도록 하는 것이 중요하다. 전자문서가 아닌 형태로 제출된 서류를 전자문서로 변환하는 절차와 방법은 대법원규칙으로 정하게 되는바(안 제9조 제3항), 법원사무관등이 서류를 전자문서로 변환할 경우에는 전자이미지 파일의 형식으로 변환하고 원래의 서류와의 동일성을 확인하고 그 확인의 취지로 전자서명을 하도록 하는 방안을 검토하고 있다. 또한 동일성에 관한 다툼이 발생할 경우에 대비하여 서류를 전자문서로 변환한 이후에도 일정한 기간 동안은 원래의 서류를 별도로 보관하는 보완책도 검토되고 있다.

법원이 당사자에게 변론기일 등을 통지하는 경우에 그 통지 역시 송달과 마찬가지로 전자적인 방법으로 실시하여 등록사용자에게 전자우편주소로 통지하게 된다(안 제10조 제1항).

Ⅸ. 기록의 전자화

전자문서를 이용한 소송절차의 도입으로 기대되는 효과 중의 하나는 소송기록의 관리 방법에 획기적인 변화가 생긴다는 것이다. 종이문서에 의한 소송에서는 당사자가 제출한 서류와 법원에서 작성한 서류를 시간 순서대로 끈으로 묶는 방법으로 기록을 조제하였다. 이러한 방법에 의한 기록 관리에는 많은 인력과 비용이 투입되었고, 소송의 종결 전, 후에 기록을 보관하는 데에도 적지 않은 공간의 확보가 필요하였다. 전자문서를 이용한 소송이 도입되면 기록을 전자적으로 관리할 수 있기 때문에 시설, 인력과 예산을 보다 효율적인 운영할 수 있게 된다. 또한 당사자나 대리인은 법원을 방문하지 않고 전자소송시스템을 통하여 언제든지 손쉽게 소장, 준비서면, 조서 등 기록의 열람하고 출력할 수 있으며, 재판의 진행 상황에 관한 상세한 정보를 실시간으로 취득할 수 있게 될 것이다.

소송기록을 전자화하기 위하여는 당사자가 제출하는 서류의 전자문서화와 법원이 작성하는 서류의 전자문서화가 필요하다. 당사자가 전자소송에 동의한 등록사용자인 경우에는 법원에 제출하는 서류를 전자문서로 제출하겠지만(안 제7조 제1항), 전자소송에 동의하지 않은 경우에는 서류를 종이문서로 제출할 것이므로 이를 전자문서로 변환하는 작업이 필요하다. 전자소송법안은 법원사무관등이 전자문서로 제출되지 아니한 서류를 전자문서로 변환하여 전자소송시스템에 등재하도록 규정하여(안 제9조 제2항), 당사자가 제출하는 서류의 전자문서화를 도모하고 있다. 한편, 법관 또는 법원사무관등이 소송절차에서 작성하는 재판서 · 조서 등의 서류도 모두 전자문서로 작성하거나 전자문서로 변환하여 전자소송 시스템에 등재하도록 규정하고 있다(안 제9조 제1항).

당사자가 전자소송에 동의하였다고 하여도 서류를 전자문서로 제출할 수 없거나 서류가 전자문서로 제출하기에 적합하지 아니한 경우에는 전자문서로 제출하지 않을 수 있는 예외가 인정되므로(제7조 제2항 제2호), 기록을 100% 전자화할 수는 없다. 전자문서화가 곤란한 서류가 있는 경우에는 부득이 종이문서에 의한 기록과 전자문서에 의한 기록이 병존하는 형태로 기록 관리가 이루어질 것이다.

양쪽 당사자와 대리인이 모두 전자소송에 동의하지 않은 경우에도 사건기록을 전자화할 것인지에 관하여는, ① 양쪽 당사자가 제출하는 종이문서를 모두 전자화하는 것은 비효율적이므로, 종래와 마찬가지로 종이문서로 소송을 진행하고 기록관리, 보존 역시 종이문서에 의하여 하여야 한다는 견해와 ② 당사자에게는 종이문서를 송달하여 종이문서로 소송을 진행할 수 있도록 하되, 법원 내부에서는 업무 효율성을 높이기 위하여 기록을 전자적으로 관리하여야 한다는 견해가 있다. 국민의 전자소송 이용률이 일정한 수준을 넘어서게 되면, 비록 양쪽 당사자가 모두 종이문서에 의한 소송을 선택한 경우라도 기록을 전면적으로 전자문서화하는 것이 기록의 보관비용을 절감하고 기록 관리의 일관성을 확보할 수 있는 길이 될 것이다. 기록을 검토하는 재판부 입장에서도 종이문서에 의하여 처리할 사건과 전자문서에 의하여 처리할 사건이 구분하게 되면 혼란과 비효율이 발생할 것이다. 전자소송법안은 사건기록의 전자문서화를 원칙으로 하면서도 대법원규칙으로 예외를 정할 수 있도록 하고 있다. 전자소송이 최초로 적용될 특허소송에 대하여는 사건기록의 전면적 전자문서화를 추진할 것으로 예상된다.

X. 증거조사에 관한 특칙

민사소송법 제374조는 녹음테이프, 비디오테이프, 컴퓨터용 자기디스크 등 정보를 담기 위하여 만들어진 물건으로서 문서가 아닌 증거의 조사에 관한 사항을 감정, 서증, 검증에 준하여 대법원규칙으로 정하도록 하고 있다. 즉, “컴퓨터용 자기디스크 등에 담긴 정보인 전자문서 자체”에 대한 증거조사방법을 규정하는 형식을 취하지 않고, “전자문서가 담긴 컴퓨터용 자기디스크”에 대한 증거조사방법을 규정하는 형식을 취하고 있다. 전자소송법의 제정을 통해 재판절차에서 전자문서에 대하여 문서로서의 법적 효력을 인정하면서 증거조사의 영역에서 전자문서 자체를 증거조사의 대상으로 삼지 않고 전자문서를 담고 있는 매체를 증거조사의 대상으로 삼는 것은 적절하지 않다고 볼 여지가 있다. 증거조사에서도 전자문서를 정보저장매체로부터 독립시키는 문제에 관한 검토가 필요하다.

민사소송규칙 제120조는 컴퓨터용 자기디스크 등에 기억된 문자정보를 증거자료로 하는 경우에는 읽을 수 있도록 출력한 문서를 제출할 수 있도록 하고 있고, 제121조는 음성 · 영상자료 등에 대하여는 녹음테이프 등을 재생하여 검증하도록 하고 있다. 이러한 증거조사 방법은 종이문서에 기반을 둔 소송절차에는 적합할지 모르나, 소장이나 답변서 등을 전자문서로 작성, 제출하는 소송절차와는 어울리지 않는다. 전자문서 자체를 증거조사의 대상으로 삼고 정확성과 신뢰성이 담보된 장치와 프로그램에 의하여 전자문서를 실행하는 방식을 기존의 서증, 검증, 감정과는 독립된 형태의 증거조사방법으로 정립할 필요가 있다.

전자소송법안 제12조는 전자문서 자체를 증거조사의 대상으로 삼아 증거조사를 실시하는 방식이 채택될 수도 있다는 점을 고려하여 전자문서로 제출된 증거의 조사에 관한 사항을 대법원규칙으로 정하도록 하고 있다. 전자문서를 법정에 설치된 모니터를 통하여 현출시켜 재판부와 당사자가 열람 · 확인하는 방법으로 조사하는 형태가 고려될 수 있을 것이다. 전자문서에 대한 증거조사 방법을 법률에 규정하지 않고 대법원규칙으로 정하게 되면 기술 발달에 따른 전자문서의 진화에 대응하여 가장 적합한 증거조사 방법을 신속하고 탄력적으로 도입할 수 있게 될 것이다.

XI. 소송비용의 납부 등

전자소송 시스템을 이용하는 등록사용자는 인지액, 송달료 등과 전자소송시스템 이용수수료를 신용카드, 직불카드, 전자화폐, 계좌이체, 휴대폰 이체, 인터넷뱅킹 등을 이용하여 전자적으로 납부할 수 있다(안 제14조 제1항). 전자소송 시스템은 특별한 사정이 없는 한 24시간 가동될 예정이므로[18] 은행 창구가 문을 닫은 이후에도 인지액, 송달료를 납부할 수 있는 편리함이 생길 것이다.

18) 다만, 시스템 점검, 데이타 백업 등에 필요한 시간을 감안하여 가동시간이 일부 제한될 것으로 예상된다. 특허심판원의 경우 평일에는 24시간, 휴일에는 오전 9시부터 오후 9시까지 시스템을 운영하고 있다.

제4 마치며

이 글에서는 전자소송의 추진 경과와 2009년 현재 입법이 추진 중인 전자소송법안에 관하여 간단히 살펴보았다. 전자소송의 도입은 종이문서의 작성과 제출, 송달, 보관 등을 위하여 소요되는 노력과 비용을 획기적으로 줄임으로써 업무를 신속화, 효율화할 수 있도록 한다. 그로 인하여 궁극적으로 재판절차 전반의 투명성을 제고하고 국민의 편의를 증진할 수 있을 것이다.

정보통신기술의 발전은 시간과 장소에 제약을 받지 않는 공공서비스에 관한 국민의 기대와 요구를 증가시키고 있다. 전자소송의 발전은 멀지 않은 장래에 물리적인 공간인 법정에서 열리는 현재의 재판절차를 완전히 탈피하여 사이버 공간에서 재판이 하는 전자법정의 도입으로 이어질 것이다. 당사자가 법정에 출석하기 위하여 장소적인 이동을 하여야 하는 부담도 없어질 것이다. 정보의 관점에서 본다면 법정은 당사자의 주장과 입증, 증거자료, 법원의 판단이 집중되고 서로 교환되는 정보의 허브(hub)로서 기능하게 되는 것이다. 전자법정을 통하여 장소적 이동의 필요가 없어지게 되면 현재의 재판관할 제도에도 큰 변화가 발생할 수 있다. 전자법정이 완성되면, 당사자나 변호사는 전국 어느 곳에 소재한 법원에서도 시간적, 공간적 제약 없이 재판을 받을 수 있고, 증인신문 등 증거조사에 있어서도 장소적 제약을 극복할 수 있게 하므로, 현재보다 광역화된 토지관할의 설정이 가능하게 될 것이다. 전자소송과 전자법정은 꿈이 아닌 현실로 우리에게 다가오고 있다.

법률 제 호

민사소송 등에서의 전자문서 이용 등에 관한 법률(안)

제1조 (목적) 이 법은 민사소송 등에서 전자문서 이용에 대한 기본 원칙과 절차를 규정함으로써 민사소송 등의 정보화를 촉진하고 신속성 · 투명성을 높여 국민의 권리 실현에 기여함을 목적으로 한다.

제2조 (적용범위) ① 이 법은 다음 각 호의 법률에 의한 절차에 적용한다.

1. 민사소송법
2. 가사소송법
3. 행정소송법
4. 특허법 제9장
5. 민사집행법
6. 채무자회생 및 파산에 관한 법률
7. 비송사건절차법
8. 그 밖에 위 각 호의 법률을 적용 또는 준용하는 법률

② 이 법에 의한 전자문서의 이용시기는 제1항 각 호에 의한 절차별 또는 법원별로 대법원규칙으로 정할 수 있다.

제3조 (정의) 이 법에서 사용하는 용어의 정의는 다음과 같다.

1. "전자문서"라 함은 컴퓨터 등 정보처리능력을 갖춘 장치에 의하여 전자적인 형태로 작성되거나 변환되어 송·수신 또는 저장되는 정보를 말한다.
2. "전산정보처리시스템"이라 함은 제2조 각 호의 어느 하나에 해당하는 법률에 의한 절차(이하 "민사소송 등"이라 한다)에 필요한 전자문서를 작성·제출·송달하는 데에 이용되는 정보처리능력을 갖춘 전자적 장치 또는 체계로서 법원행정처장이 지정하는 것을 말한다.
3. "전자서명"이라 함은 「전자서명법」 제2조제3호의 공인전자서명과 「전자정부법」 제2조제6호의 행정전자서명을 말한다.
4. "사법전자서명"이라 함은 「전자정부법」 제2조제6호의 행정전자서명에 준하여 대법원규칙으로 정한 것을 말한다.

제4조 (전자문서에 의한 민사소송 등의 수행) ① 당사자, 소송대리인, 그 밖에 대법원규칙으로 정하는 자는 민사소송 등에서 법원에 제출할 서류를 전산정보처리시스템을 이용하여 이 법이 정하는 바에 따라 전자문서로 제출할 수 있다.

② 이 법에 따라 작성·제출·송달·보존하는 전자문서는 다른 법률에 특별한 규정이 있는 경우를 제외하고 제2조제1항 각 호의 법률이 정하는 요건과 절차에 따른 문서로 본다.

제5조 (사용자등록) ① 전산정보처리시스템을 이용하고자 하는 자는 대법원규칙으로 정하는 바에 따라 사용자등록을 하여야 한다.

② 제1항에 따라 사용자등록을 한 자(이하 "등록사용자"라 한다)는 대법원규칙으로 정하는 절차 및 방법에 따라 사용자등록을 철회할 수 있다.

③ 등록사용자의 동일성이 인정되지 않거나 그 밖에 대법원규칙으로 정한 사유가 발생한 경우에는 법원행정처장이 등록사용자의 사용을 정지하거나 사용자등록을 말소할 수 있다. 정지, 말소 및 재등록의 구체적인 절차와 방법은 대법원규칙으로 정한다

제6조 (전자서명) ① 제4조제1항에서 정한 자는 법원에 제출하는 전자문서에 전자서명을

하여야 한다. 다만, 대법원규칙에서 달리 정하는 경우에는 그러하지 아니하다.

② 법관 또는 법원서기관 · 법원사무관 · 법원주사 · 법원주사보(이하 "법원사무관등"이라 한다)는 재판서 · 조서 등을 전자문서로 작성하는 경우에 대법원규칙으로 정하는 바에 따라 사법전자서명을 하여야 한다.

③ 제1항의 전자서명과 제2항의 사법전자서명은 민사소송 등에 적용 또는 준용되는 법령에서 정한 서명, 서명날인 또는 기명날인으로 본다.

제7조 (문서제출방법) ① 등록사용자로서 전산정보처리시스템을 이용한 민사소송 등의 진행에 동의한 자는 법원에 제출할 서류를 전산정보처리시스템을 이용하여 대법원규칙이 정하는 바에 따라 전자문서로 제출하여야 한다.

② 다음 각 호의 어느 하나에 해당하는 경우로서 대법원규칙으로 정한 사유가 있는 경우에는 제1항을 적용하지 아니한다.

1. 전산정보처리시스템에 장애가 있는 경우
2. 전자문서로 제출하는 것이 현저히 곤란하거나 적합하지 아니한 경우

제8조 (전자문서의 접수) ① 전산정보처리시스템을 이용하여 제출된 전자문서는 전산정보처리시스템에 전자적으로 기록된 때에 접수된 것으로 본다.

② 법원사무관등은 제1항에 따라 전자문서가 접수된 경우에는 대법원규칙으로 정한 바에 따라 즉시 그 문서를 제출한 등록사용자에게 접수사실을 전자적으로 통지한다.

제9조 (사건기록의 전자문서화) ① 법관 또는 법원사무관등은 민사소송 등에서 재판서 · 조서 등의 서류를 전자문서로 작성하거나 변환하여 전산정보처리시스템에 등재하여야 한다.

② 법원사무관등은 대법원규칙으로 정하는 사유가 없는 한 전자문서가 아닌 형태로 제출된 서류를 전자문서로 변환하여 전산정보처리시스템에 등재하여야 한다.

③ 전자문서가 아닌 형태로 제출된 서류를 전자문서로 변환 · 등재하는 절차와 방법은 대법원규칙으로 정하되 원래의 서류와 동일성이 확보되도록 기술적 조치를 하여야 한다.

④ 제1항과 제2항에 따라 변환되어 등재된 전자문서는 원래의 서류와 동일한 것으로 본다.

제10조 (전자적 송달 또는 통지) ① 법원사무관등은 송달이나 통지를 받을 자가 다음 각 호의 어느 하나에 해당하는 경우에는 전산정보처리시스템에 의하여 전자적으로 송달하거나 통지할 수 있다.

1. 사전에 전산정보처리시스템을 이용한 민사소송 등의 진행에 동의한 등록사용자로서 대법원규칙에서 정한 자인 경우
2. 전자문서를 출력한 서면이나 그 밖의 서류를 송달받은 후 등록사용자로서 전산정보처리시스템을 이용한 민사소송 등의 진행에 동의한 자인 경우
3. 등록사용자가 국가, 지방자치단체, 그 밖에 대법원규칙으로 정한 자인 경우

② 제1항의 경우 법원사무관등은 송달할 전자문서가 전산정보처리시스템에 등재된 사실을 송달받을 자에게 전자적으로 통지하여야 한다.

③ 제2항의 경우 송달받을 자가 등재된 전자문서를 확인한 때에 송달된 것으로 본다. 다만, 그 등재사실을 통지한 날부터 1주 이내에 확인하지 아니하는 때에는 등재사실을 통지한 날부터 1주가 경과한 날에 송달된 것으로 본다.

④ 전산정보처리시스템의 장애로 인하여 송달받을 자가 전자문서를 확인할 수 없는 기간은 제3항 단서의 기간에 산입하지 아니한다.

⑤ 법원사무관등은 다음 각 호의 어느 하나에 해당하는 경우에는 전자문서를 전산정보처리시스템을 통하여 출력하여 그 출력한 서면을 민사소송법에 따라 송달하여야 한다. 다만, 법원사무관등은 대법원규칙으로 정하는 바에 따라 등록사용자로 하여금 전자문서의 출력서면을 제출하게 할 수 있다.

1. 송달을 받을 자가 민사소송법 제181조, 제182조 또는 제192조에 해당하는 경우
2. 송달을 받을 자가 제1항 각 호 중 어느 하나에도 해당하지 않는 경우
3. 대법원규칙으로 정하는 전산정보처리시스템의 장애, 그 밖의 사유가 있는 경우

제11조 (전자문서의 출력 등) ① 제10조제5항에 따라 전자문서를 출력하는 절차와 방법은 대법원규칙으로 정하되 전자문서와 동일성이 확보되도록 기술적 조치를 하여야 한다.

② 법원사무관등이 등재된 전자문서를 출력하여 그 출력서면을 당사자에게 송달한 때에는 그 출력서면은 등재된 전자문서와 동일한 것으로 본다.

제12조 (증거조사에 관한 특칙) 전자문서로 제출된 증거의 조사에 관한 사항은 민사소송법 제2편 제3장 제3절 내지 제5절에 준하여 대법원규칙으로 정한다.

제13조 (상고심절차에 관한 특칙) ①「상고심절차에관한특례법」제5조제3항에 따른 판결원본의 교부, 영수일자의 부기와 날인, 송달은 전산정보처리시스템을 이용하여 전자적인 방법으로 한다.

②「상고심절차에관한특례법」제6조제2항에 정하여진 4월의 기간은 상고사건이 대법원에 전자적인 방법으로 이관된 날부터 기산한다.

제14조 (소송비용 등의 납부) ① 등록사용자는 인지액 등 민사소송 등에 필요한 비용과 전산정보처리시스템 이용수수료를 대법원규칙으로 정하는 방식에 따라 전자적으로 납부할 수 있다.

② 전산정보처리시스템 이용수수료의 범위와 액수는 대법원규칙으로 정한다.

제15조 (전산정보처리시스템의 운영) 법원행정처장은 이 법에 따른 민사소송 등에서의 전자문서의 이용 · 관리에 필요한 전산정보처리시스템을 설치 운영한다.

제16조 (위임규정) 이 법에서 규정한 것 외에 민사소송 등에서의 전자문서 이용 · 관리 및 전산정보처리시스템의 운영에 관하여 필요한 사항은 대법원규칙으로 정한다.

참고문헌

〈단행본〉

대한민국 사법 60주년 기념사업 기획위원회, 우리의 법원 세계의 법원, 사법발전재단, 2008.

유병현, 독일민사 소송법상 전자문서에 의한 소송절차. 한국 정보화 진흥원.

한국정보화진흥원, 2009 국가정보화백서, 2009.

〈논문〉

강민구, "전자파일링(Electronic Filling)에 관한 연구: 21세기 정보화 시대에 있어서 법원업무 자동화의 측면에서", 사법논집 32집, 법원행정처, 2001.

임준호, "소송기록의 전자화", 재판자료 79집, 법원도서관, 1998.

장준현, "전자법원 도입을 위한 과제 – 전자파일링을 중심으로".

한국인터넷진흥원, "2008년 인터넷이용실태조사", 2008. 12.

제 2 절

전자문서와 민사증거법 * **

제 1 서 언

민사소송의 증거방법으로는 증인, 감정인, 검증물, 문서, 당사자본인 등이 있다. 그 중에서 많이 이용되어 온 증거방법은 문서이다. 문서는 종이, 옷감, 피혁, 목판 등 여러 도구에 의하여 작성될 수 있으나, 그 동안 종이문서가 많이 사용되어 왔고, 법정에 제출된 문서도 대부분 종이문서였다.

그런데 최근 컴퓨터 기술의 발달과 보급으로 공공기관 및 회사에서는 컴퓨터를 이용하여 문서를 작성하고, 이를 종이문서가 아닌 컴퓨터 파일형태로 보관하는 일이 늘어나고 있고, 나아가 컴퓨터가 정보통신 기술의 발달과 접목되어 재화나 용역의 거래에 있어서도 현실세계에서의 거래가 아닌 가상공간에서의 전자거래가 활발해지고 있고, 거래 당사자는 정보통신망을 이용하여 종이문서 대신에 전자적 형태로 처리된 기록물을 서로 주고받고 있다.

다수의 법령에서는 전자적 형태로 처리된 기록물을 규율하기 위하여 전자문서라는 개념을 도입하고 있고, 학계에서는 이러한 전자문서가 종이문서와 어떠한 차이가 있으며, 문서의 개념 범주에 포함될 수 있을지, 전자문서에 대한 증거조사는 어떠한 방법으로 할 것인지 등에 대하여 논의가 되고 있다.

민사재판 실무에서 전자문서에 대한 증거조사의 필요성이 높아지고 있고, 당사자가 전자문서를 증거로 신청하는 경우 전자문서를 소송절차상 어떻게 취급할 것인지 문제된다. 전자문서에 대한 증거조사와 관련하여, 2002. 7. 1.부터 시행되는 신 민사소송법(2002. 1. 26 법률 제6626호, 이하 신법이라 한다)에서는 구 민사소송법(위 법률로 개정되기 전의 것, 이하 구법이라 한다)의 규정과 달리 제2편 제3장 제7절에 "그 밖의 증거"라는 규정을 신설하여 기존의 증거와는 다른 '컴퓨터용 자기디스크 등 정보를

---

* 한규현: 수원지방법원 부장판사.

** 이 글은 2002. 10. 21.부터 10. 25.까지 사법연수원에서 "CYBER LAW"는 주제로 개최된 법관연수에서 발표되고 재판자료 제100집(법원도서관)에 실린 글을 수정 · 보완하여 작성한 것이다.

담기 위하여 만들어진 물건'에 대한 증거조사절차를 규정하고 있다.

이하에서는 전자문서의 개념 및 문서성을 살펴보고, 민사소송절차에서 전자문서에 대한 증거조사방법을 설명한다.

제 2 電子文書의 槪念

사전을 찾아보면 전자문서란 "전자적인 기록매체에 디지털 정보로서 기록된 문서"라고 정의되어 있고,[1] 컴퓨터 및 정보통신 기술의 발달로 인하여 컴퓨터용 자기디스크, 광디스크 등 정보저장매체에 전자적 형태로 저장된 기록물을 종이문서와 구별하여 전자문서라고 말할 수 있다. 하지만, 전자문서가 무엇인지에 대하여는 다양한 형태의 입법례가 존재하고 있고, 학자에 따라 그 설명을 달리하고 있다.

I. 立法例

1. 전자상거래모델법(1996년, Model Law on Electronic Commerce)

유엔국제거래법위원회(UNCITRAL: United Nations Commission on International Trade Law)는 각 국이 개별적으로 전자상거래에 대한 입법적 대응을 하기 전에 국제통일규칙을 정립하는 것이 바람직하다는 취지 아래 전자상거래모델법을 제정하였다. 이 법은 상업적 활동(Commercial Activities)과 관련하여 사용되는 모든 종류의 데이터 메시지 형식의 정보에 적용하고 있고(제1조), 전자문서라는 용어 대신에 데이터 메시지(Data message)라는 용어를 사용하고 있다.

데이터 메시지란 전자문서교환(Electronic Data Interchange),[2] 전자메일(Electronic Mail),[3] 전보(Telegram),[4] 텔렉스(Telex)[5] 또는 텔레카피(Telecopy)[6]를

---

1) Ohmsha 編, 정보통신기술용어대사전(IT 용어대사전), 성안당, 2001, 250.

2) 전자문서교환이란 정보구축을 위하여 합의된 표준을 사용하여 정보를 컴퓨터로부터 컴퓨터로 이어지는 전자적 전송방법을 의미한다.

3) 전자메일이란 인간이 읽을 수 있는 문자 메시지를 컴퓨터 상호간에 전자적 신호형태로 교환하는 통신방법을 말하며, 컴퓨터 간에 직접 연결되거나 중개자를 거쳐 통신을 주고받는다.

4) 전보란 구두나 서면으로 내용을 지시하면 운반자의 피고용인, 즉 교환수가 메시지를 전송 가능한 형태로 수신인의 가장 가까운 곳의 교환수에게 보내면 그 곳 교환수가 받아서 이것을 수신인에게 직접 배달하는 방식을 말한다.

5) 텔렉스란 teletypewriter exchange의 약어로 텔렉스 통신을 의미하며, teletypewriter란 데이터의 송수신을 하는 통신기능을 갖춘 단말장치를 의미한다. 전보와 달리 양쪽 프린터로 바로 프린트가 되는 방식이다. 팩스나 인터넷 통신이 보급되기까지는 외국과의 비즈니스 통신을 하는 경우의 주된 통신수단이었다.

포함하되, 이에 한정되지 않고, 전자적(electronic), 광학적(optical) 기타 이와 유사한 수단(similar means)에 의하여 생성, 송신, 수신 또는 저장되는 정보(Information)를 의미한다(제2조 a).

위 데이터 메시지는 전자적, 광학적 수단 등 장래의 기술적 진보를 수용할 수 있는 개념을 사용하고 있어, 그 중심적 대상이 컴퓨터 처리가 가능한 정보라고 할 수 있으나, 이에 한정하지 않고 컴퓨터를 이용하지 아니하는 전보, 텔렉스, 텔레카피 등도 포함하고 있으므로 그 외연이 상당히 광범위하다.[7]

유엔국제거래법위원회는 위 전자상거래모델법을 제정한 다음 전자서명에 관한 법 제도의 정비를 위하여 전자서명모델법(Model Law on Electronic Signature)을 제정하였는데, 이 법에서의 전자문서의 개념은 위 전자상거래모델법에서의 전자문서와 같다(제2조 c).[8]

2. 미국 통일전자거래법(1999년, UETA: Uniform Electronic Transactions Acts)

미국 통일전자거래법이 추구하는 목적과 정책은 크게 7가지로 설명되고 있으나, 이러한 다양한 목적 중에서 가장 핵심적인 것은 거래영역에서도 전자적 수단의 활발한 이용을 촉진한다는 것과 전자기록과 전자서명의 사용을 일반적으로 가능하게 하기 위하여 전자기록과 전자서명의 법적 효력 근거를 마련함으로써 전자거래의 장애를 제거하는데 있다.[9] 이 법은 전자적 기록(Electronic Record)이라는 용어를 사용하고 있는데, 전자적 기록이란 전자적인 수단(electronic means)에 의하여 생성되고(generated), 송신(sent), 교환(communicated), 수신(received), 저장되는(stored) 기록(a record)을 의미한다(제2조 제7항).

한편, 미국 민사소송법(Federal Rules Of Civil Procedure) 제34조는 "electronically stored information"라는 표현을 사용하고 있다.

---

6) 텔레카피란 전송기에 내장된 스캐너가 문자, 도화, 기호, 도안 등 형태로 되어 있는 메시지를 그 이미지 형태로 읽어 들인 후 이를 다시 디지털 신호 형태로 변화시키고 이를 전화선 또는 위성 등을 이용하여 수신기로 보내면 수신기는 이 신호를 다시 반대의 과정을 거쳐 이미지 형태로 재생해 내게 되는 것을 말한다. 팩시밀리라고도 한다.

7) 孫京漢, 電子商去來立法의 國際的 動向, 저스티스 통권 68호, 韓國法學院, 2002. 8, 96 참조.

8) 최승열, 현행 법제에 규정된 전자문서의 의의에 관한 검토, 法制 530號, 2002. 2, 29 참조.

9) http://www.law.upenn.edu/bll/ulc/ulc_frame.htm 참조; 吳炳喆, 電子去來法 전정판, 法元社, 2000, 44 이하 참조.

3. 일본의 전자서명 및 인증업무에 관한 법률(2000년)

이 법은 종래의 거래에 관한 수기서명 및 인감과 동일하게 전자서명의 법률상의 취급을 명확하게 함과 동시에 인증업무에 대하여 전 세계적으로 도입되고 있는 인증제도를 도입하고 사용자에 대한 신뢰성의 기준을 제시하는 등 전자상거래의 안정성 및 이에 기초한 발전을 도모함을 목적으로 하고 있다.[10]

이 법은 전자문서라는 용어 대신에 電磁的 記錄이라는 용어를 사용하고 있는데, 電磁的 記錄이란 電子的 方式, 磁氣的 方式 기타 사람의 지각에 의해서는 인식할 수 없는 방식으로 만들어진 기록으로 전자계산기에 의한 정보처리용에 제공되는 것을 의미한다(제2조 제1항).

Ⅱ. 現行 法令의 態度

1. 去來部門에서 이용되는 電子文書

(1) 무역업무자동화촉진에관한법률(1991년)[11]

우리나라에서 최초로 전자문서의 개념에 관한 규정을 둔 이 법은 전통적인 文書에 의한 貿易業務處理方法 대신에 무역자동화망을 통한 전자문서교환방식으로 무역업무를 행할 수 있도록 하고 있다.

전자문서교환방식이란 무역업무를 컴퓨터 등 정보처리능력을 가진 장치 간에 전기통신설비를 이용하여 전자문서로 전송·처리 또는 보관하는 방식을 의미하고(제2조 제6호), 전자문서란 컴퓨터 간에 전송, 처리, 보관되거나 출력된 전자서명을 포함한 전자자료를 의미한다(제2조 제7호). 전자서명이란 전자문서의 명의인을 표시한 문자와 작성자를 식별할 수 있게 하는 기호 또는 부호를 말한다(제2조 제8호).

위 전자문서는 반드시 전자서명을 포함하고 있을 것을 요건으로 하고 있고, 전자서명이 포함되지 아니한 전자적 기록이나 자료는 이 법에서 말하는 전자문서에 해당되지 않는다. 이 법은 전송, 처리, 보관되는 전자자료 뿐만 아니라 출력물도 전자문서에 포함하고 있어 전자문서의 개념에 다소 혼란을 초래하고 있고, 나아가 전자문서교환만을 규율할 목적으로 제정된 까닭에 전자문서에 대한 일반적이고도 포괄적인 규

10) 孫京漢, 전게논문, 111.
11) 2005년에 전자무역 촉진에 관한 법률로 명칭 변경됨.

정을 갖추지 못하였다는 한계를 지니고 있다.[12)]

현행 전자무역 촉진에 관한 법률 제2조 제4호에서는 "전자무역문서라 함은 전자무역에 사용되는「전자거래기본법」제2조제1호의 규정에 의한 전자문서를 말한다."고 규정하고 있다.

(2) 공업 및 에너지기술 기반조성에 관한 법률(1994년)[13)]

산업정보의 유통을 촉진하기 위하여 산업정보전산망의 구성 · 이용과 산업정보전산망을 통한 전자문서의 효력인정, 산업정보의 안전관리 등에 관한 사항을 정하고 있는 이 법은, "컴퓨터 등 정보처리능력을 가진 장치 상호간에 전기통신설비를 이용하여 전송 · 처리 또는 보관되거나 출력된 문서 형식의 자료로서 표준화된 것"을 전자문서로 정의하고 있다(제2조 제3호).

위 전자문서는 문서형식의 자료로서 표준화된 것을 요구하고 있다. 표준화된 전자문서의 형식은 위조와 변조 등을 방지하고, 발신자와 수신자를 인증할 수 있도록 하기 위한 문서의 일련번호와 전자서명, 발신, 수신에 관한 인증절차, 내용 등에 대한 암호화 방법 등이 포함된다[14)]. 한편 이 법에서도 위 무역업무자동화촉진에 관한 법률에서와 같이 출력된 문서형식의 자료를 전자문서에 포함시키고 있어 다소 문제가 있다. 현행 산업기술혁신촉진법에서는 전자문서에 관한 별도의 규정을 두고 있지 않다.

(3) 화물유통촉진법(1995년)[15)]

이 법은 1995. 12. 29. 개정되면서 물류정보의 수집 · 분석 · 가공 · 유통 등을 촉진하기 위하여 건설교통부장관으로 하여금 종합물류정보전산망을 구축할 수 있도록 하고, 이 물류전산망을 이용한 전자문서를 물류관련법령에서 정한 문서로 보는 규정을 두면서, 전자문서를 "전기통신설비와 전자계산조직 및 전자계산조직의 이용 기술을 활용하여 정보를 처리 · 보관하거나 전송하는 전산정보체계를 이용하여 처리 · 보관 또는 전송되는 문서형식의 자료로서 표준화된 것"으로 정의하고 있다(제2조 제11호). 이 법 역시 앞서 본 법률들과 같이 전자문서교환방식을 전제하고 있다.

현행 물류정책기본법 제32조 제1항은 "물류기업, 물류관련기관 및 물류 관련 단체가 대통령령으로 정하는 물류에 관한 업무를 전자문서(「전자거래기본법」 제2조제1호

12) 金晋煥, 電子去來에 있어서의 文書性과 署名性에 관한 考察(상), 法曹 48卷 8號, 法曹協會, 1999. 8, 129.

13) 1999년에 산업기술 기반 조성에 관한 법률로, 2006년에 산업기술혁신촉진법으로 변경됨.

14) 崔永浩, 改正刑法과 컴퓨터關聯 犯罪現象(下), 法曹 45卷 7號, 法曹協會, 1996. 7, 56.

15) 2007년에 물류정책기본법으로 변경됨.

의 전자문서를 말한다. 이하 같다)로 처리하려는 경우에는 국토해양부령으로 정하는 전자문서를 이용하여야 한다."고 규정하고 있다.

(4) 유통산업 발전법(1997년)

이 법은 유통사업자 등이 유통표준전자문서를 사용하여 유통에 관한 업무를 수행하는 경우 그 유통표준전자문서의 효력, 유통표준전자문서의 내용에 관하여 분쟁이 있을 경우의 해석, 유통표준전자문서의 보안 및 보관 등에 관하여 규정하고 있다.

이 법에서 말하는 전자문서교환시스템이란 전기통신설비를 이용하여 전자계산조직 등 정보처리능력을 가진 기기 간에 전자문서를 처리 · 전송 또는 보관하는 방식을 의미하고(제2조 제8호), 유통표준전자문서란 전산망을 이용하여 처리 · 전송 · 보관하는 표준화되어 있는 문서 또는 자료의 양식(정보의 처리 · 전송 및 보관 방법에 관한 것을 제외한다)으로서 통상산업부령이 정하는 것을 의미한다(제2조 제9호). 이 법에서의 전자문서는 기존의 용어와 달리 표준전자문서라는 용어를 사용하고 있는 점에 그 특색이 있다.

2003. 7. 30. 법률 제06959호로 전문 개정된 유통산업발전법 제2조 제10호에서는 "유통표준전자문서라 함은 전자거래기본법 제2조제1호의 규정에 의한 전자문서 중 유통부문에 관하여 표준화되어 있는 것으로서 산업자원부령이 정하는 것을 말한다."고 규정하고 있다.

(5) 전자거래기본법(1999년)

이 법은 전자문서에 의하여 이루어지는 재화나 용역의 거래에 있어서 그 전부 또는 일부가 전자문서에 의하여 처리되는 거래에 적용된다(제2조 제5호, 제3조). 따라서 이 법은 공공 또는 민간부문의 상사 · 민사거래 등 모든 전자적 방식의 거래에 적용된다.

이 법에서 말하는 전자문서란 정보처리시스템에 의하여 전자적 형태로 작성, 송신 · 수신 또는 저장된 정보를 말한다. 정보처리시스템이라 함은 전자문서의 작성, 송신 · 수신 또는 저장을 위하여 이용되는 정보처리능력을 가진 전자적 장치 또는 체계를 말한다(제2조 제1호, 제2호).

위 전자문서의 개념은 종래의 입법에서 규정하고 있는 전자문서의 개념보다는 진보되었다고 보인다. 즉, 종래의 법률에서의 전자문서는 '전자서명을 포함한 전자자료'라든가 '문서 형식의 자료로서 표준화된 것'이라는 표현을 사용함으로써 전자문서교환을 전제로 하는 표준화 · 정형화된 전자문서이었음에 반하여, 이 법에서의 전자문서는 표준화된 전자문서교환을 전제로 하지 않고 있어 표준화 · 정형화되어 있지 않은 전자문서까지 포함하는 개념이다.

위 전자문서는 컴퓨터 등 정보처리능력을 갖춘 장치 또는 체계에 의하여 처리된 것이어야 하고, 전자적 형태로 기록되어야 한다. 그리고 위 전자문서는 전자적 형태로 최초로 작성된 문서뿐만 아니라, 전자적 형태로 송·수신된 문서나 전자적 형태로 저장된 문서를 포함하고 있다. 또한 위 전자문서는 정보(Information)를 의미한다.

전자거래기본법에서 정의하고 있는 전자문서는 문자정보 뿐만 아니라 그림, 음성, 영상 등 모든 유형의 정보를 포괄하고 있고, 정보저장매체를 매개하고 있지 않다. 이는 전자문서라기보다는 전자정보(electronically stored information)라는 표현에 더 가깝다.

(6) 전자서명법(1999년)

이 법은 전자문서의 안전성과 신뢰성을 확보하고 그 이용을 활성화하기 위하여 전자서명에 관한 기본적인 사항을 정하기 위하여 제정되었다. 이 법에서 말하는 전자문서란 전자거래기본법과 마찬가지로 컴퓨터 등 정보처리능력을 가진 장치에 의하여 전자적인 형태로 작성, 송·수신 또는 저장된 정보를 의미한다(제2조 제1호). 위 전자문서에 관한 개념은 2001. 12. 31. 법률 개정으로 약간 수정되었다. 개정된 법률에서는 전자문서를 "정보처리시스템에 의하여 전자적 형태로 작성되어 송신 또는 수신되거나 저장된 정보"를 의미한다고 정의하고 있다(제2조 제1호). 이 규정은 전자거래기본법에서의 전자문서의 개념과 동일하다.

위 전자문서는 다른 법률과는 달리 그 적용범위가 제한되어 있지 아니한 일반적인 규정이라고 볼 수 있다. 즉 다른 법률에서는 그 법의 입법목적과 운용에 따라 전자문서가 제한된 의미를 갖고 있음에 반하여 이 법에서의 전자문서는 일반적인 전자문서를 총칭하고 있다고 볼 수 있다.

2. 政府機關에서 利用되는 電子文書

(1) 사무관리규정(1996년)

이 규정은 중앙행정기관 및 그 소속기관, 지방자치단체의 기관과 군의 기관의 사무관리에 관하여 적용되는 대통령령으로서(제2조), 1996년에 각종 공문서가 컴퓨터에 의하여 생산·유통·보관되는 현실에 맞도록 공문서의 범위에 전자문서가 포함되도록 개정되었다(제3조 제1호).

이 규정에서 말하는 전자문서라 함은 컴퓨터 등 정보처리능력을 가진 장치에 의하여 전자적인 형태로 작성, 송 · 수신 또는 저장된 문서를 말한다(제3조 제7호).

대통령령으로서 모든 정부 행정기관이 공통적으로 적용받는 본 규정에서 전자문서에 대한 법적 효력을 명시하였다는 사실은 현재까지 부분적 또는 개별적인 업무별로 인정되던 전자문서의 법적 효력이 각급 행정기관의 모든 업무처리에 있어 전산망을 활용한 전자문서교환방식을 채택할 경우 그 전자문서가 별도의 법률적 근거를 가지지 않더라도 이 규정에 의해 인정받을 수 있는 법적 근거가 마련되어 있다는 점에 의의가 있다.[16]

(2) 선거관리위원회사무관리규칙(2000년)

각급 선거관리위원회의 사무관리에 관한 사항을 규정함으로써 사무의 간소화 · 표준화 및 과학화를 기하여 행정의 능률을 높이고자 제정된 위 규칙은, 2000년에 전자문서 시행에 대비하여 사무관리규칙에서 사용하는 용어 중 공문서의 개념에 전자문서가 포함되도록 개정되었다. 이 규칙에서 말하는 전자문서라 함은 컴퓨터 등 정보처리능력을 가진 장치에 의하여 전자적인 형태로 작성, 송 · 수신 또는 저장된 문서를 의미한다(제3조 제7호).

전자거래기본법 등에서는 전자문서를 정보로 파악하고 있음에 반하여, 위 규칙은 사무관리규정과 함께 전자문서를 문서로 파악하고 있다는 점에 그 특색이 있다.

(3) 전자정부 구현을 위한 행정업무 등의 전자화촉진에 관한 법률(2001년)[17]

행정업무의 전자적 처리를 위하여 제정된 이 법은, 전자문서를 "컴퓨터 등 정보처리능력을 가진 장치에 의하여 전자적인 형태로 작성되어 송 · 수신 또는 저장되는 정보를 말한다."고 규정하고 있다(제2조 제5호). 전자거래기본법에서 규정하는 전자문서와 그 개념을 같이하고 있다.

3. 기타의 法令에서의 電子文書

(1) 구 전산망 보급 확장과 이용촉진에 관한 법률(1995년)

이 법은 1995. 12. 6. 개정되면서 허가 등의 민원업무에 전자문서를 도입할 수 있도록 전자문서의 정의와 전자문서의 효력 · 도달시기 · 공개 및 위작 · 변작금지 등에

---

16) 한국전산원, 공문서 전자 유통방안, 1996, 127.

17) 2007년에 전자정부법으로 개정됨.

관한 사항을 정하고 있다.

이 법은 전자문서를 "국가기관, 지방자치단체 및 법령의 규정에 의하여 그 위탁을 받은 자가 전산망을 이용하여 전송 · 처리 또는 보관하는 문서형식의 자료로서 표준화된 것"이라고(제2조 제3호) 규정하여, 전산망을 이용한 표준화된 전자문서교환방식을 전제로 하고 있다.[18]

위 전자문서는 국가나 지방자치단체 또는 그로부터 위탁을 받은 사람이 전산망으로 전송, 처리 또는 보관하는 것으로서 법령이 규정한 각종 허가, 인가, 승인, 등록, 신고, 신청 등에 관하여 대통령령이 정하는 바에 따라 당국이 고시한 표준형식에 의한 경우에 한한다. 즉, 이 법은 모든 전자문서를 다루는 것이 아니라 국가기관 또는 지방자치단체가 행하는 허가 · 인가 · 승인 · 등록과 민원인이 행하는 신고 · 신청을 전자문서로 하는 경우만을 규율하는 것이라는 특징이 있어 공공부문의 전자문서만을 그 대상으로 한다.[19]

이 法은 2001년에 정보통신망 이용촉진 및 정보보호 등에 관한 법률로 변경되었는데, 위 개정 법률에서는 위 전자문서의 개념이 "컴퓨터 등 정보처리능력을 가진 장치에 의하여 電子的인 형태로 작성, 송 · 수신 또는 저장된 문서형식의 자료로서 표준화된 것"을 의미하는 것으로 수정되었다(제2조 제5호).

(2) 특허법시행규칙

특허법은 특허출원서, 기타 서류를 산업자원부령이 정하는 방식에 따라 전자문서화하고 이를 정보통신망을 이용하여 제출하거나 플로피디스크에 수록하여 제출할 수 있게 하고 있다(제28조의 3).

이에 따라 특허법시행규칙 제1조의2는, ㉠ 특허에 관한 절차를 밟는 자가 특허청에서 배포한 소프트웨어를 이용하여 작성한 서류를 특허청 또는 특허심판원에 정보통신망을 이용하여 제출하거나 플로피디스크 또는 광디스크 등 전자적 기록매체에

18) 전산망이란 전기통신설비와 전자계산조직 및 전자계산조직의 이용기술을 활용하여 정보를 처리 · 보관하거나 전송하는 정보통신체제를 의미한다(제2조 제1호). 즉, 통신회선을 통하여 문자, 부호, 영상, 음향 등의 전자적 정보를 전송, 수신하는 전기통신설비를 컴퓨터 하드웨어와 그 주변장치로 이루어지는 전자계산조직과 접속, 연결하여 전자계산조직의 이용기술인 소프트웨어를 활용함으로써 정보를 처리, 보관, 전송하는 통신체제 또는 정보망을 의미한다. 따라서 본법은 개인이 단독으로 사용하는 소위 Stand-alone 컴퓨터에 대하여는 규정의 대상으로 하지 않지만, 컴퓨터간의 접속과 연결의 방법과 종류는 불문하므로 조직내부에서의 LAN이건, 전화망을 이용한 Dial-up의 통신망이나 공중전화 통신망(PSTN), 패킷교환망 또는 이를 종합한 종합정보 통신망(ISDN)이건 가리지 않고, 전산망의 설치, 운영자가 누구인지, 운영의 목적이 무엇인지를 불문하므로 국가 기간 전산망이나 사업용 전산망, 개인이 운영하는 공중게시판(BBS)이나 회사 내부의 전산망과 같은 자가전산망에도 적용될 수 있다, 崔永浩, 전게논문, 54 참조.

19) 吳炳喆, 전게서, 37.

수록하여 제출하는 서류, ㉡ 특허청장 또는 특허심판원장이 정보통신망을 이용하여 특허출원인 · 심판청구인 · 이의신청인 그밖에 특허에 관한 절차를 밟는 자에게 통지 또는 송달하는 서류를 전자문서로 규정하고 있다.

Ⅲ. 學說의 檢討

1. 정보통신기술을 이용하여 저장되어 전달가능한 일정한 양식이나 합의된 정보통신표준에 부합하는 문서라는 견해[20]

이 견해는 전자문서교환의 경우에는 타당한 일면이 있으나, 의사교환에 있어서 범용의 통신프로토콜만이 유일한 표준으로 작용하는 인터넷과 같은 개방형 시스템에 있어서는 이러한 양식이나 통신표준이라는 요소가 특별히 강조될 여지가 없어 불필요하다고 보이므로 이러한 견해는 타당하지 않다.[21]

2. 네트워크를 이용하여 컴퓨터 기타 정보처리장치 간에 전자적인 방식으로 전송 · 처리 · 보관되거나 출력된 문서형식의 자료를 의미하는 것으로 보고문서의 형식에 따라 표준화된 문서와 비표준화된 문서로 구별하는 견해[22]

이 견해는 네트워크를 이용하는 경우에 한정하고 있어, 네트워크를 이용하지 않는 전자문서도 존재할 수 있는 점을 간과하고 있고, 나아가 출력된 문서형식의 자료까지 전자문서로 포함하고 있어 전자문서에 대한 정의로 미흡하다.

3. 전자적 형태로 작성되고 문서형식의 정보일 것을 개념 요소로 하여 전자문서를 컴퓨터 등 정보처리능력을 가진 장치에 의하여 전자적 형태로 작성 또는 처리되어, 송 · 수신 또는 저장되는 전자서명을 포함한 문서형식의 전자자료를 의미한다는 견해[23]

이 견해는 전자문서가 컴퓨터 등 정보처리능력을 가진 장치에 의하여 전자적 형태로 작성, 처리된다는 점에서는 타당하지만, 전자서명을 포함하지 않는 전자문서도 있을 수 있다는 점을 간과하고 있다.

---

20) 通信開發研究院, 超高速情報通信基盤關聯 '96年度 法 · 制度 整備 研究, 1996, 34{金晋煥, "電子去來의 法律的 問題에 관한 研究", 高麗大學校 大學院 碩士學位論文, 1998, 101에서 재인용}.

21) 金晋煥, "電子去來의 法律的 問題에 관한 研究", 高麗大學校 大學院 碩士學位論文, 1998, 102.

22) 최경진, 전자상거래와 전자상거래법, 현실과 미래사, 2000, 91(최승열, 전게논문, 22에서 재인용).

23) 왕상한, 전자상거래와 국제규범, 박영사, 2001, 129 이하(최승열, 전게논문, 23에서 재인용).

4. 정보처리능력을 가진 장치에 의하여 전자적 형태로 작성되어 송신, 수신, 저장되며 문서의 기능을 수행하는 전자적 정보로서 읽을 수 있는 형태로 변환되어 있는 것이라는 견해[24)]

전자문서는 사람이 보고 읽을 수 없는 전자적 형태로 기록되어 있다는 것이 다수의 견해임에 반하여, 이 견해는 읽을 수 있는 형태로 변환되어 있는 것이라고 정의하고 있어, 전자문서의 개념으로는 적절하지 않다.

5. 전자문서를 전자적 기록물로 파악한 다음, 전자적 기록물이란 광의로는 전자적 또는 자기적 방식으로 기록된 모든 것을 의미하나, 협의로는 컴퓨터가 정보사회의 기반이라는 점에서 특히 그 기록방식이 컴퓨터를 통하여 처리되고 저장된 기록을 의미한다는 견해[25)]

컴퓨터를 통하여 처리되고 저장되는 기록이라는 점에서 타당한 일면을 갖고 있으나, 전자적 기록물 중에는 문자 이외에 음성이나 영상 등을 담고 있는 기록물도 있다 할 것이므로 전자적 기록물을 모두 전자문서로 파악하는 것은 타당하지 않다.

6. 컴퓨터 등 연산작용에 의한 정보처리능력을 가진 장치에 의하여 생성되어 송 · 수신 또는 저장될 수 있고, 생성 또는 송 · 수신시의 형태로 보존되어 필요에 따라 사후적으로 열람 가능한 형태로 재현될 수 있는 전자적 기록이라는 견해[26)]

이 견해에 따르면, 기존의 전화, 팩시밀리, 텔렉스 등의 전자매체는 연산작용에 의하지 않으므로 전자문서의 개념에서 제외된다. 그러나 이 견해 역시 전자적 기록이라는 용어를 사용하고 있어 문서 이외에 영상 정보나 음성정보 등을 담고 있는 경우까지 전자문서에 포함시키는 결과가 되어 부적당하다.

7. 컴퓨터에 의하여 작성 · 처리 · 저장되고, 컴퓨터에 의하지 아니하고는 그 내용을 인식할 수 없는 것으로서 그 내용이 인간의 사상 등을 담고 있는 것이라는 견해[27)]

이 견해는, 민사증거법에서 논의될 수 있는 전자문서는 그 문서의 내용이 어느 정도 유체물에 고정되어야 할 것이므로 전자기록매체에 저장중인 전자기록물만이 소송

---

24) 최승열, 전게논문, 36.

25) 한국전산원, 전자문서 이용 활성화의 장애요인 분석, 1998, 7 이하 참조.

26) 金晋煥, 電子去來에 있어서의 文書性과 署名性에 관한 考察(상), 法曹 48卷 8號, 法曹協會, 1999. 8, 137.

27) 黃贊鉉, 전게논문, 6.

법상의 전자문서에 해당된다는 입장이다. 따라서 이 견해에 의하면 메모리 중에 있는 전자기록물, 중앙처리장치에 의하여 처리중인 전자기록물, 전산망에 전송중인 전자기록물은 영구성이 없는 일시적 매체에 임시적으로 적재되어 있을 뿐 소송법상의 전자문서로 볼 수 없다고 한다.

Ⅳ. 소 결

현행의 각 법령에서 전자문서의 개념을 정의하고 있지만 각 법령마다 조금씩 그 의미가 달리 규정되어 있고, 학자들도 저마다 전자문서의 개념을 달리 설명하고 있다. 또한 외국의 입법례에서는 전자문서라는 용어 대신에 데이터 메시지(Data message), 전자적 기록(Electronic Record) 또는 電磁的 記錄 등 다른 용어로도 사용되고 있다.

위에서 본 법령과 학설을 검토해 보면, 전자문서는 대체로 컴퓨터 등 정보처리시스템에 의하여 전자적 형태로 표현되어 있고, 사람의 사상이나 관념을 표현, 전달하는 점에서 종이문서와 동일한 기능을 하고 있는 전자적 기록물이라는 사실을 알 수 있다. 다만, 전자거래기본법 및 전자서명법에서는 전자문서를 정보처리시스템에 의하여 전자적 형태로 작성, 송신 · 수신 또는 저장된 정보라고 정의함으로써 다소 차이가 있고, 최근에는 "일정한 정보 자체를 문서로 보아야 하고 기록 매체를 떠나서 정의되어야 한다."는 견해[28]도 나오고 있다.

이러한 상황에서 전자문서의 개념이 과연 무엇인지는 한마디로 정확히 정의하기는 쉽지 않다. 우선은 법령에서 전자문서에 대한 개념을 규정하고 있는 경우에는 그 법령에서 규정하고 있는 바에 따라 개별적으로 전자문서의 개념을 고찰하여야 한다.

위에서 논의한 바를 토대로 하여 민사소송법상 증거조사 및 문서의 개념을 염두에 두고 전자문서를 정의하여 본다면, "컴퓨터 등 정보처리시스템에 의하여 사람의 사상이나 관념이 전자적 형태로 기록된 정보를 담고 있는 유형물로서, 사후에 문서의 형태로 출력 또는 재현될 수 있는 물건"을 의미하는 것으로 이해할 수 있다.

1. 전자문서는 컴퓨터 등 정보처리시스템에 의하여 처리되어야 한다.

정보처리시스템이란 정보처리능력을 가진 전자적 장치 또는 체계를 의미하며, 컴

28) 임상혁, "개정 민사소송법에서 전자문서의 개념과 증명력", 한국민사소송법학회지, 한국사법행정학회, 2004, 301.

퓨터 등을 이용하여 정보를 수집, 유용한 정보로 변환하고 저장하는 등 일련의 작업을 처리한다. 정보처리(Information Process)란 데이터를 정보로 변환하는 과정, 즉 데이터를 가공하고 처리하여 정보를 생산하는 과정을 말한다. 다시 말해서 정보처리란 데이터를 목적에 맞게 분석하여 의미 있는 정보를 만들어 내는 과정이라고 할 수 있다. 현재 대표적인 정보처리시스템은 컴퓨터라 할 수 있다.[29]

전자문서는 컴퓨터 등 정보처리시스템에 의하여 처리되어야 하므로, 전화, 전신, 텔렉스 등 기존의 전자적 매체는 정보전달 혹은 정보변환기능을 수행할 수 있다고 할지라도 정보처리능력을 갖는다고 평가하기 어렵다고 할 것이므로 정보처리시스템에 포함되지 않는다고 보아야 하고, 이러한 점에서 유엔국제거래법위원회의 전자상거래 모델법에서의 데이터 메시지와는 그 개념을 달리한다.[30]

2. 전자문서는 전자적 형태로 기록되어 있다.

전자문서의 정보는 전자적 형태로 기록되어 있는 디지털 정보를 의미한다. 과거의 컴퓨터는 아날로그 형이 있긴 하였으나, 지금의 컴퓨터는 대개 디지털 컴퓨터로 인식되고 있다. 정보 기록의 방식은 bit(binary digit)이다. 비트란 0 또는 1을 말하는데 다른 표현으로는 '있다'와 '없다'로 나타낼 수 있다. 문자, 영상, 음향, 공기의 온도, 물체의 이동 등 이 세상에 존재하는 모든 정보들은 0과 1의 조합으로 기록될 수 있다.[31]

전자문서는 전자적 형태로 기록되어야 한다는 점에서, 컴퓨터 모니터에 출력되거나 프린트 아웃된 문서는 전자적 형태로 기록되어 있지 아니하므로 전자문서의 개념에서 제외함이 상당하다.

3. 전자문서는 사람의 사상을 담고 있고, 사후적으로 문서의 형태로 출력 또는 재

29) 김대수, 컴퓨터 개론, 생능출판사, 2001, 16-21, 25-26 참조, 컴퓨터란 지금까지 사람이 해 왔던 기억과 계산 등의 일을 빠르고 정확하게 처리해 주는 기계이며, 사람의 지시에 따라 여러 가지 일을 자동적으로 처리해 주는 전자장치이다. 따라서 필요한 사항들을 입력해 주면 컴퓨터 내에서 여러 장치들이 작동되어 원하는 결과를 출력하게 된다. 컴퓨터란 명칭은 원래 '계산을 수행하는 장치'라는 의미를 가지고 있는데, 초기의 컴퓨터가 단순히 수치 계산을 목적으로 만들어졌기 때문에 이러한 이름이 붙여진 것이다. 그러나 오늘날의 컴퓨터는 수치 계산뿐만 아니라 기억하고, 분류하고, 비교하는 것과 같은 여러 가지 일들을 한꺼번에 처리할 수 있다. 즉 외부로부터 자료를 입력받아 정의된 방법에 따라 자료를 처리하여 정보를 생성하고, 사용자에게 생성된 정보를 출력해 주는 기능을 가지고 있다.

30) 金晋煥, 電子去來에 있어서의 文書性과 署名性에 관한 考察(상), 法曹 48卷 8號, 法曹協會, 1999. 8., 133 참조; 이에 대하여 이런 구별의 실익이 의심스럽다면서 전자문서 개념 자체가 거래의 확대를 위한 목적이라면 굳이 이에 한할 필요가 없다는 견해도 있다, 나승성, 전게서, 97.

31) 김대수, 전게서, 17.

현될 수 있어야 한다.

정보란 정보처리시스템에 의하여 어떤 데이터(data)를 처리한 결과를 의미하고, 데이터란 일을 처리하기 위한 대상을 말한다. 즉 데이터는 정보 소스로부터 관측되거나 측정되어 얻어진 어떤 사실들의 집합이며, 어떤 목적을 위해 데이터가 평가되고, 가공되어 가치를 가질 때 이것을 정보라고 한다.[32] 정보에는 문자, 도면, 사진, 영상, 음성·음향 등 다양한 형태의 정보가 존재할 수 있다. 전자문서에서의 정보는 그 중에서 사람의 사상이 기록되어 있고, 사후적으로 문서의 형태로 출력 또는 재현될 수 있는 정보에 한정되어야 한다. 이러한 정보만이 문서의 보존, 전달기능을 갖는다고 보이기 때문이다. 문서의 형태로 출력 또는 재현된다고 함은 컴퓨터의 출력장치를 통하여 인쇄되거나 모니터에 디스플레이 되어 인간이 보고 읽을 수 있는 형태로 나타날 수 있는 것을 의미한다.

따라서 도면정보나 사진정보는 전자문서에 준한다고 생각할 수 있지만, 영상정보나 음성·음향정보 기타 인간이 보고 읽을 수도 없고 전시할 수도 없는 정보는 문서의 형태로 출력되거나 재현될 수 없으므로 전자문서에서 제외함이 상당하다. 이러한 점에서 전자문서는 전자적 기록과 구별되어야 한다. 학설에 따라서는 전자적 기록을 전자문서로 파악하는 견해도 있을 수 있지만, 모든 전자적 기록을 전자문서로 볼 수는 없다. 전자적 기록을 전자적 형태로 표현된 정보라는 개념으로 이해한다면, 그 개념 자체가 문서의 형태로 출력되는 것에 한정된다고 보여지지 아니하여, 문자, 도면, 사진뿐만 아니라 음성·음향, 영상정보 등을 포함하는 넓은 개념으로 파악될 수 있기 때문이다. 다시 말하면 전자문서는 전자적 기록 중에서 사람의 사상이나 감정이 기록되고, 사후적으로 문서의 형태로 출력 또는 재현될 수 있는 정보에 한한다고 이해하여야 할 것이다.[33]

4. 전자문서는 정보를 담고 있는 유형물이다.

이를 정보저장매체라고 할 수 있다. 전자정보는 이러한 정보저장매체에 기록되어 있다. 정보저장매체는 학자에 따라서 전자기록매체, 전자기억매체 등으로 표현되기

---

32) 김대수, 전게서, 17.

33) 전자적 기록은 그 형식이나 개념이 다양하여 wave 파일 형식의 경우 녹음테이프와 다르지 아니하고, 그래픽파일의 일종인 gif파일은 전자적 부호를 통한 문서형식을 가질 수 있다. 따라서 전자적 기록은 문서의 형태를 가지고 있는 경우(txt, doc, hwp 등) 및 이에 준하는 경우(gif, jpg 등)도 있을 수 있으나, wave파일이나 avi파일처럼 녹음테이프나 비디오테이프의 형식인 경우와 같이 문서의 형식을 갖지 않는 경우도 있다, 한국전산원, 전자문서 이용 활성화의 장애요인 분석, 1998, 169 참조).

도 한다. 정보저장매체에는 자성을 이용한 매체, 광을 이용한 매체, 광자기를 이용한 매체, 반도체를 이용한 매체 등이 있다.[34)]

자성을 이용한 매체는 기록된 데이터를 일종의 전자적인 헤더라는 장치가 0과 1로 된 정보를 판단하는 원리로 동작한다. 그 종류로는 컴퓨터용 자기디스크(Magnetic Disk, 여기에는 플로피디스크, 하드디스크, 이동형 매체 등이 포함된다), 자기테이프(Magnetic Tape), 자기드럼(Magnetic Drum), 자기카드(Magnetic Card) 등이 있다.

광을 이용한 매체는 합성수지의 원반 위에 레이저 광선으로 미세한 비트를 천공하여 그 비트의 유무에 의하여 데이터를 기록한다. 그 종류로는 CD(Compact Disk, 여기에는 CD-ROM, CD-RW 등이 있다), LD(Laser Disk), DVD(Digital Video Drive) 등이 있다.

광자기를 이용한 매체는 광기록 기술과 자기기록 기술을 결합한 것으로 광드라이브, 광디스크 드라이버 등의 다양한 명칭으로 불린다.

5. 전자거래에 있어서 전자문서는 대부분 정보통신망의 이용을 전제로 하고 있기는 하지만 전자문서는 굳이 여기에 한정할 필요는 없다.

왜냐하면 정보통신망의 이용을 전제로 하지 않는 전자문서도 존재할 수 있기 때문이다. 그리고 일부 법령에서는 전자문서에 전자서명을 요구하고 있으나, 전자서명이 없는 전자문서도 존재할 수 있으므로 전자문서는 전자서명을 반드시 요구하지 않으며, 또한 EDI에 의한 표준화된 전자문서 이외에 표준화되지 않은 전자문서도 있을 수 있다.

제3 電子文書의 文書 與否

문서라 함은 문자 또는 그 밖의 기호의 조합에 의하여 사상적 의미를 표현한 유형물을 의미한다. 표현의 도구로서 유형물이라 함은 종이에 국한하지 않으며 나무·돌·금속·플라스틱·섬유·가죽 등도 포함되고, 붓, 만년필, 연필, 볼펜 등의 필기용구에 한하지 않으며, 인쇄·조각 등 문자와 기호를 표시할 수 있는 것이면 된다. 표현의 수단으로서 문자라 함은 국어문자뿐만 아니라 외국어도 포함되며, 기호라 함은 전신부호, 암호, 속기, 점자 등을 의미한다. 사상이라 함은 감각·경험에 대한 사고

34) 상세는 黃贊鉉, 전게논문, 14 이하; 김대수, 전게서, 118 이하 참조.

작용을 작동시키거나 상상력을 가미하여 만든 의식내용을 말하며, 일정한 판단 · 기록 · 감상 · 감정 · 욕망 등을 표시한다. 문서에 작성명의인의 서명 · 날인의 유무도 문제되지 않으며, 작성자가 사인인가 공무원인가 하는 것도 불문한다.[35]

전자문서가 과연 이러한 문서 개념의 범주에 포함될 수 있는지에 관하여, 영미법계에서의 논의와 우리나라에서의 논의로 나누어서 살펴보기로 한다.

Ⅰ. 英美法系에서의 電子文書의 文書性

1. 總 說

전자문서를 문서로 볼 수 있는가에 대한 논의는 영미법계 국가에서는 중요한 의미를 가진다. 영미법계의 詐欺防止法(the Statute of Frauds)에 의하면, 계약내용에 대하여 계약 당사자 간에 분쟁이 발생하여 당해 계약의 강제이행을 구하는 소송이 제기된 경우 구두 증거를 인정함으로 인하여 생길 수 있는 소송과정에서의 사기와 위증의 가능성을 배제하기 위하여 일정한 계약은 반드시 서명된 서면으로 입증되어야만 그 강제이행이 가능하도록 되어 있고, 이에 따라 위와 같은 사기방지법의 적용을 받는 일정한 계약들에 대하여는 문서성과 서명성이 그 이행강제를 위한 요건으로 작용하기 때문이었다.

사기방지법의 적용을 받는 계약으로는 첫째, 사망한 사람의 채무를 변제하겠다는 유언집행자나 유산관리인의 계약, 둘째, 타인의 채무를 담보하겠다는 보증계약, 셋째, 혼인을 約因(consideration)으로 하는 계약, 넷째, 토지상 권리의 매매에 관한 계약, 다섯째, 1년 이내에 완전하게 이행될 수 없는 계약, 여섯째, 500달러 이상의 물품의 매매계약을 들 수 있다. 이와 같은 일정한 계약들에 대하여 위와 같이 문서성을 요구하는 근본적인 이유는 종이문서의 기능을 그대로 발휘하기 위한 것으로 해석된다.[36]

사기방지법 이외에도 법률행위에 있어서 문서가 요구되는 전형은, ㉠ 제3자에 대하여서도 법적 효과를 강제하도록 하는 경우, ㉡ 법적 권리가 수여되기 위하여 문서교환이 요구되는 경우, ㉢ 관계 당사자의 보호가 필요한 경우, ㉣ 공증 또는 공적인 절차상 요구되는 경우이다.[37]

35) 金祥源外 3人, 第5版 註釋民事訴訟法(Ⅳ), 韓國司法行政學會, 1997, 419; 李時潤, 新訂4版 民事訴訟法, 博英社, 2001, 541; 강현중, 제5판 민사소송법, 博英社, 2002, 554 이하 참조.

36) 사법연수원, 전자거래법, 2009, 114-115 참조.

37) 金晋煥, "電子去來의 法律的 問題에 관한 硏究", 高麗大學校 大學院 碩士學位論文, 1998, 88.

종이문서는 일정한 법적 효과를 의욕하는 표의자에 의하여 의사표시를 담는 자료로서 사용될 때 정보적 기능(Informative Function), 증명적 기능(Evidential Function), 상징적 기능(Symbolic Function)을 담당한다. 즉, 문서는 일정한 의미내용을 포함하여 이를 표시하고 전달하며(정보적 기능), 사람의 말(口頭)이나 기타 고정적인 형태를 갖지 아니하는 물체와는 달리 한 번 표시된 내용을 그대로 보전하고(증명적 기능), 문서에 법률적으로 의미 있는 의사가 포함되어 있을 때, 그 문서는 그로 인한 법률관계를 상징한다(상징적 기능). 이를 전자문서에 관하여 본다면, 위 기능 중 첫 번째 기능에 대하여는 문제가 될 것이 없고, 오히려 정보전달의 효율성 측면에서 보면 종이문서의 한계점을 극복하기 위한 시도라고 볼 수 있다. 두 번째 기능에서 전자문서가 법률적인 불확실성을 야기하는 것은 전자문서가 가지는 비고정성(Fleeting Nature) 때문이다. 그로 인해 당사자 간의 분쟁이 발생하는 경우 당사자가 납득할 수 있는 기록의 현출이 곤란하다. 세 번째의 상징적 기능은 전자문서가 문서로서 활용되고자 함에 있어 가장 어려운 점이다. 이 기능은 문서의 물리적 존재 그 자체가 요구된다는 점에서 전자문서가 이를 대체함에는 한계가 있어 보인다.[38)]

2. 電子文書의 文書性을 認定하기 위한 多樣한 試圖

이러한 사정으로 인하여, 종래 전자거래에 있어서 전자적 기록물의 문서성에 대한 해결방안은 크게 세 가지 범주로 논의되어 왔다.[39)]

(1) 文書에 대한 定義 規定의 擴大解釋을 통하여 解決하려는 方案

미국통일상법전 제1장 제201조 제49항이 문서를 "출력, 타자 등 기타의 방법에 의한 유체물로의 의식적인 변환물"로 정의하고 있는데, 사기방지법의 적용에 있어 위와 같은 정의 규정에 대한 해석을 통하여 문서의 범위를 확대하는 방법으로 문제를 해결하려는 시도이다.

미국 법원이 텔렉스, 테이프, 팩스, 컴퓨터 디스크의 마그네틱 레코딩에 대하여 사기방지법의 문서로서의 요건을 충족한다고 인정한 것이 그 좋은 예라고 하겠다.[40)]

---

38) 이진우, 전자거래의 법적 검토, 정보법학 창간호, 한국정보법학회, 1997, 209 이하 참조.

39) 이하의 내용은 金晋煥, "電子去來의 法律的 問題에 관한 硏究", 高麗大學校 大學院 碩士學位論文, 1998, 89-92 참조.

40) 그러나 문서가 갖는 의미의 확대해석을 통한 문제해결방법은 문서 그 자체가 지니고 있는 의미의 한계 내에서만 가능할 뿐만 아니라, 전자적 형태의 기록을 위와 같은 해석론에 기초하여 기존의 문서의 개념 안에 포섭할 수 있을는지 의문이라는 비판이 있다. 金晋煥, "電子去來의 法律的 問題에 관한 硏究", 高麗大學校 大學院 碩士學位論文, 1998, 90 참조.

(2) 文書에 대한 당사자 간의 合意를 통하여 解決하려는 方案

새로운 방식에 의한 의사표시와 그에 따른 문서성 등을 당사자의 합의에 기하여 인정하고도 법률행위 완성 후에 그 법률행위가 종래의 문서성의 요구를 충족하지 못하였다고 하면서 법률행위의 효력을 부정하는 것은 금반언칙에 위배된 것으로 인정하지 아니하려는 태도이다.

이러한 시도의 예로서는 1990년 6월에 채택된 전자식 선하증권에 관한 CMI 규칙(CMI Rule for the Electronic Transfer of Right to Goods in Transit) 제12조를 들 수 있다. 그 내용을 살펴보면, "운송인과 송하인 그리고 이 절차를 이용한 후속의 모든 당사자들은 운송계약이 문서로 서명되는 것을 요건으로 요구하는 모든 국내법, 주법, 관습, 관행은 전송되고 확인된 전자문서에 의하여 그 요건이 충족된다는 것에 동의한다. 이러한 전자문서가 비디오 스크린 상에 인간의 문자로 전시되고 또는 컴퓨터에 의하여 프린트되어 나오는 컴퓨터 자료 저장수단으로 존재하고 있다는 것을 이유로 하여 전자문서에 의한 계약을 무효화시키고자 하는 모든 당사자들의 다음과 같은 항변은 금지된다. 즉, 종이문서를 선택하지 아니하는 경우에 처음으로 전자문서교환제도를 사용하여 또는 이를 잘 알지 못하여 이 계약이 전통적 의미의 문서로 성립되지 않아 무효라거나, 이 전자문서는 종이문서와 같이 유체물로 존재하지 않아서 무효라는 항변은 금반언에 의하여 금지된다."는 것이다.

또한 미국 변호사협회가 마련한 전자문서교환의 모델거래당사자약정(Model EDI Agreement)상에 이를 문서로 간주하기로 한다는 내용을 포함하도록 한 것도 같은 맥락에서 나온 것이라 할 수 있다[41].

(3) 機能的 等價物로서의 電子文書의 槪念을 認定하고 이를 통하여 解決하려는 方案

종이문서와 전자적 기록에 있어서의 문서성 양자 간의 개념에서 발생하는 근본적이고도 본질적인 차이점을 인정하되, 문서가 갖는 기능적인 측면에 착안하여 종이문

41) 그러나, 위와 같은 당사자간의 합의로서 문서성을 인정하는 것은 당사자간의 약정이 거래에 있어 많은 비중을 차지하는 전자문서교환 등과 같은 제한된 범위 내에서는 크게 문제되지 않겠지만, 문서성이 제3자에 대하여도 법적 효과를 강제하도록 하기 위하여, 혹은 법적 권리가 수여되기 위하여 요구되는 경우나 공증 또는 공적인 절차상 요구되는 경우에도 이러한 시도가 아무런 장애없이 그대로 적용될 수 있는가는 의문이다. 즉, 위와 같이 문서성이 요구되는 여러 경우에 현실적으로 전자적 기록을 문서로 인정하는 당사자간의 합의가 가능할 것인지 자체가 문제이고, 당사자간에 그와 같은 합의가 있다고 하더라도 문서를 요구하는 법규정이 강행규정의 성격을 띠게 되는 경우에는 적용될 수 없다고 보아야 하므로 이러한 방법이 종국적인 문제의 해결에는 미흡하다. 金晋煥, "電子去來의 法律的 問題에 관한 硏究", 高麗大學校 大學院 碩士學位論文, 1998, 91.

서가 수행하는 정도의 기능을 수행할 수 있는 전자적 기록을 전자문서로 인정함으로서 문서성의 요건을 충족하는 것으로 간주하고, 그 취급에 있어서도 이를 기존의 문서와 동일하게 보는 방안이다. 아래에서 보는 전자문서에 관한 각종 입법례들은 이러한 태도를 받아들인 것으로 판단된다.

3. 立法例

(1) 유엔국제거래법위원회의 전자상거래모델법

이 법은 "법에서 정보가 서면으로 되어 있는 것을 요구하는 경우에 데이터 메시지 안의 정보가 계속적인 열람에 이용할 수 있도록 접근 가능한 때에는 데이터 메시지는 그 요건을 충족한다."고 규정하여, 위 요건을 갖추는 데이터 메시지에 대하여 문서성을 인정하고 있다(제6조).[42]

(2) 美國의 立法例

(가) 통일전자거래법(1999년, Uniform Electronic Transactions Acts)

이 법은, "어떠한 기록이 법률에 의하여 문서에 의할 것으로 규정된 경우, 전자적 기록은 이를 충족한다."고 규정하여 전자적 기록에 대하여 원칙적으로 그 문서성을 인정하고 있다(제7조).[43]

(나) 연방디지털서명법(2000년, The Electronic Signature in Global National Commerce Act)

이 법은, '전자문서가 법적으로 그 효력이 부인되지 않으며(202조 a), 서면요건이 부가될 경우에도 소비자의 동의와 옵트 아웃(opt-out) 등 일정한 요건이 충족되면 전자적 방법으로 하는 것이 가능하다'는 취지로 규정하고 있다.[44]

Ⅱ. 우리나라에서의 電子文書의 文書性

우리나라에서 전자문서를 문서로 인정할 수 있느냐 하는 문제는 영미법계와 그 특징을 달리한다. 영미법계에서는 일정한 요건의 문서는 이행강제를 위한 요건인 점에 반하여, 우리나라에서의 법률행위는 원칙적으로 문서로 이루어질 필요가 없다. 다

42) 법무부, 외국의 전자서명법제, 법무자료 215집, 1997, 236.
43) http://www.law.upenn.edu/bll/ulc/ulc_frame.htm
44) 孫京漢, 전게논문, 101.

만, 우리나라에서도 개별적인 법령 규정에 의하면 법률행위를 문서의 형태로 요구하는 예외적인 경우가 있으므로 이러한 경우 전자문서로 문서에 대신할 수 있는지 문제될 수 있다. 또한 전자문서의 성격을 어떻게 보느냐에 따라 민사소송절차에서 어떠한 방법으로 증거조사 할 것인가의 문제도 발생할 수 있다.

1. 電子文書의 文書與否

(1) 學 說

(가) 肯定說

전자문서는 문서에 해당된다고 보아야 한다는 입장으로서, 전자문서 그 자체는 눈으로 보고 읽을 수 없다 하더라도 사람의 사상, 의사, 관념의 표시를 내용으로 하고 있고, 컴퓨터의 도움을 받아 출력하면 반드시 눈으로 보고 읽을 수 있는 문서로 재현되며, 재현된 문서와 전자적 기록물은 일체불가분의 관련을 가지는 것이므로 문서성이 인정된다는 견해이다.[45)]

뒤에서 보는 바와 같이 전자문서에 대한 증거조사절차에서 서증설을 취하는 견해는 전자문서의 문서성을 긍정하고 있다.

(나) 否定說

전자문서는 문서의 개념에 포함되지 않는다는 입장으로서, 전자문서가 출력되면 문서로서 재생된다는 것은 그 이전의 전자문서 자체가 문서성을 가지는가 여부와는 별개의 문제이고, 전자문서가 문서화되기 위해서는 컴퓨터 기기와 적절한 프로그램이 필요하기 때문에 긍정설에 따르면 이들 전체가 문서라고 하지 않으면 안 되므로 이렇게 되면 문서의 전단계도 문서라고 하는 문제가 발생한다고 한다.[46)] 뒤에서 보는 바와 같이 전자문서에 대한 증거조사절차에서 검증설을 취하는 견해는 전자문서의 문서성을 부정하고 있다.

(2) 立法의 現況

(가) 文書로 擬制하는 規定을 두고 있는 境遇

현행 법령 중 일부는 전자문서를 문서로 의제하는 규정을 두고 있다. 이들 법령은

---

45) 金晋煥, “電子去來의 法律的 問題에 관한 硏究”, 高麗大學校 大學院 碩士學位論文, 1998, 143; 黃贊鉉, 전게논문, 18 이하.

46) 오기두, “刑事節次上 컴퓨터關聯證據의 蒐集 및 利用에 관한 硏究”, 서울大學校 博士學位論文, 1997, 227.

전자문서를 문서로 본다고 함으로써 전자문서에 종이문서 대체의 효력을 부여하고 있다.

○ 전자무역 촉진에 관한 법률

무역업자 또는 무역유관기관이 전자무역기반시설을 통하여 신청 등 또는 승인 등을 한 전자무역문서는 무역관련 법령 등이 정한 절차에 의하여 처리된 문서로 본다(제15조).

○ 정보통신망이용촉진 및 정보보호 등에 관한 법률

국가기관 또는 지방자치단체의 장이 전자문서 중계설비를 관리하는 자를 통하여 법령에서 규정한 허가 · 인가 · 승인 · 등록 · 신고 · 신청 등을 전자문서로 처리하고자 하는 경우에는 대통령령이 정하는 바에 의하여 대상업무와 전자문서중계자 등 필요한 사항을 정하고 이를 고시하여야 하고, 이에 따라 허가 등을 전자문서로 처리한 경우에는 해당 법령에서 정한 절차에 따라 처리한 것으로 본다(제18조).

(나) 文書의 槪念에 電子文書를 包含하고 있는 境遇

위에서 본 법령들과는 달리 문서를 상위개념으로 하고, 전자문서는 하위개념으로서 상위개념인 문서에 포함되는 것으로 이해하고 있는 법령도 있다.

○ 사무관리규정

위 규정 제3조 제1호는, "공문서라 함은 행정기관 내부 또는 상호간이나 대외적으로 공무상 작성 또는 시행되는 문서(도면 · 사진 · 디스크 · 테이프 · 필름 · 슬라이드 · 전자문서 등의 특수매체기록을 포함한다) 및 행정기관이 접수한 모든 문서를 말한다."고 규정하여, 전자문서를 문서에 포함시키고 있다.

○ 선거관리위원회사무관리규칙

위 규칙 제3조 제1호는, "공문서라 함은 각급위원회 내부 또는 상호간이나 대외적으로 공무상 작성 또는 시행되는 문서(도면 · 사진 · 디스크 · 테이프 · 필름 · 슬라이드 · 전자문서 등의 특수매체기록을 포함한다) 및 각급위원회가 접수한 모든 문서를 말한다."고 규정하여, 전자문서를 문서에 포함시키고 있다.

○ 법원사무관리규칙

위 규칙 제3조 제1호(정의)는, "공문서라 함은 각급기관 내부 또는 상호간이나 대외적으로 공무상 작성 또는 시행되는 문서(도면 · 사진 · 디스크 · 테이프 · 필름 및 슬라이드를 포함한다) 및 각급기관이 접수한 모든 문서를 말한다."고 규정하고 있다.

(3) 검토소견

(가) 電子文書의 特性과 機能

전자문서는 별다른 기술이나 지식이 없어도 손쉽게 무한한 양의 복제물을 만들 수 있고, 그 복제물은 최초의 것과 완벽히 동일한 존재라는데 있다. 나아가 전자문서는 타인이 쉽게 성명을 모용 함으로써 위작하거나, 진정하게 작성된 내용마저 변작할 수 있고, 게다가 흔적을 남기지 아니한다는 특성을 가지고 있다. 때문에 타인에 의하여 위작될 염려가 적고, 고정되어 변경되지 아니하는 그 무엇이라는 종래 증거에 대한 관념에 비추어 볼 때 전자문서에 대하여 선뜻 종이문서와 같은 증거로서의 가치를 부여하는데 망설이지 않을 수 없다.[47]

또한 종이문서는 육안으로 보고 읽을 수 있음에 반하여, 전자문서는 전자적 신호 내지 형태로 존재하기 때문에 그 자체로는 육안으로 보고 읽을 수 없고, 반드시 컴퓨터를 이용하여 모니터에 디스플레이 하거나 인쇄하여야 그 내용을 보고 읽을 수 있다. 이러한 점에서 전자문서는 종이문서와는 많은 차이를 보인다고 할 수 있어 종이문서와 같다고 표현하기는 어렵다.

하지만, 전자문서도 '일정한 사상 또는 관념을 표시'하고 '특정인의 의사표시'를 나타낸다는 점에서 종이문서와 같은 기능을 갖고 있고, 현실 세계에서는 여러 가지의 요인으로 인하여 전자문서가 종이문서를 대체해 가는 추세이며, 많은 법령에서도 전자문서를 문서로 보고 있다. 이러한 점에 비추어 보면 전자문서를 문서가 아니라고 성급한 결론을 내리는 것은 적절하지 않다.

(나) 文書 槪念의 再定立

앞서 살펴본 바와 같이 文書는 문자 또는 그 밖의 기호의 조합에 의하여 이루어져 있고, 사상적 의미를 표현하고 있는 유형물이다. 그렇다면, 전자문서가 문서의 요건을 갖추고 있는가?

---

47) 金晋煥, "電子去來의 法律的 問題에 관한 硏究", 高麗大學校 大學院 碩士學位論文, 1998, 164; 종이문서는 과거의 오랜 역사에서 경험적으로 그 보존성(작성시점의 내용과의 동일성, 재현성, 가독성)이 실증되어 왔다. 한편 전자문서는 이론적으로는 충분한 보존성을 주장할 수 있고, 열화시험에 의하여 뒷받침될 수 있다고 하여도 발명으로부터 경과한 기간이 종이보다도 매우 짧고, 현실의 보존실적이 종이보다 길지 않아서, 그 보존성에 대하여 고도의 신뢰를 법관이 갖는지 의문이 남을 수 있다. 현실의 세계에서 요증사실의 증명에 도움이 되는 수준에 관하여 전자문서는 종이문서와 비교하여 증거의 신빙성이 낮게 평가되고 있다고 하는 것은 현실 문제로서 다음의 이유에 의하여 부정할 수 없는 면도 있다. 즉, 전자문서에 기록 · 보존되어 있는 데이터는 ① 데이터의 멸실이나 버그(에러)의 위험이 있고, ② 해커의 위험을 포함하여 기록 후에 데이터가 개변 · 개서될 가능성이 있고, ③ 전자문서의 기록 내용과 출력된 문서와의 동일성이 문제되고, ④ 관련기기 및 소프트웨어의 버전 업에 의하여 호환성 · 재현성에 지장이 나올 경우가 있고, ⑤ 발명(특허)의 일시, 창작일시(저작권), 개발위험의 항변을 위한 설계일시, 계약의 성립일시 등 중요한 "작성시점"의 증명에 난점이 있다고 하는 문제가 있다. 梅谷眞人, 磁氣ディスクと證據 2, NBL 628號, 商事法務硏究會, 1997. 11., 49.

전자문서는 종이문서에 대신 또는 병행하여 등장한 것으로서 종이문서와 그 기능을 같이하고 있고, 인간의 사상적 의미를 표현하고 있는 유형물인 점에서 문서의 한 요건을 갖추고 있다.

그런데, 전자문서는 전자적 형태로 기록되어 있고, 컴퓨터를 통하지 아니하고는 눈으로 보고 읽을 수 없는 형태로 되어 있다. 전자적 형태가 문자 또는 그 밖의 기호에 해당될 수 있는지에 관하여 논란이 있기는 하지만, 암호해독기의 도움을 받아 그 내용을 해독할 수 있는 암호도 기호에 해당되는 것으로 이해할 수 있으므로 전자적 형태 내지 전자적 부호도 컴퓨터가 인식할 수 있는 구문법칙에 따라 기록되는 것이고, 컴퓨터의 도움을 받을 경우 그 내용을 인식한 수 있는 점에 착안한다면, 전자적 형태 내지 부호도 암호에 준하는 것으로 볼 수도 있다.[48]

그러나 전자문서는 컴퓨터 등의 도움을 받지 않으면 전혀 그 내용을 보고 읽을 수 없다는 데에 문제가 있다. 이러한 점이 종이문서와 큰 차이를 가지고 있다. 여기에서 전자문서의 문서성을 부정하여야 하지 않은가 하고 생각할 수도 있지만, 문서는 도구를 이용하지 않고 육안으로 보고 읽을 수 있는 것에 한정할 필요가 없다. 그 동안 우리들은 문서라고 하면 대체로 종이문서만을 생각하여 왔기 때문에 육안으로 보고 읽을 수 있는 형태로 되어 있는 것만을 문서라고 이해하여 왔지만, 굳이 문서의 개념을 여기에 한정할 필요는 없다. 컴퓨터 기타 도구를 이용한다면 그 내용을 인식할 수 있는 것도 문서의 개념에 포함함이 상당하다.

위에서 본 바와 같이 상당수의 법령에서 전자문서를 문서로 보는 규정을 두고 있고, 일부의 법령은 문서의 개념에 전자문서를 포함하는 규정을 두고 있다. 현재와 같은 고도 정보화 시대에 있어 전자문서가 종이문서를 대체해 가는 것은 자연스러운 모습이라 할 것이고, 이러한 입법의 태도는 앞으로도 계속될 것으로 예상된다.[49]

이러한 점들에 착안하여 보면, 문서를 "종래의 문서"와 "새로운 문서"로 구별하고, 종래의 문서와 새로운 문서를 문서의 하위 개념으로 파악할 수 있다. 여기에서 종래의 문서란 종이문서 등과 같이 육안으로 인식할 수 있는 문서를 의미하고, 새로운 문서란 전자문서 등과 같이 컴퓨터 등 도구를 이용하여야만 그 내용을 인식할 수 있는 문서를 의미한다. 종이문서 등과 같이 육안으로 인식할 수 있는 종래의 문서뿐만 아니라 컴퓨터 등 도구를 이용하여야만 그 내용을 인식할 수 있는 전자문서도 문서성

48) 黃贊鉉, 전게논문, 20 참조.

49) 전자거래기본법 제4조(전자문서의 효력)도, "전자문서는 다른 법률에 특별한 규정이 있는 경우를 제외하고는 전자적 형태로 되어 있다는 이유로 문서로서의 효력이 부인되지 아니한다."고 규정하고 있다.

을 갖고 있다 할 것이므로 문서에 포함시키는 것이 상당하다.

문서를 종이문서 등 종래의 문서와 전자문서 등 새로운 문서로 구별하는 방식은 개별 법령에서 문서라고 표현하고 있을 경우 종이문서 등 종래의 문서인지 아니면 전자문서 등 새로운 문서인지 항상 판단하여야 하는 문제가 생기기는 하지만, 현행 법령에 규정되어 있는 문서에 전자문서를 포함하는지 여부에 관한 해석은 개별 법령의 규정 및 입법취지에 따라 적절하게 판단하면 된다. 우리의 많은 법령이 전자문서 등 새로운 문서를 예정하지 못한 상태에서 만들어진 것을 감안해 보면 대다수의 법령에서의 문서는 종이문서 등 종래의 문서를 지칭한다 할 것이므로, 특별한 규정이 없는 한 개별 법령에서의 문서는 종이문서 등 종래의 문서로 해석함이 상당하다.[50]

2. 書面代替的 效力의 問題

(1) 問題의 所在

현행 법령 중에는 일정한 행위는 문서 내지 서면에 의하도록 규정하고 있다. 예를 들면 다음과 같은 규정에서 전자문서가 이를 충족할 수 있는가가 문제된다.

○ 민법의 규정: 혼인신고의 방식(제812조 제2항), 이혼신고의 방식(제836조 제2항), 입양신고의 방식(제878조 제2항), 친족회의 결의방식(제967조 제3항).

○ 상법의 규정: 주식회사 발기인의 주식인수(제293조), 주식회사 발기인의 창립에 관한 사항에 대한 보고(제311조 제1항), 주식양도승인의 청구(제335조의2), 주식양수인에 대한 승인 청구(제335조의7), 소수주주에 의한 소집청구(제366조 제1항), 주주의결권대리행사의 경우에 그 대리권의 증명(제368조 제3항), 주식회사 총회소집의 통지(구 상법(2001. 7. 24 법률 제6488호로 개정되기 전의 것) 제363조 제1항).

○ 민사소송법의 규정: 당사자간의 관할의 합의(제29조 제2항), 소송대리권의 증명(제89조 제1항), 소제기의 방식(제248조).

○ 구 방문판매등에관한법률(2002. 3. 30 법률 제6688호로 전문개정되기 전의 것)의 규정: 방문판매자 및 다단계판매자의 계약내용에 관한 서면의 교부의무(제8조, 제33조).

○ 할부거래에관한법률의 규정: 할부계약의 서면주의(제4조).

---

50) 예컨대, 형법상 문서의 개념에는 전자문서가 포함되지 않는다. 형법은 공문서위조 · 변조죄, 사문서위조 · 변조죄와는 별도로 공전자기록 위작 · 변작죄, 사전자기록 위작 · 변작죄를 규정하고 있다. 이러한 입법의 태도는 문서의 개념에 전자문서는 포함되지 않는 것으로 이해된다. 다만, 형법은 전자적 기록이 문서의 기능과 특성을 갖고 있는 점을 감안하여 공전자기록 위작 · 변작죄, 사전자기록 위작 · 변작죄에 관한 규정을 공문서위조 · 변조죄, 사문위조 · 변조죄의 규정과 함께 형법 제40장 "문서에 관한 죄"로 취급하고 있다.

(2) 검토소견

학설은, 전자문서는 위 법률이 규정한 서면의 요건을 갖춘 것으로 봐야 한다는 견해와 위 법률이 규정한 서면의 요건을 갖춘 것으로 볼 수 없다는 견해로 나뉜다.

전자문서는 종이문서와는 그 성격을 달리하고 있고, 또한 개별 법령은 전자문서를 예상하지 못한 상태에서 만들어진 법이 많으므로 이러한 법령들에 있어서의 문서는 원칙적으로 종이문서를 의미한다. 따라서 개별 법령에서 전자문서를 문서로 본다는 규정을 두고 있는 경우에는 전자문서에 의한 서면대체적 효력을 인정할 수 있지만, 그렇지 아니한 경우에는 비록 전자문서를 문서로 보는 견해를 취하더라도 전자문서에 의한 서면대체적 효력을 원칙적으로 부정하여야 한다.[51]

한편, 개정된 상법(2001. 7. 24 법률 제6488호) 제363조 제1항은 주주총회 소집통지를 서면 대신에 전자문서에 의하여 할 수 있도록 규정하고 있고, 개정된 방문판매 등에 관한 법률(2002. 3. 30 법률 제6688호)은 '전화권유판매에 관한 계약서의 경우와 다단계판매에 관한 계약서의 경우에는 소비자의 동의를 얻어 당해 계약의 내용을 전자거래기본법 제2조 제1호의 규정에 의한 전자문서로 송부하는 것으로 갈음할 수 있다.'고 규정하여 이러한 문제를 입법적으로 해결하였다(제7조 제4항, 제16조).

전자문서의 서면대체적 효력에 관하여, 우리의 법률은 이와 같이 개별 법령에서 각자 규정하고 있음에 반하여, 참고로 일본은 서면의 교부 등에 관한 정보통신기술의 이용을 위한 관계 법률의 정비에 관한 법률(2000년)을 입법하여 이를 일괄하여 해결하고 있다. 이 법은 증권거래법, 외국 증권업자에 관한 법률, 금융선물거래법, 보험업법, 자산의 유동화에 관한 법률, 전파법, 하청대금지급지연방지법, 담배경작조합법, 소비생활협동조합법, 사회복지법, 결핵예방법, 생활위생관계영업운영의적정화및진흥에관한법률, 약사법, 농업위원회 등에 관한 법률, 농업재해보상법, 어업법, 수산업협동조합법, 어선손해등보상법, 어업재해보상법, 해양수산자원개발촉진법, 중소기업 등 협동조합법, 중소기업단체의 조직에 관한 법률, 상공회의소법, 상공업법, 할부판매법, 방문판매 등에 관한 법률, 건설업법, 측량법, 건축사법, 택지건물거래법, 여행업법, 적립식 택지 건물판매업법, 어업협동조합합병촉진법 등 50여 개 법률에서 서면 요건의 전자화를 인정하고 있다.[52]

---

51) 李相呈, 蘇在先, 電子文書와 電子契約, 慶熙法學 33卷 2號, 慶熙大學校, 1998. 12, 32 이하 참조; 사법연수원, 전자거래법, 2001, 278 이하 참조.

52) 孫京漢, 전게논문, 111 이하.

3. 電子文書와 民事證據法上의 文書

전자문서가 민사증거법에 있어서의 문서, 특히 서증조사의 증거방법인 문서에 해당될 수 있을지 문제된다. 이러한 논의의 실익은 민사소송에서 전자문서에 기억되어 있는 정보에 대한 증거조사를 함에 있어서 서증조사의 절차가 적용되느냐에 있다. 구법은 이에 관하여 아무런 규정을 두지 않았고, 학설은 위에서 본 바와 같이 문서설과 비문서설로 나뉘어져 있었다. 신법 하에서도 전자문서를 문서로 볼 것인지 여부에 대하여 논란이 있을 수 있지만, 사견으로는 신법은 전자문서를 서증조사의 증거방법인 문서로 보지 않고 있다고 생각된다. 즉, 종이문서 등 종래의 문서는 신법 제343조 이하에서 말하는 서증조사의 증거방법인 문서로, 전자문서 등 새로운 문서는 신법 제374조에 말하는 정보를 나타내는 물건으로서 문서가 아닌 증거인 "그 밖의 증거"로 이해된다.

신법은 제2편 제3장에서 증거조사를 '증인신문, 감정, 서증, 검증, 당사자신문, 그 밖의 증거'로 분류한 다음, "문서"에 대하여는 서증조사의 절차에 의하여 증거조사를 실시하고(제343조 이하), "그 밖의 증거"에 해당되는 '녹음테이프 · 비디오테이프 · 컴퓨터용 자기디스크, 그밖에 정보를 담기 위하여 만들어진 물건으로서 문서가 아닌 증거'에 대하여는 제3절 내지 제5절(감정, 서증, 검증의 규정)에 준하여 대법원규칙으로 정한다고 규정하고 있다(제374조). 여기에서 "그 밖의 증거"란 정보를 담기 위하여 만들어진 물건으로서 문서가 아닌 증거를 의미한다. 신법 제374조는 그 예시로 '녹음테이프 · 비디오테이프 · 컴퓨터용 자기디스크' 등을 들고 있고, 이러한 증거들은 정보를 담기 위하여 만들어진 물건으로서 "문서가 아닌 증거"에 해당된다. 그 밖의 증거에는 위에서 예시한 증거 이외에도 컴퓨터용 자기테이프, 광디스크 등이 포함될 수 있다.

그런데, 신법에서 전자문서의 문서성과 관련되는 규정은, 신법 제374조의 규정 중 '…컴퓨터용 자기디스크, 그밖에 정보를 담기 위하여 만들어진 물건으로서 문서가 아닌 증거…'라고 규정하고 있는 부분이다. 신법 제374조에서 말하는 '컴퓨터용 자기디스크 등 정보를 담기 위하여 만들어진 물건'이란 컴퓨터에 의하여 전자적 형태로 기록된 정보를 담고 있는 물건으로서 문서가 아닌 증거를 의미하고, 여기에는 문자정보, 도면정보, 사진정보, 음성 · 음향정보, 영상정보 등을 담고 있다. 신법 제374조가 전자문서를 직접 언급하지 않고 있어, 전자문서가 위 조문에서 말하는 '컴퓨터용 자기디스크 등 정보를 담기 위하여 만들어진 물건'에 해당되는지에 대하여 논란이 있을 수 있지만, 전자문서를 앞에서 본 바와 같이 컴퓨터 등 정보처리시스템에 의하여 사람의 사상이나 관념이 전자적 형태로 기록된 정보를 담고 있는 유형물이라는 개념으로 파악한다면, 전자문서가 위 조문에서 말하는 '컴퓨터용 자기디스크 등 정보를 담기 위하여 만들어진 물건' 중에서 문자정보를 담고 있는 물건으로서 문서가 아닌 증거에 해당된다고 해석할 수 있다.

따라서 위 규정은 전자문서라는 새로운 증거에 대한 증거조사에 관한 규정으로 볼 수 있다. 신법을 이렇게 이해한다면, 전자문서는 서증조사의 증거방법인 문서에 해당되지 않고, 신법 제374조에 의하여 증거조사를 실시하게 되는 "그 밖의 증거"에 해당된다.

그리고 법령에 전자문서를 문서로 보는 규정을 두고 있다 하더라도 전자문서에 대하여 문서에 관한 증거조사방법인 서증절차를 곧바로 적용하여 증거조사를 실시할 수 없다. 왜냐하면 전자문서는 그 자체로는 가시성 · 가독성이 없고, 민사소송법에서의 서증조사절차는 원칙적으로 가시성 · 가독성이 있는 문서를 전제로 하고 있기 때문이다.

제 4 電子文書의 證據調査에 관한 그 동안의 論議

Ⅰ. 英美法系에서의 論議

전자문서를 증거로 사용할 수 있느냐의 문제는 영미법계 국가에서 심각하게 논의되어 왔다. 그 이유는 전자문서가 증거법상의 증거능력을 제한하는 각종 증거법의 원칙, 특히 전문법칙(Hearsay Rule)과 최량증거법칙(Best Evidence Rule)에 부합하지 아니하는 여러 특성을 갖고 있기 때문이다.

1. 電子文書와 傳聞法則

전문법칙이란 전문증거는 증거로서 허용되지 않는다는 의미이다(미국 연방증거규칙 제802조 참조). 전자문서가 전문증거에 해당되는 경우에는 그 전자문서는 증거로 채택될 수 없게 된다.

그런데, 이러한 전문법칙은 법정에서의 증거의 신뢰성과 완벽성을 제고하는데 목적이 있었던 만큼 영미법계에서는 전문증거의 신뢰성의 정황적 보장과 필요성이라는 두 요소를 충족한다면 이를 전문법칙의 예외로 인정하여 왔다. 이제까지 예외로 인정되어 온 것을 살펴보면, ㉠ 이전의 법정증언, ㉡ 임종 시의 진술, ㉢ 자연적 · 즉흥적 진술, ㉣ 이익에 반하는 진술, ㉤ 심리상태에 대한 진술, ㉥ 신체조건이나 통증 등에 관한 진술, ㉦ 공판 이전의 동일인 판정진술(Prior Identification), ㉧ 과거회상기록, ㉨ 상업장부 또는 공공기록 등을 들 수 있다. 따라서 전문증거인 전자문서의 경우에도 위와 같은 전문법칙의 예외에 해당하는 경우에는 증거방법으로 채택될 수 있다.[53)]

2. 電子文書와 最良證據法則

(1) 電子文書의 原本性과 出力文書의 原本性

전자문서의 원본성과 출력문서의 원본성 인정 여부는 최량증거의 법칙과 관련된다. 최량증거의 법칙이라 함은 소송당사자가 주장사실을 입증하기 위한 여러 개의 증거방법을 가지고 있는 경우에 가장 증거력이 강하고 우수한 증거를 제출하여 입증하여야 한다는 원칙을 말하며, 특히 증거서류의 중요한 내용을 입증하기 위해서는 제출자 자신이 중대한 과실에 의하지 않은 불가항력에 의한 경우가 아니면 사본이 아닌 원본을 제출하여야 한다는 원칙을 말한다.[54)]

이 원칙을 전자문서에 대하여 적용할 경우 출력문서는 내장된 데이터의 사본으로 간주되므로 내장된 데이터가 전문법칙의 예외로서 증거능력이 인정된다 하더라도 출력문서를 증거로 제출할 수 없게 된다. 따라서 최량증거법칙에 의하는 한 원칙적으로 증거의 제출자는 전자적 기록의 형태로 된 전자문서 자체를 원본으로서 제출하여야 하며(전자문서의 원본성), 만일 증거의 제출자가 전자문서로부터 출력된 문서를 증거로 제출한다면 이를 원본의 제출로 볼 수 있는가(출력문서의 원본성)가 문제된다.[55)] 영미법계에서는 아래에서 보는 바와 같이 이러한 문제를 입법적으로 해결하고 있다.

(2) 立法例

(가) 電子文書의 原本性

○ 유엔국제거래법위원회의 전자상거래모델법

제8조(원본)는 '법에서 정보가 원본의 형태로 제출되거나 보존될 것을 요구하는

---

53) 金晋煥, "電子去來의 法律的 問題에 관한 研究", 高麗大學校 大學院 碩士學位論文, 1998, 166 이하 참조.

54) 사법연수원, 전자거래법, 2001, 109 이하 참조; 종래 이러한 최량증거법칙의 예외로는, ㉠ 원본이 제출자의 과실없이 멸실된 경우, ㉡ 제출인이 원본의 소재가 법원의 관할 밖에 거주하는 제3자의 수중에 있고 제출인이 원본을 입수하려고 노력하였으나 법원의 제출명령의 관할 밖에 있어 이를 입수할 수 없었던 사실을 입증한 경우, ㉢ 原本이 상대방 당사자의 수중에 있고 상대방이 상당한 기간의 고지를 받고도 이를 제출하지 않는 경우, ㉣ 원본의 기록이 너무 방대하여 법원에의 제출이 부적당한 경우 등을 들 수 있다. 최량증거법칙의 상세에 관하여는 李哲, 컴퓨터犯罪의 搜査와 電磁的 記錄의 證據能力(下), 法曹 40卷 10號, 法曹協會, 1991. 10., 54 이하 참조.

55) 사법연수원, 전자거래법, 2001, 109 이하.

경우, ㉠ 정보가 최종적인 형태로 처음 생성된 때로부터 데이터 메시지 또는 기타로서 정보의 완전성에 대한 신뢰할 수 있는 보장이 있고, ㉡ 정보가 제출될 것이 요구되는 때에 그 정보가 제출 받아야 할 자에게 보여질 수 있는 때에는 데이터 메시지와 관련하여 그 요건이 충족된 것으로 한다. 그 요건이 의무의 형식을 취하는지 또는 법에서 단지 그 정보가 원본 형태로 제출 또는 보관되지 않은 경우의 효과를 규정하는지에 관계없이 적용된다.'고 규정하여, 정보의 완전성에 대한 신뢰할 수 있는 보장이 있고, 정보가 제출 받아야 할 자에게 보여질 수 있는 요건을 갖추면 그 데이터 메시지에 대하여 원본성을 인정하고 있다. 나아가 제9조는 '재판에서 증거규정을 적용함에 있어서는 ㉠ 그것이 데이터 메시지라는 것만을 이유로 하거나, 또는 ㉡ 그것이 이를 인용한 자가 얻을 수 있는 최선의 증거인 때에는 그것이 원형 그대로가 아니라는 이유로, 데이터 메시지를 증거로 인정하는 것을 부정하지 못한다.'고 규정하고 있다.[56]

○ 미국 통일전자거래법

이 법은, '기록이 전자적 형태로 되어 있다는 이유로 법적 효력이 부인되지 않는다.'고 규정하고 있다(제7조 a).[57]

(나) 出力文書의 原本性

○ 美國 聯邦證據規則(Federal Rules of Evidence)

위 규칙은, 전자문서로부터 출력된 문서의 원본성과 관련하여, 특칙을 마련하여 이를 해결하려는 태도를 취하고 있다.

위 규칙은 기록 원본(original writing)의 제출을 원칙적으로 요구하면서(제1002조), 문서(Writings)와 기록(Records)을 "수기, 타자, 프린트, 복제사진(Photostating), 사진(Photographing), 자기적 임펄스(Magnetic Impulse), 자기적 기록(Magnetic Recording), 전자적 기록(Electronic Recording) 기타 데이터 편집의 형태로 작성된 문자, 단어나 숫자 또는 그와 유사한 것"으로 정의한 후(제1001조 제1항), "데이터가 컴퓨터 또는 유사한 장치에 저장되는 경우, 그 데이터를 정확히 나타내는 출력인쇄물 또는 기타 눈으로 읽을 수 있는 출력인쇄물은 원본으로 본다."고 규정하여(제1001조 제3항), 컴퓨터에 내장된 데이터뿐만 아니라 출력인쇄물도 원본으로 인정함으로써, 출력문서를 원본으로 증거제출 할 수 있도록 하고 있다.[58]

○ 미국변호사회의 디지털서명지침서

---

56) 법무부, 전게서, 237 이하.

57) http://www.law.upenn.edu/bll/ulc/ulc_frame.htm

58) 사법연수원, 전자거래법, 2001, 110; MICHAEL H. GRAHAM, FEDERAL RULES OF EVIDENCE IN A NUTSHELL, WEST PUBLISHING CO, 1996, 460 이하 참조.

위 디지털서명지침서는 전자적으로 서명된 메시지의 사본(A Copy of Digitally Signed Message)은 그 메시지의 원본과 동일하게 유효하며, 효력이 있을 뿐만 아니라 강제력을 지닌다고 설명하고 있다.[59)]

3. 美國法上 電子文書의 眞正性(Authentication)[60)]

미국 연방증거규칙 제901조 (b) (9)는 기술적 증거(technological evidence)의 진정성은 결과를 생성하기 위하여 사용한 과정이나 시스템을 설명하는 증거를 제시하고 정확한 결과를 생성하는 과정이나 시스템을 제시함으로써 한다고 규정하고 있다. 이 규정은 특히 컴퓨터 거래 기록을 위하여 만들어졌다고 한다. 따라서 기록의 진정성은 이를 생성한 컴퓨터 시스템의 정확성과 기능 · 동일성을 확인하는 증인의 증언으로 충분하다. 진정성을 밝히기 위하여 컴퓨터 시스템을 법정에 현출시킬 필요는 없다. 그밖에 이른바 reply doctrine에 의하여 진정성을 증명할 수도 있다. 메시지에 대하여 회신하는 메시지가 있고 여기서 이전 메시지에 대하여 언급하고 있다면, 회신하는 메시지의 진정성을 인정할 수 있다는 것이다. 판례는 텔렉스를 주고받은 경우 피고가 회신하는 문서에서 이전 문서를 언급하였으면 진정성을 인정할 수 있다고 보았다.

전자적으로 기록된 자료의 진정성은 여러 가지 정황증거를 제시하여 할 수 있다. 예컨대, Victory Memorial Hospital v. Rice 사건에서 환자에게 실시한 진료를 기록한 컴퓨터 진료기록에 대하여, 환자 측은 컴퓨터에 입력된 자료의 진정성을 다투었다. 이에 대하여 병원 측은 ① 쟁점이 되는 기록과 일치하는 원본 중의 하나를 샘플로 제시하고, ② 증인을 내세워 병원의 데이터 수집 및 입력과정의 신빙성을 증언하도록 하였고, 법원은 이에 대하여 진정성을 인정하였다.

전자적인 기록 자체의 진정성은 증인이 기록의 생성 · 보존하는 과정과 기록 생성 후의 보관 체계를 증언하도록 하여 증명할 수 있다. 이 경우 전문법칙의 예외규정이기도 한 업무상 기록 예외 법칙(business-record-exception)이 적용된다. 판례는 United States v. Jones 사건에서 원고는 특정 전화로부터 전화를 수신한 기록을 지역 전화회사의 컴퓨터 기록으로 제출하였다. 원고는 기록관리자를 증인으로 출석시켜 통상적인 업무처리과정에서의 기록의 생성 및 보관과정을 진술하는 것으로 기록의 진정성을 증명하였다. 법원이 진정성을 인정하자 피고가 불복 항소하면서 그 컴퓨터

59) 사법연수원, 전자거래법, 2001, 109면.

60) 이하의 내용은, 庾炳賢, 民事訴訟上 電子文書와 證據, 民事訴訟(Ⅴ), 韓國司法行政學會, 2002. 2., 308-311 인용.

가 프로그램의 오류를 막기 위하여 정기적으로 검사되었는지 여부에 대한 증명이 없다고 항변하였다. 항소법원은 "원고가 그 기록이 신빙성이 있다는 충분한 증명을 하였고, 피고가 유지 · 보관 및 그 신빙성을 탓할 충분한 기회가 보장되었다"는 것을 이유로 기각하였다. 그 후에도 위 판례의 입장에 따라 통상적인 업무환경, 즉 통상의 작동과정에서 생성된 컴퓨터 기록은 진정성이 인정된다고 판단하였다.

위와 같은 경우 증인은 기록 자체에 대하여 알고 있을 필요도 없고, 기록의 생성과정에 참여한 자일 필요는 없다. 증인은 전자기록의 생성 및 보관체계에 대하여 설명할 수 있으면 충분하다. 관련 데이터 처리 및 보존을 책임지는 자가 증인으로 가장 적합하다고 한다. 증인은 시스템의 동일성과 그 일반적 기능, 기록을 보관하고 분류하는 과정을 설명할 수 있으면 충분하다고 한다. 만일 기록관리자가 기록을 파기할 권한이 부여되었다거나 기록을 변조할 강한 유인이 있다면, 그 관리자의 증언으로 전자기록의 진정성을 증명하기는 어려울 것이다. 하지만 예컨대, e-mail 시스템 관리자 등과 같이 중립적인 제3자에 의하여 기록이 관리되는 경우 전자기록의 진정성의 증명은 쉬울 것이라고 한다.

증인은 반드시 전문가일 필요는 없다. United States v. Linn 사건에서, 호텔통신관리자가 컴퓨터에 의한 객실의 통화기록(통화번호 및 시간)이 어떤 기술적 과정을 거쳐서 생성되는지 알지 못한다고 하여도 통화기록의 진정성에 대하여 증언하여 그 진정성을 증명할 수 있다고 하였다. 증인의 기록원(記錄源)(records source)에 대한 지식이 있고, 기록이 업무상의 기록(business-record)임을 밝힐 능력이 있으면 충분하다고 한다. United States v. Poindexter 사건에서 백악관 e-mail 기록을 증거로 제출함에 대하여 법원은 e-mail 관리시스템이 통상적인 업무처리를 위하여 이용된다는 이유로, 시스템의 기본적인 사항만을 알고 있는 백악관 직원의 증언으로 e-mail 기록의 진정성을 인정하였다.

Ⅱ. 獨逸에서의 論議

전자문서의 증거조사에 관한 독일의 통설은 검증설이다. 전자문서는 문서가 아니라고 한다. 왜냐하면 문서는 유통가능성이 있다는 점, 즉 언제든지 이용할 수 있다는 점에서 소송상 특별한 지위를 점하고 있는 것인데, 전자문서는 그러하지 못하기 때문이라고 한다. 전자문서는 문서의 내용을 보기 위해서는 고비용의 기술적 보조장치가 필요하고, 또한 문서의 내용을 보통의 문서처럼 신뢰할 수가 없다고 한다. 문서는 위조나 변조가 어려워서 신뢰할 수 있다는 점이 다른 증거방법과 비교되는 특징인데, 전자문서는 새로운 정보를 저장하여 쉽게 변조가 가능하다고 한다. 암호화 과정을 추가하여도 결과는 마찬가지라고 한다. 다만, 전자적 의사표시에 디지털 서명이 있는 경우는 그러하지 않다고 한다. 왜냐하면 전자서명법에 따라 전자서명이 있는 문서는 위조나 변조가 되지 않았다고 신뢰할 수 있기 때문이라고 한다(독일 전자서명법 제1조 제1항 참조). 그러나 디지털 서명된 전자문서도 서면성을 인정할 수 없으므로 서증의 대상이 되지 않는다고 한다.[61)]

Ⅲ. 日本에서의 論議

일본에서의 논의는 자기디스크, 광디스크 등 컴퓨터용 기억매체에 대한 증거조사를 어떻게 할 것인지에 관한 문제를 중심으로 진행되어 왔다. 아래에서는 이에 관한 일본의 학설 및 판례와 일본 민사소송법 개정 논의를 살펴보고자 한다.

1. 學 說

(1) 書證說

자기디스크 등은 내장하는 데이터 내용을 프린트 아웃한 것에 의하여 눈으로 보고 읽을 수 있는 상태가 되므로, 자기 디스크 그 자체가 사상적 의미를 보존 · 전달하는 문서이고, 그 내용을 증거자료로 하는 증거조사는 서증의 절차에 의하여야 한다는 설이다. 자기디스크는 문서는 아니지만, 준문서로서 서증의 증거조사 절차에 의한다는 견해도, 서증설로 분류될 수 있다. 이 설은 자기디스크 등의 기능을 중시하여 법관이 전자문서에 내재하는 사상적 의미를 인식하는 것에 의미가 있으므로, 서증의 절차에 의하여 증거조사를 하여야 한다고 한다.[62)]

이 설에 따르면, 전자문서가 원본, 출력문서가 등본이며, 형식적 증거력은 전자문서가 표준적 성능을 갖고 있는 컴퓨터에 의하여 업무의 통상과정에서 작성된 것임을 증명하면 족하다고 한다. 나아가 증거조사는 출력문서를 열람하여 행하고, 실질적 증

---

61) 위 내용은 庾炳賢, 전게논문, 302면을 인용함; 독일에서의 논의에 관하여는 朴永祐 譯, 獨逸民事訴訟法上 電子文書의 證據法的 問題, 인터넷 법률 2000년 2호, 법무부, 2000. 9, 121 이하 참조.

62) 竹下守夫, コンピュータの導入と民事訴訟法上の諸問題, ジュリスト 484號, 1971. 7., 31 이하; 梅本吉彦, 磁氣テープの證據調べ, ジュリスト(別册): 民事訴訟法判例百選(II), NO.146, 有斐閣, 1998. 3., 301; 加藤新太郎, 新種證據の證據調べ, 竹下守夫(編輯代表), (講座)新民事訴訟法Ⅱ, 弘文堂, 1999, 252 참조.

거력의 판단에 있어 전자문서와 출력문서와의 동일성이 다투어지는 경우에는 신청에 의하여 감정을 명하거나 또는 출력문서의 작성자를 증인신문한다. 또 문서제출명령에 의하여 전자문서를 증거자료로 하는 경우에는 출력 인쇄 목적의 프로그램도 함께 제출하여야 한다.[63]

(2) 檢證說

자기디스크 등은 기록 내용을 그대로는 보고 읽을 수 없으므로 문서라고 할 수 없고, 따라서 검증에 의하여 증거조사를 하여야 한다는 설이다. 이 설은 자기디스크 등의 매체로서의 성질을 중시하여, 형식적 증거력을 법관의 시각에 의하여 판단할 수 없는 이상 매체의 형상 등을 검증에 의하여 인식할 수밖에 없다는 입장이다.[64]

전자문서는 검증물인 이상, 그 원본성도 형식적 증거력도 이론상으로는 문제가 되지 않지만, 실제로는 후자에 대하여 전자문서와 출력문서와의 동일성의 판단을 직권에 의한 감정에 의한다. 또 검증의 결과는 조서에 기재되고, 그것이 법원의 증거자료가 된다.[65]

(3) 新書證說(生成文書說)

자기디스크 등의 기능 · 존재형태 · 이용 목적 등을 고려하여, 전자문서를 가능문서, 출력문서를 생성문서라고 부르고, 생성문서가 원본이고, 생성문서를 서증의 절차에 의하여 증거조사를 하여야 한다는 설이다.[66]

이 설은, 전자문서의 기재 내용을 증거자료로 하는 서증설의 발상을 유지하면서, 검증설로부터의 비판에 대항하는 견해이다. 즉, 전자문서는 일정한 조작을 가하면 눈으로 보고 읽을 수 있다는 의미에서 가능문서이지만, 그 자체로는 눈으로 보고 읽을 수 없기 때문에 출력 인쇄하여 작성명의인이 서명날인한 문서(생성문서)를 원본으로 하여 제출하고, 서증조사에 의하여 증거조사를 실시한다. 가능문서인 전자문서는 원본인 생성문서를 작성하는 자료에 지나지 않는다. 형식적 증거력은 작성명의인의 증인신문에 의하여 판단하고, 컴퓨터의 입력정보 그 자체의 정확성, 정보원(情報源)인

---

63) 春日偉知郎, 民事證據法論集, 情報開示 · 證據收集と事實の解明, 有斐閣, 1995, 58 참조.

64) 本間義信, コンピューター用磁氣テープについての文書提出命令, 判例タイムズ 390號(臨時增刊), 昭和53年度 民事主要判例解說, 1979. 9, 264에서 265까지; 住吉博, コンピュータの磁氣テープにつき民訴法312條の文書(準文書)にあたるとして文書提出命令が發せられた事例:多奈川火力公害訴訟文書提出命令抗告審決定, 判例時報 919號, 日本評論社, 1979. 5, 161 이하; 竹下守夫(編輯代表), 전게서, 252 이하 참조.

65) 春日偉知郎, 전게서, 59 참조.

66) 竹下守夫(編輯代表), 전게서, 253 참조.

전자문서의 기록 내용과 출력문서의 기재 내용과의 동일성 문제는 증거가치에 관한 보조사실의 증명으로 하여 처리하고, 실제로는 검증 또는 감정에 의한다.[67]

(4) 新檢證說(個別機能說, 獨立文書說)

전자문서는 보고 읽을 수 없으므로 문서가 아니고, 따라서 전자문서 및 전자문서에 기억된 데이터의 증거조사는 검증에 의하여야 하지만, 출력문서는 그 자체 독립한 원본(독립문서)으로서 서증조사를 하여야 한다는 설이다.[68]

이 설은 전자문서의 문서성을 부정하고, 전자문서로부터 출력된 문서를 원본으로 보는 점에서 위 신서증설과 같지만, 전자문서 자체 및 전자문서에 기억된 데이터를 직접 증거조사의 대상으로 하는 경우에는 검증으로 하는 점에서 다르다. 즉, 신서증설이 전자문서에서 출력 인쇄된 문서를 생성문서로 하여 가능문서인 전자문서와의 연속성을 구비한 문서로 보는 데에 대하여, 신검증설은 출력 인쇄된 문서를 전자문서로부터 독립된 문서로 이해하고, 전자문서에 기억된 데이터 및 내용을 추인시키는 일종의 보고증서로 본다. 따라서 출력 인쇄된 문서의 증거가치는 상대적으로 적고, 작성명의인이 정당한 작동을 실행하였다고 하는 경험칙의 적용을 전제로 하여 증거가치를 갖는 데에 지나지 않는다.[69]

2. 裁判例

(1) 1978. 3. 6. 決定 大阪高裁 昭和52(ラ)120

컴퓨터용 자기테이프에 대한 문서제출명령 사건에서 이 결정은, '일본 민사소송법 제312조(일본 신 민사소송법 제220조)에서 말하는 문서라고 하는 것은 문자 기타 기호를 사용하여 인간의 사상, 판단, 인식, 감정 등 사상적 의미를 가시적 상태로 표시한 유형물을 말하고, 일반적으로 보아 자기테이프 자체는 통상의 문자에 의한 문서라고 할 수 없지만, 자기테이프의 내용은 그것이 프린트 아웃되어진다면, 지면상에 가시적 상태로 되기 때문에 자기테이프는 동조에서 말하는 문서에 준하는 것으로 이해하여야 하고, 자기테이프의 내용을 직접 보고 읽을 수 없다고 하여 그 준문서성을 부정할 수 없고, 법원으로부터 그 제출을 명 받은 경우에는 단지 자기테이프를 제출하는 것만으로는 충

67) 春日偉知郎, 전게서, 59 참조.

68) 이 설 가운데에도 출력문서는 자기디스크의 데이터의 존재 · 내용을 추인시키는 일종의 보고문서로 보는 견해, 출력문서가 직접의 증거자료로 되지 않는데 대하여는 비판적인 견해가 보여, 뉘앙스의 차이가 있다. 竹下守夫(編輯代表), 전게서, 253 참조.

69) 春日偉知郎, 전게서, 59 이하 참조.

분하지 아니하고 적어도 그 내용을 지면 등에 출력함에 필요한 프로그램을 작성하여 이것을 함께 제출하여야 한다.'고 판시하였다.[70]

이 결정은 자기테이프를 프로그램과 함께 제출하면 그 내용도 특정되고 있다는 취지의 이유로, 문서에 준하는 것으로 파악하고, 이것이 문서제출명령의 대상이 된다고 하는 점을 긍정하고 있는 것으로 이해된다.[71]

(2) 1979. 2. 26. 決定 大阪高裁 昭和53(ラ)623

위 결정은, 전항과 같은 소송에서 민사보관물로서 보관되어 있지 않은 자기테이프 등(프로그램을 포함한다)에 대하여 기록 등사신청이 있는 경우, 자기테이프의 준문서성에 대하여, 보고 읽을 수 있는 문언이 지면 등에 현출되어 기재된 것이 준문서인 자기테이프의 사본 또는 그 내용을 현출한 문서의 원본 그 자체가 되고, 이 사본 또는 원본이 제출되어 기록에 편철됨으로써, 처음으로 법원도 이것을 판단자료로 하는 것이 가능하다고 판시하였다.[72]

위 결정도 자기테이프가 준문서임을 전제로 하고 있고, 그 논리적 귀결로 자기테이프에 대하여 서증조사를 하여야 한다는 입장(서증설)을 취하고 있다고 이해된다[73].

3. 日本 民事訴訟法의 改正 論議

(1) 檢討事項

일본은 1996년 공포되어 1998년부터 시행되는 신 민사소송법에서도, 그 이전에 시행되던 구 민사소송법에서도 전자문서에 대한 증거조사방법에 관하여 아무런 규정을 두고 있지 않다.

그러나 위 신 민사소송법 개정 논의를 하면서 이에 대한 입법시도는 있었다.

---

70) 이 결정에 대한 평석으로는, 梅本吉彦, 磁氣テープの證據調べ, ジュリスト(別册): 民事訴訟法判例百選(II), NO.146, 有斐閣, 1998. 3, 300 이하; 春日偉知郎, コンピュター用磁氣テープは民訴法312條にいう文書(準文書)にあたるとしてその提出を命じた事例, 判例タイムズ 362號, 1978. 8., 116 이하; 本間義信, コンピューター用磁氣テープについての文書提出命令, 判例タイムズ 390號(臨時增刊), 昭和53年度 民事主要判例解說, 1979. 9, 264 이하; 住吉博, コンピュータの磁氣テープにつき民訴法312條の文書(準文書)にあたるとして文書提出命令が發せられた事例-多奈川火力公害訴訟文書提出命令抗告審決定, 判例時報 919號, 日本評論社, 1979. 5, 159 이하 등이 있다.

71) 竹下守夫(編輯代表), 전게서, 254 이하.

72) 이 결정에 대한 평석으로는, 春日偉知郎, コンピュター用磁氣テープ閱覽・謄寫の許否, 判例タイムズ(臨時增刊): 主要民事判例解說 昭和54年度 411號, 1980. 6., 240 이하가 있다.

73) 竹下守夫(編輯代表), 전게서, 254 이하{이에 대하여는 자기테이프 등의 내용이 불특정(랜덤 엑세스의 특성)하기 때문에 이들 재판례가 자기테이프의 증거조사방법에 대하여 서증설을 취하고 있다고 하는 것에 의문을 표시하는 견해도 있다}.

1991. 12. 일본 법무성 민사국 참사관실에서 발표된 "민사소송절차에 관한 검토사항"은 자기디스크 등, 광디스크 등 컴퓨터용 기억매체의 조사방법에 대하여 다음과 같은 입법 의견을 제시하였다.

○ 증거조사의 방법: 자기디스크 등에 기록된 사상내용을 증거자료로 하는 경우에는 프린트 아웃된 열람 가능하게 된 문서를 원본으로 제출하는 것이 가능하다.

○ 입력, 프린트 아웃 등에 관한 설명: 자기디스크 등에 기억된 사상내용이 증거자료로 되는 경우에는 당사자는 프린트 아웃된 문서의 기재에서 명백한 경우 기타 일정한 경우를 제외하고, 자기디스크 등에 입력한 사람, 입력한 일시, 프린트 아웃을 한 사람, 프린트 아웃한 일시 등의 사항을 명확히 하여야 한다.

○ 감정에 필요한 정보의 개시: 프린트 아웃된 문서가 서증으로 제출된 경우에 자기디스크 등에 입력된 내용을 확인하기 위한 감정을 하는 경우, 법원은 증거조사를 신청한 자가 당해 자기디스크 등을 관리하고 있는 때에는 그 자에 대하여 정보 입력의 형태 등 감정에 필요한 정보의 개시를 명하는 것이 가능하다.

위 검토사항의 보족설명(補足說明)은 위와 같은 취급을 하는 이유로서 우선 첫째로 자기테이프 등이 호환성이나 가동성을 결하고, 법정에서 실제로 작동시켜 사상내용을 조사하는 것이 곤란한 점, 둘째 프린트 아웃된 열람 가능한 상태가 된 문서는 통상 자기테이프 등과 등가치한 것으로 생각될 수 있는 점, 그리고 셋째로 프린트 아웃된 문서와 자기테이프 등에 기억된 내용의 동일성에 대하여는 필요에 따라 감정에 의하여 명확히 하는 것으로 충분하고, 또 그것을 위하여는 정보입력의 형태나 프로그램의 방식 등에 관한 정보가 필요하다고 생각되는 점 등을 들고 있다. 위 자기디스크 등의 증거조사에 관한 각계 의견은 대체로 환영하는 취지였고, 위 검토사항에 나타난 자기디스크 등의 증거조사에 대한 견해는, 기본적으로 신서증설에 따른 것으로 이해된다.[74)]

(2) 要綱試案 및 新 民事訴訟法의 態度

그러나 1993. 5. 12. 일본 법무성 민사국 참사관실에서 발표된 "민사소송절차에 관한 개정요강시안"에서는 위 검토사항에 규정되어 있던 "자기디스크 등의 증거조사" 항목이 빠져버렸고, 결국 1998년에 시행된 일본 신 민사소송법에는 그 규정을 두지 않게 되었다.

---

74) 竹下守夫(編輯代表), 전게서, 248 이하 참조 ; 宇野聰, 準文書, 三宅省三, 鹽崎勤, 小林秀之 [共]編, 新民事訴訟法大系-理論と實務-, 第3卷, 青林書院, 1997, 102 이하 참조.

일본 법무성 민사국 참사관실의 "민사소송절차에 관한 개정요강시안 보족설명(補足說明)"에 의하면, ① 자기디스크 등에 기억된 사상내용을 증거자료로 하는 경우에는 통상은 프린트 아웃된 문서를 서증으로 조사하면 족하고, 또 자기디스크 등 자체를 조사하지 않으면 안 되는 사태가 생기는 경우에는 감정 또는 검증의 방법에 의할 수밖에 없기 때문에, 실무상 자기디스크 등의 증거조사에 대한 규정을 둘 필요성이 없고, ② 성질이 다른 각종의 컴퓨터용 기억매체를 포괄적으로 규제 대상으로 하는 것은 곤란하므로, 요강시안에서 빠졌다고 설명하고 있다.[75)]

4. 日本 新 民事訴訟法下에서의 電子文書의 證據調査

일본 신 민사소송법하에서의 전자문서에 기억된 내용에 대한 증거조사방법은 해석론에 맡겨져 있지만, 위 검토사항에서 거론된 신서증설의 입장에 따른다면 다음과 같은 증거조사방법이 가능하다고 한다.[76)]

(1) 出力文書를 原本으로 하여 書證의 節次에 따라 證據調査를 實施하는 方案

이 경우 증거조사를 신청하는 당사자는 프린트 아웃된 문서의 기재에서 명백한 경우 기타 일정한 경우를 제외하고, 증거설명서에 자기디스크 등에 정보를 입력한 자, 입력한 일시, 프린트 아웃한 자, 프린트 아웃한 일시 등의 사항을 명확히 하여야 하고, 더욱이 법원 또는 상대방의 요구가 있는 경우에는 내용설명서를 제출하여야 한다.[77)]

---

75) 竹下守夫(編輯代表), 전게서, 251 이하 참조; 三宅省三, 鹽崎勤, 小林秀之 [共]編, 전게서, 104 참조; 일본 법무성도 '신 민사소송법은 자기테이프 등 일반을 준문서의 예시로는 하지 않았는데, 이것은 녹음테이프 및 비디오테이프에 대하여는 법원에서 용이하게 재생하는 것이 가능하고, 문서의 증거조사와 동일한 취급을 하는 것에 문제가 없는데 대하여, 자기테이프 등 일반에 대하여는 법원에서 용이하게 재생하는 것이 불가능하고, 그와 같은 것에 대하여는 감정이나 검증을 하지 않으면 안 되는 경우도 있다는 점을 고려하였다'고 설명하고 있다{法務省民事局參事官室, 一問一答 新民事訴訟法, 商事法務硏究會, 1998, 277 참조}.

76) 竹下守夫(編輯代表), 전게서, 265 이하 참조; 高橋宏志, 證據調べについて 12, 法學敎室 256號, 有斐閣, 2002. 1, 82 이하 참조; 三宅省三, 鹽崎勤, 小林秀之 [共]編, 전게서, 105 이하 참조{단, 宇野聰와 高橋宏志는 법정에서 준서증의 절차의 의하는 방법(재생이 용이한 경우), 검증, 감정의 절차에 의하는 방법(법정에서 재생이 용이하지 아니하는 경우), 출력문서를 원본으로 하는 서증의 절차에 의하는 방법 등 3가지 방안을 제시하고 있다}.

77) 즉, 일본 민사소송규칙 제148조 및 제149조를 유추 적용한다. 참고로 일본 민사소송규칙 제148조(사진 등의 증거설명서의 기재내용)는 "사진 또는 녹음테이프 등의 증거조사를 신청하는 경우에는 그 증거설명서에 촬영, 녹음, 녹화 등의 대상, 일시 및 장소를 명확히 하여야 한다"고 규정하고 있고, 제149조(녹음테이프 등의 내용을 설명한 서면의 제출 등)는, "녹음테이프 등의 증거조사를 신청한 당사자는 법원 또는 당사자의 청구가 있는 경우에는 당해 녹음테이프 등의 내용을 설명한 서면을 제출하여야 한다(제1항), 전항의 당사자는 위 서면을 상대방에게 송부하여야 한다(제2항), 상대방은 제1항 서면의 설명 내용에 대하여 의견이 있는 때에는 의견을 기재한 서면을 법원에 제출하여야 한다(제3항)"고 규정하고 있다.

출력문서와 전자문서와의 내용의 동일성에 다툼이 있는 경우에는, 전자문서 자체를 조사하지 않으면 안 된다. 이 경우 증거조사의 방법으로는 감정 또는 검증에 의하게 되지만, 이것은 증거가치(실질적 증거력)에 관한 보조사실의 입증을 목적으로 한다.

출력문서가 서증으로 제출된 경우, 자기디스크 등에 입력된 내용을 확인하기 위한 감정을 하는 때에는 법원은 증거조사를 신청한 자가 당해 자기디스크 등을 관리하고 있는 경우에는 그 자에 대하여 정보 입력의 형태 등 감정에 필요한 정보의 개시를 명하는 것이 가능하다. 증거 신청한 자가 정당한 이유없이 감정에 필요한 정보를 개시하지 않는 경우에는 법원으로서는 출력문서의 증거가치에 관한 자유심증의 문제로 대처한다.

일본에서의 실무도 대체로 신서증설을 따르고 있다. 즉, 출력문서를 원본으로 서증조사를 실시하고, 출력문서와 전자문서와의 동일성에 대하여는 다툼이 있는 경우에는 검증 또는 감정을 하고 있다.[78]

(2) 準文書로서 證據調査하는 方案

법정에서 소요기기를 이용하여 재생이 용이한 전자문서에 대하여는 이를 준문서로 보고 녹음테이프 등과 같은 방법으로 증거조사를 할 수 있다. 일본에서는 녹음테이프 등을 문서에 준하는 물건으로 취급하여 서증의 절차를 준용하여 법정에서 소요기기에 의하여 녹음테이프 등을 재생하는 방법에 의한 증거조사를 실시하고 있다(일본 민사소송법 제231조). 즉 당사자가 녹음테이프 등의 증거조사를 신청하는 경우에는 그 증거설명서에 녹음 등의 대상, 그 일시, 장소를 명확히 하여야 한다(일본 민사소송규칙 제148조). 녹음테이프 등의 증거조사 신청을 한 당사자는 법원 또는 상대방이 요구하는 경우에는 그 녹음테이프 등의 내용을 설명한 서면을 제출하여야 한다(일본 민사소송규칙 제149조).

전자문서를 준문서로서 증거조사하는 경우에는, 증거설명서, 내용설명서에 대하여 일본 민사소송규칙 제148조, 제149조가 적용된다. 이 경우 전자문서의 내용설명서와 전자문서에 기억된 내용의 동일성에 다툼이 있는 경우에는 감정, 검증 등의 증거조사가 필요하게 되는 것은, 출력문서를 증거조사의 대상으로 하는 경우와 동일하다.

---

78) 春日偉知郎, 전게서, 64 참조; 일본의 실무 운영에 관한 다양한 논의에 관하여는 研究會 新民事訴訟法 立法 · 解釋 · 運用, ジュリスト 増刊, 有斐閣, 1999. 11, 312 이하 참조.

Ⅳ. 우리나라의 舊法 下에서의 論議

우리의 구법은 전자문서에 대한 증거조사절차에 관하여 아무런 규정을 두지 않았고, 전자문서를 민사소송절차에서 어떻게 취급할 것이냐에 관하여 학설은 나뉘어져 있었다.[79]

1. 學 說

(1) 書證說

전자문서는 정보의 보존 · 전달의 기능을 갖고 있으며, 그대로는 보고 읽을 수 없지만 보고 읽을 수 있는 상태를 예정하고 있고, 문서에 갈음하여 작성된 것이므로 문서 또는 준문서로 보아 서증절차에 의하여야 한다는 견해이다.[80]

전자문서는 원본, 출력문서는 인증없는 등본 내지 사본이라고 하면서, 전자문서를 서증으로 제출할 경우에는 전자문서와 함께 프린트 아웃한 출력문서를 첨부하여야 한다. 또한 전자문서를 출력한 종이문서는 역문의 성질과 동시에 등본의 성질을 가지나, 인증있는 등본은 아니기 때문에 그 제출방법은 적법한 문서의 제출이라고 할 수 없지만, 원본의 존재 및 성립의 진정에 관하여 다툼이 없고 등본으로서 원본에 대신하는 것에 관하여 당사자 사이에 이의가 없는 때에는 출력된 종이문서의 제출만으로 충분하고, 이것에 대하여 원본의 존재 또는 성립의 진정이 다투어지는 때에는 원본의 제출이 요구되고, 원본의 존재 및 성립의 진정에 관하여 다툼이 없으나 전자문서 자체의 내용과 출력된 종이문서의 동일성이 다투어지는 경우에는 법원은 신청에 따라 전자문서의 내용에 관하여 감정인의 감정을 명하거나, 출력한 자를 증인신문 할

79) 민사소송절차에 관한 판례는 아직까지 보이지 않으나, 형사소송절차에서 문제된 판례는 있다. 대법원 2001. 3. 23. 선고 2000도486 판결, 대법원 1999. 9. 3. 선고 99도2317 판결 참조. 이 판결은, '컴퓨터 디스켓에 담긴 문건이 증거로 사용되는 경우 그 컴퓨터 디스켓은 그 기재의 매체가 다를 뿐 실질에 있어서는 피고인 또는 피고인 아닌 자의 진술을 기재한 서류와 크게 다를 바 없고, 압수 후의 보관 및 출력과정에 조작의 가능성이 있으며, 기본적으로 반대신문의 기회가 보장되지 않는 점 등에 비추어 그 기재 내용의 진실성에 관하여는 전문법칙이 적용된다고 할 것이고, 따라서 피고인 또는 피고인 아닌 자가 작성하거나 또는 그 진술을 기재한 문건의 경우 원칙적으로 형사소송법 제313조 제1항 본문에 의하여 그 작성자 또는 진술자의 진술에 의하여 그 성립의 진정함이 인정된 때에 이를 증거로 사용할 수 있다'는 취지로 판시하고 있다.

80) 李時潤, 新訂4版 民事訴訟法, 博英社, 2001, 541; 黃永穆, 檢證 · 鑑定에 關한 諸問題: 錄音테이프의 證據調査方法을 包含하여, 裁判資料 25輯, 1985. 7, 570; 黃贊鉉, 전게논문, 35 이하; 金晋煥, 電子去來에 있어서 文書性과 署名性에 관한 考察(하), 法曹 48卷 9號, 法曹協會, 1999. 9, 157; 宋相現, 新訂2版 民事訴訟法, 博英社, 2001, 597 이하; 이진우, 전자거래의 법적검토, 정보법학 창간호, 한국정보법학회, 1997, 213.

수 있으며, 실제의 운영에 있어서는 우선 출력된 종이문서를 제출하게 하면 족하고, 원본인 전자문서는 그 후의 필요에 따라 제출하면 된다. 다만, 원본인 전자문서 자체가 컴퓨터 시스템 속에 들어 있어 현실적으로 분리할 수 없을 경우에는 법원 외의 서증조사의 방법에 의하여 시행하고, 현장에서 종이문서를 출력하게 한 다음 이를 근거로 증거조사하면 되고, 이 경우 증거조사에 참여한 법원사무관 등이 인증을 하면 적식의 문서가 된다.[81]

(2) 檢證說

컴퓨터용 자기테이프나 디스크는 모두 녹음테이프와 마찬가지로 문자 기타 기호에 의하지 않은 것이어서 문서 그 자체가 될 수 없으므로 검증의 절차에 의하여 증거조사를 하여야 한다는 견해이다.[82]

즉, 자기디스크는 눈으로 보고 읽을 수 없으므로 문서로 볼 수 없고, 또 컴퓨터 데이터는 컴퓨터의 조작 또는 오작동에 의하여 개변되거나 지워질 수 있기 때문에 그 형식적 증거력에 관하여 문서의 진정성립에 관한 추정 규정을 적용하기 힘들며, 법관이 형식적 증거력을 직접 판단할 수 없고, 이에 대하여 직권에 의한 감정을 명할 필요성이 있는 점에 비추어 검증에 의하는 것이 옳다는 견해이다.

이 견해에 따를 때에는 자기디스크 등의 증거조사는 법원이 검증의 신청을 받아 증거결정을 한 뒤에, 감정인이 데이터를 현출시키기 위하여 작성된 프로그램에 따라 컴퓨터를 조작하여 법관의 면전에서 데이터를 현출시키고, 그 결과를 검증조서에 기재하게 된다(검증조서에 출력한 문서를 인용 첨부하는 것도 가능하다).

(3) 新書證說

자기테이프나 디스크는 그 자체로는 눈으로 보고 읽을 수 없지만 눈으로 보고 읽을 수 있는 상태로 만드는 것이 가능하므로 이른바 "가능문서"이고, 당사자는 자기테이프로부터 데이터를 프린트 아웃시켜 그 서면에 작성자가 기명 날인하여 문서의 체제를 갖춘 것, 이른바 "생성문서"를 서증으로 제출한다는 견해이다.[83]

이 설은 형식적 증거력에 관하여 컴퓨터를 조작한 사람을 증인으로 신문하거나 프린트 아웃의 재시행 또는 컴퓨터 자체의 검증, 감정을 하여 확인하는 방법이 있다

81) 黃贊鉉, 전게논문, 39 이하.
82) 강현중, 제3全訂版 民事訴訟法, 博英社, 1997, 564.
83) 金祥源外 3人, 第5版 註釋民事訴訟法(Ⅳ), 韓國司法行政學會, 1997, 526; 정동윤, 民事訴訟法(第4全訂版), 法文社, 2001, 559 이하; 庾炳賢, 전게논문, 305 이하.

고 설명하고 있다.

(4) 新檢證說

일본과 달리 우리나라에서는 이 설을 취하는 견해는 아직 없어 보인다.

2. 學說의 檢討

일본 및 우리나라의 구법 하에서의 학설의 논의가 비슷하므로 본항에서는 설명의 편의상 여기에서 함께 고찰하고자 한다.

(1) 書證說의 檢討

서증설은 전자문서의 외관이나 형상을 조사하는 것이 아니라 전자문서의 기재 내용을 증거자료로 삼아야 한다는 점에서 매우 우수한 학설이라 할 것이다. 그러나 이러한 서증설은 다음과 같은 문제점을 갖고 있다.

서증설에 의하게 되면, 원본의 존재 및 성립의 진정에 관하여 다툼이 없고 등본으로서 원본에 대신하는 것에 관하여 당사자 사이에 이의가 없는 때에는 출력된 종이문서의 제출만으로 충분하지만, 이것에 대하여 원본의 존재 또는 성립의 진정이 다투어지는 때에는 원본의 제출이 요구되고, 이러한 경우 당사자는 전자문서 자체를 법원에 제출하여야 한다.

민사소송절차에서 서증의 신청은 당사자가 증명하고자 하는 사실에 관하여 증거방법이 될 문서를 특정하여 법원에 그 열람을 구하는 행위를 의미한다. 당사자가 스스로 소지하고 있는 문서는 기일에 현실적으로 제출하고, 소지하고 있지 아니한 문서는 문서제출명령(신법 제343조), 문서송부의 촉탁(신법 제352조), 또는 법원 밖에서의 서증조사(신법 제297조)를 신청하는 방법으로 서증의 신청을 하게 된다. 서증의 신청은 법원 외에서 증거조사를 하는 경우를 제외하고는 변론기일에 현실적으로 제출하는 방법으로 하여야 하고, 법정에서의 서증의 증거조사는 수소법원이 변론기일에 거증자가 제출한 문서를 열람하는 것으로 한다. 그리고, 문서의 제출은 원본으로 하는 것이 원칙이다.[84]

그런데, 서증설은 이러한 점들을 간과하고 있다. 즉, 서증의 조사에서 문서의 제출은 원본으로 하여야 하므로, 전자문서를 서증으로 제출할 경우 원칙적으로 출력한 종이문서뿐만 아니라 전자문서 그 자체를 법정에 현실적으로 제출하여야 한다. 그런데, 실제 문제로 제출자가 기업활동에 있어 전자문서를 자주 사용할 필요성이 있고,

84) 法院行政處, 全訂增補 法院實務提要 民事(下), 1996, 413 이하 참조.

전자문서의 규모의 크기나 법원에서의 장소적 제약 등 전자문서를 법정에 현실적으로 제출함에는 여러 가지의 어려움이 있어 사실상 문서의 제출은 대부분 등본으로 하게 된다. 이러한 증거조사방법이 위법하지는 않다 하더라도 서증조사의 원칙적 방법은 아니라 할 것이다.

그리고 당사자가 원본의 존재 및 성립의 진정에 관하여 다툼이 있고 등본으로서 원본에 대신하는 것에 관하여 당사자 사이에 이의가 있는 경우에는 전자문서 자체에 대한 서증조사를 실시하지 않으면 안 된다. 그런데, 전자문서를 법정에 현실적으로 제출하지 못하는 경우가 많은 현실을 감안해 본다면, 전자문서 자체에 대한 증거조사는 법원 밖에서의 서증조사가 대부분을 이루게 된다. 이러한 점은 서증조사는 변론기일에 법정에서 이루어진다는 서증조사의 원칙적 방법에 반할 뿐만 아니라 소송경제에도 반한다.

또한 서증설은 형식적 증거력을 입증하는 데에 많은 어려움이 있다 할 것이다. 서증설에 의하게 되면, 먼저 전자문서의 등본을 증거로 제출하게 되는데, 상대방이 이를 다투게 되면, 당사자는 원본의 존재 및 성립의 진정에 관하여 입증을 하여야 한다는 부담을 안게 된다. 더구나, 복수의 작성명의인이 있는 한 개의 전자문서를 서증으로 증거 신청하는 경우 인부 자체가 불가능한 사태도 생길 수 있고, 소송기록의 열람 · 등사(구법 제151조·신법 제162조)도 사실상 어려움이 많을 것이다.[85]

(2) 檢證說의 檢討

검증이란 법관이 직접 자기의 오관의 작용에 의하여 사물의 성상이나 현상을 보고, 듣고, 느낀 인식을 증거자료로 하는 증거조사방법이다.[86]

그런데, 검증설의 가장 큰 난점은 전자문서에 기록된 사상 내용을 증거조사의 목적으로 하는 것을 설명하기 곤란하다. 나아가 이 설에 의하면 감정인에게 프로그램의 작성 · 컴퓨터의 조작을 시켜 증거자료를 얻는 방법을 사용하고 있어, 실제로는 극히 비경제적이고 비능률이라는 점을 부정할 수 없다.[87]

(3) 新書證說의 檢討

신서증설은, 출력문서(생성문서)를 원본으로 하여 통상의 서증조사 방식에 의하여 조사하기 때문에 서증설 및 검증설에 대하여 서술한 이론적인 모순을 피할 수 있다.

---

85) 春日偉知郎, 전게서, 61 참조.
86) 法院行政處, 全訂增補 法院實務提要 民事(下), 1996, 457.
87) 春日偉知郎, 전게서, 61; 黃贊鉉, 전게논문, 32 이하 참조.

그러나 이 설은 전자문서를 문서로 보지 않는 데에 그 한계가 있고, 이 설이 이해하는 형식적 증거력의 문제와는 별도로, 상대방이 전자문서와 출력문서와의 동일성을 다투는 경우에는 이 문제를 실질적 증거력의 판단에 끌어들여 증거가치에 관한 보조사실에 대하여 검증 또는 감정을 할 수밖에 없다는 난점이 있고,[88] 또한 이 설에 대하여는 생성문서라는 개념을 새로 구성할 필요가 있는지 의문을 표시하는 비판도 제기되고 있다.[89]

(4) 新檢證說의 檢討

이 설은 기본적으로 검증설에 기초하고 있으므로, 검증설에 대한 비판이 여기에 그대로 적용될 수 있다. 나아가 신검증설에 있어서는 직접 증거자료로 되는 것은 전자문서의 데이터로부터 일정한 출력 결과를 얻었다는 사실이고, 출력문서의 기재 내용의 정확성은 사실상 추정되는데 지나지 않는다. 즉, 신서증설과 마찬가지로 출력문서를 원본으로 보면서, 다른 한편 전자문서에 기록된 작성자의 사상 내용을 직접적 증거자료로 이해하지 않기 때문에 흡사 문서의 사본을 원본으로 하여 제출한 경우의 증거력 밖에 인정되지 않게 되어, 실질적 증거력을 극히 한정하는 결과가 된다. 그래서 거증자는 출력문서의 증거가치를 높이기 위하여 여러 각도에서 데이터 처리 및 관리의 확실성을 증명하지 않으면 안 되고, 법원도 당해 시스템의 안정성을 엄격히 검사하는 작업을 하지 않을 수 없게 되지만, 현실적으로 법원이 이것을 어느 정도 감당할 수 있는지는 매우 의문이라는 지적이 있다.[90]

3. 舊法下에서의 實務의 立場

바람직한 재판운영방안(1999. 10. 29. 송무예규 제745호)에 의하면 다음과 같이 증거조사를 하여야 한다고 규정되어 있다.

○ 문서, 기록 등 자료가 보존된 컴퓨터 자기디스크 등에 대한 증거조사를 신청하는 경우에는 위 자료의 전부 또는 일부를 출력한 문서를 원본으로서 서증으로 제출하여야 한다.

○ 위 증거조사시에 신청인은 법원에 대하여 위 자료를 컴퓨터 자기디스크 등에

88) 春日偉知郎, 전게서, 62 참조, 다만, 이 설에서의 검증 또는 감정은 실질적 증거력에 대한 보조사실을 입증하는 점에서 검증설과는 그 뜻을 달리한다. 검증설에서의 검증은 검증결과를 그 증거자료로 하지만, 신서증설에서의 검증은 증거가치의 신빙성을 높이기 위하여 이루어진다.

89) 黃贊鉉, 전게논문, 35.

90) 春日偉知郎, 전게서, 62.

입력한 사람, 입력한 일시, 출력한 사람, 출력한 일시 기타 법원이 필요로 하는 사항을 명백히 하여야 한다.

○ 컴퓨터 자기디스크 등에 보존된 문서, 기록 등 자료와 출력문서와의 동일성을 판단하기 위하여 법원은 당사자의 신청에 기하여 감정을 하거나, 입 · 출력을 한 사람을 증인으로 신문할 수 있다.

위 예규의 규정은 앞에서 살펴본 바와 같이 일본의 신서증설의 입장과 1991. 12. 일본 법무성 민사국 참사관실에서 발표된 "민사소송절차에 관한 검토사항"을 참고하여 만들어진 것으로 보인다.

4. 檢 討

(1) 證據能力의 問題

앞에서 본 바와 같이 영미법계에서는 증거허용성과 관련하여 전자문서의 원본성 및 출력문서의 원본성의 문제가 매우 중요하게 거론됨을 알 수 있다. 이에 반하여 대륙법계에 속하는 우리나라나 일본의 민사소송법은 자유심증주의를 채택하고 있어 원칙적으로 증거능력에 제한이 없는 것으로 이해되고 있어, 전자문서의 원본성 및 출력문서의 원본성이 영미법계에서와 같이 중요한 의미를 갖지 않는다고 생각되고, 따라서 전자문서 그 자체를 증거로 제출할 수도 있고, 출력문서를 증거로 제출할 수도 있다.

(2) 電子文書의 原本性과 出力文書의 原本性

전자문서의 문서성을 부정하게 되면, 출력문서에 원본성을 인정할 것인지 여부가 문제되지만, 전자문서의 문서성을 인정하게 되면 전자문서 그 자체가 원본성을 지닌다고 할 수 있고, 현행 민사소송법의 원본 제출의 원칙을 유추하여 적용하면 전자문서 그 자체를 법정에 제출하여야 하고, 출력문서를 제출하는 것은 원칙적으로 부적법하게 된다.

전자문서와 출력문서와의 관계를 논하는 이유는 전자문서 그 자체를 법정에 제출하기 곤란한 경우가 많고, 전자문서를 법정에 제출하는 경우에도 전자문서 그 자체는 눈으로 보고 읽을 수 없어 항상 출력문서를 전자문서와 함께 법정에 제출할 수밖에 없어, 전자문서를 제출하지 않고 출력한 문서만을 법정에 제출한 경우 또는 출력문서를 제출하지 않고 전자문서 그 자체만 법정에 제출하는 경우(이 경우 출력할 수 있는 프로그램도 제출하지 아니하고)에 적법한 증거제출방법이 될 수 있는지가 문제되는 것이다.

출력문서의 제출만으로 적법한 증거제출방법이 되는지, 나아가 전자문서에 대한 증거조사를 함에 있어서 출력문서만의 제출로 그 증거조사를 하는 것이 가능한지, 출력문서에 대하여 이를 원본으로 볼 것인지 아니면 사본으로 볼 것인지에 대하여 구법 하에서는 의미 있는 논쟁이 될 수 있었다. 왜냐하면 출력문서를 사본으로 보는 경우에는 적법한 증거제출방법이 될 수 없고, 가사 출력문서를 독립하여 증거로 제출한다 하더라도 이는 사본을 원본으로 제출하는 효과밖에 없어 원본의 존재 및 성립의 인정에 대한 입증책임을 제출자가 부담하여야 한다. 이에 반하여 출력문서를 원본으로 보게 되면 증거가치 면에서는 전자문서 그 자체보다는 다소 떨어질 수 있으나, 형식적 증거력에 있어서는 별다른 어려움 없이 형식적 증거력을 부여받을 수 있다.

그러나 뒤에서 보는 바와 같이 신법 하에서는 이러한 문제를 상당 부분 입법적으로 해결하였다고 보인다. 즉, 전자문서의 기재 내용을 증거자료로 하는 경우에는 출력문서를 제출하는 방법으로 할 수 있기 때문이다(신 규칙 제120조 제1항 참조). 따라서 당사자는 전자문서 그 자체를 제출하지 않고 출력문서만을 법정에 제출하더라도 아무런 하자가 없고, 적법한 증거제출이 된다. 다시 말하면 구법에서와 같이 출력문서를 원본으로 볼 것인지, 아니면 사본으로 볼 것인지에 관한 논의는 적법한 증거제출이 될 수 있는지 여부에 한정해서 보면 그 실익이 없어 보인다.

제 5 新法 下에서의 電子文書의 證據調査

Ⅰ. 新法의 態度

1. 新法의 規定 및 內容

(1) 新法의 規定

신법 제374조(그 밖의 증거)는 "도면 · 사진 · 녹음테이프 · 비디오테이프 · 컴퓨터용 자기디스크, 그밖에 정보를 담기 위하여 만들어진 물건으로서 문서가 아닌 증거의 조사에 관한 사항은 제3절 내지 제5절의 규정에 준하여 대법원규칙으로 정한다."고 규정하고 있다.

(2) 新法의 內容 및 改正理由

(가) 新法의 內容

신법은 구법의 증거방법인 증인, 감정인, 검증물, 문서, 당사자본인 등 5가지 증거방법 이외에 제2편 제3장 제7절에 "그 밖의 증거"를 새로운 증거방법으로 신설, 추가하고 있다. 신법은, "그 밖의 증거"로 도면, 사진, 녹음테이프, 비디오테이프, 컴퓨터용 자기디스크, 그밖에 정보를 담기 위하여 만들어진 물건으로서 문서가 아닌 증거를 열거한 다음, 이에 대한 증거의 조사는 증거에 관한 장 중에서 제3절 내지 제5절의 규정, 즉 감정, 검증, 서증 절차에 준하여 대법원규칙으로 정한다고 규정하고 있다.

신법의 규정은 일본 신 민사소송법 제231조에 기초하고 있지만, 일본과는 달리 컴퓨터용 자기디스크를 조문에 명문화시키고 있는 점에 차이가 있고, 또한 일본 민사소송법 제231조는 서증의 규정 안에 두면서 서증조사의 절차를 준용하고 있음에 반하여, 우리의 신법은 서증의 규정과는 별도로 "그 밖의 증거"라는 제목으로 새로운 절을 두면서 '감정, 서증, 검증의 규정에 준하여 대법원규칙으로 정한다.'고 규정하고 있다.[91]

(나) 改正理由

구법은 문서와 증인 등 법률이 명시적으로 규정한 증거방법과 도면, 사진 등 준문서의 증거조사방법에 대해서만 규정하고 있을 뿐 그 이외의 새로운 증거방법의 조사에 대해서는 규정하지 않았다. 그런데, 과학기술의 발전에 따라 컴퓨터용 자기디스크 등과 같이 사상과 정보를 다양한 방법으로 저장하는 새로운 매체들이 속속 등장하게 되었고, 이러한 새로운 증거는 앞으로 더욱 늘어나고, 그 증거가치도 높아질 것이 분명하다. 따라서 이러한 새로운 증거방법의 조사절차와 방법에 관하여 통일적으로 규율할 필요가 있다 할 것인데, 새로운 증거가 등장할 때마다 일일이 법률로 그 개념과 조사절차 등에 관하여 규정하려고 한다면, 시기적으로 늦을 뿐만 아니라 사회의 변화에 즉응하여 탄력적으로 대응하기 어려우므로, 신법은 그 증거조사에 관한 사항을 감정, 서증, 검증에 관한 규정에 준하여 대법원규칙으로 정할 수 있도록 하였고, 다른 한편으로는 종래의 "준문서"[92]라는 용어가 개념상 불명확한 점이 있을 뿐 아니라 그 증거조사절차를 반드시 서증과 같이 처리할 수 없는 부분이 있음을 고려하였다.[93]

---

91) 일본 신 민사소송법 제231조(문서에 준하는 물건에 준용)는 "이 절(제5절 서증, 필자 註)의 규정은 도면, 사진, 녹음테이프, 비디오테이프, 기타 정보를 표현하기 위하여 작성된 물건으로서 문서가 아닌 것에 대하여 준용한다."고 규정하여 위 각 증거에 대하여는 서증의 절차를 준용하여 증거조사를 실시하여야 함을 밝히고 있다.

92) 구법 제335조(준문서)는 "이 절의 규정은 문서가 아닌 것으로서 징표로 삼기 위하여 만들어진 물건에 준용한다"고 규정하여, 준문서에 대하여 서증의 절차를 준용하고 있다. 이에 반하여 신법은 도면 · 사진 등 준문서를 "그 밖의 증거(제374조)"로 취급하고 있다.

93) 법원행정처, 민사소송법 개정내용 해설, 2002, 232 참조; 법원행정처, 민사소송규칙해설, 2002, 232 참조.

2. 大法院規則의 規定 및 內容

(1) 大法院規則의 規定

2002. 7. 1.부터 시행되는 신 민사소송규칙(2002. 6. 28 대법원규칙 제1761호, 이하 신 규칙이라 한다)에서는 '자기디스크 등에 기억된 문자정보 등에 대한 증거조사'(신 규칙 제120조)와 '음성 · 영상자료 등에 대한 증거조사'(신 규칙 제121조)로 구별하여 각각의 조사방법을 정하는 한편, 특별한 규정이 없으면 감정, 서증, 검증에 관한 규정을 준용하도록 하고 있다(신 규칙 제122조). 즉, 신 규칙은 신법의 위임에 따라 다음과 같이 규정하고 있다.

제120조(자기디스크 등에 기억된 문자정보 등에 대한 증거조사) ① 컴퓨터용 자기디스크 · 광디스크, 그밖에 이와 비슷한 정보저장매체(다음부터 이 조문 안에서 이 모두를 "자기디스크 등"이라 한다)에 기억된 문자정보를 증거자료로 하는 경우에는 읽을 수 있도록 출력한 문서(다음부터 이 조문 안에서 "출력문서"라고 한다)를 제출할 수 있다.
② 자기디스크 등에 기억된 문자정보를 증거로 하는 경우에 증거조사를 신청한 당사자는 법원이 명하거나 상대방이 요구한 때에는 자기디스크 등에 입력한 사람과 입력한 일시, 출력한 사람과 출력한 일시를 밝혀야 한다.
③ 자기디스크 등에 기억된 정보가 도면 · 사진 등에 관한 것인 때에는 제1항과 제2항의 규정을 준용한다.

제121조(음성 · 영상자료 등에 대한 증거조사) ① 녹음 · 녹화테이프, 컴퓨터용 자기디스크 · 광디스크, 그밖에 이와 비슷한 방법으로 음성이나 영상을 녹음 또는 녹화(다음부터 이 조문 안에서 "녹음 등"이라 한다)하여 재생할 수 있는 매체(다음부터 이 조문 안에서 "녹음테이프 등"이라 한다)에 대한 증거조사를 신청하는 때에는 음성이나 영상이 녹음 등이 된 사람, 녹음 등을 한 사람 및 녹음 등을 한 일시 · 장소를 밝혀야 한다.
② 녹음테이프 등에 대한 증거조사는 녹음테이프 등을 재생하여 검증하는 방법으로 한다.
③ 녹음테이프 등에 대한 증거조사를 신청한 당사자는 법원이 명하거나 상대방이 요구한 때에는 녹음테이프 등의 녹취서, 그밖에 그 내용을 설명하는 서면을 제출하여야 한다.
제122조(감정 등 규정의 준용) 도면 · 사진, 그밖에 정보를 담기 위하여 만들어진 물건으로서 문서가 아닌 증거의 조사에 관하여는 특별한 규정이 없으면 제3절 내지 제5절의 규정을 준용한다.

(2) 大法院規則의 內容

(가) 자기디스크 등에 기억된 文字情報 등에 대한 證據調査

신 규칙 제120조는 자기디스크 등에 저장된 내용이 문자정보나 도면 · 사진 등에 관한 것인 경우의 증거조사절차를 정한 신설 규정이다.

○ 자기디스크 등에 대한 證據調査方法

자기디스크 등에 기억된 문자정보를 증거자료로 하는 경우에는 그 증거조사는 그 문자정보를 읽을 수 있도록 출력한 문서를 제출하는 방법으로 할 수 있다(신 규칙 제120조 1항).[94)]

자기디스크 등은 녹음테이프 등과 달리, 컴퓨터 프로그램의 호환성 등의 이유로 법정이나 다른 장소에서 용이하게 출력 · 확인하는 데에는 난점이 있는 반면, 그 출력문서는 기계적으로 정확하게 저장된 자료를 서면화한 것이므로, 상대적으로 정확성이 담보될 수 있다. 이러한 자기디스크 등의 특성을 감안하여 이에 기억된 내용을 증거자료로 하는 경우에는 그 내용을 출력한 출력문서를 제출하는 방법으로 증거조사를 할 수 있다.[95)]

○ 자기디스크 등에 대한 說明

자기디스크 등에 기억된 문자정보에 대한 증거조사를 출력문서를 제출하는 방식으로 할 경우, 자기디스크 등에 저장된 문자정보를 그대로 출력하지 아니하거나 특정부분만을 선별하여 출력할 가능성이 있으므로 자기디스크 등에 저장된 문자정보와 제출된 출력문서의 내용이 일치하는지 여부에 관하여 다툼이 생길 여지가 있다. 또한 자기디스크 등은 손쉽게 입력내용을 변경할 수 있는 특성이 있으므로 상대방이 자기디스크 등에 저장된 정보가 사후에 인위적으로 변경되었다고 주장하는 경우도 있을 수 있다. 신 규칙은 이에 대비하여 출력문서의 진정성립과 내용의 정확성을 담보하고 이에 관하여 다툼이 생기는 경우에는 감정에 필요한 정보를 제공하기 위하여, 출력문서를 제출하는 방법으로 증거조사를 신청한 당사자는 법원이 명하거나 상대방이 요구한 때에는 자기디스크 등에 정보를 입력한 사람과 입력한 일시, 자기디스크 등으로부터 문서를 출력한 사람과 출력한 일시를 밝혀야 한다(신 규칙 120조 2항).[96)]

○ 圖面 · 寫眞 情報 등에의 準用

자기디스크 등에 기억된 정보가 도면 · 사진 등인 경우에도 출력문서를 제출하는 방법으로 증거조사가 가능할 것이므로, 제3항은 자기디스크 등에 저장된 이러한 도면 · 사진 등의 정보에 대하여도 출력문서에 의한 증거조사방법을 규정한 본조 제1항

---

94) 그런데, 신 규칙 초안은 "바람직한 재판운영방안"을 기초로 하여 '출력한 문서를 원본으로서 서증으로 제출하여야 한다'는 취지로 되어 있었다.

95) 법원행정처, 민사소송규칙해설, 2002, 228; 法院行政處, 民事裁判 運營實務, "신모델 실무편람", 2002, 180 참조.

96) 법원행정처, 민사소송규칙해설, 2002, 228 이하; 法院行政處, 民事裁判 運營實務, "신모델 실무편람", 2002, 181 참조.

과 제2항이 준용된다는 것을 명시하였다(신조 규칙 120 3항).97)

(나) 音聲 · 映像資料 등에 대한 證據調査

○ 槪要

신 규칙 제121조는 제120조와 마찬가지로 법 제374조의 개별 위임에 따라 녹음 · 녹화테이프, 컴퓨터용 자기디스크 · 광디스크, 그밖에 이와 비슷한 방법으로 음성이나 영상을 녹음 또는 녹화하여 재생할 수 있는 매체에 대한 증거조사절차에 관하여 규정하고 있다.98)

녹음테이프는 비교적 오래 전부터 소송에서 중요한 증거방법으로 사용되어 왔으며, 수년 전부터는 비디오테이프가 증거로 제출되는 사례가 늘어났고, 최근에 와서는 컴퓨터용 자기디스크 · 광디스크에 수록된 음성이나 영상에 대한 증거조사방법이 문제되고 있다. 이러한 증거방법에 관해서는 얻고자 하는 증거자료가 오로지 사상 내용인 경우에는 서증의 방식에 의하여야 한다는 일부 견해가 있기는 하지만, 우리나라에서는 검증설이 다수설이자 판례의 입장(대법원 1999. 5. 25. 선고 99다1789 판결 등 다수)이다. 신 규칙 121조는 이와 같은 검증설의 입장에 따라 녹음 · 녹화테이프, 컴퓨터용 자기디스크 · 광디스크, 그밖에 이와 유사한 방법으로 음성이나 영상을 녹음 또는 녹화하여 재생할 수 있는 매체에 대한 증거조사방법을 규정하고 있다.99)

○ 申請의 方式

녹음테이프 등을 증거로 신청하는 때에는 음성이나 영상이 녹음 등이 된 사람, 녹음 등을 한 사람 및 녹음 등을 한 일시 · 장소 등을 밝혀야 한다(제1항). 이것은 녹음 등의 경위와 내용을 구체적으로 밝힘으로써 법원이 녹음테이프 등에 대한 증거채택 여부를 판단하는 자료로 사용할 수 있을 뿐 아니라, 상대방으로서도 어떠한 경위로 녹음 등이 된 테이프인지에 관한 구체적 자료를 가지고 있어야만 증거의 채택 및 그 조사절차에 충분히 대응할 수 있기 때문이다.100)

○ 證據調査의 方法

녹음테이프 등에 대한 증거조사는 녹음테이프 등을 재생하여 검증하는 방법으로

97) 법원행정처, 민사소송규칙해설, 2002, 229 참조.

98) 법원행정처, 민사소송규칙해설, 2002, 230 참조; 신 규칙 제121조 제1항은 일본 민사소송규칙 제148조를, 신 규칙 제121조 제3항은 일본 민사소송규칙 제149조를 수용한 것으로 보인다. 다만, 일본은 녹음테이프 등을 준문서로 취급하여 서증조사에 준하여 증거조사를 하고 있음에 반하여, 우리나라는 검증절차에 의한 증거조사를 하는 차이가 있다(일본 민사소송법 제231조 참조). 다만, 일본에서도 녹음테이프 등의 성상, 현상에 대하여 법관이 보고, 듣고 느낀 인식을 증거자료로 하는 경우에는 검증의 절차에 의한다.

99) 法院行政處, 民事裁判 運營實務, "신모델 실무편람", 2002, 182 참조.

100) 법원행정처, 민사소송규칙해설, 2002, 230; 法院行政處, 民事裁判 運營實務, "신모델 실무편람",

한다(제2항). 따라서 증거조사결과는 검증조서로 작성하여야 한다. 컴퓨터용 자기디스크·광디스크 등에 기억된 정보가 문자·도면·사진 등이 아닌 경우에는 출력문서를 제출하는 방법이 아니라 검증의 방법으로 증거조사를 하게 된다.[101]

○ 녹취서의 提出義務

또한 녹음테이프 등에 대한 증거조사를 신청한 당사자는 법원이 명하거나 상대방이 요구한 때에는 녹음테이프 등의 녹취서, 그밖에 그 내용을 설명하는 서면을 제출하여야 한다(제3항). 이것은 녹음 등이 된 사람과 녹음 등의 내용을 명확하게 함으로써 법원의 증거 채부 판단을 돕고, 상대방으로 하여금 증거조사절차에서 효율적으로 대응할 수 있는 기회를 부여하며, 부수적으로는 법원의 조서작성에도 도움을 주게 된다.[102]

한편 비디오테이프나 동영상을 담은 컴퓨터용 자기디스크 등에 대한 증거조사절차에서 효율적인 증거조사를 위하여 필요한 때에는 증거자료로 삼고자 하는 영상 부분을 재생하여 수록한 사진(여러 장인 때에는 일련번호를 붙인다) 및 음성부분에 대한 녹취서를 미리 제출받은 후, 비디오테이프 등을 재생하면서 재생되는 화면 및 음성과의 동일 여부를 판단하는 방식도 사용할 수 있다.[103]

(다) 鑑定 등 規定의 準用

○ 概　要

신 규칙 제120조부터 제122조까지는 법 제374조에 규정된 "그 밖의 증거"에 대한 증거조사에 관한 조항이다. 신 규칙 제122조는 그 밖의 증거 일반에 관하여 규정하고 있으며, 제120조는 문자정보를 저장한 자기디스크 등에 관하여, 제121조는 음성·영상자료를 저장한 매체인 녹음테이프 등에 관하여 각기 규정하고 있다. 따라서 신 규칙 제120조와 제121조가 제122조에 규정된 "특별한 규정"에 해당됨은 물론이다.[104]

○ 그 밖의 證據에 대한 調査

신 규칙 제122조는 신법 제374조의 위임에 따라 그 밖의 증거의 조사에 관하여 규정하고 있는데, 그 증거조사절차에 관하여는 특별한 규정이 없으면 제3절(감정), 제4절(서증), 제5절(검증)의 규정을 준용하도록 하였다. 이것은 과학기술의 발전에 따라 새로운 유형의 증거가 속속 등장하고 있는 점을 감안하여, 감정·서증·검증 등

2002, 182 참조.

101) 법원행정처, 민사소송규칙해설, 2002, 230 이하; 法院行政處, 民事裁判 運營實務, "신모델 실무편람", 2002, 182 참조.

102) 법원행정처, 민사소송규칙해설, 2002, 231; 法院行政處, 民事裁判 運營實務, "신모델 실무편람", 2002, 183 참조.

103) 法院行政處, 民事裁判 運營實務, "신모델 실무편람", 2002, 183 참조.

104) 법원행정처, 민사소송규칙해설, 2002, 231 이하 참조.

다양한 방식의 증거조사절차 중 그 증거의 특성에 적합한 절차를 탄력적으로 적용할 수 있도록 하기 위한 취지이다.[105)]

Ⅱ. 證據調査節次

1. 總 說

전자문서를 증거로 제출하는 경우, 먼저 전자문서 자체의 외관, 성상, 현상, 성질에 대하여 법관이 보고, 듣고 느낀 인식을 증거자료로 하는 경우에는 검증의 절차에 의한 증거조사를 하면 된다.[106)] 검증만으로 판단하기 어려운 때에는 감정이 시행될 수도 있다.

그런데, 전자문서에 기억된 내용을 증거자료로 하는 경우에 어떠한 절차에 의하여 증거조사를 할 것인지는 어려운 문제이다.[107)] 전자문서는 앞에서 본 바와 같이 사상의 기록 · 전달이라는 면에서는 종이문서와 동일한 기능을 하고 있지만, 컴퓨터 등의 도움을 받지 않으면 육안으로는 전혀 그 내용을 보고 읽을 수 없다는 데에 문제가 있다. 이러한 점이 종이문서와 큰 차이를 가지고 있다.

신법 제374조는 '컴퓨터용 자기디스크, 그밖에 정보를 담기 위하여 만들어진 물건으로서 문서가 아닌 증거는 제3절 내지 제5절의 감정, 서증, 검증의 규정에 준하여 대법원규칙으로 정한다.'고 규정하고 있고, 전자문서는 신법 제374조에 말하는 '컴퓨터용 자기디스크 등 정보를 담기 위하여 만들어진 물건' 중에서 문자정보를 담고 있는 물건으로서 문서가 아닌 증거에 해당된다고 함은 앞에서 본 바와 같으므로, 전자문서는 신법 제374조의 "그 밖의 증거"로서 위 규정에 따라 증거조사를 실시하면 된다.

그리고 신 규칙 제120조 제1항은 신법 제374조의 위임에 따라 "컴퓨터용 자기디스크, 광디스크, 그밖에 이와 비슷한 정보저장매체에 기억된 문자정보를 증거자료로 하는 경우에는 읽을 수 있도록 출력한 문서(출력문서)를 제출할 수 있다"고 규정하고 있으므로, 전자문서에 기억된 내용을 증거자료로 하는 경우 당사자는 전자문서를 읽

105) 법원행정처, 민사소송규칙해설, 2002, 232 참조.

106) 이는 종이문서의 성상, 현상 등 외형 자체에 대한 인식을 증거자료로 하는 경우에 검증을 실시하게 됨과 같은 논리이다.

107) 전자문서에 기억된 내용을 증거자료로 하는 경우에 두 가지의 증거조사 방법이 있을 수 있다. 즉, 전자문서 그 자체를 증거방법으로 하여 제출하는 경우와 전자문서에 담겨 있는 내용을 출력하여 그 출력문서를 독립한 서증으로 제출하는 경우가 있을 수 있다. 전자는 전자문서 그 자체가 증거방법이 됨에 반하여, 후자는 출력문서가 증거방법이 되고, 전자문서 그 자체에 대하여 증거조사가 실시되는 것이 아니므로, 후자는 진정한 의미에서 전자문서에 대한 증거조사방법이라고 할 수 없다.

을 수 있도록 출력한 다음 출력문서를 법원에 제출하고, 법원은 출력문서에 대하여 증거조사를 실시하면 된다.

하지만, 신법 제374조는 전자문서에 대한 증거조사는 감정, 서증, 검증의 규정에 준하여 대법원규칙으로 정한다고 규정하고 있고, 신 규칙 제120조는 전자문서의 기재 내용을 증거자료로 하는 경우 읽을 수 있도록 출력한 문서를 제출하는 방법으로 할 수 있다고 규정하고 있을 뿐, 증거조사의 법적 성격이 무엇인지 다시 말하면 전자문서와 출력문서와의 관계 및 그 법적 성격이 무엇인지에 대하여는 아무런 언급을 하지 않고 있다. 그 법적 성격을 어떻게 보느냐에 따라 증거목록을 작성함에 있어서 이를 서증란에 기재할 것인지, 아니면 증인등 란에 기재할 것인지, 전자문서에 기억된 내용을 증거조사한 경우 그 결과를 판결문에서 어떻게 인용할 것인지, 그리고 서증의 절차를 준용할 수 있을지 여부 등도 문제된다.

이들 규정만으로는 전자문서에 대한 증거조사절차를 입법적으로 모두 해결하였다고는 보이지 않고, 신법 하에서도 전자문서에 대한 증거조사절차는 위 규정의 테두리 안에서의 한정된 논의이기는 하지만 여전히 해석론에 맡겨질 수밖에 없다. 아래에서는 신법 하에서의 증거조사절차에 관한 논의를 살펴보고자 한다.

2. 證據調査의 性格

(1) 書證說에 의하는 境遇

구법 하에서 서증설을 취하였던 이시윤 교수에 의하면, '전자문서는 정보의 보존 전달의 기능을 갖고 있으며, 그대로는 읽을 수 없지만, 보고 읽을 수 있는 상태를 예정하기 때문에 문서 또는 준문서로 보아 서증절차에 의하여 증거조사를 하여야 한다.'고 설명하고 있지만, 전자문서와 출력문서와의 관계 및 법적 성격에 대하여는 별다른 의견을 표시하지 않고 있다.[108)]

구법 하에서 서증설을 취하였던 송상현, 호문혁 교수에 의하면, 컴퓨터용 자기디스크 등의 경우에는 녹음테이프와 달리 컴퓨터프로그램의 호환성의 문제 등의 이유로 법정 등에서 금방 출력 · 확인하기가 어렵고 그 출력문서는 기계적으로 정확하게 그 자료를 서면화한 것이므로 여기에 기억된 사상 내용을 증거자료로 하는 경우에는 출력문서를 원본으로서 서증으로 제출할 수 있다고 설명하고 있다.[109)] 그러나 이러한

108) 李時潤, 新民事訴訟法, 博英社, 2002, 433 이하.

109) 宋相現, 朴益煥, 新訂5版 民事訴訟法, 博英社, 2008, 600; 호문혁, 민사소송법 제7판, 法文社, 2002, 543; 송상현 교수에 의하면, "① 전자기억장치에 기록 · 보관된 사상내용도 인간이 읽을 수 있는 형태로 제출

견해는 출력문서를 원본으로 하여 서증조사를 실시한다는 점에서 신서증설에 가까운 해석이라 여겨진다.

서증설의 입장에서 신 규칙 제120조를 어떻게 해석할 것이냐에 관하여는 우리나라에서 아직 이에 대한 구체적 설명을 하고 있는 분은 없지만, 서증설의 견해에 충실히 따른다면, 신 규칙 제120조를 다음과 같이 해석할 수 있을 것이다. 즉, 전자문서는 문서 또는 준문서로 보아 서증절차에 의하여 증거조사를 실시하되, 전자문서 그 자체로는 눈으로 보고 읽을 수 없으므로 전자문서를 증거자료로 함에는 읽을 수 있도록 출력한 문서를 제출한다. 이 출력문서는 전자문서에 갈음하여 제출되는 것이고, 그 성격은 사본이라 할 것이다. 이 설은 전자문서를 문서 또는 준문서로 파악하여 서증조사에 의하여야 한다고 보고 있으므로, 전자문서를 증거조사한 경우에는 증인등 목록이 아닌 서증목록에 증거조사 사실을 기재하고, 증거방법란에는 예컨대, "계약서(전자문서 또는 컴퓨터용 자기디스크)"라고 기재하게 된다. 증거조사결과를 판결문에 인용할 때에는 "갑제1호증{계약서(전자문서 또는 자기디스크)}의 기재"라고 표현하게 된다.

(2) 檢證說에 의하는 境遇

구법 하에서 검증설을 주장하였던 강현중 교수에 의하면, 자기디스크 등은 문자 그 밖의 기호에 의하지 아니하기 때문에 문서가 될 수 없으므로 증거조사절차는 녹음테이프에서와 같이 검증절차에 의하여야 한다고 하면서도, 자기디스크 등에 기억된 정보 내용이 문자로 되어 있는 경우에는 읽을 수 있도록 출력한 문서를 원본으로 하여 서증으로 제출할 수 있다고 설명하고 있다.[110] 그러나, 강현중 교수의 견해는 그 이론 구성에 모순을 갖고 있다. 출력문서를 원본으로 하여 서증으로 제출하는 입장은 신서증설 또는 신검증설의 입장으로서 검증설과 배치되기 때문이다.

검증설의 입장에 따라 위 규칙을 해석해 보면 다음과 같다. 전자문서는 문서가 아니므로 서증이 아닌 검증절차에 의한 증거조사를 하여야 하고, 전자문서 그 자체를 법정에 제출하여야 한다. 따라서 전자문서를 증거조사한 경우에는 녹음테이프의 검

되는 경우(예컨대 프린트 아웃)에는 문서성은 그대로 유지되면서 서증으로서 변론에 도입될 수 있다. ② 변환하면 인간이 읽을 수 있는 전자기억장치, 예컨대 자기테이프, 디스크, CD-ROM, CD-I 등에 저장된 정보내용을 증거조사대상으로 삼는 경우에도 이는 검증물이라기 보다 문서에 준하여 처리할 수 있다. ③ 비디오테이프나 녹화필름 등 문자 · 부호뿐만 아니라 영상과 음성이 불가분적으로 결합되어 있는 전자적 표현물이 제출되어 그 정보내용을 증거조사의 대상으로 삼는 경우에는 이를 나누어서 그 정보 내용부분은 서증으로 처리하고, 음성 · 암호 · 영상 등의 부분은 검증의 대상으로 보아야 한다. ④ 인간이 읽을 수도 없고 전시할 수도 없는 정보화일 등은 이미 문서성의 한계를 넘는 것이므로 검증의 대상으로 다루어야 한다."고 설명하고 있다. 宋相現, 新訂3版 民事訴訟法, 博英社, 2002, 659 이하 참조.

110) 강현중, 제5판 민사소송법, 博英社, 2002, 581 이하.

증과 마찬가지로 서증목록이 아닌 증인등 목록에 증거조사사실을 기재하게 된다. 증거방법란에는 검증(전자문서 또는 컴퓨터용 자기디스크)라고 기재하고, 비고란에 '검갑 제1호증'의 부기를 하며, 검증조서를 작성한다. 판결문에는 '전자문서(또는 컴퓨터용 자기디스크)검증결과'라고 기재하게 된다.

이 설의 입장은 전자문서에 기억된 내용을 증거자료로 하는 경우 전자문서를 제출하지 않고 출력문서를 제출할 수 있다는 신 규칙의 입법 태도와 맞지 않게 된다.[111) 다만, 이 설에 의하더라도 신 규칙 제120조 제1항을, 전자문서 그 자체를 법정에 제출하지 않더라도 출력문서를 제출, 증거조사 함으로써 전자문서 그 자체에 대한 검증절차에 갈음한다고 해석할 수도 있겠지만,[112) 법관이 직접 자기의 오관의 작용에 의하여 검증물의 성상이나 현상을 보고, 듣고, 느낀 인식을 증거자료로 하는 검증의 기본 취지에 비추어 보면 이러한 해석에는 무리가 있다.

(3) 新書證說에 의하는 境遇

신서증설의 견해에 따라서 신 규칙을 해석하면 다음과 같이 해석될 수 있을 것이다. 이 견해는 전자문서를 가능문서, 출력문서를 생성문서로 보고 출력문서를 원본으로 하여 서증조사를 하여야 한다는 것이므로, 이 견해에 따르게 되면 출력문서는 원본의 성격을 갖고, 서증의 절차에 의한 증거조사를 실시하게 된다. 따라서 전자문서에 대하여 증거조사를 한 경우에는 증인등 목록이 아닌 서증목록에 증거조사 사실을 기재하고, 증거방법란에는 예컨대 "계약서(전자문서의 출력문서 또는 컴퓨터용 자기디스크의 출력문서)"라고 기재하게 되고, 이러한 증거조사결과를 판결에 인용할 때에는 예컨대 "갑제1호증{계약서(전자문서의 출력문서 또는 컴퓨터용 자기디스크의 출력문서)}의 기재"라고 표현하게 된다.

(4) 新檢證說에 의하는 境遇

신검증설은 전자문서 그 자체 및 전자문서에 기억된 내용의 증거조사는 검증에

111) 신 규칙 제120조 제1항은 전자문서 그 자체를 증거방법으로 하는 경우에 출력문서를 제출할 수 있다는 취지라고 할 수 있다. 그런데, 검증설에 의하는 경우 전자문서 그 자체를 검증절차에 의하여 증거조사를 하여야 한다는 것이므로, 이 견해에 의하게 되면, 후술하는 신검증설에서와 같이 신 규칙 제120조 제1항의 출력문서를 독립한 서증으로 이해하여 이를 서증(원본)으로 제출할 수 있다고 해석할 수 있게 된다. 하지만 이러한 증거조사방법은 전자문서 그 자체를 증거로 제출하는 경우와는 다르다 할 것이므로, 신 규칙의 입법 태도와 맞지 않는다.

112) 경북대학교의 김연 교수는 전자문서 자체에 대한 검증을 실시함이 원칙이고, 다만 출력문서에 대해서 서증조서를 실시하더라도 이것으로 전자문서 자체에 대해 검증을 하는 것과 마찬가지로 볼 수 있는 경우라면 출력문서에 대한 서증조사를 실시하여도 무방한 것으로 보아야 한다는 견해를 피력하고 있다. 김연, "전자문서에 대한 증거조사", IT와 법 연구 3집, IT와 법 센터, 2009, 267.

의하여야 하고, 이것이 본래이지만, 출력문서도 그 자체 독립한 원본으로서 서증의 대상이 된다고 한다. 신서증설에서는 프린트 아웃한 문서는 가능문서와 연속한 것으로 파악되지만, 이 설에서는 연속한 것이 아니라 독립한 문서로 파악된다. 독립한 문서는 일종의 보고문서이고, 실질적 증거력은 낮게 된다.

이 설의 입장에서 신 규칙 제120조를 해석한다면, 출력문서는 독립한 원본으로서 서증의 대상이 된다. 그러나 전자문서 그 자체에 대한 증거조사는 검증의 방법에 의하여야 한다는 것이 이 설의 기본 입장이라 하겠다. 따라서 위 검증설과 같은 해석이 가능하다고 할 수 있다.

(5) 신모델 實務便覽의 立場

法院行政處에서 발간된 民事裁判 運營實務 -신모델 실무편람-(2002)은 신 규칙 제120조를 다음과 같이 설명하고 있다.

문자정보가 기억된 자기디스크 등에 대한 증거조사방법으로서 그 출력문서를 제출하는 것은 출력문서 그 자체를 서증으로 제출하는 것과는 구별된다. 전자의 경우에는 자기디스크 등에 대한 증거조사를 검증의 방법이 아니라 출력문서의 제출이라는 간이한 방법으로 대신할 수 있도록 허용한 것이므로 증거방법은 '자기디스크 등'임에 반하여, 후자의 경우에는 출력문서 자체가 증거방법이 되므로 서증에 해당한다. 따라서 전자의 방법으로 증거조사를 한 경우에는 서증목록이 아닌 증인등 목록에 증거조사 사실을 기재한다. 구체적으로는 신청인이 제출한 출력문서 첫 장의 여백에 "자기디스크 출력문서조사" 등으로 그 취지를 기재한 다음 출력문서를 기록에 편철하고, 증인등 목록의 '기일 및 장수'란에 증거신청을 한 기일과 출력문서의 페이지를 적고, '증거방법'란에는 "출력문서조사(자기디스크 등)"라고 적는다. 만일 출력문서가 여러 개 일 때에는 그 목록도 함께 제출받아 조서에 첨부하고 그 취지를 조서에 기재하는 방법을 사용할 수 있을 것이다. 판결서 등에서 이러한 증거조사결과를 증거로 인용할 때에는 "출력문서조사결과"라고 기재하는 것이 상당하고, 출력문서가 여러 개이어서 구체적으로 특정할 필요가 있는 경우에는 괄호 속에 출력문서의 제목을 함께 적으면 된다.[113]

이러한 입장은 위 학설의 어느 견해에 해당되는지 분명하지 않지만, 전자문서에 대한 증거조사는 원칙적으로 검증이라는 점을 전제로 하고 있고, 다만 전자문서 그

113) 법원행정처, "신모델 실무편람", 민사재판 운영실무, 2002, 180; 법원행정처, 법원실무제요 민사소송 [Ⅲ] 228도 이와 같은 내용으로 설명하고 있다.

자체를 검증하는 대신에 출력문서 제출이라는 간이한 검증을 실시하면 된다고 하는 입장으로 생각된다.

하지만, 전자문서와 달리 출력문서는 민사증거법상 문서로서 그 의미, 내용이 증거자료가 되는 서증조사의 증거방법이라 할 것이므로, 출력문서의 제출만으로 전자문서 그 자체에 대한 증거조사를 거치지도 않은 상태에서 전자문서에 대한 검증을 실시하였다고 보기에는 어려움이 있다. 위 실무편람은 출력문서의 제출이라는 간이한 방법으로 대신할 수 있도록 허용한 것이라고 설명하지만, 제출된 출력문서에 대한 증거조사는 결국 출력문서의 기재 내용을 확인하는 서증조사의 절차를 따를 수밖에 없다 할 것이므로, 사실상은 서증조사를 하면서도 판결문에는 "출력문서조사결과"라고 기재하는 것은 의문이다. 다시 말하면, 위 실무편람의 설명은 출력문서를 서증조사의 형식으로 증거조사를 하고서도 "출력문서조사결과"라고 하여 마치 전자문서 그 자체에 대한 검증을 실시한 듯한 인상을 주고 있으므로, 위 실무편람의 견해는 바람직하지 못하다.

위 실무편람의 입장은 전자문서 그 자체에 대한 증거조사방법으로서 출력문서를 제출하는 것은 출력문서 자체를 서증으로 제출하는 것과 구별된다고 설명하고 있는데, 이러한 논리를 적용해 나가면 전자의 경우에는 판결문에 "출력문서조사결과"라고 기재하고, 후자의 경우에는 예컨대, "갑제1호증{계약서(전자문서의 출력문서)}의 기재"라고 표현하게 된다. 그러나 전자의 경우이든 후자의 경우이든 모두 출력문서의 기재 내용을 열람하여 서증의 방법으로 증거조사를 실시하고 있음에도 그 증거조사 결과를 서로 달리 기재하게 되는 문제점이 있다.

(6) 私見(서증조사절차의 준용)

앞에서 살펴본 바와 같이 신법은 전자문서를 서증조사의 증거방법인 문서로 파악하지 않고 있다. 또한 전자문서를 문서로 보지 않는 견해에 의하든, 아니면 전자문서를 문서로 보는 견해에 의하든 전자문서 그 자체로는 기억되어 있는 내용을 파악할 수 없고 항상 출력하여야만 그 내용을 알 수 있고, 이러한 특성 때문에 전자문서 그 자체를 민사소송법상의 서증조사의 절차에 의하여 증거조사를 실시할 수도 없다. 왜냐하면 서증조사는 원칙적으로 종이문서 등 눈으로 보고 읽을 수 있는 문서를 대상으로 하고 있기 때문이다. 이러한 사정으로 인하여, 신법 제374조는 '전자문서의 증거조사에 조사에 관한 사항은 제3절 내지 제5절의 규정에 준하여 대법원규칙으로 정한다.'고 규정함으로써, 전자문서의 증거조사는 서증조사의 절차에 의한다고 하지 않고, 감정, 서증, 검증의 절차를 준용하도록 하고 있다.

그런데, 전자문서는 서증조사의 증거방법인 문서는 아니지만 문서의 기능과 특성을 갖고 있고, 나아가 신 규칙 제120조 제1항은 '전자문서에 기억된 정보를 증거자료로 하는 경우에는 읽을 수 있도록 출력한 문서(출력문서)를 제출할 수 있다'고 규정하고 있으므로, 전자문서에 기억된 내용을 증거자료로 하는 경우에는 서증의 절차를 준용하여야 한다고 생각된다. 이 점은 서증설에 의하면 서증의 절차가 당연히 적용되게 되지만, 신법은 이와 달리 서증의 절차를 준용한다고 하고 있어 서증설과는 조금 다른 입법 태도를 취하고 있다.[114]

바람직한 재판운영방안에서는 '출력한 문서를 원본으로 하여 서증으로 증거조사를 실시하여야 한다.'고 규정하여 신서증설을 따르고 있음에 반하여, 신 규칙 제120조 제1항은 '전자문서에 기억된 정보를 증거자료로 하는 경우에는 읽을 수 있도록 출력한 문서(출력문서)를 제출할 수 있다'고 규정하고 있다. 이러한 신 규칙의 태도는 신서증설을 따르지 않은 것으로 이해되고, 오히려 서증설의 입장에 근접하고 있다. 따라서 이 규정은, 전자문서에 기억된 정보를 증거자료로 함에 있어서는 전자문서 그 자체 대신에 이에 갈음하여 제출된 출력문서를 서증의 절차에 따라 증거조사를 할 수 있는 것으로 해석되고, 이러한 입법 태도는 전자문서가 문서의 성격을 갖고 있는 점을 중시하면서도, 앞에서 본 바와 같이 서증설을 취하는 경우에 발생할 수 있는 여러 가지의 난점을 입법적으로 해결하고 있다.[115] 다만, 서증설에서는 출력문서를 사본으로 보고 있고, 신서증설에서는 출력문서를 원본으로 보고 있음에 반하여, 신 규칙의 태도는 이러한 학설과는 달리 출력문서의 원본성 여부에 대하여는 아무런 언급을 하지 않고 단지 출력문서를 전자문서의 대용물로 취급하고 있다.

따라서 전자문서에 기억된 내용을 증거자료로 하는 경우 당사자는 전자문서에 갈음하여 출력문서를 법원에 제출할 수 있고, 법원은 전자문서에 갈음하여 제출된 출력

114) 임상혁, "개정 민사소송법에서 전자문서의 개념과 증명력", 한국민사소송법학회지, 한국사법행정학회, 2004, 302-303은 출력문서를 원본으로 보아 서증조사를 하여야 한다고 설명하고 있다.

115) 대법원 1999. 11. 12. 선고 99다38224 판결에 의하면, '구법 제326조 제1항(신법 제355조 제1항)에 의하여 문서는 원본 · 정본 또는 인증있는 등본을 제출하는 것이 원칙이나, 사본을 원본에 갈음하여 또는 사본 그 자체를 원본으로서 제출할 수도 있다고 할 것인바, 상대방이 원본의 존재나 성립을 인정하고 사본으로써 원본에 갈음하는 것에 대하여 이의가 없는 경우에는 사본을 원본에 갈음하여 제출할 수 있고, 이와 같은 경우에는 그 원본이 제출된 경우와 동일한 효과가 생긴다고 할 것이며, 반면에 사본을 원본으로서 제출하는 경우에는 그 사본이 독립한 서증이 된다고 할 것이나 그 대신 이에 의하여 원본이 제출된 것으로 되지는 아니하고, 이때에는 증거에 의하여 사본과 같은 원본이 존재하고 또 그 원본이 진정하게 성립하였음이 인정되어야 하는 것이다'라고 판시하고 있다. 판례의 이러한 입장을 고려한다면, 신 규칙에서 원본인 전자문서에 갈음하여 출력문서를 증거로 제출하는 경우 판례에서 요구하는 여러 요건을 갖추지 않아도 적법한 증거제출방법이 된다.

문서를 서증의 절차를 준용하여 증거조사하면 된다.

3. 證據調查의 方法

사견으로는 신법 하에서의 증거조사는 다음과 같은 방법으로 실시함이 상당하다고 생각된다.

(1) 出力文書를 電子文書에 갈음하여 提出하는 境遇

(가) 基本的인 節次

전자문서의 기재 내용을 증거자료로 하는 경우에는 출력문서를 전자문서에 갈음하여 제출하고, 법원에서는 서증절차를 준용하여 증거조사를 실시한다. 당사자는 출력문서를 변론기일에 제출하는 방법으로 하여야 하고, 수소법원으로서는 변론기일에 당사자가 제출한 출력문서를 열람하는 것으로 한다.

일반적인 서증조사절차에 있어서는, 제출된 문서의 원본, 정본 또는 등본은 증거조사가 끝나면 이를 반환하여야 하는데, 실무상은 당사자에게 그 사본을 제출케 하여 원본과 대조한 뒤 이를 기록에 가철하고, 원본을 되돌려 주는 방식이 관례화되어 있지만, 출력문서를 전자문서에 갈음하여 제출하는 경우에는 상대방의 수만큼의 출력문서를 함께 제출하도록 하여(신 규칙 제105조 제2항 참조) 1부의 출력문서는 기록에 편철하고, 다른 1부의 출력문서는 상대방 당사자에게 교부하면 되고, 전자문서 그 자체를 제출받아 출력문서와 대조하는 절차는 밟지 않아도 된다(신 규칙 제120조 참조).

출력문서의 내용을 이해하기 어렵거나 출력문서의 수가 방대한 경우 또는 출력문서의 입증취지가 불명확한 경우에는 재판장은 당사자에게 출력문서와 증명할 사실의 관계를 구체적으로 밝힌 설명서를 제출할 것을 명할 수 있다(신 규칙 제106조 참조).

전자문서에 대한 서증의 부호와 번호는 일반의 서증과 동일하게 취급하여 이를 제출하는 당사자에 따라 원고가 제출하는 것에는 "갑", 피고가 제출하는 것에는 "을", 당사자참가인이 제출하는 것에는 "병"이라는 부호를 붙이고 그 제출 순서에 따라 번호를 부여한다(신 규칙 제107조 제2항 참조). 증거표목은 전자문서에 기재되어 있는 제목(예컨대, 계약서)을 기재하고, 괄호 안에 '전자문서 또는 컴퓨터용 자기디스크'라고 기재하면 된다. 판결문에는 "갑제1호증{계약서(전자문서 또는 컴퓨터용 자기디스크)}의 기재"라고 표현하면 된다.

전자문서에 대한 인부도 일반의 서증과 동일하게 취급하여, 그 진정성립에 관한 입증의 필요 여부를 정하기 위하여 상대방에게 인부를 시켜야 한다. 상대방은 전자문서의 진정성립과 전자문서와 출력문서와의 동일성을 모두 인정하는 경우에는 성립인정, 알지 못하는 전자문서의 경우에는 부지, 전자문서의 진정성립을 부정하는 경우에는 부인이라고 답변한다. 상대방이 전자문서의 성립은 인정하지만 전자문서와 출력문서와의 동일성을 인정하지 아니하는 경우, 전자문서가 위작 · 변작되었다고 다투는 경우에는 그 취지를 비고란에 기재한다.

○ 출력문서의 제출이 가능한 경우

공인인증서로 전자서명이 되어 있는 전자문서나 특정한 권한을 가진 사람만 접근할 수 있고 보안성이 담보된 전자문서, 예컨대 국가나 공공기관이 관리하는 전자문서, 기업체에서 보안이 담보된 상태에서 작성된 전자문서, 전자서명이 이루어진 문서 등은 출력문서를 전자문서에 갈음하여 제출할 수 있다. 그러나 다른 사람의 접근이 가능한 전자문서는 출력문서의 제출만으로 충분하다고 보기 어렵다. 이러한 경우 법원은 전자문서 자체에 대한 증거조사를 함이 상당하다.

○ 출력문서의 진정 성립

전자문서의 진정 성립과 출력문서의 진정 성립을 모두 갖추어야 형식적 증거력이 발생한다. 전자문서의 진정 성립은 후술하는바와 같다.

(나) 다툼이 있는 境遇의 處理方法

○ 入力, 出力 등에 대한 說明

위와 같은 증거조사방법에 의할 경우 전자문서에 저장된 정보를 그대로 출력하지 아니하거나 특정 부분만을 선별하여 출력할 가능성이 있으므로 전자문서에 저장된 정보와 제출된 출력문서의 내용이 일치하는지 여부에 관하여 다툼이 생길 여지가 있고, 또한 전자문서는 위작하거나 손쉽게 입력내용을 변경할 수 있는 특성이 있으므로 상대방이 전자문서가 위작되었다거나 전자문서에 저장된 정보가 사후에 인위적으로 변경되었다고 주장하는 경우도 있을 수 있다. 따라서 출력문서의 진정성립과 내용의 정확성을 담보하고 이에 관하여 다툼이 생기는 경우에는 감정에 필요한 정보를 제공하기 위하여, 출력문서를 제출하는 방법으로 증거조사를 신청한 당사자는 법원이 명하거나 상대방이 요구한 때에는 전자문서에 정보를 입력한 사람과 입력한 일시, 전자문서로부터 문서를 출력한 사람과 출력한 일시를 밝혀야 한다(신 규칙 120조 2항 참조).

○ 同一性에 다툼이 있는 境遇

상대방이 전자문서에 수록된 자료와 출력문서의 내용적 동일성을 인정하지 아니하는 경우에는 그 동일성을 판단하기 위하여 법정에서 전자문서 자체를 제시하고 컴퓨터를 사용 · 조작하여 제시된 전자문서에 수록된 자료의 내용을 모니터 화면에 재현하여 제출된 출력문서와의 내용적 동일성에 관하여 검증 절차를 실시하거나 입 · 출력한 사람에 대한 증인신문절차를 실시한다. 다만 법정에서 법원이 위와 같은 컴퓨터 조작 등의 방법으로 내용적 동일성을 조사하는 것이 불가능한 경우에는 전문가를 감정인으로 선정하여 그 동일성 유무에 관한 감정을 명할 수 있다. 그런데, 이러한 검증이나 감정은 전자문서의 기재 내용에 대한 검증이나 감정이 아니라 출력문서의 내용과 전자문서에 기재된 내용이 동일하다는 사실의 입증, 즉 실질적 증거력(증거가치)에 대한 보조사실의 입증에 해당하는 것으로 이해된다. 그리고 출력문서가 전자문서에 갈음하여 제출된 경우에, 전자문서에 입력된 내용을 확인하기 위한 감정을 하는 때에는 법원은 증거조사를 신청한 자가 당해 전자문서를 관리하고 있는 경우에는 그 자에 대하여 정보입력의 형태 등 감정에 필요한 정보의 개시를 명하는 것이 가능하다고 해석된다. 증거신청한 자가 정당한 이유없이 감정에 필요한 정보를 개시하지 않는 경우에는 법원으로서는 출력문서의 증거가치에 관한 자유심증의 문제로 대처한다.[116]

○ 電子文書의 內容 등에 다툼이 있는 境遇

상대방이 전자문서가 위작되었다고 다투거나, 또는 상대방이 현재 전자문서에 수록된 자료와 출력문서의 내용적 동일성은 인정하지만 현재 수록된 자료는 최초에 입력된 자료의 내용을 사후에 변개 · 변작한 것이라고 이의를 제기하는 경우에는 제출자에게 자료를 전자문서에 최초 입력한 사람, 입력한 일시, 제출된 출력문서를 출력한 사람, 출력한 일시 기타 필요한 사항을 명백히 하게 한 다음 입 · 출력한 사람을 증인으로 신문하거나 전문가를 감정인으로 선정하여 위작되었는지 또는 사후에 변개 등 그 내용의 인위적 조작이 있었는지 여부에 관한 감정을 명한다(바람직한 재판운영방안 Ⅳ 3 차 (2) (다) 참조).

한편 전자문서의 내용에 관한 다툼이 있는 경우에는 개별 법률에서 이를 입법적으로 해결하고 있다.

○ 전자문서의 내용에 대하여 당사자 또는 이해관계자 사이에 다툼이 있는 때에는 전자문서중계자의 컴퓨터의 화일에 기록된 전자문서의 내용대로 작성된 것으로 추정한다(정보통신망 이용촉진 및 정보보호 등에 관한 법률 제20조).

○ 공인전자서명이 있는 경우에는 당해 전자서명이 서명자의 서명, 서명날인 또는 기명날인이고, 당해 電子文書가 전자서명된 후 그 내용이 변경되지 아니하였다고 推定한다(전자서명법 제3조 제2항).

116) 竹下守夫(編輯代表), 전게서, 266 참조.

(2) 電子文書 그 自體를 提出하는 境遇

경우에 따라서는 당사자가 전자문서 그 자체를 법정에 제출할 수 있다. 이러한 경우에 법원으로서는 신 규칙 제120조 제1항의 취지에 따라 출력문서를 함께 제출받아 위 (1)의 방식에 의하여 증거조사를 실시한다.

법정에서 전자문서 그 자체에 대하여 용이하게 증거조사를 실시할 수 있는 때에는 법정에서 컴퓨터 모니터에 출력하거나 인쇄하여 이를 열람하는 형식으로 증거조사를 실시할 수도 있다. 그런데, 이러한 증거조사방법을 서증으로 볼 것인지 아니면 검증으로 볼 것인지에 대하여 논란이 있을 수 있지만, 사견으로는 전자문서의 외관이나 형상을 증거자료로 하는 것이 아니라, 전자문서에 기억된 내용을 증거자료로 하는 것이므로, 서증의 절차가 준용되는 것으로 이해하여야 할 것이다.

법정에서 용이하게 증거조사를 하지 못하는 경우에는 검증을 실시하거나 감정인으로 하여금 감정을 실시하게 할 수도 있다. 하지만, 이러한 경우의 검증이나 감정은 증거가치(실질적 증거력)에 대한 보조사실의 입증을 의미하고, 요건사실의 입증을 의미하는 것은 아니라고 이해된다.[117] 즉, 이 경우의 검증이나 감정은 전자문서와 출력문서가 동일한지 여부 등을 조사하는 것이므로, 전자문서의 외관 · 형상 등에 대하여 법관이 보고 느낀 인식을 증거자료로 하는 검증과 다르다 할 것이고, 감정인의 감정결과를 증거자료로 하는 감정과도 다르다.

○ 전자문서의 진정 성립

전자문서가 작성 · 저장된 시스템에 접근할 수 있는 사람이 극히 제한되어 있고 접근을 위해서는 암호 내지는 보안장치를 통과하여야 하며 실제 해킹 등으로 이러한 보안장치가 뚫린 적이 없다는 것이 입증되어야 진정 성립이 인정될 수 있다.[118] 이와 관련하여 전자서명법 제3조는 '공인전자서명이 있는 경우에는 당해 전자서명이 서명자의 서명, 서명날인 또는 기명날인이고, 당해 전자문서가 전자 서명된 후 그 내용이 변경되지 아니하였다고 추정한다. 공인전자서명 외의 전자서명은 당사자 간의 약정에 따른 서명, 서명날인 또는 기명날인으로서의 효력을 가진다.'고 하고 있다.

○ 전자문서의 복제물이 제출된 경우

전자문서의 복제물을 제출하는 경우에 이는 전자문서 그 자체를 제출하는 것으로 볼 수는 없다. 이 경우에는 전자문서 그 자체와 동일성이 담보되어야 한다.

117) 이에 반하여 검증설에 의하게 되면 법정에 제출된 전자문서에 대한 증거조사는 검증 또는 감정절차에 의하게 되는데, 그러한 검증이나 감정은 검증결과나 감정결과를 증거자료로 하는 요건사실의 입증을 의미하는 것으로 이해된다.

118) 김연, "전자문서에 대한 증거조사", IT와 법 연구 3집, IT와 법 센터, 2009, 270 참조.

(3) 出力文書를 獨立한 書證으로 提出하는 境遇

전자문서를 보유하고 있는 당사자든 그렇지 못한 당사자이든 간에 출력문서를 독립한 서증(원본)으로 제출할 수 있다. 이러한 경우에 제출되는 출력문서는 앞에서 본 바와 같이 전자문서에 갈음하여 제출되는 출력문서가 아니다. 전자문서를 보유하고 있는 당사자는 출력문서를 전자문서에 갈음하여 제출할 수 있는 간이한 방법이 있으므로 이러한 증거의 제출을 굳이 할 필요가 없어 보인다. 전자문서를 보유하고 있지 않고 그 출력문서만 갖고 있는 경우에는 출력문서를 독립하여 서증으로 제출할 수 있게 된다. 이러한 경우에는 서증조사의 절차에 따라 증거조사를 하면 상당하지만, 전자문서 그 자체를 증거방법으로 제출하는 경우에 비하여 그 증거가치가 다소 떨어질 것으로 예상된다.[119] 판결문에는 "갑제1호증{계약서(전자문서의 출력문서 또는 컴퓨터용 자기디스크의 출력문서)}의 기재"라고 표현한다.

4. 書證 規定의 準用 與否

(1) 文書提出命令

문서제출명령이란 문서제출의무를 부담하는 문서소지자에 대하여 그 문서의 제출을 명하는 법원의 재판을 말한다. 전자문서 그 자체에 대한 문서제출명령이 가능한지에 대하여는 앞에서 본 바와 같이 학설이 대립될 수 있으나, 일본의 재판례는 이를 긍정하고 있다. 전자문서는 서증조사의 증거방법인 문서는 아니지만 신법은 전자문서에 기억된 정보에 대한 증거조사의 경우 서증 등의 절차를 준용할 수 있다고 규정되어 있고 전자문서가 문서의 특성과 기능을 갖고 있으므로, 신법의 해석상으로도 전자문서에 대하여 문서제출명령 규정을 준용할 수 있다고 생각된다. 따라서 당사자가 전자문서 제출명령에 따르지 아니하는 때에는 법원은 전자문서의 기재에 대한 상대방의 주장을 진실한 것으로 인정할 수 있다(신법 제349조 참조).

전자문서 제출명령의 경우 당사자는 원칙적으로 전자문서 그 자체를 제출하여야 하고, 프로그램과 출력문서도 함께 제출하여야 한다. 그런데, 전자문서를 법정에 쉽게 제출할 수 있는 경우에는 전자문서 그 자체를 제출하게 함이 상당하다할 것이지만, 전자문서가 대형컴퓨터에 저장되어 있거나 또는 전자문서를 이동시키는 데에 여러 가지 곤란한 사정이 있는 등 당사자가 전자문서를 법정에 제출하기 어려운 사정이 있는 경

119) 출력문서를 독립한 서증으로 제출하는 방식은, 녹음테이프 그 자체를 증거로 제출하지 않고, 녹취서를 독립한 서증으로 제출하여 서증조사를 실시하는 유형과 비슷하다고 생각할 수 있다.

우도 생길 수 있고, 당사자가 전자문서에 기억된 내용을 증거자료로 하는 경우 전자문서에 갈음한 출력문서를 제출할 수 있는 점에 비추어 보아 전자문서 제출명령을 받은 당사자는 전자문서에 갈음한 출력문서를 법원에 제출할 수 있다고 생각된다.

그리고 전자문서가 대형컴퓨터에 저장되어 있거나 또는 전자문서를 이동시키는 데에 여러 가지 곤란한 사정이 있는 등 전자문서를 법정에 제출하기 어려운 사정이 있는 경우, 법원은 전자문서 소지자에게 전자문서에 갈음한 출력문서를 제출하게 할 수도 있다.[120)]

당사자가 출력문서를 제출하는 경우에는 법원이 명하거나 상대방이 요구한 때에는 전자문서에 입력한 사람과 입력한 일시, 출력한 사람과 출력한 일시를 밝혀야 함은 물론이다(신 규칙 제120조 제2항 참조). 한편, 당사자가 전자문서를 제출하지 않고 출력문서만을 제출한 경우 법원으로서는 부제출에 대한 제재 규정인 신법 제349조의 적용에 신중하여야 한다. 전자문서 그 자체를 법정에 제출하기 어려운 사정이 있을 수 있기 때문이다.

(2) 文書送付囑託

문서송부촉탁이란 문서의 제출의무가 있든 없든 가리지 않고 그 문서소지자를 상대로 그 문서를 법원에 송부하여 줄 것을 촉탁하는 절차이다(신법 제352조). 인증등본의 송부로도 충분한 경우에는 인증등본의 송부를 촉탁하면 족하다.

현재 문서송부촉탁은 대부분 인증등본 송부촉탁으로 하고 있음에 비추어 볼 때 전자문서에 대한 송부촉탁은 전자문서에 갈음하는 출력문서 송부촉탁으로 함이 상당하다 할 것이고, 전자문서에 갈음하여 송부촉탁되어 온 출력문서에 대하여 서증절차를 준용하여 증거조사를 실시하면 된다. 전자문서 그 자체에 대한 송부촉탁도 이론상 가능하지만, 현실적으로 여러 가지 장애 사유가 있으므로 굳이 이러한 방법을 채택할 필요는 없다.

(3) 文書가 있는 場所에서의 書證調査(신 규칙 제112조)

문서가 있는 장소에서의 서증조사는 제3자가 가지고 있는 문서를 신법 제343조(문서제출명령) 또는 신법 제352조(문서송부촉탁)가 규정하는 방법에 따라 서증으로 신청할 수 없거나 신청하기 어려운 사정이 있는 때에 법원이 그 문서가 있는 장소에서 서증의 신청을 받아 조사할 수 있는 증거조사절차이다.

전자문서에 대하여 문서가 있는 장소에서의 서증조사절차에 따른 증거조사를 실

---

120) 참고로 전산화되어 있는 금융거래정보 · 과세정보의 제출을 명하는 경우에는 법원은 제출명령에 의하여 전산자료에 있는 정보에 대한 출력문서의 제출을 요구하는 방식으로 하고 있다.

시할 수 있는가가 문제될 수 있지만, 전자문서를 당사자가 소지하지 않고 제3자가 가지고 있는 경우에는 신 규칙 제112조를 준용하여 증거조사를 실시할 수 있을 것으로 이해된다. 따라서 당사자는 전자문서가 있는 장소에서 서증조사기일이 열리면 신청하고자 하는 전자문서를 개별적으로 지적하고, 지적된 전자문서를 현장에서 컴퓨터를 이용하여 모니터에 재현하거나 출력 인쇄하여 서증조사절차를 준용하여 증거조사를 실시하면 된다. 기타의 절차는 문서가 있는 장소에서의 서증조사절차 규정을 준용한다.

(4) 眞正成立 推定 規定의 準用與否

민사소송법은, 공문서에 관하여는 문서의 방식과 취지에 의하여 공무원이 직무상 작성한 것으로 인정한 때에는 이를 진정한 공문서로 추정하고, 사문서에 관하여는 본인 또는 대리인의 서명이나 날인 또는 무인이 있는 때에는 진정한 것으로 추정한다는 규정을 두고 있다(제356조 제1항, 제358조).

이들 규정이 전자문서에 대하여도 준용할 수 있을지 문제된다. 서명이나 날인 또는 무인은 종이문서를 전제로 하고 있고, 전자문서에 대하여는 종이문서에서와 같은 서명이나 날인 또는 무인을 하기가 곤란하다. 이러한 점에 비추어 보면 위 추정 규정을 전자문서에 준용하는데 주저하게 된다. 또한 전자문서를 종이문서와 완전히 동일시하기 어렵기 때문에 종이문서의 진정성립에 관한 현행법의 규정을 그대로 적용할 수는 없다.[121]

하지만, 전자문서에 대하여도 진정성립 추정 규정이 준용될 수 있다고 생각된다. 사무관리규정(제8조 제1항), 헌법재판소공문서규칙(제5조 제1항), 선거관리위원회사무관리규칙(제8조 제1항) 등은, 공무원이 직무상 작성한 문서는 전자서명 또는 전자이미지서명에 의한 결재가 있으면 공문서로 성립된다는 취지로 규정하고 있다. 따라서 위 법령에서의 전자서명 또는 전자이미지서명이 있으면 일반 종이문서의 서명에 갈음한다는 뜻으로 이해할 수 있으므로, 이들 요건을 갖추고 있고, 공무원이 직무상 작성한 것으로 인정되는 전자문서에 대하여는 위 추정 규정을 준용함이 상당하다고 생각된다.

한편, 전자서명법 제3조는 '다른 법령에서 문서 또는 서면에 서명, 서명날인 또는 기명날인을 요하는 경우 전자문서에 공인전자서명이 있는 때에는 이를 충족한 것으로 보고, 공인전자서명이 있는 경우에는 당해 전자서명이 서명자의 서명, 서명날인 또는 기명날인으로, 공인전자서명 외의 전자서명은 당사자 간의 약정에 따른 서명,

---

121) 정남회, "전자문서의 법적 성질", 법무사 441호, 대한법무사협회, 2004, 12 참조.

서명날인 또는 기명날인으로서의 효력을 가진다.'고 규정하고 있다. 정보통신망 이용촉진 및 정보보호 등에 관한 법률 제18조도, '국가기관 또는 지방자치단체의 장이 전자문서중계설비를 관리하는 자를 통하여 법령에서 규정한 허가 · 인가 · 승인 · 등록 · 신고 · 신청 등을 전자문서로 처리하고자 하는 경우에는 대통령령이 정하는 바에 의하여 대상업무와 전자문서중계자 등 필요한 사항을 정하고 이를 고시하여야 하고, 이에 의하여 처리되는 전자문서와 그 문서상의 명의인을 표시한 문자 및 전자서명법 제2조 제3호의 규정에 의한 공인전자서명은 각각 당해 법령이 정한 문서와 당해 문서상의 서명날인으로 본다.'고 규정하고 있다. 따라서 이러한 요건을 갖추는 전자문서는 위 진정성립 추정 규정을 준용할 수 있다.

전자서명된 전자문서의 진정성립이 추정되는 경우 그 진정성립을 부정하는 자는 전자문서의 내용으로부터 추출된 요약추출물과 디지털서명을 복호화한 결과가 동일하지 않다는 점, 공개키와 개인키가 서로 상응하지 않는다는 점, 키조합이 불완전한 보안절차를 수행하는 시스템에서 생성되었다는 점 등을 주장, 입증하여 위 추정을 번복할 수 있다.[122)]

제 6 結 語

민사소송법상 전자문서란 "컴퓨터 등 정보처리시스템에 의하여 사람의 사상이나 관념이 전자적 형태로 기록된 정보를 담고 있는 유형물로서, 사후에 문서의 형태로 출력 또는 재현될 수 있는 물건"을 의미한다. 문서의 개념을 확대하여 종이문서 등 종래의 문서뿐만 아니라 새롭게 등장한 전자문서도 문서에 포함시키는 타당하다. 전자문서는 종이문서와 달리 눈으로 보고 읽을 수 없는 형태로 되어 있다. 이러한 점 때문에 전자문서를 문서로 볼 수 있는지 여부에 대하여 논란이 있을 수 있지만, 사람의 사상을 표현하고 있고, 인간 생활의 영역에서 전자문서가 문서의 기능을 하면서 종이문서에 대체해 나아가고 있는 실정이고, 나아가 육안으로 그 내용을 인식할 수 있는 것뿐만 아니라 컴퓨터 기타 도구를 이용하면 그 내용을 인식할 수 있는 것도 문서로 보아야 하므로, 전자문서를 문서의 개념 범주에 포함함이 상당하다. 다만, 개별 법령에 규정되어 있는 문서에 과연 전자문서가 포함될지 여부가 문제되기는 하지만 개별 법령의 입법취지에 따라 적절한 해석을 해 나가면 된다.

---

122) 사법연수원, 전자거래법, 2001, 108 참조.

그런데, 전자문서를 문서로 보지 않는 견해에 의하든, 아니면 문서로 보는 견해에 의하든 전자문서 그 자체로는 기억되어 있는 내용을 파악할 수 없고 항상 출력하여야만 그 내용을 알 수 있다. 이러한 특성 때문에 전자문서는 민사증거법상 서증조사의 증거방법인 문서에는 해당되지 않는다. 다시 말하면 서증조사의 증거방법이 되는 문서는 가시성 · 가독성이 있는 문서에 한정되고 있는 것으로 해석되고, 전자문서는 민사소송법 제374조의 '컴퓨터용 자기디스크, 광디스크 등 정보를 담기 위하여 만들어진 물건으로서 문서가 아닌 증거'에 해당된다.

하지만, 민사소송법 제374조는 전자문서의 증거조사에 관한 사항은 '제3절(감정), 제4절(서증), 제5절(검증)의 규정에 준하여 대법원규칙으로 정한다.'고 규정하고 있고, 민사소송규칙 제120조 제1항은 전자문서가 문서의 기능과 특성을 갖고 있는 점에 착안하여 '전자문서에 기억된 정보를 증거자료로 하는 경우에 당사자는 읽을 수 있도록 출력한 문서(출력문서)를 제출할 수 있고, 법원은 전자문서에 갈음하여 제출된 출력문서에 대하여 증거조사를 실시한다.'는 취지로 규정하고 있다. 따라서 민사소송절차에서 전자문서의 외관, 성상, 현상, 성질에 대하여 법관이 보고, 듣고, 느낀 인식을 증거자료로 하는 경우에는 검증의 절차에 의하여 증거조사를 실시하면 되지만, 전자문서에 기억된 내용을 증거자료로 하는 경우에는 서증조사의 절차를 준용하여 증거조사를 실시하면 된다.

참고문헌

〈단행본〉

강현중, 제3전정판 민사소송법, 박영사, 1997.

______, 제5판 민사소성법, 박영사, 2002.

______, 제5판 민사소송법, 박영사, 2002.

김대수, 컴퓨터 개론, 생능출판사, 2001.

김상원 외 3인, 제5판 주석민사소송법(Ⅳ), 한국사법행정학회, 1997.

______, 제5판 주석민사소송법(Ⅳ), 한국사법행정학회, 1997.

김진환, 전자거래에 있어서의 문서성과 서명성에 관한 고찰(상), 법조 48권 8호, 법조협회, 1999. 8.

______, 전자거래에 있어서의 문서성과 서명성에 관한 고찰(하), 법조 48권 9호, 법조협회, 1999. 9.

박영우 역, 독일민사소송법상 전자문서의 증거법적 문제, 인터넷법률 2000년 2호, 법무부, 2000. 9.

법무부, 외국의 전자서명법제, 법무자료 215집, 1997.

법무성민사국참사관실, 일문일답, 신민사소송법, 상사법무연구회, 1998.

법원행정처, 민사소송규칙해설, 2002.

______, 민사소송법 개정내용 해설, 2002.

______, 민사재판 운영실무, "신모델 실무편람", 2002.

______, 법원실무제요 민사소송 [Ⅲ]

______, 전정증보 법원실무제요 민사(하), 1996.

사법연수원, 전자거래법, 2001.

______, 전자거래법, 2009.

손경한, 전자상거래입법의 국제적 동향, 저스티스 통권 68호, 한국법학원, 2002. 8.

송상현, 박익환, 신정5판 민사소송법, 박영사, 2008.

______, 신정2판 민사소송법, 박영사, 2001.

______, 신정3판 민사소송법, 박영사, 2002.

오병철, 전자거래법 전정판, 법원사, 2000.

왕상한, 전자상거래와 국제규범, 박영사, 2001.

유병현, 민사소송상 전자문서와 증거, 민사소송(Ⅴ), 한국사법행정학회, 2002. 2.

이상정, 소재선, 전자문서와 전자계약, 경희법학 33권 2호, 경희대학교, 1998. 12.

이시윤, 개정 4판 민사소송법, 박영사, 2001.

______, 신민사소송법, 박영사, 2002.

______, 신정4판 민사소송법, 박영사, 2001.

이진우, 전자거래의 법적 검토, 정보법학 창간호, 한국정보법학회, 1997.

이 철, 컴퓨터범죄의 수사와 전자적 기록의 증거능력(하), 법조 40권 10호, 법조협회, 1991. 10.

정동윤, 민사소송법/(제4전정판), 법문사, 2001.

최경진, 전자상거래와 전자상거래법, 현실과 미래사, 2000.

최승열, 현행 법제에 규정된 전자문서의 의의에 관한 검토, 법제 530호, 2002. 2.

최영호, 개정형법과 컴퓨터관련 범죄현상(하), 법조 45권 7호, 법조협회, 1996. 7.

통신개발연구원, 초고속정보통신기반관련 1996년도 법 · 정제도 정비연구, 1996.

한국전산원, 공문서 전자 유통방안, 1996.

______, 전자문서 이용 활성화의 장애요인 분석, 1998. 7.

호문혁, 민사소송법 제7판, 법문사, 2002.

황영목, 검증 · 감정에 관한 제문제: 녹음테이프의 증거조사방법을 포함하여, 판례자료 25집, 1985. 7.

IT와 법 연구 3집, IT와 법 센터, 2009.

Ohmsha 編, 정보통신기술용어대사전(IT 용어대사전), 성안당, 2001.

加藤新太郎, 新種證據の證據調べ, 竹下守夫(編輯代表), (講座)新民事訴訟法Ⅱ, 弘文堂, 1999.

高橋宏志. 證據調べについて12, 法學教室 256號, 有斐閣, 2002. 1.

梅谷眞人, 磁氣ディスクと證據2, NBL 628號, 商事法務研究會, 1997. 11.

梅本吉彦, 磁氣テータの證據調べ, ジュリスト(別册): 民事訴訟法判例百選(Ⅱ), NO.146, 有斐閣, 1998. 3.

本間義信, コンピューター用磁氣テープについての文書提出命令, 判例タイムズ 390號(臨時增刊), 昭和 53年度 民事主要判例解說, 1979. 9.

研究會 新民事訴訟法 立法 · 解釋 · 運用, ジコリスト 增刊, 有斐閣, 1999. 11.

宇野聰, 準文書, 三宅省三, 鹽崎勤, 小林秀之 [共]編, 新民事訴訟法大系一理論と實務一, 第3卷, 青林書院, 1997.

竹下守夫, コンピュータの導入と民事訴訟法上の諸問題, ジュリスト 484號, 1971. 7.

住吉博, コンピュータの磁氣テープにつき民訴法312條の文書(準文書)にあたるとして文書提出命令が發せらねた事例:多奈川火力公害訴訟文書提出命令抗告審決定, 判例時報 919號, 日本評論社, 1979. 5.

春日偉知郎, コンピュタ一用磁氣テープは民訴法312條にいう文書(準文書)にあたるとしてその提出を命じた事例, 判例タイムズ 362號, 1978. 8.

______, コンピコター用磁氣テープ閲覽・謄寫の許否, 判例タイムズ(臨時增刊): 主要民事判例解説 昭和54年度 411號, 1980. 6.

______, 民事證據法論集, 情報開示・證據收集と事實の解明, 有斐閣, 1995.

Michael H. Graham. Federal Rules of Evidence in a Nutshell, West Publishing Co, 1996.

〈논문〉

김 연, "전자문서에 대한 증거조사", IT와 법 센터, 2009.

김진환, "전자거래의 법률적 문제에 관한 연구", 고려대학교 대학원 석사학위논문, 1998.

법원행정처, "신모델 실무편람", 민사재판 운영실무, 2002.

오기두, "형사절차상 컴퓨터관련증거의 수집 및 용법에 관한 연구", 서울대학교 박사학위논문, 1997.

임상혁, "개정 민사소송법에서 전자문서의 개념과 증명력", 한국민사소송법학회지, 한국사법행정학회, 2004.

정남회, "전자문서의 법적 성질", 법무사 441호, 대한법무사협회, 2004.

〈인터넷〉

http://www.law.upenn.edu/bll/ulc/ulc_frame.htm

제 6 장

인터넷과 기타 법률

제 1 절
전자거래가 현행 조세체계에 미치는 문제점과 그 해결 * **

제 1 머 리 말

최근 통신기술의 급격한 발전과 인터넷(Internet) 사용의 폭발적 증가에 따라 인터넷을 통한 전자상거래(eletronic commerce)도 급성장을 하고 있다. 이러한 인터넷 및 전자상거래의 발전은 각국의 사회 및 경제 전반에 걸쳐 큰 영향을 미치고 있는데 인터넷은 단순한 정보통신의 통로라기보다는, 전통적 시장이 가지고 있는 시간적 · 공간적 제한을 극복하고 국경 개념 없이 전세계를 하나로 묶는 새로운 Cyber Market 또는 지구촌시장(Global Market)으로 부상하고 있다. 인터넷을 통한 전자상거래의 급성장은 사회 전반에 걸쳐 소비자 보호문제 · 지적재산권 보호문제 · 프라이버시 보호문제 등과 같은 문제점을 야기하고 있으며, 租稅문제와 관련하여서도 조세회피로 인한 과세표준의 잠식 · 국가간의 세수분배의 불균형 · 국제적 이중과세나 비과세 등 조세제도와 조세행정의 분야에서 각종의 문제가 발생하고 있다.

租稅의 측면에서 보면, 전자상거래도 본질적으로 전통적인 거래와 크게 다를 바가 없으나, 전자상거래와 관련된 세법 등의 규정이 미비하거나 불확실한 바, 전자상거래의 특성을 외면한 채 과세에 집착하다 보면 전자상거래의 발전을 크게 위축시킬 수 있고, 전자상거래에 대한 신중하지 못한 과세제도의 마련은 전통적인 상거래와 조세차별을 불러와서 조세의 중립성이 훼손될 수 있으며, 전자 기술을 이용하여 세무행정의 획기적인 발전을 기할 수 있는 반면 납세자 정보관리 등 인권침해의 소지가 발생할 수 있고 또한 아무리 세제를 정비한다고 해도 전자상거래는 국경의 개념이 중요하지 않아 조세회피 및 탈세의 가능성이 상존하고 있는 점 등의 이유 때문에 전자상거래에 대해 조세분야에서의 특별한 관심을 필요로 한다.

이러한 새로운 현상의 출현에 따라 세계 각국은 이를 뒷받침하는 법 · 제도의 정

---

* 엄운용: 변호사.

** 이 글은 CYBER LAW의 제문제(下), 법원도서관, 2003, 6-66에 수록되어 있는 필자의 "電子去來와 租稅"를 수정 · 보완한 것이다.

비를 위해 노력하고 있는 반면 국제적으로도 전자상거래와 관련한 조세제도 및 조세행정의 정비를 위해 연구가 계속되고 있다. 조세제도의 국제적인 형성과정에서 각국이 전자상거래의 순수출국인지 순수입국인지의 여부에 따라 접근하는 입장에 큰 격차를 보이고 있는데 조세제도 및 행정의 정비에 있어서는 이러한 전자상거래의 국제적인 속성상 국가간 제도 정비의 조화가 무엇보다도 중요하다고 할 수 있다. 따라서 국제적으로 전자상거래와 관련한 논의가 활발히 진행되어온 선진국들의 모임인 OECD에서 자연스럽게 그 논의를 주도해 나가고 있고, 다만 관세에 관한 부분은 WTO에서 주도하고 있다.

이하에서는 전자상거래가 확산되면서 조세법분야에 가져오는 문제점을 분석하고 대안을 제시하기 위해서 먼저 전자거래의 개념과 현황, 조세법상의 특성을 살펴보고, 이어 현행 전자거래관련 조세제도를 각 영역별로 살펴보고, 이어 전자거래가 현행 조세체계에 일으키는 문제점을 분석하고, 그러한 문제점들에 대한 국제적 연구 동향은 어떠한지 살펴본 다음 나아가 우리의 정책적 대응방안을 도출해 보고자 한다.

제 2 전자거래의 개관과 특성

I. 전자거래가 세법상 문제되는 사례

미국법인이 미국에 서버를 둔 컴퓨터의 사이버 거래를 통해서 우리나라에서 우리나라의 미술품을 경매하였을 경우 우리 부가가치세법상 재화 또는 용역의 공급이 국내에서 이루어지면 부가가치세법 제1조 제1항에 따라 '과세대상거래'에 해당되며, 국내 또는 국외의 구분은 같은 법 제10조에 따르면 재화의 이동이 개시되는 장소(용역의 경우는 役務가 제공되는 장소)에 따라 결정되므로 따라서 미술품의 이동 출발점(用役의 제공도 대부분 우리나라에서 수행될 것이다)은 우리나라임이 분명하므로 우리나라의 국세청은 부가가치세 등의 세금을 우리나라에 납부하여야 한다고 할 것이다.[1] 반면 미국의 관련 당국은 거래를 주관한 것이 미국법인이고, 경매를 중개한 것은 컴퓨터로서 그 컴퓨터는 미국에 소재하고, 거래대금은 미 달러로 표시되어 있으며, 관련 거래에 따른 자금은 미국 은행을 통해서 해당 은행계좌에 입금된 만큼 이는 미국회사의 상거래행위이므로 미국법에 따라 세금을 낼 따름이라는 주장을 할 것이다.

1) 안창남, "전자상거래가 세법체계에 던지는 문제점과 해결방안", 인터넷법률 창간호, 2000. 7, 129.

우리나라 대부분의 개인 컴퓨터에 사용되고 있는 Microsoft 윈도우 프로그램을 미국에서 사와서 우리나라에서 판매하는 경우, 이는 '事業所得'으로 간주되어 固定事業場이 없으면 우리 나라에서 과세되지 않으나, 이를 복사할 권리와 함께 인터넷을 통해 Download 받아서 판다면 이는 '使用料所得'으로 간주되어 원천징수 납부 대상이 된다. 사용자나 판매자의 입장에서는 사오는 것이나 인터넷으로 받는 것이나 그 성질은 다를 바 없고 법률적 · 경제적 실질이 같음에도 세법은 이 둘을 별도로 구분하고 있다.

Ⅱ. 전자거래의 개념

電子商去來(eletronic commerce)는 개인 · 기업 · 정부 등 경제주체간에 상품 및 서비스의 교환에 필요한 정보를 인터넷과 같은 컴퓨터통신망을 이용하여 교환하는 상거래[2] 또는 기업간 또는 기업과 고객간 거래가 전자정보를 통해 이루어지는 것으로 크게 보아 인터넷상의 비즈니스와 네트워크를 활용하여 행하여지는 계약, 주문, 배달, 대금청구 및 지불에 이르는 모든 상거래 활동을 포함[3]한다고 하는 등 정의가 다양하다. 전자상거래를 사이버 비즈니스(cyber business)라고도 하며 광의로는 光速去來(CALS: Commerce At Light Speed)[4]를 포함하는 개념으로 사용하기도 한다. OECD에서는 '문자 · 소리 · 시각 이미지를 포함하여 디지털화된 정보의 전송 및 처리에 기초하여 이루어지는 모든 형태의 상업적 거래'로 정의내리고 있다.[5] 우리나라 실정법상으로는 전자상거래에 대한 법적 근거로서 UNCITRAL의 전자상거래모델법과 전자서명모델법에 기초하여 1999년 초에 전자거래기본법과 전자서명법을 제정하여 동년 7월부터 발효시켰는바,[6] 위 전자거래기본법에서 電子去來의 개념을 '재화나 용역을 거래함에 있어서 그 전부 또는 일부가 전자문서에 의하여 처리되는 거래'라고

---

2) 정태용 · 김창범, "전자상거래가 현행 조세제도에 미치는 영향", 법제개선연구-국가경쟁력강화입법지원반 연구보고서 제6집, 법제처, 2000. 12, 73.

3) 서희열, "전자상거래유형에 따른 부가가치세 과세방안", 국제법무연구 제4호, 2000. 2, 134.

4) CALS는 정보의 공유화 등에 의해 경영효율을 증진시키는 세계 공통의 새로운 비즈니스 시스템으로서, 표준화 및 정보통합화 기술을 이용하여 원재료의 조달에서 설계 · 개발 · 생산 · 조달 · 관리 · 유통 · 유지라는 제품의 라이프사이클(life-cycle) 전반에 관련된 정보를 복수기업이 전자화한 통합정보시스템을 이용, 공유 · 교환함으써 비용절감 등을 꾀하는 것을 말한다. 최경진, 전자상거래와 법, 현실과 미래, 1998, 44.

5) "Electronic commerce refers generally to all forms of transactions relating to commercial activities, including both organizations and individuals, that are based upon the processing and transmission of digitalized data, including text, sound and visual image."(OECD, Measuring Electronic Commerce, DSTI/ICCP/AH(97)6/REV1)

6) 孫京漢, "전자상거래입법의 국제적 동향", 저스티스, 제68호, 한국법학원, 2002. 8, 116.

정의하고, 電子文書를 '정보처리 시스템에 의하여 전자적 형태로 작성, 송신 · 수신 또는 저장된 정보'라고 정의하고 있다.[7] 여기서 말하는 전자거래는 이론적으로는 전자상사거래와 전자민사거래를 포괄하는 개념으로 이해되나 실천적인 의미로는 전자상거래와 동의어로 보아도 무방할 것이다.[8] 조세법적 측면에서 전자거래를 논함에 있어서는 따로 전자상거래와 분리하여서 볼만한 실익이 없어 보이므로 이하에서는 전자거래를 전자상거래와 같은 의미로 사용하기로 한다.

Ⅲ. 전자거래의 유형들

전자상거래의 거래형태는 경제주체의 측면에서는 기업간 거래, 기업과 소비자간 거래, 기업과 정부간 거래로 구분할 수 있고, 상품의 측면에서는 물리적 상품과 디지털화된 상품으로 구분할 수 있으며, 거래활동의 측면에서는 컴퓨터 소프트웨어 또는 정보서비스와 같이 무형의 재화나 서비스에 대해 전자적 환경하에서 주문-결제-배달이 모두 완결되는 온라인(on-line) 거래와 유형의 재화(tangible products)에 대하여 주문 및 대금결제는 전자적으로 처리하더라도 배달은 우편 또는 택배를 통하여 이루어지는 오프라인(off-line) 거래로 구분할 수 있다.

기업간(B to B: Business to Business) 거래는 전자문서 교환이나 인터넷 등의 수단을 통하여 이루어지는데 전자문서교환(EDI, Electronic Data Interchage)이란 기업간 업무처리에 있어서 종래의 종이로 된 문서나 서류를 교환하는 대신 컴퓨터로 처리할 수 있는 구조화되고 표준화된 양식으로서 EDI 네트워크를 통하여 데이터를 교환하는 방식[9]을 말한다. 기업들은 전자문서 교환을 통하여 국제계약 체결 · 운송 등 국제거래 · 대금결제 · 재고관리 등의 업무를 수행한다. 인터넷을 이용한 기업간 전자상거래 중에서 주요 부분은 컴퓨터 소프트웨어 등 정보기술 제품의 판매와 항공예약 등 여행 서비스이다.

기업과 소비자간(B to C: Business to Customer) 거래는 소비자가 온라인 광고를 통하여 재화와 용역에 관한 정보를 얻고 전자화폐 등의 결제수단을 사용하여 재화와 용역을 구입하고 온라인 서비스를 통하여 사용법에 관한 문의, 계약상 분쟁의 해결 등 구매 후 서비스를 받는 시장거래를 말한다. 기업과 소비자간 전자상거래에는 재화

---

7) 전자거래기본법(1999. 2. 8. 제정, 법률 제5834호) 제2조, 전자서명법 제2조.
8) 玉武錫, "전자상거래와 조세문제", 상사법연구, 제19권 제2호, 2000, 122.
9) 김진환, "전자거래의 법률적 문제에 관한 연구", 고려대 대학원 법학석사학위논문, 1998, 20.

의 판매 및 임대뿐만 아니라 역외금융(offshore banking), 홈뱅킹 등 은행업무, 증권매매중개, 방송 · 전자신문 · 음악 등 연예 · 오락, 여행예약과 발권, 의료행위, 회계, 경영 컨설팅, 기타 전문직업 서비스 등 서비스의 제공, 온라인 정보제공, 광고, 도박 등이 포함된다. 이러한 거래는 앞으로 통신기술의 발달에 따라 무한히 발전될 분야로서 전자상거래에 대한 대부분의 관심은 이 분야에 집중되고 있다.[10]

Ⅳ. 전자거래의 조세법상의 특성

거래 수단의 전자화가 세제에 긍정적으로 영향을 미치는 점은 과세대상(tax base)을 투명화할 수 있고 과세자료를 실시간(real time)으로 파악할 수 있게 되어 세원의 탈루 없는 과학적인 과세가 가능하게 된 것이라고 하나, 그 보다는 오히려 부정적인 측면인 탈세의 가능성 여부에 논의가 집중되고 있다. 전자상거래의 특성은 여러 가지가 있지만 가장 본질적인 것은 정보의 전달이 디지털화된다는 점과 거래가 비공간적으로 이루어진다는 점이다. 전자상거래는 디지털화된 정보를 통해 이루어지므로 거래의 성사를 위해 공간적인 설비를 요하지 않으며 고객을 상대하기 위한 시설도 요하지 않는다. 또 전자상거래는 가상공간(cyberspace)에서의 거래이므로 거래당사자의 실체가 들어나지 않는다.[11] 전자상거래의 경우 소비자가 직접 제품을 만져보지 아니하고도 제품을 구매하는 것을 가능하게 하며, 종전의 상거래 하에서 유형의 상품(tangible products)으로 거래하는 것을 무형의 상품(intangible products)으로 거래하는 것 또한 가능하게 한다. 또한 전자상거래는 개별국가의 기업으로 하여금 국경을 초월하여 자유로이 경제활동을 수행할 수 있게 한다. 이를 조세측면에서 본다면 해당국가에 固定事業場을 설치하지 아니하고도 소득을 올리는 것이 가능하게 된다는 것을 의미한다.

---

10) 曺羊希, "전자상거래의 조세법적 문제점", 조세법연구 제5집, 1999. 12, 69.
11) 李哲松, "전자상거래와 조세", 세무사, 2001, 봄호, 52.

제 3 현행 전자거래관련 조세제도

Ⅰ. 소득에 대한 과세권의 국제적 배분원칙

1. 源泉地 課稅主義와 居住地 課稅主義

국가간의 상거래에서 발생한 소득에 대하여 당사국이 세수를 어떻게 나누어 가질 것인가에 관해서는 전통적으로 원천지 과세주의와 거주지 과세주의가 대립되어 왔다. 源泉地 課稅主義란 소득의 원천이 있는 나라, 곧 당해 소득을 벌어들이는 활동이 이루어지는 나라에서 과세하자는 것이고, 居住地 課稅主義는 소득을 벌어들이는 개인 또는 법인이 거주하는 나라에서 과세하자는 것인데, 자본수입국은 원천지 과세를 주장하게 되고, 자본수출국은 거주지 과세를 주장하게 된다.

2. 과세권의 일반적인 배분원칙

각국이 과세권을 행사하는 원칙, 즉 국제과세의 관할기준에 대해 속인주의적 성격인 거주지 과세주의와 속지주의적 성격인 원천지 과세주의의 긴장관계 속에서 오늘날 국제사회에서는 소득이라는 과세물건에 대하여 어떠한 과세방식을 채택할 것인가에 대하여 일정한 역사적 과정을 거쳐 어느 정도 안정된 규칙이 명시적 묵시적으로 합의되어 있는데 그 내용을 요약하면 다음과 같다.[12)]

① 源泉地國은 자국 내에서 이루어지는 경제활동에서 생기는 소득에 대하여 과세권을 가진다.

② 居住地國은 자국의 국적을 가지고 있거나 자국에 살고 있는 자의 소득에 대하여는 자국 외의 장소에서 벌어들인 소득에 대하여도 과세할 수 있다. 법인의 경우에도, 보다 더 애매한 개념이기는 하나 자국 법인이라면 전 세계 소득을 과세할 수 있다.

③ 원천지 과세와 거주지 과세의 경합에서 생기는 二重課稅를 막기 위해 원천지국은 스스로의 과세권을 일정범위로 축소하고, 거주지국은 원천지국에서 발생한 소득을 비과세(外國所得免除方式)하거나 원천지국에서 납부한 세금을 감면(外國納付稅額控除方式)해준다.

---

12) 이창희, "전자상거래가 국제조세질서에 미치는 영향", 정보법학 제2호, 1998, 272.

이중과세를 조정하는 방식에 대해 외국소득 면제방식이든 외국납부세액 공제방식이든 양자 모두 타협의 핵심은 원천지국은 과세권을 일정범위로 축소하고 거주지국은 동 범위 안에서 원천지국의 과세권을 우선하여 이중과세를 조정하는데 있다. 문제는 원천지국의 과세범위를 어떻게 정할 것인가 하는 점인데 경제적 성질에 따라 소득을 구분하여 각 구분별로 원천지국 과세권의 범위를 정한다는 것이다.

3. 소득별 배분기준

소득의 구분은 근본적으로는 노동과 자본(자본재)의 구별에 터잡아 용역 대가, 소극적 투자소득, 적극적 사업소득이라는 3분법에 따르고 있다.

① 용역대가 내지 노동력의 제공에 따르는 보수는 일반론으로 원천지국(= 노무제공장소)에 과세권이 있다. 노무의 성질이 종속적 근로관계인가 독립적 관계인가에 따라 이를 별도로 구분하여 원천지국 과세권의 범위에 약간의 차이는 있지만 노무제공장소에 따라 원천을 정함은 마찬가지이다. 다만 원천지국에 잠깐 머물러 일한 대가는 거주지국만이 과세할 수 있으나 연예인이나 운동선수의 보수 등 성질상 금액이 크게 마련인 소득은 원천지국이 과세할 수 있다.[13)]

② 투자소득 가운데 이자와 배당은 원천지국(소득지급자의 거주지국)이 총소득에 대하여 과세할 수 있으나, 세율은 일정 한도를 넘을 수 없다. 사용료 소득(royalties)은 이를 지급받는 자의 거주지국에서만 과세한다.[14)]

③ 사업소득은 원천지국에 고정사업장이 있는 경우에만 원천지국이 과세할 수 있다. 직접 사업장을 두지 않더라도 종속적 대리인을 통해 사업을 행하는 경우에는 고정사업장이 있는 것으로 본다. 원천지국에 고정사업장이 있는 경우 그 소득으로 과세할 수 있는 금액은 그 고정사업장이 독립된 기업이었더라면 벌었을 소득이다.[15)]

④ 법인격이 다른 조직(모자회사, 자매회사 등) 사이에는 이들 조직이 각각 독립적 기업이었을 경우 생겼을 소득을 각 기업소재국이 과세한다.[16)]

4. 우리 현행 세법의 검토

전자상거래와 관련되는 소득은 사업소득이므로 이에 대하여 살펴보면 사업소득은 원천지국에 고정사업장이 있는 경우에만 원천지국이 과세할 수 있고, 이 경우 과

13) OECD모델협약 제14 내지 17조.
14) OECD모델협약 제10 내지 12조.
15) OECD모델협약 제5조, 제7조.
16) OECD모델협약 제9조.

세대상소득은 그 고정사업장에 실질적으로 관련이 있는 소득에 한하며, 고정사업장과 관련이 없는 소득에 대하여는 당해 기업의 거주지국에서만 과세할 수 있다. 소득에 대한 국가간 과세문제는 외국법인과 비거주자(개인) 모두에게 공통적으로 적용되는 사안이나, 개인에게만 특별히 적용되는 근로소득 · 퇴직소득 등에 대한 과세를 제외하고는 외국법인의 국내원천소득 · 국내사업장 등에 관한 규정이 비거주자에게도 동일하게 적용되므로 외국법인을 중심으로 살펴보면, 법인세법은 과세관할의 결정기준에 관하여 본점 소재지 주의를 취하여 내국법인을 국내에 본점 또는 주사무소를 둔 법인이라고 하고 있고, 외국법인은 본점 또는 주사무소를 외국에 둔 법인으로 이에 대하여는 국내원천소득이 있는 경우에만 과세대상으로 한다.[17]

외국법인의 소득에 대한 과세가 문제될 경우 그 외국법인의 거주지국과 우리나라간에 조세조약이 체결되어 있는가를 먼저 확인하여야 한다. 조세조약이 체결되어 있는 경우 그 조세조약과 국내법에 따라 과세하고, 조세조약이 체결되지 아니한 경우는 국내법에 따라 과세한다. 조세조약의 경우 일반 국내세법과는 달리 일방 또는 양체약국의 거주자에 국한하여 적용되며, 또한 특정소득에 대한 과세문제를 특별히 규정하고 있으므로 조세조약은 국내법에 대한 특별법의 관계에 있게 되어 조세조약과 국내세법이 충돌할 경우 조세조약이 우선하여 적용된다.[18]

외국법인의 소득에 대해서 우리나라에서 과세하기 위해서는 우리나라와 그 외국법인의 거주지국간에 조세조약이 체결되어 있어야 하고 그 소득이 법인세법 제93조의 규정에 의한 국내원천소득에 모두 해당되어야 한다. 외국법인의 국내원천소득이 국내법 또는 조세조약에 의하여 우리나라에서 면세되지 아니하는 경우 그 소득에 대한 법인세[19]의 과세는 당해 외국법인이 조세조약에 의한 고정사업장(또는 고정시설, Permanent Establishment) 및 법인세법 제94조의 규정에 의한 국내사업장을 가지고 있는지 여부에 따라 징수방법이 달라진다. 국내사업장이 있는 외국법인은 내국법인과 동일하게 각 사업연도별로 국내사업장에 귀속되는 국내원천소득을 종합하여 신고 · 납부하여야 하며, 국내사업장과 관련이 없는 외국법인의 소득은 국내에서 그 외국법인에게 소득을 지급할 때마다 당해 소득의 지급자가 외국법인의 법인세를 원천징수하여 납부하여야 한다. 국내사업장이 없는 외국법인의 경우에는 법인세를 납부

---

17) 법인세법 제1조 제1호, 제3호, 제2조 제1항.

18) 이용섭, 국제조세, 세경사, 1999, 119.

19) 법인세는 법인의 소득에 대하여 과세하는 조세, 즉 법인소득세를 가리킨다. 任勝淳, 조세법, 박영사, 2001, 522.

하기 위한 별도의 절차가 없고, 단지 당해 소득을 지급하는 자가 원천징수함으로써 납세의무가 종결된다.[20]

Ⅱ. 부가가치세 제도 일반

1. 생산지 과세원칙과 소비지 과세원칙

국제상거래에 대한 소비세과세방법으로는 生産地 課稅原則과 消費地 課稅原則이 있다. 생산지과세원칙은 어떤 사람이 소비하는 재화나 용역에 대한 소비세의 과세권이 당해 재화나 용역이 생산된 국가에 있는 것이고, 소비지과세원칙은 어떤 사람이 소비하는 재화나 용역에 대한 소비세의 과세권이 그 재화나 용역이 소비되는 국가에 있는 것을 말한다. 생산지 과세원칙 하에서는 재화나 용역을 수출하는 경우에 생산지국에서 과세된 소비세를 환급하지 아니하고, 재화나 용역을 수입하는 경우에는 소비세를 부과하지 아니한다. 이에 반해, 소비지 과세원칙은 재화나 용역을 수출하는 국가에서는 영세율제도에 의해 수출되기까지 당해 재화나 용역에 부과되었던 자국의 세금을 모두 환급하여 주고, 이를 수입하는 국가에서는 국내에서 생산된 물품과 동일하게 소비세를 과세하는 방법이다.

대표적인 소비세인 부가가치세(value-added tax)는 재화나 용역이 생산 · 제공되거나 유통되는 모든 단계에서 창출된 부가가치를 과세표준으로 하여 과세하는 조세로서 미국과 호주, 캐나다를 제외한 OECD 모든 회원국들이 도입하고 있다. 캐나다와 미국에서의 소비세는 거래세(sales taxes) 혹은 매상세(turnover taxes)의 형태로 이루어진다. 특히 미국의 각 주에서는 거래유통세(sales and use taxes)가 부과된다.[21] 그 밖의 다른 OECD 회원국에서의 소비세는 부가가치세의 형태로 이루어지는데, 부가가치세는 유럽공동체에서 가장 완벽한 형태로 발전하였고, 부가가치세법의 발전과 조화는 유럽연합세제 중 가장 조화가 잘된 부분이라고 할 수 있다.

각국은 국제상거래에 따르는 부가가치세의 세수를 소비지과세원칙에 따라 분배하기로 묵시적으로 합의하고 있다. 그 이유는 생산지과세원칙을 취하는 경우 생산지국과 소비지국의 소비세의 세율이 서로 다른 때에는 국제상거래에 있어서 소비세로 인해 국가간의 대외경쟁력이 왜곡되는데 반해, 소비지과세원칙을 취하는 경우에는

20) 이용섭, 국제조세, 세경사, 1999, 365.

21) The Taxation of Cyberspace : State Tax Issues Related to the Internet and Electronic Commerce - partII,(http : //www.caltax.org/andersen/part2.htm), 玉武錫, "전자상거래와 부가가치세 문제", 조세법연구, 제6집, 2000.12, 297.

생산지국과 소비지국의 소비세의 세율이 서로 다른 경우에도 국가별 대외경쟁력의 중립성이 유지되기 때문이다.[22] 甲국의 부가가치세율은 5%이고 乙국은 10%라고 가정하고, 생산지과세원칙을 취하면 甲국에서 乙국으로 상품이 수출되는 경우 乙국의 국민은 자국물품보다 甲국의 물품을 더 선호하게 될 것이고 반대로 乙국에서 甲국으로 상품이 수출되는 경우 甲국의 국민은 乙국의 물품보다 자국의 물품을 더 선호하게 되서 결국 부가가치세율이 낮은 국가의 제품이 국제경쟁력에서 우위에 서게 됨으로서 국가간의 대외경쟁력이 왜곡된다. 같은 조건에서 소비지과세원칙을 취하면 甲국이 乙국에 수출하는 경우 甲국에서 부과된 부가가치세는 전액 제거된 상태에서 乙국의 부가가치세가 부과되므로 乙국의 국민은 자국물품과 甲국의 물품에 대하여 가격경쟁에 있어서는 중립적으로 된다.

소비지 과세원칙 하에서는 재화 또는 용역이 어디에서 소비되는가에 따라 국가간 과세관할권이 달라지게 된다. 지금까지 국제사회에서는 재화나 용역의 거래에 대하여 어느 국가에서 과세할 것인지 여부를 결정하기 위한 기준으로 재화 또는 용역을 공급하는 장소에서 부가가치세를 부과한다는 '공급장소(place of supply)원칙'을 채택하고 있었다. 재화나 용역의 거래에 대하여 어느 국가가 부가가치세 과세권을 갖는지는 재화 또는 용역의 공급이 어느 국가에서 이루어지느냐에 따라 결정되었던 것이다. 종전의 상거래체제하에서는 일반적으로 재화나 용역이 공급되는 장소에서 즉시 소비되었기 때문에 재화나 용역의 공급장소를 기준으로 부가가치세를 부과하더라도 소비지과세원칙을 관철할 수 있었다.

2. 우리 부가가치세법의 검토

우리 부가가치세법에서도 우리나라의 과세권이 미치는 거래인지, 우리나라의 과세권이 미치지 않는 거래인지 여부를 결정하기 위한 기준으로 공급장소에 관한 규정을 두고 있는데, 재화가 공급되는 장소는 재화의 이동이 필요한 경우에는 재화의 이동이 개시되는 장소, 재화의 이동이 필요하지 아니한 경우에는 재화가 공급되는 시기에 재화가 소재하는 장소, 용역이 공급되는 장소는 역무가 제공되거나 재화 · 시설물 또는 권리가 사용되는 장소, 국내외에 걸쳐 용역이 제공되는 국제운송의 경우에 사업자가 비거주자 또는 외국법인인 때에는 여객이 탑승하거나 화물이 적재되는 장소를 공급장소로 한다.[23] 이러한 공급장소가 국내에 있는 것으로 인정되는 때에만 우리나

---

22) 정태용 · 김창범, "전자상거래가 현행 조세제도에 미치는 영향", 법제개선연구, 제6집, 법제처, 2000. 12, 82.

라가 과세권을 행사할 수 있다.

그리고 재화의 수입시에는 국내물품과 동일하게 부가가치세를 부과하도록 하고,[24] 수출하는 재화에 대하여는 영세율을 적용하도록 함으로써 수출물품에 대하여 우리나라에서 부과된 부가가치세를 완전히 제거하도록 하고 있다.[25]

Ⅲ. 이전가격세제

1. 의 의

친자회사, 형제회사 등과 같은 관련기업 간에 있어서는 여러 가지 이유로부터 상호 독립한 당사자 사이의 거래(arm's length transaction)에 있어서 통상 설정된 正常價格(arm's length price)과 다른 대가로 거래를 행하는 경향이 있다. 정상가격과 다른 가격으로 거래가 행하여지는 경우에는 거래의 당사자인 기업 사이에 소득이 이동하기 때문에 각 기업의 소득은 적정소득과 다른 것이 된다. 특히 국경을 넘어 그와 같은 거래가 행하여지는 경우에는 소득의 국제적 이동이 발생하고 정상대가로서 거래가 행하여지는 경우에 비하여 국가의 세수가 증가하거나 감소하게 된다. 이와 같이 관련기업간에 체결되는 가격을 移轉價格(transfer price)이라고 하는데, 이와 같은 이전가격의 책정(transfer-pricing)에 따른 문제에 적절하게 대처하기 위해서는 국가의 과세권의 적절한 조정의 관점으로부터 현실의 거래가격이 아니고 정상가격으로 거래가 행하여지는 것으로 가정한 경우에 얻을 수 있는 각 기업의 소득, 즉 각 기업의 적정소득의 관점에서 과세를 행할 필요가 생기게 된다. 이를 위하여 조세조약은 독립한 기업 사이에서 정상적인 조건으로 거래가 행하여지는 경우에 산출되는 이익을 기준으로 과세하는 것으로 규정하고 있다. 이것은 내국법인의 부당행위 · 계산부인에 있어서와 그 본질이 같다. 이 경우 자회사는 그 자산을 독립당사자 사이의 가격으로 거래한 것으로 보아 소득의 계산을 행하게 되는데 이를 대응적 조정(correlative adjustment)이라고 한다.[26]

2. 우리 국제 조세 조정에 관한 법률의 규정과 해석

우리나라도 미국을 비롯한 선진각국의 선례를 따라서 이전가격세제를 채택하고

23) 부가가치세법 제10조 제1항, 제2항.
24) 부가가치세법 제1조 제1항 제2호.
25) 부가가치세법 제11조 제1항 제1호, 제2호.
26) 任勝淳, 조세법, 박영사, 2001, 935.

있다. 즉 국제 조세 조정에 관한 법률 제4조는 거래당사자의 일방이 국외특수관계자인 국제거래에 있어서 그 거래가격이 정상가격에 미달하거나 초과하는 경우에는 정상가격[27]을 기준으로 거주자의 과세표준과 세액을 결정 · 경정할 수 있다고 규정하고, 정상가격의 판정기준으로 비교가능 제3자 가격법, 재판매가격법 및 원가가산법 중 가장 합리적인 것을 선택하되 그것이 가능하지 않을 때에는 보완적으로 기타 방법에 의하도록 하고 있다.

(1) 비교가능 제3자 가격법(the comparable uncontrolled price)

이 방법은 독립적 기업 상호간에 체결되는 비교가능한 거래에서 합의된 가격을 기준으로 하여 이전가격의 정당성을 판단하는 방법으로서 그 타당성과 합리성은 인정되나 비교할 독립가격을 찾기 어렵다는 난점이 있다.

(2) 재판매가격법(the resale price method)

이 방법은 거주자와 국외특수관계자가 자산을 거래한 후 거래의 일방당사자인 그 자산의 구매자가 특수관계가 없는 자에게 다시 그 자산을 판매하는 경우 그 판매가격에서 동 구매자의 통상의 이윤으로 볼 수 있는 금액을 차감하여 산출한 가격을 정상가격으로 보는 방법이다. 재판매가격법은 통상이윤율을 어떻게 잡을 것인가에 그 적용상의 어려움이 있다. 비교가능한 이윤율이 없는 경우에는 관련된 여러 가지 요소를 합리적으로 고려하여 결정할 수 밖에 없다.

(3) 원가가산법(the cost plus method)

이 방법은 거주자와 국외특수관계자 간의 국제거래에 있어서 자산의 제조 · 판매나 용역의 제공과정에서 발생한 원가에 자산의 판매자가 용역의 제공자의 통상의 이윤으로 볼 수 있는 금액을 가산하여 산출한 가격을 정상가격으로 보는 방법이다. 원가에 공급기업의 통상의 이윤을 가산한다는 점에서 재판매가격에서 수급기업의 통상의 이윤을 공제하는 재판매가격법과 상반된 접근방법을 취하고 있다. 원가가산법은 그 적용이 간편하고 산식화가 가능하며 자기가 가지고 있는 회계정보에 바탕을 두고 과세관청에 대하여 이전가격의 정당성을 용이하게 입증할 수 있다는 장점이 있으나, '원가'나 '가산가액'의 인식에 불명확한 점이 많다는 점이 난점으로 지적된다.

---

27) 정상가격이라 함은 통상적으로 독립기업가격으로 지칭되는 것인데, 거주자 · 내국법인 또는 국내사업장이 국외특수관계자가 아닌 자와의 통상적인 거래에서 적용되거나 적용될 것으로 판단되는 가격을 말한다. 국제 조세 조정에 관한 법률 제2조 제1항 제10호.

위 세 가지 방법 중 어느 것으로도 정상가격을 산출할 수 없는 경우에는 보충적인 방법을 활용하여야 하는데 이에는 이익분할방법, 거래순이익률방법, 기타 합리적인 방법이 있고, 이를 적용함에 있어서는 그 순서에 따라 순차적인 방법으로 적용하도록 하고 있다.

(4) 이익분할방법

이 방법은 거주자와 국외특수관계자간의 국제거래에서 거래 쌍방이 실현한 거래순이익(= 제3자와의 거래에서 실현한 매출액 - 매출원가 - 판매비 - 일반관리비)을 거래당사자들간의 상대적 공헌도에 따라 배부하고, 그 배부된 이익을 기초로 산출한 거래가격을 정상가격으로 보는 방법이다. 이 방법에서는 상대적 공헌도를 측정하는 것이 중요한 문제이다. 상대적 공헌도는 다음의 기준에 의하여 측정하되 유사한 상황에서 특수관계가 없는 독립된 사업자간의 거래시 일반적으로 행하여지는 공헌도에 의하여 측정한다.

① 자산의 매입, 제조, 판매 또는 용역의 제공을 위하여 지출하였거나 지출할 비용
② 자산의 개발 또는 용역의 제공을 위하여 소요되는 자본적 지출액, 사용된 자산 총액 또는 부담한 위험정도
③ 각 거래단계에서 수행된 기능의 중요도
④ 기타 측정 가능한 합리적인 배부기준

(5) 거래순이익률방법

이 방법은 거주자와 국외특수관계자간의 국제거래에 있어 거래자와 특수관계가 없는 자 간의 거래 중 당해 거래와 유사한 거래에 실현된 거래순이익률을 기초로 산출한 거래가격을 정상가격으로 보는 방법을 말한다. 다만, 당해 거래와 유사한 거래를 특수관계가 없는 자와 행하지 아니한 경우에는 특수관계가 없는 제3자간의 국제거래 중 당해 거래의 조건과 상황이 유사한 거래의 순이익률을 사용할 수 있다. 여기에서 거래순이익률이라 함은 거래순이익의 매출에 대한 비율, 거래순이익의 자산에 대한 비율, 거래순이익의 매출원가 및 판매와 일반관리비에 대한 비율, 기타 합리적이라고 인정될 수 있는 거래순이익률을 말한다.

(6) 기타 거래의 실질 및 관행에 비추어 합리적이라고 인정되는 방법

정상가격을 산출함에 있어서는 위에서 정한 기준을 고려하여 가장 합리적인 방법을 사용하면 된다. 다만, 국제 조세 조정에 관한 법률에서는 일정한 요건하에 '비교가

능제3자가격방법'을 우선적으로 고려하도록 하는 등 정상가격 산출방법간의 상대적인 적용순서를 정하고 있다.

Ⅳ. 관세의 과세체계

관세는 수입물품에 대해서 부과하는데 여기서 수입이라 함은 외국물품을 우리나라에 반입하거나 우리나라에서 소비 또는 사용하는 것을 말한다.[28] 관세법상 수입물품의 과세가격은 우리나라에 수입판매되는 물품에 대하여 구매자가 실제로 지급하였거나 지급하여야 할 가격뿐만 아니라 당해 물품에 관련된 특허권, 실용신안권, 의장권, 상표권 및 이와 유사한 권리를 사용하는 대가로서 당해 물품에 관련되고 당해 물품의 거래조건으로 구매자가 직접 또는 간접으로 지급하는 금액을 가산한 것이다.[29] 또 저작권뿐만 아니라 법적 권리에는 속하지 않지만 경제적 가치를 가지는 것으로서 상당한 노력에 의하여 비밀로 유지된 생산방법, 판매방법 기타 사업활동에 유용한 기술상 또는 경영상의 정보 등의 영업비밀도 과세대상에 포함된다.[30]

관세법 제14조의 수입물품에는 관세를 부과한다는 규정과 관련하여 볼 때 우리나라에서 수입물품과 관련되어 지급되는 사용료소득은 관세의 과세대상이 된다. 다만, 수입물품과 관련이 없는, 즉, 통관절차를 거치지 않고 수입되는 저작권이나 노하우의 경우에는 현실적으로 관세 부과대상이 되지 않는다. 전자상거래에서 온라인으로 제공될 수 있는 재화는 주로 소프트웨어, 영화필름, 비디오, 전자책 등의 경우가 될 것이다.

제 4 전자거래가 현행 조세체계에 미치는 문제점

전자상거래의 장점은 종전의 전통적인 상거래 방식이 지닌 시간적 · 공간적 · 물리적 한계의 극복이 가능하다는 점이다. 다수의 공급자와 다수의 수요자가 하나의 가상공간에서 만나 계약을 체결할 수 있고, 계약의 목적물도 전자적 방식으로 전달할 수 있다. 또 사업자는 물류비 · 창고비 · 임대료 등을 절약할 수 있어 소비자에게 싼 가격으로 물건을 공급할 수 있을 뿐만 아니라, 굳이 세율이 높은 국가에서 사업을 영

28) 관세법 제14조, 제2조 제1호.

29) 관세법 제30조 제1항 제4호, 동법시행령 제19조 제2항.

30) 관세법시행령 제19조 제1항.

위할 필요성이 없어진다. 이러한 전자상거래가 지닌 특성들이 기존의 조세체계에 여기저기서 문제점을 야기하고 있다.

Ⅰ. 소득세 체계에 미치는 문제점

전자상거래와 관련된 소득세문제는 주로 국제조세와 관련된다. 국제조세의 기본적인 과세원칙들은 전자상거래의 발전에 따라 여러 영역에서 근본적인 변화가 예상되는데 그것은 전자상거래가 이들 국제적 과세원칙의 적용을 어렵게 하는 여러 특징을 갖추고 있기 때문이다.

1. 고정사업장 문제

固定事業場(permanent establishment)은 기업의 사업이 전적으로 또는 부분적으로 영위되는 고정된 사업장소[31]를 의미한다. 고정사업장이 되기 위하여는 사업장소가 존재할 것, 그러한 사업장소가 고정되어 있을 것, 그러한 사업장소를 통하여 실질적으로 사업이 수행될 것의 세가지 요건을 갖추어야 한다. 인터넷 등 통신수단의 발달로 원천지국에서 물리적인 존재(physical presence)가 없이도 서비스업 및 제조업 분야의 거래가 가능하게 됨에 따라 기존의 고정사업장 개념의 적합성 및 재해석에 대한 필요가 생기게 되었다. 특히 기존의 고정사업장 개념에 의하면 현지국에 어느 정도의 실물적인 존재를 갖고 있다 하더라도 그 실재가 시간적, 장소적, 사업목적상 요건을 모두 갖추지 못하는 경우 현지국은 사업소득에 대해서 과세를 못하도록 하고 있다. 따라서 전자상거래를 통한 이익을 고정사업장 조항을 통해 현지국에 과세하는데 많은 문제가 있다. 전자상거래에 고정사업장 개념의 적용과 관련해 구체적으로 다음의 문제들이 제기되고 있다.[32]

첫째, 컴퓨터 서버상의 웹사이트(web site)가 고정사업장의 구성요건을 충족하는지 여부에 대한 문제이다.

둘째, 웹 사이트가 사업장소(place of business)를 구성하는지 결정여부 및 서버가 고정(fixed)되었다고 보아야 하는지 여부에 대한 것이다. 서버가 휴대용 컴퓨터나 장소적으로 이동이 가능한 경우 과연 고정되었다고 볼 수 있는지, 여러 나라에 소재한 서버에 동일한 웹 사이트가 설치되어 있어 고객이 통신량에 따라 임의의 사이트로

---

31) OECD모델협약 제5조, UN모델협약 제5조.

32) 李晟鳳 · 金裕燦, "전자상거래 조세관련 국제논의와 대응방안", 통상법률, 23호, 1998. 10, 133.

연결될 때 과연 고정된 것으로 볼 수 있는지 등의 문제이다.

셋째, 웹 사이트에서 수행되는 활동이 고정사업장을 구성하지 않는 예비적, 보충적 활동의 유형을 넘어선 활동인지에 관한 문제이다. 이와 관련해 광고, 주문, 결제, 저장 및 디지털 전송과 같은 자동화된 기능이 예비적, 보조적 활동에 포함되는지 구분할 필요가 있다. 또 디지털화된 내용물의 데이터베이스를 어느 정도까지 상품의 재고로 볼 수 있는지와 동 데이터베이스가 검색 및 보고장치를 가졌다면 이것이 단지 저장, 전시 및 배달을 위해서만 유지되는 것인지를 결정할 필요도 있다.

넷째, 웹 사이트 운영 기업과 서비스 제공자간의 관계와 관련하여 서비스 제공자가 당해 기업의 대리인으로 취급될 수 있는지에 관한 문제이다.

2. 고정사업장에 귀속되는 소득결정의 어려움

현재의 세법은 다국적 기업의 소득을 각국의 과세관할별로 할당함에 있어서 독립기업원칙을 채택하고 있다. 예를 들면, 어느 다국적기업이 미국과 일본, 한국 등 세 나라에서 사업활동을 하는 경우 각 나라에 있는 사업체간의 거래조건이 미국, 일본, 한국에 위치한 전혀 다른 3개의 독립적 기업이었다면 성립하였을 그런 조건하에서 가상적인 소득분배를 계산하고 그에 따라 미국, 일본, 한국이 각각 과세하는 것이다.

그런데 전자상거래는 위의 예에서 미국, 일본, 한국에 흩어진 고정사업장들은 인터넷의 통신시스템을 이용하여 마치 단일 기업의 3개부서처럼 활동할 수 있기 때문에 미국, 일본, 한국의 고정사업장간에 소득을 적절히 배분하는 것을 곤란하게 한다. 통신시스템은 3개 사업장으로 하여금 독립기업으로 유지하기 위해 지금까지 자체적으로 수행하여야 했던 인사, 경리 등의 서무기능을 독립적으로 수행하지 않아도 되고, 각 사업장의 업무는 다른 사업장의 업무와 독립적일 수 없게 된다. 따라서 각국에 위치하고 있는 고정사업장을 독립기업으로 가정하고 국가별로 과세권을 행사하는 것이 곤란해지게 되는 것이다. 여러 과세관할권에 위치한 상호 연결된 서버들이 통신부하량에 따라 신호를 자동으로 순서에 따라 접속시키게 되면 어느 서버가 어떤 활동에 사용되고 있는지 파악하기 더욱 곤란하게 된다.

3. 사업소득과 사용료소득의 구분이 모호해짐

세법에서는 외국기업의 사업소득과 사용료소득에 대하여 그 취급을 달리하고 있다. 조세조약이 체결된 경우 국내사업장이 없거나 국내사업장에 귀속되지 아니하는 외국법인의 '事業所得'은 우리나라에서 비과세되지만, 동일한 기업의 소득으로서 국내사업장이 없거나 국내사업장에 귀속되지 아니하는 '使用料所得'은 당해 소득을 지급하는 내국인이 조세조약에서 정한 제한세율을 적용한 외국법인의 법인세액을 원천징수하여 납부하여야 하므로 우리나라에서 과세대상이 된다.

전자상거래는 사업소득과 사용료소득의 구분을 어렵게 한다. 이와 같은 소득의 구분 문제는 컴퓨터소프트웨어 판매대가의 소득을 어떠한 종류의 소득으로 볼 것인가와 관련하여 제기되었는데, 기존에는 대체적으로 사업소득(또는 인적용역소득)으로 보던 것인데 정보통신기술의 발달에 따라 사용료 소득으로도 볼 수 있는 점을 갖추고 있어 양자의 구분이 애매해지는 문제가 발생한다. 이러한 소득 구분의 실익은 과세가능여부와 직결된다.

예컨대, 한국의 인터넷 사용자가 컴퓨터소프트웨어나 디지털영화를 컴퓨터로 다운로드(download)받아 사용하고 미국의 판매업자에게 그 대가를 지불하는 경우, 그 소득이 事業所得이라면 미국의 판매업자가 한국내에 고정사업장을 가지고 있지 아니한 경우 한국에서 과세되지 아니하는 반면, 그 소득이 使用料所得이라면 미국의 판매업자는 한국내 소득에 대하여 한미조세조약에 따라 한국에서 15%의 세율로 과세된다.[33]

4. 전자상거래 사업자의 거주지국 판정의 어려움

전자상거래 사업자는 자기의 사업장 개설시 해당 서류에 기재된 주소, 사업장 소재지 등의 진실성이 전통적인 사업자보다 현저히 떨어진다. 이는 전자상거래 사업자의 인적 사항에 대한 진실성에 대해서는 아무도 확인을 해주지 못하고 있기 때문이다. 인터넷상의 주소인 Domain Name은 단지 그 Name의 관리에 관한 책임이 누구에게 있는지에 대해서만 알려줄 뿐이지 해당 인터넷 주소의 컴퓨터에 대하여 그리고 컴퓨터가 어디에 위치하고 있는지에 대하여 아무런 정보도 제공하지 못한다. 이러한 이유로 과세를 위한 자료인 납세자의 거주지나 신분에 대한 확인이 어렵다. 아울러 법인의 경우는 설립지를 조세회피지역으로 옮겨 위장회사(Paper Company)를 만들 수도 있다.

사실 조세부담을 줄이기 위해 전자상거래 사업장을 조세회피지역으로 옮기는 것은 어려운 일이 아니다. 조세회피지역이 아니라 할지라도, 조세조약을 이용한 조세부담을 줄이기 위해서는 해당 나라에 주소를 쉽게 옮길 수 있다(이른바 treaty shopping). 예

33) 정태용 · 김창범, 전게논문, 94.

를 들면 한국과 아일랜드간 조세조약의 경우 이자에 관해서는 원천징수가 적용되지 않는 점을 이용하기 위해 미국의 전자상거래 금융사업자는 허위로 아일랜드로 주소를 옮길 수도 있다.

5. 과세자료 확보의 어려움

전송기술의 특성상 거래의 암호화, 전송경로의 세분화, 원격조정 및 변환장치의 사용으로 인해 과세권자의 추적을 어렵게 할뿐만 아니라, 만일 그 기업이 조세조약이 체결되어 있지 않은 Tax-Haven지역에 있을 경우에는 정상가격 결정자료에 대한 정보의 획득이 어렵다. 조세피난처(tax-haven)라 함은 법인의 실제발생소득의 전부 또는 상당부분에 대하여 조세를 부과하지 아니하거나 그 법인의 부담세액이 당해 실제발생소득의 100분의 15이하인 국가 또는 지역을 의미한다.[34]

Ⅱ. 소비세 체계에 미치는 문제점

1. 공급장소(place of supply)의 개념

소비지 과세원칙의 부가가치세 체제에서 재화와 용역의 거래에 대해 부가가치세 납세의무가 발생하는 장소를 의미하는 공급장소를 어디로 볼 것인가의 문제 논의의 핵심이 되고 있다. 부가가치세는 최종적으로 소비자가 부담하지만, 납세의무자는 재화나 용역을 공급하는 공급자이다. 납세의무는 재화와 용역이 공급되는 장소, 즉 供給場所에서 발생하는 것으로 보는데, 일반적으로 공급자의 사업장 또는 고정시설을 공급장소로 보고, 거래가 이루어지는 경우 납세의무는 공급장소에서 발생한다. 대부분의 재화 및 서비스의 제공시 공급장소는 소비장소와 일치한다. 따라서 공급장소과세원칙은 소비지과세원칙과 합치된다.

그러나 온라인 전자상거래는 공급자의 사업장 및 고정시설이 소비자가 소재하는 지역 또는 국가에 존재하지 않고도 서비스를 제공할 수 있게 되자 소비자들은 자국내 또는 다른 EU 회원국 내에 사업장이나 고정시설을 갖추지 않은 비거주 공급자를 선택함으로써 부가가치세를 회피할 수 있게 되었고, 사업자들은 부가가치세를 회피할 목적으로 과세관할권 밖에 가공의 공급장소를 갖는 계약을 체결할 수도 있다. 이에 따라 부가가치세 과세에 적용되는 기존의 고정된 장소(fixed place)의 개념은 전자

34) 국제 조세 조정에 관한 법률 제17조 제1항.

상거래의 과세에 있어 충분히 포괄적이지 못한 문제가 생기며, 기존의 공급장소 및 사업장소(place of establishment)의 개념규정을 수정할 필요성이 제기된다.

그 한 방안은 현행 공급장소 규정을 유지하되 사업장소의 정의를 조정하는 것인데, 사업장의 정의를 확대하여 현행 정의하에서는 사업장소를 구성하는 것으로 보지 않는 통신 등 서비스 제공에 필요한 케이블 · 접속시설 기타 기술적 자원들을 사업장으로 보는 방안이다. 그러나 이 방안에 대하여는 인터넷 관련 거래에서의 사업장 정의가 다른 경제활동에 적용되는 일반적인 사업장 정의와 다른데 대한 근거가 충분하지 않다는 비판이 제기될 수 있다.

다른 방안은 공급장소 규정을 아예 '소비자가 소재하는 곳'으로 바꾸는 것이다. 그러나 이에 대하여는 기업이 아닌 개인의 소비에 대하여는 어떻게 부가가치세를 징수할 것인가라는 근본적인 문제가 제기된다.

공급장소개념과 관련하여 의미있는 사례를 하나 살펴보면, call back service에 대한 부가가치세 부과와 관련하여 EU내에서 '공급장소'에 관한 논란이 있어 왔다. call back service는 A국의 전화이용자가 상대적으로 가격이 저렴한 B국의 전화 사업자에게 전화를 걸어 발신음만 듣고 끊으면 B국의 전화사업자가 A국의 전화이용자와 그 상대방을 연결시켜주는 서비스이다. 이러한 서비스의 경우 B국의 전화요금이 적용되므로 상대적으로 저렴한 요금으로 전화서비스를 이용할 수 있다. 만일 A국에서는 전화서비스에 대하여 부가가치세를 부과하는데 반해, B국에서는 전화서비스에 대하여 부가가치세를 부과하지 않는다면 A국의 전화이용자는 부가가치세를 납부하지 아니하게 된다. 종전의 EU 부가가치세지침 제6호(the Sixth Directive) 제9조 제1항의 규정에 의하면 재화 또는 용역의 공급장소는 공급자의 사업장소재지로 규정되어 있었다. 따라서 외국통신사업자가 EU소비자에 대하여 call back service를 제공하는 경우 외국통신사업자의 고정사업장이 EU 내에 없는 한 부가가치세를 부과할 수 없었다. 그 결과 동일한 장거리 통신서비스에 있어 EU의 통신사업자와 외국통신사업자(특히 미국)간의 가격이 왜곡되어 매입세액을 공제받지 못하는 EU금융기관들은 미국통신사업자의 call back service를 이용하여 부가가치세를 회피하여 왔다. 이에 EU 각 국은 call back service에 관한 부가가치세 체계상의 공급장소규정을 '소비자의 소재지 또는 소비자의 사업장소재지'로 변경하여 EU각 국이 부가가치세를 부과할 수 있도록 하였다.

이러한 내용의 집행방안으로서 외국통신사업자가 EU 내의 부가가치세 과세사업자인 소비자에게 통신서비스를 제공하는 경우에는 소비자인 부가가치세 과세사업자가 스스로 부가가치세를 대리납부하도록 하였고, 면세사업자나 비사업자인 소비자에게 통신서비스를 제공하는 경우에는 외국의 통신사업자가 서비스를 제공할 국가에 등록하여 직접 부가가치세를 거래 · 징수하도록 하였다. 위와 같은 조치는 원거리통신(telecommunication)서비스에 적용되는 것으로서 현단계에서는 call back service에 한정하여 적용되고 있지만, 향후 인터넷을 이용한 전자거래의 부가가치세 적용문제에 있어서도 확대적용될 가능성이 있다.

2. 재화와 용역의 구별

부가가치세법의 규정에 의하면, 재화의 수입에 대하여는 부가가치세가 부과되지만, 용역의 수입에 대하여는 부가가치세가 부과되지 아니한다.[35] 여기에서 재화는 재산적 가치가 있는 모든 유체물과 무체물을 말하고, 용역은 재화 이외의 재산적 가치가 있는 모든 역무 및 기타 행위를 말한다.[36] 우리 국내법상으로 국내에서 공급되는 도서 · 신문 · 잡지와 해외에서 수입되는 도서 · 신문 · 잡지로서 일정 범위의 것은 면세대상으로 하고 있고, 이 중 도서는 전자출판물을 포함하여 모두 면세대상으로 하고 있다.[37] 전자출판물이라 함은 도서와 신문, 잡지, 통신 중 간행물의 형태로 출간된 내용 또는 출간될 수 있는 내용이 음향이나 영상과 함께 전자적 기록매체에 수록되어 컴퓨터 등 전자장치를 이용하여 그 내용을 보고 듣고 읽을 수 있는 문화관광부장관이 정하는 기준에 적합한 것으로 다만, 음반 · 비디오물 및 게임물에 관한 법률의 적용을 받는 것은 제외한다.[38]

동일한 내용의 도서를 디스크(compact disc, CD)와 테이프(type) 등의 유형의 매체에 실어 공급하는 행위와 디지털화하여 콘텐츠(contents)를 인터넷을 통하여 공급하는 행위는 경제적 실질을 감안하면 아무런 차이가 없으므로 동일한 취급을 하는 것이 과세이론상 타당하다. 대부분의 OECD 회원국은 도서, 신문, 잡지 등의 유체물에 대하여 부가가치세를 면세하고 있는데 반하여, 디지털 형태(digital form)인 전자출판물은 용역으로 간주하여 과세되기 때문에 전자상거래를 불리하게 취급하는데, 전통적 상거래와 전자상거래 간에 조세의 중립성을 유지하여야 한다는 관점에서 보면 이들 간의 차별적인 취급은 해결되어야 할 과제이다.[39]

---

35) 부가가치세법 제1조 제1항 제2호.
36) 부가가치세법 제1조 제2항, 제3항.
37) 부가가치세법 제12조 제1항 제7호, 동조 제2항 제2호, 동법 시행령 제32조.
38) 부가가치세법시행규칙 제11조.
39) 玉武錫, "전자상거래와 조세문제", 상사법연구, 제19권 제2, 2000. 10, 138.

3. 전자상거래에 대한 부가가치세 감세논란

전자상거래를 활성화시키기 위해서 전자상거래에 대하여 부가가치세를 감면을 허용할 것인가, 아니면 조세공평성을 위해서 전자상거래를 전통적 상거래와 동일하게 취급할 것인가에 관하여 우리나라에서 논란이 있다.

전자상거래 업계에서는 전자상거래를 보다 활성화하기 위해서는 전자상거래에 대하여 부가가치세를 감면하여야 한다는 주장을 하고 있는데 반해, 재정경제부에서는 전자상거래에 대해서만 부가가치세를 감면할 경우 과세형평에 반하고, 세수가 경감될 것을 우려하여 반대 입장을 표명하고 있다.

국내 전자상거래에 대한 부가가치세와 관련하여 전통적인 상거래와 조세중립성을 보장하고, 세수감소 등을 고려한다면 현행 부가가치세율 10%를 그대로 적용하는 것이 바람직하다고 본다. 부가가치세를 감면한 경우 정상과세로 돌리기 어렵고, 결과적으로는 전자상거래와 전통적 상거래가 과세상 다른 취급을 받게 되어 공평과세가 실현될 수 없다. 전자상거래를 활성화 해야 한다는 정책목표는 부가가치세 감면을 통해서 달성하기 보다는 전자상거래 투자설비에 대한 투자세액공제, 전자상거래에 대한 소득세 또는 법인세 경감, 전자상거래 기술 및 인력개발에 대한 세제지원 등의 방법으로 달성하는 것이 바람직하다. 만일 국내 전자상거래에 대하여 저율의 부가가치세를 부과하면서 국외에서 국내로 유입되는 전자상거래에 대하여 현행 부가가치세율을 그대로 부과할 경우 이는 명백한 차별을 가져오고 상대국과 통상마찰로 연결될 가능성이 크다.

Ⅲ. 移轉價格稅制에 미치는 문제점

OECD는 다국적기업의 이전가격 결정과 관련해 1979년 "이전가격과 다국적기업"이라는 보고서를 작성했고, 1995년에 이를 개정한 "다국적기업과 과세관청을 위한 이전가격지침(Transfer Pricing Guidelines for Multinational Enterprises and Tax Administrations)"을 발표하였다. 1995년 이전가격지침은 다국적기업내 이전가격을 수정할 기본원칙으로 독립기업가격원칙(arm's length principle)을 설정하고, 비교가능한 제3자간 거래와 특수관계자간 거래를 비교하는 방식으로 이전가격을 결정하도록 하였다.

전자상거래의 발달로 이전가격 과세문제가 더욱 더 복잡해지고 있다. 이는 정보의 동시적 전달 및 물리적 경계의 제거로 과세당국이 국제거래를 확인, 추적, 수량화하는 것이 더욱 어려워지기 때문이다. 또한 전자상거래와 다국적기업 내부통신망(intranet)의 개발로 인하여 나타나는 특별한 사실관계들 때문에 전통적 이전가격 결정기준을 적용하는데 어려움이 가중된다.[40)]

1. 거래접근방식(독립기업간 가격원칙) 적용의 어려움

인터넷을 통한 거래가 갖는 여러 가지 특성들[41)]로 인하여 개별적 거래분석을 적용하기가 어려워졌다. 다양한 국가에 소재하는 여러 특수관계기업들에 의해서 여러 기능들이 전세계적으로 수행됨에 따라 일련의 거래에서 특정거래를 특정국가에서 이루어진 것으로 구분해 내는 것이 어려워지고 있고, 따라서 일련의 거래들을 함께 고려해야 할 필요성이 증대되었다.

2. 비교가능성 분석의 어려움

비교가능성이 성립하는가 하는 점은 독립기업가격원칙 적용의 핵심으로, 비교가능성은 독립기업가격원칙과 이전가격 결정방법을 연결시켜 주는 고리역활을 한다. 따라서 비교가능성 분석은 무형자산의 존재 등 전통적 방법이 제대로 적용될 수 없는 상황을 고려하면서 활용가능한 비교가능성 수준을 파악하는 것이 그 목적이다. 활용가능한 비교가능성의 수준은 비교할만한 신뢰성 있는 자료의 획득가능성에 달려 있다.

전자상거래와 관련해서는 우선 해당 거래 자체에 대한 파악이 어렵고, 더구나 비교가능한 제3자 거래를 충분히 찾는 것도 어렵다. 비교가능성 기준에 의할 때 제3자가 해당 다국적기업처럼 정보데이타베이스와 동일하게 신뢰할만한 소프트웨어를 개발하여 사용하지 않는 한 전통적인 이전가격 결정방법들이 적용될 수 없다.[42)]

3. 기능분석의 어려움

기능분석(functional analysis)은 특수관계기업간 거래에서 관련 기업들이 수행한 기능과 비교가능 제3자거래의 관련 기업들이 수행한 기능을 분석하는 것으로 특수관계기업간 거래의 본질과 특성을 밝혀 내고, 동시에 특수관계기업간 거래와 제3자거래의 비교가능성의 수준을 파악할 수 있다. 그리고 이익할당법이 적용될 경우 거래에

40) OECD, Electronic Commerce : The Challenges to Tax Authorities and Taxpayers, November 1997, 121 · 122항 曺羊希, "전자상거래와 소득세", 조세법연구, 제6집, 2000. 12, 189.

41) 속도, 빈도, 익명성, 통합성 등.

42) 李晟鳳 · 金裕燦, "전자상거래 조세관련 국제논와 대응방안", 통상법률, 23호, 1998. 10, 135.

대한 특수관계기업간 상대적 기여도를 평가할 수 있다.

특수관계기업간 이루어진 전자상거래의 경우 그 내용 자체가 복잡하고 특수한 것이 많기 때문에 기능분석을 실시하기가 더욱 어려워진다. 특히 전자상거래 과정에서 컴퓨터에 의해서 수행된 기능을 어떻게 구분할 것인가의 문제가 있다.

4. 무형자산의 구분과 평가의 어려움

독립기업가격 여부를 검토하는 것과 관련하여 유형자산과 무형자산의 거래를 구분하여 별도로 취급하여야 한다. 거래 결과에 무형자산이 끼치는 영향을 평가해야 이전가격 결정이 제대로 이루어질 수 있기 때문이다. 인터넷 등을 통하여 다국적기업은 생산기술 · 마케팅 데이터베이스 등 무형자산을 더욱 쉽게 사용할 수 있게 되었고, 새로운 형태의 무형자산이 인터넷에 적합하게 개발되어 무형자산과 유형자산 및 서비스간에 분명한 경계를 짓는 것이 매우 어려워지고 있다. 이러한 무형자산의 효과를 수량화하는 것은 어렵고, 특히 여러 무형자산들이 결합된 경우 그 수량화는 더욱 더 복잡해진다.[43]

Ⅳ. 관세 체계에 미치는 문제점

1. 조세중립성의 원칙이 무너짐

소프트웨어와 전자출판물의 경우 전통적인 상거래에서도 공디스켓 등의 매체에 대하여만 관세를 부과 하도록 되어 있으므로 문제가 없으나 영화필름이나 음반에 대하여는 전통적 상거래에서 낮은 세율이기는 하나 매체뿐만 아니라 내용에 대해서도 종량세 형태 등으로 과세하는바, 이들이 전자상거래에서 온라인으로 공급되는 경우에 통관절차를 거쳐 수입되는 경우와 달리 관세부과에 있어서 차별적으로 대우받게 되므로 조세중립성의 원칙이 무너진다는 문제점이 있다. 전자상거래에서 영화필름이나 음반이 거래되어 온라인으로 공급되는 경우에 관세를 부과하지 않는다는 명시적인 규정이 없으나, 현재 그 파악이 불가능하거나 WTO의 무관세관행 지속결정 등의 이유로 이에 대하여 관세를 부과하지 않고 있다. 영화필름이나 음반에 대한 관세율이 높은 수준은 아니지만 음반의 전자상거래가 빠른 속도로 성장하고 있다는 점에서 장래에 이것이 큰 문제로 등장할 수도 있다.

---

43) OECD, Electronic Commerce : The Challenges to Tax Authorities and Taxpayers, 132항.

2. 전자상거래로의 대체에 따른 관세 수입의 감소

우편 주문이나 전화 주문의 경우보다 인터넷을 통한 정보교환이 용이하므로 인터넷을 통한 상품주문이 늘어날 것이고, 따라서 기존 매체를 통한 거래를 전자상거래가 급속히 대체하게 될 가능성이 많으며, 이에 따라 관세 및 부가가치세 수입은 급속히 줄어드는 현실에 직면할 수 있다.

제 5 전자거래에 대한 조세문제의 국제적 연구 동향

Ⅰ. OECD

OECD(Organization for Economic Cooperation and Development)는 전자거래에 대한 과세문제와 관련된 논의를 가장 심도있게 진행하고 있는바, 그 재정위원회(the Committee on Fiscal Affairs: CFA)의 여러 작업반에서 1996년부터 논의를 진행해 왔고, 전자거래를 앞당길 수 있는 국제질서를 마련하기 위해 여러 차례 국제회의를 열었다. 1997년 3월의 「A Global Market Place for Consumers」회의, 1997년 11월 핀란드의 투르크에서 개최된 「Dismantling the Barriers to Global Electronic Commerce」회의를 개최한데 이어 1998년 10월에는 캐나다의 오타와에서 「A Borderless World: Realizing the Potential of Global Electronic Commerce」라는 주제하에 회의를 개최하였다. 오타와 회의에서 제출된 「Electronic Commerce: Taxation Framework Conditions 보고서」는 「전자상거래의 조세제도 정비의 기본원칙(Taxation Framework Conditions)」을 다음 5가지로 제시하고 있다.[44] ① 조세의 중립성(neutrality): 전통적 상거래와 전자상거래 사이에서, 또 전자상거래의 각 형태 사이에서 과세가 중립적이어야 한다. ② 효율성(efficiency): 과세당국 및 납세자의 행정비용이 최소화되어야 한다. ③ 명확성과 단순성(certainty and simplicity): 과세규정은 명확하고 단순하여야 하며, 세법상 결과를 미리 예상할 수 있게 하여야 한다. ④ 효과성과 공정성(effectiveness and fairness): 과세는 적기에 적정수준으로 이루어져야 하며, 과세회피 및 탈세의 가능성은 최소화되어야 한다. ⑤ 탄력성(flexibility): 과세체계는 기술 및 상거래의 발전에 탄력적으로 발걸음을 맞출 수 있어야 한다.

44) 이창희, "전자상거래가 국제조세질서에 미치는 영향", 정보법학 제2호, 한국정보법학회, 1998, 269.

오타와 회의 이후 OECD는 전자상거래 관련 조세 논의에 기업체(business) 및 비회원국과의 의견교환이 매우 중요하다는 것을 인식하고, 기업체 및 비회원국들의 대표들과 함께 5개의 기술자문그룹(Technical Advisory Group: TAG)[45]을 구성하여 이 문제에 대하여 보다 구체적인 논의를 하게 되었다. 1999년 10월 파리에서 개최된 「OECD Forum on Electronic Commerce」회의는 오타와 회의 이후의 진전사항을 점검하고 향후 추진해야 할 사항들을 파악하기 위한 것이었다. 위의 기술자문그룹이 발표한 보고서들을 토대로 대체적인 결론에 도달한 분야를 중심으로 살펴보면 다음과 같다.[46]

1. 소비세제

위 오타와 회의에서 과세당국이 소비세를 과세함에 있어서는 생산지과세원칙 보다는 종전의 소비지과세원칙을 유지함을 확인하였고 이에 따라 소비지의 개념을 명확히 정립해야하는 문제가 나타났는바, 기업간(B to B) 거래의 경우에는 소비측 기업의 사업거점(business presence), 기업과 소비자간(B to C) 거래에 있어서는 소비자의 통상적인 거주지(usual residence)를 소비지로 보기로 합의하였다. 기업간 거래의 경우는 수입 법인에 의한 대리납부 내지는 신고납부의 방법을 이용할 수 있으므로 소비지 확인이 별다른 문제가 되지 아니하나 기업 대 소비자간 거래에서는 개인의 소비지 진술을 그대로 인정하기 어렵고 그에 관한 사실관계를 확인해야 하는 문제점이 있

---

45) 이들 5개 TAG의 구성과 주요 역할은 다음과 같다. 元允喜, "전자상거래 과세방안에 대한 국제적 논의와 부가가치세 과세", 서울시립대 법률행정논집 8권, 2001. 02, 407.

① 기술 그룹(Technology TAG)

상업적으로 개발된 인터넷 기술의 발전사항을 평가하고, 이러한 기술발전이 납세자의 식별, 정보의 확인 및 최소비용의 징세 등 조세행정에 미치는 영향을 분석

② 자료평가 그룹(Professional Data Assessment TAG)

과세자료의 디지털화 등과 관련하여 국제적으로 호환가능한 자료구성과 기장, 자료의 정확성 검증 등의 문제 검토

③ 소비세 그룹(Consumption Tax TAG)

전자상거래와 관련하여 소비지 과세원칙을 구체화하고 어떠한 경우에 소비가 발생한 것인가의 개념을 명확히 하는 등 디지털 교역과 관련된 징세메카니즘을 개발하고, 납세자등록이나 지불 등을 단순화할 수 있는 방안의 모색

④ 기업이윤 그룹(Business Profits TAG)

기업이윤에 대한 현재의 조세조약상의 원칙들이 전자상거래와 관련하여 어떻게 적용될 수 있는지 등에 대한 방안 모색

⑤ 소득특성 그룹(Income Characteristic TAG)

다양한 형태의 전자상거래 지불방식을 검토하고 그러한 내용들이 조세협약상에 어떻게 반영될 수 있는가를 검토

46) 홍범교, "OECD 전자상거래 관련 조세논의의 최근 동향", 국세월보 412호, 2001. 6, 13.

는바, 소비자의 거주지 확인이 전자상거래업자에게 새로운 부담으로 작용해서는 안 된다는 입장이고 이 문제의 기술적인 해결을 위해 디지털 서명(digital certificate)을 이용하는 방법 등이 계속 연구되고 있다.

2. 소득세제

전자상거래와 관련하여 서버나 웹사이트가 固定事業場(permanent establishment)에 해당하는가에 대하여 OECD는 웹사이트 자체는 고정사업장을 구성할 수 없으나, 서버는 특정한 조건을 만족시킬 경우에 고정사업장이 될 수 있다는 결론을 내렸다. 충분한 기간동안 일정한 장소에 고정된 서버는 고정사업장이 될 수 있고, 서버가 예비적, 보조적인 기능에만 제한적으로 사용된다면 고정사업장을 형성하지 않는 것으로 간주한다. 기술자문그룹 보고서에서는 디지털 형태의 판매에 대해서 사용료 소득이냐 사업 소득이냐를 구분함에 있어 중요한 것은 그 과정이 아니라 사용목적과 대상인 것으로 보고 사용 대상을 다운로드 받아 상업적인 목적으로 이용한다면, 그것은 저작권(copyright)을 사용하는 것이 되기 때문에 사용료 소득으로 분류하고 대중에게 공개되지 않은 기술(know-how)을 전수하는 대가도 사용료 소득으로 분류하며 이러한 목적을 제외하고는 대부분 서비스 제공에 대한 대가로 보기 때문에 사업 소득으로 분류하고 있다.

3. 국제조세

移轉價格(transfer price)문제와 관련해서는 기술자문그룹 보고서에서 고정사업장으로 인정된 서버와 본부(head-office)간의 정상가격원칙(arm's length principle) 적용에 대해 경우를 네가지로 나눠서 ① 단독서버와 ② 복수서버의 경우에는 그것이 제품의 판매에 사용되고 있을지라도, 필요한 소프트웨어의 개발과 영업에 따르는 위험부담 등을 모두 본부에서 담당하고 있기 때문에 이들 서버에 귀속되는 이익은 거의 없다고 보고, ③ 서버의 관리인이 주재하는 경우와 ④ 서버를 포함하는 고정사업장에서 소프트웨어와 하드웨어의 개발이 전적으로 일어나는 경우에는 정상가격원칙에 따라 고정사업장에 대한 적절한 이윤의 귀속이 이루어질 수 있다고 보고 있다.

4. 조세행정

납세자 신원 확인을 위한 기술적 해결 방안, 조세 관련 정보의 형식 등에 관한 국제적 표준화, 새로운 IT 기술을 이용한 납세자 서비스의 개선, 납세 순응도를 높이기 위한 방안의 강구 등에 대하여 논의를 해왔던 바, 소비세의 징수에 있어 기업간(B2B) 거래의 경우 신고납부/대리납부의 방안을 채택하고, 기업과 소비자간(B2C) 거래에 대해서는 국외사업자 등록방안을 채택하기로 의견이 접근되었다. 국외사업자 등록방안은 '단순화된 잠정적 접근 방식(Simplified Interim approach)'을 따라 등록 과정의 표준화 및 단순화를 거치고, 규모가 작은 기업에 대해서는 등록을 면제해주는 방안이 거론되고 있는데 납세순응비용을 줄여 징세효과를 크게 할 수 있다. 장기적으로는 기술에 기반을 둔 '믿을 수 있는 제3자(Trusted Third Party)'나 납세소프트웨어(global tax software)를 개발하여 국외사업자 등록방안을 대체하는 방안이 논의되고 있다.

Ⅱ. 미 국

1. 1996년 미국 재무부 보고서

1996년 11월 미국 재무부는 「Selected Tax Policy Implications of Global Electronic Commerce」라는 보고서를 발간하였는데, 이 보고서는 구체적 논점에 대한 미국 정부의 공식입장을 밝히고 있는 것이 아니라, 전자상거래가 조세제도 및 세무행정에 미치는 파급영향은 무엇이고 이에 대처함에 있어서 어떤 원칙을 세워야 하는가라는 점에 대하여 개괄적 수준의 검토의견을 제시한 것이다. 이 보고서는 몇가지 근본원칙에 대한 미국의 견해를 내비치고 있는데, 그 핵심은 전자상거래는 전통적 상거래보다 무겁거나 가볍게 과세되어서는 안된다는 租稅中立性原則에 있다. 이러한 중립성을 달성하기 위하여 새로운 조세제도를 도입하는 것보다 현행 제도에 있는 기존의 조세개념과 원칙을 기본으로 하면서 새로 생겨나는 문제점을 적절히 보완하는 방식으로 만들어 갈 것을 제안하고 있다.

또한 사이버 공간에서 특정한 지역적 위치와 소득을 연결하기 위해 전통적인 소득원천개념을 적용하는 것은 어려우므로 납세자의 거주지개념이 소득을 발생시키는 경제활동지역 그리고 이러한 소득에 과세할 기본적 권리를 갖는 지역을 확인하는 수단이 될 수 밖에 없다고 하며 원천지국 과세원칙을 거주지국 과세원칙으로 대체하여야 한다고 주장하고 있다.[47] 경제활동이 일어나는 장소는 어디인지 불분명하지만 누가 어디에 살고 있는지는 분명하므로 소득을 얻은 자가 살고 있는 국가에서만 과세하자는 것인데 이는 재화 · 용역 및 자본을 수출하는 입장에 있는 미국에 일방적으로 유

47) United States Department of Treasury, 「Selected Tax Policy Implications of Global Electronic Commerce」 1996 http://www.ustreas.gov/treasury/tax/internet.html

리한 주장이다.

2. 1997년 미국 백악관 보고서

학계, 기업인 대표, 소비자 단체 및 인터넷 위원회와 미국정부합동기관의 일련의 협의 후, 1997년 7월 1일 클린턴 미국대통령은 "지구촌 전자상거래 기본구상(A Framework for Global Electronic Commerce)"을 승인하고 발표하였다.[48] 이 백악관 보고서는 위 재무부 보고서보다 우선되는 것으로 새로운 문제에 대한 해결책을 제안하도록 구성되어 있다.

이 보고서는 전자상거래가 세제에 던지는 주된 도전으로 ① 거래당사자의 신원이 드러나지 않는다. ② 소량의 거래가 다수 일어날 수 있다. ③ 통신망에서 일어나는 경제행위는 어떤 특정한 실제장소와 논리적 연관을 찾기 어렵다는 점을 지적하고 있다. 이 보고서는 해결책으로, 전자상거래에 불리한 새로운 세금이 부과되어서는 안되고, 현행 세제를 전자상거래에 적용하는 경우 생길 수 있는 국제적 이중과세를 막아야 하며, 경제적 성질이 같은 거래는 같게 과세되어야 한다는 租稅中立性의 原則을 천명하고 있다.

3. Internet Tax Freedom Act of 1998(ITFA)

위와 같은 1997년 미국 백악관 보고서에 따라 미국은 1998년 10월에 인터넷세금금지법(Internet Tax Freedom Act)을 제정하여 2001년 10월 21일까지 3년간 주정부나 지방정부가 인터넷 접속에 대한 새로운 조세나 전자상거래에 대한 중복적인 또는 차별적인 과세를 금지하며, 동기간 동안 이에 유사한 새로운 연방세도 부과하지 아니하기로 하였다. 또한 동법은 전자상거래 자문위원회(Advisory Commission on Electronic Commerce, ACEC)를 구성하고, 이 위원회에서 인터넷을 이용한 거래와 인터넷 접속, 그리고 유사한 주내, 주간, 국제간 판매활동과 관련한 연방세, 주세, 지방세, 국제조세 그리고 관세에 대한 종합적인 연구를 수행하여 이를 의회에 보고하도록 하였다.

48) United States, "*A Framework for Global Electronic Commerce*"(The White House, 1997. 7.), http://www.whitehouse.gov/WH/New/Commerce/read.html

4. ACEC의 보고서(2000. 4.)

19명의 각계 인사로 구성된 ACEC는 1999년 6월 첫 회의를 가진 이래 4차례의 전체회의를 거쳐 2000년 4월에 최종보고서를 의회에 제출하였다. 이 보고서는 정보격차의 해소방안과 함께 인터넷과 관련한 각종 조세에 대한 과세방안들을 담고 있는데, 6가지 분야로 구분하여 위원 2/3 이상의 지지를 받아 공식적인 권고안으로 채택된 내용과 과반수 지지를 받은 내용으로 구분되어 있다.

위의 보고서에 따른 후속조치들이 미국 의회에서 진행되어 2000년 5월 10일 인터넷 접속요금에 대한 과세와 전자상거래에 대한 중복적이고 차별적인 과세를 금지하는 기간을 2006년 10월까지 5년간 연장하는 법안이 하원을 통과하였으며, 5월 25일에는 3%의 연방전화세를 폐지하는 법안도 하원을 압도적인 다수로 통과하였다.[49]

Ⅲ. EC 및 유럽

1. 新稅制 도입의 논의

전자상거래가 전통적인 거래와는 차원이 다른 것으로 보고, 이에 고유한 세제가 제안된 바 있는데, 가장 대표적인 것이 비트稅(Bit Tax)이다. 이 제도는 1994년 로마클럽보고서에서 Cordell이 아이디어를 제공하고 1995년 그가 Ide와 함께 발전시켜 체계화한 것인데 이 방식은 컴퓨터에 입력된 데이터의 용량에 따라 과세하는 방식으로 데이터전송량을 측정하는 방법상의 문제와 전송된 데이터량과 지급대가간의 정확한 관련성을 측정하기가 쉽지 아니한 것 등이 문제점으로 지적된다. 비트稅 도입논의는 그것을 주도하던 유럽연합에서 비트세가 ① 이중과세를 초래하고, ② 전자상거래로 인한 과세문제의 해결방안이 되지 못하며, ③ 실제 공급가액에 대하여 과세하는 것이 아니라 비트단위로 과세하므로 집행에 어려움이 있고, ④ 비트단위로 과세하면 사실상 종량세가 되므로 과세에 왜곡현상이 생기며 그리고 ⑤ 보다 현실적인 이유로 유럽이 미국에 비하여 인터넷의 발전이 늦어 과세전망이 밝지 않다는 점 등을 이유로 핀란드 투르크 회의와 본 선언에서 이를 도입할 필용가 없다고 결론을 내린 이후에는 별다른 진전이 없다.

그 외에도 이와 유사한 제도로 전화세(Telecom Tax)와 컴퓨터稅(Tax on PCs)가

---

49) 元允喜, "전자상거래 과세방안에 대한 국제적 논의와 부가가치세 과세", 서울시립대 법률행정논집 8권, 2001. 02, 401.

있다. 전화세는 전화회사에서 제공하는 전화용역에 대하여 일정율로 과세하는 방식이다. 그러나 이 방식은 전자상거래 이외의 인터넷활용을 현저히 방해한다. 컴퓨터稅는 네트워크에 연결하는 퍼스컴이나 모뎀에 착안하여 과세하는 것이다. 이것은 이들 전자기기를 구입하는 시점에 일정액을 납부하거나 텔레비전 수신료처럼 정기적으로 일정액을 납부하도록 하는 방식이나 여전히 비트세와 동일한 문제점을 안고 있다.[50)]

2. 유럽위원회(Commission of European Communities, CEC)의 논의

유럽위원회는 1996년 7월 전자상거래의 특징과 이로부터 파생되는 부가가치세제상의 문제점들을 논의한 뒤 부가가치세제에 관한 각료공동선언을 한 바 있는데, 이 공동선언에서 기존의 과세원칙에 입각한 현행 과세체제는 오늘날의 기업 거래에서 새로이 시도되고 있는 정보통신분야에는 적합하지 아니하며, 특히 유럽연합의 역내에서 소비에 대한 부가가치세를 회피하거나 점차로 회피할 수 있는 여지가 늘어나고 있어 기업간에 또는 지역간에 경쟁의 왜곡을 초래하고 있다고 지적하였다.

이어 1997년 4월 유럽위원회는 '전자상거래에 대한 유럽의 기본계획'을 발표하였는데,[51)] 이 계획은 장래의 EU 활동에 있어 공통된 유럽의 입장을 정리하고 지구촌 여론의 장을 마련하는데 그 목적이 있다. 이 기본계획에서 밝히고 있는 주요 과세원칙들을 보면, 납세의무가 분명하고 투명함과 동시에 예견할 수 있기 위해서 조세체계의 법적 안정성과 전통적인 상거래와 비교하여 새로운 거래방식에 특별한 과세부담을 제거하기 위해서 租稅中立性을 조건으로 하고 있으며, 전자거래의 잠재적 발전속도, 추적이 불가능한 점, 익명성으로 인한 탈세의 새로운 가능성과 정부의 조세수입 보호와 시장의 왜곡방지 등을 주요한 기본과제로 설정하고 있다. 또한 각론의 논의로 유럽연합내에서 가장 잘 조화가 이루어진 영역인 부가가치세제가 전자상거래의 출현으로 인하여 손상되는 것을 우려하며 이러한 문제인식에 대처하기 위하여 전자상거래의 실태파악이 선행되어야 한다고 보고 있다. 부가가치세의 과세에 있어 지향할 목표는 법적 안정성의 보장, 불공정한 조세손실의 방지 그리고 중립성의 확보라는 세 부분으로 인식하고 있다.[52)] 또한 당시 대안으로 검토되던 bit tax와 거래세의 도입을 반대하였는데, bit tax는 인터넷상으로 전송되고 사용자가 받은 정보에 대해 bit의 수를 기준으로 세금을 매기자는 주장이고, 거래세는 인터넷상의 온라인 서비스에 대한 대

50) 玉武錫, "전자상거래와 조세문제", 상사법연구, 제19권 제2호, 2000. 10, 129.
51) Commission of European Communities(CEC), "*A European Initiative in Electronic Commerce*"
52) 玉武錫, "전자상거래와 부가가치세 문제", 조세법연구, 제6집, 2000. 12, 318.

가의 흐름, 즉 사용대가에 대해, 관련 금융기관에 원천징수의무를 지우자는 주장이다. 그러나 이 제도는 조세회피처 국가에 소재하는 금융기관의 협조가 절대적으로 필요한데, 이들의 협조를 구하기는 어렵고, 거래세 등은 공평과세와는 본질적으로 동떨어진 개념으로 이 제도의 수용을 거부하였다.

1997년 7월에는 여러 나라의 장관들이 독일의 본에 모여 「Global Information Networks」라는 주제로 회의를 열었다. 이 회의의 발제 가운데 세제에 관한 부분에서는 법적안정성과 조세중립성을 강조하고 있다. 세무행정 문제로는 높아지는 탈세가능성에 주목하고 있고, 실체법 문제로는 원천지과세원칙과 거주지과세원칙의 재검토 필요성을 제기하고 있다.

Ⅳ. WTO

WTO(World Trade Organization)는 1998년 5월에 '전자상거래에 관한 WTO 각료선언'을 채택하여 온라인 거래에 대해 무관세관행을 잠정적으로 유지하기로 했다. 이러한 각료선언은 미국의 제안에 따른 것으로, 미국은 당장 WTO차원에서 무관세와 관련해서 법적 구속력이 있는 문서를 채택하는 것이 어렵다고 판단하고 현재의 무관세 관행을 유지한다는 정치적 선언의 채택을 추진하였던 것이다.

Ⅴ. 호 주

1997년 8월에 호주 국세청이 「Tax and the Internet」이라는 보고서를 발간하였다. 이 보고서의 핵심내용 역시 전통적 상거래와 전자상거래 사이의 조세중립성이다. 이 보고서는 전자상거래가 세제에 영향을 주게 되는 이유로 ① 거래 당사자의 신원을 파악하기 어렵다는 점, ② 거래기록을 해외에 두거나 암호화해 버릴 수 있다는 점, ③ 전자화폐는 탈세를 악화시킨다는 점, ④ 금융기관 기타 세금을 걷기에 적절한 중개상이 사라져 버린다는 점, ⑤ 전자상거래 시대의 재화와 용역을 전통적 법개념에 포섭시키기 어렵다는 점을 들고 있다. 대책으로는 인터넷상의 상업적 site에 사업자등록번호를 부여하여 이를 site에 밝히도록 하고, 전자화폐를 현금과 비슷하게 규율할 것 등 여러 가지 제안을 하고 있다.

Ⅵ. 국제적 동향의 요약

지금까지 살펴본 국제적 동향을 요약해보면, ① 전자상거래의 과세문제는 국제적 협력을 요한다. ② 전자상거래의 과세를 위한 새로운 세제가 필요한 것은 아니고 기존 세제를 적절히 변용하면 된다. ③ 전자상거래와 전통적 상거래 사이에 조세중립성이 지켜져야 한다. ④ 전자상거래에 특유한 새로운 세목을 창설해서는 안된다는 것 등이다.

총론에 있어서는 위와 같은 합의가 이루어졌다고는 하지만, 개별적인 사안에 있어서는 국가간 경제역학구도에 따라 다소 상이한 입장을 보이고 있다. 국가간의 전자상거래에 있어서 사업소득의 과세요건을 어떻게 할 것인지에 관하여 미국은 고정사업장이 있는 경우 원천지국이 과세할 수 있도록 한 현행 제도를 폐기하고 당해 사업자의 거주지국에서만 과세하도록 하자는 주장을 하고 있으나, 유럽 각국은 현행 제도를 유지하면서 전자상거래에 과세하기 위하여 필요한 경우에는 고정사업장 개념을 변형하여 적용할 것을 주장하고 있다. 소비세제와 관련하여 미국은 전자상거래에 부가가치세를 부과하는 것에 반대하는 반면, 유럽각국은 전자상거래에 대하여 부가가치세를 부과할 것을 주장하고 있다.[53]

제 6 전자거래에 대해 조세체계상 야기된 문제점의 해결방안

전자상거래의 계속된 발전이 예상되는 가운데 전자상거래의 과세문제는 대부분 국제거래와 관련되어 있어 그에 따르는 국제조세체계는 우리의 의지만으로 해결되는 것이 아니다. 우리 나라는 2009년 2월 1일 현재 세계 73개국과 조세조약을 체결하여 시행하고 있고, 서명국이 5개국에 이르고 있다.[54] 경제적 영향력이 있는 대부분의 국가와 조세조약을 체결하고 있는데 그러한 조세조약의 기본틀을 만들고 그 변화방향을 주도하는 기관이 바로 OECD이다. 그동안 OECD에서 논의된 전자상거래관련 세제정비방향 등을 참고하여 전자거래에 대해 조세체계상 야기된 문제점의 해결방안을 검토해보기로 한다.

---

53) 정태용 · 김창범, 전게논문, 107.

54) http://www.ntt.go.kr/pub/content.asp?Index=Ntt_Pub&PDS_ID=7&page=1 국세심판원 공개자료실

Ⅰ. 소득세제 관련 문제점의 해결방안

전자상거래 소득에 대한 소득세 및 법인세의 부과와 관련하여 미국을 제외한 대부분의 국가는 원천지과세원칙을 강화하여 자국의 세수손실을 줄이자는 입장에 서 있다. 세수 확보 방안은 결국 외국기업의 사업소득에 대한 과세권을 강화하기 위하여 固定事業場의 범위를 확대하는 것과 과세권을 행사할 수 있는 國內源泉所得의 범위를 확대하는 것이다.

우리 나라가 전자상거래시대에 있어서 외국기업의 국내원천소득에 대한 과세권을 확보하기 위한 방안을 강구함에 있어서는 두 가지 경우로 나누어서 생각해 볼수 있다. 먼저, 우리 나라와 조세조약을 체결하지 아니한 국가의 기업이 전자상거래를 통하여 우리 나라에 고정사업장을 두지 아니하고 사업소득을 벌어들이는 경우이다. 이 경우에는 우리 나라의 법인세법의 적용을 받는데, 법인세법 제98조 제1항의 규정에 의하여 당해 외국기업에 소득을 지급하는 자가 그 지급액의 2%를 법인세로 원천징수하여 납부하여야 하므로 별 문제가 발생하지 아니한다. 다른 하나의 경우는 우리 나라와 조세조약을 체결한 국가가 전자상거래를 통하여 우리 나라에서 사업소득을 벌어들이는 경우인데, 이 외국기업에 대하여 우리 나라가 과세하기 위하여는 국내에 固定事業場이 있어야 한다.

1. 固定事業場 개념의 확장

조세조약을 체결한 국가와의 관계에 있어서 고정사업장의 개념을 확장하고자 하는 경우에는 당해 국가와 조세조약 개정에 합의하여야 한다는 한계가 있기는 하지만, 고정사업장 개념의 확장에 관한 논의를 살펴보면 다음과 같다.

우선 서버(server)나 웹사이트를 일률적으로 고정사업장으로 보는 규정을 만드는 방안을 생각해 볼 수 있는데, 현재 자동판매기에 대해서도 고정사업장 판정이 가능한 만큼 그런 규정을 만들 수는 있겠으나, 서버나 웹사이트의 경우 워낙 이동성이 강해 과세의 실효성을 확보하기 곤란하기도 하지만 서버 등을 고정사업장으로 보는 규정을 만들려면 조세조약의 개정을 필요로 한다는 점에서 현실적인 방안으로는 부적합하다는 것이 일반적이다. 그러나 전자상거래 사업자가 조세회피지역에 있는 업체일 경우에는 고정사업장 개념의 확대는 많은 도움이 될 것이다.

이점에 대해 프랑스 세법은 고정사업장 판정에 대해 대단히 중요한 기준을 제시하고 있다. 우리 나라의 경우는 '장소 등 물리적 기준'과 '계약체결권을 보유한 사람을 기준으로 기능적인 기준'을 제시하고 있지만, 프랑스 세법은 OECD모델협약 제5조 제항에 규정된 '사업이 전적으로 또는 부분적으로 영위되는 고정된 사업장소'를 고정사업장으로 보는 외에 물리적 기준과 기능적인 기준에 해당되지 않다 하더라도 사업 행위 기준 즉, 프랑스내에서 '판매와 관련된 重要한 行爲(Un Cycle Complet d'operations)'가 있는 때에는 바로 그 행위가 있는 장소를 고정사업장으로 판정하고 있다.[55] 따라서 만일 위 프랑스 규정을 전자상거래에 사업자의 고정사업장 판정에 응용한다면, 인터넷 서버에 대해 그 서버를 전자상거래 사업자의 고정사업장으로 판정할 수도 있다. 프랑스의 위 규정은 판례를 통해 확립된 개념으로 물론 프랑스와 우리 나라 사이에는 조세조약이 체결되어 있으므로, 조세조약이 변경되지 않는 한 위와 같은 '행위기준'이 고정사업장 판정 조건으로 적용될 수는 없다.

2. 事業所得과 使用料所得의 구분과 관련된 문제

우리 나라와 조세조약이 체결된 국가의 기업이 우리 나라에 고정사업장을 두지 아니하고 벌어들인 事業所得은 조세조약에 의하여 우리 나라가 과세할 수 없지만, 使用料所得은 우리 나라에 고정사업장을 두지 아니하였더라도 조세조약에서 정할 제한세율의 범위내에서 원천징수 분리과세를 할 수 있다.

컴퓨터 프로그램, 서적, 음악, 영상 등과 같이 디지털화되어 인터넷을 통해 매매가 가능해진 제품은 기존의 개념에 따라 소득의 특성을 구분하는데 상당한 쟁점을 야기한다. 예를 들어 디지털화된 사진의 구매자는 사진 1장만을 사용할 수 있는 권리를 획득할 수도 있고, 회사보고용으로 10장을 복사할 수 있는 권리를 획득할 수도 있으며, 잡지에 실어 대량으로 유포할 수 있는 권리를 취득할 수도 있다. 이러한 거래에 대해 일부는 1장의 사진을 구입한 것과 동일한 것으로 보아 해당기업의 事業所得으로 간주해 그 기업의 거주지국에서만 과세해해 일부는 주장이 있는 반면, 일부는 使用料所得으로 보아 원천지국에서 과세해해 한다는 주장이 있을 수 있다. 결국 디지털화된 정보의 재생산 및 유포가 용이해짐에 따라 현행 소득구분원칙에 대한 수정이 필요한 것이다.

우리 나라의 법인세법상 使用料所得은 상당히 포괄적으로 규정되어 있어[56] 전자

55) 안창남, "전자상거래가 세법체계에 던지는 문제점과 해결방안", 인터넷법률, 창간호, 2000. 7, 142.

56) 법인세법 제93조 제9호의 규정에 의하면, 使用料所得을 다음과 같이 규정하고 있다.

9. 다음 각목의 1에 해당하는 자산 · 정보 또는 권리를 국내에서 사용하거나 그 대가를 국내에서 지급하는

상거래로 인하여 발생될 수 있는 사용료 소득문제를 상당부분 해결할 수 있는 것으로 평가되고 있다. 다만, 보다 명확하게 하기 위하여 인터넷 등을 이용한 전자상거래를 통하여 수입되는 자산이나 정보 등의 대가도 使用料所得으로 과세된다는 점을 명확하게 할 필요는 있다. 또한, 음악, 동영상 등이 필름이나 테이프로 수입되지 않고 인터넷 등의 전자상거래 방식으로 국내에 제공되는 경우에도 使用料所得으로 보아 소득세 또는 법인세를 부과할 수 있도록 하는 방안을 검토할 필요가 있다.[57]

3. 源泉徵收制度의 활용

전자상거래 사업자가 우리 나라에 고정사업장이 없을 경우라도, 그 소득이 國內源泉所得에 해당되면 원천징수 의무자는 일정한 세율을 적용하여 산출된 원천징수세액을 비거주자를 대신하여 우리 나라 정부에 납부하여야 한다. 국내원천소득과 관련되어 가장 문제가 되는 점은 국내원천소득의 종류에 따라 적용세율 및 비과세여부가 결정되므로, 이 구분의 기준 또한 조세의 중립성과 관련하여 매우 중요한 의미를 지닌다.

전자상거래 사업자가 한국에 고정사업장이 없을 경우, 조세조약이 체결된 국가에 있는 전자상거래 사업자의 사업소득에 대해서는 조세를 부과할 수 없으나, 조세조약이 체결되지 아니한 국가에 있는 전자상거래 사업자의 사업소득에 대해서는 2%의 원천징수를 할 수 있다. 조세 중립성의 유지를 위한 대비책으로 이 규정을 잘 이용하면, 전자상거래 사업자의 조세회피행위가 상당히 규제될 것이다. 다만, 문제는 어떻게 금융기관을 통해 지급되는 대가가 국내원천소득인지 여부를 가려내는데 있다.

Ⅱ. 소비세제 관련 문제점의 해결방안

1. 부가가치세에 있어 消費地課稅原則의 유지

우리나라의 부가가치세는 EU의 부가가치세와 그 기본구조가 동일하고, 우리 나

경우의 당해 대가 및 그 자산 · 정보 또는 권리의 양도로 인하여 발생하는 소득. 다만, 소득에 관한 이중과세방지협약에서 사용지를 기준으로 하여 당해 소득의 국내원천소득 해당여부를 규정하고 있는 경우에는 국외에서 사용된 자산 · 정보 또는 권리에 대한 대가는 국내지급 여부에 불구하고 이를 국내원천소득으로 보지 아니한다.

가. 학술 또는 예술상의 저작물(영화필름을 포함한다)의 저작권 · 특허권 · 상표권 · 의장 · 모형 · 도면이나 비밀의 공식 또는 공정 · 라디오 · 텔레비젼 방송용 필름 및 테이프 기타 이와 유사한 자산이나 권리

다. 산업상 · 상업상 또는 과학상의 지식 · 경험에 관한 정보 또는 노하우

57) 정태용 · 김창범, 전게논문, 111.

라는 전자상거래와 관련하여 당분간은 재화와 용역을 수입하는 입장에 있을 것으로 생각되며, 인터넷을 통한 거래와 전통적 거래에 대한 중립성을 유지하여야 한다는 점 등을 고려하면, 우리나라는 전자상거래에 대한 부가가치세의 부과와 관련해서는 소비지과세원칙을 유지하는 것이 세수확보차원에서 바람직할 것이다. OECD 회원국 대부분도 소비지과세원칙에 찬성하고 있다.

우리나라의 부가가치세제도는 이미 소비지 과세원칙을 채택하여 이를 제도적으로 반영하고 있다. 대표적으로 수출품에 대하여 영세율을 적용하고 있고, 수입품에 대하여는 부가가치세를 부과하고 있으며, 대리납부제도를 채택하고 있는 점이 바로 그것이다. 따라서, 전자상거래와 관련해서도 제도적으로는 소비지 과세원칙을 실현할 수 있는 기반을 갖추고 있는 셈이다.

우리나라의 경우 소비지 과세원칙과 관련해서는 EU와 공통의 이해관계를 가지고 있는 것으로 생각된다. EU는 미국과의 전자상거래에 있어서는 재화 또는 용역의 수입국의 지위에 있어 소비지 과세원칙을 지지하고 있기 때문이다. EU에서 논의되고 있는 부가가치세 과세방안을 참고하는 한편, 국제사회에서는 EU와 공동보조를 취할 필요가 있다.

2. 供給場所 개념의 수정

부가가치세의 소비지 과세원칙을 철저히 시행하기 위하여 우리나라에서도 서비스에 대한 供給場所의 개념과 규정을 명확히 하여야 한다. 우리나라를 비롯하여 부가가치세 제도를 도입하고 있는 대부분의 국가는 공급장소원칙을 채택하여 재화나 용역의 공급장소가 있는 국가에서 부가가치세 과세권을 행사하는 것으로 규정하고 있는데 문제는 특정기업이 인터넷의 발전으로 용역을 제공하고자 하는 국가의 과세영역에 진입하지 아니하고도 자유롭게 용역제공거래를 할 수 있게 된 것이다. 이에 따라 기존의 공급장소원칙으로는 소비지국가에서 전자상거래에 대한 과세권을 확보할 수 없게 된 것이다. 따라서, 전자상거래에 있어서 소비지국가에서 과세권을 행사하고자 하는 경우에는 공급장소의 개념을 변경할 필요가 있다. 즉, 공급장소의 개념을 용역이 공급되는 장소에 한정할 것이 아니라 '消費者의 事業場이 위치하는 장소'도 포괄할 수 있도록 수정할 필요가 있다. 이러한 공급장소 개념의 수정은 이미 EU에서 1997년 7월 정보통신서비스의 공급장소를 규정함에 있어서 사용한 바 있다.

우리나라는 代理納付制度를 이미 도입하여 외국으로부터 용역의 공급을 받는 자가 그 대가를 지급하는 때에 부가가치세를 징수하여 납부하도록 되어 있고, 또 納稅

管理人制度가 있어 사업자가 사업장에 존재하지 않는 경우 納稅管理人을 두는 것을 의무화하고 있다.[58] 그러나 우리 나라의 代理納付制度는 면세사업자에게 제공되는 용역에만 적용되며, 개인이나 과세사업자에게 제공되는 용역은 적용대상이 아니다. 전자상거래를 통한 개인소비자의 주문이 향후 급증할 것으로 예상되므로 현재의 제도하에서는 세수문제에 직면할 수 있다.

대리납부제도를 개인에게 확대적용하는 것은 실효성이나 납세비용차원에서 바람직하지 않다. 개인의 경우 부가가치세의 납세의무자가 아니므로 대리납부의무를 지울 수 없다. 개인에 대하여 공급되는 외국의 용역에 대하여는 대리납부제도가 아니라 납세관리인제도를 활용하여야 할 것이다. 우리나라는 이 납세관리인제도를 사업장이 없는 국외사업자가 국내에 일정규모 이상의 매출이 있는 경우에도 적용하도록 의무화할 필요가 있다.

EU의 역내무역에서도 국경에 상품이동에 대한 통제가 불가능하기 때문에 일정규모 이상의 상품을 다른 나라의 개인이나 면세사업자에게 공급하는 경우 일정규모 이하이면 공급지에서 과세하나 일정규모 이상인 경우 소비지국에서 사업자로서 등록하도록 되어 있다. 그러나 이러한 방안은 외국의 서비스공급자가 협력하지 않을 경우 강제할 수 있는 제도적 장치를 마련하는 것이 현재로서는 어렵다는 문제가 있다. 이는 결국 개별국가의 과세당국간의 국제적 협조가 얼마나 효율적으로 이루어지느냐에 달려 있다고 할 수 있다. 따라서 대리납부제도와 납세관리인제도, 그리고 소비지국에 부재하는 사업자의 사업자등록제도 등이 성공적으로 정착할 수 있도록 국제적인 노력과 협조를 촉구할 필요가 있다. 이를 위하여 과세당국이 사업자에게 요구하는 정보의 종류에 대하여 국가간에 합의를 이루고, 필요시 이를 상호 제공함으로서 자국내에 부재하면서 전자상거래 사업활동을 행하는 사업자를 파악하는데 서로 도움을 줄 필요가 있는 것이다.

3. 재화와 용역의 구분 문제

재화 및 서비스에 대한 일관성 없는 구분은 기업으로 하여금 재화를 서비스로 판매하거나 반대로 서비스를 재화로 판매하게 하여 그들이 부가가치세 납세의무를 회피할 수 있는 기회를 허용할 수 있다는 것이 문제이다. 이에 대하여 OECD에서는 과세당국이 인터넷으로 전달되는 서비스나 무체재산(소프트웨어, 비디오, CD 등)을 재화의

58) 이성봉 · 김유찬, 전게논문, 138.

공급으로 취급해서는 안되며 서비스의 공급으로 보아야 한다는 결론을 내리고 있다.

현행 부가가치세 제1조 제3항 및 동법시행령 제2조의 규정에 의하면, 용역을 재화 이외의 재산적 가치가 있는 모든 역무 및 기타 행위를 의미한다고 규정하면서 건설업, 교육서비스업 등 14가지로 열거하고 있으나 디지털제품이 용역에 해당되는지 여부가 불분명한 바, 디지털제품이 용역의 범위에 포함되는 것으로 명확하게 정비할 필요가 있다.

4. 부가가치세의 징수방안

위와 같이 공급장소개념을 수정하여 외국기업이 전자상거래로 용역을 공급하는 경우 당해 외국기업에 대하여 우리 나라가 부가가치세를 부과할 수 있는 근거를 마련하더라도 구체적으로 어떠한 방식으로 당해 외국기업에 대하여 부가가치세를 징수할 수 있는지에 대해서는 여전히 의문이 남는다. 부가가치세 징수방안에 관한 국제사회의 논의를 먼저 살펴보면, 다음과 같다. 전자상거래에 대한 부가가치세의 징수방안을 강구함에 있어서 국제사회는 기업이 기업에게 판매하는 상거래와 기업이 개인소비자에게 판매하는 거래를 달리 취급하고 있다.

B to B거래에 있어서 부가가치세 제도를 시행하고 있는 국가는 소비자인 자국기업이 자국내에 사업장이 없는 외국기업으로부터 서비스를 제공받은 경우에는 용역을 제공받은 자국기업이 용역의 제공자인 외국기업에게 용역의 대가를 지급할 때에 당해 외국기업을 대리하여, 그 대가에서 부가가치세를 징수하여 과세당국에 납부하도록 하는 代理納付制度를 두고 있다. 전자상거래에 있어서도 대리납부제도를 적용하는데 대부분의 국가가 찬성하고 있다.

B to C거래의 경우 소비자인 개인은 불특정 다수인이기 때문에 납세협력을 담보하기 곤란하고 효과적인 징수가 어렵다. 현재 국제사회에서 논의되고 있는 징수방안으로는 ① 소비자가 자국의 세무당국에 세금을 스스로 납부하도록 하는 자기신고방안(self-assessment), ② 소비자측 과세당국이 자국에 미리 등록시킨 외국기업으로부터 직접 세금을 징수하는 외국사업자등록방안(registration of non -resident), ③ 세금을 결제하는 은행과 신용카드회사가 소비자로부터 세금을 대신받아 납부하도록 하는 결제기관 원천징수방안(withholding by financial institution), ④ 판매자측 과세당국이 판매업자로부터 직접 세금을 징수하여 소비자측 국가에 송부하는 공급지국 징수후 이체방안(tax at source and transfer) 등이 있다. 대부분의 국가가 4가지 방안 모두 부분적으로 문제가 있음을 인정하고 있지만, 차선의 대안으로 外國事業者登錄

方案을 지지하고 있다. 이 방안에 대해서는 외국사업자의 등록 및 납세 등에 관하여 강제력을 발휘하기 어렵다는 것이 가장 문제점으로 지적되고 있는 바, 과세자료의 국제적 공유를 위한 협력체제의 구축 등 납세의 실효성 확보를 위한 보완방안이 논의되고 있다.[59)]

부가가치세의 징수방안에 대한 국제사회의 논의와 관련하여 현행 부가가치세를 어떻게 보완해야 할 것인지에 관하여 살펴보면 다음과 같다. 국제사회에서 B to B거래에 대한 징수방법으로 代理納付制度가 채택된다면, 우리나라의 경우에는 부가가치세법 제34조에 규정된 代理納付制度[60)]를 활용하면 된다. 부가가치세법 제34조의 규정에 의하면, 국내사업장이 없는 비거주자 또는 외국법인으로부터 용역의 공급을 받는 자(공급받은 용역을 과세사업에 사용하는 경우를 제외함[61)])는 그 대가를 지급하는 때에 부가가치세를 징수하여 사업장 또는 주소지관할 세무서장에게 납부하여야 한다. 다만, 현행 대리납부제도는 비거주자 또는 외국법인이 국내에서 용역을 제공하는 경우에만 적용되고 있는 바, 비거주자 또는 외국법인이 on-line거래로 국외에서 직접 용역을 제공하는 경우도 대리납부대상에 포함되도록 명시하여야 할 것이다.

국제사회에서 B to C거래에 대한 부가가치세 징수방안으로 채택될 가능성이 높은 國外事業者登錄方案을 우리나라 부가가치세법에 도입한다고 가정한다면, 등록대상 외국사업자의 설정기준, 납부대상서비스의 종류, 부가가치세의 신고 · 납부 절차, 증빙서류의 국외보관 허용 등에 관한 특례규정, 미납부시 제재방안, 국가간 과세자료 및 정보의 교환 등에 관한 규정이 마련되어야 할 것이다.

---

59) 정태용 · 김창범, 전게논문, 115.

60) 대리납부제도의 취지는 국내사업장이 없는 비거주자 또는 외국법인이 국내에서 용역을 공급하는 경우 그 공급자는 부가가치세법상 사업자가 아니므로 과세거래에 해당되지 않는데, 만일 이것을 방치하면 비거주나나 외국법인에 대하여 부가가치세가 과세되지 않음으로써 국내사업자가 공급하는 용역에 비해 부당하게 우대되는 결과가 된다. 이를 방지하기 위해서 국내사업장이 없는 비거주자 등이 제공하는 용역에도 부가가치세를 과세하여야 할 것인데, 이 경우에 공급자인 국내사업장이 없는 비거주자 등은 우리나라 부가가치세의 납세의무를 지지 아니하므로 용역을 제공할 때 부가가치세를 거래징수하여 납부할 수 없다. 그래서 부가가치세법은 공급자를 대신하여 공급받는 자가 그 대가에서 부가가치세를 징수하여 납부하도록 하고 있는 것이다. 최명근, 부가가치세법론, 영화 · 조세통람, 2002. 2, 515.

61) 부가가치세법 제34조의 규정에 의한 대리납부의무자는 원칙적으로 면세사업자나 사업자가 아닌 자에 한정되며, 과세사업자는 공급받은 용역을 과세사업과 관련없이 사용하는 때에 한하여 대리납부의무를 지게 된다. 과세사업자가 공급받은 용역을 과세사업에 사용하는 경우에는 대리납부의무를 지지 아니하도록 한 이유는, 이 경우 과세사업자에게 대리납부의무를 지우더라도 그 대리납부세액은 용역을 공급받은 사업자의 매입세액으로 공제하거나 환급하여야 하기 때문에 세수효과없이 절차만 번거롭게 하기 때문이다.

Ⅲ. 移轉價格에 대한 租稅回避防止방안

1. 이전가격세제 적용의 어려움

이전가격세제와 관련된 국제사회의 논의동향을 보면, 전자상거래의 익명성 · 통합성 등으로 인하여 종전의 이전가격세제(특히 정상가격산출방법)를 그대로 적용하기 곤란해진다는 문제점에 관한 분석은 있으나, 그러한 문제점을 어떠한 방식으로 해결할 수 있는지에 관해서는 구체적으로 거론되고 있지 않다. 현재로서는 OECD와 선진국들의 논의를 예의주시하면서 우리나라 나름대로의 경험을 축적해 나가는 길 외에 달리 방법이 없는 실정이다.

2. 조세조약의 규정을 적극적으로 이용하는 방법

현행 조세조약의 규정을 활용하면 전자상거래 사업자의 조세회피행위도 어느 정도 통제를 할 수 있다. 예를 들면, 전자상거래 사업자의 경우에도 조세조약 체결국인 경우에는 정보교환을 통해서 할 수 있고 또한 居住者證明制度를 이용하여 조세조약의 운영의 묘를 기할 수 있다. 그러나 조세조약 미체결국인 경우에는 현재까지 아무런 대책이 없다. 위에서 살펴본바 있는 電子商去來 事業者 登錄制度가 국제간에 실행된다면 거주지국 판정의 문제는 많이 해소될 것이다. 우리 나라는 거주자 판정에서 본점소재지국주의를 채택하고 있으나, 전자상거래 사업자가 조세회피지역에 조세회피목적으로 사업장을 개설하였을 경우는 오히려 관리지배지주의가 훨씬 전자상거래 사업자 관리를 위해서 효율적이다. 그러나 현실적으로 우리 나라가 본점소재지주의를 채택하고 있는 이상, 설혹 전자상거래 사업자가 조세회피 목적으로 조세회피지역에 본점을 둔 경우, 과세청에서 이 법인에 대한 법인격을 부인하기는 매우 어렵다. 현행 조세법체계 아래서 할 수 있는 방법은 실질과세원칙에 의해 조세회피지역에 설치된 법인이 '법인이라고 할 수 없을 정도'의 물증을 확보해야만 가능한데, 현실적으로 이의 확보가 대단히 어렵다.

3. 조세회피지역 진출에 대한 대책

전자상거래시대에는 조세부담을 줄이기 위해 전자상거래사업장을 租稅回避地域(Tax-Haven)으로 옮기는 것은 어려운 일이 아니다. 만일, 특정기업이 조세조약이 체결되어 있지 아니한 조세회피지역에 있을 경우에는 정상가격산정에 필요한 정보의 획득이 어렵다. 즉, 조세회피지역에 진출한 기업에 대해서는 과세권자가 조세회피지역국가에 위치한 기업의 정보를 얻을 수 있는 기회가 제약되기 때문에, 그 사업자로 하여금 당해 거래가 정상가격에 의하여 이루어졌음을 입증하도록 할 필요가 있다.

현행 과세체계상 입증책임에 관해서는 損金算入을 주장하는 경우에는 납세자 측에서, 損金不算入을 주장하는 경우에는 과세당국이 입증책임을 지고 있다. 그러나, 조세회피지역의 경우에는 과세당국이 조세회피지역국가에 있는 기업의 정보를 얻을 수 있는 기회가 근본적으로 제약되기 때문에(왜냐하면, 조세회피지역국가가 당해 국가에 소재하고 있는 기업의 과세정보를 다른 국가에 모두 제공한다면 스스로 조세회피지역임을 포기함을 의미하기 때문이다) 근본적으로 입증책임에 관한 규정이 무력화된다.

이러한 입증책임 문제에 관해, 프랑스 세법은 특별한 규정을 두고 있는데, 조세회피지역에 진출한 기업은 특수관계자간의 거래인지 또는 특수관계자가 아닌 자와의 거래인지 여부를 불문하고 당해 거래가격이 正常價格임을 과세당국에 입증해야 하는 것으로 규정하고 있다.[62)]

위의 입법례를 참고할 때 전자상거래사업자가 조세부담을 회피할 목적으로 조세회피지역으로 허위로 이전하여 거래를 위장하는 경우에는 그 사업자로 하여금 당해 거래가 정상거래임을 입증하도록 하는 방안을 검토해 볼 필요가 있다.

Ⅳ. 세무행정

전자상거래와 관련된 조세제도가 잘 정리되어도 전자상거래를 통한 거래가 발생하였는지를 과세당국이 쉽게 파악하지 못한다면 제도보완도 소용이 없는 일이며, 따라서 조세문제 해결의 핵심적 과제는 인터넷을 통한 거래사실, 거래내용 및 당사자의 확인이다.

인터넷을 통한 거래를 확인하는 방안으로는 과세당국이 인터넷에서 거래성립자체를 확인하는 방법과 거래당사자가 거래의 대가로 대금을 지불할 때에 은행이나 결제회사를 통하여 개입하는 방법이 있을 것이다. 전자는 전자상거래의 속성상 획기적인 기술발전이 없이는 불가능할 것이고, 후자는 은행 등과 과세당국의 긴밀한 업무협조가 이루어진다는 전제하에 은행등이 지불대금의 성격(재화공급에 대한 대가, 로얄티 등)에 따라 자동적으로 원천징수할 수 있도록 하는 소프트웨어의 개발이 이루어진다

62) 프랑스 세법 CGI 제238 A 및 209 B조(안창남, 전게논문, 143에서 재인용).

면 가능할 수도 있다. 위의 방법 이외에 국제간 과세당국의 긴밀한 협조를 통하여 전자상거래에 대하여 과세하는 방안이 있다.

전자상거래의 발달은 간접적으로 조세행정에도 큰 영향을 미친다. 먼저 납세자의 조세관련자료 대부분이 국세청에 전자로 신고 또는 보고되고 이에 대한 과세정보를 토대로 하여 세무조사 대상자의 선정 등이 이루어진다. 또 종전에는 국세통계연보와 극소수의 전문잡지를 통해 접할 수 있는 조세정보를 국세청의 홈페이지를 통해서 쉽게 접할 수 있다. 그러나 국세청이 가지고 있는 납세자 개인에 대한 정보에 접근권이 차단되어 있고 아울러 만일 납세자 본인에 대한 정보가 잘못 입력되어 있다면 이에 대한 시정을 요구할 수 있는 권리조항이 현행 세법에 규정되어 있지 않다.

Ⅴ. 단일기업 과세제도와 World Tax 제도

1. 조세회피를 막기 위한 단일기업 과세제도

단일기업 과세란 기업 전체의 소득을 각 국가간에 적정하게 나누는 방법으로 세원을 나누는 방법이다. 이 방법은 현재 고정사업장 귀속소득 결정과 이전가격세제에서 적용되는 독립기업의 원칙을 포기하는 것을 의미한다. 독립기업원칙에 적용되는 정상가격은 그 산출방법의 다양함과 복잡함 등으로 구하기가 어려울 뿐만 아니라 납세자와 과세권자, 각 국가의 과세권자간에 끊임없는 논란을 거듭하고 있다. 전자상거래는 전통적인 상거래보다 더욱 더 비교가능성을 찾기가 어려우므로 단일기업과세제도의 도입이 주장되고 있다.

2. World Tax 제도의 연구 필요성

위의 단일기업과세제도도 결국 선진국과 후진국간에 기업의 소득 또는 기업군의 소득을 적당히 나눠먹자는 주장이다. 이 경우 후진국은 항상 선진국에 뒤쳐질 수 밖에 없다. 원천지국과세의 불가피성은 선진국도 인정하고 있는 바, 단일기업과세에 불만이 있을 수 밖에 없는 후진국이 이 판을 깨려고 할 것이며, 이 결과는 심각한 이중과세를 초래할 수 있을 것이다. 이러한 갈등 구조는 결국 후진국이 적정한 만족을 얻어야 해결될 문제이다. 또한 기업의 다국적화, 세계화가 진행되면 될수록 결국 기업의 무국적화가 초래되게 된다. 전자상거래는 이러한 무국적화에 불을 당기는 소재이다.

기업의 무국적화가 진행되면 누가 과세권자인지 불분명할 뿐만 아니라 결국은 단일기업과세가 무용지물이 될 수 있다. 이러한 예측하에 전자상거래에 대해 생산지에서 과세하든 소비지에서 과세하든 간에 '세계적인 기구(예를 들면 UN 등)'에서 이를 걷어서 관련된 국가 또는 전세계 국가에 기여도 등의 구분에 따라 나눠주는 world tax 시대의 도래를 예견하고 그 연구의 필요성을 주장하는 견해가 있다.[63]

제 7 맺는말

전자상거래는 하루가 다르게 성장하며 발전하고 있고, 앞으로 어떤 형태로 발전할 것인가를 예측하기는 쉽지 않다. 그러나 아직까지는 조세법 영역에서 그동안의 전통적 과세체계를 뛰어넘는 새로운 과세체계가 등장할 필요성을 느끼지 못하고 있다. OECD를 비롯한 선진각국의 논의에서도 전자상거래에 대한 새로운 조세의 창설까지도 검토한 바 있으나 결국 그의 과세체계를 보완하는 방향으로 의견이 모아진 상태이다.

이 글에서는 전자상거래의 발전이 조세체계에 미치는 여러 가지 문제점을 살펴보았다. 전자상거래에 대한 과세문제가 중요한 이유는 전자상거래에 관해서 수입국의 입장인 우리나라가 종전의 상거래와는 질적으로 다르게 전개되고 있는 전자상거래의 발전방향에 적절히 대응하지 못할 경우 실질적으로 우리나라의 과세권이 부당히 축소될 수 있는 위험성이 있기 때문이다.

전자상거래가 소득세제분야에 일으키는 문제점은 외국기업들이 우리나라가 아닌 외국에 고정사업장 등을 두고 전자상거래를 통해 얼마든지 우리나라의 고객들을 상대로 영업활동을 전개할 수 있으므로 현행 소득세제상의 원칙을 그대로 적용해서는 외국기업의 전자상거래활동에 우리나라가 과세할 수 없게 된다는 점이다. 소비세제분야에 일으키는 문제점은 소비지과세원칙의 핵심요소인 공급장소개념과 관련하여 종전의 상거래에서는 재화 및 용역의 소비지는 그 공급지와 일치하였으므로 재화 및 용역의 공급장소를 기준으로 부가가치세를 부과하도록 하여도 각국의 과세권을 행사에 문제가 발생하지 아니하였으나, 전자상거래의 출현으로 용역의 공급지와 용역의 소비지가 일치하지 않게 됨에 따라 종전의 공급장소개념을 그대로 적용해서는 외국기업의 우리나라 소비자에 대한 영업행위에 대하여 우리나라는 부가가치세를 부과할 수 없게 된다. 이전가격세제에 일으키는 문제점은 다국적기업의 전자상거래 활동에 대하여 정상가격을 산출하기가 곤란하다는 점이다.

---

63) 안창남, 전게논문, 144.

위와 같은 전자상거래가 조세법영역에서 일으키는 문제점을 해결하기 위하여 우리나라는 기본적으로는 현행 조세제도를 전자상거래에 대하여도 적용할 수 있도록 정비해 나가는 것이 중요하다. 소득세제와 관련하여 固定事業場 개념의 확장과 관련하여 서버나 웹사이트를 일률적으로 고정사업장으로 보기는 어렵지만, '판매와 관련된 重要한 行爲'가 있는 때에는 바로 그 행위가 있는 장소를 고정사업장으로 판정하여야 할 것이고, 디지털제품의 전자상거래에 대해 포괄적으로 규정되어 있는 법인세법상의 사용료소득 개념규정을 적극 활용하여 과세하여야 할 것이며, 보다 근본적으로 디지털화된 제품을 전자상거래를 통하여 제공받는 경우의 대가도 使用料所得으로 과세된다는 점을 명확하게 규정하여야 하고, 源泉徵收制度를 적극적으로 활용하여야 할 것이다. 소비세제와 관련하여서는 부가가치세에 있어 供給場所 개념을 용역이 공급되는 장소에 한정할 것이 아니라 '消費者의 事業場이 위치하는 장소'도 포괄할 수 있도록 수정하여야 하고, 부가가치세의 징수방안과 관련하여 비거주자 또는 외국법인이 on-line거래로 국외에서 직접 용역을 제공하는 경우도 代理納付대상에 포함되도록 명시하여야 한다. 國外事業者登錄方案을 우리나라 부가가치세법에 도입한다면, 등록대상 외국사업자의 설정기준, 납부대상서비스의 종류, 신고 · 납부 절차 등에 관한 특례규정, 미납부시 제재방안, 국가간 과세자료 및 정보의 교환 등에 관한 규정이 마련되어야 할 것이다. 移轉價格稅制와 관련해서는 지금까지 구체적인 대안으로 논의되고 있는 것이 발견되지 않으나 租稅避難處(Tax-Haven)로 진출한 경우에는 그 사업자로 하여금 당해 거래가 정상가격에 의하여 이루어졌음을 입증하도록 입증책임을 지워야 한다.

전자상거래가 야기하는 기존의 국제적 세수분배질서의 붕괴에 대하여 OECD회원국이기는 하지만 재화, 용역, 자본의 수입국인 우리나라는 전자상거래의 발달이 미칠 영향은 다른 나라도 우리와 유사할 것이므로, 이 부분에 있어서 앞선 나라들의 연구성과를 흡수해 우리나라에 특유한 문제점을 해결하는데 주력하면서 동시에 우리나라의 경제적 이해에 부합되는 방향으로 국제규범이 정립될 수 있도록 OECD와 같은 국제기구를 통해 적극적인 노력을 기울여야 할 것이다.

참고문헌

〈단행본〉

이용섭, 국제조세, 세경사, 1999.

임승순, 조세법, 박영사, 2001.

최경진, 전자상거래와 법, 현실과 미래, 1998.

최명근, 부가가치세법론, 영화 · 조세통람, 2002. 2.

〈논문〉

강영복, "전자상거래에 대한 효율적인 부가가치세 과세방안", 세무사, 89호, 2000 여름.

김진환, "전자거래의 법률적 문제에 관한 연구", 고려대 대학원 법학석사학위논문, 1998.

서희열, "전자상거래유형에 따른 부가가치세 과세방안", 국제법무연구 제4호, 2000. 2.

손경한, "전자상거래입법의 국제적 동향", 저스티스, 제68호, 한국법학원, 2002. 8.

안창남, "전자상거래가 세법체계에 던지는 문제점과 해결방안", 인터넷법률 창간호, 2000. 7.

옥무석, "전자상거래와 조세문제", 상사법연구, 제19권 제2호, 2000. 10.

______, "전자상거래와 부가가치세 문제", 조세법 연구, 제6집, 2000. 12.

원윤희, "전자상거래 과세방안에 대한 국제적 논의와 부가가치세 과세", 서울시립대 법률행정논집 8권, 2001. 2.

이성봉 · 김유찬, "전자상거래 조세관련 국제논의와 대응방안", 통상법률, 23호, 1998. 10.

이창희, "전자상거래가 국제조세질서에 미치는 영향", 정보법학 제2호, 한국정보법학회, 1998.

이철송, "전자상거래와 조세", 세무사, 2001 봄.

정태용 · 김창범, "전자상거래가 현행 조세제도에 미치는 영향", 법제개선연구–국가경쟁력강화입법지원반 연구보고서 제6집, 법제처, 2000. 12.

조양희, "전자상거래와 소득세", 조세법연구, 제6집, 2000. 12.

______, "전자상거래의 조세법적 문제점", 조세법연구 제5집, 1999. 12.

홍범교, "OECD 전자상거래 관련 조세논의의 최근 동향", 국세월보 412호, 2001. 6.

제 2 절

인터넷거래의 국제재판관할과 지향된 활동 * **

제1 머리말

인터넷을 이용한 가상공동체(virtual community) 또는 가상공간(cyberspace. 이하 "가상공간"이라 한다)에서 이루어지는 국제거래, 또는 달리 표현하자면 국제적인 전자상거래(이하 "국제전자(상)거래"라 한다)는 전통적인 국경 개념에 의해 구획되는 공간적 장애를 넘어 대량으로 이루어지는 특색이 있다.[1)] 이처럼 '국제성'은 가상공간의 특색의 하나라고 할 수 있다.[2)] '인터넷상의 거래' 또는 '전자(상)거래'(양자를 호환적으로 사용한다)는 국제물품매매처럼 계약의 체결만이 가상공간에서 이루어지고 이행은 현실공간에서 이루어지는 경우와, 컴퓨터소프트웨어를 인터넷을 통해 전자적으로 송신하는 경우처럼 계약의 체결 및 이행이 가상공간에서 이루어지는 거래를 포함한다.[3)] 국제전자거래와 인터넷 사용(또는 인터넷활동)의 급속한 확대에 따라 그와 관련된 사법적 분쟁을 해결하기 위한 법적 · 제도적 장치가 필요하다.[4)] 현실공간의 국

---

* 석광현: 서울대학교 법과대학/법학전문대학원 교수

** 필자는 남효순 · 정상조(공편), 인터넷과 법률, 2002, 697 이하에 "인터넷시대의 국제재판관할과 준거법"이라는 제목의 글을 게재한 바 있는데, 이는 위 글의 범위를 국제재판관할에 한정하면서 그 후의 발전을 반영하여, 서울대학교 법과대학이 개설한 전문분야 법학연구과정에서 2009년 10월 16일 행한 강의 자료를 수정 · 보완한 것이다. 60% 정도로 축약한 글은 2009년 12월 17일 개최된 한국인터넷진흥원의 인터넷미디어 선진화를 위한 릴레이 세미나자료집에 수록된 바 있다(필자는 발표 없이 자료만 수록하였다).

1) 전자거래의 특성으로 의사전달의 호환성, 의사표시의 기술화, 의사결정의 자동화, 전자적 이행방법의 도입과 방식의 정형화를 들거나(오병철, 전자거래법, 1999, 45 이하), 불특정 다수인을 상대로 하는 거래, 비대면거래성, 다수대량거래성, 거래대상의 다양성, 컴퓨터 통신의 이용, 부합거래성, 거래이행확보의 필요성을 들기도 한다. 손경한, "전자상거래 분쟁의 해결", 중재 1999 봄, 제291호, 70-71. 또한 특성의 하나로 의사표시 형성과정의 즉시성을 들기도 한다.

2) 전자거래기본법 제29조도 아래와 같이 '전자거래의 국제화'에 관하여 규정한다.

"제29조 (전자거래의 국제화) ① 정부는 전자거래에 관한 국제협력을 촉진하기 위하여 전자거래에 관한 정보 · 기술 · 인력의 교류, 공동조사 · 연구 및 기술협력, 국제표준화 등의 사업을 지원할 수 있다. ② 정부는 국제기구에서의 전자거래에 관련된 논의에 적극적으로 참여하여 대응하고, 전자거래사업자의 해외시장 진출을 활성화하기 위하여 노력하여야 한다."

3) 전자를 '간접적 전자거래' 또는 '광의의 전자거래'라고 하고, 후자를 '직접적 전자거래' 또는 '협의의 전자거래'라고 하기로 한다. 박희주, "인터넷 이용상의 사법적 문제", 1998, 54; 오병철, 전게서, 37 이하 참조.

4) 전자거래와 관련해서는 조세, 전자지급 또는 전자화폐, 지적재산권 보호, 개인사생활 보호 및 전자서명과 보안, 음란물 등 다양한 논점이 제기된다. 왕상한, 전자상거래와 국제규범, 2001도 참조.

제거래분쟁 또는 국제민사분쟁[5]의 발생시 광의의 國際私法 또는 국제민사소송법상의 문제가 제기되는데 특히 '국제재판관할'(international jurisdiction to adjudicate)의 배분'과 '준거법(governing law)의 결정'이 중요하다. 가상공간에서는 당사자들이 의식하지 못하는 사이에 국제거래가 대량적으로 이루어지므로 문제가 증폭될 수 있고, 가상공간의 특성상 국경 개념에 의한 공간적인 구획이 무의미하거나 제한적이므로 이러한 구획을 전제로 발전되어온 현실공간의 국제사법 내지 국제민사송법 법리의 타당성이 의문시될 수 있다.

어느 국가에서 재판을 하는가에 따라 소송 수행상의 난이도에 현저한 차이가 있고, 소송절차에 적용되는 절차규범이 다르며, 분쟁의 실체에 적용되는 실질규범도 달라질 수 있으므로 법정지의 결정은 매우 중요한데, 국제재판관할에 관하여 전 세계적인 통일규범이 없는 현재로서는 국제재판관할을 가지는 국가가 복수 존재할 수 있으므로 원고로서는 자기에게 유리한 법정지를 선택하여 제소하는 이른바 forum shopping이 가능하게 된다.

결론부터 말하자면, 여기에서 논의의 핵심은 현실공간의 국제재판관할의 문제를 해결하기 위해 발전된 기존의 광의의 국제사법 또는 국제민사소송법의 법리가 과연 가상공간에 적합한가의 여부인데, 전 세계적으로 다양한 견해가 주장되고 있지만 아직 만족할 만한 해결방안이 제시되지는 못하였으며 다양한 해결방안이 모색되고 있는 상태이다. 여기에서는 우리 국제사법을 중심으로 국제재판관할의 문제를 검토한다.[6]

인터넷상의 국제민사분쟁과 관련된 국제재판관할을 이해하기 위하여는 현실공간의 분쟁의 국제재판관할을 우선 이해해야 한다. 한편 인터넷상의 국제거래 분쟁에는 계약에 관한 것과, 명예훼손과 또는 지적재산권의 침해와 같은 불법행위에 관한 것이 있고 양자는 상이한 국제재판관할규칙에 따르므로 양자를 구분할 필요가 있다. 또한

---

5) 예컨대 가상공간에서의 명예훼손 또는 지적재산권의 침해로부터 발생하는 불법행위는 엄밀하게는 전자거래로 인한 것은 아니나, 여기에서 '전자거래' 또는 '민사분쟁'이라고 할 때는 후자를 포함하는 넓은 의미로 사용한다.

6) 국제재판관할과 준거법 외에도 인터넷의 사용에 따라 외국에의 송달과 외국에서의 증거조사에 어떠한 변화와 적응이 필요한지도 문제된다. 준거법에 관하여는 석광현, "국제적인 전자거래와 분쟁해결—준거법을 중심으로—", 국제사법과 국제소송 제2권, 2001, 152 이하; 장준혁, "인터넷과 준거법", 남효순 · 정상조 공편, 인터넷과 법률Ⅱ, 2005, 863 이하 참조. 국제재판관할에 관하여는 우선 석광현, "국제적인 전자거래와 분쟁해결—국제재판관할을 중심으로—", 국제사법과 국제소송 제2권, 2001, 111 이하; 강영수, "인터넷과 國際裁判管轄", 남효순 · 정상조 공편, 인터넷과 법률Ⅱ, 2005, 902 이하 참조. 양자에 관하여는 노태악, "전자거래의 재판관할과 준거법: 개정 국제사법, 헤이그신협약 및 UCITA와 관련하여", 정보법학 제5권, 2001, 20 이하 참조.

계약에 관한 분쟁은 거래주체에 따라 기업간 전자거래(이른바 B2B)와, 기업과 소비자간 전자거래(이른바 B2C)로 구분할 필요가 있다. 현실공간의 거래와 비교할 때 전자거래에서는 중간 유통단계가 생략되고 사업자와 최종 소비자가 직접 당사자가 되는 점에서 소비자에 대한 공격적 마케팅이 용이하므로 소비자보호의 필요성이 한층 크다. 아래에서는 현실공간에서의 국제재판관할의 법리를 우선 검토하고(Ⅲ.), 통상적인 계약의 국제재판관할(Ⅳ.), 불법행위에 대한 특별관할(Ⅴ.)을 논의한 뒤, 계약과 불법행위에 공통적으로 적용될 여지가 있는 피고의 활동에 근거한 특별관할(Ⅵ.)의 문제점을 검토하고, 국제재판관할합의를 살펴본 뒤(Ⅶ.),[7] 마지막으로 소비자를 위한 보호적 관할(Ⅷ.)을 논의하는데, 각각에 관하여 현실공간에서 타당한 국제재판관할규칙을 보고 이어서 가상공간의 특수성을 검토한다. 다만 인터넷상의 국제거래분쟁에 대하여는 현실공간의 분쟁과 달리 전혀 새로운 접근방법을 도입해야 한다는 주장이 있으므로 논의에 앞서 이를 간단히 언급한다(Ⅱ.).

제 2 인터넷상의 분쟁해결에 대한 접근방법

인터넷상의 분쟁해결에 관하여는 첫째, 분쟁을 온라인상으로 해결할 것인가, 아니면 오프라인상으로 해결할 것인가의 문제(아래 1.)와, 오프라인상에서 해결하는 경우 전통적인 입장을 따를 것인지 아니면 새로운 접근방법을 따를 것인지의 문제(아래 2.)가 있다. 이를 차례대로 살펴본다.

Ⅰ. 온라인상의 분쟁해결과 오프라인상의 분쟁해결[8]

가상공간에서의 거래 또는 기타 인터넷의 사용으로부터 발생하는 국제적 분쟁의 해결에 관하여는 두 가지 대비되는 접근방법이 있다.[9]

첫째는, 가상공간에서의 분쟁을 전면적으로 또는 부분적으로 온라인에서 해결해야 한다는 접근방법인데, 이는 결국 온라인상의 중재 또는 조정과 같은 대안적 분쟁해결(Alternative Dispute Resolution on the Net)의 형태로 나타난다. 전자의 예는

---

7) 계약과 불법행위 외에도 재산소재지의 특별관할, 영업소소재지의 특별관할 등이 있다.

8) 전자는 분쟁을 가상공간 내에서, 후자는 현실공간에서 해결하려는 것이라고 할 수 있겠다.

9) 이에 관한 소개는 Catherine Kessedjian, Dispute Resolution On-Line, 32 The International Lawyer, p. 977 참조.

BBBOnline, ClickNSettle, Cybercourt, Online Ombuds Office 등이고,[10][11] 후자의 예는 세계지적재산권기구(WIPO)가 중재 및 조정센터(Arbitration and Mediation Center)를 설립하여 인터넷사이트를 통해 지적재산권분쟁을 온라인에서 해결하려는 것을 들 수 있다. 또한 ICANN(Internet Corporation for Assigned Names and Numbers)이 도메인이름 관련 분쟁을 온라인상에서 해결하는 것도 그러한 예이다.

둘째는, 가상공간에서의 분쟁을 오프라인에서 해결하려는 상대적으로 온건한 접근방법이다. 이는 전자거래와 인터넷활동에 대한 새로운 국제재판관할규범을 창설하는 대신 기존의 원칙, 규칙 및 절차가 적용될 수 있다고 본다. 헤이그국제사법회의는 제네바대학과 공동으로 1999년 9월 초에 개최한 전자거래와 국제사법에 관한 Geneva Roundtable에서 전자거래와 관련한 다양한 문제점을 논의하고 권고를 제시하였던바, 그 1항은 전반적인 지침으로서, 가능한 한 전자거래와 인터넷활동에 대한 새로운 규범을 창설하는 대신 기존의 원칙, 규칙 및 절차가, 특히 기능적 등가물의 사용을 포함하는 해석의 방법에 의하여 적용될 수 있고 또한 적용되어야 한다는 점을 지적하였다. 전자거래도 전신, 전화, 팩스, 라디오, TV 등이 초래한 것과 질적으로 다른 것이 아니고 기존의 법리가 그에 대응한 것처럼 전자거래에도 대응할 수 있다는 것이다.

생각건대, 위 두 가지 접근방법은 상호 보완적인 것으로 이해할 필요가 있다. 특히 당분간은 인터넷상의 분쟁 전반에 대하여 온라인상의 분쟁해결이 보편화되기는 어렵다. 인터넷상의 분쟁이 발생한 경우 그 거래가 가상공간에서 체결되고 이행된 것이더라도 분쟁 해결 자체는 현실공간에서 이루어질 수 있기 때문이다. 특히 현재로서는 온라인에서 해결하려는 접근방법에 대해서는, 첫째, 중재지의 결정상의 어려움, 분쟁해결과 관련된 비밀보장의 어려움, 인간적 요소의 결여, 사실인정의 어려움, 결정의 집행의 어려움 등의 법적인 문제점이 지적되고 있다. 그러나 장차 제도의 독립성, 공평성 및 투명성이 보장되고, 대립당사자주의, 절차적 효율성, 결정의 적법성과 당사자자치 및 대리인을 이용할 수 있는 권리 등의 보장되고, 암호화에 의하여 소송문서의 비밀을 보장하기 위한 방안이 강구되는 등의 기술적, 제도적 보완이 이루어진다면 온라인상의 분쟁해결은 신속한 분쟁해결 수단으로서 매우 중요한 역할을 할 수

10) 근자의 소개는 정용균, "온라인 ADR(ODR): 발전현황과 시행상의 장단점", 중재 제328호, 2009년 여름, 6 참조.

11) 우리나라에도 전자거래기본법(제32조)에 따라 설립된 전자거래분정조정위원회도 온라인 분쟁조정제도를 운영하고 있다. 이는 2000년 4월 12일 한국전자거래진흥원 내에 설치되었으나 후자는 정보통신산업진흥원에 통합되었다. http://www.ecmc.or.kr/jsp/open/trouble_index.jsp 참조.

있을 것이다.

Ⅱ. 오프라인상의 분쟁해결: 전통적인 입장과 새로운 접근방법

가상공간의 국제적인 분쟁을 오프라인에서 해결하는 경우에도, 전통적인 국제재판관할규칙에 따라 이를 해결할 수 있다는 온건한 접근방법이 있는가 하면, 전통적인 원칙을 버리고 가상공간에 적합한 새로운 국제재판관할규칙을 정립해야 한다는 급진적인 견해가 대립되고 있다. 위에서 본 Geneva Roundtable의 권고는 전자이나, 예컨대 재판관할권에 관하여 새로운 발상을 요구하며 인터넷 분야에서는 국가관할권인 '규율관할권', '재판관할권' 및 '집행관할권'을 사적인 net-based 기관들에게 맡겨야 하며 그 경우 카오스이론에서 보는 바와 같이 외관상 무질서하거나 무정부적인 체제의 자연스러운 상호작용으로부터 질서와 규칙의 준수가 달성될 수 있을 것이라는 급진적인 견해도 있고, 그 밖에 중도적인 입장도 있다. 또한 인터넷공간을 새로운 세계공간 또는 '인류공동유산'(Common Heritage of Mankind (CHM))으로 선언하고 국제공동체가 국제조약과 규범을 통하여 국제재판관할의 쟁점을 통일적으로 해결해야 한다는 태도를 취하기도 한다.

현재는 오프라인에서의 분쟁해결시 전통적인 국제재판관할규칙을 다소 수정하거나 이를 탄력적으로 운영함으로써 문제에 대처하려는 견해가 유력한데, 아래의 논의를 통하여 인터넷상의 국제거래분쟁을 해결함에 있어서 전통적인 국제재판관할규칙의 효용과 한계를 좀더 명확히 알 수 있을 것이다. 다만 분쟁의 성격상 전문적인 지식을 필요로 하는 분야에서는 오프라인상의 분쟁해결기구로서 이를 전담하는 법원 또는 국제기구의 출현은 기대할 수 있으며, 이미 분야별로 그러한 기구가 존재한다. 특히 도메인이름에 관한 분쟁처럼 특정한 분야에 관하여는 법원에 의한 분쟁이 아니라 예컨대 WIPO 또는 ICANN과 같은 전문적인 기구에 의한 대체적 분쟁해결이 활성화되고 전문화되고 있다.

Ⅲ. 소　　결

현재는 인터넷상의 분쟁을 해결함에 있어서 온라인상으로 해결하는 방법과 아니면 오프라인상으로 해결하는 방법이 병용되고 있는데, 후자 즉 오프라인상에서 해결하는 경우 주류적인 견해는 전통적인 입장을 기본으로 삼으면서 가상공간의 특수성을 고려한 다양한 변용을 모색하고 있다고 할 수 있다. 그러나 앞으로 가상공간의 거래를 규율하는 실질법으로서의 '가상공간법'(lex cyberspace) 또는 '인터넷법'(lex internet)이 다양한 형태로 발전될 것이므로 그의 발전을 예의, 주시할 필요가 있다.

제 3 우리 국제사법상 국제재판관할의 기초이론[12)]

여기에서는 우리 국제사법상 국제재판관할의 기초이론을 살펴본다. 특히 과거 판례의 태도 및 이를 시정하기 위하여 도입된 개정 국제사법 제2조의 취지를 밝힌 뒤(아래 2), 가상공간에서의 국제재판관할규칙의 기본 방향을 살펴본다.

Ⅰ. 국제재판관할의 개념

국제재판관할은 통상 국가를 단위로 어느 국가의 법원이 법적 쟁송을 재판해야 하는가 또는 재판임무를 어느 국가에 배당할 것인가의 문제이므로, 국제재판관할규칙은 어느 국가가 그에 따라 자신의 재판권을 행사하고자 하는 범위의 확정 또는 자발적인 재판권의 제한에 관한 규칙을 의미한다. 따라서 재판권(facultas jurisdictionis 또는 Gerichtsbarkeit)은 국제(공)법상의 문제임에 반하여, 국제재판관할(권)은, 국제재판관할규칙을 정한 국제조약을 제외하면,[13)] 각국이 스스로 결정할 사항으로서 국내법상의 문제라는 점에서 레벨을 달리 한다.

국제재판관할의 문제는 우리 법원에 국제사건에 관한 소가 제기된 경우 법원이 재판할 수 있는 관할을 가지는가라는 형태와, 외국 법원이 선고한 판결의 승인 및 집행이 우리 법원에서 문제되는 경우 판결을 선고한 당해 외국이 재판관할을 가지는가라는 두 가지 형태로 제기되는데, 전자를 '직접적 국제재판관할(또는 직접관할)' 또는

12) 상세는 석광현, 국제재판관할에 관한 연구, 서울대학교 출판부, 2001, 19 이하 참조.

13) 주요한 것으로는 브뤼셀규정과 루가노협약이 있다. 1968년 당시 유럽공동체국가들간에 체결된 '민사 및 상사사건의 재판관할과 재판의 집행에 관한 협약', 즉 브뤼셀협약에 의하여 국제재판관할의 결정과 외국판결의 승인, 집행에 관한 주요 유럽연합 국가의 규범은 상당부분 통일되었고 그 적용범위는 병행협약인 루가노협약에 의하여 유럽자유무역연합으로 확대되었다. 1999년 5월 1일 발효된 암스테르담조약의 결과 브뤼셀협약의 법형식이 국제조약으로부터 유럽연합 이사회의 규정(Council Regulation), 즉 브뤼셀규정으로 전환되어 2002년 3월 1일부터 발효되었다. 한편 1992년 미국의 제안에 따라 헤이그국제사법회의 차원에서 민사 및 상사사건에 관한 국제재판관할과 외국판결에 관한 전 세계적인 협약을 채택하기 위한 작업이 진행되었고 1999년 10월 예비초안이 작성되었다. 이 작업은 결국 실패하였고 다만 2005년 6월 "관할합의에 관한 협약"(Convention on Choice of Court Agreements)이 채택되었다. 그에 관하여는 석광현, "2005년 헤이그재판관할 합의 협약의 소개", 국제사법연구 제11호, 2005, 192 이하 참조.

'심리관할', 후자를 '간접적 국제재판관할(또는 간접관할)' 또는 '승인관할'이라고 한다.[14)]

국제재판관할은 특정국가가 가지는 권한의 범위에 따라 '일반관할'(general jurisdiction)과 '특별관할'(special jurisdiction)(또는 '특정관할'(specific jurisdiction))로 구분되는데, 전자는 법원이 사건의 종류나 내용에 관계없이 피고에 대한 모든 소송에 관해 재판관할을 가지는 경우를, 후자는 법원이 계약 또는 불법행위 등과 같이 일정한 종류나 내용에 기한 소송에 관하여만 재판관할을 가지는 경우를 말한다. 일반관할의 경우 피고와 법정지간의 결합이 매우 강력하기 때문에 피고에 대한 모든 소송에 관해 재판관할을 인정하는 것이다. 독일 민사소송법을 계수한 우리 민사소송법은 '재판적'이라는 개념을 사용하면서 이를 보통재판적과 특별재판적으로 구분할 뿐이고 일반관할과 특별관할이라는 개념을 사용하지는 않지만, 국제적으로는 후자가 널리 사용되므로 여기에서는 그러한 개념을 사용한다.

Ⅱ. 우리 법에 따른 국제재판관할의 배분

국제재판관할에 관한 우리의 학설, 판례는 2001년 7월 1일자 개정 국제사법의 발효 전후로 구분할 필요가 있다.

1. 섭외사법 하에서의 학설과 판례

섭외사법하에서 국제재판관할의 배분에 관하여 학설은 ① 민사소송법의 토지관할규정에 의해 한국의 어느 법원이 토지관할을 가지면 한국이 국제재판관할을 가진다는 이른바 '逆推知說', ② 토지관할규정은 국내사건을 전제로 한 것이므로 국제사건에는 적절하지 않으며, 적정, 공평, 능률 등을 고려하여 국제사건에 적절한 관할배분원칙을 정해야 한다는 '관할배분설'과 ③ 원칙적으로는 逆推知說에 따르되, 우리나라에서 재판하는 것이 부당한 특별한 사정이 있을 때에는 관할배분설의 기준에 의한다는 '수정역추지설' 등이 있었다. 그러나 2001년 7월 1일자로 涉外私法이 개정됨으로써 이러한 학설대립은 의미를 상실하였다.

재산법상의 사건에 있어서 국제재판관할에 관한 대법원판결로서 주목할 것은 대법원 1992. 7. 28 선고 91다41897 판결과 대법원 1995. 11. 21 선고 93다39607 판결

14) 개정된 민사소송법 제217조 제1호는 후자를 명시한다.

이었다. 이러한 판결과 위 1995년 판결과 그 후 일련의 하급심판결 및 직접관할에 관한 대법원 2000. 6. 9. 선고 98다35037 판결 등을 보면 판례는 국제재판관할의 결정에 관한 법리를 다음과 같은 4단계 구조로 파악하였다.15)

① 섭외사건의 국제재판관할에 관해 조약이나 일반적으로 승인된 국제법상의 원칙이 아직 확립되어 있지 않고 우리의 성문법규도 없다.

② 따라서 섭외사건에 관한 법원의 국제재판관할 유무는 결국 당사자간의 공평, 재판의 적정, 신속이라는 기본이념에 따라 조리에 의해 결정함이 상당하다.

③ 이 경우 민사소송법의 토지관할규정 또한 위 기본이념에 따라 제정된 것이므로 위 규정에 의한 재판적이 한국에 있을 때에는 한국 법원에 국제재판관할이 있다고 봄이 상당하다.

④ 다만 위 ③에 따라 국제재판관할을 긍정하는 것이 조리에 반한다는 특별한 사정이 있는 경우에는 한국 법원은 국제재판관할이 없다.

위 1995년 판결은 원칙적으로 「국제재판관할규칙 = 토지관할규정」이라고 보되, 그 결과 국제재판관할을 인정하는 것이 조리에 반한다는 특별한 사정이 있는 때에는 국제재판관할을 부정할 수 있다고 한다. 이는 「국제재판관할규칙 = 토지관할규정」이라는 공식을 항상 관철할 수 없음이 명백하므로 그러한 공식을 따를 경우 초래될 부당한 결론을 시정하는 이른바 '개별적 조정의 도구'로서 '특별한 사정'을 도입한 것이다. 그러나 특별한 사정이론은 정치한 국제재판관할규칙의 정립을 중도에서 포기하고 법원에게 지나치게 넓은 재량을 부여하는 것이 되어 정당화될 수 없다. 하지만 이러한 4단계 구조는 개정 국제사법하에서는 유지될 수 없다.

2. 개정 국제사법의 취지

개정 국제사법 제2조는 다음과 같이 규정한다.16)

제2조 (국제재판관할) ① 법원은 당사자 또는 분쟁이 된 사안이 대한민국과 실질적 관련이 있는 경우에 국제재판관할권을 가진다. 이 경우 법원은 실질적 관련의 유무를 판

15) 상세는 석광현, 전게논문, 157 이하 참조.

16) 제2조에 관하여는 석광현, 전게논문, 328 이하; 석광현, "개정 국제사법에 따른 국제재판관할의 법리", 국제사법과 국제소송 제2권, 2001, 256 이하 참조.

단함에 있어 국제재판관할 배분의 이념에 부합하는 합리적인 원칙에 따라야 한다.
② 법원은 국내법의 관할 규정을 참작하여 국제재판관할권의 유무를 판단하되, 제1항의 규정의 취지에 비추어 국제재판관할의 특수성을 충분히 고려하여야 한다.

(1) 실질적 관련 원칙의 도입

국제사법은 소송원인인 분쟁이 된 사안 또는 당사자가 법정지인 대한민국과 '실질적 관련'을 가지는 경우 우리나라 법원에 국제재판관할권을 인정하고, 실질적 관련의 유무는 국제재판관할 배분의 이념과 합리적인 원칙에 따라 결정해야 함을 선언하고 있다(제1항). '실질적 관련'이라 함은 우리나라 법원이 재판관할권을 행사하는 것을 정당화할 수 있을 정도로 당사자 또는 분쟁대상이 우리나라와 관련성이 있음을 의미하며, 그 구체적인 인정 여부는 법원이 개별 사건마다 종합적인 사정을 고려하여 판단하게 될 것이다. 과거 대법원판결은 "당사자간의 공평, 재판의 적정, 신속"을 국제재판관할 배분의 이념으로 들었으나, 국제사법은 이를 명시하지 않은 채 단순히 국제재판관할 배분의 이념이라 할 뿐이고 합리성의 원칙을 추가하였다. 따라서 국제재판관할 배분의 이념은 논자에 따라 달리 파악될 수 있을 것이다.[17] 실질적 관련 원칙은 국제재판관할을 결정하는 궁극적인 잣대로서 기능하는 매우 탄력적인 원칙이라는 데 특색이 있다.

(2) 국내법의 관할규정의 참작

구체적인 관할의 유무를 판단함에 있어서는 민사소송법의 토지관할 규정 등 국내법의 관할규정을 참작하도록 하였다. 따라서 피고의 주소, 법인이나 단체의 주된 사무소 또는 영업소, 불법행위지 기타 민사소송법이 규정하는 재판적 중 어느 것이 한

---

17) 우리나라에서는 종래 국제재판관할 배분의 이념만을 논의하는 경향이 있으나, 국제재판관할규칙의 정립은 물론이고, 개별사건에서 국제재판관할의 행사 여부도 항상 상호 대립하는 다양한 이익을 비교, 형량한 뒤에 결정하게 되므로 관할이익에 대한 분석을 하는 것이 좀더 구체적이다. 관할이익은 우선 ① 사적 이익과 ② 공적 이익으로 구분할 수 있고, 구체적으로는 ① 당사자이익, ② 법원이익, ③ 국가이익과 ④ 질서이익으로 구분할 수 있다. 이러한 이익의 보호 필요 여부를 판단하기 위한 객관적 기준으로서 ① 당사자와의 밀접성, ② 사안과의 밀접성(또는 절차의 집중), ③ 준거법과의 밀접성과 ④ 판결의 유효성(또는 집행가능성)을 드는 견해도 있다. 상세는 석광현(註 12), 52 이하 참조. 주목할 것은 도메인이름에 관한 대법원 2005. 1. 27. 선고 2002다59788 판결이다. 동 판결은 추상적 법률론으로 "국제재판관할을 결정함에 있어서는 당사자간의 공평, 재판의 적정, 신속 및 경제를 기한다는 기본이념에 따라야 할 것이고, 구체적으로는 소송당사자들의 공평, 편의 그리고 예측가능성과 같은 개인적인 이익뿐만 아니라 재판의 적정, 신속, 효율 및 판결의 실효성 등과 같은 법원 내지 국가의 이익도 함께 고려하여야 할 것이며, 이러한 다양한 이익 중 어떠한 이익을 보호할 필요가 있을지 여부는 개별 사건에서 법정지와 당사자와의 실질적 관련성 및 법정지와 분쟁이 된 사안과의 실질적 관련성을 객관적인 기준으로 삼아 합리적으로 판단하여야 할 것이다"라고 판시하였다. 동 판결에 대한 평석은 석광현, "國際裁判管轄의 기초이론—도메인이름에 관한 대법원 2005. 1. 27. 선고 2002다59788 판결의 의의", 국제사법과 국제소송 제4권, 2007, 85 이하 참조.

국 내에 있는 경우 피고에 대하여 일응 한국의 국제재판관할을 인정할 수 있을 것이다. 다만 재판적에 관한 규정은 국내적 관점에서 제정된 것이므로 국제재판관할의 특수성[18]을 고려하여야 한다(제2항). 즉 국제사법 제2조 제2항은 국내법의 관할규정(예컨대 민사소송법의 토지관할규정)을 참작하되 그에 얽매이지 말고 국제재판관할의 특수성을 충분히 고려함으로써 정치한 국제재판관할규칙을 정립할 것을 요구하는데, 제2조 제2항의 핵심은 바로 여기에 있다. 국제사법은 이처럼 단편적인 규정만을 두므로 판례에 의해 발전된 국제재판관할의 법리, 특히 토지관할규정을 기초로 국제재판관할 규칙을 정립하려는 노력은 상당 부분 유지될 수 있을 것이다. 그러나 종전과 같이 일단「국제재판관할규칙 = 토지관할규정」이라고 전제하고 그러한 결론이 부당한 경우 특별한 사정을 근거로 국제재판관할을 부인할 것이 아니라, 일차적으로 국내법의 관할규정을 참작하되 국제재판관할의 특수성을 함께 고려하여 올바른 정치한 국제재판관할 규칙을 정립해야 한다.

주의할 것은, 국제사법 제2조 제2항이 국내법의 관할규정을 참작하여 국제재판관할권의 유무를 판단하라는 것은 적절한 관할규정이 있는 경우를 가리킨다는 점이다. 따라서 국내법의 관할규정 또는 재판적이 없다는 이유로 국제재판관할을 부정해야 하는 것은 아니고, 그 경우에는 제2조 제1항의 원칙으로 돌아가 실질적 관련 원칙에 따라 국제재판관할의 유무를 판단해야 한다. 지금으로서는 이른바 피고의 활동에 근거한 관할을 그에 해당하는 예로 들 수 있고, 도메인이름 관련 분쟁도 고려할 필요가 있다.[19]

---

18) '국제재판관할의 특수성'이라 함은 국내관할, 특히 토지관할과 구별되는 특성을 말하는데, 토지관할의 경우 단순한 관할의 장소적 배분의 문제이나, 국제재판관할의 경우 그에 추가하여 법원의 조직, 법관과 변호사의 자격, 소송절차 및 실체의 준거법, 재판의 집행가능성 등에 차이를 초래할 수 있음을 의미한다.

19) 도메인이름과 관련한 국제재판관할이 다루어진 우리의 재판으로서 흥미로운 것은 서울지방법원 2001. 12. 14. 선고 2000가합67360 판결이다. 그 사안은 다음과 같다. 한국의 자연인인 원고는 hpweb.com이라는 도메인이름을 미국의 NSI(Network Solution Inc.)에 등록하였다. 피고(Hewlett-Packard Comapny)는 원고를 상대로 ICANN이 승인한 분쟁조정기관 중의 하나인 미국의 국가중재위원회(National Arbitration Forum, NAF)에 위 도메인이름의 이전을 명하는 강제조정신청을 하였고, NAF는 이를 받아들여 원고에 대하여 위 도메인이름을 피고에게 이전하라는 결정을 하였으며, NSI는 위 도메인이름을 피고에게 이전하였다. 원고는 피고를 상대로 서울지방법원에 위 도메인이름을 원고에게 이전하고, 금3천만원 및 이자의 지급을 명하는 소를 제기하였다. 피고는 이에 대해 우리나라는 국제재판관할이 없다는 본안전항변을 하였으나, 서울지방법원은 우리나라의 국제재판관할을 긍정하였으나 원심판결인 서울고등법원 2002. 9. 25. 선고 2002나4896 판결은 우리나라는 국제재판관할이 없다는 이유로 소를 각하하였다. 이에 대해 대법원 2005. 1. 27. 선고 2002다59788 판결은 실질적 관련 판단을 기초로 우리나라의 국제재판관할을 긍정하였다. 필자는 위 대법원판결의 추상적 법률론을 지지하는 평석을 쓴 바 있다. 석광현(註 17), 85 이하 참조.

(3) 부적절한 법정지의 법리

영미에서 인정되는 부적절한 법정지(forum non conveniens)의 법리라 함은, 국내 법원에 제기된 국제민사소송에 있어 국내 법원이 국제재판관할을 가지더라도, 국제재판관할을 가지고 있는 외국의 대체법정지(alternative forum)가 존재하고 나아가 그 외국 법원이 더 적절한 법정지임이 명백한 경우 소송을 중지하거나 소를 각하할 수 있다는 법리를 말한다. 동 법리는 국제재판관할의 존부와 행사 여부를 구분하는 것을 전제로 한다. 우리 국제사법 하에서 우리 법원이 과연 위 법리를 제한적으로 도입하여 소송절차를 중지(또는 각하)함으로써 관할의 행사를 거부할 수 있는가는 논란의 여지가 있다.

(4) 국제재판관할규칙의 구체적인 검토[20)]

일반관할에 관하여 민사소송법 제2조는 '보통재판적'이라는 표제하에 "소(訴)는 피고의 보통재판적이 있는 곳의 법원이 관할한다"고 규정하는바, 이는 이른바 'actor sequitur forum rei'(원고는 피고의 법정지를 따른다)라는 로마법 이래 대륙법의 원칙을 수용한 것으로 국제재판관할 규칙으로 사용할 수 있는 원칙이다. 한편 특별관할에 관하여는 민사소송법의 개별 토지관할규정을 모두 동등한 가치를 가지는 것으로 평가할 것이 아니라 ① 국제재판관할 규칙으로 삼을 수 없는 것, ② 곧바로 국제재판관할 규칙으로 삼을 수 있는 것과 ③ 적절히 수정함으로써 국제재판관할 규칙으로 삼을 수 있는 것을 구별하고, ③에 속하는 것에 대해서는 이를 어떻게 수정할 것인가를 검토해야 한다.[21)] 아래(Ⅳ. 이하)의 논의는 이에 관한 것이다. 나아가 ④ 토지관할규정이 망라적인 것은 아니므로 그 밖에도 국제재판관할의 근거가 될 수 있는 사정의 유무와, 만일 이를 인정한다면 그 내용에 대한 검토가 필요하다. 이것이 가능한 것은 우리 국제사법은 '실질적 관련'을 기초로 국제재판관할을 긍정하는 열린 구조를 취하고 있기 때문이다. 만일 그런 규정이 없었다면 조리를 동원할 필요가 있을 것이다. 이처럼 국제적으로 통용될 수 있는 국제재판관할 규칙을 정립하기 위해서는 광범위한 비교

---

20) 개별적인 관할근거는 석광현, 2001년 개정 국제사법 해설 제2판, 2003, 49 이하 참조.

21) 이러한 접근방법은 석광현, "國際裁判管轄의 몇 가지 문제점—종래의 논의에 대한 批判的 考察" 인권과 정의(대한변호사협회지) 제262호, 1998. 6, 37-40에서 처음 제시한 것이다. 상세는 석광현(註 12), 174 이하 참조. 유영일, "2000년 헤이그 신협약이 가져올 변화와 우리의 대응—민 · 상사사건에 있어서 국제재판관할, 외국판결의 효력에 관한 헤이그 국제사법회의 특별위원회 논의를 중심으로—", 인권과 정의(대한변호사협회지) 제272호, 1999. 4, 77-78과 이성호, "사이버 知的財産權 紛爭에 관한 國際裁判管轄과 準據法", 저스티스 72호, 2003. 4, 180 이하도 필자와 유사한 접근을 한다. 후자는 국제재판관할 근거로서 타당하지 않은 것, 제한 · 변갱이 필요한 것과 민사소송법에 규정이 없는 국제재판관할 원칙이라는 세 가지로만 분류하고 있다.

법적 검토가 요청된다.

(5) 실질적 관련으로부터 국제재판관할을 직접 도출하는 방법?

도메인이름에 관한 대법원 2005. 1. 27. 선고 2002다59788 판결[22]은, 국제사법이 시행되기 전의 사건임에도 불구하고 국제사법 제2조를 고려하여, “국제재판관할을 결정함에 있어서는 당사자 간의 공평, 재판의 적정, 신속 및 경제를 기한다는 기본이념에 따라야 할 것이고, 구체적으로는 소송당사자들의 공평, 편의 그리고 예측가능성과 같은 개인적인 이익뿐만 아니라 재판의 적정, 신속, 효율 및 판결의 실효성 등과 같은 법원 내지 국가의 이익도 함께 고려하여야 할 것이며, 이러한 다양한 이익 중 어떠한 이익을 보호할 필요가 있을지 여부는 개별 사건에서 법정지와 당사자와의 실질적 관련성 및 법정지와 분쟁이 된 사안과의 실질적 관련성을 객관적인 기준으로 삼아 합리적으로 판단하여야 할 것이다”라고 판시하였고, 그 후 이는 하급심판결[23]을 통해서 정착되어 가고 있는 것으로 보인다.

이러한 태도를 더욱 선명하게 드러낸 것은 최근 대법원 2008. 5. 29. 선고 2006다71908 판결이다. 이는 한국 회사인 원고가 일본 회사인 피고에게 러시아에서 선적한 냉동청어를 중국에서 인도하기로 하고 그 대금은 선적 당시의 임시 검품 결과에 따라 임시로 정하여 지급하되 인도지에서 최종 검품을 하여 최종가격을 정한 후 위 임시가격과의 차액을 정산하기로 한 매매계약에서 원고가 피고를 상대로 매매대금의 지급을 구한 사건이다.

따라서 과거의 대법원판결에 따르면 이는 원고가 주장하는 청구의 기초가 되는 의무, 즉 대금지급의무의 이행지를 판단하고 이행지에 국제재판관할을 긍정할 수 있는 사안이었다. 실제로 1심판결과 원심판결은 피고의 대금지급의무의 이행지가 한국임을 근거로 쉽게 우리나라의 국제재판관할을 긍정하였다.[24] 그러나 2008년 대법원

22) 이 사건에 대한 평석은 석광현(註 17), 85 이하 참조.

23) 예컨대 서울고등법원 2007. 4. 12. 선고 2005나87779 판결.

24) 1심판결(부산지방법원 2005. 11. 24. 선고 2003가합21547(본소), 2004가합19893(반소) 판결)과 원심판결(부산고등법원 2006. 10. 11. 선고 2006나2049(본소), 2006나2056(반소) 판결)은 원고인 한국회사의 주소지가 대금지급의무의 이행지라고 판단하였다. 그 근거는 분명하지 않으나 이 사건 정산금을 한국에서 송금받기로 한 점을 근거로 삼은 것으로 짐작된다. 놀라운 점은 1심판결과 원심판결이 국제사법이 개정된 사실을 알지 못한 채 국제재판관할에 관한 과거 대법원판결의 설시를 답습한 점이다. 위 판결들은 “섭외사건에 관하여 국내의 재판관할을 인정할 것인지의 여부는 조약이나 일반적으로 승인된 국제법상의 원칙이 아직 확립되어 있지 않고 이에 관한 우리나라의 성문법규도 없는 이상 결국 당사자 간의 공평, 재판의 적정, 신속을 기한다는 기본이념에 따라 조리에 의하여 이를 결정함이 상당하다 할 것이고, 이 경우 우리나라 민사소송법의 토지관할에 관한 규정 또한 위 기본이념에 따라 제정된 것이므로 기본적으로 위 규정에 의한 재판적이 국내에 있을 때에는 섭외사건에 관한 소송에 관하여도 우리나라에 재판관할권이 있다고 인정함이 상당하다고

판결은 위에서 본 2005년 대법원판결을 인용하면서 그의 추상적 법률론에 따라 국제재판관할 배분의 이념과 이익 및 보호할 이익의 결정기준을 설시한 뒤, 의무이행지관할을 전혀 언급하지 않은 채, 매매대금 차액 정산에 관한 분쟁은 최종 검품 여부 및 그 결과가 주로 문제되므로 인도지인 중국 법원이 분쟁이 된 사안과 가장 실질적 관련이 있는 법원이나, 대한민국 법원에도 당사자 또는 분쟁이 된 사안과 실질적 관련이 있다는 이유로 우리나라의 국제재판관할권을 인정하였다.

위 2008년 대법원판결이 계약 사건에서 실질적 관련 판단을 기초로 국제재판관할을 긍정한 점은, 비록 피고가 중국에서 제기하였한 소가 각하된 사실과 피고가 한국에서 반소를 제기한 사실을 언급했더라도, 토지관할규칙을 지나치게 경시한 것으로서, 국내관할규정을 참작하라는 국제사법의 명령에 반한다. 더욱이 1심판결과 2심판결이 모두 「토지관할규칙 = 국제재판관할 규칙」이라고 판단하였음에도 불구하고, 대법원판결이 의무이행지관할을 언급조차 하지 않은 점에서, 혹시 토지관할규칙과 관계없이 실질적 관련만을 판단하면 족하다고 본 것은 아닌지 우려된다.

사견으로는, 위 2008년 대법원판결이 실질적 관련 판단 과정에서 위와 같은 부수적 사정에 추가해서 청구의 기초가 된 의무, 즉 대금지급의무에 기한 의무이행지관할을 언급하였더라면 좋았을 것이라는 아쉬움이 있다.[25)]

Ⅲ. 가상공간에서의 국제재판관할 규칙의 기본 방향

한 가지 주의할 것은, 간혹 가상공간의 분쟁을 오프라인에서 해결하고자 할 경우 토지관할과 구별되는 국제재판관할의 개념이 무용하다거나, 양자를 통합해야 한다는 견해도 있는 것으로 보이나, 이는 국제재판관할과 토지관할의 개념에 대한 오해에서 비롯된다는 점이다. 즉 오늘날 세계는 다수의 주권국가로 구분되어 있고, 법원은 특정국가의 사법권을 행사하는 분쟁해결기구이다. 따라서, 가상공간의 분쟁의 경우도 그것을 오프라인에서, 특히 법원에서 해결하기 위하여는 우선 어느 국가의 법원이 분쟁을 재판할 것인가라는 문제를 해결하지 않으면 아니된다. 바꾸어 말하면 논리적으로는 이것이 해결된 뒤에, 즉 어느 국가가 국제재판관할을 가지는지가 결정된 뒤에 비로소 당해 국가 내에서 어느 지역의 법원이 토지관할을 가지는가의 문제를 해결해

할 것인바(대법원 1992. 7. 28. 선고 91다41897 판결 참조)" 라고 판시하였다.

25) 이에 대한 간단한 평석은 석광현, "계약사건의 국제재판관할에서 의무이행지와 실질적 관련", 법률신문 제3792호, 2009. 11. 12, 14-15 참조.

야 한다.[26] 그러므로 가상공간의 분쟁의 경우, 경우에 따라 그것이 어느 국가에서 발생한 것인가를 판단하기가 용이하지 않고, 이것이 바로 가상공간의 분쟁의 특성이라는 사실을 충분히 인정하더라도, 그 분쟁을 법원이 해결하기 위해서 국제재판관할과 토지관할의 개념이 여전히 필요하다. 논리적으로 양자의 개념을 혼동해서는 아니된다.

물론 가상공간의 분쟁을 현실공간의 법원이 아니라 가상공간 내에서 해결한다면 국제재판관할을 운위할 필요는 없을 것이다. 이는 가상공간법의 문제로서 해결될 수 있을 것이다.

요컨대 현재로서는 가상공간의 분쟁을 현실공간의 법원에서 해결한다면 여전히 국제재판관할의 개념이 필요하고 국제재판관할 배분의 원칙도 필요하다. 다만 가상공간의 분쟁의 특성을 고려하여 현실공간의 국제재판관할 규칙을 적절히 수정할 필요가 있음을 인정하고 적절한 국제재판관할 규칙을 정립하기 위해 노력해야 한다.

제 4 통상적인 계약사건에 대한 특별관할[27]

여기에서는 통상적인 계약사건에 대한 특별관할을 논의한다. 통상적인 계약이라 함은 소비자계약 또는 근로계약이 아닌 통상적인 채권계약에 관한 사건을 의미한다.

Ⅰ. 관할규칙

민사소송법 제8조는 '거소지 또는 의무이행지의 특별재판적'이라는 표제하에 "재산권에 관한 소를 제기하는 경우에는 거소지 또는 의무이행지의 법원에 제기할 수 있다"고 규정한다. 대법원 1972. 4. 20. 선고 71다248 판결은 섭외적인 요소가 있는 사건에서도 우리 섭외사법을 적용하여 문제된 국제계약의 객관적 준거법을 일본법이라고 판단한 뒤 일본법에 따라 의무이행지를 결정하고 민사소송법 제8조에 상응하는 개정전 민사소송법 제6조를 적용하여 의무이행지가 한국임을 근거로 한국법원의 국제재판관할을 인정한 바 있다.

민사소송법 제8조는 독일의 계약재판적을 확장하여 널리 재산법상의 청구권에 의한 소에 대하여 의무이행지의 특별재판적을 인정한 것인데 이는 종래 다음과 같은

---

26) 이는 우리나라를 비롯한 대륙법계의 개념으로 말하면 '국제재판관할'과 '토지관할'의 구별의 문제이고, 영미법상으로는 'jurisdiction'과 'venue'의 구별의 문제이다.

27) 이에 관하여는 석광현(註 12), 276 이하 참조.

비판을 받고 있다.

첫째, 민사소송법의 해석상으로는 '재산권에 관한 소'에는 불법행위, 부당이득, 사무관리 등에 의한 채권적 청구권 등에 관한 소가 포함되나, 법정채무에 대해서까지 의무이행지의 관할을 인정하는 것은 피고에게 예측하지 못한 곳에서의 응소를 강제하게 되어 공평에 반하므로 채권계약으로부터 발생하는 채무에 한정해야 한다는 비판이 유력하다.

둘째, 종래 학설에 따르면, 여기에서 의무라 함은 '청구의 기초가 된 의무' 또는 '소송상 다투어지는 의무'를 가리킨다. 즉 이는 계약관계를 특징지우는 의무가 아니라 청구의 기초가 된 계약상 원래의 의무를 말하는 것이고, 또한 본래의 의무를 말하는 것이지 그 의무를 불이행하여 발생한 손해배상의무를 말하는 것이 아니다. 그러나 이에 따르면 의무이행지에 관한 합의가 없는 한, 누가 어느 채무에 기하여 소를 제기하는 가에 따라 관할법원이 달라진다는 폐단이 있다. 즉 동일한 매매계약에 기한 소송이더라도 원고가 누구인가에 따라 관할이 달라질 수 있고 그 결과 하나의 계약으로부터 발생하는 모든 분쟁의 관할을 집중할 수 없다는 폐단이 있다. 이런 폐단을 제거하기 위하여 브뤼셀 I 규정(제5조 제1호)은 원칙적으로 특징적 급부의무에 착안하여, 물품매매계약과 용역(또는 역무)제공계약의 경우 청구의 기초가 된 의무가 무엇인가에 관계없이 통일적인 이행지를 정함으로써 통일적인 관할을 규정한다. 한편 1999년 헤이그 예비초안(제6조)도 브뤼셀 I 규칙과 유사한 접근방법을 취하는데, 이는 더 나아가 계약사건 일반이 아니라 가장 전형적인 매매계약과 용역(또는 역무)제공계약 및 양자의 혼합계약에 관하여만 관할을 규정한다.[28)]

이와 관련하여 주목할 것은 위 대법원 2008. 5.29. 선고 2006다71908 판결인데, 이는 "청구의 기초가 된 의무"를 기초로 의무이행지관할을 판단하던 종래의 학설과 1972년 대법원판결의 태도와도 결별한 것인가라는 의문을 제기한다.

셋째, 동 조를 적용하기 위해서는 우선 의무의 '이행지'를 결정할 필요가 있다. 당사자가 이행지를 합의하였다면 그에 따르는 데 대하여는 이견이 없으나, 문제는 당사자가 이행지를 합의하지 않은 경우이다. 이 경우 종래 ① '저촉법을 통한 우회공식'을 따르는 견해와 ② 국제민사소송법 독자의 관점에서 이행지를 결정하는 견해가 대립하는데, 전자는 법정지의 국제사법을 통하여 결정되는 준거실체법상의 의무이행지에

28) 아래에서 언급하는 일본의 중간시안은 '청구의 기초가 된 의무'를 기준으로 하나, 브뤼셀 I 규정은 매매계약과 용역제공계약에 관하여는 '계약의 특징적 급부의무'를 기준으로 하면서 다른 유형의 계약에 대하여는 전자를 따르는 혼합적인 접근방법을 취하나, 1999년 헤이그 예비초안은 매매계약과 용역제공계약에 관하여만 의무이행지관할을 인정하면서 후자를 따른다.

착안하고, 후자는 절차법적 이익에 봉사하는 통일된 절차법상의 이행지 개념을 도입하고자 한다. 위 대법원 1972. 4. 20. 판결은 법정지인 우리나라의 당시 섭외사법을 적용하여 문제된 계약의 준거법을 지정하고 그 준거법인 일본법에 따라 채무의 이행지를 결정함으로써 위 ①설을 따랐으나, 학설은 ②설이 유력하다.

Ⅱ. 가상공간의 특수성

현실공간의 계약에 관하여 의무이행지 관할을 긍정한다면 가상공간의 계약에 관하여도 원칙적으로 의무이행지 관할을 긍정할 수 있을 것이다. 그러나 이는 계약 체결은 가상공간에서 이루어지더라도 물품의 인도 또는 용역의 제공과 같은 이행이 현실공간에서 이루어지는 광의의 전자거래의 경우 적용상 별 어려움이 없지만, 계약의 체결 및 이행이 모두 인터넷상으로 이루어지는 협의의 전자거래의 경우 현실공간의 채무이행지는 존재하지 않는다고 볼 여지가 있으므로 이행지의 결정이 어렵게 된다. 예컨대 컴퓨터소프트웨어를 인터넷을 통해 송부할 경우 소프트웨어를 인터넷에 올리거나(uploading), 인터넷으로부터 불러내는 것과 같은 현실공간의 행위를 기준으로 한다면 이행지를 결정할 수 있지만, 가상공간 자체가 이행지라고 본다면 이행지관할을 결정할 수 없게 된다. 이와 같이 국제재판관할의 연결점이 이행지처럼 행위와 관련된 개념일 경우 가상공간에서는 어려움이 있게 된다.

후자의 경우 만일 아래(Ⅶ.)에서 논의하는 피고의 활동에 기한 특별관할을 인정한다면 문제해결에 도움이 될 것이다.

제 5 불법행위사건에 대한 특별관할[29)]

여기에서는 불법행위에 대한 특별관할을 논의하는데, 우선 현실공간에서의 관할규칙을 살펴본 뒤 가상공간에서의 불법행위의 특수성을 살펴본다.

Ⅰ. 관할규칙

민사소송법 제18조 제1항은 "불법행위에 관한 소를 제기하는 경우에는 행위지의

29) 이에 관하여는 석광현(註 13), 287 이하 참조.

법원에 제기할 수 있다"고 규정한다. 이는 원칙적으로 국제재판관할의 배분에도 적용될 수 있는 조항이라는 점은 일반적으로 승인되고 있다. 여기에서 '(불법)행위지'라 함은 격지불법행위의 경우 행동지와 결과발생지의 양자 모두를 의미하고, 원고는 그의 선택에 따라 어느 곳에서나 제소할 수 있다고 본다. 우리나라에서는 '불법행위지'의 개념은 민사소송법의 그것과 달리 국제민사소송법의 독자적인 입장에서 국제민사소송의 적정, 공평, 신속이라는 관점에서 합리적으로 결정할 것이라는 견해가 유력하다.[30)]

불법행위의 국제재판관할과 관련하여 특히 문제되는 것은 명예훼손, 제조물책임[31)]과 지적재산권의 침해이다.

명예훼손에 의한 불법행위의 특별관할은, 예컨대 다수 국가에 배포되는 신문에 게재된 명예훼손적 기사의 경우 그 신문이 배포되는 국가가 결과발생지가 될 수 있다는 점이다. 그 경우 모든 결과발생지에 당해 국가에서 발생한 침해에 대해 국제재판관할을 인정한다면 극심한 forum shopping이 발생할 가능성이 존재한다. 이를 '모자이크방식'이라고도 부르는데, 이는 유럽법원(The Court of Justice of the European Communities)이 1995년 3월 7일 브뤼셀협약이 적용되는 신문에 의한 명예훼손사건인 Fiona Shevill et al. v. Presse Alliance S.A. 사건 판결에서 취한 견해이다.

이 사건에서 프랑스에서 발행되어 유럽 각국에 배포되는 신문에 의하여 명예가 훼손되었다고 주장하는 개인(Shevill)과 법인이 원고가 되어 프랑스 신문사인 피고를 상대로 피고가 프랑스에서 발행하여 유럽 각국에 배포하는 신문에서 원고들이 마약밀매조직을 위한 돈세탁에 연루되었음을 시사하는 기사를 게재함으로써 명예를 훼손하였다고 주장하면서 손해배상을 구하였고 피고는 영국의 국제재판관할을 다투었다. 위 사건에서 유럽법원은 불법행위지의 특별관할을 규정한 브뤼셀협약 제5조 제3호의 해석에 관하여 신문사 소재지와 신문이 배포된 국가의 재판관할을 모두 인정하였으나, 전자에서는 모든 손해배상에 대해 재판관할이 있지만 후자에서는 당해 국가에서 발생한 손해배상에 대하여만 재판관할이 있다는 취지로 판결하였다.

그러나 Shevill 사건 판결에 대하여는 그 경우 피해자는, 피고에 대해 일반관할을

---

30) 유재풍, "국제소송의 재판관할에 관한 연구", 청주대학교 대학원 법학박사학위논문, 1994, 114.

31) 제조물책임의 경우 손해발생지의 국제재판관할을 인정함에 있어서는 가해자가 예측할 수 있는 지역인가를 합리적으로 고려해야 한다. 제조물책임소송에 관한 위 대법원 1995. 11. 21 선고 93다39607 판결은 실질적 관련을 판단함에 있어서는 … 당해 손해발생지 내에서의 거래에 따른 이익을 향유하려는 제조자의 의도적인 행위가 있었는지 여부가 고려될 수 있을 것이라고 하여 놀랍게도 미국의 판례가 사용한 '의도적 이용'(purposeful availment)이라는 개념을 사용하였다.

가지는 법원에서 소를 제기하지 않는 한 복수의 국가에서 소송을 수행하도록 강제당하는 결과가 되어(이를 '소송의 斷片化'(fragmentation of litigation)라고 부르기도 한다) 피해자에게 너무 부담스러워 그의 이익을 부당하게 침해하고 사실상 불법행위지의 재판관할을 폐지하는 것이라거나[32] 그 경우 특별관할이 쪼개지는데 이는 원 · 피고 모두 기대할 수 없는 것이고, 법원에게도 전 손해 중 당해 국가에서 발생한 손해를 산정해야 하는 어려움을 준다는 비판이 있다.[33]

따라서 헤이그 국제사법회의에서 작성한 1999년 예비초안은 Shevill 사건 판결의 결론을 일부 수정하여, 결과발생지가 동시에 피해자의 상거소지인 경우에는 그 국가에 모든 침해에 대해 재판관할을 인정한다. 이에 따르면 지적재산권침해의 경우 원고의 상거소지국이 동시에 결과발생지인 경우 그 국가가 다른 국가에서 발생한 지적재산권침해에 대하여도 재판관할을 가지게 될 것이므로 원고에게 매우 유리하다.

한편 지적재산권 침해소송에 대하여 Shevill 사건 판결처럼 모자이크방식을 원용하는 데 대하여 국제적으로는 지지설과 비판설이 나뉘는데, 한국에서는 아직 본격적인 논의가 없지만 그에 대해 호의적인 견해가 유력하다. 그러나 최근 서울중앙지방법원 2005. 6. 22. 선고 2003가합87723 판결은 시나리오 작가인 한국인 원고가 저작권침해를 주장한 사건에서 결과적으로 Shevill 사건 판결의 접근방법을 따르지 않았다.[34]

---

32) Karl Kreuzer/Paul Klötgen, "*Die Shevill-Entscheidung des EuGH: Abschaffung des Deliktsortsgerichtsstands des Art.5 Nr.3 EuGVÜ für ehrverletzende Streudelikte*," IPRax 1997, S.94f.

33) Haimo Schack, Internationales Zivilverfahrensrecht, 4. Auflage, 2006, Rn.306. 그 밖에도 모자이크방식에 대하여는 여러 가지 비판이 있다. 예컨대 첫째 상호 저촉되는 판결이 선고될 가능성이 있으며, 둘째 각국에서 발생한 부분손해를 각각 산정하여 소를 제기하는 것은 비현실적이고, 셋째 행동지와 결과발생지의 결정이 항상 명확하고 투명하게 이루어질 수 있는 것이 아니라 종종 어려우며 모자이크방식은 부작위청구에는 적합하지 않다고 한다.

34) 자신이 창작한 시나리오를 스필버그 감독과 그가 속한 드림웍스(Dreamworks L.L.C.)에 송부한 바 있는 원고는, 스필버그 감독이 일본 공포 영화 '더링'을 리메이크하여 제작한 영화(The Ring)가 자신의 시나리오와 유사하다는 이유로 드림웍스 및 씨제이(CJ Entertainment)를 상대로 한국을 비롯한 전 세계 각국에서의 저작권 침해행위를 금지하고 각국에서의 저작권 침해로 인한 손해배상을 청구하는 소송을 서울중앙지방법원에 제기하였다. 외국회사인 피고 드림웍스에 대하여 우리 나라의 재판관할권이 있는지가 문제되었다. 법원은 청구는 기각하였지만, 한국에서의 저작권침해에 대하여는 원고의 저작권 침해의 결과발생지는 한국이라는 이유로 우리 나라의 국제재판관할을 긍정하고, 또한 외국에서의 저작권침해에 대하여도 피고 드림웍스가 한국에서의 피소를 합리적으로 예견할 수 있었던 점, 한국이 피해자인 원고의 상거소지인 점, 한국의 영화시장 규모가 비록 미국에 비해서는 작으나 일본, 캐나다에 비해서는 반드시 작다고 할 수 없어 한국에서 발생한 손해액이 전체 손해에 비하여 미미한 수준이라고 할 수는 없는 점, 피고가 응소하더라도 TRIPS협약과 베른협약이 공통적으로 적용되는 점과 국내 저작권침해 부분과 외국에서의 저작권침해 부분은 사실관계 및 쟁점이 동일하여 함께 재판함이 바람직하다는 점 등을 종합하여 국제재판관할을 긍정하였다. 이러한 결론은 Shevill 사건 판결의 태도와는 상이하고, 1999년 초안과 일치한다(위에서 본 것처럼 1999년 초안은 Shevill 사건 판결의 결론을 수정하여 결과발생지가 동시에 피해자의 상거소지인 경우 그 국가에 모든 침해

특허권의 침해에 기한 손해배상청구 소송의 국제재판관할에 대하여는 원칙적으로 통상의 불법행위에 관한 논의가 타당하고, 특허권의 성립 내지 유효성을 다투는 소송에서처럼 등록국의 전속관할을 인정할 것은 아니다.[35]

Ⅱ. 가상공간의 특수성

1. 일반원칙

가상공간에서의 불법행위에도 현실공간에서의 불법행위에 관한 위 원칙이 적용되어 피해자는 그의 선택에 따라 행동지와 결과발생지의 어느 곳에서나 제소할 수 있을 것이다. 나아가 이 경우 격지불법행위와 결과발생지가 확대되는 散在不法行爲(또는 확산형불법행위)의 문제가 더욱 까다로와진다. 예컨대 명예훼손의 내용을 담은 A국의 웹사이트에 접속할 수 있는 전 세계 150개국이 잠재적인 결과발생지가 될 수 있으므로 모든 결과발생지에 국제재판관할을 인정할 것인가가 문제된다.

가상공간의 불법행위에서도 현실공간에서와 마찬가지로 특히 명예훼손과 지적재산권의 침해가 문제가 될 것이다. 또한 인터넷을 어떻게 사용하는가에 따라 행동지와 결과발생지의 결정이 어려울 수 있다. 여기에서도 국제재판관할의 연결점이 불법행위지라는 행위와 관련된 개념이므로 가상공간에서는 어려움이 있게 된다.

문제는 이처럼 결과발생지가 확대되는 散在不法行爲(또는 확산형불법행위)의 경우 모든 결과발생지의 관할을 긍정하면서 Shevill 사건 판결에서와 같이 각 결과발생지의 재판관할을 양적으로 제한하는 것은 비현실적이므로 한편으로는 이를 적절히 제한할 필요성이 있는 것과 동시에, 다른 한편으로는 피고의 주소지 외에 어느 국가의 법원에 전체 법익침해에 대한 관할을 긍정할 필요성이 있다는 점이다. 이에 관하여는 아직 논의가 부족하지만, 아래 지적재산권의 침해에 관한 아래의 논의를 참조하면 그 경우에도 관할을 통합할 실제적 필요성이 크므로 유사한 이론구성이 가능할 것으로

에 대해 재판관할을 인정한다). 위 판결에 대한 평석은 손경한, "국제 저작권 분쟁의 국제재판관할," 법률신문 제3400호, 2005. 10. 6, 14-15 참조. 손경한, 위 글은 위 판결은 결과적으로 원고의 청구들간의 객관적 병합을 인정한 것이라고 한다. 위 판결은 피고가 응소하더라도 베른협약이 공통적으로 적용된다고 하였는데, 이는 옳지만 베른협약(제5조 제2항)은 보호국법주의를 취하므로 국내 저작권침해 부분에 대하여는 한국법이, 외국에서의 저작권침해 부분에 대하여는 당해 외국법이 적용된다. 이는 손해배상의 범위 등의 점에서 의미가 있다.

35) 석광현, "국제적인 지적재산권 분쟁 해결의 문제점—국제사법적 논점에 관한 시론—", 국제사법과 국제소송 제2권, 2001, 558 참조. 상세는 석광현, "한국에 있어서 知的財産權紛爭의 國際裁判管轄", 국제사법과 국제소송 제4권, 2007, 591 이하 참조.

생각된다.

(1) 대법원판결의 사안과 판시

섭외사법 하의 것이기는 하나 인터넷에 의한 명예훼손의 국제재판관할(간접관할)을 다룬 사건으로는 대법원 2003. 9. 26. 선고 2003다29555 판결이 있으므로 이를 소개한다.[36)]

이 사안에서는 신한국당 국회의원이었던 원고 이 모 의원은 미국 캘리포니아주 로스앤젤레스 카운티 지방법원에 피고 새천년민주당, KTE(Korean Television Enterprises), 한국방송공사 영상사업단, 한국방송공사 등 50인을 공동피고로 하여 명예훼손에 기한 손해배상청구의 소를 제기하였다. 소장과 소송제기통지(Summons) 등은 피고에게 사법공조에 의하여 송달되었고, 피고 새천년민주당이 응소하지 아니한 결과 원고승소판결이 확정되었다. 원고는 피고 새천년민주당을 상대로 국내법원에서 집행판결 청구의 소를 제기하였는데 그 과정에서 캘리포니아주 법원의 국제재판관할(간접관할)이 다투어졌다.

대법원판결은 아래와 같이 섭외사법 하에서의 국제재판관할의 일반적인 법리를 설시한 뒤, 결국 캘리포니아주의 국제재판관할을 부정한 원심판결[37)]의 판단을 지지하였다.

"섭외사건의 국제 재판관할에 관하여 일반적으로 승인된 국제법상의 원칙이 아직 확립되어 있지 아니하고 이에 관한 우리나라의 성문법규도 없는 이상, 섭외사건에 관한 외국 법원의 재판관할권 유무는 당사자간의 공평, 재판의 적정, 신속을 기한다는 기본이념에 따라 조리에 의하여 결정함이 상당하고, 이 경우 우리나라의 민사소송법의 토지관할에 관한 규정 또한 그 기본이념에 따라 제정된 것이므로, 그 규정에 의한 재판적이 외국에 있을 때에는 이에 따라 외국 법원에서 심리하는 것이 조리에 반한다는 특별한 사정이 없는 한 그 외국 법원에 재판관할권이 있다고 봄이 상당하고 (대법원 1995. 11. 21. 선고 93다39607 판결 참조), …

원심은 … 원고가 청구한 손해라는 것이, 원고가 국회의원 선거에서 낙선함에 따라 선거운동으로 투입한 비용 상당액과 국회의원으로서 4년간 일하여 받을 수 있었

---

36) 이에 대한 평석은 김용석, "국제재판관할에서의 관련 재판적의 인정과 인터넷을 통한 불법행위의 결과발생지의 재판관할", 대법원판례해설 47호(2003 하반기), 107 이하; 노태악, "인터넷 명예훼손행위와 國際裁判管轄", 民事裁判의 諸問題 13권, 2004. 12, 171 이하 참조. 간단한 소개는 강영수, "인터넷과 國際裁判管轄", 인터넷과 法律 Ⅱ, 2005, 928 이하 참조.

37) 이는 서울고등법원 2003. 5. 13. 선고 2002나57395 판결이다.

던 수입을 얻지 못하게 된 데 따른 손해라는 것이므로, 그 손해발생지도 한국 내라 할 것이어서 이 사건 미국법원의 관할이 이에 미치지 아니하고, 인터넷 사이트에 게재된 발표 내용을 캘리포니아 주에 거주하는 150만 명의 한국어 사용자가 보고 이해할 수 있게 되었고, 원고가 캘리포니아 주립대학에서 교환연구원으로 체류하였으며, 그로 말미암아 미국 한인사회에서 원고의 평판이 악화되었다 하더라도, 원고는 미국 내 한인사회에서의 명예훼손에 따른 정신상 손해의 배상을 청구하는 것이 아니었으므로, 이 사건 미국법원에 원고가 청구한 그 손해배상에 관한 불법행위지로서의 특별재판적을 인정할 수는 없으며, 또한 피고의 발표 내용 중에 캘리포니아 주 소재 이 사건 주택에 관한 부분이 있다 하더라도 이것이 피고의 가해행위의 장소나 손해발생의 장소가 되는 것은 아니므로, 그러한 이유만으로 이 사건 미국법원에 재판관할권이 있다고 볼 수도 없다고 판단하였다.

원심은 나아가, 한국에 사무소 주소를 가지고 있을 뿐, 미국 내에서의 활동 근거지가 없는 피고로서는 이 사건 미국법원에서 응소하는 데 어려움이 있는 반면, 한국 국민으로서 국내에 거주 기반을 가졌던 원고로서는 반드시 이 사건 미국법원에서 소송을 제기하고 수행하여야만 할 사정이 있다고 보기 어렵고, 청구의 내용이 우리나라 내에서 발생한 손해에 대한 것이어서 미국법원이 그 인과관계와 손해의 발생 여부 등을 판단하기도 어렵다 할 것이므로 이 사건 미국법원에 재판의 적정을 기대하기도 어려워 보이며, 다만 이 사건 미국법원이, 피고의 발표내용 중 원고가 이 사건 주택을 소유하고 있다는 부분에 대하여 그 진실 여부에 관한 증거 수집과 조사를 미국내 현지에서 하는 것이 용이하다 하더라도, 그와 같은 사정만으로 이 사건 미국법원이 이 사건 전체를 적정하고 신속하게 심리할 수 있다고 보이지는 아니할 뿐 아니라, 우리나라 민사소송법에 따라 재판적을 가지는 우리나라 법원에 의한 증거의 수집과 조사가 특히 어렵다는 사정도 보이지 않으므로 당사자 간의 공평, 재판의 적정, 신속이라는 민사소송의 기본이념에 비추어 보더라도 이 사건 미국법원이 이 사건에 관한 재판관할권을 가진다고 할 수 없다는 취지로 판단하였다.

원심의 판단에 국제재판관할에 있어서의 불법행위지에 관한 법리를 오해하였거나 판단을 유탈하였다는 위법사유는 없다."

(2) 대법원판결에 대한 기존의 평가

위 판결은 인터넷을 통한 불법행위에 관하여 결과발생지의 관할을 다룬 최초의 대법원판결이자 국제재판관할에서의 주관적 병합에 기한 관련재판적에 관한 판단기준을 제시한 대법원판결이란 점에서 의의가 있다는 평가를 받고 있다.[38] 여기에서 다루는 전자의 논점에 관하여,[39] 판례해설은 아래와 같이 설명하고 있다(밑줄은 필자가 추가함).

"인터넷상에서 발생하는 제반 분쟁에 관한 관할의 문제는 가상적 공간을 대상으로 하는 인터넷의 특성상 여러 가지 복잡한 문제를 안고 있다. 그 중에서 인터넷상의 불법행위와 손해발생지 관할에 관하여 우리 나라에서 본격적인 논의는 별로 없는 실정이나, 인터넷의 다국적 특성을 고려하여 손해발생지로서의 재판관할권 인정은 신중하게 하는 것이 오히려 인터넷 이용자를 두텁게 보호하고 인터넷의 장기적 발전에 긍정적이라고 보아야 한다. 인터넷상의 불법행위는 대개 명예훼손이고, 사이트 개설자 또는 인터넷상의 행위를 한 자는 자신이 올린 정보가 전 세계로 퍼져나가는 것을 통제할 수 없기 때문에 관할을 넓게 인정한다면 세계 어느 국가 어느 법원에서 제소당할지 모르게 되어 대단히 불안한 지위에 처하게 된다. 또한 이용자로서는 자국의 언어만을 사용한다고 하여 이러한 위험을 피할 수 있는 것도 아니다. 따라서 이러한 관할의 인정은 제한적이 될 수밖에 없고, 다만 정보제공자가 당초부터 특정국가 내에서의 효과를 목표로 삼고 있었다면 달리 판단할 여지도 있을 것이다.[40] 결국 행위자의 의도, 예측가능성 등도 고려할 사항이 된다.

이 사건에서 피고의 행위는 자신의 사이트에 원고의 명예를 훼손하는 내용을 올린 것이고, 이러한 행위는 인터넷을 이용하고 한글을 이해할 수 있으며 원고를 알고 있는 모든 사람에게 영향을 미치는 행위가 될 수는 있으나, 이러한 논리를 확장하면 인터넷을 통한 불법행위는 대부분의 경우 전 세계 어디에서나 결과가 발생한다는 결론이 되는바, 이러한 결론은 법률적으로도 타당하지 아니하고 결과에 있어서도 바람직하지 아니하므로 적절한 제한을 요한다. 따라서 이러한 관할의 결정과 제한에 있어서는 피해자의 보호만 내세울 것이 아니라 증거수집의 편의, 가해자의 예측가능성 등

---

38) 김용석(註 36), 113 이하. 나아가 위 판결에 대하여는, 일반적 법리를 설시한 것이기는 하지만 국제재판관할에서 객관적 병합에 의한 관련재판적을 긍정하는 입장을 시사한 것은 의미가 있다는 평가도 있다. 노태악(註 36), 191. 그러나 위 판결은 오히려 주관적 병합에 관하여 판시한 것으로 보인다.

39) 관련재판적에 관하여 대상판결은 아래와 같이 판시하였다.

"또한 국제재판관할에서의 관련재판적은 피고의 입장에서 부당하게 응소를 강요당하지 않도록 청구의 견련성, 분쟁의 1회 해결 가능성, 피고의 현실적 응소가능성 등을 종합적으로 고려하여 신중하게 인정되어야 하며, 인터넷을 통한 불법행위에 있어서 불법행위의 결과발생지로서의 재판관할의 인정에는 피해자의 보호, 피해의 경중, 증거수집의 편의, 가해자의 의도와 예측가능성 등이 고려되어야 한다.".

40) 이런 설명은 정보제공자가 당초부터 특정국가 내에서의 효과를 목표로 삼고 있었다면 달리 판단할 여지도 있음을 지적함으로써, 명시적이지는 않지만 "행위자의 의도적 지향"이라는 개념을 받아들이는 것으로 보인다.

제반 사정을 고려하여 재판관할을 결정하여야 할 것이다.

이 사건에서 비록 원고가 미국의 한인사회와 일정 관련을 맺고 있었다고는 하나 피고가 과연 이러한 행위까지 예측하거나 할 수 있었는지에 관하여는 부정적일 수밖에 없다. 즉, 미국에서의 명예훼손이라는 결과가 실제 소송에서 배상액의 결정에 반영됨은 별론으로 하고, 그 자체로 불법행위의 결과발생지로서 독자적인 관할을 가질 정도로 전체 불법행위에서 주요한 부분을 점하고 있는지는 의문이다. 이런 해설은 아마도 캘리포니아주에서의 행위가 전체 불법행위에 대한 국제재판관할을 가지기에는 부족하다는 취지로 보인다.[41)]

결론적으로 인터넷을 통한 불법행위에 있어서 불법행위의 결과발생지로서의 재판관할의 인정은 피해자의 보호, 피해의 경중, 증거수집의 편의, 가해자의 의도와 예측가능성 등을 고려하여 신중히 판단하여야 할 것이다.

(3) 대법원판결의 의의와 그에 대한 비판

사견으로는 위 대법원 판결은 다음과 같은 세 가지 점에서 의의가 있다.

첫째, 위 대법원판결은 인터넷상의 불법행위의 경우도 현실공간에서의 불법행위에 적용되는 법리에서 출발하여야 한다는 태도를 취한다.[42)]

둘째, 위 대법원판결은 인터넷상의 불법행위의 경우 결과발생지의 재판관할을 제한적으로 보아야 한다는 원심판결의 다음과 같은 판단을 수긍하였다. 즉 인터넷의 다국적 특성을 고려하여 손해발생지로서의 재판관할권 인정은 신중하게 하는 것이 오히려 인터넷 이용자를 두텁게 보호하고 인터넷의 장기적 발전에 긍정적이라고 보아야 한다고 전제하고, 인터넷상의 불법행위는 대개 명예훼손이고, 사이트 개설자 또는 인터넷상의 행위를 한 자는 자신이 올린 정보가 전 세계로 퍼져나가는 것을 통제할 수 없기 때문에 관할을 넓게 인정한다면 세계 어느 국가 어느 법원에서 제소당할지 모르게 되어 대단히 불안한 지위에 처하게 된다고 보았다.

셋째, 위 대법원판결은 인터넷에 의한 불법행위에서 결과발생지의 재판관할을 판단함에 있어서 고려할 요소 내지는 판단기준을 제시하였다. 즉 불법행위의 결과발생

---

41) 이런 이론에 따르면, 인터넷에 의해 결과발생지가 확산되는 散在不法行爲 또는 확산형불법행위에서 모든 결과발생지의 관할을 긍정하는 대신 관할을 통합한다고 할 경우 전체 불법행위에서 가장 주요한 부분을 점하는 국가에 전체 피해에 대한 관할을 인정한다는 이론구성이 가능하게 될 것이다. 하지만, 이런 견해에 대하여는 Shevill 사건 판결을 고려하면 캘리포니아주의 국제재판관할을 전면 부정할 것이 아니라 국제재판관할의 양적 제한을 할 여지가 있다는 점에서 비판을 할 수 있다. 물론 캘리포니아주에서의 명예훼손을 이유로 한 손해배상청구는 포함되어 있지 않기 때문에 그렇게 판단했는지는 알 수 없다.

42) 노태악(註 36), 194.

지로서의 재판관할의 인정은 피해자의 보호, 피해의 경중, 증거수집의 편의, 가해자의 의도와 예측가능성 등을 고려하여야 한다고 판시하였다.[43)]

이 사건의 경우 문제가 된 피고의 행위 시에 원고가 미국에 주소를 두고 살고 있었던 모양이다. 그렇다면 원고의 명예가 훼손된 곳은 한국과 캘리포니아라고 할 수 있는데,[44)] 흥미로운 것은 원고가 미국 내 한인사회에서의 명예훼손에 따른 정신상 손해의 배상을 구하는 것이 아니라 원고가 한국 국회의원 선거에서 낙선함에 따라 선거운동으로 투입한 비용 상당액과 국회의원으로서 4년간 일하여 받을 수 있었던 수입을 얻지 못하게 된 데 따른 손해의 배상을 구하였다는 점이다. 그런 전제에 선다면 위 판결에 대하여는 다음과 같은 비판을 할 수 있다.

첫째, 결과발생지와 손해발생지를 구별했더라면 하는 아쉬움이 있다. 즉 결과발생지는 보호되는 법익이 불법행위에 의하여 직접 침해된 장소, 환언하면 법익 침해 당시 당해 법익의 소재지인 데 반하여,[45)] 손해발생지(Schadensort)는 법익이 침해된 장소가 아니라 그 밖의 손해가 발생한 장소를 말한다. 손해발생지는 국제재판관할을 결정함에 있어서는 무시되는 것이 원칙이지만,[46)] 독일에서는 신체 또는 물건이 손상된 경우와 달리 예컨대 사기에 의해 재산을 처분한 경우와 같이 순전히 재산적 손해만이 있는 경우에는 손해발생지의 관할을 인정하는 것이 다수설과 판례이다.[47)] 위 사건의 경우 명예훼손의 결과발생지는 한국과 미국이라고 볼 수 있다. 따라서 만일 원고가 미국에서의 명예훼손을 이유로 손해배상청구를 했더라면 아마도 캘리포니아주

---

43) 여기에서 가해자의 의도와 예견가능성을 판단함에 있어 당해 명예해손내용의 유포경위나 그 내용이 게재된 인터넷 웹사이트의 운영실태, 접속빈도와 첫수(횟수의 오타로 보임)나 사용언어 등으로 판단되어야 할 것이라는 견해가 있다. 노태악(註 36), 189.

44) 김상훈, "인터넷상 명예훼손에 의한 손해배상청구소송의 국제재판관할 : 불법행위 특별재판적과 관련하여", 한림법학 FORUM 16권, 2005. 11, 134은 "대체로 침해된 명예가 있는 피해자의 주소지 또는 거소지(상거소지)가 결과발생지로 될 가능성이 높지만 명예훼손적 내용이 실린 웹사이트의 사용언어국과 그 웹사이트의 주대상고객국가, 접속자가 많은 국가, 가해자의 의도 등을 종합적으로 고려하여 당사자 및 사건과의 실질적인 관련성이 많은 결과발생지를 찾아야 할 것"이라고 한다. 김상훈, 위 글, 115 이하에서는 각국의 인터넷상의 명예훼손소송 사례도 소개한다.

45) Jan Kropholler, Internationales Privatrecht 6. Auflage, 2006, §53 Ⅳ 1 b.

46) Kropholler(註 45), §53 Ⅳ 1c. Schack(註 33), Rn. 304.

47) 이 경우 결과발생지가 없으므로 행동지에 착안하는 소수설(예컨대 Schack(註 33), Rn. 305)도 있다. 그러나 다수설과 판례는 손해발생지의 관할을 긍정한다. Kropholler(註 45), §53 Ⅳ 1b 참조. 다수설에는 침해된 재산(또는 그의 부분)의 소재지에 관할을 긍정하는 견해와, 피해자의 재산적 이익의 중심지(Vermögenszentrale)(즉 그의 본거지) 또는 처분지에 관할을 긍정하는 견해 등이 있다. Jan von Hein, "*Deliktischer Kapitalanlegerschutz im europäischen Zuständigkeitsrecth*," IPRax, 2005, S. 18–19; Jan von Hein, "*Internationale Zuständigkeit und anwendbares Recht bei grenzüberschreitendem Kapitalanlagebetrug*," IPRax, 2006, S. 461f. 참조(다만 후자는 이를 결과발생지로 설명한다). 유럽법원의 2004. 6. 10. Kronhofer 사건 판결(C-168/02)은 전자의 견해를 취하였다.

의 재판관할이 긍정될 여지가 있었지 않았을까 생각된다.[48] 다만 그 경우 Shevill 사건 판결의 이론구성을 따른다면 캘리포니아주의 재판관할은 양적으로 제한되어 미국에서의 손해에 한정되었을 것이다.

한편 손해발생지는 원심판결이 인정한 바와 같이 한국이 될 것이다. 왜냐하면 원고가 한국 국회의원 선거에서 낙선함에 따라 선거운동으로 투입한 비용 상당액과 국회의원으로서 4년간 일하여 받을 수 있었던 수입을 얻지 못하게 된 데 따른 손해의 배상을 구하였는데 그러한 손해는 원고의 한국에서의 활동과 관련하여 발생하는 것이라고 볼 수 있기 때문이다. 원심판결과 대법원판결은 모두 손해발생지와 결과발생지를 엄격하게 구분하지 않는 것으로 보인다.[49]

둘째, 결과발생지와 손해발생지의 구별을 전제로, 이 사건에서는 이른바 순수한 경제적 손실을 이유로 하는 손해배상을 구하는 소송이므로, 독일의 논의를 참조하여 과연 그런 사건에서 손해발생지에 국제재판관할을 긍정할지 여부에 대해 판단하고, 나아가 손해발생지의 결정기준을 제시하였더라면 하는 아쉬움이 있다.

2. 지적재산권침해의 경우의 특수성[50]

위에서 본 불법행위에 관한 국제재판관할규칙에 따라 행동지와 결과발생지를 모두 연결점으로 인정한다면 양자, 특히 결과발생지가 복수 존재할 수 있는 경우, 예컨대 인터넷상의 불법행위의 경우 결과발생지가 전 세계에 존재할 수 있게 되므로 전 세계국가에 국제재판관할을 인정하게 된다. 이 경우 모자이크방식을 따라 각 국가에

---

48) 그러나 노태악(註 36), 188은 "다만 원심에서 가정적으로 판단하는 바와 같이 미국 내 한인사회에서의 명예훼손에 따른 정신적 손해의 배상을 청구하는 것이었다면 어떻게 될 것인가. 가령 위 명예훼손행위로 인하여 원고의 평판이 악화되었다면 미국이 손해발생지가 될 수 있을 것인가. 여전히 그 결정에는 어려움이 있다. 구체적 사실관계에 의하여 판단되어야 되겠지만, 피고는 선거를 앞두고 원고에 대한 자격이나 자질 등을 문제 삼아 선거에 이용하려는 취지에서 게시하였던 것으로 보이고 미국 내 한인사회의 평판의 악화를 도모한 것이라고 보기는 어렵고, 또 피고가 위 게시행위로 인하여 위와 같은 손해가 발생할 것이라는 합리적 예견가능성이 있었다고 보기도 쉽지 않을까 생각한다"고 하여 부정적인 의견을 피력한다. 그러나 피고의 정치적 계산과 원고의 그 후의 정치적 활동의 재개 여부에 관계없이, 원고의 명예가 훼손되었다면 이는 캘리포니아주에서 발생하였다고 볼 수 있을 것이다.

49) 대법원판결이 수긍한 원심판결은 다음과 같이 설시하였다.
"원심은 이 사건 판결에서 원고가 청구한 손해라는 것이, 원고가 대한민국 국회의원 선거에서 낙선함에 따라 선거운동으로 투입한 비용 상당액과 국회의원으로서 4년간 일하여 받을 수 있었던 수입을 얻지 못하게 된 데 따른 손해라는 것이므로, 그 손해발생지도 대한민국 내라 할 것이어서 이 사건 미국법원의 관할이 이에 미치지 아니하고".

50) 상세는 석광현, "한국에 있어서 知的財産權紛爭의 國際裁判管轄", 국제사법과 국제소송 제4권, 2007, 591 이하 참조. 지적재산권과 관련된 국제사법의 제문제는 강영수, "國際 知的財産權侵害訴訟에 있어서 國際私法的 問題에 관한 硏究—屬地主義 原則의 限界 및 그 修正을 中心으로—," 서울대학교 대학원 박사학위논문, 2005 참조. 일본의 논의는 우선 김언숙, 知的財産權と國際私法, 2006 참조.

대해 당해 국가에서 발생한 침해에 대해서만 관할을 인정한다면 합리적인 분쟁해결이 어렵다. 따라서 관할을 확대하거나 사건을 병합할 현실적인 필요가 있다.[51)]

주목할 것은 지적재산권을 둘러싼 국제분쟁의 해결을 위하여 국제관할, 준거법과 외국판결의 승인 및 집행을 함께 규율하는 국제규범을 성안하려는 근자의 노력이다. 미국법률협회(American Law Institute, ALI)와 독일의 막스 플랑크 연구소(Max Planck Institut, MPI) 등은 이런 작업을 추진하였다. 즉 미국법률협회는 "지적재산권: 초국가적 분쟁에서의 관할권, 준거법 및 재판을 규율하는 원칙"(ALI 원칙)을 2007년 5월 발표하였다.[52)] 또한 최근 2009년에는 EMPG(European Max Planck Group on Conflict of Laws in Intellectual Property)의 지적재산의 국제사법원칙 2차 예비초안("EMPG 예비초안")[53)]도 발표되었다.[54)]

EMPG 초안에 따르면 지적재산권의 침해지는 그 국가에서 발생한 침해에 관하여 국제관할을 가지지만, 예외적으로 지적재산권의 침해가 인터넷과 같은 편재적 수단에 의하여 행해진 경우에는 침해지의 국가는 다른 국가에서 발생한 침해에 대하여도 국제관할을 가진다. 다만 그러기 위하여는 침해가 침해자의 상거소 소재지에서 실질적 효력이 없어야 하고, 또한 침해를 조장하는 실질적 행위가 그 국가에서 행해지거나, 또는 침해로 인하여 초래된 손해가 전체적인 침해를 고려할 때 실질적이어야 한다(제2:203조).[55)]

ALI 원칙은 인터넷에 의한 지적재산권침해에 대하여 특칙을 두지 않지만 그에 적용될 수 있는 규정들을 두고 있다. 즉 지적재산권을 침해하였다고 주장된 실질적 행위를 하였거나 그를 위한 실질적 준비행위를 한 국가는 국제재판관할을 가지는데 이 경우 관할은 그 행위로 인한 모든 침해에 미친다(제204조 제1항). 한편, 다른 국가를 지향해서

---

51) 뿐만 아니라 이 경우 행동지와 결과발생지를 모두 연결점으로 인정한다면 준거법이 지나치게 확산될 수 있다. 따라서 준거법을 어떻게 단순화할지도 장래의 과제이다.

52) 이 원칙은 지적재산권과 관련한 국제재판관할, 준거법과 외국 판결의 승인과 집행에 관한 규칙을 규정하고 있다. American Law Institute, Intellectual Property: Principles Governing Jurisdiction, Choice of law and Judgments in Transnational Disputes 2007, American Law Institute Publishers, 2008. 참조.

53) 이는 European Max-Planck Group on Conflict of Laws in Intellectual Property가 작성하여 2009년 6월 6일 공표한 "지작재산권의 국제사법원칙"(Principles for Conflict of Laws in Intellectual Property)의 제2차 예비초안(Second Preliminary Draft)을 말한다. 텍스트는 http://www.cl-ip.eu/ 참조.

54) 우리나라의 일부 전문가들도 일본의 교수들과 공동작업을 추진하였으나 공동 제안에는 이르지 못하였는데, 마지막 작업을 진행중이다. 개관은 손경한, "國際 知的財産訴訟 原則의 定立-한국의 입장에서-", 성균관법학 제20권 제3호, 2008, 1075 이하 참조. 필자도 공동작업에 참여하였다.

55) 참고로 우리나라 전문가들의 제안(제204조)은 주된 침해행위를 한 국가의 법원이 모든 침해에 대해 관할을 가지는 것으로 규정한다. 또한 준거법의 경우에도 동 제안(제303조)은 "침해 전체에 대하여 가장 밀접한 관련을 가지는 국가의 법"을 준거법으로 본다.

그런 행위를 한 때에는 그 지향된 국가도 국제재판관할을 가지는데 그 경우 관할은 그 국가에서 발생한 침해에 한정된다(제204조 제2항).

제 6 피고의 활동에 근거한 특별관할

Ⅰ. 관할규칙

우리나라를 포함한 대륙법계의 경우 특별관할에 관한 종래의 논의는 계약과 불법행위를 나누고 각각에 관하여 이루어졌으므로 국제재판관할의 유무를 판단하기 위해서는 우선 어떠한 법률관계가 계약인지 아니면 불법행위인지 성질결정을 할 필요가 있었고, 피고의 활동에 근거한 특별관할은 인정될 여지가 없었다. 그러나 당사자가 어느 국가 내에서 상업적 활동을 통하여 이득을 얻고 있다면 그러한 활동으로부터 발생하거나 그와 관련된 소송에 대해서는 당해 국가의 특별관할을 인정하는 것이 불합리하다고 할 수만은 없다. 이러한 관할이 이른바 피고의 '활동에 근거한 관할'(activity based jurisdiction)이다. 피고가 국내에 영업소 또는 사무소를 설치하고 그를 통하여 국내에서 영업활동을 하는 경우에는 국내에서 그 사무소 또는 영업소의 업무와 관련이 있는 소를 제기할 수 있는 데 반하여, 사무소 또는 영업소가 없다는 이유만으로 국내에서 사업활동 또는 영업활동[56]을 하는 피고에 대하여 국제재판관할을 부정한다면 균형이 맞지 않는 면이 있다.

만일 피고의 활동에 근거한 국제재판관할을 인정한다면 당해 소송이 계약과 불법행위 중 어느 것인가라는 성질결정은 불필요하게 되는데, 그 경우 피고의 어떠한 성질, 빈도 또는 양의 활동이 있어야 하는지의 판단이 용이하지 않으므로 매우 사소한 관련을 근거로 국제재판관할이 부당하게 확대될 위험성이 존재한다는 문제가 있다. 어쨌든 이러한 개념은 미국으로부터 연원한 것인데, 미국의 판례는 최소한의 접촉(minimum contact)의 핵심적 개념인 법정지의 법이 제공하는 특권의 "의도적 이용"(purposeful availment)을 인정하기 위한 요건으로 피고의 활동에 착안하였으므로 피

---

56) 여기에서 사업활동(또는 영업활동)은 일반관할의 근거가 되는 'doing business'가 아니라 그에 미치지 않는 'transacting business'를 의미한다. 전자는 피고가 문제된 국가에서 규칙적이고 광범위하며 빈번한 활동을 하는 경우에 일반관할의 근거가 되는 데 반하여, 후자는 그 정도에 미치지 않는 활동을 하는 경우에 특별관할의 근거가 된다. 그러나 논자에 따라서는 양자를 동일한 의미로 사용하기도 한다. 예컨대 Gary B. Born/Peter B. Rutledge, International Civil Litigation in United States Courts 4th edition, 2006, 108 참조. 위 Born/Rutledge, 117 이하는 doing business를 구성하는 행위를 유형적으로 고찰하고 있다.

고의 활동에 기한 국제재판관할을 자연스럽게 인정할 수 있었다.

우리 국제사법하에서는, 관할을 인정하는 것이 국제재판관할 배분의 이념에 부합하고 합리적이라면 피고의 활동에 근거한 특별관할을 인정할 수 있는 가능성이 열려 있다. 다만 이를 인정하기 전에 기존의 의무이행지관할 또는 불법행위지관할 외에 이를 별도로 긍정할 필요성과 실익을 검토하고, 그의 요건을 명확히 할 필요가 있다. 활동에 근거한 특별관할의 인정 여부도 앞으로 검토되어야 하지만, 만일 인정한다면 다른 관할들과의 관계를 어떻게 설정할지가 문제된다.

필자는 이를 긍정하는 적극적 견해를 피력하였으나[57] 이에 대해 활동에 기한 관할이 국제적으로 널리 인정되는 것은 아니라는 이유로 부정적인 견해[58]도 있다.

주목할 것은 일본 국제재판관할 연구회의 국제재판관할법제에 관한 중간시안이다. 일본은 2007년 1월 1일부터 법례를 '법적용에 관한 통칙법'으로 명칭을 변경하고 전면개정하였으며,[59] 국제재판관할에 관하여는 별도의 법률 또는 민사소송법에 명문의 규정을 두기 위한 작업을 진행중이다. 2009년 7월 공간된 일본의 중간시안(제24조 2항)[60]은 "일본국내에서 사업을 계속하는 자에 대한 소로서 그 자의 일본에서의 업무에 관한 것은 일본에서 제기할 수 있다"고 하여 피고의 활동에 기한 관할을 긍정하는 것으로 보인다. 위 조문은 일본 회사법(제817조)의 개정을 통해 외국회사의 영업소 설치의무가 폐지됨에 따라 일본 내에서 영업소를 설치하지 않고 대표자를 통해서만 영업을 영위하는 상황을 전제로 하고 있으므로[61] 피고의 활동에 근거한 관할을 긍정하는 것으로 보인다.

이처럼 현실공간에서 피고의 활동에 근거한 관할을 긍정한다면 그것은 전자거래에서 의도적 지향에 기한 관할을 긍정하기 위한 논리적 기초가 될 수 있다.

57) 이성호(註 21), 184도 동지.

58) 강영수(註 36), 915.

59) 일본의 "법의 적용에 관한 통칙법"(단순히 법적용통칙법)을 소개한 우리 문헌으로는 김문숙, "일본의 법례개정과 남겨진 과제—법의 적용에 관한 통칙법의 제정에 관하여—", 국제사법연구 제12호, 2006, 462 이하 참조. 일본문헌으로는 우선 神田 貞, 解說 法の適用に關する通則法, 2006. 참조.

60) 조문과 보족설명은 http://search.e-gov.go.jp/servlet/Public?ANKEN_TYPE=2&CLASSNAME=Pcm1080 &btnDownload=yes&hdnSeqno=0000055113 참조. 기타 국제재판관할연구회, 국제재판관할연구회보고서 (1)-(6) NBL 883호(2008. 6. 15.)-888호(2008. 9. 1.) 참조.

61) 보족설명 15-16 참조.

Ⅱ. 가상공간의 특수성

가상공간의 특수성을 고려한 국제재판관할 규칙을 논의함에 있어 미국에서의 논의가 도움이 되므로 이를 살펴본다. 다만 우리나라의 국제재판관할권에 관한 논의는 미국에서는 주로 대인관할권[62]의 문제로 다루어짐을 주의해야 한다.

1. 미국판례이론

(1) 관할규칙

미국의 경우 현실공간의 거래에서 어느 주가 국제재판관할권을 가지기 위해서는 첫째, 관할권확대법(long arm statute)에 의한 입법적인 수권이 있고, 둘째, 재판관할권의 행사가 헌법상의 적법절차조항(due process clause)에 부합해야 한다. 둘째 단계에서는 법원의 재판관할권을 긍정하는 것이 피고에게 기본적인 권리를 보장하는 연방헌법의 적법절차조항에 부합하는지의 여부를 심사한다. 이처럼 미국에서는 재판관할권을 연방헌법 차원의 문제로 이해하는 점에 특색이 있는데 적법절차분석은 바로 그의 핵심을 이룬다. 적법절차의 요건을 충족하기 위해서는 (1) 피고와 법정지간에 '최소한의 접촉'(minimum contacts)이 있어야 하고, (2) 법정지의 재판관할권의 행사가 공평과 실질적 정의의 관념에 부합하는 합리적인 것이어야 한다. 따라서 최소한의 접촉의 존재를 인정하기 위한 요건이 문제되는데, 연방대법원은 Hanson v. Denckla 사건 판결[63]에서, 최소한의 접촉이 있기 위한 요건으로서 ① 법정지 내에서 피고의 행위가 있을 것, ② 그 행위가 의도적일 것과 ③ 피고가 법정지주법의 이익 및 보호를 향유할 것이라는 세 가지를 제시하였고, 그 결과 'purposeful availment(의도적 이용행위)'는 적법절차분석의 하나의 시금석이 되었다. 따라서 피고가 법정지주에서 의도적 이용행위를 한 때에는 법정지주의 재판관할이 인정된다.[64]

나아가, 미국 법원은 위 두 단계의 심사를 거쳐 국제재판관할권의 존재가 긍정되

---

62) 미국에서는 국제재판관할권은 대인관할권, 대물관할권 또는 준대물관할권의 형태로 나타난다.

63) 357 U.S. 235 (1958).

64) 노태악(註 36), 179-180은 i) 관할구역 안에서 이득을 얻을 목적으로 의도적인 행위(purposeful availment)를 하여야 하고 ii) 청구원인이 피고의 관할구역에서 접촉으로부터 또는 접촉과 관계있는 행위여야 하며 iii) 관할권의 행사가 '공정하고도 실질적인(fair and substantial) 정의'와 대등할 정도로 합리적이어야 한다는 요건은 미국법상 특별관할의 요건이라고 소개한다. 어쨌든 미국법상은 일반관할과 특별관할의 구별기준이 우리만큼 명쾌하지는 않은 것으로 보인다.

더라도, 관할권의 확대를 억제하는 수단으로서 부적절한 법정지(forum non conveniens)의 법리에 기초하여 재량으로 재판관할권의 행사를 거부할 수 있다고 함으로써 재판관할권의 유무 판단과 행사 여부 판단을 구별한다. 그 결과 미국에서는 구체적인 사건에서의 국제재판관할 배분의 정의가 상대적으로 충실하게 달성될 가능성이 크나, 당사자의 예측가능성 내지는 법적 안정성이 침해될 가능성 또한 상대적으로 크다. 이 원칙은 가상공간에서의 거래와 관련한 국제재판관할에도 적용된다.[65)]

미국에서는 독일이나 브뤼셀협약에서처럼 계약의 의무이행지, 불법행위지 그 자체가 국제재판관할의 근거가 되지는 않으며, 항상 피고와 당해 법정지주와의 접촉이 법정지의 관할권을 긍정하는 것을 공평하고 합리적이 되도록 하는가의 여부가 관건이 된다. 관할근거를 열거하는 방식을 취하는 각주의 관할권확대법은 계약과 불법행위에 관하여 상이한 연결점을 규정하고 있으나, 적법절차(due process) 분석에 관한 한, 관할의 긍정이 공평하고 합리적인가의 여부가 중요하지, 대륙법계처럼 계약과 불법행위라는 성질결정이 중요한 의미를 가지지는 않는다. 특히 피고의 거래행위, 즉 이른바 'transacting business(영업거래)' 내지는 위에서 언급한 피고의 '활동(activity)'이 특별관할의 근거가 되는 경우에는 적법절차 분석에서 당해 소송이 계약과 불법행위 중 어느 것으로 성질결정되는가는 별로 의미가 없다.

이와 같이 미국에서는 법원이 구체적인 사건의 관련 이익을 고려하여 재판관할권의 유무와, 부적절한 법정지의 법리에 기한 재판관할권의 행사 여부를 판단하므로, 현실공간에서는 물론이고 가상공간에서의 국제재판관할의 배분에 관한 기준이 상대적으로 불확실하다는 비판이 가능하다.[66)]

(2) Zippo doctrine

최근 미국의 판결들이 현실공간의 관할이론을 가상공간에 접목하여, 웹사이트를 운영하는 유형을 세 가지로 분류함으로써 그 운영자에 대한 다른 주의 대인관할권의

65) 전자거래 또는 국제재판관할에 관한 미국 판례를 소개한 국내문헌으로는 왕상한, "電子去來와 裁判管轄", 통상법률 통권 제27호, 1999. 6, 13 이하; 왕상한(註 4), 205 이하; 우지숙/민은주/석광현/권헌영, "인터넷상 국가간 법적 관할권과 준거법 및 시행에 관한 연구", 정보통신정책연구원 정책연구 99-07, 1999, 67 이하, 148 이하; 김성진, "국제전자상거래상 소비자계약분쟁의 국제재판관할권에 관한 연구—미국의 타깃팅 재판관할권이론을 중심으로—", 국제거래법연구 제18집 제1호, 2009, 107 이하; 김용진, "지적재산권의 침해와 재판관할에 관한 연구", 한국법제연구원 디지털경제법 [10], 2001 참조. 일본문헌으로는 土谷喜輝 외 2인(編), インターネットをめぐる米國判例 · 法律 100選 改訂版, 2001 참조.

66) 최소한의 접촉 원칙은 매우 추상적이어서 그것만으로는 구체적인 기준을 제시하지 못하며, 국제재판관할에 관한 법적 안정성과 당사자의 예견가능성을 침해한다. 최소한의 접촉은 부적절한 법정지의 법리에 의한 조정을 필요로 하나, 그에 의하여 법적 불안정성이 증폭된다.

유무를 결정하는 경향이 있음은 주목할 만하다. 이는 Zippo Manufacturing Co. v. Zippo Dot Com, Inc. 사건 판결[67]에 의해 제시된 원칙인바, 동 판결은 가상공간에서의 국제재판관할권에 관하여 새롭고 포괄적인 기준을 제시한 매우 중요한 판결로 평가된다. 그 세 가지 유형은 ① 피고가 인터넷상에서 명백히 영업을 하는 경우(이 경우 대인관할권이 인정된다), ② 다른 관할지역의 이용자가 접근할 수 있는 인터넷 웹사이트에 피고가 단지 정보를 게시하는 수동적 웹사이트의 경우(이 경우 대인관할권이 인정되지 않는다)와 ③ 양자의 중간영역인데, 이 경우 웹사이트에서 행해지는 운영자와 이용자간의 상호작용의 수준과 정보교환의 상업적 성격에 의하여 대인관할권의 유무가 결정된다.[68] ③의 유형에서는 재판관할이 긍정된 사례와 부정된 사례가 있다.[69]

Zippo Manufacturing Co. v. Zippo Dot Com, Inc. 사건에서 법원은 피고의 웹사이트는 ① 유형에 해당하므로 피고가 펜실바니아주 법이 제공하는 이익을 의도적으로 이용했다고 보아 펜실바니아주의 재판관할권을 긍정하였다. 위 판결이 제시한 원칙은 그 후 가상공간에서의 재판관할권에 관한 판결들에 의하여 널리 채택되었다. 이를 이른바 'sliding scale approach'라고 부르는데, 우리나라에서는 이를 대체로 '영역별분석방법'이라고 부른다.[70]

Zippo 접근방법에 대하여는 능동적 사이트와 수동적 사이트를 구분하는 기준이

---

67) 952 F. Supp. 1119 (W.D. Pa. 1997). 펜실바니아주 회사인 원고는 캘리포니아주 회사인 피고가 zippo.com, zippo.net 등의 도메인이름을 사용하는 것을 금지하기 위하여 피고에 대해 상표권침해와 상표권의 희석화 등을 근거로 소를 제기하였다. 펜실바니아주 서부지구 연방지방법원은 위 판결에서 종래 하급심판결에 제시된 의견들을 정리하면서 다음과 같은 취지로 판시하였다. 즉 피고의 인터넷 관련 접촉에 근거한 대인관할권은 피고가 인터넷상에서 영위하는 상업적 활동의 성질과 질에 의존한다. 스펙트럼의 한 끝에는 피고가 인터넷상으로 명백히 영업을 하는 상황이 있다. 만일 피고가 다른 관할지역의 거주자들과 인터넷상으로 의식적이고 반복적인 컴퓨터 파일의 전송을 수반하는 계약을 체결하는 경우 대인관할권은 적절하다(예컨대 CompuServe, Inc. v. Patterson, 89 F. 3d 1257 (6th Cir. 1996). 스펙트럼의 반대편 끝에는 다른 관할지역의 이용자가 접근할 수 있는 인터넷 웹사이트에 피고가 단지 정보를 게시하는 상황이 있다. 관심이 있는 자들에게 정보를 제공하는 데 불과한 수동적 웹사이트는 대인관할권의 행사를 위한 근거가 되지 않는다(예컨대 Bensusan Restaurant Corp. V. King, 937 F. Supp. 295 (S.D.N.Y. 1996)). 그 중간 영역은 이용자가 호스트 컴퓨터와 정보를 교환할 수 있는 대화식 웹사이트가 차지한다. 이러한 사건들의 경우, 관할권의 행사는 웹사이트에서 행해지는 상호작용의 수준, 정보교환의 상업적 성격에 의하여 결정된다(예컨대 Maritz Inc. v. Cybergold, Inc., 947 F. Supp. 1328 (E.D. Mo. 1996)).

68) 개관은 Brian D. Boone, *Bullseye!: Why A "Targeting" Approach to Personal Jurisdiction in the E-commerce Context makes Sense Internationally*, 20 Emory Int'l L. Rev. 241, 255, 2006 참조.

69) 강영수(註 36), 925 참조. 상호작용적 웹사이트를 유지하면서 법정지주의 거주자와 규칙적인 상업활동을 하는 것을 근거로 일반관할을 긍정한 소수의 판례도 있으나 주류는 이를 인정하지 않는다. Born/Rutlege(註 56), 119 참조. 반면에 이는 의도적 이용의 요건을 구비하는 것으로서 특별관할의 근거가 될 수 있다. Born/Rutlege(註 56), 147 이하 참조.

70) 그러나 이를 '연동척도방식'이라고 부르기도 한다. 강영수(註 36), 924.

분명하지 않을 뿐만 아니라 오히려 대부분의 웹사이트가 중간영역에 속하고, 최근의 웹사이트들은 거의 단순한 정보의 일방적 제공에 그치는 대신 웹사이트에서 전자메일의 송 · 수신이 가능하고 자료에 대한 다운로드가 가능하도록 하는 등 interactive하게 운영되므로 Zippo 접근방법에 의하면 웹사이트의 운영만으로 관할권의 행사가 가능하다고 보게 된다는 비판이 있다.[71)]

(3) 타기팅(또는 의도적 지향) 접근방법

타기팅접근방법은 어떤 특정한 법정지를 지향한(또는 표적으로 삼은) 행위자(통상 피고)의 의도와 활동 및 그 법정지에서의 활동을 피하기 위해 취한 조치를 평가하여 국제재판관할의 유무를 판단한다.[72)] 이는 법정지주를 향한 명시적 지향(expressly aiming)에 착안한 것으로, 영역별 분석방법이 웹사이트 자체의 상호활동성에만 초점을 두는 것과 다르다.[73)] 이는 잡지에 의한 현실공간의 명예훼손에 관한 미국 연방대법원의 1984년 Calder v. Jones 사건 판결[74)]에 의하여 제시된 것인데, 인터넷 관련 국제재판관할에 관한 이론 중 현재 미국에서 가장 설득력이 있는 이론이라고 한다.[75)] 그에 따르면 행위자의 상대방이 행위자가 법정지를 지향하는 의도를 가지고 법정지에서 활동을 시작하는 조치를 취하였음을 입증해야 한다.[76)] 미국의 학설은 특정한 법정지를 지향하였는지를 판단함에 있어서 법원은 전체적인 사안을 고려하고, 예시적인 일련의 요소들(non-exhaustive lists of factors)을 개발해야 한다고 하면서, 사용된 언어, 지급통화, 부인문구, 위치탐색 기술의 사용과 사용된 최상위도메인, 그림에 의한 제안, 광고와 시장 참여 등을 그러한 요소로 파악한다.[77)] 이러한 요소를 고려함

---

71) 노태악(註 36), 181.

72) 이의 개관은 Boone(註 68), 262 이하 참조.

73) 김성진(註 65), 119.

74) 465 U.S. 783 (1984). 이는 명예훼손소송인데, 노태악(註 36), 180 주 27에 따르면 사안은 아래와 같다.

"National Enquirer 지는 플로리다주에서 발행되는 잡지인데, 캘리포니아주에서는 약 60만 부가 배포된다. 위 잡지는 캘리포니아주에 거주하는 원고가 술에 심하게 빠져 직업적 의무를 다하지 못하고 있다는 내용의 기사를 게재하였다. 캘리포니아주 법원은 캘리포니아 소식통(source)의 관심을 끌고 상대방에 대한 심리적 고통과 직업적 명성에 대한 훼손 등 손해의 예봉(the brunt of the harm)이 캘리포니아 주에서 발생하였다고 한 다음, 플로리다주에서의 행동 효과가 캘리포니아주에서 발생하였다는 이유로 위 잡지사, 편집인과 기사 작성자에 대한 캘리포니아주 법원의 재판관할권을 긍정하였다.

이에 대하여는, 적어도 명예훼손의 내용이 담긴 출판물이 어느 정도 배포가 된 곳이라면 어디서나 재판관할권이 인정될 수 있다는 결과가 된다는 비판이 있다고 한다.

75) Kevin A. Meehan, "*The Continuing Conundrum of International Internet Jurisdiction*", 31 B.C. Int'l & Comp. L. Rev. 345, 364, 2008.; 김성진(註 65), 119 참조.

76) 김성진(註 65), 125 참조.

77) Meehan(註 75), 359 참조.

으로써 유연하게 대응할 수 있다는 것이다.

상표권침해에 관한 Cybersell, Inc. v. Cybersell, Inc. 사건 판결[78]은 타기팅접근방법을 인터넷 관련 국제재판관할에 적용한 첫 번째 연방항소법원 판결이다.[79] 그 밖에도 타기팅접근방법을 수용한 판결로는 9순회구 연방항소법원의 상표권침해에 관한 Bancroft & Masters v. Augusta National, Inc. 사건 판결,[80] 메릴랜드 연방지방법원의 상표권침해에 관한 American Information Corp. v. American Infometrics, Inc. 사건 판결,[81] 펜실베니아 연방지방법원의 명예훼손에 관한 English Sports Betting v. Tostigan 사건 판결[82] 등이 있다.[83]

타기팅접근방법에 대하여는 아래와 같은 비판이 있다.[84] 첫째, 피고가 법정지를 지향하였는지 여부의 판단기준이 모호하므로 여전히 과도한 유연성의 문제가 남는다. 둘째, 여과(filtering)[85]와 차단(blocking)은 지향 여부를 판단함에 있어 필수적이지만, 소비자의 접속을 차단함으로써 소비자가 국제전자거래를 통해서 누릴 수 있는 혜택을 박탈할 수 있다. 셋째, 온라인 사업자는 특정국가를 지향할지 아니면 차단할지를 판단하기 위해서 전 세계의 모든 규제를 계속적으로 조사해야 하므로 많은 비용과 시간이 소요되어 큰 타격을 받게 된다. 넷째, 국제재판관할을 판단함에 있어 여과와 차단을 중시한다면 현실공간의 국경과 동일한 인터넷상의 국경이 창설된다는 폐해가 있다.

---

78) 130 F.3d 414 (9th Cir. 1997).

79) 원고인 Cybersell은 웹사이트를 통하여 인터넷 마케팅을 전문화한 아리조나주의 회사였고, 피고인 Cybersell은 웹사이트를 통하여 웹페이지구축서비스를 제공하는 플로리다주의 회사였다. 피고가 Cybersell이라는 원고와 같은 상호를 회사명으로 채택한 시점에, 원고의 웹사이트는 운영 중에 있지 않았고, 특허상표청에서 원고의 서비스마크도 승인되지 않았었다. 원고는 아리조나 지구 연방법원에 피고를 상대로 상표권침해소송을 청구하였다. 피고는 최소한의 상호활동적 웹사이트를 운영하였으므로 피고에 대한 재판관할권을 인정하려면 법정지인 아리조나주의 관련성에 있어서 그 이상의 무엇(something more)이 필요하다고 판시하였다. 법원은, 그 이상의 무엇(something more)은 피고가 의도적으로(비록 전자적일지라도) 실질적 방법으로 자신의 활동을 법정지주로 지향하는 것을 의미한다(the defendant purposefully (albeit electronically) directed his activity in a substantial way to the forum state)고 판시하고, 피고의 웹사이트가 아리조나주에 피해를 발생시킬 것을 알고 의도적으로 지향한 것이 아니기 때문에 아리조나주 법원은 재판관할권을 가지지 않는다고 판단하였다. Boone(註 68), 262; 김성진(註 65), 118 참조.

80) 223 F.3d 1082 (9th Cir. 2000).

81) 139 F. Supp. 2d 696 (D. Md. 2001).

82) 2002 U.S. Dist. LEXIS 5012 (E.D. Pa. 2002). 또는 2002 WL 461592.

83) 김성진(註 65), 118 이하 참조.

84) 김성진(註 65), 119.

85) Meehan(註 75), 360은 Tim Gerlach, "*Note, Using Internet Content Filters to Create E-Borders to Aid International Choice of Law and Jurisdiction*", 26 Whittier L. Rev. 899, 916, 2005.을 인용하여 여과의 종류를 host name blocking; IP address blocking(또는 packet filtering); keyword blocking과 content-based image blocking의 4가지로 분류한다.

타기팅접근방법 외에도, 효과에 근거한 접근방법(이를 효과분석이론이라고 부르기도 한다)을 취한 판결도 있다. 이러한 접근방법도 위에 언급한 1984년 Calder 사건 판결에 근거한 것인데, 웹사이트의 성격과 영향보다는 웹사이트가 당해 법정지 내에서 실제적인 효과(actual effect)를 미쳤는지의 여부를 기준으로 재판관할의 유무를 판단한다.[86] 타기팅접근방법은 인터넷 활동을 법정지로 명백하게 지향하는 피고의 의도와 활동에 착안하는 반면에, 효과에 근거한 접근방법은 피고가 자신의 활동으로 인해 예상할 수 있었던 법정지에 대한 효과에 주목하는 점에서 차이가 있다.[87]

2. 미국 법리의 도입가능성

미국의 Zippo Manufacturing Co. v. Zippo Dot Com, Inc. 사건 판결은 웹사이트 운형형태를 유형화하여 재판관할권의 유무를 판단하는 점에서 나름대로 설득력 있고, 이 점은 타기팅 접근방법도 마찬가지이다. 따라서 우리 법상으로도 '실질적 관련'이라는 탄력적인 도구를 이용하여 위 기준을 도입해야 할 것이라는 견해가 주장될 여지도 있다. 그러나, 위 기준은 웹사이트를 운영하는 자가 다른 주의 법이 제공하는 특권과 이익을 의도적으로 이용하였는가에 착안한 것인데, 이러한 '의도적 이용'은 위에서 본 바와 같이 미국 판례에 의해 발전된 '최소한의 접촉'을 인정하기 위한 핵심적인 개념이라는 점에서, 위 판결의 기준은 현실공간에서의 재판관할에 관한 판례의 연장선상에 있는 것이다. 반면에 우리 국제사법의 요체는 국내 관할규정을 참작하여 국제재판관할규칙을 정립하되 그의 특수성을 고려하라는 데 있다. 따라서, '최소한의 접촉', 나아가 '의도적 이용'을 국제재판관할의 기초로 삼지 않는[88] 우리 국제사법의

86) 노태악(註 36), 181. 노태악(註 36), 181은 효과에 근거한 접근방법은 대체로 ① 피고의 의도적인 이용행위와 ② 당해 관할에 대한 명시적인 지향 및 ③ 이러한 사실에 대한 피고의 인식이 있다면 인적관할권을 긍정한다고 한다고 하나, 그렇다면 타기팅접근방법과 별로 차이가 없어 보이는 점에서 의문이다.

87) 김성진(註 65), 119. Boone(註 68), 259는 효과접근방법이 타기팅접근방법의 선구자(precursor)였다고 한다.

88) 과거 대법원 1995. 11. 21. 선고 93다39607 판결은 의도적 이용이라는 개념을 도입하였다. 즉 동 판결은 "… 특히 물품을 제조하여 판매하는 제조자의 불법행위로 인한 손해배상책임에 관한 제조물책임소송에 있어서 손해발생지의 외국법원에 국제재판관할이 있는지 여부는 제조자가 당해 손해발생지에서 사고가 발생하여 그 지역의 외국법원에 제소될 것임을 합리적으로 예견할 수 있을 정도로 제조자와 손해발생지와의 사이에 실질적 관련이 있는지 여부에 따라 결정함이 조리상 상당하다 할 것이고, 이와 같은 실질적 관련을 판단함에 있어서는 예컨대 당해 손해발생지의 시장을 위한 제품의 디자인, 그 지역에서의 상품광고, 그 지역 고객들을 위한 정기적인 구매상담, 그 지역 내에서의 판매대리점 개설등과 같이 당해 손해발생지 내에서의 거래에 따른 이익을 향유하려는 제조자의 의도적인 행위가 있었는지 여부가 고려될 수 있을 것이다"라고 하고 당해 사건에서는 제조자와 손해발생지와의 사이에 실질적 관련이 없다는 이유로 미국 플로리다주 법원의 국제재판관할을 부정하였다. 그러나 위 판결은 돌출적인 판결로 이해해야 한다. 첫째, '의도적 이용'은 미국 연방대법원이 Hanson v. Denckla, 357 U.S. 235 (1958) 사건 판결에서 제시한 이래 최소한의 접촉을 인정하기 위한 핵심적인 개념인데, 최소한의 접촉을 국제재판관할의 기초로 삼지 않는 우리 판례가 의도적 이용

입장에서는 미국의 Zippo 사건 판결이 제시한 기준 또는 타기팅 접근방법에 따른 관할규칙을 도입하는 것은 체계상 용이하지 않다. 다만 과거와 비교한다면 개정 국제사법이 실질적 관련 원칙을 도입한 결과 그를 통하여 미국 판례이론을 도입하는 것이 상대적으로 용이하게 되었지만 현실공간에서의 국제재판관할 규칙과의 일관성 내지는 정합성은 여전히 필요하다.

이와 관련하여 위에서 언급한 바와 같이 현실공간에서 피고의 활동에 기한 관할(activity based jurisdiction)은 종래의 우리 법이 알지 못하는 생소한 개념이기는 하지만 그러한 특별관할이 합리적인 근거가 전혀 없다고 할 수는 없는데, 만일 현실공간에서 피고의 활동에 기한 관할을 긍정한다면, 피고가 한국에서 물리적으로 존재하면서 영업을 하는 것은 아니더라도 인터넷을 통하여 한국에서 영업을 하는 것으로 볼 여지가 있을 것이다. 즉, 국제사법 하에서 현실공간에서의 피고의 활동에 기한 특별관할을 인정할 수 있다면, 가상공간에서도 그에 준하는 사안(즉 Zippo 사건의 ①유형)에서 피고의 인터넷활동에 기한 특별관할을 상대적으로 부담 없이 수용할 수 있게 될 것이다. 다만, 더 나아가 피고가 상호작용적 웹사이트를 통해서 한국으로 지향된 영업활동을 하는 경우(즉 Zippo 사건의 ③유형)에까지 현행 국제사법상 국제재판관할을 긍정할 수 있는가인데, 소비자계약에서와 같은 명문의 근거가 없는 한 이는 원칙적으로는 긍정하기 어려울 것이다. 즉, 피고의 인터넷을 통한 한국으로의 의도적 지향에 근거하여 특별관할을 인정하는 것은 논란의 여지가 더 크다.[89] 물론 위 두 가지 유형의 경계 설정은 어려운 문제이다.

한편 만일 현실공간에서 활동에 기한 특별관할을 긍정할 수 없다면, 그럼에도 불

만을, 그것이 사용되는 맥락에 대한 충분한 고려 없이 도입할 것은 아니다. 둘째, 위 판결이 실질적 관련을 판단하기 위하여 동원한 개념들은 미국 연방대법원의 Asahi Metal Indus. v. Superior Court, 480 U.S. 102 (1987) 사건 판결로부터 차용한 것인데, 후자의 판결은 미국 연방대법원이 World-Wide Volkswagen Corp. v. Woodson, 444 U.S. 286 (1980) 사건 판결에서 제시한 유통과정이론(stream of commerce theory)의 연장선상에 있는 판결로서, 물품이 유통과정을 통하여 결과발생지에 도달할 수 있음을 인식하는 것이 과연 의도적 이용에 해당하는지에 관하여 대법원판사들의 견해가 나뉜 데서 보는 바와 같이 제조물책임소송의 국제재판관할의 근거로서 적절한지에 관하여 논란의 여지가 있다. 셋째, 가사 대법원판결의 추상적인 법률론이 타당하더라도 당해 사건에서 간접관할을 부인한 결론은 잘못이다. 플로리다주에 계속하여 물품을 수출해온 한국의 제조자라면 플로리다주에서 사고가 발생하여 그 지역의 법원에 제소될 것을 합리적으로 예견할 수 있었다고 보아야 하기 때문이다. 이 점은 석광현(註 12), 161 이하에서 지적한 바와 같다.

89) 중간시안 제2의 4 제2항은 일본에 영업소를 두지 않은 채 일본국내에서 사업을 계속하는 자에 대하여 일본의 특별관할을 인정한다. 예컨대 일본국내에서 사업을 계속하는 자가 일본을 향해 웹사이트를 개설하여 일본 법인과 거래를 하는 경우 그 거래에 관하여 일본의 특별관할이 인정된다고 한다. 일본 법무성민사국참사관실, 중간시안의 보족설명(2009), 16. 해석에 따라서는, 위 조항의 결과 소비자계약에 관한 제27조 제1항의 태도와 유사하게 될 수도 있다. 다만 이 사례는 인터넷거래만을 염두에 둔 것은 아니고 일본국내에서 사업을 계속하는 것을 전제로 하므로 차이가 있는 것인지 불분명하다.

구하고 – 즉 일관성 내지는 정합성을 포기하면서까지 가상공간에서는 이를 인정하기는 어려울 것이다.

제 7 국제재판관할의 합의

여기에서는 국제재판관할합의에 관하여 현실공간에서의 규칙을 살펴본 뒤 가상공간의 특수성을 논의한다.

Ⅰ. 관할규칙

민사소송법은 합의관할의 유효성을 명시하되 합의의 방식이 서면에 의할 것을 규정하는바(제29조), 국제재판관할에 관한 합의 즉 국제관할을 부여하는 합의(prorogation)와 국제관할을 배제하는 합의(derogation)'가 허용됨은 의문이 없다.[90]

대법원 1997. 9. 9 선고 96다20093 판결은, 한국법원의 관할을 배제하고 외국법원을 관할법원으로 하는 전속적인 국제재판관할의 합의가 유효하기 위해서는 ① 당해 사건이 한국법원의 전속관할에 속하지 아니하고, ② 지정된 외국법원이 그 외국법상 당해 사건에 대하여 관할권을 가져야 하는 외에, ③ 당해 사건이 그 외국법원에 대하여 합리적인 관련성을 가질 것이 요구된다고 하고, 나아가 전속적인 관할합의가 현저하게 불합리하고 불공정한 경우에는 그 관할합의는 공서양속에 반하는 법률행위에 해당되어 무효라고 판시한 바 있다.

위 판결에 따르면 외국 법원이 당사자의 관할합의의 효력을 긍정하여 국제재판관할을 긍정하더라도 우리로서는 그 효력을 부정하겠다는 것이다. 그러나 위 ③의 요건에 대하여는 우리나라에서도 많은 비판이 있고, 국제적으로도 전속적인가의 여부를 불문하고 관할합의시 법정지와 당해 사건 간에 합리적인 관련을 요구하지 않는 견해가 유력하다. 위에서 언급한 헤이그국제 사법회의의 2005년 6월 "관할합의에 관한 협약"(Convention on Choice of Court Agreements)도 ③의 요건을 요구하지 않는다. 동 협약은 원칙적으로 전속관할합의의 효력과 전속관할합의에 기한 외국판결의 승인 및 집행을 보장하기 위한 것으로, 국제소송에 관하여, 종래 국제중재에서 1958년 뉴욕협약이 수행하는 역할에 상응하는 역할을 하도록 하기 위한 것이다. 우리나라

---

90) 대법원 1992. 1. 21. 선고 91다14944 판결 참조.

도 이에 가입할지를 신중히 고려할 필요가 있다.[91)]

국제적인 해상운송 또는 보험계약의 경우와 같이, 당사자들이 당해 분야에 관하여 국제적으로 명망 있는 영국법을 준거법으로 하고 영국 법원을 전속적 관할법원으로 합의하는 경우 위 ③의 구비 여부가 문제되는데, 사견으로는 이를 긍정해야 할 것이나, 준거법 외에 영국과 관련이 없는 경우 전속적 관할합의의 효력을 장담할 수 없으므로 실무적으로는 부가적 관할합의를 하는 것이 안전하다.

Ⅱ. 가상공간의 특수성

가상공간에서의 거래에 관하여도 관할합의에 관한 위 원칙이 적용되므로 관할합의는 서면에 의한 것이어야 한다. 가상공간에서는 전자적인 수단 즉 전자문서에 의하여 계약이 체결되기도 하는바 그 안에 관할합의 조항이 포함되는 경우 과연 서면 요건을 구비하는가의 여부가 문제된다. 관할합의의 방식은 법정지법에 따라 판단할 사항이므로 만일 한국이 법정지가 된다면 전자거래기본법(제4조)에 의하여 전자문서는 서면요건을 구비하는 것으로 인정될 것이다.

제 8 소비자계약에 관한 국제재판관할 규칙

우리 국제사법은 사회 · 경제적 약자를 보호하기 위한 관할(이를 "보호적 관할"(protective jurisdiction)이라고도 한다)에 관한 규칙을 두고 있는데, 하나는 소비자를 보호하기 위한 제27조이고, 다른 하나는 근로자를 보호하기 위한 제28조이다. 소비자를 보호하기 위한 보호적 관할의 핵심은 법정관할을 정함에 있어서 소비자의 상거소지의 관할을 인정하고, 관할합의를 제한하는 것이다. 아래에서는 현실공간의 경우(아래 1.)와 가상공간의 경우(아래 2.)를 나누어 소비자계약의 법정관할을 살펴보고 합의관할을 검토한다.

Ⅰ. 관할규칙

소비자계약과 같이 국제사법이 명시적인 국제재판관할규칙을 규정한 경우에는 제

---

91) 동 협약에 관하여는 석광현(註 13), 192 이하 참조.

2조 제2항의 일반원칙이 아니라 제27조의 특칙이 우선한다. 제27조는 다음과 같다.

> 제27조 (소비자계약) ① 소비자가 직업 또는 영업활동 외의 목적으로 체결하는 계약이 다음 각호 중 어느 하나에 해당하는 경우에는 당사자가 준거법을 선택하더라도 소비자의 상거소가 있는 국가의 강행규정에 의하여 소비자에게 부여되는 보호를 박탈할 수 없다.
>
> 1. 소비자의 상대방이 계약체결에 앞서 그 국가에서 광고에 의한 거래의 권유 등 직업 또는 영업활동을 행하거나 그 국가 외의 지역에서 그 국가로 광고에 의한 거래의 권유 등 직업 또는 영업활동을 행하고, 소비자가 그 국가에서 계약체결에 필요한 행위를 한 경우
> 2. 소비자의 상대방이 그 국가에서 소비자의 주문을 받은 경우
> 3. 소비자의 상대방이 소비자로 하여금 외국에 가서 주문을 하도록 유도한 경우
>
> ②, ③ (생략)
>
> ④ 제1항의 규정에 의한 계약의 경우에 소비자는 그의 상거소가 있는 국가에서도 상대방에 대하여 소를 제기할 수 있다.
>
> ⑤ 제1항의 규정에 의한 계약의 경우에 소비자의 상대방이 소비자에 대하여 제기하는 소는 소비자의 상거소가 있는 국가에서만 제기할 수 있다.
>
> ⑥ 제1항의 규정에 의한 계약의 당사자는 서면에 의하여 국제재판관할에 관한 합의를 할 수 있다. 다만, 그 합의는 다음 각호 중 어느 하나에 해당하는 경우에 한하여 그 효력이 있다.
>
> 1. 분쟁이 이미 발생한 경우
> 2. 소비자에게 이 조에 의한 관할법원에 추가하여 다른 법원에 제소하는 것을 허용하는 경우

국제사법 제27조는 브뤼셀협약(제13조), 브뤼셀규정(제15조), 루가노협약(제13조),과 헤이그신협약의 예비초안(제7조)을 참조한 것이다.[92] 제27조의 특칙이 적용되는 소비자는 '수동적 소비자'(passive consumer)에 한정되고, '능동적 소비자'(active consumer)는 포함되지 않는다.[93] 수동적 소비자가 되기 위해서는 제27조 제1항에 규정된 세 가지 조건 중 어느 하나가 구비되어야 하는데 특히 문제되는 것은 제1호이다.[94]

---

92) 소비자보호관할을 규정한 1999년 예비초안 제7조는 브뤼셀협약을 모델로 한 것으로서 유럽연합국가들의 지지를 받은 데 대하여 소비자거래에서도 경직된 관할원칙을 배제하고 당사자자치를 널리 인정하려는 미국, 호주 등 국가들의 사회 · 경제정책적인 가치관이 대립되는 영역이었다. 제1차 외교회의 동안의 노력에도 불구하고 합의가 이루어지지 않았으며 결국 복수의 방안이 괄호 안에 규정되었다.

93) 이러한 입장은 브뤼셀협약(제13조)을 따른 것이나 브뤼셀규정(제15조)은 능동적 소비자도 포함하는 방향으로 범위가 확대되었다.

제1항의 규정에 의한 소비자계약의 경우 소비자는 그의 상거소가 있는 국가에서도 상대방에 대하여 소를 제기할 수 있다(제4항). 이는 민사소송법이 알지 못하는 규정이므로 국내법의 관할규정을 참작하여 이러한 관할규칙을 도출하기는 용이하지 않다. 물론 소비자의 상거소 소재지가 계약의 의무이행지라면 의무이행지로서 국제재판관할이 인정될 가능성이 있으나, 제4항은 의무이행지 여부를 묻지 않고 소비자 상거소 소재지의 국제재판관할을 인정하는 점에 존재의의가 있다. "상거소지에서도"라는 문언으로부터 명백한 바와 같이 이는 제2조에 따라 정립되는 규칙에 따른 다른 관할에 추가적인 것이다. 따라서 소비자는 제4항에서 정한 상거소 소재지 외에 사용자의 주소지, 의무이행지 등 다른 곳에서도 소를 제기할 수 있다. 제4항의 요체는 소비자보호를 위하여 로마법 이래 대륙법계 민사소송법의 기본원칙인 원고는 피고의 법정지를 따른다라는 원칙에 정면으로 배치되는 국제재판관할 규칙을 인정하는 데 있다.

한편 제1항의 규정에 의한 소비자계약의 경우에 상대방이 소비자에 대하여 제기하는 소는 소비자의 상거소가 있는 국가에서만 제기할 수 있다(제5항). 상거소와 주소는 대부분의 경우 일치할 것이기 때문에 이는 원고는 피고의 법정지를 따른다라는 원칙을 적용한 것과 큰 차이가 없으나, 연결점이 주소지가 아니라 상거소 소재지라는 점과, 그것이 전속적이라는 점에 제5항의 존재의의가 있다.

Ⅱ. 가상공간의 특수성

여기에서는 제27조의 해석과 관련하여 제기되는 가상공간의 국제재판관할 규칙에 관한 몇 가지 논점을 논의한다.

1. 사업자의 지향된 활동과 소비자의 행위(제1호)

(1) 사업자의 지향된 활동

국제사법 제27조에 따르면, 여기의 소비자계약이 되기 위하여는 ㉠ 소비자의 상대방이 계약체결에 앞서 소비자의 상거소지 국가에서 광고에 의한 거래의 권유 등 직업 또는 영업활동을 행하거나, ㉡ 그 국가 외의 지역에서 그 국가로, 즉 그 국가를 향하여 광고에 의한 거래의 권유 등 직업 또는 영업활동을 행하고, ㉢ 또한 소비자가 그 국가에서 계약체결에 필요한 행위를 한 경우여야 한다.

---

94) 상세는 석광현(註 20), 237 이하 참조.

여기에서 ⓛ의 요건은 인터넷에 의하여 체결되는(또는 전자거래에 의한) 소비자계약을 고려한 것으로 소비자의 상거소지 국가를 향한 "targeted activity criterion"(지향된 활동기준)을 도입한 것이다. 브뤼셀규정에 관한 아래 논의에서 보듯이, 예컨대 소비자가 그에 들어가 클릭함으로써 주문할 수 있는 상호작용적 웹사이트를 개설한 것은 특정국가를 지향한 영업활동을 한 것으로 볼 수 있다. 그렇다면 한국에 상거소를 가지는 소비자가 스스로 사업자의 웹사이트를 방문하여 인터넷을 통하여 계약을 체결한 경우 능동적 소비자의 요소가 있기는 하지만, 여전히 제27조의 보호를 받을 수 있으므로 수동적 소비자와 능동적 소비자의 구분은 가상공간에서는 현실공간에서와 다른 의미를 가지게 된다. 그럼에도 불구하고 제27조는 소비자가 상거소지 국가에서 계약체결에 필요한 행위를 할 것을 요구함으로써 능동적 소비자를 보호하기에는 여전히 부족하다. 즉 제27조의 해석상 단순히 광고만을 게재하고 소비자가 접속할 수 있는 수동적 웹사이트를 개설한 것만으로는 영업활동의 '지향'(Ausrichtung)에 해당하지는 않는다고 보지만, 예컨대 소비자가 그에 들어가 클릭함으로써 주문할 수 있는 상호작용적 웹사이트를 개설한 것은 특정국가를 지향한 영업활동을 한 것으로 본다는 것이다.[95] ⓛ이 규율하고자 하는 목적을 고려하면 그렇게 보아야 할 것이나,[96] '인터넷의 편재성'(Ubiquität des Internets)을 고려한다면 이 경우 전 세계 모든 국가의 관할을 인정하는 것이 되어 소규모 온라인사업자에게는 예측불가능한 결과가 발생할 수 있다.[97] 또한 수동적 웹사이트와 능동적 웹사이트의 구별이 쉬운 것은 아닌데, 수동적 웹사이트이더라도 정보를 담고 나아가 고객들에게 이메일, 우편, 팩스 또는 전화에 의한 주문을 권유하는 웹사이트는 능동적 웹사이트와 동일시할 수 있다는 견해

95) 이에 관하여는 ① 웹사이트에 전 세계를 상대로 한 수동적인 광고(passive advertisement)를 게재한 것만으로는 특정국가를 향한 광고 등 영업활동을 한 것은 아니나, 예컨대 광고가 특정국의 언어를 사용하거나 특정국가 내의 연락처를 제시하는 등의 방법에 의하여 특정국가에로 향해진 경우에는 특정국가에서 광고 등 영업활동을 한 것은 아니지만 특정국가를 향하여 광고 등 영업활동을 한 것이라고 보는 견해가 있다. 반면에 ② 인터넷상에 광고를 게재한 것만으로도 특정국가에서 광고를 한 것으로 보아야 한다는 견해도 있다. Magnus/Mankowski, Brussels Ⅰ Regulation, 2007, Art. 17 no. 35, 36 (Nielsen 집필 부분)도 웹사이트만으로도 광고가 된다고 보고, 따라서 영어로 작성된 웹사이트의 경우 모든 국가를 향하여 영업을 한 것으로 볼 수 있다고 한다. 전자는 Zippo 사건 판결이 웹사이트를 운영하는 유형을 세 가지로 분류함으로써 그 운영자에 대한 다른 주의 대인관할권의 유무를 결정하는 것과 유사하다.

96) 유럽연합의 이사회와 위원회는 제15조가 적용되기 위하여는 웹사이트가 계약의 체결을 권유하고 또한 계약이 어떤 수단에 의하든 격지계약으로 체결되어야 함을 강조하였다. 즉, 소비자의 주소지에서 접속할 수 있는 상호작용적 웹사이트를 통하여 계약을 체결한 소비자를 보호하는 것이 브뤼셀규정의 목적이라는 것이다. European Commission, proposal, COM(1999) 348, 16. 또한 Joint Declaration concerning Article 15 of the Brussels Ⅰ Regulation of the Council and Commission 참조. Jan Kropholler, Europäisches Zivilprozessrecht 8. Auflage, 2005, Art.15 Rz. 25.

97) Kropholler(註 96), Art. 15 Rz. 24. 이에 대하여는 어느 국가의 소비자보호관련법의 효력이 국경을 넘어 외국에까지 미치는 위험(이른바 "Overspill-Risiko")의 결과, 사업자가 소비자보호를 위한 다수의 법질서

도 주장될 수 있다.[98] 이런 논의는 위에서 본 미국에서의 논의와 유사한 바가 있다.

또한 문제되는 것은 인터넷상에 광고를 한 것만으로도 소비자들이 컴퓨터를 통하여 그에 접속할 수 있는 모든 국가에서 광고를 한 것으로 보아 소비자를 보호한다면, 사업자는 모든 국가, 즉 전 세계에서 제소당할 위험에 노출된다. 이러한 경우 사업자가 그의 위험을 합리적으로 통제하는 방안으로서 생각할 수 있는 것이 원하지 않는 특정국가 소비자와의 거래를 배제하는 취지의 이른바 '부인문구(disclaimer)'인데, 사업자가 웹사이트에 단순히 부인문구를 표시한 것만으로는 부족하고, 그에 추가하여 적어도 특정한 국가로부터 웹사이트에 접속하는 것을 차단하기 위한 기술적인 조치(예컨대 위(Ⅵ.2.가.(3))에서 언급한 여과와 차단)를 취하거나, 계약의 체결 전에 소비자의 상거소를 확인할 수 있도록 거래구조를 짜기 위한 조치 등을 취하여야 할 것이다.[99]

요컨대 국제사법 제27조의 해석론으로는 앞으로 제1호의 요건을 좀더 구체화하고 사업자의 시각에서 이를 어떻게 적절히 제한할 수 있는지도 검토할 필요가 있다.

한편 우리 국제사법의 입법론과 관련하여 주목할 것은, 브뤼셀규정과 개정루가노협약은 "targeted activity criterion"(지향된 활동기준)을 도입함으로써 소비자를 위한 보호적 관할이 능동적 소비자 또는 이동소비자(mobile consumer)에도 적용되도록 개선한 점이다.[100] 즉 브뤼셀규정(제15조 제1항(c)호)과 개정루가노협약(제15조 제1항(c)호)은 ㉠ 그 계약이 소비자의 주소지 국가에서 상업적 또는 직업적 활동을 추구하거나, ㉡ 어떠한 수단에 의하여든 그 국가 또는 그 국가를 포함한 수개의 국가를 지향하여 그러한 활동을 행하는 자와 체결되고, ㉢ 또한 그 계약이 그러한 활동의 범위 내에 포함되는 경우

에 복종해야 하는 위험은 의도적으로 인터넷이라는 초국가적인 수단을 사용하는 자가 부담해야 한다는 반론도 있다. Abbo Junker, "*Internationales Vertragsrecht im Internet*", RIW 1999, S. 816 참조.

98) Kropholler(註 96), Art. 15 Rz. 24. Magnus/Mankowski/Nielsen(註 95), Art. 17 no. 34는 사업자가 사용한 기술적인 장치의 목적과 홈페이지의 언어 및 그가 그의 활동을 특정국가에 한정하기 위해 어떤 노력을 기울였는지 등의 사정을 고려해서 판단할 사항이라고 한다.

99) Dicey & Morris, The Conflict of Laws, Volume 2, 13th edition, 2000 para. 33-011, n. 31 참조. 노태악, "전자거래의 재판관할과 준거법", 정보법학 제5권(2001), 19면도 인터넷상의 웹사이트에서 특정 언어를 사용하여 특정 국가 또는 특정 지역만을 상대로 한다는 문언을 두거나(targeting), 특정 국가 또는 지역을 제외한다는 문구(disclaimer)를 둔 것만으로 당연히 관할배제의 효과가 생긴다고 보기는 어려울 것이라고 한다.

100) 2009년 12월 17일부터 발효 예정인(덴마크는 제외) 계약채무의 준거법에 관한 유럽의회와 이사회의 2008년 6월 17일 규정(EC) 번호 593/2008 (로마 Ⅰ) 제5조 제1항 b호도 "어떠한 수단에 의하여든 그러한 활동을 그 국가 또는 그 국가를 포함하는 복수의 국가로 지향하고, 그 계약이 그러한 활동의 범위 내에 속하는 경우" 소비자의 상거소지법이 소비자계약의 준거법이 되고, 나아가 당사자가 준거법을 합의한 경우 그 준거법은 소비자의 상거소지법의 강행법규가 부여하는 보호를 박탈하지 못한다고 규정함으로써 브뤼셀규정과 조화를 도모한다.

일 것을 요구함으로써, 사업자가 소비자의 주소지 국가를 지향하여 상업적 또는 직업적 활동을 한 경우 소비자가 사업자 소재지에서 계약이 체결되면 족한 것으로 수정함으로써 소비자보호를 위한 관할이 능동적 소비자 또는 이동소비자(mobile consumer)에도 적용되도록 규정하는 점이다.[101] 이러한 개정에 대하여는 전자거래업계의 격렬한 항의가 있었으나 받아들여지지 않았다. 그 이유는 소비자에게 절차적인 보호를 부여함으로써 오히려 소비자들은 전자거래에 더 참여할 의사를 가지게 되기 때문이다.[102]

(2) 소비자의 행위

우리 국제사법(제27조)에 따르면 브뤼셀협약 및 구 루가노협약(제13조)처럼 소비자계약의 경우 소비자가 상거소를 가지는 국가에서 계약체결에 필요한 행위를 할 것이 요구된다. 따라서 소비자가 그 국가에서 사업자의 웹사이트에 접속하여 계약체결에 필요한 전자적인 의사표시를 발송하거나 클릭하였다면 이 요건을 구비한다고 볼 수 있다.[103] 그러나 전자거래에서는 소비자는 상거소지 국가 외의 국가에서도 컴퓨터를 통하여 계약을 체결할 수 있고, 그 경우에도 소비자를 보호할 필요성이 있으므로 위 요건의 타당성은 의문이다. 또한 인터넷에 의한 거래의 경우 소비자가 계약의 체결을 위하여 필요한 조치를 취한 곳의 결정이 어렵거나 불가능한 경우가 있고 또한 소비자의 주소지와 계약과의 연계를 창설하기 위한 요건으로서 이는 중요성이 없다. 이러한 이유로 브뤼셀규정과 루가노협약은 위 요건을 삭제하였다.[104] 따라서 현실공간에서도 그 적용범위가 확대되어 '수동적 소비자'만이 아니라 스스로 외국에 가서 계약을 체결한 능동적 소비자도 보호의 대상이 되는데, 주의할 것은, 그 전제로서 사업자가 통신수단 또는 인터넷을 통하여 소비자 상거소지 국가인 한국을 향하여 광고에 의한 거래의 권유 등 영업활동을 할 것이 필요하다는 점이다.

요컨대 우리 국제사법은 "targeted activity criterion"(지향된 활동기준)을 도입한

---

101) 2009년 12월 17일부터 발효 예정인(덴마크는 제외) 계약채무의 준거법에 관한 유럽의회와 이사회의 2008년 6월 17일 규정(EC) 번호 593/2008 (로마 Ⅰ) 제5조 제1항 b호도 "어떠한 수단에 의하여든 그러한 활동을 그 국가 또는 그 국가를 포함하는 복수의 국가로 지향하고, 그 계약이 그러한 활동의 범위 내에 속하는 경우" 소비자의 상거소지법이 소비자계약의 준거법이 되고, 나아가 당사자가 준거법을 합의한 경우 그 준거법은 소비자의 상거소지법의 강행법규가 부여하는 보호를 박탈하지 못한다고 규정함으로써 브뤼셀규정과 조화를 도모한다.

102) Magnus/Mankowski/Nielsen(註 95), no. 30.

103) Dicey & Morris(註 99), para. 33-013.

104) 우리 국제사법(제27조 제1항 제1호)은 소비자가 상거소지/주소지 국가에서 계약체결에 필요한 행위를 할 것을 요구하는 점에서 브뤼셀규정이 아니라 브뤼셀협약과 동일하다.

것이기는 하나 소비자가 상거소지 국가에서 "계약체결에 필요한 행위를 할 것"을 요구함으로써 그 의미를 반감시키고 있다는 비판을 면하기 어려운데, 이 점은 개선할 필요가 있다.

2. 사업자의 소비자 상거소지 국가에서의 주문 수령(제2호)

제27조 제1항 제2호의 전형적인 사례는 예컨대 한국에 있는 사업자의 영업소가 한국 소비자로부터 주문을 받거나, 사업자의 대리인이 한국에서 소비자로부터 주문을 받은 경우이다. 제2호의 경우 공급자가 한국에서 주문을 받았는지의 여부가 중요한데, 예컨대 미국의 사업자가 미국의 서버를 통해 미국에서 웹사이트를 개설하고, 한국의 소비자가 그 웹사이트에 접속하여 주문을 한 경우 사업자는 미국에서 주문을 받았다고 보아야 할 것이므로 제2호의 요건이 구비되었다고 보기 어려울 것이므로 제1호에 해당하지 않으면 한국의 국제재판관할이 인정되기는 어렵다. 다만 주문 수령지의 결정에 관하여는 논란의 여지가 있다.

Ⅲ. 소비자계약과 관할합의

국제사법 제27조는 부당한 재판관할 합의를 막기 위하여 소비자계약의 경우 원칙적으로 사후적인 국제재판관할합의만을 허용하고, 예외적으로 사전 합의일 경우 소비자에게 유리한 추가적 합의만을 인정한다(제6항). 제27조는 계약에 관한 사건에서 일반적으로 국제재판관할 합의가 허용됨을 당연한 전제로 한다.

사업자가 약관에 의해 국제재판관할을 가지는 법원을 일방적으로 지정한 경우 소비자의 이익을 어떻게 보호할 것인가가 문제되는데, 약관의 규제에 관한 법률(이하 "약관규제법"이라 한다) 제14조가 "고객에 대하여 부당하게 불리한 재판관할의 합의조항은 무효로 한다"는 취지의 규정을 둠으로써 약관에 의한 재판관할합의를 규제하고 있으나, 동 조가 국제재판관할 합의와 관련하여 어떠한 의미를 가지는지는 활발히 논의되고 있지 않다.

국제재판관할 합의가 약관에 의해 이루어졌다는 이유만으로 당연히 무효가 되지 않음은 물론이나, 문제는 사업자측의 우월적 지위의 남용으로부터 소비자 또는 고객을 어떻게 보호할 것인가이다. 학설은 대체로 고객을 보호해야 한다는 입장을 취하는데 그 근거에 관하여는 민법 제103조 또는 국제사법 제10조 내지는 그의 유추적용을 제시하는 견해가 있으나 논의가 충분하지 못하다. 국제사법 제27조의 요건을 구비하는 소비자계약의 경우 소비자의 관할이익은 그에 의해 보호될 수 있으나, 문제는 그에 해당되지 않는 경우이다. 약관에 의한 국제재판관할 합의의 문제는 전자거래에 특유한 문제는 아닌데, 그에 관하여는 다른 기회에 논의하였다.[105]

Ⅳ. 소비자보호를 위한 보호적 관할에 대한 비판

과거 우리나라에서는 소비자계약에 대한 특별관할에 대하여, 이를 인정함으로써 우리 소비자가 보호됨은 물론이지만, 반대로 외국의 소비자도 그에 의해 보호를 받게 되어 국제거래에 참여하는 우리 기업에 큰 부담을 줄 수 있고, 특히 전자거래의 경우 거래를 위축시킬 것이라는 우려가 있었다. 그러나 국제사법 제27조의 소비자계약에 관한 특별관할은 법정지가 우리나라인가를 묻지 않는 양면적 규정으로 되어 있는 것으로부터 알 수 있듯이 우리 기업 또는 우리 소비자의 일방에 유리하거나 불리한 것은 아니다. 다만 경직된 소비자보호가 거래의 자유를 제한하는 측면이 있음은 사실인데, 이는 국제재판관할의 배분에서의 사적 자치와 사회 · 경제적 약자인 소비자의 보호라는 대립되는 가치 중 어느 것을 우선할 것인가라는 사회 · 경제정책적인 가치판단에 귀결되는 문제이다. 결국 국제사법은 매우 제한적인 요건하에 소비자보호를 우선시킨 것인데, 이는 브뤼셀규정(제15조)이 소비자에게 부여하는 수준의 보호와 유사하다. 다만 소비자보호가 지나치게 경직되는 것을 막기 위하여 위에서 언급한 부인문구에 의한 완화 등을 고려해야 하고, 보다 정치한 국제재판관할 규칙을 정립하고자 노력할 필요가 있다.

위에서 본 바와 같이, 브뤼셀협약의 개정과정에서 소비자의 범위를 일정한 경우 능동적 소비자를 포함하도록 확대하는 데 대해 대하여 전자거래업계의 격렬한 항의가 있었지만 관철되지는 못하였다. 소비자에게 절차적인 보호를 부여함으로써 오히려 소비자들은 전자거래에 더 참여할 의사를 가지게 된다는 것인바 우리도 이 점을 이해할 필요가 있다.

---

105) 상세는 석광현(註 20), 243 이하; 석광현, "國際去來와 약관의 규제에 관한 법률의 적용", 국제사법과 국제소송 제3권, 2004, 175 이하 참조.

제9 맺음말

현실공간과 구별되는 가상공간에서 발생하는 분쟁의 특수성을 지나치게 강조한 나머지 전통적인 국제재판관할 규칙은 가상공간에서의 분쟁 해결에는 적절하지 않으며 가상공간에서의 국제재판관할 규칙은 전혀 새로운 패러다임을 요구한다는 견해도 있으나, 현재의 주류적인 입장은 전통적인 현실공간의 국제재판관할규칙이 가상공간에서의 분쟁이 제기하는 국제재판관할의 과제를 해결할 능력을 가지고 있음을 확신하면서, 가상공간의 특성을 고려하여 전통적인 국제재판관할규칙의 부분적인 수정 내지는 탄력적인 운영을 통하여 도전에 대처하고자 한다. 위에서 언급한 대법원 2003. 9. 26. 선고 2003다29555 판결도 같은 태도를 취하고 있다.

그렇다면 우리의 과제는 가상공간의 적절한 국제재판관할 규칙을 정립하기 위하여 현실공간의 국제재판관할 규칙을 어떻게 수정할 것인가이다. 여기에서 우리의 주목을 끄는 것은 책임이 있다고 주장된 자(통상 피고가 될 것이다)가 특정국가를 향하여 의도적 지향을 했는지라는 점이다. 그에 따르면, 가사 다른 국가에서도 인터넷에 접속하여 결과발생지가 될 수 있더라도 의도적 지향이 없다면 이는 특별관할의 근거가 될 수 없다는 것이다. 미국에서는 타기팅접근방법이라는 이름 하에 주로 불법행위의 경우 의도적 지향이 논의되고 있으나, 유럽연합과 우리나라에서는 소비자계약의 경우 소비자의 주소지/상거소지의 국제재판관할을 긍정하기 위한 도구로 이용됨을 보았다. 앞으로 판례의 축적과 사안의 유형화를 통하여 이런 기준을 좀더 구체화해 나가야 한다. 그렇게 함으로써 가상공간의 활발한 이용을 촉진하면서도 그의 남용을 막는 두 가지 목적을 달성할 수 있는 국제재판관할규칙을 정립해야 할 것이다. 우리 국제사법의 해석론으로서 현실공간에서 활동에 근거한 관할을 긍정할 수 있다면 그의 연장선 상에서 인터넷에 의한 불법행위의 경우 의도적 지향에 기초한 관할을 긍정할 가능성이 커질 것이다.

국제적으로 통용될 수 있는 가상공간의 국제재판관할 규칙을 정립하기 위하여는 국제적 협력이 긴요하므로 이 분야에 관한 국제적 논의의 추이를 예의, 주시해야 한다. 또한 가상공간의 법률관계를 규율하는 실질법으로서의 '가상공간법'(lex cyberspace) 또는 '인터넷법'(lex internet)은 현재에도 진화중에 있으므로 그의 발전을 예의, 주시하면서 우리 목소리를 담고자 노력해야 한다. 이러한 맥락에서 지적재산권에 관한 것이지만 위에서 언급한 ALI 원칙과 EMPG 초안에 대해서도 관심을 가져야 한다.

참고문헌

〈단행본〉

국제재판관할연구회, 국제재판관할연구회보고서 (1)-(6) NBL 883호(2008. 6. 15.)-888호(2008. 9. 1.).

김언숙, 知的財産權と國際私法, 2006.

남효순 · 정상조 공편, 인터넷과 법률Ⅱ, 2005.

석광현, 2001년 개정 국제사법 해설 제2판, 2003.

______, 국제재판관할에 관한 연구, 서울대학교출판부, 2001.

오병철, 전자거래법, 1999.

왕상한, 전자상거래와 국제규범, 2001.

神田 貞, 解說 法の適用に關する通則法, 2006.

土谷喜輝 외 2인(編), インターネットをめぐる米國判例 · 法律100選 改訂版, 2001.

American Law Institute, Intellectual Property: Principles Governing Jurisdiction, Choice of Law and Judgments in Transnational Disputes 2007, American Law Institute Publishers, 2008.

Brian D. Boone, Bullseye!: Why a "Targeting" Approach to Personal Jurisdiction in the E-commerce Context Makes Sense Internationally, Emory Int'l L. Rev., 2006.

Catherine Kessedjian, Dispute Resolution On-Line, The International Lawyer.

Dicey & Morris, The Conflict of Laws, Volume 2, 13th edition 2000.

European Commission, Proposal, COM, 1999.

Gary B. Born/Peter B. Rutledge, International Civil Litigation in United States Courts, 4th edition, 2006.

Haimo Schack, Internatioonales Zivilverfahrensrecht, Auflage, 2006.

Jan Kropholler, Europäisches Zivilprozessrecht,, Auflage, 2005, Art.15 Rz. 25.

Jan Kropholler, Internationales Privatrecht, Auflage, 2006.

Magnus/Mankowski, Brussels I Regulation, 2007.

〈논문〉

강영수, "국제 지적재산권침해소송에 있어서 국제사법적 문제에 관한 연구-속지주의 원칙의 한계 및 그 수정을 중심으로-", 서울대학교 대학원 박사학위 논문, 2005.

______, "인터넷과 국제재판관할", 인터넷과 법률 Ⅱ, 2005.

김문숙, "일본의 법례개정과 남겨진 과제-법의 적용에 관한 통칙법의 제정에 관하여-", 국제사법연구 제12호, 2006.
김상훈, “인터넷상 명예훼손에 의한 손해배상청구소송의 국제재판관할 : 불법행위 특별재판적과 관련하여”, 한림법학 FORUM 16권, 2005. 11.
김성진, “국제전자상거래상 소비자계약분쟁의 국제재판관할권에 관한 연구-미국의 타깃팅 재판관할권이론을 중심으로-”, 국제거래법연구 제18집 제1호, 2009.
김용석, “국제재판관할에서의 관련 재판적의 인정과 인터넷을 통한 불법행위의 결과발생지의 재판관할”, 대법원판례해설 47호, 2003 하반기.
김용진, “지적재산권의 침해와 재판관할에 관한 연구”, 한국법제연구원 디지털경제법 [10], 2001.
노태악, “인터넷 명예훼손행위와 국제재판관할”, 민사제판의 제문제 13권, 2004. 12.
______, “전자거래의 재판관할과 준거법”, 정보법학 제5권, 2001.
______, “전자거래의 재판관할과 준거법: 개정 국제사법, 헤이그신협약 및 UCITA와 관련하여”, 정보법학 제5권, 2001.
박희주, “인터넷 이용상의 사법적 문제”, 1998.
석광현, “2005년 헤이그재판관할합의협약의 소개”, 국제사법연구 제11호, 2005.
______, “개정 국제사법에 따른 국제재판관할의 법리”, 국제사법과 국제소송 제2권, 2001.
______, “계약사건의 국제재판관할에서 의무이행지와 실질적 관련”, 법률신문 제3792호, 2009. 11.
______, “국제거래와 약관의규제에관한법률의 적용”, 국제사법과 국제소송 제3권, 2004.
______, “국제재판관할의 기초이론-도메인이름에 관한 대법원 2005. 1. 27. 선고2002다59788 판결의 의의”, 국제사법과 국제소송 제4권, 2007.
______, “국제재판관할의 몇 가지 문제점-종래의 논의에 대한 비판적 고찰”, 인권과 정의(대한변호사협회지) 제262호, 1998. 6.
______, “국제적인 전자거래와 분쟁해결-국제재판관할을 중심으로-”, 국제사법과 국제소송 제2권, 2001.
______, “국제적인 전자거래와 분쟁해결-준거법을 중심으로-”, 국제사법과 국제소송 제2권, 2001.
______, “국제적인 지적재산권 분쟁 해결의 문제점-국제사법적 논점에 관한 시론-”, 국제사법과 국제소송 제2권, 2001.
______, “한국에 있어서 지적재산권분쟁의 국제재판관할”, 국제사법과 국제소송 제4권, 2007.
손경한, “국제 저작권 분쟁의 국제재판관할”, 법률신문 제3400호, 2005. 10.
______, “국제지적재산권소송원칙의 정립-한국의 입장에서-”, 성균관법학 제20권 제3호, 2008.

______, "전자상거래 분쟁의 해결", 중재 1999 봄, 제291호.

왕상한, "전자거래와 재판관할", 통상법률 통권 제27호, 1999. 6.

우지숙/민은주/석광현/권헌영, "인터넷상 국가간 법적 관할권과 준거법 및 시행에 관한 연구", 정보통신정책연구원 정책연구 99-07, 1999.

유영일, "2000년 헤이그 신협약이 가져올 변화와 우리의 대응-민 · 상사사건에 있어서 국제재판관할, 외국판결의 효력에 관한 헤이그 국제사법회의 특별위원회 논의를 중심으로-", 인권과 정의(대한변호사협회지) 제272호, 1999. 4.

유재풍, "국제소송의 재판관할에 관한 연구", 청주대학교 대학원 법학박사학위논문, 1994.

이성호, "사이버 지적재산권 분쟁에 관한 국제재판관할과 준거법", 저스티스72호, 2003. 4.

장준혁, "인터넷과 준거법"

정용균, "온라인 ADR(ODR): 발전현황과 시행상의 장단점", 중재 제328호, 2009 여름, 6.

Abbo Junker, "*Internationales Vertragsrecht im Internet*", RIW 1999.

European Max-Planck Group on Conflict of Laws in Intellectual Property, "*Principles for Conflict of Laws in Intellectual Property*", 2009. 6.

Jan von Hein, "*Deliktischer Kapitalanlegerschutz im europäischen Zuständigkeitsrecth*", IPRax, 2005.

Jan von Hein, "*Internationale Zuständigkeit und anwendbares Recht bei grenzüberschreitendem Kapitalanlagebetrug*", IPRax, 2006.

Karl Kreuzer/Paul Klötgen, "*Die Shevill-Entscheidung des EuGH: Abschaffung des Delikts-ortsgerichtsstands des Art.5 Nr.3 EuGV』 für ehrverletzende Streudelikte*," IPRax, 1997.

Kevin A. Meehan, "*The Continuing Conundrum of International Internet Jurisdiction*", B.C. Int'l & Comp. L. Rev., 2008.

Tim Gerlach, "*Note, Using Internet Content Filters to Create E-Borders to Aid International Choice of Law and Jurisdiction*", Whittier L. Rev, 2005.

〈인터넷〉

정보통신산업진흥원, http://www.ecmc.or.kr/jsp/open/trouble_index.jsp

http://search.e-gov.go.jp/servlet/Public?ANKEN_TYPE=2&CLASSNAME=Pcm1080&btnDownload=yes&hdnSeqno=0000055113

■ **집필자** (가나다 순)

김광준 NHN㈜ 경영지원그룹장
김기영 광주지방법원 부장판사
남효순 서울대학교 법과대학/법학전문대학원 교수
문재완 한국외국어대학교 법학전문대학원 부교수
민병훈 변호사
박준석 서울대학교 법과대학/법학전문대학원 조교수
박훤일 경희대학교 법학전문대학원 부교수
석광현 서울대학교 법과대학/법학전문대학원 교수
성낙인 서울대학교 법과대학/법학전문대학원 교수
엄운용 변호사
오민석 법원행정처 사법정책실 민사심의관 판사
오영근 한양대학교 법학전문대학원 교수
윤종수 대전지방법원 논산지원 판사
이병준 한국외국어대학교 법학전문대학원 부교수
이종광 서울고등법원 판사
이해완 성균관대학교 법학전문대학원 교수
장용근 홍익대학교 법과대학 교수
정순섭 서울대학교 법과대학/법학전문대학원 조교수
정찬형 고려대학교 법학전문대학원 교수
최성준 서울고등법원 부장판사
최성진 대검찰청 디지털수사담당관
한규현 수원지방법원 부장판사
한기정 서울대학교 법과대학/법학전문대학원 교수
허진성 서울대학교 공익산업법센터 선임연구원

編者略歷

■ **南 孝 淳**

서울대학교 법과대학 졸업
서울대학교 대학원 법학석사
프랑스 Nancy 제2대학교 법학박사
현 서울대학교 법과대학/법학전문대학원 교수

》》**主要著書**

「민법주해」(Ⅶ), 물권(4), 박영사, 1993(공저)
「민법주해」(XIV), 채권(7), 박영사, 1997(공저)
「민법주해」(XV), 채권(8), 박영사, 1997(공저)
「한국법의 이해」, 두성사, 1996(공저)
「인터넷과 法律」, 법문사, 2002(공편저)
「인터넷과 法律 II」, 법문사, 2005(공편저)

인터넷과 法律 III

2010년 8월 30일 초판 인쇄
2010년 9월 5일 초판 1쇄 발행

編 者 南 孝 淳
發行人 裵 孝 善
發行處 圖書出版 法 文 社

413-756 경기도 파주시 교하읍 문발리 526-3
등 록 1957. 12. 12 / 제2-76호(윤)
TEL 031)955-6500~6 FAX 031)955-6525
e-mail (영업): bms@bobmunsa.co.kr
(편집): edit66@bobmunsa.co.kr
홈페이지 http://www.bobmunsa.co.kr
조 판 법 문 사 전 산 실

정가 40,000원 ISBN 978-89-18-08902-7